The Food Lab 더 푸드 랩
Copyright ⓒ Kenji Lopez
Korean Translation Copyright ⓒ 2019 by Youngjin.com Inc.

Korean edition is published by arrangement with WW Norton & Co.,
through Duran Kim Agency, Seoul.

이 책의 한국어판 저작권은 듀란킴 에이전시를 통한
WW Norton & Co.와의 독점계약으로 영진닷컴에 있습니다.
저작권법에 의하여 한국 내에서 보호를 받는 저작물이므로
무단전재와 무단복제를 금합니다.

ISBN 978-89-314-5562-5

독자님의 의견을 받습니다.
이 책을 구입한 독자님은 영진닷컴의 가장 중요한 비평가이자 조언가입니다. 저희 책의 장점과 문제점이 무엇인지, 어떤 책이 출판되기를 바라는지, 책을 더욱 알차게 꾸밀 수 있는 아이디어가 있으면 팩스나 이메일, 또는 우편으로 연락주시기 바랍니다. 의견을 주실 때에는 책 제목 및 독자님의 성함과 연락처(전화번호나 이메일)를 꼭 남겨 주시기 바랍니다. 독자님의 의견에 대해 바로 답변을 드리고, 또 독자님의 의견을 다음 책에 충분히 반영하도록 늘 노력하겠습니다.

주 소 : (우)08512 서울특별시 금천구 디지털로9길 32 갑을그레이트밸리 B동 10층 (주)영진닷컴
이메일 : support@youngjin.com
※파본이나 잘못된 도서는 구입처에서 교환 및 환불해 드립니다.

STAFF
저자 J. 켄지 로페즈-알트 | 번역 임현수 | 감수 송윤형 | 총괄 김태경 | 기획 기획1팀 | 진행 최윤정, 윤지선
디자인 · 편집 김효정 | 영업 박준용, 임용수, 김도현, 이윤철 | 마케팅 이승희, 김근주, 조민영, 김민지, 김진희, 이현아
제작 황장협 | 인쇄 예림인쇄

THE FOOD LAB

더 나은
요리를 위한
주방 과학의 모든 것!

버거를 먹어대는데도 나를 사랑해주는 아드리에게,
나를 도와주는 에드와 비키, 그리고 '시리어스 잇츠(Serious Eats) 팀' 모두에게,
과학자이신 아버지께
훌륭한 교수님이신 할아버지께,
다른 누이보다 더 좋아하는 한 누이에게,
의사가 되기를 더 바라셨을 어머니께,
나머지 한 누이에게도,
시식가들이 심사 때 가장 나왔으면 하고 바라는 덤플링과, 햄본, 유바(yuba)에게,
마지막으로 토스티토스(tostitos) 과자병을 더 좋아하셨을 할머니께.

『더 푸드 랩』을 향한 추천사
FURTHER ADVANCE PRAISE FOR THE FOOD LAB

"켄지는 우리가 주방에서 놀라운 음식의 가능성을 탐구할 때 도움이 될,
굉장한 자료를 만들어 냈다."
– 아키 카모자와(Aki Kamozawa) & 알렉산더 탤벗(H. Alexander Talbot) /
『아이디어즈 인 푸드(Ideas in Food)』

"『더 푸드 랩(The Food Lab)』은 아주 독창적으로, 열정을 다해 쓴 충실한 책으로
요리와 관련한 도움을 받을 수 있는 책이다."
– 에이프릴 블룸필드(April Bloomfield) / 뉴욕, 스파티드 피그 셰프(The Spotted Pig, New York)

"『더 푸드 랩(The Food Lab)』은 교육자 같거나 지나치게 전문가 같은 느낌을 주지 않으면서
독자들이 식품 과학의 세계를 쉽고 자연스럽게 탐험할 수 있도록 돕는다."
– 마크 래드너(Mark Ladner) / 뉴욕, 델 포스토 셰프(Del Posto, New York)

"재료며, 요리, 혹은 기술에서 내가 숙련됐다는 생각이 들 때마다,
켄지의 빈틈없고 자세한 글을 처음부터 다시 읽으며 배운다."
– 토니 모즈(Tony Maws) /
매사추세츠 케임브리지, 크레이기 온 메인 대표 겸 셰프(Craigie on Main, Cambridge, MA)

"이 작품은 주방의 필수품이다.
나는 이 책을 찬장에서 줄리아 차일드(Julia Child)의 책들 바로 옆에 두었다."
– 알렉스 구아나스켈리(Alex Guarnaschelli) /
뉴욕, 버터(Butter)의 셰프이며 푸드 네트웍스(Food Network's) 알렉스즈 데이 오프(Alex's Day Off)의 운영자

"켄지는 오랫동안 우리가 주방에서 일하면서 질문이 있을 때 찾게 되는 사람이었다.
압력 밥솥을 최대한 활용하는 것에서부터 더 맛있는 버거를 만드는 숨은 과학에
이르기까지 폭넓은 연구는 그의 귀중한 자산이 되었다.
켄지의 글은 철저한 분석에다 유머 감각이 더해져서 늘 그의 책을 찾게 된다!"
– 와일리 두프레스네(Wylie Dufresne) / 뉴욕, 앨더(Alder)의 셰프

추천사
PREFACE

켄지 로페즈-알트(J. Kenji Lopez-Alt)의 오랜 팬 분들께 축하 드립니다.

켄지의 실용적인 주방 과학 칼럼들이 '시리어스이츠닷컴'이라는 훌륭한 웹사이트에 실리게 되면서 우리는 수년간 애정을 담아 그것들을 따라서 요리해 왔습니다. 이 책은 정확하고 진지하며 때로는 재치있고 편안합니다. 조리라는 인류의 오래된 기술을 지난 30여 년간 과학의 시대로 끌어온 기라성 같은 사람들의 무리속으로 켄지도 이 책을 통해 합류하게 되었습니다. 지난 4만년 간, 아니 인류가 처음 조리를 시작했다고 여겨지던 때부터, 얼음조각이나 스튜 냄비 안에서 일어나는 일들은, 많은 현상 중에서도 열역학의 세 가지 법칙에 따라 이루어졌습니다. 하지만 우리는 그 사실을 제대로 알지 못했었지요. 켄지는 그저 생각에 그칠 뿐이었던 것들을 주방으로 가져와 별미로 승화시킨 애커츠(Achatz), 아드리아(Adria), 아놀드(Arnold), 블루먼솔(Blumenthal), 커티(Kurti), 맥기(McGee), 마이어볼드(Myrhvold), 로카(Roca)같은 많은 거장들의 업적을 이어받았습니다.

켄지는 그것을 자신만의 방식으로 해냈습니다. 그는 MIT에서 학위를 받았고, 식당의 주방에서 11년을 보냈습니다. 그래서 나는 그가 햄버거를 제대로 만들거나 물 한 냄비를 제법 잘 끓일만한 최소한의 자격요건 두 가지는 갖추고 있다고 생각합니다. 켄지의 레시피는 간단하면서도 맛있는 가정요리의 표본을 만들었으며 따라하기도 어렵지 않습니다. 하지만 그의 레시피들은 매우 정밀하고 그 이면엔 때론 복잡한 사고와 강박적인 실험 과정이 존재합니다.

켄지의 책은 단순한 '레시피' 책이 아니며 채 10쪽을 읽기도 전에 당신은 더 나은 요리사가 되어 있을 것이라고 장담합니다.

― 제프리 스타인가든(Jeffrey Steingarten)

번역가의 글
PREFACE

요리, 혹은 세상을 향한 '왜'의 끝없는 탐구

요리 분야에 있어서 우리는 생활의 지혜라는 듣기 좋은 이름으로 비판 없이, 통설이나 여러 잘못된 정보를 그냥 믿는 일이 많다. 그런 과정에서 '왜?'는 자연스럽게 무시된다. 이 책에서 저자는 오랫동안 이렇게 내려온 요리에서의 통설들이나 이론에 대해 '정말 그런가?'라고 묻기 시작한다. 그러면서 과학적 실험을 통해 실증적으로 검증하고자 한다. 그리고 상당 부분 그러한 통설들은 그냥 전해져 오는 이야기일 뿐 과학적 객관성을 얻지 못한다. 쉬운 예로, 아주 최근까지도 고기를 구울 때, 고온에서 시어링을 하게 되면 표면이 코팅되면서 육즙을 가둔다는 이론이 우세했었다. 하지만 아주 간단한 실험으로도 이 이론은 틀렸다는 걸 알 수 있다. 저자는 요리를 하면서 만나게 되는 이런 통설들을 하나하나 검증하면서, 진위를 밝히고 그에 따라 더 맛있는 요리를 할 방법을 찾고자 노력한다. 이 책을 읽으면서, 요리뿐만이 아니라, 어느 분야든, 항상 '왜?'라고 질문하는 태도, 그런 태도는 곧 편견에 사로잡히지 않으면서 객관적으로 더 나은 해결점을 찾는 기본이 될 것이라 생각한다.

— 임현수

감수자의 글
PREFACE

누구도 알려 주지 않았던, 유쾌한 요리의 과학

넘쳐나는 요리책, TV 요리프로그램, 요리사들과 인터넷을 통해서 퍼지는 수많은 조리 방법과 요리 노하우들을 쉽게 접할 수 있다. 때론 새롭게 알려진 내용도 있고 오래 전부터 널리 알려져서 상식처럼 퍼진 내용들인 경우도 있다. 음식을 많이 해 보지 않았던 요리 초보였을 때는 그런 정보들을 크게 의심해 보거나 궁금증을 가져본 적이 없었다. 그러한 정보들은 대부분 전문가 내지는 전문가에 준하는 사람들에 의해 퍼져 왔기 때문에 신빙성이 있을 것이라 의심 없이 믿게 되었다.

하지만 점점 많은 정보들을 접하고 또 음식을 만들어 보며 들게 된 생각은 '어째서', '왜' 이러한 조리법과 노하우들이 효과가 있다고 하는 것인지, 무슨 근거를 가지고 이러한 주장을 하는가에 대한 것이었다. '더 나은 조리법', '조리 노하우', '조리 상식' 내지는 오래 전부터 전해져 내려온 '전통 조리법'들이 서로 상충하는 내용을 담고 있기도 하였고 제시된 근거가 없는 경우도 많았으며 내용을 살펴보면 근거에 의문이 들기도 했기 때문이다. 오래 전부터 요리사들이나 요리책에서 관습처럼 전해오던 내용을 의심이나 비판 없이 근거로 제시한 경우엔 때론 실망감도 생겼었다.

끊임없는 궁금증이 생겼지만 속 시원한 대답을 찾는 것은 매우 힘든 일이었다. 그러한 질문에 답을 줄 수 있는 사람들 또한 똑같은 내용을 통해 음식을 배웠을 테고 그래서 그들의 대답도 별반 다르지 않았기 때문이다.

이 책은 여지껏 느껴왔던 이러한 궁금증과 의문들에 대해 답을 얻을 수 있는 책이다.

깊이 생각해 보지 않았던 세세한 부분에 이르기까지 과학적인 근거를 기반으로 식재료와 조리 방법, 음식에 대해 이야기해 준다. 재료와 조리법의 상관관계에 대해 과학적으로 접근하고 그에 맞는 레시피들을 실었기 때문에 레시피만 실려 있는 여타의 요리책이나 일반적인 조리 서적과는 접근 방법이 다소 다르며 이로 인해 음식과 요리에 대해 좀 더 깊은 이해를 할 수 있게 도와준다. 책에 실린 내용들을 다른 조리 과정에도 폭넓게 응용할 수 있음은 물론이다. 이 책은 레시피만 빼곡히 실린 요리책은 아니다. 전문적인 용어들과 과학적인 내용이 등장하지만, 결국엔 음식을 맛있게 조리하기 위한 과정과 그것에 대한 근거일 뿐이며 과학 그 자체를 위한 것은 아니니, 참으로 재미있는 컨셉을 가진 책이라는 느낌이 든다.

'아, 과학이라니… 머리가 아프고 지겹겠구나.'라는 생각은 책장을 펼쳐들면 바로 사라질 것이다. 조리가 진행되는 과정, 식재료의 특징에 관한 설명, 좀 더 나은 조리법을 찾기 위해 여러 차례 진행됐던 실험에 대한 이야기, 그간 신봉되어왔던 조리법을 증명하거나 반박하기 위한 실험들이 유쾌하고 재치 있는 어조로 유머러스하게 실려 있기 때문이다.

왜 지금까지 이러한 방법으로 요리에 접근한 요리책이나 요리사는 없었을까? 라는 궁금증은 책을 꼼꼼히 살펴보며 해소되었다. 과학을 전공한 저자의 이력과 실험을 통해 궁금증을 해소하길 즐기는 괴짜 같은 성격, 이 두 가지를 모두 갖추고 요리사의 길을 걸어온 저자의 독특한 이력이 있기 때문에 가능했던 책이라는 것이 감수를 하며 느낀 점이다.

다른 어떤 요리책이나 요리선생, 요리사도 그동안 말해 주지 않았던, 말해 줄 수 없었던, 요리의 과학에 대해 속 시원히 이야기해 주는 책. 그리고 그러한 근거를 가지고 맛있게 만들 수 있는 음식의 레시피까지 소개되어 있는 책.

『THE FOOD LAB 더 푸드 랩』은 요리에 관심이 있는 사람, 심지어 관심이 없는 사람일지라도 유쾌하고 재미있게 볼 수 있는 똑똑한 요리책이다.

– 송윤형

일러두기

원서의 배경인 미국과 우리나라의 여건이 달라 본문 중 일부를 변경하였습니다. 원서를 번역하고 편집하는 과정에서 수정한 내용들에 대해 본격적인 본문 내용에 앞서 정리하였습니다. 이 책을 읽고 더 나은 주방 과학과 조리에 대해 알아가는 데 도움이 되길 바랍니다.

* 외래어 표기는 국립국어원의 외래어 표기법을 최대한 준수하고자 하였습니다. 외래어 표기가 등록된 단어는 이를 따랐고, 표기되지 않은 단어는 외래어 표기법의 기준에 맞추고자 하였습니다. 다만 사전에 등재되지 않거나, 기준이 모호한 일부 식재료나 조리 용어의 경우에는 두루 사용하는 표기를 채택하여 독자님들께서 검색이나 구입 시 불편이 없고자 하였습니다.

* 미국과 우리나라는 도량형이 달라 원서에 표기된 단위를 모두 국내식으로 변환하였습니다. 다만 단위 변환하며 생긴 소수점 이하 자리는 반올림하였습니다. 레시피 부분에서는 혼동이 오지 않도록 숫자를 일부 변경하였습니다. 특히 튀김이나 오븐 온도의 경우에는 온도를 맞추기 쉽게 숫자를 바꿨으니 이 점 유의해 주세요. 그 외에 실험이나 본문에서 설명하는 숫자들은 반올림하여 최대한 원서 숫자와 맞췄습니다.

* 미국식 계량법의 1컵은 240~250ml이며 한국식 계량법의 1컵은 200ml로 차이가 있습니다. 우리나라에서 시판하는 계량컵의 경우 1컵의 용량이 180ml부터 250ml까지 다양한 경우가 많으므로 계량컵의 용량을 확인한 후 사용하는 것이 좋습니다. 이러한 이유로 재료의 용량이 컵으로 표기된 경우 ml도 병기하였습니다.

* 조리 용어 혹은 조리법을 가리키는 말은 가능한한 우리말로 대체하여 표기하였습니다. 하지만 우리나라 조리법엔 없는 것들은 원어를 살려 표기하였습니다.

* 일반적인 조리도구 명이 아니라 특정 브랜드의 고유명사인 경우에는 원서의 표기를 따르되, 국내에 정식 수입돼, 별도의 모델명이 있는 경우에는 그에 따라 표기했습니다.

* 도서 본문에서 강조하듯 저자는 후추 사용 시 미리 갈아 놓은 후추보다는 조리 시 후추 분쇄기(페퍼밀) 등을 통해 즉석에서 갈아서 사용하기를 권하였으나 한국어판에서는 후춧가루로 통일하여 표기하였습니다. 레시피 중 재료 부분에 후춧가루로 표기되어 있어도, 미리 갈아 놓은 후추보다는 조리 시 즉석에서 갈아서 사용하기를 권장합니다.

* 크림(cream)은 우유에 함유된 지방 함량을 인위적으로 조정하여 만드는데 나라마다 정해진 지방 함량에 따라 크림의 종류를 구분합니다. 미국의 경우 지방함량이 10.5~18%인 경우 half and half, 18~30%는 light cream, 30~36%인 경우 whipping cream, 36% 일 때 heavy cream, 40% 이상일 때 manufacture's cream으로 분류합니다. 우리나라의 생크림은 유지방이 30~36% 정도 함유되어 있기 때문에 원서의 헤비 크림은 생크림으로 대체하여 표기하였습니다.

단위 변환표

기본 재료들의 부피와 질량

재료	종류	양	무게
액상(물, 와인, 우유, 버터밀크, 요거트 등)		1컵 = 16큰술	8온스(227g)
달걀	왕란 특란 대란 중간란 소란 극소란		2.5온스(71g) 2.25온스(64g) 2온스(57g) 1.75온스(50g) 1.5온스(43g) 1.25온스(35g)
밀가루	다목적용(중력분) 케이크/페이스트리용(박력분) 제과제빵용(강력분)	1컵	5온스(142g) 4.5온스(128g) 5.5온스(156g)
설탕	그래뉴당(granulated sugar, 과립설탕) 황설탕, 흑설탕 슈거파우더(powdered sugar, confectioners suga)	1컵	6.5온스(184g) 7온스(198g) 4.5온스(128g)
소금	테이블 소금 다이아몬드 크리스탈 코셔 몰튼 코셔(Morton's kosher)	1작은술	0.25온스(7g) 0.125온스(3.5g) 0.175온스(5g)
인스턴트 이스트		1작은술	0.125온스(3.5g)
버터		1큰술=⅛스틱(stick)	0.5온스(14g)

* 참고 : 표준적인 미국 레시피에서는 액체는 액량온스(fluid ounces, 부피)로 측정하고 마른 재료는 일반 온스(ounces, 무게)로 측정합니다.

부피 동량표 volume equibalnecies

3작은술 = 1큰술 2컵 = 1파인트(16액량온스) 4쿼트 = 1갤런
2큰술 = 1액량온스 4컵 = 1쿼트(32액량온스)
16큰술 = 1컵(8액량온스) 1쿼트 = 0.95ℓ

1tablespoon(1큰술) = 15ml 1teaspoon(1작은술) = 5ml
½teaspoon(½작은술) = 2.5ml ¼teaspoon(¼작은술) = 1.2ml
* 계량스푼의 용량은 국가에 상관없이 동일합니다.

1cup(1컵) = 240~250ml ½cup(½컵) = 120~125ml
⅓cup(⅓컵) = 80ml ¼cup(¼컵) = 60ml
* 시판하는 미국식 계량컵의 1컵은 250ml, ½컵은 125ml가 많습니다. 한국식 계량컵은 1컵에 200ml인 경우가 많아 컵으로 표기된 경우에는 ml도 병기하였습니다.

무게 변환

1온스는 28.35g이다.

기본 무게 변환

온스	그램(g)
1	28
2	57
3	85
4	113
5	142
6	170
7	198
8(½파운드)	227
9	255
10	284
11	312
12	340
13	369
14	397
15	425
16(1파운드)	454
241(1½파운드)	680
32(2파운드)	907
35.3(1kg)	1000
40(2½파운드)	1124
48(3파운드)	1361
64(4파운드)	1814
80(5파운드)	2268

온도 변환

화씨에서 섭씨로 변환 시에는 32를 빼고, 9로 나눈 뒤 5를 곱한다.
섭씨에서 화씨로 변환 시에는 5로 나누고, 9를 곱한 뒤, 32를 더한다.

기본 온도 변환

°F(화씨)	°C(섭씨)
32(물이 어는점)	0
110	43.3
120(붉은색 육류의 레어)	48.9
130(붉은색 육류의 미디엄 레어)	54.4
140(붉은색 육류의 미디엄)	60
145(아주 촉촉한 가금류 가슴살)	62.8
150(붉은색 육류의 미디엄 웰)	65.6
155(일반적인 가금류 가슴살 미디엄 웰)	68.3
160(육류의 웰던)	71.1
190(보글거리기 직전의 물)	87.8
200(보글거리는 물)	93.3
212(끓는 물)	100
275	135
300	148.9
325	162.8
350	176.7
375	190.6
400	204.4
425	218.3
450	232.2
475	246.1
500	260
525	273.9
550(최고 오븐 온도)	287.8

* 무게와 온도, 부피의 경우 레시피에서 소수점은 계량하기 어려워 일부 재료는 반올림하거나 버림하여 표기하였습니다.

차례

INTRODUCTION 주방의 너드

할아버지가 유기물 화학자였고, 아버지가 미생물학자였다면, 나는 애송이 연구가였다 016 | 이 책의 내용은 무엇인가 020 | 올바른 주방 과학의 열쇠 026 | 요리란 무엇인가? 033 | 필수적인 주방 도구 039 | 기본적인 식품 저장실(팬트리) 081

PART 1 아침식사의 과학 – 달걀과 유제품

『더 푸드 랩』이 알려 주는 달걀 구입, 보관에 관한 모든 것 095 | 삶은 달걀 103 | 달걀 프라이 122 | 스크램블드에그, 두 가지 조리법 125 | 오믈렛 132 | 베이컨 139 | 바삭한 감자 케이크(뢰스티) 142 | 감자 해시 145 | 버터밀크 팬케이크 150 | 홈메이드 리코타 치즈 159 | 와플 164 | 버터밀크 비스킷 166 | 스티키 번 174

PART 2 육수의 과학 – 수프와 스튜

육수 187 | 레시피 없이 크림 같은 채소 수프를 만드는 법 209 | 그릴에 구운 치즈 샌드위치와 빠르게 만드는 토마토 수프 214 | 프랑스식 양파 수프를 만드는 두 가지 방법 231 | 덤플링과 닭고기 243 | 팟 로스트 247 | 프라이팬으로 브레이징한 닭고기 255 | 궁극의 칠리 스튜를 찾아서 261 | 채식주의자용 칠리 스튜 271 | 텍사스의 칠리 콘 카르네 274 | 칠리 베르데 278

PART 3 단시간 조리 음식의 과학 – 스테이크와 찹, 닭, 생선

『더 푸드 랩』이 알려 주는 소고기 스테이크에 관한 모든 것 290 | : 건조 숙성(드라이에이징) 소고기 308 | 새로운 안심 스테이크 조리법 324 | 팬 소스 328 | 베어네이즈 소스 331 | 두 명이 먹을 수 있는 그릴에 구운 립아이(또는 티본, 포터하우스나 스트립 스테이크) 333 | 그릴 또는 팬 구이용 마리네이드 스테이크 337 | 최고의 파히타 359 | 팬시어링 포크찹 363 | 닭고기 부분육 팬시어링 367 | 비린내가 나지 않는 연어 381 | 비어 쿨러, 비닐팩, 그리고 수비드의 과학 394 | 쿨러로 조리한 치즈버거 410

PART 4 채소의 과학 – 블랜칭과 시어링, 브레이징, 글레이징, 로스팅

기본적인 채소 조리법 #1 : 블랜칭/스티밍(데치기/찜) 418 | 기본적인 채소 조리법 #2 : 시어링/소테잉 440 | 기본적인 채소 조리법 #3 : 브레이징 454 | 기본적인 채소 조리법 #4 : 글레이징 462 | 기본적인 채소 조리법 #5 : 로스팅/브로일링 467 | : 감자 475 | 바로 이것이 궁극의 감자 캐서롤입니다 477 | 으깬 감자 480

PART 5 분쇄육의 과학 – 미트볼과 미트로프, 소시지 링크, 버거

『더 푸드 랩』이 알려 주는 식육 분쇄에 관한 모든 것 495 | : 소시지 조리하기 518 | : 전형적인 미국식 미트로프 535 | 토마토소스에 조린 이탈리아식 미트볼 546 | 아내는 매일 밤 집에 오면 나에게 키스를 해 준다. 554 | 누르고 눌리고 559 | 그릴에 구운 크고, 두툼하고 촉촉한 버거 564

PART 6 구운 고기의 과학 – 닭, 칠면조, 소갈비

가금류 구이 **576** | 『더 푸드 랩』이 알려 주는 가금류 구입, 보관, 조리에 대한 모든 것 **577** | 가금류 조리법 #1 : (내가 제일 좋아하는 방법) 배를 갈라 납작하게 해서 굽는 방법 **591** | 가금류 조리법 #2 : (준비할 시간이 있을 경우) 부위별로 토막 내서 요리한다. **593** | 가금류 조리법 #3 : (전통적인 외관을 위해) 뜨겁게 달군 스틸 팬 **594** | 칠면조 구이 **614** | 완벽주의자를 위한 요리 : 추수감사절 칠면조 두 가지 조리법 **626** | 세이지와 소시지를 넣은 고전적인 스터핑 **630** | 정말 쉬운 크랜베리 소스 **633** | 『더 푸드 랩』이 알려 주는 비프 로스트의 모든 것 **635** | 『더 푸드 랩』이 알려 주는 양고기 구입, 보관, 조리의 모든 것 **651** | 엄청나게 바삭한 돼지 어깨살 구이 **660** | 돼지고기 크라운 로스트 **666** | 글레이즈를 바른 돼지고기 안심 **670** | 천천히 구운 포르케타 **673**

PART 7 파스타의 과학 – 토마토소스, 마카로니

파스타의 전통 **683** | 파스타를 조리하는 가장 좋은 방법 **684** | : 이탈리아–미국식 파스타소스 **689** | 마더 소스 #1 : 올리브오일과 마늘 **690** | 새우와 마늘 파스타 **697** | 마더 소스 #2 : 클래식 레드 소스 **703** | 마더 소스 #3 : 페스토 **718** | 마더 소스 #4 : 크림소스 **722** | 스토브로 만든 정말로 끈적거리는 마카로니 앤 치즈 **724** | 마더 소스 #5 : 라구 볼로네제 **737** | : 오븐 파스타 **744** | 크림을 넣은 시금치와 버섯 라자냐 **747** | 오븐에 구운 맥 앤 치즈 **751** | 리소토를 더 맛있게 만드는 법 **759**

PART 8 샐러드의 과학 – 녹색 채소와 유화

샐러드용 녹색 채소 고르기 **776** | : 샐러드드레싱 **783** | 드레싱 종류 #1 : 비네그레트 **784** | 드레싱 종류 #2 : 마요네즈를 기본으로 한 드레싱 **811** | 클래식 아메리칸 포테이토 샐러드 **822** | 양념에 재운 케일 샐러드 **835** | 드레싱 종류 #3 : 유제품을 기본으로 한 드레싱 **841** | 찹 샐러드 **843**

PART 9 튀김의 과학 – 튀김옷과 브레딩

'튀김'은 무엇인가? **860** | 코팅 스타일 1 : 밀가루 묻히기 **875** | 코팅 스타일 2 : 빵가루 코팅 **888** | 코팅 스타일 3 : 맥주 튀김옷 **898** | 코팅 스타일 4 : 얇은 튀김옷 **911** | 감자튀김 **914** | : 감사의 말 **927**

INDEX 930

INTRODUCTION

A NERD IN THE KITCHEN

주방의 너드

나는 너드이며, 이것이 자랑스럽다.

할아버지가 유기물 화학자였고, 아버지가 미생물학자였다면, 나는 애송이 연구가였다.

나는 요리사가 되겠다는 생각은 해 보지 않았다. 우리 엄마에게 물어보면 이야기해 줄 것이다. 의사가 되고 싶었나? 그랬었지. 변호사는? 그것도 하고 싶었지. 최고 변호사들과 논쟁해도 이길 자신이 있었으니까. 과학자는? 당연히 되고 싶었지. 초등학교 4학년 때, '미래의 자신'이라는 주제로 책을 써 보라는 과제가 있었는데, 열 살짜리가 꿈꾼 나의 미래에 대해 아주 또렷이 기억이 난다. 스물네 살에 결혼을 하며, 스물여섯 살에 첫 아이를 낳고, 박사학위는 스물아홉 살에 따는 것이었다. 물론 아이를 키우면서 어떻게 박사학위를 받을지는 한 번도 생각해 보지 않았다. 서른 즈음이면, 암 치료제를 개발하고, 이 공로로 노벨상을 받을 것이다. 세상에 이름을 날린 뒤, 이후 40년은 레고랜드(LEGO-LAND)의 사장으로 성실히 일하고 내 나이 여든일곱에 세상을 좀 더 살기 좋은 곳으로 만들면서 은퇴를 할 것이다.

정말이지 아주 숭고한 꿈이었다. 이 꿈들은 고등학교에 다니는 동안은 계획대로 진행되는 듯했다. 나는 수학과 과학은 잘했고(공개적으로 하는 말인데, 특히나 영어는 아주 형편없었다.) 여름 방학에는 악기를 연주하며 지내거나(고맙게도 밴드 캠프가 아니라 실내악 캠프였다!) 생물학 실험실에서 실험을 하며 지냈다. 요리사가 될 거라는 어떤 징조라도 보였던가? 아니, 그렇진 않았다. 초등학교 3학년 때, 방과 후 요리교실에 참여했는데, 그때 간단한 시럽이나 전통적인 포르투갈식 걸쭉한 수프인 스톤 수프(stone soup) 만드는 법을 배웠다. 아버지는 토요일이면 내게 오픈-페이스트 참치 멜트(open-faced tuna melts, 빵 위에 치즈와 그 밖의 재료를 넣고 치즈가 녹을 때까지 그릴이나 팬에 구워 먹는 샌드위치 종류 – 옮긴이 주)를 만들게 하셨다. 또 냉동실에서 꺼낸 얼어붙은 소고기 덩어리를 자르지 않고 바로 스테이크로 만드는 아주 유용한 방법을 가르쳐 주겠다고 하셨는데, 그때가 생각난다. 그날 오후 아버지는 "켄지, 가서 망치를 가져오너라" 하셨고 결국 온 부엌 바닥에 칼 조각들만 뒹굴고 고깃덩어리는 그대로 녹지 않은 채 막을 내렸다.

고등학생 시절 내가 잘 하는 음식이란 대충 만든 과카몰리(guacamole, 으깬 아보카도에 양파, 토마토, 고추 등을 섞어 만든 멕시코 요리)와 충분히 익혔는데도 속이 다 녹지 않은 닭고기 파이였다. 한번은 부엌에서 열심히 뭘 만들었는데, 겉에는 초콜릿을 바르고 속에는 라즈베리 잼을 넣은 내 딴에는 아주 예쁘고 멋진 얇은 아몬드 쿠키였다. 지금만큼이나 누구도 못 말리는 로맨티스트였던 나는 밸런타인데이에 당시 좋아했던 여학생에게 주려고 그 쿠키에 온 정성을 쏟았다. 하지만, 그녀는 내 기대와는 달리 로맨틱한 덕후에겐 그다지 관심이 없었다. 나는 밸런타인데이에 차였고 그 파이는 그녀의 아버지가 먹어 치웠으며 초보 요리사로서의 내 경력도 거기서 끝나고 말았다.

마침내 대학에 진학해야 할 때가 왔고, 나는 매사추세츠 공과대학(Massachusetts Institute of Technology, MIT)에 입학했다. 그곳은 과학의 전당으로 공부벌레들이 떼로 모여 진동수의 단위인 헤르츠(hertz)나 컴퓨터의 메모리 단위인 바이트(bytes)에 관해 이야기하는 곳이다. 대부분의 학생들은 겨울철엔 공부를 하느라 신발 한 켤레가 거의 닳을 일이 없을 정도로 나다니는 일이 없었는데 나는 그 평균조차도 더 낮추는 학생이었다.

시간이 좀 지나자, 나는 마침내 그 괴짜들 사이에서 편안해졌고, 아주 흥미로운 하위문화 속에서 흥청거렸다. 그리고 지금까지 알고 있던 것보다 훨씬 더 많은 걸 배우게 됐다. 대부분은 다음 날 오전 11시 수업을 출석하지 못할 정도로 고주망태가 되려면 위스키소다(whiskey-and-Cokes, 콜라를 넣은)를 정확히 몇 잔 정도 마셔야 하는가 하는 식의 과학적인 퍼즐 같은 문제들이었다. 하지만 점점 냉엄한 현실을 깨닫게 되었다. 나는 생물학과 과학을 아주 좋아했지만, 생물학 실험실에서 실험하는 게 싫었다. 과학 실험은 그 과정이 너무 느리게 진행되었고, 여러 달 동안 실험한 결과가 결국엔 '다 잘못됐으니 그런 실험을 처음부터 다시 해 주시겠습니까?'일 때는 정말 힘이 들었고 짜증이 났다. 그래서 모든 영웅이 위기의 순간에 했을 법한 그런 일을 해 버렸다. 바로 도망치는 것이었다.

그리고 그게 옳았다.

그해 여름, 나는 생물학 실험실에서 하는 또 다른 연구에 참여하지 않겠다고 다짐을 했다. 실험실에서 나는 한창 젊은 인생의 전성기에 피펫(pipette, 실험실에서 소량의 액체를 재거나 할 때 쓰는 작은 관)이니 DNA 염기서열 분석이니 하는 것을 가지고 청춘을 낭비하고 있었다. 결국 나는 가능한 한 학문적이지 않은 일을 직업으로 삼겠다는 목표를 세웠다. 웨이터 일이 괜찮아 보였다. 귀여운 여자들을 만나고 맛있는 음식도 먹고 요리사들과 어울리고 다음 날 3시까지 출근하면 되니까 매일 밤 파티에도 갈 수 있었다. 기본적으로는 억눌린 대학생의 소망 같은 것이었다고나 할까. 웨이터 일을 구하려고 처음으로 찾아간 식당은 하버드 스퀘어(Harvard Square)에 위치한 형편없는 싸구려 음식점으로 그릴에 구운 몽골식 고기 요리를 파는 곳이었다. 이 식당에선 웨이터가 아니라 요리사*를 애타게 구하고 있었다.

나는 조금도 머뭇거리지 않고, 바로 계약을 했다. 그것은 내게 목표를 향한 출발과도 같았다. 일터인 주방에서 칼에 손을 대던 순간 무언가가 번뜩였다. 마치 머리를 다쳐 갑자기 새로운 사람으로 바뀐 환자처럼. 더는 내 자신의 운명을 내 마음대로 할 수 없었다. 그 우스꽝스러운 야구모자와 진지하게 '원탁 그릴의 기사(a Knight of the Round Grill)'라는 걸 분명히 보여주는 티셔츠를 입은 그날, 그 시간부터 나는 요리사가 돼버렸다. 요리에 대해선 아무것도 모르고 내가 하는 일이 대부분 양손에 뒤집개(스패출러)를 들고 아스파라거스 줄기를 뒤집는 일이라는 건 전혀 문제가 되지 않았다. 그때 나는 이제 내 인생에서 무엇을 해야 하는지 바로 깨달았다.

나는 게걸스럽게 손에 닿는 요리책마다 다 섭렵해 나갔다. 바닷가에 갈 때 프리스비는 잊어도 페팽(Pépin, 프랑스 출신 미국의 유명 요리사)의 요리책은 가져갔다. 친구들이 영화관에 몰려 갈 때? 나는 모서리가 잔뜩 접힌 중국요리 책을 읽으며 주방에 있었을 것이다. 수업이 없는 시간은 최대한 식당에서 보냈다. 순전히 뚝심과 정신력으로 모자란 경험을 메워 나갔다. 안타깝게도 학위는 받아야 했고 요리를 가르쳐 줄 확실한 스승은 없었기 때문에(그나마 요리 사수 비슷한 건 남학생 사교클럽의 셰프였는데, 그는 감자를 깎는 것보다는 피아노에서 코카인을 흡입하는 데 더 능숙했다.) 요리는 내게 해답 없는 끝없는 질문의 연속이었다.

왜 파스타는 물을 많이 붓고 삶아야 할까? 감자를 굽는 게 삶는 것보다 왜 더 오래 걸릴까? 팬케이크는 왜 늘 엉망이지? 베이킹파우더엔 도대체 뭐가 들어 있는 거야? 그 당시 나는 학교를 졸업하는 대로 다시는 즐길 수 없는 일은 하지 않겠노라고, 그리고 나를 사로잡은 이런 질문의 답을 찾기 위해 평생을 보내겠노라고 나 자신과 약속을 했다. 요리사의 수입이 형편없고, 친구나 가족을 휴일에 다시는 못 볼 정도로 일이 아주 바쁘다

---

* 엄격히 말한다면, '요리사'라는 말은 상당히 관대하게 쓰인 말이다. 뒤집개를 휘두르는 원숭이 정도로 보는 게 맞을 것이다.

는 사실도 그다지 신경 쓰이지 않았다. 열정이 샘솟았고, 몹시 가난하게 지낸다 해도 그 일을 하지 않으면 견딜 수 없을 것 같았다.

어머니는 그 일을 받아들이지 못하셨다.

나는 식당에서 시간제로 일하면서 어쨌든 학업은 끝마쳤다(결국 건축학으로 학위를 받고야 말았지만.). 그동안 계속해서 유용한 과학에 대해 상당히 많은 걸 배웠다(생물학의 적용 면에서 과학 그 자체에 대한 흥미를 잃어버렸던 적은 없었다.). 그리고 졸업 후, 보스턴에서 유명한 셰프들 중 몇몇의 밑에서 일하기 시작했지만 어머니에겐 요리사는 그저 요리사일 뿐이었다. 어머니에겐 캐비아 뵈르 블랑(caviar beurre blanc, 어패류용 소스) 소스를 곁들인 줄무늬 농어 필레(fillet, 가시를 발라낸 후 저민 살코기) 소테나 일곱 면으로 작게 공들여 깎은 무를 조심스럽게 장식하는 일이나 버거를 뒤집는 일이 별반 다르지 않았다(역설적이지만 어머니 말이 맞는 것 같기도 하다. 요즘은 종종 고급 식당의 음식보다 버거를 만드는 게 더 매력적인 일이 아닐까 하는 생각이 들기도 해서.).

하지만 적어도, 이런 멋진 식당에서 일하다 보면 내가 찾고자 하는 해답을 결국 찾게 될 것이라 생각했다.

그렇게 빨리는 찾을 수 없다 해도.

출근 첫날, 프렌치프라이를 만들었는데, 감자를 두 번 튀기는 전통 방식으로 배웠다. 저온의 기름에서 몇 분 튀긴 뒤 고온의 기름에서 한 번 더 튀기는 방법이었다. 이 작업을 하며, 내가 처음으로 하게 된 질문은 자유롭게 생각하는 사람이라면 했을 법한 질문이었다. '저온에서 첫 번째로 튀기는 것의 목적이 많은 사람들이 얘기하듯, 단순히 감자를 완전히 익히는 데 있다면 튀기는 대신 감자가 익을 때까지 삶고 그다음 한 번만 튀겨도 되지 않을까?'

이 질문에 대해 존경해 마지 않는 셰프님께서는 이렇게 말씀하셨다. "음, 그렇게 해도 될 것 같긴 하지만 그렇게는 안 하지. 질문 많이 하지 마. 다 대답해 줄 시간이 없어." 맞는 말이었지만, 그건 내가 바라던 학구적인 감성이나 과학적 탐구에서 나온 대답은 아니었다. 사실, 직업 요리사로서 일상적인 시간을 보내다 보니 내가 가졌던 요리에 대한 질문의 답을 찾을 시간이 더 없었다. 그 질문들은 이제 바쁜 토요일 밤의 주문지처럼 점점 더 쌓이기 시작했다.

그래서 식당에서 일한지 8년이 지나자, 나는 방향을 좀 바꿔 보리라 결심했다. 어쩌면 레시피 개발이나 출판이 그 해답이 될지도 모른다고 말이다. 그리고 이렇게 궤도를 바꾸고서야 비로소 내 호기심이 충족되기 시작했다. 요리 잡지 『쿡스 일러스트레이티드(Cook's Illustrated)』의 시험 요리사 겸 편집자로서, 나는 질문에 대한 답을 찾을 기회를 가지게 됐으며 게다가 그 일로 돈까지 벌 수 있었다. 내가 가장 좋아하는 네 가지 중에서 세 가지를 결합할 수 있는 직업인 것이다. 그 네 가지란 바로 맛있는 음식을 맛보고 과학적으로 탐구하고, 그리고 육체를 움직여 요리를 하는 것(네 번째는 내 아내가 되겠지.). 이 일을 통해 '해방감'을 느꼈다. 나는 많은 사례를 통해 심지어는 아주 유명한 식당에서조차도, 전통적인 요리 지식에 따른 조리법들이 실은 아주 시대에 뒤떨어졌으며 몇몇은 완전히 잘못된 지식이라는 걸 깨닫게 되었다.

그 뒤 나는 아내와 뉴욕으로 다시 돌아갔고, 『쿡스 일러스트레이티드』에서 했던 일보다 더 괜찮은 일을 하게 되었다. 음식 비평 사이트인 '시리어스잇츠닷컴(www.seriouseats.com)'에서 CCO(chief creative officer)이자, 이곳의 인기 있는 칼럼인 '더 푸드 랩(The Food Lab)'의 작가로서 마침내 나는 정확히 하고 싶었던 일을 100% 할 수 있게 되었다. 궁금했던 질문을 해소하기 위해 탐구할 수 있었고, 그 과정에서 실험해 보고 싶었던 것을 실험해 보고 요리해 보고 싶었던 것을 요리해 볼 수 있었다. 가장 좋은 점이라면? 무엇보다도 나만큼이나 먹는 것에 열정적이고 정성을 쏟는 음식 애호가들을 위해 일을 할 수 있다는 것이었다.

물론 나는 여러 방법으로 생활비를 벌었는데 레시피를 시험하고 만들어 내는 일은 그중 일부분에 지나지 않았다. 이런 저런 글을 교정하고, 온라인에 피자는 어떻고 햄버거는 어떻고 하면서 정보를 알려 주기도 했다. 가끔 있는 귀찮은 사업 모임이나 음식 애호가들이 수다를 떠는 행사에도 참가하고, 그러는 와중에 이따금씩 책을 쓰기도 했다. 하지만 어쨌든 나는 요리사이고, 요리사는 내가 정말로 하고 싶었던 일이었다.

이 책의 내용은 무엇인가
WHAT'S IN THIS BOOK?

약 20년 전 저명한 식품 과학자이자 저자이며 개인적으론 나의 영웅인 해럴드 맥기(Harold McGee)는 이런 말을 했다. "많은 사람들의 생각과는 달리 고기를 로스팅(roasting, 오븐에서 육류, 가금류, 채소 등을 굽는 조리방법)하기 전에 시어링(searing, 고열로 고기 표면을 빨리 갈색으로 굽는 것)을 하더라도 '육즙이 빠져나가는 것을 막을* 수 없다'"고 말이다. 당시에 이런 말을 요리사에게 하는 건 물리학자에게 바위가 아래에서 위로 떨어진다고 말하거나 이탈리아 사람에게 피자가 아이슬란드에서 처음 생겨났다고 말하는 것과 마찬가지였다. 19세기 중반 독일의 식품 과학자인 유스투스 폰 리비히(Justus von Liebig) 남작이 고온에서의 시어링은 근본적으로 고기 표면을 높은 열로 지져서 육즙이 빠져나가지 않게 막을 형성한다는 이론을 제기했고, 그때부터 이 이론은 요리에서는 줄곧 정석으로 여겨졌다. 이후 1세기 반 동안 이 위대한 발견을 프랑스 요리의 아버지인 오귀스트 에스코피에(Auguste Escoffier)는 물론이고 세계적으로 유명한 셰프들도 받아들였다. 그리고 요리 스승에서 제자로, 요리책 저자에서 일반 가정으로 전해졌다.

사람들은 맥기가 이런 고전적인 이론에 맞서 자신의 주장을 입증하기 위해 세상에서 가장 성능이 좋은 컴퓨터를 사용했거나 적어도 주사형 전자 현미경(electronmicroscope, 시료 표면을 전자선으로 주사하여 입체구조를 직접 관찰하는 기능을 가진 전자현미경)이라도 사용했을 거라고 생각할 것이다. 이 책을 읽고 있는 당신 역시 그럴 것이다. 하지만 틀렸다. 그는 그냥 고기 조각을 살펴보는 것으로 증명해 냈다. 맥기는 우리가 스테이크 한쪽 면을 시어링하고 뒤집어서 다른 쪽을 구울 때, 스테이크 속에 있던 육즙이 윗부분에서 흘러나오는 데 주목했다. 그 윗부분은 시어링이 끝나 이제는 육즙이 흘러나오면 안 되는 곳이 아닌가!

스테이크를 만들어 본 사람이라면 누구나 보았을 법한 일이었는데, 식당에서는 조리법을 완전히 바꿔야 하는 그런 발견이었다. 실제로 요즘 고급 식당들은 스테이크를 먼저 비닐 팩에 넣어 낮은 온도의 물에서 익히고 풍미를 더하기 위해 마지막에 불에다 시어링한다. 그렇게 하면 폰 리비히의 주장이 마침내 오류였다고 판명날 때까지 세상 사람들이 먹었던 그 스테이크보다 육즙이 훨씬 더 풍부하고, 촉촉하고 부드러운 스테이크가 만들어진다.

우리가 참 의아하게 생각하는 것은 폰 리비히의 이론이 틀렸다는 것이 그렇게 간단하게 입증이 될 수 있는 거였는데도 어떻게 거의 150년이나 걸렸는가 하는 것이다. 그 답은 늘상 '요리'라는 것을 과학이라기보다는 어떤 손재주라고 여겨 왔다는 데 있다. 식당 요리사들은 수습 요리사 시절에는 질문은 전혀 할 수 없고 오직 스승의 기술을 배우기만 한다. 일반 가정의 요리는 어머니나 할머니로부터 또는 요리책이나 매스컴에서 배운 정보와 레시피를 따른다. 아마 요즘의 입맛에 맞추기 위해 이리 저리 레시피를 수정은 하지만 절대로 기본 원칙에는 도전하지 않는다.

요리사들이 이런 단단한 껍데기를 깨기 시작한 것은 겨우 최근에 와서이다. 새로운 요리 기술을 개발하는 데 조리 과학을 적극적으로 활용하는 식당들은 만족할 만한 그리고 가끔은 아주 놀라운 결과물을 만들어 내기도 한다. 이런 식당들이 빠르게 늘어나고 있으며 꾸준히 세계에서 가장 좋은 식당으로 선정되고 있다. 예를 들면, 시카고(Chicago)의 알리니아(Alinea)나 현재는 휴

---

* 실제로는 맥기가 이 이론이 틀렸다고 처음으로 주장한 사람은 아니지만 이 이론에 제대로 주목하기 시작한 것은 처음이었다.

업 중인 스페인의 엘 불리(El Bulli) 같은 곳이 그렇다. 사람들이 마침내 요리의 진면목에 눈 뜨기 시작했다는 반증이다. 즉, 요리를 가공되지 않은 재료와 기술을 투입하면 맛있는 결과물이 나오는 과학 공학적인 문제로 인식하게 되었다는 것이다.

그렇다고 내 말을 오해하지는 않기를 바란다. 나는 거품 내기가 미래의 조리법이 될 것이라든지 또는 달걀을 제대로 조리하려면 증기가 주입되는, 압력 조절 오븐에서 요리해야 한다는 걸 증명하려 하는 것은 아니다. 또 나는 최신 유행이나, 화려하고, 핀셋으로 장식한, 해체주의, 재구성주의 요리를 해야 한다고 말하려는 것도 아니다. 사실 그 반대라고 할 수 있다.

내가 하고자 하는 일은 아주 단순하다.

햄버거나 매시드 포테이토(mashed potato), 구운 방울양배추(Brussels sprou), 닭고기 수프, 심지어는 흔한 샐러드 같이 아주 단순한 음식조차도 요즘 인기 있는 고급스러운 요리를 하는 셰프들의 음식 못지않게 매력적이고 흥미로우며 유명하고 또 맛있다는 것이다. 여러분은 햄버거를 만들 때 한 번이라도 햄버거 속에서 어떤 일이 일어나고 있는지 알고 감탄해 본 적이 있는가? 참으로 여러 부위로 구성된 가축에게서 선별된 부위의 근육 덩어리를 다져 모양을 만들고 여기에 소금과 후추로 양념을 하고 뜨거운 금속 도구 위에 올려 시어링한 뒤 살짝 구운 부드러운 둥근 빵 속으로 들어가는 햄버거 패티(patty)의 그 복잡하면서도 간단함이란 얼마나 놀라운가! 생각해 본 적이 없다고? 그렇다면 무슨 이야기인지 짤막하게 설명해 보겠다.

햄버거에 관해

햄버거는 소고기 패티로 시작된다. 아니, 좀 더 앞으로 거슬러 가 보자. 실제로 버거는 분쇄한 소고기로부터 시작해서 모양을 만들고, 아니, 더 앞으로 가야겠다. 햄버거는 소고기를 부분부분 잘라 내고 이 조각을 갈아서……. 잠시만, 이것에 대해서는 맨 처음부터 다시 살피면서 더 깊이 들어가 보자. 먼저 소로부터 햄버거는 시작된다. 소란 가축은 아주 복잡한 생을 사는 동물인데, 품종이나 먹이뿐만 아니라 활동량이나 소들이 자라는 지형, 언제 어떻게 도축되는가, 평생 풀을 먹고 자랐는지 아니면 곡물도 함께 먹고 자랐는지 등에 따라서도 구별된다. 소에서 나오는 고기들은 지방 함량에 따라, 살아 있는 동안 소의 역할과 먹이에 따라 맛도 다 다르다. 부위를 엄선해서 고깃덩어리를 분쇄하면 최적의 맛과 적당량의 지방을 함유한 분쇄 우육이 된다.

이제, 고기를 갈고 패티를 만들고 익히는 일은 아주 간단하겠지?

아니, 그렇게 간단하지 않다. 소고기를 분쇄하는 방법에 따라 완성된 버거의 질감에 상당한 차이가 생긴다. 분쇄한 소고기는 모두 똑같은 방법으로 만들어졌을까? 다시 생각해 보자. 소금은 또 어떨까? 고기에 소금을 치고 그것을 섞을까? 아니면 패티 위에 소금을 칠까? 또 패티는 어떻게 만들까? 소고기를 동그랗게 빚은 뒤 평평하게 만드는가? 이게 제일 좋은 방법일까? 버거를 구울 때 무엇 때문에 버거가 소프트볼 모양으로 동그랗게 부풀어 오를까? 부엌에서 일어나고 있는 경이로움에 눈을 뜨기 시작하면, 여러분이 요리하고 있는 동안 음식 속에서는 정말 어떤 변화가 일어나고 있는지 묻기 시작한다면? 그런 질문은 점점 더 생겨나고 해답을 찾는 과정 또한 점점 더 매력적으로 다가온다는 걸 알게 될 것이다.

버거에 대한 질문에 답을 찾으면 더 맛있는 버거를 만들 수 있으며 또한 비슷한 다른 요리에도 적용할 수 있다는 걸 알게 된다. 크고 두꺼운 버거를 먼저 그릴의 덜 뜨거운 부분에 올려 구운 뒤 마지막에 아주 센 불에서 시어링을 해 버거 전체가 골고루 완벽하게 미디엄 레어(medium-rare) 색을 내고 겉면이 아주 바삭하도록 만든다. 그렇다면 두껍고 큰 스테이크를 구울 때는 어떤 방법이 가장 좋겠는가? 여러분은 이미 알고 있다. 정확히 똑같은 방법으로 구우면 된다. 스테이크 안에 있는 단백질과 지방은 햄버거 속에 있는 패티와 유사하기 때문이다.

무슨 말을 하는지 아직 잘 모르겠다고? 걱정 마시라. 이런 모든 질문에 대해 곧 자세히 답해 줄 것이다.

성공으로 가는 첫 단계는 실패하지 않는 법을 배우는 것이다.

똑같은 조리법으로 여섯 번은 멋진 결과를 내었는데, 일곱 번째에는 완전히 실패한 적이 있는가? 고깃덩어리는 질겨지고 피자 반죽은 부풀지 않는 등 종종 무엇이 문제인지 정확히 꼬집어 얘기하기 어려울 때도 있다. 그러면 당신은 부엌에서 어설픈 수선공이 되어 레시피를 여기저기 수정하여 자신의 입맛과 기분에 맞추려 할 수도 있을 것이다. 레시피를 조금 수정했어도 운 좋게 처음 여섯 번은 결과물에 아무런 문제가 없었을 수도 있다. 그렇다면 일곱 번째에는 무엇이 문제인가? 소금을 더 넣어서 그런가?

아마 실내 온도 때문일까? 아니면 올리브오일이 떨어져서 카놀라유를 사용해서인가? 스탠드 믹서(stand mixer, 반죽기)가 고장 나서 손으로 모든 걸 섞어서일까?

중요한 점은, 작성된 레시피에서 길을 잃는 경우는 무수히 많지만 레시피가 실패하는 원인은 단지 그러한 시도 중 몇 가지에 불과하다는 것이다. 완성된 요리의 질을 결정하는 기본이 정확히 레시피의 어느 부분이며 그냥 장식에 관한 것은 어느 부분인지를 이해해야 한다. 바로 이런 이해가 실제적인 기술이며 이제까지는 없었던 주방에서의 기회를 만들어 줄 수 있다. 레시피가 작동하는 방법과 이유를 기본적인 과학의 측면에서 이해하게 되면, 레시피라는 족쇄에서 자유로워지게 된다.

자신이 봤을 때 문제가 없는 정도로, 결과가 만족스러울 거라는 확신을 갖고 조리법을 수정할 수 있게 된다. 예를 들어, 이탈리아 소시지(Italian sausage)의 조리법을 보자. 이 책에 나와 있는 레시피에는 돼지고기 목살에 소금과 향신료를 몇 가지 넣고 밤새 재웠다가 다음 날 갈아서 치대라고 되어 있다. 자, 여러분이 내 레시피로 만든 이탈리아 소시지 맛을 계속 봤는데, 펜넬(fennel, 회향이라고도 하며 향이 강한 채소류로 씨와 잎을 먹는다.)의 향이 너무 강하다고 느꼈다고 하자. 그렇다면 다음에는 펜넬을 적게 넣고 대신 마저럼(marjoram, 박하과 식물의 잎으로 다른 향료와 조합하여 사용되며 특히 소시지, 수프 등에 사용된다.)을 더 넣을 것이다. 여러분은 내 레시피의 소시지 만드는 부분을 읽었고 맛있는 식감의 소시지를 만드는 핵심이 소금과 고기 사이의 작용이며 또한 분쇄율을 섞는 방법에 있다는 걸 이해했기 때문에, 향신료를 바꾸더라도 훌륭한 맛을 낸다는 걸 확신할 수 있는 것이다. 동시에 소금이 근육의 단백질을 녹이고 교차 결합을 하게 해서 소시지 맛을 산뜻하게 하고, 육즙이 풍부한 식감을 주기 때문에 펜넬의 양을 줄이듯 소금 양을 줄일 수는 없다는 걸 알고 있다. 마찬가지로, 원하면 칠면조나 양고기로 소시지를 만들 수 있다는 것은 물론 육즙이 그대로인 촉촉한 소시지를 원한다면 지방의 비율을 바꾸면 안 된다는 것도 알게 된다.

알게 된 사실 : 암기식으로 하는 요리는 당신의 스승이 세상에서 가장 위대한 셰프들 중 하나라 해도 아무 소용이 없다. 요리법에 담긴 근본적인 원리를 이해해야만 레시피와 맹목적으로 받아들이는 일반적 통념에서 자유로워질 수 있다.

무슨 이야기를 하고 있는지 이해하기 시작했는가? 핵심은 자유로워지는 것. 바로 그것이다.

책을 쓴 이유

여러 면에서 블로그라는 매체가 내가 하는 일의 성격에 가장 이상적이다. 나는 그다지 형식에 구애받지 않는 방식으로 요리에 대해 글을 쓰고 있으며, 내 독자들은 그들이 생각하는 것이나 예리한 질문들 혹은, 다음에 내가 도전해 줬으면 하고 바라는 것을 이야기해 준다. 블로그는 여러 사람이 참여할 수 있으며, 블로그 운영자로서 내가 거둔 성공은 독자들과 나를 계속 지지해 주고, 늘 재미있는 또 굉장히 멋진 동료들, 그리고 나처럼 블로그를 운영하는 동료 블로거들 덕이라고 생각한다.

그렇긴 하지만, 물론 블로그라는 형식이 갖는 한계는 있다. 짧은 글에는 멋진 곳이고 그림도 괜찮지만 도표는 어떤가? 그래프는? 이해하기 쉬운 레이아웃인가? 긴 형식의 글에도 어울리는가? 바로 이런 이유로 이 책이 나오게 됐다. 이 책은 지난 십오 년간 일상적인 음식을 요리하고 이런 음식을 과학적으로 연구했을 뿐만 아니라 이 과학을 가정의 주방에 적용해서 일상의 음식을 더 훌륭하고 맛있게 조리할 수 있는 방법을 수년 동안 연구해서 얻은 결정체이다.

이 책에는 이국적인 재료나 어려운 기법 혹은 화학 재료, 아니면 가령, 푸드프로세서나 비어 쿨러(Beer cooler, 야외에서 맥주를 시원하게 하는 일종의 아이스박스)보다 훨씬 더 특별한 조리기구가 있어야만 가능한, 그런 멋을 한껏 낸 레시피는 싣지 않았다. 또 디저트에 대한 내용도 없다. 몇 가지를 그럴 듯하게 실을 수도 있었지만, 후식은 내 관심사가 아니며, 맛있는 음식에 끌리는 것만큼 후식에는 그렇게 끌리지 않는다고 솔직히 밝히는 게 낫겠다고 생각했다. 앞에서 하고 싶지 않은 일은 아무것도 하지 않겠다고 결심한 사실이 기억나지 않는가?

이 책에는 고전적인 레시피에 대한 철저한 연구가 담겨 있다. 왜 닭을 튀기면 껍질이 바삭한지, 감자를 으깰 때, 감자 속에서는 어떤 변화가 일어나는지, 베이킹파우더가 어떻게 팬케이크를 부풀게 하는지를 알게 될 것이다. 그뿐만이 아니라, 여러(아니 대부분?) 경우에, 가장 전통적인 조리 방법들이 사실 원하는 결과를 만드는 데 이상적이진 않다는 걸 알게 되고 대신 이 책을 통해 결과가 더 좋은 레시피와 지침을 많이 배우게 될 것이다. 실온의 수돗물로 파스타를 파쿡(parcook, 조리법과 관계없이 완전히 익지 않도록 조리하는 것)할 수 있다는 것을 알고 있는가? 또는 완벽한 프렌치프라이를 만드는 비결이 식초라는 것은?

내 아내와 반려견에 대해서도 조금 많다 싶을 정도로 자주 이야기하는 걸 보게 될 거고 비틀즈와 재치라고 할 것도 없는 말장난을 유별나게 좋아한다는 것도 알게 될 것이다. 아래 주제들에 대해 일부 또는 모두를 이야기하면서 이해하기 어려운 언급을 해서 비난을 받을지도 모른다. 그 소재들이란 『심슨 가족(The simpsons)』이나, 1980년대의 만화나 영화들, 『스타워즈(Star Wars)』, 영국 코미디언들, 『위대한 레보스키(The Big Lebowski)』, 『맥가이버(MacGyber)』 등이다. 나는 잘못을 인정하지만 뉘우치지는 않을 것이다.

때때로 여러분들도 집에서 쉽게 따라할 만한 실험이 있을 것이다. 이런 실험들은 모두 파티에 적합하고 대부분은 아이들에게도 적합하다. 그래서 이런 실험을 해 볼 생각이라면 주위 사람들과 꼭 함께 하길 바란다.

또 어떤 사람들은 이 책에서 오직 레시피만 참고할 수도 있는데, 그것도 괜찮은 방법이다. 맘에 든다. 나는 내용을 최대한 분명하고 간결하게 쓰려고 최선을 다했다. 각각의 레시피는 여러분이 지침만 따른다면 제대로 작동할 것이라고 보증한다. 만약 그렇지 않다면 제보해 주길 바란다! 어떤 분은 책만 다 읽고 요리는 한 가지도 해 보지 않을 수도 있다. 나는 레시피만 참고하는 분들보다 이런 분들을 오히려 더 좋아할 수 있는데, 이분들도 나처럼 보이는 것 뒤에서 혹은 잘 구워진 빵 껍질 속에서 일어나고 있는 일에 정말 흥미로워한다는 의미이기 때문이다.

여러분이 만약 안락의자에 앉아 읽기만 하는 요리사 유형이라면 땡잡았다고 할 만하다. 이 책은 요리의 처음부터 끝까지 다 다루고 있기 때문이다. 뒷장에 있는 레시피들은 앞장에서 이야기한 기본적인 과학적 원리에 기초해서 만들어진 것이다. 반면 건너뛰면서 읽는다면, 예를 들어, 감자 샐러드는 별로 관심 없지만 비프 로스트는 관심이 있다 해도 뭐 그다지 큰 어려움은 없을 것이다. 나는 각각의 수업이 독립적이고 필요하다면 앞장을 교차적으로 참고하도록 최선을 다했기 때문이다.

한 가지 여기서 분명히 하고 싶은 게 있는데, 이 책은 절대로 최종적이진 않다. 내가 왜 이렇게 이야기하냐고? 과학의 핵심이 바로 끝없이 계속되는 질문에 대한 탐구이기 때문이다. 우리를 둘러싼 세계에 대해 혹은 치즈 덩어리 속의 세계, 또 달걀 껍데기에 들어 있는 세계에 대해 우리가 얼마나 많이 알고 있든 간에, 우리가 모르고 있는 세계가 우리가 알고 있는 세계보다 훨씬 더 크다. 모든 해답을 알고 있다고 생각하는 그 순간 우리는 더 이상 아무것도 더 배울 수 없게 된다. 그런 때가 내게는 절대로 오지 않기를 진심으로 바랄 뿐이다. 소크라테스는 "우리가 아는 것이라고는 바로 우리가 아무것도 모른다는 것이다"라고 말했다.

모든 사람들이 따른다면 세상이 더 나은 곳이 될 거라고 생각하는 규칙이 세 가지 있는데 그것은 '늘 모든 것에 도전하고', '모든 걸 적어도 한번은 맛보고', 그리고 '릴렉스', 겨우 피자일 뿐이라고!

그렇다면 왜 나를 믿어야 하는가?

온라인 게시판에 끼어들어, 꽤나 대담한 주장을 하는 글을 올릴 때, 예를 들면, '뜨거운 기름에 튀기는 것이 실제로는 식재료가 기름을 더 많이 흡수한다'와 같은(871쪽 참고) 글을 쓸 때, 종종 나는 똑같은 질문들을 쏟아실 정도로 받는다. '누구라고요?', '어떻게 당신 말을 믿죠? 당신이 태어나기도 전부터 저는 음식을 이런 방식으로 요리해 왔는데요, 더 나은 방법이 있다고 말하는 당신은 누구인가요?'

이런 질문에 대해 대답해 줄 말이 아주 많다. 음식을 연구하고 시험해 보고 관련된 질문에 답해 주는 것이 내 일이므로. 나는 미국의 최고 공과대학들 중 한 곳에서 학위를 받았고, 또 미국에서 가장 좋은 몇 군데의 식당의 스토브 앞에서 요리를 하며 8년이라는 시간을 보냈다. 또 음식 관련 잡지나 웹사이트에 있는 레시피와 기사를 교정하면서 거의 10년을 보냈다. 이런 경력이라면 여러분이 내가 하는 말을 믿어도 될 만하지만, 사실을 말하자면 여러분은 나를 믿어서는 안 된다는 것이다. "나를 믿으라"는 것은 옛날 요리사들의 방식이었다. 스승과 제자 간의 방식이다. '내가 말하는 대로 지금 해라, 왜냐하면 내가 그렇게 말하므로.' 이는 정확히 내가 지금 싸우고 싶은 사고방식이다. 나는 여러분이 의문을 가지기를 바란다. 과학은 의문에서 시작된다. 갈릴레오 갈릴레이(Galileo Galile)는 다른 사람들이 하듯이 맹목적으로 받아들여 지구가 태양 주위를 돈다는 결론에 이른 것이 아니다. 그는 관습적인 지식에 도전을 했고 그를 둘러싼 세상을 묘사하는 새로운 가설을 세웠으며 그 가설을 실험했고 그리고 나서야 비로소 자신의 멋진 수염 뒤에서 뿜어져 나오는 그 기이한 생각을 믿어 달라고 하지 않았던가? 갈릴레오 갈릴레이는 물론 자신이 일으킨 물의로 인해 로마의 종교재판(Roman Inquisition)에서 판결을 받은 후 가택연금 상태에서 죽었다. 이런 일이 여러분과 같은 신에 주방 과학자들에겐 일어나지 않기를 바란다. 갈릴레이의 불행은 태양계의 모양을 묘사하는 것과 같이 아주 사소한 일 때문이었지만, 우리는 지금 아주 큰 문제에 맞닥뜨리려 하고 있다. 팬케이크나 미트로프(meat loaf)는 적어도 철저히 검토할 만한 가치가 있는 일이므로!

중요한 점은 여러분이 이 책을 읽다가 언제라도 내가 쓴 것 중에서 틀린 것을 발견하거나, 충분히 실험을 거치지 않아 보이거나, 철저하게 설명해 주지 않은 것을 발견하면, 내게 얘기해 주길 바란다. 스스로 실험해 보라. 스스로의 가설을 세우고 그것에 맞는 실험을 구상해 보라. 그리고 내게 이메일을 보내서 어느 부분에서 내가 틀렸다고 생각하는지 말해 달라. 언제나 환영한다. 진심으로.

과학의 첫 번째 법칙은 우리가 진실에 가까이 갈 수는 있지만 절대로 최종적인 답은 없다는 것이다. 날마다 새로운 발견이 이뤄지고 새로운 실험을 통해서 통념을 완전히 뒤엎는다. 지금부터 오 년 동안 아무도 이 책에서 적어도 한 가지라도 확실히 틀린 걸 발견하지 못한다면, 그 말은 곧 사람들이 충분히 비판적으로 생각하지 못한다는 의미이다.

하지만 여러분 중 누군가는 지금쯤 과학이란 정확히 무엇인가 하고 의문을 품고 있을지도 모른다. 아주 좋은 질문이며 종종 잘못 이해하는 주제이기도 하다. 과학에 대해 잠깐 이야기해 보도록 하자.

올바른 주방 과학의 열쇠
THE KEYS TO GOOD KITCHEN SCIENCE

과학이라는 것은 어려운 무언가가 아니다. 실험실 가운과 보호안경을 끼고 하는 무언가도 아니며, 근사하게 보이려고 하는 이야기도 절대 아니다. 과학은 그것 자체로 목적이 아니라 단지 방향일 뿐이다. 자신을 둘러싼 세계의 근본적인 질서를 발견하도록 도와주는 방법이며, 그러한 질서를 이용하여 사물이 앞으로 어떻게 변할지를 내다보도록 해 주는 방법론이다. 과학적 방법론은 관찰을 하고 그런 관찰을 지속하며 또 관찰한 것을 설명하기 위해 가설을 세우고, 그 가설이 틀렸다는 걸 증명하게끔 고안한 실험을 기반으로 한다. 최선을 다하고 성실히 노력했음에도 가설의 오류를 증명하지 못한다면 여러분은 그 가설이 참이라고 확실하게 말할 수 있다. 이것이 바로 과학이다.

과학은 여러분이 처음에 갖고 있던 맥주 세 개를 관찰하여 가장 차가운 맥주가 가장 맛있으니 네 번째 맥주는 차갑게 한 뒤 뚜껑을 따는 것이 좋겠다고 생각하는 정도의 단순한 것일 수도 있으며, 여러분 자녀의 눈동자 색이 푸른색일지 갈색일지 결정하는 유전자를 밝히는 것만큼 복잡한 것일 수도 있다.

우리들 대부분은 종종 의식도 못하는 사이에 매일 매일 과학 속에서 산다. 예를 들면 내가 갓 결혼을 했을 때 나는 아내가 기분이 나쁜 것과 내가 변기 뚜껑을 올리고 나오는 습관 사이에 직접적인 상관관계가 있다는 것을 알아챘다(관찰). 그래서 내가 변기 뚜껑을 자주 덮을수록 아마도 아내의 기분과 내 자신의 행복이 더 향상될 것이라고 생각했다(가설). 나는 변기 뚜껑을 몇 번 내려 두었고 아내가 어떻게 반응하는지 기다렸다(실험). 아내의 기분이 나아진 것을 알아채고 나는 매번 변기 뚜껑을 내려놓기 시작했고 이따금씩만 뚜껑을 올려 내 가설이 아직 유효한지 확인했다. 어떤 이들은 이것을 보고 그냥 좋은 룸메이트나 남편이 되는 방법이라고 말하겠지만 나는 이것을 과학이라고 부른다.

믿기 힘들겠지만, 아마도 평범한 사람이 과학을 일상에 적용해 보기에 가장 쉬운 곳이 부엌일 것이다. 과거에 여러분은 분명히 과학적인 실험을 해 보았을 것이다. 한 가지 예를 들어보자. 여러분이 1에서 11까지(10보다 더 바싹 굽고 싶은 경우에) 세기를 조절할 수 있는 다이얼이 있는 토스터를 샀다고 하자. 그런데 6에 다이얼을 맞춰서 구웠더니 토스트가 너무 많이 구워져서 나왔다. 그래서 4로 낮췄더니 이번에는 토스트가 노릇하게 구워져 나오지 않았다. 이 두 번의 관찰로 여러분은 아마도 5에다 맞추는 것이 적당하겠다는 가설을 세우게 된다. 자 보시라. 다음부터 모든 토스트는 제대로 돼서 나올 것이다.

이런 일은 과학의 역사에서 보면 아주 획기적인 발견은 아닐지 모른다. 그리고 인정하건대 적용할 수 있는 범위가 아주 제한적이다. 다음번에 사용하게 될 토스터가 똑같은 온도 범위를 갖고 있는지조차도 보증할 수 없으니 말이다. 하지만 그럼에도 그건 과학이며 그런 의미에서 전문적인 과학자들이 매일 하는 과학적 실험과 별반 다르지 않다.

과학자들은 편견이 실험에서 강력한 힘으로 작용할 수 있다는 것을 안다. 종종 그들은 자신들조차도 깨닫지 못하는 사이에 자신들이 보고자 하는 것만 보고 찾고자 하는 답만 찾을 수도 있다.

숫자를 셀 줄 아는 말, 영리한 한스(Clever Hans) 이야기를 들어봤는가? 20세기 초, 한스는 독일어를 알아듣고 계산을 하고 요일을 맞추고 음조를 구별하고 심지어는 읽고 철자를 알아맞힐 정도로 영리해 아주 유명해졌다. 한스를 훈련시킨 조련사가 한스에게 질문을 하면 한스는 말발굽을 두드려 답을 했다. 예를 들어, "8 더하기 12는 얼마니?" 하는 질문을 받으면 한스는 발굽을 스무 번 찍는 것이었다. 한스는 돌풍을 일으켰고 독일 각지를 돌아다니며 믿을 수 없는 능력으로 사람들을 깜짝 놀라게 했다.

그러나 독일의 교육위원회의 아주 철저한 연구와 검증을 통해 연구원들은 한스의 이 모든 것이 가짜였다는 아주 놀라운 결론을 내놓았다. 한스에게는 계산 능력이 전혀 없다는 것이 밝혀졌다. 한스는 조련사의 얼굴 표정과 태도를 읽어 내는 능력이 탁월했던 것뿐이다. 천천히 발굽을 땅에다 구를 때 한스는 조련사의 얼굴에 보이는 긴장감을 관찰했던 것이다. 한스가 맞는 숫자에 이르렀을 때 조련사는 긴장을 풀었고 한스는 끝났다는 걸 알아채고 구르기를 멈췄던 것이다. 이것만으로도 확실히 칭송할 만한 능력임에는 틀림없다. 아내가 언제 긴장하고 언제 이완하는가를 알면 내 결혼 생활의 문제들 대부분은 해결될 텐데 말이다. 다시 말하겠는데, 한스는 계산을 할 수 있었나? 그렇진 않았다.

하지만 여기서 중요한 점은 바로 그 조련사는 자신이 하는 행동을 몰랐다는 점이다. 조련사는 한스가 놀랄 정도로 영리한 말이라고만 생각했던 것이다.

사실 한스는 전혀 낯선 사람이 질문을 할 때에도 얼굴을 읽는 능력이 뛰어나서 똑같이 잘 대답했다. 그렇다면 어떻게 교육위원회의 위원들은 한스의 이런 능력이 가짜라는 걸 밝혀냈을까? 위원들은 일련의 과학적인 실험 방식을 고안해 냈다. 가장 단순하게는 말의 눈을 가리거나 조련사에게 한스가 볼 수 없는 곳에서 한스에게 질문을 하게 한 것이다. 예상한 대로, 갑자기 한스의 놀라운 능력이 사라졌다. 가장 흥미로운 실험은 조련사 자신도 답을 모르는 문제를 한스에게 물어보는 것이었다. 어떻게 됐을까? 조련사가 답을 모르면 한스도 역시 답을 몰랐다는 것이다.

물론 실험에 수학을 잘하는 말이 포함되든 여러분의 부엌에서 실험이 이뤄지든 중요한 것은 성공적인 실험 방식을 만들어 내려면 실험자(이 경우엔 여러분)가 가지고 있는 선입견을 없애야 한다는 것이다. 이것이 늘 쉽지는 않지만 그래도 대부분은 가능한 일이다.

얼마 전에 했던 실험 하나를 이야기할까 하는데, 이 실험은 주방에서 맛을 잘 볼 수 있게 하는 데 중요한 7가지 단계를 알려준다. 그 단계는 선입견을 없애는 것, 통제 집단을 포함할 것, 변수를 분리할 것, 계획을 잘 세울 것, 미각이 둔해지지 않도록 할 것, 맛보기, 그리고 마지막으로 분석이다.

뉴욕 피자는 정말로 물 때문에 맛있는 걸까?

같은 걸 좋아하는 사람들끼리 함께 붙어 다니고 덕후들이 떼를 지어 여행하듯이 나 같이 정신병에 가까운 집착증 환자는 다른 이들이 강박증에 가깝다고 말할 정도로 자신과 비슷한 사람들과 친하게 지내려 한다. 물속에 포함된 미네랄 함량이 도우의 특성에 영향을 줄 수도 있다는 말을 처음 들었던 건 약 십 년 전이었다. 그때, 나는 제프리 스타인가튼(Jeffrey Steingarten)의 『그것은 틀림없이 먹어 봤던 것이다(It Must Have Been Something I Ate.)』라는 책에서 '플랫 아웃(Flat Out)'이라는 소제목이 붙은 장을 읽고 있었는데 로마의 빵에 몹시도 천착하는 글이었다.

> 샤워 중에, 샴푸 거품이 나지 않는다. 이 말은 로마 물은 미네랄 함량이 높아서 빵의 색이나 질감에는 아주 좋지만 발효가 느리고 도우가 팽팽해진다는 뜻이다. 나는 『베이워치(Baywatch)』에서 본대로 스쿠버 다이버용 수중 메모판에 손을 뻗어 목욕하면서 종종 떠오르는 그런 깨달음의 순간을 기록한다. 우리는 로마의 물을 실험해 봐야 한다.

안타깝게도, 그는 피자 비앙카(pizza bianca)와 파네 겐자노(pane genzano)를 가정에서 만들 수 있게 하기 위해 굉장한 노력을 했지만 물 문제가 제대로 만족스럽게 해결되지 못했다.

8년 뒤, 나는 또 다른 집착증 환자의 도움을 받으며 내 스스로 그 주제를 해결해 보리라 마음먹었다. 그는 뉴욕의 레스토랑 모토리노(Motorino)의 셰프이자 대표인 매튜 팔롬비노(Mathieu Palombino)인데 친절하게도 내가 하는 작은 실험을 도와주겠다고 자원했다. 발상은 간단했다. 물에 녹아 있는 미네랄은, 대부분 마그네슘과 칼슘으로, 밀가루에 있는 단백질이 더욱 단단히 결합하도록 돕는다. 때문에 서로 연결된 단백질의 그물망인 글루텐(gluten) 조직이 더 튼튼해지고 그 결과 도우에 힘이 있고 탄력이 생긴다. 그래서 물의 미네랄 함량이 높을수록(백만분의 일 단위 또는 ppm; parts per million으로 표시됨) 밀가루 반죽에 힘이 있고 쫄깃쫄깃해진다는 것이다. 이론상으로 맞는 말이며 실험실에서 아주 쉽게 증명이 된다. 내게 더 흥미로운 질문은 실제 물을 마시며 생활하는 평범한 사람들이 감지할 정도로 물에 들어 있는 미네랄(전용해 물질 또는 TDS; Total Dissolved Solid로 표시됨)의 영향이 큰가 하는 것이었다.

이 질문의 답을 찾기 위해 나는 매튜에게 TDS 함량이 다른 물로 나폴리 피자를 만들게 해서는 완성된 파이를 피자 전문가 패널들에게 가져가서 맛보게 했다. 하지만 문제가 있는데 현실은 이론이 아닌 실제 상황이기 때문에 그만큼 통제하기가 아주 어렵다는 점이다. 과학적인 실험을 할 때 잘 된 실험의 특징인 정확한 결과와 동일한 결과의 반복을 얻고자 한다면 꼭 지켜야 하는 주요한 여러 원칙이 있다.

맛을 잘 보기 위한 비결 #1 : 선입견을 없애라.

최선을 다하긴 했지만, 피자 크러스트가 얼마나 맛있는지 정확하게 실험으로 측정할 수 있는 도구가 아직 개발되지 않았다. 그래서 우리가 선택한 최선의 방법은 정제되지 않은 입맛이라는 분석에 의지하는 것이다. 인간은 음식과 음식의 상표명에 대한 감정적인 반응과 실제적인 음식의 질을 서로 분리하기가 굉장히 어렵다. 이런 선입견을 없애는 유일한 방법은 이중 블라인드 맛보기, 즉 감식가나 음식을 준비하고 내어 주는 사람 모두 어떤 음식이 어떤 음식인지 모르게 하고 맛을 보는 것이다.

이를 위해, 나는 먼저 서로 다른 물이 든 다섯 개의 병을 준비했다. 이 물들은 미네랄 함량이 10ppm('정수용'으로는 최대 허용치) 이하에서 370ppm(TDS 범위로는 최고로 높은 미네랄워터)까지 차이가 났고 수돗물도 포함됐다. 나는 지역 식품점에서 구입할 수 있는 특정 상표의 물을 골랐다.

- 아쿠아피나(Aquafina) : 10ppm 미만
- 다사니(Dasani) : 약 40ppm 정도
- 수돗물 : 약 60ppm 정도
- 로케타(Rochetta) : 177ppm
- 산 베네데토(San Benedetto) : 252ppm
- 에비앙(Evian) : 370ppm

나는 모든 종류의 물을 숫자만 간단히 표시한 투명한 병으로 옮겨 담았고 각 병에 어떤 종류의 물이 들어갔는지 기록해 두었다. 그런 식으로 표시한 이 물병들을 모토리노로 가져다 주면서, 한스의 조련사가 그랬던 것처럼 무의식중에 어떤 정보를 드러내지 않기 위해 나는 실제로 매튜를 보지 않았다. 그래서 그는 실험하는 물에 대해서 아무런 정보를 얻지 못했다.

일반적으로 나는 부호법을 공부하는 암호기법 박사학위 학생이자 내 다른 반쪽인 아내의 조언을 체계적으로 무시했지만, 이번에는 입을 닫고 아내의 말에 귀를 기울이며 변화를 꾀했다. 아내는 고정관념을 더 줄이면서 더 중요하게는 나도 그 시험에 참여할 수 있도록, 선입견이 없는 제3자인 아내가 숫자가 쓰인 물병의 병뚜껑을 다시 바꾸고 어느 병의 뚜껑이었는지를 메모해 두겠다고 제안했다.

그 결과, 각기 다른 3가지 기호 설명표가 포함된 3단계 부호법을 만들었고, 이 중 어느 하나만으로는 아무 소용이 없었다. 나 자신도, 아내도, 감식가들도 또 우리의 재능 있는 셰프도 맛보기가 끝날 때까지 어느 피자가 어느 물로 만들었는지 모를 것이다. 시식이 끝나면 아내는 뚜껑을 어떻게 바꿨는지 알려줄 것이고, 매튜는 어느 반죽에 어떤 물을 썼는지 말할 것이며 나는 어느 번호가 어느 상표인지를 말할 것이다.

맛을 잘 보기 위한 비결 #2 : 통제집단을 포함하라.

실험 결과를 대조할 때 표준으로 삼기 위한 통제집단의 개념은 아주 단순하지만 자주 간과된다. 이 개념은 우리가 이미 답을 알고 있는 적어도 한 가지 샘플은 맛보기에 포함해야 된다는 것이다. 그렇게 해야, 이 실험은 계획대로 이뤄졌고 다른 결과들도 믿을 만하다고 확신할 수 있는 것이다.

다시 말하면 이와 같은 이중 블라인드 실험에서, 샘플들 중 적어도 한 가지를 두 번 사용한다는 의미이다. 이 둘에 대한 결과가 똑같다면 실험이 계획대로 진행되었다는 아주 강력한 증거가 되는 것이다.

이 실험에서, 나는 수돗물과 에비앙을 두 번 사용해서 물 샘플 8개를 만들었다. 실험 절차가 정상적이고 우리 감식가들의 미각이 내가 믿었던 대로 미세하게 발달되었다면, 같은 물로 만든 빵 크러스트는 시식 시에 서로 비슷한 순위를 차지해야 할 것이다.

맛을 잘 보기 위한 비결 #3 : 자신이 질문하는 것이 무엇인지 정확히 파악하라(변수를 분리할 것).

더글라스 애덤스(Douglas Adams)의 『은하수를 여행하는 히치하이커를 위한 안내서(Hitchhiker's Guide to the Galaxy)』에서 과학자 팀은 마침내 가장 중요한 질문, 즉 삶에 대한 해답, 우주, 그리고 모든 의문에 답할 수 있는 슈퍼컴퓨터를 만든다. 그런데 최후의 아이러니는 이 과학자들이 마침내 42가지 질문에 대한 답을 들었을 때, 이들은 자신들이 처음에 한 질문이 정확히 무엇인지 몰랐다는 걸 깨달았다.

아, 참으로 딱한 과학자들이다. 과학에 관한 제1법칙은 '당신이 답하려고 하는 그 질문이 정확히 무엇인지 파악하라'이다. 질문의 범위를 좁히면 좁힐수록 그것을 밝히기 위한 실험을 설계하기가 더 쉬워진다. 피자를 만드는 데에는 수많은 변수들이 있는데 이 변수들 각각은 나름대로 흥미로운 점이 있다. 하지만 여기서, 나는 오직 한 가지 변수에만 관심이 있는 것이다. 바로 물에 함유된 미네랄 함량이 피자 반죽에 어떤 영향을 미치는가? 이 말은 이 한 가지 변수를 분리하기 위해, 나머지 수많은 변수에 포함되는 개별 변수는 샘플들마다 정확히 똑같은 상태로 유지해야만 한다는 말이기도 하다. 말이야 쉽지.

실제 세계, 특히 요리에서는, 통제해야 할 변수들이 제 정신이 아닐 정도로 많다. 나무를 땔감으로 하는 오븐이라면 통나무는 온도를 몇 도 더 올라가게 할 수도 있어 첫 번째 피자보다는 두 번째 피자를 구울 때 오븐이 조금 더 뜨거울 수도 있다. 혹은 매튜가 다섯 번째 피자를 오븐에 넣으려고 하는데 접시를 한가득 끌고 가는 직원이 있어 그가 지나가기를 기다려야 할지도 모른다. 그래서 다섯 번째 피자는 몇 초가 더 걸릴지도 모른다. 이런 일은 과학적 실험을 할 때 얼마든지 일어날 수 있으며 피하기도 어려운 일이다. 우리는 그저 샘플마다 이러한 작은 변수들이 실제 실험 대상인 그 변수와 비교했을 때는 거의 알아볼 수 없을 정도로 아주 사소한 것이기를 바랄 뿐이다. 또한 모든 샘플이 똑같이 다뤄지도록 최선을 다해야 한다.

나는 매튜에게 매번 다른 샘플들을 반죽할 때 재료의 무게를 정확히 재고 반죽을 치대는 데 매번 똑같은 시간을 들이고 똑같은 온도에서 발효시키도록 했다. 일반적으로 식당에서 피자를 만드는 사람은 교대로 피자 모양을 내고, 소스를 바르고, 피자를 굽는데, 이번에는 매튜 혼자서 처음부터 끝까지 만들어서 조리 과정이 최대한 동일하도록 했다.

이런 방법 외에도 각 샘플을 완성된 마르게리타 피자와 그냥 반죽만 구운 도우, 두 가지 형태를 함께 내기로 했다. 반죽 위에 올리는 토핑으로 인해 생기는 변수들을 없애기 위해서였다.

맛을 잘 보기 위한 비결 #4 : 계획을 잘 세운다.

뉴욕에서 가장 유명한 피자 전문가, 에드 레빈(Ed Levine)과 애덤 쿠반(Adam Kuban)보다 피자 맛을 더 잘 볼 사람이 어디 있겠는가? 게다가, '시리어스 잇츠(Serious Eats)' 팀의 알레이나 브라운(Alaina Browne)이 이 실험에 참여했고 좋은 제안을 한 아내도 그 보상으로 참여했다.

좋은 관계가 맺어 준 운명적인 인연으로, 제프리 스타인가튼이, 나 자신도 모르는 사이에 나를 피자의 길로(게다가 음식에 대한 칼럼까지 쓰다니!) 이끌었던 바로 그 분이 기적적으로 참여하게 됐다. 식당에 도착하기 전, 나는 패널들이 작성할 시식 평가서를 만들어 놓았다. 각 피자는 네 개의 항목에서 평가를 받는데 각 항목은 1에서 10까지로 점수가 매겨진다(오븐 스프링(Oven Spring)은 빵을 굽기 시작해서 10~12분 정도 지날 때 반죽이 급격하게 부풀어 오르는 현상을 말한다.).

- 도우의 찰기 : 도우가 케이크처럼 부드러운지 아니면 가죽만큼 뻣뻣한지?
- 도우의 바삭함 : 도우가 바삭한지 말랑말랑한지?
- 오븐 스프링 : 큰 공기방울이 생겼는지 아니면 조직이 치밀한지?
- 종합적인 질 : 전반적인 평가는 어떤가?

나를 포함한 다섯 명의 감식가 패널은 시간을 정확히 지켜 오후 4시에 먼저 도착했고, 매튜 셰프가 우리를 기다리고 있었다. 제프리는 중요한 약속 때문에 조금 늦는다고는 했지만 시간이 지나도 좀처럼 나타나지 않았다. 제프리의 비서에게 에드가 전화를 했다. 보아하니 중요한 약속이란 그의 반려견인 스카이 킹과 잠을 자는 것이었나 보다. 하지만 그는 이미 재킷을 입고 구두끈을 열심히 맸으니 걱정하지 않아도 됐다.

한편, 매튜는 우리에게 첫 샘플의 반을 바닥에 떨어뜨렸다고 이야기해 줬는데, 그러면 그 샘플에 대해선 두 조각이 아니라 딱 한 조각만 맛볼 수 있다는 의미였다. 걱정할 필요는 없다. 테슬라(Tesla)조차도 아마 그 시절에 코일 몇 개를 떨어뜨리지 않았을까? 완벽하고도 세심하게 세운 나의 계획이 미끄러지기 시작했지만 브라께토(Brachetto, 이탈리아 레드 와인) 한 잔과 작은 접시에 담긴 앤초비와 올리브를 넣어 버무린 핑걸링 감자(fingerling potatoes)를 먹으면서 다시 정신을 차리고 집중했다.

맛을 잘 보기 위한 비결 #5 : 미각이 둔해지지 않도록 한다.

낮잠에서 깬, 스타인가튼이 도착하자 나는 바로 매튜에게 가서 시작하라고 했다. 3분 안에, 표범 무늬 같은 부드럽고도 바삭한 첫 번째 피자가 테이블에 차려졌다. 여섯 명에게 피자 8판은 한 번에 앉아 먹기엔 많은 양이었다. 우리의 겸손하신 패널들처럼 대단한 시식가들에게도 그랬다. 그렇기 때문에 시식회의 후반부에 나오는 피자는 정당한 평가를 받기가 힘들다. 그래서 각 패널들이 다른 순서로 견본을 맛보도록 할 생각이었다. 그런 방식으로 한 사람이 1번부터 시작한다면 다른 사람은 6번부터 또 다른 사람은 3번부터 시작하는 등 공평하도록 최대한 노력하면서. 하지만 피자가 한 번에 하나만 구워져 나오기 때문에 이것은 가능하지 않았다. 그래서 우리는 차선의 방법을 선택했다. 각 샘플이 두 가지 종류로 오븐에서 나오는 대로 한 조각씩 다 먹고, 나머지 한 조각은 남겨 두었다가 여덟 가지 피자가 테이블에 다 차려진 뒤 다시 맛을 보기로 했다. 그런 식으로, 우리는 첫 번째 생각이 맞는지 여덟 가지 피자를 나란히 두고 다시 맛을 보면서 확인할 수 있었다. 우리가 새로운 피자를 맛보는 중간에 입을 헹궈야 한다는 제안이 들어와 논의 끝에 탄산수와 와인이 제공되었다.

맛을 잘 보는 비결 #6 : 맛보기

맛을 보는 것은 먹는 것과는 다르다. 가끔 질문을 받는데, "한 식당을 어떻게 공정하게 평가할 수 있나요, 혹은 한 음식이 다른 음식보다 낫다고 어떻게 말할 수 있나요? 그 시간에 얼마나 배가 고팠느냐에 따라 달라지는 게 아닌가요?" 어느 시간에 특정한 음식을 얼마나 맛있게 먹는가 하는 것은 정말 기분과 식욕에 영향을 많이 받는다. 하지만 분석적인 맛보기의 목적은 소화관의 반응이 좋든 나쁘든 이것을 벗어나 음식의 질을 평가하는 것이다. 예를 들어, 피자의 경우 한 판에서 한 조각을 집는 것으로 시작하는데, 이 조각의 노릇한 정도라든지, 부풀기, 소스, 치즈 등을 살펴볼 때 전체의 평균이 되는 부분으로 고른다.

끝부분을 베어 무는데 이때, 아랫니에 느껴지는 크러스트의 압력으로 바삭함의 정도를 측정한다. 입에서 아주 조금 힘을 주어 피자 조각을 떼어 낼 때, 도우를 자르는 힘을 측정한다. 이 경우에 다섯 번째 피자는 나머지보다 확실히 단단했다. 아마도 미네랄 함량이 높은 물을 사용한 피자일 것이라고 확신했다. 우리는 다른 감식가에게 영향을 줄까봐 시식하는 중에는 다른 사람에게 절대로 말을 하면 안 되었다.

조심스럽게 피자 슬라이스의 옆면을 살펴본 후, 피자의 솟아오른 테두리 부분을 평가했다. 모든 피자들이 결점을 찾아보기 어려웠다. 하지만 세 번째 피자는 색깔이 나머지와 비교해서 조금 연했는데 이것은 미네랄 함량이 조금 낮은 물로 만든 것인가? 그럴지 모른다. 하지만 그렇다면, 더 부드러워야 하지 않을까? 이런 식으로 상대적으로 고정관념에 얽매이지 않고 자유롭게 실증적인 방식으로 관찰을 했다. 물론, 배가 고플 때와 부를 때 똑같은 피자를 먹으면 반응이 서로 다르겠지만 더욱 쉽게 수량화할 수 있는 기본 요소들 예를 들면, 바삭함, 쫄깃함, 탄화 정도 같은 것들로 축소함으로써 현재 갖고 있는 심적인 고정관념에서 자유로워지면서 피자에 대해 총체적으로 더 정확한 그림을 그릴 수 있게 된다. 피자를 시식하면서 우리는 이렇게 멋진 피자를 만들어준 매튜에게 감사했다(내 생각에는 그의 피자는 이 도시에서 최고다.). 모두 좀 더 흡족해지고 몸도 더 무거워진 상태로 씩씩하게 각자 집으로 돌아갔다.

맛을 잘 보는 비결 #7 : 분석

일단 시식이 끝나고 모든 자료를 모으면 그것을 분석해서 어떤 요소가 변수에 영향을 미치는지 가장 적절한 평가를 내리는 것은 여러분의 일이다. 피자의 경우, 자료를 도표화하고 미네랄 함량이 가장 낮은 것(짐작건대 아주 씹기 쉽고 부드럽고 탄력이 적고 색이 연한 도우일 것이다.)부터 가장 높은 순으로 순서대로 열거한다. 모든 것이 이론대로 된다면 미네랄 함량이 높아지면 바삭함과 찰기와 부풀기에서 오르락내리락하며 확연한 차이를 보여야 한다.

하지만 결과가 나왔을 때, 그런 경향은 찾아볼 수 없었다. 우리가 실험한 물 가운데 미네랄 함량이 가장 높은 에비앙으로 만든 두 피자의 크러스트가 가장 바삭했지만 종합적으로는, 자료들 속에서 결정적인 결론을 내리기에 충분한 어떤 추이를 발견할 수 없었다. 사실, 때때로 아무리 주의해서 통제한다 해도, 실험이란 것은 우리가 기대하던 결과를 내놓지 않는다. 그렇다고 우리가 기대하던 결과를 하나도 얻지 못했다는 뜻은 아니다. 자료를 다시 살펴보면 바삭바삭한 순위는 종합적인 질과 순위가 아주 비슷했다. 이 말은 피자에 대해 우리가 느끼는 만족감은 바삭함의 정도와 직접적으로 관계가 있다는 걸 의미한다. 사람들은 모두 눅눅한 크러스트가 아닌 바삭한 크러스트를 원한다.

충격적이죠?

또한, 이제 우리는 손으로 피자를 만드는 과정에서 자연적으로 발생하는 작은 차이가 물에 포함된 미네랄 함량의 차이가 만들어 내는 차이보다 훨씬 더 중요하다는 것을 아주 분명하게 말할 수 있다. 곧, 맛있는 뉴욕 피자는 수돗물 때문이 아니라는 것이 확실해졌으므로 다른 곳에 사는 사람들에게는 반가운 소식이 될 것이다.

요리란 무엇인가?
WHAT IS COOKING?

여러분은 바로 뛰어들어서 요리를 시작하고 싶어 한다는 걸 안다. 하지만 요리란 무엇인가에 대해 먼저 대답해 보라.

만약 내 아내라면 "자기 눈에 그 미친 듯한 표정이 서릴 때면 시작하는 일"이라고 대답할 것이다. 유명한 셰프라면 "요리는 곧 삶"이라고 말할 것이다. 우리 엄마는 "귀찮은 집안일"이라 할 것이고, 아내의 숙모라면 "요리란 문화이며 가족이고 또한 전통이며 사랑"이라고 얘기할 것이다. 그렇다, 요리란 이 모든 것이다.

하지만 여기에 요리를 좀 더 기술적으로 바라보는 시각이 있는데, 요리란 에너지를 이동시키는 일이라는 시각이다. 열을 이용해서 분자의 구조를 바꾸는 일, 화학적 반응을 촉진시켜 맛과 질감을 바꾸는 일, 또 요리는 과학을 통해 맛있는 것을 만들어 내는 일이다. 그리고 우리가 햄버거를 그릴에 구울 때 어떤 일이 벌어지는지 이해하기 전에 또는 우리의 주방에 어떤 주방기구를 갖춰야 할지 알기 전에 먼저 한 가지 아주 중요한 개념을 머릿속에 넣어야 한다. 왜냐하면 이 개념이 '냄비와 팬은 어떤 것으로 구할까'에서부터 우리가 주방에서 하는 모든 일에 영향을 주기 때문이다. 이 개념은 바로 열과 온도는 다르다는 사실이다.

가장 기본적으로, 요리란 에너지가 열원에서 음식으로 이동하는 것이다. 이 에너지는 단백질이나 지방, 탄수화물의 형태에 물리적인 변화를 일으키며 화학적인 반응이 더 활발히 일어나도록 한다. 흥미로운 것은 이러한 물리적이고 화학적인 변화들은 대부분 영구적이라는 것이다. 단백질의 모양이 에너지를 첨가한 뒤 변하고 나면, 그 에너지를 나중에 제거한다 해도 원래대로 돌아가지 않는다. 즉, 스테이크를 굽지 않은 상태로 되돌릴 수는 없다.

열과 온도를 구별하는 일은 주방에서 가장 혼동하기 쉬운 일들 중 하나일 것이다. 하지만 더욱 분별력있는 요리사가 되기 위해서는 이 개념을 꼭 이해해야 한다. 경험을 통해, 온도가 아주 특이한 단위라는 걸 안다. 우리들 중 꽤 많은 사람들이 실온인 15.5℃(60°F)에서는 반바지를 입고도 편안하게 걸어 다닌다. 그런데 같은 온도의 호수에 뛰어들면 터무니없게도 오한을 느끼지 않는가? 어떻게 온도는 똑같은데 하나는 우리를 춥게 하고 다른 하나는 괜찮을까? 이에 대해 설명을 하겠다.

열은 에너지이다. 초등학교 물리 교과서에서는 우리를 둘러싼 공기에서부터 오븐 옆면에 있는 금속까지 모든 것은 분자로 구성되어 있다고 한다. 이 분자는 빠르게 진동하는 아주 작은 물질이며 액체와 기체인 경우에는 무작위적인 방식으로 빠르게 주위로 튀어 오르는 물질이다. 분자의 특정 체계에 에너지가 더 많이 옮겨질수록 분자들은 더 빠르게 진동하거나 튀어 오르며 분자들이 닿는 어떤 물질에 이 운동을 더 빨리 전달한다. 지글지글 육즙이 흐르는 립아이 스테이크(rib-eye steak)로 에너지를 이동시키는 금속 팬 속의 진동하는 분자이든, 구워지는 껍질이 바삭한 빵으로 에너지를 전달하는 오븐 속의 튀어 오르는 공기의 분자이든 말이다.

열은 한 체계에서 다른 체계로 전달될 수 있다. 일반적으로는 더욱 활동적인(온도가 높은) 체계에서 활동이 비교적 덜 활발한(온도가 낮은) 체계로 전달된다. 그래서 스테이크를 굽기 위해 고기를 뜨거운 팬에 올릴 때, 실제로 우리가 하는 일은 팬 버너(pan burner) 체계에 있는 열을 고기로 옮기는 일이다. 이렇게 얻은 에너지의 일부는 고기의 온도를 올리는 데 사용되지만 대부분의 에너지는 다른 반응에 사용된다.

수분의 증발이 일어나는 곳이라든지 색이 노릇노릇해지게 하는 화학적인 반응들에도 에너지가 필요하며 기타 반응에도 에너지가 사용된다.

기온은 우리로 하여금 특정 체계 안에 얼마나 많은 에너지가 있는지를 수량화할 수 있도록 수치로 측정하는 장치이다. 그 특정 체계의 온도는 그 몸체 속에 들어 있는 에너지 총량에만 달린 것이 아니라 몇 가지 다른 특성들, 곧, 밀도와 비열 용량에도 영향을 받는다.

밀도는 어떤 사물의 단위 공간에 얼마나 많은 분자가 들어 있는지를 나타내는 수치이다. 어떤 물체의 밀도가 높을수록 이 물체는 특정 온도에서 에너지를 더 많이 가지게 된다. 대체로 금속이 액체보다 밀도가 더 높으며* 차례대로 액체는 기체보다 밀도가 높다. 그래서 예를 들면, 온도가 섭씨 15℃인 금속은 같은 온도인 액체보다 에너지가 더 많으며 또한 액체는 같은 온도의 기체보다 더 많은 에너지를 가지고 있다.

비열 용량은 단위 질량의 물질을 단위 온도로 올릴 때 필요한 에너지 양이다. 예를 들어, 물 1g을 섭씨 1℃ 올리는 데는 정확히 1칼로리(kcal)의 에너지가 필요하다(그렇다, 칼로리는 에너지다!). 물의 비열 용량은 가령, 철의 비열 용량보다는 높고 공기보다는 낮기 때문에 똑같은 양의 에너지로 철 1g의 온도를 올리면 거의 물보다 10배나 더 온도가 올라가게 되고 공기 1g의 온도를 올리면 물의 반 정도만 올라가게 된다. 단위 물질의 비열 용량이 높을수록 그 물질의 온도를 올리는 데는 비열 용량과 같은 정도로 더 많은 에너지가 필요하게 된다.

반대로, 이 말은 주어진 질량과 온도가 같을 때에는 물이 철보다 열 배나 더 많은 에너지를 갖고 있으며 기체에 비해서는 반 정도의 에너지를 갖고 있다는 뜻이 된다. 그뿐만 아니라, 공기는 물보다 훨씬 밀도가 낮기 때문에 단위 온도에서 공기의 단위 부피에 포함된 열에너지의 양은 똑같은 온도에서 같은 부피의 물속에 포함된 에너지 양에 비해 아주 작은 부분이라는 것을 기억하라. 그래서 섭씨 100℃의 끓는 냄비 속에 손을 넣으면 심하게 화상을 입지만 같은 온도의 오븐 속에는 오래 생각하지 않고도 팔을 넣을 수 있는 것이다(38쪽 '실험 : 온도와 운동 중인 에너지의 상관관계' 참조).

잘 모르겠다고? 비유를 하나 들어 보자.

제멋대로인 닭 10마리가 살고 있는 닭장에 열을 가한다고 상상해 보자. 이 닭장의 온도는 각각의 닭이 얼마나 빨리 뛰고 있는지로 측정할 수 있다. 보통 때에는, 닭은 아무 생각 없이 먹이를 쪼아 먹기도 하고, 할퀴기도 하고, 똥을 싸고 닭들이 일반적으로 하는 행동을 하면서 돌아다닐 것이다. 자 이제 레드불 캔 두어 개에다 닭 모이를 넣고 섞어 약간의 에너지를 등식에 더해 보자. 적당히 활기에 찬 닭들이 두 배나 빠른 속도로 주위를 뛰어다닌다. 닭 한 마리, 한 마리가 모두 더 빠른 속도로 뛰어다니기 때문에 닭장 속의 에너지 총량이 올라가듯 닭장 안의 온도도 올라간다.

이제 크기가 똑같으나 닭의 수가 배로 많은 그래서 밀도가 배로 높은 다른 닭장에 대해 이야기해 보자. 닭이 두 배로 많기 때문에, 아주 빠른 속도로 뛰어다니게 하려면 레드불의 양도 두 배로 많아져야 한다. 그리고 각각의 닭이 첫 번째 닭장에 있던 닭과 최종적인 체온은 같다 할지라도(각각의 닭이 첫 번째 닭장의 닭들과 똑같은 속도로 달린다.) 이 두 번째 닭장 안에 있는 에너지 양은 첫 번째 닭장의 두 배가 된다. 그래서 에너지와 온도는 같은 것이 아니다.

그러면 닭 대신 칠면조 10마리를 넣은 세 번째 닭장은 어떨까? 칠면조는 닭보다 많이 커서 닭과 같은 속도를 내면서 뛰어다니게 하려면 레드불이 두 배로 많이 필요하다. 그래서 칠면조 우리의 비열 용량은 첫 번째 닭 우리의 비열 용량보다 두 배로 크다. 이 말은 어떤 속도로

---

* 맞다. 아는 척을 좀 한다면, 충분히 높은 온도에서 금속은 아주 밀도가 높은 액체로 녹는다. 좀 더 아는 척을 하면, 수은은 상온에서도 액체 상태인 밀도가 아주 높은 금속이다. 아는 척을 하고 나니 이제 시원하십니까? 좋아요, 다음으로 넘어갑시다!

뛰어다니는 닭 열 마리와 같은 속도로 뛰어다니는 칠면조 10마리 중에서 칠면조가 닭보다 두 배나 많은 에너지를 몸속에 갖고 있다는 의미이다.

요약해 보면,

- 주어진 온도에서, 밀도가 더 높은 물질이 일반적으로 더 많은 에너지를 가지며 그래서 더 무거운 팬에서 음식이 더 빨리 익는다(반대로, 밀도가 더 높은 물질을 특정 온도로 높이기 위해서는 더 많은 에너지가 필요하다.).
- 주어진 온도에서, 더 높은 비열 용량을 가진 물질은 더 많은 에너지를 가지고 있다(반대로, 어떤 물질의 비열 용량이 높을수록 특정 온도에 이르게 하는 데 더 많은 에너지를 필요로 한다.).

이 책에 있는 대부분의 레시피는 음식을 조리할 때 특정 온도로 맞춰 줘야 한다. 대부분의 음식을 만드는 데 필요한 특정 온도는 음식의 최종적인 구조와 질감을 결정하는 데 가장 중요한 요소이다. 계속해서 언급되는 중요 온도는 아래와 같다.

- 0°C(32°F) : 물의 어는점 혹은 얼음의 녹는점이다.
- 52°C(130°F) : 스테이크를 미디엄레어(Medium-rare)로 굽는 온도. 대부분의 박테리아가 죽기 시작하는 온도이다. 물론, 음식을 안전하게 소독하려면 2시간 이상이 필요하기는 하다.
- 64°C(150°F) : 스테이크를 미디엄웰(Medium-well)로 굽는 온도. 달걀노른자가 응고하기 시작하며 흰자는 불투명해지지만 아직은 젤리 같은 질감이다. 생선 단백질은 흰 알부민이 빠져나올 때까지 팽팽해지며, 연어와 같은 생선에는 보기 싫은 단백질 응고막이 형성된다. 이 온도에서 3분이 지나면 박테리아는 천만배수 감소하게 된다. 이 말은, 처음에 백만 개의 박테리아가 있었다면 하나만 겨우 살아남는다는 뜻이다.
- 71°~82°C(160°~180°F) : 스테이크를 웰던(Well-done)으로 굽는 온도. 달걀 단백질이 완전히 응고한다(대부분의 커스터드나 달걀이 들어간 반죽이 완전히 굳어지는 온도). 박테리아는 이 온도에서 1초 만에 천만배수로 감소하게 된다.
- 100°C(212°F) : 물의 끓는점 혹은 수증기의 응결점이 생기는 온도이다.
- 153°C(300°F) 이상 : 스테이크나 빵에서 짙은 갈색의 맛있는 크러스트가 만들어지는 마이야르 브라우닝(Maillard browning, 메일라드) 반응이 이 온도에서 아주 빠른 속도로 일어난다. 온도가 높을수록 이 반응은 더 빨라진다. 이 온도대는 물의 끓는점보다 훨씬 높기 때문에 크러스트가 건조 상태가 되면서 바삭해진다.

에너지원과 열전달

우리는 에너지가 정확히 뭔지 알고 있으므로, 두 번째 단계의 정보, 곧 에너지가 음식으로 전달되는 방법을 생각해 볼 수 있다.

전도는 한 고체에서 다른 고체로 에너지가 직접적으로 전달되는 것이다. 뜨거운 팬을 잡으면 손을 데는 것이 바로 한 예다(그러지는 마세요!). 한 표면에 있는 분자가 진동하면 에너지가 전달되기 때문에, 다른 표면 위에 있는 상대적으로 진동이 적은 분자들도 운동하게 된다. 전도는 가장 효율적인 열전달 방법이다.

아래는 전도를 통한 열전달의 몇 가지 예이다.

- 스테이크 시어링
- 피자 바닥이 바삭해짐
- 스크램블드에그(scrambled eggs)
- 버거에 생긴 그릴 모양 표시
- 양파 소테

스테이크 시어링 - 전도 열

끓고 있는 덤플링 - 대류 열

대류는 한 고체가 유동체, 즉 액체나 공기라는 중재자를 통해 다른 고체로 전달되는 것이다. 조리의 효율성이란 거의 유동체가 음식 주위를 이동하는 방식에 달려 있긴 하지만 대류는 효율성에 있어서는 중간 정도인 열전달 방식이다. 유동체의 운동은 대류 패턴이라고 불린다.

대개는 특정 표면 위를 통과할 때 공기가 더 빠르게 운동할수록 더 많은 에너지를 전달한다. 멈춰 있는 공기는 빠르게 에너지를 잃는다. 하지만 움직이는 공기는 음식과 같은 물질 위에서 순환하는 새로운 공기에 의해 끊임없이 보충된다. 예를 들어 대류식 오븐에는 팬이 달려 있는데 이 팬(fan)은 안에 있는 공기가 계속해서 아주 빠르게 움직이게 해서 요리가 더 빨리 더 골고루 익도록 해 준다. 이와 비슷하게, 튀김을 할 때 기름을 휘저으면 훨씬 더 효과적으로 음식을 바삭바삭하고 색을 노릇노릇하게 만들 수 있다.

대류를 통한 열전달의 몇 가지 예는 아래와 같다.

- 아스파라거스 줄기 찜
- 육수에 넣고 끓인 덤플링
- 양파 링 튀김
- 돼지 목살 바비큐
- 오븐에서 구워지는 피자의 표면

복사는 공간에 전자파를 쏘아 에너지가 전달되는 것이다. 말처럼 그렇게 무서운 게 아니므로 걱정하지 않아도 된다. 매개체 없이 에너지가 전달되는데 난로 가까이 앉거나 예열된 팬 위에 손을 올릴 때 느낄 수 있는 바로 그 열이다. 태양 에너지는 진공의 공간을 통해 지구에 닿는다. 복사가 없다면, 우리 지구(정말로, 우주 역시)는 큰 일이 날 것이다!

복사 에너지에 대해 기억해야 할 중요한 점은 이 에너지는 역제곱 법칙에 의해 쇠퇴한다는 것, 즉 약해진다는 것이다. 역제곱 법칙이란 복사열원으로부터 어떤 물체에 이르는 에너지는 거리의 제곱에 반비례한다는 법칙이다.

예를 들어, 난롯불로부터 손을 30cm 떨어지게 해 보고 그다음은 60cm 떨어지도록 해 보라. 거리는 두 배 멀리 했는데 온기는 ¼로 줄어든다.

아래는 복사열 이동에 대한 몇 가지 예이다.

- 뜨거운 석탄 불 옆에서 굽는 꼬챙이에 끼운 통돼지 구이
- 브로일러 아래에서 마늘빵 굽기
- 햇빛에 태닝하기
- 양념에 재운 연어를 불로 굽기(broiling, 브로일링)

복사열에 구워지는 피자의 표면

대체적으로 조리 시 세 가지 열전달 방식이 다양하게 사용된다. 예를 들면, 그릴에다 버거를 구울 때, 그릴의 석쇠 위에서 패티는 직접 열을 받는다. 이때 그릴용 석쇠는 패티와 전도를 통한 접촉이 이뤄지며 접촉한 부분은 순식간에 노릇노릇하게 구워진다. 패티의 아랫면 중 나머지 부분은 아래에 있는 석탄의 복사열로 익게 된다. 버거에 치즈 한 조각을 올리고 아주 잠시 뚜껑을 덮는다. 그러면 바로 석탄 위에 있던 뜨거운 공기가 버거의 윗부분으로 옮겨 가서, 치즈가 녹는 대류가 형성된다.

그릴에 올린 버거는 세 가지 에너지 전달 방식을 모두 거쳐 구워진다.

이 세 종류의 열 이동은 오직 음식의 표면에만 전달된다는 걸 알아챘을지도 모르겠다. 음식이 가운데까지 조리되기 위해서는 바깥층은 그다음 층으로 열을 전해 줘야 하고 이런 식으로 음식의 속까지 데워질 때까지 열이 전달되어야 한다. 그래서 대부분의 조리된 음식의 겉면은 거의 늘 가운데보다 더 많이 익게 된다. 이런 차이를 최소로 줄이는 방법이 있는데 우리는 곧 알게 될 것이다.

마이크로웨이브(Microwaves, 초극단파)는 우리가 부엌에서 일반적으로 사용하는 에너지 전달의 유일한 표준 방법이며, 가열 시 음식의 외부를 관통하는 독특한 능력이 있다. 빛이나 열처럼, 마이크로웨이브는 전자기 복사의 한 형태이다. 마이크로웨이브가 음식 속에 든 수분처럼 자기 하전(荷電) 입자를 가진 음식에 가해지면, 그러한 하전 입자들은 빠르게 앞뒤로 움직이면서 마찰 저항이 만들어지고 또 이 마찰 저항은 열을 만들어 낸다. 마이크로웨이브는 적어도 몇 센티미터 정도 두께인 대부분의 고체를 통과할 수 있다. 그래서 음식의 바깥쪽에서 가운데로 에너지가 비교적 느리게 전달되는 것을 기다릴 필요가 없기 때문에 아주 빠르게 음식을 데울 수 있는 것이다.

휴, 과학 수업은 이제 그만하자고요? 조금만 참아 주세요. 이제 훨씬 더 재미있어질 겁니다!

실험 : 온도와 운동 중인 에너지의 상관관계

온도와 에너지의 정의 차이는 아주 미묘하지만 엄청나게 중요하다. 이 실험은 이 차이를 이해하는 것이 요리를 완성하는 데 얼마나 도움이 되는지 보여 줄 것이다.

재료

- 적절하게 보정된 오븐 : 1대
- 외부 감지 장치가 정상적으로 작동하는 튼튼한 피실험자 : 1명
- 물을 채운 2.85l(3쿼트) 소시에(saucier) 또는 소스팬(냄비) : 1개
- 정확한 식품 온도계 : 1개

방법

오븐을 95℃에 맞추고 예열한다. 오븐을 열고 손을 안에 넣고 뜨거워서 참기 어려울 때까지 그대로 있어 보자. 여러분같이 건강한 사람이라면 아마 적어도 15초는 견딜 수 있겠죠? 30초? 아님 무기한?

이제는 차가운 물이 담긴 냄비를 불에 올리고 손을 그 안에 담근다. 버너를 켜고 중간보다 조금 더 센 불(중강)에 맞춰 가열시킨다. 가열될 때, 손으로 물을 휘젓는다. 이때, 팬 바닥은 물보다 훨씬 더 빨리 가열되므로 바닥에 손이 닿지 않도록 조심한다. 너무 뜨거워서 참을 수 없으면 손을 빼고 온도를 잰다.

결과

대부분의 사람들은 95℃ 오븐 속에 손을 넣고 30초 정도는 견딜 수 있다. 하지만 물이 담긴 팬에서는 57℃보다 많이 높아지면 뜨거워서 손을 담글 수가 없다. 80℃의 물이면 손을 데이고 100℃의 끓는 물에 손을 넣으면 물집이 생기고 화상을 입는다. 왜 그럴까?

물은 공기보다 훨씬 밀도가 높다. 물 한 컵에는 한 컵에 담긴 공기보다 몇 배 많은 분자가 들어 있다. 그래서 오븐에 있는 공기보다 물이 온도가 더 낮아도, 끓는 물이 뜨거운 공기보다 에너지가 훨씬 많기 때문에 손을 아주 빨리 뜨겁게 하는 것이다. 사실, 끓는 물은 일반적인 구이용 온도인 170~200℃ 정도의 오븐 속 공기보다 더 많은 에너지를 갖고 있다. 이 말은 실제로 음식을 끓이면 굽거나 볶을 때보다 더 빨리 익는다는 뜻이다. 유사하게, 습기를 머금은 공기가 마른 공기보다 밀도가 더 높기 때문에 수분이 있는 상태에서 음식을 구우면 수분 없이 구울 때보다 더 빨리 익는다.

필수적인 주방 도구
ESSENTIAL KITCHEN GEAR

주방을 채우려고 하다 보면 터무니없는 일들을 많이도 헤쳐 나가야만 한다. 300달러짜리 칼이 정말 필요할까? 야채탈수기는 얼마나 자주 꺼낼까? TV에서 팔고 있는 것 중에서 어떤 물건이 정말로 부엌에 있는 다른 도구 대신 필요할까? (힌트: 아무것도 해당 안 됨.) 우리에게 뭐가 필요하다고 말하는 사람들은 대부분 우리에게 물건을 팔려고 하는 사람들이라는 게 문제다. 그렇다면, 누굴 믿어야 할까? 음, 이 장은 허튼소리도 아니고 부엌에 꼭 필요한 것과 그냥 잡소리를 가려내 주는 안내서도 아니다.

이 책의 독자 중 코미디언 에디 이자드(Eddie Izzard)의 팬이 있는가? 에디 이자드가 이런 말을 했다. "전미 총기 협회는 '총이 사람을 죽이는 것이 아니라, 사람이 사람을 죽인다'라고 하더라요. 하지만 총이 한몫하긴 하죠." 재밌는 농담이다. 그런데 이게 요리랑 무슨 관계가 있냐고?

처음 레스토랑에서 일을 시작했던 때, 내 일 중의 하나는 2ℓ 정도 되는 진한 크림을 1ℓ 정도로 졸이는 일이었다. 알루미늄으로 된 크고 무거운 냄비가 있었는데 크림을 그 냄비에 붓고 가장 낮은 열로 조리했다. 그러면 거품도 생기지 않고 졸일 수 있었다. 이 일을 매일 아침 했는데, 두어 시간 정도 걸렸지만 크게 어렵진 않았다. 다른 일들이 무척 많았는데, 감자 껍질을 까고, 샐서피(salsify)와 당근도 껍질을 깠다(아, 채소 담당 조리사의 삶이란!). 그러던 어느 날 아침, 크림을 졸일 때 쓰던 그 냄비는 다른 데 사용되고 있었다. 다 쓸 때까지 기다리지 않고, 나는 선반에서 육수용으로 쓰던 얇은 냄비들 중에서 하나를 집어서는 크림을 붓고 늘 하던 대로 가열했다.

결과는 어땠을까? 냄비는 기름투성이가 되었고, 크림은 분리가 됐으며 그에 어울리게 자존심도 박살이 났다(그 자존심은 그 후 회복이 됐지만, 크림은 가망이 없었다.). 싱크대에다 그걸 쏟아 버리자 바닥에 두께가 1cm 이상 되는 두껍고 딱딱한 갈색 찌꺼기가 보였다. 문제가 뭘까? 바로 냄비가 너무 얇아서 열전도율이 너무 낮았던 것이다. 열이 골고루 전체 냄비 바닥에 다 퍼지지 않고 열이 불길 바로 위쪽에만 모였던 것이다. 그래서 그 부분은 너무 과열이 돼서 크림 단백질이 응고하면서 서로 달라붙고 또 냄비에도 달라붙어, 결국 타버린 것이다. 단백질의 유화작용이 사라지자, 크림 속의 지방이 분리되어 노란 기름 층이 된 것이다. 윽!

확실하게 냄비 탓일까? 정확히는 아니다. 자주 이런 표현을 들어 봤을 것이다. "솜씨 없는 요리사가 도구 탓을 한다." 이 말이 맞다. 냄비가 너무 얇거나 믹서(blender)가 고장 나서 음식이 맛이 없는 경우는 드물다. 하지만 이 말은 종종 잘못 이해되는 듯하다. 훌륭한 요리사라면 기구가 어떻든 상관없이 어느 음식이라도 요리할 수 있어야 한다고는 누구도 생각하지 않는다. 두껍고 적당히 열전도가 잘 되는 냄비 없이 혹은 적당히 낮은 불에서 크림을 졸이지 않는다면, 아무리 솜씨 좋은 요리사라도 이 일은 거의 불가능하다. 얇은 냄비가 크림을 태우는 것이 아니라 사람이 크림을 태운다. 하지만 얇은 냄비도 한몫한다고 생각한다.

사실, 맛없는 음식은 종종 요리사가 그 음식을 조리할 적당한 기구가 없는데도 그걸 골라서 조리했기 때문에 맛이 없기도 하다. 물론 이 말은 "바보 같이 굴지 마"를 좀 더 복잡하게 표현한 말이기도 하다. 이 말은 사회 각 계각층 모두에게 해 줄 만한 이야기이다. 그들이 서로 섞이지 않는 유지방과 물, 인지질, 우유의 단백질이 서로 혼합되는 유화작용에 참여하든 아니든 말이다.

이런 이야기는 모두 주방에 갖춰 놓은 물리적인 기구들이 우리가 요리할 때 고르는 재료나 만드는 기술만큼 중요하다는 것을 우회적으로 말하는 것이다.

좋은 기구는 요리의 삼박자 곧 좋은 재료 + 좋은 조리기구 + 좋은 기술 = 좋은 음식에서 한 부분을 차지한다.

냄비와 팬(POTS AND PANS)

열전달에 대해서는 잘 알기 때문에 이제는 열원(버너 또는 오븐)으로부터 나온 열을 음식으로 이동시키는 데 사용하는 조리기구, 냄비와 팬에 대해 이야기해 보자. 다양한 사용 목적에 맞게 멋진 기구들이 크기와 종류별로 다양하다. 어떤 기구는 특정 용도에 맞게 아주 특수화되어 있는데, 옆으로 길면서 폭이 좁은 생선 찜기나 위로 높고 폭이 좁은 아스파라거스 냄비 등을 생각해 보면 된다. 그리고 어떤 기구는 훨씬 다목적용이다. 여러분이 매일 생선을 찌고 아스파라거스를 삶는 사람이 아니라면 다목적용을 사용하는 게 맞다.

재질

팬을 만드는 특정 재질의 기능면에서 살펴보자면 정말로 중요한 점 두 가지가 있는데 팬은 표면 전체에 열을 골고루 전하고(전도) 열을 품었다가 이것을 다시 음식으로 효율적으로 전달할 수 있어야 한다(비열 용량과 밀도).

아래는 흔하게 사용하는 몇 가지 금속들과 그 특성이다.

스테인리스 스틸(Stainless steel)은 이름이 말해 주듯 관리가 아주 쉽다. 마구 사용해도 녹이 슬거나 흠집이 생기지 않는다. 하지만 이 재질은 열전도율이 아주 낮다. 이 말은 스테인리스 스틸을 통해서 열이 빠르게 전달되지 않는다는 뜻이다. 스테인리스 스틸 팬은 버너의 열 패턴에 따라 뜨겁고 차가운 지점이 더욱 분명해지기 쉽다. 이렇게 되면 음식이 골고루 익지 않아, 예를 든다면, 오믈렛이 어느 부위는 타고 어느 부위는 아직 익지 않게 된다.

팬의 열전도력을 어떻게 측정할까? 가장 쉬운 방법은 설탕을 팬 바닥에 골고루 얇게 깔고 버너 위에 올린 뒤 가열하는 방법이다. 설탕이 녹는 패턴을 보면 어느 지점이 뜨겁고 차가운지를 알 수 있다. 좋은 팬이라면 설탕이 아주 골고루 녹아야 한다.

알루미늄(Aluminum)은 열전도율이 훨씬 더 좋다. 사실 열전도율이 가장 좋은 금속 중 하나이다. 그리고 가격도 저렴하다. 그렇다면 왜 팬을 다 알루미늄으로 만들지 않느냐고 물어볼지 모르겠다. 여기엔 두 가지 문제점이 있다. 알루미늄은 밀도가 그다지 높지 않아서 높은 비열 용량에도 불구하고 알루미늄이 적당한 양의 열을 갖고 있으려면 터무니없이 두꺼워야 한다. 또, 와인, 레몬, 주스, 토마토 등 산성 재료들과 닿으면 색이 바래고 흠집이 생긴다.

아노다이즈드 알루미늄(Anodized aluminum, 양극 처리된 알루미늄)은 알루미늄에 세라믹과 같은 마감 처리를 해서 산(酸)에도 반응하지 않고 잘 눌어붙지도 않는 편이다. 아주 고온으로 요리하지 않아도 되는 음식을 조리할 때는 아주 이상적인 금속이다. 스테이크를 시어링할 때는 아노다이즈드 알루미늄 팬을 사용하지 않겠지만 오믈렛을 만드는 데는 이만한 팬이 없다.

구리(Copper)는 알루미늄보다도 열전도율이 더 높다. 높은 비열 용량과 함께 밀도도 높다. 하지만 구리 팬은 아주 비싸다. 나는 구리로 된 멋진 냄비 세트를 한 벌 갖고 싶다. 또 고급 치즈인 스틸턴(Stiltone)도 평생 대놓고 먹고 싶고, 체험 가능한 선상동물원을 갖춘 요트도 갖고 싶다. 하지만 그런 일은 일어날 것 같지 않다. 구리로 된 냄비 세트를 살 수 있다면 나보다 훨씬 부자이다. 나머지 우리는 다음으로 넘어가죠.

코팅 팬(Laminated pans)이나 **삼중 코팅 팬(Tri-ply pans)**은 두 세계의 최고라 할 수 있다. 일반적으로 이런 팬들은 스테인리스 스틸 두 층 사이에 알루미늄 층을 가운데 끼운 구조이다. 이런 팬은 스테인리스 스틸의 높은 밀도를 갖고 있으면서 알루미늄의 높은 열전도율을 갖고 있어 나(!)를 포함해 대부분의 가정에서 선택하고 있다.

논스틱 팬(Nonstick pans)을 추천하기는 좀 어려웠다. 음식이 눌어붙지 않도록 표면에 한 특수 처리가 너무 많이 가열해 코팅이 벗겨지거나 유독가스를 배출하기 때문에 조리기구로 꺼려왔던 건 사실이다. 하지만 요즘 논스틱 코팅은 더욱 내구성 있고 안전해졌다. 적어도 달걀 요리용으로 질 좋은 눌음방지 팬 하나 정도는 갖고 싶을 것이다.

무쇠 조리기구(Cast-iron cookware)에 대한 이야기는 의견이 분분해서 나는 좀 더 세부적으로 들어가야겠다고 생각한다. 햄본(Hambone)이라는 이름의 강아지 한 마리와 아주 멋진 무쇠 냄비를 갖고 있는 것이 자랑스러운 나는 이 둘이 여러 면에서 너무도 닮았다는 걸 알게 됐다. 둘 다 조금만 손봐 주고, 조금만 참으면 아주 충성스럽다. 중요한 차이라면 내 투자에 대한 답례로 무쇠 냄비는 황금색 프라이드치킨과 지글거리는 베이컨, 콘브레드(corn bread), 애플파이와 잘 구운 해시(hash), 완벽하게 시어링된 스테이크, 잘 부푼 피자, 바삭한 덤플링을 만들어 준다. 한편, 햄본은 주로 나를 핥아 주거나, 뭘 씹어 먹고, 똥을 많이 싼다. 누가 더 나은지 셈을 한 번 해 보시길.

열 보전에 관한한 어느 재질도 무쇠 냄비를 따를 순 없다. 무쇠의 비열 용량은 알루미늄보다 낮으면서도 밀도가 아주 높기 때문에 같은 두께라면 거의 알루미늄의 두 배나 되는 열 보전력을 갖는다. 이 점이 중요한데, 팬에다 음식을 올려놓아도 팬이 식지 않기 때문이다. 200g의 소갈비 스테이크를 얇은 알루미늄 팬에 올리면 148℃ 정도로 온도가 내려가는 반면, 무쇠 팬은 원래 온도에서 거의 변함이 없으며, 더 두껍고 더 바삭하고, 갈색이 골고루 나는 크러스트를 만들어 낸다. 똑같이, 닭을 넣을 때 기름 온도가 내려가는 것을 무쇠가 갖고 있는 열로 빠르게 다시 데우기 때문에 닭을 튀길 때도 기름이 적게 든다.

오븐용 무쇠라는 말은 오븐 안에서 튀기거나 시어링할 수 있으며 삶거나 구울 수도 있다는 뜻이다. 콘브레드는 멋진 황금색 크러스트를 만들어 내고, 수분 있는 내용물이 속에 들어 있어도 바닥이 바삭바삭한 채로 파이가 완성된다. 무쇠의 열 보전력은 대부분 온도조절장치로 움직이는 오븐들이 그렇듯, 온도가 오르락내리락할 때에도 팬의 열을 꽤 일정하게 유지시켜 준다.

이제 내구성에 대해 이야기해 보자! 무쇠 조리기구는 정말이지 오래될수록 더 진가를 발휘하는 부엌의 몇 안 되는 물건들 중 하나다. 최상의 품질을 갖고 있는 어떤 팬은 여러 세대를 거치며 대대로 전해진다. 잘 관리된 표면은 유해한 화학처리를 하지 않아도 테플론(Teflon)이 코팅된 팬처럼 매끄럽고 눌어붙지도 않는다. 그리고 무쇠 팬은 하나씩 틀에서 만들기 때문에 용접 이음새도 없고 닳을 리벳(rivet)도 없다.

물론, 무쇠 기구들도 몇 가지 단점은 있다.

- **시즈닝 막이 잘 형성될 때까지 음식이 팬에 달라붙는다.** 시중에서 판매중인 '시즈닝 처리(preseasoned) 주철로 된 스킬렛(skillet, 바닥이 편평하고 손잡이가 긴 프라이팬. 국내에서 흔히 사용하는 프라이팬으로 생각하면 된다.)은 처음 사용 시 식물성 기름을 바른 뒤, 오븐에서 굽는데, 이 과정을 '시즈닝(코팅)'이라 부른다. 요즘은 이 과정을 공장에서 거친 '프리시즈드(시즈닝 처리)'된 제품이 팔리고 있다. 이 코팅 스킬렛은 기껏해야 중간 정도로 코팅이 되었고, 음식이 달라붙는다. 그러나 매일 사용하면 무쇠 스킬렛은 몇 주 만에 완벽하게 시즈닝이 된다(달걀을 요리하기엔 충분하다고 할 수 있다.). 자주 사용하지 않는다면, 이런 과정을 두어 달 정도 해 줘야 충분히 시즈닝이 될 것이다.

- 골고루 열이 퍼지지 않는다. 일반적인 생각과는 달리, 철의 열전도율은 낮다. 이 말은 철은 열원에서 멀리 전해지지 않는다는 뜻이다. 30cm(12인치) 무쇠 스킬렛을 8cm 버너 구멍(화구) 위에 놓고 사용하는 것은 아무 소용이 없다. 팬의 가장자리는 절대로 뜨거워지지 않는다. 무쇠 팬을 효과적으로 데우려면 버너 구멍이 팬과 크기가 같아야 하고 열이 골고루 전해지려면 오랜 시간 가열해야 한다. 다른 방법으로는 무쇠 팬을 가스레인지로 가져가기 전에 뜨거운 오븐 속에서 예열하면 된다(키친타월이나 오븐용 장갑을 잊으면 안 됨!).
- 녹이 슨다. 시즈닝 층이 녹을 방지하긴 하지만 팬을 긁거나 완전히 말리지 않고 보관하는 등 부주의해서 다루면 녹이 슨다.
- 산이 아주 많은 음식은 무쇠 기구로 요리하면 안 된다. 산성 음식은 철에서 맛과 색을 흡수해 음식이 거무칙칙하고 쇠 맛이 나게 한다. 시즈닝 막이 아주 잘 형성될 때까지는 토마토소스 같은 산성 레시피는 물론, 아주 빨리 조리하는 와인이 들어간 팬 소스라도 만들면 안 된다.
- 무겁다. 이 문제는 피할 방법이 없다. 무쇠가 적은 부피 안에 많은 양의 에너지를 보전할 수 있는 이유는 높은 밀도 덕분이다. 보조 손잡이 같은 획기적인 아이디어가 도움을 주지만 체구가 작은 요리사들은 무쇠 조리기구를 돌리거나 무쇠 팬에 있는 소스를 다른 곳으로 쏟아 부을 때 아마도 힘이 많이 들 것이다.
- 특별한 세척이 필요하다. 무쇠 조리기구로 조리할 때 음식의 질은 시즈닝이 얼마나 잘 되었는가에 달려 있기 때문에 시즈닝 막이 부주의로 벗겨지거나 흠집이 나지 않도록 씻을 때 조심해야 한다.

그럼에도 불구하고 무쇠 조리기구의 시즈닝이나, 관리, 보관 문제는 그다지 어려운 일은 아니다.

무쇠 조리기구를 시즈닝하고 관리하는 법

첫 시즈닝(Initial Seasoning)

처음 무쇠 팬을 사면, 시즈닝 처리가 안 된 팬이라면 탄환색과 같은 무광택 회색이고, 시즈닝 처리가 된 팬이라면 매끄러운 검은색이다. 땡처리 세일(garage sale)에서 75년 된 팬을 사지 않는 한, 아래 그림처럼 표면이 우둘투둘할 것이다.

현대적인 무쇠는 그림처럼 울퉁불퉁한데 옛날에 만들었던 무쇠처럼 표면에 광을 내지 않고 몰드로부터의 질감을 그대로 갖고 있어서이다. 나는 벼룩시장(flea market)에서 구매한 광이 나고 정말 매끄러운 1930년대의 그리스올드 팬(Griswold pan)과 새로 사서 내가 직접 시즈닝한 10년 된 로지 스킬렛(Lodge skillet)을 비교해 봤는데, 오래된 팬이 약간 더 낫긴 하지만 새것도 사용하기에 괜찮았다.

중요한 점은 시즈닝을 제대로 하는 것인데, 과연 시즈닝이 어떤 역할을 할까?

현미경으로 무쇠 팬의 표면을 살펴보면 작은 구멍이나, 갈라진 틈, 고르지 못한 입자들이 보인다. 팬에 음식을 조리할 때, 음식은 이런 틈으로 스며들어 달라붙게 된다. 그뿐만 아니라, 단백질은 무쇠와 접촉할 때 실제로 금속과 화학적으로 결합하기도 한다. 생선을 뒤집다가 정말로 생선이 팬과 결합한 것처럼 반으로 부서진 적이 있는가? 그건 실제로 결합하기 때문이다.

이런 일이 일어나지 않게 하려면 팬의 바닥에 보호막을 만들고 그 작은 구멍들을 메워야 한다. 단백질이 무쇠와 반응하지 못하도록 말이다. 먼저 기름을 넣는다. 금속과 산소가 있을 때, 지방이 가열되면 중합(분자량이 작은 분자가 연속으로 결합하여 분자량이 큰 분자 하나를 만드는 것)한다. 더 간단히 말하면, 지방은 팬을 얇게 코팅하는 플라스틱 같은 고체의 물질을 만들어 낸다.

팬에서 기름을 여러 번 가열할수록 이 코팅막은 더 두꺼워지면서 팬에 더 달라붙지 않게 된다. 팬에 처음으로 시즈닝 막을 만드는 방법은 아래와 같다.

- 코서 소금(kosher salt) ½컵을 팬에 넣고 문지른 뒤 키친타월로 닦아 낸다. 이렇게 하면 팬에 있던 먼지나 불순물이 닦인다. 그런 다음 세제를 푼 뜨거운 물로 깨끗이 씻어 낸 뒤 바짝 말린다. 오븐에 내부 세척 기능이 있으면 팬을 넣고 한 바퀴 돌리면 잘 안 없어지는 요리 자국도 제거가 되면서 표면이 깨끗한 팬이 되는데 이것으로 시작하면 된다.
- 손잡이와 바닥을 포함해서 모든 표면을 옥수수유나, 식용유 또는 카놀라유 등과 같은 질 좋은 불포화 지방에 푹 적신 키친타월로 문지르면서 기름칠을 한다. 불포화지방은 쇼트닝(shortening)이나, 라드(lard, 돼지 기름) 또는 다른 동물성 지방인 포화지방보다 반응을 더 잘한다. 그래서 중합도 더 잘한다. 베이컨 기름이나 라드가 시즈닝에 좋다는 건 근거 없는 오래된 얘기일 뿐이다. 아마도 무쇠가 한창 많이 쓰이던 그 시절에는 이런 동물성 지방이 아주 쌌기 때문에 생겨난 이야기일 것이다.
- 팬을 230℃로 30분 동안 가열하거나(연기가 날 것이다.) 표면이 처음 시작했을 때보다 확실히 검어질 때까지 가열한다. 버너보다 오븐이 팬을 더 골고루 데운다. 그래야 첫 시즈닝이 더 잘 된다.
- 팬이 거의 새까맣게 될 때까지 기름을 바르고 가열하는 과정을 서너 번 더 반복한다. 팬을 오븐에서 꺼내 식힌다. 이제 팬은 시즈닝이 다 되었고 사용하면 된다.

시즈닝 막이 제대로 만들어지기 전까지는 세제도 많이 쓰지 말고 산성 소스도 만들면 안 된다. 그래야 시즈닝 과정이 빨리 끝날 수 있다.

관리

많은 사람들은 이유 없이 무쇠를 관리하는 걸 겁낸다. 사실은 시즈닝 막만 잘 만들어지면 무쇠는 아주 튼튼하다. 금속 조리기구로 흠집을 낼 수도 없다. 세제를 써도 망가지지 않는다(현대의 식기 세제들은 기름을 제외한 나머지에는 그다지 영향을 미치지 않는다.). 시즈닝을 유지하고 그 위에 다시 시즈닝을 만들기 위해 다음과 같은 몇 가지 중요 사항을 기억한다.

- **팬을 자주 사용한다.** 좋은 중합층은 아주 얇은 층들이 계속해서 천천히 쌓여야 만들어진다. 이 말은 팬을 가능한 많이 사용하라는 의미이다. 특히나 튀김이나 시어링처럼 기름을 두르는 요리가 좋다. 시즈닝 층이 제대로 만들어질 때까지는 팬에다 국물 요리는 피하는 게 좋다.
- **팬 사용 후에는 바로 씻는다.** 팬이 뜨거울 때 음식 찌꺼기를 제거하는 것이 식은 후보다 더 쉽다. 무쇠 스킬렛이 아직 뜨거울 때 씻으면 스펀지에다 세제를 조금만 묻혀도 된다.
- **거친 연마제는 피한다.** 이런 연마제에는 철 수세미와 코멧(Comet), 바키퍼즈 프렌드(BarKeepers Friend) 같은 세제들이 있다. 스펀지의 거친 부분은 쓰임이 많은데, 나는 디너파티에서는 특별히 이 부분을 조심한

다. 저녁 식사 후 손님이 좋은 뜻으로 거들면서 너무도 친절하게 시즈닝을 힘들여 긁어낼지도 모르기 때문이다.

- 팬을 완전히 말리고 보관하기 전에 기름을 바른다. 팬을 헹군 뒤에는 버너 위에 올리고 팬이 다 마르고 연기가 막 나기 시작할 때까지 가열한 뒤 기름에 가볍게 담근 키친타월로 안쪽 표면 전체를 닦는다. 불을 끄고 상온에서 식힌다. 기름은 보호막을 만들어 다음에 사용할 때까지 습기가 닿지 않도록 해 준다.

기름으로 잘 닦아 주면 녹을 방지할 수 있다.

최악의 시나리오

무쇠 조리기구에 발생할 수 있는 현상 중 정말로 좋지 않은 두 가지는 껍질이 벗겨지는 것과 녹이 스는 것이다. 하지만 이 두 가지 경우에도 방법은 있다.

기름을 더 붓지 않고 팬을 자주 가열하면 코팅 막은 잘 벗겨진다. 시즈닝이 일반적으로 그렇듯이 아주 미세한 조각으로 떨어지지는 않고 중합층이 큰 조각으로 벗겨진다. 팬이 이런 상태가 되면, 나는 표면에 기름을 칠하지 않고 오븐에 넣어 한 달치 열을 받도록 한다. 매번 사용한 후 팬에 기름을 바르고 너무 가열되지 않도록 하면 이런 문제를 피할 수 있다(무쇠 기구를 오븐에다 넣어 보관한다면 거기에 두지 말라. 특히 세척 사이클일 때). 하지만, 이런 문제가 일단 발생했다면, 다시 되돌리지는 못한다. 처음부터 다시 시작해야 한다.

녹은 충분히 시즈닝을 잘하지 않거나, 바짝 마르지 않은 상태로 보관하면 생긴다. 팬 전체에 녹이 슬지 않았다면(전체에 녹이 슬었다면, 전 과정을 다시 해야 한다.) 녹이 슨 지점은 크게 걱정할 필요는 없다. 팬을 헹구어 낸 후, 완전히 마르고 연기가 날 때까지 가열한다. 그러고는 기름으로 팬을 문지른다. 몇 번 사용하면, 녹슨 부분은 완벽하게 다시 시즈닝된다.

어떤 팬을 사야 할까?

운 좋게도 차고 세일(yard sale)이나 벼룩시장에서 20세기 초에 나온 무쇠 팬이 50달러 정도 혹은 더 싼 가격에 나와 있다면 바로 주워 담아야 한다. 또 종종 이베이(eBay)나 비슷한 사이트에서 괜찮은 가격으로 팔 때도 있다.

개인적으로는 로지(Lodge)에서 나온 시즈닝 처리된 26cm 무쇠 스킬렛(10¼-inch Seasoned Cast-Iron Skillet)이 겨우 16.98달러인 상황에, 오래된 무쇠 팬을 상인이 부르는 대로 150달러 이상 주고 사는 것은 말이 안 된다고 생각한다. 새 팬도 조금만 시간과 노력을 들이면 똑같이 광택이 나고 눌어붙지 않는데 말이다.

핵심 도구 : 주방에 필요한 냄비와 팬 8개

나는 천성적으로 모으는 걸 좋아한다. 냄비와 팬을 종류별로 다양하게 모으는 걸 좋아하는데 정기적으로 사용할 것이며 절대로 낭비가 아니라고 스스로에게 다짐하면서 모은다. 하지만, 솔직히 갖고 있는 팬 90%의 진짜 목적은 순전히 심미적 이유 때문이다. 그것들은 꼭 냄비 걸이를 장식하는 넥타이 같다. 그리고 나는 절대 넥타이는 매지 않는다.

내가 주로 똑같은 팬 8개만 계속 사용하는 걸 깨달았는데 모든 요리를 이 8개 중 하나로 혹은 몇 가지를 함께 사용해서 만든다. 이 책에 나온 레시피로 요리할 때 필요한 도구도 바로 이 8가지이다. 잘 갖춰진 주방의 기초가 될 팬은 아래와 같다.

1. 30cm 삼중 옆면 일자형 뚜껑 있는 소테 팬(12-Inch Tri-Ply (Laminated) Straight-Sided Lidded Sauté Pan)

큰 스킬렛은 주방에서 정말 많이 사용된다. 양이 많은 채소나 고기를 빠르게 브라우닝 하기에 안성맞춤이다. 닭을 통째로 팬에 로스팅한다고? 이럴 때 선택하는 팬이다. 돼지고기 안심이나 소고기 갈빗살 로스트(3-rib beef roast)를 브라우닝해야 한다고? 다 가능하다. 브레이징을 하거나 소스를 줄이는 데도 아주 좋다. 꼭 맞는 뚜껑이 있고 오븐에 넣어 조리도 가능하다. 이 말은 갈비를 갈색으로 익힌 뒤 국물을 붓고, 뚜껑을 덮고 오븐에서 끓인 뒤 소스는 불 위에서 줄여 팬 채 그대로 식탁에 내놓을 수도 있다는 뜻이다.

왜 삼중 구조가 중요한가? 스테인리스 스틸은 무겁고 많은 양의 열을 보전할 수 있지만 열이 천천히 전도된다. 알루미늄은 가볍고 단위 부피당 열 보전율은 낮지만 열을 아주 빠르게 전달한다. 팬 가운데에 알루미늄을 끼워 넣는 식으로 이 둘을 합쳐 팬을 만들면 열을 보전해 브라우닝을 최대한 해낼 수 있고 뜨겁고 차가운 부분 없이 열을 스킬렛 표면 전체에 골고루 분배할 수도 있다.

올클래드(All-Clad)는 이 멋진 삼중 조리기구의 기준이 되지만 엄청나게 비싸다. 그래서 올클래드의 복제품인 트라몬티나(Tramontina) 제품을 나란히 놓고 실험을 해봤더니 트라몬티나 제품은 올클래드의 ⅓ 가격으로 모든 작업에서 품질은 비슷했다. 선택은 간단할지도.

2. 26cm 무쇠 스킬렛(10-Inch Cast-Iron Skillet)

스테이크나 껍질과 뼈 있는 닭가슴살 등을 시어링하는 데는 무쇠만한 게 없다. 실제로 나는 무쇠 스킬렛을 크기별로 세트로 갖고 있어서 달걀 프라이에서부터 모든 걸 할 수 있고, 또 그 작은 스킬렛에 든 달걀을, 굽고 있는 파이로 바로 넣을 수도 있다. 하지만 가장 많이 쓰는 것은 26cm 팬이다. 이 사이즈는 나와 아내가 먹을 스테이크 두 개를 시어링하기에 딱 좋은 크기이다(손님이 많이 와서 스테이크를 더 구워야 할 때는 스테이크에 열전달을 극대화하기 위해 한꺼번에 일괄적으로 시어링하거나 버너 두 개에, 팬 두 개를 올려 사용한다.). 또 콘브레드 용으로, 크기가 아주 적당하며 또한 멋진 서빙 그릇이 되기도 한다. 용도가 정말이지 무궁무진하다.

만약 사려 깊은 할머니가 물려주신 시즈닝이 아주 잘 된 무쇠 팬이 없다면 로지에서 쉽게 구할 수 있다. 골동품 가게나 벼룩시장에서 찾는다면 그리스올드나 와그너(Wagner)가 최고이다.

3. 26cm 아노다이즈드 알루미늄 또는 삼중 논스틱 스킬렛 (10-Inch Anodized Aluminum or Tri-Ply Nonstick Skillet)

사람들은 제대로 시즈닝이 된다면 무쇠 스킬렛이 진짜 논스틱 스킬렛만큼 매끄러울 것이라고들 말한다. 나도 아마 그렇게 말했던 것 같다. 이 책에서조차도 그랬던 것 같다. 하지만 슬픈 소식이 있다. 그 말은 사실이 아니다. 최상의 무쇠 스킬렛이라도 논스틱 스킬렛만큼 매끄럽지는 않다. 재료 과학 엔지니어라면 누구라도 이 부분에 대해서 이렇게 말해 줄 수 있다. 뿐만 아니라, 무쇠 스킬렛과는 달리 논스틱 팬은 가벼워서 가령, 오믈렛(omelet)을 만든다든지 한쪽만 구운 반숙 달걀을 두어 개 뒤집는다든지 할 때, 사용하기가 아주 편하다. 그래서 중간 크기의 논스틱 스킬렛은 여러분의 도구 중에서 필수 아이템이라 할 수 있다. 완벽한 황금빛 오믈렛에서 보송보송한 스크램블드에그, 가장자리가 바삭한 달걀프라이까지, 모든 달걀 요리에 최상의 도구이다. 이 스킬렛이 없다면 우리 집의 브런치는 훨씬 더 엉망이고, 더 정신없이 분주하고 그래서 그만큼 즐겁지 않을 것이다.

논스틱 제품의 유일한 결점이라면? 코팅이 증발하면서 독성 가스를 내뿜기 때문에 260℃ 이상으로는 가열하면 안 된다는 점이다. 새로 나온 재질들은 훨씬 더 안전하긴 하지만 그것들도 나름의 단점이 있는데, 먹음직스럽고 두툼한 크러스트를 만들기 어렵고 사용할 수 있는 조리기구의 종류도 제한적이라는 것이다. 금속 도구들이 코팅에 흠집을 낼 수 있으니 논스틱 팬을 사용할 때는 논스틱용으로 특별히 제작된 나무나, 나일론, 혹은 실리콘 도구들을 사용한다.

논스틱 제품은 다른 팬과는 달리, 우리 삶만큼 그렇게 오래 사용할 수는 없다. 그러므로 팬 하나에 많은 돈을 쓰는 것은 현명하지 않다. 중간급 정도의 팬이면 된다. 열을 아주 잘 보전할 수 있도록 어느 정도 무게가 있는 것이 좋지만 흠집이 날까 부엌 찬장 구석에 고이 모셔두지 않아도 될 만한 것을 고른다. 나는 지금 쿠진아트(Cuisinart)의 스테인리스 스틸 논스틱 스킬렛이 있지만 그렇게 열성적으로 보살피진 않는다. 논스틱 팬에 그렇게 헌신해서는 안 된다니까.

4. 2.4~2.8ℓ 소시에(6~8-Quart Saucier)

소스팬과 소시에의 차이는 아주 미미하지만 중요하다. 소스팬은 옆면이 일자형으로 되어 있지만 소시에는 내용물을 아주 쉽게 휘저을 수 있도록 옆면이 살짝 경사져 있다. 이 점이 가장 큰 장점이다. 그래서 둥근 숟가락으로 파거나 직각을 이루는 구석으로 휘저을 필요가 없다.

나는 수프나 스튜를 조금만 만들거나 짧은 모양의 쇼트 파스타를 삶을 때(이걸 삶을 때는 큰 냄비가 필요 없다. 684쪽 참고), 남은 음식을 데울 때, 치즈 소스나 소시지 그레이비(gravy, 고기를 익힐 때 나온 육즙에 밀가루 등을 넣어 만든 소스)를 만들 때, 토마토소스를 끓일 때, 몇 가지 채소를 천천히 익힐 때, 그리고 닭 한 마리 정도의 육수를 만들 때에도 소시에를 쓴다.

논스틱 스킬렛인 경우는 두껍고 무게감이 있고 오븐에 넣어도 되고, 가급적 삼중이라면 어떤 상표라도 괜찮다. 나는 파버웨어 밀레니엄 클래드 스테인리스 스틸 소시에(Farberware Millenium Clad Stainless Steel Saucier)를 사용하고 있다. 따르기 좋게 뾰족한 꼭지가 있고 깊다. 나는 대략 8년 정도 이 소시에와 아주 잘 지내고 있는데, 우리 둘 다 그동안 한마디 불평도 없었다. 다른 팬보다도 더 돈독한 사이다.

5. 30~36cm 탄소강 웍(12~14 Inch Carbon Steel Wok)

여러분이 서양식 주방을 가진 집에서 자랐다면 웍을 갖고 있지 않아도 용서가 된다. 하지만 꼭 센 불에 재빨리 볶는 조리(stir-fry)를 좋아하는 사람이 아니라도 큰 웍이 있으면 정말 유용하다고 설득하고 싶다. 튀김이나 찜, 훈제에 이만한 도구가 없다. 구입이나 관리 방법에 대한 자세한 내용은 47~49쪽을 참고한다.

6. 5.7~7.6ℓ 에나멜 무쇠 더치 오븐(6~8-Quart Enameled Cast-Iron Dutch Oven)

내가 갖고 있는 에나멜 더치 오븐은 스스로 생각해 봐도 '와우, 정말 특별한 걸 가지게 됐구나' 하는 생각이 드는 첫 냄비이다. 파란색 타원형으로 르크루제(Le Creuset) 상품이고, 적어도 어머니가 15년 전에 내게 사주신 그날만큼 아직 쓸 만하며 상태도 좋다. 좋은 에나멜 더치 오븐이라면 아마 평생 사용할 수 있을 것이다. 무게 때문에 오븐 안이나 밖에서 천천히 만드는 브레이징에도 이상적인 도구이다. 알다시피, 무거운 재질은 가열하거나 식히는 데 오랜 시간이 걸린다. 이 말은 오분이 다이얼에 있는 숫자보다 25℃나 더 뜨겁고 더 낮게 파형이 사인(sine) 곡선을 이루는 사인파(sine waves)를 만들며 온도가 불규칙하게 변한다 해도, 냄비 안은 거의 변동이 없음을 뜻한다. 이 점 때문에 레시피를 믿고 예측도 할 수 있는 것이다.

르크루제는 에나멜 무쇠 제품으로는 품질 면에서 기준이 되지만 엄청나게 비싸다. 그래서 하나 구입하면, 어느 정도는 들인 돈 때문이긴 하지만 오래도록 소중히 한다(정말 애네들은 꼭 자식 같다.). 로지는 이 가격의 삼분의 일로 쓸 만한 제품을 만들지만 나는 사용하면서 이가 몇 군데 빠지고 금이 간 것을 봤으니 조심해서 구입해야 한다.

7. 11~15ℓ 육수 냄비(2½~3–Quart Stockpot)

이건 냄비들 중 덩치 큰 아빠에 해당한다. 이 냄비는 파스타 20인분을 만들어야 할 때, 랍스타 6마리를 삶아야 할 때, 몇 마리 상당의 닭 뼈가 육수가 되길 기다리며 냉장고에 있을 때, 등장하는 냄비다. 큰 육수 냄비는 가지고 난 이후에야 얼마나 그게 필요했는지 알게 된다. 좋은 소식이라면 육수 냄비는 아주 싼 제품도 괜찮다. 이 냄비로는 물을 많이 넣고 끓이거나 고는 일밖에 하지 않는다. 그래서 물만 담기고 편평하면 그만이다. 하나에 40달러 이상 쓸 필요는 없다.

8. 로스팅팬(Something to Roast In) 또는 베이킹팬

괜찮은 로스팅팬은 비싸다. 정말 그렇다. 스킬렛처럼, 최상의 로스팅팬 역시 가운데 알루미늄이 들어가고 위아래가 스테인리스 스틸인 제품이 좋다. 로스팅팬을 고를 때 나는 오븐뿐만 아니라 가스레인지에서도 바로 사용할 수 있는 걸 고른다. 손잡이가 편안하고 적당히 두꺼워 오븐의 열 아래에서는 물론 칠면조의 무게에도 틀어지지 않는 걸 고른다. 캘파론(Calphalon) 팬은 크고 튼튼하다. 그리고 멋진 U자 모양 선반이 있어 큰 고기를 올릴 수도 있다. 가격은 140달러 정도인데, 일 년에 두 번 정도 명절에 큰 고기요리를 할 때 사용한다.

솔직한 대답을 원한다고? 없어도 살아가는 데 문제는 없다. 하지만 없으면 곤란한 것이 있는데, 위에 식힘망을 얹을 수 있는 형태의, 테두리가 있는 아주 튼튼한 알루미늄 베이킹 시트(국내에서는 베이킹팬으로 검색하면 된다. – 감수자 주)이다. 가볍고 값도 싸다. 오븐 안에도 넣을 수 있고 판이 얇아서 뜨거운 공기가 조리되고 있는 음식 주위를 순환하기가 훨씬 쉬운 이점도 있다. 그래서 일 년 중 나머지 363일 동안은 구이 요리를 할 때 이걸 사용한다. 셀 수도 없이 많은 닭을 구워서 믿기지 않을 정도로 휘어졌다. 하지만 지금도 예전처럼 잘 해내고 있다. 나는 이걸 10달러 정도에, 선반은 5~6달러 정도에 요리자재상에서 샀다(이 팬을 온라인에서도 살 수 있는데, 하프 시트 팬(half sheet pans)이라고 부른다. 노르딕 웨어(Nordic Ware)에서 나온 건 15달러 정도인데 괜찮다.).

웍을 구입하고 관리하는 방법

좋은 웍은 부엌에서 다용도로 사용할 수 있는 팬 중에 하나이다. 편평하고 상대적으로 화력이 낮은 버너를 갖추고 있는 서구식 가스레인지에서 보통의 논스틱 스킬렛이 볶음요리에 아주 적합한 팬이라고 주장하는 사람들이 있다. 심지어 이들은 스킬렛이 더 높은 온도에 이를수록 열을 더 잘 보전한다는 걸 멋진 도표를 여러분에게 보여 줬을지도 모른다. 하지만 이건 완전히 틀린 말이다. 세상에 있는 모든 도표들이 다 우리 입맛을 대변해 주지는 않는다. 사실, 센 불에 재빨리 볶는 요리는 웍에다 조리했을 때 더 맛있는데, 볶음요리를 잘 하려면 단순히 금속이 도달하는 온도만 중요한 게 아니기 때문이다. 이런 요리는 웍의 가장자리 위로 기름과 액즙이 튀어 오르고 버너의 불길과 닿으면서 제대로 서로 섞여 분산되는 일이 관건이다. 버거를 자주 뒤집어 주면 더 맛있어지듯이(567쪽 참고) 음식 조각을 온도가 서로 다른 팬의 여러 부분을 다 거치며 빠르게 계속 뒤집어 음식에 열을 가하거나, 식히는 기술이 중요하다. 바로 웍의 불 맛, 엄청나게 뜨거운 온도로 가열된 시즈닝된 무쇠나 탄소강 팬에서만 나올 수 있는 약간 훈제한 듯한, 약간 그을린 듯한, 금속성의 풍미가 중요한 것이다. 주제에서 벗어났는데, 분명히 웍은 볶음요리용으로 최상의 선택이지만 튀김, 찜, 실내 훈제에도 아주 이상적인 조리기구이다. 내가 주방에서 가장 자주 쓰는 도구가 웍일 것이다.

하지만, 대부분의 일들이 그러하듯, 모든 웍이 다 똑같이 만드는 건 아니다. 크기, 모양, 금속 종류, 손잡이 방식이 머리가 아플 정도로 여러 가지다. 다행스러운 점은 최상의 웍이라도 그리 비싸지 않다는 점이다. 구입 시에 고려해야 할 점은 다음과 같다.

재질

- **스테인리스 스틸 웍**을 산다면 돈 낭비이다. 엄청나게 무거워 다루기 어려울 뿐만 아니라, 가열되고 식는 데 시간이 많이 걸리므로 볶음요리처럼 아주 재빠르게 그때그때 적절히 열을 조절해야 하는 요리엔 치명적이다. 특히나 음식에 함유된 단백질은 철에 달라붙는 성질이 있다.

- **무쇠**도 역시 온도가 오르고 식는 데 상대적으로 긴 시간이 걸리긴 하지만 그래도 스테인리스 스틸보단 괜찮은 선택이다. 논스틱 표면도 더 낫다. 그러나 무쇠의 가장 큰 문제점이라면 두께가 얇을 때는 아주 약하다는 점이다. 웍을 아주 세게 내동댕이치자 반으로 금이 가는 걸 본 적이 있다. 그리고 내구성이 좋도록 두껍게 만들면 이번에는 너무 무거워서 들기 어렵다. 볶음요리에선 적절히 팬을 움직여 주는 게 필수인데 말이다.

- **탄소강**은 가장 좋은 선택이다. 이 재질은 빨리 그리고 골고루 가열되고 버너의 화력에 아주 빠르게 반응한다. 또 내구성도 좋고 비싸지도 않으며 적절히 관리만 잘 하면 실제로는 논스틱 표면처럼 된다. 적어도 두께가 2mm 되는 탄소강 웍을 구입할 것. 그래야 옆면을 눌렀을 때 휘지 않는다.

제조 공정

웍은 세 가지 방법으로 제작된다.

- **전통적 방식인 손 망치를 두드려 만든 웍**(1980년대 광고를 통해 등장했던 것과 같은)은 훌륭한 선택이다. 망치질의 패턴으로 남은 작은 자국들이 다 익은 재료들을 옆면으로 밀어내기 때문에 가운데로 새로운 재료를 추가해도 이 재료들이 뒤로 밀리지 않고 조리가 될 수 있다. 그리고 이 수제 웍은 저렴하다. 문제가 있다면 바닥이 편평하면서 손잡이가 있는 것은 찾기가 어렵다(불가능한?)는 것이다(나중에 자세히 이야기하자.).

- **찍어 낸 웍**은 원형의 얇은 탄소강을 잘라 내서 그걸 기계로 틀에 밀어 넣어 만든다. 이 제품은 값이 아주 저렴하지만 너무 매끄러워서 제대로 된 볶음요리를 하기가 어렵다. 그리고 얇은 강철로 만들었기 때문에 확실히 튼튼해 보이지 않으며 뜨겁고 차가운 부분이 생기기 쉽다.

- **회전 방식으로 만든 웍**은 돌림쇠(선반) 위에서 만들기 때문에 동심원의 뚜렷한 패턴이 남아 있다. 이 패턴은 손 망치로 두드려 만든 웍과 똑같은 장점이 있다. 그래서 수월하게 음식이 팬의 옆면에 붙어 있을 수 있다. 회전 방식으로 만든 웍은 바닥이 편평하고 뒤집기 좋도록 손잡이가 있으면서 두꺼운 것이 많다. 그리고 저렴하기도 하다.

모양과 손잡이

전통적인 웍은 우묵한 볼 모양으로 화덕 위의 둥그런 화구에 맞도록 만들어졌다. 레인지(range)에 맞춤식으로 웍을 삽입하는 화구가 없다면(만약 있다면, 이 부분은 읽지도 않을 것이다.) 바닥이 둥근 웍은 사지 않을 것이다. 바닥이 둥근 웍은 전기 레인지 위에서는 전혀 쓸 수 없고 웍을 올릴 링이 있는 가스레인지 위에서도 사용하기 어렵다. 또한, 바닥이 너무 편평해도 음식을 적절히 뒤집기 어려워 뜨겁고 서늘한 부분으로 이리 저리 움직이는 게 힘들기 때문에 팬의 사용 목적에 맞지 않는다.

가장 좋은 웍은 바닥은 10~13cm(4~5인치)로 편평하고 옆면이 조금씩 경사져서 윗면이 30~35cm(10~12인치)로 퍼지는 게 좋다. 이런 웍은 바닥에 고기나 채소를 시어링할 수 있는 센 불의 공간도 충분하고 뒤집을 때도 재료들이 이동하기에 충분한 공간이 있다. 손잡이는 다음 두 가지로 선택할 수 있다. 중국 광둥지역 스타일은 양쪽에 각각 작은 손잡이가 달려 있으며, 북부 스타일은 긴 손잡이가 하나 있고 대부분 그 반대쪽에 좀 작은 보조 손잡이가 달려 있다.

이 모양이 여러분이 원하던 스타일이다. 긴 손잡이는 뒤집기와 볶음요리에 편리하고 작은 손잡이는 들기에 편리하다.

마지막으로, 논스틱 웍은 절대 피해야 한다. 대부분의 논스틱 코팅은 볶음요리에 필요한 고온을 견뎌 낼 수 없다. 필요한 온도로 올라가기도 한참 전에 유독가스를 뿜으며 코팅이 증발하기 시작한다. 또 코팅 때문에 브라우닝도 어렵고, 조리 중 팬의 가운데 부분을 비우고 싶어도 음식이 웍 옆면에 붙어 있기가 불가능하다.

관리와 유지

좋은 무쇠 팬과 마찬가지로, 탄소강 웍도 사용할수록 더 질이 좋아진다. 가게에서는 녹이 슬거나 변색되는 것을 막기 위해 대부분 기름으로 보호막을 만들어 둔다. 그래서 처음 사용할 때는 이 막을 사용 전에 제거하는 것이 중요하다. 웍을 세제를 푼 뜨거운 물로 문지른 뒤 바짝 말린다. 그러고는 버너 위에 올리고 연기가 날 때까지 가장 높은 온도로 가열한다. 웍을 이리 저리 세심하게 돌려 가장자리를 포함한 모든 부분을 고온의 열에 가열되도록 한다. 키친타월을 집게로 집고 기름으로 닦으면 준비가 끝난다. 사용 후에는 꼭 필요하지 않으면 웍을 문질러 씻지 않는다. 일반적으로 한 번 헹구고, 부드러운 스펀지로 닦아 주는 걸로 충분하다. 아주 엄격하게 관리하는 사람 같으면 세제를 쓰지 말라고 말할지도 모른다. 그래도 나는 쓰는데, 여전히 시즈닝이 그대로 잘 남아 있고 완벽하게 논스틱이 된다. 웍을 헹군 뒤에는 키친타월로 닦고는 표면에 식물성 기름을 발라 녹슬지 않도록 방습 코팅을 해 준다.

웍을 계속해서 사용하면 웍 속에 있던 가열된 기름이 고분자로 분해된다. 이 고분자는 금속 표면에 있는 미세한 구멍을 메워 금속 물질이 완전히 논스틱이 되게 한다. 웍을 길들일수록 금속 재질은 점점 은색에서 갈색으로 바뀌다가 마침내 어두운 검은색을 띠게 된다. 이게 바로 우리가 기다리던 상태이다.

적절히 잘 관리해 주면 웍은 평생 사용가능하며 사실, 시간이 가면서 질이 더 좋아진다.

웍을 사용하는 기본적인 기술

볶음요리는 전형적인 웍 기술이다. 그러나 이 책에는 볶음요리 레시피는 하나도 없기 때문에 여기서 볶음요리에 대해선 시간을 할애하지 않을 것이다(아마 여러분이 내 출판사 담당자에게 연락해서 언젠가 이 책의 중국판을 보고 싶다고 설득한다면 추가할 수도 있다.). 하지만 웍은 튀김이나, 찜, 그리고 음식을 실내에서 훈제 요리를 하는 데에도 최상의 도구이다. 다음은 이런 요리를 만드는 조리법이다.

- **튀김(Deep-frying)** : 웍으로 튀김을 하는 것이 더치 오븐에 하는 것보다 훨씬 낫다. 옆면이 넓어 튄 기름이 옆면을 맞고 가운데로 다시 떨어지므로 덜 지저분해진다. 웍의 모양 또한 요리를 훨씬 더 쉽게 해서 더 바삭하고 더 골고루 잘 익는다. 또, 넓고 비스듬한 모양은 기름이 가장자리를 넘기 전에 거품이 많이 생겨서 넘치는 걸 막기 때문에, 끓어 넘치는 건 옛날 일이 된다. 마지막으로, 웍은 비스듬한 옆면 때문에 더치 오븐의 각진 구석보다 찌꺼기들을 걸러 내기가 훨씬 더 쉽다.
- **찜(Steaming)** : 다른 도구보다 웍으로 찜을 하면 훨씬 쉽다. 큰 웍에다 다른 냄비에 쓰는 찜기를 끼워서 사용하면 된다. 물이 끓고 있는 웍의 바닥에 바로 찜기를 넣고 둥근 모양의 뚜껑을 덮으면 끝이다. 장점이라면 당연히 웍의 폭이 넓으므로 찔 수 있는 공간이 훨씬 넓다는 점이다. 만약, 대나무 찜기가 두어 개 있다면 이런 장점은 훨씬 더 커진다.

대나무 찜기는 웍에 바로 올리게 되어 있고, 또 쌓을 수도 있게 만들어졌기 때문에, 두서너 단의 음식이 한 번에 한 웍 안에서 쪄지게 된다는 말이 된다. 더치 오븐에서 똑같이 한 번 해 보라!

- **훈제(Smoking)** 웍으로는 훈제도 쉽다. 할 일이라고는 바닥에 호일만 깔면 된다. 호일을 적어도 가장자리에서 위로 웍 폭의 ¾ 정도 더 길게 준비한다. 나무 조각이나 찻잎, 설탕, 쌀, 향신료, 무엇이든 향을 낼 재료를 웍 바닥에 바로 넣고 그 위에 음식이 놓인 선반이나 찜기를 올려놓는다. 바닥에 둔 향 재료가 그을리기 시작할 때까지 웍을 고온으로 가열한다. 알루미늄 호일을 가장자리 위로 주머니처럼 접고 여며 연기가 속에 갇히도록 한다.

칼, 가위, 도마, 기타 필요한 자르는 도구들

결혼 생활이 내게 무언가를 가르쳐 줬다면 내가 옳을 때에도 항상 옳은 것은 아니라는 것이다. 적당한 예를 들자면, 가장 좋은 주방기구를 고르는 일 같은 것인데, 내가 아내랑 처음 데이트를 시작했을 때 아내가 갖고 있던 칼은 이케아(IKEA)에서 구입한 것으로 작은 플라스틱 칼자루가 달린, 균형도 잘 맞지 않고 칼날도 무뎌서 하스브로의 장난감 오븐인 이지 베이크 오븐(Easy Bake oven) 옆에 두면 더 어울릴 듯 했다. 나는 내 멋진 취향으로 고른 미래의 아내에게 특별히 좋은 인상을 주려고 몹시도 섹시하고 손 망치로 두드려 만든 일본식 다마스쿠스 강철 산토쿠 칼(Japanese Damascus steel santoku knife)을 샀다. 그리고 아내가 이 칼로 바꿔 쓰게 하려고 정말 슬그머니 아내를 꼬드기느라 2007년에 한참 동안, 애를 썼다.

하지만 아내는 결국 커다랗고 선명하게 손으로 음각된 장인의 사인이 있는 산토쿠 칼이 섬뜩하다며 매번 이케아 칼을 사용했다(걱정 마시라, 아내는 내가 그 칼을 휘두를 때마다 여전히 나의 원초적인 남성적 에너지에 사뭇 감동을 받았다.). 그래서 나는 아내를 위협하지 않는 우스토프의 '클래식아이콘 G산토쿠 14cm[4172] (Wüsthof 5-inch granton-edged santoku)'로 바꿔 줬지만 결과는 똑같았다. 선택의 폭을 일단 어떤 수준 안으로 좁히면 최상의 칼이란 바로 가장 편안하게 사용하는 칼이 된다. 다른 수준의 칼을 이야기하면 그건 바로 뭘 팔려고 하는 게 된다. 그 뭔가가 아마도 칼이겠지만.

칼을 살 때, 고려해야 할 세 가지가 있는데, 재질과 모양, 그리고 인체 공학적인가 하는 것이다.

칼을 만드는 재료는 '칼이 얼마나 날카로워질 수 있는가?', '날이 얼마나 오래 갈 것인가?', 또 '날이 무뎌지면 다시 날카롭게 가는 것이 얼마나 쉬운가?', 그리고 '산성 음식과는 어떤 반응을 하는가?' 등을 결정한다. 일반적으로, 탄소강과 세라믹, 그리고 스테인리스 스틸,

이 세 가지 중에서 고른다.

- 탄소강(Carbon steel)은 부드러운 금속이라 날카롭게 만들기 쉽다. 그래서 갈면 대단히 날카로워진다. 이 금속의 단점이라면 날이 상대적으로 빨리 무뎌져서 날카로운 날을 유지해 주려면 몇 주마다 갈아 줘야 한다는 것뿐이다. 또 잘 관리해 주지 않으면 녹도 슬고 산성의 과일이나 채소와 지속적으로 닿으면 색깔도 변한다. 그래서 녹을 방지하기 위해 매번 사용 후에는 세심하게 씻고 말리고 기름을 발라야 한다. 탄소강은 칼날을 느끼지도 못하는 사이에 잘리게 할 정도로 날카롭게 하는 과정에서 큰 즐거움을 느끼는 그런 칼 덕후들이 선택하는 재질이다. 탄소강 칼은 길이 잘 들고 좋은 상태를 유지하려면 반려견처럼 아주 공을 많이 들여야 하지만, 그 보답으로 평생 충성과 신의로 봉사할 것이다. 그렇지만 개와는 달리 칼은 카펫 위에 오줌을 싸는 일은 없으니 얼마나 다행인가!
- 세라믹(Ceramic) 칼을 선택한다면 여러모로 봤을 때, 그다지 좋은 선택은 아니다. 세라믹 칼은 면도날처럼 날카롭게 갈리고 오래 사용해도 날이 무뎌지지 않지만 가장 큰 단점이라면 특이하게도 이가 쉽게 빠지고 수리가 안 된다는 점이다. 금속 칼은 탄성이 있어 아주 미세한 수준에서는 칼의 날카로운 날이 거리에 따라 받는 압력의 차이에 따라 계속해서 휘고 변형된다. 이에 반해, 세라믹 칼은 수정체 같은 구조 때문에 아주 잘 부러진다. 칼날에 살짝만 충격을 줘도 이가 빠지거나 칼날을 따라 금이 가서 '쓸모는 전혀 없지만 아직 기대를 하고 있기 때문에 어쨌든 갖고 있을 거야' 서랍으로 들어가게 된다. 이 칼은 또한 아주 가벼워서 나 같은 사람들에게 쥐어 줘서는 안 된다.
- 스테인리스 스틸(Stainless steel)은 단단하고 보기에 좋고 관리하기는 쉽지만 칼날이 절대로 필요한 만큼 날카롭게 되지는 않는다. 그래서 잘 모르는 사람이 선택하기 쉬운 재질이었다. 그러나 요즘은 재료 과학이 계속 발전해서 씻기 편하고 녹과 변색이 없는 스테인리스 스틸의 특성에다 날카롭게 잘 갈리는 탄소강의 특성을 결합하기 때문에 스테인리스 스틸 칼은 점점 더 매력적이다. 내 탄소강 칼을 여전히 아끼지만 솔직히 지금은 부엌에 스테인리스 스틸 칼이 더 많다.

칼의 구조

칼은 두 개의 중요한 부분으로 나뉜다. 금속 부분과 손잡이 부분. 잘 만들어진 칼은 금속 부분이 손잡이 끝까지 들어가 있어야 한다. 칼 한 자루에 포함된 여러 부분은 서로 다른 목적을 가지고 있다. 다음은 대부분의 칼이 갖고 있는 주요 부분이다.

- **칼날**은 칼에서 날카롭게 연마된 부분이다. 면도날처럼 아주 날카로워야 하는데, 잘 갈린 칼은 말 그대로 겨드랑이의 털도 깎을 수 있다(그러지는 말 것). 셰프 나이프에서 칼날 부분은 슬라이싱(slicing, 편썰기)이나 락 찹핑(rock-chopping, 칼질을 할 때 칼날을 앞에서 뒤로, 도마에서 떼지 않고 붙여가며 칼질하는 방법) 등과 같은 다양한 작업에 맞게 아래 칼날의 곡선이 달라진다.
- **칼등**은 날카로운 칼날의 반대쪽 부분이다. 이 부분은 빠르게 다지기를 하면서 칼날을 앞뒤로 이동시킬 때, 칼을 쥐지 않은 다른 쪽 손이 위치하는 부분이다. 또한 도마 위에 있는 음식 조각을 옮길 때 임시변통으로 긁어내는 도구로도 사용된다(이 작업은 칼날을 무뎌지게 만들기 때문에 절대로 칼날로 하면 안된다.).
- **칼끝**은 칼의 맨 앞쪽 끝의 뾰족한 부분이다. 이 부분은 주로 세밀한 작업에 사용한다.
- **힐**은 금속 부분의 제일 아랫부분으로 서양식 칼에서는 이 부분이 두껍다. 이는 칼날 쥐기를 할 때(54쪽 참고), 잡기 쉽도록 하기 위해서이다.

- **지지대**는 칼의 금속 부분이 손잡이와 만나는 곳이다. 두껍고 무거우며 금속 부분과 손잡이의 균형점이 된다. 균형이 잘 잡힌 칼은, 무게중심이 이 지지대 근처 어딘가에 있어야 한다. 그래야 칼을 앞뒤로 이동시키며 자를 때 힘이 많이 들지 않는다.
- **탱(속심)**은 금속 부분이 손잡이 끝까지 연결된 부분이다. 이 부분은 칼을 견고하게 할 뿐만 아니라, 균형을 잡게 해준다. 이 속심이 손잡이의 밑동까지 다 들어가 있으면 손잡이와 분리되는 일은 없다.
- **칼자루(손잡이)**는 '손잡이 쥐기'로 잡을 때는 손 전체가 놓이는 곳이고 '칼날(금속 부분) 쥐기'일 때는(내가 추천하는 방법) 작은 세 손가락이 놓이는 곳이다. 손잡이는 나무, 폴리카보네이트(polycarbonate), 금속이나 특수한 여러 재질로 만들어진다. 나는 진짜 나무 손잡이를 잡았을 때의 그립감을 좋아하긴 하지만 어떤 게 좋고 나쁜 건 없다.
- **칼 밑동**은 손잡이의 제일 끝부분으로 뭉툭한 부분이다.

칼을 쥐는 두 가지 방식

칼을 사용하는 기술을 완벽하게 배우려면 첫 번째 단계로 칼을 쥐는 법을 알아야 한다. 기본적으로 두 가지 방법이 있는데, 손잡이 쥐기와 칼날(금속 부분) 쥐기이다.

- **손잡이를 쥐는 방식** : 손잡이 쥐기로 잡으면 손이 완전히 칼의 힐 뒤로 가게 되고 손가락은 모두 지지대 뒤로 가게 된다. 이 방식은 주로 초보 요리사나 손이 유난히 작은 요리사들이 사용한다. 편안하긴 하지만 정밀한 작업을 할 때는 칼을 마음대로 움직이는 데 한계가 있다.

- **칼날(금속 부분)을 쥐는 방식 :** 이 방식은 경험이 많은 요리사들이 선호하는 방식이다. 엄지와 검지를 지지대 앞, 바로 금속 부분에 놓는다. 이 방식은 약간 위협적으로 보이긴 하지만 훨씬 더 자유자재로 칼을 쓸 수 있고 균형도 잘 잡힌다. 찍어 내는 저렴한 칼은 지지대가 없기 때문에 쥐기가 어렵고 불편할 수 있다.

내가 처음으로 요리를 시작했을 때는 손잡이를 쥐는 방식으로 칼을 잡았다. 그게 맞다고 생각했다. 손으로 잡으라고 손잡이가 아닌가? 하지만 내가 프로 요리사가 되면서 아마추어 같은 내 방식이 바로 놀림감이 됐다(전문 요리사들은 예외 없이 다 마초들이다!). 그래서 나는 바꿨고 칼 솜씨가 빠르게 그리고 엄청나게 향상되었다. 나는 칼 쥐는 방식으로 누군가를 판단하는 사람은 아니지만(만약, 그랬다 해도 속으로 조용히 했을 것이다.), 제안을 하나 하는데, 손잡이 쥐기만 해 왔다면 금속 부분 쥐기도 한 번 시도해 보라. 칼 솜씨가 몰라보게 느는 걸 알게 될 것이다. 대신 다시 손잡이 쥐기로 되돌아가는 사람이 있다면 그때는 조금은 다시 생각해 볼 것이다.

칼을 쥐지 않은 손은 어떤가? 대부분, 두 가지 포즈를 취하는데 가장 흔한 게 '갈고리(claw)' 모양으로, 사람들이 칼에 베일 때는 대부분 이 방법을 하지 않아서 그렇다. 깍뚝 썰기나 슬라이싱 할 때는 손을 이렇게 하고 자를 것. 칼을 쥐지 않은 쪽 손가락 끝을 보호하기 위해서 손가락을 안쪽으로 구부리고 손마디가 옆으로 나아가며 칼이 뒤따라오게 한다. 음식을 자를 때는, 음식을 고정된 위치에 두고 가급적이면 자르는 면이 도마 위에서 편평하게 되도록 한다. 칼날은 갈고리 같은 손가락 아래에 있는 음식에 맞춰 따라간다.

다지기를 할 때는 여러 방향으로 다져야 한다. 칼끝을 도마 위에 두고 안 쓰는 손으로 칼끝이 움직이지 않도록 잡을 것. 칼날을 올렸다 내렸다 하면서 허브나 다른 재료를 잘게 다진다.

동양 대 서양 : 어떤 스타일의 칼이 사용하기 더 나은가?

일본과 서양식 칼의 차이는 밤과 낮처럼 확연히 달랐었다. 서양식 칼은 칼날이 부드럽게 경사지고 구부러지면서 칼끝까지 이른다. 그리고 길이에 비해 상대적으로 칼등이 두꺼워 도마 위에서 칼질이 잘 된다. 일본식 칼은 칼날이 편평하며 칼 두께가 얇고 상대적으로 무게가 가벼워 앞뒤로 마음껏 움직이며 자르는 것보다는 얇게 저미거나 잘게 자르는 용으로 적합하다. 요즘은 둘을 구분하는 것이 그리 분명하지 않다. 서양식 칼을 만드는 사람들은 이제 일본 가정 요리의 주요 칼이라 말하면서 산토쿠 스타일 칼을 생산하고 있다.

다루기가 더 쉬운 일본식 칼날에 익숙해진 사람들이 점점 늘어나자 이 시장에 맞게 모양은 서양식이라도 칼 두께가 점점 얇아지고 가벼워진다. 반면에, 일본 칼 제조업자들은 두 세계의 최고가 될 수 있는 것을 만들기 위해 일본식 수작업 기술로 생산된 서양식 칼, 규토우(gyutou)에 자신들의 기술을 접목하고 있다.

그렇다면 어떤 스타일이 최고인가? 여기에 정답은 없다. 나는 처음에 요리를 배울 때는 그 당시에 모두들 쓰던 서양식 칼로 배웠다. 그래서 초기에 모았던 칼들은 우스토프나 헹켈(Henckels)처럼 무거운 독일 칼들이 대부분이었다. 하지만 일본식 칼로 실험하기 시작하면서 이 칼이 주는 정밀함을 더 선호하게 됐다. 그래서 다지기를 할 때 마음대로 칼을 앞뒤로 움직이지 못하게 된 점도 상쇄가 되었다. 요즘은, 서양식과 일본식이 혼합된 칼을 사용하고 있다.

서양식 셰프 나이프(Western-style chef's knife)는 칼날 부분이 곡선이고 끝으로 갈수록 점점 가늘어진다.

일본식 산토쿠 칼은 칼날 부분이 좀 더 직선이며 칼끝이 뭉툭하다.

두 종류의 칼을 사용하는 방식에 있어 가장 중요한 차이라면 서양식 칼로는 재료를 밑에 두고 자를 때 칼끝이 도마 위에 닿으면서 힐 끝부분만 들어 올리는데 이런 동작은 아주 흔히 볼 수 있다. 일본식 칼은 칼의 모양상 이 동작이 불가능하다. 그래서 슬라이스와 다지기가 가장 흔한 동작이며 허브를 다질 때는 칼끝이 닿는 락킹(rocking)이 아니라 슬라이싱을 여러 번 반복해서 한다.

자신에게 어떤 칼이 더 잘 맞는지 알아보는 유일한 방법은 상점에 가서 한번 사용해 보는 것이다.

칼과 도마

칼을 새로 사려고 보면, 가격대와 다양한 품질 수준에 정말로 놀란다. 근처의 대형 상점에 가면 자루당, 단 돈 2~3달러에 24개짜리 세트가 있는가 하면 한 자루에 수백 달러 혹은 수천 달러짜리도 있으니 하는 말이다. 어떻게 이런 차이가 생기는 걸까?

그건 일단 어느 품질 수준만 되면 칼을 고르는 건 거의 개인의 취향에 달린 문제이기 때문이다. 잘 드는 칼을 사는 데 300달러나 필요한가? 물론 아니다. 그럼 35달러 이하로 좋은 칼을 살 수 있을까? 아마 힘들 것이다. 하지만 어떤 칼을 선택하든 살펴봐야 하는 특성이 있다.

- **끝까지 들어가 있는 탱(tang, 속심).** 탱은 칼의 금속 부분이 칼자루까지 연장된 부분을 말한다. 좋은 칼이라면 이 속심이 손잡이의 끝부분까지 이어져야 한다. 이 부분이 칼의 내구성과 균형을 극대화해 준다.
- **찍어 내지 않고 주조한 칼날.** 주조한 칼은 수작업으로 금속을 틀 속으로 붓고, 여러 차례 두드려 다듬고 날카롭게 갈고, 손으로 광을 내서 만든다. 이렇게 하면 뾰족한 칼끝에서 힐까지 아주 튼튼하며 다용도로 쓸 수 있는 칼이 만들어진다. 찍어 낸 칼은 금속판에서 오려 낸 뒤 한쪽 가장자리를 날카롭게 간 것이다. 찍어 낸 칼은 금속을 편평하게 하기 위해 롤러를 사용하기 때문에 불빛에 칼날을 비춰 보면 보통 나란히 서 있는 줄의 흔적을 볼 수 있다. 찍어 낸 칼은 일반적으로 균형이 잘 맞지 않고 조잡하다. 대부분 주요 제조업체의 값싼 칼은 찍어 낸 것이다.
- **안정감 있는 손잡이와 편안한 그립감.** 칼을 쥐었을 때, 칼끝이 너무 무겁지도 너무 가볍지도 않은 균형감이 손에 느껴져야 한다. 또 칼을 잡았을 때 편안하게 잘 맞아야 한다. 칼은 바로 손이 연장된 거라는 걸 기억할 것. 그런 만큼 완벽하게 자연스러워야 한다.

부엌에 꼭 필요한 핵심적인 칼 6½가지

칼을 모으는 일은 재미있지만 선택을 해야 한다면, 꼭 함께 하고 싶은 6½가지 칼이 있다(이 중에 필러와 칼갈이가 1½을 차지한다.).

1. 20cm 또는 26cm(8 or 10인치) 셰프 나이프 또는 15~20cm(6~8인치) 산토쿠 칼

이것은 내가 갖고 있는 칼이다. 비슷한 것도 많지만 나는 이걸 사용한다.

셰프의 칼은 손이 연장된 것이므로 아주 자연스러워야 한다. 나는 기분이 별로 안 좋을 때, 그래서 육체적으로 응원해 줄 뭔가가 필요할 때 아내에게 손을 잡아 달라고 하지 않는다. 개의 배를 문지르지도 않는다. 이와 같은 일반적인 방법 대신, 나는 칼이 있는 곳으로 가서 칼을 쥔다. 우리는 오랜 시간을 함께 했다. 나는 그녀의 (아, 내 칼이 여성이라는 걸 방금 막 깨달았다.) 곡선을 모두 다 알고 있고 내 손에 어떻게 딱 들어맞는지 그리고 어떻게 쥐면 좋아하는지도 알며, 답례로 그녀는 나를 도와주고, 충실하며, 아주 날카롭다.

자르는 작업의 95%는 셰프 나이프가 담당한다. 그러므로 사용하기 편한지 확실히 확인해야 한다. 그리고 또 중요한 것은 여러분이 읽었던 모든 후기를 싹 잊어버리라는 것이다. 칼이 일단 질적인 면에서 어떤 수준을 넘어섰다면 다 비슷하다. 그렇긴 하지만, 요리 스타일이나 요리의 규모 그리고 주방에서의 편안한 정도에 따라 우리가 요구하는 어떤 특성이 있다. 다음은 몇 가지 기본적으로 추천하는 것이지만, 다시 반복하지만 어떤 칼이 자신에게 맞는지는 오직 자신만이 결정할 수 있다. 상점에 가서 몇 가지를 시험해 보고 하루 이틀 잘 생각해 보라. 여러분과 셰프 나이프는 오래, 아름답게 그리고 서로 도움을 주는 관계가 되어야 하므로 현명하게 잘 골라야 한다.

서양식 셰프 나이프

- **일반 요리사용** : 20cm 또는 26cm 우스토프 클래식 식도(8 or 10-inch Wüsthof Classic Cook's Knife, 약 140달러), 이 칼은 제대로 된 칼로는 처음으로 구입했던 칼이고 지금도 가지고 있다.
  - 장점 : 무게감 있는 두꺼운 칼등이 슬라이싱 작업에 아주 좋다. 칼날 부분이 곡선을 이루어서 빠르게 다질 때 앞뒤로 칼을 움직일 수 있다. 그리고 잘게 썰 때 손잡이 아래에 손가락이 들어갈 공간이 넓다.
  - 단점 : 어떤 셰프에게는 이 칼이 너무 무거울 수 있고 손이 작은 셰프에게는 손잡이가 너무 커서 불편할 수 있다.

- **손이 작은 요리사용** : 글로벌 G-2 20cm 셰프 나이프(Global G-2 8-inch Chef's Knife, 약 120달러), 멋지고 기능적이다.
  - 장점 : 금속 한 조각을 통으로 두드려 만들어서 기본적으로 튼튼하다. 날이 아주 날카롭고 정교하며 손잡이는 균형이 잘 잡혀 있다(모래로 채워짐). 그래서 칼을 움직일 때에도 무게 중심이 잘 잡힌다.
  - 단점 : 지지대나 힐이 없어서 금속 쥐기로 오랫동안 작업하면 칼등과 닿는 집게손가락이 아플 수 있다. 그리고 칼날 부분이 도마 위에 서 있을 때 손잡이 아래에 공간이 넓지 않다. 그래서 손이 도마에 몇 번 부딪칠 수도 있다. 금속으로 된 손잡이는 무엇이 묻어 있으면 미끄러울 수 있다(아무도 지저분한 주방에서 요리하진 않겠지만!). 세밀한 채소 작업만 하고 지저분한 고기는 다루지 않는 채식주의자를 위해선 이상적이다.

- **최고의 구입 옵션** : 20cm 빅토리녹스 피브록스 셰프 나이프(8-inch Victorinox Fibrox Chef's Knife, 약 25달러), 이 칼은 아직 셰프 나이프에 100달러 이상을 쓰려 하지 않는 초보 요리사들 사이에서 인기가 많다.
  - 장점 : 포장 박스에서 나올 때부터 아주 날카롭고 가벼워, 어떤 사용자들은 좋아할지도 모르겠다. 밀착되는 손잡이와 손가락이 들어가기에 공간이 넉넉하다.
  - 단점 : 찍어 낸 칼날이라 무게감이 없으며 새로 갈기가 어렵다. 싼 느낌이 나고 그런 구조여서 평생 사용할 만한 칼은 아니다. 균형감이 좋지 않아 습관이 잘못 들 수 있다.

일본식 셰프 나이프

- **일반 요리사용** : 18cm 미소노 UX10 산토쿠(7-inch Misono UX10 Santoku, 약 180달러), 이 칼은 내가 개인적으로 가장 좋아하는 칼이다. 처음으로 애착을 느낀 칼은 아니지만 처음으로 사랑하게 된 칼이다. 우린 절대로 헤어지지 않을 것이다.
  - 장점 : 금속 쥐기의 꿈을 실현시킨 아주 편안한 지지대가 있어 균형감이 완벽하다. 칼날 부분은 스웨덴 철을 사용하여 아주 날카롭게 갈리고 이런 칼날이 아주 오래 유지된다. 비록 슬라이싱(Slicing)과 잘게 썰기(chopping)용으로 만들어지긴 했지만 칼날 부분이 서양식 락킹도 조금은 할 수 있을 정도로 곡선이어서 두 세계를 합친 최고를 선사해 준다. 튼튼하고 견고한 구조와 무게감으로 진정 아름다운 칼이라 할 수 있다.
  - 단점 : 딱 한 가지, 바로 가격이다. 저렴한 칼은 아니지만 평생을 쓸 수 있다는 것을 감안하면 180달러는 적당한 듯하다.

- **손이 작은 요리사용** : 우스토프의 클래식아이콘 G산토쿠 17cm[4176](7-inch Wüsthof Classic Hollow Ground Santoku, 약 100달러), 나는 식당에서 일할 때 이 칼을 여러 용도로 사용했다. 식당에는 정교하게 채소 슬라이싱을 할 일이 많아서 여러 번 갈아 쓰다 보니 폭이 몇 센티미터가 줄기도 했다. 작업 시에 이 칼을 꽤 좋아했었다.

- 장점 : 모든 최고급의 우스토프 제품들처럼 이 칼도 완벽하게 제작되었다. 이 칼은 서양식 우스토프보다 칼 두께가 훨씬 얇아서 작고 정교하게 잘라야 하는 작업에 좋으며 어떤 셰프들에게는 더 편리하다. 칼날 양 쪽으로 홈이 파졌기 때문에 감자 같은 음식 조각이 달라붙지 않는다.
- 단점 : 대부분의 힘겨운 작업, 예를 들면, 버터호두호박을 분리한다든지, 닭을 잘게 조각 낸다든지 하는 작업을 하기엔 크기가 작다. 하지만 다행히도 이런 작업은 중식도로 할 것이다(60쪽 참고).

• 최고의 선택 옵션 : 맥 슈페리어 16.5cm 산토쿠(MAC Superior 6½-inch Santoku, 약 75달러), 프로 요리사와 가정에서 다 좋아한다.

- 장점 : 칼날이 아주 날카로우며, 손잡이가 편안하다.
- 단점 : 칼날이 갈기엔 거칠고 주방에서의 여러 작업용으로 16.5cm 칼은 너무 작다. 미소노의 무게감이 느껴지지 않으며 홈이 있는 칼날도 아니고 우스토프의 견고한 느낌도 없지만 대부분의 기준에서 보면 멋진 칼이다.

2. 7~10cm 페어링 나이프(3~4-Inch Sheep's Foot Paring Knife)

여러 해 동안, 나는 우스토프에서 나온 7cm짜리 클래식 페어링 나이프(classic curved 3-inch paring knife from Wüsthof)를 사용했다. 첫눈에, 이 칼의 클래식한 모양이 적절해 보였다. 칼날의 곡선이 큰 셰프 나이프는 크기가 큰 재료를 자르고, 토막 내고 썰기 위한 것이므로, 크기가 작은 재료를 자르고, 토막 내고 썰어 내려면 작은 버전의 셰프 나이프를 사용하고 싶지 않겠는가? 하지만 문제는 페어링 나이프 사용법과 셰프 나이프의 사용법은 근본적으로 다르다는 것이다. 그런데 왜 이 두 칼의 모양이 똑같아야 하는가? 보통의 페어링 나이프에서 중요한 것은 날의 굽은 정도이다. 셰프 나이프의 굴곡은 다지기용으로 락킹이 가능하도록 만들어졌다. 하지만 페어링 나이프로는 말이 안 된다. 그래서 아무도 이 칼로 락킹하지 않는다.

좋은 페어링 나이프의 핵심은 정밀함이기 때문에 칼날이 아주 얇아야 하고 최소한의 손동작만 필요로 해야 한다(손을 더 많이 움직일수록 더 들쑥날쑥하게 잘린다.). 편평한 양의 발 모양으로 생긴 이 칼은 이런 작업에 아주 적합하다. 이 칼은 칼끝이 음식 속으로 단단히 들어가면서 거의 칼날 전체가 도마와 닿게 된다. 즉, 칼날이 곧아야 똑바로 잘리게 된다. 내 책을 읽어서 좋은 점은 더 빠르고 더 정확하며, 요리사가 실수를 적게 하도록 한다는 점이다.

작은 감자나 포도 같은 작은 재료들의 껍질을 까는 데 이 칼을 사용하고 있다면 똑같은 논리를 더욱 강하게 적용해 볼 수 있다. 곡선인 페어링 나이프를 사용하면 칼날의 곡면과 껍질을 벗기려는 재료의 곡선이 반대 방향으로 움직인다. 그래서 거의 어떤 음식도 실제로는 칼날과 만나지 않으며, 필요이상 더 깊이 파서 살을 더 많이 도려내게 된다. 셰프 나이프 대신 산토쿠 칼을 사용하는데 익숙한 사람들은 이런 이점을 바로 알 것이다.

헹켈에서 나온 7cm 쿠다모노 할로우-엣지 페어링 나이프(3-inch Kudamono Hollow-Edge Paring Knife)는 가장 싸면서도(50달러) 괜찮은 칼 중에 하나다. 이 칼은 홈이 있는 그랜톤(granton, 칼날에 세로로 얇게 홈을 파는 처리, 재료가 달라붙지 않게 하려는 목적) 칼날을 갖고 있다는 이점도 있다. 8cm짜리 우스토프에서 나온 페어링 나이프(브랜드 명은 '과도'임)도 같은 가격에 살 수 있다. 이 칼은 홈 있는 칼날은 아니지만 약간 더 무겁고 더 견고하고 손에 쥐는 느낌이 더 좋다. 내 생각에 최고의 페어링 나이프를 갖고 싶다면 똑같은 우스토프지만 그랜톤 칼날이 있는 것으로 5달러 더 쓰라고 말하고 싶다. 그 칼이 바로 내 칼 세트에 들어 있는 칼이다.

3. 25~30cm(10~12-Inch) 빵 칼(Bread Knife)

나는 빵 칼에는 셰프 나이프보다 훨씬 덜 까다롭다. 한 가지 이유라면 빵 칼을 자주 사용하지 않기 때문이다. 버거용 빵이나 샌드위치 빵처럼 부드러운 빵을 자르기 위해서는 셰프 나이프가 빵 칼보다 더 낫다. 사실, 유일하게 빵 칼을 사용할 때는 바게트나 투박한 이탈리아식 빵처럼 바삭한 빵을 자를 때이다. 이런 빵을 먹지 않는다면 빵 칼은 필요 없다. 그래서 빵 칼이 장갑처럼 내 손에 맞는지 확인해 볼 필요는 없다고 생각한다. 그리고 톱니 모양의 날은 집에서 갈려면 불가능하진 않겠지만 어렵기 때문에, 빵 칼은 셰프 나이프만큼 오래 가지 않는다.

뽀족한 이를 가졌거나, 부채꼴 모양 그리고 작은 톱니 모양으로 된 빵 칼을 볼 수 있을 것이다. 가장 좋은 칼은 이가 넓고 날카로우며 찍어 낸 게 아니라 두드려 만든 칼날이어서 더 날카롭고 무게감도 있고 길이도 적당한 칼이다. 처음으로 산 빵 칼은 즈윌링 J. A 헹켈 트윈 프로 에스 20cm 빵 칼(Zwilling J. A. Henckels Twin Pro S 8-inch Bread Knife, 약 85달러)이었고, 한 십년 정도 잘 사용했다. 지금 갖고 있는 빵 칼은 두드려 만든 20cm F. 딕 빵 칼(F. Dick Forged 8-inch Bread Knife, 약 65달러)이다. 이 칼은 헹켈만큼 잘 든다. 만약 돈이 좀 빠듯하다면 빅토리녹스 피브록스 빵 칼(Victorinox Fibrox Bread Knife, 약 25달러)을 구입하는 것도 나쁘지 않다.

4. 16cm 발골칼(Boning Knife, 보닝 나이프, 뼈칼)

물론, 여러분은 주방에서 뼈를 발라내는 일을 많이 할 거라고는 생각하지 않겠지만 그건 잘못 생각하고 있는 것이다. 다시 생각해 보자. 당장 닭이나 돼지 다리의 뼈를 발라낼 일은 많지 않을지 모르지만 이런 일은 한 번 배워 볼 만한 괜찮은 기술이라고 설득하고 싶다. 돈을 절약할 수 있을 뿐만 아니라(그것도 아주 많이), 여러분이 자신의 부엌에서 더 맛있게 조리할 수도 있다(나중에 이유를 알게 된다.).

발골칼은 얇고 적당히 탄력이 있으며 칼끝은 아주 날카로워야 한다. 쉽게 말하면 똑바르지 않은 고깃덩어리 사이를 칼을 들고, 안으로 밖으로 주위로 움직이면서 살과 뼈를 잘 정리하는 것이다. 얇고 탄력 있는 칼날이 이런 공정을 쉽게 한다. 좋은 발골칼에는 발이 있어야 하는데, 이 발은 힐 부분에서 금속이 튀어나와 있는 것을 말하며, 이것으로 고기나 결합조직을 뼈에서 깨끗하게 긁어낸다. 나는 16cm 우스토프 클래식 보닝 나이프(Wüsthof Classic 6-inch Flexible Boning Knife, 약 85달러)보다 더 괜찮은 칼은 아직 찾지 못했다.

5. 괜찮은 중식도(Cleaver, 클레버)

중요한 것부터 말하면, 비싼 일본산이나 독일산 중식도는 피한다. 윌리엄 소노마(Williams-sonoma)에서 파는 중식도는 사지 않아도 된다. 중식도는 거친 일 중에서도 가장 힘든 일을 하기 때문에 칼이 만신창이가 된다. 그래서 면도날처럼 날카로운 칼날을 유지하는 비싼 독일이나 일본산 강철을 쓰지 않아도 된다. 저렴한 칼로도 충분한데 비싼 돈을 주고 살 필요가 없다.

내가 제일 좋아하는 중식도는 907g의 튼튼하고, 손잡이 끝까지 탱(속심)이 들어가 있으며, 칼날은 20cm인 중식도계의 하마이다. 이 칼을 보스턴의 차이나타운에 있는 식당 자재 공급상에서 15달러에 샀다. 닭을 손질하고 가축의 뼈를 토막 내고 버거나 덤플링에 들어갈 소고기나 돼지고기를 손으로 다지고 큼지막한 채소를 가르고, 거울에 비친 내 모습이 정말로 거칠게 보이도록 하는 데(이 특별한 기능에는 그다지 좋지 않다.) 거의 매일 이 칼을 사용한다. 만약 여러분 가까이에 식당 자재 공급상이 있다면 비슷한 가격에 살 수 있는지 확인해 보라. 다른 칼과 마찬가지로, 견고한 구조와 손잡이 끝까지 탱(속심)이 들어가 있는 것을 찾는다. 또한 중식도는 아주 무거워야 한다.

아니면, 덱스터 러셀에서 나온 18cm 나무 손잡이 중식도(7-inch wood-handled cleaver from Dexter-Russell)를 구입해도 된다. 상표 값이 있기 때문에 조금 더 비싸지만 본연의 임무인 모든 재료를 흠씬 두들겨 패는 일은 정확히 잘 해낸다.

6. Y-필러

보통의 야채 필러는 칼날이 손잡이와 나란히 되어 있어서 채소와 필러를 불편한 각도로 들고 있어야 하고 그래서 정확도가 떨어진다. Y-필러는 마치 아이팟(iPod)을 드는 것처럼 들 수 있다. 그래서 정확도가 훨씬 더 높아진다. 그 결과 채소는 훨씬 더 모양이 보기 좋아지고 일단 필러 사용에 익숙해지면 준비 시간을 줄일 수 있으며 버리는 것도 적어진다. 쿤 리콘 오리지날 스위스 필러(Kuhn Rikon Original Swiss Peeler, 3개에 10.95달러)는 여러 색상으로 나오며 감자 씨눈 제거기가 장착되어 있다. 싸고 튼튼하고 아주 날카롭다. 나는 2002년에 6개짜리 한 세트를 샀고 아직 4개가 완벽하게 작동하고 있다(사실을 말하자면, 두 개는 망가지거나 닳은 게 아니라 잃어버렸다.).

7. 26cm 연마용 원형 칼갈이(10-Inch Honing Steel, 연마봉)

연마용 원형 칼갈이는, 때로는 칼을 가는 강철이라고 잘못 불리기도 하는데, 길고, 무겁고, 결이 있는 금속 막대이다. 정육업자나 연쇄살인범이 자신의 고기로 향하기 전에 칼을 여기에 시험해 보는 것이다.

많은 사람들이 '연마(Honing)'와 '가는 것(sharpening)'을 혼동하는데 아주 분명한 차이가 있다. 칼을 날카롭게 간다고 할 때는 칼날에서 금속을 많이 제거하면서 아주 날카로운 비스듬한 날을 만들어 내는 것이다. 그리고 칼을 연마한다고 할 때는, 칼날이 똑바르도록 하는 것이다. 금속은 펴서 늘일 수 있다. 이 말은 계속 부엌에서 쓰다 보면 얇고 뾰족한 칼날 부분은 아주 미세하게 패인 곳이 생길 수가 있는데, 그러면 칼날이 가지런해지지 않는다. 칼날은 여전히 날카롭지만, 날카로운 날이 움푹 들어갔기 때문에 무디게 느껴진다. 이런 부분에 연마용 강철이 필요한 것이다.

제대로 사용하면, 강철은 칼의 날을 재정비해서 칼날이 모두 한 방향이 되게 만든다. 요리를 할 때마다 칼날이 최고의 상태가 되도록 준비해야 한다. 연마용 칼갈이를 살 때, 적어도 25cm는 되는 무거운 걸 고른다. 나는 우스토프에서 나온 25cm 칼갈이를 사용하는데 20달러 정도 한다. 좋은 칼이 그렇듯이, 품질 좋은 칼갈이도 평생을 쓸 수 있다. 시간이 지나면서 표면이 닳기는 하지만 연마 작업에는 문제없으니 걱정하지 않아도 된다. 요즘은 다이아몬드 칼갈이가 점점 더 인기다. 강철 위에 진짜 다이아몬드 가루가 박혀 있다. 그래서 칼을 이 강철에 연마할 때 날 부분에서 아주 미세한 양의 금속만 깎이게 된다. 이런 의미에서 다이아몬드 칼갈이야말로 진정한 연마용 강철이라 할 수 있다. 다이아몬드 칼갈이를 사용하면 좋은 점은 칼을 한 번 갈고 다음에 갈 때까지의 기간이 조금 더 길어진다는 점이다. 고품질 상품으로 연마하면 일반 연마용 칼갈이에 간 것보다 두 배 이상 더 오래 지속된다.

도마

좋은 도마는 좋은 칼만큼이나 중요하다. 이상적인 도마라면 작업하기에 충분하도록 넓은 것이 좋다. 적어도 30×61cm는 되어야 하고, 가능하면 이보다 크면 더 좋다. 그리고 미끄러지지 않게, 그리고 중식도로 내리쳐도 부러지지 않을 정도로 충분히 무거워야 한다. 또 칼날이 무뎌지지 않을 정도로 부드러운 재질이어야 한다. 시장에 나와 있는 도마 중에서 플라스틱(폴리에틸렌)이나 나무 재질이 좋다. 유리 도마는 칼날에는 치명적이다. 계속되는 칼질에 천천히, 고통스럽게, 괴로운 죽음을 맞게 된다. 아주 열심히 연마해 놓은 완벽한 날이 가차 없이 사라지는 것이다. 몇 년 전에는 건강 관련 전문가들에게 어떤 종류의 도마가 좋은지 물었다면 나무가 아니라 플라스틱이라고 대답했을 것이다. 나무에는 위험한 박테리아가 살 수 있고 그래서 그것이 음식에 옮아갈 수 있으니 박테리아가 살 수 없는 플라스틱을 선택하라고 말이다.

그런데 그런 전문가들이 틀렸다는 것이 밝혀졌다. 최근의 철저한 여러 연구에서 실제로는 나무의 천연 항균 작용 때문에 박테리아가 잘 옮겨지지 않는다는 것이 밝혀졌다. 나무로 된 도마는 박테리아에게는 죽음의 덫이 될 수 있다. 도마를 잘 씻고 사용 후에는 완전히 잘 말려 주면(물론, 플라스틱 도마도 이렇게 해야 한다.) 나무 도마는 아주 안전한 재질이다.

자르는 면이라는 실제 기능으로 봐도 나무 재질은 최고이며 그다음으로는 최근의 일부 플라스틱 도마가 바싹 뒤를 잇는다. 나무는 아주 부드러워서 칼이 내려칠 때마다 충격을 다 받아들이지만 동시에 스스로 치유하는 성질이 있어서 내려친 자국은 아물어 사라진다. 비록 계속 사용하다 보면 도마가 점점 더 얇아지긴 하지만 말이다.

나는 운 좋게 크고 무거운 상판 블록 스타일의 도마를 몇 개 갖고 있는데, 오랜 셰프 친구에게 선물 받은 것으로 조리대에 딱 들어맞는다. 파는 상품 중에서 본 최고 모델은 아이언우드 구르메(Ironwood Gourmet)에서 생산한 것이다. 여기는 50×35cm 도마가 50달러 정도 하는데 적어도 반평생은 함께할 것이다. 돈이 부족하다면? 플라스틱 도마는 이상적이진 않지만 그럭저럭 괜찮다. OXO 굿 그립스 38×53cm(The OXO Good Grips 15-by-21-inch)는 위 나무 도마의 ¼ 가격이며 품질이 좋다.

나무 도마는, 매번 사용 후 부드러운 천이나 키친타월로 작은 병에 든 미네랄 오일을 묻혀 닦으면 얼룩이 생기지 않고 오래 쓸 수 있다.

칼날을 날카롭게 만드는 방법

칼이 잘 안 들면 일에 지장이 많다. 준비 작업을 귀찮은 일로 만들고 완성된 음식도 모양이 별로일 뿐만 아니라 위험할 수도 있다. 무딘 칼로 음식을 자르려면 힘을 더 줘야 하는데 예를 들면 질긴 양파 껍질에선 칼날이 쉽게 미끄러져서 손가락을 다칠 수 있다. 아야! 대부분 가정에선 칼을 적어도 일 년에 두 번은 갈아 줘야 하고 매일 사용한다면 훨씬 더 자주 갈아 줘야 한다. 칼을 가는 방법에는 세 가지가 있다.

방법 1: 전동 칼갈이를 사용한다. 품질이 좋은 전동 칼갈이를 사용할 수 있지만 나는 절대 이 방법은 사용하지 말라고 말리고 싶다. 우선, 이걸 사용하면 칼날 부분의 금속이 엄청나게 닳게 된다. 열 번 정도 사용하면 폭으로는 0.5cm가 없어져서 균형이 깨져 지지대가 있는 어떤 칼날도 못쓰게 된다. 두 번째로는 가장 좋은 상품이라도 한쪽 칼날만 갈린다. 몇 년마다 새로운 칼을 사고 전동 칼갈이로 간 칼날에 만족한다면 이 선택도 괜찮지만 훨씬 더 좋은 방법이 있다.

방법 2: 전문가에게 맡긴다. 근처에 칼을 잘 가는 전문가가 있고 돈을 주고 갈 의향이 있다면 좋은 방법이다. 하지만 나처럼 칼을 일 년에 열 번 정도 간다면 꽤 비싼 편이다. 그리고 최고 전문가 몇몇을 제외하면 거의가 연삭 숫돌을 사용하는데, 이것이 필요 이상으로 더 많은 금속을 칼날에서 깎아 내서 칼의 수명을 줄인다. 칼과 더 굳건한 관계를 맺고 싶다고? 그럼 다음의 방법을 선택하라.

방법 3: 숫돌을 사용한다. 이 중 가장 좋은 방법이다. 최상의 칼날로 만들 뿐만 아니라 최소한의 금속만 깎여 나간다. 또한, 이 방법의 중요성에 대해 농담하는 것이 아니라, 자신의 칼을 갈다 보면 칼과 더욱 굳건한 유대감이 생기며 조심히 칼을 다뤄 갈면 칼도 더 나은 결과물로 보답한다. 날카로운 칼로 요리를 했을 때 그 차이는 믿을 수 없을 정도다. 숫돌은 기름이나 물을 사용하도록 되어 있고 나는 물을 사용하는 숫돌을 선호한다.

구입법과 관리

물을 사용하는 숫돌을 살 때, 적어도 폭이 6cm이고 길이가 20cm 그리고 두께가 2.5cm인 걸 고른다. 숫돌은 그릿(grit) 크기가 다양하게 나오는데 100 정도에서부터 10,000+까지 다양하다. 숫자가 낮을수록 그릿이 더 거칠고 그래서 더 많은 금속이 깎여 나간다. 그릿의 숫자가 높을수록 칼날은 더 날카로워지지만 그러기 위해서는 더 많이 갈아야 한다. 숫돌 두 개를 갖고 있으면 좋은데, 하나는 그릿이 중간 정도인 800 정도 되는 것으로 대부분의 연마 작업을 위해서이고 다른 하나는 아주 미세한 그릿으로 적어도 2,000 정도 되는 숫돌로 날을 면도날처럼 날카롭게 다듬는 데 사용한다. 진짜 전문가라면 크기가 8,000 이상인 초미세 그릿의 숫돌이면 칼날을 거울 같은 상태가 되게 하지만 대부분의 요리사들은 자르는 기능면에서는 그 차이를 못 느낀다. 숫돌을 딱 하나만 사야 하는 상황이라면 그릿 크기가 1,000~2,000 사이인 숫돌을 구입하기를 권한다. 거칠고 고운 그릿이 양쪽으로 있는 숫돌도 좋지만 이런 숫돌은 대체적으로 품질이 좋지 않다. 또 숫돌 표면을 고르게 하기 위해 숫돌 갈개도 필요하다. 나는 아직 숫돌 갈개의 또 갈개를 사기 위해 '토끼굴에 빠지지'는 않았다. 숫돌과 갈개는 아마존닷컴(Amazon.com)에서 살 수 있다.

사용하고 나서는 숫돌을 꼼꼼히 말리고 키친타월로 싸서 건조하고 기름기가 없는 곳에 보관한다. 기름은 구멍이 많은 재질 속으로 침투하여 연마력을 훼손시킬 수가 있다. 그러면 수프에 들어가는 양파를 아주 얇게 썰기가 힘들어진다. 그리고 칼을 사용할 때마다 연마용 칼갈이에 가는 것을 꼭 기억할 것. 이 과정은 실제로는 금속이 칼날에서 깎여 나오지는 않지만(61쪽 참고) 칼날을 가지런하게 해서 슬라이싱이나 깍뚝 썰기가 훨씬 쉬워진다.

단계별 칼 가는 방법

STEP 1 : 일괄적으로 작업하라. 노력을 들일만한 일이긴 하지만 칼을 가는 일은 힘과 시간이 든다. 칼 가는 작업대를 설치하려 한다면 미리 생각해서 필요한 칼을 모두 모아 모든 공정을 여러 번 하지 말고 한 번에 할 수 있도록 계획한다.

STEP 2 : 숫돌이 물을 흡수하도록 한다. 물 숫돌로 작업한다면, 적어도 사용하기 45분 전에 숫돌을 물에 담근다. 구멍이 많은 숫돌이 완전히 흠뻑 젖지 않으면 가는 동안에 다 마를 것이고 그러면 칼날에 자국이 남거나 소리가 날 수 있다. 숫돌이 두 개라면 둘 다 그리고 숫돌 갈개도 적신다.

STEP 3 : 칼 가는 작업대를 세팅한다. 도마 위에 수건을 깔고 그 위에 숫돌을 놓는다. 칼 가는 중에 계속 숫돌에 물을 뿌리도록 가까이 물통을 놓아둔다. 숫돌의 짧은 쪽 끝과 조리대의 모서리가 평행이 되도록 한다.

STEP 4a : 갈기 시작한다. 칼의 날 부분을 몸 반대쪽으로 향하게 한다. 칼의 힐 부분을 숫돌의 먼 쪽 끝 모서리에 두고 칼날을 양손으로 15~20°로 조심해서 잡되 힘을 주고 똑같은 힘으로 칼날을 천천히 몸 앞으로 숫돌 끝까지 끌어당긴다. 이때 칼도 함께 움직여 힐 부분에서부터 칼끝까지 숫돌과 다 닿도록 한다.

STEP 4b : 각도를 유지하라. 칼을 숫돌 위에서 당길 때 15~20°를 유지하는 데 주의한다. 확실하면서도 조심스럽게 힘을 줘서 칼날이 천천히 숫돌 위를 지나며 갈리게 해야 한다.

STEP 5 : 반복한다. 한번 갈 때마다 칼끝이 숫돌의 아래쪽 모서리에 닿는 것으로 끝낸다. 칼을 들고 힐 부분을 숫돌의 위쪽 모서리에 다시 놓는다. 그리고 반복한다.

STEP 6 : 연마액을 살핀다. 위 과정을 반복하면 흙물처럼 보이는 얇은 막이 숫돌과 칼날에 모인다. 이 연마액이 칼날에 있는 금속을 천천히 깎아 내서 칼날을 날카롭게 만든다.

STEP 7 : 작은 돌기를 확인한다. 첫 번째 면에 위의 과정을 반복하다 보면 반대편 칼날에 작은 돌기들이 생긴다. 이 돌기를 확인하기 위해서 칼날을 엄지손가락 위에 대고 뒤쪽으로 끌어당긴다. 돌기가 생겼다면 엄지에 살짝 닿는 느낌이 올 것이다(2,000 그릿 이상 되는 아주 미세한 숫돌로 갈면 이것이 느껴지지 않는다.). 돌기는 한 30~40회 칼을 갈아 줘야 만들어지는데 이 돌기가 생기면 뒤집어서 다른 쪽을 갈아야 한다.

STEP 8 : 다른 쪽을 갈기 시작한다. 칼을 뒤집어서 칼날이 몸쪽을 향하게 한다. 칼의 힐 부분이 숫돌의 아래쪽에 오도록 한 뒤, 다시 15~20°를 유지하면서 부드럽게 칼날을 몸에서 멀어지도록 밀고 동시에 칼도 칼끝을 향해 숫돌 위를 지나도록 한다.

STEP 9 : 반복한다. 칼 갈기는 15~20°를 계속 유지하면서 칼끝이 숫돌의 위 모서리에서 끝나야 한다. 숫돌이 마르기 시작하면 가는 사이에 숫돌에 물을 뿌린다. 첫 번째 면에 돌기가 생길 때까지 갈았던 횟수만큼 이 쪽도 계속 반복해서 갈아준다. 그리고 칼을 다시 뒤집어서 STEP 4에서 8까지를 반복하는데 점점 그 횟수를 줄여 한 번만 하게 될 때까지 계속한다(이 단계에서는 칼날에 돌기가 생기지 않는다.).

STEP 10 : 숫돌을 간다. 여러 번 사용하면, 숫돌에는 홈이 생기기 시작하는데 그러면 연마력이 떨어진다. 이를 위해, 낮은 그릿의 숫돌 갈개를 사용한다. 갈개를 숫돌과 편평하게 두고 앞뒤로 밀어 숫돌을 갈아 표면을 편평하게 만든다.

STEP 11 : 청소한다. 숫돌에서 갈아져 나온(칼을 갈면서 숫돌에서 나온) 미세한 알갱이들은 절대로 떨어지지 않기 때문에 칼 가는 데 사용할 전용 수건을 준비해야 한다. 숫돌을 완전히 말린 후(선반에서 적어도 하루는 마르게 둔다.), 전용 수건에 싸서 보관한다.

STEP 12 : 연마하고 칼날을 시험해 본다. 칼을 간 뒤에는, 칼날이 가지런히 되도록 칼날을 연마용 칼갈이에 간다. 그리고 얼마나 날카로운지 시험해 본다. 어떤 사람들은 종이를 위로 든 상태에서 반으로 종이를 잘라 보라고 한다. 나는 상대적으로 좀 뭉툭한 칼도 이 테스트는 통과하면서 다른 주방일은 통과하지 못하는 걸 봤다. 그래서 가장 좋은 방법은 그냥 칼로 채소를 잘라 보는 것이다. 양파를 자르는데 조금 멈칫했는가? 아니면 양파를 빠르게 지나갔나? 다 익은 토마토를 반대편이 다 비쳐 보일 정도로 얇게 자를 수 있는가? 그렇다고요? 그러면 해낸 겁니다!

나의 칼 세트

맛있는 요리를 하는 데 정말로 꼭 필요한 것이 뭔지 알고 싶나요? 이것이 외국으로 요리 모험을 떠날 때마다 내가 늘 가져가는 연장들, 바로 칼 세트입니다.

맨 윗줄 : 연마용 원형 칼갈이.

가운데 줄 : 작은 오프셋 스패출러(offset spatula), Y-필러.

맨 아랫줄 : 서양식 셰프 나이프, 톱니 모양 빵 칼, 산토쿠 칼, 페어링 나이프, 와인 따개, 발골칼, 탄성 있는 생선 뒤집개, 나무 주걱, 고무 주걱, 마이크로플레인의 그레이터(제스터).

꼭 필요한 작은 전자 기기들

부엌에는 재미난 도구들이 많지만 꼭 필요한 것은 몇 가지 안 된다. 다음은 기본적인 초보자용 도구들을 중요도에 따라 내림차순으로 열거하였다. 이 목록에서 가장 중요한 세 가지는 무언가를 측정하는 데 사용하는 기구라는 데 주의해야 한다. 우연히 그런 건 아니다.

1. 식품 온도계

여러분, 바로 이것이다. 여러분이 구입하는 그 어떤 것보다 요리에 혁신을 가져올 기구이다. 특히 여러분이 자주 요리를 하거나 단백질 요리를 두려워한다면 더욱 그렇다. 좋은 식품 온도계를 쓰면 구이나 스테이크, 찹스테이크, 버거가 매번 완벽한 미디엄 레어로 나오도록 보장해 줄 수 있다. 손가락으로 고기를 찔러 보고 부정확한 시간 안내나 칼로 베서 들여다보는 그런 방법은 이제 잊을 것. 고품질의 디지털 온도계를 하나 구입하면 너무 익거나 덜 익은 고기 요리를 다시는 내놓지 않아도 될 것이다.

써모웍스(ThermoWorks)에서 나온 물 튀김 방지 초고속 써마펜(Splash-Proof Super-Fast Thermapen)은 비싼 가격표(86달러)를 달고 있지만 그만한 값어치를 하는 제품이다. −50~300°C(−58~572°F)까지 놀랍도록 폭넓은 범위의 온도를 측정해 낸다. 정확도는 매우 뛰어나며, 정확도에서 비교가 불가능하고, 판독 시간이 3초 미만으로 경쟁 제품 중에서 단연 앞선다. 폭넓은 온도 범위 때문에 고기와 사탕, 그리고 튀김용 온도계를 따로 분리할 필요가 없이 세 가지 일을 하나의 온도계로, 다 잴 수 있다.

칼 이외에 내가 제일 아끼는 도구이다. 비싸지 않은 것으로 최고 제품은, 좀 느리고 사용하기 조금 더 어렵긴 하지만 그래도 쓰기엔 완벽한데, CDN 프로 정밀 고속 판독 온도계(CDN Pro Accurate Quick-Read Thermometer, 16.95달러)를 확인해 볼 것.

2. 디지털 주방 저울

주방 저울이 필요한지 아닌지 결정하지 못하고 있다면 80쪽 '무게와 부피'로 훌쩍 넘어가서 그 장을 읽어 보라. 왜 디지털 저울이 필요한지 이제 이해되십니까? 일단 저울이 생기자 거의 매일 사용하게 됐는데, 좋은 디지털 저울이 있으면 부정확하거나 일관성이 없는 요리는 옛날얘기가 되어 버린다. 여러분이 강박적인 사람이라면 닭이 구워지는 동안 수분이 얼마나 없어지는지 아니면 육수를 정확히 어느 정도까지 졸여야 하는지 아는 데에도 저울이 도움이 될 것이다. 만세!

좋은 저울을 고르는 방법 : 적어도 정확도가 1g(⅛온스)이고, 용량은 적어도 3.175kg, 용기 중량 제외 기능이 있으며, 미터법과 파운드 측량 모두 가능하고, 계기판이 크고 읽기 편하고 보관을 위해 접어서 보관할 수 있는 디자인이면 된다.

풀 아웃 디스플레이 OXO 굿 그립스 식품 저울(OXO Good Grips Food Scale with Pull-out Display, 45.95달러)은 위의 모든 조건을 충족하며, 거기다 깔끔한 풀 아웃 디스플레이라 쉽게 읽을 수 있으며, 심지어 부피가 커서 표시 화면에 표시되기 힘든 것들도 다 표시된다. 한 가지 단점이라면? 소수 대신에 성가시게 분수가 표시된다는 점. 누가 ⅜온스를 재고 싶겠는가? 솔터(Salter)에서 나온 아쿠아트로닉 주방 저울(Aquatronic Kitchen Scale, 49.95달러)은 풀 아웃 디스플레이 기능이 없지만 읽기 쉽게 소수로 표시되어, 계산하기도 쉽고 유럽인들이 보기에도 멋진 제품이다.

여러분이 분수를 신경 쓰지 않거나 미터법으로 측정하려고 하지 않는다면 OXO(내가 사용하는 것)를 사용하면 된다. 그렇지 않다면 솔터 아쿠아트로닉이 낫다.

3. 디지털 타이머/스톱워치

코스 요리사들이 식당 주방에서 제일 많이 태우는 음식이 크루통인걸 알고 있는가?*

나는 화재경보기가 울리고 나서야, 30분이나 늦게 오븐에서 꺼내는 바람에 얇게 썰어서 트레이 위에 가득 올린 크로스티니 빵들을 얼마나 많이 날려 먹었는지 셀 수도 없다. 하지만 이제는 아니다.

요즈음, 나는 타이머와 시계, 그리고 스톱워치가 하나로 결합한 폴더 3(Polder 3, 13.95달러)을 늘 목에 걸고 다닌다. 읽기 쉬운 표시 화면에 적당한 크기, 이해하기 쉬운 버튼, 시끄러운 경보음, 냉장고에 붙일 수 있는 자석, 목에 걸 때 사용할 나일론 끈이 포함되어 있어, 여러분이 주방에 없어도 볶고 있던 후추를 잊어버릴 수가 없다. 카운트 업/다운 기능까지 있으니, 주방 타이머에 뭐가 더 필요하겠는가?

4. 핸드블렌더(Immersion Blender)

정말요? 여러분 중에 누군가는 이렇게 얘기할지도 모르겠다. "핸드블렌더가 푸드프로세서나 믹서보다 더 중요하다고요?" 음, 중요도를 사용빈도로 매긴다면 확실히 그렇다. 나는 핸드블렌더를 아주 자주 사용해서 가스레인지와 도마 바로 옆에 있는 벽에 걸린 홀스터(holster, 권총 가죽케이스)에 꽂아 두었다. 그래서 소스를 유화시키거나 마요네즈를 만들거나 통조림 통 토마토를 바로 냄비에 넣고 대충 퓌레를 만들거나, 치즈 소스나 퓌레 수프를 갈거나 크림을 휘핑하거나 할 때, 바로 사용이 가능하도록 한다. 핸드블렌더는 다용도로 사용할 수 있는데 1980년대부터 나오는 그 웃기는 광고를 들을 필요도 없다.

마르가리타(margaritas) 칵테일을 주전자(피쳐) 한가득 만들어야 한다고? 일반 믹서가 만들어 줄 것이다. 페스토(pesto) 2ℓ가 필요하다고? 좋아요. 푸드프로세서를 꺼내 보세요. 하지만 적은 양의, 매일 반복되는 블렌딩 작업에는 핸드블렌더가 적당한 장비이다. 음식을 달걀과 우유 혼합물에 적신 후 빵가루를 묻히는 브레딩(breading)을 할 때 상태가 좋지 않은 달걀흰자 때문에 성가신가? 이런 달걀을 몇 초만 갈아 주면 완전히 균일하고 매끄러워진다. 핫초코(hot chocolate) 위에 거품이 있으면 좋겠다고? 냄비에 초콜릿을 넣어 가열하고 핸드블렌더를 돌려 주면 풍성한 거품이 만들어진다. 베샤멜(béchamel) 소스에 덩어리가 있다고? 감쪽같이 사라진다. 아주 부드러운 콜리플라워(cauliflower) 퓌레 몇 그램이나 마요네즈 반 컵 정도를 만들고 싶다면? 넵, 바로 핸드블렌더를 사용하면 된다.

브라운 파워맥스(Braun PowerMax)의 겨우 30달러인 이 제품이 지난 11년 동안 주방에서 적어도 일주일에 세 번은 훌륭하게 제 역할을 해 왔다. 내가 알고 있는 가장 믿을만한 조수이다. 하지만 '시리어스 잇츠 월드(Serious Eats World)' 본부에 있는 주방을 설비할 때 알게 됐는데 유감스럽게도, 요즘은 아무데서나 쉽게 구할 수가 없다. 그래서 그곳에서는 키친에이드 핸드블렌더(KitchenAid Immersion Blender, 약 50달러)를 사용하고 있는데 그것도 나쁘지 않다. 탈부착이 가능한 거품기와 미니 푸드프로세서로 구성된 세트 상품을 구입할 수도 있지만, 나를 믿으시라, 그것들은 먼지만 잔뜩 쌓일 뿐 필요하지도 않을 것이다.

5. 푸드프로세서(Food Processor)

좋은 푸드프로세서라면 가장 기본적으로 아래 작업을 수행한다.

- **마른 재료를 곱게 갈기.** 견과류나 빵가루와 같은 마른 재료를 곱게 갈기 위해서는 푸드프로세서는 조작하기 쉬운 순간작동 기능과 멈추고 작동하는 것이 교대

....
* 이 말은 방금 지어냈다.

로 되는 모터가 있어야 한다.

- **채소를 걸쭉하게 갈기**(puree, 퓌레). 재움 양념(marinades, 마리네이드), 디핑소스(dips), 투박한 수프 등을 만들 때, 즉 곱고 부드러운 질감을 원할 땐 일반 믹서를 사용한다. 용기의 모양, 모터의 힘, 칼날의 디자인이 푸드프로세서가 이러한 작업을 수행하는데 영향을 미친다. 또한 재료가 용기 밖으로 새지 않아야 한다.
- **고기 분쇄**. 미트 그라인더나 스탠드 믹서의 고기 분쇄용 부속품이 없을 때, 푸드프로세서는 신선한 고기를 갈기에 가장 좋다. 고기는 다지기에 질긴 편이라서 아주 날카로운 칼날과 힘이 좋은 모터가 필요하다.
- **손쉬운 유화**. 마요네즈 같은 소스나 식초와 기름을 기본으로 하는 비네그레트(vinaigrette, 식초에 갖가지 허브를 넣어 만든 샐러드용 드레싱) 드레싱을 만들 때.
- **빵 반죽**을 빨리 그리고 효과적으로 한다. 이 일은 주방의 작업 중에서 가장 힘든 일이며, 푸드프로세서의 효율성은 대부분 모터의 힘에 달려 있다.

적어도 용량이 11~12컵(2.7~3ℓ) 정도인 푸드프로세서를 선호하는데 이런 용량이면 고기를 갈고 반죽을 만드는 데도 편리하다. 어떤 제품은 미니 준비 용기가 있어서 자잘한 일을 할 때는 메인 용기 속으로 삽입할 수도 있다. 이런 것들은 실은 귀엽기는 하지만 기본적으로는 필요 없는 물건들이다. 그 작은 용기로 할 수 있는 일이라면 내가 칼로 그냥 하면 된다. 손으로 하면 조금 더 오래 걸리긴 하겠지만 칼날을 씻고 용기를 끼우고 뚜껑도 덮고, 하여튼, 게임이 안 된다.

또한 딱딱한 견과류나 찐득찐득한 반죽을 넣으면 작동을 못하는 프로세서도 아무 소용없다. 특히 실패할 가능성이 많은 제품은 모터가 측면에 장착되어 있고 벨트로 칼날을 움직이는 제품이다. 아주 쉬운 작업조차도 해내지 못하는 제품이라면 포장했던 상자 값이 아까울 지경이다. 대신 모터가 튼튼하며 중간에 벨트나 체인 없이 칼날 축에 바로 붙어 있는 제품을 찾아 본다. 이런 제품에서는 모터가 프로세서의 용기 아래에 있어야 하기 때문에 높이 면에서 공간을 조금 더 차지하긴 하지만 쉽게 상쇄가 되는 부분이다.

적당한 가격에 이런 기준을 모두 충족하는 최고 푸드프로세서 두 가지는 키친에이드의 12컵 푸드프로세서(KitchenAid 12-cup Food Processor, 199.95달러)와 쿠진아트의 프렙 11 플러스 11컵 푸드프로세서(Cuisinart Prep 11 Plus 11-cup Food Processor, 165달러)이다. 그리고 그러한 비슷한 소매 가격대에서(쓸모없는 다른 제품들보다는 훨씬 비싸다는걸 인정한다.) 용기의 모양으로 보면, 이 기준으로는 쿠진아트가 앞선다. 옆면이 일자형이어서 모든 음식이 칼날 속으로 떨어질 뿐만 아니라 재료 투입관이 더 크다. 무슨 이유인지, 키친에이드는 옆면이 경사졌다. 재료들이 옆면 위로 더 쉽게 올라가서 다지거나 유화가 제대로 되지 않을 수 있다.

6. 탈부착 가능한 미트 그라인더 또는 고기 분쇄 부속(meat grinder)이 있는 스탠드 믹서(Stand Mixer)

스탠드 믹서는 빵을 자주 굽는 사람이라면 사용할 일이 많다. 스탠드 믹서를 고를 때 살펴보는 몇 가지 기준은 아래와 같다.

- **도우 훅**(dough hook) 부속과 최소 900g 정도의 빵 반죽을 무리하지 않고, 흔들리거나 타버리는 일 없이 충분히 반죽할 수 있는 힘이 좋은 모터가 있어야 한다.
- **거품기** 부속 장치가 있어 크림 거품을 내고 달걀흰자를 빨리 그리고 효과적으로 저어 머랭(meringues)과 거품을 만들 수 있어야 한다.
- **패들**(paddle) 부속이 있어 간단히 감자를 으깨거나 소시지 재료를 섞고 버터와 설탕을 힘들이지 않고도

크림처럼 만들 수 있어야 한다.
- 행성의 운동 같은 동작을 해야 하는데, 휘핑 부속 장치가 한 방향으로는 축을 돌면서 반대 방향으로는 작업 볼 주위로 궤도를 도는 것을 말한다. 이렇게 하면 부속 장치의 접촉하는 횟수와 섞이는 힘을 최대화할 수 있다.
- 미트 그라인더나 파스타 메이커(pasta maker) 같은 부속 장치를 꽂을 접촉 단자가 있어야 한다.

푸드프로세서에 있어서도 주방에서의 우세를 다투는 긴 싸움은 또 다시 키친에이드와 쿠진아트로 모아진다. 많은 업체들이 광고에서 모터의 전력량을 자랑하지만 (예를 들면, 쿠진아트는 800와트 SM-55 믹서(800-watt SM-55)와 키친에이드 아티잔의 325와트 믹서(325 watts of the KitchenAid Artisan)를 나란히 놓고 비교한다.) 이런 숫자들은 그다지 의미가 없다.

주어진 업체의 상품 목록 내에서는, 그 숫자들은 모터가 얼마나 센지를 보여주겠지만 전력량은 실제로 믹서가 생산해 내는 전력이 아니라 믹서가 소모하는 전력이다. 그건 그야말로 마케팅 술책일 뿐이다. 똑같이 잘 작동하는 두 모터 사이에서 고르라고 한다면(가령, 키친에이드 프로 500의 325와트짜리 모터(325-watt motor of KitchenAid Pro 500) 대 쿠진아트 SM-55의 800와트 모터(800-watt motor of the Cuisinart SM-55)) 당연히 전력량이 낮은 걸 고르는 게 전기를 절약할 수 있다.

키친에이드와 쿠진아트 둘 다 내 주방에 필수 아이템인 미트 그라인더 부속이 있다. 그래서 돈을 절약할 수 있고 버거나 소시지, 미트볼(meatballs)과 미트로프(meatloaf, 다진 고기를 식빵 모양으로 구운 요리)를 만들 때 좋은 점이 무수히 많다. 쿠진아트의 금속 재질의 큰 미트 그라인더 부속(128.95달러)은 키친에이드의 플라스틱과 금속으로 된 식품 분쇄기 부속 장치(49.95달러)보다 유리하다. 하지만 쿠진아트의 부속 장치 가격이면, 전용 미트 그라인더를 살 수 있다. 키친에이드 분쇄기는 수년간 아주 작동을 잘해 왔다.

두 브랜드 제품이 다 작동을 잘하지만, 나는 키친에이드 프로 500(KitchenAid Pro 500, 299.95달러)을 혼수 품목 제1순위로 제안한다. 이 제품은 일주일에 빵을 적어도 두어 번 굽기 때문에 튼튼한 기구가 필요한 사람이나 대부분 반죽을 하거나, 크림을 휘젓거나 고기를 갈려고 하는 사람들에게 아주 이상적이다.

7. 힘이 좋은 블렌더(Blender)

시장에는 스탠드 믹서나 푸드프로세서보다 훨씬 더 성능이 좋은 괜찮은 블렌더들이 산더미 같이 많다. 하지만 품질이 좋지 않은 블렌더들도 역시 엄청나게 많다. 두꺼운 블루 치즈드레싱을 완전히 섞고 찬 음료를 만들기 위해 한 주전자 되는 얼음을 부셔 낼 만큼 소용돌이 동작이 세서 완전히 벨벳처럼 부드러운 질감의 퓌레 수프를 만들어 내는 강력한 블렌더가 필요하다. 또 조절이 쉽고 단순하며 순간작동 기능이 있고, 뜨거운 음식을 고속으로 돌릴 때 뚜껑이 날아가지 않도록 저속에서 고속으로 천천히 그리고 골고루 옮아가는 기능을 가진 블렌더를 원한다(이런 블렌더가 필요하면 손을 들어 보라, 옙 그럴 거라고 생각했다.).

영화『구니스(The Goonies, 보물을 찾아 모험을 떠난 악동들의 이야기를 흥미롭고 재미있게 표현한 오락영화)』에서 신발을 수프로 바꾸거나 뚱뚱한 아이를 겁주는 바로 그 블렌더, 그리고 아주 정교한 요리기술을 가진 식도락 친구들을 몹시 샘을 내는 시금치 잎으로 바꾸는 그런 최상의 제품은 비타믹스 프로 시리즈(Vitamix Pro Series) 중 하나이다. 이 제품은 내가 일했던 모든 식당 주방에서 사용했는데, 정말 그럴 만했다. 아주 힘이 좋았고, 용량도 크고 바위처럼 튼튼하게 만들어졌다. 하지만 가격이 450달러 이상이기 때문에 대부분 가정에서는 사용하기 어렵다. 거의 이것만큼 성능이 좋고 모양은 더 멋진 제품으로 블렌드텍(BlendTec)이 있는데, 가격은 400달러 정도이며 당근에서부터 실제 크기의 알파인 스키 한쪽까지 모든 걸 먼지로 만들어 버린다(나를 못 믿겠다고? 구글에 찾아볼 것. 정말로 대단한 비디오다.).

그렇게 비싸지 않은 블렌더로 나는 키친에이드 보르텍스 5 스피드 믹서(KitchenAid Vortex 5-Speed Blender, 150달러 정도)를 쓴다. 쉽게 씻을 수 있는 넓은 폴리 카보네이트 용기를 가지고 있으며 치즈 브로콜리 캐서롤(Casserole)에 넣을(430쪽 참고) 치즈소스를 완전히 혼합할 수 있는 충분한 크기의 소용돌이를 만드는 칼날을 가지고 있다.

8. 전기밥솥

쌀과 곡물을 익힐 수 있는 기구로 전기밥솥보다 더 쉽고 간편한 건 없다. 물론, 냄비에다 밥을 할 수도 있다. 조심해서 불을 조절하고 물의 양이 적당하며 바닥은 타지 않고 적당한 순간에 불을 끄기를 바라면서. 하지만 여러분이 나와 비슷하다면 너무 많이 태워 먹어서 그런 소란스러운 방법으로는 더 이상 조리하지 않을 것이다. 하지만 전기밥솥으로는 그냥 쌀과 물만 넣고 뚜껑을 덮은 뒤 스위치만 눌러 주면 끝이다.

여기에 또 다른 장점이 있다면 밥이나 다른 곡류를 몇 시간 동안 뜨겁게 유지해 주기도 한다는 점이다.

아주 싼 밥솥이라도 이런 기능을 하는데 나는 25달러 주고 차이나타운에서 하나를 골랐는데 대학시절 내내 그리고 그 후로 5년을 더 썼다. 결혼할 때, 퍼지 로직(fuzzy logic)* 처리 과정이 있는 고급 제품으로 업그레이드했고 밥솥 안의 수분을 딱 적절한 수준으로 유지시켜 주는 쓰기 편리한 잠금 뚜껑이 달려 있었다. 나는 내

----
* 퍼지 로직은 제어 이론과 인공지능 그리고 밥솥에 적용된 잘 알려지지 않은 논리의 한 분야로 이 세 가지의 유일한 공통점이 된다.

식품 온도계만큼이나 밥솥을 아낀다. 식품 온도계는 내가 아내보다 머리카락 한 올만큼 더 아끼는 것이다(여보, 농담이야!).

필수적인 주방 조리도구들

잘 갖춰진 별장에는 아마 서랍장 두세 개 정도 되는 도구들이 있을 것이지만, 그중에서 반 정도만 용도가 분명하고 이 중 서너 개는 아마 전혀 사용해 보지도 않은 도구일 것이다. 다음은 여러분이 항상 사용할 도구들의 목록이다. 잘 알아 두도록.

1. 조리도구 꽂이(Utensil Holder, 유텐실 홀더)

가장 중요한 것부터 이야기한다면, 도구들이 서랍 속 안쪽에 들어가 있으면 사용하지 않게 된다. 그리고 그런 도구들을 사용하지 않는다면 자주 요리도 하지 않으려 할 것이다. 그리고 요리를 하지 않으면 삶이 무의미해지지 않겠나? 적어도 2ℓ 정도 되는 도구 꽂이가 있으면 필요할 때 바로 손쉽게 사용할 수 있다. 모양을 따진다면 르크루제가 다양한 색상의 멋진 세라믹 제품을 대략 25달러 정도에 내놓고 있다. 이와는 달리, 순전히 기능만 고려한다면, 옛날식 작은 들통이면 충분할 것이다. 나는 이케아에서 나온 5달러짜리 금속 통을 사용한다.

2. 벤치 스크레이퍼(Bench Scraper)

스크레이퍼는 계속 써야 장점이 드러나는 도구들 중 하나이다. 나는 준비 작업 때마다 도마 위에 하나를 갖다 둔다. 다진 미르푸아(mirepoix, 육수, 수프, 브레이징, 스튜 등의 향미를 내기 위해 당근, 양파, 셀러리, 월계수 잎, 백리향 등을 주사위 모양으로 잘게 다져서 혼합한 것)를 소스팬으로 재빨리 옮길 때나 당근 껍질을 쓰레기통으로 버릴 때도 사용한다. 피자를 만들 때는 그

걸로 반죽을 나누고 버거를 만들 때는 분쇄 소고기를 나눌 때 사용한다. 청소할 때 스크레이퍼가 있으면 작업대 표면에 말라붙은 반죽 조각들을 간단히 제거할 수 있다. 그리고 잘게 썬 허브나 기타 자잘한 조각을 효율적으로 긁어낼 수 있다. 그런데, 도마 위에 있는 이런 것들을 치울 때 칼날은 절대 사용하면 안 된다. 위험하기도 하고 칼날을 빨리 무디게 만든다. 스크레이퍼는 또한 유리병에 붙은 스티커나 플라스틱 통에 붙은 상표를 아주 쉽게 긁어내 준다.

손잡이가 편안하고 견고하며, 15cm 자가 붙어 있어 편리하고, 날이 날카로워 채소를 대충 자를 수도 있는 OXO 굿 그립스 페이스트리 스크레이퍼(OXO Good Grips Pastry Scraper, 8.99달러)는 일반 가정의 부엌에는 안성맞춤이다. 하지만 내 칼 세트 속에는 C. R. 매뉴팩처링의 가벼운 플라스틱 스크레이퍼(C. R. Manufacturing scraper, 50센트)가 들어 있는데, 이 제품은 훨씬 더 간결한 포장에 가격도 저렴하면서 대부분의 기능을 다 하고 있다.

3. 소금통과 페퍼 밀(Saltcellar and Pepper Mill)

왜 소금통이 필요한가? 요리 시에 가장 흔하게 할 수 있는 실수는 간을 제대로 하지 않은 경우이다. 음식이 맛이 없는 이유가 뭐냐고 묻는다면 그런 경우의 90% 정도는 소금만 조금 넣어 주면 해결된다. 준비 작업을 하는 곳이나 가스레인지 옆처럼 눈에 잘 띄는 곳에 소금통을 갖다 두면 잊어버리지 않고 양념하고 맛보고 양념하고 맛보고 하면서 딱 원하는 맛을 낼 수 있다. 아직 소금통이 없다면, 조리대에 하나 갖다 둘 것, 그것만으로도 더 나은 요리사가 될 수 있다.

뚜껑이 쉽게 열리고 주둥이가 큰 통이면 어떤 것이라도 괜찮지만 전용 소금통이라면 같은 기능을 우아하게 해낸다. 내가 갖고 있는 것은 나무 재질이며 밀어 올려 여는 뚜껑으로 먼지나, 물, 기름이 들어가지 않는다.

후추는 또 어떤가? 미리 갈아 놓은 후추를 사용해 왔다면 밀(분쇄기)이 장착되어 있는 저렴한 후추통을 사 보는 건 어떤가? 이 갈아놓은 후추와 금방 간 신선한 후추를 같이 놓고 맛을 보라. 어떤 후추를 음식에 넣고 싶은가? 그렇게 해도 나가서 페퍼 밀을 사지 않는다면 먹어보고 말문이 막혀서 그렇다고 생각할 수밖에.

튼튼한 금속 분쇄 장치가 달린 분쇄기를 사야 한다. 싼 제품은 일반적으로 플라스틱으로 만들고 계속 사용하면 1년도 안 돼서 망가진다. 35~60달러가 변화를 위해선 좀 큰 지출처럼 보일수도 있지만 페퍼 밀은 당신이 요리하는 모든 음식의 맛을 실질적으로 개선해 줄 것이다. 푸조(Peugeot)는 후추 분쇄기의 롤스로이스(Rolls-Royce)라 할 수 있다. 완전히 수공업으로 제작되며 고급스러운 디자인과 뛰어난 성능의 이 분쇄기는 보기에도 좋고 아주 잘 갈린다. 가격은 55달러 이상이다. 실용적인 걸 찾는다면, 가격이 적당하면서 품질은 똑같은 것이 있는데 유니콘 매그넘 페퍼 밀(Unicorn Magnum Pepper Mill, 26.90달러)이다. 이 제품은 니켈 도금된 튼튼한 분쇄 장치가 장착되어 있고 내용물을 담기 쉬우며 빠르게 분쇄 크기를 조절하는 나사가 달려 있다.

4. 다양한 크기의 준비 용기(Prep Bowls)

셰프 지망생에게 해 줄 주문이 있다. 바로 '정돈된 주방이 좋은 주방이다.'

도마 위에서 당근을 잘게 썰려고 하는데 구석에 한 무더기 파슬리가 있어 방해가 된다면 짜증스럽지 않은가? 혹은 청경채가 숨죽기 전에 볶음요리에 생강을 다져 넣으려고 미친 듯이 서두르는가? 나는 요리할 때마다 용량이 작은(1컵짜리나 더 작은 것) 재료 준비 용기를 여러 개 사용하는데, 다진 향신료라든지, 계량해 놓은 양념, 강판에 간 치즈 등 무엇이든지 도마에서 옮겨서 가까운 곳에다 잘 정리해 둔다. 이것이 일류 셰프들이 미즈 앙 플라스(mise en place)라고 부르는 것이다.

내 도마 바로 위 찬장에는 이런 용도로 쓰려고 이케아에서 산 25센트짜리 세라믹 소스 볼과 시리얼 볼이 이삼십 개 있다(고급스러운 걸 갖춰 놓고 싶으면, 파이렉스(Pyrex, 미국의 코닝사에서 발표한 붕규산유리에 붙여진 상품명) 투명 유리그릇을 구입하면 된다.).

큰 믹싱볼도 똑같이 아주 유용하다. 유리로 된 볼을 선반에 올려놓으면 보기는 아주 근사하지만 사용하기에는 아주 골칫거리이다. 잡지 『쿡스 일러스트레이티드(Cook's Illustrated)』에서의 일이 기억나는데, 그때 우리는 여러 날 동안 모서리에 이가 빠지지 않은 볼 한두 개를 찾기 위하여 사진 촬영을 하면서 겹겹이 쌓인 유리 볼을 샅샅이 조사해야 했다. 이 유리 조각들은 다 어디로 갔단 말인가? 바닥으로? 음식 속으로? 내 주방이라면 차라리 모르는 게 낫겠다. 플라스틱 볼은 적당한 해결책처럼 보이지만 플라스틱은 기름기 있는 음식이나 기타 음식을 담으면 흡수해서 자국이 생기고 냄새도 밴다. 올리브오일과 버터를 기본으로 한 마리나라 소스(marinara sauce)(705쪽 참조)를 흰 플라스틱 볼에 부으면 그릇이 오렌지색으로 바뀌게 된다.

그래서 나는 식당 자재 공급상에서 산 저렴한 스테인리스 스틸 볼을 사용한다(가까운데 적당한 곳이 없으면 아마존닷컴에서 ABC 밸류라인(ABC Valueline) 제품을 사도록 할 것). 나는 2ℓ에서부터 5ℓ까지 크기별로 6개 정도씩 가지고 있다. 이 그릇은 가볍고 다루기도 쉽고, 산산조각 나지도 않고, 자국이 생기지도, 깨지지도, 냄새가 배지도 않고 전자레인지에도* 넣을 수 있다. 게다가 깊이가 얕기 때문에 휘젓거나 뒤적이는 건 식은 죽 먹기이다. 아주 유용하게 사용할 수 있을 것이다.

-----
* 넵, 요즘의 전자레인지에는 금속 볼을 넣어도 안전하다. 하지만 호일이나 포크나 기타 날카로운 물체는 전자레인지에 넣지 말 것. 뾰족한 물체는 전자적 아크방전을 일으킬 수 있다.

5. 나무 주걱

이탈리아에서 여자로 태어나서 딸의 출산을 기다리는 상황이 아니라면, 당신이 이탈리아 할머니라는 생각이 들 만한 일은 서서히 끓고 있는 라구(ragu) 냄비를 나무 주걱으로 천천히 그리고 조심스럽게 휘젓는 일 밖에는 없을 것이다. 좋은 주걱이라면 요리사와 서로 통한다. 9년 동안 13개의 각기 다른 주방에서 일하며 사용해 오던 주걱의 손잡이에 금이 갔던 날 나는 거의 울 뻔했다. 이 주걱은 머리 부분이 납작했고 비치우드(beechwood)로 만들었으며 어머니가 감춰 둔 보조 주방기구 서랍에서 내가 슬쩍 집어 온 걸로 생각된다. 손잡이가 내 손 모양에 잘 맞고 머리 부분이 내 더치 오븐의 구석 부분에 완벽하게 들어맞는 각도라서 아주 잘 사용했다.

소스를 젓거나 수프의 맛을 보거나, 주방에서 장난을 치며 당신을 방해하는 배우자를 부드럽게 치는 등, 나무 주걱은 여러분이 불 위에서 요리하는 시간의 90% 동안 필요한 도구이다. 나는 요리할 때마다 사용하는 모양과 크기가 다른 주걱이 대여섯 개 있다. 하지만 모든 작업에 맞는 주걱을 하나만 골라야 한다면, 맛을 보기 위해 머리 부분이 컵 모양으로 되어 있고 끝으로 가면서 뾰족해지는 걸 고를 것이다. 그래야 냄비나 팬의 구석까지 쉽게 닿을 수 있다.

숟가락 머리가 완전히 납작하든 옆모습이 좀 더 삼각형에 가깝든 자기가 원하는 걸 구하면 된다. 내가 제일 좋아하는 비틀즈 앨범처럼 내가 가장 좋아하는 나무 주걱도 세트 속에 들어 있는 다른 주걱들 사이에서 앞뒤로 까딱까딱 거린다.

6. 구멍이 있고 유연성이 좋은 금속 뒤집개(Metal Spatula)

연한 살을 가진 생선을 부서지지 않게 뒤집을 정도로 유연하면서도 팬 바닥에 뭉그러진 햄버거 조각을 모조리 긁어낼 수 있을 정도로 단단해야 하므로, 유연성이 좋아 잘 구부러지는, 구멍이 길게 나 있는 형태의 금속 뒤집개는 주방용품 세트에 절대 필수적이다. 스테이크와 갈비 요리 후에 생긴 과도한 기름기를 제거하는 데에도 아주 이상적이다. 고기를 스킬렛에서 건지고 그대로 뒤집개 위에 있는 상태에서 키친타월을 위에 덮어 기름을 닦은 뒤, 완성 접시(serving plate)로 옮긴다. 구멍 폭이 넓기 때문에 기름이 쉽게 빠진다. 이 뒤집개는 가볍고 사용이 편리해서 기름이 많은 스킬렛 안에 들어 있는 쉽게 부서지는 가지 조각도 편하게 뒤집을 수 있고 그릴에 구운 포크 찹도 통째로 쉽게 뒤집을 수 있다. 약간의 탄성 덕분에 딱딱한 뒤집개와는 달리 민첩하고 조절하기가 쉽다(딱딱한 뒤집개 역시 주방에서 역할이 있고 그것도 다룰 것이다.).

반가운 소식이라면 대부분의 비싼 제품들은 이런 용도로 쓰기에는 너무 딱딱하다. 내 주방용품 세트에는 25달러짜리 램슨샤프(Lamsonsharp) 제품이 들어 있고, 심지어 더 싼 펠텍스(Peltex, 15달러)는 대부분 식당에서는 기본으로 사용한다.

7. 집게(Tongs)

단단한 집게는 열에 견딜 수 있는 손가락의 연장이라고 생각하면 된다. 튼튼한 구조, 미끄러짐 방지 그립(기름기 묻은 손가락으로 스테인리스 스틸 집게를 잡으려고 해 본적이 있는가?), 용수철이 든 클래스3 레버 디자인(class-3 lever design)*, 그리고 봄 아스파라거스의 부드러운 줄기부터 아주 큰 뼈가 있는 돼지고기 로스트까지 모든 걸 집기에 완벽한 물결 모양으로 된 날 부분은 좋은 집게 세트를 고르는 요소들이다. OXO 굿 그립 23cm 스테인리스 스틸 로킹 집게(OXO Good Grips 9-inch Stainless Steel Locking Tongs, 1.95달러)는 품질

---

* 4학년 때 배운 지렛대를 기억하는가? 클래스3은 지렛대 받침이 한쪽 끝에 있을 때 (집게에서 경첩이 되는 곳) 짐은 다른 끝에 있게 된다. (옙, 바로 음식 말이다.) 그리고 힘은 집게를 잡고 있는 가운데(집게를 잡는 곳)에 작용한다. 집게를 쥐는 힘이 제한적이고 충분히 넓게 벌어지지 않는 가위 같은 클래스1 지렛대 집게보다는 훨씬 더 나은 디자인이다.

면에서 표준이다.

8. 마이크로플레인의 제스터 강판(Microplane Zester Grater)

이가 가늘고 촘촘한 강판하면 오직 한 브랜드가 떠오르는데, 마이크로플레인 강판(14.95달러)이다. 이 강판은 단순히 유용한 도구 그 이상이다. 꼭 있어야 하는 도구다.

강판으로 할 수 있는 일 중에서 내가 제일 좋아하는 일은 그것을 오렌지 위에다 올려놓고 신나게 갈면서 내 도마 위에 힘들이지 않고도 작은 산처럼 오렌지 제스트가 수북이 쌓이는 걸 보는 것이다. 잠깐, 부서지기 쉬운 파르메산 치즈의 조각을 내 볼로네즈 스파게티(Bolognese) 위에다 가는 일을 제일 좋아한다. 아니, 그 말은 취소한다. 제일 좋아하는 일은 진 플립(gin flip, 진을 넣은 칵테일) 위에 신선한 넛멕(nutmeg, 육두구)을 가는 일. 아니면 수플레(soufflé) 위에 초콜릿 부스러기를 뿌리는 일인가? 아, 하지만, 강판에서 떨어져 볼로 들어갈 때 너무도 향긋한 냄새가 나는 생강의 작은 언덕을 너무 좋아한다. 아니, 알았어, 이번엔 확실해. 바로 그놈의 단순 작업 마늘 빻기를 던져 버리고 마이크로플레인 제스터를 이용해서 마늘을 아주 작게 거의 다지는 정도로 가는 일이다.

갈고 싶은 건 너무 많고 시간은 없구나!

9. 거품기

퀵 브레드(quick-bread) 반죽을 하거나 홀랜다이즈(hollandaise, 홀란데이즈) 소스를 유화시키는 데 꼭 필요한 도구이다. 큰 수프 냄비에 넣고 사용하면 나무 주걱보다 양념이 훨씬 더 빨리 섞인다. 그리고 거품기는 크림을 휘젓거나 달걀흰자에 거품을 내서 머랭으로 만드는 데 최고의 도구이다. 딱딱한 와이어로 된 제품은 더 많

이 움직여야 하므로 손목에 무리를 줄 수 있다. OXO 굿 그립 23cm 거품기(OXO's Good Grips 9-inch Whisk, 8.95달러)는 가늘고, 탄력이 있는 와이어로 되어 있어, 비네그레트 드레싱을 만드는 일이 힘이 들지 않는 즐거운 일이 되게 한다.

10. 야채탈수기(Salad Spinner, 샐러드 스피너)

이 기구는 채소의 물을 빼 주는데, 채소에 물기가 없어야 드레싱이 잘 묻는 걸 다 알 것이다(그렇죠?). 하지만, 야채탈수기는 실제로는 주방에서 여러 가지 일에 쓸 수 있는 다기능 도구들 중 하나이다. 나는 여기다 물을 채우고 허브 잎을 따서 바로 넣는다. 잎을 물속에서 휘저어 씻은 뒤 통에서 들어 올리고 모래가 있는 물은 버리고 탈수를 한다.

장과류처럼 부서지기 쉬운 것은 씻고 난 뒤 야채탈수기에 키친타월을 몇 겹 깔고 말리면 보존 기간이 며칠 더 늘어난다. 또는 잘게 썬 토마토를 탈수기에 돌려 씨를 빼낼 수도 있다(과육은 그대로 있고, 씨는 바구니 밖으로 빠져 나온다.). 씻은 버섯, 잘게 썬 피망, 브로콜리 송이 등 프라이팬에 볶거나(stir-frying) 구울(sauté) 때는 탈수기에서 완전히 물을 빼고 요리하면 더 좋다. 새우나, 닭고기, 케밥(Kebab)의 고기에 마리네이드가 너무 많이 묻었을 때 원심력을 이용해 제거할 수도 있다. OXO 굿 그립 샐러드 탈수기(OXO's Good Grips Salad Spinner, 약 30달러)처럼 작은 구멍이 있는 튼튼한 걸 갖고 있다면 소쿠리는 필요 없고 콩이나, 파스타, 채소들을 그냥 탈수기 바구니에 넣고 물기를 빼면 된다.

11. 유연성이 없는 단단한 뒤집개(Stiff Spatula)

내가 가지고 있는 듀 뷰의(Due Buoi)의 폭이 넓은 뒤집개(약 35달러)는 주로 플라토닉한 무생물의 금속 제품이 보여 주는 그런 방식으로 봤을 때 굉장히 섹시하다. 12cm 길이에 앞부분 10cm의 넉넉한 폭, 220g의 중량감 있는 식당용 뒤집개이다. 크기가 아주 일품인데, 소고기 볼 하나를 눌러서 10cm의 패티로 만들 정도이고 노릇하게 익어가는 볶은 감자 2~3인분을 뒤집을 정도지만 그렇다고 작은 스킬렛에 맞지 않을 정도는 아닌 그런 크기이다. 나는 뜨거운 스톤 위에 있던 피자 한 판을 이 뒤집개로 들어올리기도 했다. 약한 플라스틱 주걱으로 이게 가능할까!

금속 부분과 속심은 스테인리스 스틸 한 조각을 주조해서 만든 것으로 두께는 1mm 혹은 대략 18게이지이다. 이 두께가 중요한데, 무지막지하게도 칠면조 한 마리나 갈비 구이를 들어 올릴 수 있기 때문이다.

뒤집개를 뒤집어 보면, 날카롭고 튼튼한 앞 모서리는 긁어내는 도구로 편리하게 사용할 수도 있다. 그래서 맨 밑의 맛있고 바삭한 크러스트가 팬에 남아 있지 않고 버거나 스테이크에 딱 달라붙게 해 준다. 손잡이는 튼튼하고 내구성이 강한 폴리카보네이트로 만들었고, 힘과 균형을 최대화하기 위해 탱(속심)이 끝까지 들어가 있다.

그리고 음악적으로 보너스가 하나 더 있다. 도마에 대고 우아하게 두드리면 배음 시리즈로 뒤집개가 정확히 587.33 헤르츠로 진동한다(정말이라니까!). 스트라디바리우스(Stradivarius)도 그의 유명한 광택제를 이 뒤집개에 바르는 걸 자랑스러워 했을 것이다. 내가 버거에 치즈를 넣으면서 어렵게 기타 네 번째 줄의 음을 맞추려고 하는 누구에게나 너무도 흔히 있는 그런 상황에 아주 유용하다.

단단한 뒤집개 중에서 더 나은 걸 찾기는 힘들 것이다.

12. 일본식 채칼(Mandoline, 만돌린)

물론, 칼을 갈고 닦는 수련을 하루종일, 수년간 하여, 펜넬 줄기 너머로 글을 읽을 수 있을 정도로 얇게 썰거나, 준비 작업으로 양파 수백 개를 1시간 안에 썰어 내는 경지에 이를 수도 있다. 그러면 나는 당신이 진짜, 진심, 대박 멋지다고 말해 주는 첫 번째 사람이 될 것이다. 하지만 나머지 우리 같은 사람에게는 반복되는 슬라이싱이나 채를 써는 작업을 바로 채칼이 아주 쉽고 빠르게 해 줄 수 있다. 나는 한 때, 150달러짜리 고급 프랑스제 채칼을 갖고 있었다. 그런데 그거 아십니까? 걔는 무겁고 덩치도 크고 그놈의 궁둥이를 씻어 내는 것도 고통스러웠다는 겁니다. 일자형 칼날로는 정말이지 잘 해낼 수가 없었다. 반면 벤리너 만돌린 플러스(Benriner Mandoline Plus, 49.95달러)는, 다루기 곤란한 일자형 칼날이나, V형 칼날을 가진 채칼보다 훨씬 효율적인 채썰기가 가능한, 사선 칼날이 특징이다. 도시에 있는 어느 4성급 호텔의 주방으로 들어가면 장담하건대, 눈에 띄는 자리에 적어도 베니(코스 요리사들이 벤돌리나 만돌린을 애칭으로 부르는 이름)가 두어 개는 있을 것이다.

사소한 정보 : '벤리나'는 일본어로 "와우, 얼마나 편리한가!"라는 뜻이다(포장 상자 앞에 틀린 일본식 영어로 '무말랭이용도 가능(dry cut radishes also OK)'이라고 씌어 있긴 하지만).

13. 스파이더(Spider, 중국식 뜰채)

성근 철망 모양을 한 건지개로 흔히 스파이더(spider) 또는 스키머(skimmer)라고 부르는 중국식 뜰채는 적은 비용으로 슬로티드 스푼(slotted spoon, 구멍이 뚫린 큰 스푼)이 하는 모든 일을 한다. 끓고 있는 물에서 덤플링이나 채소, 라비올리(ravioli)를 건져 내는 데 아주 탁월하다. 그리고 와이어로 된 구조와 비교적 구멍이 많은 그물망 덕에 액체 속에서 보통의 길게 구멍 난 주걱보다 더 안정적으로 음식을 훨씬 쉽게 건져 낼 수 있다.

튀김을 할 때 음식을 뒤적이는 용도로 보면 민첩함과 조절 면에서는 긴 젓가락이 낫지만 미야기(Mr.Miyagi) 씨라 해도 끓는 물에서 젓가락으로 완두콩을 집는 일은 어려울 것이다. 대나무 손잡이가 달린 와이어 그물 국자는 대부분의 중국 식료품점과 식당 자재 공급상에서 몇 달러면 살 수 있다. 하지만 오래 사용할 수 있는 것을 원한다면 타이푼 전문 요리사용 와이어 국자(Typhoon Professional Cook's Wire Skimmer)와 같이 전체가 금속으로 된 국자를 구입하면 된다. 이 그물 국자는 온라인에서 10달러에 살 수 있다.

14. 작은 오프셋 스패출러(Offset Spatula)

11cm 길이의 아주 작은 스패출러는 컵케이크처럼 작은 페이스트리(pastries)에 당을 입히는 용도로도 쓰이며 달콤하거나 풍미 있는 요리에서 기타 여러 가지 용도로도 많이 쓰인다. 스킬렛에 든 아주 부서지기 쉬운 음식 조각을 그것보다 크기가 세 배는 더 큰 주걱으로 떼어 내려고 애써 본 적이 있는가? 얇고 탄력 있는 날을 가진 작은 오프셋 스패출러는 생선 뒤집개도 두꺼워 뒤집기 힘든 음식 아래로 미끄러져 들어갈 수 있다.

가느다란 아침용 소시지가 가득한 팬에서 한 번에 하나씩 뒤집으려 한다고? 바로 이 스패출러를 사용하면 된다. 또 접시 세팅이나 장식을 하는 데에도 꼭 필요하다. 가볍고, 편안한 손잡이 그리고 아주 얇은 날 덕분에 아테코 스몰 오프셋 스패출러(Ateco Small Offset Spatula, 약 2달러)는 정확성, 제어력, 세밀함 등을 장점으로 업계 표준이 되었다. 제어가 쉽다는 것은 지저분하지 않으면서 맛은 더 좋은 음식을 만들 수 있다는 의미이다. 취향에 맞는다면, 컵케이크에도 아주 유용하다.

15. 고운체(Strainer)

파스타가 가득 든 냄비에서 물을 따라 내려고 한다면 보통 크기의 체에 부으면 되지만 그 외에는 거의 잘 사용하지 않는다(이때에도, 나는 야채탈수기의 바구니를 사용한다.). 토마토나 콩 통조림에서 물을 따라 내거나 크레이프 반죽이 완전히 부드러운지 확인하는 등의 매일 매일의 사소한 일을 할 때는 작은 체가 적합하다. 나는 쓰기 편하도록 하나를 냄비와 팬과 나란히 걸이에 걸어 놓았다. 질이 좀 낮은 제품들은 그냥 둥근 그물 바구니에 손잡이만 달렸지만 OXO의 20cm짜리 스테인리스 스틸 체(8-inch Stainless Steel Strainer, 24.95달러)는 바구니 반대편에 금속으로 된 고리도 달려 있다. 그래서 따로 손으로 잡지 않고도 체를 그릇 위에 걸쳐 놓을 수 있다. 간단한 체 하나 가격이 다소 비싸게 보일지 모르지만 튼튼하게 만들어서 오래 오래 사용할 수 있다.

16. 젓가락

이 도구는 논란이 좀 있을 것 같은데, 여러분이 젓가락을 사용하며 항상 물이 끓는 냄비나 뜨거운 기름이 든 웍 가까이에 젓가락이 있는 걸 보며 자랐든 아니면 못 보고 자랐든, 물론 젓가락을 모르고 자랐다면 아마도 '젓가락이 꼭 있어야 돼?' 하며 궁금해 할 것이다.

하지만 정확하게 집을 수 있는 끝부분과 부드러운 접촉 때문에 기름에 튀기거나 그릴에 구운(가령, 호박꽃 덴푸라라든지 그릴에 구운 아스파라거스의 가녀린 줄기라든지) 작고 으스러지기 쉬운 음식 조각을, 상대적으로 어설픈 집게보다는 훨씬 부드럽게 다룰 수 있다. 집게는 닭 튀김이나 갈비구이처럼 큰 음식을 집는 데 더 적합하다. 나는 볶음요리를 하고 있을 때 다 익었는지 확인 차 음식을 조금 집을 때 젓가락을 사용한다. 젓가락은 또한 끓는 물에서 파스타 면을 몇 가닥 건져서 완벽하게 알덴테(Aldente) 상태인지 확인할 때에도 사용하면 좋다.

보통의 젓가락이 여러 상황에 두루 쓰이지만 고온에 사용할 때는 요리용으로 특별히 만든 아주 긴 것을 사용해야 한다. 운 좋게도 가까이에 동양 주방 용품 공급상이 있다면 한 쌍에 이삼 달러면 살 수 있다. 만약 없다면, 홍콩 수입상사에서 나온 엑스트라 롱 찹스틱(Extra- Long Chopsticks, 2달러)처럼 적당한 제품을 온라인에서 찾을 수 있다.

17. 와인 따개

일반적인 코르크마개 따개나 100달러짜리 토끼 모양 제품이 코르크를 빠르게 뽑아 준다. 하지만 조금 연습하면 웨이터의 와인 따개로 와인 병(혹은 맥주)을 그만큼 빠르게 딸 수 있고 대단히 멋있게 보이기도 한다. 원리는 이 따개를 지렛대로 사용하는 것이다. 따개를 세게 잡아당기면 딸 수 없다! 나는 칼 세트에도 하나를 넣어 두고 칼붙이류 서랍에도(펜이나 면도날처럼, 이 칼붙이들도 가끔 스스로 세상 속으로 이리저리 돌아다니기 때문에) 몇 개가 있다.

18. 감귤류 과즙기(Citrus Juicer)

모든 식당 주방에서는 고유한 신고식이 있는데 훈련 중인 어린 셰프로서 나도 8개월 정도 되는 이 시기를 견뎠다. 매일 아침 내가 해야 하는 첫 일은 코스 요리에 사용할 신선한 과즙을 만들기 위해 라임 24개와 레몬 24개, 그리고 오렌지 12개의 과즙을 짜는 일이었다. 이 일을 하는 데 사용할 수 있는 유일한 도구(약골이라고 불릴까봐 하는 말인데, 정말이라니까요, 약골이라는 이름은 식당 주방의 마초 세계에서 절대로 불리면 안 되는 것이거든요.)는 스캔디크래프츠(Scandicrafts, Inc.)의 나무 재질의 레몬 과즙기(4달러)였다.

고통스럽게 부어오른 손을 돌보기 위한 휴식시간 없이도 처음부터 끝까지 작업을 완료할 수 있기까지 2주가 걸렸다. 8개월간 4개의 과즙기를 거쳤는데 가장자리가 천천히 마모되기 시작했고 일을 마쳤을 땐 강가의 돌처럼 매끈하고 부드러워졌다.

그 과즙기가 질 낮은 제품이라고 말하려는 게 아니다. 과즙기를 가끔씩 쓴다면 그걸 강력히 추천하겠다. 하지만 감귤류 과즙을 많이 짜야 한다면(어떤 사람들은 레몬 즙은 소금만큼 중요하다고 생각한다, 그리스인들에게 물어보라!) 시장에는 아주 많은 제품이 나와 있다. 나는 앰코(Amco)에서 나온 투인원 쥬서(Two-in-One Juicer, 19.95달러)를 사용한다. 구멍이 난 컵 모양 홀더에 감귤류의 자른 면이 아래로 가도록 넣는다. 그리고는 손잡이를 쥐면서 과즙을 짠다. 빠르고 효율적이며 전통적인 과즙기보다 손동작이 훨씬 쉽다. 한 가지 문제라면 가끔 과즙이 완전히 다 빠져나오지 않기 때문에 손으로 빈 감귤류 껍데기를 쥐어짜서 최대한 과즙을 짜내야 한다는 점이다. 그리고 라임이나 레몬 그리고 오렌지용으로 대(오렌지색), 중(노란색), 소(녹색)로 나오는데 노란색은 레몬과 라임 둘 다에 사용할 수 있으니 이걸 구입하면 좋다.

19. 케이크 테스터(Cake Tester)

많은 셰프들과 요리사들이 케이크 테스터를 하얀 옷의 펜 주머니에 쑤셔 넣고 다니지만 어느 누구도 케이크를 찔러보느라 그걸 사용하지는 않는다. 그걸로 케이크가 다 익었는지 시험을 할 수 없어서가 아니라 케이크보다 더 흥미로운 시험거리가 아주 많기 때문에 그렇다. 기본적으로 손잡이가 달린 두꺼운 철사는 가장 단순한 도구이다. 원리는 철사로 케이크 가운데를 찌른 뒤 꺼내본다는 것이다. 아무것도 묻어 나오지 않으면 케이크는 다 익은 것이다. 그래서 어찌 보면 이쑤시개를 미화해 놓은 것으로 볼 수도 있지만 길고 금속으로 만들었기 때문에 모든 음식에 두루 사용할 수 있다.

너무도 당연히 채소가 익었는지 시험해 볼 수 있다. 여러분은 삶고 있는 감자에 페어링 나이프를 찔러서 전체적으로 감자가 골고루 익었는지 확인한다는 이야기를 들어 봤는가? 문제는 아무리 페어링 나이프가 얇다고 해도 감자에 큰 자국을 남기는데 그러면 전분이 빠져나오고 감자가 부서질 확률이 아주 높아진다. 특히나 작고 맛있는 그런 핑걸링 감자를 찌른다면 더 그렇다. 케이크 테스터는 이런 문제를 깔끔하게 해결한다. 끓고 있는 당근이 퓌레를 할 만큼 부드러워졌는지 알고 싶은가? 어린 무가 다 익었는지도? 케이크 테스터로는 어떠한 범죄의 흔적도 남기지 않고 알아낼 수 있다. 내가 제일 좋아하는 비트(beet) 요리법은 호일을 주머니 모양으로 만든 후 비트를 넣고 완전히 익히는 방법인데 절대로 페어링 나이프로는 찔러볼 수 없는 방법이다. 칼은 호일에 구멍을 너무 크게 내므로 원래 상태로 되돌리기 어렵다. 하지만 케이크 테스터로는 가능하다. 포크 대신 케이크 테스터를 사용하여 푹 삶고 있는(brasing) 양지머리 살이나 갈빗살이 포크가 쉽게 들어갈 정도로 잘 익은 상태(fork tender)인지 결정한다. 케이크 테스터가 쉽게 미끄러지듯 들어갔다 나왔다 하면 고기는 다 익은 것이다. 많은 종류의 생선은 살코기(필레) 층 사이에 세포막이 있는데 이 부분은 57.2℃ 정도(완전히 미디엄 레어)면 부드러워진다. 케이크 테스터를 졸이고 있는 연어 필레 속으로 찔러 넣어 보라. 어떤 저항이 있으면(즉, 종이조각을 뚫는 것 같은 느낌), 아직 다 익지 않은 것이다. 돼지 목살을 낮은 불로 천천히 바비큐한다고? 그릴의 석쇠 사이로 육즙이 흘러내리는 일 없이도 다 익었는지 확인할 수 있다. 마지막으로 옆에 믿음직한 온도계 없이 요리한다면(그런 일이 없기를!) 케이크 테스터는 그다음으로 좋은 도구이다. 고기 가운데를 찔러서 5초 동안 가만히 둔 뒤, 끄집어내서 그걸 아랫입술(특히나 열에 민감한 부분)에 갖다 댄다. 스테이크 가운데가 차가운지 따뜻한지 아니면 뜨거운지를 바로 알 수 있다. 온도계만큼 정확하냐고요? 아뇨, 비상용으로 쓸 만한 정도? 그거죠.

5달러면 OXO의 케이크 테스터를 살 수 있는데, 이 제품은 매력적인 검정 손잡이지만 너무 근사해서 놀림감이 될 수도 있다. 폭스 런(Fox Run)의 케이크 테스터(1.29달러)는 온라인에서 본 것 중 가장 싼 제품이다.

20. 소스통(Squeeze Bottles)

여러분 중 80% 정도는 앤서니 보뎅(Anthony Bourdain)이 『키친 컨피덴셜(Kitchen Confidential)』에서 플라스틱 소스통에게 애정을 보여주는 부분을 읽었을 것이다.

> 셰프의 도구 중 필수적인 것이 있는데 바로 눌러서 짜는 형식으로 사용하는 소스통이다. …… 기본적으로는 핫도그 가판대에서 볼 수 있는 머스터드나 케첩이 들어 있는 바로 그 통이다. 접시 바닥에 유화된 버터 소스를 뿌리고 데미글라스(demi-glace)나 구운 후추 퓌레 같이 어두운 색의 소스로 접시 가장자리를 따라, 두어 개의 동심원을 그린다. 이쑤시개로 이 동심원이나 선을 끈다.

옛날식의 아주 공들인 플레이팅(plating)이 여러분 스타일이라면 이 소스통은 아주 좋은 도구이다. 하지만 심미적인 이유 말고도 이 소스통이 꼭 필요한 다른 이유가 있다. 즉, 그 소스통들은 당신이 더 나은 요리사가 되도록 해 줄 뿐 아니라 당신의 식사가 더 나아질 수 있도록 만들어 줄 것이다.

소스통이 내 주방에 나타나기 전에는 나는 샐러드를 아마 한 달에 한두 번 정도 먹었는데, 그것도 우리 집에서 저녁 식사 파티가 있을 때 뿐이었다. 단지 나와 아내를 위해서 한 회 분량의 비네그레트 드레싱을 만들기는 너무도 성가신 일이었다(판매용 병에 든 드레싱을 사용하는 것에 대해선 잊을 것). 요즘은 비네그레트 드레싱 두어 가지를 만들어 340g짜리 소스통에 넣어 냉장고에 보관한다. 손가락을 소스통 끝에 대고, 통을 흔든다. 그러고는 믹싱 볼에 든 야채 위로 찍 짜고는 큰 소리로 외친다. "점심 준비 다 됐습니다." 샬롯이나 다진 견과류 등의 덩어리가 끝부분에 끼이지 않도록 가끔 끝부분을 페어링 나이프나 주방가위로 잘라 준다.

소스통은 정말 골치 아픈 일을 해결해 줬다. 보통의 소스들, 머스터드, 케첩, 마요네즈 등을 그냥 통에 가득 채우면 된다. 물론, 이런 용기를 따로따로 사지 말고 한 번에 대량으로 사면 돈도 절약할 수 있다. 또 모든 소스 종류나 기름 종류들도 대량으로 사면 싸게 살 수 있다. 나는 (몇 가지 예만 들면) 올리브오일, 참기름, 간장, 해선장, 굴소스, 돈가스 소스, 친키앙(Chinkiang) 식초를 큰 깡통으로 산다. 싱크대 밑이나 찬장 같은 구석진 곳에 보관하다가 필요할 때 소스통에 담는다. 이렇게 용기에 넣으면 냉장고 안도 깔끔하고 질서 정연하고 셰프다워 보인다.

멋진 칵테일 파티를 열고 싶다고? 소스통이 도와줄 것이다. 보통 시럽은 큰 통에 담고 갓 짜낸 감귤류 과즙이나 풍미가 있는 시럽은 작은 통에 담는다. 칵테일을 만드는 데 걸리는 시간을 상당히 줄여 주며 더 깔끔하고, 더 정돈된 상태로 그리고 더욱 효율적으로 칵테일을 만들 수 있다. 그래서 손님들이 당신의 프로다운 모습에 감탄하게 된다.

소스통을 살 때는 멋진 걸 살 필요는 없다. 나는 중국 식자재상에서 이삼십 개를 구입했다. 아마존에서는 개당 몇 달러에 판다. 대여섯 개 산 다음 생활이 더 편리해졌는지 한 번 살펴보라.

그리고 토니가 말한 것처럼 원하면 플레이팅을 멋지게 하는 데 사용할 수도 있다.

무게와 부피

대부분의 경우에 이 책에 있는 빵 레시피는 컵이나 스푼으로 된 부피 측정이 아니라 그램이나 킬로그램 같은 무게 측정으로 되어 있다. 왜 이렇게 했을까?

- **무엇보다 가장 중요한 것은 정확성이다.** 부피 측정은 간단히 말해 정확하지가 않다. 이것을 증명하기 위해, 나는 친구 열 명에게 그릇에 담긴 밀가루에서 한 컵을 계량해 보게 했다. 모두 똑같은 컵으로 같은 밀가루 그릇에서 한 컵씩 계량했다. 방법도 똑같이 하게 했는데, 컵을 그릇에 넣고 넘치는 부분은 칼로 깎아 내도록 시켰다. 각각의 밀가루 무게를 재어 보았다. 그런데 차이가 많이 났다. 퍼 담는 동안 쓴 힘에 따라 작게는 113g에서 크게는 170g까지 밀가루의 무게가 다 달랐다. 이 말은 같은 레시피에 이 그룹에 있는 한 사람은 가장 적게 퍼 담은 사람보다 50%는 많은 양의 밀가루를 사용한다는 이야기이다. 반면에, 모두에게 밀가루 142g(중력분 한 컵에 대한 내 표준 변환량)을 계량하라고 하자 전혀 아무런 문제가 없었다. 컵을 다룬 방법과는 상관없이 모두 정확하게 같은 양을 계량했다.

  푹신푹신한 질감과 공기가 잘 통하는 성질 때문에, 밀가루는 아마도 부피와 무게 사이의 상관성이 가장 낮은 가장 극도의 예를 보일 것이다. 하지만 다른 재료들도 그렇다.

- **쉬운 설거지. 이걸 한 번 생각해 보자.** 부피 측정으로 밀가루 몇 컵과, 소금 반 작은술, 올리브오일 한 큰술, 물 한 컵, 이스트 한 작은술이 들어가는 피자 크러스트의 레시피를 따라하려면 최소한도로 줄인다 해도, 믹싱볼, 마른 계량컵, 젖은 계량컵, 반 작은술 계량기, 큰술 계량기, 한 작은술 계량기를 다 더럽혀야 한다. 씻어야 할 도구가 여섯 개나 된다. 그다지 좋은 방법이 아니다.

  내가 피자 크러스트를 만드는 방법은 이렇다. 볼을 저울 위에 올리고 필요한 재료를 차례로 무게를 재면서 볼 속으로 바로 넣는다. 씻어야 할 그릇은 오직 하나다. 알겠습니까?

- **찐득찐득한 재료를 계량할 때 수월하다.** 가령, 꿀 2작은술을 계량해 본 적이 있는가? 정말 쉽지 않다. 꿀을 작은술 계량기에 따르는 것은 쉬우나 계량기를 비워 내는 것이 문제다. 결국 반만 붓고 계량기에 남은 걸 쳐다만 보거나 병에서 바로 따르거나 할 것이고, 내가 했던 대로, 필사적으로 퍼 내려다 보니 꿀 대부분을 온 손가락에 묻히고 마는 것이다. 주방 저울로 무게 측정을 하면 달라붙는 재료를 가지고 안절부절하는 건 다 옛날이야기가 된다.

문제는 우리 모두 이 나라에서 무게 대신 부피 측정을 사용하면서 자랐다는 점이다. 또, 불행히도 피트(feet)니, 인치(inch)니, 컵(cup)이니, 갤런(gallon)이니 하는 엉터리보다 훨씬 우수한 측정 시스템인 미터법에 대한 확실한 이해 없이 자랐다. 사람들에게 미터법으로 바꾸자고 설득하는 게 어려울지 모르지만 부피 대신 무게를 사용하는 것은 그리 어렵지 않다. 내 말을 믿고 좋은 주방 저울을 살 것.

기본적인 식품 저장실(팬트리)
THE BASIC PANTRY

식품 저장실은 주방의 중심이다. 많은 초보 요리사들이 처음에 뭔가를 요리하려고 할 때 사야 할 재료가 너무 많아서 레시피에 겁을 낸다. 하지만 팬케이크는 우리가 늘 가지고 있는 재료로 편하게 만들 수 있다. 팬케이크를 만들려고 할 때마다 매번 밀가루와, 버터, 달걀, 버터밀크, 베이킹파우더, 설탕, 기름, 바닐라 추출물을 산다고 생각해 보라!

나는 주방에 재료가 가득한 것이 좋고 그래서 내 식품 저장고는 크다. 최근에 나는 가지고 있는 모든 식품 종류를 온라인상에 문서로 목록화 하느라고 부엌 선반과 냉장고를 완전히 비운 뒤 다시 재정리했다. 이 온라인 문서에는 언제든지 접속해서 정확히 무엇이 있는지 볼 수 있다(뭐라고? 다들 이렇게까지 하지 않는다고?). 나는 357가지나 되는 물품을 갖고 있는데, 소금이 8가지나 되고 향신료만 63가지다(맙소사!).

저장 공간이 클 필요는 없지만 몇 가지 기본적인 것들은 꼭 있어야 한다. 아래는 잘 상하는 재료들만 그때그때 사면서 이 책에 있는 대부분의 레시피를 해 볼 수 있는 재료의 목록뿐만 아니라 어떻게 하면 냉장고를 가장 잘 이용할 수 있는지에 대한 비결도 있다. 나는 그것을 냉장 보관 식품, 제빵 재료, 곡류, 통조림 식품, 양념류, 그리고 물기 있는 저장 식품으로 구분했다.

냉장 보관 식품

핸드폰이나 깨끗한 속옷처럼 냉장고는 그 기능을 멈추고 나야 중요성을 깨닫게 되는 물건 중 하나다(내 것*이 지난주에 그랬던 것처럼). 식품 보존 기간과, 식품 안전성, 또 자주 사용하는 재료의 사용 용이성 등을 다 고려해서 가장 효율적으로 사용할 수 있도록 냉장고를 정리하는 게 최우선 과제이다. 그러면 모든 요리를 더 빠르고 더 쉽게 하며 주방에 있는 것이 즐겁기 때문에 틀림없이 요리를 더 많이 하게 된다. 이점이 내 책의 장점이다.

냉장고는 기본적으로는 선반이 몇 개 있는 큰 아이스박스(cold box)라고 보면 되지 않을까? 음, 맞긴 한데, 냉장고에서는 어디에 음식을 두는가가 음식의 보관 기간에 꽤 큰 영향을 미친다. 대부분의 냉장고 안의 온도는 0.55~3.33℃ 범위대로 더 차갑고 더 따뜻한 지점이 있다. 일반적으로 온도가 더 낮고 더 무거운 공기가 내려오는 맨 아래 칸 선반의 뒤쪽과 팬과 콘덴서(condenser)에 제일 가까운 맨 위 선반의 뒤쪽이 가장 차가운 지점이다. 반대로 냉장고 문의 가운데 부분이 가장 온도가 높다. 각 식품의 적절한 보관 온도에 따라 냉장고의 음식을 정리해야 한다.

먼저, 냉장고 공간을 일별 기준으로 최대한 활용하는 방법을 살펴보겠다.

- **냉장고 온도계를 갖출 것.** 냉장고가 고장이 나거나 기능을 제대로 하지 못하는 데에는 아주 많은 원인이 있다. 전기 부족이라든지, 전류나 전압이 순간적으로 급격히 높아지는 서지라든지, 환기구가 막혔다든지, 등등. 그래서 온도계 다이얼이 바른 위치에 있더라도 냉장고가 알맞게 시원하지 않고 더 높은 온도가 될 수도 있다. 단순한 다이얼 온도계 하나만으로 가전제품을 잘 살펴보게 해서 여러분이 어둠 속에 놓이지 않게 해 준다.
- **음식을 더 작은 용기로 옮긴다.** 나는 0.25ℓ, 0.5ℓ, 1ℓ짜리 쌓을 수 있는 플라스틱 용기를 갖고 있어서 원래 포

---
* 속옷이 아니라 냉장고 말이다!

장을 뜯고 나면 거의 모든 음식을 여기에 담는다. 공기는 대부분의 식품에는 적이며 부패율을 높인다. 식품을 작은 용기로 옮기면 공기 접촉을 최소화하고 또 냉장고가 정리가 되면서 뭘 찾기가 쉬워진다.

- **모든 내용을 표시해 둔다.** 식품을 작은 보관 용기로 옮기자마자 마스킹테이프 위에 지워지지 않는 마커 펜으로 안에 든 내용물이 뭔지, 보관 시작일은 언제인지를 적어 표시해 둔다. 나는 유용한 과학을 장려하기는 하지만 정말 실험할 만한 가치가 없는 일들도 있는데, 바로 냉장고 안에서 생명을 창조해 내는 일이 그런 일들 중의 하나이다.
- **떨어지는 물방울을 없앤다.** 지저분해지거나 위험한 교차오염을 방지하기 위해 생고기는 아무리 단단히 밀봉했다 해도, 물기를 받칠 수 있는 접시나 쟁반 위에 보관한다.
- **생선은 특별히 차갑게 보관한다.** 신선한 생선을 구입 후 바로 사용하는 게 제일 좋지만 생선을 보관해야 한다면, 랩으로 싸서 쟁반에 놓인 두 개의 아이스 팩 사이에 생선을 끼워 사용 전까지 0℃ 이하로 보관한다(세포 구조로 봤을 때, 용해성 물질이기 때문에 0℃ 이하로 많이 내려가지 않으면 얼지 않으므로 걱정하지 않아도 된다.).

냉장고에서 음식을 보관하는 위치

냉장고 어디에 무엇을 보관해야 하는가를 정할 때 고려해야 할 우선적인 세 가지 요소가 있다.

- **식품의 안전성이 가장 중요하다.** 냉장고가 음식을 오랫동안 신선하게 보존한다고 해서 오랜 시간이 지나도 유해한 박테리아가 위험한 수준으로 불어나지 않는다는 뜻은 아니다. 이런 위험을 최소화하기 위해 경험에 근거한 법칙이 있다. 음식이 상할 가능성이 더 많을수록 조리 시 온도는 더 높게 하고, 냉장고 안에서는 평소보다 더 낮은 온도로 보관한다. 그래야 냉장고 안에서 교차 오염이 일어나지 않는다. 예를 들면, 생닭을 전날 먹고 남은 음식 위에 보관하지 않는다. 조류에서 나온 육즙이 모르는 사이에 떨어져 음식을 오염시킬 수 있다.
- **온도.** 냉장고 안의 온도는 다 다르다. 앞에서 말한 대로, 모델에 따라, 제일 아래 칸 선반의 뒤쪽이나 통풍구 가까이, 맨 위 칸 뒤쪽이 제일 차가운 부분이다. 보존 기간을 최대화하기 위해서 이 지점이 최소한 1℃는 유지해야 한다. 그리고 어느 지점도 3.9℃가 넘으면 안 된다.
- **습도는 채소의 신선함에 영향을 준다.** 냉장고 맨 아래에 있는 야채 보관실은 차가운 공기가 들어가지 못하게 만들어졌다. 채소는 일반적인 에너지 순환을 할 때 자연적으로 약간의 에너지를 방출하는데 이것이 보관실 안을 데워서 더 많은 습기를 유지하게 해 준다. 수분을 가진 공기는 채소가 시들거나 마르는 것을 막아준다. 대부분의 야채 보관실에는 슬라이더가 있어 통풍을 조절하므로 보관실 안의 습도 수준을 조정할 수 있다. 중요한 점은 습기가 채소의 표면에서 막 방울지기 전 정도로 습도 수준을 최대치로 만들어 주는 일이다.

냉장고 보관을 체계적으로 잘 하기 위한 아이디어를 주기 위해 우리 집 냉장고를 여러분에게 잠깐 구경시키려고 한다. 냉장고 안에는 보통 다음과 같은 식품들이 있다.

주요 칸

맨 위 선반

- **바로 먹을 수 있는 음식.** 구운 붉은색 피망, 병에 든 토마토, 흰 아스파라거스 통조림, 선 드라이 토마토.
- **자주 사용하지 않는 바로 사용 가능한 소스.** 여러 종류의

중국 콩과 칠리 페이스트(chile paste), 카레 페이스트, (쓰다 남은) 코코넛 밀크 반 캔, 통조림이나 병에 든 타히니(tahini, 중동 지역에서 먹는, 참깨를 으깬 반죽 또는 소스), 해리사(harissa, 후추와 오일로 만드는 북아프리카의 소스), 토마토 페이스트, 아도보 소스에 든 치폴레(chipotles in adobo, 후추와 오일로 만드는 북아프리카의 소스), 올리브 타프나드(olive tapenade), 앤초비(anchovies).
- 피클류. 딜(Dill) 줄기와 조각, 버터 바른 빵용 피클, 램프(ramps), 할라피뇨, 케이퍼(capers), 올리브.
- 냉장고에 흔하게 보이는 과일들. 사과나, 오렌지, 베리, 멜론, 포도.

가운데 선반
- 밀폐된 용기에 담긴 남은 음식. 남은 맥 앤 치즈(Macaroni and Cheese), 닭 튀김 몇 조각, 우리 개 사료, 브레이징한 아스파라거스, 피자 소스, 살사(salsa).
- 치즈(원래 포장 그대로거나, 두꺼운 유산지에 싼 뒤 투명 비닐봉지에 넣고 봉해서 보관). 염소 젖 고다 치즈 반 조각, 부스러진 코티자(Cotija, 멕시코의 딱딱하고 마른 치즈), 집에서 만든 아메리칸 치즈 슬라이스, 톡 쏘는 맛의 체다, 파르메산 큰 덩어리, 고르곤졸라(Gorgonzola).
- 종이 상자에 든 달걀. 달걀 한 상자가 2주 이상 간다면, 이 선반의 뒷부분이 더 차가우므로 유통기한을 늘리기 위해 그곳에 보관한다. 아니면 냉장고 문에다 보관해도 된다(누가 뭐라 하든!). 상대적으로 더 높은 온도에서도 적어도 2~3주는 보관할 수 있다.
- 콜드컷(Cold cuts)과 샌드위치 빵. 마틴(Martin)의 감자 롤, 아놀드(Arnold)의 잡곡 빵, 슬라이스 된 샌드위치 빵은 냉장고에 보관하면 된다. 그러나 바게트나 이탈리아 빵처럼 기름기가 적은 빵은 실온이나 냉동실에 보관해야 한다. 냉장고에 보관하면 냄새가 난다.

맨 아래 선반
- 생고기와 가금류는 꼼꼼히 싸서 접시 위에 보관. 다진 소고기, 소고기 안창살(skirt steak), 신선한 돼지고기 삼겹살, 이탈리안 소시지.
- 날 생선은 싼 뒤 쟁반에 놓는다. 나는 생선은 먹을 바로 그날 사는데 여러분도 그래야 한다. 하지만 하루 보관해야 할 경우엔 387쪽의 방법을 참고할 것.
- 우유와 기타 유제품. 헤비 크림(heavy cream, 생크림), 사워 크림(sour cream), 코티지 치즈(cottage cheese), 크림치즈, 홈메이드 크렘프레슈, 버터밀크(buttermilk).

채소 보관실
- 채소는 통기성이 있는 비닐봉지나 봉지 윗부분을 조금 열어두고 보관. 브로콜리, 셀러리, 당근, 오이, 파, 아스파라거스, 래디시, 순무.
- 허브. 파슬리(parsley), 고수 잎(cilantro), 차이브(chives), 타임(thyme), 로즈마리, 바질(basil, 여름에는). 허브들은 집에 갖고 오자마자 씻고 떼어서는 젖은 키친타월로 말아서 지퍼락 비닐팩에 넣어 보관한다.

냉장고 문

냉장고 문은 자주 사용하는 음식들과 온도가 아주 낮지 않아도 되는 식품을 저장하기 가장 좋은 곳이다.

맨 위 선반
- 달걀. 한 박스를 몇 주 안에 소비하는 경우.
- 버터와 자주 사용하는 치즈. 캐벗 83 무염 버터(Cabot 83 unsalted butter), 저렴한 데니시블루(Danish blue, 토스트 위에 올리는 걸 좋아한다.) 브리(Brie)와 부드러운 여러 치즈들. 버터는 냉장고 문에 넣어 두면 약간 부드러워진다. 그러면 토스트 위에 펴 바르기 더 쉽다. 치즈를 많이 먹는다면 집었을 때 많이 차갑지 않

기 때문에 이곳에 보관하고 싶어 할지도.

가운데 선반

- 원래 포장대로 보관하거나 집에서 만든 것이면 소스통에 담은 소스들. 케첩, 칠리소스, 머스터드 몇 가지, 집에서 만든 마요네즈, 일본식 바비큐 소스.
- 소스통에 든 미리 만들어 둔 비네그레트 드레싱. 간단한 적포도주 비네그레트, 소이 발사믹(soy-balsamic) 비네그레트.

맨 밑 선반

- 음료수. 우유, 갓 짠 파인애플 주스, 주전자에 든 차가운 수돗물, 가끔 치어와인(Cheerwine)이나 멕시칸 콜라(Mexican Coke). 우유는 자주 사용하지 않는다면 주요 칸에 있는 선반에 보관해야 하지만 매일 마신다면 주스나 탄산음료 등과 같이 냉장고 문에 두어도 좋다.

냉동실

물론, 고기나 야채를 얼려 보관하기도 하지만 열이나 빛에 민감해서 산패하기 쉬운 식품들을 보관하는 데도 아주 좋은 곳이다. 우리 집 냉동실에는 고기와 채소 이외에 견과류가 보인다(꺼내자마자 바로 굽거나 으깰 수 있다.). 소금에 절인 돼지고기나 베이컨, 구안치알레(guanciale) 같이 절인 고기들, 말린 월계수 잎(대량으로 산다.), 1컵짜리 냉동 닭 육수(chicken stock), 빵가루, 남은 버터, 이스트, 포장된 소시지, 통곡물 가루(지방이 함유되어 있어 실온에서는 산패할 수 있다.), 생파스타, 기타 등등.

냉동실에서의 보관 비결은 아래와 같다.

- **통풍구를 막지 말 것.** 통풍구 앞에 음식을 쌓아 두거나 냉동실에 너무 많은 식품을 보관하면 효율성과 성능이 급격히 저하된다.
- **고기는 원래 포장에서 옮겨 담을 것.** 고기를 최대한 빨리 냉동시키고 냉동상(冷凍傷, freezer burn, 냉동한 고기나 생선 등이 수분을 발산하며 생기는 조직 변화)이 발생하지 않기 위해서(고기는 더 빨리 얼수록, 어는 사이에 손상이 적다.) 완전히 공기를 빼는 포장으로 바꿀 것. 가장 좋은 방법은 푸드세이버(FoodSaver)와 같은 진공포장기를 사용하는 것이다. 이렇게 하면 냉동상이 발생할 가능성이 완벽하게 차단된다. 그다음으로 좋은 방법은 고기를 호일로 단단히 싼 뒤 비닐 랩을 여러 겹 두르는 것이다(비닐 랩만 씌우면 공기가 통한다.). 아니면, 장기간 보관용으로 만들어진 냉동용 팩을 사용하면 된다.
- **납작한 형태로 냉동할 것.** 넓고 납작한 모양이 더 빨리 얼고 부피 있는 포장보다 더 효과적으로 쌓을 수가 있다. 고기는 한 층씩만 진공포장기로 포장하거나 냉동용 팩에 넣어 얼린다. 이렇게 하면 냉동실 공간을 정리하는 데 도움이 될 뿐만 아니라 해동 시간도 상당히 줄일 수 있다.
- **모든 내용을 표시해 둘 것.** 모든 포장에는 내용물과 날짜가 기록되어 있어야만 한다. 얼어붙은 식품을 두고 언제 것인지 추측하는 그런 게임은 아무도 좋아하지 않는다.
- **안전하게 해동할 것.** 안전하게 고기를 해동할 수 있는 가장 좋은 방법은 접시나 베이킹팬에 올려 냉장고 안에 두는 것이다. 생각보다 시간이 더 걸린다는 걸 기억할 것. 스테이크나 버거, 닭가슴살 등과 같은 얇은 고기들은 적어도 하룻밤은 놓아둬야 한다. 소고기나 돼지고기 덩어리 혹은 생닭은 이틀 정도, 큰 칠면조는 3일에서 심지어 4일 정도 걸리기도 한다. 급한 경우엔, 얇은 식품은 볼에 넣고 천천히 흐르는 차가운 수돗물 아래에서 급하게 해동시키든지 아니면 그보다 좋은 방법은 알루미늄 쟁반이나 베이킹팬에 두는

방법이다. 이렇게 두면 아주 빠르게 실내의 에너지가 음식으로 전해진다. 스테이크는 나무나 플라스틱 도마보다 알루미늄 쟁반 위에서 약 50% 더 빠르게 해동된다. 30분 정도마다 고기를 뒤적인다. 크기가 큰 식품은 빠른 시간에 해동하면 안 된다. 속이 다 해동되기 전에 겉면에 유해한 박테리아가 자랄 위험이 있기 때문이다.

식품 저장실의 필수 식재료(목록)

차가운 저장 식품

내가 늘 냉장고에 보관하는 식품들은 다음과 같다.

- 통 베이컨(냉장실에서 몇 주간 보관 가능하고 더 오래 보관하려면 얼리면 됨)
- 무염 버터(냉장실에서 몇 주간 보관 가능하며, 냉동실에 추가로 더 갖고 있음. 냉동실에서는 무기한 보관 가능함)
- 버터밀크
- 파르메산 치즈
- 큰 달걀
- 케첩
- A등급의 진한 갈색 메이플 시럽
- 마요네즈
- 우유나 유지방 2% 우유(혹은, 꼭 그래야 한다면, 탈지유)
- 디종 머스터드
- 브라운 머스터드

제빵 재료들

빵을 굽는 사람도 있고 그렇지 않은 사람도 있다. 나는 처음엔 빵을 만들지 않았지만, 빵 관련 저장 식품들을 정리하면서 알게 됐는데, 빵과 페이스트리를 만드는 일이 아주 즐겁다는 것이다. 전에는 밀가루를 사면 원래 포장 그대로 찬장에 보관했었다. 무얼 좀 구우려면 이것저것 다 꺼내야 했고 조금 벌어진 종이봉지의 입구로부터 밀가루를 덜어서 계량했다. 그 종이봉지를 뒤로 접는데, 그러면 가루가 뿜어져 나왔고, 옷과 주방에 온통 밀가루 칠을 했다. 빵을 굽는 일은 귀찮은 일이었다. 그래서 밀가루나 설탕 같이 빵의 재료가 되는 기본적인 저장 식품을 보관할 수 있도록 크고 밀폐가 되며 주둥이가 넓은 플라스틱 통 몇 개를 사기로 결심했다. 이 통 덕분에 지저분하게 하지 않고도 필요한 양의 밀가루를 빠르고 쉽게 퍼낼 수 있게 됐다. 요즘은, 예전보다 피자를 훨씬 많이 만든다.

86쪽 도표에 있는 모든 식품은 가능하면 먼저 밀폐 용기에 옮긴 뒤 서늘하고 건조한 장소에서 보관해야 한다.

통밀가루와 정제된 흰 밀가루

밀의 알맹이는 아주 복잡하지만 요리와 관련해서는 3가지 기본적인 부분으로 나눌 수 있다. 바로 배유와 껍질 그리고 배아이다. 통밀가루는 정확히 말 그대로 밀 농장에서 나온 통곡물을 빻은 것이다. 정제된 하얀 밀가루는 껍질과 배아는 제거하고 오직 배유 부분의 끈적끈적한 단백질성 부분만 남긴 것이다. 왜 이렇게 할까? 이유는 글루텐 형성을 위해서다. 우리는 이 책에서 글루텐에 대해 꽤나 이야기할 테지만 지금은 글루텐은 반죽에 탄력을 주는 단백질의 끈적끈적한 행렬이라고만 알고 있으면 된다. 배유에 있는 단백질 글리아딘과 글루테닌이 물과 함께 섞일 때, 이 끈적끈적한 행렬이 형성된다.

흰 밀가루는 글루텐을 아주 잘 자라게 하는데, 그래서 빵이 푹신푹신하고, 쫄깃쫄깃하고 잘 부푼다. 반면에 통밀 빵은 조직이 치밀하고 상대적으로 푸석푸석하다. 이는 함께 갈린 껍질과 배아 부분이 작은 면도날처럼 작용해서 글루텐이 자라면 싹둑 잘라 각각의 가닥이 길게 자라지 못하게 하기 때문이다. 여러분은 원하면 레시피를 통밀로 대체해도 되지만 흰 밀가루로 만든 가볍고 잘 부푼 빵과 똑같은 걸 기대해서는 안 된다.

품목	보존 기간(얼마나 오래 보관 가능할까?)
베이킹파우더	6개월~1년. 습도가 관건. 활동성을 테스트해보기 위해 볼에다 베이킹파우더 1작은술과 물 1작은술을 넣는다. 활발하게 거품이 생기고 쉬익 소리가 나야 한다.
베이킹 소다	8개월~1년
옥수수전분	무기한
더치식 코코아	1~2년
중력분	밀폐 용기로 옮겨 담아서 1년
강력분	밀폐 용기로 옮겨 담아서 1년
가루 젤라틴	무기한
황설탕	밀봉한 비닐봉지에서 3~4개월이 최적. 그 이후로는 굳어질 수 있다. 굳은 황설탕은 전자레인지에 잠깐 돌리면 원래 상태로 돌아온다.
그래뉴당(granulated sugar)	밀폐 용기로 옮겨 담아서 무기한
바닐라 추출물	1~2년
인스턴트 이스트(빠른 발효)	가능하면, 대량으로 사서 밀폐 용기에 옮겨 담을 것. 개별 포장된 것은 사용하기에 더 딱딱하고 훨씬 더 비싸다. 냉동실에서 무기한 보관 가능하나 상온이나 냉장고에 보관 시는 가끔 실험을 해 봐야 한다. 이스트 ½작은술에 따뜻한 물 2큰술과 설탕 1작은술을 넣는다. 10분간 가만히 둔다. 거품이 생겨야 한다. 거품이 생기지 않으면 보관 장소를 옮겨야 한다.

곡물과 콩류

곡물과 콩류는 서늘하고 건조한 곳에 보관해야 한다. 콩류는 6개월에서 1년 정도 보관 가능하고 일반적인 파스타나 백미는 무기한 보관 가능하다. 통밀 파스타와 현미는 연장된 보관기간(일반적으로 6~8개월) 후에는 산패한다. 사용 전에 냄새를 맡아볼 것. 생선 냄새 같은 것이 조금이라도 나면 버린다.

- 말린 검정콩
- 말린 카넬리니(cannellini) 콩
- 말린 강낭콩(kidney)
- 라자냐(lasagna) 파스타
- 짧고 속이 빈 파스타(엘보(elbows) 마카로니, 펜네(penne) 등)
- 긴 파스타(링귀니(linguine), 스파게티 등)
- 백미나 현미

통조림 식품

통조림 식품은 거의 무기한으로 보관 가능하지만 극심한 온도 변화에 노출되지 않도록 한다.

- 기름에 재운 앤초비 : 일단 용기를 개봉한 후에는 앤초비는 밀폐된 용기에 올리브오일을 붓고 냉장고에 보관하는데 1달 정도는 괜찮다. 더 오래 보관하고 싶으면 한 마리씩 말아서 지퍼락 팩에 넣고 냉동실에서 보관한다. 나는 오르티즈(Ortiz)나 아코스티노 레카(Agostino Recca) 앤초비를 쓴다.
- 아도보 소스에 재운 치포틀레 칠리
- 연유
- 토마토 페이스트 : 토마토 페이스트는 통조림보다는 튜브에 든 걸 사는데 그러면 레시피에 꼭 필요한 만큼만 사용하고 남은 양은 그대로 저장하면 된다.
- 홀토마토 통조림. 나는 센토(Cento)를 사용한다.

향신료와 소금

여러분 주방에 『히-맨(He-Man)』이나 『맥가이버(MacGyver)』가 TV에 방영되던 시절에 구입했던 파프리카 파우더나 오레가노 캔이 있나요? 자신을 위해 좋은 일을 한번 해 보세요. 바로 버리는 겁니다. 향신료는 직사광선을 피하며 밀폐된 용기에 보관해도(당연히 그래왔던 것처럼) 시간이 지나면서 맛이 날아간다. 갈지 않은 통 향신료는 1년 정도까지는 크게 향이 사라지지 않지만 갈아 놓으면 몇 달 사이에 확연히 풍미가 줄어든다. 최고의 향미를 내기 위한 두 가지 방법이 있다. 첫째는 적은 양의 향신료를 사서 6개월에서 1년 정도만 쓰는 방법이다. 다른 대안이라면 통째로 된 향신료를 많이 사서 그중 조금만 향신료 선반에 있는 병에 넣어 두고 나머지는 진공포장기(푸드세이버 종류)로 포장해서 서늘하고 빛이 들지 않는 곳에 보관하거나 가급적이면 냉동실에 보관하는 것이 좋다. 소금은 물기만 없으면 영원히 보관할 수 있다.

- 통 월계수 잎(냉동실에 보관)
- 말린 검은 통후추
- 칠리 파우더(chili powder)
- 계핏가루(ground cinnamon)
- 코리앤더 씨드(coriander seeds)
- 커민 씨드(cumin seeds)
- 펜넬 씨드(fennel seeds)
- 통 넛멕(whole nutmeg)
- 파프리카 파우더
- 레드 페퍼 플레이크(crushed red pepper)
- 말린 오레가노
- 말린 세이지

- 코셔 소금(Kosher Salt, 요오드와 같은 첨가물을 넣지 않은 거친 소금)
- 말돈 소금(Maldon Salt)

기름, 식초와 기타 액상 재료들

기름은 주방에서 가장 민감한 액상 저장 식품이라 잘못 보관하면 몇 주 안에 산패할 수 있다. 기름에 제일 좋지 않은 것은 열과 빛인데 이 말은 대부분의 사람들이 보관하는 방법, 즉 투명한 병에 넣어 가스레인지 가까이에 두는 방법이 보관법 중에서 최악이라는 말이다. 나는 기름과 매일 쓰는 엑스트라 버진 올리브오일(extra-virgin olive oil)을 어두운 녹색 와인 병에 보관한다. 이 와인병은 씻고 말린 뒤, 여기에 쓰려고 산 깔때기를 꽂아 기름을 옮긴다. 그리고 조리대 위 창문과 가스레인지에서 먼 곳에 이 병들을 둔다. 이렇게 약 1달 정도 사용하다가 다시 채운다.

비싼 엑스트라 버진 올리브오일은 원래 용기 그대로 어두운 수납장에 두는데, 이렇게 하면 약 2달 정도 보관 가능하다. 풍미가 사라지기 전에 혹은 산패되기 전에 기름을 사용하지 않는다면 좋은 기름을 사용하는 아무런 의미가 없다는 것을 기억할 것. 나는 실수를 하면서 이걸 알게 됐다. 아무리 비싼 올리브오일이라도 먹으려고 있는 것이다. 빨리 먹을 것.

- 클로버 꿀(Clover honey, 토끼풀 꿀)
- 마마이트(Marmite, 빵에 발라 먹는 이스트 추출물), 베지마이트(Vegemite, 이스트로 만든 빵에 발라 먹는 검은 잼류) 혹은 매기시즈닝(Maggi Seasoning, 중국식 간장 소스)
- 일반 당밀(Regular Molasses)
- 카놀라유(볶음용)
- 엑스트라 버진 올리브오일(풍미용)
- 땅콩 기름(튀김용)
- 간장(두 달 안에 1병을 소비하지 않는다면 냉장고에 보관할 것). 나는 키코만(Kikkoman) 상표를 사용한다.
- 사과주 식초(Cider Vinegar)
- 발사믹 식초(슈퍼마켓)
- 증류한 흰 식초
- 화이트 와인 식초

어떤 소금을 사용해야 할까?

요즘은 슈퍼마켓 선반 위에서 가제트 형사의 트렌치 코트 아래에 숨겨진 연장들보다 더 많은 종류의 소금을 볼 수 있다. 하지만 여러분 주방에 꼭 필요한 것은 오직 한 가지, 바로 코셔 소금이다. 나는 입자의 크기가 좋아서 다이아몬드 크리스털(Diamond Crystal) 상표를 사용한다. 사실, 코셔 소금은 유대교의 율법에 따라, 먹기에 적당한 소금을 의미하므로 그런 의미에서 모든 소금이 코셔이므로 굳이 코셔라고 따로 부르지 않아도 된다. 코셔 소금은 실제로는 코셔링 소금이라고 불러야 한다. 그것은 코셔링(koshering, 음식을 정결하게 하는 유태인의 의식) 과정 중에 이 소금의 큰 입자가 고기의 핏물을 제거하는 데 아주 효과적이었기 때문에 붙여진 이름이다(이 때문에 이 소금은 마른 염장용으로 아주 효과 좋은 소금이 되었다. 나중에 더 이야기하도록 하자.).

왜 식탁용 소금으로 코셔 소금을 써야 할까? 한마디로 얘기하면 살짝만 뿌리려는 목적이다. 식탁 소금을 소금 통에 넣고 사용해도 괜찮지만 소금을 손가락으로 집어서 넣으면 음식에 실제로 얼마나 소금을 넣는지 알 수가 있다. 그리고 코셔 소금은 손으로 집어서 음식에 넣기가 훨씬 더 쉽다. 음식에 골고루 소금을 치기 위해서는 소금 한 꼬집을 집어서는 음식 위로 높이 들고 뿌리면 된다. 공기 속의 난기류 때문에 여러분이 소금을 떨어뜨리는 곳에서부터 정규 분포(종형 곡선)의 패턴으로 음식 위로 비처럼 떨어질 것이다. 높이 뿌릴수록 더 골고루 뿌려지게 된다.

이 책에 있는 모든 레시피는 다이아몬드 크리스털 코셔 소금으로 실험했다. 꼭 일반 소금을 써야 한다면 필요한 양에서 ⅔만 사용한다. 일반 소금은 계량스푼에 더 빽빽이 들어가기 때문이다(그때그때 필요한 소금량은 너무 작아서 제대로 저울로 계량하기가 어렵다.). 대부분의 향신료가 들어가는 레시피에서 소금량은 요리하면서 맛을 보고 자신의 미각에 맞춰 갈 수 있다. 가능한 부분에서는(빵을 만들거나, 절이기 등) 무게로 소금량을 표시했다.

그 모든 고급 '디자이너' 소금은 어떤가? 핑크색이나 검정색의 크고 축축한 다발 같은 모양의 프랑스의 게랑드(Guérande in France)에서 나는 회색빛 바다 소금이나 영국(England)에서 나는 흰 피라미드 모양의 말돈 바다 소금은 어떤가? 나는 이런 것들을 모으는 나쁜 버릇이 있는데, 어느 정도는 이런 소금이 예쁘고 사용했을 때 음식에 든 모습이 보기 좋아 사용한다. 하지만 대부분은 아내가 신발을 모으는 것과 경쟁하려는 것이다(신발 한 켤레마다 새로운 소금을 사는 일은 아내의 쇼핑 습관을 저지하는 듯 보인다.).

하지만 이런 소금은 어디에 좋을까? 모두 마무리용 소금이다. 음식을 내기 바로 전이나 식탁 위에서 뿌리는 소금이다. 반대의 주장이 있긴 하지만, 이런 소금이 맛에서 일반 소금이나 코셔 소금과 거의 차이가 없다는 걸 알게 된다. 물이 든 잔에 똑같은 무게를 녹여 보면 이 소금들은 모두 기본적으로 똑같다. 맛있다고 느끼게 하는 것은 결국 모양 때문인데, 오도독 씹히면서 강렬하게 입안으로 확 퍼지는 그 짭짤함 때문이다. 그 차이를 못 느낀다고요? 나가서 말돈 바다 소금(내가 가장 자주 사용하는 마무리용 소금) 한 상자와 코셔 소금 한 상자 그리고 일반 소금 한 상자를 사 보라. 그러고는 접시 위에 똑같이 자른 잘 익은 토마토 세 조각을 올린다(아니면 원하면, 동일한 스테이크 조각으로). 일반 소금을 첫 번째 토마토 위에 조금 뿌리고 맛을 본다. 다음엔 코셔 소금을 두 번째 토마토 조각 위에 뿌리고 먹어 본다. 차이가 느껴지는가? 소금을 음식의 표면으로 골고루 뿌리는 게 얼마나 쉬운지 봤는가? 마지막으로 말돈 소금 몇 조각을 뿌리고 먹어 본다. 이 아래로 느껴지는 소금 결정체의 부서지는 소리와 함께 입안 가득 퍼지는 맛을 느껴 보라. 내가 코셔 소금을 가스레인지와 도마 옆에 항상 두고 입자가 큰 바다 소금을 식탁 위에 올려 두는 이유가 바로 이 때문이다.

EGGS, DAIRY, AND THE SCIENCE OF BREAKFAST

1

아침식사의 과학 – 달걀과 유제품

BACON AND EGGS : TWO PERFECT FOODS

베이컨과 달걀 - 두 가지 완전식품

PART 1
아침식사의 과학 – 달걀과 유제품

이 장에 있는 레시피들

누구나 쉽게 만들 수 있는 달걀 반숙	109	기본적인 팬케이크 믹스	157
누구나 쉽게 만들 수 있는 달걀 완숙	111	담백하고 푹신푹신한 버터밀크 팬케이크	158
완벽한 수란	115	– 블루베리 팬케이크	158
누구나 쉽게 만들 수 있는 홀랜다이즈 소스	119	5분 안에(혹은 더 빨리) 만드는 신선한 리코타 치즈	162
에그 베네딕트	120	올리브오일과 레몬 제스트를 넣은 따뜻한 리코타 치즈	162
– 에그 플로렌틴	121	레몬 리코타 팬케이크	163
매우 바삭한 반숙 달걀 프라이	124	기본적인 즉석 발효 와플	165
담백하고 푹신한 스크램블드에그	129	– 오렌지 향 와플	165
크림 같은 스크램블드에그	130	– 메이플 베이컨 와플	165
간편하게 만드는 홈메이드 크렘프레슈	131	아주 여러 겹으로 된 버터밀크 비스킷	171
다이너스타일 햄과 치즈 오믈렛	133	– 체다 치즈와 대파 비스킷	171
– 버섯, 피망, 양파를 넣은 다이너스타일 오믈렛	134	– 베이컨 파르메산 비스킷	171
– 아스파라거스, 샬롯, 고트 치즈를 넣은 다이너스타일 오믈렛	134	– 여러 겹으로 된 스콘	172
부드럽고 고급스러운 오믈렛	136	크림 같은 소시지 그레이비	172
바삭하게 구운 베이컨	141	간편하게 만드는 크림 비스킷	173
많은 양을 오븐에서 바삭하게 구운 베이컨	141	– 크림 스콘	173
바삭한 기본 감자 케이크	143	세상에서 가장 멋진 스티키 번	176
바삭한 감자, 양파, 버섯 케이크(뢰스티)	144	홈메이드 핫 초콜릿 믹스	181
피망과 양파가 들어간 감자 해시	148		
– 감자와 콘비프 해시	149		

IS THERE ANY FOOD
SO PERFECT, SO COMPLETE, SO PROFOUNDLY
SIMPLE YET STAGGERINGLY COMPLEX
AS THE EGG?

달걀만큼 그렇게 완벽하고, 완전하고, 아주 단순하면서도
믿기 어려울 정도로 복잡한 그런 식품이 있을까?

———

달걀은 아마 보관 식품들 중에서 가장 다용도이며 유용한 식재료일 것이다. 달걀로 무엇을 할 수 있는지 한 번 생각해 보라. 달걀 프라이, 스크램블드에그, 반숙, 완숙, 수란, 그리고 오븐에 굽거나 오믈렛으로 만들어 먹을 수 있다. 치킨 파르메산(chicken parm)을 만들 때는 빵가루를 묻히는 데도 쓰인다. 달걀 단백질은 커스터드를 걸쭉하게 만드는 빽빽한 망을 형성하거나 거품기로 저어 주면 반죽을 부풀게 하는 공기 거품이 되기도 한다. 달걀은 미트로프를 만들 때 고기를 꾹꾹 내리누르지 않아도 고기가 서로 엉겨 붙도록 하거나 요리계의 외교관처럼 기름과 물을 안정적인 상태의 부드러운 마요네즈가 되도록 도와주기도 한다. 또한, 달걀은 개수를 세기도 쉽고 저장하기도 쉽게 아주 편리하게 포장되어 나온다. 스스로 알아서 광고를 한다고나 할까? 달걀은 정말로 경이로운 식품이다. 음식에 그렇게나 다양하게 쓰이는 게 당연하다. 한 번 생각해 보라. 달걀을 품고 적당한 시간이 지나면 완전히 살아 있는 숨 쉬는 생명체가 달걀 껍데기 안에서 만들어지는 것이다. 생명이 시작되고 또한 많은 레시피가 달걀에서 시작된다. 이 책을 시작하는 데 달걀보다 더 나은 재료는 생각해 볼 수가 없다.

『더 푸드 랩』이 알려 주는
달걀 구입, 보관에 대한 모든 것
THE FOOD LAB'S COMPLETE GUIDE TO BUYING AND STORING EGGS.

내가 알(eggs)에 대해 이야기할 때는, 대부분 세상의 조류 중에서 가장 일반적인 닭의 알, 즉 달걀을 이야기하는 것이다. 하지만 달걀이 모두 다 똑같이 생겨날까? 더 맛있는 달걀이 있을까? 레시피에 영향을 주는 달걀의 요소는 무엇일까? 어떻게 하면 이런 요소들 중에서 최상의 인자를 취할 수 있을까? 이런 모든 질문에 대한 답이 아래에 있다.

달걀의 정의

Q. 정확히 알(egg)이란 무엇인가요?

알은 생식작용을 통해 재생산된 동물의 배아를 키우는 용기이다. 요리의 관점에서 알이란, 달걀처럼 일반적으로 몸 밖으로 나온 조류의 알을 의미한다.

Q. 요리에서 그렇게 유용하게 쓰이는 알 속에는 무엇이 들어 있나요?

알에는 기본적으로 노른자와 흰자, 두 부분이 있다.

노른자는 배아가 성장하는 데 영양 공급원이 되며 알의 칼로리 중 75%를 차지한다. 노른자는 유지방이 많아 보이지만 사실 단백질이 녹아 있는 물 자루이다. 큰 단백질 덩어리들과 레시틴(lecithin)과 결합한 지방이 함께 들어 있다. 이 레시틴은 지방과 물 분자가 조화롭게 잘 섞이게 해 주는 유화 분자이다. 레시틴에 대해선 곧 다시 이야기하겠다.

흰자도 대부분은 물이고 단백질이 조금 녹아 있다. 이 중 가장 중요한 것은 오브알부민(ovalbumin), 오보뮤신(ovomucin), 오보트란스페린(ovotransferrin)으로 이런 물질로 인해 흰자는 익히면 굳어지고 휘저으면 뻑뻑한 면도 크림처럼 된다.

알 속에 들어 있는 단백질은 이미 용해되어 액체 상태로 있기 때문에, 단백질끼리 상대적으로 고정되어 있는 고기 단백질보다 훨씬 다른 음식과 결합하기가 더 쉽다(스테이크를 저어 봤는가? 해 봤더니, 저어지지 않았다.). 게다가 이처럼 알에는 다양한 단백질들이 포함돼 있으며, 각각의 단백질은 열을 가하거나 물리적인 힘이 가해지면 조금씩 다른 방법으로 반응한다. 이는 요리사의 입장에서 보면, 음식의 질감을 얼마든지 조절할 수 있다는 의미이다. 예를 들어, 60℃로 조리된 달걀은 부드럽고 커스터드 같지만 82℃에서 조리된 달걀은 탱탱하며 굳어 있다.

표시 : 크기와 품질

Q. 슈퍼마켓에서 파는 달걀 포장 용기를 보면 몇 가지 크기로 구분됩니다. 어떤 달걀을 구입해야 할까요?

미국 농무부 문양이 찍힌 달걀 상자라면 농무부(United States Department of Agriculture, USDA) 무게 기준에 따라 포장이 된다. 이 무게 기준은 여섯 등급으로 구분되는데 아래 도표와 같다.

무게 등급	달걀당 최소 무게
왕란	70.9g
특란	63.8g
대란	56.7g
중란	49.6g
소란	42.5g
극소란	35.4g

미국 농무부 기준 등급

무게 등급	달걀당 최소 무게
왕란	68g 이상
특란	68g 미만 ~ 60g 이상
대란	60g 미만 ~ 52g 이상
중란	52g 미만 ~ 44g 이상
소란	44g 미만

한국 농림축산식품부 기준 등급

실제로는, 소란이나 극소란 크기의 달걀은 슈퍼마켓에서 보기가 힘든데 요즘 닭들이 중간 크기 이상의 알을 낳는 품종이라 그렇다. 이 책에 있는 달걀을 포함해서 대부분의 레시피엔 대란이 기준이 된다. 그래도 나는 냉장고에 왕란을 사 두는데, 밤을 새고 들어온 아침에는 정말이지 배를 채우려면 이 정도 크기는 돼야 한다. 또 큰 달걀에서는 탐나는 쌍란이 나올 확률이 더 높다.

Q. 달걀 상자 옆에 있는 알파벳 등급은 무엇인가요? A등급이 B등급보다 더 좋은가요?

크기처럼, 달걀의 등급을 매기는 일도 대부분의 생산업자들이 달걀 상자 위에 미국 농무부의 도장을 받기 위해 농무부의 기준을 준수하겠다고 자의적으로 하는 행위이다. 이를 위해 미국 농무부 등급 전문가들은 매 회분에 대해 등급 산정을 위해 표본 달걀을 조사한다. 흰자와 노른자 그리고 껍데기에 대한 질을 평가한 후 등급이 매겨진다. 흰자가 아주 탄력 있고 노른자 높이가 높고 껍데기가 가장 깨끗한 달걀이 AA 도장을 받는다. 반면에 흰자가 탄력을 잃고 물처럼 풀어지며 노른자도 탄력이 없어 높이가 낮아지고 껍데기에 얼룩이 있다면 B를 받는다. A등급은 중간으로 대부분의 소매상들이 이 등급을 판매한다.

요리에 사용할 품질은, 수란이나 보기 좋고 탱탱한 모습이 필요한 달걀 프라이 같은 데에는 단단한 흰자와 노른자가 중요하지만 대부분의 요리나 빵을 굽는 데에는 어떤 등급이든 다 괜찮다. 그저 겉으로 보이는 차이일 뿐이므로.

NOTE • 달걀의 품질 등급은 세척한 달걀에 대해 외관, 투광 및 할란판정을 거쳐 1+, 1, 2, 3등급으로 구분한다. 외관판정은 전체적인 모양, 난각의 상태, 오염 여부 등 달걀 외부의 상태를 평가하며, 투광 판정은 기실의 크기, 난황의 위치와 퍼짐 정도, 이물질 유무 등을 평가하며, 할란판정은 난백의 높이와 달걀의 무게, 이물질의 유무 등을 평가한다.

출처 • 대한유통종합정보센터 (http://www.ekapepia.com/user/advancedInfo/gradeStandEgg.do;jsessionid=280C489365363887739C6790D00E0EFA)

달걀의 신선함

Q. 낮은 등급의 달걀흰자는 물과 같아서 높은 등급보다 더 잘 풀어진다고 합니다. 하지만 신선함이 떨어진 것도 이유가 되지 않을까요?

그렇다. 아주 신선한 달걀은 노른자와 흰자가 아주 탱탱해서 수란을 만들 때나 프라이를 할 때 훨씬 더 모양을 잘 유지한다. 노른자는 끓이면 가운데에 자리를 잘 잡는다. 단백질이 나눠지는 방식 때문에 달걀은 시간이 지나면서 점점 더 조직이 느슨해진다. 또한 다른 중요한 변화가 있는데 시간이 지나면서 달걀은 점점 더 알칼리성이 된다는 것이다. 이것은 달걀흰자의 수소 이온 농도가 거품을 만드는 데에 아주 큰 영향을 미치기 때문에 특히 머랭(meringue)을 기본으로 하는 요리들에서는 중요하다. 달걀흰자는 약간 산성 환경에서 거품을 가장 잘 만드는데 이는 오래된 달걀로는 힘이 없고 물기가 많은 거품을 만들게 된다는 뜻이다. 이를 방지하기 위해 산성의 타르타르 크림(cream of tartar)을 아주 조금 넣어 주면 머랭이 힘이 있고 축축해지지 않는다.

NOTE • 우리나라의 경우 시중에서 타르타르 크림 또는 주석산이라는 이름으로도 판매하며 가루 형태로 되어 있다.

달걀이 오래돼서 풀어진 흰자

Q. 오래된 달걀은 껍데기를 까기 더 쉽기 때문에 삶는 게 낫다고 들었는데 사실인가요? 오래된 달걀을 사용했을 때 요리에 어떤 이로운 점은 없을까요?

나는 실제로 실험해 보기 전까지는 이 말을 오랫동안 믿었다. 생산된 곳이 모두 다른 달걀 몇 상자와 이웃인 브루클린의 뒷마당에서 나온 일주일이 채 안된 달걀을 비교하며 실험을 했다. 결과가 어땠을까? 달걀이 일주일이 됐던, 두 달 반이 됐던, 껍데기를 벗기자 껍데기가 흰자에 붙어 잘 벗겨지지 않았다. 게다가 오래된 달걀은 노른자가 가운데에 있지 않고 달걀 벽 쪽으로 내려앉아 있어서 자르면 예쁘지 않았다. 어떻게 요리를 하려하든 신선한 달걀이 오래된 것보다는 낫다.

Q. 달걀흰자를 망치지 않고 완숙한 달걀의 껍데기를 까는 방법이 없을까요?

차례로 하나씩 표시하면서 알려진 모든 방법을 시험해 봤다. 달걀을 얼음물에 담가 깜짝 놀라게 해 주라고? 미안하지만 아무런 차이가 없었다. 삶기 전에 달걀 껍데기에 구멍을 내라고? 미안하지만 그건 아니죠. 찌거나 압력솥에 조리하라고? 안될 말씀. 물에 식초를 넣으라고? 그러면 껍데기 바깥층이 녹을 텐데.

끓는 물이나 뜨거운 수증기에 넣은 달걀 껍데기가
잘 벗겨질 가능성이 가장 높다.

흐르는 물에서는 껍질을 쉽게 깔 수 있다.

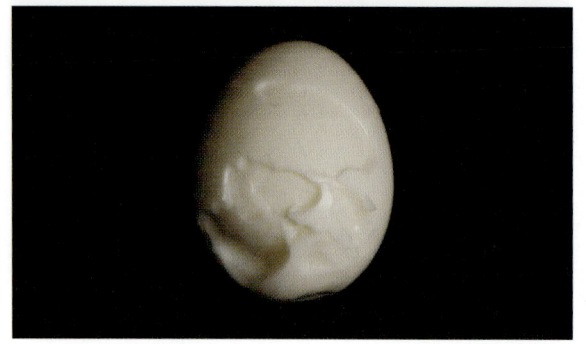

차가운 물에서 천천히 가열된 달걀은 껍데기에 흰자가 달라붙는다.

그러나 실제로 껍데기에 영향을 주는 듯 보이는 유일한 요인은 바로 삶기 시작할 때의 상황이다. 달걀을 뜨거운 물에 넣으면 100% 다 성공하는 건 아니지만 껍데기가 꽤 쉽게 벗겨진다.

달걀을 찬물에 넣고 천천히 가열하면 달걀 단백질이 껍질 안쪽에 융합한다. 실제 껍데기를 벗길 때 가장 쉬운 방법은 여전히 뜨거운 달걀을 공기 주머니가 있는 뭉툭한 부분이 위로 가게 놓고는 흐르는 차가운 물 아래서 벗기는 것이다. 달걀이 뜨거울 때, 세포막과 달걀 흰자는 약해져 있기 때문에 껍데기를 벗기기가 쉬워진다. 차가운 물은 잘 벗겨지지 않는 껍데기를 부드럽게 제거해 줄 뿐만 아니라 손도 데지 않게 해 준다. 나는 청소하기 쉽도록 고운체나 소쿠리를 싱크대에 받쳐 두고 깐다.

Q. 달걀이 얼마나 오래 됐는지 어떻게 알 수 있을까요?

달걀 상자에 있는 표시를 읽어 보면 대략적인 날짜를 알 수 있다. 대부분의 달걀들이 검사를 받고 표면 세척을 하고 난 후 담는 포장 용기에 담긴 포장 일자(율리우스력 날짜)뿐만 아니라 유통기한도 표시되어 있다. 포장 일자는 유통기한 바로 위에 있는 세 자릿수로 1월 1일은 001로 시작해서 12월 31일은 365로 끝난다. 법률상, 유통기한은 포장일자로부터 45일을 넘을 수 없지만 냉장보관을 적절히 한다면 달걀은 45일 이상 되어도 영양적으로 문제가 없고 60~70일까지도 괜찮다.

여러분이 구입하는 달걀은 생산업자가 포장할 때까지 며칠 둘 수도 있는데, 세척하고 포장할 때까지 30일 정도 지날 수도 있다. 이 말은 계산상으로는 달걀을 유통기한이 끝나는 날 산다면 그 달걀은 벌써 75일이나 지난 달걀이라는 것이다! 그러므로 유통기한을 확인한다고 신선한 달걀인지를 확실히 보증해 주지는 않는다. 포장일자를 확인하는 편이 훨씬 더 낫다.

NOTE • 국내에서는 달걀에 찍힌 날짜는 등급 판정일이다. '달걀제품위생관리대책' 안전위생과－1156('10.3.8.호)'에 따르면 냉장(0~10℃) 보관한 달걀의 경우는 35일까지 유통 가능하며, 실온(10~20℃) 보관한 달걀은 21일까지 유통 가능하다.

출처 • 축산품질 평가원(http://www.ekape.or.kr/view/user/institution/intro.asp)

Q. 날짜가 날인되지 않은 달걀을 사거나 냉장고 문에 있는 달걀 칸으로 옮겨 담아서 날짜를 알 수 없는 경우는 어떻게 해야 할까요?

우선, 보존기간을 최대화하고 싶다면 냉장고 문에서 꺼내서 냉장고에서 가장 차가운 곳으로 옮기라고들 이야기한다. 맞다. 하지만 사람들이 말을 안한 게 있는데 냉장고 문에 있는 선반에서도 달걀은 포장일자로부터 몇 주는 더 보존 가능하다. 그러므로 달걀을 어쩌다 한 번 먹거나 다른 음식에 넣어 조리하지 않는 이상은 그냥 냉장고 문에 두고 사용해도 된다. 아마 상하기 전에 다 사용할 것이다.

그렇긴 하지만 달걀이 신선한지 알 수 있는 빠르고 간편한 방법이 있다. 달걀을 물이 든 그릇 속으로 넣어 보자. 달걀 껍데기에는 작은 통기성 구멍이 있어서 하루에 약 4마이크로리터(μL)의 수분이 증발하고 동시에 뭉툭한 쪽 가까이의 껍데기와 안쪽 세포막 사이에 증발한 만큼 공기가 차게 된다.

아주 신선한 달걀은 공기 부분이 아주 적어서 달걀을 물에 넣으면 달걀이 그릇의 바닥으로 가라앉아 옆으로 눕는다. 하지만 시간이 지남에 따라 달걀 안에 공기가 차지하는 공간이 넓어지면서 오래된 달걀은 물에 담그면 뭉툭한 부분에 있는 공기가 위로 올라가려 하기 때문에 뾰족한 부분이 아래로 향하면서 서게 된다. 이렇게 서는 달걀이 있다면 아마도 신선한 때가 지났으니 버려야 한다.

오래된 달걀은 물에 담그면 세로로 선다.

Q. 지역 농산물 직판장에서는 달걀을 냉장 보관하지 않으며, 유럽의 슈퍼마켓에서도 달걀을 그냥 선반에 놓는 걸 본 적이 있는데, 이건 잘못된 것인가요? 아니면 제가 잘못 알고 있는 건가요?

아마 여러분이 잘못 생각하는 것이다. 달걀을 처음 낳으면 각피질이라 불리는 얇은 왁스 같은 막이 둘러싸고 있다. 이 각피질은 달걀을 박테리아의 감염으로부터 보호하고 지나치게 수분을 많이 잃는 것을 막는 첫 보호막 같은 것이다. 미국의 농무부 도장을 받은 달걀은 포장하기 전에 모두 세척을 하기 때문에 이 보호막이 다 제거된 상태이다. 이 말은 포장되어 나온 달걀은 우선은 더 깨끗하지만 슈퍼마켓에 진열되어 있는 동안에 박테리아의 감염에는 더 취약하다는 의미이다. 그래서 감염을 막기 위해 냉장고에 꼭 넣어야 한다. 하지만 농산물 직판장이나 유럽 슈퍼마켓에서 팔리고 있는 달걀은 포장하기 전에 세척을 하지 않았다. 그래서 각피질이 온전히 남아 있어 냉장 보관하지 않아도 되지만 냉장 보관된 달걀보다는 보존 기간이 짧다.

Q. 요즘 상점에서 볼 수 있는 '저온 살균된 달걀'이란 무엇인가요?

저온 살균된 달걀은 비교적 새로 나온 제품이다. 이 제품은 54℃ 정도의 물에서 소독한 달걀로, 이 온도는 오래 담가 두면 달걀 표면이나 속에 든 유해한 박테리아를 죽일 수 있지만 달걀을 익게 할 정도로 높지는 않은 온도이다. 저온 살균된 달걀은 날 것으로 먹거나 마요네즈처럼 감염 걱정(아주 적음) 없이 생으로 즐기고자 하는 사람들에게 좋다. 흰자가 탄력이 적고(수란이나 프라이에는 어렵지만) 힘 있는 크림을 만들려면 두 배는 더 오래 저어야 하지만 대부분의 요리에 저온 살균된 제품은 괜찮다. 노른자는 마요네즈나 시저 샐러드 드레싱에 쓰이는 일반적인 달걀노른자와 별 차이가 없다.

Q. 갈색 달걀이 흰색 달걀보다 건강에 더 좋다는 게 사실일까요?

완전히 잘못된 생각이다. 달걀 껍데기의 색은 닭의 품종과 관계가 있고 대체로 시장의 수요에 의해 조절된다. 뉴잉글랜드(New England) 지역 대부분에선 갈색 달걀이 일반적이고 나머지 다른 지역에선 흰 달걀을 더 선호한다. 바꿔 사용해도 아무 문제없다.

달걀 표시

Q. 예전이 참 그리운 때가 있는데 그때는 슈퍼마켓에 가서 생사가 걸린 중대한 결정을 한다는 느낌 없이 그냥 달걀 한 상자를 집을 수가 있었습니다. 요즘은 종류가 너무 많아 고르기가 힘든데 이런 표시들은 다 무슨 뜻인가요?

몹시 헷갈리게 만드는 이런 표시들은 대부분 알을 낳는 닭의 사육 환경에 대해 소비자들이 더 잘 알게 되면서 생겨난 것이다. 대부분의 닭들이 자연스럽게 행동 할 수 있는 공간이 거의 혹은 전혀 없이 알을 낳는 기계나 다름없는 삶을 사는데 개별 닭장에 갇혀 날개도 펼 수 없고 움직이지도 못하며 산다. 종이 상자에 표시된 내용은 닭이 더 나은 환경에서 자란다는 것을 나타내는 표시일 수 있다.

- **자연적(Natural)**이란 말은 가공을 최소화했다는 표시이지만 모든 달걀이 최소한의 가공을 거쳐 판매되기 때문에 이 표시는 사실상 아무 의미도 없다. 비슷한 의미로, 농장 직속(the term Farm-Fresh carries)이란 말도 모든 달걀이 다 농장에서 나오고 상한 달걀을 파는 게 아니므로 아무런 보증이 되지 못한다.
- **개방 사육(Free-Range), 자유로이 방목(Free-Roaming), 놓아기른 닭(Cage-Free).** 이들은 닭을 케이지형 개별 닭장에 넣지 않고 크고 트인 헛간이나 창고에서 키운 닭이 낳은 알이다. 이런 환경에서 닭의 삶의 질은 아주 많이 개선되는데, 닭들은 모이를 쪼아 먹고, 흙에 뒹굴고, 날개를 펼치며 자연스럽게 움직인다. 개방 사육이나 자유 방목한 닭들은 일반적으로 밖으로도 나갈 수 있지만 표시와 관련한 법률은 여기에 관해선 면적의 크기나 질에 대한 필요 요건이 없으며 얼마나 오랫동안 닭이 외부에 머물러야 하는지에 대한 규정도 없다. 실제로 이런 닭들 대부분은 헛간 바깥으로는 나갈 수 없게 되어 있다. 이런 표시들은 검사도 받지 않는다. 생산자의 말을 근거로 판단하는 수밖에 없다.
- **인증 받은 유기농(Certified Organic)** 달걀은 명시되지는 않았지만 어느 정도의 야외 활동(다시 말하지만 사실상, 거의 그런 것 같지 않다.)을 하고 탁 트인 헛간이나 창고에서 사육되는 닭이 낳은 달걀이다. 이들은 축산 부산물이나 항생제 그리고 농약 등이 전혀 들어 있지 않은 유기농 채소와 곡류만 먹여 키워야 한다. 그리고 농장은 규정을 준수하고 있는지 미국 농무부의 검사를 받아야 한다.

- **동물 복지 인증**(Certified Humane Raised& Handled, 공인된 인도적 사육 및 취급방식을 채택한 식품에 부여하는 인증 라벨) 달걀은 제3자 검사로 입증이 된다. 그리고 이 표시는 방목 밀도를 더 엄격히 규정해서 닭들이 좀 더 넓은 공간에서 둥지를 틀고 횃대에 걸터앉는 것 같은 자연적인 행동을 할 수 있도록 한다. 생산자들은 암탉을 굶겨 산란기로 유도하는 강제 환우를 시킬 수 없다. 이 관행은 다른 모든 종류의 달걀에는 허용된다.

- **오메가-3가 풍부한**(Omega-3.Enriched) 달걀은 아마씨(flaxseed)나 생선 기름을 추가로 닭에게 먹인 닭이 낳은 알이다. 달걀노른자에 몇 가지 건강상 효과를 주는 것으로 알려진 필수 지방산인 오메가-3의 함량을 높이려 했다. 어떤 사람들은 오메가-3 함량이 높은 달걀이 블라인드(blind) 시식에서 '생선' 냄새가 난다고 하지만 나는 이 달걀에서 특이할 만한 차이점은 발견하지 못했다.

동물의 복지를 염려한다면, 인증 받은 유기농 달걀이나 동물 보호 달걀을 사면 제대로 된 방향으로 가게 된다. 만약 가까이에 농산물 직판장이 있어 구입하려는 달걀 생산자와 실제 이야기해 볼 수 있다면, 훨씬 더 잘 고를 수 있을 것이다. 물론, 최상의 방법은 여러분이 직접 닭장을 만들고(아니면, 더 좋게는 이웃이 그렇게 하도록 설득하거나) 닭을 몇 마리 키우는 것이다. 여러 마리를 키우지 않고 달걀을 많이 먹지도 않는다면 결국 돈을 그리 절약하는 방법은 아니지만 가장 신선한 달걀을 먹을 수 있고 아마도 그 과정에서 친구도 많이 생길 것이다.

Q. 닭들에겐 괜찮은 일이겠지만 인증 받은 유기농 달걀이나 근처 농장에서 나온 달걀이 농산물 직판장에 있는 사람들이 말하듯이 실제로 더 맛이 좋을까요?

이건 아주 좋은 질문으로 내가 자주 궁금했던 점이다. 뒷마당을 돌아다니며 쪼고, 할퀴고, 벌레를 잡아먹고, 꼬꼬댁 거리고 온갖 귀엽고 재미있는 행동을 하는 흡족하고 건강한 닭들이 더 맛있는 달걀을 낳겠지?

내가 먹어 본 달걀 중 아주 맛있었던 것 하나는 직접 닭을 키우는 친구의 닭장이나 뒷마당에서 키운 닭이 낳은 달걀이었다. 노른자는 더 풍성하고 흰자는 더 단단하고 맛도 좋으며 전반적으로 더 나았다. 정말 더 나았을까? 이 같은 인상이 모두 내 머릿속에서 단순히 만들어진 것이라면?

이것을 시험하기 위해 블라인드 시식을 준비했는데, 시식자들에게 일반적인 슈퍼마켓 달걀과, 보통의 유기농 달걀, 오메가-3 함량이 각기 다른 유기농 달걀, 100% 자유 방목으로 목초지에서 키운 닭이 낳은 신선한 달걀을 각각 맛보게 했다. 모든 달걀은 스크램블드에그로 제공되었다. 결과는? 실제로 목초지에서 자란 달걀과 오메가-3가 풍부한 달걀은 일반적인 슈퍼마켓 달걀보다 훨씬 더 좋은 점수를 받았다. 하지만 나는 또 다른 연관성을 발견했는데, 달걀의 색이 상당히 달랐다. 목초지에서 나온 달걀은 범위 내에서 아주 진한 오렌지색의 끝에 가 있었다. 그리고 오메가-3가 더 풍부할수록 노른자가 더 진한 오렌지 빛을 띠었다. 보통의 유기농 달걀과 일반적인 공장형 달걀은 가장 색이 연했다. 색에서의 이런 차이는 닭이 먹은 사료의 차이 때문일 것이다. 목초지에서 자란 암탉은 벌레와 꽃도 먹는데 이 두 가지가 노른자의 색깔에 영향을 준다. 오메가-3 지방산 함량이 높은 달걀을 낳은 닭들은 아마씨나 해조류(sea kelp, 켈프)를 먹고 자랐고 이런 것들이 색에 영향을 준다. 이렇게 더 비싼 알을 낳는 닭들은 또한 매리골드(marigold) 잎 같은 색소가 있는 추가 사료를 먹기도 하는데, 이런 추가적인 사료들 덕에 이 달걀의 노른자는 좋아 보이고 선명하다. 시식자들이 얘기한 맛의 차이는 달걀의 실제 맛보다는 색깔에 대한 반응과 더 관계가 있는 것은 아닐까?

색깔이 우리의 맛에 대한 감각에 얼마나 큰 역할을 하는지 알기 위해 이 달걀들을 초록색으로 염색했다. 힌트-아주 큰 역할을 한다.

Q. 그렇다면 어떻게 생산되든 달걀에는 아무런 차이가 없다는 뜻인가요?

아니다. 전혀 그런 의미가 아니다. 우리의 정신은 엄청나게 강력해서 맛에 대한 선호가 실제로 측정할 수 있는 물질적인 특질만큼이나 정신적인 선입견이나 교육과도 아주 밀접한 관계가 있다. 여러분은 아마 그걸 스스로 눈치챘을지도 모르겠다. 똑같이 얼음처럼 찬 맥주지만, 밤에 혼자 외롭게 앉아 마실 때보다 더운 여름날 저녁에 친구들이랑 야외 테이블에 앉아 맥주를 마실 때가 더 맛있게 느껴지지 않던가? 식당의 분위기와 서비스가 음식의 맛에도 영향을 주지 않던가? 엄마가 만든 애플파이가 정말로 다른 누가 만든 파이보다 맛있다고 생각하는가? 애플파이가 그렇게 맛있는 이유는 바로 엄마가 만들었기 때문일 것이다. 모양, 날씨, 사람들과의 어울림, 분위기 그리고 자신의 기분까지도 다 합쳐져서 음식의 맛에 영향을 준다. '나는 닭의 웰빙(well-being)을 염두에 두기 때문에 가장 인도적으로 기르고 생산한 가장 신선한 달걀만 먹을 것이다.'라고 생각한다면 내 마음이 나에게 이런 달걀이 실제로 더 맛있다고 즉, 닭에게도 좋고 맛도 좋다고 생각하게끔 만든다는 것이다. "내가 옳은 일을 하고 있으므로 달걀도 더 맛있다고 느끼게끔 만든다는 뜻인가요?" 바로 그거죠! 그리고 한 가지 더, 좋은 정보라면, 달걀은 농산물 직판장에서 생산자에게 바로 사는 것이 일반적으로 훨씬 더 신선하다(나는 구입하는 그날 낳은 달걀을 사려고 노력한다.). 이런 달걀로 요리를 하면 맛도 더 좋고 수란이나 프라이를 하기도 훨씬 더 쉽다.

변수로서의 색을 제거하기 위해 앞서와 똑같은 종류의 달걀을 요리하되 이번에는 식용색소로 이 달걀들을 초록색으로 염색했다. 이렇게 똑같은 초록색 달걀로 시식을 진행했더니, 맛과 종류 사이에 상관관계가 전혀 없다는 게 밝혀졌다. 사람들은 목초지에서 나온 달걀만큼 일반 슈퍼마켓 달걀도 좋아했다.

여러분도 똑같은 결과가 나오는지 보고 싶은가? 이 두 팬에 담긴 사진을 보고(포토샵으로 색깔만 바꾼 동일한 달걀) 어느 것을 먹을지 말해 보세요.

속담에 눈으로 먹는다는 말이 있지 않은가? 정말 맞는 말이다.

삶은 달걀
BOILED EGGS

삶은 달걀은 요리사의 요리 목록에서 가장 간단한 것이다, 안 그런가?

0~12분까지 30초 간격으로 삶아지는 달걀의 모습

하지만 달걀을 대부분 완벽하게 잘 삶아 내는가? 완숙은 완전히 굳어야 하지만 그렇다고 뻣뻣해지면 안 되고, 흰자에 싸인 노른자가 완전히 다 익지만 여전히 밝은 노란색을 띠고 부드러워야 하며, 석회질이나 부서진 흔적도 없어야 하고 너무 많이 익은 달걀에서 보이는 노른자와 흰자 사이에 무서운 유황 같은 푸른 기운이 어디에서도 보이면 안 된다. 반면에 반숙은 흰자는 완전히 굳어야 하고 노른자는 부드러운 커스터드처럼 흐르는 액체 상태여야 한다. 그래서 토스트를 이 금빛 액체 속에 담그거나 바삭한 베이컨을 더 풍성하게 해 줘야 한다. 달걀을 삶는다는 것은 눈에 보이는 것보다 더 복잡하다. 훨씬 더.

거의 모든 기본적인 요리책들이 달걀을 삶는 여러 방법을 알려준다. 달걀을 차가운 물에 넣어 삶으라고도 하고, 끓고 있는 물에 살짝 집어넣으라고도 하고, 식초를 물에 넣어 물의 수소 이온 농도를 낮추라고 하거나, 베이킹 소다를 물에 넣어 물의 수소 이온 농도를 높이라고도 하고, 냄비 뚜껑을 덮으라고도, 덮지 말라고도 한다. 오래된 달걀을 사용해라, 아니다, 신선한 달걀을 사용해라. 기타 등등. 하지만 이런 방법들 중 왜 이러한 방법이 다른 방법보다 나은지 증명해 주는 요리책은 거의 없다. 들어 보면, 달걀을 삶는 것은 음......, 정확히 과학적인 방법들은 아닌 것 같다. 이번 기회에 이런 생각을 바꿔 보도록 하자.

'물이 끓는다'는 건 무엇을 뜻하는가?

가장 중요한 것부터 이야기하자면, '끓는다'는 것은 정확히 무엇인가? 기술적인 정의로는 액체의 증기압이 액체를 둘러싸고 있는 기압과 같거나 더 클 때 발생하는 현상이다. 34쪽에서 이야기했던 닭장의 비유로 돌아가 보자. 물이 담긴 냄비는 닭이 가득 든 닭장이다. 닭은 서로 좋아해서 닭장 안에서 서로 행복하게 바짝 붙어 있다. 자, 예를 들어, 닭에게 주는 물을 커피로 바꾸는 방식으로 에너지를 더해 보자. 에너지가 더해지자, 닭들은 활동 과잉이 되기 시작했다. 그중 한두 마리는 너무 활기차다 보니 울타리를 넘고는 도망갈지도 모르겠다. 에너지가 충분히 더해지면 닭들은 아주 활동적이 되어서는 결국 울타리를 부숴 버리고는 아주 빠르게 다 도망갈 것이다.

물을 끓이는 것도 똑같다. 물 분자는 냄비 속에 갇혀 있고 그들을 누르고 있는 대기 속 기압인 자신의 울타리 속에 고정되어 있다. 그런데, 열이라는 형태로 에너지가 냄비에 더해지면 물 분자는 물의 표면을 뛰어 넘기 시작한다. 이것을 증발이라고 한다. 결국 달아나려고 하는 물 분자가 만드는 압력은 그것을 누르려고 하는 공기의 압력과 같아지거나 더 커진다. 그러면 울타리는 부서지고 수문은 열리고 물 분자는 빠르게 액체 상태에서 기체 상태로 요란하게 끓어오르면서 뛰어 오른다. 액체 상태의 물이 수증기로 바뀌는 이 전환은 냄비에 물이 끓을 때 우리가 볼 수 있는 것이다. 해수면에서의 순수한 물은 100℃(212°F)에서 이런 전환이 일어난다.

다음은 물이 담긴 냄비를 끓이려고 올려놓을 때 일어나는 현상을 간단하게 설명한 것이다.

- **진동** : 54~77℃ 사이에서는 냄비의 바닥과 옆면을 따라 핵 생성 지점에서(나중에 다시 설명) 작은 기포가 형성되기 시작한다. 이 기포는 실제로 물 표면을 넘거나 솟아오를 만큼 커지지는 않지만 이런 기포 형성으로 물 표면에는 약간의 진동이 일어난다.
- **끓기 전 상태** : 77~91℃ 사이에서는 냄비의 옆면과 바닥으로부터 기포가 표면으로 올라오기 시작한다. 일반적으로 아주 작은 샴페인 같은 기포가 연속적으로 냄비의 바닥에서 올라온다. 그러나 대부분 아직 물은 비교적 조용하다.
- **끓기 시작하는 상태** : 91~100℃ 사이에서는 기포가 물의 표면에서 규칙적으로 부서진다. 그리고 끓기 전처럼 연속적인 기포 몇 개가 아니라 모든 지점에서 기포가 표면으로 올라온다.
- **부글부글 끓음** : 100℃에서, 물 기포는 아주 빨리 증발한다. 이 온도는 압력 조리기구의 도움 없이 물이 다다를 수 있는 가장 높은 온도이다.

77℃ 이하에서 진동하는 물

91℃ 이하에서는 곧 끓으려 한다.

열과 달걀

어떤 사람들은 달걀을 삶을 때 물에 소금이나 식초 혹은 베이킹 소다를 넣으면 달걀의 최종적인 질감에 영향을 줄 수 있다고 말하지만 내가 시험해 본 바로는 달걀을 껍데기째 삶을 때 중요한 영향을 미치는 요소는 시간과 온도이다.

끓는 물에서 달걀이 얼마 만에 익는가를 알아보기 위해 나는 18개 정도의 달걀을 삶았다. 그리고 이 달걀을 30초 간격을 두고 냄비에서 하나씩 꺼내 깨 봤다.

뻣뻣하고, 너무 익힌 흰자
석회질의 노른자
겨우 다 익은 노른자

잘못 삶은 달걀

바로 눈에 띄는 것이 몇 가지 있는데 가장 눈에 들어오는 것은 달걀을 끓는 물속에 오래 둘수록 달걀이 더 열을 많이 받게 된다는 사실이다. 하지만 더 중요한 점이 있는데, 처음에는 사소하게 보일지 모르지만, 곧 알게 될 텐데 그것은 완전히 다 익은 달걀에서는 정말 중요하다. 바로 뜨거운 외부 환경에 있는 음식은 바깥쪽으로부터 익고 음식과 외부 환경 사이에 기온 차가 크면 클수록 더 골고루 익지 않는다는 사실이다.

이 말은 달걀을 끓는 물속에 넣으면 흰자는 뻣뻣하고 고무 같이 너무 많이 익게 되는 반면 노른자는 아래 그림처럼 가운데가 간신히 다 익게 된다.

그렇다면, 달걀을 삶는 이상적인 온도는 몇 도인가? 아래는 열을 가할 때 달걀의 흰자에 일어나는 현상이다.

- −1.1~60℃ : 흰자는 뜨거워지면서 감아 놓은 둥근 실뭉치 같은 단백질이 천천히 풀어지기 시작한다.
- 60℃에서 : 풀어진 단백질 들 중 하나인 오보트란스페린이 스스로 달라붙어서 반고체의 그물망을 만들어 내는데 이것이 달걀흰자를 우유나 젤리 같이 변하게 한다.
- 68.3℃에서 : 오보트란스페린은 아직 꽤 부드럽고 촉촉하긴 하지만 불투명한 고체로 변한다.
- 82.2℃에서 : 달걀흰자에 있는 주요 단백질인 오브알부민은 교차 결합을 하고 고체가 된다. 그 결과 완전히 굳었지만 아직 부드러운 흰자가 된다.
- 82.2℃ 이상 : 달걀을 더 뜨겁게 할수록 달걀의 단백질은 더 꽉 결합해서 흰자는 더 단단하고 더 건조해지고 더 고무 같아진다. 마지막에는 수소 황화물이 되거나 '썩은 달걀' 냄새가 나기 시작한다. 축하합니다. 달걀을 너무 익혔군요!

고도와 끓기

중력 때문에, 높이 올라갈수록 주어진 공간에는 더 적은 공기 분자가 있어서 공기 밀도가 낮아진다. 밀도가 낮다는 것은 낮은 기압을 의미하며 낮은 기압은 냄비에 든 물 분자가 공기로 증발하는 데 더 적은 에너지가 필요하다는 뜻이다. 예를 들면 내 아내가 온 콜롬비아의 보고타(Bogotá, Colombia)는 해수면보다 2.4km 위에 있어서 물이 해수면에서보다 7.8~8.3°C 정도 더 낮은 온도에서 끓는다.

아래 그래프는 높은 고도로 올라감에 따른 물의 끓는 온도를 보여 준다. 고도 효과는 레시피에 큰 혼란을 가져올 수 있다. 콩은 제대로 익지 않는다. 파스타는 절대로 부드러워지지 않는다. 스튜는 졸이는 데 더 오랜 시간이 걸린다. 팬케이크는 반죽이 너무 많이 부풀거나 공기가 빠지거나 할 수 있다. 어느 높이에 올라가면 채소를 익힐 수조차 없게 되는데, 채소를 익히려면 최소한 84°C는 되어야 한다.

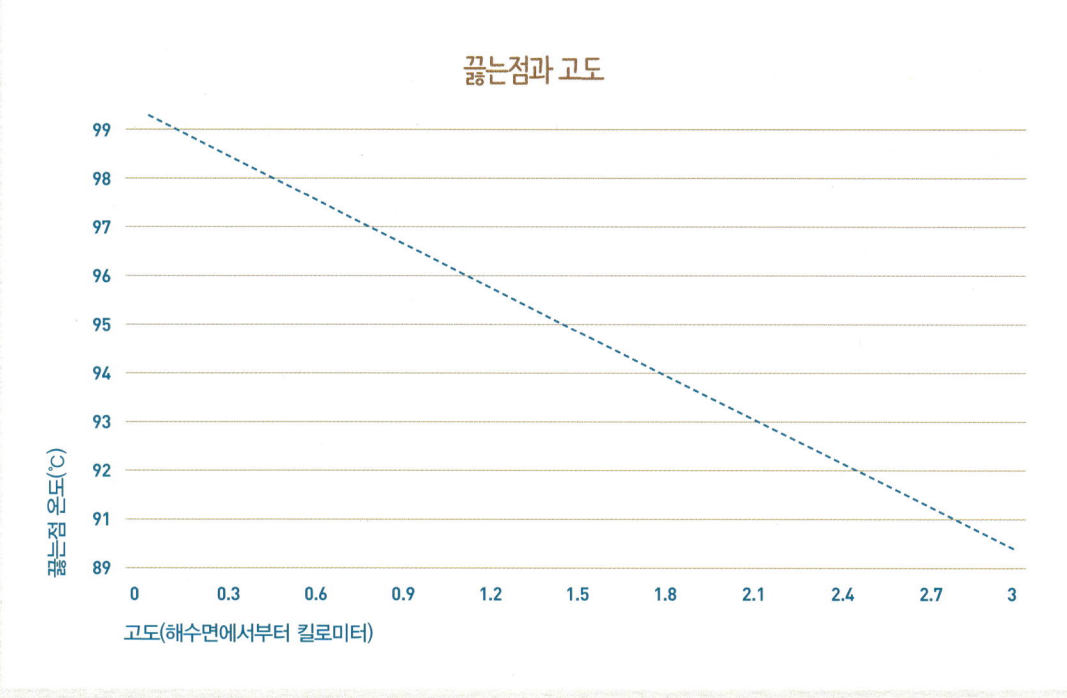

이러한 몇 가지 문제들 중에는, 특히 스튜(stew)와 말린 콩, 그리고 뿌리채소들이 포함되는데, 압력 조리기구가 해결사가 될 수 있다. 압력 조리기구는 음식 주위에 증기가 통하지 않는 보호막이 형성되기 때문에 작동이 가능하다. 조리기구 안에 든 물이 가열되면서 수증기로 변할 때 수증기는 물보다 더 많은 공간을 차지하기 때문에 냄비 안에 압력이 올라간다. 이 증가한 압력은 물이 끓지 못하게 하면서 바깥에서 보다 더 높은 온도가 되게 해 준다.

대부분의 압력 조리기구는 고도가 아무리 높더라도 116~121℃ 사이에서 요리가 된다. 이 때문에 안데스(Andes) 지역에서 압력 조리기구의 인기는 대단하다. 콜롬비아 가정에는 어디나 하나쯤은 다 있다.

물이 끓는 데 대한 근거 없는 믿음들

물을 끓이는 것과 관련한 이야기들은 아주 많다. 가장 흔한 네 가지를 이야기하면,

- **차가운 물이 뜨거운 물보다 더 빨리 끓는다.** 땡, 틀렸다. 완전히 틀렸지만 요리를 할 때 뜨거운 물 대신 찬물을 사용하는 데에는 그럴만한 이유가 있다. 뜨거운 물은 파이프에서 녹은 미네랄이 섞여 있기 때문에 음식에 안 좋은 냄새가 날 수 있다.
- **얼어 있던 물이나 한 번 끓였던 물은 더 빨리 끓는다.** 이것도 땡. 이 말 뒤에는 약간의 과학적인 이유가 있긴 하지만, 물을 끓이거나 얼리면 녹아 있는 기체가(대부분 산소) 없어진다. 그러면 물이 끓는 온도에 약간 영향을 줄 수 있지만, 아주 미미한 정도라 사실 내 타이머도 온도계도 차이를 감지할 수가 없다.
- **소금이 물의 끓는점을 높인다.** 소금이나 설탕처럼 용해된 고체는 사실 물의 끓는점을 높인다. 그래서 더 천천히 끓게 하지만 그 영향은 아주 미미하다(요리에 일반적으로 사용된 양이면 0.6℃보다 더 낮은 정도로). 아주 확실한 차이를 보이게 하려면, 아주 많은 양의 소금이나 설탕을 넣어야만 한다. 그러므로 일상생활에선 무시하면 된다.
- **쳐다보고 있는 냄비는 절대 끓지 않는다.** 이건 확실히 맞는 말. 눈을 다른 데로 돌릴 것.

소금과 핵형성

소금이 물의 끓는점을 낮추지 않는다면 소금 한 줌을 끓는 냄비 속으로 넣으면 왜 갑자기 거품이 폭발하는가? 그건 핵형성 지점이라고 하는 아주 작은 지점 때문인데, 이 지점은 기본적으로는 거품이 만들어지는 곳이다. 기포가 만들어지기 위해서는 물 용적 내에서 어떤 종류의 이상이 있어야 한다. 작은 먼지나 나무 숟가락의 작은 구멍이 이런 이상을 만들어 내듯이 냄비 표면 안쪽에 있는 미세한 긁힌 자국도 이런 이상을 만들 수 있다. 소금 한 움큼을 휙 넣으면 수천 개의 핵형성 지점을 만들어지는데, 그러면 거품이 쉽게 만들어져서 증발하게 된다. '구름씨'(seed cloud)에도 똑같은 원리가 적용되는 것이다. 먼지 입자를 비행기에서 뿌리면 수백만 개의 핵형성 지점이 습기를 머금은 대기 속에서 생기게 되는데 그래서 수증기의 작은 방울들이 합쳐지고 구름을 만들게 된다.

달걀노른자는 흰자와 다른 온도대에서 변화한다.

- 62.8℃ : 노른자의 단백질은 성질이 변하기 시작하는 온도로, 액체 노른자가 걸쭉해지기 시작한다.
- 70℃ : 달걀노른자는 굳으면서 모양을 잡게 되는데 포크나 칼로 자를 수 있게 된다. 아직 색은 진하고 반투명하며 이때의 질감은 설탕, 버터, 우유로 만든 연한 사탕인 퍼지(fudge) 같다.
- 70℃~77℃ 사이 : 노른자는 점점 더 굳으면서 갑자기 반투명의 퍼지 같다가 육안으로는 안이 보이지 않는 작은 구 모양으로 변하면서 연한 노란색으로 바뀌고 잘 부서지게 된다.
- 77℃ 이상 : 온도가 올라갈수록 노른자는 믿을 수 없을 정도로 푸석푸석해진다. 흰자 속에 있는 황이 빠르게 노른자에 있는 철과 반응하여 황화철을 만들면서 노른자 바깥쪽에 보기 안 좋은 푸른빛을 띠게 한다.

달걀을 삶을 때는 흰자와 노른자가 익는 차이에 균형을 맞춰 주는 것이 중요하다.

달걀 반숙 SOFT-BOILED EGGS

내게 이상적인 달걀 반숙은 흰자는 완전히 불투명하지만 뻣뻣한 느낌이 나는 정도는 아니어야 하고(68~82℃ 정도쯤) 노른자는 거의 100% 액체 상태여야 한다(70℃). 이렇게 익히면 한 숟가락 먹을 때마다 눈부시게 아름다운 황금빛의 풍성하고도 맛있는 노른자를 담은, 부드럽고 벨벳처럼 매끄러운 흰자를 즐길 수 있다.

그래서 음식은 바깥에서부터 안으로 익는다는 것과 외부 환경이 뜨거울수록 온도에 따른 변화도가 더 커진다는 것을 기억한다면, 달걀을 반숙으로 익히기 위해서는 차가운 달걀을 뜨거운 물에 넣어야 한다는 걸 알게 된다. 그래야 흰자는 익어서 굳어지고 노른자는 그대로 액체 상태로 있을 수 있다. 그래서 나는 달걀을 바로 끓는 물에 넣어 딱 흰자가 굳을 때까지만 익히려고 해 보았지만 한 가지 문제점이 발견됐다. 흰자의 가장 바깥층이 약간 많이 익게 된다는 점이다. 훨씬 더 좋은 방법은 냄비의 물을 가열하다가 멈춘 뒤 여기에 달걀을 넣고 냄비를 덮어 열이 남아 있도록 한 후 타이머로 재는 것이다. 냄비에 있는 물이 식으면서 달걀이 너무 많이 익어 뻣뻣해질 위험이 없어진다.

이때, 또 염두에 두어야 할 중요한 한 가지는 달걀에 대한 물의 비율이다. 달걀을 너무 많이 넣으면 물이 빨리 식어 알맞게 익지 못한다. 그래서 달걀 6개까지는 2.8ℓ 정도면 충분하다. 이보다 더 많이 삶아야 한다면, 여러 번에 나눠 삶거나 더 큰 냄비에 삶아야 한다.

누구나 쉽게 만들 수 있는 달걀 반숙
FOOLPROOF SOFT-BOILED EGGS

NOTE • 주방의 온도와 조리기구의 열 보존율에 따라 조리 시간에 조금 차이가 생길 수 있다. 달걀 하나로 연습을 해 보고 필요한 시간을 적용해 보는 것도 좋은 방법이다. 여러분이 고도가 높은 곳에 산다면 조리 시간은 늘어나야 한다. 아주 높은 곳에서는 익기 시작하는 처음 몇 분 동안은 계속 끓게 해야 한다.

달걀 2개당 물 1ℓ
대란 1~12개

달걀을 물에 넣을 때 달걀이 충분히 잠길 만한 크기의 뚜껑이 있는 소스팬(혹은 냄비)을 고른다. 물을 센 불로 끓인다. 달걀을 넣고 뚜껑을 덮고 불을 끈다. 아래 도표에 표시된 시간만큼 달걀을 익힌 뒤, 구멍 있는 국자로 달걀을 건져서 바로 낸다.

조리 시간	설명	최적 용도
1~3분	조심스럽게 껍데기를 벗기면 바깥쪽 흰자는 모양을 유지할 만큼 굳었다.	샐러드나 파스타에 넣을 때 1~2분 익힌 달걀을 넣고 같이 섞으면 다 익지 않은 달걀이 다른 재료들과 걸쭉하게 섞인다. 이런 달걀은 달걀만 따로 먹기에는 별로다.
4분	흰자가 거의 골고루 불투명해지지만 노른자 옆은 아직도 약간 반투명하다. 노른자가 약간 따뜻하긴 해도 완전히 날것이다.	채소나 곡물의 고명으로 사용한다. 데친 아스파라거스나 그린빈, 혹은 국수 위에 올려서 낸다.
5분	흰자는 불투명하지만 완전히 굳지는 않았고 노른자 쪽으로는 거의 굳지 않았다. 노른자가 따뜻하긴 해도 아직 완전히 날것이다.	아침식사용
6분	흰자는 불투명하고 골고루 다 단단해졌고 노른자는 따뜻하고 가장자리는 굳기 시작한다.	아침식사용
7분	흰자는 완전히 익어 완숙한 달걀만큼 단단해졌고 노른자 가운데는 황금색의 액체 상태이지만 가장자리는 굳기 시작한다.	아침식사용

달걀 완숙 HARD-BOILED EGGS

달걀을 완숙시키려면 조금 더 복잡하다. 목표는 흰자와 노른자 둘 다 불투명해야 하지만 고무 같은 느낌은 없어야 한다. 완전히 강박적인 주방의 너드(nerd)가 하는 방식은 물의 온도를 정확하게 77℃로 유지하는 것이다. 그래서 노른자가 완전히 익으면서도 흰자가 아직 부드러운 상태에 있게 한다. 이 방법은 효과가 있지만 문제점도 있다. 다행스럽게도 더 쉬운 방법이 있다.

우리는 이미 달걀을 바로 끓는 물에 넣으면 달걀의 바깥쪽은 안쪽보다 더 빨리 뜨거워지는 걸 알고 있다. 그래서 노른자의 가운데가 77℃가 될 때에는 흰자와 노른자의 바깥층은 너무 많이 익게 되는 것이다. 여러분은 달걀을 차가운 물에 넣고 천천히 가열할지도 모르겠다. 이 방법도 괜찮지만 문제가 있다. 달걀이 껍데기에 달라붙는다.

그래서 달걀을 천천히 익히면 골고루 익기는 하지만 빨리 익히는 것이 껍데기를 벗기는 데에는 더 낫다. 내가 필요로 하는 것은 이 두 가지를 연결하는 기술이었다. 달걀을 정확한 분량의 끓는 물에 넣고 흰자가 굳지만 껍데기가 잘 벗겨지는 정도까지만 익히고 물에 얼음 조각을 몇 개 넣어 재빨리 물의 온도를 내려 주면 어떻게 될까?

정확한 시간과 알맞은 얼음의 양을 측정하기 위해 이삼십 회를 거듭 실험했고 결국 어떻게 됐을까? 내 생각이 맞았다. 빨리 익힌 뒤 천천히 그리고 꾸준하게 끝까지 익혀 주면 속속들이 다 익지만 껍데기를 벗기기도 쉬운 달걀이 된다.

누구나 쉽게 만들 수 있는 달걀 완숙
FOOLPROOF HARD-BOILED EGGS

NOTE • 주방의 온도와 조리기구의 열 보존율에 따라 조리 시간에 조금 차이가 생길 수 있다. 달걀 하나로 연습을 해 보고 필요한 시간을 적용해 보는 것도 좋은 방법이다. 여러분이 고도가 높은 곳에 산다면 온도계가 꼭 필요하다.

물 2ℓ
대란 1~6개 사이
네모난 얼음 조각 12개

물을 뚜껑 있는 3ℓ 짜리 냄비에 붓고 센 불로 끓인다. 달걀을 조심스럽게 물속으로 집어넣고 30초간 익힌다. 얼음 조각을 집어넣고 물을 다시 끓인 뒤 불을 줄여 물 온도가 88℃ 정도가 되게 한다. 11분 동안 익힌다. 물을 따라 내고 흐르는 차가운 물 아래서 껍질을 깐다.

수란

완벽하게 부드러운 수란이 없다면, 걸쭉하고도 비디 같은 진짜 홀랜다이즈 소스에 싸인 눈 같은 흰자와, 햄 위로 곧 흘러나와 버터를 발라 구운 잉글리시 머핀(English muffin)의 구석과 틈 사이로 흘러들어갈 촉촉한 황금빛 노른자가 없다면 에그 베네딕트는 어떻게 되겠는가?

자, 우리는 이미 달걀 반숙에 대해선 다 알고 있고 수란은 기본적으로 알몸으로(요리사가 아니라 달걀 말이다.) 조리된 달걀 반숙이다. 물론, 수란을 만드는 일은 여러 가지로 머리 아픈 일이 많다. 어떻게 흰자를 물속에서 퍼지지 않게 할까? 어떻게 해야 노른자가 깨지지 않을까? 어떻게 달걀 모양이 유지될까? 어떤 이는 달걀이 모양을 유지하도록 달걀을 물에 넣기 전에 랩에 싸라고 이야기한다. 그렇게 하면 달걀 표면에 보기 싫게 주름이 생긴다. 다른 최첨단의 방법이 있는데 달걀을 일부분만 고체로 만들고 수란이 만들어지는 동안 모양을 유지하는 데 도움이 되도록 온도 조절이 완벽하게 되는 물에다 장시간 담가 두는 방법이다. 그렇긴 하지만 수란을 만들기 위해 한 시간 더 일찍 일어날 생각은 없다.

수란의 문제점을 한 번 들여다보고 몇 가지 질문을 스스로에게 해 보라. 언제 수란이 잘 되던가? 답은 아주 쉬운데 달걀이 신선할 때이다. 달걀이 오래되면 될수록 흰자를 둘러싸고 있는 세포막이 점점 더 약해진다. 그래서 달걀이 물과 만날 때 더 잘 퍼진다. 그래서 수란을 만드는 첫 번째 법칙은 바로, '신선한 달걀을 사용한다'이다.

흰자를 더 잘 풀어지게 하는 것은 무엇인가? 바로 휘젓는 동작이다. 달걀을 저으면 저을수록 달걀이 풀어진다. 달걀을 끓는 물에 넣는 것이 표준적인 방식이지만 달걀은 물이 끓기 전에도 응고한다는 걸 이미 알고 있으므로 물이 계속 끓게 할 필요는 없다. 물이 끓기 시작하면 불을 끄고 달걀을 넣으면 된다.

하지만 신선한 달걀을 끓기 전에 넣었는데도 달걀이 풀어져서 지저분해진다면? 사실 닭이 바로 낳은 달걀을 팬에 넣어도 좀 퍼진다. 60일 전에 낳았을지도 모르는 슈퍼마켓에서 산 달걀로는 잘 안될 확률이 훨씬 더 높다.

이미 분리된 달걀흰자는 어떻게 제거하나요? 해결책은 아주 기발한데, 잉글랜드에 있는 식당 팻 덕의 헤스턴 블루먼솔(Heston Blumenthal of The Fat Duck)이 보여 준 방법이다. 달걀을 깬 후 가는 고운체에 받쳐 세포막에 둘러싸인 탄력 있는 흰자와 노른자만 온전히 남기고 나머진 다 밑으로 빠지게 한 후 체를 물속으로 넣으면 된다(뜨거운 물이 바로 달걀을 에워싸고 익기 시작한다.). 조심스럽게 달걀을 팬이나 냄비 속으로 넣는다. 이렇게 하면 옆에 지저분한 '찌꺼기' 없이 매번 완벽한 모양의 수란을 만들 수 있다.

달걀을 작은 볼로 옮긴다.

조심스럽게 고운체에 붓는다.

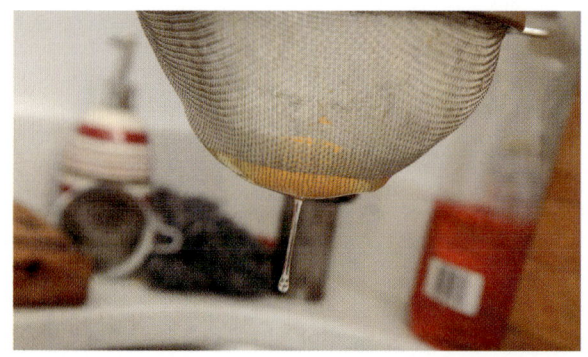

흰자 찌꺼기가 빠져나가게 한다.

물이 끓기 전에 조심스럽게 넣는다.

달걀을 잘 굴려서 물에 넣고 나무 주걱으로 계속 살살 움직인다.

일반적인 수란 만드는 법에 대한 질문

Q. 물에다 식초를 넣으면 달걀이 모양을 더 잘 잡는다고 들었는데 사실인가요?

그렇다, 어느 정도는. 달걀의 단백질의 성질이 변하면서 응고되며 굳는다. 달걀 단백질은 열에 의해서도 성질이 변하지만 산에서도 변한다. 물에 식초를 넣으면 달걀이 더 빨리 굳지만 효과가 그렇게 좋지는 않다. 여러분이 원하는 대로, 짧은 시간에 더 빨리 달걀이 굳긴 하는데 식초는 달걀이 익으면서 너무 굳어 버리게 만든다. 그래서 달걀이 푸석푸석하고 뻣뻣해진다. 더구나 달걀에서 시큼한 냄새가 많이 날 수 있다.

Q. 소금을 치면 달걀이 더 잘 익을까요?

아니다. 하지만 물에 소금을 넣는 그럴만한 이유가 있는데, 달걀을 더 맛있게 하기 때문이다. 파스타나 감자처럼, 달걀도 익으면서 물에 있는 소금을 흡수한다. 그래서 더 골고루 간이 배게 된다.

Q. 왜 수란은 그렇게 맛있는 걸까요?

이 질문에 대한 답은 아직 현대 과학이 밝혀내지 못했으며 아마 절대로 알아내지 못할 것이다. 어떤 과학자들은 이 독특한 영역에서 진전이 없는 것은 다른 과학자들이 맛있는 아침을 만들어 먹는데 시간을 들이지 않아서 그렇다고 말하기도 한다.

Q. 달걀이 익고 있는 동안 저어야 할까요, 아니면 어떤 책에서 이야기 하듯 달걀을 넣을 때 물을 저어 줘야 할까요?

달걀이 예쁘고 균형 잡힌 어뢰 모양이 되도록 하려고 물에 넣기 전에 물을 휘젓기도 하는데 체를 팬에 넣는 방법을 이용하면 이렇게 할 필요가 없어진다. 할 일은 달걀이 굳기 시작한 후에 이리저리 움직이게만 해 주면 된다. 움직이지 않고 가만 놔두면 달걀 모양이 납작하고 노른자 주위만 확실하게 볼록한 달걀프라이처럼 된다. 그리고 팬의 뜨거운 바닥에 바로 닿기 때문에 달걀 바닥이 많이 익어서 뻣뻣해질 위험이 있다. 달걀을 물에서 이리 저리 움직이면서 부드럽게 뒤적여 줘야 더 골고루 익고 모양도 고르다. 그래서 나는 나무 주걱으로 달걀을 건지려 하지 않고 물이 흐르는 방향으로 뒤적여 준다.

Q. 다이너에서 한 오십 명을 위한 수란을 준비해야 한다면? 어떻게 한 번에 여러 개를 만들 수 있을까요?

다이너(diner, 미국의 전형적인 간이 레스토랑으로 샌드위치, 닭고기, 핫도그, 햄버거, 커피 등 싸고 간단한 음식을 먹을 수 있음 – 감수자)라면 몇 년 동안 완벽한 수란을 만들기 위해 연습해 온 즉석요리 셰프로 알려진 초인적인 요리 기계가 만들어 줄 것이다. 그렇게 잘하고 싶다고? 한 가지 방법이 있는데, 바로 연습.

좋아, 또 다른 방법이 있는데, 아무에게도 말하지 않기, 약속? 바로 미리 만들어 두는 거지 뭐. 수란을 만든 뒤 바로 팬에서 꺼내 차가운 물에 넣어 식힌다. 이 수란은 여러분이 원하는 만큼 오랫동안(아니면 걔네들이 상하지 않을 만큼) 무기력한 상태로 그렇게 있을 것이다. 수란은 냉장고에 몇 시간 혹은 며칠 밤을 보관할 수 있다. 그리고 음식을 내기 15분 전에 뜨거운 물이 든 볼에 퐁당 넣고 데우면 된다. 수란은 특성상 절대로 아주 뜨겁게 해서는 안 되는데 그렇게 하면 노른자가 굳어 버리기 때문이다. 그러므로, 온수를 틀었을 때 온도인 60°C가 수란을 데우기에 가장 적당한 온도이다.

완벽한 수란 PERFECT POACHED EGGS

물 2.8l

코셔 소금 2큰술

대란(원하는 만큼)

1. 물과 소금을 큰 소스팬(혹은 작은 냄비)에 넣고 센 불로 가열하여 물을 끓인다. 불을 가장 낮게 줄인다.
2. 달걀을 작은 볼에다 조심스럽게 깬 뒤 고운체에 붓고 살살 체를 흔들어서 분리된 흰자 찌꺼기들이 아래로 떨어지도록 한다.
3. 그러면 노른자와 이를 둘러싼 탄력 있는 흰자만 남을 것이다. 이제 체를 물속으로 살살 넣고 달걀을 물속으로 기울여 넣는다. 남아 있는 달걀도 이와 같이 한다.
4. 달걀이 익는 동안 물을 가끔 휘저어 달걀이 천천히 팬 안에서 움직이도록 부드럽게 뒤적여 주기도 한다. 이렇게 4분 정도 저어 흰자는 완전히 굳고 노른자는 아직 액체 상태가 되게 한다.
5. 달걀을 하나씩 구멍 뚫린 주걱으로 건져서 키친타월이 깔린 접시로 옮겨 물기를 뺀 뒤 바로 차린다.
6. 수란을 나중에 사용하려고 한다면 구멍 뚫린 주걱으로 하나씩 건져서 차가운 물이 담긴 그릇으로 옮겨서 식힌 뒤 물에 담가서 냉장고에 3일 정도 보관한다. 데울 때는 뜨거운 물이 담긴 볼에 넣고 따뜻해질 때까지 15분 정도 두면 된다.

홀랜다이즈 소스 HOLLANDAISE SAUCE

많은 프랑스 요리 셰프 지망생들에게 홀랜다이즈 소스를 잘 만드는 일은 인생의 큰 골칫거리와도 같다. 전형적인 다이너에서 먹게 되는 질척하고 기름진 형태나 혹은 더 안 좋게는 가루로 된 '우유만 부으면 되는' 구내식당 형태와는 전혀 다른, 진정한 홀랜다이즈 소스란 크림 같고 맛이 풍부하며 엄청나게 부드럽고 달걀과 버터와 약간의 레몬 즙이 완벽하게 맛의 균형을 이루는 맛이다. 소스는 천천히 스푼에서 흘러내려 수란 위를 걸쭉하게 덮는다. 절대 묽지도 멍울도 없는 홀랜다이즈 소스는 아주 섬세한 질감을 갖고 있어, 제대로 만들기가 정말 어렵다. 적어도 예전엔 그랬었다. 하지만, 나는 매번 완벽하게, 심지어 처음 만들어 보는 사람도 홀랜다이즈 소스를 만들 수 있는 방법을 알아냈다.

홀랜다이즈 소스는 마요네즈처럼 물을 기본으로 해서 달걀의 안정제 역할을 하는 지방을 유화시킨 것이다(786쪽 '유화 강박증' 참고). 홀랜다이즈 소스는 전통적으로 달걀노른자에 약간의 물을 넣어 굳어질 때까지 계속 휘젓고 여기에 녹여놓은 정제 버터(clarifired butter, 클래리파이드 버터)를 천천히 조금씩 붓는다(117쪽 정제 버터 참고). 그리고 레몬주스를 넣는다. 아주 격렬하게 휘저으면 유지방이 레몬주스와 달걀노른자에 있는 수분에 둘러싸인 작은 물방울로 나뉜다. 레몬주스에 있는 산과 달걀노른자에 있는 단백질 레시틴이 유지방 방울이 더 큰 덩어리로 합쳐지거나 기름 덩이로 분해되는 것을 막아준다. 그 결과 걸쭉하고 크림 같은 맛있는 소스가 만들어진다.

마요네즈는 비교적 간단하다. 식물성 유지로 만들고 상온이나 냉장고 안의 온도에서 만들기도, 보관도 가능하다(817쪽 '절대 실패하지 않는 홈메이드 마요네즈' 참고). 홀랜다이즈 소스는 좀 더 복잡한데 유지방이 35℃ 아래에서는 고체화되기 때문에 홀랜다이즈 소스를 너무 차갑게 두면 지방의 딱딱한 덩어리가 유화를 깨뜨려 소스 입자가 거칠어

믹서에 뜨거운 버터를 부으면 홀랜다이즈 소스를 쉽게 만들 수 있다.

단백질과 거품

순수한 유지방

물과 단백질

정제 버터(CLARIFIED BUTTER, 클래리파이드 버터)

고체인 버터는 단일한 물질로 보이지만 팬에다 녹여 보면 몇 가지 다른 물질로 구성되어 있다는 걸 바로 알 수 있다.

- **유지방**은 버터 무게의 80% 정도를 차지한다(몇 몇 고급 '유럽 스타일' 버터는 84%까지 되기도 하고 농장 가판대 스타일로 갓 만들어 파는 버터는 65%까지 낮아지기도 한다.). 유지방을 구성하는 여러 종류의 지방이 있기 때문에 각각의 지방은 특정한 온도 범위에서 부드러워지고 녹는다. 버터는 가열하면 여러 질감 변화를 거치는데 천천히 부드러워지고 점점 더 유연해지다가 35℃ 정도에서 지방이 모두 액화된다.
- **수분**은 나머지 15%를 차지한다(고급 버터는 11% 정도로 낮아지기도 하고 갓 만든 버터는 30%까지 되기도 한다.). 냉장고 안의 차가운 온도에서 스틱 버터 하나에 든 수분과 지방은 아무 문제없이 섞인다. 하지만 프라이팬에 버터를 넣고 에너지를 더해 가열하면 마침내 수분은 수증기로 바뀌어 작은 증기 방울이 생기고 버터는 거품을 만들어 낸다. 거품이 가라앉으면 모든 수분은 다 빠져나오고 버터는 100℃ 이상 올라가기 시작한다.

물이 기름보다 더 밀도가 높기 때문에 버터가 큰 냄비 안에 녹으면 이 물의 층(그리고 녹은 몇몇 단백질)은 바닥으로 가라앉고 오랫동안 충분히 가열하면 거품이 생기기 시작한다.

- **우유 단백질.** 대부분 카제인(casein)으로 버터의 나머지 5% 정도를 차지한다. 이 단백질은 우유처럼 하얀 거품으로 버터가 녹으면 맨 위에 떠 있다. 그리고 이 단백질은 버터를 프라이팬에 넣고 가열하면 갈색으로 변하고 마침내 타서 연기를 낸다.

버터의 수분과 단백질은 어느 정도 뜨거워지면 타기 때문에, 보통 버터는 음식을 시어링하는데 이상적인 재료는 아니다. 이런 이유로 많은 셰프들이 버터에서 물과 단백질을 제거한 정제 버터를 만든다. 인도에서는 이것을 '기(Ghee)'로 부르며 가장 기본적인 요리용 기름으로 사용한다. 정제 버터는 버터를 녹여 만들 수 있는데 위에 뜬 흰 우유 단백질을 조심스럽게 걷어 내고 황금빛 기름 용액을 따라 내면 된다. 그리고 바닥에 있는 단백질이 포함된 수분 층은 버린다. 기름 용액만 분리하고 나면 버터는 높은 온도로 가열해도 탈 염려가 없다.

앞에서 말한 대로, 버터에 들어 있는 물 성분이 소스를 희석시킬 것이라는 생각에 정제 버터를 홀랜다이즈 소스 만드는 데 사용한다. 하지만, 완성된 홀랜다이즈 소스에 물이 섞이지 않게 하는 더 쉬운 방법은 바닥에 물로 된 층만 남을 때까지 그냥 녹은 버터를 천천히 팬에서 따라 내면 된다. 물로 된 층은 버리면 되고.

진다. 다시 소스를 데우면 소스는 기름진 액체로 분리된다. 그래서 남은 홀랜다이즈 소스는 보관이 불가능하다. 또한, 홀랜다이즈 소스를 너무 뜨겁게 하면, 달걀 단백질이 응고하기 시작한다. 그래서 소스가 덩어리진 부드러운 스크램블드에그의 질감을 가지게 되고 만다. 그래서 완벽한 홀랜다이즈 소스를 만드는 핵심은 두 가지로, 유지방을 수분 속으로 천천히 넣어 유화를 세심하게 하는 것과 온도를 잘 조절하는 것이다.

일단 이것만 알고 나면, 홀랜다이즈 소스 만드는 방법은 아주 간단하다. 대부분의 전형적인 레시피에는 버터와 달걀노른자 둘을 섞기 전에 버터와 달걀 둘 다 가열하라고 나온다. 하지만 이 둘 중 하나만 가열하면 어떨까? 그래서 다른 하나와 섞을 때 최종 온도가 알맞은 범위가 되게 하면 어떨까?

버터를 아주 충분히 높은 온도로 가열한 뒤에는 달걀노른자와 레몬주스가 섞여 있는 혼합물에 천천히 섞어 넣는데, 버터가 모두 섞이면서 점점 온도를 높여 다 섞을 때쯤이면, 노른자는 딱 적절한 정도로 익게 된다는 걸 알게 됐다. 레몬주스의 산이 응고를 최소화하기 때문에 온도 면에서는 약간 여유가 있다. 그래서 71~82℃ 범위에서 소스가 만들어진다.

이 방법을 시험하기 위해, 나는 버터 두 개를 불 위에다 올리고 93℃로 가열했다(전자레인지에서도 괜찮다.). 그리고 믹서로 섞어 놓은 달걀노른자와 레몬주스 속으로 천천히 버터를 조금씩 붓는다(여기에 물을 조금 부으면 노른자가 용기 벽에 달라붙는 걸 막을 수 있다.). 여기에, 소금과 카엔 페퍼(cayenne pepper) 파우더를 조금 넣으면 힘들이지 않고 바로 완벽한 홀랜다이즈 소스가 완성된다. 더 쉽게 하기 위해서 나는 핸드블렌더를 이용했다. 달걀노른자, 레몬, 물을 블렌더용 컵에 넣고 날을 꽂고 녹은 버터를 부었다. 그리고 믹서를 돌렸다. 소용돌이가 버터를 날 속으로 당겨서 마법처럼 걸쭉하고 안정적으로 유화가 되는데, 버터가 다 섞일 때쯤이면 잘 만들어진 홀랜다이즈 소스가 그래야 하듯 걸쭉하고 진하고 담백한 소스가 완성된다.

누구나 쉽게 만들 수 있는 홀랜다이즈 소스 FOOLPROOF HOLLANDAISE SAUCE

NOTE • 식은 홀랜다이즈 소스를 데우려면 계속 휘저어 주면서 최대한 낮은 온도로 조심스럽게 가열해야 한다.

소스 1컵(약 250ml)

대란 3개의 노른자
레몬주스 1큰술(레몬 1개분)
뜨거운 물 1큰술
무염 버터 230g(1큰술 크기의 덩어리로 자르기.)
카옌 페퍼 파우더 조금
코셔 소금

핸드블렌더로 홀랜다이즈 소스 만들기

1. 달걀노른자와 레몬주스 그리고 뜨거운 물을 블렌더용 컵(혹은 핸드블렌더의 날이 들어갈 만한 다른 용기)에 붓는다.

2. 버터를 작은 냄비에 넣고 중간 불에서 녹인 뒤 거품이 생기고 온도계로 82~88℃를 가리킬 때까지 가열한다. 투명한 액체 부분을 계량컵으로 조심스레 옮겨 담고 흰빛이 도는 액체 층은 남긴 후 버린다.

3. 핸드블렌더를 **1**의 용기에 넣고 작동시킨다. 그리고 천천히 뜨거운 버터를 부으면 용기 밑바닥에 소스가 만들어질 것이다. 소스가 만들어지는 중간에 천천히 믹서의 날을 위로 올리고 녹은 버터를 계속 더 붓는다. 버터를 모두 넣고 돌려 소스가 진한 크림 농도가 되도록 한다. 카옌 페퍼 파우더와 소금으로 간한다. 볼이나 작은 냄비로 옮기고 뚜껑을 덮고 먹기 전까지 따뜻한 곳에 둔다(불 바로 위는 안 됨!).

일반 믹서나 푸드프로세서로 홀랜다이즈 소스 만들기

1. 달걀노른자, 레몬주스, 뜨거운 물을 믹서나 푸드프로세서에 넣고 중간 속도로 10초 정도 돌려 부드럽게 한다.

2. 버터를 작은 냄비에 넣고 중약 정도의 불에서 가열하다가 버터에 거품이 생기기 시작하고 온도계가 82~88℃를 가리키면 불을 끈다.

3. 믹서를 중간 정도 속도로 1분간 작동시키며 천천히 버터를 부어 준다. 필요하다면 작동을 멈추고 벽면의 소스를 스크레이퍼로 긁어낸다. 팬 바닥에 있는 얇은 희끄무레한 막은 버린다. 소스는 진한 크림 농도로 매끄러워야 한다. 카옌 페퍼 파우더와 소금을 친다. 볼에 담거나 작은 냄비로 옮긴다. 뚜껑을 덮고 음식을 낼 때까지 따뜻한 곳에 보관한다(불 바로 위에 두면 안 됨!).

에그 베네딕트 EGGS BENEDICT

2~4인분

코셔 소금 2큰술

식물성 기름 2작은술

캐나디안 베이컨 4 조각(또는 두껍게 자른 햄)

대란 4개

잉글리시 머핀 2개(반으로 자르고 구운 뒤 버터를 바르기.)

따뜻하게 데운 홀랜다이즈 소스(119쪽 참고)

카엔 페퍼 파우더 조금(선택사항)

다진 파슬리, 또는 차이브(선택사항)

1 2.8ℓ의 물과 소금을 큰 냄비에 넣고 센 불로 끓인다.

2 물이 가열되고 있는 동안 30cm(12인치) 스테인리스 스틸이나 무쇠로 만든 프라이팬에 식물성 기름을 넣고 중간 불로 가열한다. 캐나디안 베이컨(Canadian bacon)이나 햄을 넣고 양면이 노릇해지도록 뒤집어 주며 5분 정도 굽는다. 큰 접시로 옮기고 식지 않게 호일로 싼다.

3 달걀을 조심스럽게 작은 그릇이나 컵에 깨서 넣는다. 물이 끓으면 불을 끈다. 밑에 작은 볼을 받쳐 둔 고운체에 달걀 하나를 조심스럽게 기울여 따라내서 여분의 흰자를 체로 걸러 낸다. 그래서 노른자와 이를 둘러싼 탱탱한 흰자만 남긴다. 체를 살살 물에 넣고 달걀이 물속으로 들어가게 한다. 남아 있는 달걀들도 똑같이 한다.

4   달걀이 익는 동안 물을 이따금씩 휘저어 달걀이 천천히 팬 안에서 부드럽게 돌게 한다. 이렇게 약 4분 정도 익혀 흰자는 완전히 굳고 노른자는 아직 액체 상태가 되도록 한다. 달걀을 구멍이 나 있는 주걱으로 건지고 키친타월을 깐 접시에 올려 물기를 뺀다.

5   각각의 잉글리시 머핀 반쪽에 캐나디안 베이컨 한 조각을 올리고 그 위에 수란을 올린다. 달걀 위에 홀랜다이즈 소스를 올린다. 취향에 따라 카엔 페퍼 파우더와 파슬리나 차이브를 뿌리고 바로 음식을 낸다. 남은 홀랜다이즈 소스는 따뜻한 그릇에 담아 곁들인다.

에그 플로렌틴

돼지고기를 먹지 않는다고요?
걱정 마세요. 달걀과 홀랜다이즈 소스는 볶은 시금치와도 아주 잘 어울리니까.
아스파라거스도 여기엔 아주 잘 어울리고.

2~4인분

코셔 소금
식물성 기름 2작은술
중간 크기 마늘 1쪽(곱게 다지기.)
시금치 1단(약 110g, 다듬고 씻어 물기를 제거하기.)
통후추(조리 시 갈아 넣기.)
대란 4개
잉글리시 머핀 2개(반으로 자르고 구운 뒤 버터를 바르기.)
따뜻하게 데운 홀랜다이즈 소스(119쪽 참고)
카엔 페퍼 파우더 조금(선택사항)
다진 파슬리, 또는 차이브(선택사항)

1   큰 냄비에다 2.8ℓ의 물과 소금 2큰술을 넣고 센 불로 끓인다.

2   30cm(12인치) 스테인리스 스틸이나 무쇠로 만든 프라이팬에 식물성 기름을 넣고 중간 불로 가열한다. 마늘을 넣고 30초 정도 향이 나도록 계속 저어 준다. 여기에 시금치와 물 2큰술을 넣고 시금치가 숨이 죽고 물이 거의 증발할 때까지 몇 번 저으며 익힌다. 소금과 후추로 맛을 낸다. 접시 한쪽에 담는다.

3   앞의 에그 베네딕트 레시피의 **3**과 **4**대로 달걀을 요리한다.

4   잉글리시 머핀 반쪽에다 4등분해 놓은 시금치 1등분을 올리고 수란을 올린다. 홀랜다이즈 소스를 수란 위에 올리고 원하면 카엔 페퍼 파우더나 다진 파슬리, 또는 차이브를 뿌려 바로 낸다. 남은 홀랜다이즈 소스는 따뜻한 그릇에 담아 함께 곁들인다.

달걀 프라이
FRIED EGGS

여러분이 나와 비슷하다면, 달걀 프라이에 숙달되는 것이 요리에 있어 첫 번째 성취였을 것이다.

아니면 사실 달걀은 두 번 다시는 똑같이 되지 않기 때문에 달걀 프라이는 부엌에서 뭔가를 완성해 낸 나의 첫 시도였다고만 말해야겠다. 이건 그렇게 꼭 나쁜 일만은 아니다. 사실, 왜 그리고 어떻게 달걀 요리가 두 번 다시 똑같이 되지 않는지에 대해 정확하게 잘 기록해 뒀다면 그걸 과학이라 부를 수도 있고, 그랬더라면 아마도 몇 년 전에 좋은 방법을 개발했을지도 모른다.

달걀흰자는 68°C 정도에서 굳기 시작하고, 노른자는 63°C 정도부터 굳기 시작한다는 걸 기억하자(105쪽 '열과 달걀' 참고). 이 말은 한 음식에 들어 있는 두 가지 다른 내용물을 똑같은 조리 수단을 이용하되 완전히 다른 정도로 조리해야 하는 상당히 까다로운 문제라는 점이다. 물론 쉽지는 않지만 할 수 있는 일이다.

한 가지는 이미 확실히 알고 있는데, 달걀이 완벽하게 조리되기를 바란다면 즉, 노른자는 높이 솟아 있어 포크로 찌르면 황금빛 보물이 폭포처럼 천천히 탱탱하고 깨끗한 흰자를 가로질러 흘러내리고 가장자리는 아주 살짝만 바삭한 느낌을 주어야 한다. 이렇게 만들기 위해서는 일단 아주 신선한 달걀을 가지고 시작해야 한다. 수란(111쪽 참고)을 만들 때 했듯이 고운체에 달걀을 걸러 주면 좋은 결과를 얻을 수 있다. 개인적으로는 팬에 넓게 퍼져서 다 익으면 아주 바삭해지는 거품이 많고 얇은 흰자를 좋아하지만 말이다. 흠 잡을 데 없이 완벽한 달걀 프라이는 광고할 때나 필요한 것이다.

탄력 있고 높이 솟은 노른자는 보기에만 좋은 건 아니다. 달걀이 신선하면, 노른자는 팬 표면에서 높이 있기 때문에 흰자보다 좀 더 천천히 굳게 된다. 노른자가 굳기 전에 흰자가 불투명하게 되기를 원한다면 이게 바로 비결이다.

프라이를 하기 전 체에 거르면 아래 그림처럼 완벽한 모양의 달걀 프라이가 된다.

달걀노른자가 너무 많이 익지 않게 하려면 또 어떤 방법이 좋을까? 음, 우리가 알고 있는 또 다른 게 있는데, 달걀노른자는 흰자보다 지방을 훨씬 더 많이 함유하고 있다.

다행스럽게도 지방은 훌륭한 단열재이다. 즉, 노른자는 물보다는 에너지를 효과적으로 전달하지 못한다(그래서 고래들이 두꺼운 지방으로 덮여 있는 것이다.). 이 점을 팬 온도를 조절하는 데 득이 되도록 이용할 수 있다. 나는 달걀을 세 개의 각기 다른 팬에서 조리했는데 각각의 팬은 흰자가 굳을 때까지 열 세기를 서로 달리했다.

- **약한 불**에서 노른자는 완전히 굳고 바닥은 석회질이고 위는 액체 부분이 아주 조금 얇은 막처럼 남는다. 흰자는 거의 뻣뻣해지고 전체적으로 푸석하며 노른자 주위는 가장 두껍게 된다. 약한 불로 조리 시간이 길어지면 달걀노른자와 흰자 사이의 전도율 차이는 조리 속도에는 크게 영향을 주지 않아서 노른자와 흰자가 기본적으로 거의 비슷하게 익는다. 또 달걀흰자는 바닥면이 바삭해지거나 갈색으로 변하지 않고 순수하게 하얀색이다. 어떤 사람들은 이런 달걀흰자를 좋아하는 사람도 있다. 내 생각에는 이런 사람들은 아마 속으로는 수란을 원할 것이다.
- **중간 불**에서 달걀노른자의 윗부분은 아직 상당 부분 액체 상태이고 바닥 쪽에 있는 노른자는 꽤 굳게 된다. 흰자는 갈색으로 살짝 변한다(기름 대신 버터를 사용했다면 버터에 있는 우유 단백질이 갈색으로 변하고 달걀에 달라붙기 때문에 더욱 더). 이 상태는 흐르는 노른자를 원하지만 흰자는 다 익기를 바라는 사람들에게 아주 좋은 절충적인 상태가 된다.
- **센 불**에서는 흰자는 완전히 굳지만 노른자는 아직 거의 액체 상태가 되는데, 또 다른 문제가 있다. 달걀의 나머지 부분이 다 익기 전에 달걀 바닥이 탄다는 것이다.

가장 간단하게는 달걀 프라이는 중간 불에서 굽는 게 바람직하다. 버터에 있는 우유 단백질이 달걀을 팬에 넣기 전에 타지만 않으면 버터든 기름이든, 요리에는 거의 차이가 없다. 버터의 거품이 가라앉은 뒤 바로 달걀을 넣는 게 좋다. 이는 버터에 있는 수분이 완전히 증발했고 팬이 120℃ 정도 된다는 걸 나타내기 때문이다. 버터는 더 진한 풍미를 주고 색도 더 진하게 만든다. 반면 기름은 더 깔끔한 맛을 내고 바닥이 약간 더 바삭한 식감을 준다. 모두 개인적인 취향에 맞춰 선택하면 된다.

오랫동안 나는 흰자를 더 바삭하게 하려고 노른자가 약간 굳는 걸 참으며 중간 불로 구운 달걀 프라이에 만족해왔다. 그런데 스페인에서 달걀 굽는 방법을 보고 달걀 프라이하는 법을 다시 생각해 보게 되었다. 스페인에서는 기름을 얇게 두르고 달걀을 프라이하지 않고, 얕은 웅덩이 정도로 기름을 많이 넣고 튀기는 게 일반적이다. 요리사들은 팬에 1.2cm 정도 쯤 되도록 올리브오일을 넣고 튀김용 온도까지 가열한다. 팬을 기울여 기름이 팬의 한쪽에 모이게 한다. 달걀을 넣고 익을 때까지 뜨거운 기름을 달걀에 끼얹는다. 달걀은 온 사방으로 아주 빠르게 익는다. 흰자는 빠르게 굳고는 아직 굳지 않은 노른자를 둘러싸면서 마치 섬세한 레이스 같이 가볍게 튀겨진 껍데기 같다. 이 방법의 일부를 집에서 하는 달걀프라이에 적용해 보면 어떨까?

프라이팬(나는 논스틱 코팅 팬이나 좋은 무쇠 팬을 사용한다.)에 기름 몇 큰술을 넣고 가열한 뒤 달걀을 넣고 숟가락으로 뜨거운 기름을 흰자에 끼얹어 비슷한 효과를 냈다. 흰자는 빠르게 굳어서 기가 막히게 바삭했으며 노른자는 거의 익지 않았다. 이제 이 방법은 달걀 프라이할 때 내가 가장 좋아하는 방법이 되었는데, 특히나 마음먹고 근사한 올리브오일을 사용할 때는 이 방법으로 굽는다.

매우 바삭한 반숙 달걀 프라이 EXTRA-CRISPY SUNNY-SIDE-UP EGGS

1인분

대란 2개
올리브오일 3큰술(원하면 엑스트라 버진으로)
코셔 소금과 후춧가루

1. 달걀 하나를 작은 컵에 깨 넣고 밑에 그릇을 받친 고운체에 붓는다. 여분의 흰자가 걸러질 때까지 조심스럽게 체를 흔든다. 달걀을 다시 컵에 붓는다. 두 번째 달걀도 똑같이 한다.

2. 중간 크기의 논스틱 코팅 팬이나 무쇠 팬에 올리브오일을 넣고 온도계로 150℃가 될 때까지 중간 불로 가열한다. 달걀을 살짝 기름 속으로 흘려 넣는다. 프라이팬을 바로 기울여 프라이팬 한쪽에 기름 웅덩이를 만들고 숟가락으로 뜨거운 기름을 노른자는 최대한 피하면서 달걀흰자에 끼얹는다. 달걀흰자가 완전히 굳고 바닥이 바삭해질 때까지 약 1분 정도 계속 이렇게 한다. 뒤집개로 달걀을 들어 키친타월이 깔린 접시로 옮기고 소금과 후추로 간을 한다.

스크램블드에그, 두 가지 조리법
SCRAMBLED EGGS, TWO WAYS

스크램블드에그의 세계는 크게

진하고 되직하고 크림 같은 걸 좋아하는 나같은 사람들과 담백하고 상대적으로 물기가 적고 푹신한(내 아내 같은*) 걸 좋아하는 사람으로 나뉜다. 이건 정말 한 가정을 갈라놓을 수 있는 종류의 일이라 나는 결혼 생활의 행복을 유지하기 위해서는 우리 둘 다 아침 식사를 즐길 수 있는 두 가지 형태의 스크램블드에그 만드는 법을 알아내는 일이 가장 필요하다고 생각했다.

달걀을 삶는 것처럼 스크램블드에그를 만드는 일은 달걀 단백질의 응고를 조절하는 일이 중요하다. 차이점이라면 스크램블드에그는 흰자와 노른자에 들어 있는 단백질이 함께 섞여 있으며 다른 재료들도 섞을 수 있다는 점이다. 또한 달걀을 조리할 때 달걀을 다루는 방식으로도 달걀의 결합 정도를 조절할 수 있다. 나는 휘젓는 동작과 다른 역학적 동작의 결과를 측정하기 위해 그냥 보통의 달걀로 시험을 시작했다. 유일하게 사용한 첨가제라면 달걀이 팬에 눌어붙는 걸 방지하기 위해 약간의 버터를 사용했다.

몇 가지 사실들이 바로 드러났다. 크림 같은 스크램블드에그와 푹신한 스크램블드에그의 차이는 대부분 마지막에 달걀이 함유하고 있는 공기의 양과 관계가 있었다. 거품을 낸 달걀이 프라이팬에서 가열될 때 달걀의 단백질은 굳기 시작한다. 동시에 달걀 안에 있던 습기는 증발하기 시작하는데 그러면 증기와 공기의 주머니가 달걀 안에 형성된다.

---

* 아주 솔직히 말하면, 내 아내는 물기가 없이 푹신한 정도를 한참 지난 상태를 좋아한다. 아내는 달걀을 센 불에서 요리하는데 나무 숟가락으로 계속 찔러보면서 물기 없는 갈색 덩어리, 다름 아닌 쥐똥과 비슷해질 때까지 졸인다. 아내는 그걸 팝콘 에그라고 부르고 나는 역겨운 거라고 부른다.

아주 세게 휘젓거나 흔들면 이 수증기와 공기 주머니가 터져서 달걀의 밀도가 더 높아진다. 그래서 아주 푹신한 스크램블드에그를 만들려면 달걀을 팬에 최대한 가만히 놔 두어야 한다. 아주 살살 접어야 하고 골고루 익게 할 정도로만 뒤집어 큰 황금빛의 부드러운 덩어리가 되게 한다. 크림 같은 스크램블드에그는 계속 저어 주는 게 바람직하다. 그래야 과도하게 공기가 차지 않고 달걀 단백질이 서로 아주 가까이 붙어서 밀도가 높은 거의 커스터드 같은 스크램블이 만들어진다.

열도 스크램블드에그의 마지막 질감에 큰 영향을 미친다. 아주 낮은 온도에서 만들면 아주 살살 달걀을 접어도 그렇게 푹신해지지는 않는다. 왜냐하면 팬에 충분한 에너지가 없어서 수증기가 기포를 만들지도 못하며 기포가 격렬하게 팽창하도록 하지도 못한다. 그래서 푹신한 스크램블드에그를 만들려면 상대적으로 높은 온도가 필요하다(팬을 너무 뜨겁게 달구면 너무 많이 익거나 더 나쁘게는 달걀이 갈색으로 변하는 위험이 있긴 하지만). 반면에 크림 같은 스크램블드에그는 낮은 온도에서 조리하는 것이 질감을 조절하기가 훨씬 쉽다.

첨가물

물이나 우유 등과 같이 흔하게 달걀에 더 추가되는 재료들은 어떤 영향을 주는가? 기본적으로 이런 재료들은 두 가지 역할을 한다. 하나는 섞을 때 수분을 제공해서 더 푹신푹신한 스크램블드에그가 되게 한다(수분이 많다=증발도 많이 일어난다.). 유제품들은 또한 지방도 제공하는데 지방은 달걀 단백질이 서로 결합하는 것을 막아 더욱 부드럽게 해 준다. 이를 요약하면 아래 도표와 같다.

이런 자료대로 하니, 최상의 푹신한 스크램블드에그가 완성됐다. 나는 달걀과 함께 우유도 휘저었고 상대적으로 높은 열에서 만들고 팬에서는 접거나 휘젓는 걸 최소화했고 완전히 다 익기 전에 팬에서 덜어 냈다. 덜어 낸 뒤에도 수분은 계속해서 증발하고 단백질은 더 단단하게 굳기 때문이다. 살짝 덜 익었을 때 팬에서 꺼내야 식탁에 오를 때 딱 알맞게 익게 된다.

반면에, 크림 같은 스크램블드에그에는 다른 문제점이 생겼다. 처음에 차가운 버터를 넣고 낮은 불에 올려 굳어지지 않고 공기와 증기를 내보내기 위해 계속 휘저어

첨가물	질감과 맛에 미치는 영향	작용하는 원리
무첨가	달걀이 가장 빨리 익지만 더 뻣뻣하다.	
물	더 푹신해지고 맛은 희석된다.	물을 보충한다는 건 더 많이 증발한다는 의미이다. 그래서 달걀에 기포가 더 커져서 많이 부풀게 된다.
우유	더 푹신해지고 부드러워진다.	우유는 대부분이 수분으로 더 푹신하게 만들며, 추가된 단백질과 지방은 달걀 단백질이 너무 단단하게 결합하는 걸 막아 더 부드럽게 한다.
크림	푹신하지는 않지만 거의 치즈 같은 맛과 질감으로 진하다.	크림의 고지방이 달걀 단백질의 결합력을 크게 줄인다.
차가운 버터	아주 크림 같고 뻑뻑하다.	차가운 버터 조각은 지방을 더하기 때문에 부드럽게 해 주며 또 온도 조절을 도와 달걀이 더 천천히 굳게 한다. 그래서 더 되직하고 크림 같은 질감이 된다.

줄 때는 괜찮았다. 하지만 내가 좋아하는 정도로 진하고 크림 같아지지는 않았다. 조리하기 전에 소금을 치고 가만히 둔 것이 도움이 되긴 했지만. 내가 프랑스 요리 식당에서 일하면서 배운 게 한 가지 있는데 다른 방법으로 해도 안 되면 기름을 더 넣으라는 것이다. 나의 해결법은 달걀노른자를 추가하고 마지막에 유지방이 많이 든 크림을 조금 넣어 마무리하는 것이었다. 크림은 두 가지 기능을 하는데, 풍성함을 더하고 달걀의 질감을 부드럽게 한다. 그리고 또 조리 마지막에 넣으면 달걀의 온도를 낮춰서 프라이팬에서 너무 딱딱해지지 않게 해 준다. 그리고 유지방이 많이 든 크림 대신 크렘 프레슈(131쪽 참고)를 넣었는데 어떻게 쓸 데 없는 일이 될 수 있겠는가? 달걀이 호화로움의 극치를 선사했다. 맛이 풍성하고 부드럽고 질감은 거의 커스터드 같았다. 정말 끝내주는구만! (죄송)

달걀에 소금 투입

이런 시나리오가 있다고 하자. 달걀 몇 개에다 소금을 조금 넣고 스크램블을 하려고 거품을 낸다. 그때 갑자기 개가 화장실에 갇히고 장모님이 부르시고 택배 직원이 신형 디지털 온도계를 배달하려고 문 앞에서 벨을 울린다. 30분 뒤, 다시 달걀을 보러 갔더니 완전히 색깔이 바뀌었다. 밝은 노란색에 불투명했던 달걀이 이제 짙은 오렌지색에 반투명으로 바뀐 것이다. 이게 무슨 일인가? 그리고 더 중요한 건, 이것이 요리의 질감에 영향을 줄까?

그냥 놓아둔 달걀   소금 뿌린 달걀

소금은 노른자의 단백질이 가지고 있는 서로 끌어당기는 힘을 약화시킨다(그렇다. 달걀 단백질은 서로가 매력적이라고 생각한다.). 달걀노른자는 물과 단백질 그리고 지방이 가득 든 수백만 개의 풍선으로 이루어져 있다. 이 풍선들은 너무 작아서 육안으로는 볼 수 없지만 빛이 통과하지 못하게 할 정도는 된다. 소금이 이런 풍선들을 깨뜨려 이보다 더 작은 조각으로 나누는데 그러면 빛이 통과할 수 있게 된다. 그래서 소금을 친 달걀이 반투명하게 된 것이다. 이것은 달걀의 질감과 무슨 상관이 있을까? 이를 알아보기 위해, 나는 차례로 세 번에 걸쳐 달걀을 요리하고 완성된 질감을 기록했다.

소금을 넣는 시간	결과
요리하기 15분 전	수분이 가장 적고 가장 부드러우며 촉촉하고 부드러운 응고 상태
요리하기 바로 전	적당히 부드럽고 수분이 많지는 않음
요리 끝 무렵	셋 중에서 가장 단단함. 그릇에 수분이 흘러내림

소금은 달걀의 질감에 아주 큰 영향을 미친다는 것이 드러났다. 달걀이 익으면서 응고할 때, 달걀노른자에 있는 단백질은 점점 뜨거워질수록 서로 더 단단히 잡아당긴다. 너무 단단히 잡아당기다 보니 수분을 덩어리에서 짜내기 시작한다. 그래서 참으로 난처하게도 수분이 흘러나오게 된다. 요리하기 전에 미리 달걀에 소금을 치면 서로 끌어당기는 힘을 줄여 단백질이 너무 꽉 결합하는 것을 막을 수 있다. 그래서 더 부드럽게 만들고 보기 좋지 않게 수분이 흘러나오는 일도 없어지게 된다. 소금을 요리하기 바로 전에 넣는 것도 도움은 되지만 완전한 효과를 위해서는 소금이 녹아서 골고루 달걀 전체에 퍼질 시간이 필요하다. 이러기 위해 15분 정도가 걸리는데, 바로 베이컨을 조리하기 충분한 시간이다!

조리 후에 소금을 친 달걀에서 수분이 흘러나온다.

적어도 조리 15분 전에 소금을 친 달걀은 수분을 머금고 있다.

담백하고 푹신한 스크램블드에그 LIGHT AND FLUFFY SCRAMBLED EGGS

4인분

대란 8개

코셔 소금 ¾작은술

우유 3큰술

무염 버터 2큰술

1. 중간 크기의 볼에 달걀과 소금, 우유를 넣고 1분 정도 달걀이 섞이고 거품이 생길 때까지 젓는다. 그런 뒤 실온에 최소 15분간 둔다. 달걀의 색이 상당히 짙어질 것이다.

2. 26cm(10인치)의 논스틱 코팅 팬에 버터를 넣고 중간 정도의 불에서 녹인다. 버터가 녹는 동안 팬을 이리 저리 돌려 골고루 코팅이 되도록 한다. 달걀에 거품이 생기도록 다시 휘젓고 프라이팬에 부어 익힌다. 달걀이 굳을 때 실리콘 주걱으로 팬의 바닥과 옆면을 천천히 긁어낸다. 계속해서 긁어내고 접고 하면서 달걀이 단단하고 촉촉한 덩어리가 되고 달걀 액이 남지 않을 때까지 대략 2분 정도 익힌다(달걀이 아직 약간 덜 익은 듯해 보이는 상태). 바로 접시에 옮기고 상에 낸다.

크림 같은 스크램블드에그 CREAMY SCRAMBLED EGGS

4인분

대란 6개

대란 노른자 2개

코셔 소금 ¾작은술

차가운 무염 버터 2큰술(0.6cm 크기로 깍둑 썰기)

생크림 또는 크렘프레슈(131쪽 참고) 2큰술

1 볼에 달걀과 달걀노른자, 소금을 넣고 1분 정도 달걀이 섞이고 거품이 생길 때까지 젓는다. 그 뒤 실온에 최소 15분간 놔둔다. 달걀의 색이 상당히 짙어질 것이다.

2 차가운 버터를 이 혼합물에 넣고 26cm(10인치)의 논스틱 코팅 팬에 부은 뒤 중약 정도의 불에서 조리한다. 버터가 완전히 녹고 달걀이 굳기 시작할 때까지 계속 저어 준다. 달걀이 더 단단해지면서, 큰 덩어리가 생기지 않도록 더 빨리 저어 준다. 달걀 액이 없어질 때까지 계속 익힌다.

3 팬을 불에서 내리고 생크림을 넣고 15초 정도 계속 저어 준다. 달걀을 쌓아 올렸을 때 겨우 형체가 잡힐 정도로 커스터드 크림 같은 질감을 가지며 아주 부드러워야 한다. 접시로 옮기고 바로 상에 낸다.

홈메이드 크렘프레슈 CRÈME FRAÎCHE

크렘프레슈는 헤비크림(heavy cream)을 그냥 두어서 (조절 가능한 상태에서 발효해서) 만든다. 크림에 생긴 박테리아는 안에 든 당을(주로 탄수화물 젖당 덩어리) 단당과 산성 부산물로 바꾼다. 이것이 크림의 수소 이온 농도를 낮추는데 그러면 크림의 단백질 일부가 응고하면서 크림이 더 걸쭉해진다. 좋은 크렘프레슈는 진하고 질감이 부드러우며 표면이 완만한 굴곡을 유지할 정도로 충분히 단단하고 톡 쏘는 듯한 약간 치즈 같은 맛이 있다. 시판용 크렘프레슈도 좋지만 출처를 알기 어렵고 비싸다. 간단히 버터밀크와 헤비크림을 섞어서 하룻밤 동안 걸쭉해지도록 두면 집에서 만든 진짜 크렘프레슈가 된다는 걸 알았을 때, 내 마음은 부풀어 올랐다. 이렇게 감동적인 경험을 같이 나누고 싶군요. 자, 이제 시작됩니다. 여러분은 정말 운이 좋으십니다!

나는 버터밀크와 크림의 비율에 대해서 많이 연구했었는데 마지막에는 이 비율은 그다지 중요하지 않다는 걸 알게 됐다. 버터밀크를 더 많이 넣으면 더 빨리 걸쭉해지지만 덜 부드럽고, 버터밀크를 적게 넣으면 더 오래 걸리지만 맛은 더 좋다는 걸 알게 됐다. 크림 한 컵 당 버터밀크 1큰술(1:16)이 내게는 완벽히 균형을 이루는 비율이었다.

12시간 후 쯤이면 가장 진하고 부드러워진다. 이보다 더 일찍 박테리아의 활동을 멈추고 싶으면 냉장고에 넣으면 된다. 이런 생크림은 나초나 과카몰리 위에 끼얹어 묽은 멕시코식 크레마 애그리아(crema agria)를 만들고 싶을 때 사용하면 된다. 상온에서 크림을 발효하는게 걱정되는 분들에게 알려 드리는데 원리는 이렇다. 버터밀크에서 나온 좋은 박테리아가 증식하여 유해한 박테리아가 자라는 것을 막는 것이다.

자, 이제 감동적인 경험이 시작된다. 초읽기에 들어갑니다. 하나, 둘, 셋...

간편하게 만드는 홈메이드 크렘프레슈 EASY HOMEMADE CREME FRAICHE

2컵 분량(약 500ml)

생크림 2컵(500ml)
버터밀크 2큰술(마시는 플레인 요거트로 대체 가능)

생크림과 버터밀크를 유리병이나 유리 볼에 섞는다. 뚜껑을 덮고 상온에서 6~12시간 정도 원하는 농도로 걸쭉해질 때까지 그대로 둔다. 밀폐된 용기에 담고 냉장고에서 2주 동안 보관할 수 있다.

오믈렛
OMELETS

스크램블드에그처럼, 오믈렛도 크게 두 가지 종류가 있다.

얼굴 크기만 한 푸짐한 크기에 가득 넘치도록 속을 채워 반으로 접은 푹신하고 연한 황갈색을 띠는 다이너스타일의 오믈렛. 그리고 그것의 고상한 프랑스 사촌과도 같은, 촉촉하고 부드럽고 연한 노란색을 띠는, 마치 세상에서 가장 맛있는 시가처럼 부드럽게 말아서 만든 오믈렛. 스크램블드에그처럼 열의 세기와 젓는 방법의 차이가 어떤 오믈렛이 되는가를 결정하는 주요 요소가 된다. 푹신한 다이너스타일의 오믈렛을 만들려면 가장 중요한 것은 버터를 뜨겁게 한 뒤에 달걀을 넣어야 하고 조리하는 동안 가능한 한 가만히 놔두어야 한다는 것이다. 팬을 이리 저리 흔들고 큰 덩어리를 나누는 대신 가장 좋은 방법은 들어 올리고 기울이기로 불리는 동작을 하는 것이다. 실리콘 주걱을 사용해서 오믈렛의 가장자리를 들어 올리고 팬을 기울여 달걀을 팬의 가운데로 보낸다. 그래서 익지 않은 달걀이 밑으로 흐르게 한다. 이런 방법을 반복하면 달걀을 최소한으로 뒤적이면서도 거의 다 굳게 된다. 표면은 아직 완전히 다 익지 않은 듯 물기가 보일 수 있지만 이걸 해결하는 방법은 아주 쉽다. 프라이팬의 불을 끄고 원하는 재료를 위에 올린다(햄과 치즈는 내가 제일 좋아하는 걸로). 프라이팬의 뚜껑을 덮고 달걀에 남아 있는 열이 부드럽게 윗면을 다 익히도록 한 다음 달걀을 반으로 접어서 낸다.

자크 페펭(Jacques Pépin)이 아주 쉽게 만드는 걸 본 기억이 있는데 그런 종류의 부드럽고 정말 근사한 오믈렛은 달걀을 팬에서 빨리 다루는 기술이 있어야 만들 수 있다. 하지만 그건 요리에서 가장 어려운 기술 중의 하나이다(정말로!). 그러나 다행스럽게도 실제로는 그렇게 까지 빨리 다루지 않아도 되며 크림 같은 스크램블드에그에서 요리의 온도를 조절하기 위해 사용했던 차가운 버터 조각을 넣는 비법(130쪽 참고)만 알고 있으면 실제로는 천천히 요리하면서 계속 휘저어 주는 것과 같은 방식으로 부드러운 프랑스식 오믈렛을 만들 수 있다. 이런 오믈렛에서 유일하게 어려운 부분은 달걀을 말 때이다. 요령은 달걀이 팬의 손잡이의 반대쪽 끝부분으로 모이도록 마지막에 불에다 대고 팬을 재빨리 두드려 둥그런 달걀의 한쪽을 다른 쪽보다 더 두껍게 하는 것이다. 바닥을 약간 굳게 해서 더 얇은 모서리에서 시작해 오믈렛을 말고 접시에 뒤집어 올린다.

부드러운 프랑스식 오믈렛

다이너스타일 햄과 치즈 오믈렛 DINER-STYLE HAM AND CHEESE OMELET

필링은 오믈렛과 같이 익히면 충분히 조리하기 힘들기 때문에, 치즈를 제외한 필링 재료를 먼저 조리하는 것이 중요하다. 그런 뒤 치즈를 버무리면, 조리한 필링이 치즈가 잘 녹을 수 있도록 도와주는 역할을 하여, 오랜 시간 달걀을 익히지 않아도 오믈렛이 완성될 때쯤이면 치즈가 먹기 좋게 부드럽고 쫀득해진다.

큰 오믈렛(2인분)

대란 5개

코셔 소금 ¾작은술

후춧가루 ¼작은술

무염 버터 2큰술

햄 110~115g(곱게 다지기)

체다 치즈 55~57g(강판에 갈기)

1. 볼에 달걀, 소금, 후춧가루를 넣고 재료가 잘 섞이고 거품이 생길 때까지 저어 준다. 실온에 최소 15분간 놔둔다. 달걀의 색이 눈에 띄게 짙어질 것이다.

2. 26cm(10인치) 논스틱 코팅 팬에 버터 1큰술을 넣고 노릇해지도록 중간 불로 가열한다. 햄을 넣고 가장자리가 노릇해질 때까지 자주 뒤적여 주며 3분간 볶는다. 햄을 작은 볼에 담고 치즈를 넣어 버무려 섞는다. 프라이팬을 키친타월로 닦은 후 다시 중간 불로 가열한다.

3. 남은 버터 1큰술을 팬에 넣고 노릇해지도록 가열한다. 달걀을 다시 저어 거품을 낸 후 프라이팬에 붓는다. 달걀이 익기 시작하면 고무 주걱을 이용해 가장자리의 달걀을 가운데로 밀고 팬을 기울여 익지 않은 달걀이 팬에 고루 퍼지도록 한다. 팬 전체를 고르게 돌아가며, 가장자리의 달걀을 가운데로 모으고 팬을 기울이는 동작을, 오믈렛이 거의 익을 때까지 45초간 반복한다. 오믈렛 반쪽에 햄과 치즈를 얹은 후 불을 끄고, 원하는 식감이 나올 때까지 대략 1분간 뚜껑을 덮어 둔다.

4. 고무 주걱으로 오믈렛 가장자리를 에둘러 팬에서 떼어 주고 팬을 흔들어 오믈렛을 팬에 붙지 않도록 한다. 조심스럽게 오믈렛을 반으로 접고 접시에 흘려(미끄려) 담은 뒤 상에 바로 낸다.

버섯, 피망, 양파를 넣은 다이너스타일 오믈렛

1. 햄은 넣지 않는다. 26cm(10인치) 논스틱 코팅 팬에 버터를 1큰술 넣고 중간 불에서 가열해 연한 갈색이 되게 한다. 슬라이스한 버섯 ½컵(125ml)을 넣고 소금과 후춧가루로 간을 한다. 버섯에서 수분이 나와 증발한 후 다시 지글거리는 소리를 낼 때까지 3분 정도 자주 뒤섞이며 볶는다. 다진 피망과 양파 ⅛컵(125ml)을 각각 넣고 소금과 후추로 간을 한 뒤 채소가 숨이 죽고 약간 갈색 빛이 돌 때까지 노릇해지도록 5분 정도 볶는다. 작은 볼로 옮기고 치즈를 넣어 버무린다.

2. 키친타월로 프라이팬을 닦고 중간 불에 올린 뒤 설명대로 오믈렛을 만든다. 오믈렛이 거의 다 익었을 때 채소를 오믈렛의 반쪽에 올리고 계속 진행한다.

아스파라거스, 샬롯, 고트 치즈를 넣은 다이너스타일 오믈렛

1. 햄과 체다 치즈는 뺀다. 26cm(10인치) 논스틱 코팅 팬에 버터를 1큰술 넣고 중간 불에서 가열해 옅은 갈색이 되게 한다. 아스파라거스 8개는 아랫부분을 다듬고 2.5cm 길이로 잘라서 팬에 넣고 소금, 후추로 간한 후 노릇하고 부드러워질 때까지 자주 저어 주며 5분 정도 볶는다. 큰 샬롯 1개를 가늘게 채썰어 넣고(약 ½컵) 숨이 죽을 때까지 3분 정도 볶는다. 채소를 다른 볼에 덜어 놓는다.

2. 키친타월로 프라이팬을 닦고 중간 불로 가열한 뒤 앞서 설명한 대로 오믈렛을 만든다. 오믈렛이 거의 익었을 때 오믈렛의 반쪽에 아스파라거스와 샬롯, 신선한 고트 치즈(염소젖 치즈) 55~85g 정도를 부숴서 올린다. 앞서 설명한 대로 오믈렛을 완성한다.

칼 사용법 : 피망 자르는 법

피망을 자르는 데는 두 가지 방법이 있는데, 어떤 사람들은 껍질이 위로 오게 하고 자르고
또 다른 사람들은 껍질이 아래로 오게 놓고 자른다.

나는 전자였는데, 껍질 부분을 위로 두는 것이 칼로 피망을 가를 수 있는 유일한 방법이라고 생각했다. 과육은 칼이 껍질을 가르는 동안 지지대 역할을 할 것이다. 그러다가 칼이 아주 날카롭다면, 피망 껍질이 아래로 가도록 두고 껍질을 가르면 아주 쉽고 이런 식으로 자르면 과육을 누를 일도 없다는 걸 알게 됐다.

피망을 자르는 법은 우선 날카로운 칼로 줄기를 통과하며 길게 반으로 나눈다. 가운데 줄기와 지저분한 걸 끄집어내서 버린다. 손가락 끝으로 흰 태좌(씨가 붙어 있는 채소 중앙 흰 줄기 부분)도 발라낸다. 반으로 자른 피망을 껍질이 아래로 가도록 도마 위에 놓고 세로로 길게 폭이 같도록 썬다. 그런 다음 이 길게 썬 피망을 한 번에 몇 개 쥐고 길이를 가로질러 썬다.

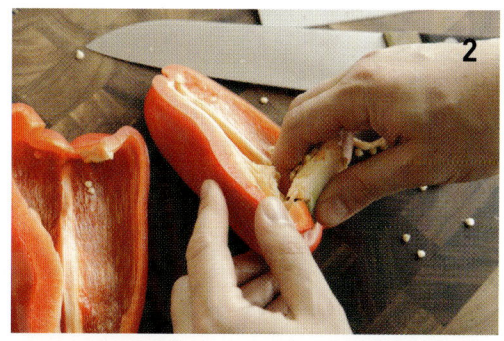
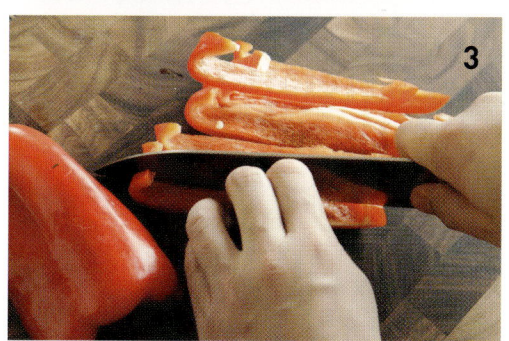

부드럽고 고급스러운 오믈렛 TENDER FANCY-PANTS OMELET

1인분

대란 3개

대란 노른자 1개

코셔 소금 ½작은술

통후추 ¼작은술(조리 시 갈아서)

우유 1큰술

다진 허브 1큰술(선택사항, 파슬리, 타라곤(tarragon), 차이브 등을 섞기.)

차가운 무염 버터 1½큰술(0.6cm 크기로 깍둑 썰기.)

1. 중간 볼에 달걀, 소금, 후추, 우유, 허브를 사용한다면 같이 넣고 재료가 잘 섞이고 거품이 생길 때까지 저어 준다. 실온에 최소 15분간 둔다. 달걀의 색이 눈에 띄게 짙어질 것이다.

2. **1**에 버터 ⅔ 정도를 넣고 남은 버터를 20cm(8인치) 논스틱 코팅 팬에 넣고 약한 불로 녹인다. 프라이팬에 달걀과 버터 섞은 것을 붓고 고무 주걱을 이용해 천천히 저어 준다. 팬의 바닥과 옆면의 달걀을 긁어내며 달걀이 익기 시작할 때까지 2분간 조리한다. 고무 주걱으로 달걀을 밀었을 때 모양이 유지될 때까지 저어 주며 긁어내는 동작을 반복한다. 프라이팬을 흔들어 달걀이 팬 바닥에 균일하게 퍼지도록 한 후 팬이 살짝 기울도록 손잡이를 잡고, 가스레인지에 팬을 톡톡 쳐 주면 달걀의 한쪽 면만 더 도톰해진다. 불을 끄고 원하는 식감이 나올 때까지 1분정도 뚜껑을 덮어 둔다.

3. 뚜껑을 열고 고무 주걱을 이용해 오믈렛의 도톰한 부분부터 조심스럽게 말기 시작한다. 끝부분은 밑으로 밀어 넣는다. 오믈렛을 접시에 조심스럽게 옮겨 담고(한손으로 접시를 잡고 한손으로 팬을 잡으면 수월하다.) 모양을 다듬고 바로 상에 낸다.

아침식사의 과학 – 달걀과 유제품

137

오믈렛 필링

오믈렛은 빨리 조리하기 때문에 안에 든 필링이 약간 따뜻해지는 정도밖에 되진 않는다. 여러 가지 재료를 넣은 오믈렛을 훌륭하게 만드는 비법은 필링 재료들을 미리 조리하여 따뜻하게 만든 후 바로 사용할 수 있도록 준비해 두는 것이다. 소금 간을 하고 달걀을 가만히 두는 동안 소를 살짝 익히는 것도 좋은 방법이다. 오믈렛에 넣을 수 있는 게 몇 가지 밖에 없다고 생각하겠지만 아래는 넣을 수 있는 재료의 목록이다.

재료	준비 방법
모든 덜 숙성된 치즈(체다(cheddar), 잭(Jack), 블루(blue), 페타(feta), 그뤼에르(Gruyère), 브리(Brie), 고트(Goat) 치즈를 좋아한다.)	강판에 갈거나 조각 낸다. 다른 조리된 재료와 함께 사용한다면 다른 재료를 살짝 익힌 후에 작은 볼에 담아서 함께 버무린다. 그러면 다른 재료의 남은 열이 치즈를 녹게 한다.
파르메산(Parmigiano-Reggiano), 코티자(Cotija), 페코리노 로마노(Pecorino Romano)와 같은 단단한 경질의 치즈	마이크로플레인 제스터에 갈아서 날달걀에 섞는다.
소시지나 햄, 베이컨과 같은 절인 고기	1.3cm 정도로 다지거나, 작고 동그랗게 잘라서 버터에 넣고 가장자리가 바삭해지고 갈색으로 변할 때까지 살짝 익힌다.
양파나 샬롯, 피망, 핫 페퍼 등과 같은 단단한 채소	깍뚝 썰어서 버터를 넣고 살짝 볶는다.
토마토	깍뚝 썰어서 소금을 뿌린 뒤 수분을 따라 낸다.
시금치나 아루굴라(arugula, 루꼴라) 같은 부드러운 잎채소	원하면 다진 마늘을 약간 넣고 버터를 녹인 뒤 살짝 볶는다.
주키니(zucchini)와 여름 호박(Summer squash) 같은 호박류	버터에 살짝 볶는다.
아스파라거스	0.6cm 정도로 어슷 썰어서 버터에 살짝 볶는다.
대파(scallion)	흰 대 부분은 얇게 썰어 버터에 살짝 볶고, 녹색의 잎 부분은 얇게 썰어 필링에 섞거나 장식용(고명용)으로 남겨 둔다.
버섯	얇게 썰어서 버터에 넣고 수분이 다 날아가고 갈색이 될 때까지 볶는다.
허브	날달걀에 바로 넣는다.

내가 제일 좋아하는 몇 가지 조합은 시금치와 페타치즈, 아스파라거스, 샬롯, 그리고 그뤼에르 치즈이며, 또 양파, 피망, 햄과 체다 치즈 조합이다. 모두 대표적인 오믈렛 재료이며 맛도 다 좋다.

베이컨
BACON

채식주의의 경계에 있는 사람을 다시 되돌리는 확실한 방법은 바삭하게 튀긴 베이컨을 그 앞에 들이미는 것이다.

내가 결혼 생활을 조화롭게 유지하는 비결 중 한 가지는 매번 아내에게 침대로 베이컨을 갖다 주면서 받아 놓은 점수가 너무 높아서가 아닌가 가끔 생각한다. 내 입으로 직접 말하긴 좀 그렇지만 나는 베이컨을 꽤 맛있게 요리한다. 하지만 늘 그랬던 건 아니다. 한때는 내가 요리한 베이컨이 아주 심각하게 조울증을 앓았던 적이 있었다. 바삭하지만 어떤 부위는 타고, 다른 부위는 축 늘어지고, 질기고, 다 익지 않았었다.

완전히 바삭하게 또 골고루 베이컨을 익히려면 기다리는 게 중요하다. 베이컨은 두 가지 구별되는 요소인 지방(실제로는 지방과 결합조직의 혼합물)과 살코기로 이루어져 있어 서로 익는 정도가 다르다.

습식 염장과 건식 염장

온라인몰은 말할 것도 없고 농산물 직판장과 전국의 슈퍼마켓에 쫙 퍼져 있는 과장돼서 팔리는 베이컨을 봤을 것이다. 그런 높은 가격을 받을 만한가? 맛 때문이라면 그건 단순히 개인의 취향이 아닌가. 하지만 여러 슈퍼마켓 상표들 중에서 그런 값비싼 걸 집는 데에는 설득력 있는 이유가 있는데, 바로 보존 처리 방법의 차이 때문이다.

모든 베이컨은 염장 처리가 되어 있다. 즉, 단백질의 구조를 변경하고 보존을 위해 소금에 절인다. 전통적인 염장법은 돼지의 뱃살 부분을 소금으로(종종 다른 양념과 함께) 문지르는 건식이었다. 몇 주 동안 그런 과정을 거치면 고기는 점점 수분을 잃고 소금은 천천히 뱃살에 흡수되기 시작한다. 그 결과로 돼지고기 뱃살은 잔류 수분량이 비교적 적은, 깊은 맛이 응집된 살코기가 된다. 여러 고급 베이컨들은 지금도 이렇게 시간이 오래 걸리는 방법으로 만든다.

반면에, 많은 슈퍼마켓 베이컨은 습식 염장법을 사용하는데 소금물을 고기의 여러 부위에 주입해서 만드는 것이다. 이 방법으로 염장을 하면 소금은 고기에 더 빨리 침투할 수 있다. 전에는 몇 주가 걸리던 일이 이제는 며칠이면 끝나게 된다. 물론 주입된 물과 부족한 건조 시간 때문에 이렇게 손쉽게 만든 베이컨은 건식 염장 베이컨보다 훨씬 더 수분이 많다. 결과는 두 가지로 나타나는데 첫째는, 눈으로 보이는 것보다 더 많은 돈을 들여 사는 것이다. 1파운드짜리(약 457g) 포장에는 최소 1~2온스(약 28~57g) 정도의 수분이 더 포함되어 있다.

두 번째는 더욱 중요한 문제인데 똑같은 방식으로 요리할 수 없다는 것이다. 한 번 해 보라. 보통의 슈퍼마켓에 파는 베이컨을 고급 건식 염장된 베이컨 한 조각과 나란히 놓고 구워 보라. 슈퍼마켓 베이컨은 수분이 증발하면서 건식 염장된 베이컨보다 훨씬 더 쪼그라들고 주름질 것이다. 그리고 익으면서 빠져나오는 물방울 때문에 더 지글거리고 탁탁 튀는 소리가 훨씬 더 많이 난다. 그래서 맛에 대해선 제쳐 두고라도 베이컨 기름이 가스레인지 위에 튀거나 평평하게 눕지 않는 빌어먹을 베이컨 조각 때문에 화가 나서라도 건식 염장을 한 전통 방법의 베이컨으로 바꾸고 싶을 것이다.

지방은 가열하면 빨리 수축하지만 처음 줄어드는 단계를 지난 뒤 다 익기까지는 꽤 긴 시간이 필요하다. 그건 남아 있는 결합조직이 천천히 분해되기 때문이다. 결합조직이 덜 익으면 베이컨이 아주 질기다. 반면에, 살코기는 지방보다는 덜 수축한다. 이런 차이 때문에 베이컨이 몸을 비틀며 찌그러지는 것이다. 꼭 온도 조절 장치 속에 들어 있는 바이메탈(bimetal, 열팽창률이 서로 다른 두 금속에 의해 작용하는 열 감지 장치로, 온도가 변하면 바이메탈은 휘어지거나 변형되어 다른 구성품을 작동시킨다.)처럼 말이다. 이런 비틀림은 점점 더 심해지는데 팬과 바로 접촉하든 그렇지 않든 지방과 살코기가 다른 비율로 수축할 뿐만 아니라 베이컨의 긴 조각 전체가 다른 비율로 익기 때문이다.

베이컨을 약한 불에서 익히면 좀 더 모양이 평평하고 골고루 익으면서 두 구성 요소가 수축되는 차이를 최소화 할 수 있다. 열이 골고루 전달되는 크고 무거운 팬이 필수적이다.

베이컨을 많이 요리해야 한다면? 오븐으로 하면 된다. 오븐은 팬보다 훨씬 골고루 열이 전해지기 때문에 완전히 바삭한 베이컨을 한 접시 만들 수 있다.

바삭하게 구운 베이컨 CRISPY FRIED BACON

2~4인분

베이컨 8줄(가로 방향으로 반으로 자르기.)

1. 30cm(12인치) 무쇠나 바닥이 두꺼운 논스틱 코팅 팬에 베이컨을 평평하게 깔고 중간 불에 올린 뒤 지글지글 소리를 낼 때까지 약 4분 정도 둔다. 불을 중약으로 줄이고 필요에 따라 뒤집고 다시 이런 과정을 반복하면서 총 12분 정도 지방 부분이 녹아 베이컨이 앞뒤로 바삭해질 때까지 익힌다.
2. 키친타월이 깔린 접시에 베이컨을 올려 기름을 뺀 뒤 상에 낸다.

많은 양을 오븐에서 바삭하게 구운 베이컨
CRISPY OVEN-FRIED BACON FOR A CROWD

6~10인분

베이컨 24줄(약 450g)

1. 오븐랙을 하나는 오븐의 아랫쪽에 다른 하나는 중상단에 끼우고, 오븐을 220℃로 예열한다. 베이킹팬 두 개에다 베이컨을 한 겹으로 깐다. 조리 중간에 베이킹팬을 앞뒤로 돌려 주고, 위아래로 바꿔 주며 베이컨이 바삭해지고 갈색이 될 때까지 18~20분 정도 굽는다.
2. 키친타월이 깔린 접시에 베이컨을 올려 기름을 뺀 뒤 상에 낸다.

바삭한 감자 케이크(뢰스티)
CRISPY POTATO CAKE, AKA RÖSTI
겉은 바삭하고 노릇노릇한 황금색이고 속은 살살 녹듯 부드러우며

……마늘 맛이 나는 마요네즈(말하자면 아이올리 소스)에 찍어서 먹는, 정말로 맛있는 감자 케이크를 만드는 핵심은 완성된 감자 케이크에 함유된 전분의 양이 적절해야 한다는 것이다. 전분이 너무 적으면 케이크가 뭉쳐지지 않고 너무 많으면 끈적거린다. 감자 세포는 자체적으로 전분을 함유하고 있는데 딱 알맞은 양만 배출시키려면 어떻게 감자를 자르는지가 아주 중요하다. 사각 강판이나 푸드프로세서로 갈아도 되지만 그러면 감자 세포가 다 망가져서 수분과 전분이 많이 나오게 된다. 그 결과, 물을 짜내야 하고 뢰스티를 해 놓으면 유콘 골드 같이 상대적으로 전분이 적은 감자라도 끈적거리며 달라붙게 된다.

조금 더 어렵긴 하지만 훨씬 더 좋은 방법은 만돌린(mandoline, 교환 가능한 여러 종류의 칼날로 다양한 썰기가 가능한 채칼) 채칼로 자르는 것이다. 추가 강판이나 칼날이 있는 만돌린 채칼이 하나 있다면(이건 꼭 있어야 함!) 감자를 바로 0.16cm으로 잘라 낸다. 이 채칼이 없다면 감자를 얇게 썬 뒤 가늘게 채썰면 된다. 잘 드는 만돌린이나 칼로 자르면 세포가 덜 망가져서 전분도 덜 나오고 그래서 식감도 더 좋고 베어 물 때마다 감자 맛도 많이 난다. 어떤 자료를 보면 감자를 자르고 물로 헹궈서 전분을 완전히 제거해 주고 조리할 때 감자 전분을 다시 필요한 양만큼 계량해서 첨가하라고 하지만 내가 해 봤더니 그다지 만족스러운 결과가 나오지 않았다. 감자를 씻으면 익었을 때 적당히 숨이 죽지 않아서 속이 아삭아삭한 뢰스티가 되고 만다.

또 다른 방법은 감자를 굽기 전에 살짝 익히는 것이다. 왜냐고? 식당에서 감자튀김 담당으로 일해 봤다면 감자는 깎자마자 바로 산화된다는 걸 알 것이다. 깎고 15분 정도 지나면 감자가 연한 베이지색에서 붉은 빛이 도는 갈색으로 바뀌고 마지막엔 검게 변한다.

당신의 감자가 이렇게 까맣게 되길 원하진 않을 것이다. 감자를 슬라이싱해서 물에다 담그면 이런 현상을 막을 순 있지만(아니면 적어도 속도를 늦출 수는 있지만) 전분이 많이 씻겨 나간다. 뢰스티에 전분이 너무 없어도 너무 많은 것만큼 좋지 않기 때문에 어떤 경우에도 헹궈 내지도 않고 물에 담그지도 않는다. 감자를 미리 살짝 익히면 감자 색이 변하지도 않고 뢰스티를 만들어 놓으면 식감도 더 좋다. 감자 케이크 속이 설익는 것은 걱정할 필요가 없다. 이런 일에 제격인 전자레인지가 있으므로. 전자레인지에 넣으면 감자에 수분을 더 보충할 필요도 없고 수분이 많이 날아갈 염려도 없이 아주 빠르게 조리 된다.

한껏 멋을 내기 위해, 나는 양파와 버섯을 진한 황금빛이 되도록 볶고 타임을 약간 넣어서 감자 케이크의 가운데 부분을 채운다. 뭐든 좋아하는 채소를 볶아 넣으면 된다.

필링 준비 후엔, 부드럽고 골고루 조리할 수 있는 적당한 세기의 불과 적당히 두꺼운 팬만 있으면 뢰스티를 만드는 일은 아주 간단해진다. 나는 시즈닝이 잘 된 무쇠 팬을 사용하는데 무쇠 팬이 없으면 괜찮은 논스틱 팬을 사용해도 된다. 감자가 적당히 바삭하게 되려면 시간이 좀 걸린다. 그동안 커피를 끓이거나 망고를 짜거나 브런치로 배우자가 좋아할 만한 것을 준비하면 된다.

바삭한 기본 감자 케이크 BASIC CRISPY POTATO CAKE, 뢰스티라고도 불리는

2~3인분

중간 크기의 러셋 감자(russet potato) 3개
(약 450g, 씻어서 1.5cm 두께로 가늘게 채썰거나 강판의 큰 구멍에 갈기. 일반 감자 대체 가능)
올리브오일 4큰술
코셔 소금과 후춧가루

1. 감자를 전자렌지용 접시에 펼쳐 놓고 고출력으로 5분 정도 돌려서 감자가 골고루 익고 숨이 죽되 아직 약간은 아삭한 상태가 되게 한다.

2. 프라이팬에 기름 2큰술을 넣고 중간 불에서 가열한다. 감자를 넣고 고무 주걱을 이용해 감자를 바닥쪽으로 눌러 준다. 소금과 후추로 간을 한다. 감자가 짙은 황금색이 되고 한쪽 면이 바삭해질 때까지 약 7분 정도 이따금씩 팬을 돌리고 흔들어 주면서 익힌다. 뢰스티를 조심스럽게 큰 접시로 미끄려 담는다. 이 위에 또 다른 접시를 올리고 가장자리를 잡고 윗부분이 아래로 오도록 전체를 뒤집는다. 이제 다 익은 쪽이 위로 향하고 있다.

3. 프라이팬에 나머지 기름 2큰술을 넣고 뢰스티를 팬에 다시 흘러 담는다. 소금과 후추로 간을 한다. 뢰스티가 진한 황금색이 되고 아랫면이 바삭해질 때까지 약 7분 정도 더 팬을 돌리고 흔들어 주면서 익힌다. 도마로 흘려 담고 아이올리 또는 마요네즈 혹은 케첩 등을 곁들여 바로 상에 낸다.

바삭한 감자, 양파, 버섯 케이크 CRISPY POTATO, ONION, AND MUSHROOM CAKE (뢰스티)

2~3인분

중간 크기의 러셋 감자 3개(약 450g, 씻어서 1.5cm 두께로 가늘게 채썰거나 강판의 큰 구멍에 갈기. 일반 감자 대체 가능)

올리브오일 5큰술

중간 크기 양파 1개(가늘게 채썰기, 약 1컵, 250ml)

양송이 버섯 115g(가늘게 채썰기.)

중간 크기 마늘 2쪽(곱게 다지거나 제스터에 갈기. 약 2큰술)

신선한 타임 잎 1작은술

코셔 소금과 후춧가루

1. 감자를 큰 전자렌지용 접시에 펼쳐 놓고 5분 정도 고출력으로 돌려서 감자가 골고루 익고 숨이 죽되 아직 약간은 아삭한 상태가 되게 한다.

2. 한쪽에서는 26cm(10인치)의 무쇠나 바닥이 두꺼운 논스틱 코팅 팬에 기름 1큰술을 넣고 중간 불에서 가열한다. 양파와 버섯을 넣고 가끔씩 뒤적이면서 약 8분 정도 숨이 죽고 갈색으로 변할 때까지 볶아 준다. 마늘과 타임을 넣고 뒤적이면서 30초 정도 볶아 향을 낸다. 소금과 후추로 간을 하고 작은 그릇으로 옮기고 팬을 닦아 낸다.

3. 프라이팬에 올리브오일 2큰술을 넣고 중간 불에 올려 가열한다. 감자 반을 평평하게 넣고 고무 주걱을 이용해 감자를 바닥 쪽으로 눌러 준다. 소금과 후추로 간을 한다. 여기에 볶은 양파와 버섯을 골고루 펴서 올리고 감자 나머지 반을 그 위에 올린다. 주걱으로 눌러서 평평하게 둥근 원 모양이 되게 한다. 소금과 후추로 간을 하고 팬을 가끔 돌리면서 7분 정도 익혀 감자가 아주 짙은 황금색이 되고 한쪽 면이 바삭해지게 한다. 조심스럽게 뢰스티를 큰 접시 위로 옮기고 다른 접시로 위를 덮는다. 가장자리를 잡고 윗부분이 아래로 오도록 전체를 뒤집는다. 이제 다 익은 쪽이 위로 향하고 있다.

4. 나머지 올리브오일 중 2큰술을 프라이팬에 붓고 뢰스티를 팬에 다시 미끄러지듯 밀어 넣는다. 소금과 후추로 간을 하고 뢰스티가 진한 황금색이 되고 아랫면이 바삭해질 때까지 약 7분 정도 팬을 돌리고 흔들어 주면서 익힌다. 뢰스티를 도마로 미끄러지듯 옮기고 아이올리, 마요네즈 혹은 케첩 등을 곁들인다.

감자 해시
POTATO HASH

해시는 내가 금요일 밤에 식료품 쇼핑을 가야지 하고 계획을 세울 때면 우연히도 그 다음 날 아침에 먹게 되는 그런 종류의 음식이다. 한 번도 좋은 생각이 아니었다. 어떻게 그렇게 되는지 한 번 보자.

계획 : 금요일 아침에 상쾌하고 생기 있는 얼굴로 일어나서, 온종일 열심히 일할 준비를 하고, 퇴근 후 뉴욕 마트로 가서 장을 보고 지하철을 타고 빨리 집으로 온다. 몇 시간 요리를 하고 아내가 집에 오면 같이 저녁을 먹고 제퍼디(Jeopardy) 온라인 게임을 몇 판 한다! 그리고 드라마 『내가 그녀를 만났을 때(How I Met Your Mother)』를 보고 다음 날 아침에 푸짐한 아침식사를 할 준비를 하고서 일찍 잠자리에 든다.

현실 : 금요일 아침에 일어난다. 주초에 걸렸던 감기가 이제 겨우 나아가는 상태로 일터로 향해서는 오전 내내 회의를 하고 늦은 오후가 되어서야 내 진짜 일을 시작한다. 해치우려던 일은 얼마 하지도 못했고 "관두자, 금요일이잖아, 해피아워(happy hour, 호텔이나 카페, 바 등에서 할인을 해 주는 시간대)라고!" 그래서 식료품 쇼핑을 가지 않고 칵테일을 한잔 하러 간다. 뉴욕 마트가 이제 문을 닫았다는 걸 깨닫고는 정해 놓은 메뉴가 있는데 큰 차질이 생기겠구나 생각하면서 첫 번째 술친구와 칵테일을 한 잔 더 마신다. 결국, 아내와 시내에서 만나 칵테일을 또 한 잔하고, 이어서 외식을 한다(와인 한 병과 식후에 마시는 브랜디 한 잔). 그리고 이미 술을 마시기 시작했기 때문에 아마도 정말로 밤새 술을 마실지 모른다. 정신을 차려 보니 토요일 정오이고 개는 산책시켜야 하고

집에 있는 거라곤 감자 몇 개와 달걀 두어 개, 그리고 무작위로 남은 음식 몇 가지. 우리 건강을 회복시켜 줄 몇 가지 말이다.

세상에, 해시를 만들면 되겠구나!

해시는 남은 음식으로 만들기 제일 좋은 요리이다. 기본이 될 전분이 있는 뿌리채소(감자는 일반적으로 선택하는 것이지만 고구마나 비트도 좋다.)와 남은 음식 아무거나, 익은 고기든, 푸른색 잎채소든, 채소든, 그리고 무쇠 프라이팬과 달걀 두어 개만 있으면 된다.

그러면 숙취도 놀라서 조용히 물러가게 할 아침식사의 재료가 다 준비된다. 뢰스티 레시피에서 말한 대로 감자를 푹신하고 바삭한 식감을 내게 하려면 가장 좋은 방법은 삶은 뒤 물기를 제거하고 굽는 것이다(142쪽 참조). 이렇게 하면 기름이 조금 더 깊이 스며들게 되어서 감자에 기포가 생기게 되고 그래서 표면이 부풀게 된다. 그래서 훨씬 더 바삭해진다. 하지만 숙취로 인한 두통이 있는데 누가 이걸 다 하겠는가?

그 대신, 감자를 편썰어서 접시에 놓고 뢰스티를 만들 때 하듯이 요리 첫 단계로 전자레인지에 돌린다. 이렇게 하면 감자가 질퍽해지거나 표면에 수분이 많이 생길 일도 없이 숨도 죽고 전체가 다 익는다. 그리고 냄비에서 10분이 걸릴 일이 전자레인지에서는 3분이 채 안 걸린다. 일단 살짝 익힌 다음, 감자를 가열된 프라이팬에 넣고 바삭하고 노릇노릇해지는 과정을 시작한다. 그동안 채소를, 이 경우엔 피망과 양파를 대충 토막 썬다. 나는 전에 좀 멍한 상태에서 프라이팬에 넣기 전에 살짝 익힌 감자와 다른 채소들을 같이 볶은 적이 있는데, 대단히 좋지 않은 생각이었다. 양파는 타고 감자는 조금도 바삭하지 않았었다.

감자를 다른 채소보다 먼저 넣어 주고 껍질이 바삭해지면 그때 다른 채소를 넣어 줘야 한다.

그런데, 멋진 아침 식사용 해시에 넣는 재료가 한정되어 있다고 생각하지는 말라. 양배추(청경채나 방울양배추 등도 무방하다.)를 넣으면 노릇해질 때 굉장히 달콤한 견과류 맛이 난다. 파스트라미(pastrami) 또는 콘비프(corned beef) 같이 염장한 고기는 익으면서 지방이 감자에 맛을 더해 주면서 아주 바삭해진다. 샬롯과 양파는 달콤하고 오묘한 맛이 나며 브로콜리나 아스파라거스 같은 푸른 채소는 보기 좋게 노릇해지면서 숨이 죽는다. 감자가 완전히 바삭해질 때쯤이면 피망과 양파는 아주 촉촉하고 단맛이 난다. 숙취는 겁을 먹고 희미하고도 높은 음조로 훌쩍거리기 시작한다.

결정타? 핫소스를 조금 넣어 매콤함을 더하고 또 더 중요하게는 신맛이 모든 재료를 산뜻하게 한다.

프라이팬에서 나오는 기가 막힌 냄새들은 나의 식욕을 거의 광란의 상태로 몰고 간다. 그래서 생각할 필요도 없이 여기에다 달걀 두 개를 넣는다. 달걀을 다른 팬에 따로 구워도 되지만 해시에 두 개의 샘을 만드는 것이 훨씬 더 쉽다. 달걀을 깨서 바로 팬에 넣고 통째로 오븐에 넣어 마무리하는데, 흰자만 겨우 굳을 정도로 노른자는 아직 액체 상태로 익힌다. 처음부터 끝까지 다해서 15분이 채 걸리지 않는데, 이 말은 아내가 개와 산책에서 돌아오기 전에 해시가 벌써 따끈따끈하게 준비가 된다는 뜻이다.

토요일 오후를 산뜻하게 일찍 시작하는 멋진 방법이다.

양파를 너무 일찍 넣으면 타게 된다.

칼 사용법 : 감자 자르는 법

감자는 무겁고 모양이 울퉁불퉁해서 가만히 고정시키기가 어렵다.

감자를 고르게 자르고 싶다면 안 좋은 소식이다. 하지만 방법이 있는데 바로 먼저 한쪽 면을 잘라 내는 것이다. 그래서 감자가 고정되도록 한다.

감자를 사각으로 자르기 전에, Y-필러로 먼저 껍질을 깐다. 차가운 물로 헹구고 씨눈제거기로 싹을 도려낸다. 감자를 도마에 고정시키고 0.5~1.5cm 정도 굵기로 한쪽을 잘라 낸다. 잘린 부분을 바닥에 놓고 세로 방향으로 두께가 같은 널빤지 모양으로 자른다. 이런 널빤지 모양으로 잘린 부분을 한 번에 몇 개씩 쌓고 세로 방향으로 크기가 같도록 길게 막대 모양으로 썬다. 그러고는 이런 막대 모양을 몇 개씩 한 번에 쥐고 가로 방향으로 같은 너비로 사각으로 썬다. 감자를 깎으면 색이 변하기 때문에 빨리 조리하거나 찬물에 담근다.

피망과 양파가 들어간 감자 해시 POTATO HASH WITH PEPPERS AND ONIONS

148　　　　　　　　　　　　　　　　　　　　　　　　　　　THE FOOD LAB

NOTE • 감자는 전자레인지 대신 가스레인지로 살짝 익혀도 된다. 큰 냄비에 감자를 넣고 차가운 소금물을 감자가 잠기게 넣는다. 고온에서 끓여 겨우 익을 정도로만 삶는다. 물을 따라 내고 2단계로 간다.

4인분

러셋 감자 680g(중간 크기 4개 정도, 껍질 벗겨서 1.3cm로 깍둑 썰기.)

식물성 기름 3큰술

작은 빨간 피망 1개(씨를 제거하고 가늘게 채썰기.)

작은 피망 1개(씨를 제거하고 가늘게 채썰기.)

작은 양파 1개(씨를 제거하고 가늘게 채썰기.)

핫소스 1작은술(혹은 맛을 내기 위해 좀 더 준비)

코셔 소금과 후춧가루

대란 4개(선택사항)

1. 달걀을 넣는다면, 오븐랙을 오븐 중상에 끼우고 200°C로 예열한다. 감자를 큰 전자레인지용 접시에 펼치고 키친타월을 덮은 뒤 전자레인지에 고출력으로 돌려 감자가 골고루 익되 약간은 설익은 상태가 되도록 4~6분 정도 돌려 준다.

2. 30cm(12인치) 무쇠나 논스틱 스킬렛(또는 26cm 프라이팬 2개)에 식물성 기름 2큰술을 넣고 약간 연기가 날 때까지 고온에서 가열한다. 감자를 넣고 이따금씩 저어 주면서 감자 표면의 한 쪽이 노릇노릇해질 때까지 5분 정도 지진다. 팬에서 연기가 심하게 나면 불을 줄인다.

3. 피망과 양파를 넣고 몇 번 저어 주면서 채소가 노릇해지고 부분부분 색이 짙어질 때까지 약 4분 정도 더 볶는다. 핫소스를 넣고 30초 동안 계속 저어 준다. 소금과 후추로 맛을 낸다. 달걀을 넣지 않으면 바로 상에 올린다.

4. 달걀을 넣는다면, 감자 위에 네 군데를 움푹하게 하고 달걀을 그곳으로 깨어 넣는다. 달걀 위에 소금과 후추로 간을 하고 프라이팬을 오븐에 넣는다. 흰자가 막 굳을 때까지 3분 정도 구운 뒤 바로 낸다.

감자와 콘비프 해시

피망과 양파 대신 남은 콘비프 230g을 한입 크기로 잘게 조각 내서 넣는다.

버터밀크 팬케이크
BUTTERMILK PANCAKES

황금빛에 가장자리는 바삭하고 가운데는 많이 부풀어서 푹신푹신할 것이다.
하지만 요점을 말하자면, 전형적인 미국식 팬케이크는 발효시킨 빵이랑 크게 다르지 않다.

전분을 함유한 것 외에, 빵은 기본적으로 가스로 채워진 단백질 덩어리이다. 이 점에선 우리 개와 아주 닮았다.* 밀가루가 액체와 섞이면 밀이 포함하고 있는 두 가지 단백질인 글루테닌(glutenin)과 글리아딘(gliadin)이 서로 결합하여 탄력이 있고 신축성이 있는 글루텐(gluten)으로 알려진 단백질 그물망을 만든다. 발효시킨 빵에서 기포는 이 그물망 속에서 만들어지고 커지는데 빵 덩어리(그 점에 있어서는, 잘 된 피자 크러스트이거나) 안에서 우리가 볼 수 있는 구멍이 나 있는 그런 구조를 만든다. 전통적으로 혹은 '천천히' 발효시킨 빵은 발효제가 이스트라고 불리는 살아 있는 곰팡이류이다.

이스트가 가루에 들어 있는 당분을 먹으면서 이산화탄소를 배출하는데, 그래서 반죽 안에는 수천 개의 아주 작은 공기 주머니가 만들어지고 부풀게 된다. 이런 반죽을 오븐에 갑자기 넣으면 공기 주머니들이 가열되면

---

* 우리집 개는 못된 버릇이 있는데 엘리베이터 안에 사람들이 꽉 찰 때까지 기다렸다가 조용하게 가스를 배출하고는 천진난만하게 나를 올려다본다. 꼭 "주인님이 방귀를 뀌었을 리가 없어요" 이렇게 말하는 것처럼 말이다. 하나도 안 고맙거든.

서 더 팽창하게 되고 오븐 스프링으로 알려진 부푸는 현상이 일어나게 된다. 마지막으로 글루텐과 전분은 어느 정도 뜨거워지면 반고체 형태로 굳어진다. 그래서 빵의 형체가 만들어지고 수분이 많고 늘어나던 성질에서 건조하고 스펀지 같은 성질로 바뀌게 된다.

이스트가 갖고 있는 유일한 문제점이라면? 이스트는 발효하는 데 아주 긴 시간이 필요하다. 베이킹 소다를 넣을 경우는, 생물 유기체의 긴 시간 틀이 아니라(by the protracted time frames) 산과 염기 사이의 빠른 화학적 반응에 의존한다. 베이킹 소다는 염기성(알칼리성) 가루인 순수한 중탄산나트륨(sodium bicarbonate)이다. 액체에서 녹아 산과 결합한 베이킹 소다는 빠르게 반응하여 나트륨, 물, 그리고 이산화탄소로 분해한다. 이스트로 발효된 빵처럼 이산화탄소는 글루텐 단백질 그물망을 발효시켜 빵을 구울 때 팽창한다. 이런 류의 화학적으로 발효된 빵은 즉석 발효된 빵으로 불리며 스콘(scone)이나 비스킷에서부터 바나나, 주키니 브레드와 팬케이크까지 광범위하다.

물론 베이킹 소다가 작용하기 위해 레시피에는 중요한 산성 재료가 포함되어야 한다. 그런 이유로 버터밀크 팬케이크나 버터밀크 비스킷, 그리고 케이크의 전형적인 레시피에는 식초가 포함되어 있다. 버터밀크는 풍미를 위해서로만 쓰이는 게 아니라 베이킹 소다와 반응하고 빵을 발효시키는 데 필요한 산을 제공한다. 19세기 중반 누군가가 집에서 빵을 만들 때 베이킹 소다와 반응하게 하려고 산성 재료를 넣는 대신에 가루 형태로 된 산을 베이킹 소다 자체에 바로 넣으면 훨씬 더 간단하다는 걸 생각해 냈고 그래서 베이킹파우더가 만들어졌다. 베이킹 소다와 가루로 된 산, 전분으로(수분을 흡수해서 산과 염기가 너무 빨리 반응하지 않도록 하기 위해) 구성된 베이킹파우더는 바쁜 주부들에게 여러 기능이 통합된 하나의 해법이 되었다. 베이킹파우더는 가루 상태에서는 완전히 비활성이다. 하지만 수분이 더해지면 가루 상태의 산과 염기가 용해되고 서로 반응하여 추가적으로 산성 물질을 넣지 않고도 이산화탄소 기포를 만든다.

간단하지 않습니까? 하지만 얘기할 게 더 있으니 기다려 보세요.

부작용

레시피에 베이킹 소다를 사용할 때 가장 두드러지는 부작용이라면 베이킹 소다가 갈변 반응에 아주 큰 영향을 미친다는 점이다. 20세기 초 루이 카미유 마이야르(Louise Camille Maillard)는 갈변 반응의 과정을 처음으로 설명했고 그의 이름을 따서 마이야르 반응(또는 메일라드 반응)이라고 불리게 되었다. 이 반응은 스테이크에 생기는 먹음직스러운 갈색 크러스트와 빵 표면을 진한 갈색으로 만드는 일련의 반응이다. 시각적으로 갈색으로 바뀌는 것 이외에도 이 반응은 수백 가지의 방향성 화합물을 만들어 내는데, 이런 화합물은 음식에 독특한 풍미와 복합적인 맛을 더해 준다.

밝혀진 대로, 이 반응은 알칼리성의 환경에서 더 잘 일어나는데 튀김옷이나 빵 반죽에 있는 산을 중화하기 위해 베이킹파우더를 넉넉히 넣었다면 필요 이상으로 투입된 베이킹파우더는 갈변 반응을 증대시키는 데 쓰일 것이다. 그래서 나는 팬케이크를 다섯 번 반복해 만들었는데 반죽은 밀가루, 베이킹파우더, 달걀, 버터밀크, 녹인 버터, 소금, 설탕을 동일하게 사용했고 매번 베이킹 소다만 양을 달리해서 하나도 넣지 않을 때부터 ⅛작은술씩 양을 늘려서 ½작은술까지 올려 넣었다. 각 팬케이크는 예열된 그리들(griddle, 윗부분이 평평하고 넓적한 팬)에서 정확히 한 면당 1분 30초씩 구웠는데, 베이킹 소다가 갈변 반응에 미치는 영향을 아주 분명하게 보여 줬다.

베이킹 소다는 수소 이온 농도 지수에 영향을 주는데 이는 결과적으로 브라우닝에 영향을 미치게 된다.

가장 왼쪽 방향(⅛작은술)에 있는 팬케이크는 중화가 되지 않은 버터밀크 때문에 지나치게 산성이다. 이 팬케이크는 색이 연하고 맛이 밍밍하다. 또 많이 부풀지 않았고, 납작하며 뻑뻑한 질감이다. 가장 오른쪽에 있는 케이크는 반죽에 베이킹 소다를 ½작은술을 넣었고 ⅛작은술과는 정반대의 문제를 갖고 있다. 너무 브라우닝이 진행돼서 매캐한 탄 냄새가 나고 중화되지 않은 베이킹 소다의 비누 같은 화학 약품 맛이 난다. 재미있게도 이 팬케이크도 납작하며 식감이 뻑뻑한데 이는 다량의 베이킹 소다가 반죽에 섞이면서 너무도 격렬히 반응을 했기 때문이다. 이산화탄소 거품이 너무 빨리 부풀면서 공기를 너무 많이 넣은 고무풍선처럼 팬케이크가 '빵'하고 터진 것이다. 그래서 케이크가 익으면서 조직이 치밀해지고 탄력이 없어진 것이다.

이 브라우닝 현상은 물론 팬케이크에만 해당되는 것은 아니다. 예를 들면 쿠키 레시피에는 반응할 산이 없을 때에도 브라우닝을 도우려고 일상적으로 베이킹 소다를 넣는다.

이중 기포

화학적으로 발효시킨 빵의 아주 큰 단점이라면 반죽을 한 뒤 바로 구워야 한다는 점이다. 이스트로 발효시킨 빵의 반죽은 수분이 적고, 만들어진 많은 양의 이산화탄소를 가두기 위해 단단하고 탄성 있는 글루텐 망이 만들어질 때까지 반죽을 치대야 한다. 이런 빵과는 달리 베이킹파우더를 넣은 즉석 발효 빵은 베이킹파우더가 두꺼운 반죽을 효과적으로 발효시킬 만한 충분한 가스를 만들어 낼 수 없기 때문에 반죽에 수분이 아주 많아야 한다.

그리고 이 반죽엔 상대적으로 글루텐이 적게 만들어져서 기포를 가두고 붙들기에는 적당하지 않다. 일단 반죽을 하고 나면, 베이킹 소다나 베이킹파우더는 바로 가스를 만들기 시작하고 이 가스는 거의 바로 공기 중으로 달아난다. 이렇게 빠르게 발효가 되기 때문에, 신속하게 빵을 굽지 않으면 만들기가 어렵다.

팬케이크를 반죽한 뒤 바로 구워야 속이 많이 부풀고, 그래서 두꺼워지면서 푹신푹신하다. 반죽을 30분 정도 두었다 구우면 속에 기포가 거의 없어서 뻑뻑하고 끈끈해진다. 하지만 잠시만……, 그래도 기포가 조금은 남아 있다, 그렇지 않은가? 이 기포는 어디서 만들어진 것일까?

거의 모든 베이킹파우더는 '이중반응(double-acting baking powder, 반죽 시나 반죽 후에, 오븐에서 온도가 40~43℃까지 상승하였을 때 가스를 방출하는 반응으로 케이크 제조 시 일반적으로 나타난다.)'을 한다. 이 이름이 나타나듯, 베이킹파우더는 두 가지의 뚜렷한 단계에서 가스를 만들어 낸다. 첫 번째 단계는 베이킹파우더를 물과 섞자마자 가스가 만들어진다. 그리고 두 번째는 온도가 높아지면 가스를 만든다('실험 : 이중반응 베이킹파

우더' 155쪽 참고). 이 두 번째 반응으로 팬케이크는 한 번 더 부풀고 푹신해진다.

달걀흰자는 부푼다.

베이킹 소다로 충분하지 않다면? 팬케이크가 더 부풀고 커지게 하려면 어떻게 하는가? 나는 달걀흰자를 아주 힘껏 저어서 반고체의 거품이 된 머랭을 사용한다. 아래는 머랭의 작용방법에 대한 설명이다.

- **거품** : 달걀흰자를 저을 때 초기 단계에서는 흰자에 있는 단백질인 글로불린과 오보트랜스페린이 펼쳐지기 시작한다. 『스타워즈(Star Wars)』 전국 대회에 모인 덕후들처럼 이 단백질은 함께 모이고 작은 집단으로 결합하는 경향이 있다. 흰자는 기포를 몇 개 만들기 시작하더니 바다 포말과 비슷해진다.

- **거품 끝이 완만한 봉우리 모양** : 흰자를 휘핑할 때 결합한 달걀 단백질의 집단은 점점 결합을 많이 해서 계속 이어지는 단백질의 네트워크(망)를 형성하는데, 이 망은 생성되고 있는 기포의 벽을 강화한다. 흰자는 거품 끝이 부드러운 봉우리 모양을 만들기 시작한다.

- **거품 끝이 뾰족한 봉우리 모양** : 흰자를 계속 저으면 강화된 기포들은 점점 더 작은 기포로 나눠져서 육안으로는 거의 보이지 않을 정도가 된다. 그래서 면도 크림처럼 아주 부드럽고 하얗게 보이게 된다. 거품을 들어 보면, 끝부분이 아주 뾰족하고 힘이 있다.

- **분해와 녹아내림** : 거품 끝이 뾰족해지는 단계를 지나 계속 저으면 단백질은 서로 단단히 결합해서 기포에서 수분을 짜내기 시작하는데 그러면 결국 머랭이 녹아서 분해된다. 타르타르 소스나 소량의 레몬주스 같은 산성 재료는 흰자에 있는 단백질이 너무 단단히 결합하는 것을 막기 때문에 아무리 세게 저어도 거품이 안정적으로 유지된다.

베이킹파우더의 이중반응으로 빵이 구워지면서 두 번째로 부풀게 된다.

부드러운 봉우리가 만들어진 단계에서 설탕과 바닐라를 흰자에 넣고 봉우리 끝이 뾰족해질 때까지 휘핑한다. 숟가락으로 이 머랭을 베이킹팬으로 옮겨 담은 뒤 낮은 온도에서 구우면 전형적인 머랭 쿠키가 된다. 이와는 달리 휘핑 마지막에 설탕 시럽을 부으면 이탈리아 머랭이 되는데 이 머랭은 브라우닝이 된 상태에서도 부드럽고 탄력이 있다. 레몬 머랭 파이 위에 올리고 싶은 그런 종류의 머랭이다.

머랭은 아주 간단하게 그냥 팬케이크 반죽에 섞어 넣으면 된다. 달걀흰자가 품은 여분의 가스는 팬케이크가 구워지면서 부풀어 팬케이크를 아주 가볍게 한다.

달걀흰자를 휘핑해서 넣었을 때

휘핑하지 않고 그냥 달걀을 통째로 넣고 만들었을 때

팬케이크의 맛

버터밀크 팬케이크의 맛을 내는 데에는, 녹인 버터나 우유의 형태로 된 유지방과 같은 몇 가지 재료가 꼭 필요하다. 유지방은 팬케이크 반죽에 풍성한 풍미를 더해줄 뿐 아니라 밀가루를 코팅하고 글루텐의 성장을 제한해서 팬케이크가 계속 부드러운 상태가 되게 한다. 달걀은 팬케이크를 구울 때 추가로 더 부풀게도 하지만 팬케이크가 굳는데도 도움을 준다. 버터밀크는 분명히 비율이 맞아야 하는 등식의 일부이긴 하지만 나는 톡 쏘는 맛(extra-tangy)이 강한 그런 팬케이크를 좋아한다. 그리고 진짜 버터밀크로 만들면 그런 맛이 난다. 하지만 버터밀크의 양을 늘리면 액체와 고체의 비율이 깨져 팬케이크가 제대로 만들어지질 않는다. 대신, 버터밀크 일부분을 많은 양의 사워 크림으로 대체한다. 사워 크림은 버터밀크보다 수분도 적고 더 시큼하기 때문에 반죽이 질퍽해질 염려 없이 신맛을 더 추가할 수 있다. 사워 크림이 없더라도 진짜 괜찮은 버터밀크를 넣는다면 맛이 괜찮을 테니 걱정할 필요는 없다.

실험 : 이중반응 베이킹파우더(지속성 베이킹파우더)

슈퍼마켓에서 파는 일반적인 베이킹파우더는 두 단계에서 이중반응 가스를 만들게 되어 있다. 바로, 수분과 결합할 때와 온도가 올라갈 때이다. 직접 확인해 볼 수 있다.

재료
- 베이킹파우더 1작은술
- 물 1큰술

방법
1. 작은 볼에 베이킹파우더와 물을 섞는다. 베이킹파우더가 바로 기포를 만들며 '쉬익'하는 소리를 낼 것이다(만약 그렇지 않다면 그 베이킹파우더는 버리고 새로 산다.). 이 현상이 바로 첫 번째 반응이다. 30초 정도 후에 모든 반응이 멈추고 나면 석회질로 보이는 액체가 남을 것이다.
2. 이 액체를 전자레인지에 넣고 15초간 돌려서 80℃ 정도로 가열한다. 두 번째의 격렬한 기포 반응이 일어날 것이다. 또한 액체가 약간 걸쭉해진 것도 확인할 수 있다.

결과 분석
베이킹파우더가 수분(액체류)과 섞일 때 중탄산나트륨(베이킹 소다)과 가루로 된 산 중 하나로 일반적으로 중주석산칼륨(타르타르 크림이라고도 불리는) 사이에서 반응이 일어나서 첫 번째로 기포가 발생하게 된다. 이중반응의 두 번째 단계는 대략 76~82℃ 정도로 온도가 높아지면 반응이 일어나는데, 가루로 된 두 번째 산(황산알루미늄나트륨)이 남아 있는 중탄산나트륨과 반응해서 두 번째 기포를 만들어 낸다. 이때 반죽이 걸쭉해지는 현상은 베이킹파우더를 마른 상태로 있게 하려고 넣은 전분의 부작용 때문이다. 전분은 수분을 흡수해 젤라틴처럼 탄력이 생기고 그래서 가열하면 액체가 걸쭉해진다. 4학년 때 과학 박람회(science fair)에서 여러분이 설치한 베이킹 소다 화산보다 더 굉장하지 않나요?

반죽하기

팬케이크 반죽은 너무 많이 젓지 않는 것이 중요하다. 양파링이나 생선 튀김을 할 때 하는 정도로 한다(909쪽 '실험 : 튀김옷의 글루텐 형성' 참고).
반죽을 힘껏 저을수록 글루텐이 더 많이 형성돼서 반죽이 단단해진다. 그래서 제대로 부풀지 않거나 팬케이크가 뻣뻣해진다. 팬케이크 반죽을 저을 때에는 가능한 한 빨리 서로 섞일 정도로만 하면 되는데 마른 밀가루 덩어리가 몇 개 보여도 괜찮다. 팬케

이크가 익어가면서 이런 덩어리들은 사라지므로 걱정할 필요가 없다.

버터밀크란 무엇인가?

진짜 버터밀크는 크림을 휘저어서 버터를 만들고 난 뒤 남은 유청(whey, 젖 성분에서 단백질과 지방 성분을 빼고 남은 맑은 액체)이다. 전통적으로 이 유청을 발효시켜 약간 걸쭉하고 시큼한 맛이 나게 만드는데 이 상태에서는 신선한 우유보다 좀 더 오래 보관이 가능하다. 요즘은, 우유에 있는 주요 당질인 젖당을 먹고 젖산을 만들어 내는 스트렙토코커스 락티스(Streptococcus lactis)라는 박테리아를 일반 우유에 넣어 버터밀크를 만든다. 젖산은 우유 속에 든 주요 단백질인 카제인이 우유를 액체와 고체로 분리하여 걸쭉하게 만들고 또 우유를 굳게 할 뿐만 아니라 버터밀크에 신맛을 더하기도 한다.

어떤 레시피에는 우유에다 식초나 레몬주스 같은 산을 넣어 걸쭉하게 인공적으로 굳힌 우유를 버터밀크 대신 넣기도 하지만 첨가된 산성 물질의 냄새가 계속 남는다. 다른 시큼한 유제품으로 대체하는 편이 훨씬 낫다. 나는 버터밀크가 없을 때에는 요거트나 사워 크림 심지어는 생크림을 우유로 희석해 넣기도 한다.

유제품	버터밀크 1컵에 해당하는 대체품
요거트(전지나 탈지)	요거트 ⅔컵(160ml)과 우유 ⅓컵(80ml)을 함께 섞는다.
사워 크림	사워 크림 ½컵(125ml)과 우유 ½컵(125ml)을 함께 섞는다.
크렘프레슈	크렘프레슈 ½컵(125ml)과 우유 ½컵(125ml)을 함께 섞는다.

베이킹파우더를 베이킹 소다로 대체하기

베이킹 소다는 중탄산나트륨이며 액체 상태의 산과 바로 반응하여 이산화탄소를 만든다. 이산화탄소는 팬케이크나 즉석 반죽을 발효시키면서 반죽 속에 갇혀 있다가, 빵을 구울 때 팽창한다. 베이킹 소다는 바로 반응하기 때문에 이것을 넣어 빵을 만들 때는 섞은 뒤 바로 구워야 한다. 그리고 베이킹 소다의 알칼리성 때문에, 팬케이크나 쿠키, 머핀 등을 갈색으로 바꾸는(맛도 더하는) 반응도 촉진할 수 있다.

베이킹파우더는 중탄산나트륨에 한 가지, 또는 그 이상의, 가루 형태의 산과 전분을 섞어 놓은 것이다. 그래서 다른 산이 추가 되지 않아도 활성화가 가능하다. 앞에서 말한 대로, 대부분의 베이킹파우더는 '이중반응'을 하는데, 이는 베이킹파우더가 물과 접촉할 때, 그리고 온도가 올라갈 때 다시 이산화탄소를 만든다는 뜻이다. 이 때문에 베이킹파우더로 발효한 음식은 일반적으로 베이킹 소다 한 가지만 넣어 만드는 음식보다 더 많이 부풀고 푹신푹신하다. 하지만 베이킹파우더를 넣은 반죽이 발효를 위해 두 번째 기포를 만들 것이라 기대하며 그냥 가만히 놓아두라는 뜻은 아니다. 왜냐하면, 첫 번째 활성화는 음식이 구워졌을 때의 질감에 아주 중요한 영향을 주기 때문에 베이킹파우더를 넣은 반죽도 바로 구워야 한다.

베이킹파우더가 당장 없다고? 그럼 베이킹 소다에 옥수수전분과 타르타르 크림을 혼합해서 간단히 대체할 수 있다. 베이킹파우더 1작은술당 베이킹 소다 ¼작은술, 타르타르 크림 ½작은술, 옥수수전분 ¼작은술을 섞으면 된다. 하지만 홈메이드 베이킹파우더는 이중반응을 하지는 않기 때문에 대단히 빨리 움직여서, 팬케이크는 반죽을 하자마자 팬에 올려야 하고 주키니 브레드는 서둘러 오븐에 넣어야 한다.

기본적인 팬케이크 믹스 BASIC DRY PANCAKE MIX

집에서 팬케이크 만들기가 이렇게 쉽고 훨씬 더 맛있는데 왜 가게에서 파는 믹스를 사는가? 이 믹스는 섞자마자 바로 사용할 수 있다. 더 좋게는 내가 하는 대로 네 번 분량으로 나눠서 밀폐된 용기에 담아 보관한다. 그러면 팬케이크를 빨리 만들고 싶을 때 물만 더하면 모든 준비가 끝난다.

NOTE • 이 레시피는 크기에 따라 추가하면 된다.

팬케이크 믹스 2컵(500ml, 팬케이크 약 16개분)

중력분 280g(2컵, 500ml)
베이킹파우더 1작은술
베이킹 소다 ½작은술
코셔 소금 1작은술
설탕 1큰술

볼에 모든 재료를 넣고 균일해질 때까지 섞어 준다. 밀폐된 용기로 옮긴다. 이 믹스는 3개월은 보존할 수 있다.

담백하고 푹신푹신한 버터밀크 팬케이크
LIGHT AND FLUFFY BUTTERMILK PANCAKES

4~6인분(팬케이크 16개 분량)

앞에서 설명한 팬케이크 믹스
대란 2개(흰자와 노른자 분리)
버터밀크 1½컵(375ml)
사워 크림 1컵(250ml, 아래의 NOTE 확인)
녹인 무염 버터 4큰술
구울 때 쓸 버터나 기름
따뜻한 메이플 시럽과 버터

NOTE • 사워 크림 대신 버터밀크를 더 넣어도 된다.

1. 커다란 볼에 앞의 팬케이크 믹스를 담는다.
2. 중간 크기의 깨끗한 볼에 달걀흰자를 넣고 거품 끝이 뾰족해질 때까지 거품기로 저어 준다. 큰 볼에 달걀노른자와 버터밀크 그리고 사워 크림을 넣고 균일해질 때까지 거품을 낸다. 거품 내는 중에 녹인 버터를 천천히 붓는다. 여기에 달걀흰자를 고무 주걱으로 덜어 넣고 부드럽게 섞어 준 후 이것을 1에 부어 주며 부드럽게 섞는다. 여전히 덩어리가 많을 것이다.
3. 바닥이 두꺼운 큰 논스틱 코팅 팬을 중간 정도의 불로 5분 동안 가열한다(아니면 전기 팬을 사용한다.). 그리들이나 프라이팬에 버터나 기름을 조금 두르고 키친타월로 버터나 기름이 안 보일 정도로 골고루 펴 바른다. 계량컵으로 반죽을 ¼컵(4큰술)씩, 네 번 떠서 팬케이크 4개 분량을 팬에 올린다. 윗부분에 기포가 생기기 시작하고 바닥이 황갈색으로 변할 때까지 약 2분간 굽는다. 조심스럽게 팬케이크를 뒤집고 아랫면이 황금색이 되고 완전히 굳을 때까지 약 2분 정도 더 구워 준다. 바로 상에 내거나 나머지 3개 팬케이크가 다 완성될 때까지 베이킹팬에 올려 따뜻한 오븐 안에 둔다. 따뜻한 메이플 시럽과 버터를 함께 곁들인다.

블루베리 팬케이크

블루베리는 대부분 냉동 상태에서 요리하기가 훨씬 낫다는 점에서 완두콩이랑 아주 비슷하다. 익으면 따서 바로 얼리기 때문에 달콤하고 맛있다. 반면에 블루베리는 씹을 때 톡 터지는 통통한 과육과 껍질로 훨씬 더 만족스러운 식감을 준다. 슈퍼마켓에 파는 블루베리는(특히 제철이 아닐 때) 풍미가 많이 부족하다. 블루베리를 직접 따지 않거나 가까운 곳에 괜찮은 구입처가 없다면, 대부분의 용도에는, 특히 익히기 때문에 식감이 크게 문제 되지 않는 경우라면 냉동 블루베리를 고르라고 제안한다. 알아둬야 할 한 가지 결점이라면 색이 묻어 나와서 블루베리가 들어가는 곳이면 어디든 보라색 자국을 남긴다. 이를 피하려면 반죽을 국자로 퍼서 팬에 놓은 뒤 블루베리를 넣으면 된다. 밀가루 반죽을 더 떠서 블루베리 위를 덮지 않아도 된다. 블루베리는 팬케이크 반죽 속에서 작고 푸른 아기들처럼 폭 싸인다. 해동한 블루베리 1~2큰술을 팬케이크 반죽을 팬에 떠 놓을 때마다 위에다 뿌리고 위의 방법대로 하면 된다.

홈메이드 리코타 치즈
HOMEMADE RICOTTA

속보입니다! 가게에서 파는 리코타는 거의 예외 없이 정말 맛이 없습니다!

제대로 된 리코타는 가끔은 다른 종류의 유청이 사용되기는 하지만 전통적으로 페코리노 로마노*를 만들고 남은 유청을 사용하는데 뜨거운 유청에 산을 넣어 만든다(리코타 치즈는 '다시 요리된'이라는 의미로 재가열한 유청을 말한다.). 열과 산이 합쳐지면 주로 카제인인 우유 단백질은 서로 결합하는데 수분과 지방을 가두어 부드럽고 하얀 커드(curds)**를 만든다. 고품질의 리코타 치즈를 만들려면 커드를 조심스럽게 유청에서 건져내고(너무 세게 저어 주면 커드가 뻣뻣해진다.) 수분을 빼낸 뒤 졸여서 진하게 농축시킨다. 그 결과 놀랍도록 소박하면서도 쿰쿰한 진액이 만들어진다. 적어도 그래야 한다. 하지만 현실은 꽤 많은 대량 판매하는 리코타 치즈는 생산자들이 충분히 물이 빠질 시간을 주지 않는다. 대신, 이들은 수지와 안정제를 넣어 수분이 새어나가지 않도록 한다(이렇게 해야 수익이 남는다.).

그래서 불쾌하게 끈적끈적하고 뻣뻣한 페이스트(paste)가 만들어지는 것이다. 이런 건 필요 없거든요. 제대로 만들어진 홈메이드 리코타 치즈는 순한 우유 맛이 나며 크림 같이 부드럽고 응고시킬 때 사용한 산 때문에 약간 톡 쏘는 맛이 있다. 사실, 나는 전통적 방식인 저지방 유청으로 만든 리코타보다 전지유로 집에서 만든 리코타 치즈를 더 좋아한다. 이거 좋아들 하나요?

---

* 이탈리아의 사르데냐와 라치오지방에서 양젖을 오래 숙성시켜 만든 하드치즈
** 우유에 산을 넣든가 또는 레닛을 작용시켜 생기는 응고물

홈메이드 리코타 치즈에서 맛과 식감에 있어 가장 중요한 변수 한 가지는 첨가하는 산의 종류이다.

- **버터밀크**가 넣기에 가장 맛있는 산이라고 선호하는 사람이 많다. 그런데 버터밀크를 넣었더니 문제가 생겼다.
  우유를 적절히 응고시키기 위해 버터밀크를 거의 1:4 비율로 넣어야 했고, 결국 만들어 놓고 보니 시큼한 맛이 너무 많이 나는 치즈가 되었다. 그 자체로는 나쁘지 않지만 다른 음식에 넣으려고 하니 확실히 맛이 강해 사용할 만한 데가 없었다. 예를 들어, 라비올리에 넣는 걸 상상할 수 없었다. 응고도 조금 더 많이 돼서 리코타 치즈의 질감이 약간 끈적거렸다.
- **증류한 식초**는 연하고 부드러운 커드를 만들어 내서 가장 깔끔한 맛을 낸다. 병에든 식초는 항상 5% 아세트산으로 희석되기 때문에 이걸 사용하면 가장 일관성 있는 방법이 되기도 한다. 우유가 신선하면(오래된 우유는 신선한 우유보다 더 산성이기 때문에 응고제가 덜 필요하다.) 매번 동일한 결과를 낼 수 있다.
- **레몬주스**도 아주 효과가 좋다. 비록 몇 번은 필요한 양이 25% 정도로 많을 때도 모자랄 때도 있긴 했지만 말이다. 이런 현상은 레몬마다 수소 이온 농도치가 다르기 때문일 것이다. 레몬주스를 넣으면 톡 쏘는 향이 가장 약한데, 버터밀크만큼 맛이 강하지 않기 때문에 풍미가 있어야 하는 요리에는 넣는 게 꺼려질 수도 있다. 반면에 팬케이크나 블린츠(blintzes, 치즈·잼 등을 채워서 구운 팬케이크) 혹은 열심히 일하는 아내에게, 리코타 치즈에 올리브오일을 조금 넣고 바다 소금을 뿌린 뒤 따뜻하게 해서 떠먹을 때는 레몬주스를 넣은 게 아주 잘 어울린다.

요점은? 다목적용으로 리코타를 사용하려면 식초로 만드는 게 좋다. 레몬 향이 적당하다면 레몬주스를 사용하고 버터밀크는 정말로 좋아하지 않는다면 쓰지 않는 게 좋다.

리코타 치즈에서 수분 빼내기

리코타에서 수분을 짜내려면 고운체 위에 무명천을 깔고(혹은 아주 질 좋은 음식용 키친타월) 그 위에 리코타 치즈를 올린다. 리코타의 최종적인 질감은 물이 얼마나 잘 빠졌는가에 따라 아주 달라진다.

물 빼는 시간	질감	최적용도
5분 미만	코티지 치즈처럼 수분이 아주 많고 부드럽다. 커드가 작고 부드럽다.	따뜻할 때 바로 먹는 게 좋다. 올리브오일을 넣고 바다 소금과 후추를 뿌려 먹거나 디저트로 꿀과 과일을 넣어 먹는다.
15~20분	코티지 치즈처럼 일관성 있는 작고 부드러운 커드, 수분이 많고 펴 바를 수 있지만 흐르지는 않는다.	라자냐, 피자에 올리거나 팬케이크 반죽에 섞어 넣는 등 수분과 풍미를 더할 때 사용한다.
적어도 2시간 혹은 하룻밤 동안(냉장고에 넣어서)	쉽게 단단한 모양으로 굳힐 수 있는 크고, 푸석하고, 잘 부서지는 커드이다.	리코타 치즈 케이크, 리코타 뇨키(gnocchi) 같은 케이크나 파스타에 사용한다.

살균 우유

농장에서 우유를 바로 사거나 집에서 키우는 소의 젖에서 바로 짜는 게 아니라면 대부분은 살균 우유를 사게 되는데, 이들은 박테리아를 죽이고 유통기한을 길게 하기 위해 가열한 우유이다. 이런 살균에는 세 가지 기본적인 방법이 사용된다.

- **일반적인 살균 우유**는 72℃ 정도에서 20초간 가열한다. 대부분 슈퍼마켓에 파는 우유는 이 표준으로 살균되는데 유통 기한은 2~3주 정도 된다.
- **초고온 살균 우유**는 훨씬 더 높은 온도인 135℃에서 1초간 살균한다. 초고온 살균 우유는 UHT(Ultra High Temperature의 약자) 또는 '초고온 살균'으로 표시되고 유통기한은 몇 달이 된다. 많은 유기농 우유 생산자들이 이 살균법을 사용하는데 슈퍼마켓의 유제품 코너에서 오래 유통될 수 있기 때문이다(유기농 우유는 종종 일반 우유만큼 빨리 팔리지 않는다.). 특별히 고안된 용기에 담긴 초고온 살균 우유는 실제로 냉장고에 넣지 않고도 몇 달 혹은 심지어 1년까지도 보존 가능하다.
- **저온 살균 우유**는 63℃에서 30분간 살균한다. 많은 작은 농장들이 이 방법으로 우유를 소독하는데 초고온 멸균 우유나 일반 살균 우유에서 나는 '끓인' 우유 맛이 나지 않기 때문이다. 상표에는 일반적으로 우유가 일반 살균되었는지 저온 살균되었는지 표시하지 않는데, 생산자를 아는 경우가 아니면 일반 살균되었다고 생각하면 된다.

요리 시 질을 고려해 본다면, 대부분의 음식에 넣어 사용할 때 이 세 가지 종류의 우유는 다 똑같다. 하지만 우유를 가공한 온도가 높을수록 우유의 단백질과 당이 더 많이 분해된다. 그래서 초고온 살균 우유는 단맛이 조금 더 강하다(복합당질은 살균 과정 동안 더 달콤한 단순당으로 분해된다.). 또한, 초고온 살균 우유는 리코타를 만들 때 응고되지 않는다. 그래서 나는 리코타용으로는 일반적인 살균 우유나, 저온 살균 우유 혹은 구할 수 있으면 가공치리히지 않은 원유를 추천한다.

5분 만에(혹은 더 빨리) 만드는 신선한 리코타 치즈
FRESH RICOTTA IN 5 MINUTES OR LESS

1컵(250ml)

우유 4컵(1ℓ)

소금 ½작은술

증류한 백식초(distilled white vinegar) 또는 레몬주스(레몬 2개분) 4큰술

1. 체에 무명천 4겹을 대거나 식품용 키친타월 2겹을 대고 큰 볼 위에 올린다. 전자레인지에 사용가능한 2ℓ 계량컵에 우유와 소금, 식초를 섞고 전자레인지에 넣어 가장자리로 기포가 조금 발생할 때까지 4~6분간 고출력으로 돌린다. 온도계로 재서 우유가 74℃ 정도 되어야 한다. 전자레인지에서 꺼내서 부드럽게 5초 정도 저어 준다. 우유는 고체의 하얀 커드와 반투명한 유청으로 분리될 것이다. 분리가 안 됐다면 전자레인지에 30초간 더 돌리고 다시 젓는다. 완전히 분리될 때까지 필요하면 이런 동작을 반복한다
2. 구멍이 나 있는 주걱(slotted spoon)이나 그물 국자(스트레이너)를 써서 커드를 체로 옮긴다. 윗부분을 랩으로 씌우고 원하는 질감의 리코타 치즈가 될 때까지 물을 뺀다. 먹고 남은 리코타 치즈는 뚜껑 있는 용기에 담아 냉장고에서 5일 정도까지 보관 가능하다.

변형

이 레시피로 전자레인지 대신 가스레인지에서도 만들 수 있다. 냄비에 우유와 식초를 넣고 중간 불로 가열한다. 실리콘 주걱으로 계속 저어 눌어붙거나 굳지 않게 하면서 온도계로 재어 74℃ 정도로 가열한다. 불을 끄고 2분 정도 가만히 두면 표면에 흰 커드가 만들어진다.

올리브오일과 레몬 제스트를 넣은 따뜻한 리코타 치즈
WARM RICOTTA WITH OLIVE OIL AND LEMON ZEST

4인분

방금 만든 신선한 리코타 치즈 1컵(250ml)

엑스트라 버진 올리브오일 2큰술(차림용 여분 준비)

레몬 제스트 2작은술(레몬 1개분)

말돈 소금(같은 바삭바삭한 바다 소금)

후춧가루

리코타를 음식 담는 그릇에 넣고 올리브오일을 붓고 레몬 제스트와 소금, 후춧가루를 뿌린다. 토스트, 올리브오일과 함께 바로 차린다.

레몬 리코타 팬케이크 LEMON RICOTTA PANCAKES

특별한 때에 먹는 팬케이크이다. 위험을 각오하고 이 팬케이크를 브런치로 상에 내면 앞으로 매번 브런치를 담당하게 될 톱 시드(top seed)로 선정될 것이다.

3~4인분(팬케이크 12개 분량)

버터밀크 ½컵(125ml)

30분간 물기를 뺀 신선한 리코타 치즈(162쪽) 1컵(250ml)

녹인 뒤 약간 식힌 무염 버터 2큰술

대란 2개

바닐라 익스트랙트 ½작은술

팬케이크 믹스(157쪽) 1컵(250ml)

레몬 1개분의 레몬 제스트(약 2작은술)

구울 때 쓸 식물성 기름

메이플 시럽

1. 볼에 버터밀크와 리코타 치즈, 녹인 버터, 달걀과 바닐라 익스트랙트를 넣고 젓는다. 팬케이크 믹스와 레몬 제스트를 넣고 가루가 보이지 않을 정도로만 가볍게 젓는다(믹스에 덩어리가 있어도 너무 많이 젓지 않도록 조심한다.).

2. 바닥이 두꺼운 30cm(12인치) 논스틱 코팅 팬에 기름 ½작은술을 넣고 중강불에서 가열한다(혹은 전기 그리들을 사용한다.). 불을 중간으로 줄이고 팬을 키친타월로 닦아 낸다. 계량컵을 이용해 반죽을 ¼컵(4큰술)씩, 4번 떠서, 팬케이크 4개 분량을 팬에 올린다. 기포가 윗면에 생기고 바닥이 황금빛으로 변할 때까지 2~3분간 굽는다. 팬케이크를 뒤집고 아래 면이 황금색이 될 때까지 2분 정도 더 굽는다. 팬케이크를 바로 상에 내거나 나머지를 다 굽는 동안 베이킹팬에 올려 오븐에 따뜻하게 둔다. 메이플 시럽을 곁들인다.

와플
WAFFLES

와플은 팬케이크의 멋진 사촌 같다. 조금 더 복잡하고 조금 더 흥미롭고 껍질이 좀 더 딱딱하다.

하지만 사실 와플은 팬케이크와 거의 비슷하다. 간단한 미국식 와플(이스트로 천천히 발효시키는 전통적이고 쫄깃쫄깃한 벨기에 와플과는 다른)을 이야기할 때 우리는 화학적으로 발효된 팬케이크와 같은 반죽을 말한다. 하지만 팬케이크 반죽을 와플 틀에 넣으면 문제가 생길 것이다. 팬케이크를 구울 때 증발하는 수증기는 쉽게 날아갈 수 있다. 기포가 생길 때 팬케이크의 윗부분에서 나오는 수증기를 볼 수 있다. 하지만 금속 틀 속에 있는 와플에는 이 일이 쉽지가 않다. 팬케이크 반죽으로 만든 와플은 끈적끈적하고 확실히 덜 바삭거린다. 나는 두 가지 믹스를 만들고 보관하기 싫어서 기본 팬케이크 믹스로 와플을 만들고 싶었다. 해결 방법은 두 가지를 고려해야 한다. 와플이 제한된 환경 안에서 부풀게 하려면 추가적인 발효력이 필요하다. 그리고 와플이 더 빨리 바삭해지고 이런 상태를 계속 유지할 수 있는 방법이 필요하다.

먼저 반죽을 섞으면서 베이킹파우더와 베이킹 소다를 추가로 약간 더 넣었다. 그랬더니 질감에는 도움을 주었지만 화학적인 발효가 너무 많이 일어나서 비누와 같은 금속성의 맛이 났다. 반죽을 물리적으로 발효시키는 방법을 찾아야만 했다.

나는 이미 달걀흰자를 휘핑해서 기포를 많이 넣어 줬는데 소다수의 형태로 기포를 더 넣어 주면 어떨까? 그건 뉴잉글랜드 사람들이 계속 써온 비법이었다. 생선 튀김 옷에 들어가는 맥주는 에일 맥주(ale)의 풍미만큼 기포를 만드는 발효력도 좋다. 일본인들도 덴푸라를 아주 많이 부풀게 할 때 소다수를 넣는다. 소다수를 넣으면 와플의 맛은 조금 못하지만 그렇게 표시 나는 정도는 아니어서 아주 멋진 식감을 위해 기꺼이 타협할 수 있는 정도이다. 바닐라 익스트랙트(아니면 달고 과일 향이 나기도 하는 독한 술인 레몬 리큐어(lemon liqueur)나 원하면 메이플 추출물과 베이컨도 좋음)를 넣어 주면 풍성한 맛을 더해주므로 맛이 덜하다는 생각을 다른 데로 돌리게 해 준다. 여기서 중요한 점은 얼음처럼 차가운 소다수를 사용해야 한다는 것이다. 차가운 액체는 포화된 탄산가스를 더 잘 간직하기 때문에 반죽을 구울 때까지 최대한의 기포를 가지고 있게 된다. 이 경우엔 소다수가 탄산수보다 훨씬 더 낫다. 왜냐하면 소다수엔 나트륨이 들어 있고 나트륨도 소다수에 있는 기포를 잘 보존하기 때문이다.

바삭하려면 수분이 없어야 하고 단백질이 굳어야 하는데 그러기 위해선 열과 시간이 필요하다. 아주 바삭한 와플을 만드는 비결은? 조금 더 오랫동안 좀 더 천천히 구워야 한다. 이렇게 하면 질감이 아주 좋을뿐더러 브라우닝도 골고루 더 잘 된다.

기본적인 즉석 발효 와플 BASIC QUICK WAFFLES

4인분(동그란 모양의 작은 와플 8개, 4홈짜리 벨기에식 와플 4개 혹은 큰 사각 와플 4개분)

기본적인 팬케이크 믹스(157쪽)
대란 2개
버터밀크 1½컵(375ml)
무염 버터 4큰술(녹여서 준비)
아주 차가운 소다수 1컵(250ml)
바닐라 익스트랙트 1작은술
와플 틀에 바를 버터 또는 기름
메이플 시럽

1. 전기 와플 틀은 저온 선택이 가능하면 저온에 맞춰 예열하고, 가스레인지용 와플 틀이라면 불을 중약으로 맞추고 가열한다. 팬케이크 믹스를 큰 볼에다 붓는다.

2. 볼에 달걀흰자를 넣고 거품 끝이 뾰족해질 때까지 거품기로 젓는다. 깨끗한 큰 볼에다 달걀노른자와 버터밀크를 넣고 균일해질 때까지 젓는다. 저으면서 천천히 버터를 붓는다. 여기에 달걀흰자를 고무 주걱으로 넣어 조심스럽게 섞고 소다수도 넣어 살살 저어 준다. 이 혼합물을 팬케이크 믹스에 붓고 그냥 섞는 정도로만 살살 저어 준다(덩어리가 아직 많이 보일 것이다.).

3. 18cm(7인치) 둥근 가스레인지용 와플 틀을 사용한다면, 반죽 ½컵(125ml)을 틀에 떠 넣고 가끔 뒤집으면서 와플이 황금색으로 변하고 양면이 다 바삭해질 때까지 8분 정도 굽는다. 벨기에식 와플 틀을 사용한다면 반죽 ¼컵(4큰술)씩 한 홈에 넣고 틀을 닫고 바로 뒤집고는 이따금씩 돌려 주면서 와플이 황금색이 되고 양면이 다 바삭해질 때까지 10분 정도 굽는다. 전기 와플 틀을 사용한다면 예열을 하고 사용법대로 구우면 된다. 접시에 담거나 남은 걸 구울 동안 베이킹팬에 올려 오븐에서 90℃ 정도로 따뜻하게 둔다.

오렌지 향 와플

바닐라 익스트랙트 대신 그랑 마니에(Grand Marnier, 마니에르, 브랜디와 오렌지로 만드는 프랑스 술)와 같은 오렌지 리큐어 1큰술 넣고, 오렌지 제스트 1작은술을 2단계에 있는 달걀과 버터밀크에 넣는다.

메이플 베이컨 와플

바닐라 익스트랙트 대신 메이플 익스트랙트(혹은 메이플 시럽 2큰술)와 바삭한 베이컨 6조각을 부숴서 2단계 마지막에 넣는다.

버터밀크 비스킷
BUTTERMILK BISCUITS

아내와 내가 쌍둥이를 낳는다면 과학적인 연구를 목적으로
하나는 스탠리라고 이름을 짓고 다른 한 명은 이블 스탠리(Evil Stanley, 악마 스탠리)라고 할 것이다.

둘을 똑같이 키우시만 시간이 지나면시 이블 스탠리는 세상이 자신을 대하는 방식에 미묘한 차이를 느끼기 때문에 확실히 자신의 이름에 걸맞게 살기 시작할 것이다. 그래서 꼭 이야기 속 어딘가에 한두 가지 비극적인 결말이 있을 것이다. 천성 대 양육, 그리고 천성과 양육이 인간 정신에 미치는 영향 사이의 그칠 줄 모르는 논쟁에서 겉으로 보기에는 비슷하게 출발했으나 마지막 결과가 얼마나 다를 수 있는지를 보는 일은 늘 내 마음을 사로잡았다.

그래서 팬케이크와 비스킷으로 했다. 재료 목록을 살펴보라. 둘 다 거의 동일하다. 밀가루, 버터, 베이킹파우더, 베이킹 소다, 그리고 액체로 된 유제품이다. 하지만 하나는 푹신푹신하고 부드럽고 상대적으로 납작하고 다른 하나는 도톰하고 여러 겹으로 됐으며 바삭하다. 차이를 만드는 건 세부사항이다.

우선, 비스킷은 수분이 많은 반죽이 아니라 도우이다. 이 말은 액체에 대한 밀가루 비율이 많이 높아서 모든 재료들을 부드럽지만 흐르지는 않는 점착성의 공으로 만들 수 있다. 더욱 중요한 점은 버터가 섞이는 방식이다. 팬케이크를 만들 때에는 버터를 녹여서 반죽 속으로 저어 혼합했고 그래서 균일하게 부드러웠다. 반면에 여러 겹으로 된 비스킷에는 버터가 차갑고 딱딱한 상태로 들어가는데 액체를 넣기 전에 넣는다.

딱딱한 버터를 밀가루 속으로 넣으면 작은 버터 조각에

밀가루가 묻어서 파삭파삭한 덩어리가 되기도 하고 일부는 밀가루와 버터가 섞여 찐득해지기도 하고 또 마른 밀가루 그대로 있기도 한다. 자, 액체를 이 혼합물에 부으면 어떤 일이 일어나는가? 마른 밀가루는 바로 물을 흡수해서 글루텐을 만든다. 반면에 밀가루 버터 페이스트 속에 떠 있는 밀가루는 물을 전혀 흡수하지 않는다. 물론, 전혀 아무것과도 섞이지 않은 100% 순수 버터 덩어리들도 남게 된다.

반죽을 치대면 글루텐의 작은 주머니들이 서서히 결합해서 점점 더 큰 망(네트워크)을 만든다. 그동안 버터를 덮고 있던 밀가루와 아무것도 묻지 않은 버터는 이 망 속에 떠 있다. 반죽을 밀면, 모든 내용물이 납작해지고 길쭉해진다. 글루텐 망은 버터와 버터로 코팅된 밀가루에 의해 분리된 얇은 층으로 퍼지게 된다.

마지막으로, 비스킷이 구워지면서 몇 가지 변화가 생긴다. 먼저, 버터가 녹으면서 얇은 글루텐 판 사이 공간에 기름칠을 하게 된다. 다음으로 버터와 반죽에 액체가 첨가되면서 생긴 수분이 증발하기 시작하는데, 기포가 만들어지면서 부피가 급격하게 커지고 글루텐 층 사이의 틈새 공간이 부푼다. 그래서 글루텐 층이 분리된다. 한편, 베이킹파우더와 베이킹 소다가 섞여 있다는 걸 잊지 말 것! 그래서 밀가루와 액체로 된 반죽 부분이 발효하고 부풀게 되면서 비스킷을 더 부드럽게 하고 질감을 더 가볍게 한다.

반죽 접기

아주 부드러운 비스킷을 만드는 비결 중 하나는 팬케이크를 부드럽게 만드는 비결과 크게 다르지 않은데, 바로 재료들이 섞일 정도로만 가볍게 치대는 것이다. 많이 치대면 글루텐이 너무 많이 생겨서 비스킷이 뻣뻣해진다. 또 다른 비결은 모든 재료를 차갑게 유지하는 것이다. 반죽이 지나치게 따뜻하면 버터는 말랑말랑해지고, 전체로 더 골고루 퍼지게 된다. 하지만 비스킷에 다채롭고 푹신푹신한 식감을 주고 싶다면 버터를 덩어리 채 군데군데 두어야 한다.

이런 목표를 달성하는 데 도움이 되는 몇 가지 방법이 있다. 첫째는 푸드프로세서를 사용해서 버터를 섞는 방법이다. 푸드프로세서의 빠르게 돌아가는 칼날이 순식간에 버터를 자르기 때문에 열을 받고 녹을 시간이 거의 없다. 버터밀크가 섞이는 방법도 중요하다. 손으로 섞는 걸 좋아하는 사람도 있고 푸드프로세서로 하는 걸 좋아하는 사람도 있다. 정말 좋은 방법은 큰 볼에 탄성 있는 주걱으로 부드럽게 반죽을 섞고 반죽을 눌러 주는 방법이다. 부드럽게 섞는 동작이기 때문에 치대는 동작이 많이 필요 없고, 그래서 글루텐도 최대한 적게 만들어진다. 또한 층을 여러 개 만들기에도 좋은데 그러면 구울 때 여러 층으로 나눠져서 원하는 대로 비스킷이 켜켜이 층이 쌓인 상태로 만들어진다. 이런 층을 더 많이 만들려고 나는 한 단계 더 나아가서, 반죽을 여러 겹으로 겹쳐 만드는 라미네이티드 페이스트리(laminated pasty)를 만들기를 즐긴다. 이 페이스트리는 접은 층 위에 또 접어 올려 많은 층을 만든다. 퍼프 페이스트리(puff pastry)나 크루아상(croissants)과 같은 전통적인 프랑스식 페이스트리는 수백 겹이 될 때까지 접어서 만든다. 비스킷 반죽에다 그렇게까지 할 생각은 없지만 사각으로 반죽을 밀고 양쪽 방향으로 3등분해서 접으면 총 9개의(3×3) 확실한 층이 만들어진다는 걸 알 수 있을 것이다. 이렇게 층을 만들고는 그 상태에서 다시 밀어 사각형을 만들고 또 같은 과정을 거치면 무려 층이 81개나 만들어진다(9×3×3)! 그야말로 여러 겹이 아닌가?

그리고 여러 겹으로 된 현대적인 미국식 스콘은 바로 이런 페이스트리를 모양만 다르게 해서 달콤하게 만든 비스킷인 것이다. 하나를 완전히 알고 나면 다른 것도 알게 된다.

1. 밀가루와 베이킹파우더, 베이킹 소다, 소금을 푸드프로세서에 넣고 섞은 뒤 버터 덩어리를 흩어 놓는다. 2. 버터가 0.6cm 크기로 부서질 때까지 간다. 3. 큰 볼에 붓고 버터밀크를 넣는다. 4. 주걱으로 살살 섞는다. 5. 도마나 작업대 위에 밀가루를 뿌리고 앞의 반죽을 옮긴다. 6. 살짝 치댄 후, 직사각형으로 만든다. 7. 밀대로 밀어서 30cm 정도 되는 사각형으로 만든다. 8. 스크레이퍼로 오른쪽 반죽의 ⅓을 가운데로 접는다.

9. 왼쪽 나머지를 오른쪽으로 접는다. 10. 윗부분 반죽 ⅓을 가운데로 접는다. 11. 남은 반죽의 아랫부분 중 ⅓을 위로 접어 올린다. 12. 작은 사각형으로 만든 반죽을 밀대로 밀어 30cm 정사각형으로 만들고 강판에 간 치즈와 채썬 대파를 올린다. 13. 반죽의 오른쪽을 ⅓가량 가운데로 접는다. 14. 왼쪽 ⅓을 가운데로 접는다. 15. 윗부분 ⅓ 지점을 접는다. 16. 아래 ⅓ 지점에서 접어 올린다.

17. 다시 30cm 가량의 정사각형으로 민다. **18.** 10cm 비스킷 커터로 반죽 위에 6개를 찍어 내고 남은 조각은 모으고 다시 밀어서 2개 더 찍어 낸다. 베이킹팬에 유산지를 깔고 잘라 낸 반죽을 올린다. **19.** 솔로 녹인 버터를 비스킷 윗면과 옆면에 발라 준다. **20.** 예열된 오븐에 넣어 굽는다. **21.** 굽는 동안 비스킷을 이리 저리 옮긴다. **22.** 차려 내기 전에 5분 정도 식힌다. **23.** 먹고 싶은 걸 꾹 참는다.

아주 여러 겹으로 된 버터밀크 비스킷 SUPER-FLAKY BUTTERMILK BISCUITS

비스킷 8개 분량

버터밀크 ½컵(125ml)

사워 크림 ½컵(125ml)

무표백 중력분 280ml(500ml, 도마에 뿌리는 용도로 여분이 필요)

베이킹파우더 1큰술

베이킹 소다 ¼작은술

코셔 소금 1½작은술

차가운 무염 버터 8큰술(스틱 버터 1개, 0.5cm 크기로 자르기.)

녹인 무염 버터 2 큰술

1. 오븐랙을 오븐 가운데로 옮기고 220℃로 예열한다. 작은 볼에 버터밀크와 사워 크림을 함께 넣고 젓는다.

2. 푸드프로세서 용기에다 밀가루와 베이킹파우더, 베이킹 소다, 소금을 넣고 2초 동안 돌려 준다. 버터를 밀가루 위에 골고루 뿌려 주고 혼합물이 거친 곡물 상태 정도로 그리고 버터가 0.5cm 이내로 잘게 부서질 때까지 순간작동 기능을 돌려 준다.

3. 혼합한 버터밀크를 밀가루 혼합물에 붓고 고무 주걱으로 그냥 섞일 정도로만 부드럽게 섞어 준다. 작업대 위에 밀가루를 뿌리고 반죽을 옮긴 뒤 필요하면 밀가루를 더해 가면서 뭉쳐질 때까지만 치댄다.

4. 밀대로 반죽을 30cm 정도의 정사각형으로 민다. 스크레이퍼로 반죽의 오른쪽 ⅓ 지점에서 접고 왼쪽 ⅓ 지점에서도 접어 30×10cm 직사각형을 만든다. 윗부분 ⅓ 지점에서 아래로 접고 아래 ⅓도 위로 접어 전체가 10cm 정사각형이 되게 한다. 이 사각형을 누르고 다시 밀어서 30cm 정사각형이 되게 한다. 이런 접는 과정을 한 번 더 되풀이한다.

5. 반죽을 30cm 정사각형으로 민다. 비스킷 커터로 반죽을 10cm 원 모양으로 6개 찍어 낸다. 베이킹팬에 유산지를 깔고 성형한 반죽을 2.5cm 간격을 두고 올린다. 반죽 자투리는 모아서 동그랗게 만들고 부드럽게 두세 번 치대서 부드럽게 한다. 반죽을 밀어 10cm 원 모양을 2개 더 찍어 내서 베이킹팬으로 가져다 놓는다.

6. 녹인 버터를 비스킷 위에 솔로 바르고 굽는 도중에 팬을 돌려 가면서 15분 정도 구워 황금빛으로 잘 부풀게 한다. 5분 정도 식힌 뒤 차려 낸다.

체다 치즈와 대파 비스킷

4단계에서 30cm 사각 반죽에 간 체다 치즈 170g과 잘게 다진 대파 ¼컵(약 60ml)을 뿌리고 두 번째로 접는다. 그리고 설명한 대로 계속 진행하면 된다(168~170쪽 사진 참고).

베이컨 파르메산 비스킷

4단계에서 30cm 사각 반죽 위에 구운 베이컨을 부셔서 ½컵(125ml) 뿌리고 파르메산 치즈 57g을 갈아서 뿌려 넣은 뒤 두 번째로 접는다. 설명한 대로 계속 진행한다. 굽기 전에 비스킷에 갈아 놓은 파르메산 치즈를 더 뿌린다.

여러 겹으로 된 스콘

2단계에서 마른 재료들에다 설탕 2큰술을 더한다. 4단계에서 원하면 반죽 위에 냉동 과일이나 신선한 과일을 잘게 썰어 넣거나 장과류를 뿌리고 두 번째로 접는다. 5단계에서 반죽을 밀어 30×10cm 직사각형으로 만들고 이를 10cm 정사각형 3개로 자른다. 그리고 각 정사각형을 삼각형 2개로 자른다. 스콘에 설탕을 추가로 2큰술을 뿌린 뒤 설명한 대로 오븐에 굽는다.

크림 같은 소시지 그레이비 CREAMY SAUSAGE GRAVY

미국에서는 전통적인 프랑스식 베샤멜 소스로 알려진 화이트소스는 기본적으로는 우유에 밀가루를 넣어 걸쭉하게 만든 소스이다. 화이트소스를 맛있게 만드는 데에는 몇 가지 비결이 있다. 첫 번째는 밀가루를 익혀야 한다. 날 밀가루는 당연히 날것의 냄새가 난다. 버터에 밀가루를 넣고 볶아서 밀가루 냄새를 없애고 연한 황금색이 되게 한다. 그런 다음, 우유 속에서 천천히 저어 주는 게 아주 중요한데, 더 천천히 저을수록 소스가 더 부드럽다. 밀가루에 있는 전분 알갱이들은 전분 분자로 가득 찬 작은 물 풍선 같은데 이들 알갱이들은 화이트소스가 뜨거워지면서 서서히 우유 속에 든 수분을 흡수하고는 부풀어 올라 마침내 터지는데 그러면서 전분 분자를 액체 속으로 내 놓게 된다. 이 전분 분자는 단백질과 단백질 사이 공유결합을 하는 교차결합이 생기는데 그래서 소스가 걸쭉해진다. 화이트소스는 거의 끓이는 정도로 가열해서 완전히 걸쭉해지도록 해 줘야 한다.

크림 같은 소시지 그레이비는 아침식사용으로, 질 좋은 소시지를(직접 만드는 그런 종류) 볶고 거기에 화이트소스를 만들어 넣는 것으로 아주 간단하다. 나는 후추 맛이 강한 걸 좋아한다. 버터밀크 비스킷이나 다른 풍미 있는 비스킷 위에 올려 바로 낸다.

3컵(750ml, 넉넉한 8인분)

무염 버터 1큰술
메이플과 세이지를 넣은 아침식사용 소시지(517쪽 참고) 또는 질 좋은 벌크 소시지 450g
작은 양파 1개(곱게 다지기, 약 ⅔컵, 160ml)
중력분 2큰술
우유 2컵(500ml)
코셔 소금과 후춧가루

1. 바닥이 두꺼운 26cm(10인치) 논스틱 코팅 팬에 버터를 넣고 중간 불에서 가열해 거품이 나게 한다. 소시지를 넣고 나무 주걱이나 나무 숟가락으로 고깃덩어리를 부수면서 약 6분 정도 고기의 분홍빛이 보이지 않을 때까지 볶아 준다. 양파를 넣고 숨이 죽을 때까지 2분 정도 볶아 준다.

2. 밀가루를 넣고 완전히 흡수될 때까지 1분 정도 계속 젓는다. 우유를 반만 천천히 붓는데 이때 계속 저어 줘야 한다. 그리고 나머지 우유 반을 더 넣고 저어 준다. 그런 뒤 계속 저으면서 끓인다. 3분 정도 저으면서 걸쭉해질 때까지 끓인 뒤 소금과 후추를 취향껏 넣어 맛을 낸다.

간단하게 만드는 크림 비스킷 EASY CREAM BISCUITS

접고 모양 내느라 힘들이지 않으면서도 부드럽고 고급스러우며 담백하고 버터 맛이 나는 비스킷이나 스콘을 브런치로 먹고 싶은가? 그렇다면, 크림 비스킷이나 스콘이 바로 답이다. 크림 비스킷과 여러 겹으로 된 비스킷의 관계는 쇼트브레드(shortbread)와 파이크러스트(piecrust)와의 관계와 같다. 즉, 버터와 밀가루로 여러 겹으로 만들어 구울 때 분리되는 불규칙한 층들을 만드는 대신, 간단하게 액체 상태의 지방(버터와 크림을 녹인 형태로)을 아주 많이 넣어 밀가루를 완전히 코팅시키는 것이다. 그래서 여러 겹으로 된 비스킷에 보이는 층은 볼 수 없지만 그래도 부드럽고 특유의 푹신푹신한 질감을 갖고 있다.

가장 좋은 점이라면? 재료가 다섯 가지만 있으면 된다는 것(좋아요, 스콘으로 만들 때 설탕을 넣겠다면 여섯 가지), 볼이 하나 필요하고 처음부터 끝까지 15분이면 된다. 내가 간단하다고 말하지 않았던가?

비스킷 8개 분량

중력분 280g(2컵, 500ml)
베이킹파우더 1큰술
코셔 소금 ¾작은술
녹인 무염 버터 4큰술
생크림 1¼컵(310ml)

1. 오븐을 220℃로 가열한다. 큰 그릇에 밀가루와, 베이킹파우더, 소금을 넣고 저어서 섞어 준다. 녹인 버터 2큰술과 크림을 넣고 나무 주걱으로 저어 부드러운 반죽을 만들어 준다.
2. 작업대에 마른 밀가루를 뿌리고 반죽을 옮겨 부드럽게 치대서 한 덩어리로 뭉친다. 밀대로 밀어서 20cm 정도 크기에 두께가 2cm인 정사각형을 만든다. 7.5cm 정도 되는 둥근 비스킷 커터로 비스킷을 찍어서 유산지를 깐 베이킹팬에 올린다. 비스킷 간격이 2.5cm 정도 떨어지게 둔다. 찍어 내고 남은 조각들을 모아 다시 밀고 비스킷을 몇 개 더 찍어 낸다(8개 정도 만든다.).
3. 솔로 녹인 나머지 버터 2큰술을 비스킷 위에 바른다. 비스킷이 황금색이 되고 충분히 부풀 때까지 15분 정도 굽는데, 도중에 팬을 이리저리로 돌린다. 5분 정도 식힌 뒤 먹는다.

크림 스콘

1단계에서 마른 혼합물에 설탕 3큰술을 넣는다. 원하면, 커런트(currant)나 건포도를 ½컵(125ml) 넣고 부드럽게 섞는다.

스티키 번
STICKY BUNS

일 년에 한 번 정도 결혼 생활에 영원한 헌신과 진실한 사랑이라는 인공적인 주사가 필요할 때마다 오븐에서 구워지는 부드러운 스티키 번의 진한 냄새로 사랑스러운 아내를 깨운다.

라미킨(ramekin)에 찍어 먹을 오렌지 크림치즈 글레이즈(orange-cream-cheese glaze)를 곁들인다면 이런 행동 하나가 결혼 생활에서의 크고 작은 문제 일 년 치의 충격에서 벗어나게 해 주기에 충분하다.

진심으로 이런 음식들의 효과는 대단하다. 그래서 나는 이런 요리들이 '새로운' 주방 과학이라는 면에서는 그리 중요하지 않지만 이 장에 요약해서 포함하기로 했다. 레시피를 완벽하게 하기 위해 자잘한 걸 수정한 것 말고는 이 스티키 번은 꽤 보편적이다. 하지만 가끔 어떤 사소한 변경이 완벽한 표준을 만드는 데 가장 중요한 요소가 되기도 한다.

풍성한 반죽

스티키 번은 강화 반죽으로 만들어진다. 이 말은 대부분의 반죽에 들어가는 밀가루와 수분을 제공하는 액체, 소금과 발효제 외에 추가로 다른 재료를 더 첨가한다는 의미이다. 이 경우에는 지방과 달걀, 버터가 들어갔다. 우유와 요거트 같은 재료들은 수분과 지방을 함께 제공한다. 지방은 스티키 번의 맛뿐만 아니라 질감에도 아주 필수적인 역할을 한다. 지방을 넣지 않고 반죽을 만들면 형성된 글루텐이 유난히 튼튼한데, 이는 밀가루 단백질은 서로 접촉하기가 아주 쉽기 때문에, 재빨리 두껍고 끈적한 글루텐 망을 만들어서이다. 이 때문에 기름기 없는 반죽은 조직이 더 뻣뻣하고 쫄깃하며 속에 갇힌 기포가 더 큰 경향이 있다(글루텐이 더 튼튼하다는 말은 터지기 전에 반죽이 더 길고 얇게 늘어날 수 있다는 의미이다.). 강화 반죽으로 만들면 지방이 윤활유 같은 역할을 하기 때문에 단백질끼리 서로 너무 단단히 붙지 않도록 해 준다.

밀가루 단백질이 1969년 우드스탁(Woodstock)에서 보기 드물게 건조하고 햇빛이 따갑던 때에 동그랗게 원을 그리며 춤을 추는 흥청거리는 히피 무리라고 생각해 보라. 그들은 서로 마주칠 때마다 서로의 손을 잡는다(히피는 그런 습성이 있기 때문에). 결국 그들 모두는 함께 아주 단단하게 연결된다. 원은 연결이 끊어지기 전에는 아주 멀리까지 뻗어나갈 수 있다. 자, 이제 똑같은 히피 무리가 같은 들판에 있지만 이번엔 비가 쏟아진다고 생각해보라. 진흙과 물을 뒤집어쓴다면 지금처럼 손을 꽉 붙잡고 있기는 훨씬 힘들어진다. 아마도 작은 원이 여기저기서 만들어지지만 건조하던 때에 만들었던 원만큼 그렇게 크고 단단한 원은 어디에도 없을 것이다. 지방이 들어가면 이렇게 된다. 말하자면 지방은 반죽 안에서 히피들의 큰 밀가루 원이 생기지 못하게 한다.

이런 이유로, 강화 반죽은 기름기 없는 반죽보다 덜 단단한 편이며 질감이 더 부드럽고 기포가 더 작다. 또한 지방은 반죽에 색과 맛을 더하기도 한다. 스티키 번이 황금색이 아니고 버터 맛이 나지 않는다면 무슨 맛이 있겠는가?

빨리 부풀어 오르도록 베이킹파우더 같은 화학적인 발효제를 사용하는 레시피가 있지만 이 레시피로 빵을 구우면 맛이 떨어진다. 스티키 번을 만들 때 맛과 질감을 적절히 살리려면 이스트로 발효시키는 방법밖에 없다.

살아 있는 모든 생물체와 마찬가지로 이스트는 번식하려는 강한 본능이 있는데, 이를 위해 에너지가 필요하다. 그리고 당이라는 형태로 된 에너지를 소비하는 데 이스트는 당을 소화시킨 뒤 이산화탄소와 알코올 그리고 수많은 방향성 화합물을 배출한다. 이스트를 넣어 음식을 구울 때, 이 음식을 부풀게 하는 것은 밀가루에 의해 만들어진 글루텐 망 속에 갇힌 이산화탄소이다. 하지만 이 과정은 시간이 걸린다. 이스트 한 마리가 재생산할 수 있는 양에는 한계가 있지 않겠는가? 스티키 번 반죽을 적당히 발효시키려면 몇 시간은 걸린다.

그럼, '처음부터 이스트를 더 많이 넣으면 되지 않는가?'라고 질문할 수도 있다. 문제는 이스트는 그 자체에 향이 있는데 그다지 향기롭지가 않다는 것이다. 이스트를 많이 넣고 반죽하면 반죽에서 약간 씁쓰름하면서 콤콤한 냄새가 많이 난다. 적당히 잘 부푼 반죽의 냄새는 이스트가 발효시킨 부산물에서 나온다. 이스트가 천천히 반죽에 있는 당을 소화하면서 만든 좋은 향의 물질들이 복잡하게 배열되는 것이다. 최고의 맛을 위해서는 비교적 이스트 양을 적게 넣고 대신 마법을 부릴 시간을 많이 줘야한다. 이건 피자 도우나 바게트에서와 마찬가지로 스티키 번에도 적용되는 말이다.

스티키 번을 만들어본 적이 없다면 아마도 과정이 꽤 재미있다고 생각할 것이다. 큰 반죽 조각을 말아서 원통 모양으로 만든 뒤 가늘게 잘라 내는데 그러면 속에 소용돌이 패턴의 짧은 원통 모양이 된다. 이런 소용돌이 층으로 서로를 분리하기 위해 반죽을 말기 전에 그 위에다 버터와 계피 설탕을 한층 쫙 깐다.

스티키 번은 여러 단계를 거치고 시간이 아주 많이 걸리는 그런 프로젝트라는 점에는 모두 동의한다(그래서 내가 일 년에 한 번만 만든다고 말하지 않았던가?). 하지만 우리 부부가 여전히 금슬이 좋은 것이 어떤 표시가 될 수 있다면, 확실히 그런 수고는 해 볼 만 한 일이다.

세상에서 가장 멋진 스티키 번 THE WORLD'S MOST AWESOME STICKY BUNS

NOTE • 올빼미 같고 늦게 일어나는 나는 스티키 번을 준비하는 걸 좋아해서 반죽이 밤새 냉장고에서 부풀게 둔다. 아침에 그냥 굽기만 하면 된다. 그래서 5단계에서 반죽에 비닐을 씌운 뒤 바로 냉장고에 넣고 적어도 6시간에서 12시간 동안 부풀게 둔다. 다음 날, 오븐을 예열하는 동안 냉장고에 있는 반죽을 꺼내서는 설명한 대로 만들면 된다. 견과류가 들어가지 않은 스티키 번을 만들려면 필링에 피칸을 넣지 않으면 된다.

스티키 번 12개 분량

*반죽
대란 3개
황설탕 ⅓컵(80ml, 가득 채워서)
버터밀크 ¾컵(180ml)
코셔 소금 2작은술(또는 일반 소금 1작은술)
인스턴트 이스트 2작은술
녹인 무염 버터 6큰술
중력분 570g(+ 작업대에 뿌릴 여분 준비. 4컵)

*피칸 캐러멜 소스
무염 버터 4큰술
황설탕 ⅔컵(160ml, 가득 채워서)
버터밀크 3큰술
볶아서 굵게 다진 피칸 110g(1컵, 250ml)
코셔 소금 조금

*필링
황설탕 ⅔컵(160ml, 가득 채워서)
계핏가루 1큰술
녹인 무염 버터 2큰술

*오렌지 크림치즈 글레이즈(선택사항)
크림치즈 110g
버터밀크 ¼컵(60ml)
정제 설탕 1½컵(375ml)
오렌지 제스트 1큰술(오렌지 1개분)
신선한 오렌지주스 2큰술
코셔 소금 조금

1. 반죽 만들기 : 큰 볼에 달걀을 넣고 저어 균일해지게 한다. 황설탕, 버터밀크, 소금, 이스트와 녹인 버터를 넣고 균일해질 때까지 젓는다. 약간 덩어리가 질 수도 있지만 괜찮다. 밀가루를 넣고 나무 주걱으로 저어 반죽을 뭉친 공 모양이 되게 한다.

2. 작업대 위에 날 밀가루를 뿌리고 그 위에 반죽을 올린다. 약 2분 정도 혹은 완전히 균일하고 매끄럽고 부드러워질 때까지 치댄다. 볼에 반죽을 다시 넣고 랩으로 씌운 뒤 상온에서 약 2시간 정도 두어 부피가 대략 두 배가 되도록 한다.

3. 피칸 캐러멜 소스 만들기 : 버터와 황설탕을 작은 냄비에 넣고 중간 불에 올린다. 가끔 저으면서 설탕이 완전히 녹고 거품이 생길 때까지 약 2분 정도 가열한다. 여기에 버터밀크와 피칸, 소금을 넣고 섞어준 뒤 23×33cm 유리로 된 오븐용기 바닥에 이 소스를 깐다.

4. 필링 만들기 : 작은 볼에 설탕과 계피를 넣고 한쪽에 둔다.

5. 반죽 말기 : 작업대 위에 밀가루를 뿌리고 반죽을 올린다. 반죽에도 밀가루를 살짝 바른다. 손으로 대략 직사각형 모양으로 만들고는 밀대로 밀어 가로 40cm, 세로 30cm 정도 직사각형으로 만든다. 긴 한 쪽 면을 앞으로 둔다. 솔로 녹인 버터를 바르는데 제일 위쪽은 가장자리를 따라 2.5cm 정도 폭으로 바르지 않고 남겨 둔다. 계피와 설탕 섞어 놓은 걸 뿌리고 손으로 버터 발라 놓은 부분이 골고루 덮이도록 깐다. 필요하면 스크레이퍼를 이용해서 반죽을 젤리 롤을 만들 때처럼 원통 모양으로 꽉 만다. 마지막 솔기 부분을 꽉 당겨 붙인 뒤 반죽을 돌려 솔기 부분이 아래에 오도록 한다. 손으로 모양을 다듬는다.

6. 잘 드는 칼로 말아 놓은 롤을 두께가 동일하게 12조각으로 자른다. 가장 쉽게 자르는 방법은 제일 먼저 가운데를 반으로 자르고 이 반을 또 반으로 자른다. 그러고는 한 부분을 3등분하면 된다. 준비해 둔 베이킹팬에 앞에 자른 소용돌이 모양의 롤 12개를 소용돌이 모양이 보이도록 눕힌다. 그리고 양 옆의 마지막 꼬리 부분에서 칼로 자른 면이 볼 아래 면으로 향하도록 넣는다. 랩을 씌우고 대략 2시간 정도 두어 부피가 거의 두 배가 되도록 둔다 (밤새 부풀게 하는 방법은 앞의 note 참고). 롤이 알맞게 볼록해야 하고 롤끼리 빽빽하게 붙어 있어야 한다.

7. 반죽이 부푸는 동안, 오븐을 180℃로 예열한다. 베이킹팬을 오븐에 넣고 황금색이 되고 빵빵하게 부풀 때까지 그릇을 한 번 돌려 놓고 30분 정도 굽는다. 5분 동안 가만히 둔 뒤 빵을 접시에 담는다. 팬에 붙은 찐득찐득한 것들은 스크레이퍼로 긁어내서 숟가락으로 빵 위에 올린다.

8 글레이즈 만들기(선택사항): 작은 냄비에 크림치즈와, 버터밀크, 정제 설탕, 오렌지 제스트, 오렌지주스와 소금을 넣고 섞은 뒤 중간 불에서 가열한다. 계속 저어 주면서 끓여 균일해지게 한다. 글레이즈 반을 숟가락으로 떠서 롤빵 위에 바르고 나머지는 볼에 담아 식탁에 올린다.

핫 초콜릿 믹스

꼬마였을 때, 나는 핫 초콜릿 믹스를 좋아했다. 그걸 봉지에서 바로 퍼 먹거나 손가락으로 게걸스럽게 쪽쪽 빨아먹곤 했다. 하지만 제대로 뜨거운 물이나 우유에 타서 먹는 건 좋아하지 않았다. 초콜릿 맛이 거의 나지 않게 묽고 연하고, 너무 달거나 충분히 달지 않거나 그랬다.

진짜 홈메이드 핫 초콜릿이 만들기 그렇게 어렵지는 않지만(코코아를 버터에 녹이고 초콜릿과 설탕을 넣고, 바닐라나 혹은 버번(bourbon) 위스키를 넣을 수도 있고 우유를 붓고 가열하는 동안 젓는다.), 뜨거운 우유가 담긴 컵에 간단하게 파우더를 몇 큰술 넣고 젓는 초콜릿이 편리한 건 부인할 수 없다. 그래서 나는 파는 믹스에 대적할 만큼 편리하고 맛과 가격 면에서는 파는 믹스보다 더 나은 홈메이드 레시피를 개발하기로 마음먹었다.

우선, 간단하게 푸드프로세서로 초콜릿을 갈아서 가루로 만들었다. 초콜릿을 먼저 얼리면 갈기 쉽다. 이렇게 간 초콜릿에 원하는 맛이 날 때까지 충분한 양의 우유를 넣어 주면 코코아 버터의 진한 맛이 퍼지기 시작해서 제대로 된 핫 초콜릿이 되지만 머그컵 한 잔 가득 마시기는 어렵다.

그래서 나는 그 대신 100% 카카오 초콜릿(설탕을 넣지 않은)과 설탕, 그리고 더치 코코아를 선택했다. 이런 변형으로 초콜릿의 맛은 훨씬 좋아졌지만 몇 가지 문제점이 남아 있었다. 이 가루는 밤새 보관 용기 안에서 딱딱하게 굳어서 다음 날 녹이기가 어려웠다.

우유에 넣자 아주 미세한 지방 기포층을 표면에 만들면

서 녹았는데, 충분히 진하지도 않고 걸쭉하지도 않았으며 크림 같은 식감도 덜했다.

판매되고 있는 많은 믹스들에는 콩 레시틴이나 분유 단백질이 포함되어 있는데 이 두 가지는 크림 같은 식감을 증대시키고 유지방과 코코아 버터, 그리고 수분이 아주 부드럽게 유화되도록 하기 위해 넣는다. 내가 만든 믹스에 콩 레시틴을 넣었더니 효과가 좋았지만 안 넣기로 했다. 콩 레시틴은 건강식품 상점에서 구입 가능하지만 아주 흔한 재료는 아니기 때문이다. 분유도 질감을 좋게 해줬지만 초콜릿에 끓인 우유 맛을 진하게 남겨서 역시 포함시키지 않았다. 결국 가장 간단한 해결책은 믹스에 옥수수전분을 넣는 것이었다. 이걸 넣었더니 딱딱하게 굳지도 않고 우유를 걸쭉하게 만들어 주고 다른 안 좋은 맛도 나지 않으면서 초콜릿이 아주 근사하고 부드럽고 크림 같이 진했다.

홈메이드 핫 초콜릿 믹스 HOMEMADE HOT CHOCOLATE MIX

18~36인분으로 충분한 분량

베이킹용 카카오 100% 초콜릿 110~115g짜리 바 2개
더치 코코아파우더 1컵(250ml)
설탕 1컵(250ml)
옥수수 전분 2큰술
코셔 소금 ½작은술

1   초콜릿 바를 10분 정도 완전히 얼린다. 냉장고에서 꺼내 대충 부순 뒤 푸드 프로세서 용기에 넣고 코코아 파우더와 설탕, 옥수수전분과 소금을 함께 넣는다. 완전히 가루가 될 때까지 1분 정도 돌려 준다. 밀폐된 용기에 담고 서늘하고 어두운 곳에서 3개월 정도 보관 가능하다.

2   핫 초콜릿을 만들기 위해 뜨거운 우유 한 컵(250ml)에 핫초코믹스 1~2큰술이나 원하면 더 많이 넣고 섞일 때까지 흔들거나 저어 준다. 더 걸쭉하게 하고 싶으면 팬에다 붓고 30초 정도 끓여 걸쭉하고 부드럽게 만들어 준다.

SOUPS, STEWS, AND THE SCIENCE OF STOCK

2

육수(Stock)의 과학 – 수프와 스튜

ONLY THE PURE OF HEART CAN MAKE A GOOD SOUP

영혼이 깨끗한 사람만이 맛있는 수프를 만들 수 있다.

PART 2

육수의 과학 - 수프와 스튜

---------- 이 장에 있는 레시피들 ----------

빠르게 만드는 닭 육수	195
기본 채소 육수	196
쌀이나 면을 넣은 최고의 닭고기 채소 수프	199
소고기와 보리 스튜	201
30분 파스타 에 파지올리	204
30분 미네스트로네	205
30분 흰콩과 파르메산 수프(토스카나식이라고 부르지 마세요!)	207
30분 검정콩 수프	208
15분 팬트리 토마토 수프	216
– 치즈가 듬뿍 들어간 구운 치즈 샌드위치	216
최고의 옥수수 차우더	220
크림 같은 브로콜리 파르메산 수프	221
크림 같은 버섯 수프	225
구운 펌프킨 수프	230
즉석 프랑스식 양파 수프	234
고전적인 프랑스식 양파 수프	242
덤플링과 닭고기	245
그레이비 소스를 곁들인 전형적인 미국식 팟 로스트	251
토마토, 올리브, 케이퍼를 곁들인 손쉬운 팬 브레이즈드 치킨	256
화이트 와인, 펜넬, 판체타를 곁들인 손쉬운 팬 브레이즈드 치킨	257
피망, 양파를 곁들인 손쉬운 팬 브레이즈드 치킨	259
버섯, 베이컨을 곁들인 손쉬운 팬 브레이즈드 치킨	260
칠리 페이스트	267
콩을 넣은 최고의 쇼트립(갈비) 칠리 스튜	267
평일 저녁의 간편한 분쇄 소고기 칠리	269
최고의 채식주의자용 콩 칠리 스튜	273
진짜 텍사스식 칠리 콘 카르네	277
돼지고기를 넣은 칠리 베르데	281
햄, 콩, 케일을 넣은 손쉬운 스튜	283

MY WIFE HATES
THE FACT THAT OUR APARTMENT
ALWAYS SMELLS LIKE FOOD.

**아내는 우리 아파트에서
항상 음식 냄새가 나는 걸 싫어한다.**

———

아내는 버거가 지글거리고 닭이 구워지는 아름다운 향기를 마치 적군처럼 여긴다. 그래서 포푸리가 든 병을 내가 절대 볼일 없는—러시아 문학책이나, 아니면 그녀의 책상 위에 놓인 휴가 기념품 중 하나로, 전략적으로 위장시키는 게릴라 전법을 쓴다. 부엌에서 프로젝트를 시작하는 순간, 거실 창문이 휙 열리는 익숙한 소리와 딸칵—윙, 소리를 내며 환풍기가 켜지는 소리를 기다린다. 예방차원에서 환기를 시키려는 아내의 필사적인 시도이다.

나는 비가 오는 날을 좋아한다. 천둥이 치고 비가 내리는 동안에 창문을 열 수는 없다. 그래서 가스레인지에서 뭉근히 끓고 있는 한 냄비 가득한 칠리에서 퍼지는 기가 막힌 향이 커튼과 카펫에 흠뻑 스며든다. 그 냄새는 적어도 한 이주 동안은 아파트에 남아서 집에 들어올 때마다 반겨 준다. 향은 침대 시트에 머물면서 따뜻한 우유 한 잔처럼 잠을 잘 자게 달래 준다. 샤워 커튼에는 더 오래 남는데 아침마다 이를 닦을 때 고기 냄새와 양파 냄새로 맞아 줄 것이다. 아내는 내가 수동적인 공격형이라고 말한다. 그러면 나는 아내에게 편집증이라고 말하면서 씩 웃으며 또 냄비에 칠리를 올린다.

육수
STOCK

이 장에서는 아파트를 흠뻑 적시는, 향기로운 스튜와 수프, 브레이징에 대해서 살펴볼 것이다.
앞서 말했듯이 허리케인 경보를 기다리며 일기예보를 확인하게 되는 그런 종류의 음식들 말이다.

백 년 전, 프랑스 셰프 오귀스트 에스코피에(Auguste Escoffier, 아마 가장 위엄 있는 셰프일 것이다.)가 고전적인 프랑스 요리를 성문화했을 때, 요리란, '동물질 재료(animal matter)와 뼈, 채소를 물에 넣고 오랫동안 뭉근하게 끓여서 만든, 진하고 향긋한 액체, 즉 육수의 생산과 사용에 기반한 것'이었다. 그것은 고기를 브레이징하고, 채소를 윤기 냈으며, 수프와 스튜의 기반이 되고, 부드러운 소스로 졸아들었다. 육수는 닭, 오리, 칠면조, 소고기, 송아지 고기, 돼지고기, 양고기 등을 넣고 만들었다. 다리가 네 개거나 깃털이 있는 동물이면 무엇이든, 뼈와 부속물을 냄비 속에 넣고 끓였다.

요즘은 육수가 필수적이지 않게 되었다. 요리는 다소 가벼워졌으며 많은 식당에선 그럭저럭 치킨 스톡(닭 육수)을 주로 이용한다. 나는 집에서 닭 육수만 쓰는데 내가 만든 음식이 그렇게 프랑스적이지 않다고 아직 아내가 불평한 적은 없다. 여러 레시피에 쓰기엔 통조림 브로스(broths, 물이나 스톡(stock)에 육류나 생선 또는 채소 등을 넣고 약한 불에서 끓인 육수)도 나트륨 함량이 낮아서 염분 농도만 조절할 수 있다면 사용하기 괜찮다. 대부분의 일반적인 통조림 스톡이나 브로스는 너무 짜서 소스를 만들기는 어렵다.

그럼에도 여전히 좋은 육수가 꼭 필요한 음식이 하나 있다. 바로 **수프**이다. 애견 박람회에 나오는 혈통 있는 성견과 자견의 관계처럼, 수프도 기본이 되는 육수의 맛만큼 좋아질 수 있다.

유감스럽게도, 식당에서 일해 본 사람이라면 육수를 만드는 일은 그다지 수익이 나는 일은 아니라고 말할 수도 있다. 냄비에 닭 뼈와 부속물을 넣고 끓여 결합조직을 분해하고 맛을 뽑아내는 데는 긴 시간이 걸린다. 그래도 하루 종일 주방에 있다면 이건 뭐 그리 어려운 일은 아니다. 그냥 여섯 시간 동안 백 버너(back bunner, 식당 스토브 가장 뒷 부분)에 끓고 있는 큰 스톡 냄비를 가끔씩 살펴보면 되니까. 하지만 가정에서는? 생각도 하지 말 것. 나는 일 년에 두어 번 일요일에 날을 잡아 작정하고 진짜로 전통적인 오리나 송아지 육수를 만든다. 하지만 나머지 363일 동안 사용할 더 빠르고 편안한 방법을 찾아내고 싶었다.

닭이란 무엇인가?

늘 그렇듯이, 나는 기본부터 시작하는데 이 경우에 기본은 닭이다. 닭 털과 벼슬을 제거하고 나면, 닭은 실제로 요리하기는 아주 간단하다. 닭은 대략 네 부분으로 나눌 수 있다.

- **근육**은 닭의 고기로 생각하면 된다. 닭이 움직일 때 당겨지면서 움직이게 하는 살이 있는 부위이다. 근육은 두 범주로 세분화해서 나눌 수 있는데 지근(완수축)과 속근(급수축)이다.
- **지근**은 지속적인 동작에 사용되는데, 예를 들어, 닭이 서 있고 걷고 구부리거나 펼 때 필요한 다리와 허벅지 근육이다. 지근은 유산소 운동을 하기 때문에 (동작하는 데 산소가 필요함) 산소가 풍부한 붉은 혈액 세포를 나르는 모세혈관으로 전형적으로 조직이 치밀하다. 그래서 더 어두운색을 띤다.
- **속근**은 강력한 에너지를 짧은 순간에 폭발시킬 때 사용된다. 이 근육은 닭의 가슴살에 있는데, 놀란 닭이

위험스런 상황에서 달아나려고 날개를 움직일 때 사용한다. 이 근육의 동작은 무산소 운동이므로(당길 때 산소가 필요하지 않음) 모세혈관이 덜 치밀해서 특유의 연한 색을 띤다.

그건 그렇고, 속근과 지근 사이의 이런 대조가 거의 모든 동물들에게, 심지어는 사람에게서도 똑같이 나타난다. 대구는 창백한 흰색인데 참치는 왜 그렇게 붉디붉은지 궁금한 적이 있는가? 참치는 거의 대부분 아주 강한 지근으로 되어 있다. 그래서 참치가 오랜 시간 재빠르게 물속을 헤쳐 나가게 해 준다. 대구는 먹거나 놀랄 때만 움직인다.

- **지방**은 닭의 몸에서 단열작용을 하며 에너지를 보관한다. 닭의 지방은 제대로 조리하면 맛있다. 지방은 껍질뿐만 아니라 주로 다리와 등 주위에 많이 모여 있다. 다들 생각하는 것과는 달리 닭 껍질은 모두 지방은 아니다. 사실 닭 껍질은 대부분……

- **결합조직**으로 되어 있다. 다른 조직들 중에서 콜라겐(collagen)으로 구성된 결합조직은 근육과 뼈가 서로서로 붙어 있도록 해 준다. 자연 상태의 결합조직은 세 개의 가닥이 서로 단단히 감겨 있는 실과 비슷한데 그래서 아주 견고하다. 가열을 하면 이 결합조직의 가닥이 젤라틴(gelatin)으로 풀어진다. 그러면 젤라틴은 헐렁한 그물망을 만들고 육수와 소스에 부피감과 질감을 만든다. 콜라겐은 여러 곳에서 보이지만 특히 다리나 날개, 등, 그리고 껍질에 많다. 닭이 늙으면 늙을수록 콜라겐이 더 많다.

- **뼈**는 닭의 골격을 유지한다. 뼈가 없다면 닭은 작은 젤리(Jell-O) 웅덩이 같았을 것이고 그렇게 맛있지도 않을 것이다. 많은 요리사들이 뼈가 바로 육수 맛을 내게 한다고 믿는데 정말 그럴까?(계속 읽을 것).

여러분이 사용하고 있는 닭의 부위에 따라 지근과 속근의 비율이 다르게 분포한다. 요약하면 닭다리는 지근의 함량이 높고 지방이 많고 결합조직과 뼈의 양이 많다. 가슴살은 거의 대부분 속근으로 되어 있다. 등과 몸통에는 고기가 거의 없고 뼈와 결합조직과 지방이 많다. 날개에는 결합조직이 가장 많이 분포하고 지방과 일부 뼈의 비율이 높은 편이다.

이런 다양한 조직 하나하나가 정확히 음식에 무엇을 더하는지 알아보기 위해 나는 육수를 다른 묶음으로 각각 끓였다. 하나는 그냥 색이 연한 고기만 넣고 끓이고 또 하나는 색깔이 짙은 고기만 넣고, 또 다른 하나는 뼈만 넣고 끓이고 또 다른 하나는 닭의 몸통을 넣고 끓였다. 이 몸통 부분은 뼈와 결합조직은 많지만 비교적 고기는 적은 부위이다.

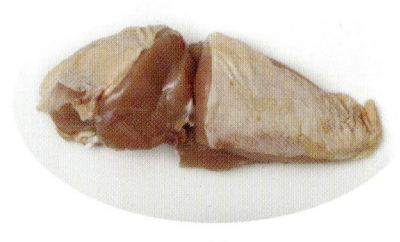

가슴

다리

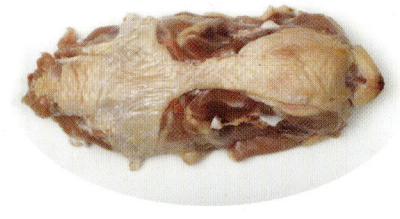

등

4시간 동안 끓인 후에 맛을 보니, 고기를 넣어 끓인 육수는 맛은 있었다(다리살로 끓인 육수가 가슴살로 끓인 육수보다 조금 더 맛있었다.). 하지만 냉장고 온도로 식힌 후에도 이 육수들은 그대로 액체인 상태로 있어서 육수에 녹은 젤라틴이 거의 없다는 것을 보여줬다. 뼈로만 끓인 육수는 내가 예상했던 대로, 거의 맛은 없지만 걸쭉함은 어느 정도 느껴졌다. 몸통으로 만든 육수는 맛도 있고 진했다. 이 육수는 차게 식히자 끓일 때 빠져나온 많은 젤라틴 때문에 단단하고 고무 같은 덩어리가 되었다. 뜨겁게 육수로 떠 마시자, 입 안을 기분 좋게 감싸고 맛있고 진한 육수의 특징인 얇고 끈적끈적한 막이 입술에 남았다.

육수가 잘 만들어지면 젤 형태의 고체가 된다.

그래서 맛과 부피감이 조화를 이루려면 몸통으로 육수를 만들어야 한다. 경제학의 원리와는 반대인 아주 드문 경우로 가장 싸면서도 효율성은 가장 높은 방법이다. 닭을 직접 분리하면 몸통을 모아 둘 수 있다(냉장고에 몸통을 넣어 두었다가 육수를 끓일 만큼 충분해지면 끓이면 된다.). 아니면 대부분의 슈퍼마켓에서 아주 싼 가격으로 살 수 있다. 하지만 몸통을 구하지 못하면 날개도 괜찮다.

최고의 육수를 만들기 위해 우리에게 필요한 건 다음의 두 가지라는 걸 알게 됐다. 근섬유에서 맛있는 화합물을 추출하고(닭고기로 만든 육수에 표시된 대로) 걸쭉하게 만들기 위해 결합조직으로부터 젤라틴을 추출해야 한다는 것이다. 하지만, 질문이 생기는데, 조금 더 빨리 만들 수 있는 방법은 없을까?

나는 닭고기 근육이 길고 얇은 튜브와 같고, 그것으로부터 풍미를 추출하기 위해서는 마치 치약 튜브를 짜서 내용물을 추출하듯이 천천히 요리해야 한다는 것도 알게 되었다. 그런 튜브들을 압착하는 정도는 닭이 도달하게 되는 온도에 달려 있지만 풍미가 빠져나오는 속도는 근육 내부에서 육수까지 이동하는 거리에 따라 다르다. 그래서 궁금한 것이 이런 튜브의 길이를 짧게 해 주면 맛이 추출되는 과정이 빨라질 것인가 하는 것이었다.

나는 닭고기를 각각 다른 크기로 잘라서 3종류의 육수를 나란히 우려냈고, 닭고기의 크기가 실제로 차이를 만들어 낸다는 것을 발견했다. 고기를 큼직하게 조각내서 넣었더니 통째로 넣을 때보다 맛이 훨씬 더 빨리 우러나왔다. 고기를 큼직하게 썰어 푸드프로세서에 넣고 곱게 갈아서 끓였더니, 더욱 빨리 조리되어 45분만에 풍부한 맛의 육수가 완성되었다. 보기는 안 좋지만 효과가 있었다!

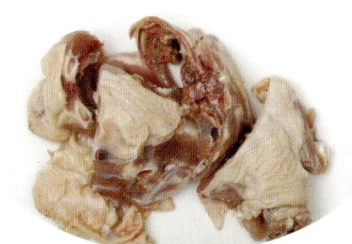

큼직하게 썰기

잘게 썰기

완전히 분쇄함

하지만 여기엔 재미있는 사실이 있는데, 뼈를 여러 조각으로 자르면 맛이 추출되는 속도는 빨라지지만 걸쭉하게 만드는 데에는 그만큼 영향을 미치지 않는다는 것이다. 풍미를 추출하는 것은, 고기 안의 물질들이 빠져나와 물에 녹아드는 과정으로 매우 빨리 진행된다. 반면에 젤라틴을 빼내려면 콜라겐을 추출할 필요가 없다. 그것은 콜라겐이 얼마나 잘게 잘렸는지에 관계없이, 시간이 걸리는 화학 과정이다.

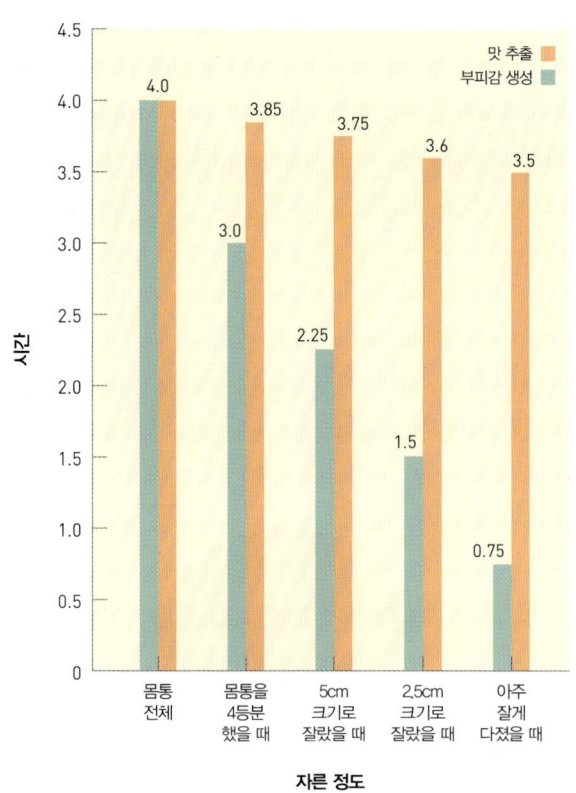

최대한의 맛을 추출하고 부피감이 생기는 시간과 잘게 자른 정도 비교

1시간

2시간

4시간

콜라겐은 꼬아 놓은 실처럼 보인다는 것을 기억하시라. 실을 이루고 있는 가닥을 분리해 보려고 해 보았는가? 가능은 하지만 시간이 많이 걸린다. 그리고 바로 이런 일이 냄비 속의 결합조직이 끓을 때 똑같이 일어난다. 88~93℃에서 3시간 끓이면 결합조직의 90%가 젤라틴으로 바뀌고 100%가 다 바뀌려면 여기서 한 시간 이상이 더 걸린다. 그러나 이 지점을 지나 계속 끓이면 젤라틴은 자체가 분해되기 시작해서 걸쭉한 응집력을 잃는다. 그래서 이상적인 닭 육수를 만들려면 4시간 정도 끓여야 한다.

그러나 다행스럽게도, 젤라틴은 꼭 닭의 콜라겐에만 있는 것은 아니다. 젤라틴은 사실 슈퍼마켓에 가면 구할 수 있다. 포장되어 나오는 젤라틴은(젤리를 만들 때 넣는 물질) 가루로 된 형태나 얇은 판 모양으로 된 형태

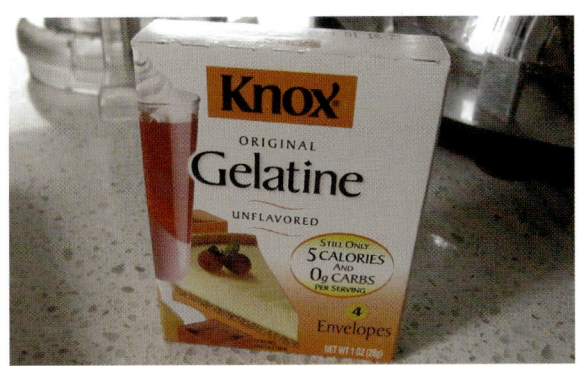 

두 가지로 나온다. 그래서 내가 해야 할 일은 다진 고기로 45분 동안 끓인 육수에 시판 젤라틴을 첨가하여, 단순히 맛만 좋은 것이 아니라 4시간 동안 푹 끓인 것 같이 깊고 풍부한 맛이 나는 육수를 만드는 것이다!

간단하지 않은가? 45분 만에 육수를 만들다니? 잠깐만. 만약 이 육수가 전통적으로 만든 프랑스식 육수보다 더 맛있다고 한다면? 그럴 리가 없다고? 제가 증명해 드리죠.

전통적인 프랑스식 육수에서, 투명도는 다른 무엇보다도 중요시된다. 육수를 뿌옇게 만드는 건 지방과 녹은 미네랄과 단백질 때문이다(이를 학명으로는 통틀어 '끈적끈적한 물질(또는 오물)'이라고 부른다.). 육수를 끓어오르기 직전 상태로 계속 두면 지방은 눈에 보이는 기포 상태로 물 표면으로 떠오르는데 이 기포는 요리하면서 조심스럽게 걷어 낼 수 있다. 그리고 단백질도 비교적 큰 덩어리로 응고하기 때문에 걸러 낼 수 있다.

하지만 육수를 부글부글 끓게 두거나(어머 저런!) 본격적으로 끓기 시작하면 끈적끈적한 물질은 아주 작은 수백만 개의 방울로 분산이 돼서 육수에서 완전히 제거할 수 없게 된다. 소스나 수프가 완벽하게 윤이 나고 투명해야 하는 고급스러운 식당에서는 큰 재앙이 될 수 있지만 가정에서 그렇게 신경 써야 할 일인가? 나는 언제라도 보이는 것보다는 맛을 더 중요하게 생각하는 사람인데 지방이 있으면 맛있다.

닭의 뼈와 조각들을 갈아서 육수를 끓일 때의 좋은 점이라면 이런 조각들이 뗏목처럼 떠오르게 되는데 여기에 단백질 찌꺼기나 미네랄 그리고 끈적거리는 물질들이 모인다는 것이다. 정확히 프랑스식 콩소메가 만들어지는 방법과 동일하다. 이 층을 걷어 내면 좀 더 투명한 육수를 만들 수 있다. 그리고 그 정도면 우리가 사용하는 데 문제가 없다. 이 이야기의 교훈은 바로 '육수를 그냥 끓게 놔두라'이다.

실험 : 지방=맛

직관적이지는 않지만 다양한 종류의 고기에 뚜렷이 구별되는 풍미를 주는 맛 화합물 대부분은 고기 자체에 있는 것이 아니라 고기를 둘러싸거나 고기 전체에 퍼져 있는 지방에 있다. 못 믿겠다고? 그럼 왜 지방이 적은 고기를 '닭 맛이 난다'고 묘사하는지 생각해 보라. 그건 지방이 없으면 고기는 아주 일반적인 맛이 나기 때문이다. 바로 지방이 없는 닭가슴살 맛이 난다. 집에 푸드프로세서나 미트 그라인더가 있다면 이 실험으로 직접 확인해 볼 수 있다.

재료

- 뼈와 지방 없는 소고기 살코기 340g(홍두깨살이나 잘 손질한 등심 같은 부위면 좋다. 2.5cm 정도로 깍둑 썬다.)
- 소고기 지방 28g(스테이크에서 잘라 내거나 정육점에서 구해, 작은 조각으로 자른다.)
- 양고기 지방 28g(양 갈비(lamb chop)에서 잘라 내거나 정육점에서 구한다.)
- 베이컨 28g(작은 조각으로 자른다.)

과정

1. 소고기를 세 등분하고 각각을 다른 지방과 섞는다.
2. 푸드프로세서나 미트 그라인더를 이용해서 고기를 햄버거용으로 간다(고기 분쇄에 관한. 더 자세한 내용은 495쪽 참고).
3. 나눈 각각의 고기를 패티로 만들고 뜨거운 프라이팬이나 그릴에서 굽는다.
4. 익은 패티의 맛을 본다.

결과

익은 패티의 맛이 어떤가? 첫 번째 패티는 보통 버거 맛이 날 것이고 두 번째 패티는 양고기 버거 맛이 날 것이다. 베이컨이 들어간 패티는, 음, 감 잡으셨나요? 아직도 납득하기 어려운가요? 그렇다면 기름기 없는 소고기 대신 양고기로 바꿔서 똑같은 실험을 해 보라. 소고기 지방이 들어간 패티는 역시나 일반적인 소고기로만 만든 버거 맛과 아주 흡사할 것이다.

육수에서 지방 제거하기

대부분의 경우에 근사한 고급 식당과 패션쇼를 제외하면 조금 넉넉한 지방이 꼭 나쁜 것만은 아니다. 예를 들어 일본 라면을 파는 식당에 가면 맛을 더 좋게 하려고 실제로 기름을 라면 그릇마다 넣는다. 물론 딱 알맞은 것과 너무 많은 것 사이에는 큰 차이가 있다. 육수 속으로 유화된 약간의 지방과 육수 표면에 떠 있는 거품들이 풍성함과 깊이를 더하지만, 너무 지방이 많으면 느끼해지고 입안 가득 기름기만 남는다. 그래서 육수를 만들 때 표면에 생기는 기름 층은 걷어 내는 게 더 좋다. 그렇다면 어떤 방법으로 제거하면 좋을까?

식당에서 일해 봤다면 항상 육수가 어떻게 되고 있는지 확인하고, 조심스럽게 표면에 떠오르는 거품이나 지방을 주기적으로 걷어 내서 육수를 최대한 깨끗하게 해야 한다고 배웠을 것이다. 하지만 다시 말하지만 그건 식당의 요리를 위해 식당에서 하는 방법이다. 나는 집에서 육수를 만들 때는 다 만들고 나서 기름을 걷어 낸다. 깨끗한 냄비에 고운체를 대고 육수를 붓는다. 15분 정도 가만히 두어 대부분의 기름과 거품이 표면에 떠오르도록 한 뒤 국자로 쉽게 퍼 낸다.

더 쉬운 방법은 미리 계획해서 육수를 냉장고에 밤새 넣어 둔다. 기름이 굳어서 쉽게 걷어 낼 수 있는 막이 만들어지는데 이 막은 숟가락으로 걷어 낼 수 있다. 그 아래로 완전히 젤리처럼 된 육수가 보일 것이다.

스톡, 브로스, 글라세(GLACE), 육즙(JUS)

엄밀히 말하면, 스톡과 브로스는 뚜렷이 구별된다. 스톡은 뼈, 결합조직, 고기 조각과 채소를 물에 넣고 끓여서 만든다. 결합조직은 걸쭉하고 진하고 기름진 식감을 준다. 스톡에서 수분을 증발시키려고 뭉근한 불로 졸이면 감칠맛 나는 화합물과 젤라틴 둘 다 농축된다. 충분히 졸이면 스톡은 음식 위에 달라붙어 코팅될 수 있을 정도로 점성이 생긴다.

글라세로 알려진 이 단계에서는 맛이 대단히 좋다. 에스키모인(Eskimos)들이 눈에 대해 여러 단어를 가지고 있듯이 프랑스인들도 졸인 육수에 관한 단어가 아주 많다. 육수가 얼마나 졸여졌는지 그 정도에 따라 글라세, 글라스 드 비앙드(glace de viande), 데미글라스(demi-glace)로 부른다.

브로스는 고기와 채소로 만들며 뼈나 결합조직은 들어가지 않는다. 맛은 있지만 결합조직에서 나온 콜라겐이 없어서 물처럼 묽다. 규범에 따라 교육을 받은 셰프라면 이런 구별에 대해 알 필요가 있지만 가정에서는 그다지 신경 쓰지 않아도 된다. 이 책에서 나는 '스톡(Stock, 육수)'이란 말을 꽤 많이 쓰는데, '빠르게 만드는 닭 육수' 레시피에 뼈도 넣고 젤라틴도 넣기 때문이다. 대부분의 광범위한 가정용 레시피에서 이 두 단어는 서로 대체 가능하다. 미국 농무부는 표시법에 '스톡'이나 '브로스'에 대해 어떤 구별을 하지 않았다. 미국 농무부는 이 단어들이 '고기 및/ 또는 뼈를 물에 넣고 양념과 함께 끓여 얻은 액체를 부르는 데에 서로 대체해서 쓰일 수 있다'고 언급한다. 몇몇 브랜드가 자기네 제품 포장에 둘 중 하나를 선택해서 사용하기는 하지만 사실 이들 제품이 만들어지는 방법에 있어서는 그다지 큰 차이는 없다.

육즙은 고기 조각이 로스팅 되는 동안 빠져나오는 자체의 즙을 의미한다. 종종 육즙은 로스팅팬의 바닥에 고이고 고기가 익는 동안 증발해서 퐁(fond)이라 불리는 코팅제를 남기는데 맛있게 갈색 팬 소스나 그레이비 소스의 기본이 된다.

육수 얼리기

아주 간단하게 육수를 만든다 하더라도 일이 번거롭기 때문에 수프 한 접시나 즉석으로 팬 소스를 만들 때마다 육수를 끓이고 싶지는 않을 것이다. 다행스럽게도 육수는 아주 잘 얼어서 나는 두 가지 방법으로 스톡을 얼려 둔다.

- **사각 얼음 틀**에. 육수를 사각 얼음 틀에 붓고 완전히 얼린다. 이 얼음 조각을 지퍼락 팩에 옮긴다. 필요한 만큼 꺼내 쓸 수 있다. 이 사각 얼음은 아주 빨리 잘 녹는다. 이 방법은 한 번에 너무 많은 양이 필요하지 않은 팬 소스 만들 때 아주 적합하다.
- **1l 크기의 진공포장 또는 냉동용 팩 혹은 플라스틱 용기**에. 푸드세이버 같은 진공포장기가 있다면, 1l짜리 팩은 육수를 보관하는 데 아주 이상적이다. 육수가 납작하게 얼기 때문에 냉장고에서 공간도 많이 차지하지 않는다. 더 좋은 점이라면 뜨거운 수돗물에 두면 겨우 몇 분이면 다 녹는다. 진공포장기가 없다면 육수를 지퍼락 팩에 넣어 얼리면 된다. 지퍼락을 닫기 전에 잊지 말고 꼭 공기를 최대한 뺀 뒤 냉동실에 평평하게 넣는다. 아니면 일반 플라스틱 가공육 용기를 사용한다.

효율적이고 저렴하게 육수를 만들려면 닭고기 부분육을 모아 둔다. 닭을 손질할 때마다 나는 등과 날개 끝부분을 4l들이 지퍼락 팩에 넣어서 냉장고에 보관한다. 이 팩이 가득 차면 육수를 끓이면 된다.

빠르게 만드는 닭 육수 QUICK CHICKEN STOCK

NOTE • 이 레시피대로 만들고 나면 다 익은 닭다리 고기가 남는데 이것은 다른 레시피에 사용하거나 보관해 두었다 나중에 사용할 수 있다. 닭다리 대신 닭 등뼈와 날개 끝부분으로 대체해도 된다.

2ℓ 분량

젤라틴 28~30g(4봉, 약 3큰술)

껍질 있는 닭의 등뼈와 날개 끝부분 900g(가급적이면 어린 닭으로)

닭다리 900g

큰 양파 1개(큼직하게 썰기.)

큰 당근 1개(껍질 벗기고 큼직하게 썰기.)

셀러리 2줄기(큼직하게 썰기.)

월계수 잎 2개

말린 통후추 2작은술

펜넬 씨드 1작은술

코리앤더 씨드 1작은술

파슬리 줄기 6줄기

1 중간 크기 볼에 물 4컵(1ℓ)을 붓고 젤라틴을 넣는다. 젤라틴이 물에 잘 녹을 때까지 10분 정도 한쪽에 둔다.

2 닭의 등뼈와 날개 끝부분을 식칼로 대략 5cm 크기로 토막 내거나 가금류용 가위로 자른다. 닭고기를 푸드프로세서에 넣고 곱게 다져질 때까지 2~3번에 나눠서 기계를 작동시키되 단단한 뼈가 칼날에 걸릴 때는 멈추면서 간다.

3 큰 더치 오븐에 분쇄한 닭과 닭다리, 양파, 당근, 셀러리, 월계수 잎, 통후추, 펜넬, 고수, 파슬리를 넣고 찬 물을 재료가 다 잠길 만큼 약 2ℓ 정도 붓는다. 여기에 물에 녹인 젤라틴을 붓고 센 불로 끓인다. 불을 낮추고 표면에 거품이나 찌꺼기는 걷어 내서 버린다. 재료들이 잠기도록 필요하면 물을 더 넣으면서 45분 동안 끓인다. 불을 끄고 몇 분 동안 식힌다.

4 집게를 이용해서 닭다리를 그릇에 넣고 식힌다. 큰 뼈와 채소는 육수에서 건져 낸다. 육수를 큰 볼에 체를 받쳐 붓고 걸러진 찌꺼기는 버린다. 육수를 다시 냄비에 붓고 뭉근히 다시 끓인다. 10분 정도 졸여서 2ℓ 정도로 만든다.

5 한편, 닭다리에서 고기를 발라내서 보관한 뒤 다른 데 쓰도록 한다(닭고기 채소 수프나 덤플링을 넣은 닭고기 등에 사용할 수 있다. 199쪽이나 245쪽 참고). 뼈와 껍질은 버린다.

6 육수가 졸아들면, 지방과 불순물이 뚜렷한 층을 이룰 때까지 15분 정도 놔둔 후 국자를 이용해 떠서 버리거나 다른 용도로 사용할 경우 따로 모아 둔다. 아니면 육수를 밤새 냉장고에 넣었다가 표면에 딱딱하게 굳은 지방을 걷어 내도 된다. 육수는 밀폐된 용기에 넣어 냉장고에서 5일 정도, 냉동실에 얼리면 3달 정도는 보관 가능하다(194쪽 참고).

기본 채소 육수 BASIC VEGETABLE STOCK

2ℓ 분량

젤라틴 28g(4봉, 약 3큰술)

큰 양파 2개(큼직하게 썰기.)

큰 당근 2개(껍질 벗기고 큼직하게 썰기.)

셀러리 4줄기(큼직하게 썰기.)

큰 리크(leek) 또는 대파 1대(손질하기.)

양송이(또는 양송이 조각이나 양송이 기둥) 230g

그래니스미스(Granny Smith) 사과 2개(4등분하기.)

월계수 잎 2장

통후추 2작은술

펜넬 씨드 1작은술

코리앤더 씨드 1작은술

파슬리 6줄기

1 중간 볼에 물 4컵(1ℓ)을 붓고 젤라틴을 넣는다. 젤라틴이 물에 잘 녹도록 10분간 둔다.

2 큰 더치 오븐이나 육수용 냄비에 양파, 당근, 셀러리, 리크, 버섯, 사과, 월계수 잎, 통후추, 펜넬, 고수와 파슬리를 넣고 재료가 잠길 만큼 찬 물을 붓는다. **1**의 젤라틴을 붓고 중간 불에서 끓인다. 천천히 타지 않도록 불 조절해가며 1시간 정도 끓인다. 재료가 물에 잠기도록 물 양을 확인해가며, 필요하다면 물을 추가한다.

3 고운체에 면보를 씌우고 큰 볼 위에 걸친 후 육수를 붓고 걸러진 건더기는 버린다. 육수를 다시 냄비에 붓고 약 20분 정도 끓여서 2ℓ 정도로 졸인다. 불을 끈다. 육수는 밀폐된 용기에 담고 냉장고에서 5일 정도, 얼려서는 3달 정도 보관 가능하다(194쪽 참고).

쌀이나 면을 넣은 닭고기 수프

보고타(Bogotá)의 산지에서 자란 아주 철저한 콜롬비아인(Colombian)인 아내는 수프만 먹고도 살 수 있다고 말한다. 본성적으로 호기심이 많은 나는 이 주장에 대해 철저하게 시험해 보고 싶은 강한 욕구에 시달리게 된다. 하지만 아내를 수프류만 먹는 생활로 들이밀려고 결심하는 순간에 그녀를 사랑하는 또 다른 내가 끼어들면서 아내가 없다면, 수프든 뭐든 삶은 그다지 재미있지 않을 거라고 일러 준다. 밥을 먹는 나라에서 온 아내는 수프에 쌀을 넣는 걸 좋아하고 뉴욕에서 자란 나는 맛있는 에그 누들(egg noodle)을 넣는 걸 더 좋아한다. 나는 여러 세대에 걸친 유대인 할머니들이 있는 반면 아내 편에는 모리스 센닥(Maurice Sendak)이라는 비장의 카드가 있다. 센닥은 영어에 누들(면)과 각운이 맞는 단어가 더 많았다면 아마 완전히 반대되는 내용의 시를 썼을 것이란 걸 강조하고 싶긴 하지만 말이다.

예를 들어, '1월에는 내 푸들(강아지) 위에 소용돌이 패턴을 두들(그리면서) 거리면서' 이렇게 바꿔본다면 원본과 똑같은 그런 울림이 없다(모리스 센닥의 시 『쌀을 넣은 닭고기 수프(Chicken Soup with Rice)』에서 센닥은 월별로 쌀(rice)과 각운이 맞는 단어를 사용해 쌀을 넣은 닭고기 수프에 대한 시를 썼는데, 이 책의 저자는 센닥이 면을 넣은 수프를 노래하지 않은 것은 면(noodle)과 각운이 맞는 단어가 맞지 않아서라고 얘기하였다. – 옮긴이 주).

그렇긴 하지만 우리는 수프를 정말로 많이 먹는데, 일단 맛있는 닭 육수가 있다면 쌀이나 면을 넣은 최고의 채소 닭고기 수프를 만드는 싸움에서 99% 이긴 셈이다. 나머지는 그냥 채소와 쌀이나 면을 넣기만 하면 된다. 나는 당근, 양파, 셀러리를 기본으로 해서 여기에 육수를 섞어 주는 걸 좋아한다. 제철이거나 아주 좋아 보이는, 주위에 있고 넣고 싶은 것이 있으면 무엇이든 넣어 주면 된다. 주의해야 할 점이라면 수프에 넣었을 때 가장 좋은 맛을 내기 위해 다양한 채소들을 각각 다른 방식으로 준비하고 조리해야 한다.

수프에 들어가는 채소 : 최상의 손질법

브로스를 기본으로 만드는 아주 간단한 채소수프는 여러 채소를 준비하는 법과 언제 넣는가만 알면 아주 쉽다. 이 표는 수프에 들어가는 가장 흔한 채소들을 어떻게 손질해야 하는지를 보여준다.

채소	준비	조리시간
당근	껍질을 벗기고 1.5cm 정도의 덩어리(chunks)로 자른다.	20분
콜리플라워(Cauliflower)	꽃송이별로 부분으로 나누고, 줄기는 0.5cm 굵기로 슬라이싱한다.	20분
셀러리	껍질을 벗기고 1.5cm 크기로 자른다.	20분
셀러리악(Celeriac)	껍질을 벗기고 1.5cm 크기로 자른다.	20분
히카마(Jicama)	껍질을 벗기고 1.5cm 크기로 자른다.	20분
콜라비(Kohlrabi)	껍질을 벗기고 1.5cm 크기로 자른다.	20분
리크	얇게 저미거나 사각으로 썬다.	20분
양파	얇게 저미거나 사각으로 썬다.	20분
파스닙(Parsnip)	껍질을 벗기고 1.5cm 크기로 자른다.	20분
감자	껍질을 벗기고 1.5cm 크기로 자른다.	20분
래디시	1.5cm 크기로 자른다.	20분
루타바가(Rutabaga)	껍질을 벗기고 1.5cm 크기로 자른다.	20분
고구마	껍질을 벗기고 1.5cm 크기로 자른다.	20분
아스파라거스	2.5cm 길이로 자른다.	10분
피망	1.5cm 크기로 자른다.	10분
브로콜리	부분으로 나누고 줄기를 0.5cm 두께로 슬라이싱한다.	10분
땅콩호박(Butternut Squash)	껍질을 벗기고 1.5cm 크기로 자른다.	10분
양배추	0.5cm 두께로 통썰기한다.	10분
콜라드그린(Collard Green)	잎은 큼직하게 썰고 줄기는 2.5cm 크기로 자른다.	10분
그린빈	다듬은 뒤 2.5cm 크기로 자른다.	10분
케일(Kale)	잎은 큼직하게 썰고 줄기는 2.5cm 크기로 자른다.	10분

여름 호박(Summer Squash)	1.5cm 크기로 자른다.	10분
주키니	1.5cm 크기로 자른다.	10분
아루굴라(Arugula, 루꼴라)	질긴 줄기는 제거한다.	5분
방울양배추(Brussels sprouts)	잎을 따 놓는다.	5분
근대(Chard)	잎을 큼직하게 자르고 줄기는 2.5cm 길이로 자른다.	5분
옥수수 알	옥수수자루에서 자른다(필요하면 알맹이를 낱개로 뜯어 놓는다.).	5분
냉동 리마콩(Lima Beans)		5분
냉동 완두콩		5분
어린 시금치		5분
곱슬곱슬한 시금치	큼직하게 썬다.	5분
물냉이(Watercress)	큼직하게 썬다.	5분

쌀이나 면을 넣은 최고의 닭고기 채소 수프
THE ULTIMATE CHICKEN VEGETABLE SOUP WITH RICE (OR NOODLES)

NOTE • 육수 「대신, 시판 2ℓ 저염 치킨 브로스 통조림의 닭다리 4개를 끓여 사용해도 된다. 닭다리를 꺼내고 육수 위에 뜨는 기름은 걷어 내고 2ℓ를 만들기 위해 충분한 물을 더해 준다. 닭다리가 충분히 식으면, 뼈와 껍질은 버리고 발라낸 고기는 보관한다.
당근과 셀러리, 양파 외 좋아하는 어떤 채소를 넣어도 좋다(왼쪽 도표 참고). 대략 2½컵(625ml) 정도를 준비한다.

4~6인분

닭 육수(195쪽, 위의 note 참고)
중간 크기 당근 2개(껍질을 벗기고 1.2cm 크기로 깍뚝 썰기. 약 1컵, 250ml)
중간 크기 셀러리 1줄기(사방 1.2cm 크기로 깍뚝 썰기. 약 ½컵, 125ml)
작은 양파 1개(가늘게 채썰기. 약 1컵, 250ml)
롱그레인라이스 ½컵(125ml) 또는 중간 굵기의 에그 누들 2컵(500ml)
다진 파슬리 ¼컵(60ml)
2.5cm 크기로 잘라서 케일 2컵(500ml, 약 6장)
코셔 소금과 후춧가루

1. 더치 오븐에 닭 육수(고기는 나중에 쓰기 위해 보관)와 당근, 셀러리, 양파를 넣는다. 그리고 쌀을 넣는다면 같이 섞고(면은 넣지 말고), 센 불로 끓인다. 불을 줄이고 채소가 거의 부드러워질 때까지 약 15분간 뭉근히 끓인다.

2. 채소와 면을 넣는다면 이때 넣고 모든 채소와 쌀(또는 면, 우리나라에서 쉽게 구할 수 있는 롱그레인라이스 : 자스민라이스, 안남미, 바스마티)이 부드러워질 때까지 약 5분 더 익힌다. 파슬리와 닭고기를 섞고 따뜻하게 데운다. 소금과 후추로 간을 하고 마무리한다.

소고기와 보리 스튜

나만큼 많은 양의 고기를 여러분이 갈게 된다면 종종 500g~1kg 정도 되는 여분의 갈비가 주변에 널부러져 있는 것을 발견할 것이다. 매우 프랑스적으로, 그것들을 레드 와인에 넣어 브레이징할 수도 있고 현대식 식당들처럼 며칠간 수비드(sous-vide) 방식으로 요리할 수도 있다. 그 둘은 매우 훌륭한 조리법이다. 하지만 가끔 나는 뭔가, 좀 더 단순한 분위기에 젖곤 한다. 갈비와 보리 스튜는 아주 환상적인데, 이유는

- 만들기가 아주 쉽다.
- 냉장고나 팬트리(식품 저장실)에 있는 기본 식재료로 만들 수 있다(갈비는 제외).
- 며칠 놓아두면 시간이 지날수록 더 맛있어진다.
- 영혼을 진정시키거나 당신의 가슴을 따뜻하게 어루만져 줄 것이다. 당신이 정말 운이 좋다면 두 가지를 동시에 느낄 수 있을 것이다.
- 맛이 무지무지 좋다.

고기를 시어링해서 맛을 조금 더하고 채소를 기름에 구운 다음 감칠맛을 더하기 위해 마마이트(Marmite, 간장류 조미료) 조금과 간장, 토마토 페이스트를 넣고 푹 끓인다.

겨울 동안은, 일반적으로 케일 잎들이 몇 장 냉장고에 돌아다니는데 이 잎들은 아주 멋진 샐러드가 되기도 하고(올리브오일과 식초에 두어 시간 재워 두면 드레싱을 친 후에도 며칠 동안 아삭하다! 835쪽 참고), 이 스튜에 넣어 더 맛있고 더 푸짐하게 만든다. 스튜보다 소고기와 보리 수프를 더 좋아한다면 마지막에 원하는 농도로 묽어지도록 육수를 더 넣으면 된다.

소고기와 보리 스튜 BEEF AND BARLEY STEW

4~6인분

뼈 없는 소고기 갈비 900g(2.5cm 크기로 썰기)

코셔 소금과 후춧가루

카놀라유 2큰술

중간 크기 당근 2개(껍질을 벗기고 길이 방향으로 반을 자른 뒤 1.3cm 크기로 썰기. 약 1컵, 250ml)

중간 크기 셀러리 2줄기(길이 방향으로 반으로 자른 뒤 1.3cm 크기로 썰기. 약 1컵, 250ml)

큰 양파 1개(다지기. 약 1½컵, 375ml)

마마이트 ½작은술

간장 1작은술

중간 크기 마늘 2쪽(다지거나 제스터에 갈기. 약 2작은술)

토마토 페이스트 1큰술

홈메이드, 또는 저염 닭육수 통조림 4컵(1l)

홀토마토 통조림 1개(400~410g, 물을 따라 버리고 큼직하게 썰기.)

통보리 1컵(250ml)

월계수 잎 2장

큼직하게 자른 케일 잎 여유있게 담아서 4컵(1l)

1 갈비를 큰 볼에 넣고 소금과 후추를 뿌려 고루 섞는다. 더치 오븐에 기름을 두르고 기름에서 연기가 날 때까지 센 불로 가열한다. 소고기를 넣은 후 한쪽 면이 갈색이 될 때까지 5분 정도 익힌다. 이때 소고기를 이리저리 움직이지 않는다. 소고기의 사방이 갈색이 될 때까지 10분 정도 익힌 후 냄비 바닥에 눌어붙은 것들이 타지 않도록 불을 줄인다. 소고기를 다른 그릇에 덜어 둔다.

2 냄비를 중강 불에 올리고 당근과 셀러리, 양파를 넣는다. 자주 저어 주면서 채소가 갈색이 되기 시작할 때까지 약 4분 정도 볶는다. 여기에 마마이트와, 간장, 토마토 페이스트를 넣고 저어 주면서 약 30초 정도 볶아 향을 낸다.

3 **2**에 육수를 붓고 나무 주걱으로 냄비 바닥에 눌어붙은 것들을 긁어낸다. 토마토와 보리 그리고 월계수 잎을 넣고 **1**의 소고기를 다시 냄비에 넣는다. 센 불로 가열하다 끓기 시작하면 가장 약한 불로 줄이고 냄비 뚜껑을 덮되 조금만 열어 둔다. 가끔 저어 주면서 소고기가 완전히 부드럽고 보리가 다 익을 때까지 2시간 정도 끓인다.

4 케일을 넣고 계속 저어 주면서 숨이 죽을 때까지 약 2분 정도 익혀 준다. 소금과 후추로 간한다. 바로 상에 내거나 최고의 맛을 내기 위해 식혔다가 밀폐된 용기에 넣어 냉장고에 두고 먹기 전에 다시 가열해서 데운다. 냉장고에서는 5일 정도 보관 가능하다.

소고기(육수)는 어디에 있는가?

여러분은 아마 왜 내가 소고기 수프에 소고기 육수 대신 닭고기 육수를 사용하는지 궁금해 할 수도 있는데 답은 간단하다. 게으르기 때문이다. 소뼈는 커서 맛과 젤라틴을 뽑아내려면 시간이 아주 많이 걸린다(식당에서는 백 버너에서 소고기 육수를 하루 종일 끓인다.). 닭 육수는 빨리 만들 수 있고 나는 늘 만들어 놓은 게 있고 맛이 그렇게 세지 않아서 다른 맛을 압도하지 않으면서 본 재료의 맛이 쉽게 드러나도록 한다. 닭 육수를 기본으로 만든 소고기 스튜는 일단 끓고 나면 소고기 맛이 많이 난다.

가게에서 파는 육수는 어떤가? 대부분의 슈퍼마켓 진열대에서 닭과 소고기, 채소 육수를 거의 같은 가격으로 살 수 있다. 하지만 그건 말이 되지 않는 이야기이다. 안 그런가? 뼈가 더 커서 추출해 내는 데 더 오랜 시간이 필요하고 고기도 더 비싸므로 소고기 육수를 만드는 데 훨씬 더 많은 노력이 필요한데 어떻게 닭 육수와 같은 가격에 팔릴 수가 있는가?

여기에 비밀이 있다. 가게에서 파는 소고기 육수는 진짜 소고기 육수가 아니다. 실제로 통조림 소고기 육수에는 소고기가 아주 조금밖에 들어 있지 않다. 다른 사람들처럼 식료품 제조업자들도 게으르며 손익 계산에 많이 신경 쓴다. 하루 종일 송아지 고기나 소뼈를 우려 내는 대신 그들은 지연적이거나 인공적인 조미료를 사용히기 쉽다. 미국 농무부의 표시 지침에 따르면 소고기나 돼지고기 브로스는 135.1 : 1의 단백질비, 즉 물 1온스(28g)당 소고기 단백질이 0.007온스(0.2g)만 포함되어 있는 것이다. 브로스에서 그다지 고기 맛이 나지 않는 게 당연하다!

빠르고 싸게 통조림에 든 소고기 브로스의 맛을 내기 위해 대부분의 제조업자들은 이스트와 채소 추출물에 의존한다. 이스트 추출물을 넣으면 스튜의 감칠맛이 아주 증대되지만 내 스스로는 조절해 가면서 첨가하려 한다(많은 내 레시피에 이스트 추출물인 마마이트가 들어간다.). 통조림 육수를 선택한다면 나트륨 함량이 낮은 치킨 브로스를 선택한다.

브로스 구입

소고기가 아닌 닭이나 채소 브로스를 산다(위의 '소고기(육수)는 어디에 있는가?' 참고). 아래는 통조림 브로스를 구입할 때 살펴 볼 점에 대한 몇 가지 정보이다.

- **저염 브로스(또는 육수)**를 구입할 것. 나트륨 함량이 낮으면 통조림 브로스의 염도에(일반적으로 아주 높음) 구애 받지 않고 양념을 각자의 입맛에 맞게 조절할 수 있다.
- **통조림 브로스 말고 다시 봉할 수 있는 테트라 팩(Tetra-packs)에 든 브로스**를 구입할 것. 포장된 많은 음식들처럼 브로스는 개봉을 하면서부터 상하기 시작한다. 다시 닫을 수 있는 테트라 팩(지퍼락 팩)이면 상하지 않으면서 오래 육수를 사용할 수 있고 냉장고에 보관하다가 필요한 만큼만 따라서 사용할 수도 있다.

통조림 콩을 맛있게 하는 법

나는 콩을 아주 좋아하고 아내는 수프를 아주 좋아한다. 그래서 우리 둘에게 겨울은 일 년 중 가장 멋진 계절이 된다. 잠깐, 이건 정확하지가 않다. 사실은 아내는 수프를 좋아하고 나는 위스키를 좋아한다. 이 두 가지가 모두 해당되는 우연한 상황이라면, 내가 조금 취했을 때 수프를 얼마나 자주 만들고 싶어지는지 생각해 보면 된다. 나는 '여보, 내가 또 어쩌다가 수프를 끓였어.'라고 말한다. 아내는 취중 수프보다 멀쩡할 때 만든 수프를 더 좋아하기 때문에 그렇게 말할 것이다(취중 수프가 더 맛있을지라도). 그래서 올해 나는 위스키를 좋아하는 것만큼 콩을 좋아하고 이 둘을 좋아하는 것보다 훨씬 더 아내를 사랑한다고 생각하기 때문에 술병을 콩류 식물로 바꾸고 술 수프를 콩 수프로 바꾸기로 결심했다.

물론, 추운 날씨와 나의 의지박약으로 인해 바로 무너졌지만. 문제는 이것이었다. 말린 콩은, 정확히 말하자면 빨리 조리할 수 있는 음식이 아니기 때문에 잘하면 몇 시간 정도, 최악의 경우 하루 종일 물에 담가 두어야 하며 그 후엔 다시 물에 삶아야 한다는 것이다. 그래서 나는 분별 있고 냉철한 사람이라면 할 법한 일을 했는데 바로 통조림 콩을 샀던 것이다. 통조림 콩이 말린 콩보다 몇 가지 면에 있어 뚜렷한 장점이 있는데, 첫째는 질감이 아주 좋다는 것이다. 콩 통조림 제조업체는 가공 기술이 아주 능숙하기 때문에 안에 단단한 것, 깨지거나 뭉개져서 지저분한 것, 하여튼 간에 뭔가 부족한 콩들은 찾아보기 힘들고 완벽히 부드럽고 온전하게 조리된 콩을 발견할 수 있다. 이것은 가정에서 성공하기 쉽지 않은 일이다. 둘째는 통조림 콩은 맛있고 잘 조리된 국물이 함께 들어 있다. 많은 레시피들이 내용물을 한번 헹궈 내라고 말한다. 만약 콩 샐러드를 만든다면 이렇게 하는 게 맞지만 수프를 만들 때는 그 국물이 아주 좋다. 함께 넣으면 묽은 육수에 맛도 더하고 아주 풍성하게 해 준다.

통조림 콩의 한 가지, 진짜 문제는, 바로 맛(또는 풍미)이다. 말린 콩으로 만들 때는 콩을 조리하는 데 이용할 수 있는 매질이 많다. 물도 있고, 닭고기 육수도 있고 돼지고기 육수, 다시(dashi, 가다랑어나 멸치 등을 삶아 우린 국물)도 있고 달콤한 당밀 토마토소스도 있다. 그리고 양파, 당근, 셀러리, 월계수 잎, 타임, 돼지고기 지방 등 좋아하는 향료를 첨가하여 콩에 맛이 배도록 할 수도 있다. 그런데 통조림 콩은 어느 요리에나 잘 어우러지지만 특별한 맛은 내지 않게 만들어졌다.

그런데 다행스럽게도 이런 콩의 맛을 조금 되돌릴 수 있는 방법이 있다. 대부분의 간단한 통조림 콩 수프 레시피는 재료를 함께 섞어서 수프를 끓이고 바로 먹도록 한다. 이렇게 해도 아무 문제가 없다. 통조림 콩은 결국 편리하려고 만든 음식이니까. 하지만 만약 제가 풍미 가득하고 향기로운 재료를 듬뿍 넣고 재빨리(무려 15분만에) 끓여 내는 것만으로도 수프의 질을 한 단계 높일 수 있다고 말한다면 어떻게 하시겠습니까? 미안해요, 거기에는 극적인 변화는 없습니다. 솔직해집시다. 겨우 30분 콩 수프일 뿐인데. 콩 수프는 가령 가장 친한 친구가 복권을 샀는데, 수백만 달러에 당첨된다든지 하는 식으로 여러분의 삶을 바꾸지는 않지만 평일 저녁의 요리 습관은 바꿀지도 모른다.

30분 파스타 에 파지올리 30-MINUTE PASTA E FAGIOLI

파스타 에 파지올리는 전통적으로, 먹다 남은 선데이 그레이비(Sunday gravy)로 만든,
콩과 파스타가 들어간 수프이며 『딘 마튼 쇼(Dean Martin)』에서는 멍청함을 유발하는 것으로 알려져 있다.
내가 만드는 형태는 확실히 할머니가 만든 것처럼 고기가 가득 들어가진 않는다.
하지만 마늘과 판체타(베이컨이나 구안치알레, 그리고 원하면 잘게 자른 소시지를 넣어도 된다.),
오레가노(oregano)를 많이 넣고 월계수 잎을 두어 장 넣어 맛이 풍부하다.

4인분

홀토마토 통조림 800g(400g짜리 2개)

엑스트라 버진 올리브오일 2큰술(+ 차릴 때 추가로 필요.)

무염 버터 1큰술

잘게 썬 판체타 85g(선택사항)

중간 크기 양파 1개(채썰기. 약 1컵, 250ml)

중간 크기 마늘 6쪽(곱게 다지거나 제스터에 갈기. 약 2큰술)

말린 오레가노 ½작은술

레드 페퍼 플레이크 ½작은술

홈메이드 또는 저염 닭육수 통조림 4컵(1ℓ)

붉은강낭콩 통조림 800~860g(400~430g짜리 2개, +담긴 국물도 사용함.)

월계수 잎 2장

작은 파스타 1컵(250ml. 조개껍데기, 디딸리, 엘보)

코셔 소금과 후춧가루

다진 파슬리 2큰술

1 볼에 홀토마토 통조림을 붓고 토마토 덩어리를 손으로 잘게 부순 뒤 잠시 둔다(토마토에서 물이 나올 수 있으니 조심할 것).

2 큰 냄비에 올리브오일과 버터를 넣고 중강 불로 버터가 녹을 때까지 가열한다. 판체타를 사용하면 팬에다 넣고 계속 저어 주면서 약 2분 정도 볶아 향을 낸다. 불을 중간으로 줄이고 양파와 마늘, 오레가노와 레드 페퍼 플레이크를 넣고 저으면서 양파에서 향이 나고 숨이 죽되 갈색 빛이 돌진 않을 정도로 약 3분 정도 볶아 준다. 토마토를 즙과 함께 넣고 닭 육수와 강낭콩 그리고 월계수 잎을 넣고 센 불로 끓인 뒤 불을 줄여 뭉근하게 끓인다. 총 20분간 끓이는데 파스타를 마지막 5~10분 전에 수프에 넣고 익힌다(포장지에 익히는 시간이 나와 있으니 참고한다.).

3 소금과 후추로 수프에 간을 한다. 월계수 잎은 버리고 파슬리를 넣고 그릇마다 올리브오일을 조금 뿌리고 차려 낸다.

30분 미네스트로네 30-MINUTE MINESTRONE

미네스트로네는 농산물 직판장에 있는 채소가 가장 싱싱하고 가장 맛있는 봄과 초여름 동안 내가 고르는 수프이다.

어떤 미네스트로네 수프는 여러 시간 끓여야 한다.

실제로 나는, 나의 '빠른 버전'을 선호하는데, 채소가 약간 아삭거리고 신선한 맛이 나기 때문이다.

나는 늘 양파와 당근, 셀러리와 토마토 통조림을 기본으로 시작하지만

그 밖에 여기에서 제안하는 채소들을 이용해도 되고 198~199쪽의 도표에 있는 것으로 해도 된다.

추가 채소의 총량은 대략 3~4컵(750ml~1ℓ) 정도로 유지하면 된다(푸른 채소는 숨이 아주 많이 죽기 때문에 셈에 넣지는 않는다.).

6~8인분

엑스트라 버진 올리브오일 2큰술(차릴 때 추가로 필요)

중간 크기 양파 1개(다지기. 약 1컵, 250ml)

중간 크기 당근 2개(껍질 벗겨서 다지기. 약 1컵, 250ml)

셀러리 2줄기(다지기. 약 1컵, 250ml)

중간 크기 마늘 4쪽(곱게 다지거나 제스터에 갈기. 약 4작은술)

홈메이드 또는 저염 닭 육수 통조림 6컵(1.5l)

다이스 토마토 통조림 1컵(250ml)과 즙

카넬리니빈, 또는 볼로티빈 통조림(또는 크랜베리빈, 로만빈) 400~430g 1개와 국물

월계수 잎 2장

작은 주키니 1개(1.3cm 크기로 깍뚝 썰기 또는 폭으로 반달 썰기. 약 ¾컵, 180ml)

작은 여름 호박 1개(1.3cm 크기로 깍뚝 썰기 또는 폭으로 반달 썰기. 약 ¾컵, 180ml)

그린빈 1컵(1.3cm 폭으로 썰기, 250ml)

시금치나 케일 큼직하게 잘라서 2컵(500ml, 시금치는 잎이 곱슬거리는 것을 사용함)

작은 파스타 1컵(250ml, 조개 모양, 디딸리(ditali), 엘보(elbows) 같은)

냉동 완두콩 ½컵(125ml)

방울토마토 ½컵(125ml, 2등분하기.)

코셔 소금과 후춧가루

다진 바질 ¼컵(60ml)

1 큰 냄비에 올리브오일을 두르고 기름 표면이 일렁일 때까지 중강 불로 가열한다. 불을 중간으로 줄이고 양파와 당근, 셀러리 그리고 마늘을 넣고 숨이 죽되 갈색빛이 돌진 않을 정도로 약 3분 정도 저으면서 볶는다. 여기에 닭 육수와 토마토와 콩을 넣는데, 통조림 국물도 같이 넣어 준다. 그리고 월계수 잎도 넣어 주고 센 불에서 끓인 뒤 불을 줄여 뭉근히 끓인다. 20분간 끓여 주는데 주키니와 여름 호박, 그린빈, 시금치는 10분 뒤 넣고 끓이고 마지막 5~10분 전에 파스타를 넣고 끓여 준다(포장지에 익히는 시간이 나와 있으니 참고한다.).

2 수프에 소금과 후추로 간을 한다. 월계수 잎은 버리고 냉동 완두콩과 방울토마토, 바질을 넣고 완두콩이 해동될 때까지 저어 준다. 각각의 접시에 올리브오일을 뿌려 마무리한다.

30분 흰콩과 파르메산 수프(토스카나식이라고 부르지 마세요!)
30-MINUTE DON'T-CALL-IT-TUSCAN WHITE BEAN AND PARMESAN SOUP

단어 사용의 엄숙한 역사를 감안해 볼 때, 나는 이 콩 수프에 대해 토스카나적인 어떤 것이 실제로 있다고 생각하지는 않지만 그럼에도 맛있다. 비결은 풍부한 로즈마리와 끓는 동안 버무려진 질 좋은 파르미지아노 레지아노 치즈의 껍질 덩어리에 있다. 닭 뼈를 끓이는 것과 비슷하게 파르메산 껍데기는 맛과 걸쭉함을 더한다. 차이라면 끝내주는 맛에 도달하기까지 단지 몇 분밖에 걸리지 않는다는 점. 그리고 질 좋은 올리브오일을 충분히 흩뿌려 준다는 것이다.

4인분

엑스트라 버진 올리브오일 2큰술(+차릴 때 추가로 필요)

중간 크기 양파 1개(다지기. 약 1컵, 250ml).

중간 크기 당근 2개(껍질 벗기고 다지기. 약 1컵, 250ml).

셀러리 2줄기(잘게 다지기. 약 1컵, 250ml)

중간 크기 마늘 4쪽(곱게 다지거나 제스터에 갈기. 약 4작은술)

레드 페퍼 플레이크 ½작은술

홈메이드 또는 저염 닭육수 통조림 4컵(1l)

카넬리니빈 통조림(또는 그레이트 노던빈) 800~860g(400~430g 짜리 통조림 2개와 국물)

로즈마리 줄기(약 15cm짜리) 4개(잎은 떼어 내서 잘게 다지고 줄기는 남겨 두기.)

파르메산 치즈 껍데기(7~10cm 길이) 1개와 차림용 추가분(파르메산 치즈 껍데기가 없다면 일반 파르메산 치즈로 대체)

월계수 잎 2장

큼직하게 자른 케일이나 근대 잎 3~4컵 (750ml~1l)

코셔 소금과 후춧가루

1. 큰 냄비에 올리브오일을 두르고 기름 표면이 일렁일때까지 중강 불로 가열한다. 양파와 당근, 셀러리를 넣고 숨이 죽되 갈색빛이 돌진 않을 정도로 약 3분 정도 저어 가며 볶는다. 마늘과 레드 페퍼 플레이크를 넣고 약 1분간 볶아 향을 낸다. 닭 육수와 콩, 콩 국물, 로즈마리 줄기, 파르메산 껍데기, 월계수 잎을 넣고 불을 세게 하고 끓인다. 그러고는 불을 줄이고 케일을 넣고 뚜껑을 덮고 15분 동안 뭉근히 끓인다.

2. 월계수 잎과 로즈마리 줄기는 빼서 버린다. 원하는 농도가 될 때까지 핸드블렌더로 콩 일부를 대충 간다. 또는 수프 2컵(500ml)을 일반 블렌더(믹서)나 푸드프로세서로 옮겨서 부드러워질 때까지 낮은 속력으로 시작해서 점점 빠른 속력으로 돌린 뒤 다시 수프에 넣고 섞는다. 소금과 후추로 간을 한다.

3. 국자로 떠서 볼에 담고 다진 로즈마리를 뿌리고 올리브오일을 뿌리고 치즈를 위에 갈아 넣는다. 구운 바삭한 빵과 함께 상에 차린다.

30분 검정콩 수프 30-MINUTE BLACK BEAN SOUP

검정콩 수프는 내가 어렸을 때, 가장 좋아하는 수프였고 지금도 그렇다.
양파, 피망과 함께 커민(Cumin) 파우더와 마늘, 핫 페퍼 플레이크가 맛의 기본이 된다.
신의 한수는 통조림 치포틀레 페퍼(chipotle pepper)로 요즘은 어디서나 구할 수 있으며 맛도 여전하다.

4인분

식물성 기름 1큰술
피망 2개(다지기.)
큰 양파 1개(다지기.)
중간 크기 마늘 2쪽(곱게 다지거나 제스터에 갈기. 약 2작은술)
할라피뇨(씨를 제거하고 다지기.) 1개
커민 파우더 1작은술
레드 페퍼 플레이크 ½작은술
아도보 소스에 담긴 치포틀레 칠리 1개(다지기. 아도보 소스 1큰술)
홈메이드 또는 저염 닭육수 통조림 4컵(1ℓ)
블랙빈 통조림 800~860g(400~430g 통조림 2개)와 국물
월계수 잎 2장
코셔 소금

차려 낼 때(선택사항)

신선한 고수 잎(대충 썰기.)
크레마(Crema. 멕시코식 사워 크림)
깍뚝 썬 아보카도
깍뚝 썬 적양파

1 큰 냄비에 올리브오일을 두르고 기름 표면이 일렁일 때까지 중강 불로 가열한다. 피망과 양파를 넣고 자주 저어 주면서 숨이 죽되 갈색빛이 돌진 않을 정도로 약 3분 정도 볶아 준다. 마늘과, 할라피뇨 또는 세라노 페퍼(serrano pepper), 커민 파우더, 레드 페퍼 플레이크를 넣고 약 1분 정도 볶아 향을 낸다. 치포틀레와 아도보 소스를 넣고 섞어 준다. 닭 육수와, 콩, 콩국물, 월계수 잎을 넣고 센 불로 높여 끓인다. 불을 줄이고 뚜껑을 덮고 15분 동안 뭉근히 끓인다.

2 월계수 잎은 버린다. 핸드블렌더로 원하는 농도가 될 때까지 콩 일부분을 대충 간다. 아니면 수프 2컵(500ml)을 믹서나 푸드프로세서에 넣고 낮은 속력으로 시작해서 점점 높은 속력으로 높이면서 간다. 수프에 다시 붓고 섞어 준다. 소금으로 간을 한다.

3 국자로 수프를 떠서 그릇에 담고 취향에 따라 고수 잎과 사워 크림, 아보카도(avocado)와(나) 적양파와 함께 상에 올린다.

레시피 없이 크림 같은 채소 수프를 만드는 법
HOW TO MAKE CREAMY VEGETABLE SOUPS WITHOUT A RECIPE

지금은 보스턴의 랜드마크인 9번 파크(No. 9 Park) 레스토랑에서 내가 제이슨 본드(Jason Bond) 셰프님 밑에서 진지하게 식당일을 시작했던 수습 요리사 시절, 새로운 기술을 배우거나 오래된 기술을 완벽하게 숙달할 때마다 내 자신에게 "이런, 젠장!! 이걸 진짜 내가 해냈어?"라고 말할 때가 많았다.

하지만 맨 처음 만든 수프는 셰프 본드 선생님이 가르쳐주신 크림 같은 살구버섯 수프(chanterelle soup, 주: 맛있고 맛있는 마약 같은 캠벨의 크림(Campbell's cream) 같은 버섯 수프)였다. 향신 채소를 기름이나 버터에 볶아 부드럽게 하고(sweating), 버섯을 기름에 굽고, 좋은 육수를 더한 후 신선한 버터와 함께 잘 섞이도록 퓌레 형태로 곱게 간다.

맛있는 다른 채소 수프처럼 마지막 결과는 재료가 액화되고 정제되고 강화되면서 실제 살구버섯보다 더 살구버섯 맛이 났다. 비밀은 액체가 입안을 코팅해 줘서 더 직접적으로 혀의 미뢰와 후각 감지기에 닿아 휘발성분이 더 쉽게 발산되게 하는 방식이었으며 향이 있는 재료들이 다른 맛도 끌어 낼 수 있는 조리법 때문이었다. 내가, 부드럽고 크림 같은 수프로 만들어 보지 않은 채소는 이제 이 세상에 거의 없을 지경이며 그중 내가 좋아하지 않았던 것들 또한 매우 드물다. 하지만 내 경험들은 나에게 몇 가지를 깨우쳐 주었다. 살구버섯 수프를 만드는 첫 번째 과정이 실제로는 '살구버섯 수프 레시피'가 아닌, 부드러운 크림 채소 수프를 만드는 청사진에 있다는 것이다. 그것을 각 단계별로 나누어 보편화(또는 일반화) 하기만 하면 된다.

예를 들면, 나는 한 번도 생강과 해리사(harrisa)로 맛을 낸 부드러운 당근 수프를 만들어 보진 않았지만 그럴싸하다고 생각한다. 다음은 내가 만드는 방법이다.

1단계 : 주요 재료를 준비한다.

가장 간단한 수프는, 그저 익히지 않은 주재료에 물을 붓고 끓여서 만들 수 있다. 이런 류의 수프를 준비할 때는 필요하면 주재료의 껍질을 벗기고 적당한 크기로 자르기만 하면 된다. 더 작게 재료를 자를수록 수프는 더 빨리 푹 익는다.

주재료를 로스팅하거나 브라우닝해서 맛을 증대시키고 싶을 때가 있다. 이런 방법은 고구마와 호박(squashes) 같이 달콤하고 조직이 치밀한 채소나 브로콜리나 콜리플라워 같은 배추속(屬) 식물에 매우 효과적인 기술로 브라우닝이 되면서 단맛이 강화된다. 이런 재료를 로스팅하기 위해서는 큼직하게 썰어 올리브오일과 소금, 후추를 넣어 섞은 뒤 알루미늄 호일이나 유산지를 깐 베이킹팬에 올리고, 가장자리가 갈색이 되고 부드럽게 익도록 190℃의 오븐에서 구워 주면 된다.

이 방식은 두 가지로 작용하는데, 첫째, 캐러멜화(caramelization)가 되는 과정은 큰 당을 더 작고 더 달콤한 당으로 분해한다. 둘째, 단순당을 만드는 효소작용은 열로 가속화된다.

2단계 : 향이 있는 채소 고르기.

양파, 리크, 샬롯, 마늘 등과 같은 양파 속 채소들은 수프 냄비 속에서 최고의 조연 배우이다. 이런 채소들은 주목을 끌지는 못하지만 이 채소들이 없으면 수프는 밍밍해진다. 나는 수프를 만들 때 거의 대부분 마늘, 샬롯과 함께 양파나 리크를(또는 이 네 가지 다!) 올리브오일이나 버터에 볶는 것으로 시작한다.

깍둑 썬 당근이나 피망, 셀러리, 얇게 슬라이싱한 펜넬이나 생강 같이 단단한 채소들은 어떤 경우에는 잘 어울리지만 음식의 최종적인 맛이 도드라지기 때문에 넣어도 괜찮을지 잘 생각해야 한다. 당근 수프를 만들 때 양파를 넣고 만들어 보라. 당근 수프 맛이 난다. 이번엔 펜넬이나 생강을 넣고 당근수프를 만들어 보라. 당근을 넣은 펜넬 수프나 당근을 넣은 생강 수프 맛이 날것이다.

3단계 : 향이 있는 채소들을 스웨팅하거나 브라우닝한다.

중요한 다음 질문 : 스웨팅할 것인가 브라우닝할 것인가?

- **스웨팅**은 기름에서 잘게 썬 채소를 천천히 익히는 과정이다. 중간 정도의 불에서 볶는데 채소에 들어 있는 지나친 수분을 없애고 세포 조직을 분해해서 맛이 빠져 나오게 하려는 목적이다. 여기에 양파 속 채소는 또 다른 과정이 진행되는데, 양파 향은 양파 세포 속 각각 분리된 칸에 있던 전구체 분자들이 칸을 벗어나면서 서로 결합할 때 나기 시작한다. 양파를 스웨팅하면 세포벽을 깨고 이 과정이 일어나게 된다. 똑같은 과정이 마늘과 샬롯, 리크에도 일어난다.

- **브라우닝**도 스웨팅처럼 시작되지만 일반적으로 더 높은 온도에서 일어난다. 채소에 포함된 많은 수분이 증발하고 나면 채소는 갈색으로 변하고 캐러멜화되기 시작한다. 그래서 맛이 풍부해지고 더 달콤한 향과 더욱 복합적인 맛이 나게 된다. 당신은 풍미가 더 풍부한 것이 항상 더 낫다고 생각할 수 있고, 그래서 채소를 항상 브라우닝하려고 할 수 있다. 그러나 자주는 아니더라도, 이 브라우닝은 맛을 지나치게 강하게 만들어서 수프를 너무 달게 만들 수도 있고 채소들이 가진 미묘한 맛들이 조화를 이루지 못하고 서로 경쟁하듯 두드러지게 만들 수도 있다.

4단계 : 향신료나 페이스트 같이 향을 내는 2단계의 재료를 넣어 준다.

향이 있는 재료를 스웨팅하거나 브라우닝한 후, 다음 단계는 부차적인 향신료를 더해 주는 것으로, 이것은 선택사항이기 때문에 종종 생략되기도 한다. 아주 깔끔하고 맑은 맛의 수프를 좋아하면 그냥 넘어가면 된다. 여러 맛이나 향신료로 맛을 내는 걸 좋아하면 이 단계가 재미있을 것이다.

이 단계의 재료들은 갈아 놓은 향신료(커리 가루 또는 커민 파우더, 칠리 파우더 등) 등과 수분이 있는 페이스트(토마토 페이스트, 헤리사, 다진 아보도 소스에 절인 치포틀레 페퍼 등)이다. 이런 재료들은 뜨거운 기름에 잠깐 굽거나 볶으면 좋은 효과를 낼 수 있는데 지용성인 맛이 추출되면서 맛이 더욱 골고루 수프 속으로 분산될 뿐만 아니라 구성 성분 일부가 더욱 복합적이고 더욱 강한 향을 내는 물질로 바뀌기도 된다.

분쇄된 향신료는 표면적과 부피의 비율이 높고 대부분의 페이스트는 이미 익은 상태라 과정이 겨우 몇 분밖에 걸리지 않는다. 향신료에서 향이 나기 시작할 때까지만 익히면 된다.

5단계 : 액체를 더한다.

어떤 액체를 넣는가가 완성된 음식에 아주 큰 영향을 준다.

- **닭 육수**는 쉽게 선택할 수 있는 대비책이며 늘 사용하기 적당하다. 닭 육수는 맛이 중립적이고 부드러워 다른 맛을 압도하지 않으면서 요리에 고기 맛을 더하고 맛있게 만든다. 채소 육수도 똑같이 복합적인 맛을 낼 수 있지만 구입할 땐 주의해야 한다. 그렇기 때문에 여러분이 직접 만드는 편이 낫다.

- **채소 즙**은 채소 맛이 더 많이 나기를 원할 때 넣으면 좋다. 당근을 당근 주스에 넣어 요리하고 퓌레로 만들면 미친 듯한 당근 맛이 난다. 요즘은 여러 종류의 채소 즙을 슈퍼마켓에서 사거나 착즙기로 집에서 직접 만들 수 있다. 레시피 중 '구운 호박과 생 당근 수프'처럼 주재료에 다른 채소 즙을 섞어서 서로 어울리게 하면 아주 멋진 음식이 만들어진다.
- **우유나 버터밀크 같은 유제품**은 비록 유지방 때문에 조금 덜 산뜻한 맛이 나긴 하지만 풍성하고 크림과 같은 요리를 만드는 좋은 방법이다. 조금 덜 산뜻하다 해도 꼭 나쁘지만은 않은 게 예를 들면, '크림 같은 브로콜리 수프'나 '크림 같은 토마토 수프'에서 브로콜리나 토마토의 맛을 돋보이게 하는데 완벽한 역할을 하기 때문이다.
- **물**은 다른 액체가 없다면 아주 괜찮은 선택이다.

어떤 액체를 사용하더라도 너무 많이는 넣지 않는다. 재료가 충분히 잠길 정도로 재료보다 2.5cm 정도 더 붓는다. 간 후에 언제라도 걸쭉한 수프를 묽게 할 수는 있지만 너무 묽은 퓌레 수프를 줄이려면 훨씬 더 어렵다. 냄비 바닥을 태우지 않고 만들려면 더 그렇다.

액체와 주재료를 넣은 뒤 채소가 완전히 다 익을 때까지 끓인다. 칼로 찔러서 잘 들어갈 정도로 부드러워지게 한다. 당근이나 파스닙과 같은 뿌리채소들은 알아서 익히면 된다. 너무 많이 익힌다고 세상이 끝나지 않는다. 하지만 브로콜리나 아스파라거스, 완두콩, 그린빈, 그리고 잎채소 같은 녹색 채소들은 말하자면 선명한 색의 수프를 만들고 싶다면 색이 칙칙하게 변하기 전까지만 익혀야 한다.

6단계 : 퓌레 만들기와 유화시키기

이 단계는 아주 재미있는 부분으로 바로 퓌레를 만드는 부분이다. 수프의 최종적인 부드러움은 사용하는 도구에 달려 있다.

- **블렌더**는 빠른 속도와 소용돌이 동작으로 가장 매끄러운 결과물을 제공한다. 뜨거운 액체를 갈 때는 뜨거운 수프로 목욕하고 싶지 않다면 항상 키친타월로 뚜껑을 누르고 블렌더(믹서)를 저속에서 시작해서 천천히 고속으로 올린다.
- **핸드블렌더**는 블렌더의 힘에 따라 꽤 부드럽게 된다. 핸드블렌더는 수프를 만들 때 단연코 가장 편리한 방법이며 좀 투박하고 덩어리가 있어도 그런 질감에 만족한다면 괜찮은 선택이다.
- **푸드프로세서**는 그렇게 많이 선택하지는 않을 것이다. 용기 면적이 넓고 비교적 회전력이 낮기 때문에 퓌레를 만들기보다는 잘게 다지는 정도가 된다.

어떤 방법으로 퓌레를 만들든 나는 이 단계에서 수프에 버터든 올리브오일이든 약간의 기름을 넣어 유화를 하고 싶다. 이렇게 하면 수프에 아주 풍성한 질감이 더해진다.

일부 레시피(내 레시피 다수도 포함)는 칼날이 돌고 있을 때 기름이나 작은 버터 덩이를 천천히 넣으라고 한다. 이 방법은 지방이 적절히 유화될 수 있는 아주 확실한 방법이다. 하지만 여기에 비밀이 있는데 바로 세상에서 최악인 블렌더가 아니라면(그리고 그런 사람이 아닌 한!), 기름을 천천히 부을 필요는 없다. 블렌더의 소용돌이 동작은 기름을 한꺼번에 다 넣어도 골고루 잘 유화시킬 정도로 아주 강력하다.

극도로 매끄러운 수프를 만드는 게 목표라면 국자 바닥으로 소스를 거르는 원뿔형 체인 쉬느와즈(chinois)나 아주 미세한 철망 체 위에다 대고 으깨서 퓌레 수프를 완성한다. 그러면 존 트라볼타(John Travolta)가 2겹으로 된 피자 조각을 들고 우쭐대며 걷는 것보다 더 매끄러운 수프가 될 것이다.

7단계 : 산성 재료와 간은 마지막에 한다.

간을 하는 단계는 어느 레시피에서나 접시에 담아 차려 내기 바로 전이다. 먼저 간을 할 수도 있지만 수프가 완성돼서 최종적으로 맛을 보기 전까지는 소금 농도가 정확한지 알 수가 없다. 그래서 이 단계에서 간을 해야 한다.

레시피에서 소금과 마찬가지로 똑같이 중요하게 최상의 맛을 내야 하는 게 있다면 바로 산이다. 산성의 재료는 요리하면서 빨리 맛이 무뎌지므로 마무리하기 바로 전에 넣는다. 채소가 기본이 되는 대부분의 요리에서 레몬이나 라임 주스는 향이 채소 맛을 완성하기 때문에 아주 멋진 선택이 될 수 있다. 또 다른 걸 고른다면 사과 식초나 포도 식초, 혹은 내가 제일 좋아하는 셰리 식초(sherry vinegar)를 조금 넣어 주면 된다. 셰리 식초는 특히나 엑스트라 버진 올리브오일을 많이 넣은 수프와 아주 잘 어울린다.

8단계 : 고명 얹기와 마무리하기

이 단계에서 수프는 기본적으로는 완성되지만 고명을 조금 얹어 준다고 해서 나쁠 건 없다. 선택할 수 있는 고명의 종류는 다음과 같다.

- 호두나 피스타치오(pistachio), 호박 씨(squash seed, 스쿼시 씨드), 아르간(argan) 등의 맛있는 기름.
- 파슬리, 타라곤(tarragon), 차이브(chives), 대파나 쪽파 등 다진 허브나 부드러운 파속 채소.
- 버섯이나 리크, 마늘 등 살짝 볶은 채소류.
- 아몬드, 헤이즐넛(hazelnuts) 또는 잣 등의 견과류를 올리브오일이나 버터에 구운 것.
- 다진 파슬리나 레몬 제스트, 다진 마늘을 섞은 것과 같은 간단한 그레몰라타(gremolata)류 혼합물.
- 가늘게 채썬 고추 종류.
- 브라우닝된 버터 뿌리기.
- 향신료나 페이스트로 맛을 내거나 아무것도 넣지 않은 사워 크림, 크렘프레슈 또는 생크림 등의 유제품.

앞의 4단계에서 사용했던 양념을 조금 사용하면 맛이 훨씬 좋아질 수 있다.

나는 고명을 올리는 단계가 맛과(이나) 질감을 그릇 속으로 켜켜이 쌓는 마지막 단계라고 생각한다.

9단계 : 반복한다.

이 8단계까지 다 익혔다면, 자신이 좋아하는 맛을 조합해서 어떤 크림 같은 수프라도 만들 수 있게 된다. 각각의 채소나 향이 다 조화를 이룬다고는 말할 수 없지만 이 시침을 정사진으로 심으면 원하는 수프를 잘 만들어 낼 수 있을 것이다. 우리 모두 수프에 대해 환상이 있지 않은가?

블렌더가 폭발하다.

이건 지난주에 내게 일어났던 일이다. 나는 아내를(아내는 절대로 수프에 질리지 않는다.) 위해 토마토 수프를 만들고 있었고 블렌더에 뜨거운 토마토 혼합물을 막 부었을 때이다. 버튼을 켜려고 손을 뻗었을 때 내 마음 한 구석에서 작은 목소리가 들렸다. 이 일은 예전에도 일어났고 또 다시 일어날지니. 너 자신에게 이렇게 물어보라. "바보라면 이렇게 하겠지?" 답이 "'응'이라면 그렇게 하면 안 돼." 그럼에도 나는 멈추지 않고 어쨌든 블렌더를 켰다. 뚜껑이 아주 격렬하게 솟아올랐고 뜨거운 토마토가 아주 센 화산폭발지수 7(VEI-7)*의 힘으로 폭발하면서 온 아파트 안에 후두둑 떨어지자 개가 놀라서 소파 뒤로 뛰어 올랐다. 이런 일은 어디서도 배운 적이 없는 실수로, 중요하게는 열역학과 증기 형성의 물리학 때문에 일어난다.

뜨거운 물이 증기로 바뀌는 데에는 여러 요인이 작용한다. 압력은 중요한 요인 중 하나이다. 우리 모두가 알고 있듯이, 증기는 물보다 공간을 훨씬 많이 차지한다. 이 때문에 물의 중심부에 압력을 충분히 가해 주면 수증기는 날아가지 않는다. 토마토 수프가 블렌더에 가득 들어 있을 때 표면 부분만 제외하고 수프 전체에는 상당한 압력이 있다. 표면 아래의 액체가 자기 순서를 기다리고 있는 동안 수증기는 윗부분에서만 날아간다. 그런데, 이때 블렌더를 켜게 되면 갑자기 아주 큰 격동이 생긴다. 소용돌이가 만들어지고 액체 중심부의 표면이 갑자기 아주 커지면서 수증기가 갑자기 그리고 엄청나게 많이 만들어진다. 또한 노출이 증가하면 블렌더의 상부 공간에 있는 공기를 데우게 돼서 공기가 팽창하게 된다. 이 빠른 팽창으로 블렌더 윗부분은 폭발하게 되고 뜨거운 토마토가 날아가게 된다. 펑!

그렇다면 어떻게 이를 막을 수 있는가? 두 가지 방법이 있다. 첫째는 블렌더 안에 팽창할 여유 공간이 반드시 있어야 한다. 뜨거운 수증기는 배기 밸브가 있어야 한다. 가장 쉽게 할 수 있는 일은 블렌더 뚜껑 가운데 마개를 빼내고 구멍을 타월로 덮는 방법이다. 이렇게 하면 팽창한 가스가 날아갈 수 있어서 액체가 솟아오르는 걸 막을 수 있다. 두 번째는 더 쉽게 가스 분출을 막는 방법으로 블렌더를 아주 약하게 시작하는 것이다. 블렌더를 가장 낮은 속도로 시작해서 천천히 가장 높은 버튼으로 속도를 올린다. 더 천천히 팽창해서 가스가 달아날 시간을 충분히 줘서 부엌도 안전하고 개도 다치지 않게 할 수 있다.

거르기

'벨벳처럼 매끄럽게' 그리고 '덩어리 없이'로 수프와 소스를 표현하려면, 고운체를 사용하면 된다. 하지만 냄비나 볼 위에 체를 고정시켜 두고 수프를 붓고 모두 다 걸러질 때까지 기다려 봤는가? 아마 아주 오랫동안 기다려야 할 것이다. 수프가 통과하는 동안 체에 있는 구멍이 막히기 때문이다.

이를 막을 수 있는 두 가지 방법이 있다. 첫 번째는 체를 톡톡 두드리는 것이다. 용기 위에 걸린 수프가 가득 담긴 체

---

* 인근 주위에 굉장히 오랫동안 영향을 주고 세상에 단기적으로 엄청난 영향을 끼치는 화산분출이다. 내가 사는 아파트를 완전히 파괴해서 단기적으로 엄청난 손상을 입혔다.

를 한 손으로 잡고 다른 손으로는 길고 무거운 도구로 체의 모서리에 대고 반복해서 톡톡 두드리는 것이다(나는 무거운 주걱이나 원형 칼갈이를 이용한다.). 매번 두드릴 때마다 수프는 아래로 떨어진다. 아주 걸쭉하거나 덩어리가 있는 수프를 거를 때는 두 번째 방법을 사용하는데 바로 숟가락으로 으깨 주는 방법이다. 용기 위에 걸쳐 있는 수프가 가득 든 체를 한 손으로 잡고 숟가락이나 국자 혹은 고무 주걱으로 체의 가장자리를 긁으면서 내용물을 젓는다. 이렇게 하면 씨, 덩어리, 그리고 막힌 걸 뚫어서 수프가 잘 흐르게 된다.

그릴에 구운 치즈 샌드위치와 빠르게 만드는 토마토 수프
QUICK TOMATO SOUP WITH GRILLED CHEESE

비 오는 날, 토마토 수프와 그릴에 구운 치즈보다 더 전형적인 음식이 어디 있는가?

아주 간단하고 쉽다. 배도 부르고 어린 시절로 다시 돌아간 듯한 느낌이 든다(우선, 그 나이를 지났다면). 물론, 고전적인 캠벨표 통조림 토마토 수프도 있다. 이 수프는 우리의 얼굴을 계속 핥는 강아지처럼 어느 정도까지는 귀엽고 즐겁게 해 주지만 때로 어른용 수프를 먹고 싶기도 하다. 다행스럽게도 이 수프는 만들기가 아주 간편하다. 이 어른용 수프는 통조림 토마토를 통째로 사용하고 양파와 오레가노, 레드 페퍼 플레이크(red pepper flake)를 함께 살짝 볶아서 퓌레로 만드는데 맛이 풍성하고 매운 맛이 있어서 음식에 균형을 맞춰준다. 칠리(chili)처럼 먹기 전에 수프에 술을 조금 끼얹어 주면 술의 향이 그릇에서 나와 코 속으로 퍼진다. 물론 넣지 않아도 맛있지만. 아주 질 좋은 올리브오일을 조금 뿌리거나 생허브를 뿌리면 전형적인 어린애 같던 수프가 완전히 우아한 점심으로 바뀌게 된다. 먹기 전에 넥타이와 재킷을 꼭 입도록.

그릴에 구운 치즈 샌드위치는 누구나 조리법을 잘 알고 있지 않은가? 비결이라면 버터를 많이 바르고 낮은 불에서 천천히 굽는 것이다. 너무 빨리 구우면 치즈가 조금 끈적거리기도 훨씬 전에 토스트가 타고 만다. 내 친구 애덤 쿠반(Adam Kuban)이 더 나은 방법을 알려주기 전까지 여러 해 동안 나도 구운 치즈 샌드위치를 이렇게 만들었다. 그가 알려준 방법은 버터로 빵 두 조각을 굽는다. 치즈를 빵 한쪽의 구운 면에다 올려놓는다. 다른 빵 조각으로 덮고 원래 하듯이 만들면 된다. 뜨겁게 구운 빵은 버터의 풍성함과 속에 구운 빵 맛이 더 날 뿐 아니라 치즈를 더 끈적거리게 만든다.

그냥 구운 치즈 샌드위치도 맛있지만……

치즈는 원하는 걸 사용하면 되지만 나는 솔직히 치즈버거에서와 마찬가지로 구운 치즈 샌드위치에도 아메리칸 치즈 정도로 녹는 치즈가 좋다. 그래서 찐득찐득하게 만들기 위해 아메리칸 치즈를 한 조각 넣고 맛이 좋은 톡 쏘는 체다 치즈나 스위스 치즈 한 조각을 더 넣는다. 아니면 정말이지 아주 고급스러운 걸 좋아한다면 그뤼에르(Gruyere) 치즈를 넣으면 된다.

파르메산 치즈를 위에다 갈아 넣으면……

마지막으로, 치즈를 더 넣고 싶다면 샌드위치 위에 파르메산 치즈를 강판에 갈아 치즈 층을 하나 만들면 된다. 그러면 팬에 구운 이탈리아식 프리코(frico)처럼 바삭바삭한 치즈 층이 하나 더 생겨 아주 바삭거린다.

치즈 맛이 아주 많이 나는 구운 치즈 샌드위치가 된다.

15분 팬트리 토마토 수프 15-MINUTE PANTRY TOMATO SOUP

NOTE • 나는 이 수프를 만들 때 뮤어 글렌(Muir Glen) 같은 고급 토마토 통조림을 사용한다.

4인분

무염 버터 3큰술

큰 양파 1개(다지기, 약 1½컵, 375ml)

레드 페퍼 플레이크 조금

말린 오레가노 ⅛작은술

중력분 1큰술

홀토마토 통조림 1.6kg(800g짜리 2개)과 즙

우유나 생크림 ½컵(125ml)

코셔 소금과 후춧가루

위스키나 보드카 혹은 브랜디 2큰술(선택사항)

엑스트라 버진 올리브오일 2큰술

파슬리나 바질 또는 차이브와 같은 다진 허브 2큰술(선택사항)

치즈가 듬뿍 들어간 구운 치즈 샌드위치(레시피는 바로 나옴.)

1 중간 크기의 냄비에 버터를 넣고 중강 불에 녹인다. 양파를 넣고 자주 저어 주면서 숨이 죽되 갈색 빛이 돌지 않을 정도로 6~8분 정도 볶아 준다. 레드 페퍼 플레이크와 오레가노를 넣고 30초 정도 볶아 향을 내다가, 밀가루를 넣고 약 30초 볶아 준다. 토마토를 즙과 함께 넣고 팬의 바닥에 깔린 밀가루를 긁어 내며 저어 준다. 우유나 크림을 넣고 가끔 저어 주고 토마토는 숟가락으로 부수고 끓을 때까지 저어 준다. 끓기 시작하면 불을 줄이고 3분 동안 끓인다.

2 불을 끄고 핸드블렌더로 재료를 갈아서 퓌레로 만든다. 혹은 필요하면 일반 블렌더로 여러 번에 나눠 옮기고 저속에서 시작해서 점점 고속으로 높이면서 퓌레로 만든 후 팬에 다시 붓는다. 수프에 소금과 후추로 간을 한다. 위스키를 넣는다면 잘 섞고 끓인다. 올리브오일을 각 그릇에 넉넉히 뿌리거나 허브를 뿌리거나 취향에 따라 후추를 조금 뿌려서 샌드위치와 함께 바로 먹는다.

치즈가 듬뿍 들어간 구운 치즈 샌드위치

나는 보통 B군에(아래 note 참고) 속하는 치즈 대신 아메리칸 치즈와 체다 치즈 한 조각씩을 넣는다. 한 사람당 샌드위치 반쪽과 수프를 내거나 이 레시피를 배로 해서 샌드위치를 프라이팬 두 개로 만든다(프라이팬이 하나뿐이라면 샌드위치를 여러 번 나눠서 만들고 먼저 만든 것은 베이킹팬에 올려서 낮은 온도로 따뜻하게 데운 오븐에 넣어 둔다.).

NOTE • A군에 속하는 치즈는 여러 가지 중에서 아메리칸 치즈, 체다(cheddar), 잭(Jack), 폰티나(Fontina), 영 스위스(young Swiss), 그뤼에르(Gruyère), 뮌스터(Muenster), 영 프로볼로네(young provolone), 영 고다(young Gouda) 등으로 아주 잘 녹는 치즈이다. B군에 속하는 치즈는 향이 아주 강하며 갈아서 쓰는 치즈로 파르메산(Parmigiano-Reggiano), 아지아고(Asiago), 페코리노(Pecorino), 숙성한 만체고(Manchego), 숙성한 고다(Gouda) 등이다.

샌드위치 2개분

무염 버터 2큰술

질 좋은 흰 통밀이나 호밀로 만든 샌드위치용 빵 4개

A군 슬라이스 치즈 110g(왼쪽의 note 참고)

코셔 소금

B군 치즈 15g(강판에 갈기. 선택사항, 왼쪽의 note 참고)

브라운 머스터드(brown mustard)

1. 30cm(12인치) 스테인리스 팬 또는 무쇠 프라이팬을 중간 불에 올리고 버터 ½큰술을 녹인다. 빵 2개를 넣고 손으로 이리저리 옮기면서 버터가 다 흡수되도록 한다. 빵을 가끔 이리저리 옮기면서 약 1분 동안 구워 아주 연한 갈색이 되게 한다. 도마로 옮기고 구운 면을 위로 향하게 하고 바로 A군 치즈로 각 빵을 덮는다. 팬에 버터 ½큰술을 녹인 뒤 남아 있는 빵 2개를 넣고 연한 갈색이 될 때까지 구운 뒤 구운 면을 치즈 위에 바로 올린 뒤 눌러 샌드위치를 만든다.

2. 팬에 버터 ½큰술을 녹인 뒤 소금을 조금 뿌린다. 불을 중약으로 줄이고 샌드위치를 팬에 넣는다. 손으로 샌드위치를 이리저리 움직여 버터가 다 흡수되도록 한다. 샌드위치를 손으로 이리저리 옮기고 넓고 딱딱한 뒤집개로 가끔 부드럽게 눌러 주면서 약 4분 정도 샌드위치의 바닥이 진한 황금색이 되도록 굽는다. 샌드위치를 뒤집개로 도마로 옮긴다. 나머지 버터 ½큰술을 팬에 녹이고 소금을 조금 뿌린 뒤 굽지 않은 쪽이 바닥으로 가도록 하고 같은 과정을 반복해 두 면이 다 황금색이 되고 치즈가 완전히 녹도록 약 4분 정도 더 굽는다. 샌드위치를 도마 위로 옮긴다.

3. 취향에 따라, 큰 접시 위에 치즈를 골고루 뿌린다. 간 치즈에 샌드위치를 눌러 치즈를 묻힌 뒤 한번 뒤집고 다시 눌러 양쪽 면에 골고루 치즈가 다 묻도록 한다. 샌드위치를 팬에 다시 넣어 갈은 치즈가 녹고 황금색 크러스트를 만들 때까지 약 1분 정도 굽는다. 샌드위치를 조심스럽게 뒤집고 두 번째 면도 똑같이 굽는다. 도마로 다시 옮긴다.

4. 샌드위치를 대각선 방향으로 반으로 자르고 머스터드 소스, 토마토 수프와 함께 바로 상에 올린다.

옥수수 차우더 CORN CHOWDER

내 어머니의 옥수수 차우더 레시피에는 통조림 크림 옥수수(creamed conrn)가 들어가고, 하프앤하프(half-and-half, 우유와 생크림을 동량으로 섞은 크림)와 분말 치킨 스톡 1작은술이 들어간다. 나는 이 버전이 더 많이 전파되는 게 좋지만(이 버전은 아직도 내 여동생의 레시피 목록 중에서 가장 기본이 된다.), 반은 뉴잉글랜드인인 나에게 차우더는 내 책에서 몇 가지 엄격한 규칙을 가진 어느 정도는 성스러운 음식이다. 모든 차우더에는 유제품이 들어가며(내게 맨해튼 클램 차우더(Manhattan clam chowder) 따위는 주지 마세요.), 대부분 감자가 들어가고 어떤 것은 돼지고기가 들어간다. 모두 비싸지 않은 전통적인 뉴잉글랜드 재료들이다. 나는 옥수수 차우더에 슈퍼마켓에서 가장 손쉽게 구할 수 있는 염장 돼지고기인 베이컨을 넣어 만들곤 했지만 베이컨의 두드러지는 훈제 향 때문에 그다지 만족스럽지 않았다. 그래서 훈제하지 않은 염장 돼지고기로 바꿨더니 옥수수 맛을 압도하지 않는 특유의 돼지고기 맛이 더해졌다. 그리고 언젠가 용기가 더 생길 때 혹은 단지 냉동실을 텅 비우려고 할 때, 돼지고기를 다 생략할 것이다.

대부분의 차우더 레시피는 양파를 버터에 센 불로 강하게 볶으라고 한다. 거기에다 옥수수 알맹이와 감자, 유제품을 넣고 익힌다. 익으면서 감자에서 전분이 나와 국물이 걸쭉해진다. 아무것도 신경 쓸 일이 없다. 신경 쓸 일이 있다면 다 벗겨 낸 옥수수자루를 쓰레기통에 넣는 일이다.

알맹이를 먹고 난 뒤 옥수수자루에 남은 얼마 안 되는 그 달콤한 즙을 빨아 먹으려고 2~3회 계속해서 옥수수자루에 붙은 옥수수를 빨아 본 적이 있는가? 주위에 있는 바삭한 지방처럼 그 부분이 옥수수에서 가장 맛있는 부분이다. 왜 그 옥수수자루를 버리려 하는가? 나는 칼등으로 옥수수자루에 있는 즙을 긁어낸다. 긁어모은 즙

과 빈 옥수수자루를 같이 기본 육수에 넣어서(이때, 코리앤더 씨드 또는 펜넬 씨드 같은 향신료도 몇 가지 같이 넣어 준다.) 옥수수 맛이 많이 나는 수프를 만들 수 있다(좋은 식으로).

육수를 오래 끓일 필요는 없다. 다해서 10분 정도로 옆에서 양파나 옥수수 알맹이를 센 불에 강하게 볶는 시간만큼만 끓여 주면 충분하다. 옥수수 즙이 들어간 육수가 완성되면 나머지는 아주 간단하다. 양파와 버터, 육수, 감자를 넣고 감자가 익을 때까지 끓이면 된다. 여기에 우유를 넣고(나는 크림보다 우유를 더 좋아하는데 크림의 지방분은 옥수수의 맛을 어느 정도 덮어버리기 때문이다.), 수프에 약간의 부피감이 있을 정도로 그리고 유지방이 적당히 수프 속으로 유화될 정도로만 갈아준다.

이렇게 육수를 우리는 방법이 좋은 점은 얼마든지 변형 가능하다는 것이다. 가끔 부드럽고 달콤한 옥수수 벨루테(velouté)를 만들고 싶을 때는 차우더를 만들 때와 같게 하되 감자와 크림을 빼고 완전히 부드러울 정도까지 갈아 주면 된다. 그리고 차우더에 베이컨 맛이 나는 걸 좋아하면 베이컨을 넣으면 된다.

옥수수 구입 방법

맛있는 차우더나 옥수수 구이의 비결이 알고 싶은가? 바로 맛있는 옥수수를 고르면 된다. 그게 전부다. 그런 옥수수를 구하는 것이 비결이다. 그다음엔 그저 누워서 떡 먹기이다.

음식은 그냥 살기 위해 필요한 연료가 아니라는 것을 깨닫게 해 준 어린 시절 음식에 대한 기억이 있는데, 초등학교 2학년 때 북부 뉴욕 주(Upstate New York)의 농장으로 소풍을 가게 됐는데 처음으로 정말 맛있는 옥수수를 맛보았다. 농부 아저씨와 트랙터에 타고서 들판을 지나갔는데, 아저씨가 옥수수 하나를 꺾어서는 껍질을 벗기고 내게 맛을 보라고 건네 주었.

그것을 입에 넣자, 속에서 이런 외침이 들렸다. "오~!! 스켈레토어!! 전투갑옷을 입은 나의 히멘을 이 옥수수와 바꾸겠다!!" 이 말을 요즘에 내가 사용하는 단어로 대충 번역해 보면 "빌어먹을, 겁나게 맛있군!!"(나의 수사는 해가 갈수록 현저하게 줄어들었다.) 엄청나게 달고, 맛이 선명해서 어쩌다 한번 만날 수 있는 기대에 부응하는 그런 옥수수로 내 맘속에 전형으로 남아 있다.

몇백 년 전 어떤 돌연변이의 결과로 생긴 단옥수수(sweet corn)는 일반적인 옛날 경작지의 옥수수(가축 사료로 썼다.)보다 알갱이 속 당도가 훨씬 더 높다. 하지만 문제는 옥수수 알은 줄기에서 따자마자 당이 전분으로 바뀌기 시작한다. 옥수수 알을 상온에 두면 추수 당일에만 당이 50% 줄어들고 심지어 농산물 직판장의 뜨거운 햇빛 아래 두면 90%까지 줄어든다.

그래서 이 이야기의 교훈이라면, 최대한 신선한 옥수수로 구입하고(가능하면 농부에게 구입), 최대한 빨리 냉장고에 넣고 구입한 날 요리한다.

칼 사용법 : 옥수수 손질법

옥수수를 고를 때는 알맹이가 빈틈없이 박혀 있고 잎이 밝은 푸른색으로 시들지 않은 것을 고른다.

옥수수 알이 잘 여물고 즙이 많은지 확인해 보려면 옥수수, 특히 옥수수 끝의 뾰족한 부분을 손으로 꽉 쥐어 짜 본다. 좋은 옥수수는 거의 나오는 게 없으며 (즙의 무게로 인해) 무겁게 느껴진다.

미리 껍질을 벗겼거나 비닐 랩에 포장돼서 나오는 옥수수는 피한다. 추가로 처리를 하거나 포장이 됐다는 것은 추수를 하고 난 뒤 더 많은 시간이 흘렀다는 것을 의미한다.

옥수수를 저장하는 좋은 방법이란 없다. 요리할 그날 사야 한다. 보관해야만 한다면 겉껍질이 있는 채로 냉장고의 채소 보관실에 보관하되 하루 이상은 넘기지 않는다. 더 오래 두면 옥수수에 전분이 많아지고 맛이 없어진다. 오래 보관하려고 한다면 옥수수 알을 떼어 내서 끓는 물에 1분간 데친 후 차가운 물에 담가 식힌다. 데친 옥수수 알은 베이킹팬이나 쿠키팬에 펼쳐서 완전히 얼 때까지 냉동실에 넣어 둔다. 냉동한 알맹이는 지퍼락 팩에 넣고 냉동실에서 3개월 정도 보관할 수 있다.

옥수수 알을 자루에서 떼어 내려면 먼저 겉껍질과 수염을 벗기고 버린다. 옥수수를 한 손에 쥐고 뭉툭한 부분을 큰 그릇의 바닥에 댄다. 칼을 옥수수 윗부분에 대고 위에서 아래로 최대한 알갱이를 속대에 가까이 대고 잘라낸다. 깔끔하게 그릇으로 떨어질 것이다. 남아 있는 알맹이들도 이런 식으로 반복해서 돌아가면서 잘라 낸다. 속의 즙도 긁어내고 육수를 만들기 위해 자루를 버리지 않는다('최고의 옥수수 차우더', 220쪽 참고).

최고의 옥수수 차우더 THE BEST CORN CHOWDER

NOTE • 가장 신선한 옥수수를 사고 구입한 그날 사용한다.

6인분

옥수수 6개(껍질과 수염은 제거.)
홈메이드 또는 저염 통조림 닭 육수 6컵(1.5l)
월계수 잎 1장
펜넬 씨드 1작은술
코리앤더 씨드 1작은술
통후추 1작은술
염장한 돼지고기나 통베이컨 110g(1.3cm 크기로 깍둑 썰기. 선택사항)
무염 버터 3큰술
중간 크기 양파 1개(다지기. 약 1컵, 250ml)
중간 크기 마늘 2쪽(곱게 다지거나 제스터로 갈기. 약 2작은술)
러셋 감자 1~2개(껍질 벗겨 1.3cm 크기로 깍둑 썰기. 약 1½컵, 375ml)
코셔 소금
우유 2컵(500ml) 또는 우유 1컵과 생크림 1컵 (500ml)
후춧가루
설탕(필요하면)
대파 3대(가늘게 채썰기.)

1 날카로운 칼로 옥수수자루에서 알맹이를 잘라 낸다. 대는 남겨 둔다. 칼등으로 옥수수자루에서 '즙'을 긁어서 큰 냄비에 넣고 옥수수자루도 반으로 잘라서 팬에 넣는다. 육수를 붓고 월계수 잎과, 펜넬 씨드, 코리앤더 씨드, 후추를 넣고 섞는다. 강한 불에서 끓인 뒤 불을 줄여 뭉근하게 10분 정도 맛이 우러나게 한다. 볼 위에 고운체를 걸치고 육수를 부어 거른다. 옥수수자루와 향신료는 버린다.

2 육수가 우러나는 동안, 돼지고기를 사용한다면 3l 정도 크기의 냄비에 버터를 넣고 중간 불에서 버터가 녹을 때까지 가열한 뒤 돼지고기를 넣고 볶는다. 양파와 마늘, 옥수수 알맹이를 넣고 자주 저어 주면서 돼지고기의 지방이 녹고 양파가 부드러워질 때까지 약 7분 정도 볶는다. 버터가 갈색으로 변하기 시작하면 불을 줄인다.

3 옥수수 육수와 감자, 소금 1작은술을 넣고 푹 끓인다. 가끔 저어 주기도 하면서 감자가 다 익을 때까지 약 10분 정도 끓인다. 그리고 우유를 넣고 섞어 준다. 녹은 버터가 위에 떠서 차우더가 잘못된 것처럼 보일 것이다. 핸드블렌더를 이용해서 원하는 농도가 될 때까지 수프를 갈아 준다. 아니면, 수프의 반을 일반 블렌더로 옮겨서 저속에서부터 점차 속도를 높여 약 1분 정도 입자가 부드러워질 때까지 간다. 남아 있는 수프에 다시 붓고 잘 섞어 준다. 소금과 후추와 설탕을 넣고 간을 한다. 옥수수가 아주 신선할 경우는 설탕은 필요 없다. 대파를 조금 뿌려서 마무리한다.

크림 같은 브로콜리 파르메산 수프 CREAMY BROCCOLI-PARMESAN SOUP

이 크림 같은 수프는 버터와 밀가루로 만든 루(roux)가 얼마나 걸쭉하게 그리고 얼마나 잘 유화하는가에 달려 있는데 맛을 무뎌지게 할까봐 생크림을 넣지 않고 크림과 같은 농도를 만들기 위해 루를 사용한다. 오랫동안, 칙칙한 군복 색 채소들이 좋은 평가를 못 받아 왔는데 나는 푹 익힌 브로콜리나 그린빈의 맛을 섹시하게 되돌려 놓으려고 한다. 산뜻하고 밝은 녹색 줄기에 대해서는 좋은 이야기가 많지만 브로콜리가 푹 익었을 때 나오는 맛은 알덴테(al dente, 채소나 파스타류의 맛을 볼 때, 이로 끊어 보아서 너무 부드럽지도 않고 과다하게 조리되어 물컹거리지도 않아 약간의 저항력을 가지고 있어 씹는 촉감이 느껴지는 것을 말한다.) 상태의 녹색 줄기의 맛과 비교가 되지 않는다. 브로콜리의 줄기는 연해지면서 약간 쌉쌀하고 유황빛의(좋은 의미로) 풍성하고 깊이 있는 맛이 모두 우러난다.

유일한 결점이라면 브로콜리가 이 정도로 부드러워지려면 한 시간 이상이나 걸리는데 이런 지루한 과정을 기다려야 한다. 하지만 영국인들이 전통적인 피시 앤 칩스(fish 'n' chips)를 만들 때 삶아 으깬 완두콩에 사용한 오래된 비결이 있다. 바로 물에 베이킹 소다를 넣는 방법이다. 베이킹 소다는 액체의 수소 이온 농도 지수를 높여 브로콜리의 세포를 함께 지탱하고 있는 펙틴을 부드럽게 만드는 것이다. 아주 조금만 넣어도 삶는 시간을 2/3 정도 줄일 수 있다.

수프에 깊은 맛을 내기 위해서 나는 파르메산 치즈를 듬뿍 갈아 넣었고 앤초비도 한 움큼 섞어 넣었다(채식주의자용으로 만든다면 이런 건 생략하면 된다.). 파르메산 치즈의 톡 쏘는 맛이 브로콜리의 깊은 맛을 드러나게 한다. 버터에 재빨리 구운 크루통을 한 줌 넣어 주면 식감과 맛을 더해 준다.

6인분

무염 버터 5큰술

중간 크기 양파 1개(다지기. 약 1컵, 250ml)

중간 굵기 셀러리 4줄기(다지기. 약 1컵, 250ml)

중간 크기 마늘 2쪽(곱게 다지거나 제스터에 갈기. 약 2작은술)

앤초비 필레 4개(잘게 썰기. 선택사항)

중력분 3큰술

우유 2컵(500ml)

홈메이드 또는 저염 닭 육수 통조림 닭고기 / 채소 육수 2컵(500ml, 필요에 따라 추가)

베이킹 소다 ¼작은술

브로콜리 송이 부분, 줄기 12컵(3l, 2.5cm 크기로 자르기. 대략 큰 송이 하나별로)

파르메산 치즈 85g(갈기.)

레몬주스 2큰술(레몬 1개분)

코셔 소금과 후춧가루

푸짐한 흰 샌드위치용 빵 4조각(가장자리 딱딱한 부분은 제거하고 1.5cm 크기로 깍둑 썰기.)

1 큰 더치 오븐이나 수프 냄비를 중강 불에 올리고 버터 3큰술을 넣어 녹인다. 양파와 셀러리, 마늘을 넣고 약 5분 정도 채소의 숨이 죽되 갈색빛이 돌진 않을 정도로 저어 주면서 볶는다(버터가 갈색으로 변하기 시작하면 불을 줄인다.). 앤초비를 사용하면 넣고 약 30초 정도 볶아 향을 낸다.

2 밀가루를 넣고 30초 정도 계속 저어서 다 흡수되도록 한다. 계속 저으면서 천천히 우유를 붓고 다음에 육수를 붓는다. 여기에 베이킹 소다와 브로콜리를 넣고 한소끔 끓인다. 불을 줄이고 뚜껑을 덮고 뭉근히 끓인다. 가끔 저어 주면서 브로콜리 송이 부분이 완전히 부드러워지고 올리브 그린색이 되도록 약 20분 정도 끓인다.

3 몇 차례에 나눠 **2**를 블렌더에 담고 파르메산 치즈를 넣고 저속에서 시작해서 점점 고속으로 속도를 높이면서 완전히 부드러워질 때까지 약 1분 정도 간다. 원하는 농도로 묽게 하기 위해 필요하면 육수나 물을 더 넣는다(나는 개인적으로 걸쭉한 걸 좋아한다.). 깨끗한 냄비에 고운체를 올리고 붓는다. 아니면 핸드블렌더를 사용해서 원래의 냄비 안에서 바로 수프를 퓌레로 만들어도 된다. 여기에 레몬주스를 넣고 섞은 뒤 소금과 후추로 간을 한다. 따뜻하게 둔다.

4 남은 버터 2큰술을 큰 논스틱 프라이팬에 넣고 중강 불 위에 올리고 녹인다. 거품이 가라앉으면 빵 조각을 넣고 자주 섞으면서 전체가 황금색이 되도록 약 6분 정도 구워 준다. 소금과 후추로 간을 한다.

5 수프에 이 빵조각을 올리고 마무리한다.

전분 섞기

수프를 걸쭉하게 하려고 뜨거운 수프에 바로 밀가루나 옥수수전분을 넣었을 때, 전분이 덩어리가 지면서 당황스럽게도 부수어지지 않는 작은 공처럼 된 적이 있는가? 이게 바로 문제점인데, 밀가루를 포함해서 모든 종류의 식물에 들어있는 복합 당질인 전분과 물 사이의 상호작용과 관계가 있다. 어렸을 때 가지고 놀았던 작은 공룡 모양의 스펀지를 기억하는가? 나 역시 이 스펀지를 물에 넣고 커지기를 기다렸었다. 이 스펀지가 정확히 전분 분자와 똑같다. 말랐을 때 전분은 작고 쪼글쪼글하다. 이 분자들은 서로 자유롭게 다닐 수 있다. 하지만 물과 만나면 커지기 시작하는데 점점 더 커져서 마침내 서로 섞이면서 서로를 묶는다. 그래서 물이 묻지 않도록 장벽을 만든다. 이해가 되는가?

밀가루나 옥수수전분 한 숟가락이 냄비 안의 물이나 우유의 표면에 떨어질 때 가장 처음 젖는 부분은 과립의 바깥쪽에 급속히 팽창하여 방수 밀봉을 하는 전분질을 형성한다. 덩어리가 지거나 물속에 잠기게 되면 겉면이 방수층이 돼서 전체 덩어리를 다 덮기 때문에 안쪽에는 물이 들어가지 못하게 된다.

그렇다면 이 문제를 어떻게 해결할까? 방법은 두 가지이다.

옥수수전분이나 감자전분처럼 결합하기 전에 익힐 필요가 없는 전분은 먼저 액체를 조금 넣고 그냥 녹인다. 액체의 양을 적게 하면 숟가락이나 포크 혹은 거품기 등으로 휘젓는 기계적인 동작이 훨씬 효과적이다. 또한 액체의 양이 적으면 아주 쉽게 점성이 생겨서 마른 전분 주머니를 후려치는 게 쉬워진다. 나는 같은 양의 전분을 동량의 액체에 풀고 다 섞일 때까지 저어 준 뒤에 남아 있는 액체를 부어 주든지 아니면 나머지 액체에 전분물을 부어 준다.

밀가루처럼 조리를 해서 날가루 맛을 없애야 하는 전분류는 기름으로 시작한다. 전분은 기름에서는 부풀지 않는데 그래서 먼저 밀가루를 버터나 기름 같은 지방과 함께 잘 섞어 준다. 그러면 각각의 전분 알갱이는 기름에 코팅이 되어서 액체를 넣어도 부풀거나 서로 달라붙지 않게 된다. 액체를 넣고 나면 지방은 마침내 녹고 전분이 물에 노출되면서 부드럽게 물과 결합하게 된다. 루를 이용해서 수프나 소스를 걸쭉하게 만들 때에는 이를 전제로 한다.

마지막으로, 전분이 알맞게 걸쭉하게 되려면 충분히 끓여서 전분이 최적의 크기로 팽창할 수 있어야 한다. 그저 뜨거운 상태에서 실제로 끓어오르기까지, 수프가 매우 극적으로 걸쭉해진다는 것을 알아차리게 될 것이다.

브로콜리와 콜리플라워 구입 방법

브로콜리와 콜리플라워는 구입하는 방법이 아주 비슷하다. 다행스럽게도 좋은 걸 고르는 일이 그리 어렵지 않다. 이렇게 영양가 있는 배추속 식물은 보존 기간이 길고 단단해서 보관하고 운반하는 동안 쉽게 물러지거나 부서지지 않는다. 브로콜리 윗부분인 꽃송이 부분이 골고루 진한 녹색이며 녹색에서 보라색을 띠는 싹이 나 있고 빽빽해야 한다. 콜리플라워는 골고루 연한 흰색이어야 하며, 노랗거나 갈색 얼룩이 있는 것은 피한다. 이런 얼룩이 작다면 그냥 잘라 버리면 된다. 잎도 살펴보는데 줄기에 단단히 붙어 있고 옅은 녹색을 띠는 것을 고른다.

일단 브로콜리나 콜리플라워를 사서 가져오면 비닐 랩을 느슨하게 씌우든지 채소용 비닐 팩에 넣어 냉장고의 채소 보관실에 넣는다. 적어도 1주일은 상태가 좋다. 송이별로 잘랐다면 수분이 많이 마르는 걸 피하기 위해 최대한 빨리 사용하는 게 제일 좋지만 이 꽃송이 부분을 밀폐용기나 지퍼백에 넣고 안에다 젖은 키친타월을 넣어 주면 5일 정도는 보관이 가능하다.

칼 사용법 : 브로콜리와 콜리플라워 자르는 법

- **브로콜리** : 줄기 끝부분을 잘라 내서 버린다. 칼끝으로 큰 줄기를 잘라 낸 뒤 꽃송이 부분을 줄기에서 잘라내고 원하는 모양과 크기로 자른다. 줄기에 붙어 있는 것들을 잘라 내서 버린다. 줄기의 껍질을 벗기고 길이로 4등분한다. 꽃송이 부분과 함께 익히도록 1.5~2.5cm 정도 길이로 자른다.

- **콜리플라워** : 가운데를 갈라서 반으로 나눈다. 날카로운 칼끝을 이용해 단단한 심 부분을 도려내고 기둥 부분의 잎들도 제거한다. 손으로 콜리플라워를 큰 송이로 나눈다. 칼끝으로 원하는 크기와 모양으로 다시 자른다.

크림 같은 버섯 수프
CREAMY MUSHROOM SOUP

훌륭한 버섯 수프의 비결은, 버섯을 버터에 넣고 오랜 시간 볶아서 수분을 날리고 갈색이 되도록 하여 풍미를 깊게 하는 것이다.

NOTE • 양송이만 사용해도 되지만 최상의 맛을 내기 위해 양송이나 포토벨로(portobello), 표고버섯 또는 다른 자연산 버섯이나 재배 버섯 등 여러 버섯을 섞어 사용하면 좋다.

6인분

- 버섯 900g(위의 note 참고. 씻어서 0.6cm 두께로 자르기. 약 2.85l)
- 무염 버터 4큰술
- 큰 리크(또는 대파) 1대(흰 부분과 연녹색 부분만 사용, 반으로 나누고 0.6cm 두께로 반달 모양으로 썰기. 약 1컵, 250ml)
- 중간 크기 양파 1개(가늘게 채썰기. 약 1컵, 250ml)
- 다진 타임 잎 2작은술
- 중력분 3큰술
- 우유 1컵(250ml)
- 홈메이드 또는 저염 닭육수 통조림 4컵(1l, 필요에 따라 추가)
- 월계수 잎 2장
- 코셔 소금과 후춧가루

1. 버섯 1컵을 한쪽에 둔다. 큰 더치 오븐이나 수프 냄비를 중강 불에 올리고 버터 3큰술을 넣고 녹인다. 나머지 버섯을 넣고 가끔 저어 주면서 수분이 모두 빠지고 갈색으로 변하기 시작할 때까지 약 10분 정도 볶아 준다. 리크와 양파, 타임의 반을 넣고 채소가 부드러워질 때까지 약 5분간 가끔 저어 주면서 볶는다.

2. 밀가루를 넣고 약 30초 정도 계속 저어 주면서 밀가루가 다 흡수되도록 한다. 계속 저으면서 천천히 우유를 붓고 그다음 육수를 붓는다. 월계수 잎을 넣고 한소끔 끓인 다음 불을 줄이고 뚜껑을 덮고 뭉근히 끓인다. 가끔 저어 주면서 액체가 걸쭉해지고 약간 졸아들 때까지 약 10분간 끓인다. 월계수 잎은 버린다.

3. 여러 번에 나눠 **2**를 블렌더에 넣고 저속으로 시작해서 점점 속도를 높여 대략 퓌레가 되도록 약 1분간 간다. 필요하면 육수나 물을 더 부어서 원하는 농도가 되도록 한다(나는 걸쭉한 걸 좋아한다.). 깨끗한 냄비에 고운체를 올린 뒤 수프를 거르고 소금과 후추로 간을 한다. 아니면 핸드블렌더로 원래 냄비에서 바로 수프를 갈아도 된다. 뜨겁게 둔다.

4. 남은 버터를 큰 논스틱 프라이팬에 넣고 중강 불에 올려 녹인다. 거품이 가라앉으면 남아 있던 버섯 1컵(250ml)을 넣고 계속 뒤적여 섞어 주며 진한 갈색이 될 때까지 볶아 준다. 남은 타임을 넣고 소금과 후추로 간을 한다.

5. 수프 위에 **4**의 구운 버섯을 얹고 마무리한다.

버섯 다루기

어떤 종류든지 버섯을 살 때에는 버섯 윗부분이 물러졌거나 변색한 부분이 없는 것을 고른다. 이런 부분은 부패의 조짐일 수 있다. 포토벨로나 표고버섯처럼 주름이 있는 버섯은 갓 아래 주름도 살펴봐야 한다. 왜냐하면 버섯의 다른 부분보다 이곳이 종종 먼저 변하기 때문이다. 줄기 아래 부분이 변색한 것은 괜찮다. 하지만 너무 많이 말라도 좋지 않고 물러져 있거나 갈라지기 시작하는 것도 좋지 않다. 흙이 묻은 것은 아무 상관이 없다. 버섯은 흙 속에서 자라기 때문에 흙이 묻는 것은 어쩔 수 없다. 확실히 버섯이 깨끗하면 요리하기는 더 쉽지만 갓이나 줄기 주위에 붙어 있는 흙도 괜찮다.

일단 버섯을 집에 가져오면 비닐봉지에 넣고 윗부분은 열어 두거나 구멍이 난 플라스틱 용기에 넣어서 냉장고의 채소 보관실에 보관한다. 신선한 버섯이라면 최적의 조건에서 3~5일 정도 보관할 수 있다.

버섯을 씻어도 될까?

아마 이런 이야기를 들었을 것이다. "버섯은 기본적으로 살아 있는 스펀지와 같아서 물에 젖으면 질척거리고 제대로 요리할 수 없다." 이렇게 말하는 사람들은 버섯용 특수 빗(세상에!)이나 물기 있는 키친타월로 버섯을 손질하라고 할 것이다. 밑동을 손질하기가 어렵기 때문에 사람들이 버섯을 좋아하지 않을 게 뻔하다! 하지만 정말 이렇게 조심해야 할 필요가 있을까? 나는 버섯을 몇 개의 실험군으로 구분해 나란히 요리하면서 이를 시험해 봤다. 첫 번째는 젖은 키친타월로 꼼꼼하게 닦았고 두 번째는 수돗물로 씻어서 체에 넣고 흔들어서 물기를 뺐다. 또 마지막은 수돗물에 씻고 야채탈수기에 넣고 돌려서 물기를 뺐다. 요리하기 전에 세 가지 다 무게를 쟀더니 세상에, 이게 뭐지? 씻어서 체에 밭쳐 물기를 뺀 버섯은 물을 흡수했을 때 무게의 2%만 더 늘었다. 그리고 씻은 뒤 야채탈수기에 넣고 돌린 버섯은 약 1%만 늘어났다. 이는 버섯 453g당 물 1½작은술에 해당하며 요리 시간으로 환산해 보면 15~30초가 더 걸리게 되는 셈이다.

이 말은 무슨 뜻인가? 버섯을 씻으면서 증가하는 대부분의 수분은 오직 버섯 표면에만 묻는다는 뜻이다. 그래서 요리 전에 버섯의 물기를 잘 빼 주기만 한다면 원하는 대로 실컷 씻어도 된다는 의미이다. 탈수기에 짠 버섯과 키친타월로 닦은 버섯을 나란히 놓고 요리를 했더니 둘 다 정확히 똑같은 비율로 익었다.

칼 사용법 : 버섯 썰기

양송이버섯과 갈색 양송이버섯(cremini)

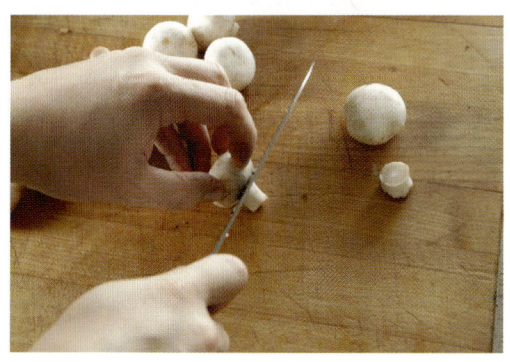

흰 양송이와 갈색 양송이 모두 같은 방법으로 준비하면 된다. 줄기의 아랫부분은 뭐가 많이 붙었거나 질길 수 있으니 잘라 낸다. 그리고 각각의 버섯을 줄기 부분이 아래로 향하도록 도마 위에 평평하게 두고 구이용으로는 4등분하고 볶음용으로는 얇고 길게 슬라이스한다.

포토벨로(Portobello) 버섯

포토벨로 버섯은 갈색 양송이버섯이 다 자란 것이다. 먼저 억센 줄기 아래 밑동을 잘라 낸다. 그러고는 버섯을 하나씩 손에 들고 숟가락으로 검은 주름살을 긁어낸다. 이 부분은 요리의 색을 검게 하고 탁하게 만든다. 이제 버섯을 통째로 로스팅이나 그릴구이용으로 굽기 위해 칼집을 내거나 볶음용으로 반으로 잘라서 가늘게 채썬다.

표고버섯

표고버섯은 줄기가 아주 질기기 때문에 줄기 부분은 제거해야 한다. 과도로 줄기 부분을 잘라 내고(손으로 이 부분을 잘라 내면 갓 부분도 뜯어질 수 있다.) 갓 부분은 얇고 길게 자른다.

호박(PUMPKIN) 수프

때로 채소 자체에 전분이 많아서 걸쭉하게 하거나 유화시킬 재료를 더 넣지 않아도 크림 같이 아주 부드러운 퓌레 수프를 만들 수 있다. 스윗 슈거 펌프킨(Sweet sugar pumpkin)과 같은 호박이 바로 이런 이상적인 재료이다.

221쪽의 '크림 같은 브로콜리 파르메산 수프'처럼 똑같이 육수에 사각형으로 자른 호박을 넣고 퓌레로 만들어 수프를 만들 수 있지만 훨씬 더 맛있게 하려면 먼저 호박을 굽는다. 호박(아니면, 고구마) 같이 전분이 든 채소를 굽는 과정은 눈에 보이는 것 즉, 숨이 죽는 것이 전부가 아니다.

우선, 굽게 되면 수분이 일부 날아가면서 맛이 농축된다. 둘째는, 호박이나 스쿼시 종류, 그리고 고구마 등에는 자연적으로 효소가 들어 있어서 전분이 당으로 바뀌는 걸 도와주는데 그 결과 달콤한 맛이 강화된다. 이러한 과정은 자연적으로 시간이 지나면서 진행되기도 하지만 천천히 구워 주면 반응이 빨라진다.

마지막으로, 호박은 구우면 속에 든 수분이 빠져나오는데 이때 녹은 당도 함께 호박 표면으로 나오게 된다. 수분이 증발하고 나면 당은 호박 표면에 남게 되고 캐러멜이 된다. 캐러멜을 만드는 과정을 통해 당은 더 달콤해지며 또한 완성된 수프에 깊은 맛을 더하는 수백 가지 복합 화합물이 만들어진다.

나는 호박이나 스쿼시를 섞어서 사용하는데 호박을 잘라서 올리브오일을 바른 뒤 인내심을 갖고 최대한 천천히 굽는다. 숟가락으로 안의 과육을 긁어내서 육수와 향신료를 넣고 퓌레로 만든다.

구운 펌프킨 수프 ROASTED PUMPKIN SOUP

6~8인분

호박과 겨울 호박(winter squash) 1.8kg(가급적이면 슈거(sugar), 카보짜(kabocha, カボチャ) 단호박, 델리카타(delicata), 에이콘(acorn) 호박 등을 섞어서 사용. 작거나 중간 크기로 2~3개 정도, 큰 것은 1개 정도)

올리브오일 2큰술

코셔 소금과 후춧가루

무염 버터 2큰술

중간 크기 양파 1개(가늘게 채썰기. 약 1컵, 250ml)

계핏가루 ¼작은술(선택사항)

넛멕 파우더 ¼작은술(선택사항)

홈메이드 또는 저염 닭육수 통조림 4컵(1ℓ. 필요하면 추가.)

메이플 시럽 2큰술

1 오븐랙을 오븐의 중간에 끼우고 오븐을 180℃로 예열한다. 호박(스쿼시를 사용한다면 스쿼시도 함께) 줄기 부분에서 반으로 나누고 큰 숟가락으로 긁어내고 씨는 버린다. 베이킹팬에 호일을 깔고 자른 면이 위로 향하도록 놓는다. 올리브오일을 바르고 소금과 후추로 간을 한다. 호박의 과육이 완전히 부드러워지고 칼이나 케이크 테스터로 찔러 보았을 때 잘 들어갈 정도로 1시간 정도 오븐에 굽고 꺼내 식힌다.

2 호박이 식는 동안 큰 더치 오븐이나 수프 냄비에 버터를 넣고 중강 불에 올리고 녹인다. 양파를 넣고 자주 저으면서 숨이 죽되 갈색으로 변하지 않을 정도로 약 4분 정도 볶아 준다. 취향에 따라 계핏가루와 넛멕을 넣고 약 30초 정도 볶아 향을 낸 뒤 닭 육수를 붓는다.

3 큰 숟가락으로 조심스럽게 구운 호박 과육을 긁어내서 냄비에 넣는다. 호박이 잠길 정도로 물을 충분히 붓고 끓인다.

4 3을 여러 번에 나눠 블렌더에 넣고 저속으로 시작해서 점점 속도를 높이며 완전히 부드러워질 때까지 약 1분 동안 간다. 원하는 농도로 묽게 하려면 필요한 경우 육수나 물을 더 넣는다(나는 되직한 걸 좋아한다.). 고운체를 깨끗한 냄비 위에 올리고 걸러 주고 다시 가볍게 데운다. 메이플 시럽을 섞어 주고 소금과 후추로 간을 한 뒤 마무리한다.

프랑스식 양파 수프를 만드는 두 가지 방법
TWO PATHS TO FRENCH ONION SOUP

미국 요리 책에 프랑스식 양파 수프가 왜 나오는지 의아할 수도 있다. 내 목적은 여러분이 그 작은 포장에 든 갈색 가루를 사용하지 않게 하는 것이다. 그러기 위해 여러분이 과학을 이용해 양파를 직접 캐러멜화해 프랑스식 양파 수프를 만드는 일이 시간이 많이 걸리거나 생각하는 것만큼 그리 어려운 일이 아니라는 것을 보여주려 한다!

프랑스식 양파 수프의 레시피는 확실히 부족한 점이 없다. 그리고 일반적으로 똑같은 기본 기술로 시작하는데 바로 가늘게 채썬 양파를 아주 낮은 불에 올려서 익힌다. 그래야 양파가 가지고 있는 천연의 당이 천천히 골고루 캐러멜화 된다. 양파가 잼 같은 농도로 완전히 진한 갈색으로 분해되고 나면, 육수와 셰리(sherry)주, 향신료 두어 가지를 넣고 끓인 뒤, 소금과 후추를 조금 넣어 간을 하고 치즈맛 나는 크루통을 얹어 차려 낸다. 과정이 아주 간단하고 결과도 판매 중인 그 어떤 수프보다 훨씬 더 맛있지만 요리업계에는 큰 골칫거리다.

천천히 캐러멜화 하려면 3~4시간 정도 냄비를 계속해서 지키고 있어야 하기 때문이다. 조금만 더 길어지거나 5분만 딴전을 피워도 양파가 타서 씁쓸해진다.

운동과 결혼처럼, 많은 시간을 쏟지 않고 정확히 똑같거나 더 나은 결과를 만들 방법이 있다면 얼마나 멋질까 종종 생각한다. 안 좋은 소식부터 말하면? 여러 달(좋다, 여러 해) 동안 23kg 이상의 양파를 쓰며 실험한 뒤, 전통적인 캐러멜 만드는 방법을 대신할 만한 완벽한 방법은 없다는 걸 알게 됐다. 좋은 소식이라면? 여러분은 내가 보낸 시간의 10%로 90%의 방법을 터득할 수 있다는 점이다. 꽤 효과적인 비율이다.

다음은 기본 사항들이다.

달콤함을 찾아서

첫째, 양파가 갈색으로 변할 때 무슨 일이 일어나는지 정확히 이해하는 것이 중요하다.

양파는 조리하면 단단한 상태에서 부드러워지며 녹아 황금색이 된다.

- 스웨팅(sweating)은 양파나 기타 채소를 기름에 굽는(sauteing) 첫 번째 단계이다. 양파는 천천히 가열되면서 속에 든 수분(양파는 무게 대비 대략 75%가 수분이며 다른 일부 채소는 수분 함량이 더 높다.)이 증발하기 시작한다. 그래서 수분이 세포에서 나오게 되고 이 세포들은 도중에 파괴된다. 이렇게 세포가 파괴되면서 채소의 숨이 죽게 된다.
- 효소 작용은 당이나 단백질, 그리고 방향성 화합물(양파의 경우에는 메르캅탄(mercaptans)과 이황화물(disulfides), 3황화물(trisulfides), 사이오펜(thiopenes), 그리고 이렇게 길고 기억할 이유가 없는 다른 화학 물질들)이 복잡하게 섞인 채소 세포들의 내용물이 흘러나오면서 서로 섞이기 시작할 때 일어난다.
- 캐러멜화는 일단 수분이 대부분 증발하고 양파의 온도가 110℃ 이상으로 올라가기 시작할 때 일어난다. 이 반응은 당의 산화를 포함하는데, 당은 나눠져서 수십 개의 새로운 화합물을 만든다. 그 결과 양파의 색이 변하고 깊은 맛이 나게 된다.
- 양파를 달콤하게 만드는 일(sweetening)도 일어난다. 큰 당 분자 자당(흰당)은 더 작은 단당류 글루코스(glucose)와 과당(fructose)으로 분해가 된다(옥수수 시럽을 만드는 당과 같은 두 당). 글루코스 분자 하나와 과당 분자 하나가 합쳐지면 자당 분자 하나보다 더 달기 때문에 캐러멜이 된 당의 맛이 실제로 처음의 당보다 더 달다.
- 마이야르 반응(Maillard reaction)도 또한 이 온도에서 일어난다. 이 반응은 스테이크를 굽거나 토스트를 구울 때 색이 변하는 것과 똑같은 반응이다(301쪽 참고). 마이야르 반응은 당과 단백질 그리고 효소들 사이의 작용을 포함하기 때문에 캐러멜화보다 훨씬 더 복잡하다. 반응으로 생긴 산물은 수백 가지로 번호가 매겨지고 있고 아직도 완전히 다 확인되지 않고 있다.

이상적인 세계에서는, 양파가 조리되면서 세 가지의 일이 동시에 일어날 것이다. (1)양파 세포 조직이 완전히 연해짐 (2)캐러멜화가 최대한 진행됨(즉, 쓴 물질이 생기기 전에 최대한 캐러멜화가 되어야 함) (3)마이야르 반응으로 최대한 브라우닝이 됨((2)의 캐러멜화와 같은 주의사항)

이러한 결과를 향상시킴으로써 종합적으로 과정이 빨라질 수 있을 것이다.

과제 1 : 캐러멜화 효과를 늘린다.

캐러멜화 속도를 높이는 가장 확실한 방법은 더 많은, 미가공 재료, 즉 설탕을 첨가하는 것이다. 양파에 들어 있는 당은 위에서 언급한 대로 글루코스, 과당, 그리고 자당(글루코스 하나와 과당 하나의 결합)이다. 이것은 설탕 과립을 캐러멜화한 산물과 정확히 똑같다. 그래서 나는 약간의 설탕을 물기 없는 프라이팬에 넣고 설탕이 아주 짙은 황금색이 되게 익힌 뒤 양파를 넣고 저어서 양파에 뜨거운 캐러멜이 묻도록 했다. 이 방법은 아주 효과가 좋았는데 완성된 요리에서 전체적인 맛의 윤곽은 바꾸지 않으면서도 총 요리 시간에서 4~5분 정도를 줄여 줬고 더 달고 캐러멜화가 더 많이 진행되는 결과를 가져왔다.

과제 2 : 마이야르 반응을 늘린다.

마이야르 반응에 영향을 주는 요인은 아주 많지만 무엇보다 중요한 요인은 온도와 수소 이온 농도 지수(pH)이다. 이 부분에서, 스테이크에서처럼 온도를 높일 만한 안전한 방법이 없었다. 양파를 너무 높은 열에서 볶으면 양파 속에서 화학물질이 나오기도 전에 양파의 가장자리와 겉면이 타게 된다. 낮은 불에서 천천히 볶는 것이 유일한 방법이다.

반면에 수소 이온 농도 지수는 약간 조절할 수 있었다. 보통 수소 이온 농도 지수가 높을수록(즉, 염기성이나 알칼리성일수록) 마이야르 반응이 더 빨리 일어난다. 비결은 적절한 수준을 찾는 것이다. 베이킹 소다를 많이 넣으면 브라우닝 비율은 50% 이상 비약적으로 높아지지만 저민 양파 453g당 ¼작은술 이상을 넣으면 베이킹 소다의 금속성 맛이 나게 된다.

또한, 베이킹파우더를 넣으면 양파는 훨씬 더 부드러워지는 걸 알 수 있었는데 이는 수프용으로는 괜찮은 현상이다. 이는 채소 세포를 결합시키는 화학적인 접착제, 펙틴이 수소 이온 농도가 높아서 약화되기 때문이다. 빨리 분해된다는 것은 화학물질을 더 빨리 내놓는다는 의미로 전체적인 요리 시간이 더 짧아진다는 걸 뜻한다.

과제 3 : 열을 높인다.

열로 돌아가자. 내가 말한 대로, 불을 중약 정도보다 너무 많이 높일 경우 문제는 양파가 골고루 익지 않는다는 점이다. 가장자리 등은 다른 부분이 황금색 단계가 되기도 한참 전에 까맣게 변할 것이다. 게다가 빠르게 익으면서 냄비 바닥에 고인 당과 단백질은 불과 바로 접하고 있기 때문에 짙은 갈색으로 바뀐다.

그래서 센 불로 양파를 볶을 때 주안점은 양파 전체가 골고루 익고 동시에 냄비 바닥에 눌어붙은 갈색 물질을 제거하고, 전체 온도를 조절해서 양파가 타지 않도록 하려면 어떻게 해야 하는가가 된다. 팬 소스를 만들어 봤다면 답은 아주 쉬운데 완전히 일반적인 상식을 뒤엎어서 나는 아주 놀랐는데, 바로 물로 볶으면 된다.

처음에 물을 부으면 물이 양파와 냄비를 식히므로 물을 데우고 증발시키려면 소중한 에너지를 쏟아야 하니까 역효과를 낸다고 생각할 수 있다. 하지만 실은 이렇다. 냄비 바닥에 있는 갈색 물질과 양파 가장자리의 갈색 부분은 둘 다 물에 녹는 당을 기본으로 한 화합물로서 어느 한 지점에서 우연히 농축이 된 것이다. 냄비에 소량의 액체를 일정한 간격을 두고 넣으면 그 화합물이 녹아서 양파와 냄비 전체에 골고루 재분배가 될 수 있다. 골고루 분배가 되면 골고루 익게 되고 나머지가 다 익기 전에 어느 부분이 타는 일이 없게 된다.

그렇다면 이 모든 게 양파에는 어떤 의미인가? 이 말은 양파를 훨씬 더 센 불에서(중강 세기의 불에서 효과가 좋으며, 좀 더 신경을 써 주면 심지어는 최고로 센 불도 가능하다.) 요리할 수 있다는 뜻이 되고 양파가 막 타려고 할 때마다 물을 두어 큰술 정도 넣으면 다시 한 번 조용한 항해를 할 수 있다.

내가 말한 대로, 전통적인 방법으로 천천히 볶은 양파만큼 그렇게 맛이 깊고 달지는 않지만 당신이 구할 수 있는 통조림, 종이팩, 가루 형태로 포장된 어떤 것들보다 훨씬 낫다. 이 방법으로는 시작부터 끝까지 그리고 식탁에 올리기까지 30분 안에 끝낼 수 있다. 정말이지 즉석 양파 수프인 셈이다!

즉석 프랑스식 양파 수프 FAST FRENCH ONION SOUP

4인분

설탕 1큰술

노란 양파 2.2kg(큰 양파 약 5개, 가늘게 채썰기. 약 7½컵, 약 1.9ℓ)

무염 버터 2큰술

베이킹파우더 ¼작은술

코셔 소금

세리주 4큰술

홈메이드 또는 저염 닭육수 통조림 6컵(1.5ℓ)

월계수 잎 2장

타임 6~8줄기

후춧가루

바게트 한 조각(1.5cm 두께로 잘라서 굽기.)

그뤼에르 또는 스위스 치즈 140g(갈아서 사용.)

1. 큰 더치 오븐에 설탕을 넣고 센 불에 올린 뒤 냄비를 살살 움직여 설탕이 완전히 녹아 황금색 캐러멜이 되도록 한다. 여기에 양파를 넣고 나무 주걱으로 저어 주면서 약 30초 동안 계속 섞어 골고루 캐러멜을 묻힌다. 버터와 베이킹파우더, 소금 2큰술을 넣고 가끔 저으면서 양파가 연한 황금색이 되고 갈색 물질이 냄비 바닥에 만들어질 때까지 약 10분 정도 볶아 준다.

2. 물 2큰술을 넣고 냄비 바닥에 쌓인 갈색 물질을 긁는다. 냄비를 흔들어서 양파를 바닥에 골고루 퍼지게 하고 가끔 흔들어 주면서 수분이 증발하고 갈색 물질이 다시 바닥에 생길 때까지 약 5분 정도 볶는다. 물 2큰술을 더 넣고 갈색 물질이 다시 생기면 긁어내면서 반복한다. 똑같은 과정을 두 번 더 반복한다. 이 정도에서 양파는 진한 갈색이 된다. 아직 그렇지 않다면 원하는 색이 나올 때까지 물을 넣고 젓는 과정을 계속한다.

3. 세리주와 닭 육수, 월계수 잎, 타임을 넣고 한소끔 끓인 뒤 불을 줄여 끓인다. 진한 맛이 우러나고 약간 졸아들 때까지 뚜껑을 덮지 않고 약 15분간 끓인다. 소금과 후추로 간을 한다. 월계수 잎과 타임은 빼서 버린다.

4. 브로일러를 가열하고 수프를 브로일러용 그릇 4개에다 떠 담는다. 수프 위에다 크루통을 뿌리고 치즈를 갈아서 덮는다. 치즈가 녹고 거품이 일고 군데군데 황금색이 될 때까지 가열한다. 그러고는 바로 차려 낸다(브로일러가 없다면, 오븐의 구이 기능, 또는 오븐을 230℃ 정도로 뜨겁게 예열한 뒤 열선에 가깝게 맨 윗단에 올려 조리한다.).

양파에 관한 모든 것

칠리 스튜가 좀 먹고 싶다고? 중간 크기 양파를 다져서 3컵 정도 준비해야 한다. 닭 육수를 만든다고? 큰 양파로 2개를 준비해 주세요. 그리고 양파 수프는 어떻고? 그렇다. 믿거나 말거나 양파 수프에도 역시 양파가 필요하다. 어쨌든, 양파는 요리사가 만드는 풍미 있는 요리의 30~40% 정도에 다 들어간다. 양파는 여러분이 칼을 집어 들고 자르는 법을 배워야 하는 첫 번째 재료이며 적어도 내게는 칼날을 날카롭게 해 두면 자르기 아주 즐거운 식품들 중 하나이다.

Q. 어떤 색의 양파를 사용해야 할까요?

미국의 대부분의 슈퍼마켓에서 구할 수 있는 양파의 기본 종류는 4가지이다. 노란 양파와 흰 양파, 단 양파(비데일리아(Vidalia)나 왈라왈라(Walla Walla)), 적양파가 있다. 그리고 가끔 스페인 양파도 볼 수 있는데, 이 양파는 노란 양파보다 더 크고 더 순한 친척뻘이다. 단 양파는 일반 양파보다 약 25%나 더 당이 많지만 날것일 때의 맛의 차이는 양파에 함유된 눈물을 유도하는 최루가스(lachrymators)의 양과 관련이 있다(아래 참고). 노란 양파와 하얀 양파는 이 톡 쏘는 화합물이 더 많지만 익고 나면 이 화합물은 거의 사라진다.

대개 양파는 서로 바꿔서 사용해도 크게 문제되지 않는다(적양파를 사용하는 것이 재앙이라고 생각하지 않는다면). 하지만 어떤 음식에는 특정 종류의 양파가 다른 종류보다 더 적합할 때가 있다.

• **노란 양파(Yellow onions)**는 부엌에서 아주 쓰임이 많다. 꽤 맵긴 하지만 달콤함과 향이 서로 균형을 아주 잘 이루고 있어서 익었을 때 다른 음식에 사용하기가 아주 좋다. 이 종류 양파는 없으면 아주 곤란하다.

• **흰 양파(White onions)**는 맛이 아주 순하고 단맛이 뚜렷하다. 캐러멜화가 되면 이 양파는 단조롭고 일

차원적인 맛이 나서 싫증이 날 수도 있다. 이 양파는 생으로나 수프용으로 가장 적합하다.

- **단 양파(Sweet onions, 비데일리아, 왈라왈라, 마우이(Maui) 등)**는 노란 양파와 비슷하게 쓰이지만 덜 자극적인 맛과 달콤함 때문에 잘게 잘라서 샐러드나 신선한 살사(salsas) 혹은 샌드위치용으로 슬라이싱하는 등 생으로 먹기에 더 적합하다.

- **적양파(Red onions)**는 오래 익히면 맛이 없어 보이는 파란색으로 바뀌어서 완성된 요리의 색을 바꾸기 때문에 익히는 요리에는 거의 사용하지 않는다. 흰 양파나 단 양파보다는 약간 더 매워서 생으로 사용하거나 그릴이나 브로일러에서 사용하는 등 살짝 빨리 익히는 요리에 사용된다.

- **샬롯(Shallot)**은 양파의 아주 작은 사촌이며 아주 달고 맵다. 샐러드드레싱에 생으로 넣거나 다른 채소와 함께 익혀도 아주 좋다. 진짜 양파라기보다는 양파 양념으로, 양파의 맛은 내되 요리에서 두드러지지는 않는 재료로 생각할 것.

Q. 크기가 중요한가요?

아, 질문이 끝이 없다. 양파를 준비하면서 같은 부피에 비해 껍질을 적게 까기 때문에 큰 양파를 좋아하긴 하는데 양파의 크기는 맛과는 거의 관계가 없다.

Q. 좋은 양파와 그렇지 않은 양파를 어떻게 구별해야 하나요?

어떤 종류의 양파를 고르든 만져 봤을 때 단단한 것을 사야한다. 만약 조금이라도, 특히 뿌리나 줄기 끝부분이 물컹하다면 속의 일부 층이 썩었을 확률이 높다.

Q. 양파를 보관하기 가장 좋은 곳은 어디인가요?

시원하고 건조하고 어두운 곳에 보관한다. 밀폐된 용기에 보관하면 안 된다. 밀폐된 곳에 넣으면 수분이 갇히기 때문에 곰팡이가 피고 썩는다. 나는 중국식 대나무 찜기에 넣어 둔다.

쓰다 남은 양파는 비닐봉지에 넣어서 냉장고에 보관한다. 그리고 며칠 내로 다 사용한다.

Q. 할머니나 영화관처럼 어떤 양파는 특히나 냄새가 더 나는데 구입 전에 미리 알 수 있는 방법 없나요?

양파 냄새가 얼마나 나는가 하는 건 대체로 얼마나 오랫동안 저장했었는가에 달려 있다. 더 오래 저장했다면(어떤 경우에는, 몇 달 정도가 되기도 함) 더 톡 쏘는 냄새가 난다. 불행히도 구별이 늘 쉽지만은 않은데 상표에 날짜 표시가 없기 때문이다. 일반적으로 오래된 양파는 껍질이 더 두껍고 질기다. 저장 기간이 짧을수록 껍질이 얇은 종이 같다. 하지만 시장에서는 '오래된 양파'와 '새 양파'로 구별하지 않기 때문에 어쨌든 선택할 수는 없다.

유감스럽게도, 할 수 있는 방법을 다 써 보는 수밖에 없다. 하지만 우리의 무기고에 있는 양파를 처리하는 데에는 몇 가지 방법이 있다. 계속 읽을 것.

Q. 어쨌든 양파에서 냄새가 나는 이유는 무엇인가요?

내가 제일 좋아하는 연재만화 『캘빈과 홉스(Calvin and Hobbes)』에서 캘빈은 부엌으로 걸어 들어가서 그의 엄마가 양파를 썰면서 우는 걸 본다. 캘빈은 이렇게 중얼거리며 나간다. '채소를 다 의인화하니까 요리하는 게 슬플 수밖에' 최고다. 하지만 양파를 자를 때 우리가 우는 진짜 이유가 있다. 바로 방어 기제 때문이다. 양파는 자라면서 땅에서 황을 빨아들여 세포 안에 있는 큰 분자 안에 저장한다. 이와는 별도로, 양파는 이 큰 분자들이 톡 쏘면서 아린 유황화합물로 분해되도록 촉진시키는 효소도 저장한다. 양파의 세포가 잘리거나 찌그러져 손상을 입게 되면 전구물질과 효소가 섞이는데 그러면서 최루가스라 불리는 물질이 만들어지고 이 화합물은 우리 눈과 코에 있는 신경에 침입해서 눈물이 나고 재채기를 하게 만든다. 가장 방어적인 본성! 그래서 자르지 않은 양파는 향이 거의 없다가 자르자마자 냄새가 쫙 퍼지는 것이다.

Q. 이러한 최루가스는 정말로 눈물이 나게 만든다. 이걸 막을 수 있는 방법이 없을까요?

눈물을 억제하거나 최소화하는 것으로 알려진 민간요법은 아주 많다. 불을 피운다(아마 최루가스가 만들어지는 것을 막는 어떤 반응을 촉진시키나보다. 하지만 불꽃 바로 위나 아래에서 양파를 자르지 않는 한 효과가 없다.). 양파를 사용할 때 물에 씻는다(효과가 있지만 젖은 손으로 예리한 칼을 만질 때는 조심해야 한다.). 도마 위에 빵 한 조각을 둔다(이건 아무 효과가 없다.). 얼음 조각을 빨거나 이쑤시개를 씹는다(이건 근거를 짐작하기도 힘들다.). 양파를 먼저 얼음물에 10분 정도 넣어 차게 한다(이건 효과가 꽤 좋다. 양파가 차가우면 효소의 반응이 느리다.). 하지만 모든 방법 중에서, 정말로 효과적인 방법은 단 한가지이다. 콘택트 렌즈를 끼고 있다면, 양파가 전혀 문제가 되지 않는다는 걸 알 것이다. 렌즈를 끼지 않는 사람이라면 고글이나 수영용 물안경을 끼는 것이 방법이다. 게다가 이런 걸 끼면 정말 멋져 보이기까지 한다. 정말이다.

Q. 양파 냄새를 제거할 방법은 없을까요?

예를 들면 어쩌다 냄새가 더 강한 양파를 샀다고 하자(누구에게나 일어날 수 있다.). 조금 줄이는 방법이 없을까? 나는 몇 가지 방법을 시도해 봤다. 양파를 차가운 물에 10분에서 2시간까지 시간을 달리해서 담갔다가 조리대 위에 올려 환기를 시켰다.

슬라이싱한 양파를 차가운 물이 담긴 용기에 담으면 양파 자체의 향이 그다지 많이 감소하지는 않으면서 그 용기의 물에 양파 향이 밴다. 터무니없이 큰 용기에 턱없이 적은 양의 양파를 넣는다면 물이 더욱 효과적으로 양파를 희석할 것이다. 공기 중에서 건조시키면 향은 더 순해지지만 양파도 마르고 얇고 건조한 질감으로 바뀐다.

최상의 방법은 가장 빠르고 쉽다. 양파를 슬라이싱한 뒤 그냥 흐르는 물로 헹궈서 냄새를 없애 버리는 방법이다. 그것도 찬물이 아니라, 따뜻한 물이어야 한다. 화학적이고 물리적인 반응 속도는 온도가 높아지면 증가한다. 따뜻한 물을 사용하면 양파에서 휘발성 화합물이 더 빨리 나온다. 약 45초 정도면 아주 향이 강한 양파라도 제거하기에 충분하다.

하지만 뜨거운 물은 양파 림프의 질감을 바꾸지 않을까? 그렇지 않다. 아주 뜨거운 수돗물은 일반적으로 60~66℃ 정도 되는데, 이 물로 헹구더라도 식물 세포를 결합시키고 있는 주요 탄수화물 '접착제'인 펙틴(pectin)은 84℃가 될 때까지는 파괴되지 않는다. 시간이 길면 뜨거운 수돗물 온도에서 숨이 죽기 시작하는 양파가 있긴 하지만 헹구는 데 필요한 45초보다 훨씬 더 길어야 그렇게 된다. 양파는 안전하니 걱정하지 말 것.

칼 사용법 : 양파 채썰기(SLICING)와 다지기(DICING)

슬라이싱에 관한 주요 질문은 방향에 대한 것이다.

양파의 줄기와 뿌리 끝을 각각 북극과 남극이라 부른다면 궤도 방향으로 썬 조각은 아래 모양과 같다.

반면에 극과 극 방향으로 썬 조각은 아래 모양과 같다.

처음에는 무슨 큰 차이가 있지? 라고 생각할지도 모른다.

내 질문으로 여러분의 질문에 답을 해 보겠다. 입에 들어가는 음식의 맛에 신경을 쓰는가? 대답이 '아니오'라면 그냥 양파를 이쪽저쪽으로 썰어도 된다. 하지만 대답이 '예'라면 이걸 생각해 봐야 한다. 양파 세포는 완벽하게 대칭적이지 않다. 극과 극 방향일 때 궤도 방향보다 세포가 더 길다. 그래서 우리가 양파를 써는 방향에 따라, 썰면서 파괴되는 세포의 수와 만들어진 최루가스량이 달라진다. 최루가스의 양이 적당해야 양파가 더욱 양파 맛이 나고, 스튜에서 고기 맛이 더 나고, 그리고 프랑스식 양파 수프가 더 달아진다는 걸 알고 있다. 양파 맛이 너무 강하면 다른 맛을 압도하게 된다.

방향에 따라 어떤 차이가 생기는지 보기 위해, 나는 양파 하나를 반으로 나누었다. 각 반쪽을 다른 방법으로 채썰었다. 양파 조각을 뚜껑이 있는 동일한 용기에 넣고 조리대 위에 10분 동안 둔 뒤 뚜껑을 열고 냄새를 맡았다. 의심할 여지없이 궤도 방향으로 자른 양파의 향이 더 강했다. 하얀 쓰레기통이나 불쾌한 데이트 상대처럼 지독한 냄새를 풍기면서 말이다.

소스나 수프 같은 요리에 들어갔을 때도 궤도 방향으로 썬 양파는 질감도 더 질기고 뻣뻣하다. 가끔 예외가 있긴 하지만 나는 모든 요리에 극과 극 방향으로 썰어 넣는다.

양파를 다지는 작업은 매우, 자주, 여러 번 반복하게 될 작업이므로 익숙해져야 합니다.

- **기본 과정**은 늘 똑같이 시작한다. **[1]** 양파를 도마 위에 놓고 줄기 끝을 잘라 내고, **[2]** 자른 면을 바닥에 대고 가운데를 잘라 양파를 반으로 자른다. **[3]** 양파 껍질을 까고, 거기에서 부터는……

- **중간 크기나 조금 큰 크기로 다지기 : [4]** 극과 극 방향으로 양파 반쪽을 2~6번 칼집을 넣는다. **[5]** 뿌리 끝은 양파가 한데 붙어 있게 하기 위해 그대로 둔다. 큰 주사위 모양이 되도록 2~6번 직각이 되도록 자른다.

- **작은 크기로 다이싱하기 : [6]** 양파 뿌리 끝은 그대로 두고 극과 극 방향으로 0.6cm 간격을 두고 평행하게 자른다. 칼을 수평으로 들고 바닥에서 위로 약 0.6cm 정도 되는 지점을 수평으로 한 번만 자른다. **[7]** 구부린 손가락 관절을 칼이 따라가면서 양파를 평행하게 자른다. **[8]** 양파는 작은 주사위 모양으로 분리가 된다. 양파 뿌리 끝은 버린다.

QUICK TIP : 양파를 많이 잘라야 한다면, 효율성을 높이기 위해서 각 단계를 일률적으로 다 마친 뒤 다음 단계로 넘어간다. 곧, 양파를 슬라이싱하기 전에 모든 양파의 껍질을 까둔다. 똑같은 식으로, 모든 양파를 다 수평으로 자른 뒤에 수직으로 칼질을 시작한다. 이렇게 하면 일하는 공간이 더 조직화되고 쓰레기통(혹은 퇴비통)으로 갈 일도 더 적어지며 좀 더 전문 요리사 같아 보인다.

고전적인 프랑스식 양파 수프

양파를 캐러멜화 하기 위해 몇 시간이고 부엌에 매달려 있어도 상관없는 느긋한 일요일-그런 날에 어울리는 이상적인 방법은 무엇일까?

대부분의 레시피는 당신을 베이비 시터처럼 가스레인지 곁에서 몇 분마다 양파를 저어 주며 천천히 요리하도록 한다. 여기에는 사실 독립적인 두 가지 과정이 있다. 양파가 숨이 죽으면 세포 속에 있던 수분과 용해된 여러 가지 당과 화학적인 화합물이 나오게 된다. 동시에, 그러한 당들이 가열되면서 캐러멜화가 진행된다. 원칙적으로 이러한 두 가지 일은 거의 동시에 끝이 난다.

내가 궁금한 부분이 바로 이 점인데, 이 과정을 두 개의 구별되는 단계로 나눌 수는 없을까? 먼저 양파가 완전히 숨이 죽고 수분이 다 빠져나오게 하고 그런 다음 수분을 졸이고 브라우닝하면 어떨까? 그렇다면, 나는 요리의 마지막 단계에서만 저어 주면 되므로 양파를 돌보는 시간을 줄일 수가 있을 것이다. 그러기 위해, 나는 9번 파크(No. 9 Park) 레스토랑에서 코스 요리사로 일했을 때 달콤한 흰 양파 퓌레를 만들기 위해 제이슨 본드 셰프님에게 배운 방법으로 되돌아갔다. 그건 바로 무거운 에나멜 무쇠나 스테인리스 스틸 더치 오븐에 버터를 넣고 극과 극 방향으로 얇게 채썬 양파를 볶는 일이었다. 양파가 익기 시작하면 뚜껑을 덮고 불을 최대한 낮게 낮추고 그냥 두면 된다. 양파가 뜨거워지면서 수분이 나오고 일부는 수증기로 바뀌고 냄비 뚜껑에 다시 맺혔다가 도로 떨어진다. 그래서 양파가 익는 동안 계속 수분이 유지된다.

몇 시간 후에(중간에 한두 번만 저어 주면 된다.) 양파는 완전히 부드러워지고 나올 수 있는 모든 액체와 용해된 맛 화합물이 다 빠져 나온다. 이 단계에서 당분이 포함된 액체가 진하게 캐러멜화 될 때까지 적당한 열기로 졸이는 일은, 내가 양파를 빠르게 캐러멜화 하기 위해 사용했던 '브라우닝'과 '디글레이징(deglazing)' 과정을 사용하면 아주 간단하다.

이렇게 만들어진 수프는 달고 진하고 아주 복합적인 맛을 낸다.

고전적인 프랑스식 양파 수프 TRADITIONAL FRENCH ONION SOUP

NOTE • 냄비에 무겁고 꼭 들어맞는 뚜껑이 없다면 냄비 위에 알루미늄 호일을 한 층 덮고 가장자리에 주름을 잡고 꼭 봉한 뒤 뚜껑을 덮는다.

4인분
....

무염 버터 4큰술

노란 양파 2kg(큰 것 5개, 가늘게 채썰기. 약 7½컵, 1.9ℓ)

코셔 소금

드라이 셰리주 4큰술

홈메이드 또는 저염 닭육수 통조림 6컵(1.5ℓ)

월계수 잎 2장

타임 6~8줄기

후춧가루

바게트 1조각(1.5cm 두께로 썰어서 굽기.)

그뤼에르나 스위스 치즈 230g(갈아서 사용.)

1 큰 더치 오븐에 버터를 넣고 중간 불 위에서 녹인다. 양파와 소금 1작은술을 넣고 나무 주걱으로 자주 저어 주면서 양파가 숨이 죽어 냄비 바닥에 착 가라앉을 때까지 약 5분 정도 볶아 준다. 꼭 맞는 뚜껑으로 냄비를 덮고(위의 note 참고) 불을 가장 낮게 줄인다. 양파가 완전히 부드러워질 때까지 약 2시간 동안 45분마다 한 번씩 저어 주면서 익힌다.

2 뚜껑을 열고 불을 중강으로 올려 준다. 자주 저어 주면서 수분이 다 증발하고 갈색 물질이 냄비 바닥에 생길 때까지 약 15분 동안 계속 볶아 준다. 물 2큰술을 넣고 냄비 바닥의 갈색 물질을 긁어낸다. 냄비를 흔들어서 양파가 골고루 바닥 전체에 잘 퍼지도록 한 뒤 가끔씩 냄비를 흔들어 주면서 국물이 증발하고 갈색 물질이 다시 생기기 시작할 때까지 약 5분간 더 가열한다. 물 2큰술을 더 넣어 주고 갈색 물질이 바닥에 생기면 그걸 다시 긁어내고 하면서 이런 과정을 두 번 더 반복한다. 이 즈음이면 양파는 짙은 갈색이 되어 있을 것이다. 그렇지 않다면, 원하는 색이 될 때까지 팬에 물을 넣고 저어 주는 과정을 계속한다.

3 셰리주와 닭 육수, 월계수 잎, 타임을 넣고 끓인 뒤 불을 줄여 뭉근히 끓인다. 국물이 진하게 배어 나오고 약간 졸아들 때까지 약 15분간 뚜껑을 열고 끓인다. 소금과 후추로 간을 한다. 월계수 잎과 타임은 빼서 버린다.

4 브로일러를 가열한다. 수프를 브로일러용 그릇에 떠 담는다. 그릇 위에 크루통을 올리고 치즈를 갈아 올린다. 치즈가 녹고 거품이 보글거리고 군데군데 황금색이 될 때까지 가열한다.

덤플링과 닭고기
CHICKEN AND DUMPLINGS

이쯤에서 예전에 키우던 내 강아지 '덤플링'에 대한 농담을 하지 않는 것은 매우 힘들지만, 나는 최선을 다해 보겠다.

덤플링을 넣은 닭고기 요리가 닭 육수에 부드러운 빵 반죽이 들어간 것이라는 걸 알아챘다면 이 요리를 목록에 아주 쉽게 추가할 수 있을 것이다. 여러분은 195쪽에서 기록적인 시간 내에 맛있는 닭 육수 만드는 법을 배웠다. 그리고 또 앞서 'Part 1. 아침식사의 과학'에서 비스킷을 만드는 과학에 대해 알아보았다. 그렇다면 남은 질문은 수프 냄비의 습기 많은 환경에서 제대로 조리하기 위해 비스킷 레시피를 좀 수정할 필요가 있는가이다.

불행히도 대답은 '수정해야 한다'이다. 하지만 조금만 바꾸면 된다. 일반적인 비스킷 반죽에는 지방이 아주 많이 들어 있다. 밀가루 280g당 버터가 110~115g이나 된다. 그래서 밀가루 단백질에 버터로 기름칠이 되기 때문에 튼튼한 글루텐 판이 쉽게 만들어지지 않는다. 오븐에서는 아무 문제가 없다. 베이킹팬에 비스킷을 올리고 비스킷이 구워져 굳을 때까지 그냥 놔두기만 하면 된다. 하지만 주위에 거품이 부글부글 끓고 뚜껑에서는 수증기가 모여 떨어지고 닭고기 조각들이 사방에서 밀치는, 환경이 아주 복잡한 수프 냄비 속에서는 연약한 비스킷 반죽은 거의 부서져서 국물이 질퍽거리고 기름 투성이가 될 가능성이 있다.

덤플링용으로 반죽을 바꿀 때 제일 먼저 할 일은 지방을 줄이는 일이다. 버터를 8큰술에서 6큰술로 줄이면 맛은 여전히 풍성하면서도 안정성을 높이기 때문에 적당하다. 그런데, 이렇게 하면 지방이 적으니까 덤플링이 수분이 적어져서 퍽퍽하면서 뻣뻣해진다는 새로운 문제가 생긴다. 나는 베이킹파우더와 베이킹 소다량을 늘렸지만 둘 다 아무 효과가 없었다. 덤플링에서 화학 물질 같은 뒷맛이 강하게 날 뿐이었다. 그럼 쉬운 해결 방법은 없을까? 바로 달걀이 있다.

달걀의 흰자와 노른자는 각각 덤플링 반죽을 개선한다. 지방이 많고 단백질이 풍부한 노른자는 버터를 줄이면서 부족해진 지방을 보충해 준다. 하지만 32℃ 정도에서 녹기 시작해서 덤플링에서 흘러나오기 시작하는 유지방과는 달리 달걀노른자는 열을 받으면 반대로 단단해진다. 레시틴처럼 노른자에서 보이는 유화 물질도 지방이 덤플링 안에 그대로 있도록 돕는다. 이 경우에 달걀흰자는 효모처럼 작용한다. 덤플링이 익으면서 베이킹파우더, 베이킹 소다와 버터밀크 사이의 반응으로 만들어진 물 기포와 습기가 많은 공기, 그리고 이산화탄소를 가두면서 헐거운 단백질 그물망이 굳기 시작한다. 덤플링이 익으면서 이 축축한 공기는 팽창하고 그 결과 덤플링이 가볍고 부드러워진다.

덤플링과 닭고기 CHICKEN AND DUMPLINGS

NOTE • 닭 육수를 이용하는 대신 2ℓ짜리 저염 닭 육수 통조림에 든 닭다리 4개를 30분 동안 끓여도 된다. 다리는 꺼내고 육수의 지방은 걷어 내고 물을 충분히 부어 2ℓ가 되게 한다. 맨손으로 만질 수 있을 만큼 닭다리가 식으면 살은 발라내서 두고, 뼈와 껍질은 버린다.

4~6인분

빠르게 만드는 닭 육수 2ℓ(195쪽. 닭다리살은 발라내기. 위의 note 참고)

중간 크기 당근 2개(껍질을 벗기고 중간 크기로 다지기. 약 1컵, 250ml)

중간 굵기 셀러리 1줄기(중간 크기로 다지기. 약 ½컵, 125ml)

작은 양파 1개(가늘게 채썰기. 약 1컵, 250ml)

비스킷 반죽

버터밀크 ¾컵(180ml)

대란 1개

무표백 중력분 280g(또는 일반 중력분. 약 2컵, 500ml)

베이킹파우더 1작은술

베이킹 소다 ¼작은술

코셔 소금 1½작은술(+간을 하기 위해 추가로 필요)

차가운 무염 버터 4큰술(0.5cm 정도로 깍둑썰기)

다진 파슬리 ¼컵(60ml)

후춧가루

1 큰 더치 오븐에 닭 육수(고기는 말고)와, 당근, 셀러리, 양파를 넣고 센 불에 한소끔 끓인다. 그러고는 불을 줄이고 채소가 부드러워질 때까지 약 20분간 뭉근히 끓인다.

2 한편에선 덤플링을 만든다. 버터밀크와 달걀을 중간 크기의 볼에 넣고 저어 준다.

3 푸드프로세서에 밀가루, 베이킹파우더, 베이킹 소다, 소금을 넣고 약 2초간 작동시켜 가루를 고루 섞는다. 버터를 넣고, 굵은 곡물과 비슷한 0.6cm 크기의 덩어리로 뭉쳐질 때까지 푸드프로세서를 작동시킨다. 반죽을 큰 볼에 옮겨 담고 **2**를 넣은 뒤 고무 주걱으로 살살 섞어 준다.

4 파슬리와 닭고기를 육수에 넣는다. 소금과 후추로 간을 하고 끓인다. 기름을 바른 숟가락으로(1큰술 분량) 덤플링을 떠서 사이를 조금 띄우면서 국물 표면에 떨어뜨린다. 냄비를 덮고 불을 낮게 줄이고 덤플링이 두 배로 부풀고 완전히 익을 때까지 끓인다(다 익었는지 칼로 덤플링 하나를 쪼개 봐도 되고 아니면 케이크 테스터나 이쑤시개로 찔러 본다. 다 익으면 아무것도 묻지 않는다.).

팟 로스트
POT ROAST

언제라도 프랑스식 뵈프 부르기뇽(boeuf bourguignon, 쇠고기·양파·버섯 등을 레드 와인으로 조리한 음식)보다는 육즙이 뚝뚝 떨어지고 감칠맛이 나고 뒤범벅인 소고기 맛이 진하게 나는, 맛있는 미국식 팟 로스트를 달라!

팟 로스트는 추운 날씨에 영혼을 가득 채우는 식사로 최고의 선택지다.

팟 로스트는 기본적으로 고기를 크게 조각내서 조린 것이다. 조림은 수분이 많은 환경에서 고기 조각을 천천히 익히는 조리법이다. 수분은 고기를 액체에 담그면서 생기거나(이런 경우에, 기술적으로는 스튜잉이라 부른다.) 음식 주위에 수분이 가득한 공기를 가두기 위해 용기에 고기를 넣고 완전히 혹은 부분적으로 넣고 요리할 때 생긴다. 고기를 수분이 많은 환경에서 낮은 온도로 조리하면 육수를 만들 때와 똑같이, 주로 단백질 콜라겐으로 구성되어 있는 결합조직이 천천히 젤라틴으로 바뀐다. 조리 과정 중 따라오는 필수적인 현상으로 고기는 중요한 방식으로 변형된다. 따라서 완전히 습한 환경에서 조리를 하게 되더라도 수분이 모두 제거될 수밖에 없다. 사실, 물은 열을 잘 전달하는 전도체이기 때문에 100℃에서 끓인 소고기는 실제로 100℃ 오븐에서 구운 소고기보다 더 뜨겁고 수분을 더 빨리 잃어버린다! 하지만 냄비에 액체를 넣는 또 다른 이유가 있다. 첫째는 물이 온도를 조절하기 때문에 재료가 물의 끓는점보다 더 뜨거워지지 않는다. 둘째, 고기와 채소 간의 각기 다른 부분으로 맛을 전달하는 것을 용이하게 한다. 마지막으로 그레이비 없는 팟 로스트가 맛있겠는가?

맛있는 고기 레시피는 먼저 적당한 고기 부위를 선택하는 일로 시작한다. 팟 로스트를 만들기 위해서는 결합조직의 함량이 높은 부위라면 다 괜찮지만 나는 소고기의 척아이(chuck eye)를 좋아한다. 살이 많고 젤라틴이 풍부한 결합조직이 많아서 수분을 유지하게 해 준다(249쪽 '소고기 스튜' 참고). 더치 오븐에서 고기를 브라우닝한 뒤, 당근, 셀러리, 양파를 넣은 미르푸아를 넣고 같은 냄비 안에서 브라우닝을 시켜 맛을 더 강화한다(채소에서 빠져 나오는 수분이 브라우닝된 소고기가 남긴 퐁(fond, 육수(stock)를 가리키는 프랑스 조리용어이다.)의 희석을 돕는다.). 그리고 이제 감칠맛 폭탄을 터트릴 시간이 왔다. 앤초비, 마마이트, 간장에는 감칠맛을 내는 글루타민산염이 들어 있어 내가 만드는 모든 브레이징 요리에 아주 많이 쓰인다.

프랑스식 브레이징에서는 그레이비를 걸쭉하게 하기 위해 진하게 졸인 송아지 고기 육수를 사용하겠지만 미국에서는 밀가루로 국물을 걸쭉하게 한다. 다음 순서는, 와인이다. 미국식 팟 로스트에서 와인은 특별히 전통적이라고는 할 수 없지만 앤초비나 마마이트, 간장처럼 감칠맛을 내는 글루타민산염(glutamates)이 풍부해서 복합적인 향과 약간의 신맛을 더할 뿐 아니라 육수에 고기 맛을 더한다. 닭 육수 조금과 통후추 몇 알, 그리고 타임 몇 줄기와 월계수 잎이 내 요리의 맛의 윤곽을 완성한다.

브레이징에 사용할 국물을 만들고 나서, 나는 소고기를 다시 제자리에 넣고 냄비 뚜껑을 닫고 130~140℃의 오븐에 넣고 부드러워질 때까지 조리는데 이때 뚜껑을 약간 열어 놓아야 한다. 온도 조절 때문에 그렇다. 뚜껑을 꼭 닫아 두면 냄비 속에 있는 물이 빠르게 끓는점에 도달한다. 그런 온도에서는 일정 시간 동안 소고기에 포함된 수분의 50% 이상이 빠져 나간다. 냄비 뚜껑을 약간 열어 두면 오븐 온도가 130~140℃ 사이라도 냄비 속의 내용물을 85℃ 정도로 유지할 수 있다! (더 자세한 설

밤새 식힌 뒤 팟 로스트를 자르면 균일한 크기로 부스러기 없이 자를 수 있다.

명이 필요하면 250쪽 '실험 : 뚜껑을 덮고 물 끓이기'와 280쪽 '스토브와 오븐' 참고) 이렇게 온도를 낮게 하면 고기 속의 수분량은 적절히 유지되면서 콜라겐이 천천히 분해된다.

지속적인 열과 지속적인 온도

왜 많은 브레이징 레시피가 스토브에서 자작하게 졸이지 않고 오븐에서 익히는 것일까. 오븐은 열을 지속적으로 유지하는 데 반해 스토브는 지속적으로 열을 내뿜기 때문이다. 스토브에서는 냄비 안에 얼마나 많은 양의 음식이 있든 그 음식이 이미 얼마나 뜨겁든 상관없이 같은 양의 열에너지가 냄비로 전해진다. 중간 불 위에 올리고 조리를 하면 처음에는 거의 끓지 않던 스튜 냄비는 요리가 끝나가면서 아주 빠르게 끓을지 모른다. 그러나 이때는 이미 국물은 어느 정도 증발해서 스튜의 양도 줄어들어 있다. 오븐에서는 냄비 안에 음식이 얼마나 많이 혹은 얼마나 조금 있든 음식의 온도는 똑같이 유지된다. 또한 오븐은 모든 방향에서 부드럽게 가열된다. 반면에 버너는 냄비의 바닥에만 열이 집중된

다. 브레이징 요리를 모두 오븐에서 하면 더 나은 결과가 보장이 된다.

팟 로스트를 만들었을 때, 오븐에 넣고 약 3시간이 지나 열어 보니 고기가 내가 원하던 바로 그 지점, 즉 칼이나 케이크테스터가 쉽게 들어갔다 나올 수 있을 정도로 충분히 부드럽지만 그렇다고 고기의 조직이 부서지지는 않을 정도인 그런 상태가 되었다(그나저나, 육수 냄새가 아주 죽여줬다.). 그런데, 고기를 자르려고 하자 문제가 생겼다. 뜨거울 때는, 고기가 너무 부드러워서 거의 자를 수가 없었다. 아주 날카로운 칼로 썰어도 고기가 부서지고 떨어져 나간다. 익힌 고기를 자를 때 가장 좋은 방법은 먼저 고기를 완전히 식힌 뒤 자르는 것이다.

처음에 나는 냄비의 뜨거운 국물 속보다는 주방의 공기 속에서 식히는 게 더 좋겠다고 생각했다. 하지만 똑같은 브레이징한 고기를 절반씩 공기와 국물 속에서 시험을 해 봤더니 다음과 같은 결과를 얻게 됐다.

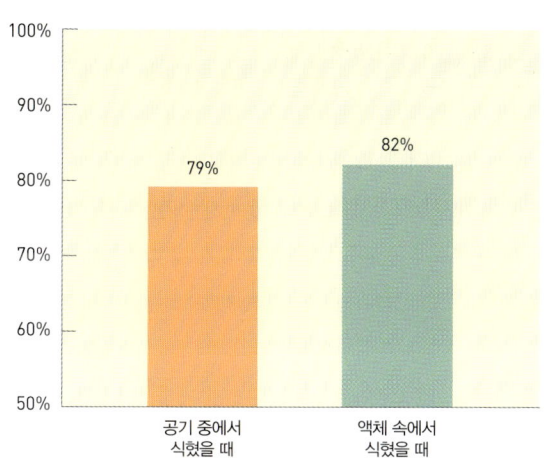

식히는 방법에 따른 고기 무게

보시다시피, 국물 속에서 식힌 고기가 공기 중에서 식힌 고기보다 수분이 3% 더 많았다. 이는 식은 고기는 뜨거운 고기보다 수분을 더 쉽게 머금을 수가 있는데 그래서 액체 속에서 식힌 고기는 액체를 일부 재흡수할 수 있다. 또, 알게 된 것이 있는데 팟 로스트를 5일 동안 냉장고에 넣어 두었더니 맛과 질감 둘 다 실제로는 더 좋아졌다. 이 말은 팟 로스트를 더 맛있게 즐기려면 먹기 며칠 전에 요리해 두어야 한다는 뜻이 된다.

소고기 스튜

NOTE • 식생활의 차이 때문에, 서양과 한국은 고기를 부위별로 나누는 방법이 다르다. 때문에 완전히 일치하는 부위의 명칭을 적는 것이 다소 애매한 점이 있어 짧은 설명을 곁들인다.

- **척(chuck)**은 거세우의 어깨 부위로 살과 지방이 많다. 팟 로스트에 가장 좋은 부위는 세븐본 로스트(7-bone roast)와 척 롤(chuck roll) 부위이다. 나는 척 롤을 더 좋아하는데 이 부위는 뼈가 없어 자르기가 더 쉽다. 골고루 익히기 위해 원통 모양으로 마블링이 잘 된 걸 고른다.
  NOTE • 소의 목과 어깨 주변 근육 부위이다. 우리나라 고기 부위로는 멍에살, 목덜미살, 목심, 살치살, 어깨등심, 척갈비, 어깨갈비, 앞갈비, 꾸리살이 해당한다. 세븐본 로스트는 이 부위를 어깨뼈가 포함되도록 잘라 낸 것이다. 척 롤은 목심에 해당한다.

- **브리스킷(brisket)**은 거세우의 가슴 부위이다. 전체 가슴살은 두 부분으로 되어 있는데 플랫(flat, '신컷-thin cut'이나 '린컷-lean cut'으로도 불림)과 포인트(point-차돌박이, '데크-deck'나 '모이스트-moist'로도 불림)이다. 미국의 슈퍼마켓에선 차돌양지를 더 흔하게 구입할 수 있지만 결합조직과 지방이 많고 맛도 더 좋기 때문에 구할 수 있다면 차돌박이를 구입하는 것이 낫다. 양지머리는 어깨살만큼 기름지지는 않으며 독특한 금속성의 풀 냄새가 난다.
  NOTE • 우리나라의 양지 부위에 해당한다. 잘라 낸 가슴살의 커다란 근육 부위를 플랫(flat)이라고 하고 우리나라의 양지머리, 윗양지, 차돌양지가 이 부위와 비슷하다. 가슴살 중 플랫 부위와 두꺼운 지방층을 제외한 작은 근육 부위를 포인트(point)라고 부른다. 우리나라의 차돌양지, 차돌박이가 이 부위와 비슷하다. 포인트보다 우리나라의 차돌박이는 지방 부분을 매우 넓게 포함한다는 것이 차이점이다.

- **플랩미트(flap meat)** 혹은 **설로인팁(sirloin tip)**으로 부른다. 이 부위는 일반적으로 비싸지 않은 스테이크로 팔리지만 스튜에도 아주 좋다. 직사각형 덩어리로 대략 4cm 두께이며 무게는 0.9~1.56kg 정도로 결이 아주 단단하고 지

방이 많다. 아주 깊은 맛이 나며 탄탄하고 점착성이 있어 오래 조리해도 결이 잘 살아 있다.

NOTE • 플랩미트는 우리나라의 치마살 또는 치마양지와 비슷한 부위이다.

- **라운드(round)**는 소의 뒷다리 부위로 바텀 라운드(bottom round)는 맛이 어깨살 부위와 비슷하며 모양이 특이해서 요리하기는 조금 어렵지만 브레이징에 최고로 적합한 부위이다. 아이 오브 라운드(eye of round)는 가장 기름기가 적어 약간 푸석한 경향이 있다. 부드러워지자마자 오븐에서 꺼낸다면 아주 괜찮은 저지방 부위가 될 수 있다.

  NOTE • 라운드는 소의 뒷다리와 우둔 부위에 해당한다. 바텀 라운드 부위는 우리나라의 도가니살, 설깃, 홍두깨 살과 비슷한 부위이고, 아이 오브 라운드는 우리나라의 홍두깨 살과 비슷한 부위이다.

- **쇼트립(short rib)**은 엄밀히 말하면 어깨살 부분이지만 따로 판매한다. 소의 갈비 상부 15cm 부위와 주변의 고깃덩어리(잉글리시 컷(English-cut)으로 불림), 3~4대의 갈비를 횡단면으로 자른 고기 조각(플랭크 컷(flanken cut)), 그리고 뼈를 제거한 살코기 형태이다. 다 스튜용으로 아주 좋으며 지방과 결합조직이 풍부해 녹을 듯이 연하고 기름지다.

  NOTE • 쇼트립은 커다란 소 갈비뼈 중 가운데 부분의 갈비뼈 일부와 그 주위의 살코기를 잘라 낸 부위이다. 잉글리시 컷은 이 부분을 뼈와 나란하게 길이로 잘라 낸 것이다. 플랭크 컷은 우리나라에서 흔히 LA 갈비라고 부르는 갈비 모양으로 자른 것이다.

실험 : 뚜껑을 덮고 물 끓이기

오븐에서 조리 시 뚜껑 여부가 실제로 큰 차이가 있는가? 실험을 통해 확인해 본다.

재료
- 물이 반 정도 차 있는 두 개의 동일한 냄비
- 뚜껑 1개
- 온도계

과정 오븐을 130~140℃로 예열한다. 냄비 두 개를 오븐에 넣고 하나는 뚜껑을 덮고 다른 하나는 덮지 않는다. 한 시간 동안 물을 가열한 뒤 오븐을 열고 각 냄비 속의 물의 온도를 잰다.

결과 뚜껑을 덮은 냄비의 물은 99℃ 정도이고, 뚜껑을 덮지 않은 냄비의 물은 아마도 85~88℃ 정도가 된다. 물이 증발을 하면 냉각 효과가 있기 때문에(물 분자가 물 표면으로부터 뛰어오르기 위해서는 엄청난 양의 에너지가 필요하다. 분자들은 물 자체에서 에너지를 가져오는데 그 결과, 물의 온도가 내려가게 된다.) 135℃의 오븐 안에 뚜껑 없이 넣어 둔 스튜 냄비는 85℃ 정도가 최대치가 된다. 도움이 될 정보인데, 이 정도 온도는 뭉근히 끓이는 스튜에는 최상의 온도대가 된다. 뚜껑을 덮고 끓이면 수분이 적게 증발하고 그러면 최대 온도가 더 높아진다. 뚜껑을 덮으면 내용물의 온도가 거의 14℃ 정도 더 올라간다!

그레이비 소스를 곁들인 전형적인 미국식 팟 로스트
ALL-AMERICAN POT ROAST WITH GRAVY

6~8인분

소고기 목심 2.2kg 1덩어리(두 개의 큰 덩어리로 나누고 필요 없는 지방이나 연골 등은 제거)

코셔 소금과 후춧가루

식물성 기름 2큰술

앤초비 필레 4개

중간 크기 마늘 2쪽(곱게 다지거나 제스터에 갈기, 약 2작은술)

마마이트 1작은술

간장 1큰술

토마토 페이스트 2큰술

큰 당근 2개(껍질 벗겨서 2.5~5cm 크기로 큼직하게 썰기.)

셀러리 2줄기(2.5cm 폭으로 썰기.)

큰 양파 2개(가늘게 채썰기, 약 4컵, 1l)

중력분 2큰술

드라이 레드 와인 1병(750ml, 달지 않은)

홈메이드 또는 저염 닭 육수 통조림 4컵(1l)

젤라틴 7g 1포

월계수 잎 2장

타임 4줄기

러셋 베이킹 감자 450g(큰 감자 2개, 껍질 벗기고 2.5~5cm 크기로 큼직하게 썰기.)

1. 오븐랙을 오븐의 중간에 끼우고 오븐을 100℃로 예열한다. 목심의 물기를 제거하고 소금과 후추로 간을 한다. 요리용 실로 고기 두 덩어리를 각각 2.5cm 간격을 두고 단단히 묶어 모양을 유지하도록 한다.

2. 큰 더치 오븐에 기름을 넣고 센 불에 올려 연기가 약간 날 때까지 가열한다. 고기를 넣고 고기의 모든 면이 갈색이 될 때까지 약 8~10분 정도 가끔 뒤집어 주면서 굽는다. 고기를 큰 볼로 옮긴다.

3. 한편, 앤초비 필레와 마늘, 마마이트, 간장, 토마토 페이스트를 작은 볼에 넣고 포크의 등으로 으깨고 부드럽게 다 잘 섞어 페이스트를 만든다.

4. 냄비의 불을 중강 세기로 한 뒤 당근과 셀러리를 넣고 채소 가장자리가 갈색이 되기 시작할 때까지 약 5분 정도 볶아 준다. 양파를 넣고 자주 저어 주면서 숨이 죽고 연한 황금색이 되도록 약 5분 정도 볶아 준다. 3을 넣고 약 1분 동안 저어 주면서 향이 나도록 한다. 여기에 밀가루를 넣고 약 1분간 저어 날 밀가루가 남지 않도록 한다. 불을 세게 올리고 계속 저어 주면서 천천히 와인을 붓는다. 와인이 반으로 줄어들 때까지 약 15분 정도 푹 끓인다.

5. 한편, 닭 육수를 큰 액체 계량컵이나 그릇에 붓고 위에다 젤라틴을 뿌린다. 10분 동안 물에 녹도록 둔다.

6. 더치 오븐에 젤라틴과 닭 육수, 월계수 잎, 타임을 넣고 소고기도 넣어 끓이기 시작한다. 뚜껑을 덮고 오븐에 넣어 소고기가 완전히 연해질 때까지 (케이크 테스터나 얇은 칼로 찔렀을 때 잘 들어가야 한다.) 약 3시간 정도 익힌다. 고기가 다 익기 45분 전에 감자를 넣는다. 냄비를 오븐에서 꺼낸 뒤 1시간 정도 그대로 두고 식힌다.

7. 냄비를 냉장고에 넣고 적어도 하룻밤 혹은 5일 정도 그대로 둔다.

8. 먹을 때 국물 위에 뜬 굳은 지방층은 건져서 버린다. 고기를 도마 위로 올리고 월계수 잎과 타임 줄기는 버린다. 남은 국물은 높은 온도로 끓여 숟가락의 뒤쪽에 묻되 너무 뻑뻑하지 않을 정도로 졸인다. 소금과 후추로 간을 한다.

9 한편, 소고기에 묶어 둔 요리용 실을 제거하고 고기 결과 반대로 1.5cm 정도 굵기로 자른다. 자른 조각을 30cm(12인치) 프라이팬에 층층이 쌓아서 넣는다. 소스를 몇 국자 부어서 촉촉하게 해 준다. 프라이팬 뚜껑을 덮고 중약 불 위에 올리고 약 15분간 가끔 냄비를 흔들어 주면서 가열해 고기에 열이 전해지게 한다.

10 따뜻하게 데운 차림용 접시나 큰 접시에 고기를 담고 위에는 익힌 채소를 얹고 소스를 더 붓고 마무리한다.

글루타민산염(GLUTAMATES), 이노신산나트륨(INOSINATES), 감칠맛 폭탄(UHAMI BOMBS)

오랫동안, 식품 과학자들은 사람의 혀가 각기 다른 네 가지 기본 맛에 민감하다고 믿었다. 네 가지 맛이란 단맛, 짠맛, 신맛, 쓴맛이다. 여기에 한 가지가 더 있다는 게 알려졌고 이 맛이 바로 감칠맛이다. 이 맛은 맨 처음 일본에서 발견되었고 '감칠맛이 있는(savory)'으로 번역되었다. 이 맛은 맛있는 스테이크나 파르메산 치즈 조각을 입에 넣었을 때 침이 나오도록 하는 바로 그 맛이다. 단맛이 당에서 비롯되고 소금에서 짠맛이, 산에서 신맛이, 독성이 순한 여러 종류의 화학물질에서 쓴맛이 비롯되듯이 감칠맛은 글루타민산염에서 나온다. 글루타민산염은 단백질이 풍부한 여러 식품에서 발견되는 필수 아미노산이다. 칠면조 버거나, 칠리, 스튜, 수프 등 여러 음식에 고기 맛이 더 나도록 하려면 글루타민산염의 양을 늘리면 된다.

다시마에서 추출한 천연소금인 글루탐산소다(monosodium glutamate, MSG)의 가루 형태로 이제 이런 맛을 낼 수 있지만 어떤 사람들은 이 물질을 사용하는데 지나치게 예민하다(나는 개인적으로 이 물질을 작은 병에 넣어 소금통 옆에 둔다.). 그렇다면 대체품도 있는데, 다시 말해, 세 가지 감칠맛 폭탄이라고 부르고 싶은 게 있는데 바로 마마이트, 간장 그리고 앤초비이다.

영국에 가봤다면 마마이트를 봤을 것이다. 마마이트는 처음 보는 짙은 갈색의 찐득찐득한 물질로 톡 쏘며, 짜고 감칠맛이 나는데, 영국인들이 아침에 토스트에 발라서 많이 먹는다. 토스트에 발라 먹다 보면 확실히 점점 좋아하게 되는데 그 작은 병 속에는 많은 가능성이 숨어 있다. 알코올의 부산물로 만들어져서 기본적으로는 이스트 단백질이 응축되어 있고 소금과 글루타민산염이 풍부하다. 간장은 발효된 콩으로 만들어 아미노산이 풍부한 콩 자체에서 그리고 간장으로 발효시키기 위해 사용되는 이스트와 박테리아로부터 높은 함량의 글루탐산소다를 얻게 된다. 앤초비와 작고 기름기 많은 여러 생선들은 자연적으로 글루타민산염이 풍부하고 소금을 더 넣고 삭이면 글루타민산염이 더 응축된다. 진한 고기 맛을 기본으로 하는 많은 전통적인 스튜 레시피들도 요리의 감칠맛을 더 살리려고 앤초비를 몇 마리 넣는다.

MSG가 많이 포함된 다른 재료들도 많다. 두서너 가지만 예를 들면, 우스터소스나, 파르메산 치즈, 가루로 된 다시(해초와 가쓰오부시로 만든 일본식 육수) 등이지만, 이런 식품들은 맛이 꽤 강하다. 내가 말한 세 가지 감칠맛 폭탄은 내가 알고 있는 재료들 중 유일하게 배경으로 섞여 들어가지만 식품 본연의 맛이 요리에 도드라지지는 않으면서도 고기의 자연적인 맛을 더 강하게 하는 재료들이다.

그렇다면 어느 것을 사용하면 좋을까? 나는 칠면조를 갈 때 몇 차례에 걸쳐 이 세 가지를 따로따로 넣고 버거를 만들어봤다. 그랬더니 결과는 세 가지를 다 넣은 버거가 한 가지만 넣은 것보다 우리의 고기 맛 탐지기를 자극하는 데에는 훨씬 더 강력했다. 왜 한 가지보다 세 가지를 함께 넣는 게 더 효과가 좋을까? 그것은 글루타민산염은 고기 맛의 제왕이지만 두 번째 화합물인 이노신산나트륨이 또 있는데, 이 화합물은 글루타민산염과 더불어 요리의 감칠맛을 증대시키는데 시너지 효과를 내는 것으로 밝혀졌다. 사실 『푸드 사이언스 저널(Journal of Food Science)』의 2006년 8월 이슈에서 시주코 야마구치(Shizuko Yamaguchi) 연구원은 그 두 가지 화합물의 상승효과를 실제 수량화할 수 있다는 걸 알아냈다!

그래서 그 두 가지를 섞어 사용하면 한 가지만 넣는 것보다 훨씬 강력한 상승효과를 얻을 수 있다. 글루타민산염과 이노신산나트륨을 배트맨(Batman)과 로빈(Robin) 관계로 생각하면 된다. 둘 다 필요한 건 아니지만 둘이 합치면 엄청난 일을 하게 된다. 거룩하신 감칠맛 나는 고기 패티여!

돼지고기와 생선을 소금에 절여 프로슈토(prosciutto)와 타이 피시 소스로 만들면 극도로 응축된 이노신산나트륨소스를 만들 수 있다. 앤초비는 실제로 이노신산나트륨 함량이 꽤 높아서 자체의 글루타민산염 함량과 균형을 이루는 데 필요한 양보다 더 많이 들어있다. 반면에 마마이트와 간장은 이노신산나트륨이 거의 없다. 앤초비에 있는 이노신산나트륨과 간장과 마마이트에 있는 글루타민산염을 섞으면 최고의 조합을 이룬다.

일반 식품에 들어 있는 글루타민산염 함량

우리가 매일 요리하는 여러 음식에는 글루타민산염이 많이 들어 있다. 글루타민산염의 상대적 함량은 아래 표와 같다.

다시마(큰 해조류)	22,000mg / 100g
파르미지아노 레지아오 치즈	12,000
가쓰오부시	2,850
정어리 / 앤초비	2,800
토마토 주스	2,600
토마토	1,400
돼지고기	1,220
소고기	1,070
닭고기	760
버섯	670
콩	660
당근	330

프라이팬으로 브레이징한 닭고기
SKILLET-BRAISED CHICKEN

브레이징한 닭다리만큼 맛있는 것이 많긴 하지만 더 빠르고 더 쉽게 브레이징할 수 있는 건 많지 않아서 부드럽고 촉촉하고 뭉근히 끓인 고기가 먹고 싶을 땐 자주 닭고기를 선택한다.

똑같은 레시피를 두 번 사용해서 닭을 브레이징하는 일이 거의 없지만 레시피에는 모두 공통적으로 주의해야 할 점이 있다. 아주 맛있는 닭 브레이징을 만드는 비결은 브라우닝에 있기 때문에 닭 껍질이 짙은 황금색이 되고 아주 바삭해질 때까지 프라이팬에서 껍질을 브라우닝시켜야 한다는 것이다. 그리고 브레이징하는 내내 껍질이 액체의 수위보다 위로 올라가 있어야 한다. 그래야 바삭함이 유지된다. 소스 맛이 진하게 배고 잘 구워진 바삭한 껍질이 있고 뼈에서 분리되는 부드러운 고기가 완성된다.

이 요리를 하기 위해서는 색이 짙은 살코기가 적당하다. 닭다리는 결합조직이 많아서 졸이면 천천히 젤라틴으로 분해가 돼서 고기는 기름지고 소스는 맛이 아주 진해진다. 흰 살코기는 그냥 푸석해진다.

내가 제일 좋아하는 레시피 중의 하나는 화이트 와인을 조금 붓고 토마토 통조림 한 통, 케이퍼와 올리브를 잘게 썰어서 한 움큼씩 넣고 고수 잎을 많이 뿌려 주는 것이다. 기분이 좋을 때는 훈제한 파프리카를 넣고 토마토 대신에 기름에 구운 피망과 양파를 넣고, 케이퍼와 올리브는 빼고 파슬리와 식초를 조금 뿌리는 걸로 마무리한다. 화이트 와인을 좀 더 넣고 닭 육수를 2~3컵 넣고 파슬리와 판체타(pancetta)를 많이 넣어서 만든 것도 똑같이 맛있다. 버섯과 샬롯, 판 베이컨을 넣고 만드는 또 다른 방법도 있다. 자기가 좋아하는 맛을 만들어 내는 것이 비결이다. 이 브레이징 레시피들은 닭 껍질의 바삭함이 줄긴 하지만 이틀째 삼일째에 훨씬 더 맛있다.

토마토, 올리브, 케이퍼를 곁들인 손쉬운 팬 브레이즈드 치킨
EASY SKILLET-BRAISED CHICKEN WITH TOMATOES, OLIVES, AND CAPERS

NOTE • 4단계에서 닭을 넣을 때, 불을 가장 낮게 하고 팬 뚜껑을 닫고, 닭이 부드러워지도록 약 45분 동안 익히는데, 오직 스토브만으로도 이 음식을 만들 수 있다.

4~6인분

닭다리살 4~6개

코셔 소금과 후춧가루

식물성 기름 1큰술

큰 양파 1개(다지기. 약 1½컵, 375ml)

마늘 2쪽(가늘게 채썰기.)

파프리카 파우더 1큰술

커민 파우더 1큰술

드라이 화이트 와인 1컵(250ml)

홀토마토 통조림 800g(국물을 따라 버리고 손으로 으깨기.)

홈메이드 또는 저염 닭 육수 통조림 ½컵(125ml)

케이퍼 ¼컵(60ml. 씻어서 물기를 빼고 대충 썰기.)

다진 그린 올리브 또는 블랙 올리브 ¼컵(60ml)

고수 잎 ¼컵(60ml)

라임 주스 4큰술(라임 3~4개분)

1. 오븐랙을 오븐의 중간에 끼우고 오븐을 180℃로 예열한다. 닭다리를 소금과 후추로 가볍게 밑간한다.

2. 오븐 사용이 가능한 30cm(12인치)의 프라이팬이나 소테팬에 기름을 두르고 센 불에서 연기가 살짝 날 때까지 가열한다. 집게로 조심스럽게 닭 껍질 부분이 바닥에 오도록 닭고기를 넣는다. 기름이 튀는 걸 막도록 가리개 뚜껑을 일부분 덮는다. 닭이 짙은 황금색이 되고 닭 껍질이 바삭해질 때까지 약 4분 정도 굽는다. 닭다리를 뒤집어 다른 면도 황금색이 되도록 약 3분 정도 더 굽는다. 닭을 큰 접시로 옮기고 한곳에 둔다.

3. 불을 중강으로 줄이고 양파를 넣고 볶는다. 나무 주걱으로 프라이팬 바닥에 붙은 갈색 물질을 긁어내고 자주 저어 주면서 양파가 아주 부드러워지고 갈색 빛이 돌기 시작할 때까지 약 4분 동안 볶아 준다. 마늘을 넣고 약 30초 동안 볶아 향을 낸다. 파프리카 파우더와 커민 파우더를 넣고 약 1분 정도 더 볶아 향을 낸다.

4. 화이트 와인을 넣고 프라이팬 바닥의 갈색 물질을 긁어낸다. 토마토와 닭 육수, 케이퍼, 올리브를 넣고 끓인다. 닭 껍질 부분만 남겨 두고 닭고기가 육수와 채소에 잠기게 한다. 팬 뚜껑을 덮고 오븐에 넣는다. 20분 동안 조리한 뒤 뚜껑을 열고 닭의 살이 뼈에서 분리될 만큼 부드럽게 되고 소스가 진하게 우러나도록 다시 20분간 조리한다.

5. 고수 잎과 라임 주스를 소스에 섞어 넣고 소금과 후추로 간을 한다.

화이트 와인, 펜넬, 판체타를 곁들인 손쉬운 팬 브레이즈드 치킨
EASY SKILLET-BRAISED CHICKEN WITH WHITE WINE, FENNEL, AND PANCETTA

NOTE • 이 음식은 스토브만 사용해서 만들 수 있다. 4단계에서 닭을 넣을 때, 불을 가장 낮게 하고 팬 뚜껑을 닫고, 닭이 부드러워지도록 약 45분 동안 조리한다.

4~6인분

닭다리살 4~6개

코셔 소금과 후춧가루

식물성 기름 1큰술

판체타 85g(다지기)

마늘 4쪽(가늘게 썰기)

큰 양파 1개(가늘게 채썰기. 약 1½컵, 375ml)

펜넬 구근 1개(다듬어서 가늘게 채썰기. 약 1½컵, 375ml)

큰 토마토 1개(큼직하게 썰기)

드라이 화이트 와인 1½컵(375ml)

파스티스 또는 리카드 ½컵(125ml)

홈메이드 또는 저염 닭육수 통조림 1컵(250ml)

월계수 잎 1장

다진 파슬리 ¼컵(60ml)

무염 버터 2큰술

레몬주스 1큰술(레몬 1개분)

1. 오븐랙을 오븐의 중간에 끼우고 180℃로 예열한다. 닭다리를 소금과 후추로 가볍게 양념한다.

2. 30cm(12인치)의 오븐용 프라이팬이나 소테팬에 기름을 두르고 센 불에서 연기가 살짝 날 때까지 가열한다. 집게로 조심스럽게 닭 껍질 부분이 바닥에 오도록 닭고기 조각을 넣는다. 기름이 튀는 걸 막도록 가리개나 뚜껑을 일부만 덮는다. 그대로 둔 채 닭이 짙은 황금색이 되고 닭 껍질이 바삭해질 때까지 약 4분 정도 굽는다. 닭다리를 뒤집어 다른 면도 황금색이 되도록 약 3분 정도 더 굽는다. 닭을 큰 접시로 옮기고 한곳에 둔다.

3. 판체타를 프라이팬에 넣고 자주 저어 주면서 약 3분 정도 볶아 연한 갈색이 되게 한다. 마늘을 넣고 연한 갈색이 되도록 약 1분 동안 볶아 준다. 양파와 펜넬을 넣고 볶는다. 나무 주걱으로 프라이팬 바닥에 눌어붙은 물질을 긁어내고 자주 저어 주면서 양파가 아주 부드러워지고 갈색으로 변하기 시작할 때까지 약 5분 정도 볶아 준다.

4. 토마토와 화이트 와인, 식전주인 파스티스(Pastis)나 리카드(Ricard)를 넣고 프라이팬 바닥의 갈색 물질을 긁어낸다. 닭 육수와 월계수 잎을 넣고 끓인다. 닭 껍질 부분만 남겨 두고 닭고기가 육수와 채소에 잠기게 한다. 팬 뚜껑을 덮고 오븐에 넣는다. 20분 동안 조린 뒤 뚜껑을 열고 약 20분 더 익혀 닭의 살이 뼈에서 분리될 만큼 부드럽게 되고 소스가 진하게 우러나도록 한다. 닭다리를 차림 접시로 옮긴다.

5. 파슬리와 버터, 레몬주스를 소스에 섞어 넣고 소금과 후추로 간을 한다. 소스를 닭다리 주위에 붓고 바로 차려 낸다.

칼 사용법 : 펜넬 자르는 법

펜넬은 일반적으로 호불호가 분명히 나눠지는 채소다.

나는 펜넬을 소량으로 사용하는 것을 선호한다. 만돌린 채칼로 아주 얇게 저며서 과육만 도려낸 감귤류와, 레몬 맛 나는 비네그레트(vinaigrette)와 섞으면, 소시지, 테린(terrine), 다른 돼지고기 식품과 잘 어울리는 맛있는 겨울 샐러드가 된다. 맨 위에서 자라는 주름 장식 같은 녹색 잎은 식용이며 예쁜 고명으로도 쓸 수 있다.

(1) 괜찮은 펜넬과 좋지 않은 펜넬은 구별하기 쉽다. 연녹색이나 변색이 없는 흰색 펜넬 구근을 찾으면 된다. 펜넬이 싱싱한 때가 지났다는 걸 가장 먼저 알 수 있는 표시는 껍질 가장자리가 갈색으로 변하는 것이다. 그러므로 먼저 이 부분을 살펴본다. 그리고 겹겹이 아주 단단하게 싸여 있고 녹색 잎이 선명한 녹색이고 싱싱해야 한다.

통째로는, 펜넬은 비닐봉지에 넣고 느슨하게 봉해서 냉장고의 채소 보관실에 넣고 약 1주일 정도 두어도 괜찮다. 하지만 일단 자르고 나면 빠르게 갈색으로 변하기 때문에 사용하기 바로 직전에 자른다.

(2) 펜넬을 자르려면 먼저 두꺼운 줄기를 잘라 낸다(육수용으로 남겨둬도 된다.). **(3)** 구근 밑부분을 바닥에 대고 반으로 자른다. **(4)** 칼끝으로 각각의 반에서 심을 빼낸다. **(5)** 심은 삼각형 모양의 웨지로 자르면 쉽게 제거할 수 있다. **(6)** 극과 극 방향으로 가늘게 채썬다.

(7) 사각으로 자르려면 반으로 나누고 심을 빼낸 뒤 펜넬을 조금 굵은 판자 모양으로 자른다. **(8)** 가로지르며 잘라서 사각형을 만든다.

피망, 양파를 곁들인 손쉬운 팬 브레이즈드 치킨
EASY SKILLET-BRAISED CHICKEN WITH PEPPERS AND ONIONS

이 음식은 에그 누들이나 슈페츨레(spätzle), 밥, 혹은 삶은 감자와 함께 차려 낸다.

NOTE • 이 음식은 스토브만 사용해서 만들 수 있다. 4단계에서 닭을 넣을 때, 불을 최대한 약하게 하고 팬 뚜껑을 닫고, 닭이 부드러워지도록 약 45분 동안 조리한다.

4~6인분

닭다리살 4~6개
코셔 소금과 후춧가루
식물성 기름 1큰술
큰 양파 1개(다지기, 약 1½컵, 375ml)
청피망 1개(다지기, 약 1컵, 250ml)
홍피망 1개(다지기, 약 1컵, 250ml)
마늘 2쪽(가늘게 썰기)
달콤한 스페인 훈제 파프리카 파우더 1큰술(혹은 일반 파프리카 파우더)
말린 마저럼 1작은술(세이보리, 오레가노 가능)
중력분 1큰술
드라이 화이트 와인 1컵(250ml)
홈메이드 또는 저염 닭 육수 통조림 3컵(750ml)
큰 토마토 1개(껍질을 벗기고 씨를 빼고 1.5cm으로 썰기)

1. 오븐랙을 오븐의 중간에 끼우고 오븐을 180℃로 예열한다. 닭다리를 소금과 후추로 가볍게 밑간한다.

2. 오븐 사용이 가능한 30cm(12인치)의 프라이팬이나 소테팬에 기름을 두르고 센 불에서 연기가 살짝 날 때까지 가열한다. 집게로 조심스럽게 닭 껍질 부분이 바닥에 오도록 닭고기 조각을 넣는다. 기름이 튀는 걸 막도록 가리개나 뚜껑을 일부분 덮는다. 그대로 둔 채 닭이 짙은 황금색이 되고 닭 껍질이 바삭해질 때까지 약 4분 정도 굽는다. 닭다리를 뒤집어 다른 면도 황금색이 되도록 약 3분 정도 더 굽는다. 닭을 큰 접시로 옮기고 한곳에 둔다.

3. 양파와 피망을 팬에 넣고 볶는다. 나무 주걱으로 팬 바닥에 눌어붙은 갈색 물질을 긁어내고 자주 저어 주면서 양파가 아주 부드러워지고 갈색 빛이 돌기 시작할 때까지 약 4분 정도 볶아 준다. 여기에 마늘을 넣고 약 30초 정도 볶아서 향을 낸다. 파프리카 파우더와, 마저럼, 밀가루를 넣고 향이 나도록 약 1분 정도 볶아 준다.

4. 화이트 와인을 넣고 팬 바닥의 갈색 물질을 긁어낸다. 닭 육수와 토마토를 넣고 끓인다. 닭 껍질 부분만 남겨 두고 닭고기가 육수와 채소에 잠기게 한다. 팬 뚜껑을 덮고 오븐에 넣는다. 20분 동안 조린 뒤 뚜껑을 열고 다시 약 20분 더 조려 닭의 살이 뼈에서 분리될 만큼 부드럽게 되고 소스가 진하게 우러나게 한다. 소금과 후추로 간을 해 완성한다.

버섯, 베이컨을 곁들인 손쉬운 팬 브레이즈드 치킨
EASY SKILLET-BRAISED CHICKEN WITH MUSHROOMS AND BACON

NOTE • 이 음식은 스토브만 사용해서 만들 수 있다. 4단계에서 닭을 넣을 때, 불을 최대한 약하게 하고 팬 뚜껑을 닫고, 닭이 부드러워지도록 약 45분 동안 조리한다.

4~6인분

닭다리살 4~6개
코셔 소금과 후춧가루
식물성 기름 1큰술
통 베이컨 85g(잘게 깍둑 썰기.)
양송이 140g(씻어서 슬라이싱. 약 2컵, 500ml)
큰 샬롯 1개(가늘게 채썰기. 약 ½컵, 125ml)
마늘 2쪽(가늘게 썰기.)
타임 잎 2작은술
무염 버터 1큰술
중력분 1큰술
드라이 화이트 와인 1컵(250ml)
홈메이드 또는 저염 닭육수 통조림 3컵(750ml)
생크림 ½컵(125ml)
파슬리 잎 2큰술

1. 오븐랙을 오븐의 중간에 끼우고 오븐을 180℃로 예열한다. 닭다리를 소금과 후추로 가볍게 양념한다.

2. 오븐 사용이 가능한 30cm(12인치) 프라이팬이나 소테팬에 기름을 두르고 센 불에서 연기가 살짝 날 때까지 가열한다. 집게로 조심스럽게 닭 껍질 부분이 바닥에 오도록 닭고기 조각을 넣는다. 기름이 튀는 걸 막도록 가리개를 덮거나 뚜껑을 일부분 덮는다. 그대로 둔 채 닭이 짙은 황금색이 되고 닭 껍질이 바삭해질 때까지 약 4분 정도 굽는다. 닭다리를 뒤집어 다른 면도 황금색이 되도록 약 3분 정도 더 굽는다. 닭을 큰 접시로 옮기고 한곳에 둔다.

3. 베이컨을 팬에 넣고 자주 저어 주면서 약간 갈색 빛이 돌 정도로 약 3분 볶고는 접시로 옮긴다. 버섯을 넣고 볶는다. 나무 주걱으로 팬 바닥에 눌어붙은 갈색 물질을 긁어내고 자주 저어 주면서 버섯이 수분이 모두 빠지고 지글거릴 때까지 약 8분 정도 볶아 준다. 샬롯과 마늘을 넣고 향이 나도록 약 1분 정도 볶아 준다. 타임과 버터를 넣고 버터를 녹인다. 여기에 밀가루를 넣고 30초 동안 계속 저어 준다.

4. 화이트 와인을 넣고 팬 바닥의 갈색 물질을 긁어낸다. 닭 육수를 넣고 끓인다. 닭 껍질 부분만 남겨 두고 닭고기가 육수와 채소에 잠기게 한다. 팬 뚜껑을 덮고 오븐에 넣는다. 20분 동안 조린 뒤 뚜껑을 열고 다시 약 20분 더 조려 닭의 살이 뼈에서 분리될 만큼 부드럽게 되고 소스가 진하게 우러나오게 한다. 닭고기를 차림 접시에 담는다.

5. 생크림을 소스에 넣고 고온에 올린 뒤 약간 걸쭉해질 때까지 약 1분간 조린다. 여기에 소금과 후추로 간을 하고 파슬리를 섞어 넣고 닭고기 주위에 붓는다.

궁극의 칠리 스튜를 찾아서
IN SEARCH OF THE ULTIMATE CHILI

칠리콘카르네, 줄여서 '칠리(혹은 칠리 스튜)'는 멕시코 음식이지만 오늘날은 분명히 미국 요리가 되었다. 그렇기는 하지만 종교처럼 칠리를 사랑하는 사람들은 여러 분파로 나뉘져서 어떤 게 '진짜' 칠리 스튜인가를 두고 필사적으로 싸울 준비가 되어 있다. 간 소고기로 만들어야 하나? 아니면 덩어리 고기로 만들어야 할까? 토마토를 넣어도 될까? 콩을 넣는다고 말이라도 꺼낼 수 있는가? 어느 누구도 모든 요소들에 대해 동의할 수 없기 때문에 비프 칠리를 하나가 아니라 두 가지로 만들어 볼 것이다. 하나는 소고기와 칠리 고추만 넣고 만드는 전통적인 텍사스 식이고 다른 하나는 우리들 대부분이 자라면서 먹었던 것으로 콩과 토마토가 들어가고 갈비를 넣기도 하고 소고기를 갈아 넣기도 하는 방식이다.

두 가지 모두 우리가 맛있는 칠리라고 동의할 만한 점이 아주 많다.

- 달고, 쓰고, 맵고, 신선하고, 감칠맛의 요소들이 균형을 이루면서 진하고 복합적인 맛을 내야 한다.
- 감칠맛이 돌고 풍성한 소고기 맛이 나야한다.
- 콩을 넣는다면 콩이 아주 부드럽고 크림 같으면서도 모양이 온전해야 한다.
- 걸쭉한 진한 레드 소스와 잘 어우러져야 한다.

이런 목표를 이루기 위해 칠리 스튜를 칠리, 소고기, 콩, 그리고 양념으로 구분하고 큰 냄비 하나에 모두 다 넣기 전에 하나씩 완벽하게 준비하기로 했다.

칠리

칠리를 먹던 대학 시절 좋지 않은 기억이 있는데, 그때는 콩 통조림 하나와 토마토 통조림 하나를 간 소고기에 넣고 선반에 있는 모든 양념을 다 넣고 끓여 칠리 스튜를 만들었다. 완성된 칠리 스튜는 예상한 대로 전혀 균형이 잡히지 않는 맛이었다. 마른 양념류들이 그대로 씹혔다.

병에 든 칠리 파우더는 조금은 괜찮지만 최고의 칠리 스튜를 만들기 위한 내 첫 번째 계획은 가루로 된 양념들과 미리 섞어 놓은 칠리 파우더를 버리고 진짜 마른 칠리로 바로 시작하는 것이었다. 햇빛에 말리거나 연기 나는 불(치포들레처럼 훈제 칠리의 경우)에 말리거나 아니면 요즘은 더욱 흔한 방법인데, 습기와 바람이 조절되는 공간에서 말리는 것으로 이 칠리는 아주 복합적인 맛을 낸다. 삭인 고기처럼 칠리는 마르면서 수분을 잃고 각 세포 안에서 맛을 내는 화합물들이 농축된다. 이런 화합물은 서로서로 더 가까이 붙게 되고 그래서 이들은 서로 반응을 하여 원래 싱싱한 칠리에는 없던 새로운 맛을 만들어 낸다.

말린 칠리는 당혹스러울 정도로 다양해서 선택을 쉽게 하기 위해 구할 수 있는 모든 칠리를 다 맛보고 매운 정도와 맛의 개요를 기록하기로 했다.

나는 칠리 대부분이 네 가지 구별되는 범주 중 하나에 속하는 걸 알게 됐는데, 달고 싱싱한 맛의 칠리, 매운 칠리, 풍성하고 감미로운 맛이 나는 칠리 아니면 훈제 맛이 나는 칠리이다(266쪽 '말린 칠리' 참고).

내 입맛에는, 앞의 세 가지 범주에 속하는 칠리를 섞는 것이 가장 균형이 잘 맞았다(훈제 칠리는 다른 맛을 압도하기가 쉽다.). 칠리를 말린 후라도 시간이 지나면서 맛이 사라질 수 있기 때문에 신선하게 잘 말린 칠리를 구하는 게 중요하다. 칠리는 질긴 성질이 있으면서도 탄력이 있어야 한다. 구부렸을 때, 쪼개지거나 부서지면 다른 걸 고른다. 말린 칠리는 빛을 피해 밀폐가 되는 용기에 저장해야 한다(나는 지퍼락 팩에 넣어서 식품 보관실에 저장하고 구입 후 약 6개월 내에 다 쓴다.).

넣을 농축된 맛의 기본으로 씹히는 게 전혀 없는 페이스트를 만들게 되었다. 장점이라면? 필요량보다 두세 배 만들어서 퓨레를 얼음 틀에 넣고 얼려 오랫동안 보관할 수 있는데 병에 든 칠리 파우더처럼 아주 편리하면서도 질감과 맛은 엄청나게 더 좋다.

맛과 질감을 좋게 하려고 나는 칠리 파우더 대신에 칠리 퓨레를 사용한다.

칠리를 구우면 맛이 좋아진다.

마른 향신료에서처럼 칠리의 맛도 바싹 구우면 더 좋아진다(265쪽 '통 향신료와 갈은 향신료 비교' 참고). 구울 때 두 가지 목적이 달성되는데, 첫째, 열이 칠리 안에 있는 각각의 화합물 간의 반응을 촉진시켜 새로운 맛을 만들어 낸다. 둘째, 마이야르 브라우닝 반응의 결과로 수백 가지의 아주 맛있는 새로운 화합물이 만들어진다.

구운 뒤에, 전통적인 방법으로 간단히 칠리를 섞고 갈아서 가루로 만들었지만 나는 전통을 따르기만 하는 사람은 아니다. 전통적인 방법 대신 칠리를 닭 육수에 넣고 조리한 뒤 촉촉해진 칠리를 퓨레로 갈아서 칠리에

고기

칠리 애호가들 사이에 콩을 제외하면 고기가 가장 중요한 논쟁거리가 된다. 내 아내처럼 어떤 사람들은 분쇄한 소고기를 고집하고 나같은 사람들은 스튜에 든 고기처럼 큰 덩어리 고기를 더 좋아한다. 종종 나는 마지못해 아내 방식대로 하게 두는데 이번엔 내 자신의 권리를 위해 싸우고 적어도 아내의 칠리에 대한 고집을 누그러트리도록 해야겠다고 결심했다.

가게에서 파는 분쇄한 소고기와 집에서 분쇄한 소고기, 2.5cm 크기로 자른 고기, 그리고 손이나 푸드프로세서로 0.5~1.5cm 크기로 똑같지 않게 질감을 살려 대충 썬 고기로 시험해 봤더니 마지막 고기가 최선이었다. 거의 간 소고기 같은 작은 조각들은 칠리에 부피감을 더하고 스튜가(그리고 내 결혼 생활이) 잘 결합하게 돕는다. 또한 큰 고기 조각들은 식감을 즐길 수 있게 해 줬다. 스튜를 만들기에 좋은 소고기 부위는 아주 많지만(249쪽 '소고기 스튜' 참고) 칠리를 만들기 위해서 나는 감칠맛이 도는

소갈비를 선택했다.

분쇄 소고기를 조리해 본 사람이라면 알겠지만, 큰 냄비에 든 고기를 적절히 브라우닝하는 건 거의 불가능하다. 그건 간단히 단위 체적당 부피비의 문제이다. 분쇄 소고기는 액체와 지방이 달아날 수 있는 아주 넓은 표면적이 있다. 분쇄 소고기를 볶기 시작하자마자 액체가 냄비 바닥에 흥건해지며 고기가 잠기고 부글부글 끓으면서 회갈색 육즙으로 스튜가 된다. 이렇게 되면 자체적으로 온도가 100°C로 조정이 되는데 맛있는 브라우닝이 일어나기에는 너무 낮아진다. 이 육즙이 완전히 다 증발해야 브라우닝이 일어날 수 있다. 슬픈 사실을 알려줄까? 분쇄육으로는(아니면 우리의 경우에는 잘게 썬 고기) 퍽퍽하고 질금질금 씹히는 고기나 브라우닝 맛이 나지 않는 고기에 만족해야 한다.

통째 구우면 브라우닝이 빨리 된다.

브라우닝을 먼저 한 뒤 통째 구운 고기를 다지면 브라우닝된 맛과 뛰어난 질감을 다 줄 수 있다.

분쇄육으로 브라우닝을 한다면 헛수고하는 거다.

그러자 이런 생각이 들었다. '고기를 다진 뒤에 왜 브라우닝을 하려고 할까? 스튜에 브라우닝된 맛을 내고 싶다면 결과적으로 브라우닝이 되기만 하면 언제 브라우닝하는 게 중요할까?' 그래서 새로운 갈빗살을 집어서는 이번에는 뜨거운 팬에 넣고 시어링을 했다. 고기를 뼈에서 발라내고는 원하는 크기로 잘게 잘랐다. 결과는 어땠을까? 잘게 자른 고기의 질감을 갖고 있지만 진하게 브라우닝된 맛의 칠리가 만들어졌다. 야호!

콩

텍사스 출신이라면, 생략하고 바로 274쪽으로 넘어가도 좋다. 하지만 나처럼 콩이 소고기보다 더 중요하지는 않더라도 소고기만큼은 칠리에 꼭 필요하다고 생각한다면 계속 읽어 볼 것. 솔직히, 통조림 콩을 칠리에 사용하는 건 전혀 문제가 안 된다. 콩 통조림은 균일하게 익고 모양도 잘 유지하고 있어 말린 콩으로 조리한 것과 비교해 맛이 좀 모자라긴 하지만 그건 문제가 안 된다. 대신 보완해 줄 수 있는 다른 맛이 많다. 하지만 때때로 요리에 대한 고정관념을 부수고 싶은 충동과 식품학에 대한 어떤 잘못된 생각을 깨고 싶은 욕구가 너무 강렬해서 참을 수가 없다. 그래서 말린 콩의 세계로 빨리 생각을 돌린다.

여러분이 셰프로 일하고 있거나 할머니가 토스카나 출신이거나 장모나 시어머니가 남미 출신이라면 콩의 단단한 껍질이 물러지지 않으므로 콩이 완전히 익기 전까지는 절대로 소금을 넣지 말라는 얘기를 한번쯤은 들어봤을 것이다. 그래서 내가 일했던 몇몇 식당에서는 너무 푹 익은 콩은 요리 후 소금을 치면 괜찮아진다고 생각하고 있었다. 세상에!

실제로 콩을 따로 나눠서 나란히 두고, 하나는 물에 불린 뒤 소금을 넣은 물에, 또 다른 하나는 물에 불린 뒤 그냥 맹물에 요리를 해 볼 일이 얼마나 있겠는가? 아마 그런 일은 없을 것이다. 게다가 이제 여러분은 그럴 필요가 없다. 내가 그 실험 결과를 알려 줄 테니.

소금을 넣고 콩을 조리하면 안의 내용물은 터져 나오지 않으면서 콩 껍질은 완전히 부드러워진다.

두 그룹의 콩을 모두 껍질이 덜 익어서 종이 같이 질긴 그런 느낌 없이 완전히 부드러워질 때까지 익혔다(둘 다 밤새 불렸다가 2시간 익혔다.). 분명하게 보이는 대로 소금을 넣지 않은 왼쪽 콩이 물을 너무 많이 흡수해서 껍질이 적당히 부드러워지기 오래 전에 내용물이 터져 나왔다. 반면에 소금을 넣은 콩은 온전하다.

무엇 때문이냐고? 마그네슘과 칼슘, 콩 껍질에서 발견되는 이 두 가지 이온이 지지대처럼 작용해서 껍질의 세포 조직을 지탱하고 단단하게 한다. 하지만 콩을 소금물에 밤새 담그면 나트륨 이온의 일부가 칼슘, 마그네슘과 함께 자리다툼을 해서 콩 껍질이 콩 속과 같은 정도로 무르게 된다.

콩이 익는 정도에 정말로 영향을 미치는 요소는 수소 이온 농도 지수이다. 산성 환경에서 콩은 반응을 잘 하지 않는 경향이 있다. 예를 들어, 산성인 당밀과 토마토와 함께 익힌 보스턴 베이크드 빈(Boston baked bean)을 적절히 부드럽게 만드는 데 하룻밤이나 걸리는 이유가 이 때문이다. 콩을 소금물에 절이면 이런 현상을 어느 정도 완화할 수 있지만 콩을 칠리 같은 산성 스튜 안에서 적절히 익히려면 따로 익힌 뒤 나중에 스튜에 넣는 방법뿐이다.

그렇다면 소금을 넣지 말라는 오래된 얘기는 어디서 나왔는가? 아마도 대부분의 음식에 대한 근거 없는 믿음이 나온 것과 같은 곳, 즉 할머니나, 고모, 이모, 셰프들에게서 나왔을 것이다. 나는 믿은 적도 없고, 믿지도 않을 것이다.

양념

커민과 고수 이 둘은 정향(clove) 두어 개와 마찬가지로 칠리에 기본으로 당연히 들어간다. 입을 얼얼하게 만드는 두 재료의 의학적(약용) 성질은 칠리의 매운 열기와 완벽한 균형을 이룬다. 마라(입안을 마비시키게 매운)로 알려진 중국식 맛의 조합에서 쓰촨 페퍼(Sichuan peppers)가 칠리의 역할을 하듯이 말이다.

나는 영국 셰프 헤스턴 블루먼솔(Heston Blumenthal)과 그의 볼로냐(Bolognese) 소스 만드는 방법에 동의해서 스타 아니스(star anise)를 넣어 보기로 했다. 헤스턴 셰프는 스타 아니스를 적당히 넣으면 넣은 표시가 안 나면서 브라우닝한 고기 맛을 더 좋게 할 수 있다는 걸 발견했다. 실제 넣어 봤더니, 맞는 말임을 바로 알 수 있었다. 최대한의 맛을 끌어내기 위해 향신료를 통째로 구운 뒤 갈아 주면 된다(265쪽 '통 향신료와 갈은 향신료 비교' 참고). 필요한 재료는 전통적 조합인 토마토, 양파, 마늘, 오레가노 콤보와 칠리(열감과 싱싱함을 더하기 위해)와 토마토였다. 이 모두를 같이 넣고 끓인 뒤 익힌 콩을 넣고 다시 끓이고 간을 하고 맛을 봤다.

맛이 어땠을까? 훌륭했다. 하지만 '최상'이라는 이름을 붙이기엔 아직 좀 미흡했다. 좀 더 풍성한 맛이 나야 했다. 이제 배트맨의 만능 요리 마술 벨트에 손을 댈 시간이 왔다. 그러고는 지금까지 나를 실망시키지 않았던 무기, 바로 마마이트와, 간장과 앤초비로 된 감칠맛 폭탄을 터트릴 시간이 왔다.

이 감칠맛 폭탄은 분쇄육이 들어간 거의 모든 요리와 스튜에 풍성함을 더해 준다(253쪽 '글루타민산염, 이노신산나트륨, 감칠맛 폭탄' 참고). 이들을 조금씩 칠리 퓌레에다 넣으면 이미 소고기 맛이 나는 갈비를 풍성함의 극치로 이끄는데, 그곳은 시어링한 가죽 없는 소가 분쇄 소고기의 언덕을 가로질러 느릿느릿 걸어가는 왕국으로 스커트 스테이크의 들판 여기저기에서 불쑥불쑥 모습을 보이며 걸쭉한 글라스 드 비앙드(glace de viand, 고기 육수를 걸쭉한 시럽이 될 때까지 끓여서 만든 것으로 'meat glaze'란 뜻의 프랑스어이다.)로 넘쳐흐르는 강물을 삼킬 때에만 잠깐 멈추는 그런 곳이다.

나는 마음속에 이는 술 생각에 몽상에서 깨어났다. 알코올은 물보다 끓는점이 낮다. 더 중요하게는, 알코올은 물이 더 낮은 온도에서 증발할 수 있도록 할 수도 있다. 사실 물 분자들은 작은 자석처럼 서로 느슨하게 결합되어 있다. 물과 알코올을 혼합하면 각각의 물 분자는 다른 물 분자와 더 멀리 떨어지게 된다. 그래서 물 분자가 달아나고 증발하기가 훨씬 더 쉬워진다. 물과 알코올에 녹는, 방향성 분자들은 공기 중으로 빠져나오면 코로만 느낄 수 있기 때문에 증발이 더 많이 일어날수록 칠리에서 향이 더 많이 나게 된다.

나는 완성된 칠리에 술 한 잔을 넣고 술을 넣지 않은 칠리와 나란히 두고 코로 냄새를 맡아봤다. 확실했다. 알코올이 방향 속성을 증진시켰다. 보드카, 스카치, 버번, 데킬라를 과학이라는 이름으로 충분히 맛을 본 결과, 칠리에는 이 술들이 다 효과가 있다는 결론을 내렸다.

통 향신료와 갈은 향신료 비교

여러분은 종종 셰프나 레시피 저자가 향신료를 갈아서 쓰지 말고 통째로 사용하고 사용하기 바로 전에 볶아서 넣으라는 말을 들었을 것이다. 하지만 이유는 알려 주지 않은 채로 말이다. 그 이유를 알기 위해서 나는 '평일 저녁의 간편한 분쇄 소고기 칠리'(269쪽)를 다섯 묶음으로 나눠서 만들었다. 각각 아래와 같은 방법으로 준비한 향신료와 칠리를 사용했다.

1. 병에서 바로 미리 갈아 놓은 칠리
2. 미리 갈고 넣기 전에 볶은 칠리
3. 통 향신료와 말린 통칠리를 갈고 볶지 않은 것
4. 통 향신료와 말린 통칠리를 간 다음 볶은 것
5. 통 향신료를 볶은 뒤 간 것

볶지 않은 걸 포함해서 통 향신료와 통 칠리로 만든 칠리가 미리 갈아 놓은 향신료로 만든 스튜보다 맛이 훨씬 좋았다. 미리 갈아놓은 향신료로 만든 두 가지 중에서 볶은 향신료로 만든 칠리가 약간 더 복합적인 맛을 냈으며 통째로 된 향신료로 만든 세 가지 중에서는 갈기 전에 볶은 것이 간 다음 볶은 향신료보다 월등히 맛이 좋았다. 이유가 뭘까? 통 향신료를 볶으면 두 가지 목표가 달성되는데 첫째는 각각의 세포 속에 깊이 들어 있는 방향유가 향신료 표면과 세포들 사이의 공간으로 나오게 된다. 이렇게 하면 나중에 향신료를 갈고 음식 속에 넣었을 때 맛이 우러나기가 훨씬 쉬워진다. 둘째는 볶는 과정을 통해서도 화학적인 반응이 빈번하도록 촉매작용을 해서 수백 가지의 맛있는 부산물이 만들어지게 된다. 그 결과 향신료의 복합적인 맛이 아주 풍성해진다.

미리 갈아 놓은 향신료를 볶으면 이 두 번째 반응이 일어나기는 하지만 문제점도 생기는데 바로 증발이다. 향신료 속에 들어 있는 맛있는 화합물은 상당히 휘발성이 강해서 공기 중으로 멀리 날아가려고 아주 필사적이다. 그러나 통 향신료는 상대적으로 제재를 받는 상태라 세포질이라는 감옥에서 그렇게 쉽게 달아날 수가 없다. 반면에 간 향신료는 저지할 만한 게 아무것도 없다. 그래서 아주 빠르게 공기 중으로 날아가 버린다. 미리 간 향신료를 볶으면 향이 훨씬 더 좋아지는 걸 알 수 있을 텐데, 요리하는 동안 그 냄새를 맡았다면 음식을 차려 냈을 때 음식 속에 더 이상 그 향은 남아 있지 않는다는 걸 기억할 것.

향신료를 볶은 뒤 간다는 법칙에 드물게 예외가 있는데, 예를 들면 인도식 커리(curries)와 타이식 커리는 갈거나 퓌레로 만든 향신료를 지방과 함께 팬에 굽는다. 이는 향신료에 있는 대부분의 방향 화합물이 지용성이라 지방에 녹은 뒤 다른 재료를 첨가하면 음식 전체에 골고루 퍼지면서 쉽게 맛을 낸다. 하지만 대다수의 경우에는 꼭 향신료를 먼저 볶은 뒤 갈아 줄 것.

말린 칠리

말린 칠리는 맛과 매운 정도가 다양하다. 쉽게 고를 수 있도록 몇 가지 항목으로 구분했다. 이상적인 칠리를 만들려면 이들 몇 가지 요소를 섞어야 한다.

- **달고 신선한 맛** : 빨간 피망과 신선한 토마토를 연상시키는 독특한 향. 이런 칠리에는 코스테뇨(costeño), 뉴멕시코(말린 애너하임Anaheim), 캘리포니아, 콜로라도(Colorado) 칠리로도 불림), 쵸리세로(choricero) 등이 포함된다.
- **매운 맛** : 아주 맵다. 페퀸(pequin)이나 아르볼(arbol) 같이 맵기만 하고 다른 맛은 별로 없는 것이 있는가 하면 카스카벨(cascabels) 같은 최고의 칠리는 복합적인 맛 또한 지니고 있다.
- **풍성하고 감미로운 맛** : 햇볕에 말린(선 드라이) 토마토와 포도, 초콜릿, 커피 같은 뚜렷한 향이 있음. 앤초(ancho), 뮬라토(mulatto), 파실라(pasilla) 등과 같이 멕시코산 칠리로 널리 알려진 몇몇 종류가 이 범주에 속한다.
- **훈제 맛** : 치포틀레(훈제로 말린 할라피뇨) 같은 일부 칠리들은 말리는 방식이 훈제이다. 노라(nora)나 구아질로(guajillo)와 같은 칠리들은 자연적으로 곰팡이 냄새가 나고 탄 나무의 매캐한 향이 있다.

칠리 페이스트 CHILE PASTE

NOTE • 칠리 페이스트는 레시피에서 칠리 파우더 대신 사용할 수 있다. 칠리 파우더 1큰술당 페이스트 2큰술을 넣으면 된다.

2~2½컵(500~625ml) 분량

앤초, 파실라 혹은 뮬라토 칠리 6개(14g 정도, 씨를 빼고 2.5cm 크기로 썰기.)

뉴멕시코 레드, 캘리포니아, 코스테뇨, 쵸리세로 칠리 3개(3.5g 정도, 씨를 빼고 2.5cm 크기로 썰기.)

카스카벨, 아르볼이나 페퀸 칠리 2개(씨를 빼고 반으로 썰기.)

홈메이드 또는 저염 닭 육수 통조림 2컵(500ml)

1. 더치 오븐에 말린 칠리를 넣고 중간 불에서 볶는다. 구운 향이 강하게 나고 약간 색이 짙어질 때까지 2~5분 정도 자주 저어 준다. 연기가 나기 시작하면 불을 줄인다. 닭 육수를 넣고 칠리가 부드러워질 때까지 5~8분 정도 끓인다.

2. 칠리와 국물을 블렌더에 넣고 저속으로 시작해서 점점 속도를 높이며 간다. 필요하면 옆면을 긁어내고 너무 걸쭉하면 물을 넣어 주면서 약 2분 정도 갈아서 완전히 부드러운 퓨레를 만든 후 식힌다.

3. 이 칠리 페이스트를 얼음 조각틀 각각에 2큰술씩 넣고 얼린다. 다 얼면 지퍼락 팩에 넣고 냉동실에 넣으면 1년까지 보관할 수 있다.

콩을 넣은 최고의 쇼트립(갈비) 칠리 스튜

THE BEST SHORT-RIB CHILI WITH BEANS

NOTE • 말린 콩 대신 통조림 콩을 사용해도 된다. 400~430g 붉은 강낭콩 통조림 3개가 들어가는데 물을 따라 내고 5단계 시작할 때 넣어 준다. 아니면 콩을 완전히 생략한다.

칠리 스튜 위에 간 체다 치즈와 사워 크림, 다진 양파와 대파, 통썰기한 할라피뇨, 사각으로 자른 아보카도와(나) 다진 고수 잎을 올리고 콘칩(corn chips)이나 따뜻한 토르티야(tortillas)와 함께 낸다.

8~12인분

쇼트립 2.2kg(근막과 지방 제거. 길쭉한 갈빗대에 살이 도톰하게 붙은 갈비나 뼈를 제거한 두툼한 갈빗살. 또는 척 부위에 해당하는 고기를 사용.)

코셔 소금과 후춧가루

식물성 기름 2큰술

큰 노란 양파 1개(다지기. 약 1½컵, 375ml)

할라피뇨 1개 또는 세라노 칠리 2개(잘게 다지기.)

중간 크기 마늘 4개(곱게 다지거나 제스터에 갈기. 약 4작은술)

말린 오레가노 1큰술

칠리 페이스트(267쪽) 1컵 또는 칠리 파우더 ½컵(125ml)

홈메이드 또는 저염 닭 육수 통조림 4컵(1L)

앤초비 필레 4개(포크 등으로 으깨서 칠리 페이스트에 넣기)

마마이트 1작은술

간장 1큰술

토마토 페이스트 2큰술

커민 씨드 2큰술(볶아서 갈기.)

코리앤더 씨드 2작은술(볶아서 갈기.)

무가당 코코아 파우더 1큰술

인스턴트 옥수숫가루 2~3큰술(마세카(Maseca) 같은)

월계수 잎 2장

말린 붉은 강낭콩 450g(상온에서 소금물에 적어도 8시간 정도 불리기. 가급적이면 밤새 담가 두었다가 물을 빼고 사용.)

으깬 토마토 통조림 800g

사과 식초 4큰술(+맛을 내기 위해 조금 더 준비.)

위스키, 보드카, 브랜디 중 선택사항

프랭크 레드 핫(Frank's RedHot) 또는 다른 핫소스 2큰술

황설탕 2큰술

원하는 고명(앞의 note 참고)을 준비.

1. 고기 전체를 소금과 후추로 밑간한다. 큰 더치 오븐에 기름을 넣고 센 불에서 연기가 날 때까지 가열한다. 고기 절반을 팬에 넣고 전체가 골고루 갈색이 되도록 8~12분 정도 굽는다(더치 오븐 사이즈에 따라 팬이 가득 차지 않도록 3차례에 나누어 갈색이 되도록 굽는다.). 기름에서 연기가 너무 많이 나거나 고기가 타기 시작하면 불을 줄이고 큰 접시로 고기를 옮긴다. 남은 고기를 더치 오븐에 넣고 남은 기름으로 같은 식으로 갈색 빛이 돌게 한다.

2. 불을 중으로 줄이고 양파를 넣고 볶는다. 나무 주걱으로 냄비 바닥에 생긴 갈색 물질을 긁어내고 자주 저어 주면서 양파가 완전히 숨이 죽되 아직 갈색 빛이 돌지 않을 정도로 6~8분 정도 볶아 준다. 칠리와 마늘, 오레가노를 넣고 향이 날 때까지 약 1분 정도 볶아 준다. 여기에 칠리 페이스트를 넣고 저어 주고 긁어내기도 하면서 냄비 바닥에 다 묻을 정도로 2~4분 정도 볶아 준다. 여기에 닭 육수를 넣고 냄비 바닥에 묻어 있는 갈색 물질들을 긁어내 준다. 앤초비와 마마이트, 간장, 토마토 페이스트, 간 향신료, 코코아와 옥수숫가루를 넣고 저어서 섞어 준다. 약한 불에서 식지 않도록 한다.

3. 오븐랙을 가장 아랫단에 끼우고 오븐을 100℃ 정도로 예열한다. 뼈가 붙은 갈비라면 뼈에서 고기를 발라내고 뼈도 따로 둔다. 고기를 대충 0.5~1.5cm 크기로 자른다(아니면 원하는 대로 더 크게, 더 잘게 자른다.). 도마에 육즙이 흘렀다면 더치 오븐에 붓고 자른 소고기와 뼈도 있으면 넣고 월계수 잎을 넣은 뒤 끓인다. 뚜껑을 덮고 오븐 안에 1시간 둔다.

4. 한편, 물을 따라 낸 콩을 냄비에 붓고 콩 위로 2.5cm 정도 올라오도록 물을 붓는다. 소금으로 간을 한다. 고온에서 한소끔 끓인 뒤 불을 줄이고 콩이 거의 부드러워질 때까지 약 45분 정도 뭉근히 끓인다. 물을 따라 낸다.

5. 칠리 스튜를 오븐에서 꺼내고 토마토와 식초, 콩을 넣는다. 오븐에 다시 넣고 뚜껑을 약간 열어 둔 뒤 콩과 소고기가 부드러워지고 국물이 진하고 약간 걸쭉해질 때까지 1시간 30분에서 2시간 정도 더 끓인다. 콩과 고기가 거의 잠기도록 필요하면 물을 더 붓는다(조금 덜 잠겨도 괜찮다.).

6. 집게로 월계수 잎과 뼈는 골라서 버린다(고기가 아직 뼈에 붙어 있다면 원하면 뼈는 발라내고 고기를 다져서 다시 넣어도 된다.). 위스키를 넣고 싶으면 넣고, 핫소스와 황설탕을 넣고 섞어 준다. 소금과 후추와(나) 식초를 넣어 간을 한다.

7. 바로 차려 내거나 맛을 더 좋게 하기 위해 칠리를 식혀 밀폐된 용기에 넣고 하룻밤 혹은 5일 정도 냉장고에 두었다가 다시 가열한다. 앞에 열거한 고명 일부나 전부를 다 넣고 콘칩이나 토르티야와 함께 차려 낸다.

평일 저녁의 간편한 분쇄 소고기 칠리 EASY WEEKNIGHT GROUND BEEF CHILI

때로는 우리 중 최고인 사람이라도 전력을 다하고 싶지 않을 때가 있다. 그래서 다음은 '콩을 넣은 최고의 쇼트립(갈비) 칠리 스튜'(267쪽)와 '30분 검정콩 수프'(208쪽) 레시피에서 배운 몇 가지 비결을 이용해서 훨씬 빨리 만들 수 있는 평일 저녁용 칠리 만드는 법을 소개한다. 여기서는 분쇄 소고기를 사용하는데 그러면 진짜 브라우닝은 할 수 없지만 훈제 치포틀레 칠리 몇 개를 넣어 비슷하게 깊고 복합적인 맛을 내도록 한다. 완성된 칠리 스튜 위에 체다 치즈를 갈아 넣고 사워 크림과 양파, 대파를 다져 넣고, 할라피뇨는 슬라이스 하고 아보카도는 깍뚝 썰어서 넣고(거나) 고수 잎을 다져 넣어도 된다. 콘칩이나 따뜻한 토르티야를 함께 낸다.

4~6인분

무염 버터 4큰술

중간 크기 양파 2개(사각 채칼의 큰 구멍으로 갈기. 약 1½컵)

큰 마늘 2쪽(곱게 다지거나 제스터에 갈기. 약 4작은술)

말린 오레가노 1작은술

코셔 소금

아도보에 절인 치포틀레 칠리 2개(잘게 다지기.)

앤초비 필레 2개(포크의 등으로 으깨서 칠리 페이스트에 넣기.)

칠리 페이스트(267쪽) ½컵(125ml)이나 칠리 파우더 4큰술

커민 파우더 1큰술

토마토 페이스트 ½컵(125ml)

척 부위 살코기만 갈아서 900g

홀토마토 통조림 800g(물을 따라 버리고 1.5cm 크기로 다지기.)

붉은 강낭콩 통조림 1개(400~430g, 국물은 따라 버림.)

홈메이드나 저염 닭육수 통조림 또는 물 1컵 (250ml)

인스턴트 옥수숫가루 2~3큰술(마세카 같은)

위스키, 보드카, 브랜디 중 2큰술(선택사항)

후춧가루

원하는 양념을 준비(앞의 note 참고)

1. 큰 더치 오븐에 버터를 넣고 중간 불에서 녹인다. 양파와 마늘, 오레가노를 넣고 소금을 조금 넣은 뒤 볶아 준다. 자주 뒤적여 주면서 양파가 연한 황금색이 될 때까지 약 5분 정도 볶는다. 치포틀레와 앤초비, 칠리 페이스트와 커민 파우더를 넣고 저어 주면서 향이 날 때까지 약 1분간 볶는다. 토마토 페이스트를 넣고 약 1분간 저어 다 골고루 섞이게 한다.

2. 간 소고기를 넣고 나무 주걱으로 작은 조각으로 부순다. 더 이상 분홍색 살이 보이지 않을 때까지 약 5분간 볶아 준다(소고기를 갈색으로 볶지 말 것). 토마토와 콩, 육수와 옥수숫가루를 넣고 섞어 준다. 한소끔 끓인 뒤 불을 줄이고 뭉근히 끓인다. 가끔 저어 주면서 맛이 우러나고 칠리 스튜가 걸쭉해질 때까지 약 30분간 끓인다.

3. 위스키를 넣으려면 이때 넣고 섞는다. 앞에 나온 고명을 일부 혹은 전부 넣고 콘칩과 토르티야와 함께 차려 낸다.

채식주의자용 칠리 스튜
VEGETARIAN CHILI

왜 채식주의자용 칠리 스튜는 그런 부당한 비난을 받아야 하는가?

무슨 말인가 하면, 칠리 스튜는 특히나 그것을 사랑하는 사람들 사이에서는 분열을 일으키는 사안이라는 게 확실하다. 왜 그럴까? 칠리 스튜 속에 든 콩은 맛있다. 토마토도 그렇다. 돼지고기와 토마틸로(tomatillos)까지도 칠리 스튜 속에서는 맛있다. 그렇다면 고기가 전혀 들어가지 않고도 맛있는 칠리 스튜를 만들지 말란 법이 어디 있겠는가?

지금까지 살면서 괜찮은 채식주의자용 칠리 스튜를 몇 번 봤지만 어떤 이유에서인지, 이러한 칠리 스튜는 모두 '30분 이하' 부류로 분류가 된다. 이 자체가 나쁜 건 아니다. 대체적으로 채식주의자용 칠리 스튜는 고기를 기본으로 한 칠리 스튜만큼 오래 익힐 필요가 없는데 채소, 특히 통조림 콩은 고기보다 빨리 부드러워지기 때문이다. 하지만 오랫동안 천천히 요리하면 맛이 훨씬 더 좋아진다. 빨리 만드는 칠리 스튜 레시피는 그렇게 할 수밖에 없기 때문에 진하고 풍부한 맛을 내기는 힘들다. 내 목표는 최고의 칠리 스튜가 가지고 있는 깊은 맛과 질감의 대비 그리고 콩의 진한 맛이 우러난 100% 채식주의자 칠리 스튜를 만드는 일이었다.

가장 중요한 점은 가짜 고기를 넣지 않는 것이다. 나는 고기를 넣은 칠리 스튜를 모방해서 채식주의자용 칠리 스튜를 만들지 않고 채소와 콩류들을 많이 넣고 만들고 싶다. 이제, 두 번째 중요한 문제로 가 보자. 맛있는 칠리 스튜는 맛있는 칠리가 기본이다. 그 점이 아주 중요하다. 콩과 토마토 한 냄비에 미리 제조한 고춧가루 두어 큰술만 들어가는 레시피를 본 적이 있는데 깊은 맛을 낼 수 있는 유일한 방법은 말린 통 칠리를 직접 갈아 넣어야 한다. 그리고 우리는 이미 고기가 기본인 칠리 스튜에 넣으려고 만든 풍성한 맛의 칠리 페이스트 레시피를 알고 있다. 그렇다면 여기서도 그걸 쓰도록 하자.

다음은 콩이다. 맛있는 칠리 스튜란 개성과 다양성이 드러나야 한다. 매번 씹을 때마다 모두 똑같은 콩이 아니라 다양한 질감을 원한다. 여러분이 창의적인 선택을 해야 하는 부분이 바로 이 부분이다.

많은 채식주의자 칠리 스튜들이 모든 대응책을 다 써보는 큰 차의 보상금 처리 방식을 취한다. '이런, 소고기를 사용할 수 없군!' 이런 생각을 분명히 하기 때문에 '생각할 수 있는 온갖 종류의 콩과 채소를 다 넣자' 이렇게 되는 것이다. 이 방법은 확실히 맛뿐만 아니라 질감에서도 다양성을 주긴 하지만 조금은 뒤죽박죽이 된다. 균형이 잘 맞는 몇 가지만 선택해서 그것들을 완벽하게 만드는 데 집중하는 게 낫다.

나는 칠리 스튜에 강낭콩은 꼭 넣는다. 강낭콩이 든 칠리 스튜를 먹고 자랐고 앞으로도 계속 넣을 것이다. 여러분은 좋아하면 어떤 종류의 콩이든 그걸로 넣으면 된다. 말린 콩은 확실히 좋은 점이 있어서 나는 칠리 스튜를 맛있게 만들려고 가끔 말린 콩을 밤새 소금물에 담그고 시작하지만 통조림 콩도 괜찮다. 통조림 콩은 더 혹은 덜 익은 것이 전혀 없고 부풀어 오르거나 터진 것도 없다. 맛으로는 부족하지만 아주 맛있는 국물을 넣고 뭉근히 끓이면 이 점도 쉽게 보완할 수 있다(203쪽 참고). 그리고 또 좋은 점은 칠리 스튜를 만드는 국물은 자연적으로 수소 이온 농도 지수가 낮고(칠리와 토마토 둘 다 산성이다.) 콩과 채소는 산성 용액에서는 아주 천천히 부드러워진다. 이 말은 통조림 콩을 칠리 스튜에 넣고 상당히 오랫동안 끓여야 겨우 부서지기 시작한다는 뜻이다.

식감을 더 풍부하게 하려면 어떻게 해야 할까? 나는 강낭콩과 기타 작은 콩류와 곡류(병아리콩(chickpeas), 플래절렛(flageolets, 강낭콩의 일종))를 섞어 사용해 봤지만 진짜 비결은 푸드프로세서를 사용하는 데 있었다. 병아리콩 통조림 두어 개를 푸드프로세서에 돌려서 큰 덩어리와 아주 작은 부스러기가 섞여 대충 다진 듯한 그런 효과를 얻었다. 이걸 칠리 스튜에 넣었더니 멋진 볼륨감과 다양한 질감의 대비를 줄 수 있었다.

맛을 증대하기

채소 칠리 스튜에서 진한 맛을 내는 비결은 두 가지이다. 첫째는 국물이 졸아 들도록 오랫동안 뭉근히 끓이면 맛이 농축되고 불안정한 여러 화합물이 분해되고 새롭게 조합하면서 복합적인 맛을 더하게 된다. 둘째는 우리가 맛있는 맛으로 인지하는, 때로는 감칠맛이라고 부르는 맛의 화학적 원천인 글루탐산을 많이 넣어 주는 방법, 바로 감칠맛 폭탄을 넣어야 할 때가 왔다!(253쪽 참고) 앤초비는 채식주의자용 칠리 스튜에 사용할 수 없지만 마마이트와 간장을 약간 넣어 주면 칠리 스튜의 맛이 아주 풍성해진다. 그 이외에는 맛이 만들어지는 기초는 꽤 간단하다. 식물성 기름에 마늘과 오레가노, 양파를 넣고 센 불에 볶아 주고 통조림 아도보 소스에 절인 치포틀레 칠리를 몇 개 넣어 주면 훈제 맛과 매운 맛을 조금 더해 줄 수 있다. 이는 브라우닝 된 소고기가 들어가지 않은 걸 적절히 보완해 준다.

마지막으로, 쇼트립 칠리 스튜(267쪽)에서 본 대로 어떤 향은 수증기가 있으면 이동을 잘 하고 또 어떤 향은 증발하는 알코올이 있으면 잘 이동하기도 한다. 칠리 스튜 안에는 수분이 많기 때문에 수증기로 덮여 있다. 또, 먹기 바로 전에 알코올을 몇 잔 넣어 주면 향이 아주 좋아진다. 나는 버번이나 위스키가 주위에 있기 때문에 자주 사용하는데 코냑이나 데킬라, 보드카도 효과가 좋다. 적어도 80프루프(proof, 증류주의 알코올 농도를 나타내는 단위로 80프루프는 부피당 알코올 40%)는 되는 것으로 달지 않은 걸 사용하면 된다.

사실, 맛있는 채식주의자용 칠리 스튜를 잘 만들려면 채식주의자용 칠리 스튜를 만들고 있다는 사실을 완전히 잊어버려야 한다. 맛있는 칠리 스튜는 진짜 칠리들을 세심하게 섞고 베어 물 때마다 식감에서 대비가 이뤄지고 감칠맛이 나면서 진하고 걸쭉해야 한다. 콩과 소고기, 돼지고기로 만들든 야크의 심장을 갈아서 넣든, 기초가 제대로면 출발을 잘 하게 된다.

최고의 채식주의자용 콩 칠리 스튜 THE BEST VEGETARIAN BEAN CHILI

간 체다 치즈, 사워 크림, 다진 양파와 대파, 할라피뇨 슬라이스, 사각으로 자른 아보카도와 (나) 다진 고수 잎을 올리고 콘칩과 따뜻한 토르티야와 함께 낸다.

6~8인분

병아리콩 통조림 800g(국물과 함께 준비)

홀토마토 통조림 800g

칠리 페이스트 1컵(267쪽. 250ml, 닭 육수 대신 물로만.)

아도보 소스에 절인 치포틀레 칠리 2개 + 아도보 소스 2큰술

식물성 기름 2큰술

큰 양파 1개(다지기. 약 1½컵, 375ml)

중간 크기 마늘 3쪽(곱게 다지거나 제스터에 갈기. 약 1큰술)

커민 파우더 취향껏 여러 큰술

말린 오레가노 2작은술

간장 1큰술

마마이트 1작은술

붉은 강낭콩 통조림 800g(국물을 따라 내서 따로 준비해 두기.)

보드카 또는 버번, 데킬라, 코냑 중 2큰술

코셔 소금

인스턴트 옥수숫가루 2~3큰술(마세카 같은)

원하는 고명(앞에 나온 note 참고)

1. 병아리콩 통조림을 중간 크기 볼에 체로 받쳐 국물을 모아 둔다. 병아리콩을 푸드프로세서에 붓고 순간작동을 1초씩 3번 돌려 대략 간 뒤 한쪽에 둔다.

2. 토마토 통조림의 토마토와 국물을 **1**의 병아리콩 통조림 국물과 섞고, 과육은 1.3cm 정도의 크기가 되도록 손으로 으깬다. 여기에 칠리 페이스트와 치포틀레, 아도보 소스도 함께 넣고 섞어 준다.

3. 더치 오븐에 기름을 붓고 중간 불에서 기름 표면이 일렁일 때까지 가열한다. 양파를 넣고 자주 저어 주면서 숨이 죽되 갈색 빛이 돌지 않을 정도로 약 4분 정도 볶아 준다. 마늘과 커민 파우더, 오레가노를 넣고 약 30초 정도 향이 나도록 볶고 **2**를 넣어 고루 섞는다.

4. 여기에 병아리콩과 강낭콩을 섞어 넣는다. 필요하면 남은 콩 국물을 넣어서 콩이 거의 잠기게끔 한다. 고온에서 끓이다가 불을 줄여 뭉근히 끓인다. 자주 저어 주면서 국물이 걸쭉하고 진해질 때까지 약 1시간 30분 정도 끓인다. 칠리 스튜가 너무 되거나 냄비 바닥에 눌어붙으면 필요에 따라 콩 국물을 더 넣는다.

5. 보드카를 넣고 섞는다. 소금으로 간하고 옥수숫가루를 넣고 천천히 계속해서 저어 원하는 농도를 만든다. 바로 차려 내거나 더 맛있게 하려면 칠리 스튜를 식힌 뒤 냉장고에 넣어 적어도 하룻밤 두거나 일주일 정도 넣어 두었다가 재가열하고 차려 낸다.

6. 위에 제시한 고명을 넣고 콘칩이나 토르티야와 함께 차려 낸다.

텍사스의 칠리 콘 카르네
TEXAS CHILI CON CARNE
네, 바로 이겁니다!

이게 진짜배기이다. 나의 콩이 가득 든 칠리 레시피를 곁눈질하면서 비웃는 텍사스 분들에게는 이걸 만들어 드리겠습니다. 이 레시피는 진짜배기 칠리 콘 카르네로 전통적인 텍사스 식이다. 무슨 뜻이냐고? 우선, 전혀 콩이 들어가지 않는다. 그리고 토마토도 들어가지 않는다. 정말이지, 소고기와 칠리(두 가지가 엄청 들어간다!) 말고는 냄비에 넣는 게 거의 없다. 하지만 그렇다고 이야기할 게 많지 않다는 뜻은 아니다. 자, 시작해 봅시다.

고기

원조 칠리 스튜는 소기름과 말린 칠리와 말린 소고기를 함께 빻아 페미컨(pemmican, 북미 인디언들이 만들었던 육포의 일종)처럼 만든 마른 혼합물로 만들었다. 이렇게 만드는 이유는 오랫동안 보관이 가능하고 카우보이들이 다시 물에 담가 목장에서 빠르게 영양가 있는 스튜를 끓일 수 있게 하기 위해서였다. 하지만, 요즘은 모두 냉장고가 있고 신선한 고기도 살 수 있어서 생고기를 사용한다. 여기서 필요한 것은 스튜용으로 적합한 고기를 구하는 일이다. 즉, 결합조직과 지방이 풍부하고 맛이 좋은 부위 말이다.

보통 소고기를 부드러움의 정도로 범주를 나눠 보면 한쪽 끝은 비교적 맛이 단조롭지만 아주 부드럽고 또 다른 쪽 끝은 아주 맛있지만 질긴 부위로 범위가 넓다. 이러한 부위는 일반적으로 거세우가 생애 동안 사용하는 근육의 사용 정도와 일치한다. 그래서 범위대의 맨 왼쪽 끝은 안심이나 등심 부위(스트립(strip) 스테이크, 포터하우스(porterhouse) 등)처럼 비교적 많이 움직이지 않는 근육으로 이 부위는 아주 부드럽지만 상대적으로 맛은 적다. 범위대의 또 다른 끝은 갈비나 정강이(shin), 소꼬리와 어깨살 부위 같이 많이 움직이는 근육이다. 어깨살 부위는 스튜용으로 아주 이상적인 부위로 맛도 좋고 지방도 적당하고 결합조직도 풍부한 균형이 잘 잡힌 꾸러미이다. 천천히 맛있는 국물 속에서 고기가 익어 가면서 대부분 단백질 콜라겐으로 구성된 결합조직들은 기름진 젤라틴으로 분해된다. 이 젤라틴 덕분에 잘 조리된 소고기는 식감이 아주 근사해진다.

자르는 방법과 시어링

내가 어렸을 때 먹었던 칠리 스튜는 소고기를 갈아서 만들었는데, 고기를 푹 끓일 시간이 없다면 그 방법이 비결이 될 수 있다. 소고기를 갈면 고기의 섬유질을 짧게 하기 때문에 훨씬 더 부드러워지고 만드는 데도 한 시간이 채 걸리지 않는다. 하지만 그 방법은 우리가 여기서 추구하는 방법이 아니다. 진짜 텍사스 칠리는 큰 고깃덩어리로 만들고 아주 오랫동안 천천히 끓여야 한다. 나는 몇 가지 다른 크기로 시험해 보고 5cm 크기로 결정했다(익히면 약 4cm 정도로 줄어든다.). 나는 고기가 정말 완벽하게 부드러워졌다고 생각하면서 큰 고기 조각을 숟가락으로 찢는 걸 좋아한다.

시어링에 관해서는, 모든 일에는 늘 거래란 게 있다. 시어링은 마이야르 반응으로 근사한 브라우닝된 맛을 만들지만 한편으로는 고기가 질기고 푸석해지게 하기도 한다. 브라우닝에 필요한 고온에서는 고기 근섬유는 아주 많이 수축되는데 심지어 냄비 속에서 아주 오래 끓이고 난 이후에도 육즙이 아주 많이 빠져 나가게 된다. 그래서 고기의 겉면은 상대적으로 수분이 적다. 나는 시어링을 하지 않은 고기의 연한 질감을 아주 좋아한다.
그렇다면 어떻게 하면 될까? 여러분은 '콩을 넣은 최고의 쇼트립(갈비) 칠리 스튜'(267쪽)에서 내가 했던 대로 큰 고깃덩어리를 시어링할 수 있지만 여기에 다른 방법이 있다. 고기의 반만 브라우닝을 하는 것이다. 브라우닝된 맛을 많이 내면서도 고기의 나머지 부분은 좋은 식감을 유지할 수 있다. 시어링한 부분에만 맛이 있을 것 같아 걱정되는가? 걱정하지 않아도 된다. 그런 맛 화합물 대부분은 물에 녹는다. 그래서 고기가 익는 동안 칠리 속에서 그런 맛 화합물이 녹아 전체 스튜에 퍼질 수 있는 시간이 충분하다.
이미 우리는 대부분의 칠리 만드는 법을 알고 있으므로 다시 설명할 필요가 없을 것이다. 좋아요, 아마 마지막으로 한 번 더.

1. 칠리 파우더 말고 신선하게 잘 말린 칠리를 사용한다.
2. 칠리를 볶고 액체를 부어 뭉근히 끓인 뒤 마지막으로 갈아서 완성된 요리에서는 씹히지 않게 한다.

그리고…… 이 정도이다. 소고기와 칠리, 그리고 시간. 이게 다이다. 나는 종종 소고기를 브레이징한 후에 양파와 마늘 몇 쪽 정도를 냄비에 넣고 함께 볶아 준다. 아주 의욕적일 때는 선반에서 몇 가지 향신료를 더 넣기도 한다. 커민이나 계피, 올스파이스(allspice), 말린 오레가노 조금 등. 모두 조금씩 넣어 주면 아주 좋은데 안 넣어도 괜찮다(텍사스 분들이여, 제발 절 살려 주세요!).
이제 유일하게 남은 질문은 고기를 어떻게 끓이는가이다. 이상적으로는 근육의 섬유질이 지나치게 수축하는 것을 막기 위해 결합조직이 연하게 되는 정도로만 고기를 가능한 한 가장 낮은 온도로 요리하는 게 좋다. 가장 쉬운 방법은 아주 큰 냄비를 이용해서 증발할 공간이 많이 남도록 하는 방법인데 이렇게 하면 칠리의 온도가 너무 많이 올라가지 않게 제한하는 데 도움이 된다. 그리고 스토브의 불 세기를 최대한 약하게 하거나 더 좋게는 냄비를 낮은 온도(93~121°C가 좋다.)의 오븐에 넣으면 좋다. 그러면 버너보다 열이 더 약하면서도 골고루 전해진다.

뚜껑을 약간 열어 두면 스튜 표면에 생기는 증기압을 줄이고 상부 온도도 제한할 수 있다. 무거운 뚜껑을 덮으면 스튜의 온도는 100℃까지 올라가지만 뚜껑을 약간만 열어 두면 스튜 온도는 88℃ 가까이 심지어는 82℃ 정도까지도 유지된다. 천천히 익힌 고기라도 너무 많이 익을 수가 있으므로 주의해서 칠리를 살펴보고 고기가 연해지면 바로 불을 꺼야 한다. 보통, 시간은 2시간 반에서 3시간 정도 걸린다. 그러고는 칠리를 그대로 둬도 되지만 나는 옥수숫가루를 넣어 약간 걸쭉하게 만드는 걸 좋아한다.

좋은 결혼 생활이 그렇듯, 소고기와 칠리 사이의 결합도 시간이 지나면서 더욱 좋아지고 친밀해진다. 칠리를 밤새 냉장고에 넣어 두면 그다음 날엔 맛이 훨씬 더 좋아진다. 장담하건대 기다릴 만한 가치가 있다. 고기 맛이 많이 나냐고? 맵고 진하고 복합적인 칠리의 맛이 나냐고? 모든 맛으로 확인해 보시라. 이런 맛들이 바로 텍사스 칠리에서 나와야 하는 맛이다. 고수 잎을 약간 뿌리고 대파를 통썰기하고 치즈(나는 코티자 치즈를 좋아하지만 잭, 콜비, 체다 치즈 모두 다 좋다.)도 조금 갈아 넣으면 멋진 고명이 된다. 따뜻한 토르티야나 콘칩을 곁들여도 좋고, 맥주와 위스키를 조금 같이 차려 내도 좋다. 그리고 원한다면 콩 통조림 1개를 넣어도 좋다. 내가 그렇게 하라고 했다고는 아무에게도 말하지 말고.

칼 사용법 : 어깨살 부위(척) 손질법

어깨살은 다용도로 쓰이며 비싸지 않은 근육이지만 지방과 결합조직의 큰 덩어리들이 많이 분포한다. 버거용으로 분쇄할 때는 이런 게 그리 나쁘진 않지만 칠리 속에 든 큰 기름덩어리는 아무도 베어 물고 싶어 하지 않는다. 그래서 이런 부분은 잘라 주는 게 중요하다.

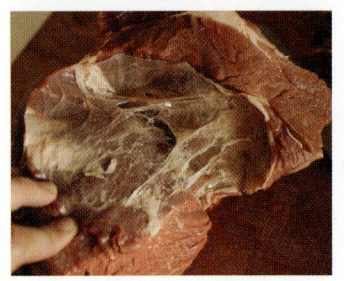

- 척 로스트를 통째로 다듬기 위해, **우선 부위를 반으로 자른다.** 이렇게 하면 도마 위에서 다듬기가 더 편하다.

- **로스트를 이리저리 돌려 주요한 경계선을 찾는다**(정확히 어느 부위인지에 따라 경계선이 하나 이상이 될 수도 있다.). 고기는 이 경계선에서 아주 쉽게 분리가 된다. 필요하면 잘 드는 고기용 칼이나 셰프 나이프의 끝으로 질긴 결합조직을 베어 낸다.

- **척 부위를 커다란 근육 덩어리로 분리하고 나면 지방과 결합조직이 다 드러난다.** 날카로운 칼로 이 부분을 제거해서 버리고 원하는 크기로 자른다.

진짜 텍사스식 칠리 콘 카르네 REAL TEXAS CHILI CON CARNE

간 치즈, 사워 크림, 다진 양파와 대파, 슬라이싱한 할라피뇨, 사각으로 자른 아보카도와(나) 다진 고수 잎을 올리고, 콘칩이나 따뜻한 토르티야와 함께 차려 낸다.

6~8인분

뼈 없는 소고기 척(어깨살 부위) 1.8kg(연골과 지방은 제거하고 5cm 크기로 자르기.)
코셔 소금과 후춧가루
식물성 기름 2큰술
큰 양파 1개(잘게 사각으로 썰기.)
중간 크기 마늘 4쪽(다지거나 제스터로 갈기. 약 4작은술)
커민 파우더 1큰술
계핏가루 ½작은술(선택사항)
올스파이스 파우더(분말) ¼작은술(선택사항)
말린 오레가노 2작은술
칠리 페이스트 1컵(152ml, 267쪽)
홈메이드 또는 저염 닭 육수 통조림 2l
인스턴트 옥수숫가루 2~3큰술(마세카 같은)
원하는 고명(위의 설명 참고)

1. 고기량의 반만 소금과 후추로 간을 한다. 큰 더치 오븐에 기름을 넣고 연기가 날 때까지 고온으로 가열한다. 간을 한 고기를 넣고 약 6분 정도 고기 바닥이 갈색이 될 때까지 익힌다. 고기를 큰 그릇으로 옮기고 굽지 않은 고기도 넣고 한쪽에 둔다.

2. 고기를 시어링한 더치 오븐을 중간 불에 올리고 양파를 넣고 자주 저어 주면서 약 6분 정도 양파가 숨이 죽되 아직 갈색이 되지는 않은 상태로 볶는다. 마늘과 커민, 그리고 사용한다면, 계피와 올스파이스, 오레가노를 넣고 약 1분간 볶아 향을 낸다.

3. 고기와 칠리 페이스트, 닭 육수를 넣고 섞어 준다. 센 불에서 끓인 뒤 불을 줄여 뭉근히 끓인다. 뚜껑을 아주 조금만 열어 두고 가끔 저어 주면서 고기가 완전히 부드러워질 때까지 2시간 반에서 3시간 정도 끓인다. 혹은 95~120℃ 오븐에서 더치 오븐의 뚜껑을 약간 열어 두고 끓여도 된다.

4. 국물은 소금과 후추로 간 한다. 옥수숫가루를 천천히 계속 넣어 원하는 농도를 맞춘다. 바로 먹거나 더 맛있게 하려면 칠리를 밤새 식혀서 다음 날 재가열한다. 위에 말한 고명 중 일부를 넣거나 아니면 모두 다 넣고 콘칩이나 토르티야와 함께 차려 낸다.

칠리 베르데
CHILE VERDE

우리 모두 칠리는 걸쭉하고 진하고 맵고 고기 맛이 나고 복합적인 맛에 빨갛다고 알고 있지 않은가?

하지만 여러 남서부 주에서 흔하게 해 먹는 똑같이 풍성한 맛에, 더 신선하고, 더 푸짐한 사촌격인 녹색 칠리는 어떤가? 뉴멕시코 칠리 베르데 중에서 가장 기본이 되고 가장 핵심적인 칠리의 재료는 구운 해치(Hatch) 칠리와, 양파, 마늘, 소금, 이게 전부로, 걸쭉하게 만든 스튜 속에 돼지고기의 기름진 부위를 넣고 끓여서 만든다. 고기는 부드러워질 때까지 졸여지면서 국물은 거의 새까맣게 구워서 매캐한 칠리에서 나오는 달콤하고도 쌉쓰름한 독특한 맛과, 녹은 돼지고기 기름 맛이 어우러지게 된다.

뉴멕시코 남부에 있는 해치(Hatch, 인구: 2,000 정도)에서 자라는 이 칠리는 다른 단독 재료 몇 가지가 할 수 있는 복합적인 중추역할을 한다. 더위와 드림캐쳐(dream catchers)를 싫어하기 때문에 나는 뉴멕시코에서 오래 머물진 않았지만 이 곳의 칠리는 좋아한다. 해치 칠리는 북동쪽에서는 거의 구하기가 어렵기 때문에 멕시코가 아니면 통조림이나 냉동 칠리를 사용해야 한다. 하지만, 이 두 가지 칠리 어느 것도 특별히 더 잘 구워지지 않는데 훈제로 그을리는 게 녹색 칠리 사용 시 가장 중요한 요소이다. 다행스럽게도 나는 원조라는 데에 크게 맹신하지 않는다. 맛있는 것이 더 중요하기 때문이다. 바라건대 뉴멕시코로부터 충분히 멀리 떨어져 살아서 광적인 녹색 칠리 애호가가 쳐들어오다가는 서둘러 퇴각하면서 일으키는 먼지 흔적을 볼 수 있기를 바랄 뿐이다.

칠리(Peppers)

어디에 살고 있든, 해치 칠리를 어떤 형태로든 구하는 일은 가능하다. 인터넷이 해치 공급자와 다 연결되어 있어 캔에 넣거나 진짜 냉동 해치 칠리를 공급자에게서 바로 받을 수 있다. 그런데 이런 칠리의 문제점은 정말이지 질감이나 맛의 문제는 아니다. 통조림 혹은 냉동 칠리는 물기가 너무 많기 때문에 끓이기 전에 적절히 그을리는 일이 완전히 불가능하다. 그리고 구운 뒤 캔에 넣었거나 냉동한 칠리는 집에서 구운 칠리의 깊은 맛이 없다. 그래서 나는 다른 선택을 했는데, 바로 적절한 대체물을 찾는 일이었다.

포블라노(Poblano) 칠리는 대체품으로 적당했다. 이 칠리는 손쉽게 구할 수가 있고 깊은 흙냄새가 난다. 약간의 선명함과 특유의 쌉쓰름한 맛을 내기 위해, 큐바넬(cubanelle) 칠리도 조금 넣었다. 매운 맛과 푸릇푸릇함을 지닌 할라피뇨 몇 개를 넣어 주면 모든 게 완성된다. 아주 많이 훈제한 걸 좋아한다면 야외용 그릴에 불을 붙이고 칠리를 활활 타는 불덩이 위에서 전체를 완전히 새까맣게 태우면 된다. 우리처럼 아파트에 사는 사람들은 야외용 가스 버너나 브로일러에서 구우면 된다. 여기서 목표는 칠리 표면을 다 탄화시키는 것이다. 칠리에 열이 가해지면 칠리 표면 바로 아래에 있는 수분이 수증기로 바뀌는데 이 수증기는 칠리 껍질을 바깥쪽으로 밀어 과육에서 떨어지게끔 한다. 껍질 바로 아래 공기와 수증기가 있는 이 작은 공간이 그 아래에 있는 과육에 단열작용을 한다. 그래서 칠리가 타지 않는다. 칠리가 완전히 까맣게 탄 뒤 느슨해진 껍질은 바로 벗겨지는데 과육은 타지 않고 깨끗하지만 타 버린 껍질로부터 깊은 훈제 향이 밴다.

토마틸로(Tomatillos)

덜 열성적인 칠리 애호가들 사이에서도 토마틸로는 논쟁거리가 된다. 토마틸로는 토마토와 같은 과에 속하지만(덜 익은 초록색 토마토와는 완전히 다르지만) 실제로는 구스베리(gooseberriy)와 가장 가깝다. 둘의 맛은 독특하고 향긋한 끝 맛을 지닌 감귤류처럼 시큼함이 중요한 특징으로, 구스베리가 더 달기는 하지만 서로 아주 비슷하다. 토마틸로가 좋은 이유 중 하나는 펙틴 함량이 아주 높다는 것이다. 이 펙틴은 대부분의 젤리에서 주요한 농축제로 쓰이는 물질로 당을 기본으로 하고 있으며 젤리 형태로 굳히는 물질이다. 토마틸로를 넣으면 칠리를 걸쭉하게 하려고 다른 재료를 더 넣을 필요가 없다(토마틸로를 넣지 않는 많은 레시피에는 전형적으로 밀가루나 다른 전분이 들어간다.). 게다가 토마틸로에서 나오는 시큼함은 환영할 만한 맛이다. 나는 훈제 향을 극대화하려고 브로일러에서 토마틸로를 태운다. 모든 세부사항의 중요성이 실제로 드러나는 때는 바로 이런 레시피에 있다. 칠리의 표면을 모두 태워서 훈제 향을 극대화시킨다. 토마틸로를 태울 때 표면이 타고 숨이 죽되 신선한 신맛은 어느 정도 그대로 유지할 수 있도록 주의해서 태워야 한다. 때로 천천히 그리고 꼼꼼히 맛을 만드는 과정은 완성된 요리만큼이나 보람 있는 일이다.

돼지고기

붉은 칠리는 소고기가 아주 어울리지만 녹색 칠리에는 돼지고기가 최고다. 나는 등심과, 삼겹살, 컨추리 스타일 갈비, 어깨살 등 몇 가지 다른 부위로 만들어 봤는데 어깨살과 등심 부위가 조리 내내 육즙과 맛을 유지하면서 최고였다. 삼겹살 부분은 너무 지방이 많았고 갈빗살 일부는 좋았지만 돼지의 기름기 없는 등심이나 부근 다른 부위들은 너무 퍽퍽했다. 스튜에 쓰기에 돼지 어깨살은 뼈를 발라내고 지방이 많으면 제거하느라 등심보다 손질할 일이 조금 더 많다. 하지만 훨씬 더 싸서 나의 구매 목록에 올라간다.

전에 칠리를 만들어 보니, 작은 고기 조각을 브라우닝하는 방법은 너무 비효율적이라서 전체 부위를 브라우닝하고 그다음 작게 자르는 게 훨씬 낫다는 걸 알았다. 어깨살은 깨끗이 씻고 뼈를 잘 발라 내려면 기본적으로 부위를 분해해야 하므로 조금 더 어렵다. 나의 해결책? 나는 텍사스 칠리 콘 카르네에서 했던 대로 한다. 돼지고기를 다 브라우닝하지 않고 반만 해서는 양파와 나머지 돼지고기를 넣기 전에 냄비 안에서 진하고 깊은 풍이 만들어지게 한다. 브라우닝한 돼지고기 반에서 만들어진 맛으로도 완성된 요리에 진한 고기 맛을 내기에 충분하다. 게다가 브라우닝하지 않은 돼지고기의 연한 식감은 브라우닝된 고기보다 훨씬 더 좋다.

스토브(가스레인지)와 오븐

이제 남아 있는 마지막 질문은 조리 방법이다. 종종 잠깐 끓여 만드는 소스는 가스레인지에서 타지 않게 살피면서 바로 만든다. 그러나 3~4시간 이상이 필요한 브레이징 요리는 확실히 오븐이 더 좋은데 몇 가지 이점이 있다.

가스레인지에서 스튜는 바닥에서부터 조리되는데, 주의하지 않으면 냄비 바닥이 탈 수가 있다. 오븐은 동시에 사방에서 가열이 되므로 이런 위험이 줄어든다. 또한, 어떤 열 세기로 고정된 가스나 전기 불꽃은 끊임없는 에너지 출력 시스템이라 어떤 특정한 시간 동안 고정된 비율로 냄비로 에너지를 계속 보낸다. 그러나 오븐은 지속적인 온도 시스템이다. 즉, 오븐은 안에 있는 공기의 온도를 조절하는 온도계가 있어 똑같은 기본 범주 내의 온도를 유지하기 위해 필요한 만큼만의 에너지를 더하게 된다. 이 말은 여러분이 아주 큰 냄비에 스튜를 만들든 개미들에게 줄 데렉 주렌더 스튜(Derek Zoolander Stew)를 만들든 처음부터 끝까지 똑같은 비율로 요리한다는 말이다. 이런 이유로 오랫동안 걸쭉하게 만드는 용도로는 오븐을 사용하는 게 낫다 (더 자세한 내용은 247쪽 '팟 로스트' 참고).

다음은 우리가 초기에 다뤘던 질문인데, 뚜껑을 덮는가 아니면 여는가 하는 질문이다 (250쪽 참고). 전형적인 속설을 믿는다면 수분이 날아가지 않도록 최대한 단단히 덮어 둘 것이다. 냄비에 수분이 많다는 말은 고기에도 수분이 많다는 뜻이다. 그렇지 않은가? 하지만 불행히도 이렇게 하면 브레이징이 잘 되지 않는다. 기본적으로 브레이징을 할 때 균형을 이루어야 하는 서로 대응하는 두 가지 힘이 있다.

질긴 결합 조직이 부드러운 젤라틴으로 바뀌는 콜라겐 분해는 60℃ 정도에서 천천히 시작되고 온도가 올라가면서 기하급수적으로 늘어난다. 60℃에서 돼지 어깨살을 조리하면 완전히 부드러워지는 데 이틀 정도가 걸리고 82℃ 정도로 조리하면 몇 시간으로 단축된다. 한편 근섬유는 열을 받으면 단단해지면서 수분을 짜내는데 54℃ 정도에 시작해서 온도가 올라가면서 점점 더 심해진다. 시간과 열, 두 가지가 있어야 시작되는 콜라겐의 분해와는 달리 근육이 수분을 짜 내는 일은 거의 순간적으로 일어난다. 82℃로 가열된 고기는 심지어는 단 1초 만에도 수분을 내어 놓는다.

멈추지 않는 힘이 고정된 물체를 만났을 때처럼, 근섬유가 수분을 짜내지 않으면서 콜라겐만 분해시키기는 거의 불가능하다. 그나마 다행이라면 콜라겐 분해로 만들어진 젤라틴은 근섬유가 죄어지면서 수분을 짜내는 작용을 덜 하도록 큰 역할을 한다는 점이다. 하지만 잘 익은 브레이징을 만드는 진짜 비결은 고기가 너무 단단해서 젤라틴이라도 어떻게 해볼 도리가 없는 상태가 되지 않도록 낮은 온도에서 조리하는 것이다.

모두들 100℃에서 물이 끓는다는 건 알고 있다. 하지만, 참 흥미롭게도 120℃나 되는 오븐에서 증발을 하게끔 혹은 못하게끔 하면서 냄비 안의 수분의 온도를 크게 조절할 수 있다. 이는 물이 증기로 바뀌는 증발에 많은 에너지가 필요하기 때문인데, 물 1g을 증기로 바꾸는 데에는 같은 양의 물 온도를 1℃ 올리는 데 필요한 에너지의 500배 이상의 에너지가 필요하다!

뚜껑을 꽉 닫았을 때와 약간 열어 두었을 때 냄비의 조림 온도를 보여주는 아래 표를 확인해 보자.

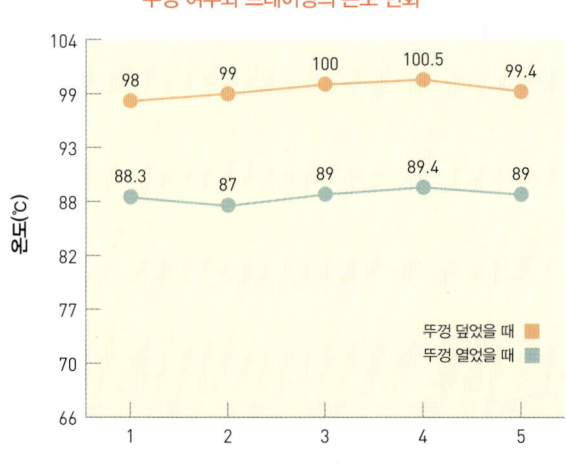

뚜껑 여부와 브레이징의 온도 변화

뚜껑을 덮으면 냄비 속에 있는 국물은 끓는 온도 주위를 맴돈다. 가끔 더 위로 올라가기도 한다(꽉 닫은 무거운 뚜껑 때문에 압력밥솥에서처럼 국물은 일반적인 끓는점 위로 올라갈 수 있다.). 그래서 고기를 너무 많이 익히게 되는데, 고기가 부드러워질 때쯤이면 고기는 푸석해지고 질겨진다. 반면 뚜껑을 덮지 않은 냄비는 적당하게 11℃ 정도 더 낮아서 속에 든 고기가 거의 이상적인 온도대로 유지된다. 조리되면서 고기는 부드러워지고 수분도 유지된다. 그래서 육즙이 더 많고 더 부드러운 고기가 된다.

이럴 때 짜증나지 않나요? 아무것도 신경 쓰지 않고 침착하게 집중해서 돼지고기를 천천히 요리하려고 하는데, 도표가 몰래 내 생각 속으로 들어와 하던 일을 방해하는군요. 도표는 늘 내게 이런 식이죠. 죄송합니다.(어쨌든 푸드 랩이니까요.) 적어도, 이제 여러분은 왜 돼지고기 칠리 베르데가 그렇게 깊은 맛을 내고, 육즙이 많고 복합적인 맛을 내는지 정확히 알게 되었을 것입니다.

돼지고기를 넣은 칠리 베르데 CHILE VERDE WITH PORK

다진 양파와 사워 크림, 치즈 가루, 다진 고수 잎을 올리고 라임은 웨지 모양으로 썰어서 따뜻한 토르티야와 함께 낸다.

4~6인분

손질한 뼈 없는 돼지고기 어깨살 1.5kg(2.5cm로 깍둑 썰기.)

코셔 소금

포블라노 칠리 5개

큐바넬 칠리 5개

토마틸로 900g(중간 크기 약 15개, 겉껍질은 벗기고 헹군 뒤 물기를 뺌.)

마늘 6쪽(껍질 벗기지 않고 준비)

할라피뇨 칠리 2개(꼭지는 제거하고 길이 방향으로 반으로 자르기.)

식물성 기름 3큰술

신선한 고수 잎 느슨하게 담아서 2컵(500ml)

큰 양파 1개(잘게 다지기. 1½컵, 375ml)

커민 파우더 1큰술

홈메이드 또는 저염 닭 육수 통조림 4컵(1l)

원하는 고명(앞의 note 참고)

1 큰 볼에 돼지고기와 소금 2큰술을 넣고 소금이 고루 묻도록 잘 섞는다. 실온에서 1시간 정도 둔다.

2 포블라노와 큐바넬 칠리를 가스레인지 불꽃 바로 위에 올려(화구에 얹거나) 굽는다. 이따금씩 뒤집어 주기도 하면서 표면이 완전히 탈 때까지 약 10분간 구워 준다. 가스레인지가 없다면 브로일러나 야외 그릴로 해도 똑같은 효과를 낼 수 있다. 구운 칠리를 볼에 넣고 큰 접시로 덮어서 5분 정도 수증기가 생기게 둔다.

3 칠리를 흐르는 차가운 물 아래 놓고 껍질을 벗기고 씨와 줄기는 버린다. 물기를 털고 대충 썰어서 푸드프로세서로 넣는다.

4 브로일러를 고온으로 예열한다. 토마틸로와 마늘, 할라피뇨에 식물성 기름 1큰술과 소금 1작은술을 넣고 섞는다. 베이킹팬에 호일을 깔고 여기에 섞은 것을 올린 뒤 굽는다. 익는 중간에 한 번 뒤집고 표면이 까맣게 되고, 부풀어서 터지고 숨이 푹 죽도록 약 10분 정도 굽는다. 그런 뒤 푸드프로세서로 옮기는데 국물이 생겼으면 같이 넣는다. 고수 잎을 반 넣고 아주 부드러운 정도는 아니고 대략 퓌레가 되도록 8~10초 정도 짧게 돌린다. 소금과 후추로 간을 한다.

5 오븐랙을 오븐 가운데 칸에 끼우고 오븐을 100℃로 예열한다. 큰 더치 오븐에 나머지 기름 2큰술을 넣고 연기가 날 때까지 고온에서 가열한다. 돼지고기 절반을 넣은 뒤 뒤적이지 말고 갈색으로 잘 익도록 3분간 굽는다. 가끔 저어 주면서 사방이 갈색을 띠도록 굽는다. 나머지 돼지고기와 양파를 넣고 볶는다. 자주 저어 주고 바닥에 눌어붙은 것은 긁어내 주면서 양파가 푹 익을 때까지 약 4분 정도 볶아 준다. 커민 파우더를 넣고 약 1분 정도 저어 향이 나게 한다.

6 닭 육수와 칠리 혼합물 퓌레를 넣고 섞어 준다. 끓인 뒤 오븐으로 옮기고 뚜껑을 약간만 열어 둔다. 돼지고기가 포크로 쉽게 찢어질 때까지 약 3시간 정도 오븐에서 뭉근히 익혀 준다.

7 냄비를 가스레인지로 옮긴 뒤 기름은 걷어 내서 버린다. 원하는 국물의 농도대로 물을 더 넣거나 끓여서 졸인다. 나머지 고수 잎을 섞어 넣고 소금으로 간한다. 바로 차려내도 되고 더 맛있게 하려면 칠리 스튜를 식힌 뒤 냉장고에 넣어 하룻밤을 둔다. 먹을 때 다시 가열한다. 앞에서 말한 고명을 일부 또는 전부 올리고 따뜻한 토르티야를 곁들인다.

햄, 콩, 케일을 넣은 손쉬운 스튜 EASY HAM, BEAN, AND KALE STEW

콩을 소금물에 밤새 담가 두면 질감이 어떻게 달라지는지 알고 나서는, 콩을 넣은 요리를 엄청나게 많이 하게 되었다. 아래는 내가 좋아하는 콩을 기본으로 하는 요리 중 하나이다.
딱딱한 껍질이 있는 자른 빵에 올리브오일을 바르고 구워서 함께 곁들인다.

8~10인분

말린 흰콩 450g(소금물에 담가 실온에서 최소 8시간, 또는 하룻밤 담가 뒀다가 물은 버리기. 흰콩은 '그레이트 노던', '카넬리니' 또는 '타르베' 등을 이용.)

자투리 훈제햄이나 고기의 뼈나 살코기 부스러기 450g

홈메이드 또는 저염 닭 육수 통조림이나 물 3l

큰 양파 1개(반으로 자르기.)

큰 마늘 1쪽

월계수 잎 3장

코셔 소금

큰 케일 1송이(줄기는 잘라 내기. 대략 담아서 약 2l)

후춧가루

엑스트라 버진 올리브오일

셰리 식초

1. 큰 더치 오븐에 콩과 햄, 육수, 양파, 마늘, 월계수 잎과 소금 1작은술을 넣고 센 불에서 끓인다. 불을 중약으로 낮추고 콩이 잠기도록 필요하면 물을 붓고 콩이 완전히 부드러워질 때까지 약 45분간 끓인다. 불을 끄고 햄을 꺼내고 한 곳에 둔다. 양파와 마늘, 월계수 잎은 버린다.

2. 햄이 다 식으면 고기를 작은 조각으로 찢어서 냄비에 다시 넣고 뼈는 버린다. 케일을 냄비에 넣고 바글바글 끓인다. 자주 저어 주면서 콩이 푹 익고 국물이 걸쭉한 스튜 같은 농도가 될 때까지 약 30분간 끓인다.

3. 소금과 후추를 콩에 넣고 간을 한다. 얕은 접시에 담고 엑스트라 버진 올리브오일을 많이 뿌리고 셰리 식초를 뿌린다.

STEAKS, CHOPS, CHICKEN, FISH, AND THE SCIENCE OF FAST-COOKING FOODS

3

단시간 조리 음식의 과학 – 스테이크와 찹, 닭, 생선

A STEAK IS MOSTLY WATER, BUT IT'S THE FAT THAT COUNTS.

스테이크의 수분은 대부분 액화된 지방이며 이 지방은 아주 중요하다.

PART 3
단시간 조리 음식의 과학 - 스테이크와 찹, 닭, 생선

이 장에 있는 레시피들

빠르고 쉬운 팬시어링 스테이크	321
버터를 끼얹은 두꺼운 팬시어링 스테이크	322
완벽한 안심 스테이크	326
간단한 레드 와인 팬 소스	329
포르치니–베르무트 팬 소스	330
훈제 오렌지–치포틀레 팬 소스	331
누구나 쉽게 만드는 베어네이즈 소스	332
두 명이 먹을 수 있는 완벽한 그릴 스테이크	335
콤파운드 버터 마스터 레시피	336
– 레몬–파슬리 버터 양념	336
– 블루–치즈 버터 양념	336
– 마늘–칠리 버터 양념	336
허브와 마늘 마리네이드로 팬시어링한 행어 스테이크	352
스테이크 전문점처럼 그릴에 구운 마리네이드 플랭크 스테이크	353
매콤한 맛의 태국 스타일 플랭크 스테이크 샐러드	354
그릴에 구운 허니 머스터드 플랩미트(스테이크팁)	355
그릴에 구운 마리네이드 갈비와 치미추리	356
그릴에 구운 산타 마리아식 삼각살	357
– 산타 마리아식 살사	358
그릴에 구운 스커트 스테이크 파히타	360
– 전형적인 피코 데 가요(Pico de Gallo) 소스	361
기본적인 팬시어링 포크찹	365
– 브랜디에 졸인 체리와 팬시어링 포크찹	365
– 메이플 머스터드 글레이즈 팬시어링 포크찹	366
– 사과와 사과주 소스를 끼얹은 팬시어링 포크찹	366
팬에 구운 닭고기	375
3분 치킨커틀릿	377
레몬 케이퍼 팬 소스	377
버섯–마르살라 팬 소스	379
브랜디–크림 팬 소스	380
껍질을 아주 바삭하게 팬에 구운 생선 필레	390
바질–케이퍼 렐리시	391
방울토마토–샬롯 렐리시	392
딜–레몬 크렘프레슈	392
기본적인 타르타르 소스	393
쿨러로 조리한 샬롯, 마늘, 타임을 넣은 립아이 스테이크	404
쿨러로 조리한 치미추리 소스를 곁들인 행어 스테이크	405
– 치미추리 소스	405
살사 베르데 소스를 곁들인 쿨러로 조리한 램랙	406
– 살사 베르데 소스	406
레몬 또는 선드라이 토마토 비네그레트를 곁들인 쿨러로 조리한 닭고기	407
– 선드라이 토마토 비네그레트	407
쿨러로 조리한 브랫 비어	408
바비큐 소스를 곁들인 쿨러로 조리한 포크찹	408
쿨러로 조리 후 올리브오일로 데친 연어	409
– 자몽 비네그레트	409
수비드 치즈버거	411

QUESTION :
WHAT DO MCDONALD'S AND THE MOST
EXPENSIVE STEAK HOUSE
IN NEW YORK HAVE IN COMMON?

질문 :
맥도날드와 뉴욕에 있는
대부분의 비싼 스테이크 전문점의
공통점은 뭘까요?

———

답은 이들은 모두 즉석 조리 음식점(fast-food restaurants)이라는 것이다. 잠깐만, 뭐라고요? 어째서 그런가요? 이들 전문점은 단시간 조리 방법에 특화되어 있다. 즉, 고기 표면에 약간의 브라우닝으로 풍미를 더하는 동안 고기를 손님에게 내어 놓기 적당한 온도로 만들기 위해 요리방법이 단순하게 고안되었다는 것이다. 단시간 조리 방법에는 팬시어링과 그릴링, 브로일링, 소테잉 등이 포함되며 소갈비, 포크찹, 닭가슴살, 소고기 스테이크, 양고기 찹, 그리고 햄버거 등의 연한 고기 부위를 이런 조리법으로 요리한다. 음식에 열을 가하면서도 적당히 부드러운 열로 오랜 시간 익혀서 결합조직을 천천히 분해시키는 느린 조리법과 이들 조리법은 다르다. 천천히 조리하는 방법에는 진짜 바비큐(즉, 훈제)와 브레이징이 포함된다. 로스팅이나 브레이징이나 뭉근히 끓이기(simmering) 같은 일부 조리법은 요리 재료에 따라 조리 온도와 시간이 달라지기는 하지만 어느 부위의 고기에나 사용할 수 있다. 뒷부분에서는 이러한 천천히 조리하는 방법에 대해 살펴볼 것이다.

패스트푸드 식당들처럼 스테이크 전문점도 속도가 아주 중요하다. 많은 요리와 그 세세한 재료를 미리 준비하고 주문에 맞춰 완성하는 다른 종류의 식당과 달리 스테이크 전문점은 거의 생 재료들을 가지고 시작한다. 그래서 주문을 하면 그때서야 뜨거운 그릴에 재료를 올리거나 커다란 브로일러 아래 넣는다. 그릴링, 팬시어링, 브로일링은 가장 오래된 조리법이고 이들은 우리 마음속에서 가장 원초적인 욕구를 불러 일으킨다. 여러분 중에 팬에서 갓 구워 나온 뜨거운 립아이 스테이크의(rib eye steak) 바삭바삭하게 잘 구운 크러스트와 육즙이 뚝뚝 흐르는 미디엄 레어의 속살을 참아 낼 수 있는 사람이 얼마나 되겠는가? 손 한 번 들어 보세요.

그럴 줄 알았어요.

많은 사람들이 스테이크 전문점에서의 식사를 궁극의 저녁 외식(the ultimate night out)으로 생각한다. 승진이나 졸업을 축하하는 방법으로. 먹이 사슬에서 인간의 우세를 재확인하는 수단으로. 일 년에 한 번 레드 와인과 크림을 넣은 시금치, 해시 브라운, 브랜디를 실컷 먹고 마시면서 더없이 소중한 배우자, 애인이나 담당 의사선생님도 눈 감아 주시는 그런 시간을 갖는 것이다. 내 인생, 나의 날, 맛있는 고기! 여러분은 테이블 위에 있는 두툼한 스테이크를 칼에 부딪치면서 정갈하게 쌓인 아스파라거스를, 흥건한 크림 같은 홀랜다이즈 소스를 입안으로 밀어 넣으며 조용히 속으로 생각하는 것이다.

하지만 여기에 작은 비밀이 하나 있는데 그런 스테이크 전문점의 음식은 다 여러분이 집에서 하면 더 맛있게 그리고 더 싸게 만들 수 있는 요리들이다. 필요한 건 약간의 과학, 노하우, 그리고 연습만 있으면 된다.

우리는 가장 연하고, 가장 바삭한 겉면, 육즙이 풍부한 속살과 입안에서 살살 녹는 최고의 프라임 립 로스트(prime rib roast)를 한 무리의 배고픈 육식동물들에게 먹이는 일뿐만 아니라 단시간 조리법의 '단시간'에 대해서도 다뤄 볼 것이다. 즉, 스테이크, 찹, 닭가슴살, 그리고 냉장고에서 식탁까지 30분 이내로 만들 수 있는 다른 단백질 요리들이다. 자, 준비되셨나요?

『더 푸드 랩』이 알려 주는 소고기 스테이크에 관한 모든 것
THE FOOD LAB'S COMPLETE GUIDE TO BEEF STEAKS

나는 지금껏 둘이 먹을 스테이크부터 프라임 등급의, 목초를 먹여 키우고 건조숙성(dry aged)을 하고, 최종적으로는 곡물로 찌워서 마블링이 잘 된 11.34kg짜리 커다란 세븐 립 랙(7-rib racks) 덩어리까지 소고기를 많이 조리해 봤다. 그 아름다운 고깃덩어리들은 내 아파트에 영원히 남은 달콤하고 사향 냄새 같은 바삭한 소고기 지방의 향취를 남겼고 내 마음은 늘 그 소고기를 다시 맛보고 싶은 끝없는 욕망으로 물든다. 내가 일하는 분야에서 이런 냄새는 대체로 불쾌한 일이 아니다. 하지만 "잠깐만, 프라임 등급이니, 마지막에 곡물로 살을 찌운다느니, 마블링이라고? 이런 용어들은 모두 무슨 뜻이지?"라는 의문이 들 것이다. 그리고 더 중요하게는 왜 이런 데 신경 써야 할까?

여러분이 소고기 로스트나 스테이크에 관해 가졌던 혹은 가질지도 모르는 질문에 대한 답이 아래에 있다.

Q. 로스트와 스테이크의 차이점은 정확히 무엇인가요? 소고기 부위가 서로 다른가요?

아주 쉽게 말하면, 로스트(roast)는 큰 고깃덩어리이다. 일반적으로 두께가 최소 5cm가 되고 오븐에서 조리한 뒤 먹기 전에 자른다. 스테이크(steak)는 더 얇은 고기 조각이다. 두께가 5cm 이하이며 그 크기 그대로 조리하고 식탁에 올린다. 사실 이 둘은 크기 말고는 차이가 거의 없다.

로스트나 스테이크 둘 다 단시간 조리 방법으로 요리한다. 즉, 이 둘을 조리할 때, 목표는 고기를 어떤 특정한 최종 온도로 올려서 식탁 위에 올리는 것이다. 브레이징처럼 정해진 온도에서 결합조직이 분해될 수 있도록 충분히 오랫동안 익히는 느린 요리 방법과 반대이다.

이 때문에 로스트나 스테이크에 사용되는 부위는 소의 비교적 부드러운 부위를 사용해야 한다. 대부분, 로스트나 스테이크에 사용되는 소고기 부위는 중복된다. 예를 들면, 립아이나 델모니코 스테이크(Delmonico steak, 뉴욕 스트립 스테이크(New York strip steak) 또는 쉘 스테이크(shell steak)라고 부르기도 한다. 뼈가 없는 소고기 허리부위(short-loin)를 사용하며 부드럽다. – 감수자 주)는 기본적으로 뼈가 한 개인 갈비 로스트이고 안심(tenderloin) 스테이크나 필레미뇽(filet mignon, 뼈가 없는 쇠고기 부위로 안심이나 등심 부위를 가리키는 프랑스 조리 용어)은 안심 로스트나 샤토브리앙(Chateaubriand, 조리를 지시한 프랑스 귀족 작가의 이름을 따온 최고급 안심 부위 요리)을 스테이크 크기로 잘라 놓은 것이다.

알아 두어야 할 4가지 고급 스테이크

Q. 좋은 스테이크를 사기 위해 알아 두어야 할 점은 무엇인가요?

위에서 말한 대로, 스테이크와 로스트의 차이는 기본적으로 크기로 설명된다. 좋은 로스트는 몇 개의 스테이크로 자를 수 있다. 설로인(sirloin, 등심 부위), 플랭크(flank, 치마양지 또는 치마살 부위), 스커트(skirt, 토시살, 안창살, 업진살) 같이 좀 더 싼 부위와 소의 횡경막 부위나 플랫아이언(flat iron, 어깨살 부분, 부채살)과 같이 셰프들이 좋아하는 부위가 요즘은 갈수록 더 인기가 높아지면서, 구하기도 쉬워졌다. 그럼에도 스테이크 전문점의 제왕은 여전히 배측 최장근(longissimus dorsi)과 대요근(psoas)에 있는 부위들이다. 배측 최장근은 한 쌍의 길고 부드러운 근육으로 거세우의 등뼈 양쪽, 갈비 바깥쪽으로, 목에서 엉덩이까지 뻗어 있다. 대요근은 이보다는 더 짧은 한 쌍의 근육으로 소의 등뼈를 따라 ⅔쯤에서 시작해서 배측 최장근 안쪽으로, 양쪽 갈비를 따라 붙어 있는 근육이다. 흔히 필레미뇽이나 안심으로 불리는 대요근은 거세우 부위 중에서 가장 부드러운 고기 부분이다. 크기가 작기 때문에 이 부위는 가장 비싼 부위이기도 하다(총 수요와 공급에 관련한 그런 것이 있지 않은가!).

이 두 근육에서 수많은 스테이크가 만들어진다. 292쪽에 있는 도표는 정육점에서 흔하게 볼 수 있는 것이다.

Q. 왜 이 근육에서 나온 고기를 스테이크로 먹어야 하나요?

스테이크의 부드러움은 거세우가 평생 동안 쓰는 근육의 활동량과 반비례한다. 그래서 상대적으로 덜 사용하는 근육인 배측 최장근(보통 등심(loin)이나 백스트랩(backstrap)으로 불린다.)과 대요근은 아주 부드러워서 이상적인 스테이크용 후보가 된다(또한 꽤 비싼). 배측 최장근은 대요근에 비해 지방이 넉넉하다는 점에서 이점이 있는데 이 지방은 중앙의 고기 층에 폭넓게 자리하고 있으며 더욱 중요한 점은 근육 자체 내에 마블링으로 알려진 거미줄 같은 그물망 형태로 들어 있다.

Q. 마블링이 왜 중요한가요?

마블링은 주로 근섬유에 기름칠을 하기 때문이다. 상온이나 냉장 온도에서 지방은 고체이지만 조리를 하면 지방이 녹아서 우리가 고기를 씹을 때 근섬유가 서로 더욱 쉽게 미끄러지게 한다. 그래서 고기가 더욱 부드럽고 육즙이 더 많게 된다. 또한 붉은색 살코기의 맛 대부분은 지방에서 나오기 때문에 마블링이 중요하다. 지방이 없는 소 살코기와 양고기를 시식해 보게 했더니 시식가들은 정확히 고기를 구별해 내지 못했다. 하지만 지방과 함께 시식을 하자 쉽게 고기를 구별해 냈다. 소

고기에 지방이 있어야 더 소고기 맛이 난다.

등급

Q. 소고기에 대해 정부에서 '프라임'이나 '초이스' 등으로 표시해 놓았는데 이건 무엇인가요?

미국 농무부는 소고기를 8개의 항목으로 나눠 등급을 매기는데 이들은 각각 프라임, 초이스, 셀렉트, 스탠더드, 커머셜, 유틸리티, 커터와 캐너이다. 앞의 세 가지는 슈퍼마켓에 신선하게 진열된 바로 그 고기들이고 나머지는 포장식품과 기타 여러 제품에 사용된다(스테이크 전문점 광고에서 '100퍼센트 유틸리티 등급 소고기!'를 본다면 소리를 지르며 도망칠 것!).

프라임 등급의 뼈 없는 립아이

- **프라임(Prime) 등급 소고기**는 미국 농무부의 등급 중 가장 높은 등급이다. 이 등급은 어린 소(42개월 미만)를 도축한 것으로 마블링이 풍부하고 살이 단단하다. 미국에서 생산된 소고기의 2% 미만만이 이 등급을 받는다. 대부분 스테이크 전문점과 고급 호텔로 공급된다. 만약 정육점에서 보이면 꼭 주인에게 감사해야 한다.

스테이크 이름	부드러움(1~10)	맛(1~10)	판매 시 이름	소의 부위
립아이 (Rib-Eye, 꽃등심) (뼈 있음) (뼈 없음)	7/10	9/10	뷰티 스테이크(Beauty steak), 마켓 스테이크(Market steak), 델모니코 스테이크(Delmonico steak), 스펜서 스테이크(Spencer steak), 스카치 필레(Scotch fillet), 앙트르코트(entrecôte)	거세우의 갈비 부위로부터 배측 최장근의 앞쪽 끝. 거세우의 머리 쪽으로 더 가까이 갈수록 스테이크에 척추 근육이 더 많이 보인다. 이 척추 근육은 스테이크에서 더 지방이 많은 끝 쪽을 감싸는 고기 층이다.
스트립 (Strip, 채끝)	8/10	7/10	뉴욕 스트립(New York strip), 캔자스시티 스트립(Kansas City strip), 탑설로인(top sirloin, 등심 부위와는 상관 없음)	쇼트로인(short loin, 갈비 바로 뒤에 있는 부위) 부위에 있는 배측 최장근 근육
안심 (Tenderloin)	10/10	2/10	필레, 필레미뇽, 샤또브리앙(가운데를 자른 로스트는 2인 이상), 투르느도(tournedos, 갈비 부위에 가장 가까이 있는 안심에서 끝이 뾰족한 부분 잘랐을 때)	쇼트로인 부위에 있는 대요근의 가운데 부분
티본 (T-Bone)	안심과 스트립을 섞어 놓은 정도	안심과 스트립을 섞어 놓은 정도	포터하우스(Porterhouse) 스테이크(안심 부분의 너비가 4cm 이상일 때)	티본은 한 부위에 두 가지 다른 조각이 붙어 있는데 하나는 안심이고 또 다른 하나는 스트립이다. 이 두 고기는 T자 모양의 뼈를 사이에 두고 있다. 일반적인 티본은 쇼트로인 부위의 앞쪽 끝으로 안심이 시작되고 바로 잘라서 안심의 크기가 작다(폭이 1~4cm). 포터하우스 스테이크는 더 먼 뒤쪽에서 잘라 안심 폭이 적어도 4cm 정도 된다.

맛	최상의 조리법
소고기의 독특한 맛이 나오는 곳은 지방으로 가장 맛이 풍성하고 소고기 맛이 강한 부위 중 하나이다. 립아이는 흉극근으로부터 배측 최장근을 분리하는 큰 지방 부위가 있어 마블링이 아주 잘 형성되어 있다. 가운데 고기 부분은 스트립 스테이크보다 결이 더 미세해서 질감이 더 연하다. 반면에 흉극근 부위는 결이 더 느슨하고 지방이 많다. 나를 포함해 많은 사람들이 소의 흉극근 부분을 소에서 절대적으로 가장 맛있는 단시간 요리 부위로 생각한다.	팬프라잉, 그릴링, 브로일링. 지방이 아주 많기 때문에 불꽃이 갑자기 확 타오를 수 있어 그릴링이 약간 까다롭다. 뚜껑을 준비해 두고, 재빠르게 불덩이에서 고기를 꺼내야 할 때를 대비해 집게도 준비해 둔다. 이 부위는 팬 시어링용으로 내가 제일 좋아하는 부위이다.
결이 뚜렷해서 식감이 탱탱한데 그래서 스트립 스테이크는 적당히 부드럽기도 하지만 약간 질긴 면도 있다. 마블링이 잘 형성되어 있어 소고기 맛이 진하다. 립아이 스테이크만큼 탄탄하진 않지만 손질하기가 훨씬 쉽고 지방 덩어리가 크지 않아서 요리하기도 쉽고 그래서 먹기도 간편한 부위다. 스테이크 전문점에서 가장 선호하는 부위이다.	팬프라잉, 그릴링, 브로일링. 립아이보다 지방이 더 적어 갑자기 불길이 확 일거나 탈 일이 적기 때문에 그릴링이 더 쉽다.
거의 버터처럼 질감이 상당히 부드럽다. 지방이 아주 적고 그래서 맛도 상대적으로 덜하다. 지방이 적은 부위를 찾거나 무엇보다 부드러움을 최고로 여기지 않는다면 좀 더 저렴한 다른 부위를 구하는 게 더 낫다.	팬프라잉이나 그릴링. 지방이 근육보다 더 천천히 열을 전달하는데 지방이 아주 적어서 안심은 다른 스테이크보다 더 빨리 익는 경향이 있고 그래서 수분이 마르기가 더 쉽다. 기름에 팬 프라잉하고 버터를 끼얹어 마무리하면 그릴링하기 전에 베이컨으로 싸서 하는 것처럼(일반적 방법) 고기에 풍성한 풍미를 더할 수 있다. 열에 닿는 표면적이 적으면 수분 손실도 적으므로 샤또브리앙으로 통째로 구입해서 로스팅하거나 그릴에 로스팅한 뒤 스테이크로 자르는 게 훨씬 더 좋다. 맛이 순하기 때문에 종종 맛있는 소스나 콤파운드 버터를 곁들이기도 한다.
고기 부위에 따라 스트립 고기 맛과 안심 맛이 난다.	그릴링, 브로일링. 뼈가 불규칙하게 생겼기 때문에 티본은 팬시어링이 아주 힘들다. 고기가 익어가면서 약간 줄어들면 뼈가 울퉁불퉁해져서 고기가 팬과 딱 붙기가 어렵고 그래서 브라우닝도 어렵다. 그릴링이나 브로일링이 훨씬 낫다. 그릴링이나 브로일링을 할 때는 스테이크의 위치에 신경 써야 하는데 안심은 스트립보다 열원에서 더 멀리 놓아야 고르게 익는다.

- 초이스(Choice) 등급 소고기는 프라임 등급보다 마블링과 부드러움이 덜하다. 하지만 조리만 잘하면 이 등급도 육즙이 많고 맛있다. 안심이나 등심 스테이크처럼 지방이 적은 부위는 프라임 등급과 비교했을 때 거의 고기 질에 거의 차이가 없다. 이 등급은 고급 슈퍼마켓의 표준 등급이다.
- 셀렉트(Select) 등급 소고기는 프라임이나 초이스보다는 지방이 많이 부족하지만 그래도 여전히 부드럽고 질도 괜찮은 편이다. 큰 결점이라면 상대적으로 마블링이 부족해서 높은 등급의 소고기만큼 육즙이 많거나 맛있지는 않다.
- 스탠더드(Standard)와 커머셜(Commercial) 등급 소고기는 일부 슈퍼마켓에서 팔지만 '미등급(ungraded)'으로 팔린다. 종종 일반 상점에서 자가 브랜드(store-brand)로 팔리는데 마블링이 거의 없고 다른 등급보다 너무 많이 질기다. 사지 않는 게 좋다.
- 유틸리티(Utility), 커터(Cutter), 캐너(Canner)는 거의 소매로는 팔지 않는다. 주로 소고기 스틱이나 육포, 미리 만들어 놓은 버거나 냉동 브리토나 소시지 등의 스터프(stuff)로 쓰인다.

Q. 프라임 등급의 소고기는 많이 비싸고 구하기도 힘든데 정말 그렇게 찾을 만한 가치가 있나요?

좋은 질문이다. 나는 초이스 등급 소고기와 프라임 등급을 함께 두고 블라인드 테스트를 해봤다. 두 등급의 고기를 정확히 똑같은 방법으로 똑같은 온도로 요리를 했다(과학이라는 이름으로 견디는 그 공포!). 참석한 여덟 명의 시식자들 모두 압도적으로 그리고 만장일치로 프라임 등급 소고기를 좋아했다. 초이스 등급도 꽤 맛있긴 했지만 말이다.

프라임 등급은 일반적으로 초이스보다 g당 25% 정도 더 비싸다. 이 가격 차는 여러 사람이 먹을 분량으로 준비한다면 눈덩이처럼 커져, 부담이 된다. 하지만 우리 집에서는 스테이크를 그렇게 자주 만들지는 않으며 나는 이런 날을 위해 저축을 한다.

Q. 최근 회자되고 있는 '고베 소고기'는 어떤가요?

고베 소고기(Kobe beef)는 고급 소고기이며 마블링이 아주 잘 되어 있고 프로 농구 선수의 이름을 따서 지었다. 잠깐, 이건 삭제하세요, 거꾸로랍니다.

진짜 고베 소고기는 타지마(Tajima) 종의 와규(Wagyu)에서 난다. 이 종은 원래는 산이 많은 일본 효고(Hyogo) 현에서 논을 갈 때 이용하던 소였다. 소고기가 일본에서 점점 인기가 많아졌고 사람들이 이 소의 육질이 마블링이 아주 많고 맛이 좋다는 걸 알게 되었다. 그래서 이런 특성을 최대화하기 위해 조심스럽게 교배를 하게 되었다. 그 결과 정말로 깜짝 놀랄 만한 수준의 마블링이 있는 소고기가 되었으며 미국 농무부의 프라임 등급 소고기를 훨씬 능가하게 되었다.

하지만 고베 소고기는 일본에서도 구하기가 어렵고 현재는 수입법에 따라 미국에서 진짜 고베 소고기를 구하기는 불가능하다(혹은 구할 수 있다 해도 불법이다.). 훨씬 더 쉽게 볼 수 있는 것은 '고베 식' 소고기로 대부분은 와규와 앵거스(Angus)를 교배해서 미국 내에서 키운 고기이다. 미국 내에서 키운 '고베' 소고기는 일본에서 키운 앵거스 혈통의 인공 산품이며 미국식으로 풀을 먹이다 마지막에 사료를 먹이는 고베 소고기보다 지방이 적고 색이 진하고 향이 더 강하다. 품질 좋은 미국산 고베식 소고기는 보통 시장에서 가장 비싸다.

그런데, 누군가 '고베 버거'를 파는 사람이 있거든 제발 참을 것. 고베 소고기는 마블링과 부드러움, 절묘한 맛을 아주 중요시한다. 버거는 이미 갈았기 때문에 지방이 엄청 많고 부드러울 수밖에 없다. 그런 독특한 맛은 햄버거에서 바라던 맛이 아니지 않은가! 그야말로 상술이다. 그리고 네, 그렇습니다. 코비 브라이언트(Kobe Bryant)는 소고기의 이름을 따서 지었다(코비를 따서 소고기 이름을 지은 게 아니고.).

색과 크기

Q. 소고기를 살 때 가끔은 고기가 보라색이기도 하고 어떤 때는 짙은 붉은색인데 왜 그런가요? 둘 중에 어떤 걸 골라야 하나요?

고기의 색이 다른 이유는 다음과 같다. 근육의 색소들 중 하나인 미오글로빈(myoglobin)의 변화와 산소에의 노출과 관계가 있다. 자르고 나서 당장은 고기는 미오글로빈의 색인 진한 보랏빛이다. 곧 산소가 미오글로빈 속에 있는 철과 상호작용을 하기 시작해서 밝은 선홍색인 옥시미오글로빈(oxymyoglobin)으로 바꾼다. 산소가 풍부한 환경(집 같은)에서 생고기를 자를 때 고기의 색이 어둡다가 빨갛게 '피어나는 걸' 본 적이 있는가? 그렇다면 이번엔 진공 상태의 공간에서 똑같은 실험을 해 보라. 차이가 보이는가?

선홍색은 신선함과 가장 연관이 많기는 하지만 보라색 고기도 그만큼 신선할 수 있으므로 실제로는 색을 신선함의 척도로 보기는 어렵다. 특히 진공 밀폐해 둔 고기에서 이 짙은 색을 발견하기가 쉽다.

마지막으로 고기에 있는 효소는 미오글로빈과 옥시글로빈이 전자를 잃게 하고 메트미오글로빈(metmyoglobin)이라 불리는 색소를 만든다. 이 색소는 얼룩덜룩한 갈색, 회색, 초록색이다. 꼭 상했다고는 할 수 없지만 고기를 한동안 두었다는 뜻이기도 하다.

Q. 고기의 붉은색이 피 때문이 아니라는 뜻인가요?

맞다. 슈퍼마켓에서 여러분이 구입하는 소고기에는 피가 거의 없는데 도축하자마자 바로 피를 모두 쏟아버리기 때문이다. 피에는 옥시미오글로빈과 아주 유사한 헤모글로빈이라 불리는 색소가 있다. 그래서 다음에 여러분 친구가 소고기를 '피가 보일 정도로 살짝 익혀 주세요.'라고 주문을 하면 여러분이 이렇게 교정해 주라. '근육에 든 미오글로빈 색소가 분해되지 못할 정도로 덜 익혀 달라는 말이야?'

그렇게 말하고는 얼른 고개를 숙여라. 피가 나오는 붉은 소고기를 먹는 사람은 분노 조절 장애를 가지고 있기가 쉽다.

'내추럴(NATURAL)', '그래스-페드(GRASS-FED)', '오가닉(ORGANIC)' 표시에 관하여

미국에서 표시에 관한 법률은 헷갈리기만 하고 대부분의 경우에 아무런 쓸모가 없다. 왜냐하면 소고기 생산자들 대다수가 표시를 분명하게 하는 게 큰 이득이 되지 않는다고 생각하기 때문이다. 고기가 어떻게 해서 식탁에 오르는지 소비자들이 잘 모를수록 더 낫다고 여긴다.

미국에서 자라는 대부분의 소는 대개 목초지에서 자란다. 비록 목초지에 방목했다 해도, 먹이가 옥수수와 다른 곡물로 대체되긴 하지만 말이다. 소들은 거의 모두 마지막 몇 달 동안은 고밀도의 가축사육장에서 지내는데 마블링과 지방을 늘려 사람들이 좋아하도록 그곳에서 곡물을 기본으로 하는(주로 옥수수와 콩) 먹이를 먹는다. 소들은 일상적으로 병의 예방을 위해 항생제를 맞지만 병을 피하려는 이유뿐 아니라 또한 빨리 성장하려는 목적이기도 하다. 이런 이유로 일반적으로 소는 생애의 마지막 몇 달 동안은 그다지 행복하지 않다.

다행스럽게도 슈퍼마켓에는 선택할 수 있는 게 다양하다. 여러분이 보게 될 몇 가지 표시와 그 의미에 대해 살펴보자.

- '내추럴(Natural, 자연적인)'이란 말은 기본적으로 아무 의미도 없다. 어떤 강제력도 없고 법규도 없는 표시이다. 기본적으로 생산자 자신의 정직과 관련한 일로써 이를 확인할 제3자도 없다.
- '내추럴리 래이즈드(Naturally Raised, 자연적으로 사육한)' 이 말은 위와는 반대로 중요한 의미가 있다. 2009년 기준, 가축이 성장촉진제와 항생제(기생충용 항 콕시듐증제제(coccidiostats, 약품 제외)) 없이 사육되며 동물 부산물을 절대로 먹이지 않는다는 걸 인증해 주는 표시이다. 이 말은 실질적으로 고기에 항생제 잔류물이 없으며 항생제가 필요하지 않도록 깨끗하고 비교적 넓은 환경에서 자랐다는 걸 반증한다.
- '오가닉 비프(Organic Beef, 유기농 소고기)'는 정부가 인증하고 검사하며 완전한 유기농 곡물 사료로 키우고 항생제와 호르몬을 사용하지 않는다. 또한, 실제로는 '접근' 역시 크고 더러운 가축사육장에서 멀리 떨어진 곳에 있는 한 뼘 정도의 작은 목초지이긴 하지만 어쨌든 목초지로의 접근도 가능해야 한다. 유기농 소는 또한 인도적인 면에서도 더 엄격한 규제를 받는다. 가장 최근에 제정된 법에서는 적어도 소가 섭취하는 건조물 중 30%는 일 년 중 120일 동안 목초지에서 이뤄져야 한다고 명령하고 있다. 좋은 소식이다.
- '그래스 페드(Grass-Fed, 목초를 먹여 키운 소)'는 자라는 동안 어느 시기에는 풀을 먹여 키워야 한다. 꼭 100% 풀만 먹을 필요도 없고 꼭 풀로 살을 찌울 필요도 없다. 대부분의 '목초를 먹여 키운' 소는 도축 전 마지막 몇 주 동안은 살을 찌우기 위해 곡물 사료를 먹는다. '풀'이 무엇인지 그 정의에 대해서는 또한 논란의 여지가 있다. 많은 생산자들은 '풀'이라는 미명하에 어린 옥수수대를 대신하여 효과적으로 표시를 희석시키고 싶어 한다.

나는 가능하면 소들에게 좋은 환경을 제공하는 곳으로 알려진 특정 목장에서 나온 마블링이 잘 된 유기농이나 자연적으로 키운 소고기를 고른다. 다음에 슈퍼마켓에 가거든 표시를 잘 보고 생산자의 이름을 적는다. 그리고 인터넷에서 찾아본다. 구글링(Googling) 하나가 가져다 주는 정보에 깜짝 놀라게 될 것이다.

Q. 풀을 먹여 키우면 곡물로 키운 고기보다 정말로 건강에 좋을까요?

많은 연구 결과가 이 말이 사실임을 확인해 준다. 소화 체계가 풀을 분해하도록 진화한 반추동물인 소에게는 틀림없이 건강에 더 이롭다. 그렇지만, 곡물을 먹여 살을 찌운 소들도 도축되기 전 몇 달 정도만 곡물을 먹는다. 그래서 심각한 건강 문제를 일으키기에는 시간이 충분하지 않다. 이 때문에 나는 솔직히 이 문제에 대해 크게 걱정하지는 않는다. 그러나 뉴욕대(NYU)에서 영양과 대중 건강을 가르치고 있는 매리언 네슬(Marion Nestle) 교수에 따르면 목초를 먹여 키운 소는 안면에 위치한 위험한 박테리아는 물론 대장균의 수치도 낮다고 말했다. 결국 항생제도 덜 필요하고 사람이 먹기에 대체로 더 안전하다고 했다. 또한 이런 소는 공액 리놀레산(CLAs) 수치가 아주 높으며 (건강에 좋은 물질인) 오메가 3 지방산 수치도 대부분 더 높다.

Q. 잠깐, CLAs는 트랜스 지방이 아닌가요, 트랜스 지방은 해롭지 않나요?

맞는 이야기다. 인공적으로 수소 첨가한 지방에서 생성되는 트랜스 지방은 소, 양, 염소 같은 모든 반추동물의 위장에서 소화 과정 중 수소첨가가 일어날 때, 천연 트랜스지방이 생성되기도 한다. 이처럼 소에서 생성된 천연 CLAs는 인공적인 트랜스 지방보다 실제로 덜 해롭다는 연구 결과가 있다. 하지만 이 결과가 진짜 영양학자에게서 나온 것인지 아니면 소고기 협회의 관련자들에게서 나온 것인지는 분명하지 않다. 대부분의 영양과 관련된 일처럼 어떤 연구 결과도 정확한 사실이 무엇인지는 알 수 없는 듯하다.

Q. 건강과 영양에 대한 이런 모든 이야기에 싫증이 나는데 맛에 대해 이야기하면 안 될까요?

일반적으로 풀을 먹여 키운 소고기는 곡물로 키운 고기보다 더 단단하고 심지어 사냥한 고기에서 나는 풍미가 약하게 난다. 이에 반해 풀을 먹여 키우다 곡물로 몇 달간 살을 찌운 고기는 부드럽고 촉촉하다. 개인적으로는 목초지에서 풀을 뜯어 먹게 하다 마지막에 대체 곡물을 먹여 키우는 목축업자가 키운 소고기를 찾으려고 한다. 내가 사용하는 고기 대부분은 크릭스톤 팜스(Creekstone Farms)에서 나온 것인데 이 농장은 뉴욕에서 가장 유명한 고기 공급업체인 팻라프리다(Pat La Frieda)에 소고기를 대량 독점 공급한다. 가장 좋은 방법은 이용하는 정육점 주인과 알게 돼서 주인에게 구입하고 싶은 고기에 대해 문의하는 것이다. 맛과 영양 그리고 소에 대한 기본 처우 등을 어떻게 조화시킬지는 여러분에게 달렸다.

안심 스테이크 구입

Q. 안심 스테이크에서 마블링과 숙성은 큰 요소가 아니라는 게 사실인가요?

네, 사실입니다. 안심은 가장 기름기가 적은 부위로 프라임 등급에서조차도 지방이 많지 않다. 안심은 맛보다는 부드러움으로 유명하다. 사실 안심을 살 때, 초이스 등급 이상은 사지 않는다. 안심은 적당히 숙성시키는 일 또한 거의 불가능한데, 이유는 아주 간단하게 안심을 감싸줄 충분한 지방이 없어서 건조 숙성(dry-aged)을 하면 산패하거나 말라비틀어지기 때문이다. '숙성된'이라고 표시된 안심은 거의 일반 숙성(wet-aged, 습식 숙성)이 확실하다. 즉, 밀착된 팩에 넣어 숙성시키는데 더 부드러워지긴 하지만 맛은 좋아지지 않는다.

안심 스테이크를 살 때는 두 가지 방법이 있다. 미리 손질해 놓은 스테이크를 살 수 있는데 이것은 대부분 예외 없이 너무 얇아서 제대로 요리하기가 어렵다. 아니면 더 심하게는 모양과 크기가 고르지도 않다.

좀 더 나은 방법은 정육점 주인에게 센터컷 로스트(center-cut roast, 샤또브리앙이라고도 부르는 소고기 안심 부위)를 900g~1kg 정도 달라고 하는 것이다. 이 부위는 지방이 적으며 지방의 끝부분을 손질해서 제거한 안심 부위이다.

집에 가져 와서 직접 일정한 두께의 스테이크로 자르면 된다. 이 양이면 미국 사람 네 명, 유럽 사람은 여섯 명이 먹을 수 있다. 이 부분에 대한 더 자세한 내용은 327쪽 '안심 전체를 손질하는 방법'을 살펴본다.

적당한 크기의 팬시어링 스테이크

307쪽의 '지나치게 큰 팬시어링 스테이크'를 보면 이곳의 제목을 이해할 것이다.

요즈음 미국의 슈퍼마켓에선 닭고기가 소고기보다 더 잘 팔릴지 모르겠지만(여기에서 단시간 조리 닭고기 레

시피도 역시 다를 것이다.) 그래도 우리는 여전히 소고기를 좋아하는 국민이다. 속은 육즙이 흐르는 분홍빛이고 겉은 깊고 진하고 바삭하게 갈색을 띤 크러스트가 있는, 마블링이 완벽한 미디엄 레어 소고기만큼 단순하면서도 관능적이고 원초적인 수준으로 우리를 강타할 것이 뭐가 또 있겠는가?

아마도, 베이컨과 섹스(이 순서대로). 이게 전부이다. 그렇기 때문에 우리는 밤마다 스테이크 전문점에 많은 돈을 지불하는 것이다. 그러나 이 장의 첫머리에서 언급했듯이 그들은 당신이 집에서 할 수 없는 어떤 일을 부엌에서 하는 것은 아니다.

여러분은 두 가지만 알아 두면 된다. 좋은 스테이크를 사는 법과 그걸 요리하는 법 말이다.

구입할 때는, 이미 모든 기본을 다뤘으니 찾고 있는 것에 대해 빠르게 다시 한 번 살펴보자.

- **마블링이 잘 된 고기.** 일반 등급의 고기를 살 때에는, 프라임 등급이나 적어도 초이스 등급의 고기를 고른다. 유기농이나 목초를 먹여 키운 고기를 좋아하면 근간 지방이 많은 걸 고른다.
- **신선한 고기.** 깨끗하게 손질된 고기. 손님 앞에 있는 진열대가 지저분하다면 고기를 자르는 그 뒤쪽은 어떨지 상상해 보라.
- **숙성된 스테이크**, 여유가 된다면.

스테이크를 웰던(well-done)으로 먹지 않는 한, 적어도 3.8cm 두께가 되는 두꺼운 스테이크를 사는 게 좋다. 그래야 속이 지나치게 많이 익지 않으면서 겉면에 멋지게 시어링할 시간이 된다. 두껍게 자른 큰 덩어리의 스테이크를 사서 완벽하게 조리한 고기를 두 사람에게 차려 내는 게 너무 많이 익힌 얇은 스테이크 두 개를 차려 내는 것보다 낫다.

축하합니다! 이제 멋진 스테이크를 사오셨군요. 전쟁에서 이미 80%는 이긴 셈입니다. 이제 남은 일은 엉망이 되지 않게만 하면 됩니다. 다음은 스테이크를 만드는 일과 관련한 일반적인 질문들과 답이다.

Q. 스테이크에 소금 간은 언제 하면 되나요?

요리책을 한 대여섯 권 읽은 사람이나 유명 셰프 대여섯 명의 말을 든다면 언제 고기에 소금을 뿌려야 하는지 다들 다르게 대답하는 걸 볼 수 있다. 어떤 사람들은 고기를 팬에 넣기 바로 전에 소금을 뿌리는 게 최고라고 주장한다. 또 다른 사람들은 고기에는 전혀 소금을 치지 않고 대신 팬에다 소금을 치고 그 위에 고기를 올려놓는다고 말하기도 한다. 또 어떤 이들은 며칠 전에 미리 소금을 뿌려 둬야 한다고 고집하는 사람들도 있다. 누가 맞을까?

이를 실험하기 위해, 나는 뼈 있는 립아이 스테이크용 고기 6개를 두껍게 잘라 달라고 했다(이런 주문을 받을 때 정육점 주인의 눈가에 맺히는 미소를 좋아한다.). 이렇게 사온 스테이크를 한 번에 하나씩 뜨거운 프라이팬에 시어링하기 전에 10분씩 간격을 두고 소금을 뿌렸다. 마지막 스테이크는 소금을 뿌리자마자 바로 팬에 넣었고 첫 번째 스테이크는 소금을 뿌리고 50분을 두게 되었다. 모든 스테이크를 상온에 50분간 두어 요리가 시작될 때, 시작 온도가 다 똑같도록 했다. 결과는 어땠을까? 굽기 바로 전에 소금을 뿌린 스테이크와 40~50분 전에 소금을 뿌린 스테이크가 중간에 소금을 뿌린 스테이크보다 훨씬 좋았다. 스테이크에 어떤 일이 일어났던 걸까?

바로 아래와 같은 일이 스테이크에 일어난다.

- 소금을 뿌리고 나면 당장은 소금이 고기 표면에 녹지 않고 그냥 붙어 있기만 한다. 스테이크에 있는 육즙은 여전히 근섬유 속에 들어 있다. 그래서 이 단계에서는 깔끔하게 그리고 바짝 시어링을 할 수 있다.
- 소금을 뿌린지 3~4분 이내에는 삼투압 과정을 거치면서 소고기 안에 있는 수분을 배출한다. 이 액체는 고기의 표면에 방울로 맺힌다. 이 시점에 시어링을 하면 이 액체를 증발시키느라 아까운 열에너지를 낭비하게 된다. 팬의 온도는 떨어지고 시어링이 잘 되지 않으며 크러스트가 생기고 맛이 더해지는 마이야르 브라우닝 반응이 억제된다.
- 소금을 뿌리고 10~15분 정도 되면 고기의 육즙에 녹은 소금물이 소고기 근육 조직을 분해하기 시작한다. 그래서 고기가 수분을 더 흡수하게 되고 소금물이 천천히 고기 속으로 다시 들어가게 된다.
- 소금을 뿌린 지 40분이 지나면 표면의 수분 대부분이 다시 고기 속으로 재흡수된다. 소량의 증발도 일어나면서 고기의 맛이 아주 조금 농축이 되기도 한다. 그뿐 아니라 수분이 다시 흡수되고 나면 거기에서 멈추지 않는다. 40분이 지나면서 소금이 고기 속으로 천천히 더 깊이 들어가서 근육 조직에까지 이르게 되어 소금을 뿌리고 바로 굽는다면 표면에만 있었을 소금기가 속까지 완전히 배어 든다.

내가 먹었던 최고의 스테이크는 양쪽 면에 소금을 뿌리고 덮지 않은 채 냉장고 선반에 밤새 두었던 것이다. 약간 말라 버린 듯 했지만 그건 표면만 조금 그랬다. 밤새 놓아 두면서 마르는 양(약 5% 수분 손실)은 구우면서 사라지는 수분의 양(20% 이상 혹은 시어링을 많이 한 가장자리에는 심지어 더 많은 양이 손실됨)에 비하면 무시해도 될 정도이다. 조리가 끝나고 보니, 소금을 치고 밤새 둔 스테이크는 바로 소금을 뿌려 구운 스테이크보다 실제로는 수분이 2%나 더 많았는데 이는 소금이 근육 조직을 느슨하게 해서 소고기가 물을 더 많이 함유할 수 있기 때문이다.

또, 오래 소금에 절인 스테이크 속에서 소금이 고기 속으로 침투하면서 고기는 색이 짙어진다. 녹은 단백질이 녹기 전과 비교해 약간 다르게 흩어져 있기 때문이다.

이 이야기의 교훈 : 시간적 여유가 있다면 적어도 조리 40분 전부터 혹은 고기에 소금을 뿌리고 밤새 재워 둔다. 40분이 안 된다면 조리 바로 전에 소금을 뿌리는 게 좋다. 소금을 뿌리고 3~40분 사이에 스테이크를 굽는 것은 최악의 방법이다.

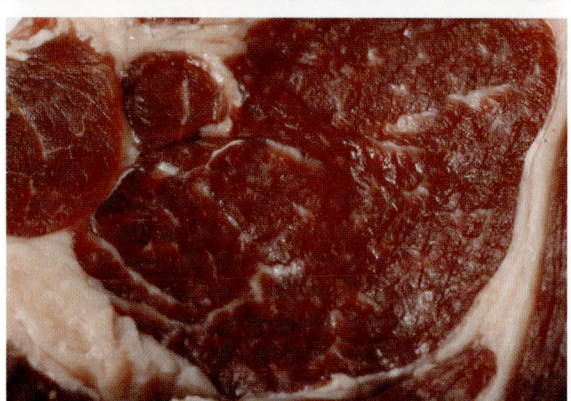

소금의 흡수 단계

Q. 훨씬 전에 소금을 치면 어떻게 되나요? 좋은 점은 뭔가요?

스테이크를 조리하기로 한 날보다 3일 전에 소금을 쳐서 베이킹팬에 넣고 냉장고 선반에 뚜껑을 덮지 않고 놔두면 건식 염장(dry-brining, 드라이 브라이닝)이라 부를 수 있고 세 가지 점에서 아주 분명하게 스테이크의 질을 향상시킬 수 있다.

첫째, 스테이크에 소금을 뿌리고 놓아 두면, 소금이 천천히 고기 속으로 들어가서 더 깊게 간이 밴다. 둘째, 소금이 근육 단백질을 분해하는 작용을 해서, 고기를 구울 때 고기에 수분이 더 많이 남게 된다. 육즙이 더 많은 스테이크가 된다. 셋째, 가장 중요한 점인데 스테이크에 뚜껑을 씌우지 않으므로 스테이크의 가장 바깥쪽이 약간 마르게 된다. 이건 그다지 좋은 이야긴 아닌 듯 보이지만 약간 마르면서 사라진 그 수분은 바로 스테이크를 시어링하면서 어떻게든 날려 보내야 할 수분이라는 것을 명심할 것. 스테이크가 팬에 닿기 전에 그런 수분을 제거한다는 것은 브라우닝(식재료의 표면이 갈색이 돌도록 익히는 것)을 더욱 효과적으로 할 수 있다는 의미이다. '브라우닝이 더 잘 된다 = 맛이 더 좋아진다', '브라우닝이 더 빨리 된다 = 스테이크 표면 아래 있는 가운데 부분이 너무 많이 익는 것을 막을 수 있다'로 정리할 수 있다.

Q. 시어링이란 정확히 무엇이며 정말로 '육즙을 가두나요'?

19세기 중반부터 최근까지 조각육을 시어링하면 즉, 겉면을 빠르게 익히기 위해 아주 높은 온도에 고기를 노출시키면 고기 표면에 있는 구멍을 지지게 되고 그렇게 구멍을 봉해 수분 손실을 줄인다고 믿어 왔고 아직도 많은 사람들이 그걸 믿고 있다. 나는 주저하지 않고 바로 말하는데 그 이론은 틀렸다는 것은 실험을 통해 아주 쉽게 알 수 있다. 아래와 같이 해 본다.

1. 동일한 스테이크 두 개의 무게를 잰다.
2. 스테이크 하나를 아주 뜨거운 프라이팬에 넣고 시어링을 첫번째로 한다. 그리고 135℃의 오븐으로 옮겨 스테이크 속의 온도가 52℃가 되도록 완전히 익힌다. 오븐에서 스테이크를 꺼내 10분 동안 가만히 둔다(이 시간 동안 내부 온도는 약 2℃가 올라 54℃가 된 뒤 다시 떨어진다.). 이 스테이크의 무게를 재고 손실된 무게의 양(지방과 수분 손실로 해석된다.)을 기록한다.
3. 이제 두 번째 스테이크를 오븐에 넣고 속의 온도가 46℃가 될 때까지 둔 다음 스테이크를 타는 듯이 뜨거운 프라이팬에 넣고 가끔 뒤집어 주면서 표면이 멋지게 브라우닝이 되고 속의 온도가 52℃가 될 때까지 굽는다. 첫 번째 스테이크와 똑같이 가만히 둔 뒤 무게를 재고 무게 손실량을 적는다.

두 스테이크는 시어링과 로스팅에 노출되었고 정확히 똑같은 최종 온도로 조리되었다. 유일한 차이라면 작업이 이뤄진 순서만 달랐다. 이제, '시어링이 육즙을 가둔다'는 이론이 사실이라면 시어링 후 로스팅한 스테이크가 로스팅을 먼저 한 후 시어링한 스테이크보다 육즙이 더 많이 남아 있을 것이라고 예상할 수 있다. 그렇다면 실험 결과는 어떨까? 실제로는 두 스테이크 모두 거의 비슷한 양의 육즙을 잃어버렸으며 이런 실험을 되풀이해 보면 오히려 대부분의 경우에 로스팅한 뒤 시어링한 스테이크가 실제로는 좀 더 촉촉한 것을 알게 된다. 이유는 오븐에 있다. 차가운 스테이크를 뜨거운 프라이팬에 바로 시어링하는 게 따뜻해진 스테이크를 프라이팬에 넣는 것보다 시간이 더 많이 걸리기 때문이다. 프라이팬의 뜨거운 열은 브라우닝된 맛을 만들어 내기에는 좋지만 역시 근육 단백질을 심하게 수축시켜 육즙을 짜내게 한다. 더 촉촉한 스테이크를 만들기 위해서는 고온에 덜 노출되도록 해야 더 좋은 결과를 얻을 수 있다.

Q. 그렇다면 우리는 왜 시어링을 하나요?

이유는 간단하다. 맛 때문이다. 고온의 시어링은 마이야르 반응으로 알려진 화학반응의 다단계를 유발한다. 나는 이것을 다른 곳에서도 언급했지만 여기에 다시 한 번 짧게 요약해 보겠다.

이 현상을 발견한 과학자 루이 카미유 마이야르(Louis-Camille Maillard)의 이름을 딴 마이야르 반응은 일련의 복잡한 화학적 반응으로 음식을 갈색으로 바꾼다. 이 반응은 종종 캐러멜화로 혼동되기도 한다('그 스테이크는 정말 멋지게 캐러멜화가 됐어!'). 하지만 사실 이 두 가지 반응은 서로 다르다. 캐러멜화는 당이 가열되면 일어나고 마이야르 반응은 당과 단백질이 가열될 때 발생한다. 이 반응을 가장 쉽게 볼 수 있는 예는 고기를 시어링하거나 로스팅할 때(고기는 천연 당을 포함하고 있음), 또 빵을 굽거나 토스트를 한 조각 만들 때(밀가루는 당과 단백질로 만든 탄수화물을 포함하고 있음), 혹은 커피콩을 볶을 때이다.

마이야르 반응은 비교적 낮은 온도에서도 일어날 수 있지만 음식이 177℃ 정도에 이를 때까지는 빙하작용처럼 느리다. 그래서 물의 끓는점인 100℃가 상한치인 끓인 음식은 절대로 브라우닝이 일어나지 않으며 고온의 시어링이나 튀김, 혹은 로스팅에서는 브라우닝이 왕성히 일어난다. 먼저 탄수화물이 단백질의 구성 요소인 아미노산과 반응을 하고 계속 반응을 해서 말 그대로 수백 개의 부산물을 만들고 이 부산물은 교대로 서로서로 반응해서 더욱더 많은 부산물을 만든다. 하지만 오늘날까지도 마이야르 브라우닝이 일어날 때 발생하는 정확한 반응의 집합이 완전히 그려지거나 알려지지는 않았다. 우리가 알고 있는 것은 하여튼 굉장히 맛이 좋아진다는 것뿐이다. 마이야르 반응은 음식에 감칠맛을 더할 뿐만 아니라 생으로 먹거나 아주 낮은 온도로 요리한 음식에는 없던 복합적이고도 깊은 맛을 더한다. 이 때문에 스테이크가 적절히 브라우닝되면 고기 맛이 훨씬 더 진해지고 대부분의 사람들이 고기의 겉면 크러스트가 가장 맛있는 부위라고 말하게도 된다.

Q. 고기를 요리하기 전 상온에 두면 더 맛있어진다는 이야기를 읽었는데 그게 사실인가요?

한 번에 한 가지씩 분석해 봅시다. 먼저 내부 온도부터. 스테이크의 온도를 최종 완성 온도까지 천천히 올리면 음식이 더 골고루 익게 되는 건 사실이지만 고기를 상온에 그냥 두면 아무런 반응도 일어나지 않는다.
이를 실험하기 위해, 뉴욕 스트립 스테이크(New York strip steak) 425g을 냉장고에서 하나 꺼내서 그걸 반으로 자르고 반은 도로 냉장고에 넣고 다른 반쪽은 조리대 위에 있는 세라믹 접시에 두었다. 스테이크는 3.3℃에서 시작했고 주방의 실온은 21℃였다. 나는 매 십 분마다 스테이크 안쪽의 온도를 재었다. 많은 셰프와 요리책에서 말하는 실온에 스테이크를 놓아 두라고 권하는 그 시간, 첫 20분이 지나자 스테이크의 가운데 부분은 4.3℃가 되었다. 만 1℃도 채 오르지 않았다. 그래서 나는 더 오래 두었다. 30분, 50분, 1시간 20분. 마침내 1시간 50분 후에 스테이크의 가운데는 9.8℃까지 올라갔지만 여름철에 수도에서 나오는 차가운 물보다 더 낮았고 냉장고에 있는 스테이크보다 미디엄 레어의 목표 온도인 54℃에 약 13% 정도만 더 가까울 뿐이었다.

2시간 뒤, 나는 실제적인 한계에 도달했고 어떤 책이나 셰프가 추천한 것보다 더 충분한 시간이 지났다고 생각하고는 두 스테이크를 나란히 두고 조리했다. 이 실험을 위해 스테이크를 뜨거운 석탄 위에서 바로 시어링하고는 고기를 온도가 낮은 쪽으로 옮겼다. 스테이크는 거의 동시에(목표는 54℃) 최종 온도로 올라갔을 뿐만 아니라 똑같이 비교적 골고루 익었고 비슷한 비율로 시어링도 되었다.

긴 이야기의 짧은 결론 : 간단히 말해서 스테이크를 냉장고에서 일찍 꺼내 두는 건 시간 낭비일 뿐이라는 뜻이다.

Q. 스테이크에 가장 좋은 기름은 무엇인가요?

이제 요리를 할 준비가 다 되었다. 하지만 스테이크를 팬에 넣기 전에 기름을 좀 둘러야 한다. 시어링할 때 기름은 두 가지 목적을 수행한다. 첫째, 기름은 고기와 뜨거운 금속 사이에 윤활유 역할을 할 막을 형성해 팬에 음식이 눌어붙는 것을 막아 준다. 고기 단백질은 실제로 기름과 접촉하여 가열될 때 금속과 분자 수준에서 화학적인 결합을 한다는 걸 아는가? 적당히 예열하고 기름을 넣어 주면 이런 현상을 막을 수 있다. 둘째, 지방은 열을 스테이크의 바닥 전체에 골고루 전도한다. 멀리서는 그렇게 보이지 않을지 모르지만 고기 조각의 표면은 아주 울퉁불퉁한데 고기가 가열되면서 수축하고 찌그러질 때 이렇게 튀어난 돌기들만 부푼다. 그래서 기름이 없으면 스테이크에서는 실제로는 이런 작은 돌기들만 뜨거운 팬과 바로 접촉하게 되고 그러면 시어링이 부분적으로만 된다. 어느 부위는 거의 타고 어느 부위는 회색이 된다. 적어도 스테이크 부위에 열을 전도할 정도로는 기름을 부어 줘야 금속과 바로 접촉하지 않는 부분에도 열이 전도된다.

버터는 온도가 높아지면 빠르게 갈색으로 변한다.

그렇다면 시어링할 때 가장 알맞은 기름은 무엇일까? 버터일까? 기름일까? 그리고 기름을 사용한다면 어떤 기름일까? 어떤 사람들은 버터와 기름 두 가지를 섞는 게 제일 좋다고 주장하는데 버터 하나만으론 발연점(870쪽 '일반적인 기름의 발연점' 참고)이 너무 낮기 때문에, 이 낮은 온도에서 벌써 타기 시작해서 검게 변하기 때문에 고기를 제대로 시어링하기가 어렵다. 약간의 기름과 함께 버터를 잘라 넣으면 이 발연점이 높아진다고 하는데, 유감스럽게도 그건 사실이 아니다. 우리가 '버터가 탔다'고 말할 때 그건 버터를 통째로 이야기하는 건 아니고 버터 속에 있는 우유 단백질, 버터를 녹이면 볼 수 있는 그 작은 하얀 입자에 대해 이야기하는 것이다. 버터를 너무 뜨겁게 하면 타는 건 바로 이 우유 단백질이며 이 단백질이 유지방 속에서 타든 기름 속에서 타든 주의해야 한다.

이런 걸 통해 알 수 있듯이 스테이크용으로 가장 좋은 기름은 적어도 조리 시작 시에는 늘 쓰던 평범한 기름이다. 조리를 끝내기 1~2분 전에 버터를 팬에 넣는 것은 괜찮은 방법이다. 이렇게 하면 버터 맛과 질감이 고기에 묻기에* 충분한 시간이면서도 지나치게 타서 매캐한 연기가 배게 될 정도는 아니다.

여러 종류의 기름을 각각 다른 요리에 쓰려고 여러 병씩 갖고 있는 사람들이 있다. 나는 기름을 적당히 3병 정도로 제한한다. 하나는 고품질의 엑스트라 버진 올리브오일로 풍미를 내는 요리에 사용한다. 또 다른 기름은 땅콩 기름으로 튀김(Part 9 참고)에 사용한다. 세 번째는 카놀라유인데 기타 여러 요리에 아주 많이 사용한다. 카놀라유는 발연점이 상당히 높아 시어링에 아주 좋고 더 중요한 점은 맛이 도드라지지도 않고 비싸지도 않다. 옥수수유가 갖고 있는 '진부함'도 없고 홍화(safflower) 씨, 포도씨, 다른 여러 기름처럼 비싸지도 않다.

Q. 스테이크를 얼마나 자주 뒤집어 줘야 하나요?

스테이크를 조리하는 데에는 문제가 하나 있는데 이건 두 가지 서로 상반되는 목표와 관계가 있다. 대부분의 사람들에게 완성된 스테이크의 이상적인 속 온도는 54°C로 미디엄 레어이다. 이 상태에서는 속이 분홍빛이며 부드럽고 육즙이 흘러나온다. 그러면서 또한 사람들은 마이야르 반응의 부산물로 만들어진 진한 갈색의 바삭한 껍질을 좋아한다.

몇 년 전에, 식품 과학자 해럴드 맥기(Harold McGee)는 뉴욕 타임즈에 글을 하나 발표했는데 흥미로운 조리법인 여러 번 뒤집기에 대해 언급했다. 이 언급은 스테이크(혹은 이 문제에 대해서라면 버거도)는 오직 한 번만 뒤집어야 한다는 고전적인 민간 조리법에 맞서는 내용이었다. 어떻게 그런 질문을 할 수 있었을까? 나는

* 버터는 많은 양의 포화지방을 함유하고 있는데 포화지방은 식물성 기름보다 더 진하고 더 걸쭉한 질감을 준다(포화지방과 불포화지방에 대해 더 자세히 알고 싶으면 866쪽 참고).

답이 있다면, 확실하게 이런 질문에 대한 답이 있다면, 그 질문은 해 볼 만하다고 늘 생각해 왔었다. 다행스럽게도 그 질문은 꽤 간단한 실험으로 확인할 수 있는 것이었다.

'한 번 뒤집기'를 옹호하는 쪽에서는 '더 골고루 익기'와 '맛이 더 좋다'를 이 방법의 장점으로 꼽았다. 신기하게도 '여러 번 뒤집기' 측의 몇 안 되는 사람들도 여러 번 뒤집었을 때 똑같은 장점이 있다고 주장했다. 그러면서 덧붙인 말은 '조리 시간을 줄인다'는 것이었다. 그렇다면 누구의 말이 맞는가?

나는 몇 개의 스테이크를 구웠는데 모두 내부 온도가 54℃가 되게 했다. 하나는 딱 한 번만 뒤집고, 두 번째 스테이크는 매분마다 뒤집었고, 세 번째는 30초마다, 네 번째는 15초마다 뒤집었다. 신기하게도 30초마다 뒤집은 스테이크가 네 개 중에 가장 빨리 원하는 온도에 도달했다. 그다음은 15초마다 뒤집은 스테이크였고 그다음은 1분마다 뒤집은 스테이크, 마지막으로 단 한 번만 뒤집은 스테이크 순이었다. 가장 빨리 조리된 스테이크는 가장 늦은 것보다 약 2분 정도가 더 빨랐다.

저녁식사에 초대한 친구들 몇 명에게 몇 개의 스테이크를 먹이며 어떤 스테이크가 가장 크러스트가 멋진지, 가장 골고루 익은 스테이크는 어떤 건지 그리고 어떤 게 가장 맛있는지 알려 달라고 했다. 친구들은 브라우닝의 정도가 거의 비슷해 보였기 때문에 겉면만으로는 스테이크를 구별해 내는 데 어려움을 겪었다. 그러나 일단 스테이크를 자르고 나자 차이가 더욱 분명해졌다. 단 한 번만 뒤집은 스테이크는 가장자리에 너무 많이 익은 테가 생겼고 반면에 자주 뒤집은 스테이크는 더 고르게 익었다. 그 자체로 특별히 좋지 않다고 말할 정도로 크게 차이가 나는 점은 없었다. 모두들 걸신들린 듯 먹어 치웠으니. 하지만 '딱 한 번만 뒤집기!' 진영에 있는 사람들이 자신들의 주장을 실증적으로 뒷받침할 만한 근거는 없다는 것이 충분히 입증됐다.

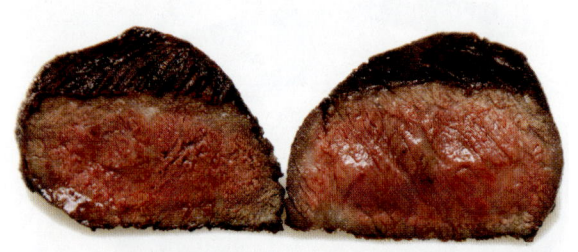

딱 한 번만 뒤집은 스테이크(왼쪽)와 여러 번 뒤집은 스테이크(오른쪽)

더 짧은 시간에 더욱 고르게 고기를 조리한다는 것은 내겐 상당히 매력적인 일이다. 한 번 뒤집기의 방법으로 요리를 한다면 스테이크를 뒤집었을 때 두 번째 면은 처음에 스테이크를 프라이팬에 넣었을 때와 온도가 크게 다르지 않다. 요리가 아직 반밖에 되지 않았다는 의미이다. 반면에 여러 번 뒤집기를 한다면 기본적으로 하고 있는 일은 스테이크의 두 면을 동시에 거의 비슷하게 조리하는 게 된다. 멋지지 않은가?

그건 그렇고 15초마다 뒤집은 스테이크는 30초마다 뒤집은 스테이크보다 더 오래 걸렸는데 이는 팬 자체와 바로 접촉하고 있느라 보낸 시간보다 팬 위에 있는 공기와 접촉하는 데 너무 많은 시간을 썼기 때문이다.

이 이야기가 주는 교훈 : 유연한 손목을 돌리며 열심히 뒤집는 분들은 제대로 잘 하고 있으니 걱정하지 마시고요, 그리고 단 한 번만 뒤집는 분들은? 글쎄, 하던 대로 계속하셔도 괜찮습니다. 스테이크에는 별 문제가 없을 테니까요. 자, 힘내세요.

Q. '캐리 오버 쿠킹(carry-over cooking, 뜸 들이기)'이란 무엇이며 고기를 조리하는 방법에 어떤 영향을 주나요?

고기는 바깥에서 안으로 익는다는 것쯤은 다 알고 있죠? 그래서 어느 특정 순간에, 다 됐는지 알기 위해 온도계로 스테이크 속을 재는데 이때 바깥 면은 온도가 더 높다. 일단, 스테이크를 팬에서 꺼내면 고기 바깥층으로부터의 열에너지는 두 곳, 바깥쪽 아니면 안쪽으로 이동한다.

스테이크를 가만히 두면 그 에너지의 대부분은 공기 중으로 소멸한다. 하지만 일부는 계속 고기 속으로 이동한다. 그래서 스테이크를 팬이나 그릴에서 꺼낸 뒤에도 속의 온도가 계속해서 오른다. 오르는 온도의 양은 여러 요인에 의해 결정되는데 무엇보다 중요한 요인은 스테이크나 로스트의 크기이다. 가령, 2.5cm 이하의 얇은 스테이크는 겨우 1℃ 정도밖에 오르지 않지만, 3.8~5cm 이상의 크고 두꺼운 스테이크는 가만히 두면 3℃ 가까이 오른다. 프라임 립 로스트는 5.6℃ 정도 오른다. 그래서 여러분이 요리하고 싶은 최종 온도에 도달하기 전에 고기에서 열을 제거하라고 하는 것이다. (316쪽 '고기 레스팅의 중요성' 참고)

온도에 대해 말하자면……,

Q. 소고기가 다 익었는지 어떻게 알 수 있나요?

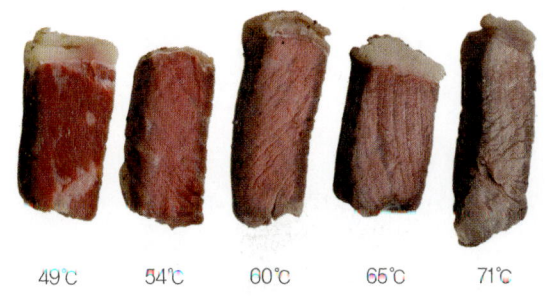

온도는 정말 개인적인 기호의 문제이긴 하지만 나는 온도에 따른 음식의 질의 변화에 대해 실제적인 자료를 제시하고 싶었다. 그래서 프라임 등급의 뉴욕 스트립 5개를 49℃~71℃의 온도 범위에서 조리한 뒤 한 그룹의 12명의 시식자들이 먹게 했다. 다음 페이지의 차트는 조리 시 각 스테이크에서 발생하는 총 무게 손실, 즉 수분 손실의 비율을 백분율로 나타낸 것이다.

- **49℃(레어)**: 선홍색이며 속은 미끄럽다. 이 단계에서, 육즙으로 가득 찬 빨대 묶음을 닮은 고기의 원섬유는 수분을 많이 토해 낸다. 그래서 이론상으로는 이 상태에서 스테이크가 가장 촉촉하다. 하지만 고기가 부드럽기 때문에 씹으면 원섬유는 수분을 터뜨리며 내놓는 대신 서로서로 밀치고 지나가기 때문에 촉촉한 느낌보단 미끄럽고 무른 느낌을 준다. 게다가 많은 근간지방이 아직 부드러워지지 않고 녹지도 않는다.

- **54℃(미디엄 레어)**: 고기가 분홍빛으로 바뀌기 시작하고 상당히 단단해진다. 수분 손실은 4% 정도로 아직 적다. 근간 지방이 녹기 시작해서 고기에 윤활유 역할을 하는데, 육즙이 더 많고 더 부드러워질 뿐만 아니라 지용성 맛 화합물을 혀와 입천장에 날라 준다. 이 온도의 소고기는 49℃보다 보다 훨씬 '더 진한 소고기 맛'을 낸다. 이 온도의 스테이크로 블라인드 시식을 하면 레어 애호가라고 자처하는 사람들도 좋아할 만큼 가장 인기 있는 온도이다.

- **60℃(미디엄)**: 완전한 분홍색으로 만져 보면 꽤 단단하다. 수분 손실이 6% 이상으로 고기는 아직 촉촉하지만 그래도 조금 마른 쪽에 가까워진다. 오래 씹으면 많이 익힌 고기에서 흔하게 느껴지는 '톱밥' 같은 질감이 있다. 하지만 지방은 이 단계에서 완전히 녹아 소고기 맛이 아주 많이 난다. 이 온도의 스테이크는 두 번째로 인기가 많다.

- **65℃(미디엄 웰)**: 아직 분홍색이지만 회색에 가까워진다. 근섬유는 심하게 수축돼서 수분 손실이 12%까지 가파르게 늘어난다. 질긴 섬유질의 질감과 확실히 퍽퍽한 느낌이 전해진다. 지방은 완전히 녹아 스테이크 밖으로 맛과 함께 빠져나온다.

- **71℃(웰던)**: 마르고 회색이며 생기가 없다. 수분 손실은 18% 정도까지 되며 지방은 완전히 녹는다. 한때는 소였으나 이제 재가 되었다.

그래서 온도에 관한 한, 나는 54℃~60℃ 범위 내로 유지하라고 강력하게 권한다. 마블링이 잘 된 프라임 등급의 스테이크를 레어로 요리해야 한다고 고집하는 아주 철저한 육식동물인 분들이라면 스스로 손해 볼 일을 하는 것이다. 지방이 녹고 연해지지 않는다면 마블링이 잘 된 고기 조각의 지방은 아무 소용이 없다. 초이스 등급의 살코기를 먹거나 셀렉트 등급의 소고기를 먹는 게 낫다.

그리고 소고기를 웰던으로 먹는 사람들은 내 가슴 속에서 스타워즈(Star Wars) 에피소드 1의 위치와 2학년 때 내 팔을 스테이플러로 테이블에 박아버린 그 녀석 바로 옆 어디쯤 특별한 그곳에 자리한다고 해 둡시다.

결론: 대부분 54℃~60℃가 최적의 온도이다.

소고기의 최종 조리 온도에 따른 수분 손실

49℃	54.4℃	60℃	65.5℃	71℃
2%	4%	6%	12%	18%

Q. 스테이크를 뒤집을 때 절대로 포크로 찍으면 안 된다고 말하는 걸 들었는데 일리가 있는 이야기인가요?

대표적인 소시지 브랜드인 존슨빌 브랫(Johnsonville Brat)의 광고에서는 포크로 찌르는 건 소시지 요리 시 크나큰 죄악 중 하나라고 한다. 그 말이 맞다. 소시지는 녹은 지방과 육즙을 고기와 함께 속에 가두어야 하는 이유로 불침투성의 용기(케이싱)가 되어야 하기 때문이다. 그걸 뚫고 구멍을 내면 솟아나는 황금색 육즙의 분수를 볼 수 있다. 마치 오랫동안 차를 타다가 차에서 내린 꼬마처럼 말이다. 반면에 스테이크는 보호해야 할 그런 용기가 없다. 그렇다면 포크로 찌르는 건 괜찮을까?

나는 무게를 이미 알고 있는 스테이크 두 개를 나란히 놓고 요리했다. 첫 번째 스테이크는 매번 집게로 조심스럽게 뒤집었다. 두 번째 스테이크는 퍼쳇 더 쿠진(fourchette de cuisine, 프랑스 요리사들이 두 개의 가닥으로 갈라진 부엌용 포크를 부르는 애칭)을 사용했다. 스테이크를 뒤집으며 완전히 마구잡이로, 무자비하게(지나치게는 아니었지만) 이리저리 찔렀다. 나중에, 두 스테이크의 무게를 다시 쟀다. 결과는? 정확히 손실된 무게의 양이 똑같았다.

포크로 찔러서 스테이크를 뒤집는 일은 전혀 위험하지 않다.

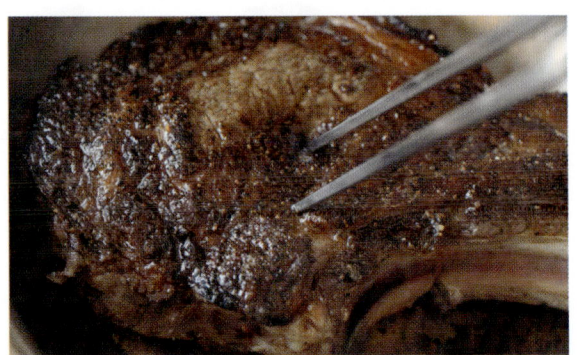

포크로 스테이크를 찔러 잃게 되는 수분 손실은 무시해도 좋을 정도이다.

스테이크의 수분이 손실되는 단 한 가지 이유는 근섬유가 조여지는 것 때문으로, 열이 가해지면 근섬유는 수분을 짜낸다. 근섬유를 아주 푹 찌르거나 베지 않는 한 잃어버리는 수분은 스테이크를 조리하는 온도에 정비례한다. 포크는 눈에 띌 정도로 근섬유에 손상을 입힐 만큼 날카롭지는 않다. 여러분은 포크 구멍으로 배어나오는 아주 적은 양의 육즙을 볼 수는 있지만 그건 무시해도 될 정도이다. 그래서 자카드(Jaccard)로 알려진 날이 많이 달린 연육 도구가 지나친 수분 손실을 일으키지 않고 고기를 연하게 할 수 있다. 자카드는 근섬유를 분리하지만 실제로 근섬유를 자르거나 열지는 않는다.

가장 꺼리는 방법인 자르고 들여다보는 오래된 방법은 어떤가? 요리하고 있는 스테이크를 칼로 잘라서 안을 보는 방법은 스테이크에 해로운 영향을 미친다. 그렇죠? 글쎄, 그렇기도 하고 아니기도 하다. 칼은 근섬유를 실제로 자른다. 그래서 근섬유가 안의 내용물을 밖으로 흘리게 한다. 하지만 수분 손실량은 아주 소량이다. 그래도 너무 자주 자르고 살펴보면 스테이크가 조각이 날 수가 있다. 실제로 한두 번 들여다봤을 때는 요리가 다 됐을 때 표시가 나지 않는다.

하지만 자르고 들여다보는 방법에는 더 큰 문제가 있는데 이 방법으론 정확히 다 익었는지 알 수가 없다는 것이다. 아직 팬에 있는 스테이크처럼 뜨거운 스테이크의 가운데를 자를 때 육즙이 뜨거운 고기로부터 빨리 흘러나오기 때문에, 실제보다 많이 덜 익어 보인다. 제대로 됐다고 생각할 때까지 스테이크를 계속 익히면 실제로 먹을 때쯤이면 스테이크는 너무 많이 익게 된다. 두꺼운 스테이크는 팬에서 꺼낸 후에도 온도가 계속 올라간다는 걸 기억할 것.

그게 무슨 말이냐고? 아직 없다면 나가서 좋은 디지털 온도계를 하나 사와야 한다는 뜻이다, 이런!

지나치게 큰 팬 시어링 스테이크

정말로 큰 스테이크, 예를 들면, 두께가 3.8cm 이상인 스테이크 고기를 조리하려면 또 다른 문제와 부닥치게 되는데 그건 겉면을 태우지 않고서 프라이팬 위에서 고기의 가운데까지 익히는 것은 거의 불가능하다는 것이다. 식당 주방에서 이런 경우에 보통 뜨거운 프라이팬에서 스테이크를 시어링한 후 뜨거운 오븐에 넣어 가운데까지 익히는 방법을 사용하는데 효과가 좋다. 보다 더 좋은 방법이 있는데 질서보다 편리함이 목표인 코스 요리사의 주방에 적합하도록 만들어졌다. 스테이크 주문이 들어오면 하게 되는 가장 쉬운 과정은 스테이크를 시어링한 뒤 오븐에 넣고 다 될 때까지 잊어버리는 것이다. 그 동안 다른 일에 집중할 수 있는데, 가령, 12번 테이블에 나가야 할 닭고기 6인분의 접시를 꾸미는 일 같은 것 말이다. 집에서는, 이렇게 급하지 않으므로 계획하고 만들 시간이 좀 더 넉넉하다.

두꺼운 스테이크를 굽는 좋은 방법은 뜨거운 팬에서 시작해서는 불을 줄이는 방법이다. 고기의 가운데 부분이 최종 온도로 올라갈 때 최적 수준의 브라우닝이 되도록 시간을 조절해야 한다. 보통 중간불로 어떻게 브라우닝을 하느냐고? 먼저, 버터를 이용한다. 버터에 있는 유단백질은 자연적으로 브라우닝이 되는데 그래서 스테이크가 브라우닝되도록 돕는다. 두 번째는 스테이크에 버터를 끼얹는다. 조리하면서 뜨거운 지방을 고기에 끼얹으면 동시에 조리시간도 단축하면서 두 면에 버터의 브라우닝 효과를 낼 수 있게 된다. 버터를 끼얹은 스테이크에 대한 더 자세한 내용은 322쪽 레시피를 참고한다. 혹은 아주 급진적으로 비어 쿨러(beer cooler, 맥주를 시원하게 만드는 데 쓰는 일종의 아이스박스)로 스테이크를 만드는 나의 레시피를 사용할 수도 있다(잠깐만, 뭐라고요? 건너뛰고 404쪽으로 가면 볼 수 있음).

건조 숙성(드라이에이징) 소고기
DRY-AGING BEEF

가끔 나는 어떤 독자들에게 이메일을 받는데 이들은 이런 말을 한다. 'X 글에서는 이렇게 말씀하시고 몇 년 뒤, Y 글에서는 거의 안전히 반대되는 얘기를 하셨습니다. 왜 그런 겁니까? 과학을 믿지 않나요? 과학이 사실을 다루지 않나요?'

자기모순에 개방적으로 열려 있지 않은 유일한 과학이 있다면, 바로 올바르지 않은 과학이다. 당연히 과학은 상반되는 증거들에 대해 검토하고 받아들이고 '사실'을 재정립하도록 열려 있어야 한다. 새로운 이론이 만들어지지 못하고 결론이 추가적인 실험으로 밝혀지지 못한다면 우리는 아직도 자연 발생이나 정적 우주, 그리고 고기를 시어링하면 육즙을 가둔다와 같이 말도 안 되는 이야기를 믿고 있을 것이다. 그랬다면 우리는 어떻게 됐겠는가?

나는 한때 정확히 왜 집에서 고기를 건조 숙성할 수 없는가에 대해(방법이 없었다.) 실험하고 설명하느라 아주 애를 먹었었다. 하지만 이제 나는 집에서 고기를 건조 숙성하는 정확한 방법과, 그 방법이 얼마나 쉬운지, 그리고 어떻게 해서 스테이크와 로스트의 맛이 최고급 슈퍼마켓에서 사는 고기보다 더 나을 정도로 엄청나게 향상되는지 여러분에게 설명하려고 한다.

여러분이 올바른 과학 전국 위원회에 전화해 나의 계산기(내 머리를 뜻함)를 몰수하게 하기 전에 말씀 드린다면 나는 여전히 전에 썼던 내용, 즉, 각각의 개별 스테이크로 시작한다면 집에서 건조 숙성은 실행 불가능하다는 생각에 100% 동의한다. 집에서 스테이크의 건조 숙성 실험의 블라인드 시식에서 하루 숙성한 스테이크와 7일 동안 숙성시킨 스테이크 둘 사이에 맛이 좋아진 그 어떤 흔적도 전혀 찾을 수 없었다.

하지만 전문가는 스테이크를 각각 개별적으로 건조 숙

성시키지 않는다는 걸 우리 모두 잘 알고 있지 않는가? 전문가들은 스테이크가 잘리기 전의 전체 부위, 즉 뼈와 지방층이 온전히 붙어 있는 큰 부위로 건조 숙성을 시작한다. 그래서 이런 부위를 몇 주 혹은 몇 달 동안, 썩지 않고 숙성되도록 온도나 습도나 공기 흐름을 조절 가능한 공간에 노출시켜 숙성을 시키는 것이다. 여기서 요점은 우리가 어떻게 집에서 이렇게 할 수 있는가이다. 나는 답을 찾기 위해, 프라임 등급의 뼈가 있고 지방층이 온전한 소갈비 36kg을 구입했다.

두 달 정도의 과정 동안 거의 12가지 정도의 서로 다른 방법으로 고기를 건조시켜 어떤 방법이 효과가 있고 어떤 방법이 안 되며 무엇이 중요한지를 알아보고자 했다. 다음은 내가 알게 된 내용들이다.

숙성(AGING)의 목적

Q. 숙성은 어떻게 이뤄지나요?

아주 좋은 질문이다! 먼저 왜 고기를 숙성하는지에 대해 간단히 설명을 하면, 전통적인 지식으로는 세 가지 분명한 목적으로 고기를 건조 숙성하는데 이 세 가지는 모두 고기의 맛이나 질감을 좋게 하는 데 도움이 된다고 한다.

먼저, 수분 감소가 주요한 목적이라고들 한다. 건조 숙성된 소고기 조각은 수분 손실로 처음 무게의 30% 정도가 줄어들 수 있다. 그러면 맛이 아주 농축된다. 적어도 이론적으로는 그렇다. 하지만 이게 사실일까? —드라마틱한 전조를 보여주는 음악, 큐! 두둥!—

연육작용은 고기에 자연적으로 들어 있는 효소가, 질긴 근섬유와 결합조직 일부를 분해하면서 발생한다. 숙성이 잘 된 스테이크는 신선한 스테이크보다 현저하게 더 부드럽다. 정말 그럴까?

맛 변화는 수많은 과정을 통해 일어나는데 효소와 박테리아의 작용을 포함하여 지방과 기타 유사 지방 분자들의 산화가 진행된다. 적절히 건조 숙성된 고기는 진한 소고기 맛이 나며 고소하고, 거의 치즈와 같은 향이 생기게 된다.

Q. 하지만 숙성된 고기가 신선한 고기보다 정말로 더 좋은가요?

그건 상황에 따라 다르다. 나는 시식 집단에게 다양한 정도로 숙성된 고기를 먹게 하고 그 고기를 종합적인 선호도, 부드러움, 퀴퀴함 등으로 순위를 매기게 했다. 2~3주 정도 숙성된 고기를 먹은 거의 모두가 완전히 신선한 고기보다 숙성된 고기를 더 좋아했다. 2~3주쯤이면 연육작용은 어느 정도 진행이 되지만 심하게 퀴퀴한 맛은 아직 생기지 않았을 때이다.

하지만 이보다 더 오래 숙성시킨 고기에 대해서는 시식자들의 평가가 엇갈렸다. 많은 시식자들이 30~45일 정도 숙성된 고기가 갖고 있는 복합적이면서도 치즈와 같은 맛을 좋아했고 몇몇은 45~60일 지나면 생기는 정말 지독하게 퀴퀴한 맛을 좋아하기도 했다. 어느 범위대의 고기를 좋아하는가는 개인적인 취향에 달렸다. 나는 개인적으로 60일 숙성시킨 고기를 좋아하는데 그 이상은 내게는 너무 진하다.

Q. 좋아요, 마음을 굳혔어요. 하지만 숙성된 고기를 온라인몰에서도 주문할 수 있고 정육점에서도 살 수 있는데 왜 집에서 숙성시켜야 하죠?

두 가지 이유 때문인데, 첫째는 자랑거리가 된다. 여러분이 주최한 디너파티에 온 친구들에게 "이 소고기 맛이 어때? 내가 직접 8주 동안 숙성시킨 거야."라고 말할 수 있다면 얼마나 멋지겠는가!

둘째는 돈을 절약할 수 있다. 그것도 아주 많이. 고기를 숙성시키려면 시간과 장소가 필요하고 시간과 장소에는 돈이 든다. 그리고 그 비용은 소비자에게로 전가된다. 잘 숙성된 고기는 똑같은 신선한 고기보다 50~100% 더 비싸다. 집에서는 냉장고 한쪽 귀퉁이를 비우거나 혹은 미니 냉장고가 있는 경우, 추가 비용은 아주 조금밖에 들지 않는다.

필요한 시간과 공간에 더해서 숙성된 고기에 드는 많은 비용이 버려지는 고기의 양 때문이라는 말을 들었을지 모르겠다. 즉, 말라버려서 잘라 내야 하는 고기 말이다. 하지만 이 부분은 생각만큼 그리 큰 요소가 아닌데 그 이유는 곧 알게 될 것이다.

숙성시킬 고기 고르기

Q. 숙성을 위해 어느 부위의 고기를 사야 하나요?

고기를 적당히 숙성시키기 위해서 단시간 조리 방법에 가장 많이 사용되는 부위의 큰 조각이 필요하다. 그래서 스테이크 전문점에서 보통 사용하는 부위(채끝살이나 아랫등심 부근인 뉴욕 스트립, 갈비, 허리 윗부분의 안심과 뼈를 같이 잘라 낸 부위인 포터하우스)가 숙성용으로 이상적이다('알아 두어야 할 4가지 고급 스테이크'에 대해서 더 자세한 내용은 290쪽 참고). 통째로(그리고 개인적으로 가장 좋아하는 부위) 구하기 가장 쉬운 부위는 갈비이다.

Q. 숙성하기 적당한, 고기의 최소 크기는 어느 정도인가요? 한 덩어리 즉 낱개의 스테이크만을 숙성시킬 수 있나요?

아니요, 유감스럽지만 낱개의 스테이크는 숙성시킬 수가 없습니다. 여러 개의 스테이크를 면보나 키친타월에 싸서 선반에 올리고 냉장고에 넣어 일주일 정도 둘 수 있지만 그 기간으로는 질감이나 맛에 아무런 변화가 일어나지 않는다. 더 오래 숙성을 시키려고 하면(썩기 시작하지는 않았다고 가정하면) 고기는 아주 말라서 완전히 먹을 수 없는 정도가 된다. 마르고 약간 곰팡이가 낀 부분을 잘라 내고 나면 0.5cm 두께의 은색 고기가 남는데 이걸로는 웰던(well-done) 이하로는 조리할 수 없기 때문에 실효수익률을 노골적으로 '0'으로 만들어 버린다.

간단하게 말해서, 건조 숙성을 하기 위해서는 큰 부위의 고기가 있어야 하고 옥외에서 건조해야 한다.

Q. 그렇다면 큰 부위들 중에서 어떤 걸 찾아야 할까요?

늑골 부위는 여러 형태로 나오는데, 각각 수와 관련된 명칭이 있다.

- 103은 가장 온전한 형태로 거세우의 6번에서 12번까지의 전체 늑골 부분이다. 여기에는 상당한 부분을 차지하는 갈비가 있고, 등뼈가 완전히 그대로이고 살점을 덮으면서 지방과 고기(탐나는 흉극근과 혼동하지 않기 위해 '등심 덧살'이라 부름)가 넓게 덮여 있다. 정육점에 부탁한다 해도 이 부위를 구하기는 쉽지 않다.
- 107은 약간 손질이 되어서 갈비는 짧게 자르고 다는 아니지만 등뼈 일부도 잘리고 바깥 연골도 제거되어 있다. 소매상이나 슈퍼마켓에 팔릴 때 일반적으로 이런 상태로 공급되고 이들 소매상이나 슈퍼마켓에서는 이보다 더 세분화해서 자른다.
- 109A는 로스트로 차려 내도 된다. 등뼈는 거의 대부분 잘리고 등심 덧살도 제거되어 있으며 지방층은 제자리에 놓인다.
- 109 익스포트(export)는 기본적으로 109A와 동일하지만 덮어 주는 지방층이 없다. 이 부위는 크리스마스 디너나 고급스러운 호텔 뷔페에서 볼 수 있다. 이 부위는 겉에 보호해 줄 부분이 많지 않다.

나는 107과 109A와 109 익스포트를 4℃로 맞춘 미니 냉장고(아반티(Avanti) 제품)에서 숙성시켰다. 냉장고 안에다 작은 컴퓨터용 팬을 설치해서 공기 순환이(문 주위의 스트립에 있는 밀폐용 실링을 잘라서 팬의 끈이 통과할 수 있도록 함) 되게 했는데 작은 규모의 건조 숙성실을 흉내 낸 것이다. 습도는 조절하려고 하지 않았는데 30~80% 정도로 일정하지 않았다(숙성 초기에는 더 높았고 숙성이 진행되면서 낮아짐).

고기를 더 많이 보호할수록 최종 산출물이 더 좋아진다는 걸 알게 되었는데, 고기를 숙성시킬 때 고기 표면을 보호해 주는 것이 왜 중요할까? 이유는 차이가 생길 만큼 충분한 기간 동안 고기를 건조 숙성시키면 표면층은 완전히 마르게 돼서 잘라 내야 하기 때문이다. '좋은' 고기의 표면을 잘 보호해 줘야 나중에 고기 표면을 많이 잘라 내지 않아도 된다.

만약 109A나 지방층이 온전히 있는 다른 부위로 시작하면 산출량이 기본적으로 일반적인 로스트와 비슷하게 된다. 프라임급 갈비를 긴 실린더로 생각한다면 잃게 될 고기 양은 오직 양쪽 끝부분뿐이다. 지방층과 뼈가 옆 부분을 완전히 보호해 주기 때문이다.

건조 숙성을 하는 동안 맛의 변화를 일으키는 요인은 무엇인가?

Q. 숙성된 고기는 실제로 그렇게 많은 수분을 잃지는 않는다고 하셨는데요. 아, 잠시만, 숙성된 스테이크는 고기 무게의 30%까지 수분을 잃어버릴 수 있다고들 하지 않았나요? 그래서 숙성된 스테이크가 그렇게 비싼 이유 중 하나가 아니었나요?

여러분이 읽은 걸 모두 믿지는 마십시오. 그 30%라는 수치는 좋게 말하면 속임수이고 나쁘게 얘기하면 뻔뻔스러운 거짓말이다. 그렇다. 손질하지 않고 뼈가 붙은 채 지방층도 온전한 프라임 갈비를 건조 숙성을 하면 21~30일의 과정이 지나면 전체 무게의 약 30%가 사라지는 게 사실이다. '사람들'이 말해 주지 않은 것은 그 무게는 거의 오직 바깥층, 즉, 숙성을 하든 안 하든 어차피 잘라 낼 고기 부분을 말하는 것이다.

정육점의 진열장에 든 숙성된 립아이 스테이크가 진열된 신선한 립아이 스테이크보다 30% 더 작지는 않은 게 약간 이상하다고 생각해 본 적은 없는가? 아니면 뼈가 들어 있는 숙성된 스테이크라면 왜 뼈에서 당겨지거나 늘어나지 않았을까? (내 말은, 뼈는 함께 줄어드는 게 아니므로)

실제로는 제거해야 할 절단면을 제외한다면 숙성된 프라임 갈비의 먹을 수 있는 부위는 신선한 프라임 갈비의 부위와 거의 비슷하다.

Q. 좋아요, 이제 숙성에 대해 확신이 생겼다고 합시다. 그렇다면, 숙성된 스테이크에서는 탈수 때문에 '고기 맛이 농축된다'라는 말도 거짓인가요?

그럴 것 같군요. 이론상으로는 훌륭한 생각이지만, '팩트'가 뒷받침되지 않는다.

첫째, 단순한 육안 검사가 있다. 숙성된 소고기에서 잘라 낸 스테이크는 신선한 소고기에서 잘라 낸 스테이크와 거의 같은 크기이다.

다음으로 다양한 정도로 숙성된 소고기의 밀도와 완전 신선한 고기의 밀도를 측정했다. 이를 위해 나는 넓은 부위의 지방은 피하면서 여러 정도로 숙성된 립아이의 가운데에서 동일한 무게의 고깃덩어리를 잘라 냈다. 각각의 고깃덩어리를 물에 넣고 배수량(아르키메데스의 원리에 따라 일정한 상태를 유지하면서 떠 있는 선박의 무게를 선박의 수면하 부분이 배제한 물의 무게로 나타낸 것)을 측정했다. 21일 동안 숙성된 고기는 완전히 신선한 고기보다 배수량이 약 4% 적었고 60일 동안 숙성된 고기는 배수량이 총 5% 적었다. 이는 대부분의 수분 손실이 첫 3주 안에 일어난다는 걸 말해 준다.

또한 고기가 조리되고 나면, 밀도에 있어서 이런 차이는 완전히 사라진다. 곧, 고기가 덜 숙성할수록 수분이 더 많이 빠져나간다. 왜일까? 숙성의 부작용 중 하나는 고기 단백질과 결합조직의 분해이다. 이 때문에 고기가 익으면서 고기의 수축이 줄어들 뿐만 아니라 더욱 부드러워진다. 수축이 적다 = 수분 손실도 적다.

어떻게 이야기하든, 대부분의 경우에, 100% 신선한 고기는 건조 숙성된 고기보다 수분을 더 많이 잃어버린다. 마지막으로, 간단한 시식 테스트가 완전 결정타였는데, 21일 동안 건조 숙성된 고기(고기 내부에서 일어나는 밀도 변화가 가장 큰 기간)는 맛에 있어 신선한 고기와 거의 차이가 없었다. 좋아진 점이라면 오직 질감에서뿐이었다. 맛에서 뚜렷한 변화가 생긴 건 30~60일 정도가 되어서였다. 그리고 이 기간에 고기 내부의 밀도에는 근본적으로 아무런 변화가 없었다.

그래서 수분 손실은 맛의 변화와 관련이 없다.

Q. 왜 숙성되는 고기는 첫 몇 주 후에는 수분 손실이 더 일어나지 않나요?

그건 삼투압 문제인데, 고기가 수분을 잃으면서 근섬유는 더욱 가까이 들어차게 되고 그래서 표면 아래에 있는 수분은 날아가기가 점점 더 어려워진다. 첫 몇 주 후에 고기의 외부층은 아주 빽빽하고 단단해져서 사실상 불침투성이 되어 수분 손실이 어렵다.

Q. 수분 손실이 아니라면 숙성된 소고기의 맛에 영향을 미치는 요인은 무엇인가요?

몇 가지가 있는데, 첫째는 근육 단백질이 효소에 의해 더 짧은 조각으로 분해되면서 호감가는 맛으로 바꾼다. 하지만 이 영향은 훨씬 더 중요한 다른 변화에 비하면 완전히 부수적인 것이다. 더 중요한 변화란 지방이 산소에 노출되면서 일어나는 변화로 고기 표면에 일어나는 박테리아의 작용과 지방의 산화를 말한다. 이런 작용을 통해 맛이 변화되며 30일 이상 숙성된 고기에서는 퀴퀴한 냄새가 나게 된다.

이 퀴퀴한 맛은 대부분 고기의 가장 바깥쪽 부분인, 대부분 잘라 낼 부위에 집중되어 있는 게 사실이다. 이런 이유로 숙성된 고기에서 최대한의 고기를 얻고 싶다면 뼈가 붙은 고기(완전히 잘라 내서 버리게 될 지방층이 아니라)로 하는 게 기본이다. 뼈의 바깥 부분은 많은 양의 산화된 지방과 냄새나는 고기를 보호할 수 있다. 이런 고기를 먹으면서 향이 코에 닿으면 여러분은 완전히 새로운 경험을 하게 될 것이다. 숙성된 스테이크를 좋아하는 사람들은 진하고 깊이 숙성된 맛 때문에 립아이에 붙은 고기 표면인 흉극근을 좋아한다.

숙성 준비

Q. 집에서 스테이크를 숙성시키려고 하는데 어떻게 준비하면 되나요? 비교적 간단한가요?

아주 간단한데 사실 특별한 장비도 필요 없고 몇 가지 물품만 있으면 된다.

- **냉장고 여유 공간.** 가장 좋은 도구는 전용 미니 냉장고를 사용하는 것이다. 그래서 고기 냄새가 다른 음식에 스미지 않게 할 수 있다. 냄새가 조금……, 지독할 수 있으므로. 숙성된 고기를 실험하면서 내 책상 옆에 놓은 미니 냉장고는 내가 속을 들여다보느라 아주 잠깐만 열어도 숙성되고 있는 고기 냄새로 사무실을 가득 메운다. 또, 마찬가지로 숙성중인 고기에 냉장고의 냄새가 흡수될 수도 있다. 냉장고 냄새가 전혀 없지 않는 한, 전용 미니 냉장고를 선택하는 게 좋다.
- **환기용 팬.** 표면의 건조를 촉진시키고 골고루 숙성시키기 위해 냉장고 안에 팬을 붙여서 공기 순환이 계

속 되도록 한다. 팬은 대류식 오븐과 대체로 같은 방식으로 작동해서 냉장과 습도가 더욱 골고루 되게 한다. 나는 온라인에서 30달러 주고 산 얇은 컴퓨터 팬을 사용했다.

- **선반.** 고기는 선반에 올려야 한다. 나는 고깃덩어리를 접시에도 놓아 보고 냉장고 바닥에 바로 놓기도 해봤는데 좋지 않은 생각이었다. 접시나 냉장고 바닥에 닿은 부분은 적절히 건조가 되지 않아 썩게 되었다. 와이어랙이나 냉장고용 와이어랙에 올려서 숙성을 시키고 떨어지는 물기를 받도록 그 아래에 베이킹팬을 두는 게 좋다.
- **시간.** 참으시오, 변덕쟁이 양반. 꿈꾸던 스테이크로 보답을 받게 될지니.

Q. 습도는 어떤가요? 습기가 일정하게 유지돼야(높거나 낮거나 중간이거나 없거나 기타 등등) 한다고 들었는데 습도는 어느 정도여야 하며 어떻게 조절해야 하나요?

나는 제어장치 없이 몹시 변동이 심하며, 30~80% 범위 내에서 상대 습도를 유지하는 냉장고에서 고기를 숙성시켰다. 어떻게 됐을까? 고기가 다 멋지게 잘 숙성되었다.

그럴 수밖에 없는 게, 위에서 말한 대로 첫 2~3주 후에 소고기의 바깥층은 거의 수분이 침투할 수 없게 된다. 안의 고기 부분은 보호되기 때문에 바깥 환경이 얼마나 습하든 건조하든 큰 차이가 나지 않는다. 집에서 건조 숙성을 하는 사람들에겐 좋은 소식이 아닐 수 없다!

시간 TIMING

Q. 좋아요, 이제 거의 확신이 드는군요. 그렇다면 고기는 얼마 동안 숙성시켜야 할까요?

나는 시식자들에게 다양한 기간 동안 숙성시킨 여러 스테이크를 맛보게 했다. 모든 스테이크가 공정하게 순위가 매겨졌고 실제 조리에서의 차이를 최소화하기 위해 수비드(sous-vide) 방식으로 53℃의 물에 담가 조리한 뒤 무쇠 팬과 토치(torch)를 함께 써서 마무리했다. 시식은 완전히 블라인드 테스트로 진행했다. 최종 결과는 크게는 개인적인 취향의 문제였지만 아래는 60일 과정 동안 일어나는 현상에 대한 대략적인 안내이다.

- **14일까지**: 특별한 사항은 없음. 맛 변화는 없고 질감에 약간의 변화 감지된다. 이 스테이크를 좋아하는 사람은 거의 없다.
- **14~28일**: 스테이크는 뚜렷하게 더 부드러워진다. 이 범위의 끝 쪽으로 갈수록 특히 더한다. 맛에는 아직 중요한 변화가 없다. 이 상태는 보통의 고급 스테이크 전문점에서 나오는 숙성 스테이크 단계다.
- **28~45일**: 진짜 퀴퀴한 냄새가 조금씩 나기 시작한다. 45일에는 블루(blue) 치즈 또는 체다 치즈 같은 뚜렷한 냄새가 나기 시작한다. 고기는 아주 많이 촉촉해지고 육즙도 많아진다. 대부분의 시식자들은 이 단계 스테이크를 가장 좋아한다.
- **45~60일**: 극도로 강렬한 맛이 생겨난다. 몇몇은 한두 입 이상을 먹기엔 너무 심하다고 했지만 소수의 시식자들은 이 오래 숙성된 고기의 풍성함을 즐겼다. 이 정도로 숙성된 스테이크를 파는 식당을 찾기는 힘들다.

Q. 일반 숙성에 대해서도 알려주세요. 일반 숙성이란 무엇이며 효과가 있나요?

일반 숙성(wet-aging, 일반 숙성. 육류를 진공 포장한 후 하는 숙성을 가리키며 조리용어에서는 일반 숙성이라고 한다. wet aging이라는 단어 때문에 습식 숙성, 웻 에이징 이라고도 부르는 사람도 있지만, 정식 명칭은 일반 숙성이다. – 감수자 주)은 간단하다. 밀착 진공 팩(Cryovac bag)에 소고기를 넣고 냉장고 선반(더 좋게는, 전국 각지로 운반될 때처럼 냉장 설비가 된 트럭에다)에 몇 주 둔다. 손님들에게 숙성이 다 된 고기라고 말하며 아주 비싸게 판다.

문제는 일반 숙성은 건조 숙성과는 완전히 다르다는 것이다. 우선 일반 숙성에는 지방 산화가 없다. 이 말은 퀴퀴한 맛이 생기지 않는다는 뜻이다. 아주 약간의 맛 변화가 효소의 반응을 통해 생기지만 글쎄 이 변화는 아주 미미하다. 게다가 일반 숙성은 지나친 혈청과 육즙이 빠져나가지 못하게 한다. 그래서 시식자들은 이따금씩 일반 숙성된 고기에서 '시큼하거나', '유장 맛'이 난다고 한다.

일반 숙성은 건조 숙성과 비슷하게 부드럽고 수분을 유지하는 이점이 있지만 그 정도에 그친다. 실제로 일반 숙성은 힘들이지 않고 돈을 긁어모으려는 사람들이 만들어 낸 것이다. 공급자에게서 온 밀착 진공 포장에 든 소고기를 일주일 두었다가 '숙성'됐다고 하는 건 아주 쉬운 일이다. 그래서 여러분이 '숙성'된 고기를 살 때는, 그 고기가 건조 숙성되었는지 일반 숙성되었는지를 꼭 물어봐야 한다. 정육점에서 잘 모르거나 알려 주지 않으려 한다면 최악인 경우라고 가정하는 게 맞다.

일반 숙성의 또 다른 결점은 건조 숙성만큼 오래 숙성을 할 수 없다는 점이다. 일반 숙성된 큰 고깃덩어리가 주로 밀착 진공 팩에 의해 보호된다는 점을 고려해 보면 직관에는 어긋나는 듯 보인다. 아주 소량의 해로운 무산소성 박테리아라도 그 비닐 속으로 들어간다면 고기는 껍데기 안쪽에서 썩을 것이고 아무런 표시도 나지 않기 때문에 속을 열어 본 뒤에야 알 수 있다.

좋아요. 너무 기니까 요약해서 말해 줘요. 스테이크를 숙성시키는 방법은?

- **1단계** : 프라임 등급의 갈비를 사는데 뼈가 있는 것으로 구입한다. 기급적이면 등뼈도 그대로 붙어 있고 지방승노 완전하게 있는 게 좋다. 정육점에서 사게 되면 전혀 손질하지 말고 달라고 한다. 양심 있는 정육업자라면 추가로 지방과 뼈를 팔아 돈을 벌기 때문에 금액을 다 받지는 않을 것이다.
- **2단계** : 고기를 냉장고 선반에 넣는다. 가급적이면 전용 미니 냉장고로 안에 책상용 팬이나 크기가 작은 캐비닛용 팬을 달고 최저 세기로 설정하면 좋다(줄이 들어가도록 문을 밀폐해 주는 고무 실링 부분을 자름). 온도를 2.2~4.4℃로 설정한다.
- **3단계** : 4~8주 사이엔 그냥 기다린다. 숙성이 골고루 되도록 가끔 고기를 뒤집어 준다. 냄새가 나기 시작한다. 이게 정상이다.
- **4단계** : 고기를 손질한다. 과정마다 단계별 안내를 원하면 315쪽 '칼 사용법 : 숙성된 소고기 손질'을 참고한다.
- **5단계** : 조리한다.
- **6단계** : ???
- **7단계** : 개이득!

칼 사용법 : 숙성된 소고기 손질

Step 1 : 지방을 벗겨 낸다.
먼저 겉면 지방층을 벗겨 낸다. 정육 과정에서 이미 한 번 잘라 냈기 때문에 꽤 간단하게 처리할 수 있다.

Step 2 : 불필요한 부분을 잘라 내기 시작한다.
겉면 지방층을 잘라 낸다. 목표는 최대한 고기를 적게 잘라 내야 한다. 은색을 띠는 얇은 지방을 제거하면서 점점 더 깊이 잘라내다가 고기와 지방이 신선해 보이기 시작하면 거기에서 멈춘다. 고기가 미끌미끌하면 깨끗한 키친타월로 덮고 잡으면 수월하다.

Step 3 : 거의 다 됐다!
깨끗한 흰색 지방과 붉은빛 고기가 보일 때까지 계속해서 바깥 부분을 잘라 낸다. 절단면에서 말라버린 층을 잘라 낸다. 소고기가 어떻게 정육되었는가에 따라 고기를 뼈에서 발라내기 위해 약간 주물럭거려야 할 수도 있다.

Step 4: 로스팅할 준비 완료!
로스트로 손질하고 조리할 준비를 끝낸다. 낱개의 스테이크로 자르려면 계속 읽는다.

Step 5 : 스테이크!
뼈 사이로 조심스럽게 고기를 자른다. 자르기 어려운 부분이 있는데 바로 등뼈 주위이다. 등뼈 주위를 발라내면서 등뼈를 도려낸 뒤 버린다. 한 개당 두 사람 정도가 먹을 수 있는 두꺼운 스테이크가 완성된다.

고기 레스팅(RESTING)의 중요성

- **선사시대 인간의 사고 과정** : 큰 불을 피운다. 큰 스테이크를 크게 피운 불 위에 올려 굽는다. 불 위에 있던 스테이크를 맨손으로 찢는다. 덥석 문다. 육즙이 턱으로 줄줄 흘러내린다. 달을 보고 울부짖고는 맘모스를 쫓아간다.
- **현대인의 사고 과정** : 큰 불을 피운다. 크게 피운 불 위에 큰 스테이크를 올리고 굽는다. 불 위에 있던 스테이크를 맨손으로 찢는다. 스테이크를 따뜻한 곳에 10분 동안 둔다. 덥석 문다. 육즙이 목으로 줄줄 흐른다. 달을 보고 울부짖고 맘모스를 쫓기를 소망하면서 문명화된 친구와 최근의 우디 앨런(Woody Allen)의 영화에 대해 이야기한다.

보통 사람들이 자주 저지르는 조리 실수가 있다면 바로 고기를 차려 내기 전에 적절히 레스팅(resting, 조리 후 바로 다른 과정을 거치지 않고 잠시 쉬게 두는 것 – 감수자 주)하지 않는다는 거다. 그렇다면 완벽하게 브라우닝이 된 립아이에 포크를 꽂기 전에 기다려야 한다는 뜻인가요? 미안하지만, 그래야합니다.
아래에서 그 이유를 설명할 것이다.

이 사진은 프라이팬에서 미니멈 레어(속 온도 52℃)로 구운 스테이크로 굽자마자 도마 위에 올려 바로 반으로 잘랐다. 그랬더니 육즙이 많이 흘러나와서 도마 위를 적셨다. 그래서? 스테이크가 최적의 상태보다 조금 덜 촉촉하고 맛도 좀 덜하게 된다. 이런 비극은 자르기 전에 스테이크를 레스팅하면 쉽게 피할 수 있다.

이렇게 즙이 많이 나오는 건 고기의 한 면이 뜨거운 팬이나 그릴에 닿을 때 그 표면에 있는 육즙이 강제로 고기의 가운데로 모이게 되기 때문이며 그래서 스테이크 가운데에 있는 수분이 농축이 된다. 그리고 스테이크를 뒤집으면 똑같은 일이 다른 면에도 일어난다는 이야길 늘 들어 왔다. 스테이크의 가운데는 수분으로 과포화 상태가 된다. 즉 머금을 수 있는 양 이상의 수분이 모이는 것이다. 그래서 스테이크를 잘라서 보면 남은 수분이 흘러나오는 것이다. 스테이크를 레스팅하면 가장자리에서 강제로 빠져나와 가운데로 모였던 수분이 다시 가장자리로 되돌아갈 시간을 갖게 된다. 맞는 말 같죠? 스테이크를 근섬유에 해당하는 큰 빨대 묶음이며 각각의 빨대에는 액체가 가득 차 있다고 가정해 보자. 고기가 익으면서 근섬유 빨대는 모양을 바꾸기 시작하고 그러자 더 좁아지면서 속에 든 액체에 압력이 가해지게 된다. 고기는 겉면에서 안으로 익기 때문에 빨대는 가장자리가 더 세게 조이고 가운데로 갈수록 약간씩 느슨해진다. 지금까진 별 문제가 없다. 논리적으로 가장자리가 가운데보다 더 세게 조인다면 액체는 가운데로 가게 될 것이다. 맞죠? 음, 하지만 여기에 문제가 있다. 물은 압축성이 아니다. 즉, 물을 끝까지 가득 채운 2l짜리 병이 있다면 병의 크기를 바꾸지 않는 한 병 속에 물을 더 넣는 것은 거의 물리적으로 불가능하다. 스테이크에서도 똑같다.

물리적으로 넓어지도록 어떻게든 근섬유의 중앙을 늘이지 않는 이상 액체를 더 많이 보낼 수 있는 방법은 없다. 생 스테이크와 익은 스테이크의 가운데 둘레를 재면 근섬유가 더 넓어지지 않는다는 걸 쉽게 증명할 수 있다. 액체가 가운데로 강제로 들어간다면 둘레는 커져야만 한다. 하지만 그렇지 않다. 가운데가 불룩해 보일지 모르지만 그건 가장자리가 수축했기 때문에 가운데가 더 넓어 보이는 착시현상일 뿐이다. 사실, 이 경우를 살펴보면 완전히 정반대이다. 미디엄 레어 스테이크의 가운데가 52℃로 올라갈 때 가운데도 같이 수축한다. 그래서 수분이 빠져나오게 되는 것이다. 수분은 모두 어디로 가는 것인가? 갈 수 있는 유일한 장소는 빨대의 끝이거나 스테이크의 표면이다. 스테이크를 구울 때 지글지글하는 소리를 들어봤는가? 바로 수분이 빠져나와서 증발하는 소리이다.

이 이론에 잠시 휴식을 주자.

그렇다면 레스팅하지 않은 스테이크는 레스팅한 스테이크보다 왜 육즙이 더 많이 흘러나올까? 그건 모두 온도와 관계가 있다.

우리는 이미 근섬유의 폭은 고기가 조리되는 온도와 직접적으로 연관이 있다는 걸 알고 있고 어느 정도, 모양에 있어서 이 변화는 다시 되돌릴 수는 없다. 82℃로 조리된 고기 조각은 절대로 생고기 상태에서 가지고 있던 수분량을 그대로 유지할 수는 없다. 하지만 고기가 약간 식으면 고기 조직이 조금 느슨해진다. 즉 근섬유는 다시 약간 넓어져서 수분을 조금 더 머금을 수 있게 된다. 동시에 스테이크 속에 든 육즙이 식으면서 단백질과 다른 용해성 물질이 육즙을 약간 걸쭉하게 만든다. 구이를 하고 난 기름을 팬에 밤새 두면 거의 젤리 같아지는 걸 본 적이 있지 않나? 이렇게 걸쭉하게 되는 현상 덕분에 여러분이 고기를 자를 때 스테이크에서 육즙이 너무 빨리 흘러나오지 않게 된다.

나는 6개의 스테이크 모두를 속의 온도가 54℃가 되도록 조리했다. 그러고는 2분 30초마다 하나씩 가운데를 잘라 육즙이 얼마나 흘러나오는지를 살펴보았다. 어떤 현상이 벌어졌는지 살펴보자.

- **레스팅하지 않았을 경우** : 팬과 가장 가까운 부위였던 스테이크 겉면의 고기는 93℃가 훌쩍 넘는다. 이 온도 범위에서 근섬유는 아주 꽉 조이게 되는데 그래서 수분을 머금고 있지 못하게 된다. 스테이크 안쪽은 52℃이다. 이 온도에서는 육즙을 어느 정도 머금을 수 있지만, 근섬유를 잘라 버리게 되면 그건 탄산음료 병의 옆면을 자르는 것과 마찬가지이다. 육즙의 일부는 대부분 표면장력을 통해 계속 그곳에 있겠지만 수분이 흘러나오게 된다.
- **5분간 레스팅한 뒤** : 고기의 가장 바깥층은 63℃ 정도로 내려가고 스테이크 가운데는 아직 52℃이다. 이 단계에서 근섬유는 약간 느슨해져서 폭이 조금 늘어난다. 이렇게 늘이는 동작으로 근섬유의 가운데와 끝부분 사이의 압력차이가 생긴다. 그래서 가운데에 있던 액체가 가장자리로 끌려 나온다. 그 결과 스테이크 가운데에는 수분이 적어지게 된다. 이때에 스테이크를 자르면 육즙 일부는 흘러나오지만 전보다 훨씬 적다.
- **10분간 레스팅한 뒤** : 스테이크 가장자리는 52℃ 정도로 식어서 스테이크 가운데로부터 수분을 더 많이 빨아들이게 된다. 게다가 스테이크 가운데는 49℃로 식어서 폭이 조금 더 넓어지게 된다.

고기를 이 단계에서 자르면 수분이 스테이크 전체에 아주 골고루 퍼져 있어서 표면 장력이 수분을 충분히 머금을 수 있기 때문에 접시로 흘러나오지 않는다.

차이가 너무도 뚜렷하다. 레스팅하지 않은 스테이크를 다시 한 번 보고 이 사진을 볼 것. 레스팅하지 않은 스테이크는, 그런 맛있는 육즙이 접시에 흥건하다. 레스팅한 스테이크는 육즙이 원래 있던 그 곳에 있다.

잠시만! 레스팅한 스테이크 속에 그 육즙이 정말로 그대로 들어 있는지 어떻게 아나요? 레스팅하는 10분 동안 수분이 증발해서 그만큼 수분이 적은 스테이크가 남은 게 아닐까요? 이것을 증명하기란 일도 아니다. 그냥 조리하기 전, 후의 스테이크 무게만 달면 된다. 녹은 지방 때문에 생긴 아주 소량의 무게 손실을 제외하고 대부분의 무게 손실은 고기에서 강제로 빠져나온 육즙 때문이다. 54.4℃로 조리할 때, 스테이크는 조리하는 동안 무게의 약 12%의 수분을 잃는다. 거기에다 스테이크를 조리 후 바로 자르게 되면 추가로 9%의 무게를 잃는다. 하지만 레스팅을 하면 추가적인 무게 손실을 약 2% 정도로 낮출 수 있다.

그런데 레스팅은 스테이크에만 적용되는 게 아니다. 기본적인 수준에서 거의 대부분의 고기가 똑같은 방식으로 작용한다. 13kg의 스탠딩 립 로스트(standing rib roast)든 170g 닭가슴살이든. 유일한 차이라면 고기 소각의 크기에 따라 조리 시간이 다르듯이 레스팅하는 시간도 다르다는 것이다. 고기가 충분히 레스팅 뇌었는지 알 수 있는 정말로 가장 쉽고 누구나 할 수 있는 시험 방법은 고기가 적절히 익었는지 알아볼 때 하는 방법과 똑같다. 바로 온도계로 재는 것.

이론적으로는, 고기를 아무리 웰던(well-done)으로 익히더라도 고기 가운데가 최고 때 온도보다 약 3℃ 정도 낮아질 때까지 식혀야 한다. 그래서 미디엄 레어(medium-rare) 54.4℃ 스테이크에 대해서는 가운데가 적어도 51.7℃까지 식힌 뒤 차려 내야 한다. 이 단계에서 근섬유는 충분히 느슨해졌고 육즙도 충분히 걸쭉해져서 육즙이 새어나오는 문제는 없어진다. 3.8cm 두께의 스테이크나 닭가슴살 전체는 약 10분 정도가 필요하다. 프라임 등급 갈비는 45분 정도가 걸린다.

레스팅하면서 스테이크의 크러스트가 축축해질까봐 걱정되는가? 쉽게 해결할 방법이 있다. 차려 내기 바로 전에 팬에 남은 기름(혹은 스테이크를 그릴에서 요리했다면 냄비에 버터를 녹여서)을 연기가 나도록 뜨겁게 한 뒤 고기에 끼얹는다.

팬시어링 스테이크에 대한 규칙

설명해 보려는데 너무 길다. 요약해 보면,

1. 스테이크의 물기를 제거하고 적어도 조리 45분 전에 넉넉하게 간을 한다. 표면에 수분이 많은 스테이크는 브라우닝이 적절히 잘 되지 않는데, 팬에 있는 에너지가 스테이크를 적당히 브라우닝하기보다 많은 수분을 증발시키는데 쓰이기 때문이다. 스테이크에 소금을 치고 가만히 두면 처음에는 수분 일부가 빠져 나오지만 결국 근섬유는 분해되면서 수분이 고기 속으로 다시 흡수된다. 그래서 간이 잘 밴 완벽하게 마른 표면이 된다.

2. 상온에서요? 그럴 필요 없다. 더 맛있는 스테이크를 위해 스테이크를 철망으로 된 선반에 얹고 베이킹팬을 밑에 받친 뒤 냉장고에 3일까지 둔다. 그러나 상온에 2시간 놓아둔 스테이크와 냉장고에서 바로 꺼낸 스테이크를 나란히 조리했을 때는 결과에 거의 차이가 없었다. 그럴 필요가 없다.

3. 가지고 있는 팬 중에서 가장 무거운 팬을 사용한다. 팬이 무거울수록 열을 더 많이 담고 있게 되고 스테이크가 더 효과적으로 시어링된다. 무거운 무쇠 팬은 스테이크를 시어링할 때 가장 많이 선택하는 팬이다.

4. 온도를 관리한다. 목표는 스테이크의 속 온도가 목표 온도에 도달하는 바로 그때에 스테이크 겉면도 완벽하게 브라우닝시키는 것이다. 2.5cm 정도 되는 보통 크기의 스테이크라면, 아주 뜨거운 팬을 사용한다. 두꺼운 스테이크라면 좀 더 낮은 온도로 조리하고 고기에 기름을 끼얹는다.

5. 팬에 스테이크를 여러 개 올리지 않는다. 차가운 스테이크를 너무 많이 올리면 팬이 아주 뜨겁더라도 빨리 식어서 효율적으로 조리할 수 없다. 좋은 결과를 내기 위해선 스테이크 사방으로 2.5cm 정도의 공간이 있어야 한다. 스테이크를 여러 개 조리할 때는 프라이팬을 여러 개 사용해서 조리하거나 더욱 좋게는 야외에서 그릴에 굽는다.

6. 원하는 만큼 자주 뒤집는다. 여러 번 뒤집으면 고기가 좀 더 빨리 익을 뿐 아니라 더 골고루 익고 한 번만 뒤집는 것만큼 멋진 크러스트가 만들어진다. 그렇긴 하지만 그 차이가 그리 크지 않기 때문에 30초마다 뒤집고 싶지 않다면 굳이 힘들이지 않아도 된다.

7. 보통 크기의 스테이크를 센 불에서 굽는다면 거의 끝날 때까지는 버터와 향신료를 넣지 않는다. 버터는 브라우닝을 돕는 단백질을 함유하고 있지만 조리 과정 중에 너무 일찍 넣으면 타서 쓰고 매캐해진다. 기름을 넣고 스테이크를 조리하고 버터는 조리 마지막 몇 분 전에 넣는다. 원하면 이때 타임이나 로즈마리 줄기, 월계수 잎, 으깬 마늘이나 채썬 샬롯도 넣는다. 좀 더 낮은 불로 조리하는 두꺼운 스테이크에는 버터를 좀 더 일찍 넣어도 된다.

8. 가장 자리에 신경 쓸 것! 음, 여러분이 나처럼 두꺼운 스테이크를 좋아한다면 전체 시어링 과정 동안 중요한 가장자리 부분에 두께 때문에 직접적으로 시어링 작용이 되지 않는 경우가 생길 것이다. 이런 가장자리는 종종 스테이크에서 가장 두껍고 가장 맛있는 부위이기도 하다. 그런 부위는 사랑받을 만하다. 스테이크를 집게로 들고 그런 가장자리를 시어링할 것!

9. 식탁에 내기 전에 레스팅한다. 스테이크를 최대한 촉촉하게 유지하려면 조리 후 적어도 몇 분 동안 고기를 레스팅하는 게 중요하다. 이렇게 하면 근육 단백질이 느슨해지고 육즙이 약간 걸쭉해져서 여러분 입에 스테이크 조각이 들어갈 때쯤이면 육즙이 제자리에 있게 된다.

라이덴프로스트 효과(LEIDENFROST EFFECT)와
팬이 예열되었는지 아는 방법

깜짝 퀴즈 : 내겐 동일한 두 개의 팬이 있다. 하나는 버너 위에서 150℃로 유지되고 다른 하나는 204℃로 유지된다. 14g의 물을 각각의 팬에 넣고 물이 증발하는 데 얼마나 걸리는지 시간을 재어 보았다. 204℃팬에 있는 물은 150℃ 팬에 있는 물보다 얼마나 더 빨리 증발할까?

A. 약 10배 빠름. B. 1⅓배
C. 거의 같은 속도 D. 정답 없음. 이미 질문에 속임수가 있는 걸 간파함.

맞다. 204℃의 팬에 든 물이 증발하는 데 실제로는 더 오랜 시간이 걸린다. 사실, 이 시험을 집에서 했을 때, 더 뜨거운 팬에 든 물이 증발하는 데 걸리는 시간이 거의 10배 정도 더 걸렸다. 이건 지금까지 우리가 배운 것들과 꽤 많이 상반되는 듯이 보이지 않는가? 다시 말하면 '더 뜨거운 팬 = 더 많은 에너지'이고, '더 많은 에너지 = 더 빠른 증발'이 아닌가?

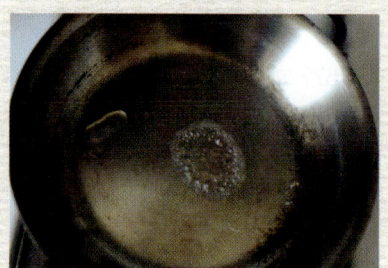

이 실험이 보여주는 원리는 18세기 독일 물리학자 요한 고틀로프 라이덴프로스트(Johann Gottlob Leidenfrost)가 처음으로 발견했다. 팬에 있는 물 한 방울이라도 충분한 에너지를 주면 물이 만들어 내는 수증기는 너무도 격렬하게 삐져나온다. 그래서 실제로 물방울이 팬의 표면에서 달아나도록 물방울을 들어 올린다. 물이 더 이상 팬과 직접 접촉하지 않고 수증기 층에 의해 단열 처리가 되기 때문에 팬과 물 사이의 에너지 이동은 꽤나 비효율적이 되며 그래서 물이 증발하는 데는 아주 오랜 시간이 걸린다.

팬의 한 가운데는 아직 비교적 덜 뜨거워서 거기에 있는 동안 물은 그냥 보글보글 끓기만 한다. 하지만 팬 가장자리는 라이덴프로스트 효과를 유도할 정도로 충분히 뜨겁다. 그래서 전체 물방울이 팬의 표면 위로 자신을 들어 올리는 응집력 있는 단위를 만든다.

이 사진은 라이덴프로스트 효과를 보이는 물방울을 자세히 찍은 사진이다. 이 효과는 내가 갖고 있는 것처럼 몹시 섹시한 적외선 온도계가 없을 때 팬이 얼마나 뜨거운지 알아볼 수 있는 수단이 되므로 주방에서 아주 유용하다. 가열하면서 물 한 방울을 팬에 떨어뜨린다. 물방울이 표면에 붙어 있고 빠르게 증발하면 팬의 온도는 177℃ 정도로 대부분의 소테잉(기름에 세게 볶기)과 시어링(고온의 기름으로 겉면을 익히기)에는 아직 최적의 온도가 아니다. 라이덴프로스트 효과가 나타나기 시작할 정도로 팬이 뜨거워지면 물은 뚜렷하게 방울을 만드는데 이 방울은 금속의 표면에 미끄러지면서 재빨리 굴러간다. 그래서 증발하는 데 꽤 오랜 시간이 걸린다. 이때면 요리를 시작할 정도로 충분히 팬이 달궈진 상태다.

빠르고 쉬운 팬시어링 스테이크 QUICK AND EASY PAN-SEARED STEAKS

NOTE • 맛있는 스테이크를 만들기 위해서 스테이크에 간을 한 뒤 베이킹팬 위에 철망으로 된 선반(와이어랙)을 놓고 고기를 이 위에 올린 뒤 위를 덮지 않고 상온에서 적어도 45분 혹은 냉장고에 3일 동안 재워 둔다.

4인분

뼈가 없거나 뼈가 있는 립아이나 스트립 스테이크 450g짜리 2개(각각 2.5~3.8cm 두께)

코셔 소금과 후춧가루

식물성 기름 2큰술

무염 버터 2큰술

타임 4줄기

큰 샬롯 2개(가늘게 채썰기, 약 ½컵, 125ml)

1. 키친타월로 스테이크를 조심스럽게 두드려 물기를 닦는다. 소금과 후추를 전체 면에 넉넉하게 뿌려 준다.

2. 30cm(12인치) 무쇠나 스테인리스 프라이팬에 기름을 두르고 고온에서 연기가 날 때까지 가열한다. 조심스럽게 스테이크를 넣고 가끔 뒤집어 주면서 두 면에 연한 갈색 크러스트가 생길 때까지 약 6분간 구워 준다(기름이 타기 시작하거나 연기가 계속 나면 불을 중으로 줄임).

3. 버터와 타임, 샬롯을 팬에 넣고 볶아 주는데, 연기가 너무 많이 나면 불을 줄인다. 스테이크를 가끔 뒤집어 주면서 두 면이 다 진한 갈색이 되고 스테이크 가운데를 온도계로 재었을 때 미디엄 레어는 49℃, 미디엄은 54℃가 될 때까지 약 5분간 더 익힌다. 스테이크를 큰 접시로 옮기고 호일로 덮고 5분 동안 레스팅한다. 그런 뒤 반으로 잘라 한 사람당 230g씩 놓는다.

4. 취향껏 팬 소스(328~331쪽 참고)를 만들거나 스테이크에 필요한 만큼 콤파운드 버터(335쪽)나 베어네이즈 소스(332쪽), 또는 디종 머스터드를 함께 낸다.

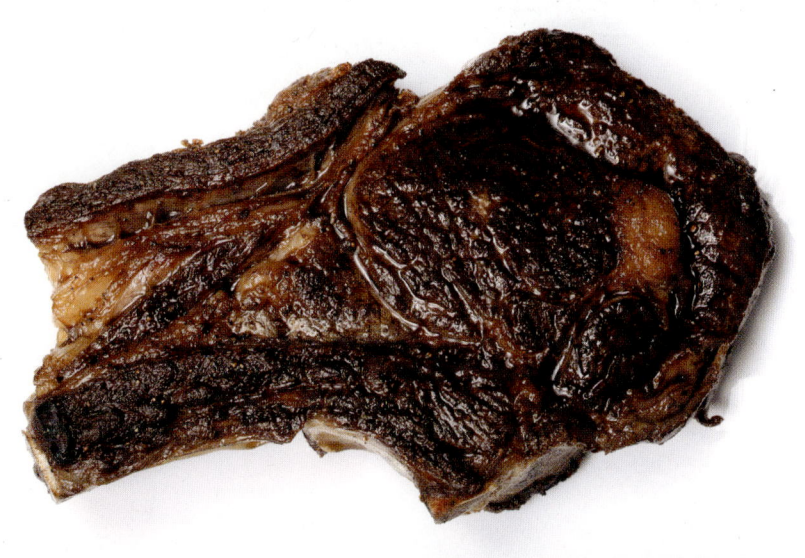

버터를 끼얹은 두꺼운 팬시어링 스테이크
BUTTER-BASTED PAN-SEARED THICK-CUT STEAKS

THE FOOD LAB

NOTE • 이 레시피는 뼈 있는 아주 큰 스테이크 고기로 만들었다. 적어도 4~6cm 두께이고 무게는 680~900g 정도 된다. 포터하우스나 티본, 립아이, 뉴욕 스트립 등 모두 괜찮다. 안심 스테이크는 많이 익을 염려가 있으므로 사용하지 않는다.
최고의 결과를 내기 위해서 스테이크에 간을 한 뒤 베이킹팬 위에 철망으로 된 선반을 놓고 그 위에 고기를 올리고 위를 덮지 않은 채 상온에서 적어도 45분 혹은 냉장고에 3일 동안 재워 둔다.

2~3인용분

뼈 있는 티본, 포터하우스, 스트립, 또는 립아이 1개(900g, 4~6cm 두께)

코셔 소금과 후춧가루

식물성 기름이나 카놀라유 4큰술

무염 버터 3큰술

타임이나 로즈마리 줄기 6줄기(선택사항)

큰 샬롯 2개(잘게 채썰기. 약 ½컵, 125ml. 선택사항)

1. 키친타월로 스테이크를 조심스럽게 두드려 물기를 닦는다. 소금과 후추를 전체 면(가장 자리 포함)에 넉넉하게 뿌려 준다.
2. 30cm(12인치) 무쇠 프라이팬에 기름을 넣고 고온에서 연기가 날 때까지 가열한다. 조심스럽게 스테이크를 넣고 불을 중강으로 줄인다. 자주 고기를 뒤집어 주면서 연한 황금색 크러스트가 생길 때까지 약 4분간 구워 준다.
3. 버터를 넣고 원하면 허브와 샬롯을 프라이팬에 넣고 볶아 준다. 스테이크를 가끔 뒤집어 주면서 거품이 이는 버터와 샬롯, 타임을 끼얹어 준다. 뼈에서 떨어진 스테이크의 가장 두꺼운 부분의 안쪽으로 식품 온도계를 꽂고 미디엄 레어는 49℃, 미디엄은 54℃가 될 때까지 약 4~8분간 더 익힌다. 팬을 약간 기울여서 버터가 손잡이 쪽으로 모이면 숟가락으로 버터를 떠서 스테이크의 색이 연한 부분에 끼얹는다. 버터에서 연기가 심하게 나거나 스테이크가 타기 시작하면 불을 중간으로 줄인다. 스테이크가 다 되면 베이킹팬에 놓인 선반으로 옮긴다. 5~10분간 레스팅한다. 팬의 기름을 연기가 날 때까지 재가열하고 바삭하게 하기 위해 스테이크에 붓는다.
4. 스테이크를 잘라서 상에 낸다.

새로운 안심 스테이크 조리법
A NEW WAY TO COOK TENDERLOIN STEAKS

그렇죠, 안심은 거세우의 부위 중 가장 부드럽고 버터같이 살살 녹는 부위이긴 하지만 맛이 단조롭고 밍밍하다.

지방이 적기 때문에, 안심은 요리를 할 때 아주 까다로운 부위이다. 지방은 스테이크를 조리할 때 두 가지 역할을 한다. 첫째, 지방은 단열재 역할을 한다. 지방을 통해서는 살코기만큼 효과적으로 에너지가 전달되지 않는다. 이 말은 스테이크에 지방이 많으면 많을수록 조리하는 데 더 오랜 시간이 걸린다는 것이다. 즉, 스테이크가 완벽하게 조리되기까지 폭넓은 시간이 필요하다는 뜻이다. 지방이 많은 립아이 스테이크는 불을 끈 뒤 완벽한 미디엄 레어로 되는 데 45초나 걸린다. 반면에, 안심은 덜 익고 많이 익는 게 겨우 몇 초에 달려 있다. 또한 지방은 많이 익어도 완충역할을 해 주는데, 지방이 윤활유 역할을 해서 고기에 맛을 내기 때문에 마블링이 멋지게 된 스테이크는 약간 많이 익어도 여전히 맛이 꽤 괜찮다. 하지만 안심은 그렇지 않아서 미디엄 이상으로 조금만 더 익어도 색이 칙칙해지고 퍽퍽하게 변한다.

이는 안심을 제대로 조리하려면 약간의 기술과 인내가 있어야 한다는 뜻이다. 적어도 전통적인 방법으로 조리하려면 그렇다. 마지막으로 안심을 너무 많이 익혔을 때 나는 자주 하던 대로 이런 생각을 했다. '훨씬 더 쉽고 누구나 할 수 있는 방법이 없을까?'

그런 방법이 있다!

문제는 프라이팬이나 그릴의 단방향의 높은 열이 안심 요리를 아주 어렵게 만든다는 점이다. 그래서 나는 먼저 스테이크를 비교적 낮은 온도인 135℃로 오븐에서 완전히 미디엄 레어가 될 때까지 천천히 구운 다음 팬에서 강한 시어링으로 가장자리를 바삭하게 하면서 브라우닝하면 어떨까 생각했다. 이 방법은 효과가 괜찮았지만 완벽하게 스테이크가 조리되는데 '시간'은 여전히 중요한 사안이다. 어떻게 조리 시 소요되는 시간을 줄일 수 있을까? 그냥 고기를 큰 덩어리의 로스트로 조리한 뒤 스테이크로 자르면 안 될까? 더 제한된 표면적 때문에 통째로 된 로스트는 낱개의 스테이크보다 골고루 익히기가 훨씬 더 쉽다. 특히 아주 주의해서 정육을 한다 해도 모든 스테이크가 크기나 모양이 같지 않기 때문에 스테이크를 똑같은 정도로 익히기는 거의 불가능하다.

또한, 크기가 큰 로스트는 더 천천히 익기 때문에 완벽하게 고기를 익히는 데 훨씬 더 긴 시간이 소요된다. 또 다른 방법을 시도해봤다. 이번엔 안심 덩어리 900g를 통째로 조리하는 데 원하는 최종 온도인 54℃보다 11~16℃ 더 낮은 온도에 도달하게 한다. 오븐에서 꺼낸 뒤 크기가 고른 4개의 스테이크로 자르고 각각을 부드럽고 평평하게 해 준 뒤 기름을 두른 뜨거운 프라이팬에 넣고 시어링을 하고 마지막은 버터를 넣어 마무리했다. 결과는 가장자리를 따라 멋진 갈색의 바삭한 크러스트가 있는 완벽하게 조리된 스테이크가 만들어졌다. 전통적인 방법으로 그럭저럭 만들던 스테이크보다 훨씬 더 나았다. 방법을 바꾼 결과로 더 고른 스테이크가 탄생했다. 전통적인 방법으로 처음부터 고온에서 조리한 스테이크는 바깥쪽으로 가면서 지나치게 많이 익은 고기가 많아진다. 이는 생고기는 시어링을 잘하기 위해 뜨거운 프라이팬에 한참 동안 있게 되는데 그러는 동안 천천히 지나치게 많이 익게 된다. 하지만 천천히 로스팅한 뒤 마지막에 시어링을 한 스테이크는 상대적으로 뜨거운 프라이팬에서 오랜 시간 있지 않기 때문에 고기 전체가 골고루 익는다.

다음의 오른쪽에 있는 이 두 스테이크를 살펴보자. 위쪽에 있는 스테이크는 전통적인 뜨거운 프라이팬 방법으로 조리했고, 아래쪽의 스테이크는 통째로 된 덩어리로 조리한 뒤 스테이크로 나누고 시어링을 해서 만들었다. 둘 다 속의 온도는 정확히 같지만 전통적인 스테이크보다 로스팅 후 시어링한 스테이크에 훨씬 더 적절하게 조리된 분홍빛의 고기 부분이 많다.

전통적인 시어링으로는 회색빛의 원이 생겼다.

내가 개발한 방법으로는 더 골고루 완벽하게 익는다.

내가 둘 중 어느 걸 먹을까요?

좋아요, 여러분 중 몇몇은 의심을 하면서 '이 방법이 정말로 늘 당신이 집에서 스테이크를 조리하는 방법인가요?'라고 물을 것이다. 아뇨, 물론 아닙니다. 이렇게 하려면 시간이 많이 걸리고 때로 나도 부엌에 오래 있을 시간이 없을 때도 있다. 아주 바쁘면, 미리 정육해 놓은 스테이크로 '빠르고 쉬운 팬시어링 스테이크' 레시피(321쪽 참고)에 설명한 방법으로 조리하는데 안심 스테이크에도 그럭저럭 괜찮다. 단지 온도계를 가지고 아주, 아주, 아주 많이 조심해야 한다.

완벽한 안심 스테이크 PERFECT TENDERLOIN STEAKS

NOTE • 커다란 안심 덩어리의 가장자리를 손질하여 잘라 낸 센터컷 로스트는 샤또브리앙이라고 부르기도 한다. 정육점에서 이 부위를 900g 구입하거나 직접 다듬는다(327쪽 참고).

4인분

센터컷 로스트 1덩어리(900g)
코셔 소금과 후춧가루
식물성 기름이나 카놀라유
무염 버터 1큰술

1. 오븐랙을 오븐의 가운데에 끼우고 오븐을 135℃로 예열한다. 소금과 후추를 안심 전체에 넉넉히 뿌린다. 베이킹팬 위에 와이어랙을 얹고 고기를 올린 후 고기 가운데 온도가 미디엄 레어로 38℃(약 45분), 미디엄으로 43℃(약 50분)가 될 때까지 로스팅한다. 그런 뒤 도마로 옮긴다(이 단계에서 고기 표면은 회색이고 덜 익어 보인다.).

2. **1**의 안심 덩어리를 4개의 똑같은 스테이크로 자르고 키친타월로 두드려 닦는다. 자른 면에다 소금과 후추로 간을 한다. 30cm(12인치) 무쇠 프라이팬에 기름과 버터를 넣고 버터가 갈색이 되고 약간 연기가 날 때까지 고온으로 가열한다. 여기에 스테이크를 넣고 바닥이 바삭해지도록 약 1분 정도 굽는다. 스테이크를 집게로 뒤집고 두 번째 면도 바삭해지도록 약 1분 더 굽는다. 기름과 버터가 타기 시작하거나 연기가 너무 많이 나면 불을 줄인다. 스테이크를 옆면으로 세우고 가끔 돌려 가면서 모든 면이 갈색이 되도록 약 1분간 더 굽는다. 스테이크를 도마로 옮기고 호일로 덮은 뒤 약 5분 정도 레스팅한다.

3. 원하는 대로 스테이크에 팬 소스(328~331쪽)나 콤파운드 버터(335쪽), 베어네이즈 소스(332쪽)나 디종 머스터드를 곁들인다.

칼 사용법 : 안심 전체를 손질하는 방법

안심 스테이크는 비싸지만 손질하지 않은 안심을 통째로 사면 비용을 조금 줄일 수 있다. 그뿐만 아니라 다듬는 과정에서 수프나 버거에 쓸 혹은 개에게 줄 맛있는 소고기 조각들을 얻게 된다. 고기를 다듬는 방법은 아래와 같다.

 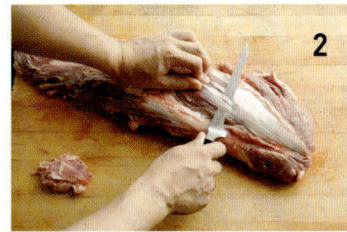 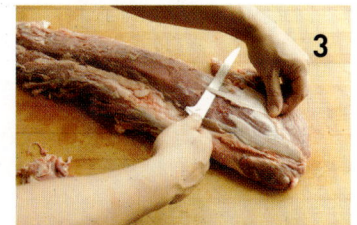

- **흰색 피막(silver skin, 실버스킨)을 제거한다.** [1] 날카로운 뼈칼로 근육을 둘러싸고 있는 질긴 세포막인 실버스킨을 한 번에 조금씩 제거한다. [2] 칼을 쥐지 않은 쪽 손으로는 고기를 잡고 칼끝은 실버스킨 아래에 넣고 살코기가 최대한 잘려나가지 않도록 칼질을 한다. [3] 먼저 한쪽 방향으로 자른 뒤 칼을 뒤집고 잘라낸 실버스킨 조각의 끝을 잡는다. 가느다란 긴 조각을 반대 방향으로 잘라 낸다. 실버스킨이 더 보이지 않을 때까지 이런 동작을 반복한다.

 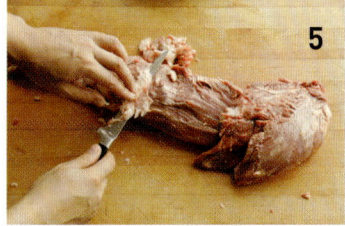 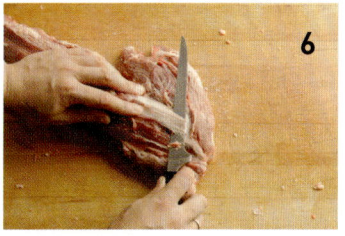

- **연골(gristle, 그리슬)을 분리한다.** 안심에는 한쪽 옆으로 길게 '띠' 모양으로 지방과 연골이 있다. [4] 손으로 가볍게 당겨 고기가 원래 있던 경계면에서 떨어지도록 한다. 칼끝으로 질긴 결합조직이나 세포막을 완전히 잘라 낸다.

- **지방을 제거한다.** 안심에는 가늘어지는 끝부분을 따라 지방 덩어리들이 자주 보이는데 제거해 줘야 한다. [5] 날카로운 뼈칼로 지방을 잘라 준다.

- **큰 쪽 끝을 다듬는다.** 안심의 큰 쪽 부분 끝에는 지방과 결합조직이 주름 안에 숨어 있다. [6] 칼끝을 주름 속으로 넣고 조심스럽게 제거한다.

 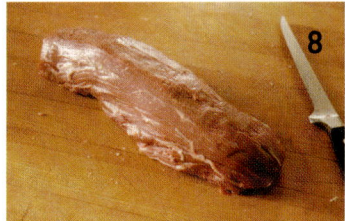

- **안심을 부분별로 자른다.** 가느다란 끝쪽 부분은 한 번 접고 묶어서 안심 전체의 두께가 똑같도록 할 수 있다. [7] 아니면 가느다란 끝 부분과 큰 쪽 끝 부분을 잘라 내서 다른 데 쓰도록 한다. [8] 이렇게 양쪽 끝을 자르고 난 부위가 센터컷 로스트인데, 이 부분은 로스트나 스테이크에 아주 완벽한 부위가 된다.

팬 소스
PAN SAUCE

팬에 스테이크를 구운 뒤 갈색 찌꺼기가 팬 바닥에 눌어붙은 걸 봤을 것이다. 절대 닦아 내지 말 것!

고기가 익으면서 수축될 때, 단백질이 든 육즙이 흘러나온다. 이 육즙이 증발하면서 단백질이 팬 바닥에 남는다. 단백질은 스테이크 표면에 브라우닝된 단백질과 똑같이 바닥에 붙어서 브라우닝이 된다. 모든 사물에 근사하게 들리는 단어를 붙이는 듯 보이는 프랑스인들은 이것이 맛있는 모든 팬 소스를 만드는 맛의 기본이라는 이유로 퐁데시옹(fondation, 기초 기본)에서 따 퐁(fond)이라 부른다. 미국에선 전문 용어로 '냄비–바닥의–맛있는–갈색–끈끈이'라고 부른다

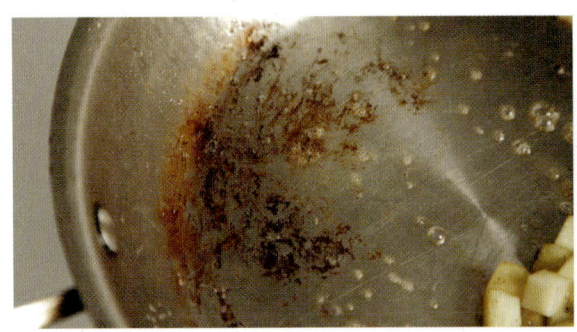

팬 소스는 팬을 디글레이징(deglazing, '뜨거운 팬에 액체를 붓는 일'을 근사하게 표현한 말)해서 만든다. 일반적으로 와인이나 육수를 넣는다. 이 액체를 빠르게 졸이고 여기다 몇 가지 향신료를 넣고 버터를 한 덩이 넣어 완성시키는데 스테이크를 알맞게 레스팅하는 데 걸리는 시간과 동일한 시간 안에 빠르고 쉽게 소스를 만들 수 있다. 장착된 타이머인 셈!

몇 가지 간단한 팬 소스가 있다. 팬 소스를 만드려면, 우선 차가운 버터를 조금 소스에 넣고 저어 걸쭉하게 만든다. 마지막으로 소스에 진하고 풍성한 풍미를 더하며 맛을 부드럽게 해야 하는데 이게 가장 어려운 부분이다. 프랑스인들은 이 단계를 몽띠우버(monter au beurre)라 부르는데 대략 번역해 보면 '젖소 부인, 소스가 아주 부드럽고 맛있게 되도록 해 주세요.' 아니면 이런 비슷한 내용이다. 힘든 과정은 아니지만 조심하지 않으면 소스는 기름기 가득한 유지방이 표면에 둥둥 뜨면서 아주 묽은 물과 같은 소스가 된다. 이런 일이 일어나길 바라지는 않겠죠. 이걸 방지할 수 있는 가장 쉬운 방법은 뭘까? 액체를 넣기 전에 바로 밀가루를 조금 팬에 넣으면 된다. 밀가루에 든 전분이 수분을 흡수해서 팽창하면서 소스를 걸쭉하게 하고 버터를 넣으면 버터가 잘 유화되도록 돕기 때문이다.

간단한 레드 와인 팬 소스 SIMPLE RED-WINE PAN SAUCE

좋은 품질의 드라이 레드 와인을 사용한다. 레시피는 양갈비(lamb chops)이랑 아주 잘 맞는다. 닭고기나 돼지고기로 만들고 싶으면 레드 와인 대신 드라이 화이트 와인이나 화이트 베르무트(white vermouth)를 넣는다.

4인분

중간 크기 샬롯 1개(곱게 다지기. 약 ¼컵, 60ml)
무염 버터 4큰술
중력분 1작은술
홈메이드 또는 저염 닭육수 통조림 1컵(250ml)
드라이 레드 와인 1컵(250ml)
디종 머스터드 1큰술
곱게 다진 파슬리 1큰술
신선한 레몬 즙 1작은술
코셔 소금과 후춧가루

1 스테이크를 굽고 난 뒤, 팬에 남은 기름을 좀 따라 내고 팬을 중간 불에 올린다. 샬롯을 넣고 나무 주걱으로 1분 정도 볶아 숨이 죽게 한다. 버터 1큰술과 밀가루를 넣고 30초 정도 저어 준다. 육수와 와인, 머스터드를 천천히 저으며 넣는다. 팬의 바닥에 낀 물질을 나무 주걱으로 긁어낸다. 불을 고온으로 올리고 육수가 1컵 정도로 졸여질 때까지 약 5분 정도 끓인다.

2 불을 끄고 파슬리와 레몬 즙과 남아 있는 버터 3큰술을 넣고 젓는다. 소금과 후추로 간을 한다. 스테이크 위에 소스를 붓고 바로 먹는다.

포르치니-베르무트 팬 소스 PORCINI-VERMOUTH PAN SAUCE

이 레시피는 소고기나 돼지고기, 닭고기에도 똑같이 사용할 수 있다.

4인분

말린 포르치니 버섯 14g(약 ¾컵)

홈메이드 또는 저염 닭육수 통조림 1½컵 (375ml)

큰 샬롯 1개(다지기. 약 ¼컵, 60ml)

무염 버터 4큰술

중력분 1작은술

간장 1작은술

드라이 베르무트 ½컵(125ml)

토마토 페이스트 1작은술

신선한 레몬 즙 1작은술

다진 타임 1작은술

코셔 소금과 후춧가루

1 스테이크를 요리하기 전, 큰 볼에 포르치니를 넣고 차가운 물로 먼지와 흙을 씻어낸다. 포르치니를 볼에서 건져서 전자레인지 사용이 가능한 1ℓ짜리 계량컵으로 옮긴다. 닭 육수를 넣고 고온으로 1분간 돌린다.

2 스테이크를 굽고 난 뒤, 팬에 남은 기름을 조금 따라 내고 팬을 한 곳에 둔다. 작은 볼에 고운체를 올리고 **1**을 부어 거른다. 포르치니를 숟가락으로 눌러서 최대한 수분을 뺀다. 이 국물을 한 곳에 둔다. 포르치니를 0.6~1.3cm 정도 크기로 대충 다지고 국물에 다시 넣는다.

3 스테이크 팬을 중간 불에 올리고 샬롯을 넣고 나무 주걱으로 약 1분 정도 저으면서 볶아 숨이 죽게 한다. 버터 1큰술과 밀가루를 넣고 약 30초 동안 저어 준다. 천천히 간장과 베르무트를 저으며 넣어 주고 포르치니 닭 육수도 넣어 준다. 팬 바닥에 눌어붙은 물질을 나무 주걱으로 긁어낸 뒤 토마토 페이스트도 넣어 준다. 불을 세게 키우고 소스를 끓여 1컵 정도로 졸인다.

4 불을 끄고 레몬 즙, 타임, 남은 버터 3큰술을 넣는다. 소금과 후추로 간을 하고 스테이크 위에 소스를 끼얹고 바로 상에 올린다.

훈제 오렌지-치포틀레 팬 소스 SMOKY ORANGE-CHIPOTLE PAN SAUCE

이 레시피는 스테이크나 닭고기, 돼지고기에도 똑같이 사용할 수 있다.

NOTE • 제스트가 필요할 때는, 껍질 안쪽 하얀 부분이 최대한 들어가지 않도록 조심스럽게 껍질을 벗긴 뒤 칼로 얇게 채썬다.

4인분

중간 크기 샬롯 1개(곱게 다지기. 약 ¼컵, 60ml)

무염 버터 4큰술

중력분 1작은술

홈메이드 또는 저염 닭육수 통조림 2컵(500ml)

가늘게 썬 오렌지 제스트 12개(오렌지 1개분. 위의 note 참고)

오렌지 과즙 4큰술

아도보 소스에 절인 치포틀레 고추 2개(잘게 다지기. + 아도보 소스 1큰술)

신선한 라임 즙 2작은술(라임 1개분)

곱게 다진 고수 잎 1큰술

코셔 소금과 후춧가루

1 스테이크를 굽고 난 뒤, 팬에 남은 기름을 조금 따라 내고 팬을 중간 불에 올린다. 샬롯을 넣고 나무 주걱으로 1분 정도 볶아 숨이 죽게 한다. 버터 1큰술과 밀가루를 넣고 30초 정도 저어 준다. 육수와 오렌지 제스트, 오렌지 즙, 치포틀레, 아도보 소스를 천천히 저으면서 넣고 섞어 준다. 팬 바닥에 눌어붙은 물질을 나무 주걱으로 긁어낸다. 불을 고온으로 올리고 육수가 1컵으로 졸여질 때까지 약 5분 정도 끓인다.

2 불을 끄고 라임 즙과 고수 잎, 남아 있는 버터 3큰술을 저으며 넣는다. 소금과 후추로 간을 한다. 스테이크 위에 소스를 붓고 바로 차려 낸다.

베어네이즈 소스
BÉARNAISE SAUCE

베어네이즈 소스는 스테이크에 곁들이는 아주 크림 같은 소스이다.

안심이 지방과 맛이 약간 부족하다고 생각하십니까? 걱정하지 마십시오. 베어네이즈 소스가 구해 줄 테니! 이미 '누구나 쉽게 만드는 홀랜다이즈 소스'(119쪽)를 만드는 법을 배웠다면 축하합니다! 누구나 만들 수 있는 베어네이즈 소스도 만들 줄 아는 거거든요. 이 두 가지 소스는 거의 똑같고 유일하게 차이점이 있다면 바로 액체 재료만 다르다. 홀랜다이즈 소스가 유지방과, 달걀노른자, 레몬 즙을 유화시킨 거라면, 베어네이즈 소스는 레몬 즙을 빼고 대신 타라곤과 샬롯 향이 나는 식초와 화이트 와인 졸인 것을 넣은 것이다. 나머지는 정확히 똑같다.

누구나 쉽게 만드는 베어네이즈 소스 FOOLPROOF BEARNAISE

1컵 분량

드라이 화이트 와인 1컵(250ml)

화이트 와인 식초 ½컵(125ml)

샬롯 중간 크기 2개(가늘게 채썰기, 약 ½컵, 125ml)

타라곤 6줄기(잎을 따서 다지기, 약 2큰술, 줄기도 남겨서 사용)

대란 노른자 3개

무염 버터 230g(스틱 버터 2개, 1큰술 크기로 대충 자르기.)

코셔 소금

1. 작은 냄비에 와인과 식초, 샬롯, 타라곤 줄기를 넣고 중강 불에서 끓여 1⅓큰술 정도로 시럽처럼 될 때까지 졸인다. 작은 볼에 고운체를 올리고 거른다.

핸드블렌더로 베어네이즈 소스 만들기

2. 핸드블렌더 컵(이나 블렌더 날 부분이 들어갈 만한 용기)에 달걀노른자와 졸인 와인을 넣는다.

3. 작은 소스팬에 버터를 넣고 중약 불에 올리고 녹이는데 버터에 막 거품이 생기기 시작하고 식품 온도계로 82~88℃가 될 때까지 가열한다. 그러고는 액체 계량컵에 붓고 팬에 남은 얇고 하얀 액체 막은 버린다.

4. 핸드블렌더 날 부분을 블렌더 컵 바닥에 넣고 **2**를 돌린다. 여기에 천천히 녹인 버터를 붓는다. 팬 바닥에 소스가 생기기 시작하는 게 보인다. 소스가 만들어질 때 핸드블렌더 날 부분을 천천히 들어 녹인 버터를 더 붓는다. 이렇게 버터를 다 붓고 소스가 생크림 농도가 될 때까지 돌린다. 소금으로 간하고 다진 타라곤을 섞어 넣는다. 그릇이나 작은 소스팬에 담고 뚜껑을 덮어 먹기 전까지 따뜻한 장소(불 바로 위에 두면 안 됨!)에 둔다.

블렌더나 푸드프로세서로 베어네이즈 소스 만들기

2. 블렌더나 푸드프로세서에 달걀 노른자와 졸인 와인을 넣고 중간 속도로 부드러워질 때까지 약 10분 정도 간다.

3. 작은 소스팬에 버터를 넣고 중약 세기의 불에 올려 버터에 막 거품이 생기기 시작하고 식품 온도계로 82~88℃가 될 때까지 가열한다.

4. 블렌더를 중간 속도로 1분 코스로 돌리면서 천천히 녹인 버터를 붓는다. 필요하면 용기 옆면에 붙은 걸 긁어내린다. 팬에 남은 얇고 하얀 액체 막은 버린다. 소스는 생크림 농도로 부드러워진다. 소금으로 간하고 다진 타라곤을 섞어 넣는다. 그릇이나 작은 소스팬에 담고 뚜껑을 덮어 차려 낼 때까지 따뜻한 장소(불 바로 위에 두면 안 됨!)에 둔다.

두 명이 먹을 수 있는 그릴에 구운 립아이
(또는 티본, 포터하우스나 스트립 스테이크)
GRILLED RIB-EYE (OR T-BONE, OR PORTERHOUSE, OR STRIP STEAK) FOR TWO

그릴에 구운 스테이크와 팬시어링 스테이크의 맛은 완전히 다르다. 하지만 조리 방법에는 몇 가지 사소한 차이만 있을 뿐이다.

우선 첫째로, 목탄 덩어리(아니면 시어링에 더 좋은 진짜 활엽수의 숯)를 피워 얻는 열은 집에서 가스레인지에서 얻는 열보다 엄청나게 세다. 그래서 소고기 기름이 뚝뚝 떨어지면서 아주 멋지게 그을려진다. 이 때문에 그릴에서 구운 소고기는 특유의 훈제 향이 나고 아주 조금 매캐한(긍정적인 면에서) 맛이 있다. 이 맛은 스토브 위에서는 절대 낼 수 없는 맛이며, 가스 그릴에서조차도 어려운 맛으로 이 둘은 석탄에 비하면 온도가 상당히 낮다.

그릴에다가 두꺼운 스테이크를 올려 굽는 건 아주 괜찮은 방법이다(적어도 3.8cm 정도 되는 스테이크). 겉에는 크러스트가 아주 잘 만들어지고 가운데는 야들야들한 미디엄 레어가 넓게 만들어지는 가장 확실한 방법이다. 하지만 아주 두꺼운 고인돌 크기의 더블 컷, 뼈가 있고 두 명의 성인이 먹기에 충분히 큰 선덜켓 립아이 (Thundercats rib-eye) 스테이크(일반적으로는 카우보이 칩이라 부름)는 구울 때에 조금 더 주의해야 한다. 이 스테이크는 두껍다 보니 겉은 타는데도 속은 차가워서 아직 다 익지 않은 상태가 되기가 아주 쉽다.

큰 스탠딩 립(standing rib) 덩어리를 구울 때처럼 가운데는 미디엄 레어로 가장자리를 따라 분홍색이고 그러면서도 아주 멋지게 그을린 크러스트가 만들어지는 최고의 방법은 스테이크를 먼저 낮은 열로 부드럽게 로스팅한 뒤 아주 뜨거운 불에서 표면을 시어링하면서 끝내는 방법이다. 이 순서대로 하는 것이 시어링 먼저 하고 완전히 익히는 것보다 더 나은데 먼저 따뜻해진 스테이크는 시어링이 훨씬 빨리 돼서 겉면 아래에 있는 고기가 너무 많이 익게 되는 걸 최소화할 수 있다(그리고 시어링이 육즙을 가두지는 않는다는 건 지금쯤이면 다들 알고 있지 않은가?).

1단계 : 간을 한다.

코셔 소금과 후추로 스테이크 전체에 골고루 간을 하는데 적어도 굽기 45분 전에 하거나 길게는 간을 한 후 하룻밤 정도 레스팅한다. 먼저 소금은 고기 표면의 수분을 빼 내지만 곧 이 빠져나온 수분으로 소금물을 만들어 고기 단백질 일부를 녹인다. 그리고 이 단백질은 소금이 포함된 수분을 다시 흡수한다. 그 결과 더 깊은 맛이 나고 육질은 더욱 부드러워진다. 베이킹팬 위에 와이어랙을 얹고 그 위에 스테이크를 올린 후 위를 덮지 않고 3일 동안 냉장고에 두면 훨씬 더 좋다.

2단계 : 간접적인 열 위에서 조리한다.

적어도 그릴 한쪽에는 연통을 가득 채울 정도로 목탄을 쌓고 다른 쪽은 간접적으로 열을 받을 수 있게 비워 두 구역으로 나눠 숯불을 피운다. 가스 그릴을 사용한다면 버너 한 세트는 고온으로 가열하고 나머지 세트는 불을 꺼 놓는다. 고기를 그릴 중 온도가 낮은 쪽에 올리고 그릴 뚜껑을 덮고 굽는다. 스테이크를 5분 정도마다 뒤집어 주면서 식품 온도계로 원하는 최종 온도보다 5~6℃ 정도 덜 올라가도록 굽는다(미디엄 레어는 이 단계 후 46℃, 미디엄은 52℃). 정말로 두꺼운 스테이크를 이렇게 구우려면 30분 정도가 걸린다.

3단계 : 시어링

최종 차림 온도보다 속의 온도가 5~6℃ 낮을 때 스테이크를 그릴의 뜨거운 쪽으로 옮기고 그릴 뚜껑을 벗긴다. 그러면 석탄에 산소가 많이 공급돼서 더 뜨겁게 활활 탄다. 스테이크를 시어링하는데, 자주 뒤집어 주면서 크러스트가 두껍게 만들어지고 속이 미디엄 레어로는 52℃, 미디엄으로는 54℃가 될 때까지 굽는다. 만약 지방을 많이 그을려 생기는 탄 맛을 싫어한다면, 물이 든 분무기를 가까이 두고 있다가 확 타오르는 불꽃을 끈다.

4단계 : 레스팅하기

스테이크를 도마로 올리고 10분 동안 레스팅한다. 이때, 스테이크의 속 온도는 최고 온도로 올라간 뒤 다시 1~2℃ 정도 내려간다. 미디엄 레어는 온도가 54℃로 최고치로 올라갔다가 53℃로 내려간 뒤 차려 내면 되고, 미디엄은 60℃로 올라갔다가 59℃로 떨어진 뒤 상에 올린다.

5단계 : 상에 올린다.

충분히 레스팅한 후, 스테이크를 잘라서 바로 상에 올린다. 900g(2파운드)짜리 뼈 있는 스테이크는 적어도 아주 배고픈 사람이면 두 명 정도, 보통 세 명 정도가 먹을 수 있다. 아주 푸짐한 스테이크이다.

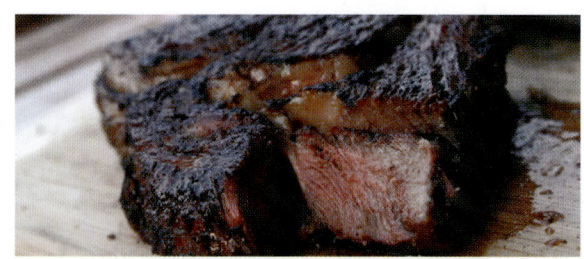

두 명이 먹을 수 있는 완벽한 그릴 스테이크 PERFECT GRILLED STEAK FOR TWO

NOTE • 최상의 결과를 내기 위해서, 뼈 있는 스테이크를 사용한다. 하지만 뼈 없는 스테이크도 괜찮다. 뼈 없는 스테이크라면 약 454g(1파운드) 정도 된다. 립아이 대신 뉴욕 스트립이나 티본, 포터하우스 스테이크를 사용해도 된다.
스테이크에 간을 한 뒤, 적어도 45분 정도 상온에서, 혹은 냉장고에서 뚜껑을 살짝 덮고 3일 정도 레스팅해야 더 맛있다.

2인분

뼈 있는 립아이 스테이크 680g(1½파운드, 적어도 5cm 두께)

코셔 소금과 후춧가루

1 소금과 후추로 스테이크 전체에 넉넉하게 간을 한다. 접시에 둔다.

2 목탄을 연통 가득 넣고 불을 붙인다. 목탄이 회색 재로 바뀌면 쏟아 내고 목탄 그릴의 한쪽으로 쌓는다. 그릴의 석쇠를 제자리에 끼우고 그릴 뚜껑을 덮고 5분 정도 가열한다. 가스 그릴을 사용한다면 버너 한 세트는 고온으로 가열하고 나머지는 끈다. 석쇠를 깨끗하게 닦고 기름을 바른다.

3 스테이크를 그릴에서 온도가 낮은 쪽에 놓는다. 뚜껑을 덮고 통풍구를 모두 열고 스테이크를 자주 뒤집으며 굽는다. 조리용 온도계로 몇 분마다 속 온도를 재어 미디엄 레어는 46℃, 미디엄은 52℃가 될 때까지 10~15분간 굽는다. 도마로 옮기고 2분 동안 레스팅한다. 그릴 뚜껑은 열어 둔다. 산소가 더해져서 목탄이 아주 뜨겁게 활활 탄다.

4 스테이크를 그릴의 뜨거운 부분으로 옮기고 자주 뒤집어 주면서 표면에 두껍게 그을린 크러스트가 생기고 속의 온도가 미디엄 레어는 52℃, 미디엄은 57℃가 되도록 약 3분 동안 굽는다. 도마로 옮기고 속의 온도가 미디엄 레어는 최고치에 오른 뒤 53℃로 떨어지고 미디엄은 59℃로 떨어질 때까지 약 10분 동안 레스팅한 뒤 잘라서 차려 낸다.

콤파운드 버터(Compound butter)

팬 소스보다 더 간단하게 만들고 싶으면 콤파운드 버터를 만들어 스테이크와 함께 차려 내면 된다. 콤파운드 버터는 부드러워진 버터에 향신료를 넣어 만든다. 뜨거운 스테이크마다 동그란 모양의 혹은 작은 덩어리 콤파운드 버터를 한 조각씩 올린다. 그러면 버터가 천천히 녹으면서 기본적으로 고기의 육즙과 함께 스스로 유화작용을 해서 고급스러운 소스가 된다. 콤파운드 버터가 멋진 점은 미리 만들 수 있다는 것, 버터를 몇 층의 비닐 랩으로 싸고 얼린 뒤 필요할 때마다 꺼내 쓰면 된다는 것이다.

팬 소스에도 콤파운드 버터를 이용할 수 있다. 일반 버터를 소스에 넣는 대신 콤파운드 버터를 약간 넣어 주면 복합적인 맛을 더할 수 있다.

콤파운드 버터 마스터 레시피 MASTER RECIPE FOR COMPOUND BUTTER

113~170g 분량

무염 버터 8큰술(스틱 버터 1개, 상온 상태)

콤파운드 버터 양념 중 아무거나(레시피 바로 나옴)

1. 볼에 버터와 양념을 섞는데 포크로 버터를 으깨 고루 잘 섞이게 한다.
2. 30cm(12인치) 길이의 긴 비닐 랩을 작업대 위에 놓는다. 버터를 비닐 랩의 아래쪽 ¼ 지점에 최대한 통나무 모양과 비슷하게 가로로 놓는다. 그러고는 조심스럽게 버터를 랩의 위쪽으로 말아서 통나무 모양이 되게 한다. 양 끝부분을 꼬아서 조인다. 냉장고에 넣어 딱딱해지면 사용하거나 호일로 단단히 싸서 지퍼락 팩에 넣는다. 이 상태로 6개월간 보관할 수 있다. 차려 낼 때는 필요한 만큼 슬라이싱해서 30분 정도 상온에서 부드러워지게 한다.

콤파운드 버터 양념

레몬-파슬리 버터 양념

잘게 다진 파슬리 2큰술

레몬 제스트 2작은술(레몬 1개분)

신선한 레몬 즙 1큰술

중간 크기 마늘 1쪽(곱게 다지거나 제스터로 갈기. 약 1작은술)

코셔 소금

블루-치즈 버터 양념

고르곤졸라(Gorgonzola)나, 로크포르(Roquefort), 혹은 스틸턴(Stilton) 치즈 110g(부드럽게 해 두기.)

우스터소스(Worcestershire sauce) 1작은술

작은 샬롯 1개(곱게 다지기. 약 2큰술)

마늘-칠리 버터 양념

중간 크기 마늘 2쪽(곱게 다지거나 제스터로 갈기. 약 2작은술)

칠리 파우더 1작은술

세라뇨 1개 혹은 할라피뇨 페퍼 ½개(곱게 다지기.)

카옌 페퍼 파우더 ¼작은술

커민 파우더 ½작은술

신선한 라임 즙 2작은술(라임 1개분)

곱게 다진 고수 2큰술

코셔 소금

그릴 또는 팬 구이용 마리네이드 스테이크
MARINATED STEAK FOR THE GRILL OR THE PAN

우리는 비싸고 아주 부드러운 소고기 부위에 대해 이야기했었다. 이제 내가 가장 좋아하는 푸주한(정육업자)의 부위로 넘어가 보자. 이런 부위는 비교적 비싸지 않은 소고기 부위로, 제대로 조리하려면 조금 신경을 쓰고 주의해야 하지만 굉장한 맛으로 보답해 준다. 이런 맛을 낼 수 있는 비결 중의 하나라면? 바로 적설한 양념을 해서 재워 두는 것이다.

본격적으로 이야기하기 전에, 한 가지는 분명히 하자. 마리네이드(marinades) 양념은 요리가 형편없거나 밋밋한 고기를 구원해 줄 수는 없다. 모든 종류의 고기에 수백 가지의 다양한 마리네이드로 시험해 본 뒤 나는 가장 좋은 마리네이드에는 기름, 산, 염분이 든 액체(가급적이면 단백질 분해효소가 든 걸로 - 나중에 자세히 설명)가 공통적으로 들어간다는 걸 알게 됐다.

좋은 마리네이드를 만드는 비결 #1 : 기름

기름은 세 가지 목적을 이루는 데 아주 중요하다. 첫째, 기름은 마리네이드를 유화시킨다. 그래서 소스를 더 걸쭉하고 끈적거리게 만들어 고기에 더 효과적으로 달라붙게 한다. 둘째, 양파나 마늘, 여러 향신료에 들어 있는 것과 같은 여러 맛있는 화합물들은 기름에 녹는다. 지방을 기본으로 하는 매질로 고기를 감싸면 더 맛있고 더 골고루 맛이 퍼진다. 마지막으로 기름은 그릴의 열기와 고기 표면 사이에서 완충 역할을 해서 고기가 더욱 골고루 익도록 한다. 마리네이드에서 기름 성분이 빠지면 이런 세 가지 장점이 감소하게 된다.

좋은 마리네이드를 만드는 비결 #2 : 산(酸)

나는 마리네이드에서 부드럽게 하는 목적으로 산이 아주 중요하다고 생각했었는데 정말로 그렇다. 산은 고기의 질긴 결합조직을 약간 부드럽게 해 준다. 하지만 유감스럽게도 산을 너무 많이 넣으면 화학적으로 고기를 '조리'하기 시작해서 단백질을 변성시키고 단단하게 만들고 결국에는 퍽퍽하게 만들어 버린다. 마리네이드에 산을 넣는다면 산과 기름을 같은 양으로 넣어야 잘 어울리고 산을 넣고 10시간 이내에 사용해야 고기가 퍽퍽해지지 않는다. 하지만 마리네이드의 명성에도 불구하고 실제로는 밤새 재워 둔다 해도 고기 속으로 그렇게 깊이 스며들지는 않는다는 걸 알게 되면 놀랄 수도 있다. 마리네이드는 1~2mm 정도밖에 스며들지 않으며 스며드는 비율도 재워 두는 시간이 길수록 느려진다. 그래서, 마리네이드의 효과는 대부분 고기 표면에 한정된다.

좋은 마리네이드를 만드는 비결 #3 : 소금과 단백질 분해 효소

좋은 마리네이드에서 마지막 재료는 염분이 든 액체이다. 근육 단백질 미오신은 짠 액체에서 녹는다. 그래서 고기의 질감이 느슨해지면서 수분을 더 많이 함유할 수 있게 된다. 그냥 소금보다 더 좋은 걸 원한다고요? 마리네이드에 단백질을 분해하는 효소인 프로테아제(protease)도 첨가하는 걸 고려해 보세요. 그렇다면 간장이 좋은 선택이 될 수 있습니다.

보너스 : 향신료

향신료는 주로 표면에서 작용하지만 그래도 꽤 강력하다. 마늘과 샬롯, 건 향신료, 허브, 칠리는 다 사용하기에 좋은 재료들이다.

마리네이드 하는 방법

고기를 재우는 목적은 고기와 마리네이드의 접촉을 최대화하려는 것이다. 이를 위해, 고기를 지퍼락 팩에 넣고 공기는 다 빼낸다(나는 지퍼락 한쪽 끝에 작게 구멍을 벌려 놓고 그쪽을 향해 모든 공기를 빼낸 뒤 육즙이 나오기 전에 마지막으로 지퍼락 팩을 꼭 닫아 준다.). 혹은 더 좋게는 스테이크를 밀착식 봉지에 넣고 진공 포장기로 밀봉한다.

적당한 시간은, 적어도 1시간에서 최대 12시간까지이다. 더 짧으면 마리네이드가 잘 밀착되지 않는다. 더 길면, 고기가 너무 흐물흐물해지고 가장자리 둘레는 퍽퍽하게 된다. 그래서 속에 든 산이나 단백질 분해 효소에 의해 약간 조리가 된 듯이 보인다.

알아 두면 좋은 저렴한 6가지 스테이크 부위

'저렴한 스테이크 부위'라는 명찰을 달고 슈퍼마켓에서 수십 가지 부위가 팔리고 있는데 그중 내가 가장 좋아하는 여섯 가지 부위가 있다. 이 부위들은 셰프들이 아주 잘 사용하는 거세우 부위로 많이 비싸지 않으면서도 톡톡한 맛이 있다.

고급 스테이크들은 모두 똑같은 거세우의 일반적인 부위, 갈비와 척추를 따라 있는 부위에서 잘라 낸다. 왜냐고? 이 부위에 있는 근육들, 배측 최장근과 대요근은 거세우가 사는 동안 많이 사용하지 않는다. 이 근육들은 크고 부드럽고 자르기도 쉬워서, 육즙이 많고 크기가 적당하고 고기 맛이 진한 스테이크로 사용하기에 아주 좋다.

반면에, 흔히 '푸주한의 스테이크(butcher's steaks)'라고 불리는 부위는 거세우의 몸 전체에서 얻는데, 손질하기가 그리 쉽지만은 않다. 이 스테이크의 여러 부위는 통근육이라 스테이크용으로 사용하기 위해서는 적당히 부드럽고 크기도 적당하게 되도록 손질해 줘야만 한다. 그리고 거세우에 이들 부위가 그리 많지도 않다. 예를 들면, 거세우 한 마리에서 립아이와 티본 스테이크를 9kg 얻을 때, 행어 스테이크(hanger steak)는 454~907g (1~2 파운드) 정도 얻을 수 있다.

이 푸주한 부위는 많이 사용한 근육이기 때문에 더 맛이 좋은 경향이 있지만 일반 대중들에게 팔기에는 시장성이 없고 조리해서 차려 내기에 좀 더 요령이 필요하다. 이런 부위는 주류로 팔리는 부위보다 많이 싸다. 반가운 소식이 아닌가!

알아 두면 좋은 여섯 가지 스테이크 부위이다. 이들 중 플랭크(flank) 같은 부위는 그렇게 저렴하지 않은 가격대이긴 하지만 그 외에는 어디서든 적당한 가격에 구할 수 있을 것이다.

플랭크 스테이크

쇼트립

행어 스테이크

삼각살(트리팁) 스테이크

스커트 스테이크

플랩미트(설로인팁)

이름	부드러움 (1~10까지로 측정)	맛 (1~10까지로 측정)	어떤 맛인지?	최고의 요리법
행어(Hanger) 스테이크 *국내 명칭 : 토시살, 안거미, 주먹시, 간받이 부위	7/10 (결의 반대 방향으로 슬라이싱 했을 때)	8/10	이 부위가 내가 찾는 푸주한 부위다. 적당히 손질해주면 20~25cm 정도 길이에 폭이 약 5cm 정도 되는 길고 가는 모양이다. 가운데 길게 이어지는 띠 같은 결합조직을 자르면 반으로 자른 행어 스테이크가 완성된다. 행어 스테이크는 레어일 때는 결이 거칠고 흐물흐물한 식감이지만 미디엄 레어나 미디엄으로 조리하면 충분히 촉촉하다.	팬시어링과 그릴링. 적어도 미디엄 레어나 미디엄으로 조리하면 가장 좋다. 이것보다 덜 익히면 식감이 그다지 좋지 않다. 비어 쿨러에서 수비드(sous-vide) 방식으로 조리하기에 가장 좋은 부위이다.
스커트(Skirt) 스테이크 *국내 명칭 : 업진살 부위	6/10	7/10	스커트 스테이크는 정확히 어느 부위를 잘랐느냐에 따라 '업진안살(inside skirt)'이나 '안창살(outside skirt)'로 팔린다. 또한 '파히타(fajita) 스테이크'로도 팔린다. 질긴 세포막이 한쪽 면에 붙어 있는데 보통 판매 전에 벗겨 낸다(만약 세포막이 붙은 채로 구입했다면, 세포막을 키친타올로 잡고 벗겨 낸다.). 이 부위는 맛이 뛰어난 부위 중 하나로 상하기 시작할 때의 맛 같은 독특한 맛이 있으며 지방이 많다. 행어 스테이크처럼 이 부위는 미디엄으로 얇게 잘라 익히면 제일 좋다. 얇기 때문에 적절히 익었는지 측정하기가 어려우므로 연습을 좀 해야 한다.	그릴링. 스커트는 아주 얇아서, 가운데가 많이 익기 전에 겉면을 멋지게 브라우닝해야 하므로 고온에서 굽는 게 필수이다. 슬라이싱하려면, 먼저 옆으로 8~10cm 길이로 자른다. 세로로 길게(결과 반대로) 잘라 얇고 가늘고 긴 모양으로 자른다.
플랭크(flank) 스테이크 *국내 명칭 : 치마양지, 아래양지	7/10	5/10	힌때는 비싸지 않은 부위였고 고급 스테이크의 멋진 대체부위이기도 했던 플랭크 스테이크는 이제는 거의 스트립(채끝) 스테이크 가격에 육박한다. 적당한 소고기 맛과 풍부한 육즙, 그리고 결이 단단한 넓고 평평한 직사각형의 소고기 부위로 그릴용으로 가장 선호하는 부위이다.	그릴링, 레스팅 후 플랭크 스테이크는 결 반대 방향으로 얇게 슬라이싱해야 한다. 먼저 결 방향으로 세로로 길게 반으로 나눈 뒤 긴 조각을 각각 결 반대 방향인 가로로 얇게 슬라이싱한다.

이름	부드러움 (1~10까지로 측정)	맛 (1~10까지로 측정)	어떤 맛인지?	최고의 요리법
쇼트립 (short ribs, 갈비)	6/10	10/10	이 부위는 나만 알고 있는 부위이다(좋아요, 아르헨티나인과 한국인들도 이 부위를 알고 있다). 대부분의 사람들은 갈비가 단지 브레이징 부위라고 생각하지만 최고의 소고기 스테이크이기도 하다. 비결은 큰 갈비를 찾는 일인데 적어도 고기 조각이 3.8cm에 길이가 좀 되어야 한다. 미디엄으로 그릴링이나 팬시어링하고 결 반대 방향으로 아주 얇게 슬라이싱한다면 이보다 더 맛있는 스테이크는 없을 것이다.	그릴링, 팬시어링. 갈비는 지방이 굉장히 많아서 대부분의 다른 스테이크보다 조리 시간이 더 길다. 결 반대 방향으로 아주 얇게 슬라이싱해서 차려낸다.
트리팁 (Tri-Tip, 삼각살) 스테이크	5/10	4/10	조직상으로는, 삼각살은 겉면 지방이 그 정도는 안 되지만 차돌양지 소의 가슴살(양지, brisket)을 평평하게 자른 것과 비슷하고 맛에 있어서는 홍두깨살(eye round roast)과 더 가깝다. 소고기 맛이나 지방이 풍성하지는 않아서 일반적으로 양념을 넉넉하게 하고 맛있는 소스와 함께 차려내면 아주 좋다. 끝이 가늘어지는 고르지 않은 모양 때문에 손님들이 익힌 정도가 다 다른 걸 좋아할 때 삼각살을 선택하면 아주 좋다.	그릴링. 맛이 좀 단조로운 부위라 그릴링으로 맛을 더해주는 게 아주 중요하다.
플랩미트 (flap meat, 설로인팁) * 우리나라의 설도(하) 부위와 비슷하다	6/10	6/10	플랩미트 전체는 직사각형의 고깃덩어리로 약 3.8cm 두께이고 무게는 약 1~1.4kg이다. 플랩미트는 결이 단단하고 지방이 풍부해서 진한 소고기 맛이 난다. 그래서 다양한 요리에 어울린다. 정육업자들은 종종 좀 더 작은 다른 부위에 '설로인팁'이나 '팁스테이크'로 잘못 표시하기도 한다. 통째로 된 부위를 찾거나 정육점에 물어서 진짜 플랩미트인지 확인할 것.	폭넓게 여러 용도에 아주 적합하다. 그릴링이나 팬시어링 또는 수프나 스튜에 넣어 끓여도 좋고 케밥에 넣어도 된다. 그릴링이나 팬시어링을 한다면 플랩스테이크는 결 방향으로 두꺼운 조각으로 슬라이싱한 뒤 결 반대 방향으로 얇고 가느다란 조각으로 자른다.

행어 스테이크(Hanger Steak : 토시살, 안거미, 주먹시, 간받이 부위)

행어 스테이크는 차트 탑 40위 안 주류의 자리에는 아직 진입하진 못했지만 밴드맨의 어머니들과 많은 사람들이 음악을 들어보기는 하는 그 정도의 인디 밴드와 비슷하다. 많은 사람들이 이 부위를 먹어 보기는 했다. 아주 오랫동안 행어 스테이크는 일반인들에겐 팔지도 않았다. 대부분 분쇄육에 사용되거나 정육업자들이 집에 가져가서 먹거나 했다. 그래서 '푸주한의 스테이크' 라는 별명을 얻게 됐다. 프랑스에 가 봤다면, 작은 식당의 메뉴에서 스테이크 프리즈(frites)용으로 인기 있는 부위인 옹글레(onglet)를 봤을 것이다. 그러나 미국에서는 이 부위를 찾아보기가 훨씬 더 어려웠다.

그러다가 1990년대 후반쯤 셰프들이 감지를 했고 그래서 미국의 작은 식당과 고급 식당의 메뉴에 등장하게 됐다. 셰프들은 이 부위가 립아이나 스트립 스테이크 같이 비싼 부위의 고기에서 느낄 수 있는 완전한 소고기 맛과 풍성함을 저렴한 가격에 즐길 수 있어서 좋아했다. 요즘은 행어 스테이크는 아주 인기가 많아서 예전처럼 더 이상 그렇게 싸지는 않다(무엇보다도, 거세우 한 마리당 겨우 2개 근육이 있는데 그나마 그다지 크지도 않다.). 하지만 아직도 슈퍼마켓에선 전형적인 고급스테이크 가격의 ⅓에서 반 정도 가격으로 판매한다.

다른 이름 : 푸주한 스테이크, 행가(hangar. 이 이름은 스펠링이 잘못됐지만 자주 보인다.), 아라체라(arrachera. 멕시코에서 부르는), 파히타 아라체라(fajitas arracheras. 텍사스 남부에서 부르는), 비스트로 스테이크(bistro steak), 옹글레(onglet. 프랑스에서 부르는).

소의 부위 : 소의 뼈판 부위(복부의 앞쪽). 소의 횡경막에 '매달려 있다(hang)'고 해서 이런 이름이 붙었다.

구입 : 행어 스테이크는 시장에서 몇 가지 형태로 팔린다. 소에서 바로 잘라 내면 좀 크고 결이 느슨한 두 개의 근육이 수많은 결합조직과 흰빛이 도는 얇은 피막(실버스킨)으로 서로 붙어 있다. 운이 좋다면, 손질을 잘하는 정육업자가 있어 이 부위를 분리해서 잘 다듬어 두 개의 스테이크로 만들어 줄 수 있다. 각각의 스테이크 길이는 30cm(12인치) 정도, 무게는 230~280g 정도로 삼각단면으로 되어 있다.

나는 넓고 얇은 낱개의 스테이크를 쫙 펼쳐 놓은 걸 본 적이 있다. 아마도 골고루 익게 하려고 만든 듯 했다. 하지만 정말이지 쫙 펼쳐 놓은 스테이크는 너무 얇아서 겉면에 멋진 크러스트가 만들어지는 동안 속을 미디엄 레어로 구울 수 없다. 그래서 나는 그런 스테이크는 피한다. 그 대신 일반적으로 자른 스테이크를 고집하거나 자르시 않은 걸 사서 식섭 자른다.

손질 : 우선 아주 날카로운 뼈칼로 표면에 있는 실버스킨과 큰 덩어리의 지방을 제거한다. 칼끝을 실버스킨 아래로 미끄러뜨리고 다른 손으로는 실버스킨을 잡고 조심스럽게 당겨 최대한 살코기를 베지 않도록 한다. 그러면 가운데를 지나가는 두꺼운 힘줄에 붙어 있는 두 개의 근육 조각을 얻을 수 있다.

힘줄을 따라 반으로 잘라 두 개의 스테이크로 분리한다. 그러고는 각각의 스테이크를 다듬으면 조리할 준비가 끝난다.

조리법 : 행어 스테이크를 조리하는 방법은 부엌에서와 야외에서 여러 가지가 있는데 어디서 조리하더라도 미디엄 레어나 미디엄으로 조리해야 한다. 더 많이도 더

적게도 안 된다. 가령 립아이 스테이크처럼 미디엄 이상 익혀도 여전히 꽤 부드럽고 육즙이 많은 부위와는 달리 행어 스테이크는 독특하게 나 있는 결 때문에 식감이 아주 거칠다. 미디엄보다 더 익히면 고무처럼 질겨진다. 반대로 덜 익히면, 고기가 흐물흐물하고 미끄럽다. 레어 행어 스테이크는 레어 안심이나 립아이 혹은 스트립 스테이크와 다르다. 온도계를 이용해서 최적의 상태인 52~55℃로 익힌다(이렇게 하면 레스팅하는 동안 온도가 조금 올라갈 여유가 생긴다.).

꼭 아주 높은 온도로 요리해야 한다. 행어 스테이크는 비교적 얇기 때문에 겉면을 멋지게 그을리는 동안 속이 지나치게 많이 익지 않게 해야 한다. 그릴 위에서는 한쪽 석쇠 쪽에만 가득 목탄을 쌓고 스테이크를 처음부터 끝까지 활활 태우면서 가끔 뒤집어 가며 굽는다. 스토브에서는 무쇠 팬으로 연기가 날 정도로 아주 뜨거운 불로 굽는다. 행어 스테이크는 마리네이드 소스와 잘 어울린다.

마지막으로 행어 스테이크는 수비드 조리법(405쪽 참고)으로 익히면 골고루 아주 잘 익기 때문에 이 조리법으로 요리하기에 좋은 부위이다. 52~55℃의 물속에서 이 부위를 익힌 뒤 그릴이나 스토브 위에서 최고로 높은 열로 마무리를 한다.

마무리하기 : 다른 고기처럼, 행어 스테이크도 조리가 끝나고 난 뒤 몇 분 동안 레스팅을 해야 한다. 그 후 결 반대 방향으로 썰어서 차려 낸다. 제대로 조리하고 잘 자르면 행어 스테이크는 립아이 못지않게 부드럽다.

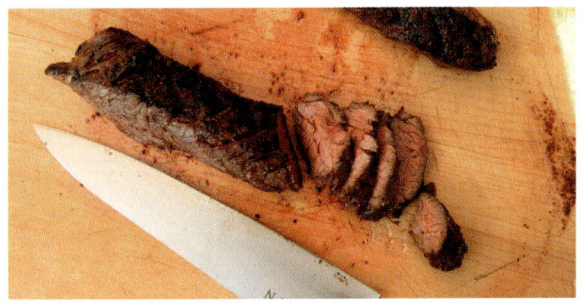

스커트 스테이크(Skirt Steak : 업진살 부위)

비싸지 않은 소고기 부위들 중에서 스커트는 아마도 가격대비 맛이 가장 좋지 않나 싶다. 깊고 진한 맛과 부드럽고 촉촉한 식감을 가진 버터 같은 소고기 지방이 풍부한 스커트 스테이크는 좋아할 수밖에 없는 부위이다. 정말이지, 맛으로 보면 립아이보다도 낫고 비교적 단조로운 안심이나 뉴욕 스트립보다는 훨씬 더 낫다.

제대로 요리하고 잘 자르면 누구나 좋아할 만한 부위이다. 여러분이 멕시코 식당에 가 보면 그곳에는 스커트 스테이크(멕시코에서는 '작은 벨트'라는 뜻의 아스파히타로 알려짐)가 그리들(griddle) 가장자리에 무더기로 쌓여 있는 걸 볼 수 있을 것이다. 그런데 천천히 너무 많이 익게 되면서 왕이 먹을 만한 부드럽고 촉촉한 스테이크에서 딱딱하고 질기면서 간(肝) 맛이 나는 전형적인 타코용 재료로 변해 버리는 걸 너무 흔하게 본다. 또한 너무 온도가 낮은 그릴에 올리거나 레스팅하는 것을 잊어버리고, 자를 때도 제대로 자르지 않아서 먹을 수 없을 만큼 질긴 고무줄로 만들어 버리는 삼촌들도 똑같이 잘못하는 것이다. 삼촌 이러지 마세요. 삼촌 가족들은 여전히 삼촌을 사랑하겠지만 확실히 좋아하지는 않을 거예요.

다른 이름 : 파히타 미트(fajita meat)

소의 부위 : 안창살은 소의 횡경막근이다. 스커트는 소의 옆구리 쪽 부위이다.

구입 : 안창살은 전통적으로 파히타용으로 쓰인다. 하지만 일반적으로 식당에서만 팔리고 소매점에서 찾으려면 구하기 아주 어렵다. 안창살엔 질긴 세포막이 붙어 있어 조리 전에 제거해 줘야 한다.

업진안살은 소의 옆구리 쪽 부위로 스커트 스테이크용으로 더욱 폭넓게 구할 수 있는 형태이다. 이 부위는 일반적으로 세포막을 제거하고 팔기 때문에 집에서 손질하기가 쉽다. 그냥 표면에 붙은 큰 지방 덩어리만 제거해 주면 준비가 다 된 셈이다.

손질 : 아주 날카로운 칼로 살코기는 피해가면서 지방을 잘라 낸다. 일부 지방은 스테이크 속에 들어 있는데 이건 좋다. 그 지방은 고기를 그릴에서 굽는 동안 녹아서 흘러나오는데 스테이크가 더욱 풍성해지게 하고 강렬한 소고기 맛과 버터 같은 맛을 더한다.

조리 : 스커트 스테이크를 조리하는 데에는 한 가지 법칙이 있다. 바로 아주 고온에서 지속적으로 조리해야 한다는 것이다. 낮은 불에서 천천히 익히거나 수비드 조리법은 잊을 것. 스커트 스테이크는 처음부터 끝까지 가장 센 불에서 조리해야 한다. 일반적인 두께의 스테이크는 조리하는 동안 계속 강한 불에서 조리하면 속이 미디엄 레어로 적절하게 익기 전에 바깥쪽이 바삭하게 탄다. 하지만 스커트 스테이크로는 그 반대의 문제가 생긴다. 이 스테이크는 너무 얇아서 최고의 온도로 굽지 않는다면 표면에 멋진 크러스트가 생기기도 전에 속이 이미 너무 익어 버리기 때문이다.

목탄을 연통 한 가득 피우고 목탄을 그릴의 한 쪽 아래에 쌓는다. 거기다 추가로 목탄을 몇 개 더 맨 위에 올린다. 맨 위에 올린 목탄이 뜨거워지는 대로 스테이크를 올리고 한 번만* 뒤집어 익힌다. 활엽수에서 얻은 목

---

* 나는 앞에서 스테이크를 여러 번 뒤집으라고 했지만 이 스테이크는 더 빠르게 익히면 너무 많이 익게 된다.

재로 만든 목탄을 사용한다면 이때쯤 고기를 꺼내야 한다. 경재 목탄은 조개탄보다 더 빨리 타고 더 뜨거워서 스커트 스테이크를 구울 때 이상적이다.

행어나 다른 느슨한 질감의 부위처럼 스커트 스테이크도 마리네이드 양념을 바르면 아주 좋다. 최소한, 소금과 후추는 넉넉히 뿌려 준다.

마무리하기 : 결의 방향을 살펴본다. 결 방향으로 8~10cm 정도 길이로 나눈다. 각각을 90° 돌려서(결 반대 방향) 얇고 긴 조각으로 자른다.

플랭크 스테이크(Flank Steak : 치마양지, 아래양지)

사람이 많을 경우에는 플랭크 스테이크만큼 괜찮은 부위를 찾기는 어렵다. 플랭크 스테이크는 소고기 맛이 강하게 풍기며 결이 아주 부드러워서 식감이 좋다. 크고 고른 모양이라 조리하고 잘라서 차려 내기가 쉽고 스테이크는 알맞게 얇아서 몇 분 만에 다 익지만 또 속은 멋진 미디엄 레어가 될 정도로는 충분히 두껍다.

플랭크 스테이크는 크기가 커서 일반 가정에서는 약간 다루기가 불편하긴 하지만 조리법으로 보면 아주 다양하게 사용할 수 있다. 가장 좋은 방법은 그릴에서 굽는 것이다. 표면적이 넓은 스테이크는 멋지게 그을려지면서 훈제 맛이 배고, 파히타나 스테이크 샐러드처럼 만들 수 있는 요리의 종류는 야외에서 하는 식사에 아주 적합하다.

다른 이름 : 스터-프라이 비프(Stir-fry beef. 이 경우엔 일반적으로 슬라이싱한다.).

소의 부위 : 플랭크는 거세우의 복부 후미 쪽 부위이다.

구입 : 한때는 비싸지 않은 부위였고 고급 스테이크의 괜찮은 대용이 되기도 했던 플랭크 스테이크의 값은 요즘은 거의 스트립 스테이크의 수준에 육박한다. 구입을 할 때는 근육을 따라 지방이 많이 든 고른 선홍빛 고기를 고른다. 플랭크 스테이크를 잘못 손질하면 얇은 세포막이 아직 부분적으로 붙어 있거나 세포막을 너무 심하게 제거해서 고기 표면이 찢어지게 된다. 자국이나 홈이 나 있지 않고 결이 부드러운 걸 구입한다.
일반적으로 플랭크 스테이크는 전체 무게가 0.9~1.8kg 정도 된다. 세 명당 플랭크 스테이크 453g(1파운드) 정도가 적당하며, 내 친구들이 늘 그렇듯 여러분 친구가 아주 배가 고프다면 680g(1.5파운드) 정도로 준비하면 된다.

손질 : 플랭크 스테이크는 아주 인기가 좋기 때문에 대부분의 정육업자들은 바로 조리할 수 있게 고기를 다듬어서 판매한다.

조리 : 플랭크 스테이크는 고기 결이 아주 섬세해서 레어와 미디엄 사이로 조리하는 게 적절하다. 작은 크기로 자르지 않으면 프라이팬에 다 들어가기가 어렵지만 그릴은 괜찮다. 행어 스테이크를 굽듯이 조리하면 되는데, 고온에서 가끔 뒤집어 주면서 양쪽 면에 크러스트가 많이 생길 때까지 굽는다. 속이 아직 적정 온도에 이르지 않았는데 겉이 타기 시작한다면 그릴에서 온도가 낮은 쪽으로 옮겨 좀 더 약한 불에서 마무리한다.
플랭크 스테이크는 고기 결이 느슨한 행어나 스커트 스테이크처럼 쉽게 마리네이드가 잘 흡수되지 않는다. 그렇지만 맛을 더욱 좋게 하기 위해서 그래도 양념을 할 만하다.

마무리하기 : 길고 얇고 날카로운 카빙 나이프(carving knife)나 셰프 나이프로 결 반대 방향으로 스테이크를 슬라이싱한다. 칼을 비스듬한 각도로 잡고 자르면 조각이 조금 더 넓어지는데 그러면 보기에 좋다.

쇼트립(Short Ribs, 갈비)

한국인과 아르헨티나인들은 우리가 모르고 있는 걸 알고 있는데 바로 쇼트립이 그릴 구이에 최고 부위라는 사실이다. 한국 식당에서는 갈비(kalbi)로 메뉴에 올라 있다. 쇼트립 대부분은 쇼트립을 플랭큰(flanken) 스타일로 자른 것이다. 즉, 갈비 부위를 가로 방향으로 가로질러 얇게 슬라이싱한 것으로 각각의 조각마다 갈비뼈의 횡단면을 볼 수 있다. 좀 더 고급 식당에서는 각각 하나의 뼈에 고기를 조심스럽게 얇게 저미서 길고 얇은 띠처럼 쫙 펼쳐지게 만든다.

아르헨티나에서 이 부위는 아사도 데 티라(asado de tira)라고 부르며, 두껍게 잘라 덮개 없는 그릴에 구워 허브 오일과 식초가 기본인 치미추리(chimichurri) 소스를 뿌려 낸다. 스트립 스테이크보다 소고기 맛이 훨씬 강하며 립아이보다 마블링이 더 잘 되어 있고 안심보다 훨씬 더 맛있고 스커트나 행어 스테이크보다 더 두껍고 살이 더 많다. 쇼트립만큼 그릴 구이가 잘 어울리는 부위는 아마 없을 것이다.

다른 이름 : 갈비(kalbi. 한국), 야곱의 사닥다리(Jacob's Ladder. 영국, 뼈를 가로질러 자를 때), 아사도 데 티라(아르헨티나).

소의 부위 : 당연히 갈빗대(아, 네) 부위다. 갈비를 여러 방식으로 자르긴 하지만 일반적으로 갈비 스테이크나 스트립 스테이크(이런 부위는 등과 더 가깝다.)보다 배쪽으로 좀 더 아래쪽 부위이다. 뼈와 함께 15~20cm 정도 길이로 길게 자를 때, 이를 '잉글리쉬 컷(English cut)'이라고 부른다. 뼈를 가로지르며 잘라서 각 조각에 4~5개의 짧은 뼛조각이 들어가 있을 때를 '플랭큰 스타일(flanken-style)'이라고 한다.

구입 : 다른 고기처럼 쇼트립도 질 측면에서 종류가 다양하다. 가장 좋은 부위는 갈빗대 맨 윗부분으로, 립아이 스테이크가 잘리는 부분과 가깝다. 맨 위 15cm 정도가 우리가 찾는 부위이다. 이 부위에서 자르면 뼈의 길이가 약 15cm이고 폭이 3.8cm 정도, 두께가 1.3cm 정도 되며 이 뼈 위에 두께가 2.5cm 정도 되는 살 조각이 덮여 있다.

그리 양심적이지 않은 일부 정육업자들은 갈비의 저 아랫부분을 잘라서 쇼트립이라고 팔기도 한다. 이 부분은 고기가 적게 붙어 있기 때문에 여러분이 알아볼 수 있다. 이 부위로는 전혀 요리를 할 수 없으니 괜히 힘들이지 말 것(배고픈 개가 두어 마리 있지 않다면). 마블링이 잘 되어 있고 고기가 많이 붙은 부위를 찾을 것.

잉글리쉬 컷이든 플랭큰 스타일이든 그릴에서 구우면 다 좋긴 하지만 나는 잉글리쉬 컷으로 사는 게 좋다. 그러면 비교적 두꺼운 스테이크의 뼈에서 살을 발라낼 일이 생긴다. 뼈가 없는 갈빗살을 구할 수 있다면 더 좋다. 간단히 갈빗살을 스테이크로 자르면 버릴 것도 없이 조리 준비가 다 끝난다.

손질 : 큰 지방층이 있다면 약 0.3cm 정도 남기고 잘라낸다. 실버스킨이나 결합조직 등은 제거할 필요가 없다. 잉글리쉬 컷 갈비는 뼈도 잘라 낼 수 있다. 뼈는 육수용으로 보관한다(아니면 개에게 주든지!).

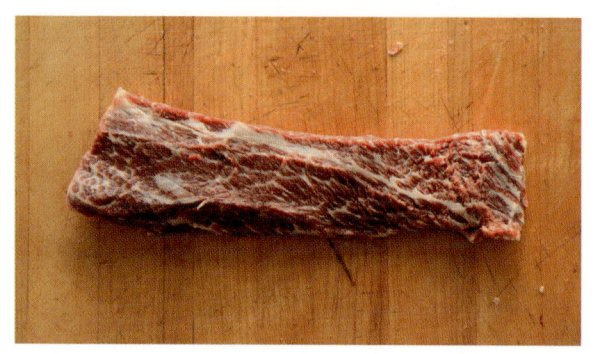

조리 : 쇼트립은 지방 함량이 더할 나위 없이 아주 높기 때문에 비교적 누구나 쉽게 조리할 수 있는 부위이다. 근간 지방은 단열재 역할을 하기 때문에 조금 더 천천히 익고 그래서 원하는 정도로 익어서 그릴에서 꺼내기까지의 시간이 오래 걸린다. 나는 쇼트립을 고급 일본 와규 스타일 스테이크를 요리할 때와 비슷하게 다룬다. 즉, 여러분이 평소에 스테이크를 레어로 굽든 웰던으로 굽든 상관없이, 쇼트립 스테이크는 미디엄 레어, 약 54℃로 구울 것을 권한다. 이보다 더 낮으면 근간 지방은 밀랍 같은 고체 상태로 반지르르한 육즙을 볼 수가 없다. 그러나 이 온도보다 많이 높으면 지방이 엄청나게 흘러나와서 갈비가 질기고 퍽퍽해진다.

쇼트립은 활활 타는 뜨거운 불이 아니라 적당히 뜨거운 불 위에서 조리하는 게 가장 좋다. 모든 일이 그렇듯 지방이라 해도 너무 뜨거우면 타기 쉽다. 불바다 위에서 굽는다면 뚝뚝 떨어지는 지방이 증발하면서 역겨운 맛의 그을음이 고기 표면 위에 남는다. 불 세기가 적당해야 쇼트립 스테이크의 속이 알맞게 익었을 때 겉면에도 진한 갈색의 바삭한 껍질이 만들어진다. 쇼트립도 스테이크처럼 뜨거운 무쇠 팬에 구워도 된다.

나는 아르헨티나식 쇼트립을 더 좋아하는데 소금으로만 간을 하고 치미추리 소스를 곁들인다.

마무리하기: 쇼트립은 고급 고기 부위보다 약간 질기다. 그래서 한 번 더 말하지만, 제일 좋은 방법은 꼭 결의 반대 방향으로 얇게 슬라이싱해서(혹은 먹는 사람들에게 그렇게 하라고 알려 줘야 한다.) 올리는 것이다.

삼각살 스테이크(Tri-Tip Steak)

여러분이 캘리포니아의 산타 마리아(Santa Maria, California) 출신이 아니라면 거세우의 아래 등심살(bottom sirloin)에서 자른 크고 부드러운 삼각형 모양의 부위인 삼각살에 대해 들어 보지 못했을 것이다. 산타 마리아 출신이라면 아주 큰 삼각살 스테이크가 든 핀퀴토(pinquito) 콩 요리를 먹었을 것이다.

삼각살 스테이크는 산타 마리아식 바비큐용으로 사용되는 기본 부위이다. 중앙 캘리포니아 밖으로는 잘 알려지지 않은 지역적인 바비큐 방식이다. 어떤 기준으로 보면 이 방식은 '진짜' 바비큐로는 전혀 적합하지 않을 수도 있다. 산타 마리아식 바비큐는 기술적으로는 단시간 조리 방법이다. 다시 말하면 고기는 붉은 참나무가 타고 있는 노천 구덩이 위에서 미디엄 레어로 요리된다. 낮은 온도로 천천히 훈제하는 것도 아니고 결합조직(실제로 삼각살은 결합조직이 많지 않음)이 분해되는 것도 아니고 근사한 바비큐 소스도 없다. 그저 소고기에 양념을 하고 그릴에 올리고 잘라서 이 지역에서 나는 핀퀴토 콩이랑 토마토 살사와 버터에 구운 마늘빵과 함께 차려 낸다.

내게는 꽤 근사해 보인다.

다른 이름: 산타 마리아 스테이크(Santa Maria steak), 뉴포트 스테이크(Newport steak. 낱개의 스테이크로 잘랐을 때), 이그리에뜨 바흔(aguillote baronne. 프랑스에서 부르는), 뿐다 데 앙까(punta de anca), 뿐다 데 솔로모(punta de Solomo), 꼴리타 데 꾸아드릴(colita de cuadril) (이상 라틴아메리카에서 부르는), 마미냐(maminha. 브라질).

소의 부위: 거세우의 뒷다리를 움직이는 근육, 아래 등심살 부위(거세우의 무릎 슬개골로 힘을 가하는 근육이다.).

구입: 삼각살은 고기 질이 꽤 일정한 편이라 까다롭게 살펴볼 만한 건 없다. 프라임과 초이스 등급 중에서 고른다면 나는 프라임으로 선택하겠다. 왜냐하면 삼각살은 일반적으로 지방이 적어 퍽퍽해지기 쉽기 때문에 지방이 많은 걸 골라야 한다.

손질: 삼각살을 손질할 때 겉면에 실버스킨이 있다면 얇고 날카로운 칼로 제거해 준다.

조리 : 삼각살은 소고기 맛이 강하거나 지방이 많지는 않다. 그래서 일반적으로 넉넉하게 양념을 하거나 맛있는 소스를 곁들이는 게 좋다. 삼각살은 한쪽 끝이 가늘어지는 모양이라 조리가 고르게 되지 않는다. 식사를 하는 손님 중에 좀 더 웰던 정도로 익은 고기를 좋아하는 사람이 있다면 더 얇고, 점점 가늘어지는 끝부분 고기를 주면 된다.

전통적인 산타 마리아식 바비큐는 소금과 후추가 필요하고 조리 전에 고기에 아마도 약간의 마늘을 바르는 듯하다. 개인적으로 나는 조금 매운 양념으로 바르는 걸 좋아하는데, 파프리카 파우더와 커민 파우더 조금, 카옌페퍼 파우더, 설탕 조금씩을 넣어 바른다. 그 후 슬라이싱해서 마무리하면 고기 맛이 정말로 좋아진다.

지방이 많이 든 스테이크를 요리할 때와 똑같이 골고루 익히고 육즙이 많고 멋진 크러스트가 생기도록 하려면 스테이크를 그릴의 온도가 낮은 쪽에 올리고 뚜껑을 덮고 시작해야 한다(물에 젖은 나무 조각을 목탄 속에 넣어도 좋은데 그러면 삼각살에 훈제 향이 잘 밴다.). 그러고는 목표 온도의 3~6℃ 이내가 될 때까지 굽는다(최종 목표 온도보다 3℃ 더 낮다.). 미디엄 레어로 구우려면 약 46~49℃이다. 스테이크를 그릴의 뜨거운 쪽으로 옮기고 바깥 면이 모두 멋지게 그을릴 때까지 굽는다.

마무리하기 : 스테이크를 꺼내서 약 10분 정도 레스팅한다(삼각살은 큰 부위이다.). 그러고는 날카로운 칼로 얇게 결 반대 방향으로 자른다.

스테이크를 좋아하는 소스와 함께 차려 내면 된다. 내 속에 있는 전통주의자는 토마토와 셀러리를 뿌린 '산타 마리아식 살사'(358쪽 참고)와 곁들이라고 속삭이고 내 속에 있는 누가 뭐라 하든 맛있으면 되지 주의자는 전통주의자에게 입 다물고 이 장에 있는 어느 소스든 같이 차려 내면 된다고 말한다.

플랩미트(Flap Meat : 설도(하) 부위와 유사)

나는 처음 플랩미트를 뉴잉글랜드 지역에서 부르는 대로 설로인팁(Sirloin Tip)으로 알고 있었다. 구식 술집이나 메뉴가 있는 선술집에 가면 이 고기를 만나게 된다. 사각으로 잘라서 꼬챙이에 꽂고 목탄 불 위 그릴에서 굽는다. 꼭 보스턴에 있는 산타피오(Santarpio)에서 하는 것과 같다. 플랩미트를 그릴에 제대로 구우면 케밥에 쓰이는 다른 부위들에서는 맛보기 힘든 부드럽고 육즙이 많고 진한 소고기 풍미가 난다. 게다가 가격도 저렴하다. '좀 비싸지만 그냥 안심보다는 저렴하다' 이런 정도가 아니라 진짜로 싸다.

나는 뉴욕으로 다시 이사 와서야 뉴잉글랜드 밖에서는 설로인팁에 대해 아무도 모른다는 걸 알게 되었다. 그리고 더 뒤에야 이곳에서 정육업자들이 팔고 있는 '가짜 행어'와 '플랩미트'가 사실은 똑같은 소고기 부위이며 뾰족한 모양으로 자르기 전의 통째 부위라는 걸 알게 되었다.

비싸지 않은 소고기 부위 중에서 가장 다양한 용도로 쓰이는 부위 중 하나다. 그릴 구이나 시어링 같은 단시간 조리 방법에도 아주 적합하다. 통째로 구워서 가느다란 얇은 조각으로 자르면 아주 좋다. 사각으로 잘라서 꼬챙이에 끼면 당해 낼 만한 게 없다. 고기 결이 거칠기 때문에 마리네이드와 다른 양념이 착 달라붙는다. 천천히 익히는 조림에도 잘 어울린다. 브레이징을 할 때는 플랩미트를 쿠바식 로빠 비에하(ropa vieja)처럼 부드러운 가는 고기 조각으로 찢어 넣는다.

다른 이름 : 가짜 행어(Faux hanger), 바베뜨(bavette. 프랑스에서 부르는), 설로인팁(sirloin tip. 뉴잉글랜드에서 부르는).

소의 부위 : 아래 등심 밑동, 삼각살이 나오는 같은 부위.

구입 : 플랩미트는 우리가 살고 있는 장소에 따라 여러 형태로 나오지만 슈퍼마켓이나 정육점에는 거의 늘 통째로 배달된다. 그래서 가늘고 긴 모양으로 팔거나 사각형으로 파는 곳에 살면 그게 일반적인 형태가 된다(뉴잉글랜드 같은). 아니면 정육점에다 통째로 손질해서 달라고 얘기해도 된다. 통째로 사서 집에 가져 오면 할 수 있는 게 더 많다. 이 부위는 비교적 지방이 적기 때문에 프라임 등급으로 살 필요가 없다. 초이스 등급으로도 맛이 충분하고 가격도 더 싸다.

손질 : 플랩미트는 일반적으로 거의 잘라 낼 게 없고 실버스킨만 제거해 주면 된다.

조리 : 내가 알고 있는 다른 어느 부위보다 이 부위는 레어로 조리하면 아주 형편없다. 아직 익지 않았을 때 직접 눈으로 확인할 수 있는데 이 부위는 고기가 약간 흐물흐물하다. 미디엄 레어나 미디엄으로 조리해야만 고기를 씹었을 때 입안에서 으깨지지 않을 정도로 단단해진다.

플랩미트는 그릴에서 구우면 특히 좋다. 스커트 스테이크처럼 극도로 높은 열이 필요하지도 않고 갈비를 구울 때처럼 지방이 떨어져서 불길이 확 솟아오르는 문제도 없다. 그래서 요리하기가 꽤 간단하다. 그냥 그릴 한쪽에만 뜨거운 목탄을 피우고 고기를 올린다(물론 간을 한 뒤). 그리고는 매 분마다 고기를 뒤집으면서 적어도 가장 두꺼운 부분이 52℃ 정도가 될 때까지 익힌다.

마무리하기 : 플랩미트는 결 방향이 뚜렷하며 아주 거칠다. 결이 스테이크 끝까지 옆으로 나 있다. 그래서 결과 반대 방향으로 얇게 먹기 좋은 크기로 자르는 게 힘들다(세로 방향으로 길게 잘려진 가늘고 긴 모양이 되고 만다.). 그래서 가장 좋은 방법은 먼저 고기를 3~4조각으로 결을 따라 자른 뒤 각 조각을 90° 돌려서 결 반대 방향으로 얇게 자른다.

모양이나 두께, 마리네이드와의 조화 등에 있어 플랩미트와 플랭크 스테이크가 서로 비슷하기 때문에 둘을 서로 대체해도 된다. 플랩미트를 플랭크 스테이크보다 더 맛있고 더 섹시한 사촌쯤으로 생각하면 된다.

고기의 결과 방향의 상관관계

여러분도 아시겠지만, 고기는 서로 평행한 긴 근섬유 묶음으로 이루어져 있다. 고기를 가까이서 살펴보면 나무처럼 결이 있는 걸 볼 수 있다. 등심(스트립과 립아이가 나오는 부위)이나 안심(필레)같은 근육에서 그런 결은 아주 미세하다. 이런 부위의 근섬유 꾸러미는 얇아서 뚜렷한 결을 만들지 않는다. 이와 같이 약한 근육을 자르면 어떻게 자르든 연하고 부드럽다. 스커트나 행어(아래에 보이는 대로), 혹은 플랭크 스테이크처럼 저렴한 부위는 결이 분명하게 드러나는 두꺼운 근섬유 묶음으로 되어 있다.

이러한 섬유질은 아주 질긴데 그래야만 한다. 이들의 역할은 당신보다 훨씬 큰 동물의 가동부(움직임을 담당하는 부분)를 움직이는 것이다. 한 가닥 근육섬유를 길이를 따라 당기면서 찢으려고 하면 아주 힘이 든다. 하지만 각 근섬유를 서로에게서 떼어 내는 일은 상대적으로 쉽다. 그래서 플랭크나 행어 혹은 스커트 스테이크 조각을 입에 넣기 전에 질긴 근섬유를 날카로운 칼로 가능한 한 짧게 잘라 줘야 한다. 칼을 결과 평행하게 놓고 자르면 긴 근섬유가 남게 되는데 이 섬유는 이로 자르기에는 너무 질기다. 그러나 고기를 결 반대 방향으로 얇게 자르면 근 섬유가 아주 짧아져서 거의 뭉칠 수가 없게 된다. 351쪽의 결을 따라 자른 고기(왼쪽)와 결 반대 방향으로 자른 고기(오른쪽)의 차이점에 대해 오른쪽 사진을 살펴보라.

정말이지 꼭 알아 둬야 할 내용이다. 이제 이 글의 나머지는 그냥 넘어가도 된다. 하지만 나처럼 중학교 3학년 때 세상에서 가장 훌륭하신 기하학 선생님께 배워서 삼각형을 그리고 물건을 재어 보고 하는 데에 비상할 정도의 욕구를 갖게 된 그런 사람들에게 말하겠는데, 슈투름 선생님(Mr. Sturm)이 말씀하시길, '우리는 과학적인 정밀함의 산을 올라가려고 하는데 그곳은 공기가 희박하니 준비를 단단히 하도록!'

양적으로 스테이크를 슬라이싱하는 방법이 실제로 얼마나 많은 효과를 내는가? 몇 가지 정의를 세워 봅시다.

- 슬라이스 사이의 칼이 움직인 거리를 w라고 하자(즉, 슬라이스의 폭).
- 각 슬라이스에서 고기 섬유의 길이를 m이라 하자.
- 마지막으로, 칼날과 고기 섬유질 사이의 각을 θ라 하자.

고등학교 삼각법에 대입해서, 바로 다음과 같은 공식을 생각해 낼 수 있다.

$$m = w / \sin(\theta)$$

그렇다면 이것은 무엇을 나타내는걸까? 우리의 목표가 고기 섬유질의 길이(m)를 최소화하는 것이라면 우리는 칼날과 고기 섬유질 사이의 각 $\sin(\theta)$를 최대화해야 한다. 고기를 90° 각도로 고기 섬유 방향으로 1.3cm 굵기의 띠 모양으로 자를 때 칼날과 고기 섬유질 사이의 각 $\sin(\theta)$는 1과 같다(즉, 최대한이다). 그리고 고기 섬유는 정확히 슬라이스의 폭, 즉, 1.3cm이다. 대신, 고기를 45° 각도로 자르면 폭은 여전히 1.3cm이지만 고기 섬유의 길이는 1.8cm가 된다(45° – 45° – 90°의 직각 삼각형에 흥분한 거기 있는 모든 수학충들에게 말하는데, 그건 0.5의 제곱근이다.). 그건 거의 50% 증가이다! 자, 이제 극단까지 가 봅시다. 고기 섬유와 완벽하게 평행이 되도록 자른다면 칼날과 고기 섬유질 사이의 각 $\sin(\theta)$는 0이 되며 수학의 깨질 수 없는 법칙에 따라 고기 섬유질은 무한정 늘어난다. 그래서 한 마리 큰 소가 될 때까지!

이 이야기의 교훈 : 고기 결과 직각으로 고기를 잘라서 부드러움을 최대화한다. 이것은 모든 종류의 고기에 적용된다. 소고기, 양고기, 돼지고기, 칠면조, 버팔로, 들소, 맘모스 무엇이든. 고기에 근육이 있다면 슬라이싱하는 방향은 아주 중요하다.

허브와 마늘 마리네이드로 팬시어링한 행어 스테이크
PAN-SEARED HANGER STEAK WITH HERB AND GARLIC MARINADE

이 레시피는 기름을 기본으로 한 마리네이드용으로 허브와 마늘의 맛이 고기에 골고루 배게 되어 있다. 그래서 일반적으로 마리네이드 할 때 내가 권장한 6시간 정도보다 더 길어도 그리 나쁘지는 않다. 먼저 허브의 맛이 기름으로 빠져나와야 하고 그다음에는 기름에서 고기로 전달되어야 하기 때문에 사실 좀 더 오랜 시간이 걸린다. 허브와 향신료를 통째로 넣으면 시어링(혹은 그릴링)하기 전에 닦아 낼 수 있다.

NOTE • 행어 스테이크 대신 플랭크나 스커트, 플랩 스테이크를 사용해도 된다.

4인분

(마리네이드용)
엑스트라 버진 올리브오일 4큰술
마늘 4쪽(반으로 나눠서 칼 옆면으로 부드럽게 으깨기.)
통후추 1큰술
펜넬 씨드 1작은술
코리앤더 씨드 1작은술
듬성듬성 썬 파슬리 잎과 줄기 ½컵(125ml)
타임 4줄기(성글게 다지기.)
간장 2큰술
코셔 소금

행어 스테이크 900g(4등분하기. 하나에 230g 정도)
식물성 기름 1작은술
무염 버터 2큰술

1 **마리네이드 만들기** : 작은 볼에 올리브오일과 마늘, 통후추, 펜넬 씨드, 코리앤더 씨드, 파슬리, 타임, 간장을 넣고 잘 저어 준 후 소금으로 간을 한다. 행어 스테이크를 4ℓ짜리 지퍼락 팩에 넣고 마리네이드를 부은 후 공기를 눌러 빼고 팩을 닫는다. 가끔 뒤집어 주면서 적어도 6시간에서 24시간까지 고기가 재워지도록 냉장고에 둔다.

2 고기를 마리네이드에서 꺼내서 많이 묻은 부분은 닦아 내고 통 향신료, 허브, 마늘 등도 제거한다. 30cm(12인치) 무쇠나 바닥이 두꺼운 스테인리스 스틸 팬에 식물성 기름을 넣고 고온에서 연기가 날 때까지 가열한다. 조심스럽게 스테이크를 넣고 자주 뒤집으면서 두 면에 연한 갈색 크러스트가 생길 때까지 약 4분간 굽는다(기름이 타거나 연기가 계속 나면 불을 중약으로 낮춘다.).

3 버터를 넣고 스테이크를 자주 뒤집으면서 계속 굽는다. 팬에서 연기가 심하게 나면 불을 줄이고 스테이크 두 면이 진한 갈색이 되고 식품 온도계로 스테이크 속이 미디엄 레어는 52℃, 미디엄은 57℃가 되도록 약 5분 더 굽는다. 스테이크를 큰 접시로 옮기고 5분 동안 레스팅한 뒤 잘라서 마무리한다.

4 한편, 원하면 팬 소스를(328~331쪽 참고) 만들거나 스테이크를 콤파운드 버터(335쪽)나 디종 머스터드와 함께 곁들인다.

스테이크 전문점처럼 그릴에 구운 마리네이드 플랭크 스테이크
STEAK HOUSE-STYLE GRILLED MARINATED FLANK STEAK

이 마리네이드는 A-1 스타일 우스터소스를 기본으로 한 스테이크 소스를 내 식으로 만든 것으로 앤초비와 간장, 마마이트와 황설탕으로 맛을 냈다. 아주 맛이 좋고 약간 달다. 플랭크 스테이크 대신 행어나 스커트, 플랩미트를 사용할 수 있다.

4인분

(마리네이드용)
우스터소스 ½컵(125ml)
간장 4큰술
황설탕 3큰술
앤초비 필레 4개
마마이트 2작은술(선택사항)
마늘 2쪽(반으로 자르고 칼 옆면으로 부드럽게 으깨기.)
디종 머스터드 2큰술
토마토 페이스트 2큰술
식물성 기름 ½컵(125ml)
다진 차이브 2큰술
중간 크기 샬롯 1개(다지기. 약 2큰술)

플랭크 스테이크 1덩어리(약 900g)

1 **마리네이드 만들기**: 블렌더에 우스터소스, 간장, 황설탕, 앤초비 필레, 사용하면 마마이트도 넣고, 마늘, 머스터드, 토마토 페이스트와 식물성 기름을 넣고 부드럽고 크림 같이 유화될 때까지 간다. 마리네이드의 ⅓을 작은 그릇에 붓고 차이브와 샬롯을 넣고 섞은 뒤 냉장고에 넣는다. 플랭크 스테이크를 4ℓ짜리 지퍼락 팩에 넣고 남은 마리네이드를 붓고 공기를 눌러 빼고 팩을 닫는다. 가끔 뒤집어 주면서 적어도 1시간에서 12시간까지 고기가 재워지도록 냉장고에 둔다.

2 고기를 마리네이드 소스에서 꺼내서 키친타월로 두들겨 물기를 닦는다. 연통 가득 목탄을 피우고 회색 재로 덮일 때까지 기다린다. 회색 재로 덮이면 그릴 반쪽에 골고루 펼쳐 놓는다. 석쇠를 제자리에 끼우고 그릴 뚜껑을 덮고 약 5분 동안 예열한다. 가스 그릴을 사용하면 버너 한 세트를 고온으로 가열하고 나머지는 꺼 둔다. 석쇠 위를 깨끗하게 긁어낸다.

3 플랭크 스테이크를 그릴의 뜨거운 쪽에 올리고 한쪽 면이 잘 그을릴 때까지 약 3분 정도 굽는다. 뒤집은 후 두 번째 면도 잘 그을리도록 약 3분간 더 구워 준다. 스테이크를 그릴에서 온도가 낮은 쪽으로 옮기고 뚜껑을 덮고 스테이크 속이 식품 온도계로 미디엄 레어는 52℃, 미디엄은 57℃가 되도록 굽는다. 도마로 옮기고 적어도 5분 정도 레스팅한 뒤 스테이크를 자르고 냉장고에 넣어 둔 마리네이드와 함께 테이블에 차려 낸다.

매콤한 맛의 태국 스타일 플랭크 스테이크 샐러드
SPICY THAI-STYLE FLANK STEAK SALAD

이 마리네이드는 아마도 내가 이제까지 먹어 본 것 중 가장 좋아하는 소고기일 것이다. 달콤하고 맵고 시큼하고 짭짤한 태국 요리의 4가지 기본 맛을 다 아우른다. 생선 소스와 간장이 많이 짜기 때문에 레시피에 소금이 따로 들어가진 않는다.

NOTE • 고기를 집 안에서 그릴 팬이나 큰 프라이팬에 요리할 수도 있다. 고기를 가로로 반으로 잘라서 팬에 넣으면 된다. 플랭크 스테이크 대신 행어나 스커트나 플랩미트를 사용해도 된다.

4인분

(마리네이드용)

황설탕 가득 담아서 ½컵(125ml)
물 4큰술
피시 소스 3큰술
간장 2큰술
라임 즙 ⅓컵(80ml, 라임 3~4개분)
중간 크기 마늘 2쪽(곱게 다지거나 제스터에 갈기. 약 2작은술)
태국 칠리 파우더 또는 레드 페퍼 플레이크 1큰술
식물성 기름 4큰술

플랭크 스테이크 1개(약 900g)

(샐러드용)

민트 잎 성글게 담아서 ½컵(125ml)
고수 잎 성글게 담아서 ½컵(125ml)
바질 잎 성글게 담아서 ½컵(125ml)
중간 크기 샬롯 4개(가늘게 채썰기. 약 1컵, 250ml)
작은 오이 1개(1.5cm 크기로 자르기.)
숙주나물 1~2컵(250~500ml, 씻어서 물기 빼기.)

1. **마리네이드 만들기 :** 작은 냄비에 설탕과 물을 넣고 중간 불에서 가열한다. 설탕이 완전히 녹을 때까지 저어 준 후 작은 그릇으로 옮긴다. 피시 소스와 간장, 라임 즙, 마늘, 칠리 파우더를 넣고 섞는다. 마리네이드 반을 작은 용기에 담아 둔다. 나머지 마리네이드에 기름을 넣고 저어서 섞어 준다. 플랭크 스테이크를 4ℓ짜리 지퍼락 팩에 넣고 마리네이드를 붓고 공기를 눌러 빼고 팩을 닫는다. 가끔 뒤집어 주면서 적어도 1시간에서 12시간까지 고기가 재워지도록 냉장고에 둔다.

2. 고기를 마리네이드 소스에서 꺼내서 키친타월로 두드리며 닦는다. 연통 한 가득 목탄을 피우고 회색 재로 덮일 때까지 기다린다. 회색 재로 덮이면 그릴용 석쇠의 반쪽 정도에 골고루 펼쳐 놓는다. 남은 반쪽에 석쇠를 끼우고 그릴 뚜껑을 덮고 5분 동안 예열한다. 가스 그릴을 사용하면 버너 한 세트는 고온으로 가열하고 나머지는 꺼 둔다. 석쇠 위를 깨끗하게 긁어낸다.

3. 플랭크 스테이크를 그릴의 뜨거운 쪽에 올리고 한쪽 면이 잘 그을릴 때까지 약 3분 정도 굽는다. 스테이크를 뒤집어 두 번째 면도 잘 그을리도록 약 3분간 더 구워 준다. 스테이크를 그릴에서 온도가 낮은 쪽으로 옮기고 뚜껑을 덮고 스테이크 속이 식품 온도계로 미디엄 레어는 52℃, 미디엄은 57℃가 되도록 약 5분간 더 굽는다. 도마로 옮기고 호일을 덮고 적어도 5분 정도 레스팅한다.

4. 결 반대 방향으로 스테이크를 얇게 자르고 큰 그릇으로 옮긴다. 허브와 샬롯, 오이, 숙주나물을 넣고 남겨 둔 마리네이드를 붓고 가볍게 섞어 준 뒤 바로 차려 낸다.

그릴에 구운 허니 머스터드 플랩미트(스테이크팁)
GRILLED FLAP MEAT (STEAK TIPS) WITH HONEY-MUSTARD MARINADE

플랩미트는 큰 단일 고기 조각으로 살 수 있지만 긴 띠 모양으로 잘라서 '설로인팁'이나 '스테이크팁'으로 표시되어 파는 게 더 일반적이다. 이 두 가지 모두 이 레시피에 사용할 수 있다. 만약 플랩미트를 통째로 산다면, 1인분씩 나눈 뒤 양념에 재운다. 플랩미트 대신 행어나 플랭크나 스커트 스테이크를 사용할 수 있다.

4인분

(마리네이드용)

간장 ½컵(125ml)

꿀 4큰술

디종 머스터드 4큰술(80ml)

중간 크기 마늘 2쪽(곱게 다지거나 제스터에 갈기. 약 2작은술)

식물성 기름 ½컵(125ml)

코셔 소금과 후춧가루

플랩미트 900g

1. **마리네이드 만들기**: 중간 볼에 간장과 꿀, 머스터드, 마늘을 넣고 저어 주며 천천히 기름을 넣어 준다. 마리네이드 반을 작은 그릇에 담아 둔다. 고기를 4ℓ짜리 지퍼락 팩에 넣고 나머지 마리네이드를 붓고 공기를 눌러 빼고 팩을 닫는다. 가끔 뒤집어 주면서 최소 1시간에서 12시간까지 고기가 재워지도록 냉장고에 둔다.

2. 고기를 마리네이드 소스에서 꺼내서 키친타월로 두드리며 닦는다. 연통 한 가득 목탄을 피우고 회색 재로 덮일 때까지 기다린다. 회색 재로 덮이면 그릴용 석쇠 반쪽 정도에 골고루 펼쳐 놓는다. 남은 반쪽에 석쇠를 끼우고 그릴 뚜껑을 덮고 5분 동안 예열한다. 가스 그릴을 사용하면 버너 한 세트는 고온으로 가열하고 나머지는 꺼 둔다. 조리용 석쇠 위를 깨끗하게 긁어낸다.

3. 고기를 그릴의 뜨거운 쪽에 올리고 한쪽 면이 잘 그을릴 때까지 약 3분 정도 굽는다. 스테이크를 뒤집어 두 번째 면도 잘 그을리도록 약 3분간 더 구워준다. 스테이크를 그릴에서 온도가 낮은 쪽으로 옮기고 뚜껑을 덮고 스테이크 속이 식품 온도계로 미디엄 레어는 52℃, 미디엄은 57℃가 되도록 약 5분간 더 굽는다. 도마로 옮기고 호일을 덮고 적어도 5분 정도 레스팅한다.

4. 결 반대 방향으로 고기를 얇게 자르고 남겨 둔 마리네이드를 뿌리고 마무리한다.

그릴에 구운 마리네이드 갈비와 치미추리
GRILLED MARINATED SHORT RIBS WITH CHIMICHURRI

행어 스테이크(352쪽)용 마리네이드처럼 기름을 기본으로 한 이 마리네이드는 재워 두는 시간을 늘리면 효과가 좋다.

4인분

엑스트라 버진 올리브오일 ½컵(125ml)

마늘 중간 크기 3쪽(곱게 다지거나 제스터에 갈기. 약 1큰술)

작은 샬롯 1개(곱게 다지기. 약 1큰술)

레드 페퍼 플레이크 ½작은술

다진 오레가노 2큰술 또는 말린 오레가노 2작은술

갈비 2kg(플랭크 스타일이나 잉글리쉬 컷)

코셔 소금과 후춧가루

치미추리 소스(405쪽)

1. **마리네이드 만들기**: 큰 볼에 올리브오일과 마늘, 샬롯, 페퍼 플레이크, 오레가노를 넣고 섞는다. 여기에 갈비를 넣고 소금과 후추를 넉넉하게 뿌린 뒤 골고루 묻도록 살살 섞는다. 갈비를 8ℓ짜리 지퍼락 팩에 넣고 공기를 눌러 빼고 팩을 닫는다. 가끔 뒤집어 주면서 최소 6시간에서 24시간 동안 고기가 재워지도록 냉장고에 둔다.

2. 연통 가득 목탄을 피우고 회색 재로 덮일 때까지 기다린다. 그릴 석쇠 반쪽 정도에 골고루 펼쳐 놓는다. 조리용 석쇠를 제자리에 끼우고 그릴 뚜껑을 덮고 5분 동안 예열한다. 가스 그릴을 사용하면 버너 한 세트는 고온으로 가열하고 나머지는 꺼 둔다. 조리용 석쇠 위를 깨끗하게 긁어낸 뒤 기름을 바른다.

3. 갈비에 양념이 지나치게 많이 묻었다면 닦아 내고 그릴의 뜨거운 쪽에 올린다. 자주 뒤집어 주면서 갈비 전체가 잘 그을려지고 고기 속이 식품 온도계로 52℃를 표시할 때까지 8~10분 정도 굽는다. 불꽃이 확 피어오르면 갈비를 그릴에서 온도가 낮은 쪽으로 옮기고 뚜껑을 덮어 불길이 잦아들게 한다. 그러고는 다시 그릴의 뜨거운 쪽으로 옮겨 굽는다. 갈비를 도마로 옮기고 호일을 덮고 적어도 5분 정도 레스팅하고 치미추리 소스를 곁들인다.

그릴에 구운 산타 마리아식 삼각살 SANTA MARIA-STYLE GRILLED TRI-TIP

NOTE • 취향에 따라 목탄에 30분 정도 물에 담근 참나무 토막을 몇 개 넣는다. 삼각살 대신 뼈 없는 탑 설로인 로스트를 사용해도 된다.

4~6인분

삼각살 로스트 1개(약 1kg)

중간 크기 마늘 4쪽(곱게 다지거나 제스터에 갈기, 약 4작은술)

코셔 소금과 후춧가루

산타 마리아식 살사(레시피 참고)

1. 연통 가득 목탄을 피우고 회색 재로 덮일 때까지 기다린다. 그리고 그릴 석쇠 반쪽 정도에 골고루 펼쳐 놓는다. 남은 반쪽에 석쇠를 끼우고 그릴 뚜껑을 덮고 5분 동안 예열한다. 가스 그릴을 사용하면 버너 한 세트는 고온으로 가열하고 나머지는 꺼 둔다. 조리용 석쇠 위를 깨끗하게 긁어낸 뒤 기름을 바른다.

2. 마늘로 로스트 전체를 문지른 뒤 소금과 후추로 간을 잘 한다. 고기를 그릴에서 온도가 낮은 쪽에 올리고 그릴 뚜껑을 덮고 자주 뒤집어 주면서 로스트의 가장 두꺼운 부분이 식품 온도계로 쟀을 때 41~43℃가 될 때까지 20~30분 정도 굽는다. 목탄 그릴을 사용할 때 목탄이 더 이상 뜨겁지 않으면 로스트를 그릴에서 꺼내고 목탄 4컵(1ℓ)을 새로 넣고 가열될 때까지 5분 정도 기다린다. 그러고는 다시 고기를 그릴의 뜨거운 쪽에 올린다.

3. 로스트를 자주 뒤집어 주면서 계속 구워 고기 겉면이 잘 그을려지고 속의 온도가 49~52℃가 될 때까지 8분간 더 구워 준다. 도마로 옮기고 10분 정도 레스팅하고 고기를 얇게 슬라이싱해서 살사와 함께 그릇에 담는다.

산타 마리아식 살사

약 4컵 분량

잘 익은 큰 토마토 2개(큼직하게 다지기. 약 2½컵, 625ml)

코셔 소금

셀러리 1대(껍질을 벗기고 중간 크기로 다지기. 약 ½컵, 125ml)

대파 4대(잘게 다지기. 약 ½컵, 125ml)

캘리포니아 칠리 1개(포플라노 혹은 해치로 대체 가능. 다지기. 약 ½컵, 125ml)

다진 고수 잎 ¼컵(60ml)

중간 크기 마늘 2쪽(곱게 다지거나 제스터에 갈기. 약 2작은술)

레드 와인 식초 1큰술

우스터소스 1작은술

1 체에다 토마토를 넣고 소금 ½작은술을 넣고 잘 묻도록 살살 섞는다. 체를 싱크대에 걸쳐 30분 동안 둔다.

2 중간 볼에 물기를 뺀 토마토와 셀러리, 대파, 칠리, 고수 잎, 마늘, 식초와 우스터소스를 넣고 섞는다. 소금으로 간을 한 뒤 상온에서 적어도 1시간 정도 두었다 그릇에 담는다. 남은 것은 밀폐된 용기에 넣고 5일 정도까지 냉장 보관한다.

최고의 파히타
THE BEST FAJITAS

나는 쇼핑몰에서 빅토리아 시크릿(Victoria's Secret) 옆이나 아마 타임 스퀘어(Times Square)에서 볼 수 있는 싸구려 체인점 같은 종류의 식당에서 일했던 걸 특별히 자랑스럽게 여기지는 않는다.

하지만 내가 '완전 X'라는 문구를 사용하는 어떤 작가가 보기 싫었던 걸 제외하고는 거기에서 일하는 동안 소중한 걸 배웠다. 사람들은 차림 접시에 나오는 지글지글거리는 고기를 대단히 좋아한다는 거다. 이건 이미 잘 알려진 사실이다. 웨이터가 익스트림 파히타(Extreme Fajitas)™ 하나를 테이블로 내 주면 대여섯 개 이상의 주문이 빠르게 들어온다.

엄청나게, 거의 버터 같은 소고기 맛으로 고기 자체가 아주 촉촉한데 이것이 바로 소고기 중에서 가장 버터같이 부드러운 스커트 스테이크다. 약간 달콤하고 아주 감칠맛이 있고, 라임과 칠리가 가득 들어 있는 마리네이드로 맛이 더 도드라진다. 한편, 파히타는 전통적으로 안창살로 만든다. 안창살은 거세우의 횡격막근 부위로 특별히 파히타를 만드는 식당에서 일하지 않는 이상 거의 볼 수 없는 부위이다. 정육점이나 육류 판매대에서는 업진안살(inside skirt, 인사이트 스커트)을 훨씬 더 구하기가 쉬운데 업진안살이면 우리에게 충분하다.

그릴에 구운 스커트 스테이크 파히타 GRILLED SKIRT STEAK FAJITAS

NOTE • 스커트 스테이크가 없으면 대신 행어나 설로인 플랩(뉴잉글랜드에선 설로인팁이라 불림, 설로인 스테이크와는 다름)을 사용한다. 플랭크 스테이크도 괜찮다. 최고의 맛을 위해, 앤초(ancho)와 구아히요 칠리(guajillo chiles)를 동량으로 섞고 갈아서 홈메이드 칠리 파우더를 만든다.

4~6인분

간장 ½컵(125ml)

라임 즙 ½컵(라임 6~8개분. 125ml)

카놀라유 ½컵(125ml)

황설탕 가득 담아서 4큰술

커민 파우더 2작은술

후춧가루 2작은술

홈메이드 칠리 파우더 1큰술(위의 note 참고)

중간 크기 마늘 3쪽(곱게 다지기. 약 1큰술)

손질한 스커트 스테이크 900g(대략 스커트 스테이크 1덩어리 분량. 13~15cm 조각이 되도록 십자형으로 썰기. 344쪽 참고)

큰 붉은 피망 1개(꼭지와 씨를 제거하고 1.3cm 두께로 채썰기.)

큰 노랑 피망 1개(꼭지와 씨를 제거하고 1.3cm 두께로 채썰기.)

흰 양파나 노란 양파 1개(1.3cm 두께로 채썰기.)

밀가루 토르티야 또는 신선한 옥수수 토르티야 12~16개(뜨겁게 데우기.)

피코 데 가요 소스(원하면 차림용으로. 레시피 바로 나옴.)

과카몰리 사워 크림(살게 조각 낸 치즈, 살사. 원하면 차림용으로 추가)

1. 중간 볼에 간장과 라임 즙, 카놀라유, 황설탕, 커민, 후추, 칠리 파우더, 마늘을 넣고 섞는다. 이렇게 섞은 마리네이드 ½컵을 큰 볼에 담고 한쪽에 둔다. 스테이크를 4ℓ짜리 지퍼락 팩에 넣고 나머지 마리네이드를 붓고 공기를 최대한 빼내고 팩을 닫는다. 마리네이드가 고기에 잘 묻도록 팩을 주물럭거린다. 냉장고에 평평하게 두고 2시간마다 뒤집어 주면서 최소 3시간에서 10시간까지 재운다.

2. 스테이크를 재우는 동안 피망과 양파를 볼에 넣고 남은 마리네이드 ½컵(125ml)을 넣고 살살 섞는다. 그러고는 냉장고에 넣어 둔다.

3. 구울 준비가 되면 스테이크를 마리네이드에서 꺼내서 많이 묻은 건 닦아 내고 큰 접시로 옮긴다. 목탄을 연통에 가득 넣고 불을 피운다. 목탄에 모두 불이 붙고 회색재로 변하면 부어 내고 그릴용 석쇠 한쪽에 쌓는다. 석쇠를 제자리에 끼우고 그릴 뚜껑을 덮고 5분 동안 예열한다. 석쇠 위를 깨끗하게 긁어낸 뒤 기름을 바른다.

4. 큰 무쇠 프라이팬을 그릴의 온도가 낮은 쪽에 올리고 스테이크는 그릴의 뜨거운 쪽에 올린다. 뚜껑을 덮고 1분 동안 굽는다. 스테이크를 뒤집고 뚜껑을 덮고 1분 더 굽는다. 뒤집고 그릴 뚜껑을 덮고 이런 식으로 계속 구워 스테이크 겉이 잘 그을리고 식품 온도계로 스테이크 속이 미디엄 레어는 46~49℃, 미디엄은 52~54℃에 이르게 한다. 스테이크를 큰 접시에 옮기고 호일로 싸고 10~15분간 레스팅한다.

5. 한편, 무쇠 프라이팬을 그릴의 뜨거운 쪽으로 옮기고 2분 동안 예열한다. 손질해 섞은 피망과 양파를 넣고 볶는다. 채소가 숨이 죽고 군데군데 그을리기 시작할 때까지 약 10분 정도 저으면서 볶아 준다. 다 볶으면 스테이크를 도마 위로 올리고 접시에 남은 스테이크 국물은 채소에 넣고 살짝 섞는다.

6. 채소를 따뜻한 큰 차림 접시로 옮기고 고기를 결 반대 방향으로 얇게 썰어서 차림 접시에 채소 옆에 놓는다. 뜨거운 토르티야와 원하는 대로 피코 데 가요(Pico de Gallo)나 과카몰리, 혹은 다른 소스와 함께 곁들인다.

전형적인 피코 데 가요(PICO DE GALLO) 소스

NOTE • 가장 많이 익은 토마토류를 이용한다. 제철이 아닐 때에는 일반적으로 더 작은 플럼 토마토나 로마 혹은 체리 토마토를 사용한다.

4컵 분량

완숙 토마토 680g(0.5~1.5cm 크기로 깍둑 썰기, 약 3컵, 750ml, 위의 note 참고)

코셔 소금

큰 흰 양파 ½개(잘게 다지기, 약 ¾컵, 180ml)

세라노나 할라피뇨 칠리 1~2개(잘게 다지기, 부드러운 식감을 위해 씨와 내부 태좌 제거)

잘게 썬 신선한 고수 잎 ½컵(6큰술)

라임 즙 1큰술(라임 1개분)

1. 토마토에 소금 1작은술을 넣고 살살 버무린다. 고운체나 소쿠리를 볼 위에 올리고 여기에 토마토를 붓고 20~30분간 물을 뺀 뒤 물은 버린다.

2. 물을 뺀 토마토와 양파, 칠리, 고수 잎, 라임 즙을 넣고 섞는다. 소금으로 간하고 살살 버무린다. 피코 데 가요 소스는 밀폐된 용기에 넣고 냉장고에서 3일 정도까지 보관할 수 있다.

브랜디에 졸인 체리와 팬시어링 포크찹

팬시어링 포크찹
PAN-SEARED PORK CHOPS

팬시어링 소고기는 다 완료했는데 돼지고기는 또 얼마나 어려울까?
답은 별로 어렵지 않아요.

사실, 기름진 스테이크와 포크찹을 조리하는 데 차이가 있다면 고기를 고르는 일과 최종 온도 정도이다. 예전에는(즉, 1990년대 이전) 미국 사람들은 기생충에 감염될까봐 기생충 박멸을 위해 돼지고기는 모두 적어도 74℃ 이상에서 요리해야 한다고 믿었다. 요즘 돼지고기는 소고기만큼이나 안전하다. 그래서 돼지고기도 자신 있게 미디엄이나 심지어는 미디엄 레어로도 요리할 수 있다. 나는 돼지고기가 분홍빛인, 57~60℃일 때의 분홍빛 돼지고기를 가장 좋아한다.

포크찹은 정육점에서 4가지 중에서 선택하게 되는데 모두 돼지의 등심에서 나온 부위이다.

이름	설명
블레이드 엔드 찹 (Blade-End Chop)	어깨 곁에 있는 등심의 앞쪽 부위. 몇몇 근육군을 포함하며 지방 덩어리로 이런 근육군이 나누어진다. 이 부위는 내가 제일 좋아하는 부위인데 기름이 흘러나와 저절로 끼얹는 효과가 있기 때문이다. 그래서 퍽퍽한 블레이드 찹을 찾아보기 어렵다!
립 찹 (Rib Chop)	등심을 따라 먼 뒤쪽 부위. 이 부위는 고급 식당에서 볼 수 있는 부위로 흠잡을 데 없이 완벽한 찹이다. 크고 부드러운 고기층으로 고르게 조리하기 좋다. 하지만 이 고기층은 비교적 지방이 적어서 지나치게 많이 익기가 쉬우므로 상대적으로 퍽퍽하다.
센터컷 찹 (Center-Cut Chop)	티본 스테이크에 대응하는 부위인 센터컷 찹은 등심 부분과 안심 부분이 다 있다. 보기는 아주 인상적이지만 고르게 요리하기는 아주 힘들다. 안심은 등심보다 더 빨리 익고 뼈가 있어 고기가 팬에 제대로 딱 붙기 어렵다.
설로인 찹 (Sirloin Chop)	등심의 뒤쪽 끝 부근. 이 부위는 돼지의 엉덩이와 허벅지로부터 아주 많은 근육이 있다. 다른 부위와 비교했을 때 고기가 질기고 특별히 맛있지는 않다. 나는 그렇게 자주 구입하지는 않는다.

돼지고기는 특별히 달콤한 소스와 아주 잘 어울린다. 그래서 돼지고기를 차려 낼 때는 나는 주로 과일 잼을 기본으로 한 팬 소스(365쪽)나 메이플 시럽으로 맛을 낸 소스(366쪽), 심지어는 사과와 사과주로 만든 소스(366쪽)를 만들기도 한다.

인헨스드 포크(ENHANCED PORK)

속에 지방이 아주 많이 들어 있는 소고기와 달리, 요즈음 대부분의 돼지고기는 비교적 지방이 적어서 지나치게 많이 익기가 아주 쉽다. 이 문제의 해결법은 돼지고기를 소금물에 절이는 방법이다(368쪽 참고). 칠면조와 닭고기에서처럼, 소금물에 담그면 고기의 단백질 조직이 느슨해지면서 조리하는 동안 더 많은 수분을 함유할 수 있다. 비록 가금류처럼 맛도 희석시키킨다는 게 문제긴 하지만. 돼지고기 생산업자들이 얼마 전에 이 문제를 해결했는데 많은 생산자들이 돼지고기에 소금 용액을 투입하기 시작했다. 미국에서 산업적으로 사육되는 대다수의 돼지고기는 이제 이런 형태로 팔리는데 'enhanced(인헨스드)'라고 표시되어 있다. 돼지고기를 염장했는지를 보려면 돼지고기에 붙어 있는 표시를 보면 된다. 염장 돼지고기이면 '최고 10% 나트륨 용액 함유'와 같은 말이 표시되어 있다.

편리해 보이지 않는가? 소금물에 미리 절인 고기라니? 하지만 문제는 소금물이 고기에 너무 오랫동안 들어 있게 된다는 것이다. 단순히 육즙이 많아진다기보다 대부분의 염장 돼지고기는 거의 스펀지에 가까운 특이한 햄 같은 질감을 갖게 된다. 나는 염장하지 않은 자연적인 돼지고기를 사서 직접 마른 염장을 하는 걸 더 좋아하는데 이렇게 하면 수분 함유량을 정확히 내가 조절할 수가 있다. 종종 전혀 소금물에 담그지 않기도 하는데. 주의해서 온도를 잘 살피면서 조리하면 염장을 하지 않아도 찹이 촉촉하면서 맛있다.

돼지고기를 건식 염장하는 법은 코셔 소금을 돼지고기 전체에 골고루 발라 준다. 베이킹팬 위에 와이어랙을 얹고 그 위에 돼지고기를 올리고 위를 덮지 않고 적어도 45분에서 3일까지 둔다.

안전띠를 맵시다!

포크찹은 고기가 익으면서 찌그러지는 경향이 있는데 그래서 팬에 딱 붙어 있기가 어렵게 된다. 이런 현상은 돼지고기 외부에 있는 지방층이 속에 있는 살코기보다 더 빨리 수축하면서 살코기를 쥐어짜고 찌그러지게 하면서 일어난다. 이를 방지하기 위해 날카로운 칼로 지방에 두세 군데 칼집을 넣는다. 찹에는 아무 흔적이 남지 않으면서도 훨씬 더 골고루 익게 된다.

기본적인 팬시어링 포크찹 BASIC PAN-SEARED PORK CHOPS

소고기에서처럼 돼지고기도 뼈가 들어 있는 걸 조리하는 게 더 낫다. 뼈가 고기에 맛을 더하지는 않지만 단열재의 역할을 해서 뼈 때문에 덜 노출되는 면은 고기가 익으면서 더 많은 수분을 간직한다. 최고의 결과를 위해 포크찹에 간을 하고 베이킹팬 위에 와이어랙을 얹고 그 위에 고기를 놓은 뒤 위를 덮지 않고 냉장고에 넣어 최소 45분에서 3일까지 둔다.

4인분

뼈 있는 포크찹 170~230g 4개(블레이드 엔드 또는 갈비, 약 2.5cm, 원하면 소금에 절이기, 364쪽 참고)
코셔 소금과 후춧가루
식물성 기름 1큰술
무염 버터 1큰술
다진 타임 1작은술(선택사항)

1. 포크찹을 두드려 물기를 닦아 내고 소금(절인 돼지고기라면 생략)과 후추로 간을 한다. 30cm(12인치) 무쇠나 바닥이 두꺼운 스테인리스 스틸 팬에 기름을 넣고 고온에서 연기가 날 때까지 가열한다. 찹을 조심스럽게 넣고 자주 뒤집어 주면서 두 면에 연한 갈색 크러스트가 생길 때까지 약 5분 정도 구워 준다. 기름이 타기 시작하거나 연기가 너무 많이 나면 불을 중약으로 줄인다.

2. 버터와 원하면 타임도 넣고 찹을 자주 뒤집어 주면서 두 면이 짙은 갈색으로 바뀌고 식품 온도계로 찹 속의 온도가 미디엄은 57℃가 될 때까지 약 5분 더 구워 준다. 찹을 차림용 큰 접시로 옮기고 5분 동안 레스팅한 뒤 차려 낸다.

브랜디에 졸인 체리와 팬시어링 포크찹

브랜디 ½컵(125ml)
말린 체리나 씨를 뺀 체리 ½컵(125ml)
설탕 2큰술
무염 버터 1큰술
발사믹 식초 1큰술
코셔 소금과 후춧가루

작은 볼에 브랜디와 체리를 넣고 섞은 뒤 한 곳에 둔다. 찹을 위에 설명한 대로 조리한다. 레스팅하는 동안 프라이팬에 체리 섞어 놓은 것과 설탕을 넣고 중강 세기의 불에 올린 뒤 팬 바닥에 생기는 갈색 물질을 긁어내면서 브랜디가 약 4큰술 정도로 줄어들고 살짝 시럽처럼 될 때까지 졸인다(브랜디에 불이 붙지 않도록 조심할 것.). 불을 끄고 버터와 식초를 넣고 젓는다. 소금과 후추로 간을 한다. 포크찹에 끼얹고 차려 낸다.

메이플 머스터드 글레이즈 팬시어링 포크찹

메이플 시럽 ½컵(125ml)
당밀(molasses) 4큰술
버번위스키 1큰술
홀그레인 머스터드 2큰술
코셔 소금과 후춧가루

작은 볼에 시럽과 당밀, 버번위스키, 머스터드를 넣고 저어 한곳에 둔다. 찹을 알려준 대로 조리한다. 찹을 레스팅하는 동안, 프라이팬에 남아 있던 기름을 따라 낸다. 위의 섞은 메이플 시럽을 붓고 중강 불에 올린다. 팬의 바닥에 생기는 갈색 물질을 긁어내면서 반으로 줄어들고 시럽처럼 끈적끈적해질 때까지 졸인다. 소금과 후추로 간을 한다. 찹을 팬에 다시 넣고 졸인 시럽을 끼얹는다. 남은 시럽을 찹 위에 부으면서 바로 마무리한다.

사과와 사과주 소스를 끼얹은 팬시어링 포크찹

사과 식초 ½컵(125ml)
사과주 ½컵(125ml)
흑설탕 가득 담아서 ½컵(125ml)
계핏가루 조금
정향 가루 조금
무염 버터 2큰술
그래니 스미스 사과 1개(껍질을 벗기고 씨를 빼내고 1.5cm로 깍둑 썰기. 약 1컵, 250ml)
코셔 소금과 후춧가루

사과 식초와 사과주, 황설탕, 계핏가루, 정향을 넣고 저어서 한곳에 둔다. 찹을 알려준 대로 조리한다. 찹을 레스팅하는 동안 팬에 버터와 사각으로 자른 사과를 넣고 중강의 불 위에 올리고 사과가 갈색이 되고 숨이 죽을 때까지 약 3분 정도 계속 저어 준다. 위의 섞은 식초를 붓고 시럽처럼 끈적끈적해질 때까지 약 4분 정도 졸인다. 소금과 후추로 간을 한다. 사과와 소스를 찹 위에 붓고 바로 마무리한다.

닭고기 부분육 팬시어링
PAN-SEARED CHICKEN PARTS

끔찍한 문제가 이 나라를 휩쓸고 있는데 이 문제는 인종, 성별, 계층을 막론하고 거의 모든 가정으로 은밀히 퍼지고 있다.

그건 바로 퍽퍽한 닭가슴살에 대한 이야기로 이제 우리는 간단히 "안 돼"라고 말할 때가 되었다. 다행스럽게도 여러분이 그렇게 할 수 있도록 도와줄 쉬운 프로그램이 있는데 조금만 투자하면 된다. 바로 좋은 식품 온도계이다.

인생에서의 많은 문제들처럼 퍽퍽한 닭고기를 만드는 원인은 좋은 취지에서 정부로부터 생겨났다. 더 구체적으로 말하면 미국 식품의약국(FDA)이 닭가슴살을 74℃로 조리하라고 권고를 했기 때문이다. 소고기와 돼지고기처럼 닭고기도 조리하면서 조직이 치밀해진다. 그리고 닭고기가 74℃에 다다를 때쯤이면 돌이킬 수 없게, 회복 불가능하게 푸석푸석해진다. 닭다리는 그다지 문제가 되지 않는다. 닭다리에는 지방과 결합조직이 많기 때문에 82℃로 심지어는 88℃로도 조리할 수 있고 그러고도 여전히 육즙이 있어 보인다. 그러나 크고 둥그스름한 모양과 적은 지방 때문에 닭가슴살은 온도가 63℃에서 많이 올라가면 어떻게 할 수가 없다(닭고기의 안전성에 관한 논의는 371쪽 참고).

그렇다면 닭고기를 조리하는 최상의 방법은 무엇일까? 스테이크와 포크찹을 팬시어링하면서 배운 거에 따르면 닭고기를 조리하면서도 계속해서 뒤집어 줘야 할 것처럼 보인다. 그렇게 해 보았지만 닭고기는 소고기가 아니며 닭가슴살의 조직과 스테이크의 조직 사이에는 아주 중요한 차이, 바로 닭에는 껍질이 있어서 뒤집으며 조리하는 것이 실행불가능하다는 걸 바로 알게 됐다. 그러나 다행스럽게도 이 껍질은 아주 놀라운 역할을 해서 닭고기를 소고기와 돼지고기보다 훨씬 더 쉽게 요리할 수 있게 해 준다. 어떤 사람들은 특이하게도 닭 껍질을 좋아하지 않는다(확실히 닭고기에서 가장 맛있는 부분인데!). 하지만 여러분이 닭껍질을 먹든 접시 옆에 밀쳐두든 닭고기 요리를 하는 동안에는 껍질이 붙어 있어야 한다는 걸 이야기하려고 한다.

무슨 말인가 하면 껍질이 없다면 닭가슴살을 팬시어링 할 때 어떻게 될까? 겉면에 있는 고기는 수분이 다 빠져서 섬유질처럼 되면서 질겨지고 전혀 맛이 없어진다. 뼈 없고 껍질 없는 닭가슴살을 여러 번 뒤집는 방법으로 조리하면 뒤집을 때 팬 바닥에 닭고기 반은 붙고 만다. 껍질과 뼈가 없는 닭가슴살보다 더 싫은 게 또 있을까? 맛있는 닭고기를 만드는 제1법칙은 껍질이 붙어 있고 뼈가 있는 닭고기를 사는 일이다. 닭 껍질이 붙어 있으면 가슴살 겉면이 많이 익게 되는 걸 막아 주고 스테이크나 찹에서 보았듯 고르게 익지 않는 그런 문제없이 한 쪽 면을 대고 더 오랜 시간 동안 익게 할 수도 있다. 이는 지방이 풍부한 닭 껍질이 자연적인 단열재가 되기 때문이다. 수백만 년 동안 진화를 거치면서 지방은 온도 조절을 돕도록 만들어졌다. 지방의 역할은 갑작스러운 온도 변화를 안정화시켜서 동물이 춥고 뜨거운 환경 사이에서 그 충격으로 죽지 않고 비교적 자유롭게 살 수 있도록 하는 일이다. 지방은 냉장고에서 프라이팬까지 그렇게 극한의 환경에서까지 조절할 수 있는 것은 아니지만 그럼에도 아주 훌륭히 역할을 완수한다.

한쪽 면에 닭 껍질막이 있고 다른 쪽에는 단열작용을 하는 뼈가 있다면 닭고기를 고르게 조리하기란 아주 쉬워진다. 뜨거운 프라이팬에 껍질 쪽을 먼저 바닥에 놓고 조리한 다음(닭고기가 저절로 쉽게 떨어질 때까지 떼려고 하지 않는다.) 뒤집어 주고는 적당히 뜨거운 오븐에 넣어 마무리하면 된다. 주의해서 온도를 살피고 레스팅한다면 촉촉하고, 육즙이 많고 부드러운 고기가 만들어질 수밖에 없다. 그리고 포크찹과 마찬가지로 조리 전에 닭을 소금물에 절이면 육즙이 더욱 많아진다. 물론 주의해서 온도계만 살핀다면 크게는 불필요한 과정이며 돼지고기를 소금물에 절였을 때와 마찬가지로 닭고기 맛이 물로 희석된다는 똑같은 결점이 있기는 하지만 말이다. 나는 지나치게 많이 익지 않게 하는 안전 장치로 온도계가 더 중요하다고 생각한다.

소금물에 절인 고기 : 득과 실

냉정하고, 말하기 어려운 진실을 이야기하는 시간 : 모든 고기는 조리하는 동안 수분이 빠지고 단단해진다. 특히 고기 겉면의 아주 뜨거운 부분은 그렇다. 그러면서도 우리는 속이 알맞게 익길 원한다. 어떻게 하면 겉면을 퍽퍽하게 하지 않으면서 가운데에 열을 가할 수 있을까? 바로 소금물에 절이는 방법이다. 소금물에 절이는 과정에서 살코기는(칠면조나 닭가슴살이나 돼지고기) 소금물에 젖게 되는데 소금물은 조리 시에 고기가 수분을 유지하도록 돕는다. 이건 완전히 새로운 사실은 아니다. 스칸디나비아인들과 중국인들은 수천 년 동안 소금물로 절일 때의 장점에 대해 격찬을 해오고 있지만 과연 효과가 있는가? 그 대가로 잃게 되는 것은 무엇인가? 시류에 편승하기 전에 몇 가지 간단한 질문을 해 보자. 즉, 소금물에 절이는 목적은 무엇이며, 어떻게 작용하며, 꼭 해야 하는 것인가?

왜 소금물인가?

소금물에 절이면 실제로 어떤 결과가 생기는지부터 시작해 보자.

과학이 깨어날 시간이다. 나는 12개의 거의 똑같은 닭가슴살로 실험을 시작했다. 이들 중 세 개는 그대로 조리했다. 또 세 개는 6% 소금물에 밤새 담가 두었다가 조리했다(물 1l당 다이아몬드 크리스탈 코셔 소금 약 ½컵(125ml)이나 테이블 소금 ¼컵(60ml)). 또 다른 세 개는 소금을 쳐서 밤새 두었다가 조리했다(때때로 건식 염장이라고 불리는 기술). 그리고 나머지 3개는 그냥 맹물에 밤새 담가 두었다가 조리했다. 나는 각 과정의 단계마다 닭가슴살(그리고 그 결과로 손실된 수분량)의 무게를 쟀다.

12개의 닭가슴살 모두 135℃ 오븐에서 속의 온도가 66℃가 될 때까지 동시에 조리했다. 아래는 그 결과이다.

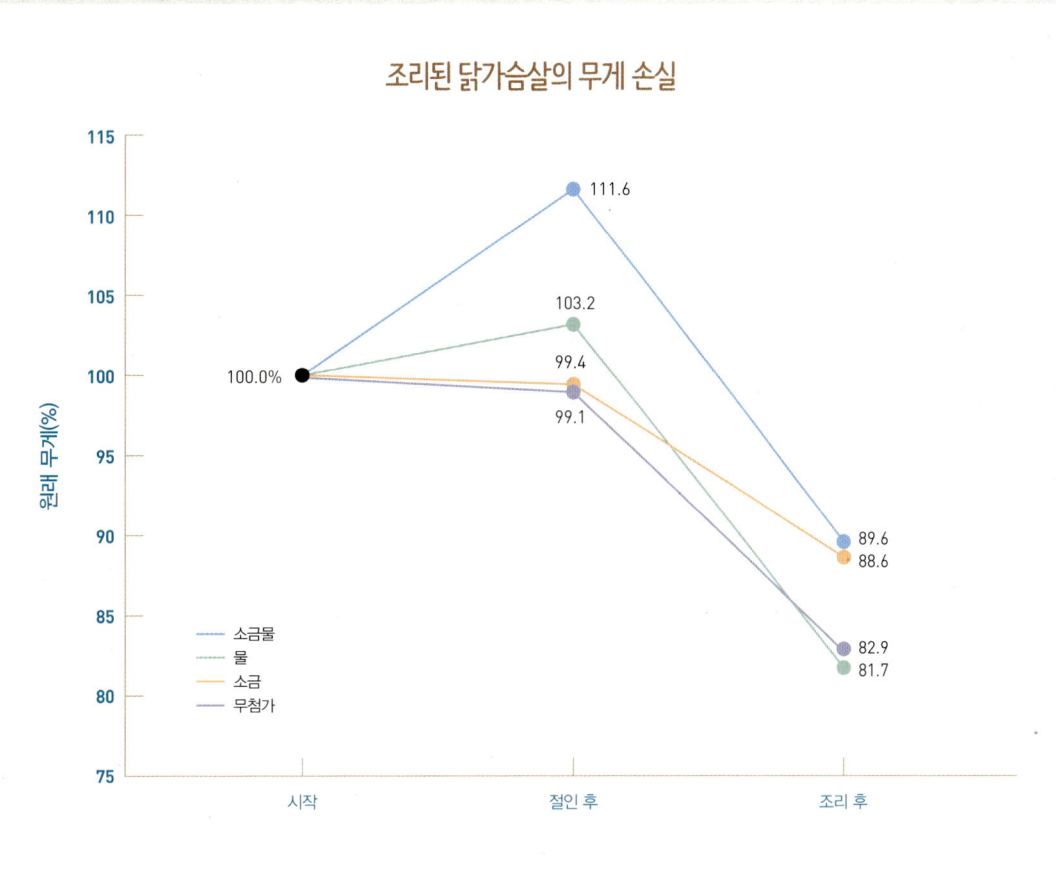

단시간 조리 음식의 과학 – 스테이크와 찹, 닭, 생선

	시작 시 무게	절인 후	조리 후
무첨가(있는 그대로)	100%	99.1%	82.9%
소금물	100%	111.6%	89.6%
소금	100%	99.4%	88.6%
물	100%	103.2%	81.7%

위 표에 나타난 대로, 그대로의 닭가슴살은 조리하는 동안 수분의 약 17%를 잃는다. 소금물에 절인 닭가슴살은 10%만 잃는다. 소금에 절인 닭가슴살은 소금물에 절인 고기보다 조금 많아서 약 11%였다. 맹물에 담가둔 닭가슴살은 조리 전에는 약 3% 무게가 늘었지만 모든 여분의 수분이 바로 빠져나왔다. 그래서 물에 담근 닭가슴살은 있는 그대로의 닭가슴살보다 수분이 더 많이 빠졌다.

이 자료로부터 소금물에 고기를 담그든 간단하게 닭가슴살의 표면에 대고 문지르든 소금이 수분을 유지하는 데 중요한 작용을 한다는 걸 알 수 있다. 어떻게 소금이 이런 결과를 만들어 낼까? 그건 단백질 상태로 있는 스테이크를 굽기 전에 소금을 뿌리는 것과 똑같다. 스테이크는 자연적인 상태에서는 근육 세포가 긴 단백질 피복 안에서 단단히 묶여 있다. 이 단백질 피복에는 고기에 모인 추가의 수분을 받아들일 공간이 별로 남아 있지 않다. 하지만 소시지나 고기를 염장해 본 사람이라면 소금이 근육에 아주 강력한 영향을 미친다는 걸 알 것이다(506쪽 참고). 소금 용액은 근육 꾸러미 주위에 피복을 이루고 있는 단백질을 효과적으로 변성시킨다. 단백질이 느슨하게 변성된 상태에서는 자연 상태에서보다 근육에 더 많은 물이 들어가게 할 수 있다. 게다가 피복 속에 든 변성된 단백질은 조리 시 수축도 훨씬 적게 되므로 수분도 훨씬 적게 짜내게 된다.

그렇다면 어느 방법이 더 좋은가? 소금물에 절이기인가 아니면 장시간의 염장인가? 도표 하나만 봤을 때는 고기는 추가 수분의 비율을 모두 함유하고 있기 때문에 소금물에 절이기라고 생각할 것이다. 하지만 이것이 모두 좋은 소시이기만 한가? 모두 이제 퍽퍽한 돼지고기며 퍽퍽한 닭고기, 칠면조는 끝이라고 말할 수 있게 되는가? 잠깐만요! 그러기엔 너무 일러요! 소금물에 절인다면 그만큼 중요한 원가를 내어 줘야 하는데 바로 맛에 관한 일이다. 고기가 더 촉촉하다면 고기가 함유하고 있는 육즙 속에 물도 많이 포함되어 있다는 걸 알아야 한다. 소금물에 절이기는 고기의 맛에 확연한 영향을 미친다. 반면 소금을 바른 고기가 머금고 있는 육즙은 모두 자연적으로 고기에서 생겨난 수분이다. 나는 칠면조에서 포크찹까지 모든 재료를 가지고 아주 여러 번 이 실험을 반복했고 늘 똑같은 결론에 이르게 됐다. 바로 고기에 소금을 치는 방법과 레스팅하는 방법이 여러 면에서 소금물에 절이는 것보다 훨씬 더 좋다는 것이다.

닭고기 온도와 안전성

미국 농무부(USDA)의 기본 조리 지침을 보면 사람들이 희망하는 고기의 온도보다 더 높은 온도로 음식을 조리하라고 권고한다. 미국 농무부는 돼지고기와 소고기, 양고기는 모두 적어도 63℃ 이상, 미디엄에서 미디엄 웰 정도로 조리하라고 권고한다. 가금류는 더 심한데, 미국 농무부는 갈았건 통째이건 모든 가금류는 적어도 74℃ 이상으로 요리하라고 권한다. 사람들이 대부분 닭고기는 퍽퍽한 고기라고 생각하는 게 놀랄 일이 아니다.

미국 농무부는 지침이 안전하게 운용되기를 원하기 때문에 안전성에 대한 지침을 정확성보다는 이해하기 아주 쉽고, 간단하게 만든다. 그래서 웬디스에서 햄버거 패티를 굽는 사람부터 가장 아마추어인 가정에서 밥하는 사람까지 지침을 이해해서 전반적으로 음식의 안전성이 보장되도록 만들었다. 하지만 나는 독자들의 지성을 좀 더 믿어 보고 싶다. 사실대로 말하자면, 박테리아는 지침서에서 여러분에게 이야기하는 것처럼 그렇게 간단하게 '73.3℃에서 살고 73.9℃에서 죽고' 이러지는 않는다. 오히려 자유 수분을 포함해서 지방 함량이나 소금, 설탕처럼 용해된 고체의 수치, 온도 등 많은 요인들이 모두 다양한 방법으로 박테리아의 성장과 박멸에 영향을 준다.

미국 농무부는 물론 이를 알고 있으며 농무부 지침을 면밀하게 조사하면 고기의 안전성 주제에 관해 자세히 설명하는 유용한 도표를 찾을 수 있다. 아래는 닭고기에 있는 살모넬라균의 7 로그 리덕션*을 얻은 미국 농무부의 도표의 자료로 취합한 그래프이다.

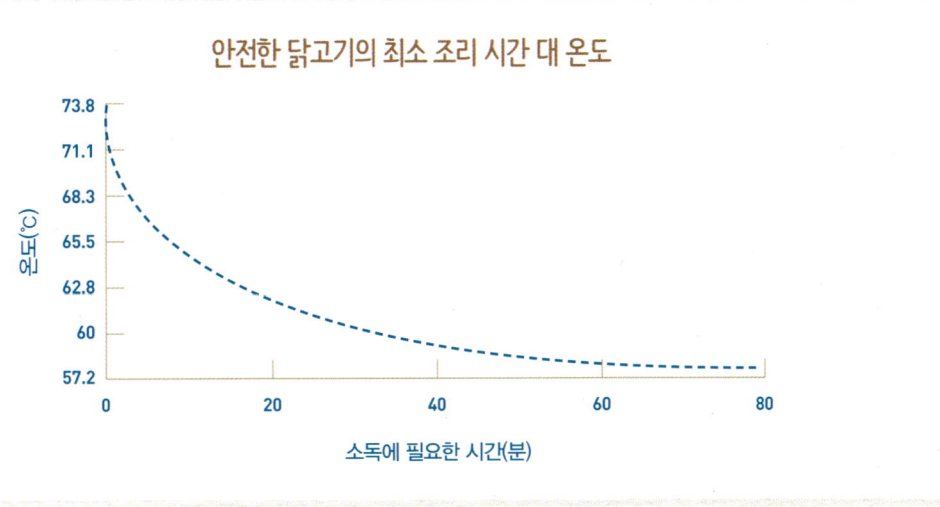

이 표를 보면 먹기에 안전한 닭고기 온도는 몇 도라고 단순히 제한하지는 않는다는 걸 알 수 있다. 그건 온도와 시간의 조화라고 보는 게 오히려 적당하다. 위의 도표에 있는 선은 기본적으로 닭고기 한 조각이 먹기에 안전하다고 인정되려면 특정 온도에서 얼마나 오랫동안 머물러야 하는가를 보여 준다.

* 7 로그 리덕션((A 7 log reduction)은 존재하는 박테리아를 99.99999%까지 박멸한다는 의미로 음식의 안전성에 대해 확실한 범위를 제공한다.

섭씨(℃)	닭고기에 필요한 시간	칠면조에 필요한 시간	소고기에 필요한 시간
57.2	63.3분	64분	37분
60	25.2분	28.1분	12분
62.8	8.4분	10.5분	4분
65.5	2.7분	3.8분	72초
68.3	44.2초	1.2분	23초
71.1	13.7초	25.6초	즉시
73.8	즉시	즉시	즉시

그래서 73.8℃에서 닭고기는 거의 넣는 즉시 안전해진다. 이 때문에 미국 농무부는 73.8℃를 일반적인 지침을 위한 최저 한계 온도로 정했다. 68.3℃에서 같은 세균 감소는 닭고기에서는 44.2초가 걸린다. 65.5℃에서는 2.7분이 걸린다. 그것으로 끝이다!

이 말은 닭고기가 65.5℃ 이상의 온도에서 적어도 2.7분 동안 있으면 73.8℃에서 요리한 닭고기만큼 먹기에 안전하다는 뜻이다. 나는 65.5℃로 조리한 닭고기 몇 조각을 불에서 꺼내기 전에 관찰했는데 이 닭고기의 온도가 처음 몇 분 동안에 약 67.2℃로 올라갔다가 다시 식기 전까지 65.5℃보다 훨씬 높은 온도에서 6분 정도 유지된 것을 볼 수 있었다. 닭고기가 심지어 62.8℃에서 조리되더라도 레스팅하면 안전할 수 있다. 필요한 8.4분 동안 아주 쉽게 온도가 유지된다*.

우리 어머니는 내가 구운 닭고기가 엄청나게 촉촉하다고 자주 말씀하셨다. 그래서 내가 어떤 비결을 갖고 있거나 특별한 마리네이드 양념을 한다고 생각하신다. 비결을 알고 싶은가? 너무 많이 익히지만 않으면 된다.

닭고기를 어느 온도로 조리해야 할까?

fact : 62.8℃에서 조리된 닭고기를 모두 좋아하는 것은 아니다. 특정한 식감으로 닭고기를 즐기는 어떤 사람들은 이 온도에서 조리된 닭고기가 좀 많이 질퍽하고 너무 무르다고 생각할 수도 있다. 그래서 닭고기 온도에 대한 빠른 안내를 하자면 아래와 같다.

- **60℃** : 분홍색을 띠고 거의 반투명하다. 따뜻한 스테이크의 식감으로 아주 부드럽고 살이 도톰하다.
- **62.8℃** : 연한 분홍색이지만 완전히 불투명하다. 육즙이 아주 많고 약간 부드럽다. 나는 이 온도를 가장 좋아한다.
- **65.5℃** : 흰색이며 불투명하다. 육즙이 많고 단단하다.
- **68.3℃** : 흰색이며 불투명하다. 약간 질겨지기 시작한다. 푸석해지려는 경계점에 있다.
- **71.1℃ 이상** : 퍽퍽하고 질겨진다.

---

* 현대의 수비드식 조리법은 닭고기와 다른 고기류를 더 낮은 온도에서도 완전히 안전하게 조리할 수 있게 한다. 여러분은 집에서 비어 쿨러로 비슷한 결과를 낼 수 있다. 더 자세한 내용은 394쪽을 참고할 것.

칼 사용법 : 닭 손질법

여러분이 돈을 아낄 수 있고 동시에 멋있게 보일 수도 있는 칼 기술이 있는데, 바로 닭을 분리하는 일이다.

뼈 없는 닭가슴살은 통째로 파는 닭보다 거의 450g당 세 배 정도 더 비싼 걸 생각해 보라. 닭가슴살 2팩 가격으로 닭 한 마리를 살 수 있다. 닭을 통째로 사면 똑같은 닭가슴살도 있고 거기에다 다리도 2개 있고 등도 있다. 그리고 또 뭐가 있냐 하면, 정말로 운이 좋으면 좀 더 매력적인 조건인데 덤으로 간이랑 심장이랑 모래주머니도 얻을 수 있다! 물론 닭을 어떻게 분리하는지 모른다면 이런 조건이 그다지 유용하진 않지만. 그냥 여기 그림을 따라가면서 전문가처럼 닭을 분리하면 된다.

Step 1 : 도구
날카로운 셰프 나이프와 가금류 가위, 혹은 중식도가 필요하고, 중식도가 있다면 침착함이 추가로 필요하다.

Step 2 : 닭을 펼친다.
닭의 다리 아랫부분을 잡고 몸에서 당겨 껍질이 팽팽해지도록 한다.

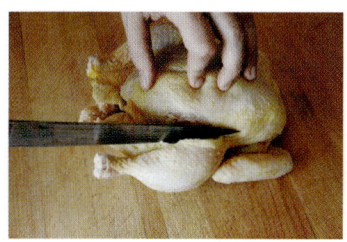

Step 3 : 첫 번째 절개
다리와 몸 사이의 껍질에 칼을 넣어 작업을 시작한다. 너무 깊이 자르지 않는다. 그냥 껍질만 통과한다. 캣 스티븐스가 뭐라 하더라도 첫 번째 칼질은 얕아야 한다.

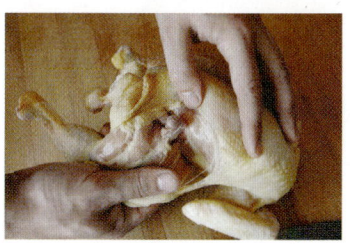

Step 4 : 관절을 톡 꺼낸다.
한쪽 손으로 다리를 잡고 몸통에서 떨어지도록 아래로 돌려 동그란 관절이 구멍에서 톡 튀어나오게 한다. 그렇게 힘이 많이 들지 않는다.

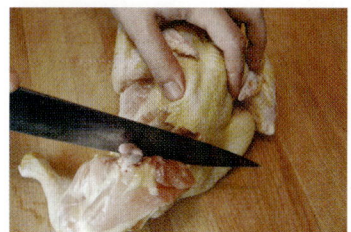

Step 5 : 허벅지를 자른다.
셰프 나이프로 앞에서 드러낸 관절을 완전히 잘라 내 다리를 분리한다. 이때 닭 등뼈에 가장 가깝게 붙은 작은 고깃덩어리(이 부위를 오이스터(oyster)라 부르고 식탁에서 서로 싸우는 부위이다.)는 꼭 같이 발라낸다.

Step 6 : 다른 쪽 다리
step 2~5까지를 반대편 다리에 반복한다.

Step 7 : 등을 가른다.
닭의 등을 도마와 수직이 되도록 고정시키고, 엉덩이 끝이 위를 향하게 놓는다. 셰프 나이프로 가슴살과 등 사이에 있는 껍질과 연골을 갈라 첫 번째와 두 번째 갈비에 닿는다.

Step 8 : 중식도를 사용한다.
칼을 중식도로 바꾸고 짧고도 확고하게 계속해서 갈비를 가른다. 혹은 가금류 가위로 양쪽에 있는 갈비를 절단해도 된다.

Step 9 : 어깨를 가른다.
식칼 끝으로 양쪽 어깨뼈를 가른다. 아니면 가금류 가위를 사용한다.

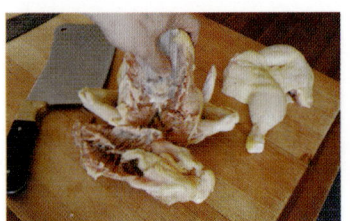

Step 10 : 반 정도 끝났다!
등뼈는 이제 완전히 가슴살 전체에서 분리가 되었다. 육수용으로 보관한다.

Step 11 : 가슴살을 분리한다.
가슴살을 분리하기 위해 가슴뼈 양쪽을 가른다. 흉골이 닿으면 칼을 잡지 않은 손으로 칼등 위를 단단히 눌러 뼈를 부순다.

Step 12 : 닭 4조각
닭의 표준 4조각(넷으로 쪼갠)은 가슴살 반쪽 2개와(날개가 있든 없든) 다리 2개이다. 등은 보너스로 가진다. 닭고기를 8~10 조각으로 나누려면 계속 쪼개면 된다.

Step 13 : 동그란 관절을 찾는다.
손끝으로 허벅지와 아래 닭다리 사이에 있는 둥근 관절을 찾는다.

Step 14 : 관절에서 자른다.
셰프 나이프로 관절을 갈라서 허벅지와 다리를 분리한다. 다른 다리도 이렇게 한다.

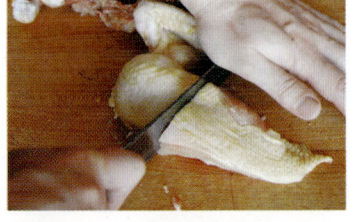

Step 15 : 가슴살을 나눈다.
각각의 가슴살을 가로로 반 자른다. 칼을 쥐지 않은 손을 칼 등에 대고 눌러 가슴뼈를 부순다.

Step 16 : 마무리한다.
닭고기 8조각. 스튜나 브레이징, 팬로스팅, 튀김을 할 준비가 다 되었다. 관절 부위에서 날개를 잘라 내면 10조각이 된다.

팬에 구운 닭고기 PAN-ROASTED CHICKEN PARTS

4인분

1.8kg 닭 1마리(8조각으로 해체 혹은 뼈와 껍질이 있고 여러 부위가 섞인 닭고기 조각 1.4kg (허벅지, 다리, 가슴살), 원하면 소금물이나 소금을 뿌려 두어 절이기, 368, 589쪽 참고).

코셔 소금과 후춧가루

식물성 기름 2작은술

1. 오븐랙을 오븐의 가운데 끼우고 오븐을 180℃로 예열한다. 닭고기에 소금(소금물에 절였다면 생략)과 후추를 넉넉하게 뿌린다.

2. 30cm(12인치) 바닥이 두꺼운 스테인리스 코팅 팬이나 소테팬에 기름을 넣고 중강 세기의 불 위에 올리고 연기 가닥이 보일 때까지 가열한다. 기름이 팬 전체에 골고루 묻도록 팬을 돌린다. 불을 끄고 조심스럽게 닭고기를 넣는데 껍질 부분이 아래로 가도록 한다. 다시 불을 켜고 닭고기를 가만히 둔 채 껍질이 짙은 황금색이 될 때까지 약 5분간 굽는다. 닭을 뒤집고 다른 면도 연한 황금색이 될 때까지 약 3분 정도 계속 굽는다.

3. 팬을 오븐에 넣고 닭가슴살의 가장 두꺼운 부분이 식품 온도계로 65℃, 그리고 허벅지와 다리는 80℃가 될 때까지 굽는다(이 부위들이 적정 온도에 도달하면 접시에 부위를 담고 알루미늄 호일로 느슨하게 덮는다.). 닭을 10분간 레스팅하는 동안 원하면 팬 소스(377~380쪽 참고)를 만들어 곁들인다.

빠르게 만드는 치킨커틀릿

살다 보면, 아무리 간단한 또는 팬에 구운 닭고기 요리라도 시간이 모자라서 만들 수 없을 때가 있다. 이런 때, 현명한 가정의 요리사라면 치킨커틀릿이라는 즉석에서 만들 수 있는 위대한 구세주에게 도움을 청한다. 뼈 없는 닭고기 가슴살을 수평으로 반 잘라서 부드럽게 두드려 0.5cm 두께 정도로 만든 커틀릿은 달걀 삶는 시간보다 더 짧은 시간에 요리할 수 있다. 일단 닭고기가 준비됐다면 3분이면 먹을 수 있고 팬 소스를 곁들이고 싶다면(나는 그러고 싶다.) 10분이면 된다.

대부분의 슈퍼마켓에는 커틀릿을 팔지만 뼈 없고 껍질 없는 닭가슴살을 통째로 사서 직접 만들 수 있다. 378쪽 '칼 사용법 : 치킨커틀릿 준비하는 법'을 참고한다. 커틀릿이 얇기 때문에 아주 높은 온도로 구워야 속이 너무 많이 익지 않으면서도 브라우닝이 되어 맛이 좋아진다. 나는 커틀릿에 약간의 밀가루를 묻혀 프라이팬에 굽는다. 밀가루가 얇게 발리면 그냥 닭고기를 구울 때보다 브라우닝이 더 효과적으로 일어난다. 고기를 보호하는 역할도 어느 정도 하면서 색도 더 빨리 만들어지는 것이다.

치킨커틀릿을 만들 때 처음에는 두 면을 거의 똑같은 시간으로 조리해야 한다고 생각했다. 어쨌든 브라우닝이 골고루 되도록 하고 싶었으니까. 하지만 이 방법으로 여러 번 굽다 보니 두 면을 다 고르게 브라우닝시키려면 고기 속이 지나치게 많이 익게 될 수밖에 없다는 걸 알게 되었다. 그렇다면 한 쪽 면만 브라우닝을 더 많이 하면 안 될까? 그렇게 했더니 정말 마술처럼 효과가 좋았다. 커틀릿을 뜨거운 기름이 있는 프라이팬에 넣고 첫 번째 면이 브라우닝이 잘 될 때까지 뒤적이지 않고 가만히 두었다. 이 단계에서 커틀릿은 이미 거의 다 익었다. 이제 두 번째 면을 짧게 약 30초 정도 살짝 불에 닿게만 해 주면 완성되고 레스팅한 후 상에 올린다.

3분 치킨커틀릿 3-MINUTE CHICKEN CUTLETS

4인분

닭가슴살(뼈, 껍질 제거) 반토막 4개(수평으로 반으로 잘라서 0.5cm 두께로 두드리기. 378쪽 참고. 원하면 소금물이나 소금에 절이기. 368쪽, 589쪽 참고)

코셔 소금과 후춧가루

중력분 1컵(250ml)

식물성 기름 3큰술

1. 치킨커틀릿을 소금(닭고기를 소금물에 절였다면 생략)과 후추로 간을 한다. 밀가루를 얇게 뿌리고 많이 묻은 건 털어 낸다. 접시나 도마로 옮긴다.
2. 30cm(12인치)의 바닥이 두꺼운 스테인리스 스틸 코팅 팬이나 소테팬에 기름 1½큰술을 넣고 고온에서 연기가 날 때까지 가열한다. 커틀릿 반을 넣고 바닥면이 잘 브라우닝될 때까지 2분 30초 정도 뒤적이지 않고 둔다. 커틀릿을 조심스럽게 뒤집고 두 번째 면이 잘 익도록 약 30초 정도 더 굽는다. 큰 접시로 옮기고 알루미늄 호일로 싼다. 팬에 남은 기름 1½큰술을 넣고 연기가 날 때까지 가열한 뒤 남은 커틀릿을 굽는다. 5분 동안 레스팅 후 상에 올린다.
3. 원하면, 치킨을 레스팅하는 동안 팬 소스(377~380쪽 참고)를 만든다.

팬에 구운 닭고기나 치킨커틀릿에 곁들이는 소스

레몬 케이퍼 팬 소스 LEMON CAPER PAN SAUCE

4인분

큰 샬롯 1개(곱게 다지기. 약 ¼컵, 약 60ml)

무염 버터 4큰술

중력분 1작은술

드라이 화이트 와인 1½컵(375ml)

케이퍼 3큰술(씻은 뒤 물기를 빼고 대충 썰기.)

레몬 즙 3큰술(레몬 2개분)

다진 파슬리 2큰술

코셔 소금과 후춧가루

1. 닭고기를 조리한 뒤, 팬에 남은 기름을 조금 따라 버리고, 팬을 중간 불에 올린 뒤 샬롯을 넣는다. 나무 주걱으로 약 1분간 저어 숨을 죽인다. 버터 1큰술과 밀가루를 넣고 30초 동안 계속 저어 준다. 천천히 와인과 케이퍼를 넣고 저어 준다. 숟가락으로 팬 바닥에 생긴 갈색 물질은 긁어내고 불을 고온으로 올리고 약 5분간 끓여 국물을 1컵(250ml) 정도로 졸인다.
2. 불을 끄고 레몬 즙과 파슬리와 남은 버터 3큰술을 넣고 섞는다. 소금과 후추로 간을 한다. 레스팅한 치킨 위에 소스를 붓고 바로 차려 낸다.

칼 사용법 : 치킨커틀릿 준비하는 법

커틀릿을 준비할 때 가장 힘든 과정은 닭을 자르는 일로, 칼이 아주 날카로워야 하고 약간 연습이 필요하다.

아직 요리 초보라면 요령을 터득하기 전까지는 아마도 닭가슴살에 구멍을 몇 개 낼 것이다. 하지만 걱정하지 마시라. 그래도 맛은 있을 테니까. 일단 가슴살을 나누고 나면 두드리는 일은 재미있고 쉽다. 너무 세게 두드리지 않는 게 비결이다. 세게 두드리면 고기에 구멍이 생기고 최종 두께를 조절할 수 없게 된다. 쉽죠?

치킨커틀릿이나 치킨 프라이드 스타일의 스테이크를 많이 만든다면 고기 전용 망치는 사둘 만하다. 하지만 커틀릿을 어쩌다 한 번 먹는다면 무거운 프라이팬 바닥으로 두드려도 된다.

조리대의 가장자리 가까이에 평행하게 도마를 놓고 그 위에 안심을 제거한 뼈와 껍질이 없는 닭가슴살을 올린다. 닭을 한쪽 손바닥으로 잡고 다른 손으로는 날카로운 칼로 옆에서 수평으로 끝까지 자른다. 칼질을 할 때 왔다 갔다 하면 안 된다. 잘라 내는 중에 두 번째 칼질을 한다면 자른 닭고기를 열어 보고 칼을 다시 위치에 맞춘 뒤 고기를 덮고 고기를 제대로 잡고 다시 칼질을 한다.

한 개씩 가슴살을 나누고 나서 고기에 비닐 랩을 두 장 씌우거나 4l 지퍼락 팩에 자른 면을 펼쳐서 넣는다. 고기 망치나 프라이팬으로 부드럽게 닭을 두드려 0.5cm 정도 두께로 고르게 만든다. 남은 커틀릿도 똑같이 한다.

버섯-마르살라 팬 소스 MUSHROOM-MARSALA PAN SAUCE

4인분

무염 버터 4큰술

양송이 227g(씻어서 잘게 썰기, 약 4컵, 1l)

큰 샬롯 1개(다지기, 약 ½컵, 125ml)

타임 잎 1작은술

중력분 1작은술

토마토 페이스트 1큰술

간장 1작은술

달콤한 마르살라 1½컵

레몬 즙 1큰술(레몬 1개분)

코셔 소금과 후춧가루

1. 닭고기를 조리한 뒤, 프라이팬에 남은 기름을 2큰술만 남기고 버린다. 팬을 센 불에 올린 뒤 버터 1큰술과 버섯을 넣고 나무 주걱으로 자주 저어 주면서 버섯이 브라우닝이 잘 될 때까지 약 6분간 볶아 준다. 샬롯과 타임을 넣고 1분 동안 볶는다. 밀가루와 토마토 페이스트를 넣고 30초 동안 계속 저어 준다. 천천히 간장과 와인을 넣고 섞는다. 숟가락으로 팬 바닥에 생긴 갈색 물질은 긁어내고 약 5분간 끓여 국물을 1컵 정도로 졸인다.

2. 불을 끄고 레몬 즙과 남은 버터 3큰술을 넣고 섞는다. 소금과 후추로 간을 한다. 레스팅한 치킨 위에 소스를 붓고 바로 차려 낸다.

브랜디 크림 팬 소스 BRANDY-CREAM PAN SAUCE

4인분

큰 샬롯 1개(다지기. 약 ¼컵, 60ml)
무염 버터 4큰술
중력분 1작은술
홈메이드 또는 저염 닭육수 통조림 1컵(250ml)
브랜디 ½컵
홀그레인 머스터드 1큰술
생크림 4큰술
신선한 레몬 즙 1큰술(레몬 1개분)
다진 파슬리 2큰술
코셔 소금과 후춧가루

1 닭고기를 조리한 뒤, 프라이팬에 남은 기름을 버린다. 팬을 중간 불에 올린 뒤 샬롯을 넣는다. 나무 주걱으로 약 1분간 볶아서 숨을 죽인다. 버터 1큰술과 밀가루를 넣고 30초 동안 계속 볶아 준다. 천천히 닭 육수와 브랜디를 넣고 섞어 준다. 숟가락으로 팬 바닥에 생긴 갈색 물질을 긁어낸다. 머스터드와 크림을 넣고 섞은 뒤 약 5분간 끓여 국물을 1컵 정도로 졸인다.

2 불을 끄고 레몬 즙과 파슬리, 남은 버터 3큰술을 넣고 섞는다. 소금과 후추로 간을 하고 레스팅한 치킨 위에 소스를 붓고 바로 상에 올린다.

비린내가 나지 않는 연어
SALMON THAT DOESN'T STINK

나는 연어를 싫어한다.

그것도 아주 많이. 퍽퍽하고 냄새나고 끈적끈적한 껍질, 생선 중에서 최악이다.

적어도 약 10년 전이라면 이렇게 얘기했을 거다. 그때 내가 유일하게 맛보았던 연어는 뷔페에서 먹었던 건 지나치게 많이 졸여졌거나, 식당에서 먹은 건 너무 많이 익어서 솔직히 말하면 무슨 맛인지 몰랐다. 내가 제대로 알고 있는지 모르겠지만 내가 어릴 때엔 모든 사람들이 연어를 웰던 이상으로 구워야만 한다고 믿는 듯했다. 우리는 1990년대 언제쯤까지 계속 요리에 있어서 이런 암흑 같은 시기를 지나고 있었다. 그 시절에 생선에 대한 나의 편견이 확고하게 만들어졌다.

근사한 식당(일반인으로는 사 먹기 힘든 그런 류의)에서 일하기 시작해서야 나는 그건 연어 탓이 아니라 요리사 잘못이라는 것을 알게 되었다. 제대로만 조리하면 연어는 정말 굉장하다. 최고로 잘 구운 치킨 껍질과 경쟁할 만한 바삭하게 부서지는 껍질이든 버터처럼 혀 위에서 살살 녹는 부드럽고 촉촉하고 맛있는 고기이든 (아니면 때로는 둘 다!) 하여튼, 굉장하다. 무엇보다 연어가 이 나라에서 가장 인기 있는 날생선이 되고 내가 여기서 주요하게 다루려고 고른 데에는 한 가지 이유가 있다.

그렇긴 하지만 내가 알려 줄 조리법은 연어뿐 아니라 큰 넙치나 도미, 농어처럼 어느 정도 두께가 있고 단단한 생선 필레에는 다 적용할 수 있다.

팬시어링 연어

연어에 닥칠 수 있는 위험한 세 가지 운명이 있는데, 연어를 요리해 봤다면 이 세 가지는 아마도 너무도 익숙한 광경일 것이다.

살점이 뜯어진다.

얇게 벗겨지는 연어의 살코기는 조리를 하면서 팬에 달라붙는다. 그래서 익은 살코기는 구멍이 있는 십대의 여드름 난 얼굴 같아 보일 뿐 아니라 팬이 엉망이 돼서 음식을 다하고 나면 씻을 때 아주 성가시다.

뻣뻣한 겉면

아랫부분은 뭔가 연하고 부드러울지 모르지만 퍽퍽하고 뻣뻣하고 바삭하고 완전 형편없는 겉면은 신경을 써야 하는 부분이다.

짜증나는 알부민

맞다. 연어 살코기 층에서 빠져나오는 찐득찐득한 하얀 물질은 튀어나온 뾰루지처럼 질벅질벅하고 보기에 좋지 않다(오늘 피부에 대한 이런 비유는 무엇 때문인가?). 먹고 싶은 마음이 들지도 않을 뿐만 아니라 어떻게 해 볼 도리가 없을 정도로 연어가 많이 익었다는 꽤 확실한 표시이기도 하다.

다행이라면, 앞의 두 문제는 비교적 쉽게 해결할 수 있다.

자세히 살펴보기

연어 살코기에 대해 잘 아는 사람이 얼마나 있겠습니까? 손을 한 번 들어 보세요.

그럴 줄 알았어요. 자, 이제 도약을 할 때가 왔습니다. 연어 살코기의 단면을 가까이서, 내 말은 아주 가까이서 마지막으로 본 게 언제였나요?

음, 아래에서 자세히 볼 수 있습니다.

위에서부터 시작해 보면,

- **연한 오렌지/붉은 살**. 대부분 이런 색이며, 껍질 없는 연어 살코기를 사면 기본적으로 이런 상태이다. 연어의 종류에 따라 색은 진한 선홍색에서 연한 오렌지–핑크색까지 다양하다. 우리는 조금 이따 연어 살의 조리 특성에 대해 더 얘기할 것이다. 고기 바로 위에서 여러분은 층을 하나 발견할 텐데, 바로…….
- **피하지방**. 종에 따라, 일 년 중 언제인가에 따라, 먹이 공급에 따라, 또 다른 여러 요인에 의해 지방층의 두께가 달라지긴 하지만 모든 연어에는 지방층이 다 있다. 지방층은 에너지를 저장하고 산란기에 헤엄쳐 가는 강과 바닷물의 다양한 온도 변화로부터 몸을 보호해 주는 역할을 한다.
- **껍질**. 어떤 물고기는 두껍고 질긴 껍질이 있다. 연어의 껍질은 아주 멋진 역할을 하며 두께나 질감으로 봤을 때 닭 껍질과 아주 비슷하다. 그래서 요리에 아주 안성맞춤이다.

여기서 우리가 관심을 가지는 부위는 바로 두 개의 층, 피하지방과 껍질이다. 지방의 역할이 급격한 온도 변화로부터 연어를 보호해 주는 일이라는 걸 안다. 그렇다면 조리 방법에 이 특성을 활용하면 되지 않겠는가? 모든 고기들처럼, 연어의 질감은 연어가 조리되는 온도와 직접적으로 연결된다.

- **43℃ 이하 : 연어 살은 기본적으로 날것이다. 반투명하며 진한 오렌지색이나 붉은색이다. 좋은 횟감의 특성인 부드럽고 도톰한 식감을 갖추고 있다.
- **43~52℃ : 연어는 미디엄 레어 상태이다. 살코기 층 사이의 결합 조직이 약해지기 시작하며 케이크 테스터나 이쑤시개를 살코기에 꽂으면 어떤 저항도 없이 들어갔다 나온다. 살은 비교적 불투명하지만 섬유성

은 생기지 않고 아직 육즙이 많고 촉촉하다.
- **52~60℃** : 미디엄에서 웰던으로 진입하기 시작한다. 많이 심하진 않지만 얇게 벗겨지고 퍽퍽한 질감이 생겨나기 시작한다. 수축되는 근섬유 사이에서 알부민이 빠져나오기 시작하면서 연어의 겉면에 보기 싫게 하얀 무리를 이루면서 응고하기 시작한다. 이런 응집의 초기 단계에서 조리를 바로 멈추면 아직은 구조가 가능하다.
- **60℃ 이상** : 연어는 한계에 다다른다. 이제부터는 더 퍽퍽하고, 푸석해지고 더 맛이 없어진다. 이런 상태가 바로 구내식당의 스팀테이블에 있는 연어의 모습이며 아마도 어릴 때 연어를 싫어했던 이유이기도 하다.

그래서, 우리의 목표는 연어를 되도록 60℃ 이하의 범위(그리고 가급적이면 52℃ 대)를 유지하도록 하는 것이다. 이렇게 하려면, 팬로스팅을 한다고 하더라도, 심지어 껍질이 없이 상에 내려고 계획했더라도─조리할 때는 반드시 껍질을 벗기지 말아야 한다는 것이다. 연어를 껍질째로 조리를 하면 살코기의 바깥층이 너무 많이 익게 되는 그런 문제를 완화할 수 있다. 또, 단열 작용을 하는 피하지방이 열을 차단하는 역할을 하기 때문에 내부의 살로 열을 아주 천천히 전달한다. 이렇게 열을 천천히 전달해 준다는 말은 껍질이 있는 연어는 껍질이 없는 연어보다 훨씬 더 골고루 그리고 부드럽게 익는다는 뜻이 된다. 연어 껍질은 프라이드치킨이나 새우 덴푸라에 튀김옷을 입히거나 빵가루를 묻히는 일과 정확히 같은 역할을 한다. 즉, 열전달을 늦추는 완충역할을 하며 그래서 속에 든 살이 너무 많이 익지 않도록 막으면서 자체가 바삭바삭해진다.

여러분이 이런 질문을 할 수도 있다. '그렇다면 살코기의 다른 쪽은 어떡합니까? 연어 필레는 한쪽에만 껍질이 붙어 있지 않나요?' 맞는 말입니다. 껍질이 없는 쪽은 여전히 많이 익게 될 문제를 안고 있습니다. 그렇다면 해결책은? 껍질을 아래쪽에 두고서 거의 다 익히는 방법입니다. 고상한 말을 좋아하는 프랑스 셰프들은 이 방법을 한쪽만 요리하는 단독 요리법이라고 부른다. 개인적으로 나는 약간 응용해서 다른 한쪽도 바삭하게 하기 위해 마지막에 뒤집고 15초 정도만 굽는다. 하지만 껍질 채 연어를 구울 때도 몇 가지 문제점이 있을 수 있다.

껍질 있는 살코기의 비애

먼저, 조심하지 않으면 껍질이 붙어 있는 연어 필레도 알부민이 새어나올 수 있다. 그리고 더 나쁜 일은 바로 이런 문제이다.

네, 여러분에게 이런 일이 없었다고 말하지 마십시오. 최악인 경우, 껍질이 프라이팬에 단단히 붙으면서 고기는 껍질과 완전히 분리가 되고 만다. 껍질을 먹으려고 하지 않았다면 그닥 큰 문제는 아니다. 정말로 껍질이 없는 살코기를 차려 내려고 했다면 최상의 방법인지도. 어차피 껍질째 굽고는 얇은 뒤집개를 껍질과 고기 사이에 밀어 넣어서 분리해야 했으니 말이다.

최고로 잘 구워 봐야 이 정도 밖에 되지 않는다.

껍질은 아직 비교적 바삭하고 그 아래 살은 완벽하게 익었을지도 모르니 세상이 끝난 건 아니지만 확실히 장모님이나 시어머님을 감동시킬 만한 그런 정도는 아니다. 연어 살코기를 다양한 온도 범위에서 몇 킬로그램이나 요리한 후, 껍질을 온전히 보존하는 방법이 바로 연어를 가장 골고루 익게 하고 가장 촉촉하고 가장 부드럽게 조리하는 방법이라는 걸 알게 됐다. 그리고 또 이 방법은 큰 넙치나, 농어, 그루퍼(grouper), 도미와 같이 살이 단단한 두툼한 생선 필레에는 다 적용할 수 있다. 이 방법을 몇 가지 쉬운 단계로 나누었다.

완벽한 생선 조리 비결 1 : 기름을 미리 가열한다.

왜 생선이 금속 팬에 잘 붙는지 아는가? 그건 그냥 붙는 게 아니라 실제로는 분자적인 차원에서 생선과 팬 사이에 일어나는 화학적인 결합이다. 이 결합은 모든 고기에 다 생긴다. 소고기나 돼지고기처럼 땅에 사는 동물의 고기는 그다지 큰 문제가 아니다. 육지에 사는 동물의 단단한 살은 팬에 붙기보다는 스스로에게 더 잘 붙는다. 그래서 가장 안 좋은 상황이라야 익으면서 고기에서 나오는 단백질이 브라우닝되면서 쌓인 게 전부다.

하지만 부드러운 생선은 스스로에게 붙기보다는 팬에 더 잘 달라붙는다. 그래서 깔끔하게 떨어지지 않고 살이 부서진다. 이를 막을 방법은 껍질이 최대한 빨리 뜨거워지는 것이다. 팬에 뜨거운 지방이 충분하면 껍질은 뜨거운 금속과 직접 접촉을 하기 전에 뜨거워지면서 단백질이 팽팽해지고 응고하게 된다. 그러면 껍질이 금속과 단단하게 분자적인 결합을 하지 못하게 돼 뒤집기가 훨씬 수월하다.

완벽한 생선 조리 비결 2 : 생선이 건조할수록 더 좋다.

물기 있는 재료를 넣으면 기름의 온도가 가장 많이 내려간다. 뜨거운 기름에서 나오는 에너지는 고기를 시어링하는 데 쓰이지 못하고 과도한 수분을 증발시키는 데 사용되기 때문이다. 그래서 팬에 고기를 넣기 전에 수분이 적으면 적을수록 더 좋다. 나는 키친타월 사이에 생선 필레를 넣고 꼭꼭 눌러 물기를 닦는다. 그리고 팬에 넣는다(껍질을 아래로).

완벽한 생선 조리 비결 3 : 꼭 눌러 줄 것, 생선은 전사이므로!

생선의 껍질은 익으면서 단백질이 팽팽해지고 수분과 지방이 빠져 나오기 때문에 줄어든다. 그렇다면 이런 현상이 일어날 때 생선은 어떻게 되는가? 바이메탈(bimetal) 조각처럼, 생선 필레는 스스로 몸이 오그라들기 시작한다. 그런데 이렇게 오그라들면 골고루 익기가 힘들다. 껍질의 가장자리는 팬과 딱 달라붙어 있기 때문에 너무 많이 익고 타기도 하며 가운데 부분은 팬과 떨어지게 돼서 거의 익지 않게 된다. 이건 조리하기에 적당한 상태가 아니다.

이 문제를 해결하기 위해 나는 얇고 탄력 있는 금속 생선 뒤집개를 이용한다. 바닥면이 익는 동안 이 뒤집개로 살코기가 제자리를 지키도록 꼭 눌러 준다. 조리 시 첫 1~2분 동안 이렇게 해 주는 것이 아주 중요하다. 그러고 나면 살코기의 모양이 고정되면서 계속해서 고르게 익을 수 있다.

완벽한 생선 조리 비결 4 : 천천히 그리고 꾸준히

껍질이 완벽하게 바삭하려면 세 가지 일이 동시에 일어나야 한다. 지방이 녹아야 하고 물이 증발해야 하고 단백질이 굳어야 한다. 너무 고온으로 요리하면 물이 너무 빨리 증발해 버린다. 온도가 아주 빠르게 올라가고 지방이 적절히 녹을 시간도 없이 단백질이 굳으면서 타기 시작한다. 그래서 생선 껍질이 군데군데 약간 바삭하지만 그 아래는 아직 끈적이고 기름투성이며 지방이 많게 된다. 비결 1에서 설명한 팬에 붙는 문제를 해결하기 위해 비교적 높은 온도에서 기름을 예열하라고 했는데 일단 생선을 넣게 되면 바로 불을 줄여야 이 문제를 해결할 수 있다. 그러면 최고의 팬시어링 치킨처럼 엄청나게 바삭하고 완벽하게 지방이 녹은 갈색의 바삭바삭한 껍질이 만들어진다.

그리고 또 다른 장점이 있는데, 천천히 일정한 열로 요리를 하면 더욱 고르게 익게 된다. 응고된 알부민이여 이제 안녕!

완벽한 생선 조리 비결 5 : 다 익을 때까지 뒤집지 않는다!

수년에 걸친 요리 경험으로 음식을 팬로스팅하면서 배운 가장 중요한 비결은 바로 절대로 팬 밖으로 억지로 꺼내지 말라는 것이다. 적당히 다 익으면 저절로 떨어진다. 나는 뒤집을 때 탄력 있는 금속 생선 뒤집개를 사용하는데 아주 부드럽게 뒤집을 때 떨어지지 않으면 아직 다 익지 않은 거라는 걸 알게 됐다. 더 익도록 놓아두면 껍질이 완전히 녹고 바삭해지면서 팬에서 아주 쉽게 떨어진다.

완벽한 생선 조리 비결 6 : 온도계를 켜라.

내가 하는 대로가 아니라 내가 말하는 대로 하세요.

온도계라는 말이 나올 줄 알고 있었겠죠? 여러분이 관심을 가지고 봤다면 내가 써머펜 식품 온도계의 광팬이라는 걸 눈치챘을 거다. 하나 구입을 하면 두 번 다시 절대로 생선을 지나치게 익히는 일은 없을 것이다. 여러분이 생선을 프라이팬에 올려놓고는 나처럼 사진을 찍느라고 49℃가 목표 온도인데 58℃까지 올라가게 놔두지 않는 이상은 말이다.

완벽한 생선 조리 비결 7 : 뒷면은 그냥 키스 정도만 한다.

앞에서 말한 것을 그냥 반복하는 건데, 껍질 부분이 단열을 해 주는 면이기 때문에 생선 껍질을 바닥에 두고 거의 다 익힌다. 위쪽 면은 살짝 화기에 접촉만 시킨다.

이런 비결을 모두 따르면 아래 사진과 같은 결과를 얻게 된다. 아래엔 기름지거나 끈적끈적한 지방 없이 브라우닝이 된 바삭하게 부서지는 껍질. 그 아래에 아주 얇게 벗겨지는 얇은 고기 층, 그리고 광활하게 펼쳐진 부드럽고 촉촉하고 조금도 퍽퍽하지 않은 고기와 거의 사시미에 근접한 크림 같고 버터 같은 질감의 가운데 부분. 바로 이것이 우리가 바라는 생선의 모습이며 맛이다.

생선의 구입법, 보관법, 손질법

생선이 육지 동물의 고기보다 훨씬 더 쉽게 부패하는 이유가 있다. 부패는 두 가지 방식으로 일어나는데 고기 속에 자연적으로 들어 있는 효소의 작용*으로 세포가 분해되거나 아니면 박테리아의 증식으로 부패가 진행된다. 이 두 가지 방식은 온도가 높아지면 더 빠른 비율로 발생한다.

소나 닭, 돼지 같이 땅에서 사는 온혈동물은 따뜻한 환경에서 사는 데에 익숙해 있고 이에 맞게 신진대사를 한다. 이런 동물의 고기를 가져다 냉장을 하면 효소와 박테리아의 활동이 아주 느려진다. 반면에 생선은 바닷물의 낮은 온도에서 살아가도록 만들어졌다. 북극이나 심해에 사는 물고기의 일부 종들은 대부분의 시간을 겨우 얼지 않을 정도의 물에서 보낸다. 그것과 비교했을 때 냉장고 평균 온도인 4.4℃는 분명히 따뜻하다고 할 수 있다. 그래서 생선과 관련된 효소 활동이 냉장고나 시장의 진열대 안에서도 발생한다.

그런 이유로 늘 똑같이 신선한 생선을 구하기가 어려우며 구입하자마자 바로 요리해야 하는 것이다.

구입법

생선 구입 시 필요한 정보는 아래와 같다.

- **어시장(또는 수산물 코너) 자체를 살펴본다.** 모든 게 깨끗하고 정돈이 되어 있는가? 생선을 주의해서 진열하고 있으며 항상 생선 위, 아래에 얼음이 있는가? 생선을 파는 사람이 손님들 앞에서도 생선에 부주의하는 듯 보인다면 괜찮은 생선을 사기는 어려울 것이다.
- **생선을 살펴본다.** 신선해 보이는가? 생선은 비늘이 반짝이고 눈이 아주 맑고 아가미가 선홍색이어야 한다. 눈에 핏발이 서 있거나 흐리멍덩하면 부패 초기라는 신호이다. 살코기와 스테이크는 반짝이면서 신선하고 촉촉해 보여야 한다.
- **생선의 냄새를 맡아 본다.** 신선한 생선은 '생선' 냄새가 나지 않는다. 그냥 염분 냄새가 희미하게 날 뿐이다. 암모니아 냄새가 조금만 나도 상했다는 표시이다.
- **생선을 손으로 눌러 본다.** 만약 그렇게 해도 된다면, 해 본다. 신선한 생선은 살에 탄력이 있어 부드럽게 눌러 보면 다시 회복된다. 살이 무르거나 누른 자국이 그대로 있으면 생선을 두고 나온다.

보관법

아스파라거스나 옥수수처럼 생선은 보관을 하지 않는 게 가장 좋은 보관법이다. 생선은 제일 마지막에 사서 바로 집에 오고 집에 도착하는 대로 냉장고에 넣고 몇 시간 안에 요리를 하게끔 계획을 세워야 한다.

---

* '왜 고기는 스스로를 부패시킬 효소를 가지고 있는 거죠?'라고 물을 수도 있겠다. 그건 우리의 몸에서 계속 새로운 세포는 자라고 오래된 세포는 죽기 때문이다. 생명 주기의 자연적인 부분으로 우리의 몸은 오래된 쓸모없는 세포를 죽일 수 있는 장치가 필요한데 그것이 바로 세포를 파괴하는 효소의 존재 이유이다. 우리의 몸이 새로운 세포를 만드는 동안 오래된 세포를 파괴할 능력을 잃게 되면 암이 생긴다.

생선을 하루, 심지어 이틀 전에 사야 한다면 최대한 차갑게 보관해야 한다. 아주 깨끗한 손으로 차가운 흐르는 물 아래서 생선을 깨끗이 헹궈 표면에 붙은 박테리아를 씻어 내고 키친타월로 조심스럽게 두드려 물기를 뺀다. 생선을 지퍼락 팩에 넣고 최대한 공기를 빼고 팩을 봉한다.

오븐 용기 바닥에 얼음주머니를 깔고 생선 팩을 그 위에 바로 놓는다. 그리고 생선 팩 위에 얼음주머니를 하나 더 올린다. 얼음주머니 대신 지퍼락 팩에 얼음을 넣고 사용해도 된다. 얼음이 녹으면 얼음주머니를 갈아 주면서 생선을 2일 동안 보관한다.

생선 필레의 가시 발라내기

슈퍼마켓이나 수산시장에서 사온 생선 필레에 가시가 몇 개 남아 있을 때가 있다. 그런 가시를 제거하려면 튼튼한 핀셋*이 필요하다. 손가락으로 필레를 따라 부드럽게 앞뒤로 움직이면서 가시의 끝을 찾아 낸다. 살 속에서 작은 혹 같이 단단한 게 느껴질 거다. 손가락 끝으로 가시의 끝 주위에 있는 살을 눌러서 가시가 약간 드러나게 한다. 핀셋 끝으로 드러난 가시 끝을 단단히 집는다. 핀셋을 잡지 않은 손은 생선 가시 최대한 가까이서 생선을 잡고, 뽑을 때는 가시가 향하고 있는 방향으로 뽑아서 최대한 고기에 손상을 적게 준다. 뽑아 낸 가시는 버리고 다 뽑을 때까지 이런 동작을 반복한다.

살코기 껍질 벗기기

나는 껍질 없이 차려 내더라도 껍질이 있는 채로 요리하는 걸 좋아하는데, 껍질이 팬이나 오븐의 열을 차단해서 생선에 전해지지 않도록 도와주기 때문이다. 그래서 살이 더욱 고르게 익을 수 있다. 하지만 생선 필레에서 껍질을 벗겨 내고 싶다면 다음과 같이 하면 된다.

---

* 이런 용도로 특별히 만들어진 핀셋이 있다. 내가 제일 좋아하는 상표는 글로벌(Global)이다. 글로벌의 생선 핀셋은 정교하고 튼튼하고 쥐기도 쉽다.

- Step 1 : 첫 번째 절개. 날카로운 셰프 나이프로 살코기의 가장자리에 있는 살을 잘라 껍질을 드러낸다.
- Step 2 : 꽉 쥔다. 깨끗한 키친타월이나 튼튼한 키친타월로 드러난 껍질을 잡는다.
- Step 3 : 칼을 미끄러지듯 움직인다. 칼을 살의 아래쪽으로 미끄러지듯이 움직인다. 칼날의 각도는 껍질 쪽으로 비스듬하게 한다. 껍질을 잡고 뒤로 당기면서 칼을 부드럽게 왔다 갔다 해서 천천히 껍질을 벗긴다. 잡은 껍질이 칼보다 더 많이 움직여야 한다.
- Step 4 : 끝낸다. 계속 껍질은 당기고 칼로는 톱질하듯 왔다 갔다 조심스럽게 움직여 껍질이 살코기에서 완전히 분리되도록 한다. 제거되지 않은 부분이 있다면 잘라 낸다.

연어 시식하기

날씬한 사람들이 식당에서 주문하거나 프랑스식 모자를 쓴 근사한 숙녀 분들이 고급 뷔페에서 집어 들던 바로 그 분홍빛 생선. 연어. 요즘은 사람들이 어디 식당에 무엇이 있는지 더 잘 알고 있고 적어도 연어에 대해서라면 종류가 몇 가지 있어서 고를 수 있다는 걸 알고 있다. 아래는 시장에서 찾을 수 있는 연어에 대한 간단한 지침이다.

- **왕연어(King salmon)**, 치누크(chinook)라고도 하는 왕연어는 가장 큰 종이며 가장 인기 있는 생선 중 하나이다. 야생에서는 이 연어는 45.3kg이 넘게 자랄 수도 있고 몇 년을 살기도 한다. 그래서 게임 낚시꾼은 아주 귀하게 여긴다. 가장 맛이 있는 종은 아니지만 이 연어의 크고 두툼한 살코기는 비교적 조리하기가 쉽다. 양식장에서 키운 왕연어는 조금 작으면서 근간지방은 더 많아서 맛이 아주 풍성하다.
- **은연어(Coho)**는 왕연어보다 많이 작고 살이 좀 더 치밀하고 더 선명하고 더 맛있다. 상대적으로 근간 지방이 거의 없고 결이 아주 미세하다. 그래서 그라브락스(gravlax)와 같은 염장용으로 아주 좋다.
- **붉은 연어(Sockeye salmon)**는 브리티시컬럼비아(BritishColumbia, 캐나다의 태평양 연안에 위치한 주)의 토착민의 언어인 할코멜럼어(Halkomelem word)에서 이름이 유래되었으며 양말이나 눈하고는 상관이 없다. 선홍빛 살과 풍성한 맛으로 유명한 붉은 연어는 작기 때문에 살코기가 얇아 너무 많이 익기가 쉬우므로 요리하기 까다롭다.
- **북극 곤들매기(Arctic char)**는…… 연어가 아니다. 하지만 작은 조개류를 실컷 먹고 얻은 카로티노이드(carotenoid) 색소와 비슷한 붉은 오렌지색 살을 가지고 있다. 북극 곤들매기가 약간 더 지방이 많긴 하지만 맛이나 조리의 어려움은 붉은 연어와 꽤 비슷하다.

나는 대체로 크고 지방이 많은 왕연어는 팬로스팅처럼 고온에서 하는 요리에 사용하고 맛이 좋은 은연어와 붉은 연어는 물에 데치는 것과 같이 천천히 하는 조리에 잘 어울린다는 걸 알게 됐다. 왕연어 살코기는 두껍고 지방 함량이 높기 때문에 팬이나 오븐의 높은 열에서 많이 조리되거나 푸석해지기 쉬운 연어 요리의 문제점을 좀 더 잘 보완해 준다.

껍질을 아주 바삭하게 팬에 구운 생선 필레
ULTRA-CRISP-SKINNED PAN-ROASTED FISH FILLETS

NOTE • 이 레시피는 연어나, 도미, 그루퍼(grouper, 농어과 생선), 농어 등과 같이 껍질이 있고 단단한 살코기에 적용할 수 있다. 나는 연어는 미디엄 레어보다는 레어로 먹는 걸 더 좋아하고 흰살 생선은 적어도 미디엄으로는 조리해야 한다.

4인분

껍질이 있는 생선 필레 4조각(각각 약 170g)
코셔 소금과 후춧가루
식물성 기름이나 카놀라유 2큰술

1. 생선 필레를 키친타월 사이에 넣고 눌러서 표면의 물기를 완전히 닦는다. 소금과 후추로 양면에 간을 한다. 크고 바닥이 두꺼운 스테인리스 스틸 팬에 기름을 두르고 중강 불 위에 올리고 기름 표면이 일렁일 때까지 가열한다. 그리고 생선 살의 껍질이 바닥에 가도록 넣고 바로 불을 중약으로 줄인다. 첫 1분 동안 껍질과 팬이 서로 잘 접촉하도록 하기 위해 유연한 금속 생선 뒤집개로 살코기의 뒷부분을 부드럽게 누르면서 굽는다. 그러고는 껍질에서 지방이 녹고 바삭해질 때까지 약 5분 정도 계속 굽는다. 뒤집개로 생선을 뒤집으려고 할 때 떨어지지 않으면 쉽게 떨어질 때까지 좀 더 익게 둔다.

2. 생선을 뒤집고 두 번째 면을 굽는다. 제일 두꺼운 부분에 꽂은 식품 온도계가 미디엄 레어로는 49℃, 미디엄으로는 54℃를 표시할 때까지 약 1분 정도 더 굽는다. 생선을 키친타월이 깔린 접시로 옮기고 5분 정도 레스팅한 뒤 차려 낸다.

팬로스팅 생선용 렐리시와 소스

바질-케이퍼 렐리시 BASIL-CAPER RELISH

약 ⅔컵(160ml) 분량

케이퍼 2큰술(씻어서 물기를 뺀 뒤 대충 썰기.)
다진 올리브 2큰술(칼라마타 또는 타자스케 올리브)
작은 샬롯 1개(곱게 다지기. 약 1큰술)
매운 홍고추 ½개(씨를 제거하고 다지기. 타이 버드(Thai bird) 또는 세라노고추(serrano) 1개)
잘게 다진 바질 ½컵(125ml)
대파 2대(가늘게 썰기.)
앤초비 필레 3개(다지기.)
신선한 레몬 즙 1큰술(레몬 1개분)
발사믹 식초 1큰술
꿀 1작은술
엑스트라 버진 올리브오일 ⅓컵(80ml)
코셔 소금과 후춧가루

작은 볼에 케이퍼와 올리브, 샬롯, 칠리, 바질, 대파, 앤초비, 레몬 즙, 식초, 꿀을 넣고 섞는다. 올리브오일을 아주 조금씩 계속 넣어 주면서 계속 저어 준다. 소금과 후추로 간을 한다. 팬로스팅한 생선 위에 숟가락으로 소스를 끼얹고 차려 낸다.

방울토마토-샬롯 렐리시 CHERRY TOMATO-SHALLOT RELISH

약 2컵(500ml) 분량

방울토마토 2컵(4등분. 500ml)
샬롯 1개(가늘게 채썰기. 약 ¼컵, 약 60ml)
다진 파슬리 2큰술
레드 와인 식초 또는 발사믹 식초 1큰술
엑스트라 버진 올리브오일 3큰술
코셔 소금과 후춧가루

작은 볼에 토마토와 샬롯, 파슬리, 식초, 올리브오일을 넣고 섞는다. 소금과 후추로 간을 한다. 팬로스팅한 생선 위에 숟가락으로 소스를 끼얹고 마무리한다.

딜-레몬 크렘프레슈 DILL-LEMON CREME FRAICHE

약 1컵(500ml) 분량

크렘프레슈 ¾컵(180ml)
레몬 제스트 1작은술(레몬 1개분)
신선한 레몬 즙 2큰술
곱게 다진 딜 2큰술
케이퍼 1큰술(씻어서 물기를 뺀 뒤 다지기.)
코셔 소금과 후춧가루

작은 볼에 크렘프레슈와 레몬 제스트, 레몬 즙, 딜, 케이퍼를 넣고 섞는다. 소금과 후추로 간을 한다. 팬로스팅한 생선에 곁들인다.

기본적인 타르타르 소스 BASIC TARTAR SAUCE

약 1컵(500ml) 분량

마요네즈 ¾컵(180ml)

달콤한 피클 렐리시 2큰술

케이퍼 2큰술(씻어서 물기를 뺀 뒤 다지기.)

설탕 1작은술

작은 샬롯 1개(곱게 다지거나 제스터에 갈기. 약 1큰술)

후춧가루 1작은술

증류주 식초나 화이트 와인 식초 1작은술

작은 볼에 모든 재료를 넣고 섞는다. 뚜껑을 덮고 적어도 15분 정도 둔 뒤 차려 낸다. 팬로스팅한 생선과 함께 올린다.

비어 쿨러, 비닐 팩, 그리고 수비드의 과학
BEER COOLERS, PLASTIC BAGS, AND THE SCIENCE OF SOUS-VIDE

2000년대 초기부터 식당의 주방에서는 작은 혁명이 진행되고 있었다. 식당의 요리사(line cook을 비롯하여)와 셰프들이 요리와 메뉴를 고안하는 방식에서부터 패스트푸드 체인이 일관성을 유지하고 작업의 흐름을 구성하는 방식까지 모든 것을 바꿔 놓았다.

바로 '진공 상태'를 뜻하는 프랑스어에서 온 수비드(sous-vide) 조리법에 대해 이야기하는 것이다. 이 조리법은 음식을 비닐 팩에 넣고 진공 밀폐한 뒤 온도를 조절한 물속에서 조리하는 방법이다. 1970년대 프랑스의 로안(Roanne)에 있는 미셸 투가우호(Michel Troisgros)가 운영하는 같은 이름의 식당에서 처음으로 대중에게 선보였다. 하지만 21세기 초가 되어서야 실용적이면서도 많은 양을 만들 수 있는 아주 정확한 실험실 수준의 장치로 셰프들이 이용할 수 있게 되었다.

여러분은 이렇게 생각할 수도 있다. '흥미롭긴 하지만 회전 증발되는 물 순환장치가 집에 없는 나와 무슨 상관이 있는가?' 하지만 내가 곧 해낼 거라는 걸 믿어야 한다.

런던 교외에 있는 레스토랑인 '더 팻 덕(The Fat Duck)'의 유명한 영국 셰프 헤스턴 블루먼솔(Heston Blumenthal)은 '수비드 조리법은 지난 수십 년 동안의 조리 기술에 있어 가장 위대한 진보이다.'고 평가하였다. 헤스턴만 그렇게 생각한 건 아니었다. 뉴욕의 '퍼 세(Per Se)'와 캘리포니아의 '더 프렌치 런더리(The French Laundry)'의 토마스 켈러(Thomas Keller)로부터 여러분 지역의 치포틀레 멕시칸 그릴(Chipotle Mexican Grill)까지 모두 수비드 방식으로 조리한 음식을 제공하고 있다.

수비드 방식의 장점은 다음과 같다. 고기에서 발생하는 온도 변화의 문제를 기억하는가? 요약하면 음식은 바깥쪽에서 안으로 익는다. 이 말은 바깥층이 정중앙보다 더 뜨겁다는 뜻이다. 그래서 조리된 음식은 정중앙은 적절히 익고 가장자리로 갈수록 점점 많이 익게 돼서 내부에 동그란 황소의 눈 같은 모양이 만들어진다.

예를 들어, 먼저 스테이크를 철저히 4.4℃를 유지하면서 시작했다고 해 보자. 그 스테이크를 260℃인 팬에 넣으면 바깥층은 거의 순식간에 100℃에 도달할 것이고 스테이크 표면에 있는 내부 수분은 그 온도에서 증발하기 시작한다. 결국 수분이 모두 사라지고 스테이크 바깥층의 온도는 계속 올라가게 된다. 그런 바깥층이 93.3℃ 이상이(이 온도는 스테이크용으로 웰던인 71℃ 단계 이상) 되기는 아주 쉽다. 아직 가운데는 온도가 변할 생각도 하지 않았는데 말이다. 이런 상태로 가운데 온도가 54℃(미디엄 레어)가 되면 바깥층은 가망 없이 너무 많이 익게 된다.

이제 똑같은 스테이크를 일정하게 54℃를 유지하는 환경에서 요리한다고 생각해 보자. 그렇다. 가운데가 54℃까지 오르려면 시간이 더 많이 걸리지만 결국에는 도달할 것이고 그동안 바깥층도 지나치게 많이 익을 위험이 없다.

이것이 바로 수비드 방식이다. 여러분이 고기를 밀폐된 팩에 넣고 팩을 온도 조절 가능한 수조에 넣으면 물은 아주 정확한 온도를 유지하면서 매우 효과적으로 열에너지를 스테이크에 전달한다. 그래서 고기는 끝에서 끝까지 고르게 익게 된다.

그리고 고기의 최종 차림 온도로 물의 온도가 유지되기 때문에 지나치게 많이 익힐 위험이 전혀 없다. 개를 산책시켜야 한다고요? 그렇게 하세요. 스테이크가 다 되어 있을 테니까요. 섬유 유연제 넣는 걸 잊어버렸다고요? 천천히 하세요. 넣어 둔 대로 스테이크는 그대로 있을 겁니다. 이 방식 덕분에 디너파티를 여는 것도 아주 쉽게 됐다.

표준 수비드 조리 온도에서는 마이야르 브라우닝 반응

이 일어나지 않기 때문에 대부분의 레시피는 색과 맛을 증대시키기 위해 팩에서 스테이크를 꺼낸 뒤 뜨거운 팬에서 고기를 시어링하라고 한다.

또한, 고기는 카텝신(cathepsins)이라 불리는 효소를 자연적으로 가지고 있는데 이 효소는 처음에는 질긴 근육 조직을 천천히 분해하다가 온도가 올라가면서 점점 더 속도가 빨라진다. 낮은 온도대에서 시간을 더 들여 고기를 충분히 담가 두면 카텝신이 일을 아주 많이 하게 되므로 이미 부드러워진 고기가 더욱 부드럽게 된다. 그리고 부드러운 고기는 결만 이야기하는 게 아니라 근섬유가 느슨해지기 때문에 조리 시 수축도 덜 되고 그래서 육즙도 덜 빠져 나오게 되므로 훨씬 더 촉촉하다.

식당 셰프들에게는 정말로 유용하다. 세계 최고의 식당이라 하더라도 전통적인 조리법으로 요리하면 종종 단백질 음식이 너무 많이 익거나 덜 익어서 문제가 될 수 있다. 엄격한 채식주의자가 존재하기 전부터 스테이크를 굽고 뒤집던 피터 루거(Peter Luger)의 식당에서 일하는 노련한 코스 요리사들이라도 아직도 종종 조금 너무 많이 익은 포터하우스 스테이크를 만들곤 했다. 하지만 수비드 조리법이라면 가발을 쓴 원숭이라도 실수 없이 완벽하게 단백질 요리를 만들어 낼 수 있다. 대령의 부인이 꿈만 꾸었던 육즙이 많은 닭고기라든지, 너무 부드러워서 뚫어져라 쳐다만 봐도 녹을 지경인 연어라든지, 내가 아직 라인쿡으로 있을 때 축하주로 팹스트 블루 리본(PBR) 맥주를 꺼내게 만들었을 법한 두 배나 두꺼운 포크찹이라든지. 이런 완벽한 음식들 말이다.

물론 이 방식도 문제점이 있으며 그것도 아주 큰 문제이기도 하다. 대표적인 물 순환장치는 1,000달러나 한다. 지금 시장에 가정용으로 나와 있는(산사레(Sansaire)와 아노바(Anova)) 모델은 가정용이라 더 저렴하다 해도 최소 200달러 정도는 한다.

사실, 인터넷에는 저렴하게 수비드 장치를 조립해 보고 시간과 노력을 들이는 사람들이 아주 많다. 이런 장치는 두 범주로 나눌 수 있다.

- 범주 1 : 전기밥솥, 수족관 거품장치, PID 제어 장치. 정확하지만 상당한 DIY 노하우가 필요하고 만드는 데 다해서 200달러 정도 든다.
- 범주 2 : 데이비드 장(David Chang)의 스토브 위 물 냄비. 원하는 대로 불을 이리저리 조작하는 방법. 이 방법은 정확도도 떨어지고 조리하는 내내 스토브 주위에 있어야 한다.

똑같은 결과를 낼 수 있으면서 더 빠르고 더 쉽고 더 저렴하게 누구나 할 수 있는 방법이 있을 거라 확신하면서 나는 방법을 찾기 시작했다. 기본적으로 낮은 온도로 물을 끓이는 장치란 바로 몇 시간 동안 많은 양의 물을 같은 온도로 유지하는 장치를 말한다. 그렇다면 단열이 잘 되는 상자가 효과가 있을 것이다. 다행스럽게도 이미 이런 장치가 가정집에 꽤 많이 있는데 이 장치는 정확히 많은 양의 음식이나 음료를 안정적인 온도로 유지하려고 만들어졌다. 바로 비어 쿨러(beer cooler, 맥주를 시원하게 유지해 주는 일종의 아이스박스)이다.

비어 쿨러가 작동하는 방법은 다음과 같다. 이중벽의 플라스틱 공간으로 되어 있으며 이 벽들 사이에 공기층이 음식을 시원하게 유지해 준다. 공기층은 단열개 여한은 해서 바깥의 열에너지가 속에 있는 차가운 음식에 닿지 못하도록 한다. 물론, 단열재는 두 가지 방식으로 작용하기 때문에 속에 든 따뜻한 에너지가 밖으로 빠져나가지 못하게 하는 데에도 유효하다. 비어 쿨러가 차가운 음식을 차갑게 유지하는 것만큼 뜨거운 음식도 뜨겁게 잘 유지한다는 걸 알게 되면 나머지는 쉽다. 비어 쿨러에 요리하고 싶은 음식의 온도보다 1~2℃ 더 높은 온도로 물을 채운다(차가운 음식을 넣을 때에 온도 손실을 감안해서). 지퍼락 비닐 팩에 음식을 넣고 봉한 뒤 물속에 넣고 비어 쿨러를 덮는다.

음식이 익을 때까지 놓아 둔다. 그게 전부다.

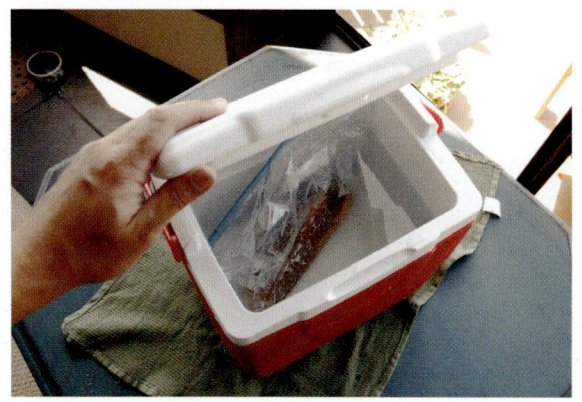

하지만 어떻게 진공 상태로 만드는가?

음식을 진공 밀봉하는 일은 수비드 조리법에서 꼭 필요한 과정일까? 꼭 그렇지는 않은 것으로 밝혀졌다. 진공 밀폐를 하는 주된 이유는 플라스틱 팩에 남아 있는 공기 방울이 단열재 역할을 해서 음식이 고르게 익지 않을까 해서이다. 팩에서 공기만 다 뺀다면 진공 포장기로 밀폐 시킨 팩만큼 역할을 잘한다. 그리고 아주 쉽게 진공 포장기의 효과를 볼 수 있는 방법이 있다. 이 기술은 프랑스 요리 학교(French Culinary Institute)의 강사이며 요리 이슈(www.cookingissues.com)에 기고를 하는 데이브 아놀드(Dave Arnold)가 나를 대신해 시범을 보였다.

1 음식을 지퍼락 비닐 팩에 넣고 봉한다. 이때 끝부분을 조금 열어 둔다.

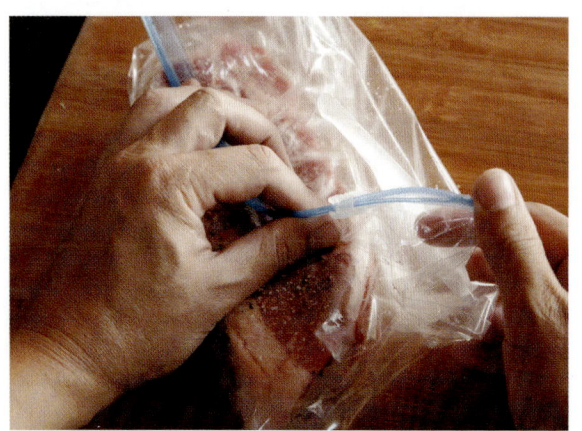

2 큰 냄비건 비어 쿨러건 싱크대에 물을 담았든, 팩을 잡고 천천히 이 물속으로 집어넣는다. 그러면서 양손으로 팩 속에 든 공기 방울이 나가게 한다.

3 팩의 끝부분만 물 위로 살짝 남을 때까지 계속 가라앉힌다(물이 팩 속으로 들어가지 않게 한다.).

4 팩을 봉한다. 이제 속에 든 음식은 완전히 밀폐가 된다.

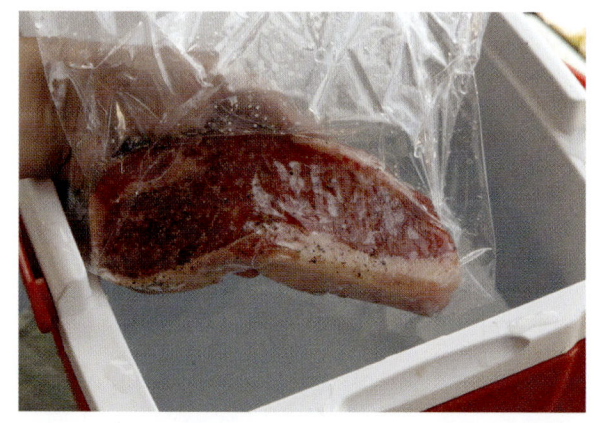

명명법에 관해서인데, '수비드'라는 단어는 엄밀히 따지면 조리 과정에서 진공 밀폐 부분을 말하지만 요즘은 일반적으로 온도가 조절되는 수조에서 천천히 조리하는 것을 의미한다. 그래서 이 비어 쿨러를 이용하는 방식이 전혀 '진공'을 사용하지 않음에도 불구하고 내가 '수비드'라는 말을 쓰려고 하는 이유이다.

아시겠습니까?

그렇다면 비어 쿨러 방식은 정말로 효과가 있을까? 나의 '비어 쿨러와 지퍼백을 이용한 방식(21.9달러 소요)'을 '수비드 슈프림과 푸드세이버(foodSaver) 콤보를 이용한 방식(569.98달러 소요)'에 대항하여, 총 4가지 항목에서 이들의 성능을 비교해 보았다.

1. 가장자리에서 가운데 부분까지 모두 정확한 온도로 단백질 음식을 조리하는 능력
2. 음식의 질이 나빠지지 않으면서 조리된 음식을 몇 시간 동안 서빙할 온도로 유지하는 능력. 낮은 온도와 밀폐된 팩은 지나치게 많이 익는 걸 방지하거나 조리된 음식의 수분 손실을 막는다. 이는 아주 유용한 특성으로 라인쿡이나 수고하는 배우자가 정확한 시간을 맞추느라 애를 먹지 않고도 뜨거운 음식을 바로 차려 낼 수 있게 한다.
3. 질긴 고기를 부드럽게 하는 능력. 전통적으로 브레이징 조리법은 질긴 부위를 부드럽게 하기 위해 82℃ 정도 되는 비교적 높은 온도를 이용한다. 하지만 이런 온도에서 근섬유는 육즙을 많이 내놓게 된다. 수비드 요리법으로는 훨씬 더 낮은 60℃ 정도의 온도로 오랜 시간, 때로는 72시간까지 조리하게 된다. 그래서 육즙이 전혀 빠지지 않으면서 아주 부드러운 고기가 된다. 소고기의 어깨나 갈비 같은 부위에는 특별히 더 효과적이다.
4. 맛 손실 없이 야채를 조리하는 능력. 진공 밀폐된 파우치 안에서 조리된 야채는 자체의 수분으로 자

연적으로 숨이 죽는다. 어떤 경우엔, 지나치게 수분이 많이 빠지지만(셀러리 뿌리를 수비드 방식으로 조리해 봤는가?) 그 이외엔, 결과가 아주 좋다. 수비드로 조리한 당근은 그동안 먹어 본 어느 당근보다 더 확실하게 당근 맛이 난다.

하지만, 시작하기도 전에 나는 항목 3과 4에서 그만 패배를 인정했다. 필요한 24시간 동안 비어 쿨러를 계속 따뜻하게 유지할 방법이 없다. 앞의 시험에서 비어 쿨러는 60~65.5℃ 범위에서 시간당 약 0.6℃ 정도씩 식었다.

야채는 이보다 더 큰 문제를 드러냈는데 야채 세포를 연결시켜 주는 질긴 접착제인 펙틴은 84℃가 되기 전까진 분해가 되지 않는다. 그리고 겨우 15분 지났는데, 이 뜨거운 물이 가득 찬 비어 쿨러가 몇 도씩 식기 시작했다. 작동을 하지 않는 것이다. 그래서 당신이 수비드 요리기에 필요하다고 생각하는 기능 중에 '2시간 이상의 장시간 조리', 또는 '비교적 고온(71℃ 이상)의 요리'가 있다고 생각된다면 당분간은, 진짜 수비드 기계를 구입해야 한다.

다른 한편으로, 나는 항목 1과 2가 실제로 수비드 기계의 실제 용도라는 것을 쉽게 주장할 수 있다. 특히 가정 요리에서 그러하다. 가정에서 요리되고 있는 레시피 유형에 대한 구글 검색에서 이를 확인할 수 있다.

이렇게 확신하면서 나는 실제 실험으로 넘어가서 스테이크는 52℃로 닭고기는 60℃로 조리했다(살모넬라균의 뒷처럼 들린다고요? 곧 식품의 안전성에 대해 다룰 겁니다.). 이 두 경우에, 두 가지 제품은 서로 별 차이 없는 결과를 내놓았다.

정말로 멋진 일은 참으로 우연히도 수도꼭지에서 나오는 뜨거운 물이 57℃인데 스테이크를 요리하기에 완벽한 온도라는 점이다. 어떻게 이럴 수가! 비어 쿨러는 전문 물 순환장치보다 이동이 더 쉽다. 그리고 전기 콘센

트도 필요 없다.

그래서 지난여름 나는 건조 숙성한 립아이 900g을 부엌에서 요리하기 시작했고 2시간 뒤 비어 쿨러를 데크로 가지고 나가서 활활 타듯 뜨거운 그릴에 소고기를 척 내려놓고 한쪽 면을 약 30초 동안 구워서 그릴 마크를 내고 겉면에 브라우닝을 시켰다. 그러고는 웨버표 그릴이 구워 낸 고기 중에서 가장 완벽하게 조리된 고기를 즐겼다. 뜨거운 물과 비어 쿨러만 있으면 어느 곳에서든 수비드 방식으로 조리할 수 있다. 가능한 곳을 생각해 보라. 호텔 방. 뒷마당. 보트. 영화관?

식품 안전성에 대해

서브세이프(ServSafe, 전미 식당연합인 National Restaurant Association에서 관리하는 음식 및 음료 안전 교육 및 인증 프로그램)의 식품 안전 관리 과정을 수강해 본 사람이라면 박테리아가 가속도가 붙은 비율로 크게 증가할 수 있다는 온도대 4.4℃~60℃ 사이, '위험 지대'에 대해 들어 봤을 것이다. 서브세이프의 지침에 따르면 어떤 음식도 총 4시간 이상 이 온도대에 두면 안 된다.

물론 이 말은 완전히 잘못된 이야기이다. 숙성한 카망베르(Camembert) 치즈를 몇 시간 동안 치즈용 도마 위에 있었다는 이유로 마침내 먹기 최고 좋은 온도에 도달했는데 버린다고 생각해 보라. 아니면 하몽 이베리코(Jamóns Iberico)나 프로슈토(prosciutto), 혹은 심지어 맛있는 옛날식 시골 햄도 몇 달씩 걸리는 오랜 염장 과정에 들어간 지 겨우 4시간 만에 소위 위험 지대에 있기 때문에 버려야 한다고 생각해 보라. 또 값비싼 건조 숙성 소고기도 이런 가혹한 규정을 따른다면 쓰레기통에 버려야만 할 것이다.

미국 농무부에서 정한 규정들과 함께 서브세이프 규정들도 식중독의 가능성을 완전히 제거하려는 목적으로 만들어졌다. 이런 규정은 정확성보다는 이해하기 쉽도록 만들었으며 오차 범위도 아주 넓다. 사실, 식품의 부패 속도에 영향을 미치는 요인에는 수분 함유량뿐만 아니라 염분 농도, 당분 농도, 지방 함유량 등 여러 요인이 포함된다. 그뿐 아니라 온도와 시간은 우리가 알고 있는 것보다 식품의 안전에 더욱더 미묘한 영향을 미친다.

조리하지 않은 식품, 특히 고기가 건강상의 위험을 일으킬 때 우리가 실제로 이야기하는 것은 세균과 세균이 만들어 내는 독소이다. 고기를 놓아두면 고기 표면에 있는 세균은 증식을 해서 크게 증가하고 마침내 위험한 수준으로 불어나게 된다. 냉장고 온도인 3.3℃ 아래에서 박테리아는 무기력하여 증식이 아주 천천히 이뤄진다. 고기는 어는 온도 아래로 내려가면 박테리아의 기본적인 생명 활동에 필요한 물이 얼음으로 변하기 때문에 박테리아가 살 수 없게 된다. 그래서 냉동 고기는 적절히만 봉해 주면 몇 달이고 심지어는 몇 년도 보존이 가능하다.

하지만 고기가 따뜻해질수록 박테리아도 점점 더 활동적이 되며 너무 뜨거워서 죽을 때까지 그렇게 계속 활동한다. 이 박멸 온도는 박테리아마다 다 다르다. 그러나 일반적으로 49℃ 정도이며 가장 끈질긴 세레우스(Bacillus cereus) 균이 55℃에서 죽는다.

아, 여러분은 '그렇다면 고기를 안전하게 먹을 수 있게 55℃로 고기를 조리하면 되겠구나'라고 머릿속으로 생각할 것이다. 음, 맞기도 하고 틀리기도 하다. 요리와 마찬가지로 박테리아를 박멸하는 저온 살균 과정도 온도와 시간 둘 다를 고려해 봐야 한다(371쪽 '닭고기 온도와 안전성' 참고).

온도 조절식 수조를 사용하면 닭고기를 낮은 온도에서 요리할 수 있을 뿐만 아니라 더 중요하게는 먹기에 완전히 안전해질 때까지 계속 물에 넣어 둘 수가 있다. 이 말은 가정에서는 어떤 의미가 되는가? 이제 더 이상

74℃의 퍽퍽한 닭고기를 먹지 않아도 된다는 뜻이 된다. 수비드 방식으로 60℃에서 25분간 조리한 닭가슴살은 74℃에서 조리한 닭고기만큼 안전하면서도 비교가 안 될 정도로 더 촉촉하고 더 부드럽다. 닭고기를 자를 때 수분이 있어 반짝일 것이다. 씹을 때면 육즙이 새어 나온다. 돼지고기도 똑같이 놀라운 결과를 내놓는데, 마치 버터처럼 포크에 녹아내릴 것이다.

일부 식품의 경우 최종 섭취 온도는 실제로 박테리아가 완전히 죽기 시작하는 온도보다 낮다. 예를 들면, 연어나 스테이크의 레어는 49℃ 정도이다. 이런 음식은 너무 오랫동안 기계에 놓아두지 않도록 아주 조심해야 한다. 안전을 위해 나는 미디엄 레어 스테이크나 연어를 쿨러에 3시간 이상 넣어 두지 않는다. 그 이상 넣어 두면, 식사는 목숨을 건 도박이 될 수 있다. 그리고 절대로 쿨러에서 음식을 조리하고 식혔다가 다시 가열하지 않는다. 이렇게 하는 건 질병이나 이보다 더한 상황을 불러들이는 일이나 마찬가지이다.

다소 재미없는 수업은 이제 그만하고 재미있는 실제 기술 부분으로 넘어가 봅시다.

쿨러(COOLER)에서 요리하기

이 레시피는 적어도 10ℓ 용량이 되고 꼭 들어맞는 뚜껑이 있는 비어 쿨러와 정확한 온도계가 필요하다. 일부 비어 쿨러는 다른 비어 쿨러보다 열을 더 잘 유지하기도 한다. 열 보존력은 조리 시 쿨러 위에 수건을 몇 장 씌워서 개선할 수 있다. 따뜻한 곳에 두는 것도 도움이 된다. 나는 따뜻한 날에는 직사광선이 비추는 곳에 두거나 부엌 안의 따뜻한 구석에 둔다. 비어 쿨러로 요리하는 기본적인 단계는 다음과 같다.

1 음식 전체 면에 소금과 후추로 넉넉하게 간을 한다. 4ℓ짜리 지퍼락 비닐 팩에 음식을 한 층으로 넣고 향신료나 음식에 바를 양념도 함께 넣는다. 끝에 2.5cm 정도 열어 두고(396쪽 사진 참고) 손으로 최대한 공기를 빼내면서 닫는다.

2 최소 8ℓ의 물을 정해진 온도로 가열한다. 정확도를 위해 식품 온도계로 잰다(스토브에서 데울 필요 없이 뜨거운 수돗물이 온도가 충분할 수 있다.). 물을 쿨러에 붓는다.

3 차례대로, 각각의 음식 팩을 물에 천천히 담근다. 가장자리 잠그지 않은 부분만 물 위에 올라오도록 한다. 물에 담그면서 남아 있는 공기는 팩에서 다 빼낸다. 팩을 완전히 닫는다.

4 쿨러 뚜껑을 덮고 수건 몇 장을 씌운다. 그리고 정해진 시간 동안 따뜻한 장소에 둔다. 매 30분마다 물의 온도를 확인하고 원하는 최종 온도의 1.6~2℃ 이내에서 온도 유지를 위해 필요하면 끓는 물을 부어 준다(비어 쿨러 성능이 아주 좋다면 이 과정이 필요없을 수도 있다.).

5 팩에서 음식을 꺼내서 그릴 위의 뜨거운 기름 위나 혹은 마이야르 반응을 촉진시키기 위해 소형 토치 램프로 시어링해서 음식에 질감의 대비가 생기게 한다.

시어링

앞에서 이야기한대로 수비드 조리법은 한 가지 중요한 면에서 결함이 있다. 바로 브라우닝이 안 된다는 것이다. 고기를 아주 바삭하고 구운 향이 나게 하는 브라우닝 반응은 149℃ 이상의 온도에서 아주 두드러지게 잘 일어난다. 이 온도는 일반적인 수비드 조리 온도보다 76.6℃나 더 높다. 이 말은 요리를 완성하려면 소테팬을 꺼내야 한다는 뜻이다. 핵심은 고기를 최대한 빨리 시어링해서 지나치게 많이 익지 않도록 하는 것이다. 프라이팬이나 그릴을 준비하고 뜨겁게 달군다. 팬에 고기를 넣기 전에 고기에서 물기를 완전히 제거한다(젖은 고기는 물기가 없는 고기보다 더 빨리 팬의 온도를 내린다.). 그리고 팬에서는 색이 날 때까지만 굽는다.

고기를 미리 시어링하고 팩에 넣어서 수비드 방식으로 조리해야 하는지에 대해서는 의견이 분분하다. 발상은 이렇다. 미리 시어링을 해서 생긴 맛이 팩에 넣어 조리되는 동안 고기에 스며들게 되고 그래서 고기에 더 깊은 구운 맛이 나게 된다. 나는 이 발상이 맞는지 확인해 보려고 스테이크를 몇 개 나란히 두고 요리해 보았다.

외견상으로는 큰 차이가 없었다. 맛은? 블라인드 시식에서 시식자들은 자신들의 기호에 따라 전반적으로 나눠졌고 어떤 스테이크인지 맞춰 보라고 하자 그냥 찍어서 맞추는 게 나을 정도로 잘 맞추지 못했다.

결론 : 미리 시어링하느라 힘들지 말 것. 중탕을 한 뒤 한 번 시어링만으로도 아주 풍성한 맛을 낼 수 있다.

그렇다면 시어링에 가장 좋은 방법은 무엇인가? 내가 종종 사용하는 세 가지 방법이다.

팬시어링(Pan-Searing)

장점 : 쉽고 집안에서 가능하다. 빠져나온 육즙이 그대로 고기와 접촉한다.

단점 : 아주 강력한 버너가 없다면 크러스트가 생기기 위해선 시간이 좀 걸린다. 그래서 고기의 아랫부분이 좀 많이 익을 수 있다.

토칭(Torching)

장점 : 매우 높은 온도이기 때문에 그을리기가 아주 쉽다. 아주 야성적으로 보일 수 있다.

단점 : 그을음이 고르지 않아서 스테이크 나머지 부분은 아직 브라우닝이 고르게 되지 않았는데 어떤 부분은 검게 타기도 한다. 주의하지 않으면 스테이크에서 연소되지 않은 연료 같은 맛이 난다.

그릴링(Grilling, 그릴 구이)

장점 : 고온이라 빨리 그을리고 맛도 아주 좋다.

단점 : 옥외 사용 가능한 그릴이 필요하다. 육즙이 떨어지기 때문에 수분과 맛을 잃는다.

이 세 가지 방법이 모두 한 가지만으로는 완벽하지 않다면 한 가지만 고집할 이유가 있는가? 스테이크와 찹을 만든다면 팬시어링과 토칭을 함께 사용하면 한 가지만 이용할 때의 모든 단점을 보완할 수 있다.

나는 먼저 연기가 나도록 뜨거운 기름과 버터에 스테이크 한 쪽을 시어링하면서 시작했다(브라우닝된 버터 고형분은 브라우닝 반응을 촉진시킨다.). 브라우닝이 시작되자마자, 스테이크를 뒤집고 바로 윗부분을 프로판 토치를 최대 세기로 해서 그을리기 시작했다. 윗부분에 묻은 기름과 버터층이 불꽃의 열을 고르게 나누게 했다. 그래서 전체에 브라우닝이 되고 잘 그을려지면서 타의 추종을 불허하는 스테이크 전문점의 브로일러에서 구운 것과 같은 수준의 멋진 크러스트가 기록적인 시간 안에 만들어졌다. 마지막으로, 스테이크를 뒤집고 두 번째 면을 토치로 구웠다.

연소되지 않은 프로판 가스의 냄새는 어떻게 하는가? 이 경우엔 문제가 되지 않는다. 프라이팬의 열기와 팬에서 나는 열기가 이동하면서 증가한 대류현상으로 프로판 가스는 많은 양의 산소와 열을 받게 되고 그 결과 완전 연소하게 되어 달콤하고 즙이 많고 잘 그을려진 소고기만 남기게 된다.

수비드와 레스팅

차려 내기 전에 고기를 레스팅하는 것이 중요하다는 걸 모두 알고 있다. 레스팅하면 속에 든 육즙이 굳으면서 약간 걸쭉해질 시간을 주며 그래서 스테이크를 잘랐을 때 과도하게 육즙이 흘러나오지 않게 된다. 하지만 레스팅하면 안 좋은 점도 좀 있는데, 스테이크를 레스팅하지 않고 버너에서 바로 꺼내면 크러스트가 더 도드라지고 더 바삭하고 더 멋지고 더 지글지글거린다. 이론적으로는 이렇게 식욕을 자극하는 크러스트는 침을 더 많이 만들어 내고 그 결과 스테이크를 씹을 때 입 안에서 더 촉촉한 느낌을 받게 된다고 한다. 스테이크를 불에서 꺼낼 때 지글지글거리는 크러스트에는 아주 매력적인 뭔가가 있는데 레스팅하는 동안 꾹 참아야만 한다.

스테이크를 수비드 방식으로 조리하면 이 부분에서 아주 많이 도움이 된다. 속에서 만들어지는 온도의 변화도가 크지 않기 때문에 온도가 정상화되도록 기다릴 필요가 없다. 처음부터 정상이 되어 있었다! 유일하게 변화가 생긴다면 짧게 시어링하는 단계에서이다. 그래서 아주 잠깐만 레스팅을 하면 된다. 하지만 이 동안이면 바삭거리는 크러스트 일부가 다 사라지기에 충분하다.

그렇다면 이 두 세계의 최고를 하나로 묶어 준다면 아주 멋지지 않겠는가? 자. 다행스럽게도 우리에겐 방법이 있다. 방법은 바로 스테이크를 정상적으로 레스팅한 뒤 차려 내기 바로 전에 기름 국물이 남아 있는 팬을 연기가 나도록 뜨겁게 달구고는 스테이크에 그 기름을 끼얹는 것이다. 스테이크는 지글거리면서 바삭해지고 속은 완벽하게 레스팅되고 촉촉한 상태를 유지한다. 팬의 기름 국물에 향신료를 좀 더하면 아주 좋으며 스테이크 위에 끼얹고 다시 내려온 국물을 모아서 가열해 놓은 작은 피쳐에 넣고 스테이크와 함께 차려 내면 바로 소스가 된다. 이 방법은 수비드 방식으로 조리한 음식뿐 아니라 어떤 스테이크나 찹에 다 적용할 수 있다.

레스팅을 하는 사람이나 하지 않는 사람 모두 이제 함께 축하하면서 촉촉하고 바삭하고 지글거리는 스테이크 위에서 하나가 될 것을 제안한다.

지방과 향신료

몇 가지 간단한 실험을 통해 수비드 팩에 넣은 향신료는 실제로 고기가 익을 때 고기에 맛을 더한다는 게 드러났다. 그렇다면 기름이나 버터 같은 지방을 팩에 넣어도 도움이 될까? 이 실험을 위해 향신료로 타임 3줄기와 마늘 한 쪽을 다져서 넣었다. 한 팩에는 스테이크와 타임, 마늘을 넣고 두 번째 팩에는 똑같이 넣고 여기에 버터 2큰술을 더 넣었다. 나는 버터가 녹으면서 마늘이나 타임에서 지방에 녹는 맛 분자들이 빠져 나와 이런 향이 고기에 골고루 스며들어서 맛을 더욱 좋게 하기를 바랐다. 또, 통제집단으로 아무런 향신료를 넣지 않은 스테이크도 포함시켰다.

결과는 아주 충격적이었다. 시식자들은 만장일치로 버터가 들어가지 않은 스테이크를 가장 향이 좋다고 뽑았다. 어떤 시식자는 심지어 버터를 넣은 것과 아무런 향신료를 넣지 않은 스테이크의 차이를 구별하는 데 어려움을 겪기도 했다! 어떻게 이럴 수가 있지? 나는 스테이크가 조리된 수비드 팩을 살펴보았고 바로 답을 알 수 있었다. 버터를 넣은 팩에는 향신료가 버터에 거의 다 녹아 있었던 것이다. 원하던 대로 고기 속으로 스며들어 가지 않고 향신료는 버터에 녹아서 팩과 함께 버려진 것이다.

결론 : 맛을 극대화하고 싶으면 향신료는 좋지만 버터는 생략한다.

비어 쿨러에서 스테이크 조리하기

비어 쿨러로 스테이크를 조리하는 일은 최고의 방법이며, 자신이 좋아하는 정도로 누구나 쉽고 정확하게 만들 수 있는 방법이다. 이미 이야기한대로, 익히는 정도는 크게는 개인적인 취향이지만 스테이크를 레어(rare)로 먹는 걸 좋아하는 사람이라면 나는 스테이크를 조금만 더 익히는 쪽으로 마음을 열어 보라고 강력히 권한다. 레어인 49℃에서 소고기 지방은 아직 비교적 단단하다. 고기 주위는 녹으려고 시작도 하지 않았다. 이 말은 사실상 지방이 없는 것과 같다는 말이다.

마블링이 아주 잘 형성된 립아이 또는 비싼 일본식 와규 스테이크를 덜 익힌다면 지나치게 많이 익히는 것만큼이나 죄스러운 일이다.

내가 주최한 디너파티에서 즉석에서 눈가리개를 하고 시식을 해 봤더니 자칭 골수 레어 스테이크 애호가라고 주장하는 사람들조차도 고기의 색을 보지 못하고 먹는 상황에서는 실제 미디엄 레어(54℃)나 심지어 미디엄 스테이크(60℃)의 식감과 맛을 더 좋아한다는 걸 알수 있었다. 한 번 먹어 보고 결정하는 게 좋다.

한 가지 더, 수비드 방식의 조리법은 더 싼 '푸주한 부위'의 소고기에도 아주 이상적이다. 뉴욕 스트립이나 립아이, 포터하우스, 티본, 그리고 필레(안심) 같은 비싼 스테이크 전문점 부위는 역사적으로 그 부드러움에 대해서는 가치를 인정받았지만 특별히 맛에 있어서는 그렇지 않았다. 하지만 행어나, 블레이드, 플랫 아이언 스테이크 같이 맛이 더 좋은 부위는 제대로 요리하기가 훨씬 더 어렵다. 조금만 더 익히거나 조금만 덜 익혀도 바로 질기고, 섬유질이 많고, 꼭꼭 씹어야 할 정도로 엉망이 된다. 하지만 제대로 조리하면 어느 모로 보나 비싼 부위만큼 부드러우면서도 거기다 맛까지 아주 좋다! 그래서 그런 부위를 흔히 '푸주한(정육업자)'이나 '셰프' 부위라고 부른다. 셰프와 정육업자들은 이런 부위가 싸고 제대로 준비만 하면 맛있기 때문에 좋아한다. 수비드 장치가 있다면 누구나 이런 까다로운 부위를 제대로 요리할 수 있다. 소고기에서 지방이 많은 대부분의 부위들처럼 이런 부위들도 미디엄 레어나 미디엄으로 조리하는 게 제일 좋다. 450g당 7달러 하는 행어 스테이크가 16달러 하는 스트립 스테이크와 똑같이 부드러우면서 맛은 훨씬 더 낫다면 여러분은 어떤 걸 먹겠는가? 네, 그걸로 주세요!

쿨러로 조리한 샬롯, 마늘, 타임을 넣은 립아이 스테이크
COOLER-COOKED RIB-EYE STEAKS WITH SHALLOTS, GARLIC, AND THYME

4인분

뼈 있는 5cm 두께의 건조숙성 립아이 스테이크 2덩어리(총 1~1.4kg)

코셔 소금과 후춧가루

카놀라유 2큰술

무염 버터 4큰술

중간 크기 샬롯 1개(채썰기)

마늘 4쪽(으깨기)

로즈마리 또는 타임 4줄기

1. 399쪽의 지시에 따라 스테이크를 쿨러에 넣어 조리한다. 미디엄 레어는 56℃의 물을, 미디엄의 경우 62℃의 물을 이용하고 최소 1시간, 최대 3시간 동안 조리한다.

2. 스테이크를 팩에서 꺼내서 키친타월로 두드려 물기를 닦는다. 30cm(12인치) 무쇠나 스테인리스 스틸 팬에 카놀라유와 버터를 넣고 센 불로 버터가 갈색이 되고 연기가 나기 시작할 때까지 가열한다. 스테이크를 넣고 뒤적이지 말고 30초 정도 굽는다. 스테이크를 뒤집고 두 번째 면을 1분 동안 굽는다. 한편, 원하면 프로판 토치를 가장 센 불로 맞추고 윗면을 그을린다. 스테이크를 뒤집고 두 번째 면도 브라우닝이 잘 되고 군데군데 잘 그을려지도록 약 30초 더 지진다. 집게로 스테이크 하나를 다른 스테이크 위에 올리고는 스테이크를 옆면으로 세운다. 뜨거운 팬 위에 옆면을 세워 지방을 더 바삭하게 굽는다. 옆 가장자리를 따라 돌리면서 계속 이렇게 굽는다. 베이킹팬 위에 와이어랙을 얹고 그 위에 고기를 올린 후 5분간 레스팅한다. 팬은 한 쪽에 둔다.

3. 스테이크를 레스팅하는 동안 샬롯과 마늘, 허브를 팬에 넣고 센 불에 올린 뒤 향이 나고 약간 연기가 날 때까지 약 30초간 가열한다.

4. 팬에 든 뜨거운 국물을 스테이크 위에 붓는다. 스테이크를 큰 차림 접시로 옮기고 베이킹팬에 떨어진 고기 기름을 데운 작은 피처에 붓는다. 피처에 든 고기 기름과 함께 바로 차려 낸다.

쿨러로 조리한 치미추리 소스를 곁들인 행어 스테이크
COOLER-COOKED HANGER STEAKS WITH CHIMICHURRI

4인분

행어 스테이크 4덩어리(각 227g)
코셔 소금과 후춧가루
타임 12줄기(선택사항)
마늘 2쪽(선택사항)
샬롯 2개(가늘게 채썰기. 선택사항)
카놀라유 2큰술
치미추리 소스(레시피 바로 나옴)

1. 399쪽의 지시에 따라 스테이크를 쿨러에 넣어 조리한다. 미디엄 레어는 56℃의 물을, 미디엄의 경우 62℃의 물을 이용하고 최소 1시간, 최대 3시간 동안 조리한다.

2. 스테이크를 팩에서 꺼내고 향신료는 버린다. 키친타월로 스테이크를 두드려 물기를 닦는다. 30cm(12인치) 바닥이 두꺼운 스테인리스 스틸이나 무쇠 프라이팬에 기름을 넣고 고온에서 심하게 연기가 날 때까지 가열한다. 스테이크를 팬에 넣고 집게로 뒤집으면서 모든 면에 다 브라우닝이 잘 되도록 2분 정도 시어링한다.

3. 스테이크를 큰 차림 접시로 옮기고 호일을 덮어 5분 정도 레스팅한 뒤 치미추리 소스를 곁들인다.

치미추리 소스

소스 1컵(250ml) 분량

곱게 다진 파슬리 ¼컵(60ml)
곱게 다진 고수 잎 ¼컵(60ml)
곱게 다진 오레가노 2작은술
중간 크기 마늘 4쪽(곱게 다지거나 제스터에 갈기. 약 4작은술)
레드 페퍼 플레이크 ½작은술
레드 와인 식초 4큰술
엑스트라 버진 올리브오일 ½컵(125ml)
코셔 소금

작은 볼에 모든 재료를 넣고 젓는다. 적어도 먹기 1시간 전에 미리 만들어 실온에 둔다. 치미추리 소스는 밀폐된 용기에 넣고 냉장고에서 1주일간 보관할 수 있다.

살사 베르데 소스를 곁들인 쿨러로 조리한 램랙
COOLER-COOKED LAMB RACK WITH SALSA VERDE

램랙(양 갈비)은 정육점에서 가장 맛있고 가장 비싼 부위들 중 하나로 쿨러에서 조리하기 가장 알맞은 후보이다. 이 부위는 정말로 망치고 싶지 않은 부위이다.

이 레시피는 양고기를 더 바삭하게 하고 겉면을 브라우닝시키기 위해 뜨거운 프라이팬에서 마무리하지만 뜨거운 목탄 그릴에서 쉽게 끝내도 된다. 칵테일을 두세 잔 재빨리 해치우고 쿨러를 뒷마당이나 데크로 가지고 나간다. 그러고는 쿨러에서 양고기를 꺼내 뜨거운 그릴 위에 올린다. 자, 식사 시간!

NOTE • 나는 갈비를 뜯고 뼈를 쪽쪽 빨아먹는 맛에 지방과 가슴살이 갈비에 붙어 있는 게 더 좋지만 원하면 발라내도(프랑스 식으로) 괜찮다. 랙을 구입할 때는 등뼈가 제거된 걸 사야 요리 후에 찹 사이를 쉽게 자를 수 있다. 미리 포장된 양고기 대부분은 이미 등뼈가 제거되어 있다. 정육점에서 양고기를 산다면 등뼈를 제거해 달라고 한다. 쇠톱이 없다면 집에서 제거하기는 어렵다.

4인분

램랙 갈빗대 8개
코셔 소금과 후춧가루
로즈마리 또는 타임 8줄기(선택사항)
중간 크기 샬롯 2개(대충 다지기. 선택사항)
중간 크기 마늘 4쪽(대충 다지기. 선택사항)
식물성 기름 1큰술
버터 1큰술
살사 베르데 소스(레시피 바로 나옴)

1 399쪽의 지시에 따라 양고기를 쿨러에 넣어 조리한다. 미디엄 레어는 56℃의 물을, 미디엄의 경우 62℃의 물을 이용하고 최소 45분, 최대 3시간 동안 조리한다. 양고기를 팩에서 꺼내고 향신료는 버린다. 키친타월로 양고기를 두드려 물기를 뺀다. 30cm(12인치) 바닥이 두꺼운 스테인리스 스틸이나 무쇠 프라이팬에 기름과 버터를 넣고 고온에서 연기가 날 때까지 가열한다. 양고기의 지방 부분이 아래로 가도록 팬에 넣고 집게로 뒤집으면서 모든 면에 다 브라우닝이 잘 될 때까지 총 3분 정도 시어링한다(특별히 큰 랙은 두 번에 나눠 시어링하는데 먼저 시어링한 부분엔 식지 않게 하기 위해 호일로 싼다.).

2 시어링한 양고기를 큰 자른 접시로 옮기고 호일로 싼 뒤 5분 동안 레스팅하고 잘라서 살사 베르데 소스와 함께 차려 낸다.

살사 베르데 소스

약 1컵 분량(250ml)

케이퍼 ¼컵(60ml. 물기를 빼기.)
곱게 다진 파슬리 ¼컵(60ml)
엑스트라 버진 올리브오일 ¾컵(180ml)
꿀 1큰술
앤초비 필레 4개(곱게 다지기.)
중간 크기 마늘 1쪽(곱게 다지거나 제스터에 갈기. 약 1작은술)
코셔 소금과 후춧가루

키친타월 두 장 사이에 케이퍼를 넣고 눌러서 물기를 제거한다. 잘게 다져서 큰 볼에 넣는다. 파슬리와 올리브오일, 꿀, 앤초비, 마늘을 넣고 저어서 섞는다. 소금과 후추로 간을 한다.

레몬 또는 선드라이 토마토 비네그레트를 곁들인 쿨러로 조리한 닭고기
COOLER-COOKED CHICKEN WITH LEMON OR SUN-DRIED-TOMATO VINAIGRETTE

퍽퍽하고 웰던으로 익힌 닭고기에 익숙하다면 수비드 방식으로 요리하면 닭고기의 맛을 제대로 느끼게 될 것이다. 닭고기가 이렇게 믿을 수 없을 만큼 육즙이 많고 촉촉하리라고 누가 생각했겠는가?

닭고기에 껍질이 있든 없든 원하는 대로 하는 거지만 나는 바삭한 껍질을 좋아하고 껍질 없이 브라우닝된 닭고기는 어떻게 해도 꼭 질긴 층이 생기기 때문에 껍질이 있는 걸 좋아한다.

껍질은 단열재 역할을 해서 브라우닝을 하더라도 식감을 살릴 수 있다. 전통적인 조리법으로는 뼈가 붙은 닭가슴살을 조리하는 것이 조리 시간을 늦춰서 고기를 더욱 고르게 익힐 수 있다. 그러나 수비드 조리방식으로는 과정이 이미 아주 천천히 진행되기 때문에 뼈가 있는 닭고기와 뼈가 없는 닭고기 모두 별 차이가 없는 것을 알 수 있었다.

닭고기를 수비드 조리할 때 또 다른 결점이라면 고기를 시어링할 때 팬에 달라붙는 맛있는 물질인 퐁(fond)이 거의 없다는 점이다. 이 때문에 팬 소스를 만들 수가 없다. 하지만 다르게 생각한다면 그렇게 맛있는 퐁이 팬에 만들어지지 않는 이유는 퐁이 원래 속해 있던 닭의 부위에 그대로 있기 때문이다. 간단하게 레몬을 짜거나 비네그레트를 곁들이면 닭고기를 아주 맛있게 즐길 수 있다.

4인분

껍질이 있고 뼈가 없는 닭가슴살 4개(각 170~227g)

껍질이 있는 닭가슴살 4덩어리(각 170~227g)

코셔 소금과 후춧가루

카놀라유나 식물성 기름 1큰술

레몬 1개(웨지 모양으로 가르기. 선드라이 토마토 비네그레트 드레싱. 레시피 바로 나옴)

1. 399쪽의 지시에 따라 닭고기를 쿨러에 넣어 조리한다. 64℃의 물을 이용하여 최소 1시간 35분, 최대 3시간까지 조리한다.
2. 닭고기를 팩에서 꺼낸 뒤 키친타월로 닭고기를 두드려 물기를 닦는다. 30cm(12인치) 바닥이 두꺼운 스테인리스 스틸이나 무쇠 프라이팬에 기름을 두르고 고온에서 기름 표면이 일렁일 때까지 가열한다. 팬에 닭고기의 껍질이 아래로 가도록 넣고 껍질이 바삭해질 때까지 약 3분간 시어링한다.
3. 큰 차림 접시로 옮기고 레몬 웨지나 비네그레트 드레싱과 함께 차려 낸다.

선드라이 토마토 비네그레트

약 1컵(250ml) 분량

기름에 절인 선드라이 토마토 ½컵(기름을 따라 버리고 0.6cm 크기로 썰기. + 절인 기름 2큰술)

할라피뇨 페퍼 1개(혹은 맛만 좀 내기 위해 아주 조금만, 잘게 다지기.)

꿀 1작은술

간장 ½작은술

프랭크 레드핫 또는 핫소스 ½작은술(선택사항)

레몬 즙 2작은술(레몬 1개분)

다진 생 민트 1큰술

중간 크기 샬롯 1개(곱게 다지기. 약 ¼컵, 약 60ml)

중간 볼에 모든 재료를 넣고 섞어 준다. 비네그레트 드레싱은 밀폐된 용기에 넣어서 3일까지 보관 가능하다.

쿨러로 조리한 브라트 비어 COOLER-COOKED BRATS AND BEER

소시지는 용서가 되긴 하지만 가족 모임을 해 봤던 사람이라면 누구나 말할 수 있는 게 브라트 소시지도 지나치게 많이 익힐 가능성이 있다. 다른 고기처럼 브라트 소시지도 뜨거워지면 근육이 더 꽉 조여져서 육즙이 더 많이 나오게 된다. 이 레시피는 수비드 방식으로 조리하면 두 가지 이점이 있다. 첫째, 제대로 익고 육즙이 아주 많아진다. 둘째, 액체 매질을 팩에 넣어서 조리하면 그 풍미를 더할 수 있다. 맥주도 좋다.

4~6인분

상점에서 산 브라트부르스트(약 8링크)나 브라트부르스트(Bratwurst)식 소시지(515쪽) 900g

필젠(pilsner) 맥주 2컵(500ml)

식물성 기름 1큰술(팬시어링 시)

버터 1큰술(팬시어링 시)

핫도그빵이나 원하는 종류의 번 8개(가로로 자른 후 굽기.)

원하는 소스

1. 399쪽의 지시에 따라 브라트와 맥주를 쿨러에 넣어 조리한다. 62℃의 물을 이용하여 최소 45분, 최대 3시간까지 조리한다.
2. 브라트 소시지를 팩에서 꺼낸 뒤 맥주는 버린다. 조심스럽게 키친타월로 닦아 물기를 제거한다. 뜨거운 목탄이나 가스 그릴에 올리고 가끔 뒤집어 주면서 브라우닝이 잘 될 때까지 한쪽 면 당 약 1분씩 굽는다. 아니면 큰 프라이팬을 중강 불에 올리고 식물성 기름과 버터를 넣고 거품이 가라앉을 때까지 가열한다. 소시지를 넣고 가끔 뒤집어 주면서 모든 면에 브라우닝이 다 되도록 약 2분 정도 구워 준다.
3. 구운 롤 속에 넣고 원하는 소스와 함께 차려 낸다.

바비큐 소스를 곁들인 쿨러로 조리한 포크찹
COOLER-COOKED PORK CHOPS WITH BARBECUE SAUCE

여러분이 지난번 기념일에 갔던 그 고급 식당에서는 어떻게 두 사람용의 그 큰 포크찹을 그렇게 완벽하게 부드럽고 맛있게 요리할 수 있는지 궁금한 적이 있는가? 수조에서 조리했을 가능성이 있다.

주로 나는 간단한 양념을 좋아하는데 완벽하게 조리된 고기 조각에 소금과 후추만 뿌리면 내게는 충분하다. 하지만 때때로 좀 더 신나는 뭔가를 하고 싶을 때가 있다. 그런 날에는 매운 향신료를 돼지고기에 바르고 그릴 위에서 달콤하고 톡 쏘는 바비큐 소스를 듬뿍 발라서 마무리한다.

4인분

칠리 파우더 2작은술

흑설탕 1½큰술

코셔 소금 1½작은술

카옌 페퍼 파우더 ⅛작은술

다진 고수 잎 ½작은술

펜넬 파우더 ¼작은술

후춧가루 ½작은술

뼈 있는 포크찹 4개(약 2.5cm 두께, 각 280g)

달콤한 바비큐 소스 약 1½컵(375ml)

1. 작은 볼에 칠리 파우더, 흑설탕 1큰술, 소금, 카옌 페퍼 파우더, 고수 잎, 펜넬과 후추를 넣고 잘 섞은 후 포크찹에 골고루 바른다. 399쪽의 지시에 따라 쿨러에 넣어 조리한다. 62℃의 물을 이용하여 최소 45분, 최대 3시간까지 조리한다.
2. 그릴을 고온으로 예열한다. 포크찹을 팩에서 꺼낸 뒤 키친타월로 두드려 닦는다. 각 찹의 윗면에 솔로 바비큐 소스 1큰술을 바른 뒤 그릴로 가져가서 소스를 바른 쪽을 아래로 놓고 1분 동안 굽는다. 윗면에 솔로 소스를 더 바른다. 찹을 뒤집고 1분간 더 굽는다. 찹을 접시로 옮기고 양면에 소스를 더 바른다. 호일로 싸고 5분 동안 레스팅한다.
3. 호일을 벗기고 찹에 소스를 더 바르고 식탁에 남은 소스와 함께 차려 낸다.

쿨러로 조리 후 올리브오일로 데친 연어
COOLER-COOKED OLIVE OIL-POACHED SALMON

단단하고 불투명한 연어에 익숙해 있다면 이 부분을 건너뛰고 싶을지도 모르겠다. 하지만 사시미 수준의 연어맛을 좋아하는 사람들이라면 이 조리법은 한 번 해볼 만하다. 49℃로 조리한 연어는 아주 부드러워서 거의 커스터드 같은 질감을 가지고 있으며 반투명해서 문자 그대로 입 속에서 살살 녹는다. 팩에 엑스트라 버진 올리브오일을 조금 넣으면 생선 겉면에 부드러운 향이 난다.

4인분

연어 필레 4조각(각 170g, 껍질을 벗긴 가운데 토막으로 준비)

코셔 소금과 후춧가루

엑스트라 버진 올리브오일 4큰술

엑스트라 버진 올리브오일(위에 뿌리는 용)이나 자몽 비네그레트 드레싱(레시피 바로 나옴)

1. 연어를 소금과 후추로 간을 한다. 399쪽의 지시에 따라 연어와 올리브오일을 쿨러에 넣어 조리한다. 49℃의 물을 이용해 최소 20분, 최대 1시간 동안 조리한다.
2. 조심스럽게 팩에서 연어를 꺼내고(아주 연해서 부서지기 쉽다.) 키친타월로 두드려 물기를 닦는다. 큰 차림접시로 옮기고 올리브오일이나 자몽 비네그레트 드레싱을 뿌리고 차려 낸다.

자몽 비네그레트

약 ½컵(125ml) 분량

루비레드자몽 1개(과육만 0.6cm 슈프림으로 자르고 과즙을 따로 모아 두기. 780쪽 '감귤류를 쉬프렘으로 자르는 법' 참고)

홀그레인 머스터드 1큰술

꿀 1작은술

곱게 다진 파슬리 또는 바질, 타라곤, 혹은 믹스 허브 1큰술

엑스트라 버진 올리브오일 4큰술

코셔 소금과 후춧가루

작은 볼에 자몽 즙과 머스터드, 꿀, 허브를 넣고 섞는다. 올리브오일을 천천히 부으면서 유화가 일어날 때까지 계속 휘저어 준다. 소금과 후추로 간을 한다. 자몽 슈프림을 볼에 넣고 섞어 준다.

쿨러로 조리한 치즈버거
COOLER-COOKED CHEESEBURGERS

수비드 조리법이 버거에 정말 이로울까?

정말로 이롭다. 적어도 두툼한 펍 스타일 버거라면. 많은 셰프들이 진공밀폐 과정에서 고기가 눌리면서 버거가 압착되고 질겨질 수 있어 버거를 수비드로 조리하길 꺼린다. 하지만 팩에 넣어 물에 담그는 이 방식으로는 문제가 되지 않는다.

아직 한 가지 질문이 남아 있는데, 수비드 방식으로 조리하고 난 뒤 버거를 어떤 방법으로 시어링하면 가장 좋을까?

프랑스 요리 학교(French Culinary Institute)의 데이브 아놀드(Dave Arnold)는 기름에 튀기는 방법(Deep-frying)을 가장 선호한다(그는 버거를 만들 때 정제 버터(clarified butter)도 팩에 같이 넣어 주는데 나는 그 맛은 그다지 좋아하지 않는다.). 그러면 아주 죽여주게 바삭한 크러스트가 만들어진다. 그것도 윗면, 아랫면, 돌아가면서 패티 전체에 크러스트가 골고루 생기는 이점이 있다. 또한 시어링할 때처럼 기름이 튀고 연기가 온 아파트에 피어오르지도 않는다. 튀김(Deep-frying)의 문제라면 기름 온도가 204℃ 정도까지 올라가야 하는데, 튀겨지고 있는 음식 조각을 바로 둘러싸고 있는 기름 온도는 냄비의 나머지 부분보다 아주 많이 낮다는 점을 감안하면 온도가 아주 많이 올라가야 한다. 이 문제는 전통적인 조리 방법이 가지고 있는 똑같은 오래된 문제를 되살리는데, 훌륭한 크러스트가 만들어질 즈음이면 0.3~0.6cm 두께의 고기는 너무 많이 익게 되고 가장자리 부위는 가죽 같이 질겨진다.

팬시어링은 그런 문제는 없다. 바닥이 두꺼운 팬에서 굽고 아주 뜨거울 때까지 예열만 시켜 주면 버거는 45초 정도가 되지 않아 짙은 갈색의 크러스트를 만든다. 그래서 질긴 껍질이 생기지 않는다. 팬시어링으로 구우면 센 열과 그을림 때문에 크러스트의 맛도 더 좋다. 물론 시어링은 약간 지저분해지긴 한다. 그렇다면 어떤 방법이 결국 승리할 것인가? 그건 개인적인 취향에 달렸다. 기름에 튀기는 것은 부엌을 엉망으로 만들지 않으면서 아주 훌륭하게 바삭한 식감을 만들어 내고, 팬시어링은 맛이 더 좋고 속의 질감도 더 좋다. 부엌을 치우는 걸 생각하지 않는다면 나는 팬시어링에 한 표를 던진다.

수비드 치즈버거 SOUS-VIDE CHEESEBURGERS

4인분

간 소고기 680g

코셔 소금과 후춧가루

식물성 기름 2큰술(팬시어링 시. 튀김 시 2ℓ)

슬라이스 치즈 4장(아메리칸 또는 체다 치즈 권장)

부드러운 햄버거 빵 4개(살짝 굽기.)

원하는 소스

1 고기를 170g씩 네 등분한 뒤 각각을 10cm 너비에 대략 2cm 두께 정도의 패티로 살살 빚는다. 소금과 후추를 넉넉하게 뿌린다. 패티를 각각 샌드위치 크기의 지퍼락 팩에 넣어 밀봉한 후 399쪽의 설명대로 조리한다. 레어는 51℃의 물을, 미디엄 레어의 경우 56℃의 물을, 미디엄은 62℃의 물을 이용하고 최소 30분, 최대 3시간 동안 조리한다.

팬시어링인 경우

2 패티를 팩에서 꺼내고 키친타월로 조심스럽게 물기를 닦는다. 소금과 후추로 간을 한다. 30cm(12인치) 바닥이 두꺼운 무쇠나 스테인리스 스틸 팬에 기름을 넣고 고온에서 연기가 날 때까지 가열한다. 패티를 넣고 첫 번째 면이 브라우닝이 잘 될 때까지 약 45초 굽는다. 패티를 뒤집고 치즈를 올리고 두 번째 면이 잘 브라우닝이 되도록 약 45초 더 굽는다. 패티를 빵에 올리고 원하는 소스를 뿌리고 마무리한다.

기름에 튀기는 경우

2 큰 웍이나 더치 오븐에 기름을 넣고 200℃까지 가열한다. 패티에 소금과 후추를 더 뿌린다. 체(또는 뜰체)로 패티를 뜨거운 기름 속으로 조심스럽게 넣는다. 짙은 갈색이 될 때까지 약 2분 튀긴다. 키친타월을 깐 접시로 옮기고 바로 치즈를 올린다. 패티를 빵에 넣고 원하는 소스를 위에 뿌리고 차려낸다.

BLANCHING, SEARING, BRAISING, GLAZING, ROASTING, AND THE SCIENCE OF VEGETABLES

4

채소의 과학 – 블랜칭과 시어링, 브레이징, 글레이징, 로스팅

MY FAVORITE VEGETABLE IS ENTIRELY DEPENDENT
ON MY MOOD AND THE SEASON.

나는 기분과 계절에 따라 좋아하는 채소가 달라진다.

PART 4
채소의 과학 - 블랜칭과 시어링, 브레이징, 글레이징, 로스팅

이 장에 있는 레시피들

레몬과 민트를 곁들인 뜨거운 스냅피 버터볶음	422
대파와 햄을 곁들인 뜨거운 스냅피 버터볶음	422
리크와 바질을 곁들인 뜨거운 스냅피 버터볶음	423
뜨거운 완두콩 버터볶음	423
베이컨, 샬롯 타라곤을 곁들인 뜨거운 완두콩 버터볶음	424
프로슈토와 잣, 마늘을 곁들인 뜨거운 완두콩 버터볶음	424
더 맛있는 그린빈 캐서롤	426
– 샬롯 튀김	429
– 마늘 튀김	429
치즈를 넣은 브로콜리 또는 콜리플라워 캐서롤	430
홀랜다이즈 또는 마요네즈와 전자레인지에 찐 아스파라거스	434
수란과 호두 비네그레트를 곁들인 전자레인지에 찐 아스파라거스	434
– 호두 비네그레트	435
올리브, 아몬드와 함께 먹는 전자레인지에 찐 그린빈	439
마늘–칠리 버터를 바른, 전자레인지에 찐 옥수수	439
베이컨을 곁들인, 시어링한 방울양배추	443
팬에 구운 주키니와 옥수수	444
멕시코 길거리 음식 옥수수 샐러드	446
팬에 구운 방울양파	448
마늘을 넣은 시금치 소테	450
타임과 샬롯을 곁들여 팬에 구운 버섯	451
튀긴 마늘을 곁들인, 극저온에서 데친 그린빈	453
아스파라거스 브레이징	455
베이컨을 곁들인 스트링빈 브레이징	456
타임과 레몬 제스트를 곁들인 리크 브레이징	457
생강을 넣어 단시간에 만드는 병아리콩, 시금치 스튜	459
궁극의 크림 시금치	461
아몬드를 넣고 글레이징한 당근	463
– 글레이징한 방울양파	463
– 글레이징한 순무, 래디시, 또는 루타바가	463
파르메산 빵가루를 넣은 브로일링한 아스파라거스	467
방울양배추와 샬롯 구이	468
마늘–앤초비 빵가루를 넣은 브로콜리 구이	469
– 마늘–앤초비 빵가루	469
잣, 건포도, 케이퍼 비네그레트를 곁들인 콜리플라워 구이	470
버섯 구이	471
아주 달콤한 고구마 구이	474
치즈를 넣은 헤이즐백 감자 그라탱	479
극도로 보슬보슬한 으깬 감자	482
유지방이 많고 크림 같은 으깬 감자	483
굉장히 바삭한 감자 구이	484
살짝만 으깬 바삭한 햇감자 구이	487
버터와 양파가 든 그을린 해시 브라운	488

**FOR MANY, MANY YEARS,
I THOUGHT THAT
I DIDN'T LOVE VEGETABLES.**

아주아주 오랫동안

나는

내가 채소를 좋아하지 않는다고 생각했다.

―

채소 중 어떤 건 괜찮았다. 샐러드는 아주 좋아했고 당근은 맛있었다. 아티초크(artichoke)는 신기해서 먹는 게 재미있었다. 아스파라거스는 아직 녹색이고 아삭할 때 큐피(Kewpie) 마요네즈에 찍어 먹으면 맛있기까지 했다. 하지만 대부분, 채소는 접시에서 '엄마가 보지 않을 때 물 한 컵과 함께 힘겹게 삼켜서' 구석으로 밀어 놓았었다. 지금 생각해 보면 내가 채소를 좋아하지 않은 건 순전히 어머니의 잘못(이 소식을 전해서 미안해요, 엄마)이라는 걸 깨달았다. 아이들은 브로콜리를 싫어하지 않는다. 아이들은 흐물흐물해진 브로콜리를 싫어할 뿐이다. 또 방울양배추를 싫어하지도 않는다. 방귀 냄새가 나고 오래된 치즈 같은 질감이 나는 방울양배추를 싫어할 뿐이다. 아, 내가 어릴 때, 우리 엄마가 방울양배추를 제대로 로스팅하거나 시어링하는 법을 아셨더라면 나는 이후 이십여 년간 채소를 잘 먹었을 것이다!

이 장에서, 우리는 채소를 조리하는 5가지 기본 기술인 블랜칭/스티밍, 시어링/소테잉, 브레이징, 글레이징, 로스팅/브로일링에 대해 이야기할 텐데 이 방법들이 채소의 안팎으로 어떻게 작용하고, 어느 때 사용하는 게 좋은지 살펴보겠다. 약간의 행운이 따른다면 여러분 하나하나를 모두 채소 신봉자로 바꿔 놓을 수 있을 것이다.

5가지 기본 채소 요리법과 어울리는 채소

	블랜칭/스티밍	시어링/소테잉	브레이징	글레이징	로스팅/브로일링
아티초크(artichoke)	×	×(작을 때)	×(작을 때)		×(작을 때)
아스파라거스(asparagus)	×	×	×		×
비트(beet)	×		×	×	×
피망		×	×		×
쓴맛 채소 (예: 래디치오, 엔다이브(endive))			×		×
청경채(bok choy)	×	×			×
브로콜리	×	×	×		×
브로콜리 라베(broccoli rabe)	×	×		×	
방울양배추	×	×	×	×	×
양배추	×	×	×		×
당근	×	×	×	×	×
콜리플라워(cauliflower)	×	×			×
셀러리(celery)	×	×		×	
옥수수	×	×			×
가지		×			×
그린빈(green bean)	×	×	×		×
짙은 녹색 채소(예: 케일, 근대)		×	×		×
리크		×	×		×
버섯		×		×	×
양파		×	×	×	×
파스닙	×	×		×	×
완두콩	×	×		×	
래디시				×	

	블랜칭/스티밍	시어링/소테잉	브레이징	글레이징	로스팅/브로일링
샐서피(salsify)	×	×	×	×	×
대파(scallion)	×	×			
시금치	×	×	×		
토마토					×
순무	×			×	
주키니	×	×			×

기본적인 채소 조리법 #1 : 블랜칭/스티밍(데치기/찜)

ESSENTIAL VEGETABLE TECHNIQUE #1: BLANCHING/STEAMING

접시 위에 놓인 에메랄드그린 색의, 딱 알맞게 익어서 아삭한, 데친 아스파라거스 줄기보다 더 아름다운 게 있을까? 채소를 보기에도 맛도 환상적으로 요리하는 비결은 무엇일까?

유명한 셰프들이 쓴 책을 많이 읽어서 녹색 채소를 조리할 때는 큰 냄비에 소금을 듬뿍 넣는다는 걸 알고 있다. 하지만 왜 그럴까? 물의 양 한 가지만 중요할까? 뚜껑을 덮거나 여는 건 어떤가? 수소 이온 농도 지수도 한몫하는가? 그리고 녹색 채소를 조리한 뒤 정말로 바로 얼음물 속으로 넣어야만 할까? 나는 채소를 몇 킬로그램 모아서 이런 질문들의 답을 찾으려고 부엌으로 갔다.

물의 양과 수소 이온 농도 지수(PH)

그린빈 230g에 물을 2컵(500ml)에서부터 2ℓ까지 넣고 조리하면서 각각의 경우에 그린빈이 부드러워질 때의 물 온도와 시간을 기록했다. 그러자 어떤 경향이 바로 드러났다.

물이 얼마나 많든 그린빈을 넣고 난 뒤 냄비를 다시 끓게 하는 데 필요한 에너지는 230g의 그린빈을 100℃로 올리는 데 필요한 에너지양이었다. 이 말은 모든 냄비는 거의 똑같은 비율로 다시 끓기 시작한다는 뜻이다 (더 자세한 내용은 684쪽 '파스타를 조리하는 가장 좋은 방법' 참고).

한편, 물을 아주 조금만 넣은 냄비는 그린빈을 넣자 훨씬 더 가파르게 온도가 떨어졌다. 양이 적은 물에 익힌 콩은 익는데 시간이 많이 걸렸을 뿐 아니라 1ℓ 이상 되는 물에서 익힌 콩이 선명한 녹색을 띠는 데 반해 칙칙한 국방색이었다.

왜 이런 결과가 나오는지 알기 위해, 그린빈의 겉을 살펴보자. 살아 있는 모든 생물이 그렇듯 채소들도 여러 낱개의 세포로 구성되어 있다. 채소의 세포는 탄수화물의 중합체인 펙틴으로 인해 접착제처럼 한 곳에 묶여 있다. 채소의 세포 안에는 여러 색소와 효소, 방향 화합물이 섞여 있다. 특히 녹색 채소는 엽록소라는 색소를 이용해서 햇빛을 에너지로 바꾸는 역할을 하는 작은 세포기관인 엽록체를 가지고 있다. 엽록소는 녹색 채소가 밝은 녹색을 띠게 한다.

식물의 모든 세포들 사이에는 작은 공기 주머니가 갇혀 있어서 빛의 파동을 분산시킨다. 그래서 부분적으로 채소의 밝은 녹색 색소를 흐리게 보이게 한다. 하지만 채소를 끓는 물에 넣자마자 그 공기들이 빠져나오면서 팽창하게 되고 색소가 아무 방해를 받지 않게 되자 갑자기 채소가 더욱 진한 녹색으로 보이는 것이다. 동시에 내부의 적-엽록소 분해효소는 엽록소의 모양을 변화시킴으로써 생생한 녹색을 파괴하려고 노력하게 된다. 엽록소 분해효소는 77℃ 이하에서 가장 활동적이며 88℃ 정도에서 파괴된다. 이것이 물을 큰 냄비에 가득 담는 이유이다. 물을 조금만 넣으면 채소는 77℃ 한계점 아래에서 시간을 너무 많이 보내게 된다. 그러면 엽록소 분해효소가 채소의 외관을 둔탁하게 하는 데 유리하다. 큰 냄비 안에서 끓는 물은 88℃ 아래로는 내려가지 않기 때문에 엽록소 분해효소가 엽록소를 분해할 기회를 가지기도 전에 빠르게 파괴된다.

엽록소 분해효소가 작용하지 않더라도, 열기가 채소의 구조에 돌이킬 수 없는 변화를 가져오기 때문에 끓고 있는 녹색의 채소는 마침내 생기를 잃기 시작할 것이다. 심지어 이런 변화는 산성 환경에서 더욱 악화된다. 큰 냄비에서 끓고 있는 물에 레몬 즙이나 식초 몇 큰술만 넣어 보면 조리되고 있는 녹색 채소가 빠르게 칙칙해지는 걸 알 수 있다. 이것이 채소가 많은 양의 물에서 조리되어야 하는 두 번째 이유이다. 채소는 조리 과정에서 자연 산성 성분을 조리용 매질에 풀어놓게 되어 매질이 산성화되고 갈변은 촉진된다. 다량의 물을 사용하면 이 산성도가 희석된다. 마찬가지로, 산성화합물의 부분적인 증발을 촉진할 수 있도록 뚜껑을 연 채로 조리해야 한다. 아, 여러분은 '산(酸)'이 녹색 채소의 적이라면 베이킹 소다를 물에 조금 넣어 밝은 녹색이 되게 하면 되지 않는가?'라고 생각할 것이다. 여러분 생각이 맞다. 베이킹 소다는 채소의 색을 더 푸르도록 한다. 하지만 유감스럽게도 채소 세포의 분해를 촉진시켜서 비누 같은 뒷맛이 나면서 채소가 곤죽이 된다.

맹물과 산성 물, 베이킹 소다를 넣은 물에서 데친 그린빈

이 경우에 큰 냄비가 정답인 듯하다. 채소를 선명한 녹색으로 그리고 동시에 부드럽고 아삭하게 데칠 수 있는 유일한 방법이다.

충격적인 소식!

일단 채소가 완벽하게 삶아졌다면 남은 질문은 채소를 더 이상 익지 않게 하는 방법은 무엇인가이다. 내가 일했던 식당에서는 얼음물이 담긴 큰 볼에 채소를 넣고 완전히 차가워질 때까지 두었다. 하지만 나는 집에서는 얼음물에 담그는 방법과 또 다른 두 가지 방법, 즉, 건 져낸 채소를 흐르는 찬 수돗물에 방법과 간단히 채소를 볼에 담아서 상온에 두는 방법을 같이 알아보았다. 얼음물에 담근 채소와 흐르는 차가운 물 아래 둔 채소 둘 다 동일한 결과를 보여 주었으므로 얼음물까지는 필요 없고 그냥 차가운 물이면 충분하다는 걸 알게 됐다. 하지만 놀랍게도 그냥 볼에 넣어 조리대 위에 두었을 때에도 가장자리 주위에 있는 채소는 공기 중에 빠르게 열을 잃어서 많이 익지 않았다. 흐물흐물해지고 칙칙한 색으로 변한 건 가운데 부분에 있던 채소뿐이었다. 예를 들어, 베이킹팬에 채소를 단층으로 쭉 펼치기만 해도 차가운 물이 꼭 없어도 된다. 편리하기 때문에 나는 계속 찬 수돗물을 사용하지만 만약의 경우에 대비해 알아 두면 좋다.

식히는 방법이 무엇이든 샐러드에 넣기 전에 야채탈수기나 깨끗한 키친타월로 물기를 제거하는 게 아주 중요하다. 물 범벅인 샐러드를 좋아하지 않는다면 말이다.

블랜칭(blanching, 데치기)은 녹색 채소를 더 푸르게 만드는 조리법이다. 요리사의 일반적인 용어로, 데치기는 끓고 있는 큰 냄비의 소금물에 채소를 넣어서 가볍게 익히는 방법이다. 채소는 자주 이렇게 데친 뒤 다른 레시피에 사용되는데, 스위트피(sweet pea)는 소금물에 가볍게 데쳐서 프라이팬에서 버터와 섞고 그린빈은 거의 완전히 부드러워질 때까지 데친 뒤 크림 같이 부드러운 버섯 소스에 섞어 넣고 캐서롤에서 굽는다. 데치기는 채소의 숨을 죽이는 단계로 모든 재료를 한 가지 단계나 한 냄비에서 같이 익히는 것보다 완성된 음식의 식감을 더 잘 조절할 수 있게 해 준다. 또한 디너파티나 휴일에 아주 조직적으로 시간을 아낄 수 있는 방법이다.

채소를 데치는 일은 레시피의 한 부분으로 채소를 식히고 조심스럽게 물기를 뺀 뒤, 어느 때고 레시피 나머지를 나중에 끝낼 수도 있다는 점을 기억하자. 이 말은 가령, 줄기를 데치고 난 뒤 줄기에 치즈 소스를 얹고 굽는 브로콜리나 콜리플라워 그라탱(gratin)의 레시피는 실제로 두 가지 분명한 단계로 나눠지는데, 이 단계들은 앞의 것이 끝나는 대로 바로 이어서 할 필요가 없다. 브로콜리를 월요일에 삶고 원하면 목요일에 치즈소스와 버무린 뒤 구울 수도 있다. 이렇게 레시피를 탄력적으로 운용하면 계획하고 요리하는 게 훨씬 쉬워진다.

이 장에서 '찜(steaming, 스티밍)'도 포함시켰는데, 왜냐하면 기본적으로 찜과 데치기는 목표가 같기 때문이다.

버터에 볶은 스냅피 SNAP PEA

가장 간단한 데치기이다. 스냅피를 아주 살짝 부드러워지는 정도로만 삶는다. 그리고 프라이팬에 준비해 둔 버터와 소스(혹은 버터에 간단히 레몬 즙을 넣는다.)에 넣고 고온에서 가볍게 뒤적여 섞은 후 상에 낸다. 물론 앞에서 말한 대로 스냅피를 미리 데치고 식혀 두었다가 원할 때 소스를 준비하고 완두콩을 냉장고에서 꺼내 바로 넣고 골고루 볶아 데운다.

레시피를 이보다 더 쉽게 만들고 싶다고? 그렇다면, 데친 스냅피는 건너뛰고 일반 냉동 완두콩을 사용하면 된다. 채소를 얼리면 채소를 데치는 것과 거의 비슷하게 세포 조직이 망가지기 때문에 냉동 녹색 완두콩을 사용하면 미리 삶을 필요가 없다. 간단하게 흐르는 물 아래서 해동한 다음, 물기를 빼고 버터가 든 프라이팬에 넣는다.

완두콩 고르기

완두콩은 대부분 신선한 것보다 냉동 상태가 오히려 더 나은, 몇 안 되는 채소들 중 하나이다. 왜 그럴까? 완두콩은 덩굴에서 꼬투리를 따는 순간부터 맛과 달콤함을 잃기 시작한다. 심지어 완두콩 넝쿨에서 딴 지 겨우 6시간 밖에 되지 않았는데도 방금 딴 완두콩과 비교해 보면 질감과 맛에 분명한 차이가 있다. 이 말은 슈퍼마켓이나 심지어 대부분의 농산물 직판장에 있는 '신선한' 완두콩은 넝쿨에서 딴 지 며칠이 지났으며 천천히 단맛이 줄고 있으며 더 뻣뻣할 수 있다는 말이 된다. 반면, 냉동 완두콩은 따자마자 곧 낱개로 얼렸기 때문에 단맛과 부드러운 질감은 그대로이다. 작고 동그란 모양 또한 완두콩을 빨리 얼리고 해동하는 데에는 아주 이상적이어서 전 과정이 끝날 때까지 좋은 질감을 유지하도록 한다. 이유는 천천히 얼면서 큰 얼음 결정체를 만들 때 세포에 가하게 되는 압박을 최소화하기 때문이다. 아주 평판이 좋은 농부가 근처에 있어 봄부터 완두콩을 사는 게 아니라면 냉동 완두콩을 사용한다.

레몬과 민트를 곁들인 뜨거운 스냅피 버터볶음
HOT BUTTERED SNAP PEAS WITH LEMON AND MINT

4인분

무염 버터 2큰술

레몬 즙 1작은술(레몬 1개분)

코셔 소금

슈거 스냅피 450g(이음새에 실 형태의 질긴 섬유질과 끝부분 제거하기.)

잘게 다진 민트 2큰술

레몬 제스트 1작은술

후춧가루

1. 30cm(12인치) 바닥이 두꺼운 스테인리스 스틸 프라이팬에 버터와 레몬 즙을 넣고 한곳에 둔다.
2. 더치 오븐에 물 4ℓ와 소금 4큰술을 넣고 고온으로 끓인다. 스냅피를 넣은 후 밝은 녹색이 되고 부드럽지만 씹히는 식감이 있을 정도로 약 3분 정도 데친다. 물을 따르고 버터와 레몬 즙이 든 프라이팬에 완두콩을 넣는다. 고온으로 불을 맞추고 버터가 완전히 녹아 스냅피에 코팅이 될 때까지 섞으면서 볶는다. 민트와 레몬 제스트를 넣고 섞는다. 소금과 후추로 간을 하고 마무리한다.

대파와 햄을 곁들인 뜨거운 스냅피 버터볶음
HOT BUTTERED SNAP PEAS WITH SCALLIONS AND HAM

4인분

올리브오일 2작은술

구운 햄 110g(0.6~1.3cm로 깍둑 썰기.)

대파 6대(흰 부분은 0.6cm 두께로 썰고, 푸른 부분은 가늘게 썰어 각각 따로 준비.)

무염 버터 2큰술

코셔 소금

슈거 스냅피 450g(이음새에 실 형태의 질긴 섬유질과 끝부분 제거하기.)

레몬 제스트 1작은술(레몬 1개분)

레몬 즙 1작은술

후춧가루

1. 30cm(12인치) 바닥이 두꺼운 스테인리스 스틸 프라이팬을 중강 불에 올리고 기름 표면이 일렁일 때까지 가열한다. 햄과 대파 흰 부분을 넣고 가끔씩 저어 주면서 햄이 막 노릇해지기 시작할 때까지 약 3분 정도 볶는다. 불에서 내리고 버터를 넣고 한곳에 둔다.
2. 더치 오븐에 물 4ℓ와 소금 4큰술을 넣고 고온으로 끓인다. 스냅피를 넣고 밝은 녹색이 되고 부드럽지만 아직 씹는 식감이 있을 정도로 약 3분 정도 데친다. 물을 따르고 완두콩을 프라이팬에 넣는다. 고온에서 버터가 완전히 녹아 스냅피에 코팅이 될 때까지 섞고 저어 준다. 대파의 푸른 부분과 레몬 제스트와 레몬 즙을 넣고 섞는다. 소금과 후추로 간을 하고 마무리한다.

리크와 바질을 곁들인 뜨거운 스냅피 버터볶음
HOT BUTTERED SNAP PEAS WITH LEEKS AND BASIL

4인분

큰 리크 1대(흰 부분만, 반으로 나누고 0.6cm 두께로 채썰기.)

무염 버터 2큰술

코셔 소금

슈거 스냅피 450g(이음새에 실 형태의 질긴 섬유질과 끝부분 제거하기.)

곱게 다진 바질 2큰술

레몬 제스트 1작은술(레몬 1개분)

레몬 즙 1작은술

후춧가루

1. 30cm(12인치) 바닥이 두꺼운 스테인리스 스틸 프라이팬에 리크와 버터를 넣고 중간 불에서 리크가 부드럽지만 갈색 빛이 나지 않도록 약 5분간 자주 저어 주면서 볶는다. 버터나 리크가 갈색이 되기 시작하면 불을 낮춘다. 불에서 내려 한곳에 둔다.

2. 더치 오븐에 물 4ℓ와 소금 4큰술을 넣고 고온으로 끓인다. 스냅피를 넣고 밝은 녹색이 되고 부드럽지만 아직 씹는 식감이 있을 정도로 약 3분 정도 데친다. 물을 따르고 완두콩을 프라이팬에 넣는다. 센 불에서 스냅피에 코팅이 될 때까지 섞고 저어 준다. 대파와 바질, 레몬 제스트와 레몬 즙을 넣고 섞는다. 소금과 후추로 간을 하고 마무리한다.

뜨거운 완두콩 버터볶음 HOT BUTTERED PEAS

4인분

냉동 완두콩 450g(약 3컵, 750ml)

무염 버터 2큰술

레몬 제스트 1작은술(레몬 1개분)

신선한 레몬 즙 1작은술

코셔 소금과 후춧가루

1. 완두콩을 체에 넣고 흐르는 뜨거운 물에 해동이 되도록 약 4분 정도 둔다. 물기를 완전히 제거한다.

2. 큰 냄비에 버터를 넣고 중강 불에서 녹인다. 완두콩을 넣고 섞어서 표면에 잘 묻게 한다. 골고루 데워질 때까지 약 2분 정도 저으면서 볶아 준다. 레몬 제스트와 레몬 즙을 섞어 준다. 소금과 후추로 간을 하고 마무리한다.

베이컨, 샬롯, 타라곤을 곁들인 뜨거운 완두콩 버터볶음
HOT BUTTERED PEAS WITH BACON, SHALLOTS, AND TARRAGON

처음부터 버터에 베이컨을 넣고 요리한다면 버터의 단백질이 모두 브라우닝이 되면서 단백질 구조를 바꾸고 유화한다. 완두콩에 차가운 버터를 넣고 휘저어야(이렇게 하면 온도를 조절하는 역할을 함) 완성된 요리가 근사하고 부드럽고 표면에 광택이 나게 된다.

4인분

냉동 완두콩 450g(약 3컵, 750ml)
두툼한 베이컨 2조각(1.3cm 폭으로 썰기.)
중간 크기 샬롯 1개(가늘게 채썰기. 약 4큰술)
무염 버터 2큰술
곱게 다진 타라곤 2큰술
레몬 제스트 1작은술(레몬 1개분)
레몬 즙 1작은술
코셔 소금과 후춧가루

1. 완두콩을 체에 넣고 흐르는 뜨거운 물에 해동이 되도록 약 4분 정도 둔다.
2. 큰 냄비에 베이컨을 넣고 중간 불에 올려 자주 저어 주면서 지방이 녹아서 바삭해질 때까지 굽는다. 샬롯을 넣고 자주 저어 주면서 숨이 죽을 때까지 약 3분 정도 볶아 준다. 완두콩과 버터를 넣고 섞어서 표면에 잘 묻게 한다. 골고루 데워질 때까지 약 2분 정도 저으면서 볶아 준다. 타라곤과 레몬 제스트와 레몬 즙을 섞어 준다. 소금과 후추로 간을 하고 차려 낸다.

프로슈토, 잣, 마늘을 곁들인 뜨거운 완두콩 버터볶음
HOT BUTTERED PEAS WITH PROSCIUTTO, PINE NUTS, AND GARLIC

4인분

냉동 완두콩 450g(약 3컵, 750ml)
식물성 기름 2작은술
얇게 자른 프로슈토 85g(얇은 띠 모양으로 자르기)
잣 ½컵(125ml)
중간 크기 마늘 2쪽(곱게 다지거나 제스터에 갈기. 약 2작은술)
무염 버터 2큰술
곱게 다진 파슬리 2큰술
레몬 제스트 1작은술(레몬 1개분)
레몬 즙 1작은술
코셔 소금과 후춧가루

1. 완두콩을 체에 넣고 흐르는 뜨거운 물에 해동이 되도록 약 4분 정도 둔다.
2. 큰 냄비에 기름을 두르고 중강 불에 올려 기름 표면이 일렁일 때까지 가열한다. 프로슈토를 넣고 자주 저어 주면서 바삭해지기 시작할 때까지 약 3분간 볶는다. 잣을 넣고 자주 저어 주면서 약 2분 정도 살짝 볶아 준다. 마늘을 넣고 약 30초 정도 볶아서 향을 낸다. 완두콩과 버터를 넣고 섞어서 표면에 잘 묻게 한다. 골고루 데워질 때까지 약 2분 정도 저으면서 볶아 준다. 파슬리와 레몬 제스트, 레몬 즙을 섞어 준다. 소금과 후추로 간을 한다.

칼 사용법 :
바질과 다른 허브를 쉬포네이드하는 방법

쉬포네이드(chiffonade)는 '띠 모양으로 자르다'는 뜻으로 프랑스 셰프들의 용어다.

허브를 띠 모양으로 효과적으로 자르려면 잎을 쌓아야 한다. 이렇게 쌓으면 여러 겹을 한 번에 자를 수 있다. **(1)** 바질이나 민트, 세이지(sage), 파슬리 같은 잎 허브는 그중에 특히 큰 잎사귀 하나를 도마 맨 밑바닥에 둔다. **(2)** 그 위로 잎을 몇 장 더 쌓는다. **(3)** 10장 정도를 쌓은 뒤 잎사귀를 말아서 빽빽한 원통 모양이 되게 한다. **(4)** 날카로운 칼로 최대한 가늘게 채썬다. **(5)** 허브 띠가 한 웅큼 만들어진다.

더 맛있는 그린빈 캐서롤 UPGRADED GREEN BEAN CASSEROLE

이 레시피는 앞서의 스냅피 버터볶음보다, 먼저 데쳐서 조금 조리를 해 두는 과정이 더욱 필요하다. 스냅피 요리에서는 어쩌면 완두콩을 처음부터 끝까지 프라이팬에 조리할 수도 있다. 약간의 기술이 필요하고 최종 결과가 그다지 좋지 않을 수도 있지만 어쨌든 실행 가능하다. 하지만 이 레시피는 데치지 않고는 만들 수 없다. 익히지 않은 그린빈을 캐서롤에 넣으면 제대로 익지 않는다. 전형적인 캠벨(Campbell) 그린빈 캐서롤은 많은 미국인의 식탁에서 특히, 명절 때엔 아주 기본적인 요리이다. 하지만 통조림으로 만든 형태보다 더 맛있게 만들 수 있는 쉬운 방법이 있다.

비결은, 통조림 콩을 신선한 그린빈으로 바꾸기만 해도 캐서롤이 아주 많이 개선된다. 하지만 통조림 크림 버섯 수프 대신에 진짜 버섯을 넣고 버섯소스(닭 육수에 간장을 조금 넣어 음식에 감칠맛을 더한 소스)를 직접 만들고, 바삭하게 튀긴 샬롯을 그 위에 얹어 마무리할 수 있다면 이제 자랑스럽게 샌드라 리(Sandra Lee. 요리 프로그램에서 주로 가공 포장되어 나오는 식품에 천연 재료를 조금 넣어 만드는 요리를 소개하는 미국 셰프)에게 작별을 고하면서 가공 식품을 이용하던 요리는 이제 옛말이 되었다고 선언할 수 있게 된다. 내가 만드는 샬롯 튀김은 부엌에 늘 돌아다니는 채소인 샬롯을 태국식으로 튀긴 걸 보고 영감을 받아 만들었다. 나는 여러 번에 나눠 900g 정도를 만든다(이 레시피에서 필요한 양보다 더 많이 요리하기 위해 기름의 양을 추가해서 샬롯이 기름 표면 위로 거의 나오지 않게끔 한다.). 이 샬롯을 샌드위치나 수프에도 넣고 조리한 고기 위에 고명으로도 올리고 병에서 꺼내 그냥 바로 먹기도 한다. 때때로 나는 병을 숨기는 걸 잊어서 집에 와서 아내의 숨결에 샬롯의 달콤한 냄새가 섞여 있는 걸 맡기도 한다. 물론 아내는 개가 먹었다고 한다. 내가 알기로 우리 개는 키보드에 기름진 작은 지문을 남기는 법은 아직 모른다.

NOTE • 집에서 만든 샬롯 튀김도 아주 멋지지만 태국이나 베트남 상점에서 미리 튀겨 놓은 제품을 구입해도 된다.

6~8인분

갈색 양송이 680g(씻어 두기.)

간장 2작은술

레몬 즙 2작은술(레몬 1개분)

홈메이드 또는 저염 닭육수 통조림 2컵(500ml)

생크림 1½컵(375ml)

샬롯 튀김(레시피 바로 나옴. + 튀기고 난 기름 걸러서 2큰술)

무염 버터 2큰술

중간 크기 마늘 2쪽(잘게 다지거나 제스터에 갈기. 약 2작은술)

중력분 4큰술

코셔 소금과 후춧가루

그린빈 900g(끝은 잘라 내고 5cm 크기로 자르기.)

1. 버섯을 손으로 으깨거나 프라이팬으로 눌러서 0.6~1.3cm 조각이 되도록 부순다. 그리고 0.3~0.6cm 크기로 대충 썬 뒤 한쪽에 둔다.

2. 볼에 간장과 레몬 즙, 닭육수, 생크림을 넣고 섞은 뒤 한쪽에 둔다.

3. 30cm(12인치) 논스틱 프라이팬에 샬롯 기름과 버터를 넣고 센 불로 가열해 버터를 녹이고 거품이 가라앉게 한다. 버섯을 넣고 자주 저어 주면서 수분이 증발하고 버섯이 지글지글 소리를 낼 때까지 6~10분 정도 볶아 준다. 불을 중강으로 줄이고 마늘을 넣고 약 30초 정도 저어 향이 나게 한다. 밀가루를 넣고 계속 저어 노릇해지도록 1~2분 정도 볶아 준다. 계속 저으면서 **2**를 넣는다. 한소끔 끓이고 저어 주고, 불을 줄여 뭉근히 끓이면서 농도가 팬케이크 반죽과 생크림 중간 정도가 될 때까지 약 5분간 저어 주면서 졸인다. 소금과 후추로 간을 한 뒤 한 쪽에 둔다.

4. 오븐랙을 오븐 하단에 끼우고 오븐을 175~180℃로 예열한다. 더치 오븐에 물 4ℓ와 코셔 소금 4큰술을 넣고 고온에서 끓인다. 큰 볼에 얼음 4컵(1ℓ)과 물 2ℓ를 넣는다. 그린빈을 끓는 물에 넣고 부드러우면서 아직 녹색이 날 때까지 약 7분 정도 삶는다. 물을 따라 버리고 그린빈을 얼음물에 담가서 완전히 식힌다. 물기를 제거한다.

5. 볼에 그린빈과 버섯 소스, 튀긴 샬롯 1컵을 넣고 섞는다. 23×33cm 사각 캐서롤이나 25×35cm 타원형 캐서롤로 옮긴다. 뜨거워지고 기포가 생길 때까지 15~20분간 예열된 오븐에서 굽는다. 남은 샬롯 튀김을 위에 올려 마무리한다.

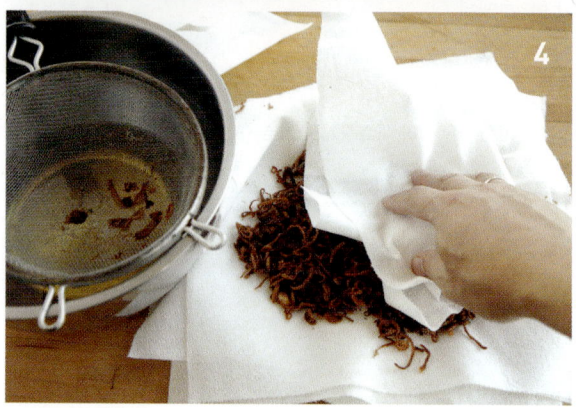

샬롯 튀김

약 2컵(500ml) 분량

샬롯 450g(0.3cm 두께로 슬라이스하기. 가급적이면 만돌린을 사용.)

카놀라유 2컵(500ml)

코셔 소금

1. 베이킹팬에 키친타월을 여섯 겹으로 깐다. 웍이나 중간 크기의 논스틱 냄비에 기름과 샬롯을 넣는다. 샬롯이 기름에 잠길 정도가 되어야 한다. 뜨거운 불 위에 올리고 자주 저어 주면서 샬롯이 부드러워질 때까지 약 20분간 튀긴다. 계속 저어 주면서 샬롯이 노릇해질 때까지 약 8분 정도 더 튀긴다. 내열 그릇이나 냄비 위에 고운체를 올리고 바로 샬롯을 걸러 낸다. 걸러 낸 샬롯 기름은 한쪽에 둔다.

2. 튀긴 샬롯을 키친타월로 옮긴다. 키친타월 맨 윗장 한쪽 끝을 들어 올려 샬롯을 두 번째 종이로 옮긴다. 첫 번째 종이로 샬롯의 기름을 닦는다. 이 동작을 반복해서 샬롯을 키친타월의 한 겹에서 그다음 한 겹으로 옮기며 마지막 한 장이 남을 때까지 반복한다. 소금으로 간을 하고 약 45분간 완전히 식힌다.

3. 다 식으면 샬롯을 밀폐 용기로 옮긴다. 이런 상태로 상온에서 석 달까지 보관할 수 있다. 식히고 걸러 낸 샬롯 기름은 샐러드 드레싱이나 볶음 요리에 사용한다.

마늘 튀김

샬롯 대신에 껍질 깐 통마늘 몇 쪽을 사용한다. 마늘을 푸드프로세서에 넣고 8~10번 순간작동으로 돌린다. 필요하면 벽에 붙은 건 긁어내고 다시 갈아서 0.3cm보다 작은 크기로 간다. 위에 설명한 대로 조리하는데 마늘은 약간 더 빨리 익을 수 있으니 황금색보다 더 진하게 만들지는 않는다. 더 익히면 아주 쌉싸름해진다. 그래서 마늘이 완전히 익기 15~20초 정도 전에 기름에서 꺼내야 하는데 건진 뒤에도 계속 익기 때문이다. 정확한 시간을 알기 위해서 두어 번 해 봐야 할지도 모르지만 좋은 결과를 위해서 충분히 그럴 만한 가치가 있다.

치즈를 넣은 브로콜리 또는 콜리플라워 캐서롤
CHEESY BROCCOLI OR CAULIFLOWER CASSEROLE

본질적으로 브로콜리나 콜리플라워 캐서롤은 마카로니 치즈(macaroni and cheese 맥 앤 치즈)와 그다지 많이 다르지 않다. 마카로니 치즈와 정확히 똑같은 방법으로 만들되, 살짝 데치거나 불린 파스타(754쪽 참고) 대신 데친 콜리플라워나 브로콜리로 간단히 바꾸면 된다. 브로콜리의 송이 부분은 물을 모으고 머금는 경향이 있어 데치고 난 뒤도 물을 잔뜩 머금고 있거나 캐서롤 안에서 너무 많이 익게 된다. 이를 피하기 위해서는 데친 후에 바로 브로콜리를 베이킹팬이나 넓은 쟁반으로 옮겨서 물이 증발하도록 해야 한다.

채소는 파스타만큼 액체를 많이 흡수하지 않으므로 마카로니 치즈를 만들 때보다 치즈 소스를 좀 더 뻑뻑하게 만들어야 한다. 부드럽게 흐르는 소스를 만들기 위해, 나는 우유나 무가당 연유(우유는 단백질이 더 추가되어 있어서 소스가 더 맛있고 유화가 잘 되게 돕는다.)를 섞는다. 또, 밀가루를 조금 넣어 걸쭉하게 하고 젤라틴을 넣어 크림같이 만든다. 마늘과 약간의 핫소스, 그리고 간 머스터드는 맛을 더한다. 블렌더로 갈아 주면 아주 부드럽게 된다(치즈 소스에 대한 더 자세한 내용은 724쪽 참고).

브로콜리나 콜리플라워를 데치고 소스를 만들었다면 이들을 함께 섞어 주기만 하면 요리가 완성된다. 그리고 캐서롤에 넣고 맨 위에 버터 바른 빵조각을 한 층 올려 주면 캐서롤이 구워지는 동안 빵 조각이 갈색으로 구워지면서 바삭해진다.

NOTE • 여러 치즈 중에서 잘 녹는 아메리칸 치즈나 체다, 잭, 폰티나, 영 스위스, 그뤼에르, 뮌스터(Muenster), 영 프로볼로네(young provolone), 혹은 영 고다 같은 치즈를 사용한다. (727~731쪽 '치즈 차트' 참고)

6~8인분

두툼한 샌드위치빵 3장(테두리는 제거하고 큼직하게 뜯기.)

작은 샬롯 1개(곱게 다지기.)

곱게 다진 파슬리 2큰술

무염 버터 4큰술

코셔 소금

브로콜리나 콜리플라워 900g(혹은 둘을 섞어서. 한입 크기로 자르기.)

우유 ½컵(125ml)

젤라틴 7g

중간 크기 마늘 2쪽(다지거나 제스터에 갈기. 약 2작은술)

중력분 1큰술

무가당 전지 연유 통조림 1개(340g)

핫소스 1작은술 이상(프랭크 레드핫 추천)

머스터드 파우더 ½작은술

치즈 230g(왼쪽 note 참고. 갈아 두기.)

1. 오븐랙을 오븐의 가운데에 끼우고 오븐을 200℃로 예열한다. 푸드프로세서에 빵과 샬롯, 파슬리, 버터 1큰술, 소금 조금을 넣고 순간작동으로 돌려서 빵이 거친 부스러기가 되고 큰 버터 덩어리가 없어지도록 갈아서 한쪽에 둔다.

2. 더치 오븐에 물 4ℓ와 소금 4큰술을 넣고 고온에서 끓인다. 브로콜리(혹은 콜리플라워)를 넣고, 숨이 죽되 아직 아삭한 식감이 살아 있는 정도로 약 3분 정도 데친다. 물을 따라 버리고 베이킹팬이나 넓은 쟁반에 브로콜리를 펼치고 한쪽에 둔다.

3. 작은 볼에 우유를 넣고 젤라틴을 위에다 골고루 뿌린다. 한쪽에 두고 젤라틴이 응고되게 한다.

4. 큰 냄비에 남은 버터 3큰술을 넣고 중강 불에서 녹인다. 마늘을 넣고 약 30초 정도 저어서 향이 나게 한다. 밀가루를 넣고 계속 저어 주면서 연한 황금색이 되도록 약 2분 볶아 준다. 천천히 연유를 넣고 그다음 **3**을 넣고 계속 저어 준다. 핫소스와 머스터드도 넣고 중강 불 위에서 끓인다. 그동안 이따금씩 저어서 바닥이 타지 않도록 한다. 불에서 내리고 치즈를 모두 한 번에 넣고 다 녹아서 부드러워지도록 휘젓는다. 더 부드러운 소스를 원하면 핸드블렌더나 일반 믹서로 간다. 소금으로 간하고 원하면 핫소스를 더 넣는다.

5. 브로콜리를 치즈 소스에 섞고 33×23cm 베이킹 용기 또는 25×36cm 타원형 캐서롤로 옮긴다. 위에 빵가루를 골고루 뿌린다. 굽는 중간에 용기의 위치를 한 번 바꾸고 노릇노릇해지고 기포가 생길 때까지 약 25분간 예열된 오븐에 넣어 굽는다.

핸드블렌더로 갈면 아주 윤이 나는 치즈 소스가 완성된다.

최고의 찜기 전자레인지

전자레인지만큼 필요 이상 겁을 내고 비방을 듣고 오해를 받는 주방 기구도 거의 없을 것이다. 어찌 보면 당연하다. 음식을 네모난 상자에 넣으면 상자가 보이지 않는 광선을 쏘아서 갑자기 음식이 익으면서 뜨거워진다. 마술이 아니고 무엇이란 말인가?

하지만 사실은 훨씬 더 유순한 상자다. 전자레인지는 긴 파동의 전자기 방사선을 내보내서 레인지 안에 진동하는 자기장을 만드는 방식으로 작동한다. 물 분자는 극성이 있는데, 즉 양극과 음극이 있는 작은 자석과 같기 때문에 진동하는 자기장은 분자들을 빠르게 이리저리로 밀친다. 이렇게 밀치는 물이 바로 마찰저항을 만들고 이 저항은 결국 음식에 열을 가한다. 그렇기 때문에 전자레인지는 물이나 다른 자성의 분자가 들어 있지 않은 물체에는 아무런 작용을 하지 않는다.

잠깐만, 기다려봐요. 전자기 방사선. 그건 아주 위험한 물질 아닌가요? 맞습니다. 어떤 종류는 정말 위험합니다. 하지만 전자기 방사선은 여러 형태로 나옵니다. 태양에서 나오는 빛, 손전등에서 나오는 빛, 혹은 아이패드에서 나오는 그윽한 불빛, 사실 이런 빛도 전자기 방사선의 한 형태이다. 우리의 눈이 감지할 수 있는 파장일 뿐이다(그렇다. 우리 머리에는 방사선 감지기가 설치되어 있다.). 전파는 전자기 방사선의 다른 형태이다. 여러분이 잘못해서 너무 빨리 먹느라 바닷가재 한마리를 통째 삼켰을 때 의사들이 여러분 가슴에다 쏘는 엑스레이는 더 위험한 형태의 전자기 방사선이다. 오븐이나 시뻘겋게 달아오른 부지깽이에서 나오는 열조차도 전자기 방사선이다. 전자기 방사선은 도처에 있지만 다시 말하지만 모든 방사선이 다 위험한 것은 아니다. 전자레인지는 '위험하지 않은' 범주에 속한다. 적어도, 일부러 차폐된 전자레인지 문 뒤에 몸을 붙이지 않는 이상은.

그렇긴 하지만, 전자레인지는 조리 기구로서 몇 가지 심각한 한계가 있다. 그중 한 가지는 만족스러운 방식으로 음식을 브라우닝하는 게 거의 불가능하다는 점이다. 고기는 빨리 익지만 탄력이 없고 흐물흐물해 보인다. 장점은 액체를 가열하거나, 겉면의 식감을 크게 신경 쓰지 않는다면 남은 음식을 재가열할 때, 그리고 채소를 찔 때이다. 채소를 찌는 일은 내가 가장 많이 이용하는 일이다.

살짝 데치는 것과 마찬가지로, 채소를 찌는 목적도 채소를 아주 살짝 익히는 것이므로, 채소의 맛을 잃거나 흐물하게 될 때까지 익히면 안 된다. 전자레인지는 채소 자체 속에 든 수분을 이용해서 아주 효율적이고도 빠르게 속에서부터 가열을 하기 때문에 몇 분 이내로 찌는 일을 끝낼 수 있다.

전자레인지 채소 찜

전자레인지로 찌기 위해서, 채소를 전자레인지용 접시에 한 겹으로 깐다. 젖은 키친타월 세 겹을 채소 위에 덮는다. 채소가 부드러워질 때까지 고온으로 전자레인지의 출력 세기에 따라 2분 30초에서 6분까지 돌린다.

채소	준비 방법	특이 사항
아스파라거스	원하면 머리 바로 아래부터 시작해서 줄기의 섬유질 껍질을 벗긴다. 그대로 통째로 둔다.	
청경채	가운데 심은 제거하고 잎을 낱개로 떼어 낸다. 조심스럽게 흙을 씻어 낸다.	
브로콜리	송이 부분을 2.5cm 크기로 자른다. 줄기의 억센 껍질을 벗기고 0.6~1.3cm 두께로 썬다.	다른 채소보다 시간이 더 걸릴 수 있다.
브로콜리 라베	조심스럽게 씻고 줄기에서 억센 부분은 잘라 낸다.	
방울양배추	반으로 자르거나 잎을 하나하나 떼어 낸다.	
콜리플라워	송이 부분을 2.5cm 크기로 자른다.	다른 채소보다 시간이 더 걸릴 수 있다.
셀러리	겉부분의 껍질을 벗기고 0.6~1.3cm로 비스듬하게 자른다.	
옥수수	겉껍질 채로 전자레인지에 돌린다. 혹은 옥수수자루에서 알맹이를 빼내서 돌린다.	겉껍질이 있는 옥수수는 한 개당 약 1분 30초 정도 돌리고, 알맹이는 그릇에 뚜껑을 덮지 않고 돌리는데 30초마다 멈춰서 섞는 과정을 뜨거워질 때까지 반복한다.
그린빈	끝을 잘라 낸다.	
냉동 완두콩	냉동실에서 꺼내 바로 사용한다.	볼에 뚜껑을 덮지 않고 돌리는데, 30초마다 멈춰서 섞는 과정을 뜨거워질 때까지 반복한다.
시금치	억센 줄기는 잘라 내고 씻어서 물기를 뺀다.	큰 볼에 넣고 한 번에 필요한 시간의 ⅓만 돌리고 30초마다 살살 뒤적이면서 살핀다. 숨이 죽을 때까지 반복한다.
주키니	0.6~1.3cm 두께의 원형으로 자른다.	

홀랜다이즈 또는 마요네즈와 전자레인지에 찐 아스파라거스
MICRO-STEAMED ASPARAGUS WITH HOLLANDAISE OR MAYONNAISE

NOTE • '뜨거운 아스파라거스와 홀랜다이즈'는 '차가운 아스파라거스와 홀랜다이즈'의 사촌격인 '마요네즈'와 자연스럽게 잘 어울리는 조합이다. 더 간단하게 먹고 싶다면 뜨거운 줄기 위에 콤파운드 버터(336쪽) 조금 올리면 녹으면서 아주 좋은 곁들임이 된다. 간단히 엑스트라 버진 올리브오일을 좀 뿌리거나 레몬을 조금 짜 넣어도 아주 좋다.

2~3인분

아스파라거스 230g(밑동 부분을 4cm 잘라 내고 원하면 줄기의 껍질을 벗기기.)
코셔 소금과 후춧가루
곁들임용 홀랜다이즈소스(119쪽) 또는 홈메이드 마요네즈(817쪽) 1회분

1. 큰 전자레인지용 접시에 아스파라거스를 고르게 한 겹으로 깔고 소금과 후추로 간을 한다. 아스파라거스 위에 젖은 키친타월 세 겹을 올려 덮거나 젖은 면보로 완전히 덮는다. 전자레인지를 고출력으로 하여 아스파라거스가 밝은 녹색이 되고 부드러워지되 아직 아삭한 식감이 있을 정도로 전자레인지에 따라 2분 30초에서 6분까지 돌린다.
2. 아스파라거스를 꺼내서 따뜻하게 데운 큰 차림 접시에 놓고 홀랜다이즈와 함께 상에 올린다. 아니면 아스파라거스를 흐르는 차가운 물로 차갑게 식힌 다음 조심스럽게 물기를 빼고 마요네즈와 함께 상에 올린다.

수란과 호두 비네그레트를 곁들인 전자레인지에 찐 아스파라거스
MICRO-STEAMED ASPARAGUS WITH POACHED EGG AND WALNUT VINAIGRETTE

2인분

아스파라거스 230g(억센 밑동 부분은 잘라 내고 원하면 줄기의 껍질을 벗기기.)
코셔 소금과 후춧가루
완벽한 수란(115쪽) 2개(뜨거운 물이 담긴 볼에서 따뜻하게 보관해 두기.)
호두 비네그레트 4큰술(레시피 바로 나옴)

1. 큰 전자레인지용 접시에 아스파라거스를 고르게 한 겹으로 깔고 소금과 후추로 간을 한다. 아스파라거스 위에 젖은 키친타월을 세 겹을 올려 덮거나 젖은 면보로 완전히 덮는다. 전자레인지를 고출력으로 하여 아스파라거스가 밝은 녹색이 되고 부드러워지되 아직 아삭할 정도로 전자레인지에 따라 2분 30초에서 6분까지 돌린다.
2. 아스파라거스를 꺼내서 따뜻하게 데운 큰 차림 접시에 놓는다. 수란을 위에 올리고 비네그레트를 뿌린 뒤 차려 낸다.

호두 비네그레트

비트나 고구마처럼 로스팅한 채소에 곁들이거나 래디치오나 엔다이브(endive), 프리제(frisée)와 같은 단단한 쓴 채소에 곁들인다.

약 1½컵(375ml) 분량

호두 57g(약 ½컵, 125ml. 구워서 굵게 다지기.)
셰리 식초 3큰술
물 1큰술
디종 머스터드 1큰술
꿀 1큰술
작은 샬롯 1개(곱게 다지거나 제스터에 갈기. 약 1큰술)
엑스트라 버진 올리브오일 ½컵(125ml)
카놀라유 4큰술
호두 기름 1작은술(선택사항)
코셔 소금 ⅛작은술
후춧가루 ¼작은술

중간 볼에 호두와 식초, 물, 머스터드, 꿀, 샬롯을 넣고 함께 휘젓는다. 볼이 움직이지 않도록 중간 크기의 무거운 냄비 안에 행주를 깔고 그 위에 볼을 얹는다. 올리브유와 카놀라유를 천천히 부으면서 계속해서 휘저어 준다. 드레싱이 유화되면서 아주 걸쭉해진다. 호두 기름을 넣고 싶으면 같이 섞어 준다. 소금과 후추로 간을 한다. 드레싱을 밀폐된 용기에 넣고 냉장고에서 2주까지 보관할 수 있다. 먹을 때 힘껏 흔들어 섞어 준다.

아스파라거스에 관한 모든 것

왜 아스파라거스에 관련해 큰 제목이 있는지 궁금할 수도 있다. 이유는 첫째, 내가 아스파라거스를 정말 좋아하기 때문이고 둘째, 항상 수퍼마켓에서 구할 수 있으면서 1년 내내 구할 수 있는 수입 품종과 신선하고 다양한 봄 품종 사이에 맛의 차이가 거의 없는 채소이기 때문이다. 아스파라거스는 수확 때에는 당이 많이 함유되어 있지만 조리되기까지 사이에 아주 빠르게 당이 전분 분자를 만들기 시작해서 부드럽고 달콤하던 줄기를 밍밍하고 뻣뻣하게 바꾼다.

Q. 최고의 아스파라거스를 고르는 비법이 뭔가요?
밝은 녹색 줄기든 부드러운 하얀 줄기든(이 품종은 엽록소의 성장을 막기 위해 지하에서 키운다.) 아니면 보라색 품종들 중에서 고르든 똑같이 살펴볼 게 있다. 단단하고 아삭한 줄기와 봉우리 끝이 꽉 조이면서 완전히 닫힌 걸 고른다. 아스파라거스는 시간이 지나면서 끝부분의 잎이 천천히 열리고 마르며 떨어지기도 한다. 아스파라거스는 촉촉해 보이지만 무르지 않고 갓 수확해서 싱싱해야 하며 말라 있거나 나무처럼 딱딱하면 안 된다.

좋은 아스파라거스를 고르는 최고의 방법은 농산물직판장이나 농장에서 바로 구입하는 것이다. 여러분이 가는 슈퍼마켓이 내가 이용하는 슈퍼마켓보다 훨씬 더 낫지 않다면 슈퍼마켓에서 사는 아스파라거스는 한창 제철일 때에도 수확한 지 너무 오래 돼서 맛이 고스란히 남아 있지 않는 경우가 많다. 농장에서 바로 나온 게 아니라면 아스파라거스의 생산지는 라벨이나 묶음에 붙은 고무 끈에 표시되어 있다. 제가 농부와 여러분의 미각을 위해 부탁하나 해도 될까요? 여러분이 뉴잉글랜드에 살고 있다면 5월 중순에는 페루산 아스파라거스는 사지 마세요.

Q. 굵기는 어떤가요? 굵기에 따라 맛에 차이가 있나요?

아스파라거스는 연필 굵기만한 가는 줄기에서부터 엄지손가락만한 크고 굵은 줄기까지 크기가 다양하다. 믿기 어렵겠지만, 크기는 성장 기간과 아무런 관계가 없다. 아스파라거스는 지하에서 여름부터 싹이 여러 개 돋아나게 된다. 이 부관(줄기)에서 먹을 수 있을 정도로 줄기를 만드는 데는 대략 3년이 걸린다. 그 뒤부터는 계속 줄기를 만들어 내는 데 적어도 이십년은 지속된다. 줄기의 굵기를 결정하는 건 부관의 나이와 품종에 달렸다. 농부가 원하는 대로 가는 줄기가 굵은 줄기로 자라지는 않는데 그렇게 되려면 계절이 몇 번 바뀌어야 한다. 두 가지 크기 모두 다 기가 막히지만 나는 일반적으로 요리 방법에 따라(혹은 농산물 직판장에서 고르는 아스파라거스의 크기에 따라 조리법을 선택하는 경향이 더 많다.) 크기를 정한다.

- 굵기가 0.8cm 이하인 줄기는 맛이 더 강하고 물기가 적은 경향이 있다. 또 부드러운 속에 비해 섬유 껍질의 비율이 높기 때문에 조금 더 질기면서도 상큼하다. 그래서 데쳐서 뜨겁게 혹은 차갑게 차려 내거나 기름에 볶거나 심지어 간식으로 생으로 그냥 먹어도 아주 좋다. 브로일링이나 그릴링과 같은 고온에서 요리하는 방법은 수분이 좀 많이 빠져나올 수 있다. 그럼에도 여러분이 많이 그을린 아스파라거스의 맛을 좋아한다면 계속 이런 고온 요리법으로 조리할지도 모르겠다.

- 0.8cm보다 더 굵은 줄기는 가는 줄기보다 훨씬 더 부드럽다. 하지만 찌거나 삶기에는 약간 물기가 많다. 기름에 볶기, 그릴링, 브로일링 또는 팬시어링(가장 좋다.)과 같은 고온의 조리법은 약간의 아삭한 식감을 유지하면서도 겉에는 근사하게 캐러멜화가 진행된다. 나는 브레이징에도 굵은 아스파라거스를 이용한다.

Q. 줄기 밑동을 부러뜨리려고 하면 저절로 부러지는 부분이 있다고 들었는데 이 이상한 이야기가 사실인가요?

햇수에 따라 아스파라거스 줄기의 밑동 부분은 나무 같은 질감이 되거나 섬유질이 많아서 일반적으로 잘라 내야 한다. 그렇다면 이 부분을 자르는 가장 좋은 방법은 무엇인가? 전통적으로 '누구나 할 수 있는' 방법은 줄기의 양 끝을 잡고 그냥 부러뜨리는 거다. 그러면 아스파라거스는 마술처럼 정확히 잘라 줘야 하는 곳에서 부러진다. 이 점에 관해선 종종 의견이 분분하며 대부분의 사람들이 이렇게 부러뜨린다. 하지만 이 방법이 정말로 제일 좋은 방법일까?

나는 몇 가지 꽤 광범위한 실험을 거친 뒤, 이런 말이 모두 다 헛소리라는 걸 알게 되었다. 사실 줄기에 대고 힘을 어떻게 주느냐에 따라 심지어는 손을 정확히 똑같은 위치에 둘 때조차도 긴 줄기의 여러 지점을 부러뜨릴 수 있다. 한번 시험해 보자.

나는 이 줄기들 하나하나를 정확히 똑같은 지점에서 잡고 손으로 부러뜨렸다.

아주 쉽게, 내가 원하는 곳을 부러뜨릴 수 있었다. 그렇기 때문에 더 괜찮은 방법은 아스파라거스를 정렬해서 줄기의 어느 부분이 가장 억센가를 정한 뒤 칼로 한 번에 다 잘라 내는 방법이다. 특이한 줄기가 있다면 따로 잘라 낸다.

Q. 아스파라거스 껍질을 벗겨야 하나요?

줄기가 제대로 정리되더라도 겉면은 섬유조직이 있어서 미슐랭 가이드(Michelin guides)를 쓰는 그런 종류의 일을 하는 사람들의 미각을 괴롭힐 수 있다. 일반적인 Y-필러로 끝부분 바로 아래에서부터 껍질을 벗겨 준다. 잘라 낸 껍질 부분은 채소나 닭 육수에 넣거나 데치거나 퓌레로 갈아서 수프나 소스에 넣어도 된다.

Q. 아스파라거스를 보관하는 제일 좋은 방법은 무엇인가요?

아스파라거스의 최고 보관법이란 바로 보관 자체를 하지 않는 것이다. 앞에서 말한 대로, 아스파라거스의 맛은 시간이 지나면서 어마어마하게 줄어든다. 그래서 팬에 넣고 배 속으로 들어가는 시간이 빠를수록 더 좋다. 꼭 보관을 해야만 한다면 꽃다발*처럼 다룬다. 끝부분을 잘라 주고 컵이나 잔에 물을 넣고 줄기를 꽂아 둔다. 그리고 끝부분에 느슨하게 비닐봉지를 씌워 물이 증발하지 못하게 하고는 통째로 냉장고에 넣는다. 어떤 사람들은 물에 소금이나 설탕을 넣으라고 하기도 하지만 이렇게 해 봤더니 맛에 아무런 차이가 없었다. 괜히 수고할 필요 없다.

---

* 여러분이 읽긴 했지만 사실 아스파라거스는 꽃이 아니다. 우리가 먹는 부분인 아스파라거스 '꽃'은 실제로는 변형된 줄기 조직이다. 진짜 아스파라거스 꽃은 여섯 개의 꽃 덮개가 있고(꽃잎과 혼동하지 말 것, 사실 꽃잎도 여섯 개이긴 하지만 종 모양이며, 독성이 있는 붉은 베리가 달린다. 꽃 덮개는 무엇인가? 찾아보시라!

올리브, 아몬드와 함께 먹는 전자레인지에 찐 그린빈
MICRO-STEAMED GREEN BEANS WITH OLIVES AND ALMONDS

2~3인분

그린빈 230g(끝은 제거하기.)
코셔 소금과 후춧가루
다진 올리브 4큰술(칼라마타 추천)
아몬드 슬라이스 또는 조각 낸 구운 아몬드 2큰술
엑스트라 버진 올리브오일 1큰술
곱게 다진 파슬리 2큰술
레몬 즙 1작은술(레몬 1개분)

1. 큰 전자레인지용 접시에 그린빈을 고르게 한 겹으로 깔고 소금과 후추로 간을 한다. 그린빈 위에 젖은 키친타월을 세 겹을 올리거나 물에 적신 면보를 올려 완전히 덮는다. 전자파 세기를 가장 센 고출력으로 올려 그린빈이 선명한 녹색이 되고 부드러워지되 아삭할 정도로 전자레인지에 따라 2분 30초에서 6분까지 돌린다. 그런 뒤, 큰 볼에 담는다.
2. 여기에 올리브와 아몬드, 올리브오일, 파슬리, 레몬 즙을 넣고 살살 섞는다. 소금과 후추로 간을 해 마무리한다.

마늘-칠리 버터를 바른, 전자레인지에 찐 옥수수
MICRO-STEAMED CORN WITH GARLIC-CHILI BUTTER

옥수수는 전자레인지용으로 안성맞춤인 재료이다. 옥수수가 가열되면서 수증기를 가두고 있는 껍질은 효과적으로 증기실을 만들고 알맹이를 빨리 그리고 효율적으로 익힌다. 전자레인지에 익힌 옥수수에다 재빠르게 버터를 펴 바르기만 하면 끝이다.

4인분

껍질이 붙은 옥수수 4자루
무염 버터 3큰술(실온에 두기.)
작은 마늘 1쪽(다지거나 제스터에 갈기. 약 ½작은술)
채썬 대파 2큰술
칠리 파우더 1작은술
코셔 소금과 후춧가루

1. 옥수수를 전자레인지용 접시에 담아 고출력으로 고루 다 익을 때까지 약 6분 정도 돌린다.
2. 한편, 작은 볼에 버터와 마늘, 대파, 칠리 파우더를 넣고 쉰은 뒤 매끄러워질 때까지 포크로 으깬다. 소금과 후추로 간을 한다.
3. 겉껍질을 벗기고 수염은 제거한다. 버터를 펴 바르고 바로 차려 낸다.

기본적인 채소 조리법 #2 : 시어링/소테잉
ESSENTIAL VEGETABLE TECHNIQUE #2: SEARING/SAUTÉING

시어링과 소테잉은 둘 다 팬을 사용하고 지방이 필요하다는 점에서 겉모습과 도구가 비슷하지만 둘 사이에는 미묘한 차이가 몇 가지 있다.

- 시어링(searing)의 목적은 마이야르 반응으로 생기는 복합적인 맛을 증대시키기 위해 채소의 겉면을 갈색으로 만드는 것이다. 이 반응은 177℃ 이상에서 생기는 반응이다. 재료를 옮기지 않고 조리를 하면 이 브라우닝 반응이 더 활발하다. 왜냐하면 이렇게 가만히 두면 팬에서 나오는 에너지와 뜨거운 기름이 같은 위치에서 조리되고 있는 음식으로 오랜 시간 동안 전달되기 때문이다. 센 불도 여기에 어울린다.
- 소테잉(Sautéing)의 목적은 작은 크기의 음식 전체를 골고루 익게 하는 것이다. 종종 소테잉은 긴 레시피에서 첫 번째 단계가 되기도 한다. 가령, 비스킷 그레이비나 파스타 소스를 만드는 첫 번째 단계로 양파를 올리브오일에 숨을 죽이는 일처럼 말이다. 또 어떤 요리는 생채소에서 식탁에 차려질 때까지 소테잉 한 단계만 거치기도 한다.

방울양배추는 정말 먹어 볼 만하다.

배추속 식물, 즉, 양배추나, 브로콜리, 방울양배추, 콜리플라워와 같은 종류들은 특히 시어링에 적합하다. 이런 채소들은 글루코시놀레이트(glucosinolate)로 알려진 유황 화합물이 풍부해서 조금만 많이 익혀도 이런 화합물이 분해가 된다. 그래서 양배추나 방울양배추에서 역겨운 냄새가 나게 된다. 내가 늘 상상했던 『찰리와 초콜릿 공장(Charlie and the Chocolate Factory)』의 찰리 버킷(Charlie Bucket)의 집에서 나는 냄새도 이와 비슷할 것이다. 브로콜리와 콜리플라워에서는 이런 현상이 그렇게 뚜렷하진 않지만 그래도 다소 불쾌하긴 하다. 그런 황화합물이 배출될 때, 맛있고 톡 쏘는 머스터드 같은 특이한 화합물도 채소 속에 든 효소에 의해 많이 파괴된다. 이 효소는 82℃가 될 때까지는 활성화된다. 배추속 식물이 최고의 맛을 내기 위해서는 최대한 빨리 이 82℃ 단계 이상으로 올라가야 한다. 그래서 이 단계로 올라갈 수 있는 최상의 방법 중 하나는 시어링이다.

우연히 내가 제일 좋아하는 채소가 되었으며 욕을 많이 먹는 채소이기도 한 방울양배추에 대해 이야기해 보자. 나는 방울양배추를 여러 방법으로 조리한다. 아삭한 해시(hash)로 채를 썰거나 뜨거운 오븐에서 로스팅하거나, 화이트 와인을 넣어 조리거나. 하지만 내가 제일 좋아하는 방법은 아주 뜨거운 프라이팬에서 시어링하는 것으로, 빨리 가열하며 잎을 조금 그을리기도 한다. 그래서 풍성하고 달고 구수한 맛이 나게 되는데 이 맛은 최고의 배추속 색조가 있는 채소만이 만들어 낼 수 있는 맛이다.

더 나은 방법을 원한다고? 방울양배추를 돼지기름(라드)에 시어링하라. 방울양배추를 요리하기 위해 적당한 돼지고기를 고른다면 지방이 많고 소금에 절인 고기이면 충분하다. 그냥 개인적인 기호에 따라 고르면 된

다. 통 베이컨은 아주 좋다. 나는 베이컨을 가늘고 긴 조각(여러분이 고상하거나 프랑스 사람이거나 아니면 둘 다여서 라르동(lardon)이라고 부르는)으로 자른다. 소금에 절인 돼지고기 목살인 구안치알레(guanciale)도 역시 괜찮으며 심지어는 더 나을 수도 있다.

나는 이 요리도 건식 염장을 한 스페인식 초리조(Spanish chorizo)를 넣고 만들었는데 초리조는 내가 제일 즐겨 사용하는 기름일 것이다. 어떤 돼지고기 지방을 사용하든 방울양배추를 조리하기 전에 베이컨이나 돼지고기에 든 지방을 녹여야 한다.

여러분은 마른 팬에서 지방을 녹이려 할 수도 있지만 공기는 열을 잘 전도하지 못하는 것으로 유명하다. 이 말은 베이컨이 팬과 바로 닿아 있는 부분만 많이 가열된다는 뜻이다. 팬에 베이컨이 잠길 만큼만 물을 조금 붓고 시작하면 훨씬 낫다. 불을 아주 세게 해서 물이 빠른 속도로 증발하는 동안 베이컨이 가열되면서 지방이 녹기 시작한다. 물이 다 사라질 즈음이면 지방이 충분히 녹을 것이다. 그래서 베이컨이 빠르고 고르게 조리될 수 있고 그 결과 훨씬 더 바삭해질 수 있다.

일단 돼지기름을 녹이고 나면 방울양배추를 익혀야 한다. 보통 이상으로 많은 양을 조리한다면 오븐을 최고 온도로 올리고 방울양배추를 돼지기름과 섞고 그을릴 때까지 로스팅한다(원하면 오븐 시어링한다.). 방울양배추를 반으로 잘라 표면적을 늘리고 시어링하는 동안 팬에 닿을 수 있는 안정적인 표면을 만든다. 이렇게 하면 방울양배추가 최대한 많이 그을려져서 고소한 맛이 나면서 진짜 맛있다.

방울양배추를 베이컨이나 다른 돼지기름을 넣고 그을린 뒤, 나는 소금과 후추를 넉넉히 뿌려 간을 한다(간을 미리 하면 베이컨 지방에 든 소금이 양배추가 익으면서 양배추 속으로 들어가서 소금 정도를 가늠할 수가 없기 때문에 간을 미리 하지 않는다.). 그러고는 바삭한 베이컨과 함께 섞어 준다. 용기를 더 낸다면, 베이컨과 방울양배추 비율을 반반으로 할 수도 있다. 내 말을 믿으세요. 아주 맛있는 캔디바처럼 왕창 먹어 댈 테니.

괜찮은 또 다른 방법은 그을리기 전에 칼로 잘게 채를 써는 방법이다. 방울양배추를 반으로 나누든 채를 썰어서 조리하든 조리방법의 순서는 정확히 똑같다.

칼 사용법 : 방울양배추 다듬는 법

조리를 하기 위해 방울양배추를 준비하는 일은 아주 쉽지만 성가시다. (1)왜냐하면 각각의 작은 머리 부분을 하나하나 제거해 줘야 하기 때문이다. 내게 방울양배추를 다듬는 첫 번째 단계는 나를 도와 디너 준비를 할 사람이 없는지 먼저 물어보는 일이다. 그 일은 현명하게 다른 사람에게 넘겨주면 훨씬 더 쉬워진다.

다음은 여러분을 도와줄 지원자에게 알려 줄 다듬는 방법이다. (2) 먼저 각 방울양배추의 밑동을 잘라 낸다. (3) 꽉 들어찬 연한 녹색 심이 나올 때까지 겉잎을 벗긴다. 겉잎들은 약간 질기기 때문에 버려도 된다. (4) 방울양배추는 그대로 조리해도 되고 캐러멜화가 잘 되도록 표면적을 늘리기 위해 반으로 나눈다. (5) 해시용으로 채를 썰기 위해, (6) 도마에 반으로 자른 양배추의 자른 면을 아래로 두고 조심스럽게 날카로운 셰프 나이프로 채를 썬다. 준비된 방울양배추는 지퍼락 비닐 팩에 넣어서 냉장고에서 3일 동안 보관할 수 있다.

베이컨을 곁들인, 시어링한 방울양배추 SEARED BRUSSELS SPROUTS WITH BACON

NOTE • 이 음식을 여러 사람이 먹는다면 재료를 두 배, 세 배로 늘리면 된다. 오븐을 260°C로 예열하고 1단계부터 진행한다. 큰 볼에 방울양배추와 녹인 베이컨 지방을 넣어 섞은 뒤 베이킹팬 한두 개에 나눠 담는다. 그러고는 다 익고 잘 그을려질 때까지 약 10분간 로스팅한다. 방울양배추를 구워 둔 베이컨과 잘 섞고 차려 낸다.

4~6인분

통 베이컨 230g(두툼하게 잘라서 0.6~1.3cm 폭으로 썰기.)

올리브오일 3큰술

작은 방울양배추 900~910g(밑동은 잘라 내고 겉잎은 버리고 반으로 자르기.)

코셔 소금과 후춧가루

1. 30cm(12인치) 논스틱 프라이팬에 베이컨과 올리브오일을 두르고 베이컨이 기의 잠길 만큼 충분히 물을 붓는다. 중강 불에 올리고 물이 완전히 증발할 때까지 베이컨이 서로 붙지 않도록 뒤적여 준다. 자주 뒤적이고 섞어 주면서 베이컨 전체 면이 바삭해질 때까지 약 8분간 더 굽는다. 큰 내열 용기에 고운체를 얹고 물을 따라 낸 후 베이컨을 한쪽에 둔다.

2. 방울양배추를 베이컨 기름이 잘 묻도록 섞어 준다. 프라이팬을 닦아 내고 베이컨 기름 1작은술을 넣은 뒤 고온에서 연기가 날 때까지 가열한다. 방울양배추의 자른 면이 바닥으로 향하게 하고는 최대한 넣을 수 있는 만큼 한 겹으로 깐다. 그러고는 뒤적이지 않고 약 3분간 그을린다. 방울양배추를 뒤집고 두 번째 면이 그을리고 부드러우면서도 아삭하도록 약 3분 더 굽는다. 소금과 후추로 간을 하고 그릇으로 옮긴다. 남은 방울양배추도 똑같이 반복한다.

3. 베이컨을 그릇에 넣고 섞는다.

팬에 구운 주키니와 옥수수 PAN-SEARED ZUCCHINI AND CORN

다들 매년 옥수수 철이 시작되기를 기다린다. 옥수수철이 시작될 즈음에는 나는 참지 못하고 지역 시장에 나올 첫 수확물을 기다리며 매일 같이 농장의 상품 진열대나 슈퍼마켓을 찾아간다. 물론 옥수수를 먹는 최고의 방법은 멕시코 거리 음식인 엘로테(elote)와 에스키테(esquite)처럼 옥수수를 그릴에 구워서 치즈와 칠리, 라임, 크림 등을 발라서 먹는 방법이다. 아니면 땅 속에 한 무더기의 해조류와 쇼리쑈조(chouriço 훈제 소시지), 바닷가재, 조개와 함께 옥수수를 묻고 전통적인 뉴잉글랜드 해산물 파티를 하는 방법이다. 아니, 잠깐만. 옥수수 차우더가 좋겠다. 아니면, 아, 그래, 버터와 콩을 소테잉해서 맛있는 서코태시(succotash)로 만드는 거다. OK. 어떻게 요리하든 꽤 근사하다. 그리고 여기 여러분 무기고에 넣을 또다른 무기가 하나 있다. 바로 프라이팬에다 옥수수 알맹이를 넣고 노릇하게 구워 내는 거다. 옥수수 알맹이를 옥수수자루에서 분리해서 프라이팬에 넣고 엄청스럽게 높은 온도에서 약간의 기름을 넣고 구우면 속은 여전히 달콤하게 씹히면서도 겉은 아주 진하게 그을려진다. 이 방법은 내가 옥수수를 집안에서 요리할 때 애용하는 방법이다. 왜냐하면 이 방법으로 구우면 그릴에 구운 옥수수의 훈제 맛 나는 오묘하고 달콤한 맛이 나기 때문이다.

닭고기나 돼지고기, 해산물 요리를 위해 빠르게 곁들임 음식으로 내놓을 수 있는 아주 멋진 방법이다. 또한 간단히 채소를 기본으로 하는 식사에 핵심 요리로 내도 손색이 없다(바삭하게 구운 베이컨을 좀 넣어도 되고, 미트 팩터(meat factor, 고기 및 소시지와 같은 육가공품에 함유된 질소 추정치를 고기로 평가하는 단위)를 올리고 싶으면 베이컨 기름에 옥수수를 볶아도 된다.). 여기에 사각으로 썰어서 좀 많이 시어링한 주키니를 좀 넣고, 양파와 마늘, 매운 칠리, 라임 즙을 듬뿍 짜 넣으면 그릇에서 덜어 먹기 충분한 간식이 된다.

물기가 많은 주키니는 조금만 잘못하면 아주 많이 익게 된다. 나도 여러 번 그랬다. 성급해서 프라이팬이 충분히 뜨거워지기도 전에 주키니를 넣었었다. 몇 분이 지나자 주키니는 수분을 엄청 내놓았고 빠르게 팬의 온도는 내려갔다. 당연한 결과이다.

낮은 온도에서 주키니는 빨리 익지 않는다. 대신 수분을 많이 내놓아서 팬 온도를 내린다. 그래서 흐물흐물하고 색이 희멀겋게 되고 만다. 주키니를 멋지게 시어링하려면 주키니를 넣기 전에 충분히 예열을 해서 팬이 매우 높은 온도가 되게 하고 주키니를 한꺼번에 너무 많이 팬에 넣지 말아야 한다.

4인분

식물성 기름 3큰술

옥수수 4자루(껍질을 벗기고 알맹이는 빼내기. 알맹이 약 3컵, 750ml)

중간 크기 양파 1개(다지기. 약 1컵, 250ml)

할라피뇨 1개(씨와 하얀 태좌를 제거하고 곱게 다지기.)

중간 크기 마늘 2쪽(곱게 다지거나 제스터에 갈기. 약 2작은술)

중간 크기 주키니 2개(1.3cm 크기로 깍뚝 썰어서 2컵, 500ml)

곱게 다진 바질 또는 파슬리 4큰술

레몬 즙 3큰술(레몬 2개분)

엑스트라 버진 올리브오일 2큰술

코셔 소금과 후춧가루

파르메산 치즈 가루(선택사항)

1. 30cm(12인치) 스테인리스 스틸이나 무쇠 프라이팬에 기름을 반 정도 두르고 센 불에서 연기가 날 때까지 가열한다. 옥수수를 넣고 한두 번 뒤적인 후 한 면이 짙은 색으로 익을 때까지 약 2분간 젓지 않고 굽는다. 옥수수를 뒤적인 후 반대 면이 짙은 색으로 익을 때까지 약 2분간 반복하여 굽는다. 모든 면이 균일하게 익도록 뒤적여 섞어 주며 10분 정도 계속 조리한다. 양파와 할라피뇨를 넣고 살살 섞고 저어 주면서 숨이 죽을 때까지 약 1분 정도 볶는다. 마늘을 넣고 향이 나도록 약 1분 정도 볶아 준다. 그릇으로 옮긴다.

2. 팬을 헹구어 내고(바닥에 탄 옥수수 당이 있을 수 있는데 물로 쉽게 씻겨진다.) 꼼꼼히 말린 뒤 센 불에 올린다. 남은 기름을 넣고 연기가 날 때까지 가열한다. 주키니를 넣고 젓지 말고 한쪽 면이 잘 그을릴 때까지 약 2분간 굽는다. 주키니를 뒤적여서 두 번째 면을 약 2분 더 그을린다. 한 번 더 뒤적이고 그을린 뒤 옥수수를 담아 놓은 볼로 옮긴다. 바질과 레몬 즙, 올리브오일을 천천히 섞어 넣고 소금과 후추로 간을 한다. 원하면 파르메산 치즈를 뿌리고 바로 차려 낸다.

멕시코 길거리 음식 옥수수 샐러드 MEXICAN STREET CORN SALAD

멕시고 길거리에서 파는 옥수수자루가 붙은 형태의 옥수수 음식인 엘로테는 여름 동안 우리집 발코니 그릴에서 주로 만드는 음식이다. 생각해 볼 수 있는 요리 중 쉽고 비싸지 않은 음식으로, 뜨거운 접시를 냉름 손에 쥐고는 이것만큼 빨리 먹어 치울 수 있는 요리는 정말이지 어디에도 없다.

나는 대개 적어도 한 사람당 옥수수 한 개 반 정도로 계산을 한다. 속도를 높이기 위해 위에 묻힐 재료를 가득 준비한다. 바를 재료는 마늘 맛이 나는 마요네즈와 코티자(Cotija) 치즈 크럼블(페타 치즈 크럼블 또는 강판에 간 로마노(Romano)도 좋다.), 다진 고수 잎, 라임 즙, 칠리 파우더를 조금 준비해 놓고 있다가 옥수수가 그릴에서 뜨겁게 잘 그을려지는대로 소스에 넣었다가 기다리고 있는 입속으로 넣는다. 뜨겁게 잘 그을려진 옥수수를 한입 베어 물면 치즈 맛이 나는 소스가 아니나 다를까 여러분 뺨 위 온 사방에 묻으면서 여름의 맛을 느끼게 한다. 기름이 잔뜩 발린 맛있는 여름의 맛을.

하지만 좀 더 얌전하게 먹어야 할 때가 있다. 예를 들면 점잖빼는 숙모들이나 신제품 타이를 매거나 해야 할 때 말이다. 그런 경우엔 숟가락으로 먹는 엘로테 형태인 에스키테를 만든다. 그때는 옥수수에 소스를 듬뿍 바르는 대신, 옥수수를 구운 뒤 알맹이를 잘라 내고 소스 재료와 함께 살살 섞어서 일종의 뜨거운 샐러드로 만든다. 이러면 여러 사람들 속에서 무사히 품위 있게 먹을 수 있다.

나는 그릴에 불을 붙이기 귀찮을 때 에스키테를 만든다. 왜냐하면 사실, 야외에서 먹는 것만큼 집안에서 만들어도 똑같이 맛있고 만들기도 쉽기 때문이다. 에스키테를 집안에서 만드는 방법은 조리하기 전에 옥수수자루에서 알맹이를 떼어 내야 한다. 아주 뜨거운 웍(지저분해지긴 하지만 프라이팬에서 볶아도 된다.)에서 볶는데 당이 캐러멜화될 때까지 뒤적이지 말고 그냥 두어서 진하게 그을리도록 한다. 그런 다음 뒤적여서 다른 면이 그을리도록 한다. 제대로 되면 알맹이 몇 알은 튀어오르면서 팝콘처럼 뻥 소리를 내기도 한다. 가끔 부엌을 가로질러 날아가기도 한다. 세심히 살펴서 튀는 걸 잘 막아야 옥수수 알맹이 박격포 공격을 막아 낼 수 있다. 옥수수를 그을리고 나면 아직 뜨거울 때 남아 있는 재료들과 잘 섞는다. 바로 차려도 되지만 상온에서도 똑같이 맛있기 때문에 이상적인 피크닉 요리가 될 수 있다.

4인분

식물성 기름 2큰술

옥수수 4개(껍질을 벗기고 알맹이는 빼내기. 알맹이 약 3컵, 750ml)

코셔 소금

마요네즈 2큰술

코티자 크럼블 또는 페타 치즈 크럼블 57g(또는 간 페코리노 로마노 치즈)

잘게 자른 대파의 푸른 잎 부분 ½컵(125ml)

고수 잎 ½컵(125ml. 잘게 썰기.)

할라피뇨 1개(씨를 빼고 곱게 다지기.)

중간 크기 마늘 1~2쪽(다지거나 제스터에 갈기. 1~2작은술)

라임 즙 1큰술(라임 1개분)

칠리 파우더 또는 레드 페퍼 플레이크

1 큰 웍이나 논스틱 프라이팬에 기름을 두르고 센 불에서 기름 표면이 일렁일 때까지 가열한다. 옥수수 알맹이를 넣고 소금으로 간 한다. 한두 번 뒤적인 후 한 면이 짙은색으로 익을 때까지 약 2분간 젓지 않고 굽는다. 옥수수를 뒤적인 후 반대 면이 짙은색으로 익을 때까지 약 2분간 반복하여 굽는다. 모든 면이 균일하게 익도록 뒤적여 섞어 주며 10분 정도 계속 조리한다. 큰 볼로 옮긴다.

2 마요네즈와 치즈, 대파, 고수 잎, 할라피뇨, 마늘, 라임 즙, 칠리 파우더를 섞어 맛을 낸다. 맛을 보고 소금을 적당히 맞추고 원하면 칠리 파우더를 더 넣는다. 뜨거울 때 차려 내거나 식힌 후 낸다.

팬에 구운 방울양파 PAN-ROASTED PEARL ONIONS

완전한 시어링도 아니고, 완전한 소테잉도 아닌, 이 방법은 갈색이 되도록 잘 시어링한 채소와 똑같이 깊은 맛이 나면서도 아주 천천히 시어링이 돼서 양파가 숨이 죽고 버터 일부를 흡수하기에 시간이 충분하다. 양파가 익으면서 얼마나 달콤하고 구수한 맛이 나는지 정말 놀랍다. 양파만 단독으로 차려 내도 되지만 양파를 다른 채소 요리에 넣으면 아주 멋진 요리가 된다. 방울양파 또는 더 좋게는 방울양파의 이탈리아 사촌인 납작한 모양의 치폴리니(cipollini)가 제철일 때는 우리 집 냉장고에서 팬에 구운 양파를 찾을 수 있다. 이 양파는 다시 가열을 하거나 소테잉한 완두콩이나 그린빈 냄비에 넣거나 소고기 스튜에 섞어 넣을 준비가 되어 있다. 그럴 기분이 들면 나는 신선한 방울양파부터 준비하기 위해 양파 껍질을 깐다. 시간이 많이 걸리는 일이지만 마음을 느긋하게 해 준다. 어떤 때는 아주 게을러져서 냉동 방울양파를 사용한다. 솔직히 말하면 냉동 방울양파도 정말이지 이 요리에 쓰기에는 충분하다.

NOTE • 껍질 벗긴 양파 대신 냉동 양파를 사용해도 된다. 따뜻한 물이 담긴 볼에 넣고 해동한 뒤 야채탈수기에 돌려 물기를 뺀다. 또, 치폴리니 양파를 사용해도 된다. 익은 양파를 보관하려면 접시로 옮겨 완전히 식힌 뒤 밀폐된 용기에 담고 냉장고에서 1주일까지 보관할 수 있다. 원하면 소테잉한 다른 채소 요리에 넣는다.

4인분

무염 버터 3큰술

방울양파 또는 치폴리니 양파 450g(껍질은 벗기기. 위 note 참조)

코셔 소금과 후춧가루

30cm(12인치) 바닥이 두꺼운 스테인리스 스틸이나 무쇠 프라이팬에 버터를 넣고 중간 불로 녹인다. 방울양파를 넣고 불 세기를 작게 줄인다. 양파는 아래에 작은 거품이 생기면서 계속 지글지글거릴 것이다. 필요하면 불 세기를 조절한다. 7~10분마다 양파를 젓고 뒤적이면서 완전히 부드러워지고 전체 면면이 모두 갈색이 될 때까지 약 30분간 굽는다. 소금과 후추로 간을 한다. 차려 내거나 원하는 대로 다른 용도를 위해 보관해 둔다(위 note 참조).

칼 사용법 : 방울양파 껍질 까는 법

방울양파의 양이 아주 많을 때 가장 쉽게 양파 껍질을 까는 방법은 윗부분과 밑동을 잘라 내고
끓는 물속에 약 1분간 담근 뒤 꺼내서 바로 얼음물에 넣는 방법이다. 껍질이 바로 벗겨진다.

[1] 양이 얼마 되지 않을 때에는 물 한 냄비를 끓이려고 기다리느니 간단하게 손으로 껍질을 벗기는 게 더 빠르다. [2] 먼저 날카로운 칼로 양 끝을 잘라 준다. [3] 그러고는 한 손에 양파를 쥐고 칼로 가장 바깥쪽 막에 가볍게 칼집을 낸다. [4] 아니면 자른 면을 도마에 대고 양파를 세운 뒤 칼 끝으로 칼집을 낸다. 칼집을 내고 나면 바깥 껍질은 쉽게 벗겨진다.

마늘을 넣은 시금치 소테 GARLICKY SAUTÉED SPINACH

근대로 해도 아주 잘 어울린다.

이 요리는 가장 빠르게 뚝딱 만들 수 있는 곁들임 음식이다. 네 가지 재료는 들어가고(엄격한 사람이라 소금과 후추도 셈 한다면 여섯 가지) 정말이지 말 그대로 5분 만에 조리가 끝난다. 시금치는 수분이 많기 때문에 팬에 물을 따로 부을 필요가 없다. 숨이 죽으면서 자체에서 수분이 많이 나온다. 당신의 시금치 소테가 다른 사람이 만든 것보다도 훨씬 맛있도록 만들어 줄 어떤 종류의 마술 같은 식품 과학적 비결을 알려 주면 좋겠지만, 이 요리에 있어서는 전통적인 방법이 너무도 빠르고 쉽고 완벽하기 때문에 그 과정이나 결과에 어떤 결점도 찾을 수 없다.

NOTE • 이 레시피는 다듬은 근대 또는 어린 케일 잎(줄기의 두꺼운 부분은 잘라 내고)을 사용해도 똑같이 아주 좋다. 어린 시금치는 조리 시 물기가 너무 많기 때문에 사용하지 않는다.

4인분

엑스트라 버진 올리브오일 2큰술

중간 크기 마늘 4쪽(얇게 채썰기.)

사보이(Savoy) 시금치 900g(씻어서 물기를 뺀 뒤 억센 줄기는 잘라 내기.)

코셔 소금과 후춧가루

신선한 레몬 즙

30cm(12인치) 소테팬에 올리브오일을 두르고 센 불로 기름 표면이 일렁일 때까지 가열한다. 마늘을 넣고 계속 저으면서 향이 나고 막 갈색이 되기 시작할 때까지 약 1분간 볶는다. 바로 시금치 반을 넣고 약간 숨이 죽을 때까지 볶는다. 남은 시금치를 넣고 30초마다 집게로 시금치를 뒤집어 주면서 완전히 숨이 죽고 빠져나온 많은 수분이 대부분 증발할 때까지 약 4분 정도 볶는다. 소금과 후추와 레몬 즙으로 맛을 내 마무리한다.

팬에 구운 버섯

뜨거운 프라이팬에 버섯을 처음 넣을 때는 모든 게 잘 되어 가고 있는 듯 보이지만 바로 재앙이 닥쳐온다. 버섯이 엄청난 양의 수분을 팬에 내놓기 시작하자 구이 대신 찜이 되고 만다. 허둥지둥 어찌할 줄 모르게 된다. '지금 망치고 있는 건가? 저녁식사에 먹을 수 있는 건가? 왜 늘 내게는 이런 일이 일어나는 걸까?'

걱정하지 마십시오! 프라이팬에서 김을 쐬면 너무 많이 익어 질겨지는 고기와 달리, 버섯은 프라이팬에서 아무리 오래 익혀도 여전히 부드럽다. 수분이 증발하고 나면 버섯은 다시 지글지글거리면서 색과 맛을 낸다. 버섯에 소금과 후추만으로 간을 해도 되지만 간장을 조금 끼얹어 주면 맛을 더 끌어낼 수 있다는 걸 알게 될 것이다.

타임과 샬롯을 곁들여 팬에 구운 버섯
PAN-ROASTED MUSHROOMS WITH THYME AND SHALLOTS

4~6인분

식물성 기름 1큰술

흰색이나 갈색 양송이 680g(씻어서 4등분하기.)

중간 크기 샬롯 1개(곱게 다지기. 약 4큰술)

중간 크기 마늘 2쪽(다지거나 제스터에 갈기. 약 2작은술)

타임 잎 2작은술

간장 2작은술

신선한 레몬 즙 1작은술

무염 버터 2큰술

코셔 소금과 후춧가루

1. 큰 논스틱 프라이팬에 기름을 두르고 센 불로 기름 표면이 일렁일 때까지 가열한다. 버섯을 넣고 자주 뒤적여 주면서 수분이 나오고 완전히 증발할 때까지 약 8분간 볶아 준다. 자주 저으면서 버섯이 진한 갈색이 되도록 약 10분 정도 더 볶는다.
2. 샬롯과 마늘, 타임을 넣고 살살 고르게 섞은 뒤 저어 주면서 약 30초 정도 볶아 향을 낸다. 불에서 내려놓고 간장과 레몬 즙과 버터를 넣고 섞어서 버터를 녹인다. 소금과 후추로 간을 하고 바로 마무리한다.

극저온 데치기와 소테잉

극저온 데치기는 내 친구들인 알렉스 탤봇(Alex Talbot)과 아키 카모자와(Aki Kamozawa)가 블로그 '아이디어즈 인 푸드닷컴(ideasinfood.com, 이들은 같은 이름으로 책도 냈다.)'에서 개발한 요리법이다. 이들이 요리 기술을 연마하던 바로 그 식당, 클리오(Clio)에서 내가 하찮은 코스 요리사로 있을 때부터 이들의 요리법을 따라했다. 이 기술은 간단해 보일 수 있다. 즉, 채소를 급속 냉동하고, 해동하고 조리한다. 하지만 그 개념은 아주 훌륭하다. 완두콩에 대한 설명(421쪽)에서 이미 말한 대로 채소를 얼리면 실제로 데칠 때와 똑같은 반응이 많이 일어난다. 즉 세포가 분해하도록 도와서 세포 속의 가스가 나오게 하는 반응 말이다. 채소가 얼면서 채소 세포 속에서 만들어지는 얼음 결정체는 세포벽에 구멍을 내서 채소 조직을 약하게 만든다. 해동을 하면 채소는 부분적으로 숨이 죽지만 아직 아삭한 식감이 남아 있어서 싱싱한 맛을 낸다. 하지만 그 상태로 먹으면 그리 만족스럽지는 않다. 왜냐면 질감이 약간……무르다. 그래서 해동 후 소테잉을 해 주면 채소가 조금 더 부드러워지면서 색도 아주 선명해지고 질감도 완벽해지면서 채소를 볶았을 때 갖게 되는 그런 최고로 싱싱한 맛을 느낄 수 있다.

그리고 이 조리법의 또 다른 장점이라면 채소를 냉장고에서 꽤 오랫동안 보관할 수 있고 상온에서 해동하는 데에도 30분 정도면 충분하다는 점이다.

극저온 데치기용 채소 준비하기

극저온 데치기를 잘하려면 급속 냉동이 필수이다. 이 말은 두 가지를 의미하는데, 첫째는 그린빈이나 아스파라거스 혹은 완두콩처럼 횡단면이 작은 채소를 이용해야 한다는 점이다. 둘째는 한 겹으로만 놓고 빠르게 냉각시켜야 한다. 푸드세이버(FoodSaver) 같은 진공포장기가 있다면 채소를 봉하기 전에 한 겹으로만 팩에 넣어서 바로 냉동실에 넣으면 된다. 아니면 베이킹팬에 채소를 단층으로 깔고 뚜껑을 덮지 않고 냉동실에 넣어도 된다. 채소가 완전히 얼면(넉넉하게 몇 시간 얼린다.) 지퍼락 팩에 옮겨 담고 공기를 빼고 봉해서 냉동실에 넣어 두면 된다. 적어도 몇 달 동안은 보관 가능하며 꺼내서 바로 조리하면 된다.

튀긴 마늘을 곁들인, 극저온에서 데친 그린빈
CRYO-BLANCHED GREEN BEANS WITH FRIED GARLIC

NOTE • 앞에 나온 극저온 데치기용 채소 준비 사항을 따른다. 신선한 그린빈을 사용한다면 4ℓ의 소금물에 3분 동안 데쳐서 물기를 뺀다.

4~6인분

올리브오일 1큰술(+ 뿌리는 용도로 조금 더 준비.)

극저온으로 데쳐 손질한 그린빈 450g(위의 note 참고, 해동한 뒤 키친타월로 물기 제거.)

마늘 2쪽(가늘게 슬라이싱.)

코셔 소금과 후춧가루

튀긴 마늘 플레이크 2큰술(429쪽)

1. 30cm(12인치) 프라이팬에 올리브오일을 두르고 중강 불 위에 올리고 기름 표면이 일렁일 때까지 가열한다. 그린빈을 넣고 젓지 않고 첫 번째 면에 약간 기포가 생길 때까지 약 1분간 가만히 둔다. 얇게 저민 마늘을 넣고 마늘이 밝은 황금색이 될 때까지 볶아 준다. 소금과 후추로 간을 한다.
2. 튀긴 마늘을 위에 뿌리고 마무리한다.

기본적인 채소 조리법 #3 : 브레이징
ESSENTIAL VEGETABLE TECHNIQUE #3: BRAISING

브레이징은 질긴 고기 부위에 가장 자주 사용되는 방법으로 천천히 조리하는 방법이다(251쪽, '그레이비 소스를 곁들인 전형적인 미국식 팟 로스트' 참고). 고기를 먼저 뜨거운 기름에(건열) 시어링하고 수분을 더해서(습열) 냄비에서 천천히 익힌다. 그 결과 브라우닝이 잘 되었을 때 생기는 맛도 있으면서 결합조직이 천천히 분해되기 때문에 포크가 들어갈 정도로 완전히 부드러워진 고기가 만들어진다. 채소도 브레이징에 아주 잘 어울리는데 조리법이 거의 동일하나 두 가지 점에서 중요한 차이가 있다. 첫째는 온도이다. 완전히 부드러워지기 위해서 채소는 적어도 84℃에서 조리해 줘야 한다. 이 온도에서 세포를 결합시키고 있는 세포 내 접착제인 펙틴이 분해되기 시작한다. 이 말은 고기는 부글부글 끓기 전 상태에서 수분을 유지하기가 더 나은 데 반해 채소는 질겨지거나 푸석해질 걱정 없이 끓여도 된다는 뜻이다. 두 번째는 시간이다. 채소는 고기보다 훨씬 빨리 익는다. 소고기 스튜는 고기가 연해지는 데 3시간 이상이 걸릴 수 있지만 대부분의 채소 브레이징은 20분이 채 되지 않아도 충분히 부드러워진다. 여러분에게 좋은 소식이 아닐 수 없다. 1990년대 후반과 2000년대 초반에 한동안, 채소를 기본적으로는 아직 날것인 상태로 차려 내는 게 당황스럽게도 한창 유행했다. 식도락가들과 비슷한 류의 사람들은 그런 채소를 '알덴테(Al dente)'라고 부르면서 가운데가 아삭아삭 씹히고 날 것의 신선함이 느껴지는 완벽하게 선명한 진녹색의 그린빈이 아니라면 먹을 만한 가치가 없다라고 선언했다. 나는 그런 말을 헛소리라고 부른다. 나는 언제라도 그들이 말하는 아삭하게 센 불에서 기름으로 재빨리 볶은(소테) 그린빈보다는 부드럽다 못해 곤죽이 되려고 하는 베이컨 기름으로 뭉근히 끓인 그린빈 한 냄비를 먹을 것이다. OK, 조금 너무 멀리 가는 것 같긴 하지만 그럼 겨울에는? 이보다 더 나은 곁들임 음식은 없을 것이다. 아스파라거스도 마찬가지이고. 다음 레시피는 내가 아주 좋아하는 아스파라거스 준비 방법이지만 몇 년 동안 아주 멸시를 받았던 조리법이다. '왜 생기가 없는 채소를 먹으려고 하는가?'라고 사람들이 물을지 모르겠다. 맥가이버(MacGyver)가 멋있는 것처럼 그런 채소가 맛있다는 게 그 이유다. 나는 먼저 맛을 내기 위해 기름을 조금 넣고 줄기를 시어링한다. 물이나 육수를 팬에 붓고 큰 버터 덩이를 넣은 뒤 뚜껑을 덮고 졸이면서 아스파라거스가 액체 속에서 익도록 둔다. 줄기가 부드러워질 때쯤이면 육수와 버터는 유화가 되면서 반지르르한 소스가 돼서 줄기를 코팅하는데 씹을 때마다 풍성하고 달콤한 맛이 더해진다. 기가 막히다!

아스파라거스 브레이징 BRAISED ASPARAGUS

예전 스승이셨던 켄 오린저(Ken Oringer) 선생님이 보스턴에 있는 그분의 식당 클리오(Clio)에서 내게 가르쳐 주셨던 조리법이다. 나는 이렇게 부드러운 버터 맛의 어린 줄기를 먹어 보기 전까지는 국방색 아스파라거스는 먹을 만하지 않다고 굳게 믿고 있었다. 하지만 그때부터 바뀌게 되었다.

4인분

식물성 기름 2큰술

아스파라거스 450g(억센 밑동은 잘라 내고 원하면 줄기는 껍질을 벗기기.)

코셔 소금과 후춧가루

홈메이드 또는 저염 치킨 혹은 채소 육수 통조림 1컵(250ml)

무염 버터 3큰술

레몬 즙 1작은술(레몬 1개분)

1. 30cm(12인치) 소테팬에 기름을 두르고 센 불로 약하게 연기가 날 때까지 가열한다. 아스파라거스는 최대한 한 겹으로 프라이팬에 깐다. 소금과 후추로 간을 하고 뒤적이지 말고 첫 번째 면이 연한 갈색이 될 때까지 약 1분 30초 정도 굽는다. 팬을 흔들어 아스파라거스를 뒤집고 다시 갈색이 될 때까지 1분 30초 더 굽는다.

2. 육수와 버터를 팬에 넣고 바로 뚜껑을 덮고 아스파라거스가 완전히 부드러워지고 육수와 버터가 유화되면서 반지르르하게 글레이즈로 졸아들 때까지 7~10분 정도 조린다. 아스파라거스가 다 익기 전에 육수가 완전히 증발하고 버터가 타기 시작하면 물을 몇 큰술 끼얹는다. 레몬 즙을 섞어 넣고 바로 차려 낸다.

베이컨을 곁들인 스트링빈 브레이징 BRAISED STRING BEANS WITH BACON

좋은 친구이자 동료인 푸드저널리스트인 메러디스 스미스(Meredith Smith)는 켄터키 출신인데, 그곳은 그리시빈(greasy beans, 기름진 콩. 예, 이게 바로 이 콩의 품종 이름입니다.)이 생활의 한 방식이 되는 곳이다. 진짜 그리시빈의 꼬투리에는 두꺼운 줄 형태의 섬유질이 있으며 속에는 큰 콩이 들어 있어서 제대로 물러지려면 약 1시간은 걸린다. 또한 내 주위에선 구할 수도 없다. 그런데 다행히도 그리시빈 대용으로 스트링빈을 사용하면 천천히 익힌 풍성한 맛이 많이 나며 어디서나 구하기도 쉽다(메러디스에게는 내가 일반 스트링빈을 사용한다고 말하지 마세요. 날 죽이려고 할 겁니다.).

여러분에게 누군가가 '그린빈은 꼭 완벽하게 알덴테여야 하고 아삭해야 먹을 만하다'고 말하거든 그 사람들 입에 이걸 한 움큼씩 넣어 주면 바로 입을 닫을 것이다.

NOTE • 최고의 결과를 내기 위해, 판 형태나 통 형태로 된 베이컨을 사용한다. 슬라이스 베이컨을 대신 사용해도 된다. 베이컨을 수직 방향으로 1.3cm 폭의 길이로 자른다.

4~6인분

통 베이컨 230g(두툼하게 잘라서 0.6~1.3cm 폭으로 썰기.)

식물성 기름 1큰술

중간 크기 마늘 3쪽(얇게 저미기.)

레드 페퍼 플레이크 ½작은술

홈메이드 또는 저염 닭육수 통조림 ½컵(125ml)

스트링 빈 680g(끝부분은 잘라 내기.)

사과 식초 4큰술

설탕 1큰술

코셔 소금과 후춧가루

1. 큰 냄비에 베이컨과 기름, 물 ½컵(125ml)을 넣고 중강 세기의 불에서 끓인다. 물이 증발하고 베이컨이 바삭해지고 지방이 잘 녹을 때까지 약 10분 정도 브레이징한다.

2. 마늘과 레드 페퍼 플레이크를 넣고 약 30초 정도 저어 주면서 향이 나게 한다. 닭 육수를 넣고 팬 바닥에 갈색으로 눌어붙은 것들을 긁어낸다. 스트링빈과 식초 2큰술, 설탕을 넣고 불을 중약으로 낮추고 뚜껑을 덮고 가끔 저어 주면서 스트링빈이 완전히 물러지고 다 익을 때까지 약 1시간 정도 브레이징한다. 팬에 물기가 마르기 시작하고 콩이 지글거리기 시작할 때 필요하면 물을 더 부어 준다.

3. 남은 식초 2큰술을 넣고 소금과 후추로 간을 한 뒤 차려 낸다.

타임과 레몬 제스트를 곁들인 리크 브레이징
BRAISED LEEKS WITH THYME AND LEMON ZEST

리크는 전형적으로 보조 역할을 하는 채소이다. 스튜와 수프 속으로 사라지거나 구운 채소에 부드러운 맛을 낸다. 소스 속으로 녹아들어 가며 기름에 튀기면 숨어 버린다. 또, 리크는 감자에게도 보조 역할을 하는데, 그도 그럴 것이 감자 리크 수프이지, 리크 감자 수프가 아니지 않은가!

자, 리크 씨, 오늘 기회가 왔군요.

브레이징을 하면, 리크는 미묘한 향을 가지고 있지만 천천히 분해가 되면서 수분을 흡수하게 되면 완전히 부드러워지면서 거의 고기와 같은 질감을 가지게 된다. 달콤함을 조금 증대시키려면 수분을 더하기 전에 잘린 면을 뜨거운 기름 쪽에 대고 캐러멜화하는 게 좋다. 왜 자른 면을 대느냐고? 그건 그렇게 해야 평평하게 놓기가 쉽기 때문이다. 비록 가장자리 부분만 브라우닝이 되겠지만 그래도 괜찮다. 멋지게 브라우닝 된 화합물이 물에 녹기 때문에, 곧, 수분을 보충해 주고 나면 이 화합물이 녹아서 음식에 골고루 퍼지게 된다는 뜻이다.

여러분이 좋아하는 육수가 있으면 넣어 주면 되는데, 나는 질 좋은 버터 몇 덩이와 함께 닭 육수를 자주 사용한다. 버터는 리크가 조리되는 동안 재료들에 윤활유를 바르는 역할을 하며 리크와 육수가 천천히 오븐 속에서 만들어 낸 소스를 더욱 풍성하게 하기도 한다.

NOTE • 최고의 결과를 내기 위해 지름이 약 2.5cm 정도 되는 리크를 구한다.

4~6인분

중간 크기 리크 8대(위의 note 참고. 흰색과 연한 녹색 부분만 사용)

엑스트라 버진 올리브오일 2큰술

무염 버터 2큰술

타임 6줄기

홈메이드 또는 저염 닭육수 통조림 1컵(250ml)

코셔 소금과 후춧가루

레몬 제스트 2작은술(레몬 1개분)

레몬 즙 2작은술

1 오븐랙을 오븐의 가운데 끼우고 190℃로 예열한다. 리크를 길이 방향으로 반으로 가르는데 뿌리 끝은 그대로 둔다. 억센 겉껍질은 벗겨 낸다. 흐르는 차가운 물 아래에서 씻고 키친타월로 두드려 물기를 제거한다.

2 30cm(12인치) 바닥이 두꺼운 프라이팬에 올리브오일을 두르고 중강 불 위에서 기름 표면이 일렁일 때까지 가열한다. 리크 절반을, 자른 단면이 아래를 향하도록 프라이팬에 깔고 갈색으로 잘 익도록 4분간 뒤적이지 않고 조리한다. 자른 단면이 위를 향하도록, 33×23cm 베이킹팬에 리크를 옮겨 담고, 남아 있는 리크 절반을 똑같이 조리한 후 베이킹팬 위에 올린다.

3 리크 위에 버터를 작게 잘라 듬성듬성 올린 후 타임을 흩뿌리고 닭 육수를 위에다 붓는다. 호일로 단단히 봉하고 오븐에 넣어 리크가 완전히 부드러워질 때까지 약 30분간 브레이징한다. 마지막 10분 동안은 호일을 벗긴다. 오븐에서 꺼내서 5분 동안 식힌다.

4 타임 줄기는 버리고 소금과 후추로 간을 한 뒤 리크를 큰 차림 접시로 옮긴다. 레몬 제스트와 레몬 즙을 팬에 남은 국물 속에 넣고 리크 위에다 붓는다.

생강을 넣어 단시간에 만드는 병아리콩, 시금치 스튜
QUICK CHICKPEA AND SPINACH STEW WITH GINGER

식당의 음식은 만드는 방법이 복잡하고 시간이 많이 걸린다. 그래서 많은 돈을 지불하고 사 먹게 된다. 하지만 그런 음식 중에서 일부는 집에서 만들기에 그리 복잡하지도 시간이 많이 걸리지도 않는다.

이 병아리콩과 시금치 스튜는 보스턴에 있는 토로(Toro)에서 셰프 존 크리츨리(John Critchley)와 함께 내가 만들곤 하던 가르반조스 콘 에스삐냐까스(garbanzos con espinacas)를 기본으로 한 음식이다. 이 음식은 스페인 술집의 가장 전형적인 간단한 식사 메뉴로 스페인 전역 어디서나 찾아볼 수 있다. 이 음식은 훈제한 초리조(chorizo)와 맛이 진한 모르칠라(morcilla, 돼지의 피를 섞어 만든 소시지)에서부터 상큼한 세리(sherry) 식초만 뿌려서 더 간단히 차려 내는 방법까지 여러 방식으로 맛을 낸다.

식당에서는 공을 들여서 채소 육수를 만들고 마른 콩을 소금물에 담그고 향신료를 기름에 볶고, 시금치를 브레이징하고 진짜 살아 있는 스페인 당나귀의 발굽 아래서 올리브를 짓이겨 완성된 요리 위에 뿌린다. 적어도 그런 일들 대부분을 했었다. 공을 들인 맛이란 내가 그런 종류의 음식을 표현하는 방법이다. 집에서라면 몇 가지 손쉬운 방법에 만족한다.

이 형태는 수프와 스튜 사이 어디쯤에 해당하며 통조림에 든 병아리콩과 그 국물을 기본으로 맛을 내지만 마늘이나 양파, 월계수 잎, 훈제한 파프리카와 같은 향신료를 넣고 끓여서 다양한 맛을 더한다(Part 2의 통조림 콩에 대한 설명을 기억하는가?). 특이한 점이라면 퓌레로 만든 토마토에 생강을 약간 넣는다는 점이다. 그렇기 때문에 확 두드러지지는 않지만 소스의 바탕에 약간의 미묘한 매운 맛을 더해주기에는 충분하다.

이 요리는 그릇에 담아서 그대로 뜨겁게 차려 내도 아주 좋지만 솔직히 나는 그 다음 날 먹는 걸 좋아하는데 바싹 구운 토스트 위에다 올리고 올리브오일을 뿌려 상온으로 차려 내는 걸 선호한다. 여러분이 주최한 스페인산 와인 시음회에서 멋있고 세련되고 정중하게 행동하고 싶을 때 제격인 음식이다. 아니면 그런 비슷한 경우에 잘 어울리는 요리다.

3~4인분

홀토마토 통조림 800g(1개)

생강 2.5cm 덩어리 1개(껍질은 벗기기.)

엑스트라 버진 올리브오일 4큰술(+차림용으로 더 준비)

중간 크기 양파 1개(잘게 자르기.)

마늘 4쪽(얇게 저미기.)

달거나 매운 스페인식 훈제 파프리카 1작은술

시금치 340g(다듬고 씻은 뒤 물기를 빼고 듬성듬성하게 썰기.)

병아리콩 통조림 800g(국물도 같이)

월계수 잎 2장

간장 2작은술

코셔 소금

세리주 식초(선택사항)

1 볼에 체를 걸치고 토마토를 받친다. 밑에 남은 국물과 토마토 반은 믹서에 넣고 생강을 넣고 고속으로 돌려서 완전히 퓌레로 만든다. 남은 토마토도 대충 썰어서 따로 한 쪽에 둔다.

2 30cm(12인치) 프라이팬에 올리브오일을 두르고 센 불로 기름 표면이 일렁일 때까지 가열한다. 양파와 마늘, 파프리카를 넣고 자주 저어 주면서 양파가 숨이 죽고 아주 조금 갈색이 될 때까지 볶아 준다. 토마토와 생강이 든 퓌레를 붓고 섞어 준다. 시금치를 한 움큼 넣고 숨이 죽으면 다시 한 움큼 집어넣는다. 중불로 낮추고 가끔 저어 주면서 시금치가 완전히 부드러워질 때까지 약 10분간 뭉근히 끓인다.

3 썰어 놓은 토마토와 병아리콩을 국물과 함께 넣고 월계수와 간장을 넣어 고온에서 한소끔 끓인다. 불을 줄이고 뭉근히 끓이면서 이따금씩 저어 주고 걸쭉한 스튜가 될 때까지 약 30분 정도 끓인다.

4 소금으로 간을 하고 엑스트라 버진 올리브오일을 뿌리고 원하면 세리 식초를 몇 방울 뿌린다.

궁극의 크림 시금치 THE ULTIMATE CREAMED SPINACH

멋진 크림 시금치를 만들기 위해선 시간이 필요하다. 크림 같은 베샤멜 소스와 함께 시금치의 수분을 천천히 낮은 불로 졸여 거의 푸딩 같은 질감의 진하고 걸쭉한 코팅제로 만드는 요리이다. 나는 크렘프레슈를 조금 넣어서 끝내는데, 그러면 크림 같은 질감과 신맛을 더할 수 있다. 두말할 나위 없는 최고의 휴일 곁들임 요리를 만들기 위해 간편하게 크렘프레슈(131쪽)를 만들고 파르메산 치즈를 위에 뿌린 뒤 전체를 브로일링한다.

NOTE • 다듬은 케일이나 근대 잎도 시금치와 마찬가지로 사용해도 좋다.

4인분

무염 버터 3큰술

중간 크기 샬롯 2개(곱게 다지기, 약½컵, 125ml)

중간 크기 마늘 2쪽(곱게 다지거나 제스터에 갈기, 약 2작은술)

사보이 시금치 900g(다듬고, 씻은 뒤 물기 빼기)

중력분 1큰술

생크림 1½컵(375ml)

우유 ½컵(125ml)

통 넛멕 갈아서 ¼작은술

크렘프레슈 4큰술

코셔 소금과 후춧가루

파르메산 치즈 57g(잘게 갈기, 약 1컵, 250ml, 선택사항)

1. 더치 오븐이나 큰 냄비에 버터를 넣고 중강 불에 올려서 녹인다. 샬롯과 마늘을 넣고 숨이 죽을 때까지 약 2분간 볶아 준다. 시금치를 4번에 나눠 넣는데, 매번 집게나 고무 주걱으로 뒤집어 주면서 시금치의 숨이 다 죽으면 더 넣는다.

2. 밀가루를 넣고 계속 저어 마른 밀가루가 남지 않도록 한다. 천천히 생크림과 우유를 붓고 젓는다. 저어 주면서 한소끔 끓인 뒤 불을 가장 약하게 줄인다. 가끔씩 저어 주면서 시금치가 완전히 부드러워지고 소스가 걸쭉해질 때까지 약 1시간 30분 정도 보글보글 끓인다.

3. 넛멕과 크렘프레슈를 섞어 넣고 소금과 후추로 맛을 낸다. 불을 끈다.

4. 원하면 고온으로 브로일러를 예열한다. **3**을 1ℓ의 타원형이나 원형 캐서롤 접시로 옮겨 담고 위에 치즈를 뿌린다. 시금치에서 기포가 생기고 치즈가 노릇한 갈색 크러스트를 만들 때까지 약 2분 정도 끓이고 차려 낸다.

기본적인 채소 조리법 #4 : 글레이징
ESSENTIAL VEGETABLE TECHNIQUE #4: GLAZING

이 조리법은 팬 하나에서 모든 과정이 끝나는 최고의 채소 조리법이다. 그리고 당근이나 파스닙, 양파, 순무, 래디시와 같이 오랜 시간 조리해도 부스러지지 않는, 모든 종류의 단단한 채소들에 제격이다. 전통적인 프랑스식 방법은 채소를 프라이팬에 넣고 버터와 닭 육수, 설탕, 소금과 함께 뭉근히 끓여서 채소가 다 익을 때쯤에 육수가 졸아들면서 버터와 유화를 해서 채소에 반지르르하고 맛있는 옷을 입히게 된다. 하지만 그건 누구나 쉽게 만들기에는(특히나 집에서 만들기에는) 너무 어렵다. 식당에서는 화력이 센 버너에 올리기 때문에 육수가 엄청나게 빨리 끓어서 이런 기포 활동이 팬에서 버터와 아주 쉽게 유화하도록 돕는다. 하지만 가정의 스토브에서는 천천히 기포를 만들기 때문에 안정적으로 유화가 이루어지기가 훨씬 어렵다.

게다가, 좋은 닭 육수에 든 젤라틴은 유화가 안정적으로 되도록 확실히 돕는데, 묽은 시판용 육수나 채소 육수, 혹은 그냥 물을 사용하면 유화가 배로 어려워진다. 그럼 해결법은? 약간의 '인위적인' 뭔가로 걸쭉하게 만들어 줄 필요가 있다. 바로 옥수수전분을 아주 조금 넣어주면 된다. 4~6인분 정도의 채소에 ½작은술 정도 넣어 주면 질척하거나 너무 뻑뻑하지 않으면서도 안정적이다.

아몬드를 넣고 글레이징한 당근 GLAZED CARROTS WITH ALMONDS

4~6인분

큰 당근 680g(껍질 벗겨서 2.5cm 원통형으로 썰거나 마구썰기(faux tournee). '칼 사용법 : 당근 자르는 법' 464쪽 참고)

옥수수전분 ½작은술

홈메이드 또는 저염 닭육수 통조림 1½컵 (375ml)

무염 버터 2큰술

설탕 2큰술

코셔 소금

곱게 다진 파슬리 또는 차이브 2큰술

볶은 분쇄 아몬드 4큰술

레몬 제스트 ½작은술과 레몬 즙 1작은술(레몬 1개분)

후춧가루

1 30cm(12인치) 바닥이 두꺼운 스테인리스 스틸 프라이팬에 당근과 옥수수 전분을 섞어 전분 덩어리가 남지 않도록 한다. 육수와 버터와 설탕, 소금 1작은술을 넣고 센 불로 한소끔 끓인 뒤 불을 줄이고 뭉근히 끓이는데 가끔 저어 주면서 당근이 거의 부드러워질 때까지(케이크 테스터나 칼끝으로 찔러보면 잘 들어가야 한다.) 약 10분간 끓인다.

2 불을 고온으로 올리고 가끔 섞어 주면서 소스가 반지르르한 글레이즈가 될 때까지 졸인다. 불을 끄고 허브와 아몬드, 레몬 제스트, 레몬 즙을 넣고 섞어 준다. 소금과 후추로 간을 하고 차려 낸다.

글레이징한 방울양파

당근 대신 껍질을 벗긴 방울양파나 치폴리니 양파를 넣고 아몬드는 뺀다.

글레이징한 순무, 래디시, 또는 루타바가

당근 대신 작은 래디시나 순무를 반으로 자르거나 4등분해서 넣고, 아니면 큰 순무와 래디시 또는 루타바가를 둘 다 사용하거나 둘 중 하나만 골라 2.5cm 크기로 잘라서 넣고 아몬드는 뺀다.

칼 사용법 : 당근 자르는 법

당근은 다양한 모양과 크기로 생산되지만 고르게 조리하려면 균일하게 잘라주는 게 필수이다.

먼저, **(1)** Y-필러로 당근의 껍질을 벗긴다. 아래에서 끝까지 껍질을 단번에 깎아서 최대한 과실이 많이 잘려 나가지 않게 한다. 이렇게 해야 당근 모양을 더욱 균일하게 할 수 있다. **(2)** 그다음 당근의 뭉툭한 끝을 잘라 낸다. 당근의 뾰족한 부분이 지저분하다면 이 부분도 잘라 낸다. 대충 잘라도 되면 이 상태에서 그냥 자른다. 그렇지 않다면 계속 읽는다.

다양한 크기의 **깍둑 썰기**는 당근을 자르는 가장 흔한 방법이다. 큼직하게 깍둑 썰면 스튜에 괜찮고, 중간이나 작게 깍둑 썰면 수프나 볼로네이즈(Bolognese)와 같은 풍성한 소스, 그리고 샐러드에 더 적합하다. **(3)** 우선 당근을 가로 방향으로 반으로 자른다. **(4)** 반으로 자른 것을 각각 세로 방향으로 4등분한다. **(5)** 길쭉한 막대 모양의 당근을 여러 개 함께 쥐고 원하는 크기로 깍뚝 썬다.

마구 썰기(faux tourné, 가짜 축구공이라는 뜻) 모양은 너무 게을러서 진짜 축구공 모양으로 자르기 힘들 때 자르는 모양이다. 내 말은 그러니까 늘 이 모양으로 자른다는 뜻이다. 7면이 나오는 멋진 형태로 자르려면 당근이 너무 낭비가 되고 허식적으로 보이므로 전혀 그럴 필요가 없. faux tourne 형태로 자르는 것은 롤 커팅(roll-cutting), 또는 오블리끄 커팅(oblique-cutting) —우리나라에선 마구 썰기— 등으로도 부르는데 아주 간단하다. 그리고 보기 좋고 균일하게 끝이 가늘어지는 모양이 나와서 글레이징과 아주 깔끔한 스튜용으로 완벽하다. **[6]** 도마의 아래 모서리와 평행이 되도록 껍질 벗긴 당근을 잡고 두꺼운 끝에서 2.5cm 정도에서 45° 각도로 자른다. **[7]** 당근을 앞으로 돌려서 90° 회전하게 하고 또 45° 각도로 2.5cm 크기로 자른다. **[8]** 돌리고 자르는 걸 반복해서 전체 당근을 다 자른다. 파스닙도 똑같이 이 방법으로 자르면 좋다.

채썰기(julienne)와 **브뤼누아즈**(brunoise)는 정말이지 근사하게 시작하고 싶을 때 사용하는 방법이다. 이런 모양은 생선을 은박지에 싸서 요리할 때 아주 보기 좋으며, 볶음요리나 소테에도 아주 좋다. **[9]** 당근을 가늘게 채썰기 위해 우선 당근을 7cm 길이로 자른다. 이렇게 자른 각 부분을 쥐고 한쪽 면에서 0.3cm 정도 되도록 잘라 낸다. 그래서 당근이 평평히 누울 안정적인 기반을 마련한다(육수나 퇴비용, 혹은 먹어 볼 용도라면 이런 자투리를 이용한다.). **[10]** 이 면을 바닥에 대고 당근을 고정시킨 뒤 조심스럽게 세로로 잘라서 얇은 널빤지 모양으로 자른다. **[11]** 이 널빤지 모양으로 자른 걸 두세 개 겹쳐 쌓고 고르게 채를 썬다. **[12] 브뤼누아즈**(brunoise, ⅛인치(3mm) 정도의 작은 주사위 모양으로 써는 것. – 감수자 주) 형태로 자르려면 채썬 걸 한 묶음씩 들고 가로로 잘라 작으면서 균일한 사각형을 만든다. 이런 방법을 완벽하게 해낸다면 부엌에서 칼로 할 수 있는 가장 만족스러운 일이 될 것이다.

기본적인 채소 조리법 #5 : 로스팅/브로일링
ESSENTIAL VEGETABLE TECHNIQUE #5: ROASTING/BROILING

겉으로 보기엔 채소를 로스팅(roasting)하거나, 그릴링(grilling), 혹은 브로일링(broiling)하는 일이 프라이팬에서 채소를 시어링하는 것과 그리 비슷해 보이지 않을지 모르지만 목적은 다 똑같다. 바로 채소의 겉면을 캐러멜화시키고 갈색이 되게 만들면서 안쪽에는 신선하게 아삭한 식감을 조금은 남겨 두는 일이다. 브로일러로 이렇게 하기는 식은 죽 먹기다. 예를 들면, 아스파라거스 줄기를 가져와 보라. 브로일러의 높은 열이 아스파라거스의 나머지 대부분은 아삭하고 단 채로 두면서 당을 빠르게 캐러멜화시키고 그을린다. 그을리고 + 달고 + 아사하고 + 쉬우면 - 가정에서 만들기엔 최고다. 아스파라거스가 브로일러에서 비교적 쉽게 조리가 되고 또 마르지 않게 하기 위해서는 열을 가하기 전에 어린 가지에 기름을 얇게 발라주는 게 필수이다. 기름은 공기보다 열을 더 잘 분배하는 매개체일 뿐만 아니라 수분이 증발하면서 남게 된 채소의 미세한 구석이나 틈을 채워 줘서 채소가 쪼글쪼글해지거나 질겨지지 않게 한다. 조리 후 브로일링이나 그릴링한 채소에 녹인 허브 버터나 레몬 즙, 간 치즈를 뿌려 주면 아주 근사한 요리가 된다. 하지만 이런 요리를 먹는 최고의 방법은 요리하자마자 바로 손으로 집어 먹는 것이다.

오븐에서 만들려면 아직 아삭함을 유지하는 동안 아주 높은 온도로 조리해 캐러멜화를 극대화시켜야 한다. 이를 위해 무거운 베이킹팬을 260℃ 오븐의 제일 아래 선반에 올리고 적어도 10분정도 예열해야 한다. 채소에 약간의 올리브오일과 소금, 후추를 섞고 팬에 넣는다. 채소는 팬과 닿자마자 지글거리면서 갈색으로 변하기 시작할 것이다. 아니면 채소를 베이킹팬에 올리고 고온으로 열을 가하는 브로일러의 열판에서 몇 cm 떨어지게 둔다. 단 몇 분 만에 잘 조리된다. 품질이 좋은 톡 쏘는 맛의 치즈를 갈아 넣는다. 파르메산 치즈도 어울리고 페코리노는 더 좋고, 코티자도 괜찮다.

아스파라거스를 먹고 나서 겪는 역겨운 소변 이상 증상

아스파라거스를 먹고 난 뒤 눈치챘을지 모르겠지만 피하고 싶은 일이 있는데 바로 잊을 수 없는 냄새이다. 왜 잊을 수 없다고 하냐면 '이제 냄새가 없어졌구나' 생각한 후에도 오랫동안 다시 냄새가 나서 놀라게 만들기 때문이다. 이 잊지 못할 냄새는 샌디에이고에 있는 캘리포니아 대학에서 1975년에 발견한 화학물질인 S-메틸 사이올아크릴산염(S-methyl thioacrylate)과 S-메틸 3-(메틸싸이올) 사이올프로피온에스테르(S-methyl 3-(methylthio) thiopropionate) 때문에 생긴다. 어떤 사람들은 왜 아스파라거스를 소화할 수 없는지에 대한 정확한 이유는 알려지지 않았지만 '아스파라거스를 먹고 나서 겪는 역겨운 냄새가 나는 소변 이상 증상'(내가 조합한 용어로, 줄여서 아스파라거스 소변 이상 증상)의 정도는 가계도와 관련이 있다고 밝혀졌다. 영국인의 절반 미만이 그리고 프랑스인은 100%가 이 증상을 가지고 있다고 한다. 그렇다면 아스파라거스 철 동안에 두 나라 사이에 스포츠 경기가 있다면 내가 어느 편에 있을 거라는 건 확실하다. 하지만 정말로 놀라운 것은 어떤 사람은 그 냄새가 나지 않을 뿐만 아니라 또 어떤 사람들은 그 냄새를 맡을 수도 없다는 게 밝혀졌다. 이 말은 이러한 자각 증상 연구에서는 아스파라거스 오줌을 누지 않는다고 주장하는 사람들이 실제로 자신이 그런 증상이 있다는 것을 깨닫지 못하는 것인지도 불분명하다는 의미이다. 그것을 알아보기 위해 지원자를 찾는 일도 쉽지 않으므로.

파르메산 빵가루를 넣은 브로일링한 아스파라거스
BROILED ASPARAGUS WITH PARMESAN BREAD CRUMBS

NOTE • 파르메산 치즈 대신 페코리노 또는 코티자 혹은 기타 갈아 넣는 단단한 치즈를 사용해도 된다.

4~6인분

흰 샌드위치 빵 2개(테두리는 제거하고 큼직하게 뜯기.)
무염 버터 2큰술
코셔 소금과 후춧가루
파르메산 치즈 30g(곱게 갈기. 약 ½컵, 125ml)
아스파라거스 455g(억센 밑동은 잘라 내고 줄기는 원하면 껍질을 벗기기.)
엑스트라 버진 올리브오일 1큰술
레몬 1개(웨지 모양으로 자르기.)

1. 브로일러를 고온으로 예열한다. 푸드프로세서에 빵과 버터 1큰술, 소금과 후추를 조금 넣고 굵은 빵가루가 될 때까지 순간작동 기능을 돌린다.
2. 30cm(12인치) 프라이팬에 남은 버터를 넣고 중강 불에서 녹인다. 여기에 빵가루를 넣고 자주 저어 주면서 빵가루가 황금색이 되고 바삭해질 때까지 약 5분간 볶는다. 중간 크기 볼로 옮기고 파르메산 치즈를 넣고 섞어 준다. 필요하면 소금과 후추를 넣고 한쪽에 둔다.
3. 브로일러 팬이나 베이킹팬에 호일을 깔고 단층으로 아스파라거스를 깐다. 기름을 붓고 흔들어서 고루 기름이 묻게 한다. 소금과 후추를 뿌린다. 브로일러의 열판에서 5cm 정도 떨어지게 넣고, 부드러워지고 잘 그을려지도록 약 8분 정도 브로일링한다. 빵가루를 뿌리고 레몬 웨지와 함께 차려 낸다.

방울양배추와 샬롯 구이 ROASTED BRUSSELS SPROUTS AND SHALLOTS

NOTE • 이 레시피는 여러 사람에게 차려 낼 때는 그냥 양을 배로 늘리면 된다. 베이킹팬 두 개에다 담고 오븐랙을 중간에서 아래에 하나, 중간에서 위로 하나 놓고 로스팅한다. 조리 도중 베이킹팬을 돌리면서 자리를 바꾼다.

4인분

방울양배추 455g(밑동은 잘라 내고, 바깥 잎은 버리고 반으로 자르기.)

샬롯 115g(얇게 슬라이스하기.)

엑스트라 버진 올리브오일 2큰술

코셔 소금과 후춧가루

발사믹 식초 1큰술

1 오븐랙을 오븐의 중하 위치에 끼우고 두꺼운 베이킹팬을 오븐랙에 올린다. 오븐을 260℃로 예열한다. 큰 볼에 방울양배추와 샬롯, 기름을 넣고 섞는다. 소금과 후추를 넉넉하게 뿌린다.

2 오븐 장갑이나 행주를 접어서 베이킹팬을 오븐에서 조심스럽게 꺼낸다. 방울양배추를 팬에 넣고(바로 지글거리기 시작한다.) 오븐에 넣는다. 방울양배추가 완전히 부드러워지고 잘 그을려질 때까지 팬을 한두 번 젓고 흔들어 주면서 약 15분 정도 구워 준다. 오븐에서 꺼내서 방울양배추에다 발사믹 식초를 뿌린 후 섞어서 차려 낸다.

마늘-앤초비 빵가루를 넣은 브로콜리 구이
ROASTED BROCCOLI WITH GARLIC-ANCHOVY BREAD CRUMBS

브로콜리는 고온에서 구우면 맛이 아주 농축되어서 믿기 힘들 정도로 달콤하며 견과류 풍미가 나게 된다. 좋아하는 브로콜리 요리법 중 하나이다. 로스팅한 브로콜리에 앤초비 향이 나는 빵가루를 조금 넣어 주면 요리가 훨씬 더 풍성해진다.

NOTE • 브로콜리 줄기도 껍질을 벗기고 마찬가지로 로스팅해야 된다. 1.3cm 크기로 어슷 썬다.

4인분

브로콜리 680g(7~10cm 길이로 송이 부분을 자르기. 각 부분을 세로로 반 자르기.)

엑스트라 버진 올리브오일 3큰술

코셔 소금과 후춧가루

신선한 레몬 즙 1작은술

마늘-앤초비 빵가루(레시피 바로 나옴. 선택사항)

1. 오븐랙을 오븐 중하 위치에 끼우고 두꺼운 베이킹팬을 오븐랙에 올린다. 오븐을 260℃로 예열한다. 큰 볼에 브로콜리를 넣고 기름과 섞는다. 소금과 후추를 넉넉하게 뿌린다.

2. 오븐 장갑이나 행주를 접어서 베이킹팬을 오븐에서 조심스럽게 꺼낸다. 브로콜리 송이 부분을 팬에 넣고 흔들어서 대부분 평평한 부분이 바닥으로 오도록 한 뒤(바로 지글거리기 시작한다.) 오븐에 넣는다. 브로콜리가 완전히 부드러워지고 잘 그을려질 때까지 팬을 한두 번 젓고 흔들어 주면서 약 10분 정도 굽는다. 오븐에서 꺼내서 브로콜리에다 레몬 즙을 뿌리고 원하면 앤초비 빵가루를 뿌린 뒤 차려 낸다.

마늘-앤초비 빵가루

이런 빵가루는 어떤 로스팅이나 그릴링, 브로일링한 채소 요리에 넣어도 식감과 맛을 더해 준다. 또한 파스타와도 잘 어울린다.

NOTE • 빵은 135℃로 예열된 오븐랙에 바로 올려 약 20분 정도 건조해도 된다. 중간에 한 번 뒤집어 준다.

1컵(250ml) 분량

맛있는 샌드위치 빵 3조각(조리대에서 밤새 말리기. 위의 note 참고)

무염 버터 3큰술

중간 크기 마늘 2쪽(다지거나 제스터에 갈기. 약 2작은술)

앤초비 필레 4개(잘게 썰기.)

곱게 다진 파슬리 2큰술

코셔 소금과 후춧가루

1. 빵을 대략 5cm 정도 크기로 찢어서 푸드프로세서에 넣고 돌려서 굵은 빵가루를 만든다.

2. 30cm(12인치) 바닥이 두꺼운 프라이팬에 버터를 넣고 중간 불에 올려 녹인다. 마늘과 앤초비를 넣고 불을 중약으로 줄이고 가끔 저어 주면서 마늘이 연한 갈색이 되고 앤초비가 다 분해가 될 때까지 약 6분 정도 볶아 준다. 빵가루를 넣고 불을 중강으로 올린 뒤 약 3분 정도 계속 저어 주고 섞어서 빵가루가 갈색으로 잘 구워지도록 한다. 접시로 옮기고 식힌다. 파슬리와 섞고 소금과 후추로 간을 한다. 식힌 빵가루는 밀폐 용기에 담아 상온에서 1주일가량 보관할 수 있다.

잣, 건포도, 케이퍼 비네그레트를 곁들인 콜리플라워 구이
ROASTED CAULIFLOWER WITH PINE NUT, RAISIN, AND CAPER VINAIGRETTE

브로콜리처럼 콜리플라워를 로스팅하면 달콤하면서 견과류의 풍미가 나서 정말 괜찮은 올리브오일이나 레몬 즙만 조금 뿌려도 아주 멋지다. 하지만 나는 공들인 비네그레트 드레싱을 넣은 따뜻한 샐러드를 만들고 싶다. 이 음식은 내 친구 에이낫 애드머니(Einat Admony)가 그녀의 멋진 식당 발라부스타(Balaboosta)에서 종종 차려 내는 음식으로 건포도와 케이퍼, 약간의 꿀을 넣어 만든 볶은 잣 비네그레트를 곁들인 요리에 영감을 받아서 만들었다.

4인분

콜리플라워 1개(8개의 웨지로 자르고 다듬기.)
엑스트라 버진 올리브오일 6큰술
코셔 소금과 후춧가루
셰리주 식초 1큰술
꿀 1큰술
케이퍼 2큰술(씻어서 물기를 빼고 대충 썰기.)
볶은 잣 4큰술
건포도 4큰술
곱게 다진 파슬리 잎 2큰술

1. 오븐랙을 오븐 가운데 끼우고 두꺼운 베이킹팬을 오븐랙에 올린다. 오븐을 260℃로 예열한다. 콜리플라워에 올리브오일 3큰술을 넣고 섞는다. 소금과 후추를 넉넉하게 뿌린다.
2. 오븐 장갑이나 행주를 접어서 베이킹팬을 오븐에서 조심스럽게 꺼낸다. 콜리플라워 웨지를 팬에 넣고 다시 오븐에 넣는다. 콜리플라워가 부드러워지고 두 면이 짙은 갈색이 될 때까지 총 20분 정도 굽는다. 굽는 중간에 얇은 금속 뒤집개로 콜리플라워를 뒤집어 준다.
3. 콜리플라워가 로스팅되는 동안, 중간 크기 볼에 남은 올리브오일 3큰술과 식초, 꿀, 케이퍼(caper), 잣, 건포도, 파슬리를 섞고 소금과 후추로 간을 한다.
4. 익은 콜리플라워를 차림 접시로 옮기고 드레싱을 위에다 떠서 올린다.

버섯 구이 ROASTED MUSHROOMS

물론, 버섯의 문제라면 너무 수분이 많고 스펀지처럼 흡수성이 좋다는 점이다. 버섯을 큰 베이킹팬 위에 놓고 구우면 공간이 널찍해 수분이 증발하기가 아주 쉽기 때문에 정말 좋은 방법이다. 오븐에 두는 시간을 최대한 줄이는 게 목표인 다른 채소와는 달리 버섯을 구울 때는 수분이 거의 다 없어질 때까지 오븐에 두어서 버섯이 적당한 갈색이 되도록 한다. 잘 구워진 버섯은 원래 크기의 반 정도로 줄어들며 무게는 ¼ 정도로 줄어들게 된다.

4인분

양송이 또는 갈색양송이 버섯 680g(씻은 후 네 등분)
엑스트라 버진 올리브오일 2큰술
코셔 소금과 후춧가루
타임 6~8줄기

1. 오븐랙을 오븐의 가운데 끼우고 200℃로 예열한다. 큰 볼에 버섯을 넣고 올리브오일을 두르고 섞은 뒤 소금과 후추로 간을 한다.

2. **1**을 유산지를 깐 베이킹팬 위로 옮긴다. 타임 줄기를 고르게 그 위에 뿌린다. 버섯이 수분을 모두 내놓고, 이 수분이 다 증발한 뒤 보기 좋게 갈색으로 돼서 맛이 좋아질 때까지 30~45분 정도 굽는다. 다 구운 뒤 타임은 버리고 버섯을 차림 볼으로 옮기고 낸다.

더 맛있게 고구마 굽기

고구마는 달콤하다지만 실은 그렇게 달지는 않죠? 고구마 위에다 메이플 시럽이나 꿀, 마시멜로를 올릴 수 있지만 내 가족은 물론이고 내가 아주 싫어하는 적이라 하더라도 말도 안 되는 그런 캐서롤을 주고 싶지는 않다. 그것보다는 정말이지 고구마를 잘 굽는 게 훨씬 낫다. 잘 구우면 고구마는 약간 바삭하면서 캐러멜화가 된 껍질에 크림 같이 부드럽고, 맛있고 달다. 하지만 대부분 구우면 쉽게 부서지거나, 아니면 너무 전분질이 많고 맛이 밋밋한 경우가 많다. 똑같은 채소를 가지고 요리를 하는데 어떻게 그렇게 결과가 완전히 다를 수 있을까? 어떻게 요리해야 고구마(달콤한 감자, sweet potato)라는 이름에 어울리게 맛있게 조리될까?

바로 전분은 당으로 만들어진다는 데 방법이 있다. 더 정확히 전분은 다당류(polysaccharide)이고, 더 작은 여러 당 분자(고구마의 경우, 글루코스(glucose))들로 이루어진 큰 분자이다. 그러나 당은 비교적 단순한 형태로 분해되지 않으면 우리의 혀가 단맛을 느낄 수 없기 때문에 달게 느껴지지 않는다. 당 분자를 서커스단의 난쟁이(좋아요, 원한다면 '작은 사람들'이라고 합시다.) 무리라고 생각하면 이해가 쉽다. 이 작은 사람들이 모두 한 겹으로 줄 지어 서 있다면 이들이 난쟁이인지 알기가 쉽다. 하지만 이들을 한 사람 위에다 또 한 사람을 올린 뒤 트렌치코트를 그 위에 걸치면 난쟁이인지 알 수가 없다.

고구마에는 전분 분자가 아주 많이 들어 있다. 고구마를 굽는 목적은 전분 분자를 최대한 많이, 단맛이 나는 엿당(두개의 글루코스 분자로 이루어진 당)으로 쪼개려는 것이다. 즉, 트렌치코트를 벗기고 쌓아 놓은 작은 사람을 무너뜨리는 것이다. 이런 활동은 57~77℃ 온도대에서 활성화하는, 감자에 자연적으로 들어 있는 효소 작용으로 이뤄진다. 그래서 기본적으로 고구마가 57~77℃ 온도 대에서 더 오래 머물수록 더욱 단맛이 강해진다. 이를 시험하기 위해 나는 고구마를 세 번으로 나누어 조리하였다. 첫 번째는 180℃ 오븐에 바로 넣어서 부드러워질 때까지 구웠다. 두 번째는, 온도 제어 수조에 넣어 66℃에서 1시간 먼저 조리한 후 구웠다. 마지막은 하룻밤 정도 수조에서 미리 조리한(parcooking, 선조리) 후 구웠다.

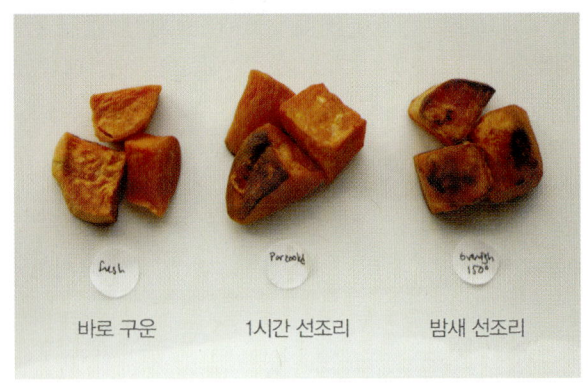

바로 구운   1시간 선조리   밤새 선조리

더 달콤한 고구마가 더 빨리 갈색을 띤다.

미리 조리한 후 구운 고구마가 더 금방 갈색을 띤 걸 바로 알 수 있는데 당 함량이 높으면 캐러멜화가 더 빨리 진행되는 걸 보여 준다. 색의 차이도 또한 맛에 반영되는데 미리 조리한 후 구운 고구마는 바로 구운 전분질의 밍밍한 고구마보다 훨씬 더 달고 맛도 더 좋다. 흥미롭게도 한 시간 정도 미리 조리한 고구마는 하룻밤 정도 미리 조리한 고구마와 거의 비슷한 정도로 맛이 있다. 이는 66℃에서 한 시간 동안은 익혀야 한다는 의미이다.

온도 제어 수조(수비드 기계)가 있다면 고구마를 확실히 더 맛있게 요리할 수 있다. 고구마를 팩에 넣고 66℃(이보다 더 높으면, 굽기 전에 너무 많이 물러진다.)에서 원하는 시간만큼 익힌다. 그런 뒤 칠면조를 레스팅하는 동안 오븐에 넣는다.

온도 제어 수조가 없다면, 다른 방법이 몇 가지 있다. 394쪽에 설명된 비어 쿨러 수비드 조리법을 이용하는 방법이 있다. 이 방법은 싸고 효과가 좋으며 필요한 시간 동안 아주 쉽게 적당한 온도를 유지할 수 있다. 고구마를 지퍼락 팩에 넣고 공기를 최대한 빼내고 66℃의 물이 가득 든 쿨러에 넣은 뒤 뚜껑을 덮고 한 시간을 기다리면 이제 굽기만 하면 된다.

고구마의 장점이라면 가령, 스테이크 같은 음식보다 덜 까다롭다는 점이다. 정확한 온도를 맞추느라 그렇게 조심하지 않아도 된다. 사실, 물 온도가 57~77℃ 사이로 유지되기만 하면 단맛을 내기에는 충분하다.

쿨러를 사용하고 싶지 않다면? 그럼, 더 쉬운 방법이 있다. 큰 냄비에 3ℓ의 물을 넣고 끓인 뒤 상온의 물 4컵을 더 붓는다. 이렇게 하면 물 온도가 79℃ 정도가 될 텐데 여기에 슬라이스하거나 깍뚝 썬 고구마를 몇 백 그램 넣으면 원하는 적정한 온도대로 내려간다. 냄비 뚜껑을 덮고 부엌의 따뜻한 곳에다 두어 시간 둔 뒤, 물을 따라 내고 한가할 때 굽는다. 가족들과 여러분 모두 맛있게 즐길 수 있을 것이다.

고구마로 존재하는 바로 그것이 고구마다.

교육을 많이 받으신 여러분들은 아마 이미 알고 있을 텐데, 미국에서 얌이라고 부르는 것은 진짜 얌이 아니다. 진짜 얌(참마)은 아프리카가 원산지인 아주 큰 풀 같은 식물의 뿌리로 아주 크고 전분질이며 끈적끈적하다. 요즘 참마는 대부분 아프리카나 남아메리카, 태평양제도 등지에서 난다. 미국에서는 거의 찾아볼 수 없다. (영어 원문 I yam what I yam은 성경 구절 I am what I am(존재하는 바로 그것이 나다)에 빗대어 이야기함. —옮긴이 주)

우리가 얌이라고 부르는 것은 실은 고구마의 품종으로 참마와는 완전히 다른 식물이다. 고구마는 몇 가지 품종이 있지만 기본적으로 두 개의 부류로 나눠지는데 조리 시에도 다른 특성을 보인다.

- **분질 고구마**(밤고구마). 흰색 과육의 미국산이나 오키나와산(Okinawan) 보라색 고구마와 같은 품종으로 점질 고구마보다 덜 달고 전분은 더 많다. 익히면 보슬보슬해지고 여러 레시피에서 보통 감자 대용으로 사용할 수 있다(맛이 다르긴 하지만).
- **점질 고구마**(물고구마). 가넷(garnet)이나 루비 고구마(ruby yams) 같은 품종으로 미국에서 흔하게 구할 수 있는 품종이다. 수분과 당 함량이 분질 고구마보다 높고 보슬보슬하다기보다는 크림 같이 부드럽고 촉촉하다. 대부분의 레시피에서 찾는 품종이다.

아주 달콤한 고구마 구이 EXTRA-SWEET ROASTED SWEET POTATOES

6~8인분

고구마 2.3kg(껍질 벗겨서 1.3cm 두께의 원반형 태 또는 2.5cm 크기로 썰기.)

올리브오일 4큰술

코셔 소금과 후춧가루

1. 큰 냄비에 물 3ℓ를 넣고 센 불에서 끓인다. 불을 끄고 상온(21℃)의 물 1ℓ를 넣는다. 그러고는 바로 고구마를 넣고 뚜껑을 덮는다. 따뜻한 곳에 두고 적어도 1시간에서 3시간 정도 둔다.

2. 고구마를 구울 준비가 되면 오븐랙을 오븐의 중상, 또는 중하 위치에 가도록 끼우고 오븐을 200℃로 예열한다. 고구마의 물을 따라버린 뒤 큰 볼로 옮긴다. 올리브오일을 섞고 소금과 후추로 간을 한다.

3. 고구마를 베이킹팬 두 개에 쫙 펼치고 바닥이 갈색이 될 때까지 약 30분간 굽는다. 고구마를 얇은 주걱으로 조심스럽게 뒤집은 뒤 뒤집은 면이 갈색으로 변하고 부드러워질 때까지 약 20분간 더 굽는다. 마무리한다.

감자
POTATO

감자는 특정 분류 하에서는 채소로 취급되기도 하지만 이 장에 있는 다른 채소와 아주 많이 달라서 이 장의 한 부분을 모두 감자에 할애한다. 슈퍼마켓에서 감자만큼 종류가 다양한 채소도 드물 것이다. 여러 모양과 크기로 나오는데 이 모든 종류가 다 사용하기 적절한 것은 아니다. 조리 시의 특성으로 보자면 감자는 기본적으로 세 가지 범주, 전분 함량이 높은 것, 중간 것, 낮은 것(껍질(Waxy, 왁시) 감자로도 불림)으로 나눌 수 있다. 엄밀히 말하자면, 대부분의 감자는 어느 레시피에 넣어도 괜찮지만 결과는 많이 달라진다. 붉은 감자로 만든 감자튀김은 크림처럼 부드럽고 가운데는 조직이 치밀해서 러셋(russets) 감자로 만든 보슬보슬한 감자튀김과 완전히 다르다. 전분 함량이 중간치인 유콘 골드(Yukon Gold)로 만든 으깬 감자는 버터 같고, 걸쭉하고, 진해서 러셋 감자로 으깼을 때의 가볍고, 거의 성긴 듯한 느낌과는 꽤 다르다. 러셋 감자가 맛을 흡수하고 결국 다 부서지는 것과는 달리 밀랍 같은 붉은 감자(red potato)는 완전히 익혀도 수프나 스튜에서 비교적 모양을 잘 유지한다.

나는 거의 모든 요리에 러셋 감자를 더 많이 사용하는

데 이유는 다른 품종보다 맛을 더 잘 흡수하기 때문이다. 또, 너무 게을러서 감자를 한 종류 이상 사 두지 않아서이기도 하고. 곁들임 요리로 좀 다른 걸 만들어 보고 싶을 때, 종종 농산물 직판장에서 노란 핑걸링 감자나 크림 같은 붉은 감자를 조금 사기도 하고 맛있는 작은 햇감자를 몇 바구니 사기도 한다. 하지만 나만 그렇고, 다른 사람들은 종류별로 감자를 저장해 둘 수도 있다. 내 아내의 나라 콜롬비아에서 국민 음식인 아히아꼬(ajiaco)는 여러 종류의 감자로 만든 수프이다. 전분이 더 많은 감자는 산산조각이 나면서 국물을 걸쭉하게 만들고 밀랍 같은 성질의 감자는 모양을 그대로 유지해서 여러 식감이 멋지게 섞이게 된다. 이 수프 하나만 고려해도 감자 종류를 더 다양하게 저장해 볼까 생각하기에 충분하다.

아래 도표는 어떤 감자가 어느 요리에 적합한지를 알 수 있는 표이다.

적용	고전분 감자 (러셋, 아이다호(Idaho))	중전분 감자 (유콘 골드, 옐로우 핀(Yellow Finn), 빈치(Bintje), 둥글고 흰 감자)	저전분/점질 감자 (레드 블리스(Red Bliss), 대부분의 핑걸링 감자 종류, 허클베리(Huckleberry))
통 감자 구이	최고, 두껍고 바삭하게 씹히는 껍질과 보슬보슬하고 촉촉한 속.	권하고 싶지 않음. 축축하고 끈적끈적해짐.	권하고 싶지 않음. 속이 아주 끈적끈적함.
조각으로 굽기	아주 좋음. 겉은 바삭하고 가운데는 보슬보슬함.	러셋보다 더 부드럽고 바삭하기는 덜함.	바삭하게 하려면 손이 좀 많이 가지만 제대로 조리하면 감자 맛이 아주 강하며 속이 크림 같이 부드러움.
샐러드	드레싱의 풍미를 최고로 잘 흡수함. 감자가 약간 부서지기도 함.	고전분과 왁스 같은 감자의 중간. 드레싱을 약간 흡수하며 모양을 꽤 잘 유지함.	드레싱을 위에 얹더라도 속까지 드레싱이 스며들지 않아도 되는 단단한 덩어리 감자를 좋아한다면 최고.
으깬 감자	담백하고 포슬포슬한 으깬 감자용으로는 최고.	찰지고 부드러운 으깬 감자용으로 최고.	프랑스식 감자 퓌레(버터와 크림이 반반씩 들어감) 같이 꼭 맞는 용도가 아니라면 권하지 않음.
삶기/찌기	다른 레시피(샐러드, 프라이, 해시)에 넣기 위해 전조리하는 단계가 아니라면 감자가 부서지기 쉽기 때문에 권하지 않음.	버터 맛이 나는 살짝 크림 같이 부드러운 감자용으로 최고.	잘 부서지지 않고 왁스 같고 단단한 질감을 가진 크고 단단한 덩어리 감자용으로 최고.
해시와 팬케이크	바삭한 가장자리와 속이 보슬보슬한 감자용으로 최고.	권하지 않음.	권하지 않음.
수프와 차우더	따로 감자 덩어리가 없이 전분으로 걸쭉한 수프용으로 최고.	권하지 않음.	감자 덩어리가 확실히 보여야 하는 묽은 수프나 차우더에 최고.
감자튀김	겉은 아주 바삭하고 속은 포슬포슬한 감자용으로 최고.	권하지 않음.	권하지 않음.

바로 이것이 궁극의 감자 캐서롤입니다.
THIS IS THE ULTIMATE POTATO CASSEROLE

내가 일어났을 때는 화요일 한밤중으로 달이 아직 밤하늘에 높이 떠 있었다. 나는 고개를 돌려 아내를 흔들어 깨우며 말했다.
"아드리, 아드리, 일어나! 좋은 생각이 떠올랐어, 감자를 까야겠어, 빨리!"

아내는 늘 하던 대로 '내가 제일 좋아하는 잠을 깨우고는 귀찮은 부엌일을 하라는 거야? 당신이나 하고 카우치에서 편히 쉬는 게 어때?'라는 표정을 지어 보이고는 다시 등을 대고는 졸기 시작했다. 가끔 아내를 이해할 수 없다.

그럼에도, 나는 부엌으로 가서는 여러 해 동안 내가 제일 좋아하는 감자 레시피가 될 요리를 처음으로 만들기 시작했다.

생각은 이랬다. 우리 모두 감자 그라탱(gratin)을 좋아하지 않는가? 감자와 크림으로 부드럽게 켜켜이 쌓고 윗부분을 바삭하게 브라우닝시킨 캐서롤. 또, 우리는 헤이즐백(Hasselback) 감자도 좋아한다. 감자 끝까지 얇고 평행한 슬라이스를 내고, 그 사이에 버터와 치즈를 채우고 황금색으로 바삭해질 때까지 구운 멋진 곁들임 요리. 이 두 가지 요리를 하나로 섞어서 멋지게 바삭하고 크림 같이 부드럽고 아삭아삭 부서지고, 치즈 맛이 나는 캐서롤로 만들면 어떨까?

이 요리는 대부분의 감자 그라탱과 똑같이 시작한다.

비싸지 않은 만돌린 채칼이 있다면 식은 죽 먹기이다. 나는 감자의 껍질을 까서도 만들고 까지 않고도 만들어 봤는데 껍질을 깐 감자로 만든 게 더 바삭했다. 껍질을 깐 뒤에는 일반적인 그라탱 만드는 것처럼 하면 된다. 볼에 생크림을 넣고 치즈를(나는 콩테와 파르메산을 사용한다.) 갈아 넣고 타임 잎과 소금, 후추를 넣고 섞은 뒤 감자를 넣고 함께 살살 버무려 준다. 이 단계에서는 시간을 들여 꼼꼼히 감자의 각 슬라이스에 빠짐없이 섞어 놓은 이 혼합물을 잘 묻히는 게 아주 중요하다. 즉, 서로 붙어 있는 슬라이스를 떼어 내고 분리해서 기름진 혼합물에 담그는 것과 같은 과정이라 할 수 있다.

여기에 아주 쉽게 만들 수 있는 방법이 있는데, 전통적인 그라탱에서처럼 감자 슬라이스를 수평으로 쌓지 않고 기름을 바른 캐서롤 용기 속으로 감자의 가장자리를 세우면서 용기의 둘레를 따라 아주 **빽빽**하게 채워 넣는다. 감자는 모양이 다 다르기 때문에 윗면에는 달라붙은 작은 덩어리들이 아주 많이 생기게 된다.

감자가 익으면서 크림은 끓기 시작해서 부글부글거리며 굽는 동안 감자의 윗면 전체에 끼얹어 주는 역할을 해서 감자가 푸석푸석해지지 않도록 해 준다. 뚜껑을 덮지 않고 익히는 단계에서 중간에 치즈를 맨 위에 뿌려주면 완성된 캐서롤에 맛을 더해 준다.

조리의 마지막 단계에서 크림은 마침내 수분을 잃어버리고 분해되면서 유지방을 내놓는다. 그리고 이 유지방은 감자가 계속해서 수분을 잃어버리는 사이 감자를 덮고는 그 속으로 천천히 흡수된다. 크림과 치즈에 있는 유즙단백질은 감자 슬라이스 사이에서 커드 같은 부드러운 작은 주머니를 만들면서 응고된다. 완성된 요리는 눈부시게 아름다울 수밖에 없다. 보세요! 한 번 쳐다보라고요! 씹을 때마다 바삭하지만 촉촉한 윗부분의 감자 산등성이와 그 아래 풍성하고 크림같은 감자의 속살 그리고 전체 요리*를 도드라지게 하는 치즈의 조합!

꼭두새벽에 캐서롤 볼 가장자리의 바삭한 치즈 조각을 긁으며 한때의 영광을 넌지시 암시할 수 있는 흔적을 남기며 아내가 빨리 잠들어서 혼자 다 먹을 수 있도록 한밤중에 이걸 만들기로 한 건 정말 잘한 일이었다.

....

* 나는 더 많은 요리에 치즈를 넣어 맛을 강조해야 한다고 생각한다.

치즈를 넣은 헤이즐백 감자 그라탱 CHEESY HASSELBACK POTATO GRATIN

감자 모양이 다 다르기 때문에, 캐서롤 그릇을 채울 감자 양도 다 다르다. 길면서 가느다란 감자가 짧으면서 둥근 감자보다 그릇에 더 잘 맞는다. 감자를 살 때 모자라면 더 넣을 수 있도록 여분으로 몇 개 더 산다. 감자와 캐서롤 그릇의 모양과 크기에 따라 크림 혼합물이 남을 수도 있다.

8인분

곱게 간 콩테나 그뤼에르 치즈 85g

곱게 간 파르메산 치즈 57g

생크림 2컵(500ml)

중간 크기 마늘 2쪽(곱게 다지기.)

대충 다진 타임 1큰술

코셔 소금과 후춧가루

러셋 감자 1.8~2kg(껍질 벗기고 만돌린 채칼로 0.3cm 두께로 자르기. 중간 크기 7~8개, 위의 설명 참고)

무염 버터 2큰술

1 오븐랙을 오븐 가운데 끼우고 오븐을 200℃로 예열한다. 큰 볼에 치즈를 넣고 섞는다. 섞은 치즈의 ⅛을 다른 볼에 옮기고 한쪽에 둔다. 나머지 치즈에다 크림과 마늘, 타임을 넣고 소금과 후추를 넉넉히 뿌린다. 여기에 썰어 놓은 감자를 넣고 손으로 살살 섞어서 붙어 있는 조각 사이로 크림 혼합물을 묻혀 모든 슬라이스가 떨어지면서 혼합물이 다 묻도록 한다.

2 2ℓ 캐서롤 그릇에 버터를 바른다. 감자 한 움큼을 가지런히 쌓은 뒤 감자의 가장자리가 수직으로 정렬되도록 캐서롤 그릇에 담는다(477쪽 완성 사진 참고). 모든 감자가 다 들어갈 때까지 그릇 가장자리부터 가운데로 감자를 계속 담는다. 감자를 아주 빽빽하게 넣어야 한다. 필요하면 감자를 더 잘라서 크림 혼합물을 바르고 캐서롤에 더 넣는다. 남은 치즈와 크림 혼합물을 캐서롤의 감자 위에 고르게 부어 혼합물이 캐서롤의 옆면에서 중간까지 올라오게 한다. 더 이상은 붓지 않아도 된다.

3 호일로 그릇을 단단히 싸고 오븐에 넣어 30분간 굽는다. 호일을 벗기고 계속 구워서 윗부분이 연하게 황금색이 되도록 약 30분간 더 구워 준다. 오븐에서 조심스럽게 꺼낸 뒤 남은 치즈를 뿌리고 오븐에 다시 넣는다. 윗부분이 진한 황금색이 되고 바삭해질 때까지 약 30분간 더 굽는다. 오븐에서 꺼낸 뒤 몇 분 쯤 레스팅하고 마무리한다.

으깬 감자
MASHED POTATOES

으깬 감자는 특히나 우리 가족에게는 기호가 나눠지는 요리이다.

나는 넉넉한 버터와 생크림, 후추를 듬뿍 넣고(대개 그러하지만 깊은 인상을 주고 싶을 때-) 아마 차이브 같은 걸 좀 더해서 만든, 나의 풍부하고 완벽하게 부드러운 '으깬 감자'를 좋아한다. 접시 어딘가에서 그 녀석과 소스(으깬 감자는 푸딩 같은 농도를 가져야 한다.)는 기울어진 접시를 가로질러 느리게 끼얹어진다. 나는 칠면조 한 조각을 집어서 그레이비소스를 끼얹은 으깬 감자에 대고 묻히는 걸 좋아하는데 그러면 버터 같은 풍성한 맛이 고기 틈 사이로 스며든다. 맛있겠죠? 이 방법 말고 다른 방법으로 먹는 사람도 있는가? 내 누이. 그녀가 바로 다른 방법으로 먹는 사람이다.

피코(Pico)는(네, 누이의 진짜 이름입니다.) 으깬 감자가 보슬보슬하고 걸쭉해서 제 무게로 꼿꼿이 서는 『미지와의 조우(Close Encounters of the Third Kind)』 스타일을 좋아한다. 이런 종류의 으깬 감자는 접시 위에서도 모양을 유지할 수 있다. 버터 한 덩어리가 그 위에서 천천히 녹는 TV 광고로 바꾸고 싶은 그런 종류. 매끄럽지만 담백하고 보슬보슬한 그런 종류를 이야기하는 거다. 그렇다면 똑같은 재료로 시작했는데 어떻게 그렇게 다른 모습이 될 수 있을까?

그건 모두 전분과 관계가 있다.

전분

우리의 목적과 관련해서, 감자는 기본적으로 3가지 다른 물질의 관점에서 생각할 수 있다. 첫째, 모든 생물이 만들어지는 미세한 기포인 세포가 있다. 이들 세포는 자연적인 식물 접착제인 펙틴으로 묶여 있고 세포의 벽에는 전분이 농축되어 있다.

탄수화물 종류인 전분의 분자는 빽빽한 알갱이로 뭉쳐 있다. 감자가 익으면서 펙틴은 분해되고 각각의 세포는 팽창하면서 분리되는데 이때 전분 알갱이를 밖으로 내놓게 된다. 이 전분 알갱이는 작은 풍선처럼 물을 흡수해서 마침내 터지면서 끈적끈적한 전분 분자를 내놓게 된다. 최종적으로 으깬 감자 속으로 내어 놓는 방출된 전분의 농도가 상당부분 감자의 농도를 결정한다.

쉽게 말해서, 담백하고 보슬보슬한 감자를 만들려면 최종 요리에 최대한 전분이 적게 들어가게 해야 한다.

- **감자 종류**(475~476쪽 참고)는 여기에 아주 큰 역할을 한다. 피슬파슬한 러셋 감자의 세포는 아주 쉽게 서로 분리가 될 수 있다. 이 말은 크게 힘들이지 않고도 비교적 매끄러운 농도로 만들 수 있다는 의미이다. 쉽게 만든다는 말은 전분 알갱이가 더 적게 터져서 포슬포슬한 으깬 감자를 만들 수 있다는 의미이다. 왁스 같은 유콘 골드나 레드 블리스는 더 오래 익혀야 하며 세포를 분리하기가 꽤 어렵다. 그래서 좀 더 크림 같은 질감의 으깬 감자가 된다.

- **으깨는 방법**도 최종 결과를 완전히 바꿀 수 있다. 감자를 체(tamis) 또는 라이서(ricer. 삶은 감자 등을 압착하여 작은 구멍으로 국수같이 밀어내는 부엌용 기구 -옮긴이 주), 푸드 밀(food mill)을 통해 조심스럽게 누르면 전분을 분해하기 위해 하는 최소한의 동작으로도 세포가 분리된다. 감자를 푸드프로세서에 넣고 돌리면 전분이 엄청나게 빠져나와서 감자의 농도가 녹인 모차렐라 치즈 농도 정도로 바뀌게 된다(신축성으로 유명한 폼므 알리고(pommes aligot)같은 몇 가지 레시피가 있는데 이런 요리는 감자에 점성이 생기도록 휘핑해 줘야 한다.). 감자를 믹서로 휘핑하면 전분질이 더 강화되지만 여

전히 크림과 같은 질감을 유지한다.

푸드프로세서로 휘핑한 감자는 끈끈해진다.

- **담가 두기 또는 씻어 주기** 감자를 물에 담가 두거나 씻어 주면 전분의 양을 줄일 수 있다. 조리 전에 감자를 작은 조각으로 잘라서 차가운 물 아래에서 씻어 주면 전분이 많이 씻겨 나간다. 하지만 물에 담그면 결점이 있는데 펙틴을 적절히 분해하는 데 필요한 효소도 일부 씻겨 나간다. 그래서 감자를 물에 너무 오래 담가 두거나 담그기 전에 너무 작게 자르면 아무리 오래 끓여도 절대로 부드러워지지 않는다.

이런 사실들을 알게 되었으므로 두 가지 스타일의 으깬 감자를 만드는 최상의 방법을 결정할 수 있을 것이다.

알짜배기

아주 크림 같은 질감의 으깬 감자는 미국식이라기보다는 프랑스식에 더 가깝고 여러분이 근사하게 보이고 싶다면 폼므 퓌레(pommes puree)라고 부르면 된다. 목표는 으깬 감자를 유지방이 아주 많도록 하되 뻑뻑하거나 기름지지 않게 만들어야 한다. 이렇게 만들려면 조리할 때 주의해야 하는데, 감자의 질감이 적당하도록 전분이 충분히 방출돼야 하지만 너무 많이 나와서 끈끈해지면 안 된다. 내가 찾은 가장 좋은 방법은 전분 함량이 중간 정도인 유콘 골드 같은 감자를 이용하는데 케이크 테스터나 페어링 나이프로 찔렀을 때 잘 들어가는 정도로만 삶는 것이다. 처음부터 차가운 물에 넣고 삶으면 더 골고루 익고 펙틴도 조금 더 강하게 만들어 줘서 감자가 물에서 완전히 부서지는 걸 막아 준다.

나는 감자를 퓌레로 만드는 데 몇 가지 방법을 시도해 봤는데, 체에 눌러 거르는 것을 포함해서(손이 많이 간다.) 스탠드 믹서에 바로 던져 버리는 것(절대 부드러워지지 않음)과 푸드프로세서를 이용하는 것까지(진짜진짜 나쁜 생각). 이 중에서 가장 효과가 좋고 쉬운 방법은 감자를 라이서를 이용해 반죽기용 그릇 안으로 으깨어 넣는 것이다. 감자 껍질을 깔 필요도 없다. 이렇게 한 뒤 여기에 녹인 버터와 생크림, 소금과 후추를 넣고 패들(paddle) 부속을 끼우고 고속으로 돌린다. 채식주의자가 먹을 게 아니라면 나는 닭 육수를 조금 넣는 것도 좋아한다. 닭 육수를 넣으면 감칠맛이 아주 많이 난다(비법을 누설하지 말 것!).

이제, 으깬 감자의 두 번째 종류로 가 보자.

충분히 보슬보슬한가?

감자를 가볍고 보슬보슬하게 하려면 약간 까다롭다. 한 가지 분명한 사실은 파슬파슬한 러셋 감자로 시작해야 조금만 찔러도 부서져서 쉽게 전분을 씻어 내는 방식으로 내놓게 된다. 처음에는 간단히 요리 전에 최대한 전분을 씻어 내는 게 비결일 거라고 생각했었다. 감자를 세 묶음으로 나눠 실험을 했다. 첫 번째는 큰 덩어리로 자르고 두 번째는 2.5cm 정도로 깍뚝 썰기를 하고 마지막은 사각 강판의 큰 구멍에 대고 감자를 갈아서 채썼다. 그런 뒤 차가운 물 아래에서 맑은 물이 나올 때까지 세 가지 감자를 헹궜다. 각각의 감자 묶음에서 나온 뿌연 물을 모아서 비교해 본 결과, 강판에 간 감자가 다른 두 감자보다도 훨씬 많은 전분을 내놓았다. 이 행동이 어떻게 완전히 다른 결과를 낳는지 살펴 보자.

강판에 갈아서 헹군 감자를 익히려고 할 때 이상한 현상이 발생했는데, 감자가 부드러워지지를 않는 것이다. 강판에 간 감자를 45분간 완전히 푹 삶았지만 헛수고였다. 라이서로 으깬 후에도 단단한 조각이 여전히 남았다. 이게 도대체 무슨 일인가?

그건 성가신 펙틴과 관계가 있다. 펙틴은 칼슘이온에 노출되면 교차결합을 해서 더 강력하게 접착이 되기 때문에 오래 조리해도 분리가 되지 않는다. 이런 현상이 발생하면 감자 세포는 칼슘이온으로 가득차서 터져 나오기만 기다리고 있게 된다. 결론적으로, 감자를 갈면, 칼슘이 아주 많이 빠져나오게 돼서 펙틴은 더 강화가 되고 절대로 부드러워지지 않는 지점에 이르게 된다. 큰 덩어리나 좀 더 작은 사각으로 자른 나머지 두 묶음의 감자는 둘 다 적당히 보슬보슬하게 으깨졌지만 감자를 더 포슬포슬하게 하려면 익히기 전과 익힌 후 모두 전분을 헹구어 내는 게 비결이라는 걸 알게 됐다. 라이서로 눌러 으깬 뒤 버터 약간과 우유를 고무 주걱으로 천천히 섞어 넣어 기름칠을 하면 내 누이가 좋아하는 스타일의 감자가 만들어진다.

적절한 두 가지 감자 조리법 덕분에 나와 누이는 비틀즈 락 밴드에서 누가 기타를 맡을지와 같은 정말로 중요한 일로 다시 싸울 수 있게 되었다.

극도로 보슬보슬한 으깬 감자

ULTRA-FLUFFY MASHED POTATOES

6~8인분

러셋(베이킹) 감자 1.8kg

우유 2컵(500ml)

무염 버터 12큰술(스틱버터 1½개. 1.3cm 크기로 잘라 실온에 두기.)

코셔 소금과 후춧가루

1. 감자의 껍질을 까서 2.5~5cm 정도로 큼직하게 자른다. 체로 옮긴 뒤 차가운 물 아래서 물이 맑아질 때까지 헹군다.

2. 더치 오븐이나 육수용 냄비에 물 4ℓ를 넣고 센 불에서 끓인다. 감자를 넣고 칼끝으로 찔렀을 때 잘 들어갈 정도로 약 15분간 삶는다.

3. 한쪽에서는 작은 볼에 우유와 버터를 넣고 중간 불에 올리고 가열한다. 가끔 저어 주면서 버터가 녹을 때까지 가열한다.

4. 감자를 체에 올려 물기를 빼고 흐르는 뜨거운 물에다 30초 동안 헹궈서 전분이 씻겨 나가게 한다. 빈 냄비에 라이서나 푸드밀을 올리고 감자를 넣고 으깬다. 우유와 버터를 넣고 고무 주걱으로 부드럽게 섞어 준다. 소금과 후추로 간을 하고 더 저어 준다. 필요하면 다시 가열해서 따뜻하게 해서 먹는다.

유지방이 많고 크림 같은 으깬 감자 RICH AND CREAMY MASHED POTATOES

6~8인분

유콘 골드 감자 1.8kg(문질러 씻기.)
무염 버터 230g(스틱버터 2개, 녹이기.)
생크림 2컵(500ml) 또는 필요한 만큼
홈메이드 또는 저염 닭육수 통조림 1컵(250ml.
선택사항)
코셔 소금과 후춧가루

1 더치 오븐이나 육수용 냄비에 감자를 넣고 찬물을 잠기도록 붓고 센 불에서 끓인다. 그런 뒤 불을 줄이고 뭉근히 끓여 과도가 쉽게 들어갈 정도로 삶는다.

2 흐르는 차가운 물 아래에서 감자의 껍질을 살살 벗긴다. 껍질이 아마 쉽게 벗겨질 것이다. 그런 뒤 큰 볼에 넣는다. 스탠드 믹서용 볼 위에 라이서나 푸드밀을 놓고 감자를 으깬다. 여기에 녹인 버터와 생크림의 반을 넣는다. 패들 부속을 끼우고 저속으로 돌려 크림과 버터가 섞이도록 약 30초 돌려준다. 고속으로 속도를 올리고 매끄럽고 크림처럼 될 때까지 약 1분간 휘핑한다. 생크림을 더 넣고(거나) 닭 육수를 넣어 원하는 농도로 맞춘다. 소금과 후추로 간을 하고 더 저어 준다. 필요하면 다시 가열하고 따뜻하게 차려 낸다.

굉장히 바삭한 감자 구이 SUPER-CRISP ROASTED POTATOES

보기에는 기가 막히게 바삭해 보이는데 먹어 보면 바삭하기는커녕 눅눅한(더 나쁘게는 질긴) 감자를 먹어 본 적이 있는가?

감자를 굽는 일은 대부분의 채소를 굽는 것만큼 그리 쉽지 않다. 감자를 구울 때는, 가령 방울양배추를 구울 때와는 다른 몇 가지 목표가 있다. 우선, 감자가 가운데까지 완전히 익어야 한다. 보송보송하면서도 촉촉해야 한다. 두 번째로는, 겉면이 아주 바삭해야 한다. 감자튀김보다 더 바삭해야 한다. 오븐에 기름을 바른 감자를 살살 섞어 넣으면 감자 표면을 싸면서 종이처럼 얇은 바삭한 층이 만들어지는데 이 층은 속에 있는 수분이 바삭한 껍질에 스며 나오기 때문에 아주 빨리 눅눅해져서 감자 표면이 질겨진다.

그렇다면 '어떻게 해야 바삭하게 구울 수 있을까?' 정답은 바로 감자튀김(914쪽 참고)을 할 때와 아주 비슷하게 감자 겉면에 물기 없는 젤라틴화된 전분 층을 만드는 것이다. 이렇게 하려면 먼저 감자를 미리 조리해서 전분이 부드러워져서 팽창하게 한 뒤 감자를 약간 식혀서 전분이 결정을 다시 만들도록 해야 한다.

감자를 삶은 뒤 감자를 마구 섞고 로스팅하면 표면적이 늘어나면서 더 바삭해진다.

두 번째는 표면적을 늘려야 한다. 울퉁불퉁하고 고르지 않은 표면이 매끈한 표면보다 훨씬 더 바삭해진다. 다행스럽게도, 일석이조의 효과를 여기서 볼 수 있는데, 감자를 로스팅하기 전에 먼저 삶으면 바깥의 전분 층이 적절히 젤라틴화될 수 있으며 또한 굽기 전에, 오일로 감자를 섞을 때도 부드럽기 때문에 겉면에 약간의 흠이 생기게 된다. 이렇게 하면 일종의 감자 오일 반죽이 만들어져서 표면적도 훨씬 늘어나고 거의 튀김 음식의 튀김옷처럼 작용해서 감자가 구워지면서 바삭한 층을 더 만들어 내게 된다.

같은 오븐에서 나란히 굽고 있는 감자를 자세히 보라. 한 묶음은 생감자로 시작하고 다른 건 먼저 삶았고 세 번째는 삶은 뒤 마구 섞어서 표면이 울퉁불퉁해졌다. 차이가 뚜렷하다.

생감자로 바로 구운 것

삶고 구운 것

삶은 뒤 마구 섞은 것

다음 질문은 '어떤 기름을 사용하면 좋을까'이다. 사람들은 맛이 끝내준다면서 종종 감자를 구울 때 오리 기름이 좋다고들 한다. 오리 기름은 독특한 고소함과 향을 가지고 있는데 감자 표면으로 아주 쉽게 흡수된다. 그 외에도 오리 기름은 포화지방이 많으며 발연점이 높아서 튀김이나 구이를 할 때 음식을 바삭하게 하는 데 아주 이상적인 기름이다(일반적으로 포화지방 함량이 높은 기름일수록 음식을 더욱 바삭하게 하는 데 효과적이다.). 오리 기름을 구할 수 없다면? 그렇다면, 로스팅하면서 모은 칠면조나 닭고기 기름을 사용하면 좋다. 베이컨 기름이나 녹인 돼지기름도 동물에서 얻은 지방 종류들이 다 그렇듯 괜찮다.

오리 기름으로 구운 감자

꼭 사용해야 한다면, 엑스트라 버진 올리브오일도 동물성 지방이 만들 수 있는 그런 바삭한 수준은 안 되지만 그래도 아주 훌륭하다.

감자를 기름과 섞고 양념을 잘 하고 나면, 아주 뜨거운 오븐에 넣고 바삭해질 때까지 굽기만 하면 된다. 나는 무거운 베이킹팬에 아무것도 깔지 않고 굽는다(감자가 호일에 달라붙는 경향이 있다.). 핵심은 아랫면을 완전히 바삭하게 구운 뒤 집어 들거나 뒤집어야 한다. 감자가 쉽게 팬에서 떨어지지 않으면, 바삭한 바닥은 팬 바닥에 달라붙고 윗부분은 부서질 위험이 있다. 이런 건 바람직한 상황이 아니다. 이 상황에서의 명심할 점: 감자는 완전히 준비가 다 되지 않으면 팬에서 떨어지려고 하지 않는다. 억지로 떼지 말 것!

4~6인분

러셋(베이킹) 감자 1.4kg(문질러 씻은 뒤 2.5~5cm 크기로 깍뚝 썰기.)

코셔 소금

오리 기름, 베이컨 기름, 혹은 올리브오일 4큰술

후춧가루

타임, 로즈마리, 파슬리와(나) 차이브와 같은 허브 곱게 다져서 준비

1. 오븐랙을 오븐의 중상 또는 중하의 위치에 끼우고 230℃로 예열한다. 감자를 큰 냄비에 넣고 감자 위로 2.5cm 정도 올라오도록 차가운 물을 붓는다. 소금을 넉넉하게 넣고 센 불에서 끓인 뒤 불을 줄이고 감자가 거의 익을 정도로 약 10분간 뭉근히 끓인다(칼이나 케이크 테스터로 찔러 보면 거의 잘 들어갈 것이다.). 건져서 큰 볼에 넣는다.

2. 뜨거운 감자에 기름을 넣고 후추를 넉넉하게 갈아 넣고 잘 섞는다. 그러면 감자는 표면에 기름 반죽으로 얇게 코팅이 된다. 베이킹팬 두 개에다 논스틱 쿠킹 스프레이를 뿌린다(혹은 기름을 얇게 발라 준다.). 감자를 베이킹팬으로 옮기고 바닥이 바삭해질 때까지 굽는다. 굽는 중간중간 팬을 이리저리 옮기면서 약 25분간 굽는다. 딱딱한 금속 주걱으로 베이킹팬에 있는 감자 한 두 개를 쪼개 본다. 쉽게 갈라지지 않으면 갈라질 때까지 3분 정도 더 굽는다.

3. 주걱으로 바닥에 눌어붙은 바삭한 조각을 다 긁어내면서 감자를 뒤집는다. 모든 면이 다 황금색이 되고 바삭해지도록 약 25분간 더 굽는다. 완성 볼에 담고 간을 하고 썰어 놓은 허브를 넣고 버무린다.

살짝만 으깬 바삭한 햇감자 구이
CRISPY SEMI-SMASHED NEW POTATOES

이 요리는 아내가 좋아하는 음식 중 하나인 플랜테인(plantains) 튀김에서 아이디어를 얻었다. 콜롬비아 요리 빠따꼬네스(patacones)를 만들려면 플랜테인을 튀겨서 부드럽게 한 뒤 동그랗게 으깨고 다시 지진다. 플랜테인이 된다면 감자도 되지 않을까?

처음 이 감자요리를 만들었을 때, 아내는 다가오더니 내가 만드는 것을 보고는 '감자로 빠따꼬네스를 만들어? 별난 사람이야.'라고 했다. 당연하게도 아내는 남김없이 싹싹 다 먹었다.

이 감자 요리를 만드는 방법은 바삭하게 구운 감자 요리와 똑같지만 더 쉽고 스토브만 100% 사용해서 만든다. 플랜테인을 튀기는 대신 나는 햇감자(어떤 색이든 품종이든 사용 가능함)를 껍질 채로 완전히 부드러워질 때까지 삶았다. 그러고는 프라이팬으로 감자를 내려쳐서 감자 속이 터져 나오면(더 바삭해진다!) 이것을 뜨거운 기름에 넣고 바삭해질 때까지 브라우닝시키면 되는데 아주 쉽다. 감자튀김만큼 바삭하고 속은 믿을 수 없을 정도로 부드럽고 맛있다.

4~6인분

햇감자 680g(문질러 씻기.)
코셔 소금
식물성 기름이나 카놀라유 혹은 오리 기름 4큰술
차이브나 파슬리 혹은 다른 허브 곱게 다져서 2큰술
추춧가루

1 큰 냄비에 감자를 넣고 차가운 물을 감자 위로 2.5cm 정도 올라오게 붓는다. 소금을 많이 넣는다. 센 불에서 끓인 뒤 불을 줄이고 감자가 다 익을 때까지 약 20분간 뭉근히 끓인다. 감자를 건져서 약간 식힌다.

2 오븐랙을 오븐 가운데에 끼우고 오븐을 120℃로 예열한다. 감자 하나를 도마 위에 놓고 프라이팬 바닥으로 부드럽게 눌러 감자 두께를 1.3cm 정도로 만든다. 도마 위에 으깨진 감자는 주걱으로 긁어내서 큰 접시에 담는다. 남은 감자를 모두 이런 식으로 준비한다.

3 큰 논스틱 프라이팬에 기름을 두르고 중간 불에서 표면이 일렁일 때까지 가열한다. 감자 반을 넣고 팬을 가끔 살짝 흔들어 주면서 바닥면이 황금색이 되고 바삭해질 때까지 약 8분간 지진다. 감자가 탈 것 같으면 불을 줄인다. 감자를 뒤집고 두 번째 면을 약 8분간 갈색으로 익힌다. 베이킹팬으로 감자를 옮겨 남은 감자를 다 튀기는 동안 오븐에 따뜻하게 둔다.

4 감자가 다 조리되면 그릇으로 옮긴다. 허브를 넣고 소금과 후추로 간을 한 뒤 잘 섞고 차려 낸다.

버터와 양파가 든 그을린 해시 브라운 BUTTERY, ONIONY CHARRED HASH BROWNS

나에겐 아일랜드계 친구가 하나 있는데 이 친구는 아주 오랫동안 갈색과 흰색 음식만 먹었다(어떤 타입인지 아시리라 믿어요.). 그러니까, 프라이드치킨이나 스테이크, 치즈버거, 흰 빵, 그릴에 구운 치즈샌드위치, 모든 형태의 감자 등. 그는 이상한 오렌지색 음식의 진가를 깨닫기 위해 점진적으로 발전해 왔으며 최근엔 녹색의 영역으로까지 진출하게 되었다(걸음마 수준). 하지만 여전히 갈색과 흰색 음식은 친구의 영혼을 위로해 주는 음식이다. 이 요리는 이 친구의 갈색 시대의 전성기이던 어느 해 생일에 내가 만들어 준 요리이다. 기본적으로는 스테이크 전문점 스타일의 해시 브라운으로, 삶은 감자를 프라이팬으로 으깨고 여기에 양파를 많이 넣고 튀긴 감자 케이크와 으깬 감자 사이의 혼합이라 할 수 있다. 시작은 일반적인 스테이크 전문점의 해시 브라운과 같지만 감자 덩어리를 한 번만 지지지 않고 전체가 거의 탈 때까지 익힌 뒤 마지막에 크러스트를 잘라서 크러스트 부분이 속으로 들어가도록 접는다. 이런 과정을 두 번 더 반복한다.

그러면 달콤하게 캐러멜화된 양파가 중간중간에 있고 여러 번 반복해서 만들어진 크러스트에서 나오는 진한 브라우닝 맛이 어우러지면서 아주 부드러운 질감의 감자가 만들어진다. 장담하건대, 이제까지 먹어봤던 어떤 감자와도 다른 맛이다(좋은 의미로).

4~6인분

러셋(베이킹) 감자 1.2kg(껍질 벗기고 2.5~5cm 크기로 깍둑 썰기.)

코셔 소금

무염 버터 8큰술(스틱버터 1개, 113g)

올리브오일 2큰술

큰 양파 2개(가늘게 채썰기. 약 3컵, 750ml)

후춧가루

1. 큰 냄비에 감자를 넣고 감자 위로 2.5cm 정도 올라오게 차가운 물을 붓는다. 소금을 넉넉하게 뿌리고 센 불에서 끓인다. 감자가 완전히 익되 부서지지는 않을 정도로 8~10분 정도 삶는다. 케이크 테스터나 포크로 찔러서 잘 들어갈 때까지 삶으면 된다. 감자를 건져서 큰 볼에 넣고 한쪽에 둔다.

2. 30cm(12인치) 크기의 바닥이 두꺼운 논스틱이나 무쇠 프라이팬에 버터 4큰술과 올리브오일을 두르고 중강 세기의 불에서 가열해서 버터를 녹인다. 양파를 넣고 자주 저어 주면서 숨이 죽고 갈색으로 변하기 시작할 때까지 8~10분 정도 볶는다. 집게나 구멍이 난 수저로 양파를 집어서 프라이팬에 기름이 떨어지도록 하면서 감자가 들어 있는 볼로 옮긴다. 감자와 양파를 섞고 소금과 후추로 간을 한다.

3. 프라이팬에 버터 2큰술을 넣고 센 불에서 가열한다. 거품이 가라앉고 버터가 갈색 빛이 돌 때까지 프라이팬을 돌려 준다. 감자 섞어 놓은 걸 프라이팬에 넣고 실리콘 주걱으로 눌러 평평한 케이크를 만든다. 불을 중강 세기로 줄이고 지진다. 팬을 매분마다 부드럽게 흔들어 주면서 바닥이 완전히 브라우닝 되고 거의 탄다 싶은 정도로 약 5분간 지져 준다. 부분별로 주걱으로 감자를 들어 올리고 뒤집으면서 군데군데 자르고 브라우닝된 부분이 속으로 들어가도록 접는다. 그런 뒤 케이크를 프라이팬에 대고 다시 눌러 주고 갈색이 되고 접는 과정을 두 번 이상 반복한다. 그러면 바삭한 감자와 달콤한 양파가 섞인 감자가 완성된다.

4. 감자를 한쪽으로 밀고 남아 있는 버터 2큰술을 넣고 녹인다. 그런 뒤 감자를 버터 위로 움직인 뒤 쫙 펼치면서 눌러 평평하게 만든다. 프라이팬을 매분마다 움직여 달라붙지 않게 하면서 케이크 바닥이 완전히 바삭해지도록 약 5분간 지진다. 불을 끄고 접시를 위에다 거꾸로 덮는다. 조심스럽게 감자를 접시위로 뒤집어서 바삭한 부분이 윗면에 오도록 하고 차려 낸다. 혹은 오븐을 낮게 켜 놓고 차려 낼 때까지 넣어 따뜻하게 둔다.

BALLS, LOAVES, LINKS, BURGERS, AND THE SCIENCE OF GROUND MEAT

5

분쇄육의 과학 – 미트볼과 미트로프, 소시지 링크, 버거

I'M A COOK BY TRADE BUT A GRINDER BY NATURE.

나는 직업은 요리사지만 천성적으로는 분쇄가 맞는 사람이다.

PART 3

분쇄육의 과학 – 미트볼과 미트로프, 소시지 링크, 버거

이 장에 있는 레시피들

기본적인 홈메이드 소시지	**513**
– 마늘 소시지용 조미 양념	**515**
– 매콤달콤한 이탈리아식 소시지용 조미 양념	**515**
– 브라트부르스트(Bratwurst)식 소시지용 조미 양념	**515**
– 멕시코식 초리조용(Chorizo) 조미 양념	**516**
– 메르게즈식(Merguez) 양고기 소시지용 조미 양념	**516**
메이플과 세이지를 넣은 아침식사용 소시지	**517**
렌틸콩을 곁들인 마늘 소시지	**524**
양파와 피망을 곁들인 그릴에 구운 이탈리아식 소시지	**525**
요거트와 민트, 모로코식 샐러드를 곁들인 그릴이나 팬에 구운 메르게즈	**526**
간단히 만드는 그릴에 구운 난 스타일 플랫브레드	**527**
더 쉽게 만드는 그릴에 구운 플랫브레드	**528**

맥주와 머스터드, 사워크라우트를 넣은 그릴이나 팬에 구운 브라트부르스트	**530**
매운 토마토–케이퍼 소스를 곁들인 그릴이나 팬에 구운 멕시코식 초리조	**531**
사워크라우트를 곁들인 그릴이나 팬에 구운 핫도그	**533**
모든 미국인들의 미트로프	**541**
남은 미트로프로 만드는 샌드위치	**545**
진한 토마토소스에 조린 부드러운 이탈리아식 미트볼	**548**
버섯 크림소스에 조린 돼지고기 미트볼	**552**
고전적인 다이너스타일의 눌러서 만든 치즈버거	**562**
프라이 소스	**563**
펍 스타일의 두툼하고 촉촉한 치즈버거	**568**

HAVE YOU EVER NOTICED . . .

혹시
알고 있나요?
___

여러 번, 어떤 한 무리의 일이 첫눈에는 아주 비슷해 보이지만 자세히 관찰해보면 전혀 다르다는 것을.

『스타 트렉(Star Trek)』과 『스타 워즈(Star Wars)』 팬이나 (스타 트렉은 공상과학영화이고 스타워즈는 판타지이다!) 컴퓨터 괴짜와 물리학 괴짜와 같은 것에 대해 이야기하는 것이다(힌트 : 물리학 괴짜는 신발이 더 많이 닳는다.).

그리고 이런 일은 미트로프(meat loaf), 소시지, 햄버거에도 적용된다.

즉, 이 세 가지는 모두 분쇄육에 양념을 하고 조리한 것이다. 이들이 달라야 얼마나 다르겠는가? 하지만, 아주 많이 다르다! 554쪽에서 우리는 햄버거 빵에 모조품으로 작은 패티 모양의 미트로프를 넣고는 그걸 햄버거라고 부르는 것에 대해 이야기할 것이다. 이것은 햄버거가 아니라 미트로프 샌드위치이다.

모두들 이해가 되었을 테니 여기에서 이들 몇 가지에 대해 정의를 내려 보자. 이 정의들은 분쇄육 요리를 지탱하며 장엄한 높이로 들어 올리는 세 개의 큰 기둥이다. 아직 잘 이해하지 못해도 곧 알게 될 테니 걱정할 필요가 없다.

- **햄버거**는 소금이나 양념, 조미료, 혹은 어떤 종류의 첨가물도 넣지 않고 순수하게 소고기만을 갈아서 만든 패티(patty)이다. 햄버거는 여러 방법으로 조리할 수 있지만 핵심은 소금과 후추를 겉면에만 뿌려야 하는데 왜 그런지는 나중에 설명하겠다. 햄버거의 식감은 성글고 부드럽고 촉촉해야 한다.
- **소시지**는 분쇄육이며 소금을 충분히 넣는다(고기 무게의 약 1.5%). 그래서 단백질 미오신(myosin)이 녹아서 생고기 혼합물을 섞을 때 고기를 엉기게 한다. 고기와 소금 혼합물에 향신료나 채소, 허브, 기타 첨가물로 맛을 더할 수는 있지만 핵심은 소금과 고기이다. 소시지의 식감은 탄력이 있고 촉촉해야 하며 끝 맛이 산뜻해야 한다.
- **미트로프(meat loaf), 미트볼(meat ball)**은 분쇄육에 빵가루, 달걀(선택사항), 유제품을 넣고 양념을 해서 만든다. 이렇게 양념을 하는 이유는 고기 단백질의 교차 결합을 막아서 고기를 더 부드럽게 하려는 것이다. 소시지처럼 다른 재료를 여러 가지 더 넣을 수 있다. 식감은 부드럽고 촉촉해야 한다.

그렇다면, 기본적으로 같은 재료들을 가지고 어떻게 서로 다른 세 가지 음식을 만들 수 있을까? 이 장에서는 이 부분에 대해 살펴보겠다.

『더 푸드 랩』이 알려 주는 분쇄육에 관한 모든 것

THE FOOD LAB'S GUIDE TO GRINDING YOUR OWN MEAT

나의 직업은 요리사지만 천성적으로는 가는 일이 잘 맞는다. 자연적으로 잘 결합되어 있는 걸 조심스럽고 세심하게 해체하고 다시 복원해 내는 것보다 더 흥미로운 일은 없다.

집에서 직접 고기를 가는 작업은 아주 독특한 매력으로 만족을 준다. 선홍빛 살에 군데군데 크림 같이 하얀 지방이 섞인 고기가 미트 그라인더에서 다져져 그릇으로 떨어지는 걸 바라보노라면 아주 아름다운 뭔가를 보고 있는 듯하다. 다진 고기는 처음에 집어 들면 따로 다 분리되지만 버거 패티를 만들기 위해 손에 쥐면 뭉쳐지는 촉감이 참 좋다. 그리고 소금이 고기를 끈적이게 해서 촉촉한 소시지나 부드러운 미트로프로 만들 수 있는 것도 참 좋다.

집에서 직접 신선하게 고기를 갈아 본 뒤에 가게에서 갈아서 파는 소고기를 다시 사 쓰는 사람을 나는 본 적이 없다. 한 번 갈아 보면 다시는 사지 않는다. 그렇다면 왜 직접 갈아야 할까? 4가지 이유가 있다.

- **안전하다.** 포장된 간 소고기는 수백의 심지어는 수천 마리의 고기가 섞였을 수 있고 꼭 좋은 고기만 사용했다고 보기도 어렵다. 포장된 분쇄 소고기로 조리를 할 때는 식품 오염 가능성이 높기 때문에 아주 조심해야 한다.
- **맛이 좋다.** 아주 솜씨 좋은 정육점이 주위에 없다면 슈퍼마켓에서 구할 수 있는 고기에 의존할 수밖에 없다. 그러면 맛이 어떨지는 지방의 함량을 아는 것보

다 더 불분명한 일이 된다. 척이니, 뒷다리 부위, 아니면 등심이니 하면서 부위를 표시하는 라벨이 있다 하더라도 자투리 고기들로 만들지 않았다고 보증할 수도 없다. 하지만 집에서 갈면 지방 함량뿐만 아니라 고기 맛도 조절할 수가 있다.

- **식감이 좋다.** 미리 갈아 놓은 고기는 포장재 속에 들어 있어 천천히 눌러지면서 산화가 된다. 그리고 종종 버거용으로 적당한 크기보다 훨씬 더 잘게 갈려 있기도 한다. 고기를 갓 갈아서 쓰면 고기가 신선하면서도 단단하지 않아서 조리 후에도 수분 함유량과 식감 모두가 좋다.
- **멋지다.** 직접 소시지나 버거용 소고기를 가는 사람은 내 책을 본 사람에게는 즉석 점수를 따게 된다. 상남자로 보일 수밖에 없다.

"그럼 어떻게 고기를 갈아야 하나요?"라고 묻지 않고 아직도 "왜 고기를 직접 갈아야 하죠?"라고 묻는다면, 아마 당신은 구제 불능이리라. 나머지 분들은 계속 읽으세요.

미트 그라인더 또는 푸드프로세서 혹은 손으로 다지기?

가정에서 햄버거를 만들 때 분쇄육을 준비하는 방법에는 다음의 다섯 가지가 있다. 각각, 가게에서 미리 갈아 놓은 고기를 사는 방법, 정육점에서 바로 갈아 주는 고기를 사는 방법, 집에서 전용 미트 그라인더나 스탠드 믹서의 부속 기구로 갈거나, 푸드프로세서나 칼로 다져서 만드는 방법이다. 각각의 방법은 장단점이 다 있다. 예를 들어, 가게에서 미리 갈아 놓은 고기를 사면 아주 편리하지만 앞에서 언급한 대로, 맛이나 식감을 거의 조절할 수가 없다. 미트 그라인더가 없다면 푸드프로세서가 훌륭한 결과를 낼 수 있지만 이 방법은 미리 계획을 세워야 한다.

고기를 가는 데 가장 좋은 방법을 찾기 위해 나는 소고기 900g 정도를 가지고 다섯 가지 방법으로 갈았다. 척(chuck, 척은 소의 목과 어깨 주변 근육 부위로 국내에서 사용하는 부위로는 목심, 어깨갈비, 앞갈비, 살치살 등이 해당된다.) 부위를 선택해서, 살코기가 80%인 가게에서 갈아 놓은 분쇄육, 정육점에서 바로 간 분쇄육, 미트 그라인더에 간 분쇄육, 푸드프로세서에 간 분쇄육, 그리고 손으로 잘게 다진 고기. 나는 이들로 소시지, 미트볼과 함께 두 가지 종류로 만든 버거를 밀어 보았다. 그리고 그 결과를 식감과, 맛, 준비 과정의 편리함에 따라 분석했다. 다음 표는 그 결과를 정리한 것이다.

가는 방법	질감	조리 팁/최적용도	사용의 편리함
슈퍼마켓에서 산 미리 갈아 놓은 고기	고기가 촘촘하게 뭉쳐 있다.	비상시에는 할 수 없지만 기억에 남을 만한 버거는 기대하지 말 것. 누른 버거(559쪽 참고)와 같이 치밀한 질감이 그리 큰 결점이 되지 않는 그릴구이나 팬시어링용 얇은 패티에 가장 적합하다. 미리 간 소고기를 살 때는 외부에서 진공포장이 된 것보다는 가게 내에서 갈아서 포장한 고기를 산다. 외부에서 포장이 되어 들어온 고기는 식감도 떨어지고 맛도 일정하지 않을 확률이 높다.	아주 편리함. 포장을 뜯고 바로 사용하면 된다. 하지만 고기가 꽉 눌러져 있기 때문에 적당히 패티 모양을 내기가 더 어렵다.
정육점에서 바로 간 고기	정육점마다 다양할 수 있다. 제일 좋은 방법은 0.6cm 그라인더 스크린(혹은 플레이트)으로 굵게 한 번만 갈아 달라고 요청하는 것이다.	포장된 분쇄육보다는 훨씬 낫다. 특정한 부위를 갈아달라고 요청할 수 있는 이점이 있다. 집으로 오는 동안 고기를 너무 세게 누르지 않도록 조심한다. 최적의 식감을 위해서는 구입 후 곧 사용한다.	괜찮은 정육점이 있다면 미리 갈아 놓은 걸 사는 것만큼이나 편리하다.
전용 미트 그라인더나 스탠드 믹서 부속 기구로 간 고기	갈린 고기 입자 사이가 성글어서 공기를 충분히 머금기 때문에 익힐 때 바삭해지고 육즙을 모으기 충분한 틈이 있다. 골고루 갈려서 소시지용으로는 이상적이다.	전반적으로 가장 좋은 방법이다. 특히 성글게 빚은 팬시어링 패티나 그릴에 굽는 큰 버거용으로 아주 좋다. 이런 패티나 버거는 익혀도 부드럽고 촉촉하다.	미트 그라인더나 부속기구 등이 있으면 아주 편리하다. 기계를 청소하는 게 조금 힘들긴 하지만 식기세척기에 넣으면 대부분 해결된다.
푸드프로세서로 간 고기	다소 균일하지 않아서 큰 덩어리와 곱게 갈린 덩어리들이 섞여 있다.	신형 프로세서 칼날이 아니라면 갈기 전에 고기가 부분적으로 얼어 있다 해도 엉겨 붙는다(508쪽 참고). 미트 그라인더만큼 좋지는 않지만 가게에서 갈아 놓은 소고기를 사는 것보다는 훨씬 낫다.	고기를 얼려야 하는 추가적인 과정이 더 있어서 여러 묶음으로 작업해야 하기 때문에 사용하기 조금 성가실 수 있다. 청소도 또한 번거롭다.
손으로 다진 고기	원하는 대로 굵게도 아주 잘게도 다질 수 있지만 어떻게 하든, 질감이 다양해진다. 이 점은 버거용으로는 좋다. 크러스트가 만들어지기 좋은 작은 고기 조각과 지방도 들어 있지만 큰 조각도 있어서 씹을 때마다 스테이크를 씹는 것 같은 순간도 있어 아주 만족스럽다. 하지만, 소시지에는 적합하지 않다.	시간이 있을 때, 내가 새롭게 사용하는 방법인데, 특히 두꺼운 버거용으로 좋다. 두꺼운 버거는 스테이크 같은 고깃덩어리의 질감 덕분에 완성된 고기의 식감이 아주 좋아진다.	이 과정은 시간이 많이 들고 미트 그라인더나 푸드프로세서보다 적어도 서너 배 느리다는 걸 부인할 수 없다. 긍정적으로 생각한다면 좋은 운동이 되고 청소도 누워서 떡 먹기다.

고기를 갈 때 필요한 기본 팁

어떤 방법으로 고기를 갈든 적용되는 몇 가지 중요한 점이 있다.

- **좋은 고기로 시작한다.** 형편없는 빵으로 맛있는 샌드위치를 만들 수 없듯이, 고기가 좋지 않으면 간 고기도 좋을 수가 없다. 그리고 간 고기가 좋지 않으면 당연한 말이지만 맛있는 버거나 미트로프를 만들 수 없다. 괜찮은 정육점이나 슈퍼마켓에서 소고기 부위를 통째로 사고 지방 함량이나 맛을 최적화하기 위해 부위도 선택한다.

마블링이 풍부하면 버거와 미트볼이 더 촉촉해진다.

- **모든 걸 차갑게 한다.** 고기를 갈 때 무엇보다도 가장 중요한 점이다. 고기가 따뜻하면 다져지지 않고 엉긴다. 지방이 녹아서 물이 나오기 때문에, 조리를 하고 나면 흐물흐물하면서 푸석한 종이 반죽과 비슷한 질감이 된다. 웩! 미트 그라인더와 부품을(혹은 푸드프로세서 용기와 칼날) 적어도 갈기 한 시간 전에 모두 냉동실에 넣어 둔다(나는 미트 그라인더를 냉동실에 보관한다.). 그리고 갈 준비가 다 될 때까지 고기를 적당히 차갑게 한다. 여러 번 갈아야 하는 소시지를 만들 거라면 고기를 가는 중간에도 차갑게 해서 완벽한 질감이 되게 한다. 푸드프로세서를 사용한다면 고기를 갈기 전에 15분 동안 얼린다.

- **고기가 끈적끈적해지지 않도록 살핀다.** 고기가 미트 그라인더에서 나오거나 푸드프로세서 용기에서 돌아갈 때 주의해서 살핀다. 이상적으로는 각각의 구멍에서 고기가 다 분리돼서 나와야 한다. 지방과 고기를 분명히 구별할 수 있어야 한다. 그런데 끈적끈적하게 물기가 많아져서 나오기 시작하거나 금형 표면을 덮기 시작하면 문제가 생긴 것이다. 마찬가지로 푸드프로세서 용기 안에서 끈끈해지거나 지방 덩어리가 칼날 위에서 돈다면 고기가 너무 따뜻해졌다는 뜻이다. 고기를 꺼내고 다시 차갑게 해서 갈아야 한다.

- **칼날을 날카롭게 한다.** 미트 그라인더에서 칼날은 아주 신경을 많이 써야 하는 부품이다. 칼날이 무디면 고기가 끈끈해진다. 다행스럽게도 칼날과 그라인더 스크린은 실제로는 쓰면 쓸수록 더 좋아진다. 금속은 사용할 때마다 미세하게 깎여 나간다. 그래서 칼날과 그라인더 스크린 사이의 접촉이 점점 더 꽉 조여진다. 미트 그라인더를 잘 손질하고 사용을 잘하면 더 이상 부드러울 수 없을 정도가 된다. 칼날이 너무 무뎌졌다면 가끔 다시 간다. 미트 그라인더를 적절히 잘 사용하면 일 년에 한번 정도면 충분하다. 아니면 간단히 교체용 칼날을 몇 개 산다. 일반적으로 몇 달러면 살 수 있다. 같은 방법으로, 푸드프로세서의 칼날도 너무 무디다면 갈아 줘야 한다. 손으로 다진다면 아주아주 날카로운 중식도를 사용한다.

- **모든 걸 깨끗하게 유지한다.** 직접 고기를 가는 이유 중에는 안전한 고기를 먹으려는 목적도 있다. 그렇기 때문에 지저분하거나 비위생적인 환경에서 작업하는 것은 삼가야 한다. 고기를 손질할 때는 깨끗한 도마 위에서 하고 작업하는 동안 손과 칼을 세심하게 씻어서 교차 오염을 피하고 어떤 방법으로 갈든지, 고기를 가는 중에는 다른 일을 함께 하지 않는다. 미트 그라인더로 갈 때, 고기가 말라붙어서 칼날이나 주입관 속에 달라붙기도 한다. 이 상태로 나중에 다시 사용하면 배탈 날 수 있다. 갈 때마다 분쇄기의 모든 부품을 다 분리해서 깨끗이 씻어야 한다.

미트 그라인더(MEAT GRINDER) 구입, 사용, 관리법

미트 그라인더를 사용한다면 그다지 크게 할 일은 없다. 기본적으로 원하는 그라인더 스크린을 미트 그라인더에 끼워 주기만 하면 된다. 그리고 손질한 고기(힘줄과 결합조직은 잘 갈리지 않으므로 꼭 모두 제거해 줘야 한다.)를 주입구에 넣고 미트 그라인더를 켜거나(스탠드 믹서에 있는 부속기구로 갈 경우에는 비교적 빠른 속도로 갈아 주는 게 비결이다. 키친에이드 제품으로는 6~8 정도로 놓고 갈면 가장 좋다.) 수동이면 손잡이를 돌려서 고기를 갈면 된다. 그게 전부다! 미트 그라인더 선택과 사용, 관리법에 대한 기본 지침은 아래와 같다.

부품

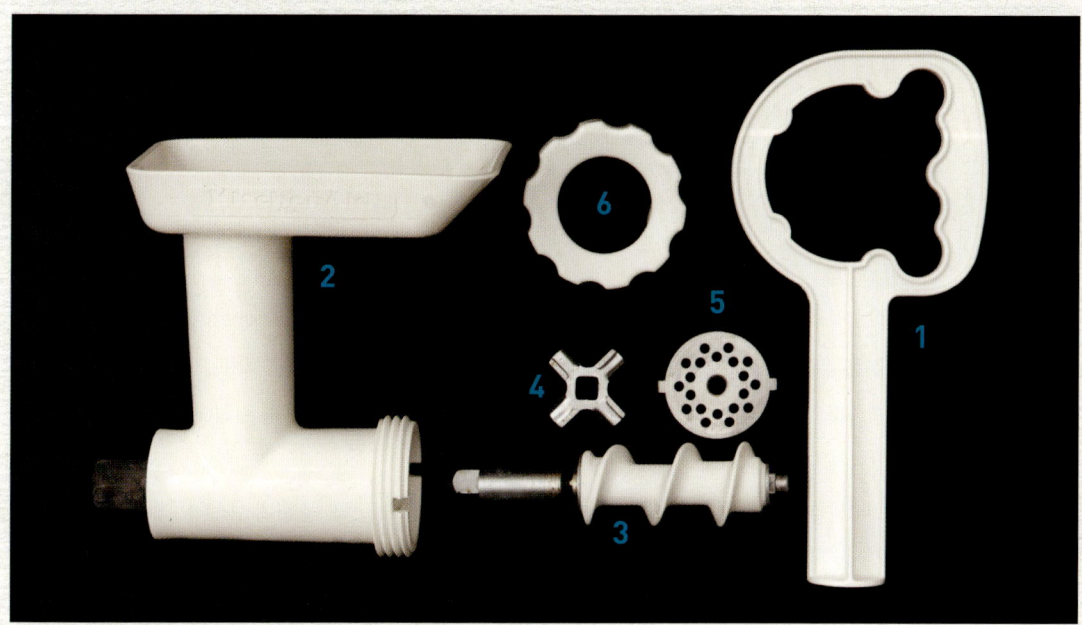

모든 미트 그라인더는 위와 같은 기본 부품들로 구성되어 있다.

- **푸셔(The pusher, 누름봉)(1)와 주입구(The hopper)(2)**는 고깃덩어리를 집어넣는 곳에 있다. 푸셔는 고기를 주입관으로 밀어 넣어 고기가 계속 갈리도록 할 때 사용한다. 일반적으로 주입관 맨 위에는 쟁반이 있어서 고기가 미트 그라인더로 들어가기 전에 올려 둔다. 쟁반이 클수록 많은 양의 고기를 분쇄하기에 편리하다.
- **스크류(The screw) 또는 오거(The auger, 나사송곳)(3)**은 미트 그라인더에서 주 작업을 하는 부품이다. 계속해서 고기를 통로로 밀어서 칼날 쪽으로 보낸다.
- **칼날(The blade)(4)과 그라인더 스크린(The plate)(5)**은 실제 가는 분쇄 작업을 한다. 칼날은 작은 십자형 모양으로 각 가로대에는 날카로운 날이 붙어 있고 이 칼날은 그라인더 스크린(금형 또는 플레이트)에 맞서 회전한다. 그라

인더 스크린은 납작한 금속 조각으로 구멍이 나 있다. 스크류가 고기를 이 구멍으로 밀면 칼날은 고기를 아주 잘게 다진다. 구멍의 크기에 따라 갈아 놓은 고기의 굵기가 달라진다.

- **덮개(The cover)(6)** 는 고기가 갈리는 동안 칼날과 그라인더 스크린이 제자리에 있도록 한다.

기본 부품은 똑같아도 미트 그라인더에는 여러 종류가 있다.

수동 미트 그라인더

수동 미트 그라인더는 가장 저렴하게 집에서 양질의 신선한 고기를 갈 수 있으며 스탠드 믹서가 없는 가정에서 쉽게 선택할 수 있다. 두 가지 중에서 고를 수 있는데, 집에 괜찮은 목조 탁자나 작업대가 있고 갈 일이 많으면 볼트가 장착된 미트 그라인더를 선택하면 된다. 40달러 미만으로, 이런 미트 그라인더는 부품만 적절히 관리해 주면 거의 평생 동안 사용할 수 있다. 좀 더 싼 것으로는 29.95달러짜리가 있는데, 조금 덜 튼튼하긴 하지만 죔쇠가 장착된 미트 그라인더로 편한 탁자에 올려놓고 작업할 수 있다. 하지만 가끔 부품들을 제대로 조립하기가 조금 어렵긴 하다. 그래도 이런 미트 그라인더로도 고기는 잘 갈린다.

스탠드 믹서 부속품

다음 단계 제품은 스탠드 믹서가 있는 사람들이 사용할 수 있는 분쇄기이다. 키친에이드(KitchenAid)나 바이킹(Viking), 쿠진아트(Cuisinart) 같은 유명 상표들은 모두 분쇄용 부속품이 있다. 나는 집에서 키친에이드의 플라스틱 부속품을 사용한다. 고기 분쇄 부속품의 장점은 분쇄기에서 가장 일을 많이 하는 모터에 대해 잘 알고 있어서 고기를 가는 가장 힘든 작업에 잘 활용할 수 있다는 점이다.

보유하고 있는 스탠드 믹서 상표와 같은 부속품을 사는 게 맞지만 모든 상표가 다 괜찮다. 쿠진아트와 바이킹은 모두 금속 부품으로 되어 있어 키친에이드의 플라스틱 모델보다 더 오랫동안 차갑게 유지할 수 있으나 가격이 세 배나 더 비싸다. 스탠드 믹서 부속품은 소시지를 많이 만든다면 아주 좋은 선택이 될 수 있다. 고기를 처음부터 스탠드 믹서 용기로 갈아 넣은 뒤 용기를 스탠드 믹서에 꽂고 바로 패들(Paddle) 부속으로 돌리면 단백질을 활성화시킬 수 있다.

전용 미트 그라인더

고기를 많이 갈지 않는다면 전용 미트 그라인더가 가정에서 크게 필요한지는 모르겠다. 전용 미트 그라인더는 일반적으로 그라인더 스크린이 여러 종류이고 주입관과 스크류 통로가 더 크다. 모터는 가격에 따라 성능이 다르다. 싼 제품은 스탠드 믹서 부속기구와 성능이 비슷하며 더 비싼 제품이라면 갈 일이 아주 많을 때에나 필요하다. 평균 요리사들이 사용하는 것보다 훨씬 고기를 더 많은 양을 가는데도 키친에이드 부속 기구로도 충분하다.

전용 미트 그라인더를 사용할 때 특별히 좋은 점이 있다면 대부분의 전용 미트 그라인더에는 역방향으로 가는 기능이 있어서 특히나 결합조직이 아주 많아서 자꾸 칼날에 걸리는 정말 갈기 힘든 부위를 아주 쉽게 갈 수 있다는 점이다.

미트 그라인더로 고기 가는 방법

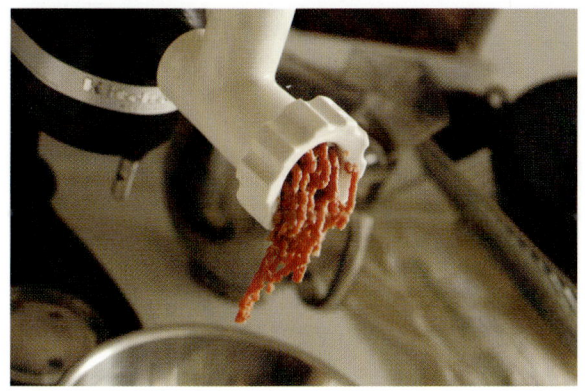

기본 과정은 아래와 같다.

- **미트 그라인더를 차갑게 한다.** 모든 부품을 냉동실에 넣어서 완전히 차갑게 한다.
- **고기를 손질한다.** 전체 부위에서 과도한 힘줄은 조심스럽게 제거해 준다. 어느 정도의 지방은 괜찮지만(바람직하기까지 하다.) 살코기와 지방의 비율이 잘 맞도록 한다. 나는 일반적으로 살코기 80%에 지방을 20% 정도로 하고 용도에 따라 5~10% 안팎으로 가감한다.
- **2.5~5cm로 깍뚝 썰어 차갑게 한다.** 모든 재료를 얼음처럼 차갑게 유지하면 고기의 지방이 단단한 상태가 되어서 쉽게 갈 수가 있다.

- **그라인더 스크린의 사이즈를 큰 것에서 작은 것으로 차례로 사용한다.** 어떤 종류의 소시지이든 아주 잘게 다져야 한다면 중간에 다시 차갑게 해서 고기를 두 번 다진다. 처음에 0.6cm로 한 번 갈고, 두 번째는 더 작은 그라인더 스크린으로 간다. 그래야 고기가 한 덩어리가 되지 않고 골고루 갈려서 마지막 질감이 더 좋은 소시지가 된다.
- **고기가 덩어리지면 바로 멈춘다.** 고기가 깔끔하게 구멍마다 분리가 돼서 나와야 한다. 그런데 단단한 덩어리가 나오거나 고르지 않게 밀려나오거나 하면 힘줄이나 다른 찌꺼기가 칼날에 걸린 것이다. 기계를 멈추고 칼날을 꺼내서 조심스럽게 오물을 제거해 주고 다시 돌린다.
- **마지막까지 깨끗하게 다 나오게 하려면 키친타월을 이용한다.** 고기를 거의 다 넣었다면 마지막 고기 조각이 스스로 그라인더 스크린을 다 통과하기는 어려울 것이다. 이 고기를 밀어서 통과시키기 위해 키친타월을 구겨서 주입관에 넣어 준다. 키친타월은 고기를 밀지만 미트 그라인더를 통과하지는 못한다. 또한 보너스로 키친타월은 지나가면서 주입관도 깨끗이 닦아 준다.

푸드프로세서로 가는 방법

기본 과정은 아래와 같다.

- **프로세서 용기와 칼날을 차갑게 한다.** 용기와 칼날을 적어도 갈기 15분 전에 냉동실에 넣는다.
- **고기를 손질한다.** 조심스럽게 부위 전체에 있는 과도한 힘줄은 제거해 준다. 어느 정도의 지방은 괜찮지만(바람직하기까지 하다.) 살코기와 지방의 비율이 잘 맞도록 한다. 나는 일반적으로 살코기 80%에 지방을 20% 정도로 하고 용도에 따라 5~10% 안팎으로 가감한다.
- **고기를 2.5~5cm 크기로 깍뚝 썰고 부분적으로 고기를 얼린다.** 고기가 거의 얼 정도로 차게 해야 실제로 프로세

서가 가는 데 큰 어려움이 없다. 고기를 깍뚝 썰고 접시에 담아 냉동실에 약 15분 정도 두어 가장자리가 단단해지게 한다.

손으로 고기를 다지는 방법

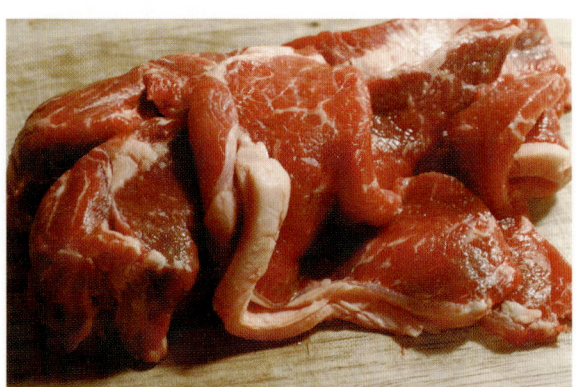

- 푸드프로세서를 준비하고 고기 일부를 넣는다. 너무 많이 넣으면 고기 일부가 칼날 주위를 타고 돌기 때문에 골고루 갈리지 않는다. 10~11컵짜리(2.5~2.75ℓ) 푸드프로세서에 한번에 225g 이상은 갈지 않는다.

기본 과정은 다음과 같다.

- 다지는 데는 순간작동 기능을 사용한다. 그냥 돌리지 말고 빠른 속도로 순간작동 기능으로 돌려 큰 덩어리가 용기 바닥에 가라앉게 한다. 그러면 칼날이 이런 덩어리를 자른다. 원하는 크기로 갈릴 때까지 계속 돌린다. 일반적으로 빠른 순간작동을 10~12회 정도 하면 버거용 굵기가 되고 8~10회 정도 하면 칠리와 스튜용으로 적합하다.
- 용기를 비우고 반복한다. 고기를 다 갈 때까지 이렇게 반복한다.

- 고기를 손질한다. 조심스럽게 부위 전체에서 과도한 힘줄은 제거해 준다. 어느 정도의 지방은 괜찮지만(바람직하기까지 하다.) 살코기와 지방의 비율이 잘 맞도록 한다. 나는 일반적으로 살코기 80%에 지방을 20% 정도로 하고 용도에 따라 5~10% 안팎으로 가감한다.

- 고기를 얇게 저민다. 날카로운 셰프 나이프나 카빙 나이프로 고기를 아주 얇게 저민다. 이렇게 저민 고기를 포개 놓고 길고 가느다란 모양으로 얇게 썬다. 마지막으로 이렇게 썬 고기를 90° 돌려서 작은 조각으로 자른다.
- 중식도를 사용한다. 일단 고기를 작은 조각으로 잘랐다면 중식도를 사용해서 고기를 원하는 질감으로 다진다. 여러분이 해야 할 일 대부분은 중식도의 무게로 할 수 있다.

소시지 = 완성된 고기

소시지의 탄생은 다소 겸손하다. 소시지는 원래 동물의 부위를 더 유용하게 이용하려다 만들게 됐다. 냉장고가 생기기 전, 교통이 편리하지 않고, 통조림 사료가 없던 시절에는 동물을 도축하면 어느 부위도 버리지 않는 게 기본이었다. 사람들은 동물 부위 중 별로 좋아하지 않는 부위를 다져서 소금을 넣고 동물의 다른 부위, 예를 들면, 창자나 위에 쑤셔 넣었는데 신선한 고기를 그냥 보관하는 것보다 더 오래 보존할 수도 있었고 사실 나름대로 꽤 맛도 있었다. 이렇게 해서 소시지가 만들어지게 됐다. 오리 콩피(confit, 주로 오리나 거위 고기를 자체 지방에 절여 만든 프랑스 음식)나, 과일 잼, 소고기 육포 같은 여러 음식에서처럼, 한때는 보존하기 위한 수단으로 꼭 필요한 과정이었던 음식이 오늘날에도 계속 유지되는 걸 보면, 최종 결과물이 맛있다는 이야기이다.

잘 만든 소시지보다 더 소박하면서도 완벽한 음식이 또 있을까? 더 맛있는 고기를 생산하기 위해 상당히 많은 방법이 개발되었지만 소시지 하나로 우리는 대자연을 느낄 수 있다. 적당한 양의 지방, 적당한 양의 나트륨, 적절한 양념, 완벽한 식감이 제대로 어우러진다. 이런 맛을 내는 돼지고기 찹이 얼마나 되겠는가? 그리고 소시지는 시장에서 가장 저렴한 형태의 고기 중 하나이다!

사실, 대부분의 사람들은 가게에서 구입한 소시지나 운이 좋다면 가까운 정육점에서 만든 소시지에 익숙해 있다. 물론 이런 소시지들도 꽤 맛있는 것들이 많다. 심지어는 전국적으로 유통되는 상표의 소시지도 꽤 맛있다. 하지만 소시지를 먹는 진정한 즐거움이란 완전히 자기 입맛에 맞출 수 있다는 데 있다. 달콤하고 매운 이탈리아식 소시지만 먹을 만한가? (내가 이 소시지를 좋아하긴 하지만) 소시지를 만드는 기본 원리를 이해하고 방법을 조절할 수만 있다면 얼마든지 마음대로 개발해 낼 수 있다. 향나무와 계피 맛의 사슴고기를 좋아한다고? 그렇다면 매운 양념이 된 사슴고기 소시지를 만들어 보라. 브로콜리 라베(broccoli rabe, 브로콜리 라브)와 치즈를 넣은 닭고기 소시지? 문제없다. 아니면 마늘과 파슬리를 넣은 돼지고기 소시지는 어떤가? 넵, 그것도 역시 만들 수 있다.

보존 처리 기술

청소년 영화의 한 장면인데, 정말이지 어느 남자아이도 말을 걸고 싶지 않게 부끄럼을 많이 타고 안경을 낀 따분한 소녀가 꽃단장을 하기 시작했다. 안경을 렌즈로 바꾸고 드레스를 입고 변신을 하더니, 갑자기 무도회에서 가장 인기 있는 소녀가 되는 장면이 있었는데 기억하는가? 음, 그런 일은 실제로는 절대로 일어나지 않는다. 하지만 이런 정도의 멋진 변신은 어떨까? 돼지의 질긴 근육질 뒷다리가 부드럽고 풍성하고 달콤한 프로슈토로 바뀌거나 기름지고 흐물흐물한 뱃살이 훈제된 바삭한 베이컨 조각으로 바뀌는 건? 그게 바로 보존 처리 기술이며 요리의 최고봉 중 하나다.

고기에 관해서는 종종 정확히 '보존 처리(cure)'가 무슨 뜻인지 헷갈린다. 보존 처리는 화학적 처리, 훈제, 건조/발효 세 가지 방법 중 하나를 이용해서 고기나 생선을 보존 처리하는 것이다. 바로 이 세 가지 과정을 통해 세계 여러 나라의 보존된 고기에서 맛볼 수 있는 믿을 수 없는 그런 맛이 만들어진다. 프랑스에서는 보존 처리된 고기를 샤퀴트리(charcuterie)로 부른다. 이탈리아에서는 살루미(salumi)라 한다(그건 그렇고, 살라미(salami)는 살루미의 특정 종류이다.). 여러분이 무어라 부르든, 이들은 그다지 먹고 싶어 하지 않는 그런 고기 조각을 최고로 맛있는 음식으로 바꾸는 고기 보존 처리법이다. 이 책에서는 가장 단순한 형태의 보존 처리에 대한 레시피를 담았다. 고기와 소금을 섞어 밤새 두면 그렇게 짧은 시간에도 고기에 생긴 변화에 놀라게 된다. 하지만 보존 처리의 세계는 이 레시피의 범위보다 훨씬 더 넓다. 아래는 보존 처리법의 세계에서 여러분이 알게 될 것들에 대한 간략한 개요이다.

- **화학적인 보존 처리법**에는 소금과 설탕, 질산염과(또는) 아질산염이 들어간다. 이런 화학약품(넵, 소금과 설탕은 화학 약품이다.)을 고농도로 넣어 주는 것이다. 그래서 세균이 성장하기 어려운 환경이 되게 한다. 우리는 소금과 설탕에 대해서는 잘 알고 있다. 다른 두 가지 질산나트륨과 질산칼륨은 모두 소시지가 숙성되면서 아질산염으로 분해되며, 이 아질산염은 특정 유형의 박테리아(주로 보툴리눔(botulinum) 식중독을 일으키는 세균인 클로스트리디움 보툴리눔(clostridium botulinum)의 성장을 막는다. 아질산염은 보존 처리되는 고기가 조리된 후에도 분홍색을 유지하는 데 도움을 주며 맛이 점점 좋아지는 데도 아주 중요한 역할을 한다. 인간의 건강에 미치는 영향에 대해서는 의견이 분분하지만 적정량의 섭취는 괜찮다고 본다. 이 책에 있는 소시지는 건식으로 보존처리를 하지 않기 때문에 어느 레시피에도 질산염이나 아질산염을 넣지 않는다. 요즘, 여러분은 전통적으로 질산염을 넣고 저장 처리가 된 베이컨이나 살라미, 기타 고기가 '무보존 처리' 혹은, '무질산염'으로 표기돼서 나와 있는 것을 볼 수 있을 것이다. 이는 명칭이 약간 부정확한 것으로 이런 고기들은 여전히 소금으로 보존 처리가 되고 또 종종 셀러리 추출물과 같은 자연적인 질산염 공급원을 넣어 보존 처리를 하기도 한다.
- **고기를 장작불로 훈제하는 방법**도 보존에 도움이 된다. 불이 타는 동안 검게 그을려진 나무에서 이산화질소가 만들어져서 방출된다. 이 가스는 고기 표면에 있는 수분과 반응해서 질산을 만들며 질산은 세균의 성장을 억제하는 바로 그 산이다. 연기도 또한 지방의 산화를 막는 화합물을 만든다. 훈제된 돼지고기 삼겹살(베이컨)은 생 삼겹살이나 간단히 화학적으로 보존 처리된 삼겹살보다 훨씬 더 천천히 산패한다. 파스트라미(pastrami, 차게 식힌 훈제 양념 소고기) 같이 크기가 큰 고기는 고기 겉면에서 0.6cm 정도 밖에 들어가지 않는데 반해 육포나 얇은 핫도그처럼 좀

더 얇게 훈제된 고기는 훈제 과정에서 만들어진 질산과 기타 화합물로 속이 가득 차게 된다. 또한, 질산은 조리 시 근육 색소의 파괴를 막는다. 그래서 적절히 훈제된 양지나 갈비 부위에서 밝은 분홍빛 '훈제 링'을 볼 수 있다.

- **건조/발효**는 가장 오래된 형태의 보존 처리법이다. 이 처리법은 거의 화학적인 처리법과 함께 쓰인다. 수분이 있으면 세균이 살 수 있다. 그래서 완전히 혹은 부분적으로 건조된 고기는 생고기보다 훨씬 더 오랫동안 상하지 않는다. 이탈리아식 살라미, 소프레사타와(soppressata), 프랑스식 말린 소시쏭(saucisson) 같은 여러 소시지는 야외에 매달아 말린다. 말리는 동안 유익한 이스트와 세균이 부분적으로 고기를 분해해서 환상적이고 달콤하고 톡 쏘면서 콤콤한 맛을 만들어 낸다. 유럽식 햄과 미국 햄은 달아 놓고 말리는 동안 수분을 아주 많이 잃어버린다. 고기를 얇게 슬라이싱하면 표면적을 늘릴 수 있는데 그러면 내부에 있는 수분이 날아갈 수 있는 면적이 더 넓어진다. 소고기 육포와 아메리카 인디언들의 페미컨(pemmican)은 양념한 살코기와 지방을 가늘고 길게 자른 뒤 말려서 만들었다.

일부 고기는 이런 과정 중에서 한두 가지만 거치며 보존 처리가 된다. 대부분의 소시지는 훈제를 하든 안하든 화학적인 보존 처리 과정을 거친다. 록스(lox)는 연어에 밤새 화학적 처리를 한 뒤, 냉훈연해 훈제 연어를 만든다. 베이컨은 화학적으로 보존 처리한 뒤 훈제를 하고 건조는 아주 최소한으로만 한다. 이탈리아식 판체타(보존 처리된 돼지고기 삼겹살)와 구안치알레(보존 처리된 돼지고기 목살)는 소금과 질산염으로 보존 처리를 하며 훈제는 하지 않고 건조는 아주 최소한으로만 한다. 오스트리아식 슈펙(speck, 오스트리아의 염장 햄)이나 전형적인 미국식 슬림짐(slim jims, 미국식 육포)은 위 세 가지 과정을 모두 거쳐서 아주 오랫동안 상하지 않는다.

만약 직접 훈제를 하거나 건조를 시키거나 이 책에 있는 기본적인 소시지 이상으로 더 복잡한 유화 과정을 거친 소시지를 만들어 보고 싶다면, 이 주제에 관한 마이클 룰먼(Michael Ruhlman)과 브라이언 폴신(Brian Polcyn)의 권위 있는 저서, 『샤퀴트리와 살루미(Charcuterie and Salumi)』를 권한다.

소시지 : 살코기와 지방, 소금

양념은 다 좋지만 소시지를 만드는 데 정말로 필요한 세 가지만 꼽으라 한다면 바로 살코기와 지방과 소금이다.

- **고기**는 살코기 근육 덩어리를 말하며 소시지의 대부분을 차지하기 때문에 사용하는 살코기 종류는 중요하다. 동물이 살아 있는 동안 더 많이 사용한 근육은 더 질기지만 맛은 더 좋다는 일반 법칙을 기억할 것. 그래서 맛과 부드러움 사이에는 반비례 관계가 성립한다. 등심이나 안심 같이 비교적 맛이 밋밋한 부위는 스테이크나 찹, 로스트에는 부드러움 때문에 높이 평가되지만 소시지용으로는 질긴 부위가 더 어울린다. 분쇄 작업을 통해 고기가 아주 부드러워지기 때문에 가장 맛있는 부위를 선택하는 게 좋다. 풍부한 마블링과 결합조직이 있는 돼지의 전지와 목살 부위(척)가 돼지고기 등심이나 안심보다 훨씬 더 좋다. 또한 닭의 넓적다리 살이 닭가슴살보다 더 낫다. 소고기 갈빗살이나 양지가 스트립 스테이크보다 소시지용으로는 더 낫다. 이상적인 소시지용 부위는 우연히도 가장 싼 부위들이다.

- **지방**이 들어가는 걸 걱정할 필요는 없다. 지금껏 유명한 소시지는 모두 어느 정도는 지방을 넉넉히 넣었다. 적어도 소시지 무게의 20% 정도는 지방이었다. 지방은 소시지를 촉촉하게 하고 입안을 가득 감싸는 풍성함을 준다. 고기 맛 대부분은 지방에서 나온다(양고기 기름으로 익힌 소고기 스테이크를 한입 베어 물면, 분명히 양고기 찹을 먹는 줄 알 거다.). 지방을 넣지 않고 소시지를 만드는 건 칵테일 없이 브런치를 먹는 거나 다름없다. 무슨 즐거움이 있겠는가? 지방을 넣는 게 겁나면 소시지를 덜 먹으면 된다. 적당히 기름진 소시지를 한 입 베어 무는 게 퍽퍽한 저지방 소시지를 많이 먹는 것보다 훨씬 더 즐거운 일이다.
- **소금**은 소시지에서 가장 중요한 재료이다. 소시지는 적당량의 소금이 들어가지 않으면 절대로 만들어지지 않는다. 소금(salt)이라는 이름은 라틴어 어원(sal)에서 비롯되었다(그래서, 스페인어로는 salchicha, 이탈리아어로는 salciccia임). 소금이 없으면 소시지는 제대로 엉기지 않으며 산뜻하고 탄력적인 식감 대신 파삭파삭하거나 흐물흐물해지고, 촉촉하면서 맛이 살아나는 대신 푸석하면서 밍밍해진다.

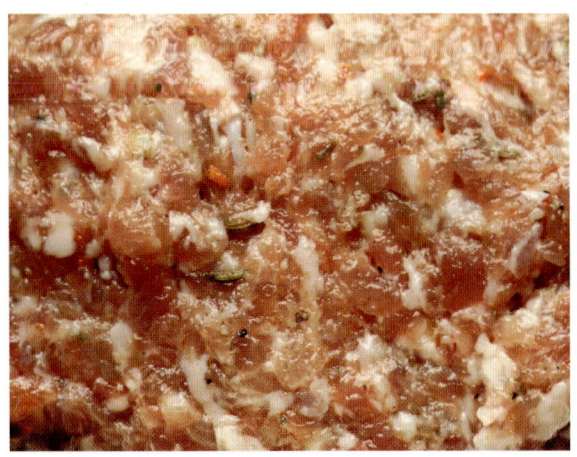

소시지 고기를 제대로 섞으면 윤이 나고 찰기가 있어 보인다.

소시지를 만드는 가장 기본적인 레시피는 다음과 같다. 먼저 2.5~5cm 고기와 지방 덩어리를 4:1 비율로 섞는다(아주 촉촉한 소시지를 만들려면 지방을 30%까지 넣어도 된다.). 그리고 소금을 고기 총 무게의 1~2%로 넣는다. 이를 잘 섞은 다음 냉장고에 하룻밤 재운다. 다음날 미트 그라인더나 푸드프로세서를 차갑게 한 뒤 고기를 간다. 그러고는 손이나 믹서의 패들 부속으로 간 고기를 잘 섞는다. 원하면 케이싱에 채워 넣거나 모양을 내서 바로 조리한다. 그게 전부다. 간단하죠? 그렇다면 소시지가 탄생하는 마법은 어떻게 생겨나는가?

소금 값을 하는 소시지

어머니와 나는 음식에 대해서는 늘 서로 맞지 않는다. 나는 평균적인 사람들보다 더 짜게 먹고 어머니는 소량의 소금도 싫어하신다. 늘 중간쯤으로 서로 절충하지만 어머니가 소금이 적게 들어가면 절대로 좋아하시지 않는 음식이 한 가지 있는데 그게 바로 소시지이다. 소시지에 소금을 넣지 않고 만들어 봤다면 알 것이다. 소시지가 만들어지지 않는다는 걸. 이를 증명하기 위해, 나는 똑같은 어깨살 부위 돼지고기를 두 개로 나누어 갈았다. 첫 번째는 소금을 총 고기 무게의 2%를 넣어 갈았고 냉장고에 8시간 동안 재웠다. 두 번째는 전혀 아무 양념을 하지 않고 그냥 두었다. 이 두 가지를 미트 그라인더에 넣고 갈아서 미트볼로 만들었다. 조리도 하기 전에 둘 사이에는 질감에 있어 아주 큰 차이가 이미 보였다. 소금 간을 한 고기는 서로 꽉 달라붙어서 빡빡한 볼이 된 반면 간을 하지 않은 고기는 부스스하고 심지어 곤죽이 다 되었다.

82℃의 물에 이 미트볼을 넣고 속의 온도가 71℃가 될 때까지 삶은 뒤 반으로 잘랐다. 어떻게 됐을까?

왼쪽의 소금을 넣은 소시지는 서로 잘 결합돼 부드럽고 탄력 있는 질감인데 반해 오른쪽 소금을 넣지 않은 소시지는 많이 익은 버거가 그렇듯이 완전히 부서져 버린다.

나는 조리 전후에 각 소시지의 무게를 기록했다. 소금을 넣은 소시지는 소금을 넣지 않은 소시지가 조리되는 동안 잃어버린 수분량의 단 20%만 잃었다. 우리가 소금물에 절인 고기 수업(368쪽 참고)에서 배운 대로 소금에 절인 고기는 절이지 않은 고기보다 수분 보전력이 훨씬 더 높다. 맛에 있어서도 차이가 확실하다. 밤새 소금에 절인 소시지는 촉촉하고 산뜻한 식감으로 소금을 넣지 않은 푸석푸석한 소시지와 비교했을 때 아주 분명하게 그리고 엄청나게 차이가 난다.

기본 해부학

분쇄육은 그냥 간 고기처럼 보이지만 실제로는 꽤 복잡한 조직으로 되어 있다. 전체적인 모습을 보면, 근섬유는 굵은 전화 케이블 다발과 닮았다. 다발 안에 있는 각 낱개의 선은 육즙으로 가득한 단백질로 된 가닥(원섬유로 알려짐)이다. 고기를 갈듯이 이 케이블 다발을 다지면 더 짧아진 다발 한 묶음이 된다. 더 짧지만 여전히 온전하다. 단백질 가닥은 여전히 속에 꼭 붙어 있다.

소금을 고기에 넣으면 처음에 근육 원섬유에 들어 있던 육즙 일부가 삼투 과정으로 끌려 나온다. 삼투 현상은 용액이 침투할 수 있는 세포막을 통해 저농도 용매에서 고농도 방향으로 움직이는 것이다(번역 : 고기 세포 바깥에 소금이 많고 속에는 많지 않을 때, 세포 내에 있는 물은 바깥과 속에 있는 용매의 농도를 고르게 하려고 밖으로 나온다.). 그러면 소금은 이 육즙에 녹게 되고 소금물이 만들어진다. 고기 단백질 미오신은 부분적으로 소금물에 녹는다.

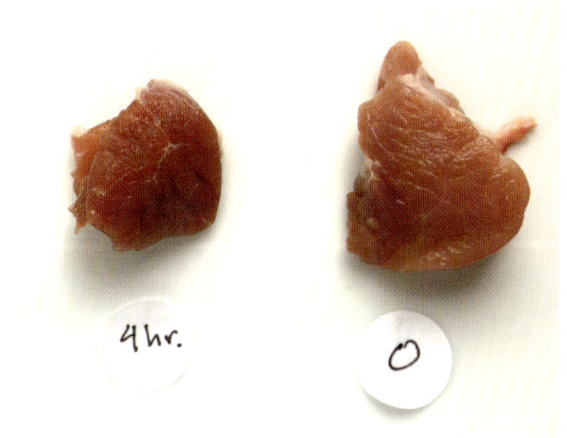

4시간 소금에 절인 고기와 절이기 전 고기

기본적으로 전화선 다발은 점점 느슨해져서 끝부분이 해진다. 소금에 절인 고기 조각을 가만히 두면 이런 현상이 일어나는 걸 볼 수 있다. 단백질이 녹으면서 바깥 쪽은 점점 더 색이 짙어진다. 이렇게 되면 분쇄육을 주무를 때 단백질이 교차결합하기가 훨씬 더 쉬워진다. 소금에 절인 고기와 절이지 않은 고기를 그냥 만져만 봐도 바로 그 차이를 알 수 있는데 소금에 절인 고기는 훨씬 더 끈적끈적하다.

다른 단백질과 뒤에 교차결합을 해서 소시지를 조이고 그 결과 탄성 있는 식감을 만드는 것이 바로 이 녹은 단백질이다. 게다가, 소금물로 단백질 일부가 느슨해지면서 근 섬유는 전보다 훨씬 더 많은 수분을 간직할 수 있게 된다(512쪽 '실험 : 고기와 소금과 시간' 참고).

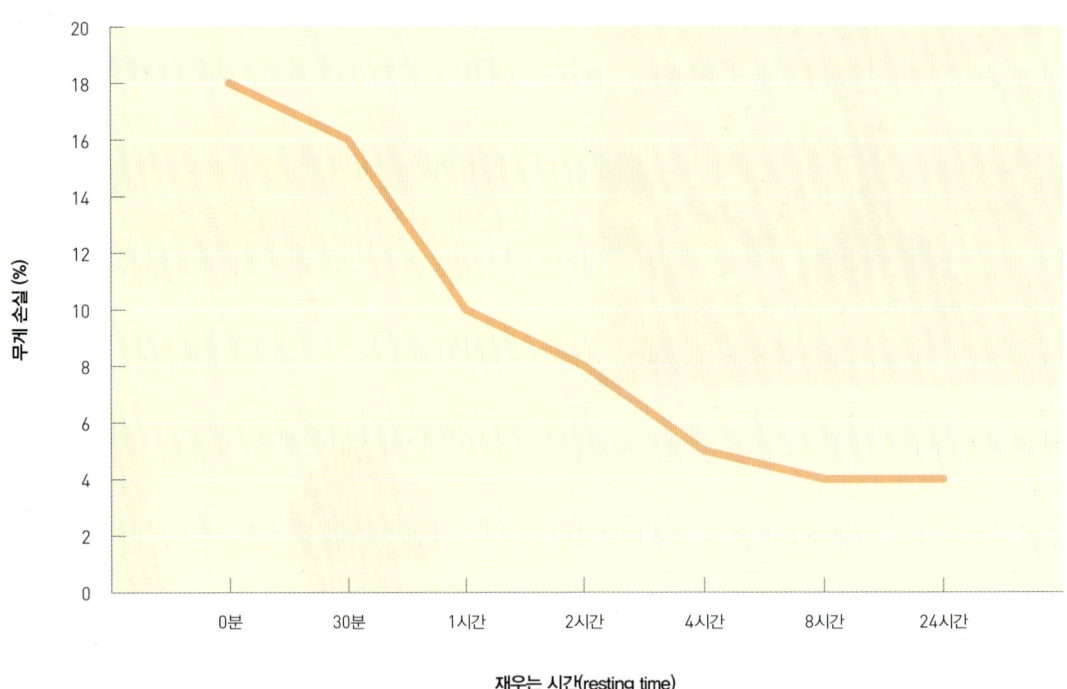

적절한 재우기 시간

시간은 어떤가? 얼마나 재우는가가 중요할까? 실험으로 확인하기 위해, 나는 돼지고기 어깨살 한 덩어리를 여덟 개로 나누었다. 첫 번째는 그냥 두었다. 나머지는 모두 소금에 절였는데 갈기 24시간 전부터 갈기 바로 전까지 간격을 두고 재웠다. 그리고 각기 다른 시간 동안 재워 간 고기를 진공 밀폐한 팩에 넣고 16℃ 물에서 넣고 조리한 뒤 물을 따라 내고 무게를 쟀다.

위의 도표에서 볼 수 있듯이, 고기를 재워 두었다 고기를 갈고 소시지를 만들면 이점이 아주 분명하게 드러난다. 2시간을 재우면 손실되었을 육즙의 반을 구할 수 있고 4시간을 재우면 75%를 구할 수 있다. 꽤 괜찮다. 8시간 이상이면, 최고점까지 0.5~2% 줄어들면서 증가하다가 며칠 재워 두면 최고점인 수분 손실이 3.6% 수준에 이르게 된다.

고기가 엉겨 붙는 걸 조심할 것

미트 그라인더는 소시지용 고기를 갈 때 사용하기 제일 좋은 방법이긴 하지만(푸드프로세서도 괜찮지만) 소금에 절인 고기를 주입구에 넣기란 그리 쉽지가 않다. 고기를 갈기 전에 소시지 제조에서의 가장 중요한 법칙, 바로 모든 재료를 끝까지 차갑게 유지한다는 걸 잊지 말아야 한다. 왜죠? 라고 물어볼 수 있다. 이제 막 보여주려는 사진은 미관상 좋지 않다는 것을 미리 경고한다. 보여드리기가 뭣하지만.

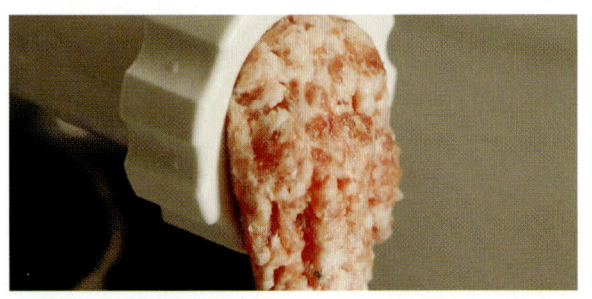

사진은 따뜻한 미트 그라인더에서 분쇄한 소시지 고기이다. 식욕이 당기죠? 지방이 따뜻해지면 부드러워진다는 게 문제이다. 그래서 미트 그라인더로 확실히 잘리지 않아서 따듯한 지방이 끈적끈적해지면서 고기가 흐물흐물한 반죽처럼 된다. 이 고기로 조리를 하면 좋은 지방이 그러하듯 소시지 속에 촉촉한 작은 주머니로 있지 않고 끈적끈적한 지방이 고기에서 빠져나와 넓은 개울처럼 흐르면서 푸석한 살코기만 남기게 된다.

이런 일이 일어나지 않게 하려면 고기와 미트 그라인더 둘 다 차갑게 유지해야 하는 게 아주 중요하다. 나는 소시지용 고기를 냉장고의 가장 차가운 곳에 넣어 둘 수 없을 때에는 고기를 베이킹팬에 펼치고 냉동실에 15분 정도 넣어 두었다 간다.

그리고 지방과 살코기와 양념을 적절히 섞어 주는 것도 똑같이 중요하다. 고기가 잘 다져지면 각각의 작은 고기 조각은 서로 문지를 기회가 많지 않아서 녹은 미오신을 통해 강력한 단백질 결합을 할 기회가 적다. 그래서 고기를 간 후에는 정확히 이 반죽을 공처럼 치대는 과정이 필요하다. 비유가 아주 적절한데, 치대는 목적은 밀가루 단백질이 서로 결합하도록 해서 조직을 더 튼튼하게 하는 것이다. 소시지 고기를 치대는 목적도 고기 단백질이 서로 결합하도록 해서 조직을 더 튼튼하게 하는 것이다. 또한 치대는 과정을 통해 양념이 더 고르게 퍼지기도 한다.

가장 쉽게 치댈 수 있는 방법은 스탠드 믹서의 패들 부속을 이용하는 것이다. 금속 용기에다 넣고 손으로 치대면 훨씬 더 재미있기도 하지만. 어떤 방법으로 하든, 빨리 치대야 한다. 소시지 고기를 적어도 1~2분 안에 느슨하고 바스라지지 않고 끈적끈적하게 되도록 해야 한다. 하지만 너무 따뜻해질 듯하면 냉동실에 몇 분 넣어서 차게 한 다음 치대면 절대로 소시지를 망칠 일이 없다!

양념

가장 간단하게 소시지를 만들려면 돼지고기 어깨살과 소금만 있으면 된다. 하지만 소시지가 좋은 점이라면 단단한 그냥 고기 조각이 아니기 때문에 바로 고기에 양념을 할 수 있다는 것이다. 좋은 식감과 수분을 유지하는 비결이 무엇인지 이제 알기 때문에 원하는 대로 소시지 맛을 낼 수 있다. 심지어 고기도 원하는 종류로 만들 수 있지만 한 가지 주의사항이 있다. 다른 고기를 사용하더라도 돼지고기 지방이 소시지에는 제일 알맞는 것이다. 소고기나 양고기 같은 고포화 지방은 왁스처럼 변해서 차가울 때 입에 넣으면 불쾌한 느낌이 입안을 감싸게 된다. 선택 영역의 다른 끝에 있는 닭이나 오리 지방은 상온에서는 거의 완전히 액체 상태이다. 돼지고기 지방만 유일하게 상온에서 단단하면서도 왁스 같지는 않다. 그리고 돼지고기 지방은 비교적 중성적인 맛이라 여러 소시지에 가장 적당한 지방이 될 수 있다. 나는 가령, 맛있는 양고기 메르게즈(해리사 소스로 맛을 낸 북아프리카 소시지)를 만들 때마다 양고기에다 돼지고기의 등 지방이나 심지어는 기름이 많은 베이컨(베이컨에 든 소금 함량을 생각해서 소금 양을 조절해야 한다.)을 좀 섞기도 한다. 또 해마다 가는 사냥 여행으로 자연스럽게 만들게 되는 사슴고기 소시지도 똑같다.

나는 대개 양념 재료를 소시지 총 무게의 2% 정도로, 아니면 종종 훨씬 더 적게 넣기도 한다. 이 후에, 더 인기가 있는 일부 양념을 여러분이 시도해 볼 수 있도록 또 기본 지침을 알려 주기 위해 많은 레시피를 포함시켰다. 하지만, 여러분의 상상력과 미각에 따라 얼마든지 마음대로 조절할 수 있다. 약간의 실험으로 생각해 본 것을 만들어 본다.

여러분의 부주의로 너무 양념을 많이 해 고기 전체를 망칠까 걱정이 되면 규모를 줄여서 아주 조금만 양념을 해 본다. 그런 뒤에 작은 패티를 프라이팬이나 전자레인지에 굽는다(나는 주로 원래 패티의 ¼ 정도 되는 패티를 전자레인지용 접시에 놓고 약 15초 동안 빠르게 익힌다.). 이렇게 해서 맛을 본 뒤 적절히 양념을 조절해서 전체에 다 간을 한다.

채울 것이냐 말 것이냐

소시지를 채우는 데 시간이 많이 걸린다는 사실은 틀림이 없다. 속을 채워 넣어 소시지를 아주 많이 만들 거라면 대개 적어도 두 시간 정도는 걸린다. 이 두 시간도 여러 해 동안 직업적으로 소시지를 채워 본 숙련된 사람이 할 때 걸리는 시간이다. 완전 초보는 적어도 몇 번은 망쳐서 껍질이 다 터지고 모양도 고르지 않은 소시지를 만들게 되며 제대로 만들기도 전에 옷에 고기 기름칠로 범벅이 되고 만다.

대부분의 미트 그라인더와 부속 기구에는 소시지를 채우도록 설계된 깔때기가 딸려 있다. 이 깔때기는 유사시에는 유용할지도 모르나 사용하기에 무척 골치 아플 수도 있다. 가장 큰 문제는 이 깔때기가 고기를 충분히 힘껏 밀어내지를 못한다는 점이다. 그래서 소시지를 채워 넣는 데 5~10배는 더 오래 걸린다. 그러는 동안 고기는 천천히 데워진다. 나는 소시지를 짤주머니로 채워 넣는다(짤주머니로 채우려면 두 사람이 필요한데, 한 사람은 짤주머니를 짜고 다른 사람은 고기가 나올 때 케이싱 끝을 잡아당기는 것이다.). 하지만 소시지 만들 때는 아주 진지하게 생각한다면 스크류 대신 레버(lever)로 고기를 밀어내는 피스톤이 장착된 충진기(stuffer)가 좋다. 훨씬 더 빠른 시간 안에 기포가 적은 단단한 소시지를 만들 수 있다.

대부분의 괜찮은 정육점에서는 소금에 절인 돼지나 양 창자를 판다. 사용 전에 차가운 물로 창자의 안팎을 씻은 뒤 차가운 물이 든 볼에 넣고 적어도 30분은 담가 둔다. 창자의 한쪽 끝을 벌려서 소시지 충진기 끝에 끼운다. 마지막 15cm 정도는 남겨 둔다. 한쪽 손으로는 충진기 끝에서 창자를 잡으면서 천천히 소시지 고기를 짜낸다. 소시지를 채울 때 케이싱이 꽉 차되 너무 꽉 조이지는 않아야 한다. 너무 꽉 조이면 연결고리를 만드느라 감을 때나 조리 시 창자가 수축하면서 소시지가 터질 수 있다.

고기를 창자로 넣었다면 각 끝을 조리용 실로 묶든지, 매듭을 짓든지 한다. 원하는 길이로 나눠 감아서 각각의 연결고리처럼 만든다. 연결고리 부분이 없어지지 않도록 실로 묶어서 단단히 한다. 이렇게 나눠서 묶은 소시지 부분 부분을 링크(link)라고 한다.

이런 난리 법석이 싫다고요? 꼭 해야 하는 건 아니니 너무 걱정 마세요. 창자로 만들면 소시지의 질감과 씹는 맛이 한층 다양해지고 천연적인 조리 용기도 되므로 아주 멋지다. 하지만 잘 만든 소시지는 자체로도 맛있어서 케이싱 없이 패티 또는 통형으로 빚어도 아주 좋다. 케이싱 없이 소시지를 만들 때는 차가운 물이 든 그릇을 가까이에 두고 손에 물을 축여 가며 만들어야 한다. 젖은 손으로는 훨씬 쉽게 소시지를 만들 수 있다.

기본 소시지 조미 양념을 만드는 몇 가지 레시피를 알려 줄 것이다. 이 책에 있는 레시피 대부분이 미국식이거나 적어도 미국식 기준에 맞춘 것이지만 몇 가지 소시지 레시피는 다른 나라의 것을 실었다. 그 이유는 일단 여러분이 좋은 소시지 만드는 법을 알게 되면 간단한 여러 레시피도 함께 알아 두는 게 유용할 것 같아서이다. 그리고 난 뒤, 소시지를 조리하는 법에 대해 이야기하겠다.

케이싱에 채울 거면, 따로 언급이 없을 때는 모두 돼지 창자를 사용한다.

미터법을 사용한다!

이 책에 있는 대부분의 레시피에는 미국식 표준 단위(즉, 컵, 파운드, 온스)가 사용되고 가끔 미터법(그램과 리터)이 사용되기도 한다. 왜 일관적으로 사용하지 않았을까?

야드–파운드법은 미국에서 많이 사용하며 정확도가 가장 중요한 요소가 아닌 레시피(가령, 즉석 팬 소스를 만든다든지 스크램블드에그를 만들 때)에 잘 들어맞는 반면, 일반적으로 빵을 굽거나 샤퀴트리 같은 레시피에는, 소금이 조금만 더 들어가거나 물이 조금만 더 들어가도 성공과 실패가 바로 갈리기도 한다. 미터법이 우수한 건 바로 이런 경우이다. 왜 더 우수한가? 몇 가지 이유가 있다.

- **더 정확하다.** 간단히 미터법의 무게 기본 단위인 그램(g)이 야드–파운드법의 기본 무게 단위인 온스보다 더 정확하다. 이 말은 적은 양은 저울로 측정하는 것이 더욱 정확하다는 뜻이다.
- **백분율을 계산하기가 더 쉽다.** 만약 무게 당 소금이 1.5% 들어가고 고기 2파운드(907g)가 필요한 소시지 레시피가 있다고 가정해 보자(더 쉽게 하려고 어림수를 골랐다.). 소금을 얼마나 넣어야 할까? 계산이 쉽지 않다. 정말이지 정답인 0.48온스(13.6g)를 계산했다 하더라도 그런 낯선 숫자를 어떻게 잴 것인가? 십진법 계산 체계로는 백분율 계산이 기본적으로 내재되어 있다. 고기가 100g이라고요? 그럼 소금은 1.5g이 된다. 고기가 1,000g일 때는? 소금이 15g이지. 고기가 200g이라고? 그럼 소금이 3g이 되겠군. 얼마나 쉬운가?
- **저울질이 아주 쉽다.** 가끔 빵 반죽을 아주 많이 만들고 싶거나 소시지를 조금 만들고 싶을 때가 있다. 야드–파운드법, 즉, 1파운드(454g)당 16온스(454g)로 계산하는 방법으로는 기본적인 레시피라도 저울로 양을 늘리고 줄여 가며 재기는 쉽지 않다. 하지만 미터법으로는 단위를 늘리고 줄이기가 아주 쉽다. 두 배, 반, 세 배, 무엇이든, 우리가 사용하는 데 익숙한 십진법으로 계산할 수 있다.

* (주) : 앞에서 언급하였듯 이 책은 원서에서 사용한 미국식 표준 단위(컵, 파운드, 온스)를 미터법(센치미터, 미터, 그램, 리터, 밀리리터)으로 변환해 표기하였다.

또한 미국의 계량컵은 250ml로 대개 180~200ml인 우리나라의 계량컵과 단위가 달라 컵 단위에서는 ml 용량도 병기하였다.

또한 단위가 다른 파운드/온스를 g으로 바꾸다 보니 측정이라 계량이 어려운 단위로 나온 수량은 계량하기 쉽게 임의로 수정하였다. 예를 들어 1파운드는 454g이지만 454g은 계량컵이나 저울로 측정하기 어려워 450g 등으로 수정하였다.

실험 : 고기와 소금과 시간

나는 좋은 소시지는 소금 없이는 만들 수 없으며 소금이 마법을 부리려면 시간이 필요하다고 말한 적이 있다. 하지만 내 말을 믿지 않아도 된다. 아래에 방법이 있으니 스스로 실험을 해 보라.

재료

- 뼈 없는 돼지고기 어깨살 450g(2.5cm 크기로 깍뚝 썰기.)
- 코셔 소금
- 미트 그라인더나 푸드프로세서(미트 그라인더 부품이나 프로세서 용기를 차갑게 두기.)

과정

고기 혼합물을 세 등분해서 각각을 지퍼락 비닐 팩에 넣는다. 한 팩에 코셔 소금을 2.8g(약 1작은술)을 넣고 소금이 고루 섞이도록 뒤적인다. 세 가지 팩을 모두 닫고 밤새 냉장고에 넣어 둔다.

다음 날, 소금을 넣지 않은 팩 중 하나에 소금 2.8g을 넣고 섞어 소금이 고기에 골고루 묻게 한다. 바로 세 가지 고기를 모두 차례로 갈고 각각을 따로따로 볼에 넣는다.

각각의 볼에서 고기 28g을 잰 뒤 그것으로 작은 패티를 만든다. 세 패티를 나란히 프라이팬에 넣고 굽는다. 조리 후에 패티 무게를 재서 무게 손실을 적는다. 마지막으로 맛을 보는데, 질감과 맛, 두 가지에 대해 기록한다.

결과

굽기 전에도 하룻밤 소금에 절인 고기는 상당히 끈적끈적해진 걸 알 수 있다. 이는 미오신이 교차 결합을 해서 더 꽉 조인 단백질 그물망을 만들었기 때문이다. 소금은 또한 근섬유를 느슨하게 해서 수분을 더 많이 머금고 있게 하기 때문에 밤새 소금에 절여 둔 고기는 굽기 바로 전에 소금에 절이거나 전혀 소금을 넣지 않은 고기보다 수분이 10~20% 정도 더 많았다.

패티를 나란히 두고 맛을 볼 때 밤새 소금에 절여 둔 고기는 더 탄력 있고 육즙이 많고 아주 맛있다는 걸 알 수 있다. 갈기 바로 전에 소금을 넣은 고기도 맛있지만 좀 더 느슨한 질감이며 조리되는 동안 수분을 더 많이 잃어버렸다. 마지막으로 소금을 넣지 않은 고기는 밍밍하고 흐물흐물하거나 바슬바슬한 질감이며 소시지라기보다는 햄버거에 가까웠다. 소금은 고기의 맛을 좋게 할 뿐 아니라 소시지의 경우에는 근육 단백질을 녹여 식감을 더 좋게 한다. 그리고 근육 단백질이 녹아 교차 결합이 가능하며 그 결과 고기에는 탄력성이 생긴다. 또, 근섬유가 느슨해져서 구울 때 수분을 더 많이 머금을 수 있게 된다.

이 이야기의 교훈 : 소시지용 고기는 적어도 하룻밤은 간을 해 재워 둬야 한다.

기본적인 홈메이드 소시지 BASIC HOMEMADE SAUSAGE

모든 소시지는 다음의 네 가지 기본적인 단계를 거쳐 만들어진다.

1 **소금과 양념하기.** 향신료와 소금을 고기 조각에 넣는다. 506쪽에서 이야기한 대로 소금은 필수이며 고기 총 무게의 1~2% 정도 넣어야 한다.

2 **재우기.** 고기를 소금에 재우면 소금이 고기 단백질 일부를 분해할 시간을 주게 되는데, 이렇게 분해된 고기는 갈아서 섞으면 서로 엉기게 된다. 12~24시간 정도 재우면 적당하다.

3 **갈기.** 양념을 하고 재워 둔 고기를 미트 그라인더로 간다.

4 **치대기.** 소시지 고기를 한데 섞는데, 스탠드 믹서에 패들 부속을 끼워 섞으면 더 좋다. 이 단계는 녹은 단백질이 서로 교차 결합을 하게 도와서 끈적끈적한 그물망(빵 반죽을 치댈 때 글루텐이 생성되는 것과 유사함)을 만들게 한다. 그러면 수분과 지방을 가둬서 소시지에 탄력이 생긴다.

이 소시지는 여러분이 만들 수 있는 가장 쉬운 소시지로 솔직히 좀 단조롭다. 이 소시지는 기본이 되는 소시지로 여기에다 내가 추천하는 양념이나 아니면 여러분의 기호에 따라 다른 양념 등을 더 넣으면 된다. 중요한 요소는 지방과 소금 비율임을 잊지 말 것. 이 비율을 유지하고 주의해서 소금에 절이고, 간 뒤 적절히 치대 주기만 하면 소시지의 식감에 아무런 영향을 주지 않으면서 원하는 양념을 넣을 수 있다.

NOTE • 미리 갈아 놓은 돼지고기로 소시지를 만들려면 소금과 다른 양념을 고기와 섞은 뒤 밀폐된 용기에 넣고 냉장고에서 12~24시간 재운다. 다음 날, 고기를 손으로 5분 정도 주무르거나 스탠드 믹서에 패들 부속을 끼우고 중간 속도로 2분 정도 돌려서 고기가 균일해지고 점착성이 생기도록 한다. 지방 함량을 더 높이고 싶으면 어깨살을 좀 빼고 그만큼 등 지방이나 깍뚝 썬 베이컨을 더 넣어도 된다.

소시지 1kg 분량

돼지고기 어깨살 1kg(지방 함량이 최소 20%는 되는, 대략 2.5cm 정도로 자르기.)

코셔 소금 15g(약 1½큰술)

원하는 양념(레시피 바로 나옴)

1 큰 볼에 고기와 소금, 양념을 넣고 깨끗한 손으로 골고루 섞는다. 그러고는 4ℓ 크기의 지퍼락 팩에 고기를 넣고 냉장고에 넣어 적어도 12시간에서 24시간 재운다.

스탠드 믹서의 부속기구로 갈기

2 분쇄기 부속기구의 스크린, 칼날 등의 부속을 재료쟁반에 올려 냉동실에 적어도 1시간 정도 넣어 둔다. 스탠드 믹서에다 분쇄기를 끼우고 0.6cm 스크린을 끼운다. 중간 속도로 돼지고기를 갈아서 스탠드 믹서 용기에 받는다. 구긴 키친타월을 분쇄기에 넣어 마지막으로 남아 있는 소시지 찌꺼기가 다 나오게 한다. 이번엔 패들 부속기구를 끼우고 소시지 고기를 중약으로 약 2분간 돌려 골고루 섞이고 점성이 생기게 한다. 모양을 만들고 원하는 대로 조리한다.

푸드프로세서로 갈기

2 프로세서의 용기와 칼날을 냉동실에 15분 정도 넣어 둔다. 한 번에 고기를 200g 정도씩 간다. 양념한 돼지고기를 푸드프로세서 용기에 넣고 곱게 다져질 때까지 순간작동 기능으로 약 15회 정도 간다. 그러고는 큰 볼로 고기를 옮긴다. 돼지고기를 다 갈 때까지 반복한다. 깨끗한 손으로 돼지고기가 골고루 섞이고 점성이 생기도록 약 5분 정도 치댄다. 모양을 내고 원하는 대로 조리한다.

3 조리하지 않은 소시지는 냉장고에서 5일까지 보관 가능하다.

마늘 소시지용 조미 양념

이 믹스만으로도 아주 근사한 기본적인 소시지를 만들 수 있지만 나는 특별히 끓인 프랑스식 렌틸콩을 같이 곁들이는 걸 좋아한다.

중간 크기 마늘 3쪽(곱게 다지거나 제스터에 갈기, 약 1큰술)
후춧가루 2작은술

매콤달콤한 이탈리아식 소시지용 조미 양념

고전적인 레드소스(red sauce)에 이탈리아 분위기를 풍기는 매콤달콤한 소시지를 만들기 위한 양념이다. 이 소시지는 브로콜리 라베(706쪽 참고)와 함께 조리하거나 피자 위에 촉촉한 소시지 조각을 뿌리거나 다음 야외 파티에서 소시지를 그릴에 구운 뒤 따끈하고 바삭한 호기롤(hoagie rolls) 안에 피망, 양파와 함께 넣어 차려 내기 좋은 소시지이다.

중간 크기 마늘 2쪽(다지거나 제스터에 갈기, 약 2작은술)
펜넬 씨드 2큰술
말린 오레가노 1작은술
넛멕 파우더(또는 통 넛멕 갈아서) ¼작은술
후춧가루 1작은술
레드 와인 식초 1큰술
레드 페퍼 플레이크 2큰술(매운 소시지용)

브라트부르스트(BRATWURST)식 소시지용 조미 양념

이 양념은 독일의 전통적인 소시지용으로, 이 소시지는 그릴에 구워 사워크라우트(독일식 양배추 김치)와 곁들이거나 시어링한 후 뜨거운 그레이니 머스터드와 함께 곁들여 먹곤 한다.

중간 크기 마늘 3쪽(다지거나 제스터에 갈기, 약 1큰술)
통 넛멕 갈아서 1½작은술
다진 생강 ½작은술
후춧가루 1작은술
사워 크림(sour cream) 또는 크렘프레슈 ½컵(125ml)

멕시코식 초리조(CHORIZO)용 조미 양념

건식 숙성한 스페인 초리조와 달리 멕시코 초리조는 매운 향신료와 식초로 양념한 생소시지이다. 시큼하면서 맵기 때문에 타코 속이나, 나초 위에, 또는 구워서 치즈 딥에 섞어 넣거나 끓인 뒤 얇게 잘라서 콩과 함께 내면 아주 좋다.

중간 크기 마늘 2쪽(곱게 다지거나 제스터에 갈기. 약 2작은술)
레드 와인 식초 3큰술
파프리카 1큰술
카옌 페퍼 파우더 ½작은술
계핏가루 ¼작은술
클로브 파우더(정향 가루) ¼작은술
커민 파우더 1작은술
말린 오레가노 1작은술
후춧가루 ½작은술

메르게즈(MERGUEZ)식 양고기 소시지용 조미 양념

메르게즈는 전통적으로 양고기로 만드는 북아프리카 소시지이다. 양고기를 사용하려면 손질한 양고기 어깨살 710g에다 돼지고기 지방(삼겹살이나 등 지방) 200g을 섞는다. 해리사는 북아프리카의 매콤한 소스로 특산품 식료품점이나 온라인에서 구할 수 있다. 나는 DEA 상표를 사용하는데 더 식물성이고 다른 것만큼 그렇게 맵지 않다. 메르게즈는 전통적으로 가느다란 양 창자에 채워 넣지만 그냥 자유롭게 모양을 낸 소시지로도 아주 좋다.

NOTE • 수맥(Sumac, 슈맥, 옻나무)은 아프리카와 북아메리카가 원산지인 꽃식물의 열매를 말려서 간 것이다. 시큼한 레몬 맛이 난다.

케이싱에 넣지 않고 그릴에 굽고 있는
자유로운 모양의 메르게즈

중간 크기 마늘 3쪽(다지거나 제스터에 갈기. 약 1큰술)
해리사 소스 3~4큰술(얼마나 맵게 먹느냐에 따라 필요하면 더 준비.)
말린 오레가노 1작은술 혹은 간 오레가노 1큰술
펜넬 씨드 2작은술
수맥 1큰술(선택사항, 위의 note 참고)
후춧가루 1작은술

메이플과 세이지를 넣은 아침식사용 소시지 MAPLE-SAGE BREAKFAST SAUSAGE

이것은 고전적인 아침식사용 소시지로 메이플시럽과 세이지, 그리고 두 가지 페퍼를 섞어 달콤하고 감칠맛이 난다. '지미 딘(Jimmy Dean)'이란 상표를 이제 다시 입에 올릴 필요가 없을 것이다. 아침식사에 먹는 샌드위치의 패티로, 달걀을 찍어 먹을 수 있는 길쭉한 모양의 소시지, 또는 비스킷 위에 듬뿍 발라 먹을 수 있게 화이트 그레이비에 부숴서 넣는 것으로 아주 훌륭하다. 아침식사용 소시지는 양창자에 채워 넣거나 손으로 빚을 수 있다. 소시지에 베이컨을 넣으면 달콤한 훈제 맛이 나며 또 베이컨은 이미 보존 처리가 됐기 때문에 완성된 소시지에 점성이 더 많아지게 된다.

NOTE • 이 레시피도 미리 갈아 놓은 돼지고기로 만들어도 된다. 돼지고기를 900g으로 늘리고 소금을 9g(약 2¾작은술) 넣고, 베이컨은 생략한다. 모든 재료를 섞고 냉장고에서 최소 1시간 또는 하룻밤 재워 두면 더욱 좋다.

1kg 분량

돼지고기 어깨살 680g(손질한 뒤 2.5cm 크기로 깍둑 썰기. 위의 note 참고)

슬랩 베이컨 320g(2.5cm 크기로 깍둑 썰기.)

코셔 소금 15g(1½큰술)

중간 크기 마늘 2쪽(곱게 다지거나 제스터에 갈기. 약 2작은술)

메이플시럽 2큰술

레드 페퍼 플레이크 1작은술

다진 세이지 2작은술

말린 마저럼 ½작은술

후춧가루 1작은술

양 창자(선택사항)

1 큰 볼에 고기와 소금, 마늘, 시럽과 양념을 넣고 깨끗한 손으로 섞는다. 4ℓ 크기의 지퍼락 팩에 고기를 넣고 냉장고에 적어도 12시간에서 24시간 정도 재운다.

스탠드 믹서 부속기구로 갈기

2 부속기구의 모든 부품을 적어도 1시간 전에 냉동실에 넣는다. 부속기구를 스탠드 믹서에 꽂고 0.6cm 스크린을 꽂는다. 중간 속도로 돼지고기를 갈고 스탠드 믹서용 그릇에 받는다. 키친타월을 구긴 후 주입구에 넣어서 남은 소시지 찌꺼기가 다 빠져 나오게 한다. 이번에는 패들 부속을 끼우고 간 고기를 중약으로 약 2분간 돌려서 골고루 섞이고 점성이 생기도록 한다. 모양을 내고 원하는 대로 조리한다.

푸드프로세서로 갈기

2 프로세서 용기와 칼날을 냉동실에 15분간 넣어 둔다. 한 번에 200g씩 가는데 우선 양념한 돼지고기를 푸드프로세서 용기에 넣는다. 그러고는 약 15회 정도 짧게 순간작동 기능을 돌려서 고기를 곱게 다진다. 큰 용기에 넣고, 돼지고기를 다 갈 때까지 앞의 과정을 반복한다. 깨끗한 손으로 돼지고기가 골고루 섞이고 점성이 생기도록 약 5분간 치댄다. 모양을 내고 원하는 대로 조리한다.

3 익히지 않은 소시지는 냉장고에서 5일 동안 보관 가능하다.

소시지 조리하기
COOKING SAUSAGES

여러분이 적어도 두어 번 정도 주말 동안 야외에서 조리해 먹는 파티를 해 봤을 거라고 생각한다. 주최자가 그릴에 75% 라이터 연료로 아주 크게 불을 지피고 다 탈 때까지 간신히 기다렸다가 브라트부르스트 소시지를 몇 개 그릴에 올린다. 그러고는 더 중요한 일인 맥주를 차갑게 하는 데 신경을 쓰느라 소시지는 가끔씩 들여다보면서 큰 포크로 닥치는 대로 이리저리 뒤집는다. 까맣게 말라버린 고기를 그릴에서 떼어 낼 때쯤이면 그나마 위로가 되는 것은 맥주를 마신 덕분에 감각이 많이 무뎌져서 적어도 머스터드와 케첩을 많이 뿌리면 그럭저럭 고기를 삼킬 수 있겠구나하고 생각하게 된다.

좋아요, 조금은 과장을 했겠지만 사람들은 소시지는 굽기가 덜 까다롭고 예를 들어, 스테이크보다는 너무 많이 익을 염려가 적다고 생각하는 듯하다. 그리고 어느 정도는 사실이기도 하다. 소금으로 염장 처리가 되었기 때문에 소시지는 기본적으로는 소금에 절여 나온다. 특정 온도로 조리할 경우 같은 온도에서 조리된 절이지 않은 고기보다 육즙을 더 많이 가지고 있다. 하지만 그렇다고 아무렇게나 조리해도 된다는 의미는 아니다. 소시지를 조리하는 방법은 소시지가 케이싱에 들어 있느냐 손으로 모양을 만들었느냐에 달려 있다.

실내에서 소시지 조리하기

소시지 조리는 스테이크나 칠면조를 통째로 조리하는 것과 똑같다. 즉, 부드럽게 조리하는 게 가장 좋다. 속을 천천히 65℃로 올려야 한다. 실내에서는 뚜껑이 있는 마른 프라이팬을 약한 불 위에 올리거나 오븐에 넣어 천천히 익힐 수 있다. 하지만 누구나 조리할 수 있는 가장 쉬운 방법을 알려 주겠다.

차가운 물이 가득 담긴 팬이나 냄비에 소시지를 넣고 중간 불 위에 올린다. 물이 거의 끓을 때쯤 불을 끈다. 소시지의 속 온도가 60~65℃로 올라갈 때까지 삶는다. 물론, 소시지를 물에서 꼭 조리할 필요는 없다. 사워크라우트나 매운 토마토소스처럼 맛있는 소스나 다른 곁들임 음식이랑 같이 내려고 한다면 이런 소스에 바로 넣어서 끓이면 맛이 훨씬 더 좋아진다.

이때, 소시지를 그냥 먹어도 정말 맛있지만 대개는 겉면이 갈색이 돌게 멋지게 익히면 더 좋다. 실내에서 조리한다면 뜨거운 프라이팬에 버터를 녹이거나 기름을 부어서 구우면 된다. 뜨겁게 익은 소시지를 넣고 두 면이 갈색이 되도록 기름에서 튀기듯 익히면 된다. 몇 분이면 끝나는데 그동안 소시지 속의 온도는 70℃까지 올라가서 안팎이 완벽하게 익게 된다.

그릴에서 소시지 조리하기

이 방법은 그릴로 어떻게 옮기느냐가 관건이다. 몇 가지 방법이 있다. 가장 간단한 방법은 목탄을 모두 그릴의 반쪽 아래에만 쌓고 불을 피워 나머지 반쪽은 간접적으로 열을 받을 수 있도록 두 구역으로 나눠서 피우는 것이다(혹은 버너 반은 꺼 둔다.). 온도가 낮은 그릴 쪽에 소시지를 올리고, 그릴 뚜껑을 닫고 소시지가

60~65℃가 될 때까지 굽는다. 소시지를 그릴의 뜨거운 쪽으로 옮기고 마지막 몇 분 동안 갈색 빛이 돌게 익힌다.

이보다 훨씬 더 좋지만 약간 복잡한 방법이 있는데, 바로 알루미늄 호일 용기에 수분이 있는 맛있는 재료, 가령, 사워크라우트와 그 국물을 붓거나 맥주 한 컵과 얇게 저민 양파와 사과를 좀 넣고 소시지를 그 안에 넣고 그릴의 뜨거운 쪽에 올려 놓고 조리하는 방법이다. 안에 든 재료들이 끓으면서 김이 나고 소시지는 천천히 익게 된다.

소시지 온도가 60~65℃가 되면 호일 용기를 그릴의 온도가 낮은 쪽으로 밀고 소시지를 바로 목탄 위에서 시어링한다. 그러고는 호일 안에 넣어 차려 낼 때까지 따뜻하게 둔다. 그릴에서 천천히 익히는 방법이 빨리 센 불에서 익히는 것보다 더 좋다면, 그릴에서 호일 용기로 조리하는 이 방법은 고온의 그릴에서 조리할 때와 비교해 수분 손실이 50%나 줄어들기 때문에 이들보다 훨씬 더 좋다.

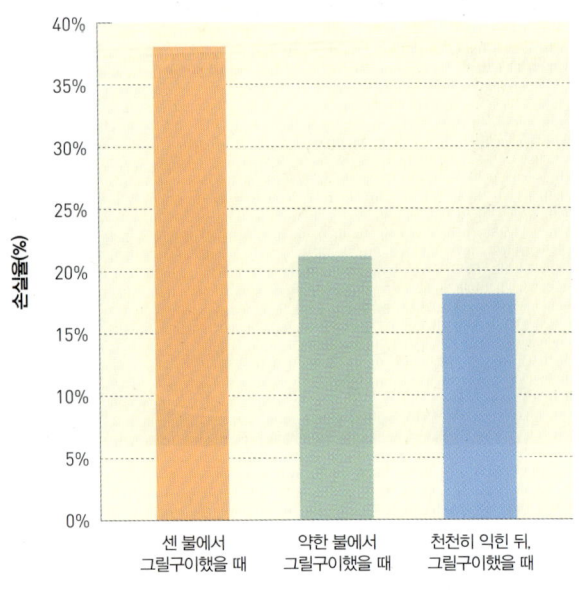

구이 온도에 따른 수분 손실

다른 육류와 마찬가지로, 잘랐을 때 육즙이 빠져나가지 않도록, 조리 후에 소시지를 레스팅하는 것이 중요하다. 제대로 잘 조리하면 그릴에 구운 소시지는 육즙이 많아 가장자리부터 가운데까지 아주 촉촉하고 골고루 잘 익게 된다. 겉면엔 알맞게 갈색 빛이 돌고 가장자리를 따라 연한 분홍색 훈제 링이 만들어진다.

케이싱 없는 소시지(Free-form sausages) 조리하기

케이싱에 넣지 않은 소시지는 재미는 없지만 케이싱에 넣어 길쭉하게 성형한 소시지보다 요리하기가 훨씬 더 쉽다. 그냥 얇은 패티나 가느다란 원통형으로 만들면 된다. 그리고 고르게 익히기도 그리 어렵지 않다. 패티 형태나 가느다란 원통형 소시지는 햄버거처럼 조리할 수 있으며, 곤죽이 되는 것을 피하기 위해 내부 온도가 71℃가 되어야 한다는 점을 명심해야 한다. 소시지는 거의 늘 지방 함량이 높기 때문에 그릴에서 조리하는 동안 불꽃이 확 피어오르지 않도록 조심해야 한다. 불꽃이 붙으면 사그라질 때까지 소시지를 다른 곳으로 옮기는 게 제일 좋다. 그릴 뚜껑을 덮는 방법도 산소가 부족해져서 불꽃이 잦아들기 때문에 역시 좋다.

케이싱에 넣지 않은 굵은 원통형 소시지를 조리할 때는, 살짝 끓는 물에 넣어서 데친다. 그러고는 버터나 기름을 넣은 뜨거운 프라이팬이나 그릴에서 케이싱에 든 소시지와 똑같이 조리한다.

소시지를 그릴에 구울 때 피해야 할 상황

소시지를 그릴에 구울 때, 다음 상황이 생기지 않도록 주의해야 한다.

1. 케이싱이 터진다. THE CHEST-BURSTER

타서 케이싱이 터지면 그을음 맛이 나며 육즙이 그릴에 흘러나온다.

상태 : 위의 사진은 소시지를 아주 센 불에 올렸을 때 일어나는 현상이다. 다른 고기처럼, 소시지도 익으면서 익는 온도에 비례해 수축한다. 소시지를 고온에 올려 조리하면 케이싱과 바깥층은 아주 빠르게 뜨거워져서 상당히 수축하게 된다. 그러나 가운데에 있는 생고기는 전혀 수축하지 않는다.

그래서 다음 단계에서는 믿을 수 없겠지만 헐크에게서 일어날 법한 그런 일이 벌어진다. 하지만, 헐크가 자신의 옷보다 더 빨리 커지는 것과는 반대로 옷이 오히려 몸이 커질수록 반비례하면서 줄어든다고 생각해 보자. 케이싱과 겉면엔 금이 가면서 터지게 된다. 액화된 지방과 육즙이 속에서 빠져나와 불로 떨어진다. 그래서 불꽃이 확 솟아오르고 소시지 전체에 숯 그을음을 남긴다. 결국 매캐한 맛이 나고 속은 퍽퍽하고 육즙이 적은 소시지가 되고 만다.

2. 하나에 두 가지 THE TWO-FER

덜 익어서 먹을 수 없는 속과 타서 갈라진 겉면. 동시에 너무 많이 익은 곳도 있고 덜 익은 곳도 있고. 잘못된 조리.

상태 : 고온에서 조리한 또 다른 소시지. 이번에는 미리 잘 알고 소시지를 알맞게 뜨거운 그릴에 올렸다. 하지만 이번에도 너무 빨리 조리가 되면서 속이 적당한 온도에 이르기 전에 겉면이 너무 많이 익게 됐다.

3. 사랑받지 못하는 할머니 THE UNLOVED GRANDMOTHER

자, 이번엔 완전 반대의 극한으로 갔는데, 소시지를 그릴에서 온도가 낮은 쪽에서만 구웠다. 약간 갈색이 되었고 터진 데도 전혀 없다. 센 불로부터 멀리 두고 구웠기 때문에 포동포동하고 육즙도 많아 보이지만 잠깐 사이에, 소시지는 공기가 빠지면서 슬픈 풍선처럼 쭈글쭈글해지면서 마른 껍데기처럼 되고 만다.

상태 : 약한 불로 구워서 겉면에 상당한 양의 브라우닝이 생길 때쯤이면 속은 이미 너무 많이 익게 된다. 증기로 넓어진 근육 조직 때문에 소시지가 뜨거울 동안은 포동포동해 보이지만 그릴에서 꺼내고 약간만 식으면 쭈글쭈글해진다.

렌틸콩을 곁들인 마늘 소시지
GARLIC SAUSAGE WITH LENTILS

이 소시지는 안팎을 완벽하게 익히려고 끓인 다음 굽는 방법으로 조리했다.

4~6인분

무염 버터 4큰술
중간 크기 양파 1개(곱게 다지기. 약 1컵, 250ml)
작은 당근 1개(껍질 벗긴 뒤 작게 깍둑 썰기. 약 ½컵, 125ml)
중간 크기 마늘 2쪽(다지거나 제스터에 갈기. 약 2작은술)
프랑스 푸이 렌틸콩(French Puy lentils) 230g (약 1컵, 250ml)
홈메이드 또는 저염 닭 육수 통조림 2컵(500ml)
코셔 소금과 후춧가루
마늘 소시지(515쪽. 케이싱에 넣어서(6~8링크) 혹은 시판중인 소시지 약 900g)
다진 파슬리 ¼컵(60ml)
엑스트라 버진 올리브오일 2큰술
레드 와인 식초 1큰술

1. 큰 냄비에 버터 3큰술을 넣고 중강 불에 올려 녹인다. 양파와 당근을 넣고 자주 저어 주면서 숨이 죽되 갈색이 나지는 않게 약 4분 정도 볶아 준다. 여기에 마늘을 넣고 약 30초 정도 저어 향이 나게 한다. 렌틸콩과 닭 육수를 넣고 한소끔 끓인 뒤 불을 약하게 줄이고 뚜껑을 덮고 졸인다. 가끔씩 저어 주면서 렌틸콩이 완전히 부드러워지도록 약 45분 정도 졸여 준다. 뚜껑을 벗기고 소금과 후추로 간을 한다. 계속 약한 불 위에서 따뜻하게 유지하면서 가끔씩 저어 남은 수분이 증발하도록 한다.

2. 한편, 소시지를 30cm(12인치) 프라이팬에 넣고 잠길 만큼 물을 붓는다. 고온에서 가열하다가 거의 끓을 때쯤 뚜껑을 덮고 불을 끈다. 식품 온도계로 가장 두꺼운 부분을 찔러 소시지 속의 온도가 60~63℃가 될 때까지 약 10분 정도 삶는다.

3. 소시지를 건져 내서 한쪽에 둔다. 프라이팬을 중강 불 위에 올리고 남은 버터를 넣고 거품이 가라앉고 갈색 빛이 돌기 시작될 때까지 가열한다. 불을 중간 세기로 줄이고 소시지를 넣고 집게로 가끔 저어 주면서 굽는다. 두 면이 다 갈색 빛이 잘 돌도록 약 5분 정도 구워 준다. 도마로 옮기고 호일로 싸서 10분 정도 레스팅한다. 이때쯤 렌틸콩도 준비가 된다.

4. 파슬리, 올리브오일, 식초를 렌틸콩에 섞어 넣고 고명으로 조금만 남겨 둔다. 원하면 소시지를 비스듬하게 자르고 렌틸콩 위에 소시지를 얹고 남은 파슬리와 올리브오일, 식초를 뿌린다.

양파와 피망을 곁들인 그릴에 구운 이탈리아식 소시지
GRILLED ITALIAN SAUSAGE WITH ONIONS AND PEPPERS

이 방법은 그릴에 소시지를 굽는 가장 쉬운 방법이다. 간접적으로 열을 쏘여서 다 익힌 뒤 불 위에 바로 올려 겉면의 색을 낸다.

4~6인분

매콤달콤한 이탈리아식 소시지(515쪽. 케이싱에 넣거나)(6~8링크) 시판 중인 소시지 약 900g)
큰 양파 2개(1.3cm 두께 원형으로 자르기.)
피망 3개(색깔 섞어서, 4등분하고 심과 씨는 제거.)
올리브오일 2큰술
코셔소금과 후춧가루
바삭하고 긴 샌드위치용 빵(호기롤) 4~6개
나무 꼬치

1. 목탄을 연통에 가득 넣고 불을 붙인다. 목탄이 회색재로 덮이면 쏟아내서 그릴의 한쪽에 평평히 쌓는다. 조리용 석쇠를 제자리에 끼운다. 가스 그릴을 사용하면 버너 한쪽은 고온으로 가열하고 나머지 쪽은 꺼 둔다. 석쇠를 깨끗하게 긁어낸다.

2. 소시지를 그릴에서 온도가 낮은 쪽에 올리고 뚜껑을 덮고 익힌다. 식품온도계로 가장 두꺼운 부분을 찔러 속의 온도가 60~63℃가 될 때까지 약 15분 정도 굽는다. 그릴 뚜껑을 열고 소시지를 그릴의 뜨거운 쪽으로 옮긴다. 집게로 이따금씩 뒤집으면서 모든 면이 다 갈색이 되도록 약 2분 정도 구워 준다. 도마나 큰 접시로 옮기고 호일로 싼 뒤 10분 정도 레스팅한다.

3. 한쪽에선, 양파를 가로 방향으로 나무 꼬치에 끼워 동그란 링 모양을 유지하게 한다. 피망도 꼬치에 끼운다. 양파와 피망에 올리브오일을 바르고 소금과 후추로 간을 한다. 그릴의 뜨거운 쪽에 올리고 가끔 뒤집으면서 부드러워질 때까지 약 10분 정도 굽는다. 도마로 옮기고 꼬치는 뺀다.

4. 둥근 양파를 반으로 자르고 피망은 길고 가늘게 채썬다. 그런 뒤 함께 섞는다. 그러면서 그릴에 샌드위치용 빵을 올려 살짝 그을리도록 약 3분 정도 구워 준다.

5. 소시지를 빵에 넣고 양파와 피망도 함께 넣고 차려 낸다.

요거트와 민트, 모로코식 샐러드를 곁들인 그릴이나 팬에 구운 메르게즈
GRILLED OR PAN-ROASTED MERGUEZ WITH YOGURT, MINT, AND MOROCCAN SALAD

메르게즈 소시지는 가늘기 때문에, 미리 살짝 익히지 않고 뜨거운 그릴의 불 위나 뜨거운 프라이팬에서 바로 조리해도 된다.

NOTE • 케이싱 없는 벌크 소시지를 가지고도 이 레시피대로 만들 수 있다. 나무나 금속 꼬챙이 주위로 고기를 붙여 실린더 모양으로 빚는다.

4~6인분

큰 토마토 1개(1.3cm 크기로 깍뚝 썰기.)

큰 오이 1개(껍질을 벗기고 길이로 반으로 자른 뒤, 씨를 빼고 1.3cm 크기로 깍뚝 썰기.)

작은 적양파 1개(가늘게 채썰기.)

코셔 소금과 후춧가루

지방을 제거하지 않은 요거트 1컵(250ml, 가급적이면 그릭요거트)

레몬 즙 1큰술(레몬 1개분)

다진 민트 ¼컵(60ml)

메르게즈식 양고기 소시지(516쪽. 케이싱에 넣어서(12~16링크), 혹은 시판 중인 소시지 약 900g)

식물성 기름 1큰술(팬로스팅용)

피타 브레드 또는 그릴에 구운 난(527~528쪽)

1. 중간 크기 볼에 토마토, 오이, 양파를 넣고 섞는다. 소금과 후추로 간을 한 뒤 상온에 45분 정도 재워 둔다.

2. 한쪽에선 작은 볼에 요거트와 레몬 즙, 민트를 넣고 섞는다. 소금과 후추로 간을 한 뒤 사용할 때까지 냉장고에 넣어 둔다.

그릴에서 굽기

3. 목탄을 연통 가득 넣고 불을 붙인다. 목탄이 회색재로 덮이면 쏟아 내서 그릴의 한쪽에 평평히 쌓는다. 조리용 석쇠를 제자리에 꽂는다. 그릴 뚜껑을 덮고 5분 동안 예열하거나 가스 그릴을 사용하면 고온으로 가열한다. 그릴의 석쇠를 깨끗하게 긁어낸다. 소시지를 바로 그릴의 뜨거운 쪽에 올리고 굽는다. 가끔 집게로 뒤집어 주면서 식품 온도계로 가장 두꺼운 부분을 찔러 속의 온도가 65℃가 될 때까지 약 8분 정도 굽는다. 도마로 옮긴 뒤 호일로 싸고 5분 정도 레스팅한다.

4. 피타 브레드를 사용하면 그릴에 한쪽 당 20초 정도씩 굽는다. 접시에 쌓아 놓고 깨끗한 행주로 덮어 놓는다.

스토브에서 굽기

3. 큰 논스틱이나 무쇠 프라이팬에 기름을 넣고 중간 불에 올려 기름 표면이 반짝일 때까지 가열한다. 소시지를 넣고 집게로 가끔씩 뒤집으면서 식품 온도계로 가장 두꺼운 부분을 찔러 속의 온도가 65℃가 될 때까지 약 8분 정도 굽는다. 도마로 옮긴 뒤 호일로 싸고 5분 정도 레스팅한다.

4. 피타 브레드를 사용하면, 키친타월로 프라이팬을 깨끗이 닦아 내고 중간 불에 올려 가열한다. 피타 브레드를 넣고 따뜻해지도록 한쪽 당 약 20초 정도씩 굽는다. 접시에 쌓아 놓고 깨끗한 행주로 덮어 놓는다.

5. 토마토 샐러드의 물기를 빼고 소시지를 따뜻한 빵, 토마토 샐러드, 요거트 소스와 함께 차려 낸다.

간단히 만드는 그릴에 구운 난 스타일 플랫브레드
EASY GRILLED NAAN-STYLE FLATBREAD

이스트로 부풀린 빵처럼 이 빵도 제대로 부풀려면 시간이 좀 필요하다. 그러나 실제 조리 과정은 정말 간단하다. 이보다 더 간단하게 만들고 싶으면 효모로 베이킹파우더를 사용하는 더 쉽게 만드는 그릴에 구운 플랫브레드(528쪽)를 보면 된다.

12개 분량

반죽용

강력분 600g(4컵)

인스턴트 이스트 혹은 래피드-라이즈 이스트 7g(약 2작은술)

코셔 소금 12g(2½작은술)

설탕 24g(5작은술)

요거트 또는 우유 360g(390ml, 지방을 제거하지 않은 것, 필요에 따라 가감)

무염 버터 8큰술(113g, 녹이기.)

반죽하기

1. 스탠드 믹서 용기에 밀가루와 이스트, 소금, 설탕을 넣고 섞는다. 요거트를 넣고 스탠드 믹서를 저속으로 저어서 반죽이 부드러운 공처럼 되도록 한다. 반죽의 정도는 용기 바닥에 약간 달라붙는 정도여야 한다(필요하면 요거트나 우유를 조금 더 넣는다.). 약간 탄성이 생길 때까지 약 5분간 계속 반죽한다. 그러고는 비닐 랩으로 꼭 싸서 상온에서 대략 부피가 두 배가 되도록 약 2시간 정도 부풀린다.

2. 작업대 위에 밀가루를 뿌리고 반죽을 놓는다. 스크레이퍼(scraper)나 칼로 반죽을 고르게 12조각으로 나눈다. 각 조각을 굴려서 공 모양으로 만든 뒤 작업대에 밀가루를 뿌리고 그 위에다 놓는다(각 조각끼리 몇 cm 정도 간격을 두고 놓는다.). 밀가루가 묻은 천으로 덮는다(아니면 각각의 공 모양 반죽을 0.5ℓ 크기의 뚜껑이 있는 용기에 넣어도 된다.). 상온에서 부피가 두 배가 되도록 약 2시간 정도 부풀린다.

그릴에서 굽기

3 목탄을 연통 가득 넣고 불을 붙인다. 목탄이 회색재로 덮이면 쏟아 내서 그릴의 한쪽에 평평히 깐다. 조리용 석쇠를 제자리에 꽂고 그릴 뚜껑을 덮고 5분 동안 예열하거나 가스 그릴을 사용하면 고온으로 가열한다.

4 한 번에 반죽 하나씩 만드는데, 손으로 혹은 밀대로 반죽을 늘려서 대략 길이가 25cm에 너비가 15cm 정도 되는 직사각형으로 만든다. 두세 개를 늘린 뒤 그릴 위에 올린다(앞의 목탄 위). 뒤적이지 말고 윗부분에 기포가 생기고 바닥이 군데군데 타서 연한 황금색이 될 때까지 30초에서 1분 정도 굽는다. 큰 뒤집개나 피자 주걱, 집게 등으로 뒤집고 두 번째 면이 타면서 황금색이 되도록 30초에서 1분 더 굽는다. 그릴에서 꺼내서 바로 녹인 버터를 바른다. 큰 접시로 옮기고 나머지를 다 굽는 동안 계속 위로 쌓으면서 깨끗한 행주로 덮어 둔다.

스토브에서 굽기

3 큰 그릴 팬을 중강 불에 올리고 약 10분간 가열한다.

4 손으로 혹은 밀대로 공 모양 반죽을 늘려서 대략 25×15cm 되는 직사각형 모양으로 만든다. 그릴 팬에 넣고 뒤적이지 않고 윗부분에 기포가 생기고 바닥이 그릴 자국을 내면서 타고 나머지 부위는 연한 갈색이 될 때까지 1분에서 1분 30초 정도 굽는다. 금속 뒤집개나 집게로 조심스럽게 뒤집고 두 번째 면이 타면서 길색이 되도록 1분에서 1분 30초 더 굽는다. 팬에서 꺼내서 바로 녹인 버터를 바른다. 큰 접시로 옮기고 나머지를 밀어서 다 구울 때까지 계속 위로 쌓으면서 깨끗한 행주로 덮어 둔다.

더 쉽게 만드는 그릴에 구운 플랫브레드 EVEN EASIER GRILLED FLATBREAD

이 플랫브레드는 그릴이나 스토브에서 시작부터 끝까지 약 30분이면 완성된다.

12개 분량

반죽용

강력분 600g(약 4컵, 1l)

베이킹파우더 10g(1큰술)

코셔 소금 12g(2½작은술)

설탕 24g(5작은술)

요거트 또는 우유 360g(390ml, 지방을 제거하지 않은 것, 필요에 따라 가감)

무염 버터 8큰술(113g, 녹이기)

반죽하기

1. 스탠드 믹서 용기에 밀가루와 베이킹파우더, 소금, 설탕을 넣고 섞는다. 요거트를 넣고 스탠드 믹서를 저속으로 저어서 반죽이 부드러운 공처럼 되도록 한다. 반죽하는 동안 용기 바닥에 약간 달라붙는 정도여야 한다(필요하면 요거트나 우유를 조금 더 넣는다.). 약간 탄성이 생길 때까지 약 5분간 계속 반죽한다.
2. 작업대 위에 밀가루를 뿌리고 반죽을 놓는다. 스크레이퍼나 칼로 반죽을 고르게 12조각으로 나눈다. 각 조각을 굴려서 공 모양으로 만든 뒤 깨끗한 키친타월이나 비닐랩으로 덮어 둔다.

그릴에서 굽기

3. 목탄을 연통 가득 넣고 불을 붙인다. 목탄이 회색재로 덮이면 쏟아 내서 그릴의 한쪽에 평평하게 깐다. 조리용 석쇠를 제자리에 꽂고 그릴 뚜껑을 덮고 5분 동안 예열하거나 가스 그릴을 사용하면 고온으로 가열한다. 그릴 석쇠를 깨끗이 긁어낸다.
4. 한 번에 반죽 하나씩 만드는데, 반죽을 늘려서 대략 길이가 25cm에 너비가 15cm 정도 되는 직사각형으로 만든다. 두세 개를 늘린 뒤 그릴 위에 올린다(위의 목탄 위). 뒤적이지 않고 바닥이 군데군데 타서 연한 황금색이 될 때까지 30초에서 1분 정도 굽는다. 큰 뒤집개나 피자 주걱, 집게 등으로 뒤집고 두 번째 면이 타면서 황금색이 되도록 더 굽는다. 그릴에서 꺼내서 바로 녹인 버터를 바른다. 큰 접시로 옮기고 나머지를 다 구울 때까지 계속 위로 쌓으면서 깨끗한 행주로 덮어 둔다.

스토브에서 굽기

3. 큰 그릴 팬을 중강 불에 올리고 약 10분간 가열한다.
4. 한편, 한 번에 반죽 한 개씩, 공 모양 반죽을 늘려서 대략 25×15cm 되는 직사각형 모양으로 만든다. 그릴 팬에 넣고 뒤적이지 않고 윗부분에 기포가 생기고 바닥이 그릴 자국을 내면서 타고 나머지 부위는 연한 갈색이 될 때까지 1분에서 1분 30초 정도 굽는다. 금속 뒤집개나 집게로 조심스럽게 뒤집고 두 번째 면이 타면서 갈색이 되도록 1분에서 1분 30초 더 굽는다. 팬에서 꺼내서 바로 녹인 버터를 바른다. 큰 접시로 옮기고 나머지를 밀어서 다 구울 때까지 계속 위로 쌓으면서 깨끗한 행주로 덮어 둔다.

맥주와 머스터드, 사워크라우트를 넣은 그릴이나 팬에 구운 브라트부르스트
GRILLED OR PAN-ROASTED BRATWURST WITH BEER, MUSTARD, AND SAUERKRAUT

두 가지 방법 모두 소시지와 맥주의 맛이 서로 섞이고 결합하면서 아주 근사한 소시지를 만들어 낸다.

4~6인분

사워크라우트 450g(국물도 필요.)

타임 몇 줄기

라거 종류 맥주 ½컵(125ml)

브라트부르스트식(515쪽) 소시지 900g(케이싱에 든 것(6~8링크), 혹은 시판 중인 브라트부르스트 소시지 900g

매운 홀그레인 머스터드(whole-grain mustard)

식물성 기름 1큰술(스토브에서 조리 시)

바삭하고 긴 샌드위치용 빵(호기 롤, 굽기.)

그릴에서 조리하기

1 목탄을 연통 가득 넣고 불을 붙인다. 목탄이 회색재로 덮이면 쏟아 내서 그릴의 한쪽에 평평히 쌓는다. 그릴을 사용하면 한쪽 버너는 고온으로 가열하고 다른 쪽은 꺼둔다. 석쇠를 깨끗하게 긁어낸다.

2 사워크라우트와 타임, 맥주를 일회용 알루미늄 호일 팬에 붓고 소시지를 그 안에 넣는다. 호일 팬을 그릴의 뜨거운 쪽에 올리고 약 4분 정도 끓을 때까지 둔다. 그릴에서 온도가 낮은 쪽으로 밀고 뚜껑의 통풍구를 소시지 위에 위치하게 하고 그릴 뚜껑을 덮는다. 통풍구를 모두 열고 굽는데 중간에 한 번 뒤집고 식품 온도계로 가장 두꺼운 부분을 찔러 속의 온도가 60~63℃가 될 때까지 약 15분 정도 굽는다.

3 뚜껑을 열고 집게로 소시지를 호일 팬에서 꺼내서 그릴의 뜨거운 쪽으로 옮긴다. 가끔 뒤집으면서 갈색으로 변하며 바삭해지도록 총 3분 정도 구워 준다. 호일 팬에 다시 넣고 뚜껑을 덮지 않고 약 10분 정도 둔 뒤 구운 빵과 함께 차려 낸다.

스토브에서 조리하기

1 30cm(12인치) 소테팬에 사워크라우트와 타임, 맥주를 넣고 잘 섞어 준다. 소시지를 여기에 넣고 중간 불에서 끓인다. 한소끔 끓으면 불을 최대한 낮추고 뚜껑을 덮고 조린다. 가끔 소시지를 뒤집어 주면서 식품 온도계로 가장 두꺼운 부분을 찔러 속의 온도가 60~63℃가 될 때까지 약 12분 정도 조린다. 소시지를 팬에서 꺼내고 사워크라우트 섞은 것은 따뜻하게 유지한다.

2 큰 논스틱이나 무쇠 프라이팬에 기름을 두르고 중강 불에서 기름 표면이 반짝일 때까지 가열한다. 소시지를 넣고 굽는다. 가끔 뒤집어 주기도 하면서 모든 면에 갈색빛이 돌도록 약 5분 정도 구워 준다. 다시 따뜻한 사워크라우트 섞은 데에 넣고 약 10분 동안 레스팅한다. 구운 빵과 함께 차려 낸다.

매운 토마토-케이퍼 소스를 곁들인 그릴이나 팬에 구운 멕시코식 초리조
GRILLED OR PAN-ROASTED MEXICAN CHORIZO WITH SPICY TOMATO-CAPER SAUCE

매운 멕시칸 초리조를 즉석 토마토-케이퍼 소스와 잘 섞는다. 원하면 햄버거 빵에 넣어 차려 내도 되고 얇게 잘라서 찐 밥 위에 숟가락으로 올리거나 토르티야와 함께해도 아주 좋다.

4~6인분

식물성 기름 2큰술(그릴 조리 시는 1큰술)
큰 양파 1개(가늘게 채썰기. 약 1½컵, 375ml)
칠리 파우더 1큰술
커민 파우더 2작은술
홀토마토 800g 통조림 1개(물을 따라 내고 손으로 대충 부수기.)
케이퍼 ¼컵(씻어서 물을 빼고 대략 잘게 썰기.)
잘게 다진 녹색 또는 검정색 올리브 ¼컵(60ml)
잘게 썬 고수 잎 ¼컵(60ml. + 장식용으로 조금 더 준비)
코셔 소금과 후춧가루
멕시코식 초리조(516쪽. 케이싱에 넣은 소시지 6~8링크 또는 시판중인 소시지 약 900g)
라임 웨지(선택사항)

그릴에서 조리하기

1 큰 냄비에 식물성 기름 1큰술을 두르고 중강 불에서 기름 표면이 반짝일 때까지 가열한다. 양파를 넣고 자주 저어 주면서 부드러워지도록 약 4분 정도 볶아 준다. 여기에 칠리 파우더와 커민 파우더를 넣고 약 1분 정도 볶아 향이 나게 한다. 토마토와 케이퍼, 올리브, 고수 잎을 넣고 소금과 후춧가루로 간을 한 뒤 불을 끈다. 한쪽에 둔다.

2 목탄을 연통 가득 넣고 불을 붙인다. 목탄이 회색재로 덮이면 쏟아 내서 그릴의 한쪽에 평평히 쌓는다. 조리용 석쇠를 제자리에 끼우고 5분 동안 예열한다. 그릴을 사용하면 한쪽 버너는 고온으로 가열하고 다른 쪽은 꺼 둔다. 석쇠를 깨끗하게 긁어내고 기름을 바른다.

3 **1**을 25cm(10인치) 정사각형 일회용 알루미늄 호일 팬으로 옮겨 담는다. 소시지를 여기에 넣는다. 호일 팬을 그릴의 뜨거운 쪽에 올리고 끓을 때까지 약 4분 동안 익힌다. 그릴에서 온도가 낮은 쪽으로 밀고 뚜껑을 덮는다. 통풍구가 소시지 위에 오도록 하고 통풍구를 다 열고 조린다. 중간에 한 번 뒤집고 조리용 온도계로 가장 두꺼운 부분을 찔러 내부 온도가 60~63℃가 될 때까지 약 15분 정도 익힌다.

4 뚜껑을 열고 집게로 소시지를 소스에서 꺼내서 그릴의 뜨거운 쪽으로 옮긴다. 가끔 뒤집으면서 갈색으로 변해 바삭해지도록 약 3분 정도 굽는다. 냄비에 다시 넣고 약 10분 정도 레스팅하고 취향에 따라 고수 잎과 라임 웨지로 고명을 올리고 마무리한다.

스토브에서 조리하기

1 30cm(12인치) 소테팬에 식물성 기름 1큰술을 두르고 중강 불에 올리고 기름 표면이 반짝일 때까지 가열한다. 양파를 넣고 자주 저어 주면서 부드러워질 때까지 약 4분 동안 볶는다. 여기에 칠리와 커민 파우더를 넣고 약 1분 동안 볶아 향이 나게 한다. 토마토와, 케이퍼, 올리브, 고수 잎을 넣고 소금과 후추로 간을 한다.

2 소시지를 위의 **1**에 넣고 불을 중간으로 줄인다. 한소끔 끓인 뒤 불을 최대한 낮추고 뚜껑을 덮고 조린다. 가끔 소시지를 뒤집어 주면서 식품 온도계로 가장 두꺼운 부분을 찔러 속의 온도가 60~63℃가 될 때까지 약 12분 정도 조린다. 소시지를 팬에서 꺼내고 토마토 소스는 따뜻하게 유지한다.

3 큰 논스틱이나 무쇠 프라이팬에 남은 기름을 넣고 중강 불에서 기름 표면이 반짝일 때까지 가열한다. 소시지를 넣고 굽는다. 가끔 뒤집어 주기도 하면서 모든 면이 갈색이 되도록 약 5분 정도 굽는다. 소시지를 다시 따뜻한 토마토소스에 넣고 약 10분 동안 레스팅한다. 취향에 따라 고수 잎과 라임 웨지를 고명으로 올리고 차려 낸다.

매운 토마토-케이퍼 소스를 곁들인 그릴에 구운 멕시코식 초리조

사워크라우트를 곁들인 그릴이나 팬에 구운 핫도그
GRILLED OR PAN-ROASTED HOT DOGS WITH SAUERKRAUT

여러분은 핫도그를 만일의 대비책으로, 실망시키는 법 없이 늘 그럭저럭 괜찮지만 절대로 뒤뜰에서 굽는 근사한 핫도그는 될 수 없다고 생각할지 모르겠다. 하지만, 맛있는 핫도그라면 생각보다 훨씬 더 근사할 수 있다. 뉴저지 출신들에게 물어 보면 알 거다. 좋은 핫도그란 다른 무엇보다도 핫도그 자체가 제일 중요하다. 그리고 여러분이 아무리 노력한다 해도 집에서는 절대로 전문적인 핫도그 전문점에서 만드는 것만큼 그렇게 맛있게 만들 수 없다.

여러분이 뉴욕식의 소고기로 만든 짭짤한 훈제 프랑크를 좋아하든, 미시간(Michigan)주에서 볼 수 있는 독일식의 소고기와 돼지고기를 섞은 프랑크를 좋아하든, 아니면 뉴욕 북부에서 나오는 형광 빨간색의 레드핫(Red Hot)을 좋아하든, 한 가지 확실한 점은, 바로 최고의 핫도그는 천연 케이싱에 넣어 만든다는 점이다. 케이싱이 없다는 건 핫도그에 껍질이 없다는 뜻. 껍질이 없다면, 음,...... 무슨 맛이 있겠는가?

그렇다면 핫도그가 천연 케이싱에 들어 있는지 어떻게 알 수 있을까? 살펴봐야 할 점이 몇 가지 있다.

- **표시** : 대부분 포장에는 '껍질 없음'이나 '천연 케이싱'으로 표시되어 있다.
- **곡률** : 천연 케이싱에 든 핫도그는 조리하기 전에도 약간 휘어져 있다. 이는 핫도그용으로 사용하는 양의 창자가 대칭적이지 않기 때문이다. 인공적인 셀룰로스(cellulose) 케이싱이나 더 심하게는 케이싱 없이 만들어진 핫도그는 화살처럼 똑바르다.
- **양 끝의 매듭** : 핫도그 양 끝을 살펴본다. 풍선 매듭처럼 작은 꼭지가 보이면 천연 케이싱 프랑크이다. 만약 꼭 집은 별 모양 문양이 보인다면 셀룰로스 케이싱이 닫히면서 남은 표시이다.

4~6인분

사워크라우트 450g(국물도 함께)

천연 케이싱 소고기 핫도그 8~12개(보어스 헤드(Boar's Head), 사브레트(Sabrett), 디츠 앤 왓슨(Dietz & Watson) 같은)

카놀라유 1큰술(실내 조리 시)

핫도그 빵 8~12개

브라운 머스터드

그릴에서 조리하기

1. 목탄을 연통 가득 넣고 불을 붙인다. 목탄이 회색재로 덮이면 쏟아 내서 그릴의 한쪽에 평평히 쌓는다. 조리용 석쇠를 제자리에 끼우고 그릴 뚜껑을 덮고 5분 동안 예열한다. 그릴을 사용하면 한쪽 버너는 고온으로 가열하고 다른 쪽은 꺼둔다. 석쇠를 깨끗하게 긁어내고 기름을 바른다.

2. 사워크라우트와 그 국물을 25cm 정사각형 일회용 알루미늄 호일 팬에 담고 핫도그도 넣는다. 호일 팬을 그릴의 뜨거운 쪽에 올리고 끓을 때까지 약 4분 동안 익힌다. 그러고는 그릴에서 온도가 낮은 쪽으로 밀고 그릴 뚜껑을 덮는다. 통풍구가 핫도그 위에 오도록 하고 통풍구를 다 열고 조린다. 중간에 한 번 뒤집어 핫도그를 10분 정도 완전히 익힌다.

3. 뚜껑을 벗기고 집게로 소시지를 꺼내서 그릴의 뜨거운 쪽에 놓는다. 가끔 뒤집으면서 갈색으로 변하고 바삭해지도록 약 3분 정도 굽는다. 사워크라우트에 다시 넣는다.

4. 원하면 그릴에 핫도그 빵을 굽는다. 빵에 핫도그와 사워크라우트를 넣고 머스터드를 뿌려 낸다.

스토브에서 조리하기

1. 30cm(12인치) 소테팬에 사워크라우트와 그 국물을 넣고, 여기에 핫도그도 넣고 중간 불에서 끓인다. 불을 최대한 낮추고 뚜껑을 덮고 조린다. 가끔 소시지를 뒤집어 주면서 소시지가 다 익을 때까지 약 8분 조린다. 핫도그를 팬에서 꺼내고 사워크라우트는 따뜻하게 유지한다.

2. 큰 논스틱이나 무쇠 프라이팬에 기름을 두르고 중간 불에서 기름 표면이 반짝일 때까지 가열한다. 여기에 핫도그를 넣고 굽는다. 가끔 뒤집어 주면서 모든 면이 바삭해지도록 약 3분 정도 굽는다. 핫도그를 다시 사워크라우트 속으로 넣는다.

3. 원하면 뜨거운 브로일러 아래서 빵을 굽는다. 빵에 핫도그와 사워크라우트를 넣고 머스터드를 뿌려 낸다.

전형적인 미국식 미트로프
ALL-AMERICAN MEAT LOAF

1958년, 도인 니커슨(Doyne Nickerson)의 명작 『햄버거를 요리하는 365가지 방법(365Ways to Cook Hamburger)』(적어도 명작이 되어야 함)에서 수백 가지의 버거, 소스, 수프, 미트볼, 캐서롤용 레시피와 함께 그는 미트로프에 대한 레시피를 70개나 소개했다. 70개라니! 매일 밤 다른 미트로프를 두 달이 넘게 먹을 수 있다니! 또 다른 명작인 『풀하우스(Full House)』의 모든 남자, 여자, 어린이 출연자들에게 10개의 미트로프가 돌아가게 된다! 칠리 핫 탑 미트로프(Chili Hot Top Meat Loaf, 아래위가 뒤집혀 있고 하인즈 칠리 소스가 발라져 있다.), 선샤인 미트로프(Sunshine Meat Loaf, 케첩으로 채워진 복숭아 반쪽을 위에 얹은 미트로프다.), 바나나 미트로프로는 두 가지가 있으며(하나는 푸른 바나나를 으깨서 고기에 넣었고, 다른 하나는 베이컨과 익은 바나나를 위에 올렸다.), 이러한 다채로운 레시피들이 긴 설명과 함께 들어 있다.

그렇게 다양하고 많은 레시피의 조합이 있는데도, 내가 전형적인 미국식 옛날 미트로프에 대한 레시피만 달랑 한 가지 알려 주고, 심지어 분쇄 소고기와 바나나를 섞는 레시피는 하나도 알려 주지 않는 걸 알면 실망할 수도 있다. 니커슨의 레시피가 다양성에서 누구와 견줄 수가 없긴 하지만, 나는 철저함으로 그를 이겨 보려 한다. 미국인들은 미트로프를 자랑스러워 하는데 이는 당연한 일이다. 미트로프는 국민 음식 중 하나이며 햄버거나 바비큐, 핫도그 등과 어깨를 나란히 하며 우러러 볼 만하다. 미트로프는 고기로 만든 빵이다. 이보다 더 퇴폐적이면서도 위안이 되는 것이 또 어디 있겠는가? 최고의 미트로프는 부드럽고 촉촉해야 한다. 부드럽지만 절대로 그 질감이 흐물흐물해선 안 된다. 입에 넣자마자 '벨벳 같고', '촉촉한'과 같은 느낌이 떠올라야 한다. 포크로 잘릴 정도로 부드럽지만 자른 조각이 포크로 찍었을 때 부서지지 않을 정도로 단단해야 한다. 먹을 때 촉촉한 육즙이 솟아 나오지만 접시에 물이 흥건하게 스며 나오지는 않는 스펀지 같아야 한다. 맛은 아주 진하고 풍성해야 한다. 그리고 채소 맛이 살짝 나면서 맛을 보완하고 산뜻하게 해 줘야 한다. 그러나 분명히 말하는데 미트로프에서는 고기가 제일 중요하다. 그리고 물론, 샌드위치용으로는 다시 잘 가열해야 한다.

우리는 이미 소시지와의 모험에서 간 고기가 어떻게 작용하는지 또 고기를 갈면 어떤 이점이 있는지에 대해 꽤 많이 알게 되었다(아니면 적어도 고기를 정육점에서 바로 간 걸 사야 한다는 것 정도는). 그런 출발대에서부터, 완벽한 미트로프에 이르기까지는 불과 얼마 떨어져 있지 않다.

고기에 관해서

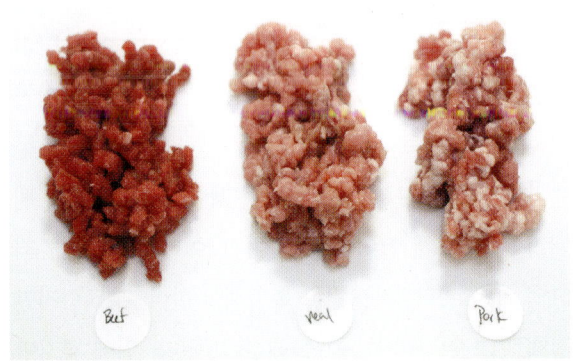

분쇄 소고기   분쇄 송아지 고기   분쇄 돼지고기

아주 기본부터 시작합시다. 슈퍼마켓에 가면 '미트로프 믹스'로 표시된 비닐 랩에 싸여 있는 쟁반을 봤을 것이다. 이 미트로프 믹스에는 돼지고기와 소고기, 송아지 고기가 섞여 있다. 왜 섞어 놓았을까? 이 고기들의 특성은 무엇일까? 이를 조사하기 위해 아주 간단하게 각의 고기와 몇 가지 구운 채소(당근, 양파, 셀러리)만 넣어서 똑같은 미트로프를 몇 개 만들었다. 각각의 미트로프를 진공 밀폐시킨 비닐 팩에 넣어 정확히 63℃에 맞춘 물에서 중탕을 했다. 이런 방법으로 각 고기가 동일하게 조리되도록 했다. 첫 번째 실험을 위해, 3가지 미트로프를 구웠는데, 즉, 100% 소고기, 100% 돼지고기, 100% 송아지 고기로 구웠다.

배제 테스트(소고기와 돼지고기만, 소고기와 송아지 고기만, 돼지고기와 송아지 고기만)와 세 가지 고기를 모두 섞은 걸 더 먹어 본 후에 몇 가지 사실이 분명해졌다. 미트로프 형태로 조리된 소고기는 수분을 꽤 많이 잃어서 거칠고 껄끄러운 질감이 되며 약간 간(肝) 맛이 난다. 돼지고기는 훨씬 맛이 순하며 더 기름지다. 그래서 덜 거칠고 더 부드러운 식감이다. 소고기와 돼지고기에 비교했을 때, 송아지 고기는 수분을 거의 잃지 않는다. 조리했을 때 다른 고기에 비해 더 부드럽고 기의 젤리와 같은 질감이다. 그러나 맛은 많이 부족하다. 똑같이 조리된 세 가지 고기가 왜 그렇게 다른 결과를 만들까?

소고기만으로 만든 미트로프

돼지고기만으로 만든 미트로프

돼지와 소의 근육은 대부분 속근과 지근으로 나눠 볼 수 있다(187쪽 참고). 소는 생의 대부분을 걸어 다니며 풀을 뜯는 큰 가축이다. 그래서 오랜 시간 일관된 힘이 근육에서 나와야 하며 그러다보니 결국 이런 근육들이 거칠면서 맛있어진다.

이런 근육은 사용하면서 필요한 산화작용의 결과로 선홍색이 된다. 돼지는 소보다 작으며 살아 있는 동안 소만큼 그렇게 활동이 많지도 않다. 돼지가 먹이를 먹으려고 여물통으로 종종걸음으로 가긴 하지만 돼지들은 대부분의 시간 동안 진흙이나 그늘에 가만히 누워 있는다. 그래서 짙은 색의 지근이 많이 발달하지 않는다. 대신, 저장된 지방도 많고 더 연하고 더 미세한 결인 속근이 풍부하다. 앞에서 말한 대로, 돼지고기 지방은 소고기 지방보다 더 부드러워서 보통 차림 온도에서는 식감이 더 낫다. 그래서 소고기와 돼지고기를 섞으면 소고기의 맛은 있으면서도 식감은 더 좋아지고 지방도 더 부드럽다.

그렇다면 송아지 고기는 어떤 좋은 점이 있을까? 송아지 고기와 소고기의 차이는 조금 더 미묘한데, 바로 동물의 연령과 관계가 있다. 갓 태어난 소는(혹은 그 점에 있어서는 거의 어느 포유동물이든) 근육이 아직 잘 발달되지 않은 상태이다. 송아지 지방은 부드럽고 근육은 색이 옅고 맛도 담백하다. 조리하면서 젤라틴으로 바뀌는 결합 단백질인 용해성 콜라겐 비율도 높다. 송아지의 근육계는 아직 제대로 발달하지 않아서 부드러우나 젤라틴 비율이 높아 송아지 고기는 수분을 잃지 않는다. 이 점이 어떤 작용을 할까? 젤라틴 분자를 고운 철망의 개별 연결 부분으로, 물 분자 하나하나는 여기에 걸리는 물 풍선이라고 생각하면 이해하기 쉬울 것이다. 미트로프 안에 있는 콜라겐이 젤라틴으로 바뀔 때 이 젤라틴 분자는 점점 서로 서로 연결한다. 그래서 물 분자를 가둘 수 있는 그물을 만들어 물이 빠져나가지 못하게 한다. 여러분이 가루로 된 젤라틴 겨우 몇 큰 술로 몇 컵의 물을 가볍게 떨리는 젤리로 바꾸는 것도 바로 젤라틴의 이런 특성 때문이다.

송아지 고기만으로 만든 미트로프

여러 종류의 고기를 섞은 미트로프

그래서 각각의 고기를 섞게 되는 것이다. 소고기는 강한 맛을 내고 돼지고기는 부드러운 지방이 많고 송아지 고기는 젤라틴이 많아 수분을 간직하는 데 도움이 된다. 세 고기를 섞으면 맛과 질감, 지방 함량과 수분 보존력이 서로 최적의 균형을 맞추게 된다. 정말 그럴까?

송아지 고기는 아니올시다.

송아지 고기의 문제점은 맛이 밍밍하다. 물론 섞으면 젤라틴을 더해 준다. 하지만 동시에 고기 맛을 희석시킨다. 또한 구하기도 쉽지 않다(나는 이걸 사러 어머니 집 옆의 슈퍼마켓까지 갔다. 이 말은 송아지 고기를 살 때마다 어머니에게 들러야 한다는 얘기가 된다. 좀 번거로울 수 있다.). 나는 송아지 고기를 분말 젤라틴으로 대체하라고 제안한 레시피를 몇 개 봤다. 분말 젤라틴이라면 늘 보관하고 있는 것이다. 나는 미트로프 두 개를 나란히 만들었는데, 하나는 분쇄 소고기 척, 분쇄 돼지고기, 분쇄 송아지 고기를 똑같은 양으로 섞어서 만들었다. 다른 하나는 분쇄한 소고기 척과 돼지고기 그리고 젤라틴 두 큰술을 닭 육수 약간에 넣어 녹여서 만들었다(당연히 똑같은 양의 닭 육수를 첫 번째 미트로프에도 넣었다.). 실감 면에 있어서는 둘 다 촉촉하고 부드러웠다. 맛으로는 송아지 고기를 뺀 미트로프가 분명히 더 맛이 있었다.

젤라틴만 넣는 게 더 낫다.

미트로프 결합제와 황장제

자, 지금까지, 우리가 기본적으로 얻은 것은 버거와 소시지 중간쯤의 어떤 것이다. 소금이 그냥 겉에서 양념만 되는 게 아니라 바로 고기 속으로 섞여 들어간다는 중요한 차이와 함께 미트로프는 버거와 기본적으로 지방 함량이 같다.

섞기 전에 고기에 소금을 넣으면 어떤 일이 일어나는지 우리 모두 잘 알고 있다. 소금은 천천히 근육 단백질을 녹이면서 고기에 점성이 생기게 하고 고기끼리 서로 결합하게 한다. 하지만 이런 현상은 부드럽고 느슨한 벨벳 같은 질감이 무엇보다 필요한 미트로프에는 좋지 않다. 이러한 현상은 혼합하기 직전에 소금을 추가하고 필요한 만큼만 혼합하는 방법으로 개선할 수 있다. 하지만 더 좋은 방법이 있는데, 즉, 결합제와 첨가제를 함께 사용하는 것이다. 그런 물질들이 어떤 역할을 하는지 가장 흔하게 쓰이는 재료들을 살펴보자.

달걀은 거의 모든 미트로프에 들어가며 아주 분명하게 두 가지 역할을 한다. 달걀노른자는 대부분 수분이지만 단백질과 지방이 많으며 맛과 풍성함과 수분을 더해 준다. 노른자는 또한 고기가 서로 결합하도록 도와서 쉽게 안정된 형태를 잡을 수 있게 돕는다. 달걀흰자에는 수분이 훨씬 더 많고 지방은 전혀 없다. 그리고 맛은 아주 담백하다. 흰자의 주역할은 고기가 쉽게 질겨지지 않고 형체를 만들도록 작용하는 노른자를 도와 혼합물에 느슨한 단백질을 더하는 일이다. 그러므로 꼭 달걀을 넣어야 한다.

헤비 크림(heavy cream, 생크림), **버터밀크**(buttermilk)와 같은 우유와 기타 유제품은 수분과 지방을 모두 가지고 있어 두 종류의 촉촉함을 미트로프에 더하게 된다. 우유가 분쇄육을 부드럽게 한다는 오래된 설이 있는데 볼로냐식 라구(ragu)를 만들기 위해 분쇄육에 우유를 넣고 조리하는 데 이 설이 자주 인용된다. 나는 여기에 대해서는 좀 회의적이다. 우유는 대부분이 수분이고 유지방과 단백질이 좀 들어 있다. 그런데 어떻게 고기를 부드럽게 할 수 있단 말인가?

어떤 자료는 우유를 넣으면 조리 온도를 물이 끓는 온도인 100℃로 제한해서 고기가 지나치게 많이 익는 걸 막아 준다고 주장한다. 뭐? 온도를 100℃로 제한한다고? 그래서 좋은 게 뭔데? 고기는 이 온도보다 21~24℃ 아래에서 질겨지며 게다가 수분(미트로프에 넣는 고기와 채소 속에 많이 들어 있는)도 역시 그런 역할을 잘 한다. 분쇄육을 3가지 다른 방법으로 나란히 조리했는데, 하나는 우유를 넣고 끓이고 다른 하나는 물을, 마지막은 아무것도 넣지 않고 자체의 육즙으로 익게 했다. 그랬더니 세 가지 고기 모두 똑같이 질겼다. 실제로 우유는 고기를 부드럽게 하지 않는다. 고기가 부드러워지는 유일하고도 확실한 방법은 지나치게 익히지 않는 것이다. 그리고 미트로프를 구울 때 온도계를 사용하면 쉽게 이를 막을 수 있다.

그렇긴 하지만 우유는 수분과 지방을 더하기 때문에 그 이유만으로도 넣어 줄 만하다. 그런 점에서라면 헤비크림이 더 효과가 좋다. 그리고 이보다 더 좋은 건 버터밀크이다. 버터밀크는 톡 쏘는 맛이 있는데 이 맛이 완성된 요리에 깊고 미묘한 맛을 더해 준다.

빵가루는 언뜻 봐서는 고기 조직을 팽팽하게 펴는 불필요한 재료 같지만 미트로프의 식감을 좋게 하는 데 있어서는 재료 중 가장 중요하다. 미트로프가 조리될 때 수분을 어느 정도 흡수하고 보존하는 것 외에 빵가루는 물리적으로 고기 단백질이 서로 너무 단단히 결합하는 걸 방해한다. 그래서 교차결합의 수를 줄여 부드럽게 만들어 준다. 여러 면에서 미트로프의 물리적 구조는 전분으로 안정된 유화 소스의 구조와 아주 흡사하다. 전분으로 안정된 유화 소스에서는 전분이 지방 입구를 지켜서 지방이 더 큰 덩어리로 합쳐지는 걸 막는다. 미트로프에서는 빵 조각이 이 역할을 해서 고기 단백질이 결합하지 못하게 한다. 푸드프로세서에 신선한 빵을 갈아서 사용하면 마른 빵가루보다 더 촉촉하면서 결합력도 더 좋다는 걸 알게 됐다.

마지막으로 **버섯**인데, 버섯은 미트로프에 일반적으로 꼭 넣는 재료는 아니지만 아주 유용한 재료이다. 내가 버섯을 왜 향신료에 같이 묶지 않고 고기의 결합제 및 증량제에 포함시켰을까? 이유는 버섯은 가령, 양파처럼 그냥 재료의 역할만 한다기보다는 빵가루와 같은 그런 작용을 더 많이 하기 때문이다. 버섯은 투과성이 아주 좋고 맛있는 액체가 가득하다. 또한, 부드럽고 폭신폭신하다. 꼭 빵가루처럼, 버섯은 고기 단백질이 결합하는 걸 막아서 더 부드럽게 만든다. 동시에 천천히 수분을 배출하여 맛을 더 좋게도 한다. 버섯은 빵과 아주 흡사해서 사실 나는 버섯을 빵과 똑같이 취급한다. 그리고 버섯은 푸드프로세서에 갈고 반죽에 넣으면 미리 살짝 익힐 필요도 전혀 없다!

이제, 요약해 보면, 아래와 같은 도표를 얻을 수 있다.

재료	효과	첨가하는 법
달걀노른자	윤기와 촉촉함을 더하고, 고기와 빵이 질겨지지 않으면서 서로 결합하게 도와준다.	고기 혼합물에 섞는다.
달걀흰자	고기와 빵이 질겨지지 않으면서 서로 결합하게 해 준다(노른자보다 더 효과가 좋음).	고기 혼합물에 섞는다.
빵가루	수분 유지를 돕고 물리적으로 고기 단백질의 교차결합을 막아서 더 부드럽게 한다.	우유나 육수로 촉촉해지면 빵과 액체의 혼합물인 파나드(panade)가 된다. 고기 혼합물에 섞으면 된다.
우유(혹은 기타 액체 유제품)	수분을 더하고 부드럽게 한다.	빵가루를 적시는 데 사용한다.
젤라틴	미트로프가 익을 때 수분 보존력을 높인다.	닭 육수에 넣고 녹인 뒤 고기 혼합물에 섞든지 빵가루를 적시는 데 사용한다.
버섯(잘게 썰어서)	고기 단백질이 교차 결합하는 걸 방해해서 부드럽게 만들며 맛도 또한 좋게 한다.	고기 혼합물에 섞어 준다.
소금	일찍 넣으면 고기 단백질이 녹으면서 교차결합을 해 탱탱하고 단단한 질감이 된다.	고기에는 다른 혼합물과 섞기 바로 전에 넣고 바로 조리한다.

맛의 비결 : 농축된 맛의 기초

고기 혼합물과 미트로프의 질감 문제가 해결되자 초점을 맛으로 옮겼다.

당근과 양파, 셀러리는 고기 요리와 소스에 전형적으로 들어가는 재료들이라 나도 이 채소를 기본으로 삼았는데 막상 잘라서 고기 혼합물에 넣었더니 미트로프와는 잘 어우러지지 않았다. 내가 원하던 벨벳 같은 부드러움에 방해가 되는 걸 알게 됐다. 이걸 어떻게 해결해야 할까? 그야 아주 쉽지. 그냥 이 채소들을 더 잘게 다져서 익히면 된다. 나는 푸드프로세서(이미 빵가루를 만들고 버섯을 다지기 위해 작업대 위에 있는)를 사용해서 이 채소들을 곱게 다지고 버터를 넣어 부드러워질 때까지 구웠는데 여기에 마늘과 스페인 파프리카를 조금 넣어 주면 아주 좋다.

채소도 준비되었고 이제 미트로프의 고기 맛의 근간을 좋게 할 몇 가지 재료들, 바로 나의 믿을 만한 감칠맛 폭탄인 앤초비, 마마이트, 간장을 준비할 때가 왔다. 이 세 가지 재료는 모두 글루타민산염과 이노신산, 그 밖의 화합물이 풍부한데 이런 물질들은 우리가 고기 맛이 많이 나는 아주 맛있는 걸 먹고 있다고 뇌에 전하는 신호기를 자극한다. 또한, 이 재료들은 이들 재료 자체의 맛은 강하게 내지 않으면서 미트로프의 맛을 더욱 풍성하게 해 준다. 맛의 바탕을 만들 채소와 감칠맛 폭탄 재료를 모두 함께 기름에 볶은 뒤, 부드럽게 한 젤라틴과 닭 육수, 버터밀크를 넣고 졸여 맛이 진한 농축된 액체로 만든다.

이렇게 만들어진 액체를 고기와 섞었더니 지금껏 본 다른 미트로프 반죽보다 더 촉촉한 반죽이 만들어졌다. 그리고 완성된 미트로프도(젤라틴 덕분에 수분 보존이 잘 됨) 더 촉촉하긴 했지만 미트로프의 모양을 잡으려고 하자 문제가 생겼다. 이 반죽을 로프팬(빵틀)에다 구울 수도 있었지만 나는 맛있는 브라우닝이나 글레이징을 생각해 표면적을 최대화할 수 있도록 베이킹팬에다 자유로운 모양으로 만들고 싶었다. 그래서 찾아낸 방법은 두 가지를 섞는 것이었다. 미트로프 반죽을 로프팬에 넣고 호일로 덮어서는 베이킹팬에다 로프팬 전체를 뒤집어엎는다. 그리고 호일을 펼치면 결과적으로 베이킹팬에 호일이 깔리고 그 위에 미트로프가 거꾸로 서게 되고 그 위에 로프팬이 덮인 상태가 된다. 이런 상태로 모양을 잡을 수 있을 정도로만 약 30분 정도 구운 뒤 수저과 키친타월로 팬을 벗겨 냈다. 그 결과 빵 모양을 내면서도 틀 없이 굽는 빵의 이점들도 취하고 또 표면적도 더 넓은 완벽한 미트로프가 만들어졌다.

미트로프를 그대로 먹어도 되지만 나는 좀 옛날식으로 촌스럽게 새콤달콤하게 케첩과 황설탕 글레이즈를 겉에 바르는 걸 좋아한다. 베이컨을 위에 둘러도 좋다. 나는 아직 니커슨 씨가 제안했던 바나나를 올린 미트로프는 만들어 보지 못했다.

하지만, 니커슨 씨가 알려 준 것처럼 미트로프의 진가란 원하는 대로 거의 무한대로 만들어 볼 수 있다는 점이다. 고기와 결합하는 재료의 비율만 정확하다면 원하는 대로 얼마든지 만들 수 있다. 나는 가끔은 피클이나 소금물에 절인 올리브를 다져 넣기도 한다. 잣이나 아몬드도 식감과 맛을 좋게 한다. 내 생각에 오랫동안 아무도 생각지 못한 곳에 건포도를 숨겨 두려고 골몰했던 우리 엄마 같은 사람은 아마도 엄마가 먹는 미트로프에 건포도를 넣을 것이다. 나는 그런 걸 따질 사람은 아니다.

모든 미국인들의 미트로프 ALL-AMERICAN MEAT LOAF

NOTE • 가장 좋은 결과를 위해서 고기를 직접 간다(495쪽 참고). 고기를 갈 때는 돼지고기의 어깨살이나 소고기의 어깨 부위(아니면 갈비살과 양지가 섞인 부위)를 사용한다. 미트로프의 모양을 잡을 때는 눌어붙지 않게 하기 위해 손에 물을 바른다.

빵 모양을 완벽하게 할 필요가 없을 때는 로프팬에 넣지 않고 베이킹팬에 호일을 깔고 자유롭게 모양을 내면 된다. 이렇게 하면 약간 처져서 높이가 5~6cm 정도 밖에 되지 않긴 한다. 조리 방법은 똑같다.

4~6인분

홈메이드 또는 저염 닭 육수 통조림 ½컵(125ml)

버터밀크 ¼컵(60ml)

젤라틴 14g(2팩, 약 1½큰술)

질 좋은 흰 샌드위치 빵 2개(껍질 부분은 잘라 내고 대충 찢기)

양송이 또는 갈색 양송이 113g(씻어서 준비.)

앤초비 필레 3개

마마이트 ½작은술

간장 2작은술

파프리카 파우더 1작은술

마늘 2쪽(대충 썰기. 약 2작은술)

작은 양파 1개(대충 썰기. 약 ¾컵, 180ml)

작은 당근 1개(껍질을 까고 대충 썰기. 약 ½컵, 125ml)

셀러리 1줄기(대충 썰기. 약 ½컵, 125ml)

무염 버터 2큰술

분쇄 돼지고기 340g(앞의 note 참고)

분쇄 소고기 567g(앞의 note 참고)

대란 2개

체다 또는 프로볼로네(provolone), 몬터레이 잭(Monterey Jack), 뮌스터(Muenster) 치즈 113g(곱게 갈기. 약 1컵, 250ml)

곱게 다진 파슬리 ¼컵(60ml)

코셔 소금과 후춧가루

글레이즈 재료

케첩 ¾컵(180ml)

황설탕 가득 채워서 4큰술(60ml)

사과 식초 ½컵(125ml)

후춧가루 ½작은술

머스터드 또는 케첩(선택사항)

1 액체 계량컵에 닭 육수와 버터밀크를 넣고 섞은 뒤 젤라틴을 위에 골고루 뿌린다. 그러고는 한쪽에 둔다.

2 빵과 버섯을 푸드프로세서에 넣고 순간작동 기능으로 잘게 다진다. 큰 볼로 옮긴 뒤 한쪽에 둔다.

3 푸드프로세서 용기에 앤초비와 마마이트, 간장, 파프리카 파우더, 마늘을 넣고 순간작동 버튼을 누른다. 필요하면 용기 벽을 긁어내려 주면서 고운 반죽이 될 때까지 간다. 여기에 양파와 당근, 셀러리를 넣고 순간작동 버튼을 누르고 곱게 다지되 퓌레보다는 굵게 간다.

4 25cm(10인치) 논스틱 프라이팬에 버터를 넣고 중강 불에 올려 가열해 거품이 나게 한다. 다진 채소 섞은 걸 넣고 볶아 준다. 자주 저어 주면서 채소가 부드러워지고 수분 대부분이 증발할 때까지 약 5분 정도 볶는다. 채소는 약간 색이 어두워지기 시작한다. 여기에 버터밀크 혼합물을 붓고 끓인다. 약 10분 정도 끓여 국물이 반 정도로 졸아들게 한다. 이것을 버섯과 빵이 든 볼에 넣고 잘 섞어 준 뒤 손반죽 가능한 온도가 될 때까지 약 10분 정도 식힌다.

5 고기 섞은 걸 4에 넣고 달걀과, 치즈, 파슬리, 소금 1큰술, 후추 1작은술을 넣는다. 깨끗한 손으로 모든 재료가 고루 섞이도록 부드럽게 섞는다. 꽤 축축한 반죽을 작은술 크기 정도로 떼어 내서 전자레인지용 접시에 놓고 완전히 익도록 고출력으로 15초 정도 돌린다. 익으면 간을 보고 원하면 소금과 후추를 더 넣는다.

6 5를 23×13cm 로프팬에 넣고 기포가 없게 한다(로프팬 크기에 따라 반죽이 남을 수도 있는데 그러면 오븐 그릇인 램킨에 담거나 원하는 모양으로 빚어서 로프팬 옆에 두고 구우면 된다.). 튼튼한 알루미늄 호일을 베이킹팬에 다 깔 수 있을 만한 크기로 자른 뒤 로프팬 가장자리를 따라가며 주름을 잡아 미트로프의 위를 꼭 봉한다. 오븐이 가열되는 동안 미트로프를 냉장고에 넣어 둔다(미트로프는 냉장고에서 이틀까지 보관할 수 있다.).

7 오븐랙을 오븐 중하에 끼우고 오븐을 180℃로 예열한다. 오븐이 뜨거우면 미트로프를 냉장고에서 꺼내서 호일을 덮은 채로 조심스럽게 베이킹팬 위에 뒤집는다. 호일을 평평하게 펴고 로프팬은 고기 위에 그냥 둔다(앞의 note 참고). 호일 가장자리를 위쪽으로 접어서 미트로프가 구워지는 동안 빠져나오는 수분이 흘러나가지 않게 한다. 미트로프가 굳기 시작할 때까지(윗부분이 만졌을 때 단단한 느낌이 있어야 한다.) 약 30분 정도 굽는다.

8 얇은 금속 뒤집개로 뒤집힌 로프팬의 가장자리를 들어올리면서 미트로프가 쉽게 떨어지게 이리저리 살짝 흔든다. 그리고 장갑이나 접은 키친타월로 로프팬을 벗겨 낸다. 그래서 호일 가운데 미트로프만 남게 한다. 이 상태로 다시 오븐에 넣고 온도계로 찔러서 미트로프 가운데가 60℃가 되도록 약 40분 더 굽는다. 수분이 상당히 많이 빠져나오지만 괜찮다. 미트로프를 오븐에서 꺼내서 15분 동안 레스팅한다. 오븐 온도를 260℃로 올린다.

9 한쪽에서는 글레이즈를 만든다. 작은 냄비에 케첩과 황설탕, 식초, 후추를 넣고 섞은 뒤 중강 불에 올려 끓인다. 설탕이 다 녹아 잘 섞이도록 약 2분 정도 잘 저어 준다. 불을 끈다.

10 솔에 글레이즈를 좀 묻혀서 미트로프에 얇게 골고루 바른 뒤, 오븐에 다시 넣고 3분간 굽는다. 글레이즈를 또 바르고 3분 더 굽는다. 한 번 더 바르고 글레이즈에 기포가 생기고 윤이 나는 진한 갈색이 될 때까지 약 4분 더 굽는다. 오븐에서 미트로프를 꺼낸 뒤 15분 동안 레스팅한다. 칼로 자른 뒤 원하면 글레이즈나 머스터드, 케첩을 더 바르고 차려 낸다.

생고기 혼합물의 소금 간을 알아보는 실험

레시피 대로 진행하면서 음식의 간(소금과 후추)을 봐야 하지만 익기 전까지 섞어 놓은 생고기는 간 보기가 어렵다. 여러분은 미트로프(아니면 소시지나 소로 넣을 때 등)를 로프팬에 넣고 굽기 전에 소금 간이 맞는지 어떻게 알 수 있는가? 이걸 알 수 있는 아주 빠르고 쉬운 두 가지 방법이 있다. 하나는 간단히 조금 떼어 내서 뜨거운 프라이팬에 넣고 미니 햄버거 패티처럼 구워 간을 보는 방법이다. 이보다 훨씬 더 빠른 방법은 약간을 떼어 전자레인지용 접시에 올려 익히는 방법이다. 작은술 크기 정도로 떼어 내면 10~15초 정도면 익는데 맛을 보고 조리하기 전에 고기에 적당히 맞추면 된다.

남은 미트로프로 만드는 샌드위치 LEFTOVER MEAT LOAF SANDWICH

미트로프 샌드위치보다 더 맛있는 건 없다. 가끔 나는 샌드위치를 만들려고 일부러 미트로프를 하루 전에 만들기도 한다!

1인분

남은 전형적인 미국식 미트로프(541쪽) 1~2조각

아메리칸 치즈 또는 체다, 스위스, 몬터레이 잭 치즈 슬라이스 1개

햄버거 빵 1개(굽기.)

원하는 고명과 양념(머스터드, 케첩, 피클 등)

브로일러를 고온으로 예열한다. 미트로프를 호일이 깔린 브로일러 팬에 놓고 가장자리가 바삭해질 때까지 약 5분 정도 익힌다. 치즈를 위에 올리고 다 녹을 때까지 1분 정도 더 익힌다. 그런 뒤, 구운 미트로프에 넣고 원하는 대로 드레싱을 곁들여 먹는다.

토마토소스에 조린 이탈리아식 미트볼
ITALIAN MEATBALLS WITH TOMATO SAUCE

일단 여러분이 어떤 요리의 기본 방법과 그 이유를 알고 나면 어떤 상황에도 거의 적용이 가능하다는 게 바로 요리의 매력이다.

예를 들어, 전형적인 이탈리아-미국식 미트볼을 살펴보자. 미트로프에 관해서는 535쪽에서, 소시지는 503쪽에서 속속들이 자세히 살펴보았다. 그 내용을 토대로 우리는 기본적으로 미트볼을 기술적인 면에서는 알게 되었다.

이탈리아-미국식 미트볼은 본질적으로는 진하고 풍성한 토마토소스에 끓인 몇 가지 소시지 같은 특성을 가진 작고 동그란 모양의 미트로프 정도라 생각하면 된다 (이 글을 읽는 이탈리아 사람들은 내가 이런 말을 했다고 할머니에게 이르면 안 됩니다.). 물론, 미트볼에 미트로프와 똑같은 향신료를 늘 사용하는 건 아니지만 기본 방법 면에서 보자면 둘은 거의 흡사하다. 그래서 미트로프를 만들어 본 사람이라면 미트볼을 만들 수 있으며 미트볼을 만들어 본 사람은 미트로프도 만들 수 있다. 인생이 이렇게 쉽다면 얼마나 좋을까! 나는 미트로프 반죽에 넣는 양파와 당근과 셀러리 대신 미트볼에는 마늘과 파슬리와 파르메산 치즈만 넣어 더 단순한 맛을 내고 만들기도 더 쉽게 했다.

미트볼의 질감

소시지에서부터 미트로프까지 쭉 살펴보면 미트볼은 미트로프의 끝에 아주 가깝지만 소시지와 같은 특성도 한 가지 있다. 바로, 베어 물었을 때 약간의 탄력이 있다는 점이다. 어떻게 해야 이런 탄력성이 생길까? 제일 먼저 생각난 건 소금이었다. 소시지 고기에 소금을 넣고 재워 둔 뒤 섞으면 소시지가 더 탄력 있고 더 단단해진다는 걸 배웠다. 미트볼에도 똑같은 방법이 효과가 있다. 나는 미트볼을 두 묶음으로 각각 만들었다. 하나는 섞기 바로 전에 소금을 넣었고 다른 하나는 30분 재워 두었다 섞었다. 재워 둔 미트볼은 확실히 탄력이 있고 더 잘 엉겼다. 또 스탠드 믹서에 달려 있는 패들 부속품으로 소시지 혼합물을 기계적으로 치대 보았는데 탄력성이 너무 많아져서 손으로 섞는 게 가장 적당하다고 결론을 내렸다.

맛의 교환

다음 질문은 일단 모양을 만든 뒤는 어떤 방법으로 익히는가이다. 큰 미트로프는 오븐에서 익히면 좋다. 천천히 익는 동안 표면도 근사하게 갈색으로 익는다. 하지만 이 방법은 미트볼에는 가능하지 않다. 미트볼은 크기가 작기 때문에 겉이 갈색이 될 때쯤이면 속은 너무 많이 익게 된다. 그래서 미트볼은 옛날부터 두 단계 과정, 튀긴 뒤 끓이는 과정을 거쳐 만들었다. 뜨거운 프라이팬에서 겉면에 갈색 빛이 돌도록 재빠르게 튀겨서 질감과 맛을 더한 뒤 소스 냄비 속에서 끓이고 졸여 속까지 다 익게 한다. 또한 이 방법으로 조리하면 소스에 고기 맛이 진하게 배기도 한다. 말하자면 맛을 주거니 받거니 교환한다고 할까.

소스는, 간단하게 기름과 버터 섞은 데에 오레가노 (oregano)와 레드 페퍼 플레이크, 마늘을 넣고 기본적인 마리나라 소스를 만들었다(마리나라 소스에 관한 더 자세한 내용은 703쪽을 참고할 것).

하지만 눈치가 빠른 독자분이라면 알아챘을지도 모를 문제가 있는데, 바로 별개이면서도 서로 상충되는 두 가지 목표가 있다. 오랜 시간 끓이면 고기 맛이 배기 때문에 소스에는 좋지만 미트볼이 가망 없이 너무 많이 익기 때문에 미트볼 자체에는 좋지 않다. 백 버너에서 종일 미트볼을 넣고 푹 끓인 파스타 소스는 정말 맛있을 것 같고 심지어 낭만적으로 들릴지 모르지만 부드러운 미트볼을 원하는 사람에게는 좋은 방법이 아니다. 미트볼의 속은 70℃에서 많이 올라가면 안 된다. 이 말은 뭉근히 약 10분 정도 끓이는 게 최대치라는 뜻이다. 하지만, 미트볼을 소스에 넣고 끓이지 않으면 어떻게 풍성한 고기 맛이 우러날 수 있겠는가? 10분으로는 충분하지 않다!

어떻게 해야 할까? 방법은 미트볼 몇 개를 더치 오븐에 넣고 갈색 빛이 돌게 익혀 처음부터 소스에 맛의 바탕을 만들어 준다. 소스를 한 시간 동안 끓이고 미트볼은 으깨서 맛을 진하게 한다. 이제 나머지 미트볼을 뜨거운 기름에서 갈색 빛이 돌도록 익힌 뒤 고기 맛이 우러난 소스에 넣고 익을 정도로만 끓이면 된다. 나는 이렇게 만든 미트볼을 너무 좋아해서 가끔 스파게티 없이 먹기도 한다.

진한 토마토소스에 조린 부드러운 이탈리아식 미트볼
TENDER ITALIAN MEATBALLS WITH RICH TOMATO SAUCE

6~8인분

미트볼 재료

분쇄 소고기 척 부위나 양고기 450g

분쇄 돼지고기 어깨 부위 450g

코셔 소금

버터밀크 1컵(250ml)

젤라틴 7g(1팩)

질 좋은 하얀 샌드위치 빵 4조각(껍질 부분은 제거.)

간장 2작은술

마마이트 ½작은술

앤초비 필레 4~6개(포크 등으로 으깨기. 약 1큰술, 반은 소스용으로 남겨 두기.)

대란 2개

파르메산 치즈 85g(곱게 갈기. 여유있게 담아서 약 1½컵, 375ml)

중간크기 마늘 6쪽(곱게 다지거나 제스터에 갈기. 약 2큰술, 소스용으로 반은 남겨 두기.)

다진 파슬리 ½컵(125ml)

소스 재료

엑스트라 버진 올리브오일 4큰술

무염 버터 4큰술

큰 양파 1개(잘게 사각 썰기. 약 2컵, 500ml)

위에서 남은 앤초비 페이스트와 마늘

말린 오레가노 1½작은술

레드 페퍼 플레이크 1작은술

홀토마토 통조림 2.4kg(손이나 매셔로 대략 1.3cm 정도로 으깨기.)

식물성 기름이나 카놀라유 1½컵(375ml)

다진 바질 ¼컵(60ml)

고명용 다진 파르메산 치즈

---

1. **미트볼 만들기** : 큰 볼에 간 소고기와 돼지고기, 소금 1큰술을 넣고 섞는다. 손으로 충분히 잘 섞어 준 뒤 상온에 30분 동안 재운다.

2. 한쪽에선, 큰 볼에 버터밀크를 넣고 젤라틴을 위에다 뿌린다. 10분 동안 물에 녹인다. 여기에 빵을 넣고 가끔 빵을 뒤집어 주면서 완전히 흠뻑 젖도록 10분간 담근다.

3. 재운 고기에, 간장과 마마이트, 으깬 앤초비, 달걀, 치즈, 다진 마늘 반, 파슬리를 넣는다. 섞은 빵과 버터밀크를 넣고 손으로 부드럽게 주무르면서 잘 섞는다. 지나치게 치대지는 않는다. 작은술 크기로 조금 떼어 내서 전자레인지용 접시에 올려 약 15초 정도 전자레인지를 고출력으로 돌려 익힌다. 다 익으면 간을 보고 필요하면 고기 반죽에 소금을 더 넣는다.

4. 손에 물을 묻히거나 40호 스쿱(#40 scoop)을 이용해서 고기 반죽을 약 지름 4cm 정도 되는 공 모양으로 만든다(미트볼이 숟가락에 약간 볼록하게 올라오도록 한 개당 약 3큰술 정도로 28~32개 정도가 나온다.). 만든 미트볼은 큰 접시에 놓고 냉장고에 넣는다.

5. **소스 만들기** : 더치 오븐에 올리브오일을 넣고 중강 불에 올려 가열한다. 미트볼 4개를 넣고 냄비 바닥에 대고 으깬다. 고기를 뒤적이지 않고 가만히 두어 바닥에서 갈색이 잘 되도록 약 3분 정도 굽는다. 버터와 양파를 넣고 나무 주걱으로 바닥에 눌어붙은 갈색 부스러기들을 긁어낸다. 가끔 저어 주면서 양파가 대부분 숨이 죽고 반투명해지도록 약 3분 정도 볶는다.

6. 남은 마늘과 오레가노, 페퍼 플레이크, 남은 앤초비 반을 넣고 고기를 섞고 으깨면서 약 1분간 볶아서 향이 나게 한다. 토마토를 넣고 한소끔 끓인 뒤 불을 줄이고 뭉근히 끓인다. 뚜껑을 좀 열고 소스가 걸쭉하고 진해질 때까지 약 1시간 정도 조린다.

7. 한쪽에선, 25cm(10인치) 논스틱이나 무쇠 프라이팬에 식물성 기름을 두르고 중강 세기의 불에 올려 180℃로 가열한다(미트볼을 프라이팬 가장자리의 뜨거운 기름 속으로 넣을 때 요란하게 지글지글거려야 한다.). 남은 미트볼 ⅓을 조심스럽게 팬에 넣는다. 그러면 온도가 150℃로 떨어질 것이다. 계속 이 온도(기름은 계속 요란하게 지글거리지만 연기는 나지 않는 상태)를 유지하도록 불을 조절한다. 미트볼의 한 면이 먹음직스런 갈색 빛이 되도록 1~2분 정도 튀긴다.

8. 작은 L자형 스패츌러 또는 포크로 조심스럽게 미트볼을 뒤집고 다른 면에 갈색 빛이 돌도록 약 3~4분 더 튀긴다. 집게로 미트볼을 키친타월이 깔린 접시로 건져 낸다. 남은 미트볼도 넣기 전에 기름 온도를 180℃로 올린 뒤

똑같이 튀긴다. 튀긴 미트볼을 한쪽에 둔다(기름은 버리거나 걸러서 다른 용도로 사용한다.).

9   소스를 1시간 끓인 뒤 미트볼을 넣고 10분 더 끓인다. 소금으로 간을 하고 바질을 넣고 파르메산 치즈를 갈아 넣고 차려 낸다(원하면 파스타도 함께 낸다.).

버섯 크림소스에 조린 돼지고기 미트볼
PORK MEATBALLS WITH MUSHROOM CREAM SAUCE

4~6인분

미트볼 재료

분쇄 돼지고기 어깨살 450g

코셔 소금

버터밀크나 생크림 4큰술

젤라틴 7g(1팩)

질 좋은 흰 샌드위치용 빵 2조각(껍질 부분은 제거.)

간장 1작은술

마마이트 ½작은술

앤초비 필레 2개(포크 등으로 으깨기.)

중간 크기 마늘 3쪽(곱게 다지거나 제스터에 갈기. 약 1큰술, 소스용으로 2작은술 정도 남기기.)

레드 페퍼 플레이크 1작은술

대란 1개

설탕 1큰술

펜넬 파우더 ½작은술

후춧가루

식물성 기름 2컵(500ml)

소스 재료

무염 버터 3큰술

양송이 227g(씻어서 슬라이스하기.)

작은 양파 1개(곱게 다지기. 약 1컵, 250ml)

위에서 남은 마늘

중력분 1큰술

홈메이드 또는 저염 닭 육수 통조림 1½컵 (375ml)

간장 1작은술

생크림 ½컵(125ml)

설탕 2작은술

코셔 소금과 후춧가루

레몬 즙 1작은술

타임 잎 1작은술

1 미트볼 만들기 : 큰 볼에 돼지고기 분쇄육과 소금을 넣고 손으로 충분히 섞은 뒤 상온에서 30분 정도 재운다.

2 한쪽에서는 큰 볼에 버터밀크를 넣고 젤라틴을 위에 뿌린다. 10분 동안 녹인 뒤, 빵을 넣고 가끔 뒤적여 완전히 흠뻑 젖도록 10분간 담가 둔다.

3 재운 고기에, 간장과 마마이트, 으깬 앤초비, 다진 마늘 1작은술, 레드 페퍼 플레이크, 달걀, 설탕, 펜넬, 후추를 넣는다. 빵과 버터밀크를 섞어서 넣고 손으로 부드럽게 주무르면서 잘 섞는다. 지나치게 치대지는 않는다. 작은술 크기로 조금 떼어 내서 전자레인지용 접시에 올려 약 15초 정도 전자레인지에 고출력으로 돌려 익힌다. 다 익으면 맛을 보고 필요하면 고기 반죽에 소금과 후추를 더 넣는다.

4 손에 물을 묻혀 고기 반죽을 약 지름 2.5cm 정도 되는 미트볼로 만든다(큰 술에 넉넉하게 담아서 하나씩 만든다. 대략 30개 정도가 나온다.). 만든 미트볼은 큰 접시에 놓는다.

5 25cm(10인치) 논스틱이나 무쇠 프라이팬에 식물성 기름을 두르고 중강 불에 올려 180℃로 가열한다(미트볼을 프라이팬 가장자리의 뜨거운 기름 속으로 넣을 때 요란하게 지글지글거리는 온도이다.). 미트볼 4개를 한쪽에 두고 조심스럽게 남은 미트볼 반을 팬에 넣는다. 그러면 온도가 150℃로 떨어질 것이다. 계속 이 온도(기름은 계속 요란하게 지글거리지만 연기는 나지 않는 상태)를 유지하도록 불을 조절한다. 그리고 미트볼의 한 면이 갈색으로 변하도록 1~2분 정도 튀긴다. 작은 L자 스패출러 또는 포크로 조심스럽게 미트볼을 뒤집고 다른 면도 갈색이 되도록 약 3~4분 더 튀긴다. 집게로 미트볼을 키친타월이 깔린 접시로 건진다. 남은 미트볼도 넣기 전에 기름 온도를 180℃로 올린 뒤 똑같이 튀긴 후 한쪽에 둔다(기름은 버리거나 걸러서 다른 용도로 사용한다.).

6 소스 만들기 : 프라이팬의 불을 중강으로 올리고 버터 2큰술을 넣고 거품이 가라앉을 때까지 가열한다. 버섯을 넣고 가끔 저으면서 버섯에서 물이 나오고 갈색 빛을 띠도록 약 8분 정도 볶는다. 버섯을 프라이팬 한쪽으로 밀고 남은 버터를 프라이팬 가운데에 넣는다. 남겨 둔 미트볼 4개를 넣고 나무 주걱으로 고기를 으깬다. 고기를 저으면서 더 이상 분홍색이 없어질 때까지 약 1분 정도 볶는다.

7 양파를 넣고 고기와 버섯, 양파를 함께 섞고 가끔 저어 주면서 양파가 부드러워질 때까지 약 3분간 볶는다. 남은 마늘을 넣고 약 30초 정도 볶아 향이 나게 한다. 여기에 밀가루를 넣고 30초 정도 계속 저어 준다. 천천히 닭 육수를 붓고 팬 바닥에 눌어붙은 부스러기 조각을 긁어낸다. 간장과 생크림, 설탕을 넣고 잘 섞은 뒤 끓인다.

8 튀긴 미트볼을 소스에 넣고 가끔 젓거나 뒤집어 주면서 미트볼이 완전히 익고 소스가 생크림 농도로 걸쭉해질 때까지 약 5분간 조린다. 소금과 후추로 간을 하고 레몬 즙과 타임을 넣고 섞은 뒤 마무리한다.

아내는 매일 밤 집에 오면 나에게 키스를 해 준다.
MY WIFE GETS HOME EACH NIGHT AND GREETS ME WITH A KISS.

내게는 순진한 몸짓인 키스가 아내에겐 그저 냄새를 맡으려는 위장술일 뿐이다. 아내가 코를 내 얼굴 가까이 대면서 속임수와 배신의 짭조름한 향기, 감출 수 없는 그 냄새를 찾으려 짧고도 날카롭게 숨을 들이마시는 걸 난 이미 눈치챘다. 나는 숨을 참으려 하지만 너무 늦었다.

아내는 나를 똑바로 쳐다보면서 "또 버거 만들었지? 그렇지?"

어떤 사람들은 나의 버거 사랑을 집착이라고 부른다. 또 누군가는 정신 질환(엄마, 안녕!)이라고 하고 또 다른 누군가 즉, 아내는 계속되는 슬픔의 근원이라고 한다. 2년 전, 아내는 버거와 그릴에 구운 양파의 영광스러운 냄새가 벽에까지 스며들었다면서 억지로 다른 아파트로 이사를 하게 했다. 우리는 곧 다시 이사를 해야 할지도 모르겠다.

나는 아내를 사랑하지만 버거는 내 연인이다.

더 맛있는 버거를 만들기 위한 다섯 가지 규칙

어느 정도 괜찮은 수준의 버거는 누구나 만들 수 있고 이 점이 바로 버거를 만드는 좋은 점이긴 하지만 괜찮은 수준을 넘어 깜짝 놀랄 만큼 감동적인 수준의 버거를 만들려면 노하우가 좀 있어야 한다. 감동적인 수준의 버거를 만들 수 있는 가장 기본적인 규칙 다섯 가지는 다음과 같다.

1. 소고기를 잘 골라 직접 분쇄한다.

버거는 소시지나 미트로프, 미트볼보다 소고기를 바로 갈아서 만들어야 훨씬 더 빛을 발하는 음식이다. 신선한 고기의 중요성은 아무리 강조해도 지나치지 않다. 판매하는 분쇄 소고기를 사용해서 버거를 만드는 일은 일종의 도박과 같다. 언제 그 고기를 갈았는지 소고기의 어느 부위를 갈았는지 혹은 포장된 고기 안에 몇 마리의 소에서 나온 고기가 섞였는지 알 길이 없다. 대장균이나 취급 부주의, 그리고 패티를 납빛으로 변하게 하는 꽉 조인 랩 포장 같은 건 말할 것도 없이 말이다. 갓 분쇄한 소고기는 조직이 느슨하고 육즙도 많고 맛도 좋아서 여러분이 먹어 본, 가게에서 파는 간 소고기로 만든 어떤 버거와도 도저히 비교할 수 없다. 또한 고기를 직접 갈면 패티에 넣을 고기 부위를 여러분이 직접 고를 수 있어 자신의 입맛대로 버거 맛을 조절할 수 있다. 한 번도 직접 갈아 보지 않았다면 처음에는 과정이 좀 부담스러울 수 있지만 사실 전혀 그렇게 어렵지 않다(고기 분쇄에 관해서는 495쪽 참고).

그럼에도 갈아 놓은 소고기를 사겠다하면 적어도 지방이 20%(80 : 20, 80% 살코기, 20% 지방)는 되는 소고기 척 부위를 간 걸로 구한다. 그리고 가능하다면, 정육점에 가서 굵게 갈아 달라고 해서 바로 갈아 오는 게 좋다.

2. 고기를 주물럭거리지 않는다.

겉보기와는 달리 간 고기는 비활성 상태가 아니다. 고기를 손에 올려놓는 순간부터 고기는 활발하게 변화하기 시작하는데, 반죽에, 뿌리는 소금에, 모든 기온 변화에 다 반응한다. 고기를 과하게 다루면 단백질이 작은 벨크로 조각처럼 서로 교차결합을 해서 버거를 완성했을 때 질기고 뻑뻑해진다.

가장 부드러운 버거를 만들려면 고기를 바로 갈아서 최대한 부드럽게 패티를 만들어야 한다. 그리들에 구운, 치즈가 녹아들기 좋게 틈이 많은 패티를 만들기 위해, 나는 가끔 고기를 베이킹팬에서 바로 요리하지 않고 살살 굴려서 패티로 만든 뒤에야 집어서 굽는다. 그러면 정말 최고다!

성글게 빚은 패티와 꽉 눌린 패티를 나란히 두고 구워 차이를 확인해 보라.

꽉 눌린 패티는 단단해서 녹은 육즙과 끈적끈적한 치즈를 머금을 공간이 적다. 반면에, 조심스럽게 살살 만든 패티는 조직이 느슨해서 육즙을 더 잘 보존하고 익힐 표면적도 더 넓고, 보시다시피, 녹은 치즈와 육즙을 가득 채울 틈이 아주 많다.

게다가, 양파나 허브, 달걀, 빵가루 등과 같은 자질구레한 재료를 분쇄육에 넣으면 고기 반죽을 더 많이 섞어야 할 뿐 아니라 바로 버거를 '미트로프 샌드위치' 범주로 강등시키는 꼴이 된다. 조심스럽게 소고기를 고르고 가느라 시간을 많이 보냈으니 소고기 맛만 나도록 해 보자.

이 규칙에 한 가지 예외가 있는데 바로 눌러서 만드는 버거이다. 버거를 그릴이나 그리들에 구울 때면 어떤 상황이라도 맛있는 육즙이 빠져나가지 않도록 절대로 누르면 안 된다는 이야기를 들어 봤을 것이다. 음, 그 얘긴 맞기도 하고 틀리기도 하다. 지방이 액화되기 시작하는 온도로 패티를 가열하면 그때는 누르면 스펀지처럼 지방이 흘러나오는 건 맞다. 하지만 이 단계 전에는 언제라도 버거를 눌러도 괜찮다. 사실, 쉑쉑 버거(Shake Shack)와 스매시버거(Smash-burger) 같은 체인점에서 최근에 인기를 얻는 버거 스타일도 눌러서 만드는 버거로, 버거를 굽기 시작하는 바로 그때 버거를 누르는데 그것도 아주 세게 누른다. 이 부분에 대해서는 나중에 더 이야기하겠다.

3. 간을 넉넉히 하되 패티를 만들고 난 뒤에 소금을 친다.

버거를 건강식품이나 매일 먹는 음식으로 혼동해서는 안 된다. 맛있는 버거는 가끔 먹는 음식이고 만약 큰 맘 먹고 해 먹는다면 기가 막히게 맛있게 해 먹고 싶다. 소금과 후추를 충분히 넣지 않으면 가장 조심스럽게 고르고 갈아서 만들어도 맛이 밍밍하다. 차라리 아주 단점이 많더라도 적어도 염화나트륨이 적절히 든 버거킹이나 맥도널드 버거를 먹는 게 더 낫다.

거기에 경고를 하자면 패티를 만들고 난 뒤에 소고기에 소금을 쳐야 한다. 이유는 소금이 근육 단백질을 녹이고 그 결과 교차결합을 해서 촉촉하고 부드러운 버거를 소시지처럼 탄력이 있게 만들기 때문이다(이 점은 소시지에는 좋다. 506쪽 참고). 소금의 영향이 아주 분명하게 드러난다. 다음 페이지에 보이는 두 가지 버거는 소고기의 동일한 부위로 만들고 똑같은 방법으로 빚었다. 그리고 똑같은 프라이팬에서 내부 온도가 똑같아지도록 구웠다. 유일한 차이라면? 왼쪽 버거는 패티를 만든 뒤 겉면에만 소금을 뿌렸고, 오른쪽 버거는 패티를 만들기 전 고기 반죽에 소금을 넣어서 만들었다.

이렇게 치밀한 질감의 버거는 아주 매끄러우며 단단하고 질긴 식감이 있다. 이를 보여 주기 위해 나는 반으로 자른 버거 위에다 특정 높이에서 더치 오븐을 떨어뜨려 패티가 얼마나 넓게 늘어나는지 알아보았다. 아래 결과를 보라. 일반적인 방법으로 만든 패티는 왼쪽이고 소금을 미리 첨가한 패티는 오른쪽이다.

소금을 치지 않고 만든 패티(왼쪽)와 햄버거 고기에 소금을 친 패티(오른쪽)

이제 이해가 되십니까? 패티가 다 만들어질 때까진 소금을 가만히 두세요.

후추는 넉넉히 넣는 걸 좋아한다. 버거에 후추가 부족하면 거품 없이 목욕하는 것과 마찬가지이다. 정말 그렇다. 후추를 안 넣고도 버거를 만들 수 있지만 그게 무슨 맛이 있겠는가?

4. 햄버거 빵을 사랑하라.

이 얘긴 특별히 버거에 해당하는 일반적인 생활의 조언이다. 햄버거 빵은 모양과 크기, 밀도, 스타일이 다양하게 나온다. 용도에 맞는 빵인지 확인하고 그에 맞게 위엄과 경의를 표하며 다룬다. 햄버거는 괜찮은데 어울리지 않는 빵을 써서 망친 경우를 수도 없을 정로로 많이 봤다.

다이너스타일의 그리들 버거(griddled burger)처럼 크기가 작고 얇은 패티에는 부드러우면서 으깨지는 슈퍼마켓 빵도 괜찮지만 부드러우면서 탄탄하고 약간 달콤한 마틴의 포테이토 롤(Martin's Potato Rolls)이 기준점이 된다(나는 마틴이 없을 때는 아놀드(Arnold)나 페퍼리지 팜(Pepperidge Farm) 빵을 사용한다. 취향에 따라 참깨가 있는 걸 골라도 된다.). 그리고 과학을 사랑한다면 버거를 빵 안에 넣기 전에 빵에 버터를 바르고 굽는다! 얇은 패티가 들어가는 슬라이더(Sliders) 버거는 부드러운 슈퍼마켓 빵 중에서도 가장 부드러운 빵이 필요하다. 그래서 먹는 동안, 김에 쏘이면서 완전히 녹아 없어진다. 상점 자체 상표로 파는 빵도 거의 대부분 괜찮다.

좀 더 큰 펍 스타일 버거는 부드러운 빵에 넣으면 육즙이 흘러서 빵을 적시기 때문에 버거가 테이블에 올라오기도 전에 아래가 다 녹아버릴 수 있다. 빵을 구우면 이런 현상을 조금 완화시킬 순 있지만 대개는 좀 더 튼튼한 롤을 고르거나 가까이 솜씨 좋은 빵집이 있다면 용도에 맞게 버거용 빵을 따로 맞춰서 사용하면 좋다. 브리오슈(Brioche)를 좋아하는 사람도 있지만 나는 소고기의 맛이 드러나도록 버터가 적게 들어가고 달지 않은 빵을 좋아한다. 너무 속이 쫀득거리거나 껍질이 질긴 빵은 피하는 게 좋다. 질긴 빵은 버거를 한 입 베어 물 때 패티 뒷쪽을 누르게 될 수가 있는데, 이쪽 업계에서는 '말짱 도루묵'으로 알려진 무시무시한 상황이 생기게 된다.

5. 센 불에서 조리한다.

아주 드문 경우(예를 들어, 미니 햄버거나 찐 버거)를 제외하고 버거의 목표는 겉면에 바삭한 크러스트와 노릇한 갈색을 최대화하는 것이다. 이렇게 하려면 가장 좋은 방법은 버거를 최대한 센 불에서 구워야 한다. 스토브에서 굽는다면 센 불에서 무쇠나 두꺼운 스테인리스 스틸 프라이팬을 엄청나게 뜨겁게 해서 굽든가(버거를 시어링할 정도로 뜨겁게 가열을 하면 논스틱 코팅에서 독성물질이 나오기 때문에 논스틱 프라이팬은 사용하지 않는다.). 그릴을 사용한다면 버너를 최대한 세게 하거나 목탄을 한 가득 피우고 그릴을 예열한 뒤 굽는다. 버거의 가운데가 아직 적정 온도가 되기도 전에 버거가 타기 시작하면 불을 줄이거나 그릴 구이라면 버거를 그릴의 온도가 낮은 쪽으로 옮긴다(더 좋은 방법은 온도가 낮은 쪽에서 굽기 시작해서 뜨거운 쪽에서 마무리).

두꺼운 버거가 다 익었는지 보려면 물론 남자다운 척 손가락으로 찔러서 알 수도 있고 멋진 식품 온도계로 알아볼 수도 있다.

버거는 아주 빨리 구워 내야 하지만 최종 조리 온도는 스테이크의 조리 온도와 정확히 같다.

대략적인 버거의 온도는 아래와 같다.

- 49℃ 이하 – 레어(가운데는 붉거나 날것이다.)
- 54℃ – 미디엄 레어(분홍색이며 따뜻하다.)
- 60℃ – 미디엄(완전히 분홍색, 수분이 마르기 시작한다.)
- 65℃ – 미디엄 웰(회색빛이 도는 분홍색, 많이 건조하다.)
- 71℃ 이상 – 웰던(완전히 회색, 수분이 거의 없다.)

누르고 눌리고
SMASHING BURGERS VERSUS SMASHED BURGERS

"절대로 버거를 눌러서는 안 된다!"

얼마나 여러 번 책이나 TV에서 셰프들이 이렇게 말하는 걸 듣고 읽었는가? "버거를 누르면 육즙이 빠져 나온다!", "점심 식사가 하키용 고무 원반처럼 되고 만다!" 셰프들은 이렇게 주장한다. 우리는 이런 이야길 여러 번 듣다 보니 그냥 믿게 된 것이 아닐까? 음, 똑똑하신 셰프님들, 좋아요. 셰프님들을 믿지만 먼저 아래 세 가지 질문에 대답을 해 주셔야겠습니다.

- 질문 1 : 뉴욕에서 내가 좋아하는 버거 중 한 곳은 사람들이 길게 줄을 서서, 사려면 한 시간은 기다려야 하는 납작하게 누른 버거다. 그렇다면 쉑쉑 버거는 어떻게 해서 육즙을 그대로 갖고 있을까?
- 질문 2 : 스매시버거는 누르는 방법으로 유명하다. 스매시버거의 팬들이(아주 많다.) 모두 하키용 고무 원반 맛에 매혹된 것일까?
- 질문 3 : 댈러스에 있는 오프사이트 키친(Off-Site Kitchen)에서 최근에 가장 맛있는 버거를 먹었다. 그곳의 버거는…… 어떤 버거일까? 바로 납작하게 누른 버거였다. 도대체 어떻게 된 일인가?

자, 이런 주장들은 대부분 과장된 게 많다. 잠깐이라도 버거를 만들어 본 사람이라면 답을 안다. 버거를 누르지 말라는 건 늘 혹은 때로는 가끔만 유효한 그런 종류의 충고이다. 그렇다면 언제 버거를 누르면 좋고 언제는 안 되는가? 우선, 버거를 눌렀을 때의 좋은 점에 대해 알아 보자.

우리가 믿는 크러스트란

버거를 누르는 이유는 단 한 가지인데 내가 위에서 말한 세 가지 버거가(무수히 많은 다른 버거도 포함) 맛이 있는 이유이기도 하다. 바로 마이야르 반응이다. 스테이크나 버거 위에 크러스트를 만들고 토스트 위를 황금색으로 바꾸며 복합적이고도 기분 좋은 향과 맛을 내는 바로 브라우닝 작용 말이다. 스테이크 전문점과 오븐에서 갓 꺼낸 빵에서 나는 냄새. 맛있는 버거 가게에서 나는 냄새. 마이야르 반응은 고기의 맛을 좋게 할 뿐만 아니라 고기 맛을 더 풍성하게 하기도 한다.

이러한 브라우닝 반응 대부분은 음식이 적어도 150℃ 정도로 가열되지 않으면 일어나지 않으며 이보다 더 높으면 가속도가 붙게 된다. 버거를 만들면서 브라우닝을 최대한 많이 만들고 싶다면(물론 그래야만 한다.), 버거를 최대한 눌러야 한다. 눌린 버거는 뜨거운 금속과 접촉하는 표면적이 넓어져 브라우닝이 더 많이 만들어지기 때문에 훨씬 맛있어질 수밖에 없기 때문이다.

시간을 충분히 주면 누르지 않은 버거도 브라우닝이 되는 긴 사실이지만 몇 가지 문제가 있다. 불이 너무 세면 브라우닝이 고르지 않게 되고 최악의 경우 프라이팬이나 그리들에 바로 닿아 있는 고기는 브라우닝이 시작되는 온도로 올라가기도 전에 타 버리고 만다. 그리고 낮은 불로 조리하면 브라우닝을 더 골고루 할 수는 있지만 그러면 더 오래 걸린다. 오래 걸리면 버거의 가운데는 너무 많이 익게 된다(너무 많이 익히는 선 바로 벅벅한 버거를 만드는 지름길이다.).

버거를 누르면 비교적 작은 패티도 속이 너무 익기 전에 진한 갈색 크러스트가 만들어진다.

육즙이 흘러나온다.

그렇다면, 누르지 말아야 할 때는 언제인가? 우리 모두는 이 부분에 대해서 꽤 잘 알고 있지만 확실히 하기 위해 나는 여러 단계에서 버거를 누르면서 스무 개가 넘는 버거를 구웠다. 결과가 어땠냐고? 육즙을 잃지 않으려면 조리 시작하고 바로 30초 안에 눌러야만 한다.

간 소고기가 차가우면 지방은 아직 고체 상태에서 근섬유의 작게 다져진 조각 속에 고정되어 있다. 이 때문에 날것 상태의 간 고기를 눌러도 육즙이 많이 나오지 않으므로 조리 시작히고 잠깐 시이에는 육즙을 잃을 염려 없이 버거를 누를 수 있다.

하지만 고기의 온도가 점점 올라가면 어떤 일이 일어날까?

버거를 현미경으로 살펴보면 기본적으로 버거는 지방과 수분을 기본으로 한 액체가 산재해 있는 서로 연결된 단백질 망이나 다름없다. 다른 모든 고기처럼, 버거가 익으면서 이 단백질 망은 팽팽해지고 그러면서 액체를 짜내게 된다. 그리고 동시에 지방은 녹기 시작해서 액체처럼 된다. 그래서 육즙과 함께 빠져나오게 되는 것이다.

제대로 만들어진 버거 속에는, 이를 테면, 적당한 방법으로 갈아서 차갑게 한 다음, 모양을 만들 때에도 최소한으로만 만져 만든 버거 속에는 단백질 그물망이 비교적 헐겁다. 심지어는 지방이 액체로 바뀌어서 육즙이 단백질 망에서 빠져나온 때라도 마치 스펀지처럼 속에 액체가 스며 있기는 하지만 짜야만 수분이 나오듯이, 육즙은 패티 속에 그냥 머물러 있다가 씹을 때 비로소 육즙을 내놓을 수도 있다. 그러나 이 단계에서 버거를 누르게 되면 육즙이 프라이팬이나 목탄 위로 다 빠져나오게 된다. 그래서 다 짜낸 스펀지 같은 질감의 고기만 남게 된다.

버거는 익히면 무게가 준다. 액체로 변한 지방과 빠져나온 육즙을 그대로 붙들어 둘 수는 없다. 실험에서, 처음 113g짜리 하키용 고무 원반 모양(puck, 퍽)으로 만든 버거를 30초 전에 1.3cm 두께로 눌렀더니 조리 동안 처음 무게의 20%가 조금 넘게 줄어들었다. 하지만 이 양은 전혀 누르지 않고 만든 같은 무게와 두께의 버거와 유사한 양이다. 두 버거 다 꽤 촉촉하다. 하지만 누른 버거는 확실히 맛이 더 좋다.

버거를 제대로 누르는 4가지 규칙

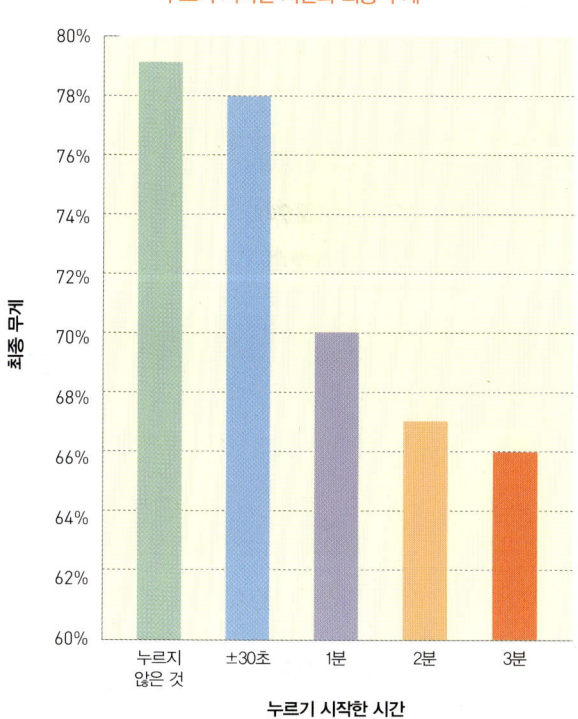

누르기 시작한 시간과 최종 무게

1분이 지난 뒤 누르면 육즙이 엄청 많이 흘러나오기 시작하는 때라, 정말이지 퍽퍽한 버거가 되고 만다. 1분이 지나서 누른 버거는 30초 안에 누른 버거와 비교했을 때, 족히 50% 이상 수분 차이가 난다. 그런데, 두 번, 심지어 세 번 눌렀다고 해 보자. 곧, 처음에 한 번 누르고 참지 못하고는 중간에 다시 누르고 마지막 즈음에 한 번 더 눌렀다고 가정해 보자. 그러면 버거는 아주 쉽게 빌어먹을 그리들에다 무게의 반을 내주고 만다. 나는 이 끔찍한 방법으로 수많은 주문을 처리해 내는 즉석요리 요리사를 많이 봤고 이렇게 만든 버거도 많이 먹어 봤다.

버거에 관한 기본 규칙을 안다면(555쪽 참고) 누른 버거를 만드는 법은 아주 간단하다.

규칙 1 : 단단하고 튼튼한 뒤집개를 사용한다.

탄력성이 있거나 싼 플라스틱 뒤집개는 여기에 사용하면 안 된다. 손잡이가 잘 고정된 무거운 스테인리스 스틸 뒤집개가 필요하다.

규칙 2 : 두꺼운 스테인리스 스틸이나 무쇠 프라이팬에 굽는다.

지속적이고 고른 열이 필요하다. 그래서 상대적으로 두꺼운 팬을 사용하고 골고루 다 뜨거워지도록 오래 예열한다. 나는 중간 불에 팬을 올리고 몇 분간 예열을 시켜 온도를 아주 높여 놓은 뒤 고기를 넣는다.

규칙 3 : 일찍 그리고 단단히 누른다.

57~142g 정도의 고기를 5cm 정도 두께의 퍽 모양으로 만들고 소금과 후추를 넉넉히 뿌린다. 그러고는 예열된 프라이팬에 넣고 뒤집개로 누른다. 이때 필요하면 뒤집개를 두 개를 써도 된다. 뒤적이지 말고 겉이 진한 갈색이 될 때까지 굽는다. 약 1분 30초 정도 걸린다.

규칙 4 : 바삭바삭한 부분을 남김없이 다 긁어낸다.

버거를 누르는 목적은 멋진 갈색의 크러스트를 만들려는 것이다. 그래서 버거를 뒤집을 때 밑에 눌어붙은 부분을 다 긁어내는 게 아주 중요하다. 이때에도 튼튼한 금속 뒤집개가 필요하다. 뒤집개의 위아래를 거꾸로 해서 사용하면 잘 긁어진다는 걸 알게 됐다. 버거를 적절히 누르고 한 쪽에 크러스트가 세내로 만들어지면, 두 번째 면은 빨리 구워야 한다. 익을 정도로만 굽고 치즈를 올린다면, 치즈가 녹을 정도로 30초 정도만 구우면 된다.

그리고, 음, 이게 전부다. 아주 간단하고, 빠르고, 기가 막히게 맛있다. 버거를 누르면 좋은 점은 가게에서 파는 갈아 놓은 소고기(헉!)로 만들어도 버거 맛이 아주 맛있다는 거다. 그래서 나는 버거가 먹고 싶지만, 미트 그라인더를 꺼내기 귀찮을 때, 누르는 버거를 만든다.

고전적인 다이너스 타일의 눌러서 만든 치즈버거

CLASSIC DINER-STYLE SMASHED CHEESEBURGERS

NOTE • 나는 가늘게 채썬 양파와 피클, 거기다 프라이 소스(563쪽)를 얹는 걸 좋아하지만 각자 원하는 재료를 넣어서 만들면 된다.

2~4인분

분쇄 소고기 450g(분쇄 상태로 사거나 집에서 분쇄)

부드러운 햄버거 빵 4개(가급적이면 마틴의 포테이토 샌드위치 롤)

녹인 무염 버터 2큰술

식물성 기름

코셔 소금과 후춧가루

작은 양파 1개(가늘게 채썰기. 선택사항)

아메리칸 치즈 델리컷 슬라이스 4개

원하는 토핑

1. 고기를 고르게 4등분하고 높이가 5cm, 폭이 6cm 정도 되는 원반 모양으로 만든다. 굽기 전까지 냉장고에 넣어 둔다.

2. 빵을 가로로 가르되 다 자르지는 않는다. 버터를 살짝 바른 뒤 뜨거운 브로일러에 넣거나 토스트 오븐에 넣고 황금색이 될 때까지 약 1분간 굽는다. 한쪽에 둔다.

3. 30cm(12인치) 바닥이 두꺼운 스테인리스 스틸이나 무쇠 프라이팬에 식물성 기름을 넣고 키친타월을 뭉쳐서 닦아 낸다. 중간 불에 올려서 연기가 날 때까지 가열한다. 소고기 패티 위에 소금과 후추로 간을 한 뒤 간을 한 면이 프라이팬 바닥에 오도록 놓는다. 넓고 무거운 뒤집개로 대략 지름이 10 ~ 12cm, 두께가 1.3cm 정도 되도록 누른다. 뒤집개를 두 개 사용하면 더 세게 누를 수 있다. 윗부분에도 소금과 후추를 뿌린다. 아랫면이 황금색이 될 때까지 뒤섞이지 않고 약 1분 30초 정도 굽는다. 뒤집개의 끝을 이용해서 조심스럽게 패티를 긁으면서 완전히 갈색 크러스트가 되면 한 번만 뒤집는다. 양파를 넣을 거면 버거 맨 위에 넣고 치즈 슬라이스로 덮는다. 패티가 미디엄 레어로 익도록 약 30초 정도 더 굽는다.

4. 빵과(이나) 패티 위에 원하는 토핑을 하고 패티를 빵에 넣고 덮어서 차려 낸다.

프라이 소스 FRY SAUCE

미국 중서부에 있는 어느 버거 가게든 들어가서 프라이 소스를 주문하면 작은 분홍색 튜브에 든 부드럽고 찐득찐득한 소스를 주는데 여기에 감자튀김을 찍어 먹거나 버거 위에 듬뿍 발라 먹는다. 이 소스는 기본적으로는 마요네즈와 케첩을 섞어 만드는데 여기에 향신료 몇 가지와 피클 즙을 넣어 맛을 더한다.

⅔컵(160ml) 분량

마요네즈 ½컵(125ml. 가급적이면 홈메이드, 817쪽)

케첩 2큰술

노란 머스터드 1큰술

코셔 딜(kosher dill) 피클 국물 1큰술

설탕 1작은술

카옌 페퍼 파우더 조금

볼에 모든 재료를 넣고 매끄럽게 될 때까지 휘핑한다. 소스는 뚜껑 있는 용기에 넣고 냉장고에서 2주간 보관할 수 있다.

그릴에 구운 크고, 두툼하고 촉촉한 버거
BIG, FAT, JUICY GRILLED BURGERS

정확한지는 모르겠지만 대부분의 사람들이 전형적인 버거라고 생각할 때 떠올리는 버거는
겉면은 바삭하고 가운데는 미디엄 레어로 그릴에 구운 촉촉한 펍 스타일이나 뒷마당에서 구워 먹는 버거 스타일이라고 생각한다.

엄청난 크기 때문에 속의 수분이 마르기 전에 겉면에 맛있는 크러스트가 생기기가 상대적으로 쉽다. 하지만 좋은 펍 스타일 버거가 완벽한 버거가 되려면 몇 가지 중요한 단계가 있다. 늘 그렇듯이, 가장 중요한 점은 고기를 바로 갈아서 사용하는 것이지만 그게 다가 아니다.

두툼하게 삐져나온 살과 씨름하기

여러분에게 무시무시한 사진 몇 가지를 보여 주려 한다. 여러분 중에 비위가 약한 체질은 눈을 가려도 좋다. 아마 이런 사진을 전에 봤을 수도 있지만 하여튼 보기 좋은 사진은 아니다. 제대로 모양을 만들지 않고 그릴에 올리면 어떤 일이 일어나는지 보여 준다.

아래는 두꺼운 버거에 나타나는 기본적인 증상들이다.

- **빵 바닥이 질척하다.** 이런 현상은 먹는 사람이 입에 들어가게 하려고 햄버거를 누르면서 발생한다. 패티에서 육즙이 나와 아래에 있는 빵을 흠뻑 적신다. 총체적으로 빵이 젖어 버릴 확률이 높아진다.
- **고기가 없는 부분.** 버거가 빵보다 많이 작은 경우, 구울 때 조심해서 재고 크기를 늘려도 고기가 없이 먹어야 하는 부분이 많을 때가 있다.

고기와 빵의 비율이 맞지 않는 버거

- **거의 폭과 두께가 비슷한 버거.** 버거 가운데가 불쑥 솟아서 손과 입 둘 다 아주 어렵게 하는 버거가 있다. 아주 극단적인 경우엔 버거가 거의 동그란 모양이 되기도 한다.

빵이 전혀 감쌀 수 없이 불룩한 버거

- **푸석함.** 이 증상은 사진으로 보여 주기가 너무 섬뜩하다. 이런 증상은 버거를 굽다가 버거가 골프공 같은 모양이 될 때 뒤집개 등으로 버거를 누르면서 발생한다. 지방과 육즙이 불로 떨어지면서 불이 붙게 된다. 그 결과, 납작하면서 육즙이 빠져나가 푸석해지고 겉면은 지방이 타면서 검게 그을리게 된다.

이런 모든 문제들이 일어나는 이유는 알다시피, 고기는 익으면서 수축하는데, 아주 빨리 익는 얇은 패티는 이런 수축이 꽤 골고루 진행된다. 비교적 납작한 상태로 사방에서 골고루 수축한다. 그러나 두꺼운 버거는 가장자리가 점점 더 작아지는 동안 가운데 부분은 점점 더 부풀어 오른다. 왜 그럴까?

그건 버거의 가운데에 남아 있는 덜 익은 부분의 고기 양과 관련이 있다. 버거는 납작한 면과 가장자리 부분부터 익기 때문에 버거 옆쪽은 가운데보다 훨씬 더 빨리 익는다. 그래서 가운데에는 익지 않고 줄어들지도 않은 고기가 그대로 있게 된다. 동시에 가장자리는 두께만이 아니라 또한 가운데 부분을 중심으로도 줄어든다. 이렇게 조이는 동작은 살집이 있는 허리에 맨 벨트와 아주 흡사해서 위로 부풀어 올라갔다 늘어진다. 그러면서 패티 가운데를 누르게 된다.

그렇다면 간단한 해결책이 없을까? 패티를 굽기 전에 미리 부풀어 오르고 줄어드는 걸 감안해야 한다. 그래서 빵 크기보다 패티를 조금 더 넓게 만들고 각 패티의 가운데를 손가락 끝으로 살짝 눌러 준다.

평평한 모양의 버거로 만들기 위해서는,

가운데를 눌러서 얇아지도록 한다.

이렇게 하면 구우면서 패티가 평평해진다.

이렇게 하면 구웠을 때 패티가 평평해진다. 귀중한 육즙을 짜내면서 억지로 버거를 입으로 밀어 넣지 않아도 된다.

골고루 익은 버거

그 무시무시한 부풀어 오른 고기 이외에 펍 스타일 버거에 일어날 수 있는 두 번째 불행이라면 잘못 굽는 경우이다. 최악의 상태는 가운데가 아직 뜨거워지지도 않았는데 겉은 알아볼 수 없을 정도로 타버리는 일이다. 불꽃이 패티 주위로 솟아오르는 걸 보면 흥분이 될 수는 있지만 맛에는 절대로 좋은 게 아니다. 불꽃은 패티에 있는 지방이 떨어지면서 피어오르는 것이라 아래에 있는 뜨거운 목탄에 떨어진 뒤 증발하면서 그을음이 묻은 매캐한 흔적을 버거의 표면에 남기게 된다. 패티를 구우면서 누르면 이런 문제가 더 악화된다.

이를 피하려면, 가장 쉬운 방법은 불을 두 종류로 나누어 단계별로 굽는 방법이 있다. 즉, 그릴 한쪽에만 목탄을 쌓는 방법이다(가스 그릴이라면, 버너 한 세트는 고온으로 올려놓고 다른 쪽은 닫아 둔다.).

두 단계로 굽는 방법은 두꺼운 버거를 굽는 데 가장 좋은 방법이다.

이렇게 구우면 고온 쪽에서는 겉면을 시어링하고(불꽃이 위로 확 피어오르면 그릴 뚜껑을 덮어 불꽃이 잦아들게 한다.) 열이 낮은 쪽에서는 천천히 버거 속까지 익히게 된다. 아시다시피, 전통적인 조리법에서는 먼저 시어링한 뒤, 낮은 온도에서 마무리하라고 한다. 하지만! 이 방법은 '시어링을 하면 육즙을 가둔다'라는 잘못된 가정을 기본으로 하는 것으로 이제는 이 방법이 잘못 되었다는 걸 알고 있다. 사실, 몇 가지 방법으로 나란히 두고 시험을 해 본 결과 정확히 반대로 하면 고기가 훨씬 더 골고루 익는다는 걸 알 수 있다. 버거를 먼저 그릴의 낮은 쪽에 올리고 온도계로 확인해서 원하는 최종 온도보다 5~6℃ 정도 낮을 때 그릴의 뜨거운 쪽으로 옮긴다.

이렇게 구우면, 불꽃이 올라와 보기는 멋지지만 맛에는 좋지 않다.

이렇게 구우면, 생으로 뜨거운 불에 바로 구울 때보다 그 반 정도의 시간으로 두껍고 잘 그을린 크러스트를 만들 수 있다. 고온에서 굽는 시간을 최소화하면 최대한 골고루 익을 수 있으므로 더 골고루 잘 익은 맛있는 버거가 완성된다.

뒤집는 것은 괜찮다.

백야드 버거(Backyard burger)의 셰프들은 뒤집는 문제에 대해 또 뒤집는 횟수에 대해 굉장히 강하게 의견을 내고 있지만, 이미 스테이크(303-304쪽 참고)에서 살펴본 대로 얼마나 자주 뒤집는가 하는 건 큰 문제가 아니다. 사실, 여러 번 뒤집어 주면 짧은 시간 내에 아주 조금이나마 더 나은 버거를 만들 수 있다. 빠른 실험 몇 가지를 통해 이런 결과가 버거에서도 똑같이 유효하다는 게 밝혀졌다. 자주 뒤집어 주는 건 괜찮다. 하지만 후반부로 갈수록 뒤집는 횟수를 줄여야 하는 이유가 있다. 바로 치즈 때문이다. 그릴에서 잘 구운 치즈버거라면 그릴의 열기로 치즈가 완전히 녹아야 한다. 그리고 일단 버거를 뒤집고 위에 치즈를 올렸다면 다시 되돌릴 방법이 없기 때문에 치즈를 올리기 전에 윗부분이 충분히 시어링되도록 해야 한다.

그뿐만 아니라 그릴은 스토브보다 원래 더 다루기가 어렵다. 그릴에 있는 버거를 누가 계속 뒤집고 싶어 하며 또 누가 계속 뒤집을 수나 있겠는가? 다음에 버거는 딱 한 번만 뒤집어야 한다고 고집하는 백야드 버거의 그릴 나치 당원과 우연히 마주친다면, 그냥 웃으면서 고개를 끄덕이고는 그 사람의 방식으로 굽게 놔두라. 그릴에서 구울 때의 규칙 1은 뒤집개를 쥔 사람에게 절대로 이의를 제기하지 않는 것이다.

하지만 여러분이 더 많이 알고 있는 것에 대해 조용히 자축하면서 그 사람 뒤에서 비웃어도 좋다.

펍 스타일의 두툼하고 촉촉한 치즈버거 PUB-STYLE THICK AND JUICY CHEESEBURGERS

4인분

분쇄 소고기 900g(파는 걸 사거나 집에서 갈기.)

코셔 소금과 후춧가루

아메리칸 치즈 또는 체다 치즈 델리 컷 슬라이스 4개

햄버거 빵 4개(굽기.)

원하는 소스와 토핑

1. 고기를 227g 정도씩 4개로 나눠서 각각을 너비 11cm, 두께 2cm 정도로 만든다. 평평한 곳에다 놓고 손가락 3~4개로 가운데 부분을 누른다. 늘어간 부분은 깊이가 0.6cm이고 지름은 8cm 정도 된다. 버거에 소금과 후추를 넉넉하게 뿌린다. 굽기 전까지 냉장고에 넣어 둔다.

그릴에서 굽기

2. 목탄을 큰 연통 가득히 채우고 불을 붙인다. 목탄이 회색 재로 덮이면 그릴에 쏟아 내서 한쪽에 고르게 펼쳐 놓는다. 조리용 석쇠를 세자리에 꼽는다. 가스 그릴을 사용하면, 버너 한쪽 세트를 고온으로 높이고 다른 쪽은 꺼 둔다. 조리용 석쇠를 깨끗하게 긁어낸다.

3. 버거를 그릴에서 온도가 낮은 쪽에 올리는데, 최대한 열기가 덜 닿는 곳에 올린다. 그릴 뚜껑을 덮고 버거 가운데에 꽂은 온도계가 미디엄 레어는 43℃, 미디엄은 49℃가 될 때까지 10~15분간 굽는다.

4. 그릴 뚜껑을 열고 버거를 뜨거운 쪽으로 옮긴다. 한쪽 면이 잘 그을려지도록 약 1분 정도 굽는다. 버거를 뒤집고 치즈를 올린다. 두 번째 면이 그을려지고 치즈가 다 녹을 때까지 약 1분간 더 굽는다. 버거의 가운데는 미디엄 레어는 54℃, 미디엄은 60℃이다. 버거를 빵에 넣고 원하는 토핑을 올린다.

브로일러 아래서 굽기

2. 브로일러를 고온으로 예열한다. 호일을 깐 브로일러 팬에 패티를 넣고 패티의 윗부분이 브로일러 아래로 6~7.6cm 정도 내려오게 놓는다. 패티 윗부분이 갈색으로 변하고 타기 바로 전까지 약 3분 정도 브로일링한다. 패티를 뒤집고 버거 가운데에 꽂은 온도계가 미디엄 레어는 54℃, 미디엄은 60℃가 될 때까지 약 3분간 더 굽는다.

3. 각 패티 위에 치즈 슬라이스를 올리고 브로일러에 다시 넣고 약 25초 정도 구워서 치즈를 녹인다. 구운 빵 위에 올리고 원하는 대로 토핑을 올린다.

완벽한 패티는 평평하고 촉촉하고 조리 후에도 빵보다 약간 더 크다.

CHICKENS, TURKEYS, PRIME RIB, AND THE SCIENCE OF ROASTS

6

구운 고기의 과학 – 닭, 칠면조, 소갈비

THE DIFFERENCE BETWEEN SCREWING AROUND AND SCIENCE IS WRITING IT DOWN.
- ADAM SAVAGE -

"빈둥거리는 것과 과학의 차이라면 기록을 하느냐 아니냐의 차이다."
– 애덤 새비지 –

PART 6
구운 고기의 과학 - 닭, 칠면조, 소갈비

이 장에 있는 레시피들

나비 모양 로스트 치킨	601	쉬운 크랜베리 소스	634
나비 모양 로스트 치킨용 초간단 저스 소스	602	완벽하게 구운 프라임 립	645
간단한 로스트 치킨	604	– 프라임 립에 곁들이는 꼬리뼈 저스 소스	646
버터와 레몬–허브를 바른 로스트 치킨	605	천천히 구운 소고기 안심	648
저크를 바른 자메이카 로스트 치킨	606	호스래디시 크림소스	650
레몬그라스와 강황을 바른 매콤한 로스트 치킨	607	천천히 굽는 뼈 없는 양 다리	656
– 태국식 달콤한 칠리 소스	607	– 마늘과 로즈마리, 앤초비를 발라 천천히 구운 뼈 없는 양 다리	656
페루식 로스트 치킨	608	– 올리브와 파슬리를 발라 천천히 구운 뼈 없는 양 다리	656
– 페루식 매콤한 할라피뇨 소스	609	– 커민과 펜넬을 발라 천천히 구운 뼈 없는 양 다리	657
바비큐 소스를 입힌 로스트 치킨	610	– 해리사와 마늘을 발라 천천히 구운 뼈 없는 양 다리	657
데리야끼 소스를 입힌 로스트 치킨	611	팬에 구운 램랙	658
고전 레시피 : 속을 채우고 허브를 발라 구운 칠면조와 그레이비	615	느리게 구워서 만든 초바삭한 돼지 어깨살	665
가장 빠르고 손쉬운 요리 : 그레이비를 곁들인 나비 모양 칠면조 구이	622	돼지고기 크라운 로스트	668
		– 설탕에 졸인 사과 소스	669
소모임에 좋은 요리 : 간편 칠면조 가슴살 허브 로스트와 스터핑	624	말린 자두와, 무화과, 살구 글레이즈를 발라 구운 돼지 안심	672
추수감사절 칠면조 두 가지 조리법	627	– 메이플과 머스터드 글레이즈를 발라 구운 돼지 안심	672
– 정말 간단한 가금류 그레이비소스	629	돼지 뱃살 포르케타와 돼지기름으로 구운 감자	675
세이지, 소시지로 만든 클래식 스터핑	632		

BEFORE WE EVEN BEGIN THIS CHAPTER, I WANT TO EMPHASIZE ONE PIECE OF ADVICE:

이 장을 시작하기 전에,
한 번 더 말하고 싶은 게 있는데……,

―――

디지털 식품 온도계를 사세요. 그러면 다시는 고기를 지나치게 많이 익히거나 덜 익히는 일이 없을 겁니다. 그렇게 하세요. 더 이상 변명하지 말고 더 이상 시간 도표나 쳐다보면서 손가락으로 찔러 보지 마세요. 좋은 온도계를 사고 잊어버리세요. 제가 보증하건대 절대로 후회하지 않을 겁니다.

이제 해결이 되었으니 시작하지요.

대부분의 미국인에게(그리고 세상의 많은 사람들에게), 구운 고기는 명절 음식에서 가장 중요한 부분이다. 추수감사절에 황금색의 바삭한 껍질이 있는 중심 요리가 없다면, 또 잣빛깔 속살을 드러내는 소갈비나 윤기 나는 햄이 없다면 크리스마스가 도대체 어떻겠는가?

하지만 구운 고기는 명절 음식만은 아니다. 시간이 많지 않고 너무 법석을 떨지 않으면서 많은 사람을 다 먹일 수 있는 음식을 마련하려고 한다면 구운 고기보다 더 나은 요리는 생각해 내기 힘들다. 대개 구이는 시작만 해 놓고 그냥 잊어버리고 있으면 되거나 적어도 시작해 놓고 디지털 온도계로 가끔 확인만 하면 되기 때문에 손님들과 마시던 칵테일을 다시 한 잔 할 수도 있고 아니면 나처럼 불필요한 접촉은 피하면서 다른 음식을 만들거나 할 수도 있다.

하지만 잘못 요리하면 많은 사람을 섬뜩하게 만들기도 한다. 우리는 그동안 퍽퍽한 칠면조 가슴살이며, 너무 많이 익힌 갈비구이, 우리가 조심스럽게 떠올리는 질긴 닭고기(네, 바로, 엄마 얘기에요.)를 너무 많이 보아 왔다. 이런 음식들은 그렇게 만들지 말았어야 했다! 사실 구이는 꽤 단순하고 누구나 할 수 있는 요리이다. 노하우만 조금 있으면 된다.

디지털 식품 온도계

일단 눈을 꼭 감고 디지털 식품 온도계를 사고 나면 온도계는 금방 주방에서 가장 즐겨 사용하는 기구가 된다. 구입 시, 오차가 0.56℃ 이내로 정확하면서, 화면이 커서 빨리 확인 가능하고, 튼튼해서 바닥이나 싱크대에 떨어져도 이상이 없고 또, 몇 초 만에 결과를 보여 주는 것으로 고른다.

써모웍스에서 나온 방수형 써마펜의 가격이 96달러 정도로(이 글을 쓰는 시점에) 보통의 온도계보다 비싸지만 거의 평생을 쓸 수 있고 필수적인 기준을 충분히 충족시킨다(67쪽 참고).

사람들은 종종 탐침 온도계가 필요하냐고 묻는데 이 온도계는 기본체는 오븐 밖에 놓고 와이어 끝에 달린 탐침기만 오븐 안의 조리 중인 닭이나 고기에 꽂아 둘 수도 있다. 괜찮은 모델은 심지어 알림 기능이 있어서 원하는 온도에 도달하면 알려 주기도 한다. 멋지지 않은가? 뜨거운 오븐을 열고 찔러 볼 필요도 없다.

하지만 이런 온도계의 문제라면 구이를 하기 전에 정확히 어느 부위에 탐침기를 꽂아야 하는지 알려 주지 못한다는 것이다. 닭고기를 생으로 봤을 때는 닭가슴살이 가장 두꺼워서 온도가 가장 낮을 것으로 보이지만 그렇지 않을 수도 있다. 즉, 가장 늦게 익을 듯해 보이지만 실제로는 그렇지 않을 수도 있다. 이 말은 여러분이 안에 찔러 넣을 수 있는 탐침 온도계를 사용하든 그냥 온도계를 사용하든, 닭고기가 다 익어갈 즈음에는 가장 온도가 낮은 부위를 찾기 위해 이리 저리 찔러 봐야 한다는 뜻이다. 이런 이유로, 나는 안에 꽂는 탐침 온도계는 알림 기능으로만 사용하고 온도계로 최종 점검을 한다.

가금류 구이
ROASTING POULTRY

삶에서의 여러 일들처럼 가금류에 대한 문제도 두 가지로 압축시킬 수 있다. 바로 가슴살과 정부이다.

어떤 이유로, 몇 년 전 가금류 축산업자들은 대부분의 사람들이 흰 살코기를 좋아한다는 걸 확신하게 되었다. 그 결과, 가금류 종류는 가슴살을 점점 더 크게 살찌우게 되어서 가슴살이 몸에서 점점 더 튀어나오게 되었다. 동시에 정부도 사람들이 음식을 잘못 먹어서 탈이 나면 안 되기 때문에 가금류를 균이 사멸하는 온도인 74℃ 이상으로 조리하라는 권고를 하기 시작했다. 이 장에서 우리는 이 두 가지 문제를 해결할 수 있는 방법을 찾을 것이다.

Fact : 우리는 닭고기의 맛을 사랑한다. 미국 농무부에 따르면, 매년 미국에서는 90억 마리의 닭이 소비된다고 한다. 이것은 국민 1인당 일 년에 30마리에 해당하며 대략 일주일에 1인당 가슴살 1개, 넓적다리 1개, 날개 1개, 다리 1개를 소비하는 것이 된다. 정말 많은 숫자다 (하지만 우리는 아직도 토끼나, 뱀, 악어 같이 맛있는 동물들을 "닭고기 맛이 난다"고 이야기하는데 그건 거짓말이다.).

하지만, 이렇게 많이 먹으면서도 일 년에 몇 번이나 식사 시간에 편안히 앉아서 스스로에게 "음, 닭이 맛이 있군." 하고 생각하는가? 일 년에 서른 번 미만이라면 적어도 조금은 더 맛있게 만들 수 있다.

다른 것과 마찬가지로, 완벽한 가금류 요리를 만드는 비결은 가금류에 대한 지식과 관심, 약간의 연습이 필요하다. 연습은 어떻게 도와줄 수 없지만 앞의 두 가지 항목에 있어서는 도움을 줄 수 있을지 모르겠다. 이 주제를 연구하느라 나는 60마리가 넘는 닭을 모두 다 다른 방법으로 구웠다. 이 숫자는 내가 공인 요리한 수천 번의, 아니 수천 번이 너무 많다면 수백 번의 구이는 포함하지 않은 숫자이다.

두 사람이 먹기에 푸짐한, 이제 막 뼈에 살이 붙은 어린 닭을 고르든, 열두 명의 가족이 먹을 수 있는 추수감사절 메인 요리용으로 고르든, 닭이나 칠면조를 고르고 조리하는 기본은 그리 많이 다르지 않다.

『더 푸드 랩』이 알려 주는
가금류 구입, 보관, 조리에 관한 모든 것
THE FOOD LAB'S COMPLETE GUIDE TO BUYING, STORING, AND ROASTING WHOLE POULTRY

닭과 칠면조는 도축하고, 냉각하고, 가공하고, 포장하고 전국에 판매되는 다양한 방법으로도 나눠지지만 여러 모양과 크기, 품종별로도 다 세분화 되어 있다. 그렇기 때문에 조리법을 선택하기도 전에 먼저 여러 가지 중에서 선택을 해야 한다. 이럴 때 여러분이 알아 두어야 할 기본 사항들이 있다.

크기

Q. 닭은 유난히 작은 '코니시 게임 헨(Cornish Game Hen, 인도의 몇몇 품종을 교배시킨 영국 육종 닭)종'의 어린 닭부터 아주 큰 칠면조 크기의 닭까지 크기가 아주 다양한데, 어떤 걸 사야 하나요?

좋은 질문이다. 답은 닭으로 무엇을 할 것인가와 먹을 사람이 몇 명인가에 따라 다르다. 예를 들어, 브로일러용 닭과 튀김용, 통구이용으로는 모두 멋진 구이를 만들 수 있으며 이런 닭은 아주 비슷한 방법으로 구울 수 있다. 굽는 시간에서 차이가 나긴 하지만 최종 온도는 다르지 않다. 둘이서 먹을 것인지 아니면 여섯 식구가 먹을 것인지에 따라 원하는 걸 고른다. 닭의 크기에 대해 이야기할 때 일반적으로 닭의 개월 수로 이야기한다. 작고 어린 닭은 근육이나 결합조직이 덜 발달했기 때문에 더 부드럽지만 풍미는 부족하다. 좀 늙은 닭은 맛은 좋지만 질기고 제대로 분해되기엔 시간이 더 걸린다.

2003년, 미국 농무부는 요즘 닭은 과거의 닭보다 다 자라는 데 걸리는 시간이 훨씬 짧다는 사실을 알고 분류 시스템에서 닭의 성장 주기를 2주 앞당겼다. 요즈음 시장에 나오는 닭의 평균 개월 수는 석 달이 채 되지 않는다. 얼마나 빨리 자라는가!

다음 페이지의 도표는 기본적인 미국 농무부 항목과 각 닭에 대한 최고의 용도를 보여 준다.

종류	미국 농무부 정의	용도
코니시 게임 헨	5주가 되지 않은 어린 닭. 무게는 채 900g이 되지 않는다(적어도 한쪽 부모가 코니시 게임 헨이면 락 코니시(Rock Cornish) 종자가 맞다.).	한두 마리에 스터핑을 채워 통구이를 하거나 통째로 그릴에 굽거나 반을 가르고 펼쳐서 그릴에 굽거나 팬에 통구이한다. 육질은 아주 부드럽고 맛도 담백하다. 한 사람당 한 마리씩 먹도록 계획한다.
브로일러용	10주가 되지 않은 닭으로 아직 가슴뼈가 단단해지지 않은 상태이다. 무게는 680~900g 정도이다.	맛이 담백하고 육질이 부드럽다. 구이나 그릴 구이, 튀김, 팬 구이에 가장 적합하다. 작은 브로일러용은 코니시 게임 헨처럼 한두 사람이 먹을 수 있다.
튀김용	브로일러용과 비슷하지만 더 커서 1.6kg 정도 나간다. 집에서 가장 자주 요리하는 크기이며 이 책에 있는 대부분의 수프나 육수, 스튜 레시피에 사용되는 크기이다.	네 명이 적당히 먹을 수 있는 양으로 가족 저녁 식사용으로 완벽하다. 몸통뼈는 육수를 만들 수도 있다. 육질은 부드럽고 맛도 좋다. 오븐용 통구이나 그릴 구이, 튀김, 팬 구이에 아주 좋다.
통구이용	3~5개월 된 닭. 무게는 2.3kg 정도이며 가슴뼈는 부분적으로 혹은 완전히 단단하다.	많은 사람이 식사할 경우 적합하다. 340g의 몸통뼈를 염두에 두고 몫을 나눌 것. 육질은 부드럽고 풍미는 어린 닭보다 훨씬 더 풍부하다. 통구이나 그릴 구이, 튀김, 팬 구이, 브레이징, 바비큐용에 아주 좋다.
스튜용 닭 : 헨(Hen), 파울(Fowl)	일반적으로 적어도 10달 정도 된 완전히 성숙한 암탉으로 대개 2.7kg 이상이며 가슴뼈가 완전히 단단하다.	어린 닭보다 확실히 질기며 가슴살이 특별히 퍽퍽한 경향이 있다. 수프나 스튜, 육수, 브레이징 등에 좋다. 닭다리는 특히 브레이징에 아주 적합한데 결합조직이 아주 많아 천천히 젤라틴으로 바뀌면서 진한 맛을 내고 부피감을 더하기 때문이다. 어떤 시장에서는 상시적으로 스튜용 닭(특히, 소수민족 전통 식품을 판매하는 곳도 있지만 아마도 살아 있는 정육점에다 개별 주문을 해야 할 수도 있다.
케이폰(Capon)	육질을 부드럽게 하기 위해 거세한 8개월 미만의 수탉	거세에 따른 호르몬 부족 때문에 닭고기 중에서 맛이 가장 담백하고 육질은 아주 부드럽다. 브로일러용이나 튀김, 통구이용 레시피 어디에도 어울리지만 미국에서는 흔하지 않다.
루스터(Rooster) 또는 칵(Cock)	성숙한 수탉으로 고기 색이 진하고 가슴뼈도 완전히 단단하다.	먹을 게 많지 않다. 시장에 내놓으려고 키우는 암탉보다 가슴살이 더 적고, 조금 붙어 있는 살도 색이 진하고 사냥한 고기와 같은 야생 고기 맛(gamy)이 나며 질기다. 다행히도 거의 찾아볼 수 없다.

스터핑(stuffing, 우리말로 '충전'이라고 하며 달걀, 닭고기, 생선, 채소, 버섯 등의 내부에 다른 재료를 넣는 것을 말한다.)

Q. 그렇다면, 칠면조는 어느 정도 크기로 골라야 하나요?

한 사람당 생고기 450g 정도로 잡는데, 이 양은 고기만 계산했을 때는 약 230g 정도이다. 맛이나 준비하기 편한 점에서 볼 때 가장 괜찮은 크기는 4.5~5.4kg 정도 이하이다. 이보다 더 크면 골고루 조리하기가 아주 어렵다. 또한 시간도 지나치게 많이 걸리고 뒤집는 건 말할 것도 없고 오븐에 넣고 빼는 것도 어렵다. 오븐 공간도 더 많이 차지해서 더 퍽퍽해지기 쉽다. 여기다 집안 가득 모인 식구들을 상대해야 하고 할아버지의 틀니를 훔쳐서는 메이블(Mabel) 고모의 와인 잔에다 넣어놓는 어린애들을 뒤치다꺼리하면서 이런 요리를 해야 하는 거다.

가족 수가 많아서 큰 칠면조를 오븐에 넣는 수밖에 없는 그런 경우가 아니라면 큰 걸로 한 마리 사는 것보다는 작은 걸로 두 마리를 사는 게 훨씬 낫다.

라벨 표시를 읽을 것

Q. 보통 슈퍼마켓에 파는 닭고기에는 여러 라벨과 로고가 있어서 무슨 뜻인지 어떤 부분이 중요한지 구별하기가 어려운데 어떤 걸 봐야하나요?

아래는 여러분이 알아야 할 사항들이다.

- '호르몬 무첨가(Hormone-Free)'는 정말 아무 의미도 없다. 다시 말하지만 정말 아무것도 아니다. 법적으로, 미국에 있는 닭이나 칠면조에는 어떤 종류의 호르몬이나 스테로이드를 첨가할 수 없기 때문에 미국의 슈퍼마켓에 파는 모든 닭고기와 칠면조 고기는 모두 호르몬 무첨가 식품이다. 이 표시는 여러분이 괜찮은 제품을 구입한다고 생각하게끔 만드는 상술일 뿐이다. '치명적인 시안화물 무첨가'도 볼 수 있는데, 역시 미국에서 팔리는 모든 가금류에는 치명적인 시안화물(cyanide)이 들어 있지 않다.

- '자연적(Natural)'이라는 말도 거의 의미가 없다. 이 말은 인공 색소나 첨가제가 들어 있지 않고 최소한으로 가공했다는 말이다. 가금류는 보통 양계장에 갇혀서 자라며 자연적인 빛도 받지 못하고 옥외로 나가지도 못한다. 무지개 색조의 가금류를 사지 않는 한 아무것도 첨가하지 않은 신선한 고기는 '자연적'인 것으로 생각할 수 있다. 이것은 스스로 규제한다는 표시이며 제삼자나 정부의 평가로 확인하지는 않았다는 표시이다.

- '항생제 무사용(No Antibiotic)'이란 표시는 앞의 두 표시보다는 좀 더 의미가 있는 표시로 가축에게 항생제를 사용하지 않고 키웠다는 뜻이다. 이것이 인간에게 이로운지 아니면 가금류에게 이로운지에 대해서는 양측이 논쟁 중이다.

- '생(生, Fresh)'이라는 표시는 고기를 한 번도 얼리지 않았다는 뜻이다(가금류가 냉동되는 온도는 세포 속에 있는 용해성 물질 때문에 대략 $-3.3℃$이다.). 물론, 어떤 슈퍼마켓에선 가지고 있는 상품을 이 온도보다 더 낮게 보관해서 포장 속에 들어 있는 고기가 딱딱하게 얼어 붙어 있기도 하다. 가금류가 얼었다 녹았는지를 알 수 있는 좋은 방법은 포장을 살펴보면 된다. 고기를 얼리면 세포 조직에 손상을 줘서 속의 수분이 새어 나온다. 포장에 물기가 많이 들어 있으면 고기가 얼었던 것이다. 다른 걸 골라야 한다.

- '닭장 없이 키움(Cage-Free)'이라는 표시는 작은 닭장 속에 가두지 않고 열린 넓은 공간에서 키웠다는 표시이다. 그러나 이 표시로는 가금류가 옥외로 나갈 수 있었는지 아니면 덜 조밀하게 키웠는지 혹은 닭을 좁은 공간에 몰아넣을 때 부상을 방지하기 위해 닭의 부리를 자르는 과정을 거치지 않았는지에 대해서는 확인할 수 없다. 아마도 가금류를 비좁은 공간에서 키웠을 가능성이 크다.

- 개방 사육(Free-Range)이나 방목(Free-Rooming)이라고 표시된 가금류는 열린 넓은 공간에서 자라는데, 문을 통해 제한적으로 옥외 닭장으로 이동할 수 있다는 의미이다. 그러나 이 옥외 닭장이라는 공간은 종종 휑뎅그렁한 공간에 작은 문이 하나 있는 정도이다. 이런 공간은 물론 닭장보다야 확실히 낫지만 대부분의 '개방 사육'되는 가금류는 실제로는 밖으로 한 발자국도 나가지 못할 가능성이 높다. 이런 표시가 있기는 하지만, 가금류가 풀이나 풀밭에 나가 봤을 거라는 보증은 없다. 바깥 공간은 아마도 더럽고 자갈 투성이며 심지어는 콘크리트로 되어 있기도 할 것이다.

- '유기농(Organic)'이라는 표시는 정부가 규제한다는 의미이다. 법으로, 유기농 가금류는 100% 유기농 사료로 사육해야 하며 닭장에 가둬서 키우면 안 되고 풀밭으로 나가고 햇빛을 봐야만 한다. 항생제 사용은 금지되고 가금류에게 '스트레스를 적게 주는 방법으로 키워야만' 한다. 스트레스를 적게 준다는 이 모호한 말은 일반적으로는 좀 더 넓은 공간이 주어지고 날개를 펼친다든지 흙을 뒤집어쓴다든지 하는 몇 가지 자연스러운 행동을 할 수 있게 하면서 키운다는 뜻으로 이해된다.

이 자료가 모두 아래 표에 요약되어 있다.

	보통 닭	자연적 사육	닭장 없이 키움	개방 사육	유기농
호르몬 사용 없음	✓	✓	✓	✓	✓
동물부산물 사료 없음	✗	✗	✗	✗	✓
항생제 사용 없음	✗	✗	✗	✗	✓
닭장 없이 키움	✗	✗	✓	✓	✓
100% 유기농 사료	✗	✗	✗	✗	✓
옥외로 이동 가능	✗	✗	✗	✓	✓
풀밭이나 햇빛으로 이동 가능	✗	✗	✗	✓	✓
스트레스가 적은 환경	✗	✗	✗	✗	✓
부리 절단	✓	✓	✓	✓	✓
제삼자 평가	✗	✗	✗	✗	✓

미국 농무부가 유기농 식품이 보통 식품보다 건강에 더 좋다고 언급하는 것은 아니지만 유기농 식품이 가금류와 환경에 더 좋은 것은 분명하다. 이런 점을 염려한다면 인증 받은 유기농 가금류를 고르거나 적어도 믿을 만한 곳에서 생산된 가금류를 고르면 된다. 환경과 동물 복지를 고려하는 크고 작은 농장들이 관련된 수수료 때문에 혹은 유기농 기준에서 한 가지를 충족할 수 없어서(예를 들어, 작은 농장인 경우에, 병에 걸린 가금류에게 항생제를 투여해야 하기 때문에 '무항생제' 기준을 지킬 수가 없다.) 유기농 프로그램에 가입하지 않고 있는 곳도 많다. 그런 농장에서 나온 가금류도 선택하기에 괜찮다.

Q. 전통 품종(토종)이란 무엇이며 왜 이렇게 계속 혈통이 전해 내려온 가금류를 사고 싶어 하나요?

전통 품종(토종)의 가금류는 몇 세대를 거치며 순수한 유전적 혈통을 유지하면서 사육된다. 이런 품종의 장점은 무엇일까? 음, 사실, 미국에서는 가슴살이 큰 가금류를 생산하고 있으며 요즘엔 대부분의 닭과 칠면조가 흰 살코기를 최대화하는 한 가지 방식으로 길러진다. 번식과 사육하는 축산업자들이 이 방식대로 계속해 나간다면 칠면조와 닭은 이쑤시개 같이 가느다란 다리(아니면, 가만히 앉아 있다 도축되거나)에 풍선만한 거대한 가슴을 내밀며 걸어 다닐 것이다. 아니면 마리당 날개가 열 개가 넘든지. 그러다 보니, 지방이 없는 가슴살의 공급을 늘리기 위해, 맛은 뒷전으로 밀리게 됐다. 현대의 닭이나 칠면조의 가슴살은 비정상적으로 크고 또, 비정상적으로 맛도 없다.

전통 품종은 예전의 닭과 칠면조 사육으로 돌아가려는 시도이다. 그때의 가금류는 약간 말랐지만 맛이 아주 좋았다. 내가 실시했던 블라인드 테스트에서, 전통 품종의 가금류는 맛에 있어서 언제나 현대의 품종을 앞섰다. 단점이라면? 가슴살과 고기가 얇기 때문에 퍽퍽해지는 경향이 있으므로 요리하기가 더 까다롭다. 이 말은 온도계로 아주 주의해서 온도를 확인하는 것이 어느 때보다 더 중요하다는 의미이다. 이 장에 있는 레시피로는 미국의 슈퍼마켓에서 산 가금류로도 아주 맛있게 만들 수 있지만 여러분이 가금류를 굽는 데 익숙해지면 전통 품종을 찾아보라고 권하고 싶다.

도축 이후의 과정

Q. '코셔(Kosher)' 가금류를 코셔로 만드는 것은 무엇인가요?

코셔란 유대인의 음식 규정에 따라 동물을 특수한 방식으로 도축하고, 세척을 하고 소금을 뿌리고 헹구는 과정을 거친 식재료를 말한다. 이러한 과정의 목적은 유대교의 관습에 따라 고기에서 필요 이상의 피를 제거하려는 것이다.

사실, 미국의 슈퍼마켓에서 볼 수 있는 고기는 도축을 한 뒤 바로 피를 빼낸 고기들이다(고기에 있는 붉은 액체는 핏물이 아니다. 295쪽 참고). 그러나, 코셔 가금류는 몇 가지 추가적인 단계를 더 거친다. 물로 한 번 씻어 낸 뒤 거친 코셔 소금을 고기 전체에 골고루 뿌린다. 피와 세포 내 액이 삼투 현상으로 고기에서 빠져나온다. 그 뒤, 다시 헹궈서 소금을 제거하고 판매를 위해 포장을 한다.

소금물에 절이는 부분(584쪽 참고)에서 곧 알게 되겠지만 소금은 고기에 아주 강력한 영향을 미쳐서 소금에 절이지 않은 같은 가금류에 비해 수분을 8~10% 더 많이 함유하게 된다. 가금류를 익히려고만 한다면 코셔 가공한 고기를 고르는 게 직접 소금 간을 하거나 소금물에 담그느라 고생하는 것보다 더 멋진 방법이 될 수 있다. 코셔 처리를 한다는 건 또한 가금류에 소금으로 미리 간을 한다는 의미이기도 하다. 그래서 제대로 규제가 되지 않은 시식 테스트라면 경쟁하고 있는 비코셔 가금류에는 같은 정도로 소금을 치지 않기 때문에 코셔 처리를 한 가금류가 당연히 더 맛이 있게 된다.

반면에, 코셔 가금류로 요리를 하면 맛을 마음대로 조절할 수 없는 단점이 있다. 소금과 함께 다른 맛도 첨가하고 싶다면? 남은 고기로 소금을 넣지 않은 육수를 만들고 싶다면? 그래서 나는 가공이 덜 된, 코셔 처리가 되지 않은 가금류를 선호하는데(물론, 이 가금류도 특정 품종이나 크기, 에어 칠드 가금류 등 선택을 할 수 있다.), 물론 내가 직접 소금을 치거나 소금물에 담그면 더 잘할 수 있다는 생각을 하면서 말이다.

또, 더 중요한 건 인증 받은 유기농 기준을 충족하는 닭으로 코셔 처리한 가금류를 본 적이 없다는 점. 대부분 일반적인 보통의 가금류처럼 고밀도의 공장형 농장에서 키운 가금류로 처리한 것이다.

Q. 명절 때면 좋은 칠면조를 구하려고 하는데, '자체 베이스팅(basting)'이나 '맛 강화(enhanced)'란 표시를 종종 볼 수 있는데, 이런 건 무슨 뜻인가요?

이 표시는 칠면조에서 더 흔하게 볼 수 있으며 가끔 닭고기에도 보인다. 가금류에는 조리 시에 수분을 더 잘 유지하라는 이유에서 소금물을 주입하는데, 효과가 있니. 냉동 칠면조인 버터볼(Butterball)은 너무 많이 조리했을 때조차도 아주 촉촉한 이유가 바로 이 때문이다. 유일한 단점이라면 첨가된 액체가 고기의 자연적인 맛을 희석시키고 가끔은 고기가 스펀지 같은 질감이 되게 하기도 한다. 버터볼이나 제니오(Jenny O)처럼 '맛 강화' 표시가 있는 많은 상표들이 상대적으로 맛이 덜한 공장형 농장의 가금류를 사용하는데 맛이 그다지 신통치 않다. 개인적으로 나는 이런 가금류는 사용하지 않는다. '맛 강화'란 표시가 보이지 않는 걸 찾거나 성분표를 확인해서 칠면조나 닭 이외에는 다른 첨가물이 포함되지 않은 걸 고른다.

Q. 때때로 '에어 칠드'(Air-chilled)라는 표시를 해서 시장에서 비싸게 팔리는 닭고기를 볼 수 있는데 그렇게 비싸게 팔릴 만한가요?

그럴 만하다고 생각한다. 노축 후에, 대부분의 보통 닭은 얼음물에 담가서 냉각(Wet chilled)시킨다. 비싸지도 않고 저장하기에 안전한 온도로 빠르게 만들어 줄 수 있는 효과적인 방법이다. 그리고 계육 가공업체들에게 또 다른 이점을 주는데 그것은 닭 무게의 약 12% 정도 물을 흡수하고 팔리는 시점에는 4% 수분이 그대로 포함되는 것이다. 이건 소비자에게는 어떤 의미인가? 두 가지로 생각해 볼 수 있다. 첫째는 물에 냉각시킨 닭을 살 때는 추가로 들어간 수분 값도 지불한다는 것이다. 여러분이 밀봉된 진공 포장 팩에 든 닭고기를 산다면 특히니 그렇디(이런 팩을 열 때, 흘러나오는 엄청난 액체를 봤을 것이다.). 둘째, 닭고기를 맛있게 조리하기가 어렵다. 흡수된 수분은 주로 껍질에, 표면 가까이에 있다. 닭을 조리할 때 수분이 흘러나오면 노릇하게 갈색으로 익히기가 어렵고 바삭하게 되지도 않는다. 또, 일반 냉각 닭은 에어 칠드 닭보다 절대로 더 바삭해지지 않는다. 이런 이유로 나는 진공 팩에 넣어서 파는 닭고기를 절대로 사지 않고 꼭 에어 칠드한 닭고기를 구한다.

에어 칠드는 차가운 공기를 빠르게 회전시키는 분사 쿨러로 닭을 차갑게 만든다. 그리고 대부분의 에어 칠드 닭고기는 동물의 복지를 고려하는 믿을 만한 생산자들이 사용한다. 바삭한 껍질과 노릇하게 갈색으로 익은 고기를 좋아한다면 에어 칠드한 닭고기가 비싸더라도 그만한 값어치를 한다는 걸 알게 될 것이다.

칠면조는 에어 칠드를 잘 하지 않는다. 그래서 굽기 전에 수분을 다 말리는 데에 시간이 좀 걸릴 것이다.

Q. 부근의 슈퍼마켓에는 얼음물에 냉각시킨 닭고기와 칠면조밖에 없는데, 맛있게 조리할 수 있는 방법이 없을까요?

물론 있다. 조리하기 전에 수분을 최대한 제거하는 게 관건이다. 포장에서 가금류를 꺼낸 뒤 헹구고는 키친타월로 안과 밖을 닦아 낸다. 그러고는 접시나 베이킹팬에 와이어랙을 얹고 그 위에 가금류를 올려서 냉장고에 넣고 몇 시간 두든지 아니면 하룻밤 둔다. 냉장고의 마른 바람과 팬 순환으로 닭이나 칠면조의 수분이 마른다. 그러나 에어 칠드된 가금류만큼 바삭하게는 되지 않는다.

Q. 가금류를 집에 가지고 와서 다시 씻거나 헹궈야 하나요?

제대로 된 포장으로 깔끔하게 에어 칠드되었거나 정육점에서 사서 종이에 싼 것이라면 씻을 필요가 없다. 씻으면 오히려 껍질이 젖어서 조리하는 것도 어렵고 바삭해지는 것도 어렵다. 그러나 비닐 팩에 진공 포장된 가금류는 자체에서 나온 즙에 젖어 있다. 나는 이 포장을 싱크대에서 열어서 흐르는 차가운 물에 재빨리 한번 헹궈 분홍색 붉은 액체를 없앤다. 그러고는 키친타월로 닦아 내고 위를 덮지 않고 냉장고에 넣는다. 랩을 씌워 놓은 닭고기는 먹는 데는 안전하긴 하지만 이상한 냄새가 조금 날 때가 있다. 이럴 때는 깨끗이 헹궈서 꼼꼼히 닦아 낸 뒤 조리한다.

닭고기 부분육

Q. 앞부분을 건너뛰고 603쪽의 간편하게 안내해 놓은 사진을 보니, 필요하면 닭을 분리할 수 있을 것 같아요. 하지만 그래도 닭고기 부분육을 사서 요리하려 한다면 뭘 살펴봐야 하나요?

닭고기를 부분육으로 요리를 하면 조금 더 비싸긴 하지만 상 차리기는 훨씬 빠르고 더 깔끔하다. 하지만 이걸 기억해야 한다. 닭고기 생산자들은 뼈와 껍질이 없는 닭가슴살을 아주 좋아하는데 일반적으로 생산자에게 좋은 것은 소비자에게는 좋지 않은 것일 수 있다. 뼈와 껍질이 없는 닭가슴살을 팔 때, 이들 생산자들은 기본적으로 2분도 채 걸리지 않는 공정(껍질을 벗겨 내고, 가슴살을 뼈에서 잘라 내는 일)에 엄청난 이윤을 붙여 팔 수 있을뿐더러 남은 뼈 조각으로는 비싼 닭 육수를 만들어 팔 수도 있다.

드물지만 닭 껍질을 좋아하지 않는 사람이라 해도 껍질이 있는 채로 사서 조리하는 게 좋다. 왜냐고? 바로 수분 손실과 관련이 있기 때문이다. 커틀릿이나 음식 속으로 들어가는 가슴살이나 케밥이나 스터프라잉용으로 다지거나 분쇄한 고기 등, 뼈 없고 껍질 없는 닭가슴살이 들어가는 꽤 많은 여러 레시피를 제외하고는 뼈와 껍질이 붙어 있는 닭고기가 조리하기도 좋고 맛도 훨씬 더 낫다. 가슴뼈와 껍질은 단열재 역할을 해서 표면을 싸면서 수분이 너무 많이 빠지지 않도록 할 뿐만 아니라 고기가 더 부드럽고 골고루 익도록 해 준다. 껍질이 정말로 필요 없다면 조리를 한 다음에 벗겨 내서 버리면 된다. 그리고 가슴뼈는 육수용으로 보관한다! 나는 4ℓ 크기의 지퍼락 팩에 닭고기 부분육을 넣어 냉동실에 보관하다가 가득 차면 꺼내서 육수를 한 솥 끓인다(195쪽 참고). 익은 가슴뼈를 넣어도 육수 맛이 좋아진다.

다리는 약간 다르다. 닭 껍질이 부족하기 때문에 나는 보통 뼈가 있고 껍질이 붙은 다리를 산다. 하지만 특별히 뼈 없는 넓적다리가 필요한 레시피에는 뼈를 발라 놓은 걸 산다. 넓적다리의 뼈를 제거하는 일은 누가 무어라 말하든 쉽게 할 수 있는 일이 아니다.

안전성과 보관

Q. 생닭과 칠면조를 손질하는 것은 사람들이 말하는 것처럼 그렇게 위험한 일인가요?

절대 그렇지 않다. 지난 십 년 동안 닭보다 메론 종류인

캔털루프(cantaloupe)에서 살모넬라 식중독 사례가 더 많이 보고됐다. 그렇긴 하지만 안전에 신경 쓴다면 익히지 않은 가금류를 손질하고 난 뒤에는 늘 도마와 칼, 손을 깨끗이 씻고 닿았을 만한 곳을 따뜻한 세제를 푼 물로 씻고 잘 말린다. 교차 오염을 줄이기 위해 도마나 칼은 깨끗하게 씻은 뒤 다른 음식을 준비한다.

Q. 가금류를 냉장고에 보관하는 가장 좋은 방법은 무엇인가요?

가금류와 기타 생고기는 냉장고의 맨 아래 선반 뒤쪽에 보관해야 한다. 이렇게 해야 다른 음식에 고기에서 떨어지는 국물이나 불순물 등이 들어가지 않게 된다. 진공 포장에 들어 있는 신선한 가금류는 오랫동안 신선하게 유지된다. 칠면조의 경우 2주 정도는 괜찮다. 그러나 일단 개봉을 하고 나면, 최대한 빨리 먹는 게 좋다. 나는 구입 후 이틀 내로 조리하려고 한다.

Q. 가금류를 얼리는 건 괜찮을까요?

수분 손실이 있어서 조리 과정 중에 좀 질겨지긴 하지만 얼리는 건 안전하다. 가금류가 얼면 고기 속에 큰 얼음 결정이 만들어져서 세포를 찔러 육즙이 빠지게 된다. 고기를 제대로 싸지 않으면 시간이 지나면서 냉동상이 생긴다. 즉, 얼음이 수증기로 바뀌면서 고기 표면을 퍽퍽하고 질기게 만든다.

가금류를 얼릴 때, 가장 좋은 방법은 먼저 조각으로 분해해서 얼리는 것이다. 작게 조각을 내면 더 빨리 얼고 얼음 결정도 아주 작게 만들어진다. 냉동상을 방지하는 유일한 방법은 진공 포장이다. 그런데 보이는 것과는 달리 비닐 랩은 실제로는 '통기성이 있어서'(비닐 랩으로 싸고 숨을 쉴 수 있는지 해 보라는 건 아니고!) 아주 낮은 비율로 공기가 통과할 수 있다. 그래서 비닐 랩으로 양파를 싸도 온 냉장고에 양파 냄새가 나는 것이다. 냉장고용으로 특별히 만들어진 튼튼한 비닐 팩이나 더 좋게는 푸드세이버(FoodSaver) 같은 진공 포장기를 사용하면 아주 좋다. 이들 중 아무것도 없다면 고기를 비닐 랩으로 두세 겹 꼭꼭 싼 뒤 알루미늄 호일(이건 통기성이 없다.)로 또 싼다. 어쨌든, 질겨지기 때문에 가금류를 냉동실에서 두 달 이상 보관하면 안 된다.

소금물에 절이는 건 어떤가요?

우선 나는 칠면조는 소금물에 절이지 않는다고 이야기하고 싶다. 절대로. 추수감사절에도 일요일 저녁에도 그리고 즉석으로 해 먹는 주중의 요리에서도 소금물로 절이지 않는다. 이건 그냥 내 개인적인 취향이라 여러분은 절여도 상관없다. 이 문제에 대해 두 가지 면에서 설명해 보겠다.

15년 전쯤에는 칠면조는 촉촉하지 않은 게 당연했었다. 매년 가족이 다 모인 추수감사절 가족모임에서 "아빠아 아아아아아, 엄마가 이번에도 칠면조 완전 망쳤어."라고 얘기하는 버르장머리 없는 애들은 없었다. 칠면조는 망칠 수 있는 고기가 아니었지만 늘 퍽퍽하고, 질겼고, 그냥 받아들여야만 하는 현실이었다. 약 10년 전 소금물이 등장했다*. 소금물에 하룻밤 담가 둔 덕분에 푸석한 가슴살의 시대는 사라졌고 게다가 그레이비소스를 곁들이면서 명예를 회복하게 되었다. 나 자신도 새로워진 촉촉한 가슴살이 있는 칠면조를 환영했다. 우리 어머니도 칠면조를 오븐에 넣고 몇 시간 뒤 제법 먹을 만하게 만들어 내셨다. 분명히 아주 멋진 일이었!

할머니를 포함한 가족 모임에서(전형적인 추수감사절 모임으로 더 잘 알려진) 칠면조를 소금물에 절이는 방법이 좋다는 얘기를 듣게 되면서 점점 더 많은 사람들이 추수감사절 전날에 칠면조를 소금물에 절인다. 하지

----

* 혹은, 더 정확히 말하면, 수천 년 동안 중국과 스칸디나비아를 포함한 세계 여러 곳에서 사용해 오던 방법으로 마침내 북아메리카의 명절 음식에 영향을 미치기 시작했다.

만 소금물에 절이는 게 모든 면에서 다 좋은 건 아니다. 소금물에 절이는 것에는 몇 가지 분명한 단점이 있기 때문에 많은 사람들이 요즘은 건식 염장(장시간 소금에 절이는 방법)으로 바꾸고 있다. 과연, 어떤 방법이 더 좋을까?

소금물에 절일 때의 작용 원리

설명에 앞서, 소금에 절이는 기본 원리에 대해 간략하게 요약해 보자. 이 과정에서는 고기를 농도가 진한 소금물에 밤새 담가 둔다(대부분 소금은 물 무게의 6~8% 정도). 밤새, 고기는 물을 일부 흡수한다. 여기서 중요한 것은, 고기를 조리할 때에 이 수분의 일부가 그대로 남아 있다는 점이다. 고기를 소금물에 절이면 총 수분 손실량을 30~40% 정도 줄일 수 있다.

이를 증명하기 위해 나는 칠면조 가슴살 세 개를 150℃ 오븐에 넣고 고기의 속 온도가 63℃가 되도록 조리했다. 하나는 소금물에 절였고 다른 하나는 맹물에 담가서 밤새 두었고, 또 다른 하나는 그대로 두었다. 이들 가슴살은 코셔 소금을 넣거나 맛을 강화한 고기도 아니었다. 즉, 가공을 최소화한 고기였다. 포장에서 꺼내자마자 나는 이 고기들의 무게를 쟀고, 그 뒤 소금물에 절인 뒤와 조리 후에도 무게를 재서 도표로 나타냈다. 소금물에 담가 둔 고기와 맹물에 담가 둔 고기는 물을 흡수해서 굽기 전에 무게가 많이 늘었다. 그런데 맹물에 담근 고기는 조리하는 동안 거의 그만큼의 무게를 다 잃어버렸고 소금물에 담근 고기는 그보다 훨씬 더 많은 무게를 계속 유지하고 있었다. 이것은 더 촉촉한 질감과도 부합했다. 그렇다면 고기 속에서는 어떤 일이 일어난 걸까?

어떤 자료에서는 그걸 모두 삼투 현상, 즉 물이 낮은 용질 농도에서 높은 용질 농도로 세포막을 가로질러 움직이는 현상 덕으로 본다. 이 경우에, 물은 낮은 용질 농도인 소금물 용기에서 칠면조의 세포 속(이곳에는 단백질과 미네랄, 기타 물에 녹는 생물학적으로 맛있는 것들이 많이 있다.)으로 움직인다. 하지만 이 이론은 그다지 정확하지 않다. 이게 맞다면 맹물에 담가 둔 칠면조가 소금물에 담가 둔 칠면조보다 효과적이어야 한다. 그러나 결과는 그렇지 않았다. 또한 삼투 작용에 따른다면 농도가 아주 진한 소금물(완전히 포화 상태의 소금 용액에 칠면조를 넣어 실험했다.)에 절이면 칠면조는 더 퍽퍽해져야 한다.

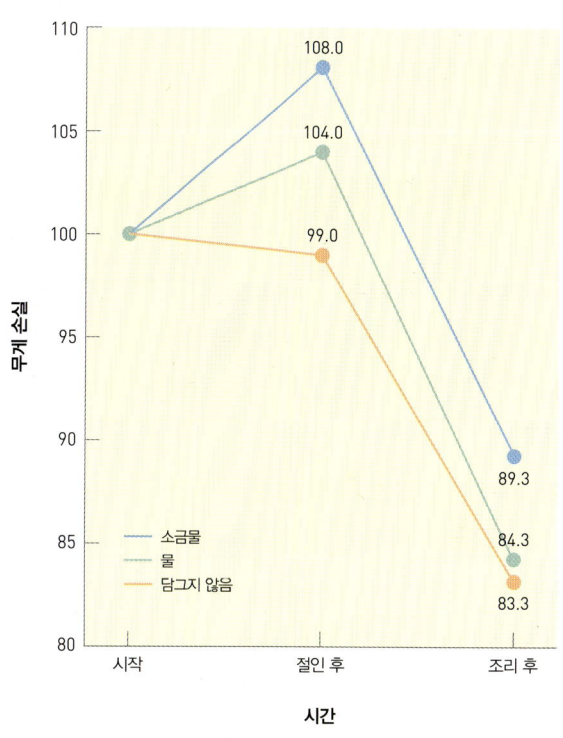

조리 시 칠면조 가슴살의 무게 손실 비교

그러나, 칠면조가 먹을 수 없이 짜게 변했음에도 불구하고 35%의 고농도 소금 용액은 수분의 함유를 돕는 효과에 있어서는 6% 소금 용액 정도와 비슷했다. 이는 또 다른 어떤 작용이 있음을 보여 준다. 실제로 고기 안에서 어떤 일이 일어나고 있는지 알기 위해서는 칠면조의 근육 조직을 살펴봐야 한다. 근육은 긴 섬유 다발로 되어 있으며 각각의 섬유는 튼튼한 단백질 피복에 쌓여 있다. 고기가 열을 받으면 이 피복을 구성하고 있는 단백질이 수축하게 된다. 치약을 짜는 것과 똑같은 원리로 고기에서 육즙이 빠져나오게 된다. 그래서 가금류를 65℃ 이상 가열하면 퍽퍽하고 질긴 고기가 되고 만다.

소금은 근육 단백질 일부(주로 미오신)를 녹여 수축을 완화해 준다. 근섬유가 헐거워지면 수분을 더 많이 흡수하게 되고 더욱 중요하게는 열을 가해도 덜 수축하게 된다. 그래서 칠면조가 익을 때에 수분이 비교적 덜 빠져나가게 된다. 멋지죠? 하지만 여기엔 문제점이 있다.

소금물에 절일 때의 문제점

소금물에 절이는 데에는 두 가지 중요한 문제가 있다. 첫째는 아주 번거로운 일이라는 점이다. 칠면조가 다 들어갈 만한 큰 용기가 있어야 하고 또한 고기와 소금물이 전 과정 동안 계속 차가운 상태로 있어야 한다. 엄청나게 큰 가금류라면 이틀 정도나 걸린다. 이 말은 냉장고가 가장 필요한 시기에 냉장고 공간을 대부분 사용할 수 없거나 아니면 계속해서 통 주위에 얼음 팩이나 얼음을 넣어 온도를 유지해줘야 한다는 것이다.

둘째는 해럴드 맥기 선생님이 전에 내게 지적했듯이 소금물에 절이면 가금류 특유의 풍미가 많이 사라진다. 한 번 생각해 보자. 칠면조는 물을 흡수하고는 그 물을 머금고 있다. 30~40% 수분 손실을 막아 준다는 말은 칠면조의 육즙만 포함된 것이 아니다. 수돗물도 같이 포함되어 있는 것이다. 소금물에 절인 가금류를 먹는 사람들은 그런 불평을 한다. 촉촉하긴 하지만 그냥 물기가 많은 것 같다고.

나는 이 문제를 시험하기 위해 제안된 몇 가지 용액을 보고 하나씩 실험해 보기로 했다. 닭가슴살로 실험을 해 봤는데, 닭가슴살은 기본적으로 칠면조 가슴살과 지방 함량과 단백질 구조는 같으면서 크기는 작아서 다루기가 더 쉽다.

소금물 용액

지금까지 일반 염장(습식 염장)의 가장 일반적인 대안은 평범한 옛날식 염장(건식 염장)이다. 칠면조나 닭가슴살을 염장할 때 고기 육즙은 처음엔 삼투 과정을 통해 끌려 나온다. 그리고 소금이 육즙 속에서 녹으면서 아주 진한 농도의 소금물이 된다. (589쪽 '가금류의 건식 염장법'을 참고)

그리고 또 어떤 사람들이 "소금물에 절이면 가금류에 맛이 없는 밋밋한 수돗물이 흡수된다면, 맛이 있는 용액에 절이면 되지 않느냐?"라고 질문하는 걸 들었다. 안될 이유가 없다? 그래서 실험해 보기로 했다.

내가 실험해 본 용액은 아래와 같다.

- 샘플 #1 : 아무것도 하지 않는다(미처리).
- 샘플 #2 : 소금 농도 6%에 밤새 절인다.
- 샘플 #3 : 소금을 많이 뿌리고 밤새 재운다.
- 샘플 #4 : 소금 농도 6%인 닭 육수에 밤새 절인다.
- 샘플 #5 : 소금 농도 6%인 사과주에 밤새 절인다.
- 샘플 #6 : 맹물에 밤새 담가 둔다.

(샘플 #1과 #6은 소금물이 생각하는 대로 작용하는지 확인하기 위한 통제 집단으로 포함시켰다.).

예상한대로, 소금물에 절인 닭고기 샘플은 아무것도 하

지 않은 가슴살이나 맹물에 담가둔 가슴살보다 상당히 많은 수분을 함유하고 있었다(369쪽 '조리된 닭가슴살의 무게 손실' 참고).

이 실험에서 정말로 맹물에 담가 둔 닭가슴살은 실제로 아무 처리를 하지 않은 가슴살보다 평균적으로 더 푸석했다. 가슴살을 한 번 살펴보자.

물에 담가 둔 닭가슴살

고비 사막처럼 푸석하다(사막이라고 하기엔 아주 습기가 많은 날에). 그럼, 이번엔 소금물에 절인 가슴살을 살펴보자.

소금물에 절인 닭가슴살

디즈니 영화에 나오는 너그러운 아줌마처럼 토실토실하고 촉촉하다. 맛을 보면 확실히 젖은 스펀지 같다. 한 입 베어 물면 수분이 촉촉이 나오면서 육즙이라고 믿게 만든다. 하지만 질감은 약간 느슨하고 맛도 약간 밋밋하다.

이번에는 소금에 재워 둔 가슴살을 살펴봤더니 소금을 뿌리지 않은 가슴살에 비해 상당히 촉촉한 걸 알 수 있다(소금물에 절인 가슴살보다 2~3% 수분이 더 적긴 하지만). 맛을 보면, 의심할 여지없이 더 촉촉하고 닭고기 맛이 더 진하면서 간이 잘 배었다. 질감 면에서는 아무 처리를 하지 않았거나 소금물에 절인 칠면조와는 완전히 다른데 살짝 염장한 고기의 매끄럽고 쫀득하면서도 연한 결을 느낄 수 있다.

시각적으로는 염장의 분명한 표시가 되는 분홍색이 뚜렷하다.

건식 염장한 닭가슴살

작은 닭가슴살에서 분홍의 촉촉한 염장 부위는 가슴살 가운데까지 이른다. 칠면조에서 분홍색은 바깥 가장자리 부분에서만 볼 수 있다(이 부분은 우연히도 너무 많이 익히거나 수분이 마르기 가장 쉽다.). 소금물에 절인 가슴살이 조금 더 촉촉한 반면 맛과 질감으로 보자면 소금에 재운 가슴살이 소금물에 질인 고기보다 더 좋았다.

맛을 가미한 용액에 담가 둔 고기는 어떨까?

먼저, 칠면조나 닭을 사과주에 절이면 안 된다(혹은 산성 양념). 절대로 하지 말 것. 사과주의 산이 고기의 성질을 바꾸기 시작하는데 열을 가하지 않아도 '조리'가 되기 시작한다. 그래서 결과가 어떠냐고? 다음 페이지의 사진처럼 가장자리 부분이 쭈글쭈글하며 완전히 마른 아주 퍽퍽한 고기가 되고 만다.

사과주에 담가 둔 닭가슴살

소금을 넣은 닭 육수에 절인 닭고기에서는 더 흥미로운 결과가 있었다. 겉으로 보기엔 최고의 용액으로 보일 수 있다. 안 그런가? 소금물에 절일 때 맹물이 고기 속으로 들어간다면 물 대신 맛있는 육수에 담가 두면 육수가 흡수 되지 않을까?

하지만 유감스럽게도, 물리학은 변덕스러운 애인 같아서 고삐를 죄려 하지 않는다. 육수에 절인 고기와 소금물에 담가 둔 닭고기를 나란히 두고 맛을 봤더니 맛에 거의 차이가 없었다. 육수에 절인 닭고기는 소금물에 절인 닭고기와 같은 특징을 보여 줬다(촉촉한 질감과 밋밋한 맛). 도대체 왜 이런 거지?

여기에는 두 가지 원리가 있다. 첫 번째는 육안으로 봤을 때 육수는 그냥 맑은 액체이지만 실제로 육수에는 물과 함께 맛을 내는 여러 고체 입자가 녹아 있다. 맛을 내는 이러한 분자 대부분은 분자 규모로 봤을 때 상대적으로 크기가 큰 유기 화합물이며 소금 분자는 꽤 작다. 그래서 소금은 동물 조직 내의 세포를 구성하고 있는 반투과성의 세포막을 쉽게 통과할 수 있는 반면 더 큰 분자들은 통과할 수가 없는 것이다.*

또한, '염분 추출'이라고 불리는 효과도 있는데 이 효과는 단백질과 소금을 다 함유한 물을 기본으로 한 용액에서 발생한다. 물 분자는 소금 이온에 끌려서 선택적으로 상호작용을 한다. 그러나 단백질은 따로 따로 남아서 큰 집합체를 만드므로 고기에 침투하기가 더 어렵게 된다. 소금이 근섬유를 충분히 분해시켜 근섬유가 수분을 흡수할 수 있게 되면, 많은 양의 물과 소금이 고기로 침투하게 되지만 단백질은 아주 조금만 들어가게 된다.

그래서? 아주 농축된 홈메이드 육수를 사용하지 않는 이상 닭이나 칠면조에 흡수되는 맛 화합물의 양은 아주 제한적일 수밖에 없다. 이렇게 농축된 육수의 양을 생각해 본다면 현명한 방법은 아닌 듯하다.

이런 결과들이 다 무슨 뜻일까?

자, 시작한 대로 결론을 지어 보자. 나는 가금류에서 물을 탄 듯한 그런 맛이 아닌 진한 고기 맛이 나는 걸 좋아하기 때문에 소금물에 절이지 않는다. 고기를 소금에 절이면 수분 손실을 줄이는 데 효과적이며 맛이 현저히 좋아진다. 더 자세히 알고 싶은가? 심지어는 미리 소금에 재워 놓을 필요도 없다. 나는 소금에 재우는 절차를 너무 많이 익지 않도록 보호하는 조치로 생각한다. 실수로 가금류를 오븐에 15분 정도 더 오래 넣어 둔 경우에도 약간은 보호막이 될 수도 있다는 뜻이다. 그리고 조리 시 고기를 주의해서 잘 살피기만 해도 미리 소금에 재울 필요도 없다.

그렇긴 하지만, 예방 조치를 취하면 맛있게 먹을 수 있고, 즐거우며, 또 가족 유대가 좋아지게 한다. 여러분은 스터핑이나 사이드 요리에 왜 크랜베리가 포함되는지에 관해 전혀 동의할 수 없을지도 모르지만 적어도 가금류가 아주 맛있는 고기라는 데는 모두 동의할 수 있을 것이다.

---

* 좋은 점도 있는데, 이런 원리가 작동하지 않는다면 여러분이 목욕을 할 때마다 몸에서 단백질과 미네랄이 빠져나가게 될 것이다.

가금류의 건식 염장법

가금류의 껍질 밑에 소금을 뿌려서 24~48시간 냉장고에 재워 두면 소금물에 재우는 것과 아주 비슷한 결과를 보게 된다. 맨 처음, 소금은 고기에서 수분을 끌어낸다(이때는 정말로 삼투 현상 때문이다.). 그 뒤 소금은 이 빠져나온 수분에 녹게 되고 진한 가금류의 육즙에 녹은 소금물이 가금류 표면에 생기게 된다. 그러고는 이 소금물은 일반적인 소금물과 같은 방법으로 근섬유를 녹인다. 결국, 근섬유가 점점 더 느슨해지면 수분이 다시 흡수된다. 하루 혹은 이틀 밤 동안 소금 용액은 고기 속으로 몇 mm 정도 침투하게 된다. 그래서 수분을 간직하고 간도 더욱 깊이 배게 한다. 어느 면에서는 일반적인 염장 방법보다 더 번거롭지만 큰 쿨러나 얼음이 가득 찬 통이 필요하지 않고 소금물처럼 맛을 희석시키지도 않는다.

가금류를 건식 염장하기 위해 먼저 손이나 나무 숟가락의 손잡이로 고기의 바닥부터 시작해서 껍질과 가슴살 사이를 분리해 느슨하게 만든다. 그러고는 고기 450g당 다이아몬드 크리스탈 코셔 소금 1작은술을 넣고(혹은 598쪽 도표에 있는 양념 중 하나를 사용) 껍질 아래를 문지른다. 가금류를 랙에 올리고 큰 접시나 베이킹팬에 놓은 뒤 위를 덮지 않고 냉장고에 넣어 밤새 둔다(칠면조라면 48시간까지). 다음 날 바로 조리하든지 아니면 양념을 하든지 한다.

문지르는 방법

칠면조나 닭고기 껍질을 다루는 데 몇 가지 방법이 있다.

- 껍질을 완전히 떼어 내는 방법이 가장 쉬우면서도 껍질이 가장 바삭해진다. 베이킹팬에 와이어랙을 얹고 그 위에 가금류를 올린 뒤 위를 덮지 않고 냉장고에서 하룻밤 재우면서 공기로 말리면 더욱 바삭해진다. 하지만 아주 얇아지면서 딱딱해질 수 있으므로 하룻밤만 말린다.
- 향신료와 말린 허브와 소금을 섞어 만든 마른 양념으로 문지르면 껍질에 맛을 첨가할 수 있다. 효과를 좋게 하기 위해, 조리 전날 바르고 냉장고에서 하룻밤 공기 건조시킨다(레시피는 605~611쪽 참고).
- 껍질을 기름으로 문지르면 뜨거운 오븐에 있는 열을 더 고르게 전달하기 때문에 더 골고루 황금색이 된다. 또한 약간 바삭함이 줄긴 하지만 껍질이 말라 고무처럼 되는 걸 막는다.
- 버터나 허브 버터는 껍질의 맛을 엄청 좋게 하지만(껍질이 아니라 껍질 밑에다 문질러 발랐다 하더라도 고기 속으로 많이는 들어가지 않는다.) 바삭함은 많이 줄어든다. 버터는 약 18%가 수분이라 증발하면서 껍질을 식힌다. 그리고 버터에 있는 유단백은 자체적으로 브라우닝이 되기 때문에 버터를 문지른 가금류의 껍질은 기름으로 문지른 껍질보다 얼룩덜룩하다. 어떤 사람들은 이런 걸 더 좋아하기도 한다(나도 가끔은 그렇다.).

가금류를 굽는 방법

로스트 치킨을 좋아하지 않는 사람이 있겠는가? 바삭하고 짭조름한 껍질. 촉촉하고 부드러운 고기. 집안에 가득 퍼지는 진한 향기. 마시막 남은 위스키 잔을(위스키가 닭고기와 잘 어울리죠?) 아껴 마시면서 손가락이나 이로 찢어 내는 작은 고기와 지방 조각들. 음식이 만들어낼 수 있는 세련되고 고전적인 멋, 회사에서 혹은 드물게 조용한 밤에 아내와 개와 함께 자주 먹는 음식. 하지만 아주 솔직히 말하면 나는 오랫동안 로스트 치킨을 좋아히지 않았다. 그때에는 닭고기기 그리 맛있게 구워지지 않았었다. 여러분 모두 푸석한 가슴살을 먹어봤을 것이다. 그리고 이건 닭고기에만 해당되는 게 아니라 칠면조에서도 같은 현상이 있었다. 카빙 나이프가 가까이 가자마자 가장자리가 흐트러지거나 혀에 닿자마자 톱밥으로 변해 버리는 그런 종류만을 이야기하는 게 아니다. 식사하는 내내 웃으면서 잘 구워졌다고 이야기는 하지만 순례자들(the Pilgrims, 1620년에 메이플라워호를 타고 미국으로 이주해온 영국인들)이 이곳 미국 땅에 처음 도착한 가을에 왜 소갈비를 먹지 않았는지 궁금하게 만드는 그런 정도의 닭고기도 포함된다. 우리 모두가 알고 있듯이 문제는 바로 너무 많이 익혀서이다. 그래서 먼저, 닭가슴살이 익으면서 어떤 일이 일어나는지 간략하게 한 번 살펴보자.

- **49℃ 이하**: 고기는 아직 날것이다. 근육 세포는 뭉쳐 있고 탄력 있는 결합조직의 싸인 길고 직선의 케이블 같은 모양의 원섬유들은 가지런하게 정렬되어 있다. 이 부분이 고기의 '결'을 결정하는 부분이다.
- **49℃**: 단백질 미오신이 응고하기 시작하면서 근육 세포에서 수분 일부를 밀어낸다. 그리고 이 수분은 단백질 쉬스(Sheath, 피막 또는 싸개) 내에 모인다.
- **60℃**: 근육 세포 내에 남아 있는 단백질이 응고하면서 모든 수분을 세포 밖으로 밀어내서 단백질 피복 속으로 들어가게 한다. 응고된 단백질 쉬스는 고기를 굳게 하고 불투명하게 만든다. 나는 닭가슴살과 칠면조 가슴살을 60℃로 조리하는 걸 좋아한다.
- **65.5℃**: 단백질 쉬스(주로 콜라겐)는 빠르게 응고하면서 수축한다. 세포에서 밀려나온 수분과 쉬스에 모인 수분은 모두 이제 고기 밖으로 완전히 밀려 나오게 된다. 닭고기를 74℃로 요리하라는 정부의 경고가 있긴 하지만 실제로 65.5℃ 정도 이상에서 근 섬유는 거의 완전히 수분을 다 짜낸 상태가 된다. 축하합니다. 여러분의 저녁 식사는 이제 완전히 판지 같아진다.

반면, 다리는 적어도 77℃로 조리해야 한다. 알았어요, 이건 좀 과장했네요. 70℃ 정도에서 먹기에 아주 완벽하다(이보다 온도가 더 낮고 결합조직이 많으면 질기다.). 하지만 육즙은 아직 핑크색이거나 붉고 고기는 최적의 상태로 부드러워지지 않는다. 가슴살과 달리 다리에는 콜라겐이 많다. 충분히 높은 온도(70℃ 이상)와 충분한 시간으로 조리해야 콜라겐이 풍성한 젤라틴으로 바뀌기 시작하고 그래야 근섬유가 수분을 모두 내놓은 이후에도 고기가 촉촉하고 육즙이 많게 된다.

그렇다면 문제는 가슴살은 63℃ 이하로 익히면서 어떻게 다리는 77℃로 조리할 수 있을까? 나는 상황에 따라 그리고 요리하는 가금류에 따라 세 가지 방법을 사용한다. 다음은 그 방법들이며 가장 효과적이면서도 가장 힘든 방법부터 시작한다.

가금류 조리법 1 :
(내가 제일 좋아하는 방법) 배를 갈라 납작하게 해서 굽는 방법
POULTRY COOKING METHOD 1 (MY FAVORITE) : SPATCHCOCKING

솔직히 말하겠는데 이 방법이 가금류를 수월하게 조리하는 가장 좋은 방법이다. 이제는 내가 유일하게 사용하는 방법이다. 닭이 온전한 모습을 하고 식탁에 오르는 걸 좋아하는 사람들도 있다는 걸 안다. 하지만 이 방법으로 해 보면 배를 갈라 구운 가금류의 복음이 세상에 울려 퍼질 것이다.

가금류의 배를 갈라 나비 모양으로 만들려면, 날카로운 가금류 가위로 등뼈를 자르고 납작하게 한 뒤 껍질이 위로 올라오게 해서 가슴뼈를 위에서 단단히 누른다. 어때요, 이게 전부입니다! 아주 간단하기 때문에 바로 배울 수 있고, 칠면조에도 똑같이 적용할 수 있다.

가금류를 요리하는 방법은 이렇다. 베이킹팬에 와이어 랙을 얹고 그 위에 가금류 껍질이 위로 오도록 놓는다. 그리고 뜨거운 오븐(230℃) 안으로 날려 버리는 것이다. 그러면 기적적으로 가슴살이 66℃가 되고 다리는 77℃가 되고 껍질은 맛있어진다. 소금물에 절일 필요도 없고, 소금에 재울 필요도 없고, 뒤집을 필요도 없고, 아무 문제도 없다.

앞에서 말한 대로, 식탁으로 가금류를 통째로 가져가서 짠하고 고기를 자르는 그런 맛은 없지만 대신 완벽하게 구워져서 여러 면에서 더 좋아할 만하다. 좋은 점이 아주 많으므로, 언제라도 이런 거래는 할 만하다.

장점 1 : 납작한 모양 = 고르게 조리된다.

가금류를 나비 모양으로 평평하게 하고, 다리는 옆으로 펼치면 한때는 가장 보호가 되던 부위(넓적다리와 다리)가 이제는 제일 많이 노출된다. 결과적으로 이 부위는 더 빨리 익는데, 이는 정확히 우리가 원하던 바로, 닭다리를 가슴살보다 더 높은 온도로 조리하려던 의도에 부합한다.

게다가 이렇게 하면 가금류는 오븐 속에서 수직으로는 공간을 많이 차지하지 않는다. 이 말은 원하면 두 마리를 한 번에 구울 수도 있다는 뜻이다. 큰 것 한 마리를 굽는 것보다 더 촉촉하게 고기 두 마리를 구울 수 있는 괜찮은 전략이다.

장점 2 : 껍질이 위로 향한다 = 고기는 더 촉촉하고 껍질은 더 바삭하다.

보통 닭고기나 칠면조는 속에는 고기가 있고 겉면엔 껍질이 있으며 거의 공 모양에 가깝다. 로스팅팬이나 베이킹팬에 놓아야 하므로 공 모양이라면 한쪽 면은 항상 다른 쪽보다 더 많이 구워지게 된다.

반면에, 배를 갈라 납작하게 한 닭은 직육면체와 비슷하다. 그 속에서 윗 표면은 껍질이고 부피가 되는 부분이 고기이다. 이런 모양은 세 가지 결과를 가져오는데, 첫째는 껍질이 조리 내내 모두 오븐 열기에 완전히 노출된다. 아래로 감춰진 껍질도 없으며 아랫배도 걱정할 필요가 없다. 둘째는 지방이 녹아서 피부 아래로 흐르고 아래 팬으로 떨어질 수 있는 충분한 공간이 만들어진다. 이렇게 되면 껍질이 더 얇아지고 더 바삭해진다. 마지막으로, 고기가 익으면서 밑으로 떨어지는 지방은 열에너지를 고기 위에 분배한다. 그래서 고기가 더 골고루 익고 급격한 온도 상승을 완충해 주는 역할을 해 고기가 퍽퍽해지지 않도록 해 준다.

장점 3 : 옆면이 얇아진다 = 조리가 더 빠르다.

조리면에서 공 모양은 익히기에 가장 효율이 떨어지는 모양이다. 즉, 공 모양은 열이 가운데까지 진입하는 데 오랜 시간이 걸린다. 그래서 일반적으로 닭을 구울 때는 1시간 이상이 걸리며, 칠면조는 몇 시간이 걸린다. 하지만 배를 가르고 납작하게 한 고기는 옆면이 낮기 때문에 232℃에서 구우면 통으로 구울 때 걸리는 시간의 반 정도면 다 익게 된다. 이 방법으로 추수감사절에 절약할 수 있는 시간을 다 모으면 아마도 음, 감히 말하자면 세상을 다스릴 수 있지 않을까?

장점 4 : 고기를 자르기가 더 쉽다.

통닭을 자르는 일은 아주 까다롭다. 모양 때문에 좋은 지렛대가 돼 줄 각도를 찾기가 어렵다. 그래서 고기를 자를 때 가금류를 몇 번이나 이리저리 뒤집게 된다. 반면에 배를 가른 가금류라면 아주 간단하다.

다리가 거의 따로 떨어져 있어서 그냥 세게 끌어당겨서 칼로 한 번만 잘라 주면 된다. 날개 부위에서 뒤집거나 돌리지 않아도 눕혀서 납작해진 가슴살이 다 드러나기 때문에 닭을 도마에서 들어 올리지 않고도 쉽게 가슴살을 잘라낼 수 있다. 또한 안전히 납작하게 고정되어 있기 때문에 가슴뼈에서 살을 더 쉽게 발라낼 수 있다.

장점 5 : 남는 뼈 = 더 맛있는 그레이비소스(gravy)

그레이비소스나 고기 육즙으로 만든 소스인 '저스(jus)'는 닭 육수 통조림과 떨어진 육즙으로 언제나 만들 수 있지만 진짜 뼈와 고기가 좀 있다면 그레이비소스를 만들면 훨씬 더 맛있다. 보통 고기를 굽는 동안 목과 내장으로 육수를 끓이는데, 이렇게 끓여도 되지만 가금류의 등뼈를 육수에 넣고 끓이면 훨씬 더 맛있는 육수가 된다.

가금류 조리법 2 : (준비할 시간이 있을 경우) 부위별로 토막 내서 요리한다.
POULTRY COOKING METHOD 2 (IF YOU'VE GOT TIME TO SPARE) : DIVIDE AND CONQUER

이 방법으로 조리하려면 가금류를 분해하는 법을 알아야 한다(좀 쉽게 하고 싶다면 가게에서 조각으로 따로 분리해 놓은 걸 산다.). 또한 화가 노먼 록웰(Norman Rockwell)의 그림 같은 완벽한 구운 가금류의 꿈과 기꺼이 작별 키스를 해야 한다.

다리와 가슴살을 서로 분리하면 가슴살이 최종 온도가 되면 오븐에서 꺼내고, 다리도 목표 온도가 될 때까지 더 굽고 꺼내면 되므로 함께 굽는 일이 아주 쉬워진다. 여러 부위를 모두 레스팅한 뒤 오븐 온도를 260℃로 올리고 다시 모두 오븐에 넣고 몇 분 동안 구워서 껍질을 바삭하게 하면 식사 준비가 끝난다. 골고루 조리하기 위해, 나는 시간과 인내심이 허락하는 정도의 온도로 오븐을 낮게 맞춰서 아주 부드럽게 고기가 익도록 한다(낮은 온도로 오븐을 맞추면 왜 고르게 조리가 되는지에 대해서는 324쪽의 설명을 참고).

최상의 결과를 위해, 가슴살을 구울 때는 뼈를 발라내지 않고 껍질도 있는 채로 조리하는 게 좋다. 이것은 뼈와 고기 사이의 맛의 교환(637쪽 '뼈' 참고)이라는 잘못된 설과는 아무런 상관이 없으며 노출되는 면과 관계가 있다. 고기의 표면이 더 많이 노출될수록, 수분을 더 많이 잃어버리게 되지만 뼈와 껍질이 흰 살코기에 단열 작용을 한다. 그래서 고기에서 수분이 빠져나가는 걸 막아준다. 뼈는 제거하고 싶으면, 조리 후에 제거하면 더 쉽게 발라낼 수 있다. 그리고 껍질은 먹고 싶지 않다면 벗겨서 버리면 된다(아니면, 더 나은 방법은 껍질을 좋아하는 가족에게 주면 된다.).

이 방법은 또한 몇 가지 다른 이로운 점도 있는데, 즉, 해부학적으로 아무런 제약이 없다는 점이다(다리를 6조각으로 가슴살을 4개로 자르고 싶다고? 얼마든지 가능하다!). 그러면 옮기기도 훨씬 편하다. 일단 토막을 낸 후(더 간편하게 하려면 미리 잘라 놓은 부위를 산다.), 집게나 손을 이용해 아주 쉽게 다룰 수 있다. 좀 더 잘하고 싶다면 가슴살과 다리를 완전히 다른 두 가지 방법으로 따로 조리할 수 있다(627쪽, '추수감사절 칠면조 두 가지 조리법' 참고). 그래서 식탁에 오르는 메뉴가 더욱 풍성해진다.

가금류 조리법 3 : (전통적인 외관을 위해) 뜨거운 스틸 팬
POULTRY COOKING METHOD 3 (FOR THE TRADITIONAL LOOK) : THE HOT STEEL

어떤 이유로, 가금류를 분해하는 게 싫고 통째로 조리하는 게 더 좋거나 가금류를 가위로 처리하는 게 비위가 상하는 경우에 대해 얘기해 보자. 이해한다. 가끔 다른 방법이 필요하기도 하다. 그러면 통째로 굽되 오븐에 넣으려고 힘들게 옮길 필요 없이 고르게 익히고 비교적 껍질도 바삭하게 하는 방법이 있다.

그러나 전문 장비가 하나 필요하다. 바로 피자 스틸(Pizza Steel)이나 피자 스톤(pizza stone)이다. 이런 장비를 오븐의 오븐랙에 올리고 오븐 온도를 최대한 높이고 30분 정도 예열한다. 베이킹팬을 오븐랙에 올리고 그 위에 가금류의 가슴살이 위로 향하도록 놓는다. 그런 뒤, 베이킹팬을 예열한 스틸이나 스톤 위에 올린다. 그러고는 바로 오븐을 200℃로 낮춘다. 강판이나 스톤에 남은 열이 다리에 먼저 전해지기 시작해서 최종적으로는 전체 닭의 온도가 동시에 각각 적당한 온도가 된다. 꽤 쉽지 않나요? 물론 배를 갈라 납작하게 구울 때만큼 그렇게 바삭하지 않고 그렇게 빨리 조리가 되지는 않지만 가금류가 노먼 록웰이 표지 그림을 그렸던 『새터데이 이브닝 포스트(Saturday Evening Post)』의 표지 같은 모습으로 식탁에 오르는 걸 좋아한다면, 이 방법이 가장 괜찮다.

오븐에 컨벡션 기능이 있다면 사용해야 할까요?

컨벡션 오븐은 일반 오븐에 팬 장치가 더 있는 오븐이다. 그래서 일반 오븐에 보통 생기는 뜨겁거나 미지근한 구역을 통해 만들어진 자연적인 대류를 무시하고 팬이 오븐 안의 공기를 강제로 순환시킨다. 이 말은 오븐 속이 전체적으로 비교적 고른 온도로 가열된다는 뜻이다. 팬은 또한 음식을 더 빠르게 익게 하고 더 바삭하게 만든다. 왜 그럴까?

보통의 오븐에서 온도가 낮은 구역은 당연히 팬의 가장자리 밑이나 칠면조의 속과 같이 음식의 주위나 자외선 열을 받지 않는 부분에 만들어진다. 반면, 컨벡션 오븐에서는 뜨거운 공기가 음식 주위를 골고루 순환하기 때문에 계속해서 열에너지를 공급하게 된다. 또한 표면의 수분을 날려 버리기 때문에 크러스트 껍질을 더 빨리 마르게 한다. 그래서 조리가 훨씬 더 빨라지며, 가금류 껍질의 브라우닝이나 고기 크러스트가 더 많이 더 골고루 만들어진다. 오븐에 이런 기능이 있다면 특히나 고기나 가금류를 구울 때는 컨벡션으로 설정하기를 권한다.

컨벡션 오븐의 단점이라면 이 책을 비롯해 대부분의 레시피가 컨벡션 오븐용으로 특별히 만들어지지 않았기 때문에 이런 오븐이 광고한 대로 작동하려면 레시피의 조정이 필요하다. 일반적으로 보통의 오븐에 맞게 개발된 레시피를 컨벡션 오븐에서 조리할 때는 오븐 온도를 14℃ 정도 줄여야 한다. 오븐의 상표와 모델에 따라 정확한 조정치가 달라지므로 오븐이 어떻게 작동하는지 정확히 알기까지는 시험을 몇 번 해 봐야 한다.

닭 껍질을 바삭하게 황금색으로 만드는 건 무엇일까?

닭 껍질은 대부분 물, 지방, 단백질(대부분 콜라겐), 이 세 가지 요소로 되어 있다. 닭 껍질이 바삭해지려면 몇 가지 일이 일어나야 한다. 먼저, 콜라겐이 젤라틴으로 바뀌어야 한다. 그다음, 물이 증발해야 하고 마지막으로 지방이 녹아서 흘러나와야 한다. 그러면 바삭한 황금색 껍질이 남게 된다.

더 바삭하게 만들 수 있는 몇 가지 방법이 있다. 첫째, 상대적으로 물기가 적은 닭으로 시작한다. '에어 칠드'라는 표시가 붙은 닭고기를 구한다. 물로 냉각된 일반적인 닭은 껍질에 수분이 더 흡수되어 있어서 브라우닝이 잘 되지 않기 때문이다. 둘째, 껍질을 키친타월로 잘 닦는다. 더 좋은 방법은 시간이 있다면 베이킹팬에 와이어랙을 올리고 그 위에 닭을 올린 뒤 위를 덮지 않고 냉장고에 하루 동안 두는 방법이다. 이렇게 하면 아주 건조가 잘 돼서 오븐에서 껍질이 더 빨리 바삭해진다. 하지만 건조를 위해 냉장고에 하루 이상 두는 것은 좋지 않다. 왜일까?

콜라겐 분해는 수분이 있어야 하고 적어도 71℃ 정도의 온도가 되어야 진행되는, 시간과 온도에 의존하는 과정이다. 그렇기 때문에, 닭고기를 너무 낮은 온도에서 조리하거나 껍질을 너무 많이 말리면(냉장고에 위를 덮지 않고 며칠을 두면) 콜라겐이 젤라틴으로 바뀌는 데 필요한 수분도 없애버리게 된다. 그러면 껍질은 바삭하지 않고 종이나 고무 같이 질겨진다.

또한, 지방이 녹아도 아주 바삭해질 수 있다. 이를 위해, 지방이 녹아 가금류에서 빠져나갈 수 있는 길을 만들어 두는 게 필요하다. 가장 효과적인 방법은 배를 가르고 납작하게 굽는 방법이다. 고기 위에 있는 껍질이 오븐의 컨벡션 열에 완전히 드러나고 그 아래로는 지방이 녹으면서 아래 고기 주위로 흘러내릴 수 있는 공간이 충분하다. 가금류를 통째로 조리한다면 지방이 흐를 수 있는 공간을 주기 위해 적어도 가슴살에 붙어 있는 껍질은 고기에서 분리해야 한다(592쪽 참고).

공기 흐름을 증가시키고 열을 더욱 효과적으로 전하기 위해서는 베이킹팬에 브이랙을 올리는 것보다는 튼튼한 베이킹 팬에 와이어랙을 얹어서 사용하는 게 낫다. 깊기 때문에 공기 흐름을 방해해 닭이나 칠면조의 다리가 축 늘어지고 색이 연할 수 있다. 대신 베이킹팬을 사용해야 하는 유일한 때는 큰 칠면조나 갈비구이 같이 아주 큰 구이 요리를 할 때이다.

구운 닭의 껍질이 오래 바삭하게 유지되기를 원하면 오븐에서 꺼낸 뒤 바로 껍질을 고기에서 벗겨서 따로 두는 게 좋다. 그래야 고기에서 올라오는 수증기로 다시 축축해지는 걸 막을 수 있다.

바삭하게 하기 위해 껍질 분리하기

고기와 껍질을 분리하면 녹은 지방이 더 쉽게 빠져나갈 수 있어서 더 바삭해진다. 또한 껍질 아래에 양념을 바를 수도 있다. 껍질을 분리하는 방법은 아래와 같다.

Step 1 : 겉에 양념을 한다.

소금과 후추로 가금류의 겉면에 양념을 한다.

Step 2 : 아래부터 들어올린다.

가슴살의 아랫부분에 있는 껍질의 덮개를 들어올린다. 손가락 한두 개를 넣어서 천천히 위쪽으로 훑어간다. 껍질을 살에서 분리하면서 나아가되 찢어지지 않도록 조심한다.

Step 3 : 중간에서 만난다.

다른 쪽 손가락을 목 끝에서 넣고는 거기에서부터 껍질을 분리해 나간다. 그렇게 양쪽에서 껍질을 분리해 가운데에서 양손의 손가락이 서로 만나게 한다. 소금과 후추를 껍질 아래 가슴살에 문지른다. 이제 구울 준비가 되었다.

양념 바르기와 실로 묶기 : 촉촉한 고기를 위해 피해야 할 두 가지 방법

베이컨처럼 지방이 많은 조각육으로 닭을 덮거나 녹인 버터나 팬에 남은 국물을 닭이 익는 동안 위에 끼얹으면 닭이 촉촉하게 된다고 권하는 글을 읽었다. 이런 이야기 뒤에는 두 가지 이론이 있는데, 첫째, 지방 일부는 가슴살로 흡수될 것이라는 생각이다. 하지만, 허튼 소리다! 실험에서 알 수 있듯이, 가슴살은 수축하면서 육즙을 강제로 밀어낸다. 어떤 것도 흡수하지 않는다! 두 번째 이론은 바딩(barding, 육류를 구울 때 비계나 베이컨으로 감싸서 묶는 것)에만 적용되는데 지방층이 단열 작용을 해서 고기가 더 천천히 익어 푸석해지는 걸 방지한다는 것이다. 이 말은 맞는 말이긴 하지만 문제가 있다. 나는 베이컨으로 감싼 것은 대부분 좋아하는데 베이컨으로 싸면 닭고기와 칠면조에서도 베이컨 맛이 난다. 나라면 베이컨이 먹고 싶을 땐 베이컨을 요리하겠다. 하지만 칠면조나 닭고기에 베이컨 맛이 나는 걸 좋아한다면, 그렇게 하라! 대신 껍질이 덜 바삭해진다.

사실, 가슴살에 팬의 뜨거운 육즙으로 베이스팅(basting, 고기를 구울 때 육즙이나 버터 등을 끼얹어 촉촉하게 만드는 것)을 하면 가슴살이 더 많이 익어서 더 퍽퍽해질 뿐만 아니라 팬 육즙이나 녹인 버터에 있는 수분이 또한 바삭하게 되는 걸 막는다. 괜찮은 방법이라면 요리 중에 가금류에 솔로 가끔씩 상온의 기름을 발라 주는 방법이다. 이렇게 하면 브라우닝이 더 깊이 더 골고루 만들어진다. 하지만 어쨌든, 촉촉함에는 영향을 주지 않는다.

조리 전에 가금류의 다리를 묶어 두는 트러싱(trussing)도 또한 자주 추천되지만 아무 의미 없는 행동이다. 오히려 반대의 결과를 만드는데, 가금류의 안쪽 넓적다리에 효과적으로 보호막을 치는 셈이라 가뜩이나 익는데 가장 오래 걸리는 부분이 더 천천히 익게 된다. 닭과 칠면조는 늘 원래대로, 다리를 넓게 벌려서 대류 열을 최대한 받을 수 있게 그대로 놓아두어야 한다.

레스팅할 것!

레스팅 과정은 가금류를 구울 때, 특히나 추수감사절용으로 아주 바쁘게 만들 때는 쉽게 맛을 내기 위해 꼭 필요하다. 레스팅을 하면 고기가 느슨해지면서 속의 육즙이 전체적으로 골고루 다시 배열이 될 시간이 생긴다. 또한, 약간 식히면 고기 육즙이 상당히 걸쭉해지면서 고기를 자를 때 덜 흘러나온다(더 자세한 내용은 316쪽과 880쪽 참고).

나는 가금류의 내부 온도가 62℃ 미만으로 내려갈 때까지 레스팅한다. 65℃로 익힌 닭고기는 이렇게 내려가는 데 10~15분이 걸린다. 4.5~5.4kg 정도 되는 칠면조는 30분 이상 걸린다. 하지만 그동안 여유 있게 할 수 있는 일을 생각해 보라. 팬에 남은 찌꺼기를 디글레이즈한다든지 캐서롤을 가열하든지 혹은 칵테일을 한 잔 하고, 호박 파이에 새겨진 손가락 자국을 덮기 위해 크림을 휘핑한다든지.

맛은 어떤가?

솔직히, 닭을 구울 때 90% 정도는 소금과 후추만 뿌린다. 닭고기 자체가 맛있으면 다 맛있다. 하지만 뭔가 좀 더 첨가하고 싶다면?

여기 좋은 소식이 있는데, 일단 기본적인 굽는 방법을 습득하고 나면, 맛을 첨가하는 건 조리 전에 좋은 향신료를 바른다든지 허브를 좀 뿌린다든지 등으로 아주 간단하다. 다른 부분은 조리법이 정확히 똑같기 때문이다. 허브를 바른다 혹은 레몬을 바른다 하면서 온라인에서 찾을 수 있는 수십 수백 가지의 닭고기 레시피는 어떤가? 이 레시피 모두 몇 가지 맛만 더해졌을 뿐, 다 똑같은 닭고기 구이 레시피다. 이 말은 일단 닭고기를 맛있게 조리하는 법을 알게 되면 어떻게 맛을 더할까 하는 건 여러분 원하는 대로 하면 된다는 뜻이다.

여러분에게 가금류에 여러 맛을 가미하는 법을 보여 주려고 작은 도표를 만들었다. 내가 좋아하는 특정 레시피의 변형도 포함되었다. 물론 이 재료들을 자신이 원하는 대로 섞고 조합해도 된다. 도표에 소금은 목록에 넣지 않았는데, 뒤에 바로 나오는 두 가지 기본 레시피에서 닭고기를 소금으로 따로 양념하기 때문이다. 하지만 소금을 다른 허브나 조미 양념에 바로 넣으면 한 번에 쉽게 맛을 낼 수도 있다.

양념	첨가하는 법
부드러운 다엽성 허브 (파슬리, 바질, 타라곤, 고수 잎 등)	칼 혹은 푸드프로세서로 잘게 다진 생 허브 ½컵(125ml)에, 올리브오일이나 녹인 버터 1~2큰술을 넣고 섞어서 페이스트를 만든다. 가슴살을 덮고 있는 껍질을 고기와 분리한다. 허브 혼합물을 닭고기 전체에 바른다. 가슴살 껍질과 고기 사이에도 바른다. 설명대로 진행한다.
목질 허브 (타임, 로즈마리, 월계수 잎 등)	가슴 껍질을 고기와 분리한다. 허브 줄기를 통째로 몸통 안에 넣는다. 배를 갈라서 납작하게 만들었다면 닭의 윗면이나 아랫면에 넣는다. 설명대로 진행한다. 먹기 전에 허브 줄기는 버린다.
파속 식물 (마늘, 샬롯, 대파, 차이브)	푸드프로세서나 칼로 파속 식물을 잘게 다져서 2작은술에서 2큰술 정도 준비한다. 올리브오일이나 녹인 버터 1큰술과 섞어 페이스트를 만든다. 가슴살을 싸고 있는 껍질을 고기와 분리한다. 허브 혼합물을 닭고기 전체에 바른다. 가슴살 껍질과 고기 사이에 바른다. 설명대로 진행한다.
향신료	향신료 1~4작은술과 올리브오일이나 녹인 버터 1~2큰술을 섞고 페이스트를 만든다. 여기에 원하면 레드 와인이나 화이트 와인 1~2큰술을 추가한다. 껍질과 가슴살을 분리한다. 향신료 혼합물을 닭고기 위, 안쪽 구멍 속, 껍질 아래에 바른다. 설명대로 진행한다.
글레이즈와 마리네이드	구이 과정 마지막 10~15분 동안 솔로 껍질 위에 바른다. 남은 소스는 닭고기를 낼 때 소스로 함께 차려 낸다.
레몬	껍질을 가슴살과 분리한다. 레몬을 반으로 자르고 자른 면으로 닭고기 위, 안쪽 몸통 속, 껍질 아래를 문지른다. 그러고는 레몬 반쪽을 슬라이스로 잘라서 닭고기의 아래쪽이나 속에 넣는다. 설명대로 진행하면서 원하면 구이 중간쯤이나 차려 내기 바로 전에 닭고기 위에 레몬 일부를 짠다(이렇게 하면 바삭한 껍질이 약간 눅눅해지지만 맛은 좋아진다.). 아니면, 다진 허브 믹스나 향신료 섞어 놓은 데에 레몬 제스트를 넣는다.

닭이나 칠면조의 위시본 제거하는 방법

가금류를 굽기 전에 가슴뼈인 위시본(wishbone)을 제거하면 나중에 고기를 자르기가 훨씬 쉽다. 닭고기를 구울 때는 선택사항이지만 크기가 큰 칠면조를 구울 때는 절대적으로 추천한다.

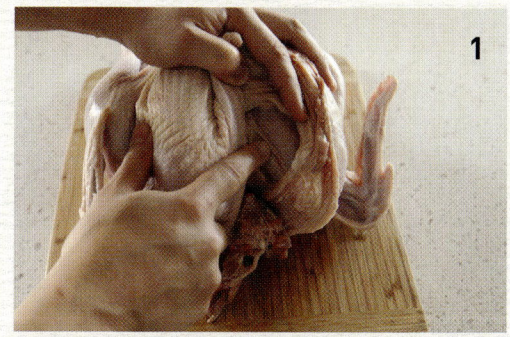

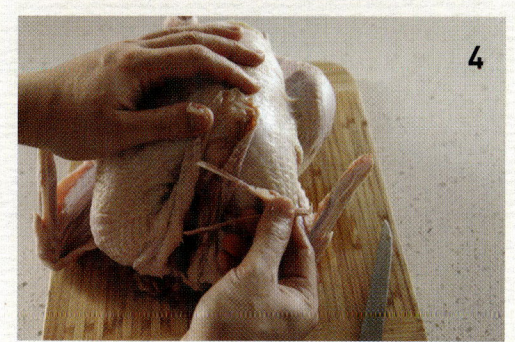

Step 1 : 위시본의 위치를 찾아낸다.

이 단계는 칠면조를 조리하기 전에 한다. 닭보다는 칠면조에 훨씬 더 중요한데, 식탁에서 고기를 자를 때 아주 쉽게 자를 수 있다. 우선 목에서 껍질 덮개를 뒤로 걷어 내고 작은 Y자 모양의 뼈를 찾는다. 이 뼈는 양쪽 가슴살의 반이 되는 부위 윗부분에 걸쳐 있다.

Step 2 : 첫 번째 절개

날카로운 보닝 나이프(뼈칼)나, 셰프 나이프, 페어링 나이프 같은 날카로운 칼끝으로 위시본의 한쪽 가지 끝부분을 자른다.

Step 3 : 다른 쪽 부분

같은 방법으로 뼈를 따라 칼끝을 움직이면서 같은 가지 다른 쪽 부분도 똑같이 한다. 맞은 편 가지도 똑같이 반복하면서 총 4번 절개한다.

Step 4 : 헐겁게 해서 들어올린다.

손가락이나 마른 키친타월로 뼈의 맨 위쪽을 쥐고 본인 쪽으로 빼낸다. 조금 세게 끌어당기면 빠져나온다. 잘 안되면 문제가 되는 지점을 확인하고 칼의 끝부분으로 뼈 가장자리를 더 많이 파 낸다. 뼈가 나오면 이제 칠면조를 굽는다.

닭고기를 재워야 할까?

대학에 다닐 때, 나는 한 집에 같이 살던 친구로부터 장문의 이메일을 받은 적이 있었다. 그 메일에는 '주말에 어디 가는데, 냉장고에 3일 동안 이탈리아식 드레싱에 재운 닭이 있어. 누군가 꼭 요리해 먹어. 아주 부드럽고 촉촉할 거야!' 나는 그 닭을 덥석 쥐고는 복도 끝에 살고 있던 여학생을 유혹할 확실한 도구로 사용해야지 하고 계획을 세웠다. 아마 그녀는 촉촉하고 맛있는 닭고기 맛에 반해서 바로 나와 사랑에 빠질 것이고 우리는 결혼을 하고(물론 축하연에서 닭고기를 접대할 것이다.) 아이를 14명이나 낳고 영원히 행복하게 살 수 있으리라.

지금 나는 완전히 다른 여자와 결혼해서 행복하게 살고 있는데, 그걸 보면 그 계획이 어떻게 됐는지 알 수 있을 것이다. 이탈리안 드레싱과 같은 산성의 양념장을 사용하면, 닭고기기 괴도하게 재워져 양념장에 든 산성 물질이 단백질을 변형시켜서 이미 조리를 마친 것처럼 만들어 버린다. 오래 두면, 변성된 단백질은 수분을 짜내서 닭고기는 건조하고 푸석푸석한 질감을 갖게 된다.

스테이크처럼, 가금류도 반나절 이상 양념에 재우면 안 된다. 실제로, 닭고기나 기타 가금류에 더 효과적으로 마리네이드를 사용하는 방법은 오븐에서 고기를 꺼내기 10분 전쯤에 조금 바르고 남겨 두었다가 레스팅하고 자른 뒤에 모든 면에 골고루 펴 발라서 베어 물 때마다 맛이 느껴지도록 하는 방법이다.

나비 모양 로스트 치킨 ROASTED BUTTERFLIED CHICKEN

이 방법은 가슴살과 다리 모두 껍질이 바삭하고 고기는 아주 촉촉하게 만들 수 있는 보장된 방법으로, 가장 쉬워 누구나 할 수 있는 방법이다. 가금류가 통째로 식탁에 오르지 않아도 괜찮다면 로스트 치킨을 만드는 데 이보다 더 나은 방법을 찾기는 어려울 것이다.

NOTE • 가장 촉촉한 고기와 바삭한 껍질을 만들기 위해 건식 염장한 가금류를 구하고 하룻밤 냉장고에서 표면을 건조한다(589쪽 참고).

3~4인분

통닭 1마리(1.6 ~ 1.8kg, 603쪽 참고하여 나비 모양으로 만들기.)

카놀라유 또는 올리브오일 등 식물성 기름 1큰술

코셔 소금과 후춧가루

1. 오븐랙을 오븐의 위쪽에 끼우고 오븐 온도를 230℃로 예열한다.
2. 키친타월로 닭을 꼼꼼히 닦는다. 가슴살과 껍질을 분리하고(596쪽 참고), 닭 전체와 껍질 아래를 기름으로 골고루 다 문지른다. 소금과 후추도 모든 면에 뿌린다. 건식 염장이 된 가금류라면 소금은 조금만 뿌린다.
3. 베이킹팬에 알루미늄 호일을 깔고 그 위에 와이어랙을 올린다. 가슴살은 팬 가운데에 오게 하고 다리는 팬 가장자리에 오도록 닭을 놓는다. 뼈와 가까이 있는 가슴살의 제일 두꺼운 부분이 온도계로 63℃, 넓적다리와 몸통 사이 관절이 적어도 71℃가 될 때까지 35~45분 정도 굽는다.
4. 닭을 도마로 옮기고 호일로 슬쩍 덮는다. 그러고는 10분 정도 레스팅한 뒤 고기를 자르고 차려 낸다.

나비 모양 로스트 치킨용 초간단 저스 소스
QUICK JUS FOR ROASTED BUTTERFLIED CHICKEN

NOTE • 이 레시피에는 나비 모양 닭에서 분리한 목과 등뼈가 들어간다.

약 ½컵(125ml) 분량

식물성 기름이나 카놀라유 1큰술

남겨둔 닭 등뼈와 목(중식도로 토막 내기.)

다진 타임이나 로즈마리, 오레가노, 마저럼, 세이보리(savory) 2작은술(혹은 섞어서 사용. 선택사항)

양파 1개(대충 다지기.)

중간 크기 당근 1개(껍질을 벗기고 대충 다지기.)

셀러리 1줄기(대충 다지기.)

월계수 잎 1장

베르무트 또는 셰리주 1컵(250ml)

물이나 홈메이드 혹은 저나트륨 닭 육수 통조림 1컵(250ml)

간장 1작은술

무염 버터 3큰술(여러 조각으로 썰기.)

레몬 즙 2작은술(레몬 1개분)

코셔 소금과 후춧가루

1 닭을 굽는 동안, 작은 냄비에 기름을 넣고 고온에서 기름 표면이 반짝일 때까지 가열한다. 토막 낸 닭 뼈와 목을 넣고 가끔 저어 주면서 갈색 빛이 돌 때까지 약 3분간 볶는다. 허브(사용하는 경우)와 양파, 당근, 셀러리를 넣고 자주 저어 가며 약 3분 정도 갈색으로 변할 때까지 볶는다. 팬에 월계수 잎과 베르무트와 물을 넣고 나무 주걱으로 팬 바닥에 눌어붙은 재료를 긁어낸다. 불을 줄이고 뭉근히 20분 동안 끓인다.

2 소스를 거른 뒤 팬에 다시 붓는다. 중강 불에 올리고 대략 ⅓컵(80ml) 정도로 줄어들 때까지 약 7분 정도 졸인다. 불을 끄고 간장과 버터, 레몬 즙을 넣고 섞는다. 소금과 후추로 간을 하고 차려 낼 때까지 따뜻하게 둔다.

칼 사용법 : 닭이나 칠면조를 나비 모양으로 납작하게 손질하는 법

가금류의 배를 가르고 납작하게 나비 모양으로 손질하는 방법은 물론, 닭보다는 큰 칠면조 뼈를 손질하려면 더 힘들기는 하겠지만 둘 다 아주 비슷하다. 주방용 가위로 뼈를 잘라 내는 일이 소름끼친다면, 정육점에다 칠면조나 닭을 나비 모양으로 만들어 달라고 요청한다. 그리고 소스에 넣도록 등뼈와 목도 달라고 한다.

Step 1 : 도구. 잘 드는 가금류 가위가 필요하다. 나는 쿤-리콘(Kuhn-Rikon)에서 나온 주방용 가위를 좋아하는데, 날이 날카롭고, 구조가 튼튼하고, 스프링이 강력해서 금방 다시 제자리로 돌아가기 때문에 계속 가위질을 할 수 있다.

Step 2 : 뒤집고 자르기. 가금류를 가슴살 부분이 도마와 닿도록 놓는다. 한쪽 손으로 고정시키고(미끄러울 경우 키친 타월 사용) 허벅지가 꼬리와 만나는 지점에서 등뼈 한쪽 아래를 자르기 시작한다.

Step 3 : 넓적다리 주위로 자르기. 등뼈에서 너무 멀리 자르면 넓적다리뼈와 부딪힐 수도 있다. 그럴 때는 가위를 등뼈 쪽으로 약간 가까이 가져간다. 그래야 넓적다리뼈를 부수지 않고 그 주위를 도려낼 수가 있다. 그러고는 계속해서 뼈를 가르며 나아가서 완전히 등뼈 한쪽을 분리한다.

Step 4 : 등뼈 다른 쪽에도 똑같이 반복한다. 다른 쪽도 똑같이 등뼈 아래로 자른다. 뼈를 잡은 손이 가위 날과 닿지 않도록 조심한다.

Step 5 : 수술이 끝남. 다 마치면 등뼈는 완전히 제거가 된다. 손가락이나 가위로 잘라 낸 등뼈에서 큰 지방 덩어리를 제거하고 붉은 골수도 깨끗이 씻어 낸다.

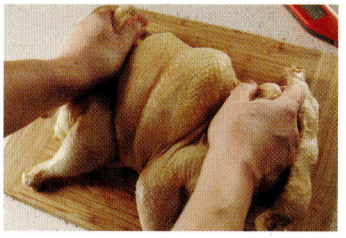

Step 6 : 뒤집고 밀어 넣기. 가금류를 뒤집고 제자리에 고정시키기 위해 날개 끝을 가슴살 아래로 밀어 넣는다.

Step 7 : 누른다. 최대한 가금류를 쫙 편다. 그러고는 손바닥을 가슴살 위에 올리고 가슴뼈의 이랑 위를 세게 눌러 평평해지도록 한다(칠면조에다 이렇게 하면 아마 뼈 부서지는 소리가 날 것이다.). 이제 구우면 된다.

간단한 로스트 치킨 SIMPLE WHOLE ROAST CHICKEN

식탁에 통째로 구운 가금류를 올리는 걸 좋아한다면 이 레시피가 바로 답이다. 다리가 가슴살만큼 빨리 익게 하기 위해 피자용 스틸이나 스톤이 필요하다.

NOTE • 가장 촉촉한 고기와 바삭한 껍질을 만들기 위해 건식 염장한 가금류를 구하고 냉장고에서 하룻밤 정도 표면을 말린다.(589쪽 참고)

3~4인분

닭 1마리(1.6~1.8kg)
카놀라유, 올리브오일 등 식물성 기름 1큰술
코셔 소금과 후춧가루

1. 오븐랙을 오븐의 중간에 끼우고 피자 스틸이나 스톤을 그 위에 올린다. 오븐을 적어도 30분 동안 260℃로 예열한다.

2. 닭을 작업대에 놓고 키친타월로 물기를 다 닦아 낸다. 껍질을 가슴살에서 분리하고(596쪽 참고) 기름을 닭 전체와 껍질 아래에 골고루 바른다. 그리고 소금과 후추를 전체에 고루 뿌린다(건식 염장이 된 가금류라면 소금은 적게 뿌린다.). 오븐이 가열되는 동안 상온에 둔다.

3. 두꺼운 베이킹팬에 약간 주름이 진 알루미늄 호일을 깐다. 위에 와이어랙을 올린다. 와이어랙 위에 가슴살이 위로 향하도록 닭을 놓는다. 그러고는 이 베이킹팬을 피자 스틸이나 스톤 위에 올리고 오븐 온도를 180℃로 줄인다. 가슴살에서 가장 온도가 낮은 곳이 63℃가 될 때까지, 다리는 적어도 71℃가 될 때까지 약 1시간 정도 굽는다. 굽는 도중 취향에 따라 솔로 팬에 떨어진 기름을 고기에 발라 준다. 오븐에서 꺼내서 위를 덮지 않고 15분 동안 레스팅한다. 고기를 잘라서 차려 낸다.

버터와 레몬-허브를 바른 로스트 치킨 BUTTERY LEMON-HERB-RUBBED ROAST CHICKEN

버터, 레몬 제스트, 허브는 로스트 치킨에 사용되는 전형적인 조합이다. 버터를 넣으면 껍질이 덜 바삭하지만 대신 맛으로 다 보상해 준다.

NOTE • 가장 촉촉하고 바삭한 껍질을 만들기 위해 건식 염장한 가금류를 구하고 냉장고에서 하룻밤 정도 표면을 말린다(589쪽 참고).

3~4인분

파슬리 잎 ¼컵(60ml)

세이지 잎 6장

로즈마리 잎 1큰술

대파 1대(잘게 썰기.)

중간 크기 마늘 1쪽(곱게 다지거나 제스터로 갈기, 약 1작은술)

코셔 소금 2작은술

후춧가루 1작은술

레몬 제스트 1큰술(레몬 1개분)

무염 버터 2큰술

닭 1마리(1.6~1.8kg)

푸드프로세서에 파슬리, 세이지, 로즈마리, 대파, 마늘, 소금, 후추, 레몬 제스트, 버터를 넣고, 용기 옆면도 가끔 긁어 주면서 갈아 페이스트를 만든다. 닭 껍질을 가슴살에서 분리한다(596쪽 참고). 허브 혼합물을 닭 전체와 껍질 아래 골고루 잘 바른다. 604쪽에 있는 '간단한 로스트 치킨' 레시피를 따라 굽는다. 2단계는 생략한다.

저크를 바른 자메이카식 로스트 치킨 JAMAICAN-JERK-RUBBED ROAST CHICKEN

톡 쏘는 저크 소스를 바른 로스트 치킨은 자메이카의 명물 요리이다. 이 요리는 아주 멋진 달콤한 훈제 맛이 나는 닭요리로 피멘토(pimento) 나무나 월계수 나무 위에서 천천히 구워진다. 우리 주방에서는 그런 재료를 구할 수 없지만 매콤한 올스파이스(allspice) 향이 나는 양념을 만들 수 있다. 나는 월계수 나무 위는 아니지만 차선으로 타임과 월계수 잎으로 닭을 싸서 굽는다. 닭을 나비 모양으로 납작하게 만들어서 구우면 정말 멋지게 그을린 바삭한 껍질이 만들어진다.

NOTE • 가장 촉촉한 고기와 바삭한 껍질을 만들기 위해 건식 염장한 가금류를 구하고 냉장고에서 하룻밤 정도 표면을 말린다(589쪽 참고). 스카치 보네트(Scotch bonnets) 또는 하바네로(habaneros)를 다룰 때는 아주 조심해야 한다. 아주 매워서 이 고추의 기름은 피부와 눈에 자극을 줄 수 있다. 도마도 따로 사용하고 만질 때는 라텍스 장갑을 낀다. 그리고 자르고 난 뒤는 바로 칼과 도마를 씻는다.

3~4인분

- 올스파이스 파우더 2작은술
- 후춧가루 1작은술
- 넛멕 파우더(또는 통 넛멕 갈아서) ¼작은술
- 계핏가루 ¼작은술
- 중간 크기 마늘 1쪽(곱게 다지거나 제스터에 길기. 약 1작은술)
- 대파 1대(잘게 다지기.)
- 곱게 다진 생강 ½작은술
- 스카치 보네트 또는 하바네로 고추 ½개(위의 note 참고)
- 사과주 식초 1작은술
- 간장 1작은술
- 고서 소금 2작은술
- 식물성 기름이나 카놀라유 1큰술
- 닭 1마리(1.6~1.8kg짜리, 603쪽 설명대로 나비 모양으로 납작하게 손질)
- 타임 1묶음
- 월계수 잎 6장

1 푸드프로세서나 블렌더 용기에 올스파이스, 후추, 넛멕, 계피, 마늘, 대파, 생강, 칠리, 식초, 간장, 소금, 기름을 넣고 갈아 페이스트를 만든다.

2 닭 껍질을 가슴살과 분리한다(596쪽 참고). 닭 전체와 껍질 아래에 양념장을 골고루 바른다. 601쪽 '나비 모양 로스트 치킨' 조리법에 따라 굽되 2단계는 생략한다. 오븐에 넣기 전에 타임 줄기와 월계수 잎을 닭 몸통 안과, 껍질 아래, 껍질 위에 올려놓는다. 차려 내기 전에 타임 줄기와 월계수 잎은 버린다.

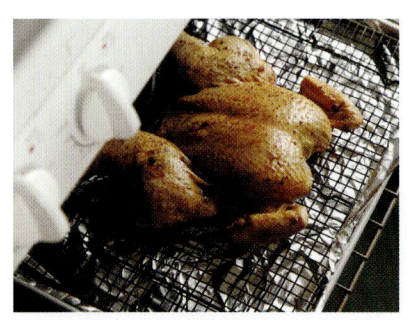

레몬그라스와 강황을 바른 매콤한 로스트 치킨
SPICY LEMONGRASS-AND-TURMERICRUBBED ROAST CHICKEN

레몬그라스와 강황을 넣으면 닭이 진한 색을 띠면서 향이 아주 멋지다. 약간 매콤하면서도 달고, 아주 맛있다. 칠리 소스와 함께 차려 내면 더 맛있다. 이 조리법에는 두 가지 통닭구이 방법을 사용할 수 있다.

NOTE • 가장 촉촉한 고기와 바삭한 껍질로 만들기 위해 건식 염장한 가금류를 구하고 589쪽에 설명한 대로 냉장고에서 하룻밤 정도 표면을 말린다.

3~4인분

레몬그라스 1줄기
생강 강판에 갈아서 2작은술
중간 크기 마늘 2쪽(곱게 다지거나 제스터로 갈기, 약 2작은술)
다진 샬롯 1큰술(작은 샬롯 ½개 정도)
작은 그린타이칠리 1개 혹은 세라노 칠리 ½개
강황가루(또는 터머렉 파우더) 1작은술
코셔 소금 2작은술
황설탕 1작은술
식물성 기름이나 카놀라유 1큰술
닭 1마리(1.6~1.8kg짜리, 원하면 603쪽 설명대로 나비 모양으로 납작하게 손질)
태국식 달콤한 칠리 소스(레시피 나옴, 선택사항)

1. 레몬그라스 줄기에서 아래쪽 1.3cm 정도를 잘라 내서 버린다. 바닥에서 약 10cm 정도 위 겉잎이 마르기 시작하는 곳을 찾아서 잘라 낸다. 마른 겉잎이 더 남아 있으면 버린다. 부드러운 레몬그라스 심을 대충 썰어서 푸드프로세서 용기에 넣는다. 여기에 생강, 마늘, 샬롯, 칠리, 강황, 소금, 설탕, 기름을 넣고 옆면을 긁어내리면서 갈아 페이스트를 만든다.

2. 닭 껍질을 가슴살과 분리한다(596쪽 참고). 닭 전체와 껍질 아래를 칠리소스로 골고루 다 펴 바른다. 601쪽이나 604쪽의 조리법대로 굽되 2단계는 생략한다. 원하면 칠리 소스와 함께 차려 낸다.

태국식 달콤한 칠리 소스

NOTE • 칠리를 구할 수 없으면, 대신 레드 페퍼 플레이크 2작은술을 넣는다.

약 ½컵(125ml) 분량

중간 크기 마늘 2쪽(다지거나 제스터로 갈기. 약 2작은술).
신선한 작은 붉은 타이칠리 2개 또는 레드 할라피뇨 또는 세라노 칠리 1개(곱게 다지기. 위의 note 참고).
팜슈거 또는 황설탕 ½컵(125ml)
증류한 흰 식초 4큰술
물 4큰술
피시 소스 2큰술

작은 냄비에에 모든 재료를 넣고 한소끔 끓인 뒤 불을 낮추고 ⅓로 줄어들 때까지 약 10분간 졸인다. 소스가 식으면 시럽 농도가 된다.

페루식 로스트 치킨 PERUVIAN-STYLE ROAST CHICKEN

이 레시피는 미국 내에 있는 멋진 로티세리 체인점에서 볼 수 있는 전형적인 페루식 로스트 치킨이다. 허브 등을 발라서 굽는 방법이 그릴에 구운 닭고기에도 잘 어울리지만 오븐에서 닭고기를 구울 때도 아주 멋지다. 이 요리는 604쪽 '간단한 로스트 치킨'과 반대되는 601쪽 배를 갈라 납작하게 구운 '나비 모양 로스트 치킨' 방법의 한 예로, 내가 좋아하는 두툼하게 그을린 층과 바삭한 껍질을 즐길 수 있다.

NOTE • 가장 촉촉한 고기와 바삭한 껍질을 얻기 위해 건식 염장한 가금류를 구하고 589쪽에 설명한대로 하룻밤 냉장고에서 표면을 건조한다.

3~4인분

커민 파우더 1큰술

파프리카 파우더 1큰술

중간 크기 마늘 3쪽(곱게 다지거나 제스터로 갈기, 약 1큰술)

증류한 흰 식초 1큰술

코셔 소금 2작은술

후춧가루 1작은술

식물성 기름이나 카놀라유 1큰술

닭 1마리(1.6~1.8kg짜리, 나비 모양으로 손질, 603쪽 참고)

페루식 매콤한 할라피뇨 소스(레시피 나옴, 선택 사항)

1. 작은 볼에 커민 파우더, 파프리카 파우더, 마늘, 식초, 소금, 후추, 기름을 넣고 손끝으로 조물조물한다.

2. 닭 껍질을 가슴살에서 분리한다(596쪽 참고). 양념 혼합물을 닭 전체와 껍질 아래에 고르게 펴 바른다. 601쪽 '나비 모양 로스트 치킨' 조리법에 따라 굽되 2단계는 생략한다. 취향에 따라 할라피뇨 소스와 함께 상에 올린다.

페루식 매콤한 할라피뇨 소스

매콤하면서도 상쾌한 느낌의 크림이 든 소스이다. 오븐이나 그릴에 구운 닭이나 모든 종류의 고기에 아주 잘 어울리며 채소를 찍어 먹거나 샐러드 드레싱의 기본으로 사용해도 아주 좋다.

NOTE • 아히 아마리요(Aji Amarillo)는 그다지 맵지 않은 페루산 노란 고추이다. 라틴 시장이나 온라인에서 페이스트나 퓌레 상태로 판다. 이 고추를 구할 수 없으면, 그냥 생략한다.

약 1컵 분량

할라피뇨 칠리 3개(대충 썰기.)
고수 잎 1컵(250ml)
중간 크기 마늘 2쪽(곱게 다지거나 제스터로 갈기. 약 2작은술)
마요네즈 ½컵(125ml)
사워 크림 4큰술
아히 아마리요 페이스트 2큰술(위의 note 참고)
라임 즙 2작은술(라임 1개분)
흰 식초 1작은술
엑스트라 버진 올리브오일 2큰술
코셔 소금과 후춧가루

블렌더 컵에 할라피뇨, 고수 잎, 마늘, 마요네즈, 사워 크림, 칠리 페이스트, 라임 즙, 식초를 넣고 고속으로 갈아서 부드럽게 만든다. 블렌더를 작동시키면서 천천히 올리브오일을 넣는다. 소금과 후추로 간을 한다. 이 소스는 밀폐된 용기에 담아서 냉장고에서 1주일간 보관 가능하다.

바비큐 소스를 입힌 로스트 치킨 BARBECUE-GLAZED ROAST CHICKEN

데크에 나가 그릴에 구울 수는 없지만 매캐하면서 달콤한 숯불구이의 그을린 그 맛이 생각날 때, 나는 이 버전을 급히 시작한다. 그릴의 훈제 향은 배지 않지만 그래도 멋진 대안이 된다. 핵심은 맛있는 향신료를 바르고 요리 완성 10분 전쯤 바비큐 소스를 발라 윤기를 내는 것이다. 소스는 졸아들면서 캐러멜처럼 되고, 끈적끈적한 글레이즈는 표면을 코팅해서 씹을 때마다 손가락을 쪽쪽 빨게 할 만큼 맛있다.

NOTE • 가장 촉촉한 고기와 바삭한 껍질을 얻도록 건식 염장한 가금류를 구하고 589쪽에 설명한대로 하룻밤 냉장고에서 표면을 건조한다.

3~4인분

파프리카 파우더 1작은술

코리앤더 파우더 ½작은술

펜넬 파우더 ¼작은술

커민 파우더 ½작은술

말린 오레가노 ½작은술

후춧가루 ½작은술

중간 크기 마늘 1쪽(곱게 다지거나 제스터로 갈기, 약 1작은술).

코셔 소금 2작은술

식물성 기름이나 카놀라유 1큰술

닭 1마리(1.6~1.8kg, 원하면 603쪽 설명대로 나비 모양으로 납작하게 손질)

제일 좋아하는 바비큐 소스 약 1½컵(375ml)

1 작은 볼에 파프리카, 코리앤더, 펜넬, 커민, 오레가노, 후추, 마늘, 소금, 기름을 넣고 손가락으로 조물조물해서 페이스트를 만든다.

2 닭 껍질을 가슴살과 분리한다(596쪽 참고). 향신료 혼합물을 닭 전체와 껍질 아래에 골고루 다 펴 바른다. 601쪽 레시피에 따라 굽되, 2와 4단계는 제외한다. 닭이 다 구워지기 약 15분 전에 솔로 바비큐 소스 1~2스푼을 닭 위에 바른다. 소스가 끈끈하게 굳을 때까지 약 7분 정도 더 굽는다. 소스를 더 바르고 계속 구워 닭이 다 익고 소스 2번째 층이 끈적끈적한 글레이즈가 되도록 약 8분 정도 더 굽는다. 닭을 오븐에서 꺼내고 10분 동안 레스팅한 뒤 잘라서 마무리한다. 남은 소스도 식탁에 함께 올린다.

데리야끼 소스를 입힌 로스트 치킨 TERIYAKI-GLAZED ROAST CHICKEN

내 일본 친척들 몇은 이 요리, 데리야끼 로스트 치킨(?)에 대해 내게 눈알을 부라릴 수도 있다. 전혀 전통적이지 않으므로. 그런데 말이죠, 이거 정말 맛있습니다, 그럼 된 거 아닌가요? 이 버전에서 나는 간장에 사케를 넣은 달콤한 글레이즈에 마늘과 생강을 섞어서 닭고기에 바르고 소스 남은 건 상 위에 같이 차려 낸다.

NOTE • 아주 촉촉한 고기와 바삭한 껍질을 얻기 위해, 건식 염장한 가금류를 구하고 589쪽에 있는 대로 하룻밤 정도 냉장고에서 표면을 건조한다.
이 레시피에는 어느 사케든 다 좋다. 괜히 비싼 걸 살 필요가 없다. 미림(Mirin, 일본식 맛술인 미림의 영어식 표기)은 달콤한 일본산 청주이다. 대부분의 아시안 시장에서 구할 수 있지만 만약 없다면, 설탕과 사케를 두 배로 넣고 조리법대로 하면 된다.

3~4인분

일본 간장(진간장) ½컵(125ml)

설탕 ½컵(125ml)

사케(또는 청주) ½컵(125ml, 위의 note 참고)

미림 ½컵(125ml, 위의 note 참고)

대파 3대(흰 부분은 통째로 두고, 녹색 부분은 다지기.)

마늘 중간 크기 1쪽(곱게 다지거나 강판에 갈기. 약 1작은술).

곱게 다진 생강 1작은술

코셔소금 ½작은술

식물성 기름이나 카놀라유 1큰술

닭 1마리(1.6~1.8kg, 나비 모양으로 손질. 603쪽 참고)

1 작은 냄비에 간장, 설탕, 사케, 미림, 대파 흰 부분을 넣고 중강 불에 올려 가열한다. 거의 끓을 때쯤 불을 줄이고 뭉근하게 약 30분 정도 계속 끓여 반 정도로 졸인다. 불을 끈다.

2 작은 볼에 마늘과 생강, 소금, 기름을 넣고 손가락으로 조물조물해서 페이스트를 만든다. 닭 껍질을 가슴살에서 분리한다(596쪽 참고). 닭고기 전체와 껍질 아래에 마늘 혼합물을 골고루 펴 바른다. 601쪽 레시피에 나오는 대로 굽되 2단계는 생략한다. 닭고기가 다 구워지기 약 10분 전 솔로 소스 1큰술을 골고루 바른다. 대파의 녹색 부분을 닭 위에 뿌리고 남은 소스는 함께 곁들여 차려 낸다.

칼 사용법 : 닭고기 자르는 법

닭고기 요리는 다 괜찮다. 닭고기가 식탁에 오르면 우리는 기본적인 본능에 항복해서 곰의 발톱과 이를 들이밀며 닭고기에 달려들 것이다. 하지만 고기를 자르는 것은 좀 더 문명화된 인간을 의미한다(굽기 전 위시본을 제거했다면 통닭을 자르기가 훨씬 쉽다. 599쪽 참고). 일반 통닭과 나비 모양으로 납작하게 구운 닭을 자르는 방법은 아래와 같다.

통째로 구운 닭 자르기

Step 1 : 다리를 분리한다. 집게나, 키친 타월, 손가락 등으로 다리 아랫부분을 잡아당기면서 날카로운 칼끝으로 가슴살과 붙어 있는 다리의 껍질을 분리한다.

Step 2 : 관절 부분을 찾는다. 관절 주위에서 칼날을 앞뒤로 움직여 다리가 엉덩이와 만나는 관절을 찾는다. 칼끝으로 관절을 갈라 다리를 완전히 분리한다.

Step 3 : 반복한다. 같은 방법으로 다른 쪽 다리도 잘라 낸다.

Step 4 : 뒤집고 위치를 찾는다. 닭을 뒤집고 칼끝을 한쪽 날개와 가슴살 사이 관절로 넣는다. 날개를 잘라 내고 다른 쪽도 똑같이 한다.

Step 5 : 가슴뼈를 따라 자른다. 닭을 뒤집고 칼끝으로 가슴뼈의 곡선을 따라 잘라서 뼈에서 가슴살 반쪽을 잘라 낸다. 고기를 바깥쪽으로 잡아당기면서 고기가 최대한 많이 잘리도록 한다.

Step 6 : 계속 잡아당긴다. 고기를 뼈에서 분리할 때 계속 바깥쪽으로 당기며 완전히 잘려지도록 한다. 다른 쪽에도 반복한다.

Step 7 : 먹을 준비를 한다. 이제 준비가 다 되었다. 다리 2개, 가슴살 반쪽씩 2개, 날개 2개. 닭고기를 더 잘게 자르려면 넓적다리와 다리 아래를 나누고 가슴살 반쪽도 다시 반으로 잘라 10조각을 만든다.

나비 모양으로 납작하게 구운 닭 자르기

이 모양의 닭은 어설프게 뒤집거나 돌리거나 자르기 힘든 각도가 없으므로 통째로 구운 닭보다 자르기가 훨씬 쉽다. 또한 굽기 전에 위시본을 제거했다면 더 수월하다. 위시본 제거에 관해선 599쪽을 참고한다.

Step 1 : 다리를 제거한다. 셰프 나이프의 옆면으로 닭을 움직이지 않게 고정하면서 한쪽 다리의 아랫부분을 당긴다. 그러면서 칼끝으로 천천히 관절을 가른다. 다리는 거의 저절로 분리가 되기 때문에 칼로 조금만 잘라 주면 된다. 다른 쪽 다리도 똑같이 자른다.

Step 2 : 다리를 분리한다. 원하면 넓적다리와 다리 아래 사이에 있는 관절에서 반으로 나눈다.

Step 3 : 날개를 잘라낸다. 가슴살은 평평하고 가로막는 다루기 힘든 등뼈가 없어서 날개를 잘라 내는 일은 닭을 뒤집지 않고도 할 수 있다. 관절을 찾아서 칼로 앞뒤로 흔들면서 잘라 낸다. 다른 쪽에도 똑같이 한다.

Step 4 : 가슴뼈를 자른다. 칼끝으로 가슴뼈의 굴곡을 따라 움직일 때 고기를 바깥쪽으로 당겨서 최대한 고기가 다 발라지도록 반쪽을 잘라 낸다.

Step 5 : 계속 당긴다. 고기를 가슴뼈에서 가르는 동안 계속 가슴살을 바깥쪽으로 당긴다. 다른 쪽도 똑같이 한다.

Step 6 : 반쪽 가슴살을 반으로 나눈다. 반쪽 가슴살을 가로로 반으로 잘라 가슴살을 4쪽으로 만든다.

Step 7 : 마무리한다. 이제 준비가 다 되었다. 다리 2개, 가슴살 반쪽씩 2개, 날개 2개. 닭고기를 더 잘게 자르려면 반쪽 가슴살을 나눈다.

칠면조 구이

ROASTING TURKEY

칠면조는 누명을 썼고 나는 그게 다 추수감사절 탓이라고 생각한다.

칠면조 구이는 일 년에 단 한번만 만드는 몇 안되는 요리 중 하나다. 그래서 대부분의 사람들은 칠면조 요리가 그리 익숙하지 않다. 매년 모두들 명절 식탁에 둘러앉아서 칠면조는 우리 가족 구성원 중 하나인 것처럼 생각한다. 그래서 와인과 파이를 배불리 먹어 그 효과가 나타날 때까지 우리가 참고 견뎌야 하는 그런 것들 중의 하나라고 생각한다.

칠면조는 내가 제일 좋아하는 가금류 중 하나이기 때문에 정말 끔찍한 일이 아닐 수 없다. 칠면조는 별로 비싸지 않게 구할 수 있어 일 년 내내 먹을 수 있는 음식이다(미국 칠면조 협회는 감사 수표는 우리 집 주소로 보내시면 됩니다.). 단언컨대 칠면조는 닭보다 더 맛있으며, 수프와 샌드위치를 만들 때 남은 칠면조만큼 좋은 게 없다. 또, 추수감사절 주 내내 접대할 수 있는 음식으로 칠면조만한 게 없다는 건 누구나 다 안다.

이론적으로는, 칠면조를 굽는 것은 닭을 굽는 거랑 그리 크게 차이나지 않는다. 똑같은 기본 문제와 해결책이 적용된다. 단지 크기가 더 커지고 시간이 더 오래 걸린다는 차이가 있을 뿐이다.

음식 관련 매체를 보면, 매년 추수감사절마다 모든 잡지나 블로그, 티비쇼에는 칠면조를 굽는 새로운 레시피가 나온다. 저마다 자신의 레시피가 세상에서 가장 중요한 레시피로, 다른 조리법은 이제 필요하지 않다고 주장한다. 다음 해 돌아오는 추수감사절 전까지만. 이제 사람들은 그런 말을 좋은 의미로 해석하며 매년 맞는 이야기를 하고 있다고 생각한다. 만약 그게 맞는 말이라면 우리가 살고 있는 세상은 얼마나 행복하겠는가? 해마다 칠면조 구이의 질이 끝없이 좋아지며 확실하고 꾸준히 완벽을 향해 나아간다니 말이다!

아니면 여러분은 진짜 답을 말할 수도 있다. 음식 관련 평론가들은 모두 거짓말을 하고 있다고!

네, 그렇게 나쁘게 볼 필요는 없겠죠.

사실, 칠면조를 조리하는 가장 좋은 방법이란 단 한 가지만 있는 게 아니므로. 누군가 딱 한 가지 방법이 있다고 한다면 아마도 이런 사람들은 뭔가 팔려는 사람들이다. 대부분 잡지나 책을 팔려는 사람들이고(헤헤:)). 가정에서 요리하는 사람의 기호와 기술, 시간제한에 따라 거의 끝없는 목표와 제한 목록이 있으며 그래서 칠면조에 대해서도 거의 무한한 레시피가 탄생하는 것이다. 어떤 사람들은 식탁 가운데에 완벽한 황금색 메인 요리를 보고 싶어 한다. 또 어떤 사람들은 흘러나온 육즙으로 촉촉한, 고기 안에 든 스터핑을 원하기도 하고 또 다른 사람들은 고기만 좋아해서 그렇게 바삭하고 쫀득하고 짭조름한 껍질을 접시 한쪽에 밀어 두는 사람도 있다(이런 이교도들에 대해선 더 이상 아무 말도 하지 말자.).

아래엔 네 가지 상황에 대한 각기 다른 네 가지 칠면조 조리법이다.

고전 레시피 : 속을 채우고 허브를 발라 구운 칠면조와 그레이비

THE CLASSIC :
STUFFED HERBRUBBED
ROAST TURKEY WITH GRAVY

NOTE • 가장 촉촉한 고기와 바삭한 껍질을 얻기 위해, 건식 염장한 가금류를 구하고 589쪽에 설명한 대로 하룻밤 정도 냉장고에서 표면을 건조한다.

명절 구이용으로 가금류가 한 마리만 있다면 이 방법으로 해 본다. 촉촉한 가슴살과 넓적다리 살, 바삭하고 윤이 나는 껍질, 맛있는 그레이비소스, 칠면조 속에서 안전하게 조리되어 칠면조 맛이 밴 여러 재료들, 이 모든 게 다 있다.

대부분의 칠면조는 너무 크고 다루기도 힘들어 내가 구이용 닭을 구울 때 사용하는 베이킹팬에 와이어랙을 끼우고 제대로 올리기가 쉽지 않다. 이런 경우에, 베이킹팬의 손잡이도 팬 옆면을 높게 해 가금류 주위에 공기 흐름이 원활하지 않게 한다. 그러나 칠면조가 익는 데 필요한 긴 시간 덕에 어쨌든 껍질은 엄청 바삭해진다.

10~12인분

칠면조 1마리(4.5~5.5kg, 그레이비소스용으로 목과 내장은 남겨 두기.)

코셔 소금과 후춧가루(칠면조용)

무염 버터 12큰술(170g)

잘게 다진 파슬리 ½컵(125ml)

잘게 다진 타임 1큰술(혹은 말린 타임 2작은술)

잘게 다진 세이지 1큰술

잘게 다진 로즈마리 1큰술

중간 크기 마늘 2쪽(곱게 다지거나 제스터에 갈기, 약 2작은술)

코셔 소금과 후춧가루(허브 혼합물용)

세이지, 소시지로 만든 클래식 스터핑(632쪽 참고, 선택사항)

식물성 기름 1큰술

큰 양파 1개(대충 썰기.)

큰 당근 1개(껍질을 벗기고 대충 썰기.)

셀러리 3줄기(대충 썰기)

홈메이드 또는 저염 닭이나 칠면조 육수 통조림 6컵(1.5L 또는 필요한 만큼)

월계수 잎 2장

간장 1작은술

마마이트 ¼작은술

중력분 4큰술

1. 오븐랙을 오븐 가장 낮은 곳으로 끼우고 피자 스틸이나 스톤을 올린다. 그 위에 두꺼운 스테인리스 스틸 베이킹팬을 놓고 오븐을 적어도 1시간 동안 가열해 260℃로 예열한다.

2. 오븐이 거의 다 예열이 되어 갈 때, 칠면조 전체에 소금과 후추를 뿌린다(건식 염장을 했다면 소금을 조금만 뿌린다.). 껍질을 가슴살과 분리한다(596쪽 참고).

3. 작은 프라이팬이나 전자레인지에 버터 8큰술을 넣고 가열해서 녹인다(거품이 일 것이다.). 그런 뒤 작은 볼에 붓고 파슬리, 타임, 세이지, 로즈마리, 마늘, 소금과 후추를 넉넉히 넣고 저어 준다. 칠면조 전체와 껍질 아래에 이 혼합물을 골고루 다 발라 준다(차가운 칠면조에 닿으면 혼합물이 굳어서 약간 덩어리가 진다.). 칠면조를 브이랙 위에 올린다.

4. 칠면조 배 속에 무명천을 두 겹으로 깐 뒤 취향껏 스터핑을 채우고 실로 무명천을 묶어 자루를 만든다. 자루를 꺼내서 접시에 놓는다. 자루를 전자레인지에 넣고 가운데가 적어도 82℃가 되도록 약 10분간 고출력으로 돌린다. 조심스럽게 스터핑 자루를 칠면조 구멍으로 다시 넣는다. 칠면조의 목 부분에도 나머지 스터핑을 넣어 채운다.

5. 베이킹팬을 오븐에서 꺼내고 브이랙을 베이킹팬에 넣는다. 바로 뜨거운 강판이나 스톤 위에 칠면조 다리가 오븐 뒤쪽으로 향하도록 놓는다. 오븐 온도를 150℃로 낮추고 칠면조가 황금색이 될 때까지, 가슴살의 가장 두꺼운 부분이 66℃가 되고 다리가 적어도 74℃가 될 때까지, 약 3~4시간 굽는다. 매 시간마다 한 번씩 팬에 떨어진 갈색 버터를 칠면조 위에 끼얹는다.

6. 칠면조가 구워지는 동안, 큰 중식도로 목을 2.5cm 크기로 썬다. 중간 크기의 냄비에 기름을 두르고 센 불에서 연기가 날 때까지 가열한다. 칠면조의 목과, 양파, 당근, 셀러리를 넣고 가끔 저어 주면서 갈색 빛이 돌 때까지 약 10분간 볶는다. 여기에 육수와 월계수 잎, 간장, 마마이트를 넣고 한소끔 끓인 뒤 불을 줄여 뭉근히 1시간 동안 끓인다.

7. 큰 유리 볼에 고운체를 걸치고 6의 육수를 붓는다. 1ℓ 조금 넘게 나올 것이다. 그 정도가 되지 않으면 육수나 물을 첨가한다. 찌꺼기는 버리고 육수는 한쪽에 둔다.

8. 칠면조가 다 조리되면 브이랙을 베이킹팬으로 옮긴다. 팬의 바닥에 있는 녹은 뜨거운 버터를 칠면조 위에 끼얹는다. 호일로 덮고 적어도 30분 정도 레스팅한 뒤 자른다(칠면조 스터핑을 가족들 앞에서 보여 주려고 한다면 칠면조에서 스터핑을 꺼낸 뒤 무명천은 벗기고 스터핑은 다시 칠면조 배 속에 넣

는다.).

9 팬을 중간 불에 올리고 한쪽에 둔 육수를 붓는다. 팬 바닥에 눌어붙은 조각들은 나무 주걱으로 긁어낸다. 1ℓ 유리 볼이나 그릇에 고운체를 올리고 육수를 걸러 낸다.

10 취향껏 칠면조의 모래주머니, 심장, 간을 잘게 썬다. 남은 버터 4큰술을 중간 크기 냄비에 넣고 중간 불에서 녹인다. 원하면 내장을 썰어 넣고 자주 뒤적이면서 약 1분간 볶아 익힌다. 밀가루를 넣고 계속 저으면서 황금색이 될 때까지 약 3분간 볶는다. 여기에 육수를 붓는데 계속 저으면서 아주 천천히 조금씩 넣어 준다. 한소끔 끓인 뒤 불을 줄이고 뭉근히 끓이는데 그레이비의 농도가 걸쭉해지고 약 750ml 정도로 졸아들 때까지 끓인다. 소금과 후추를 넣고 간을 한 뒤 불을 끈다.

11 칠면조를 자르고 그레이비소스와 스터핑(만들었다면)과 함께 상에 낸다.

채워 넣기(STUFF IT)!

평판이 좋은 여러 출처로부터 가금류를 굽기 전에 스터핑을 채우는 것은 좋지 않다는 이야기를 들었을지 모른다. 하지만 목구멍에 스터핑을 채우는 건 아무 문제가 없다. 안전성 문제를 일으키는 건 가금류의 내장이다. 하지만, 가금류를 조리하는 동안 칠면조나 닭보다 더 낮은 온도로 조리되고 있는 스터핑 자체는 먹기에 안전할지 모르지만, 가금류의 익기 전의 육즙이 스터핑으로 떨어져서 섞일 수는 있다. 그래서 완전히 안전하게 익히기 위해 스터핑을 적어도 가금류를 조리하는 온도인 63~65℃로 올려 줘야 한다. 하지만 불행히도 가금류의 가운데에 있기 때문에 완전히 익는 시점이면 가금류는 너무 많이 익게 된다.

하지만 약간 까다롭긴 하지만 방법이 있다. 가금류를 밖에서 그리고 안에서 익히는 것이다. 굽기 바로 전에 뜨거운 스터핑을 가금류에 채우면 된다. 그렇다. 스터핑을 적어도 82℃(준비하는 동안 식기 때문에 감안해서)가 되게 한 뒤 아직 뜨거울 때, 가금류의 몸통 안에 채워 넣는다. 가장 쉬운 방법은 칠면조 안에 무명으로 주머니를 만들고, 재료를 채운 뒤, 묶고는 꺼내서 접시 위에 올려 전자레인지에 돌린 뒤 굽기 전에 다시 목구멍 속으로 넣는 방법이다.

이렇게 하면 스터핑이 먹기에 완전히 안전해지며(구워지는 동안 63℃ 이하로 내려가지 않는 한) 칠면조도 더 고르게 익게 된다. 속에서 가슴살에 단열 작용을 하기 때문에 가슴살이 좀 더 천천히 익게 되고 그래서 다리가 적정 온도에 이르는 시간대에 가슴살도 같이 알맞은 온도에 이르게 된다. 물론, 우리 가족에겐 늘 모자라기 때문에 한쪽에 쟁반 한 가득 있어야 한다.

속을 채우고 허브를 발라 구운 칠면조와 그레이비 (615쪽)
STUFFED HERB-RUBBED ROAST TURKEY WITH GRAVY

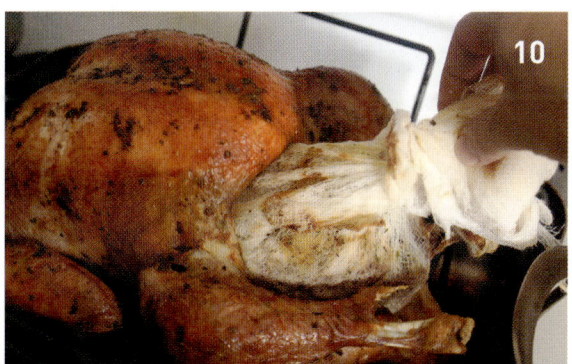

칼 사용법 : 칠면조 구이 자르는 법

Step 1 : 위시본을 제거한다.(599쪽 참고)

Step 2 : 다리를 자른다. 칠면조를 레스팅한 뒤 준비가 되면 날카로운 셰프 나이프나 뼈칼로 다리와 가슴살 사이의 껍질을 자른다. 이 방법은 통으로 구운 칠면조보다는 나비 모양으로 구운 칠면조로 하기가 더 쉽다. 지렛대 역할을 하기 위해 키친타월로 칠면조를 잡는다. 자를 때는 잡은 부분에 바싹 붙어 잘라야 한다. 그렇지 않으면 여러분의 손님이 계획된 양보다 더 많은 양을 접시에 받아 갈 수도 있다.

Step 3 : 관절을 가른다. 껍질을 자르고 나서 다리 전체를 몸통에서 당긴다. 아주 쉽게 분리가 되는데 넓적다리가 엉덩이와 만나는 부분의 소켓 관절이 드러난다. 이 관절을 칼끝으로 가르면 다리는 완전히 분리가 된다. 살짝 껍질을 잘라서 떨어지게 한다.

Step 4 : 나누고 자른다. 앞뒤로 다리를 움직이거나 또 손가락으로 더듬으며 아래 다리 부분과 넓적다리 사이의 관절을 찾는다. 칼을 관절에 놓고 자르는데, 날이 비교적 적은 힘으로 미끄러져 내려갈 때까지 칼날을 빨리 좌우로 움직이며 자른다.

  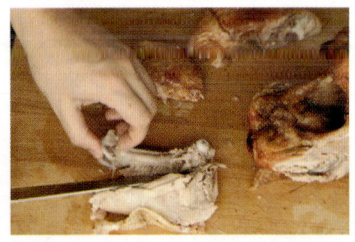

Step 5 : 반복한다. 다른 쪽 다리도 같은 방식으로 분리한다.

Step 6 : 넓적다리뼈를 발라낸다. 한쪽 넓적다리를 뒤집어 껍질 쪽이 아래로 가도록 놓고 칼끝으로 뼈의 한쪽을 잘라 큰 고깃덩어리를 잘라 낸다.

Step 7 : 뼈를 제거한다. 다른 쪽에도 같은 방법으로 뼈에서 최대한 고기를 발라낸다.

Step 8 : 넓적다리 살을 자른다. 넓적다리 살을 썰어서 따뜻한 큰 차림 접시에 껍질이 위로 향하도록 놓는다. 다른 쪽 넓적다리도 똑같이 자르고 아래 다리 부분도 차림 접시에 놓는다.

Step 9 : 날개를 잘라 낸다. 날개의 관절 부위를 찾아내서 날카로운 셰프 나이프로 잘라 낸다. 다른 쪽에도 똑같이 한다. 닭봉을 닭 날개와 분리해 날개 부분 4조각을 차림 접시에 옮겨 담는다.

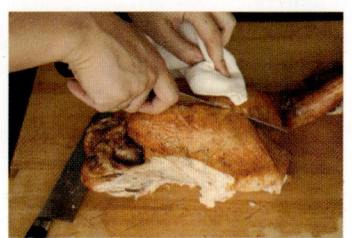

Step 10 : 가슴살을 자른다. 키친타월로 칠면조를 계속 잡으면서 날카로운 뼈칼로 가슴뼈의 한쪽을 자른다. 이 부분도 통째로 칠면조를 굽는 것보다 배를 가르고 납작하게 해서(나비 모양) 구우면 자르기가 훨씬 더 쉽다.

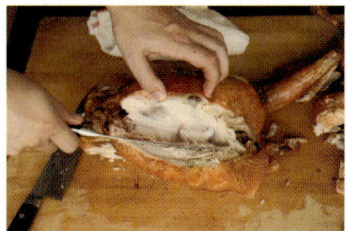

Step 11 : 뼈를 따라 자른다. 가슴뼈의 날카로운 곡선에 닿도록 칼로 최대한 뼈의 윤곽 가까이 붙으면서 계속 자른다.

Step 12 : 떼어 낸다. 최대한 고기를 많이 떼어 내기 위해 뼈를 따라 계속 칼질을 하면서 칼의 옆면으로 고기를 바깥쪽으로 밀면, 어느 정도 분리가 되어 가슴뼈에서 가슴살을 쉽게 떼어 낼 수 있다.

Step 13 : 가슴살을 분리한다. 맨 아래 모서리만 잡고 있으면 마지막엔 가슴살이 거의 떨어진다. 이 모서리 부분을 잘라서 완전히 떼어 낸다. 그러고는 다른 쪽도 13~14단계를 반복한다.

Step 14 : 가슴살을 작게 조각 낸다. 아주 날카로운 칼로 비스듬하게 가슴살을 자르면 넓고 고르게 자를 수 있다. 조각을 따뜻한 접시로 옮긴다.

Step 15 : 차림 준비를 한다. 차림용 접시에 담으면 준비가 끝난다.

가장 빠르고 손쉬운 요리 :
그레이비를 곁들인 나비 모양 칠면조 구이
THE EASIEST AND FASTEST : ROASTED BUTTERFLIED TURKEY WITH GRAVY

나비 모양 로스트 치킨에서처럼 칠면조를 이렇게 해서 조리하면 통째로 조리할 때의 문제점이 꽤 많이 해결된다. 그래서 구이 과정이 누구나 할 수 있을 정도로 아주 쉬워진다. 좋은 주방용 가위와 식품 온도계 치면조에 바를 몇 가지 향신료만 있으면 일 년 내내 식탁에 완벽한 칠면조를 올릴 수 있다.

단시간에 조리하는 닭고기 요리에서는, 호일을 깐 베이킹팬에 와이어랙을 올리고 그 위에 닭을 바로 올리면 된다. 이 방법을 칠면조 요리에 똑같이 적용하면 칠면조가 다 익기 전에 아래 떨어진 기름이 타기 시작한다. 이 문제를 해결하고 맛을 더 보태기 위해 나는 베이킹팬에 채소를 썰어 한 층 깔았다. 채소는 익으면서 수분을 내어 놓아 기름이 떨어져도 타지 않으며 마지막에는 그레이비소스에 넣으면 맛있는 풍미의 바탕이 되기도 한다.

NOTE • 가장 촉촉한 고기와 바삭한 껍질을 얻기 위해, 가금류는 건식 염장한 것을 구하고 하룻밤 냉장고에서 표면을 건조한다(589쪽 참고).

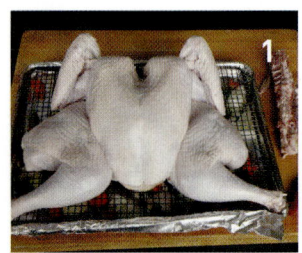   

10~12인분

큰 양파 3개(큼직하게 썰기. 약 6컵, 1.5ℓ)

큰 당근 3개(껍질을 벗기고 대충 썰기. 약 4컵, 1ℓ)

셀러리 4줄기(대충 썰기. 약 4컵, 1ℓ)

타임 12줄기

식물성 기름 2큰술

칠면조 1마리(5.4~6.5kg, 나비 모양으로 만들고, 등뼈, 목, 내장은 남기기. 603쪽 참고)

코셔 소금과 후춧가루

홈메이드 또는 저염 닭이나 칠면조 육수 통조림 6컵(1.5ℓ)

월계수 잎 2장

무염 버터 3큰술

중력분 4큰술

1. 오븐랙을 오븐 가운데에 끼우고 230℃로 예열한다. 베이킹팬이나 브로일러 팬에 알루미늄 호일을 깐다. 양파와 당근, 셀러리, 타임 가지 ⅔를 팬 바닥에 깐다. 와이어랙이나 기다란 구멍이 나있는 브로일러랙을 채소 위에 올린다.

2. 칠면조를 키친타월로 닦는다. 칠면조 껍질을 가슴살에서 떼어 낸다(596쪽 참고). 기름 1큰술을 칠면조 전체와 껍질 아래에 바른다. 소금과 후추를 넉넉히 뿌린다(칠면조가 건식 염장을 했다면 소금을 적게 친다.). 날개 끝을 아래로 밀어 넣는다. 칠면조를 랙에 올리는데 가장자리로 튀어나오지 않게 하고 가슴뼈를 눌러서 가슴살이 약간 평평해지도록 한다.

3. 팬을 가끔씩 돌리면서 굽는다. 가슴살 제일 두꺼운 부분에 꽂은 온도계가 65℃, 넓적다리는 적어도 74℃가 될 때까지 약 80분 정도 굽는다. 채소가 타거나 연기가 나면 로스팅팬에 물을 1컵(250ml) 붓는다.

4. 칠면조를 굽는 동안 그레이비를 만든다. 목과 등뼈, 내장을 큼직하게 토막 낸다. 3ℓ의 냄비에 남은 기름 1큰술을 두르고 표면이 일렁일 때까지 고온에서 가열한다. 토막 낸 칠면조 조각을 넣고 가끔 저어 주면서 연한 갈색이 되도록 약 5분 정도 볶아 준다. 여기에 남은 양파, 당근, 셀러리를 넣고 채소가 숨이 죽고 군데군데 갈색으로 변할 때까지 약 5분 정도 볶는다. 육수와 남아 있는 타임, 월계수 잎을 넣고 한소끔 끓인다. 그러고는 불을 줄이고 뭉근히 45분간 끓인다. 고운체를 올리고 육수를 2ℓ짜리 액체 계량컵이나 용기로 따라 붓는다. 위의 건더기는 버린다. 육수 표면에 기름이 뜨면 거름망으로 걷어 낸다.

5. 2ℓ짜리 냄비에 버터를 넣고 중강 불에서 녹인다. 밀가루를 넣고 계속 저으면서 황금색이 될 때까지 약 3분 정도 볶아 준다. 여기에 육수를 아주 조금씩 부어 잘 섞이게 한다. 팔팔 끓인 뒤 불을 줄이고 뭉근히 20분 정도 끓여 약 4컵 정도로 졸인다. 소금과 후추로 간을 하고 뚜껑을 덮고 따뜻하게 둔다.

6. 칠면조가 다 익으면 오븐에서 꺼내고 랙을 베이킹팬으로 옮긴다. 칠면조에 알루미늄 호일을 씌우고 상온에서 20분 동안 레스팅한 뒤 자른다.

7. 액체 계량컵이나 볼 위에 고운체를 올려 팬에 떨어진 육즙을 거른다. 기름은 걷어 내서 버리고 육즙은 그레이비소스에 섞어 넣는다.

8. 칠면조를 잘라 그레이비소스와 함께 차려 낸다.

소모임에 좋은 요리 :
간편 칠면조 가슴살 허브 로스트와 스터핑
THE SMALL-CROWD-PLEASER : EASY HERB-ROASTED TURKEY BREAST WITH STUFFING

여러분 가족은 몇 명되지 않을 수 있다. 혹은 친구들이 추수감사절 전 주에 약속을 어길 수도 있고 가족 중 반만 고기를 먹을 수도 있다. 또는 그냥 음식이 남는 걸 좋아하지 않을 수도 있다(별나네). 혹은 2월에 칠면조가 먹고 싶은데 한 마리를 다 굽기는 좀 그렇거나. 중요한 건 여러 이유로 칠면조 한 마리를 통째로 굽기는 좀 어렵지만 그렇다고 촉촉한 고기와 바삭한 껍질, 칠면조 맛이 흠뻑 밴 스터핑, 이 모든 걸 포기할 수는 없다. 안 그런가?

칠면조 가슴살을 조리하는 것은 통째로 조리하기보단 훨씬 더 쉽다. 이유는 다른 비율로 익는 다리와 가슴살을 걱정하지 않고 한 가지 최종 목표 온도만 생각하면 되기 때문이다. 가슴살이 65℃에 이르면 오븐에서 꺼내서 레스팅하면 된다.

나는 칠면조에 스터핑을 넣어 먹는 걸 좋아하는데 이 방법으로는 스터핑을 넣어 먹기가 아주 쉽다. 그냥 가슴살을 스터핑이 든 팬 위에 털썩 놓고 뜨거운 오븐에 넣은 뒤 그냥 두면 된다. 조리 도중에 스터핑이 타려 할 수도 있다. 당황하지 말고 팬을 꺼내서 베이킹팬 위에 얹은 와이어랙에 칠면조를 올리고 오븐에 다시 넣어 계속 구우면 된다. 칠면조가 다 익으면 팬에 떨어진 육즙을 스터핑에 붓고 스터핑을 오븐에 다시 넣어 칠면조를 레스팅하는 동안 마지막으로 바싹 익히면 된다.

가장 좋은 점이라면? 냉장고부터 식탁까지 모든 과정이 두 시간도 채 걸리지 않는다는 것이다. 이 음식은 당신이 꿈꾸는 일요일 만찬이 될 수 있는 그런 음식이다.

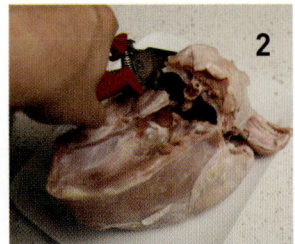
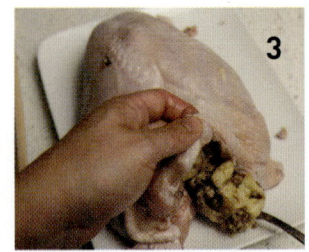

NOTE • 아주 촉촉한 고기와 바삭한 껍질을 얻기 위해, 건식 염장한 가금류를 구하고 589쪽에 설명한 대로 하룻밤 냉장고에서 표면을 건조시킨다.

6~8인분

뼈와 껍질이 있는 칠면조 가슴살 1덩어리
(1.8~2.3kg, 키친타월로 물기를 닦기.)
세이지와 소시지 스터핑(632쪽 참고)
무염 버터 3큰술(실온에 준비)
다진 파슬리 5큰술
다진 오레가노 2큰술
코셔 소금 1큰술
후춧가루 ½작은술

1. 가금류용 가위로 아직도 가슴살에 붙어 있는 뒷부분은 잘라 낸다. 칠면조 가슴살 아래 구멍과 목 주위 지방 덮개 아래에 스터핑을 채운다. 남은 소는 버터를 바른 23×33cm 베이킹팬에 담는다. 그러고는 칠면조를 이 위에 올린다.

2. 손으로 조심스럽게 칠면조 껍질을 고기에서 분리한다. 가슴살의 아래부터 시작해서 껍질이 찢어지지 않도록 조심한다(596쪽 참고). 작은 볼에 버터와 파슬리, 오레가노, 소금과 후추를 넣고 포크로 휘저어 섞는다. 칠면조 껍질 위와 아래에 골고루 이 혼합물을 바른다.

3. 스터핑이 갈색이 되기 시작할 때까지 약 45분 정도 굽는다. 오븐에서 칠면조를 꺼내 호일을 깐 베이킹팬 위 랙으로 옮긴 후 다시 오븐에 넣고 계속 굽는다(스터핑은 꺼내 놓는다.). 껍질이 황금색이 되고 바삭해지고, 뼈 가까이 있는 고기의 제일 두꺼운 부분이 식품 온도계로 63~65℃ 정도가 될 때까지 약 30분간 더 굽는다. 오븐에서 꺼내 큰 접시로 옮기고 20분 동안 레스팅한다.

4. 팬에 남은 육즙을 스터핑 위에 붓는다. 스터핑을 오븐에 다시 넣고 겉면이 황금색이 되고 온도계로 71℃가 될 때까지 약 15분 정도 익힌다.

5. 칠면조를 자르고 스터핑 위에 올려 차려 낸다.

완벽주의자를 위한 요리 :
추수감사절 칠면조 조리법 두 가지
THE PERFECTIONIST : THANKSGIVING TURKEY TWO WAYS

**가금류를 조리할 때의 문제점에 대해선 이미 이야기했는데 주된 문제는
가슴살과 다리를 익히는 데 조리 온도가 서로 다르다는 점이다.**

아주 완벽하게 굽지 않아도 된다면, 615쪽에 있는 레시피로 충분할 것이다. 뜨거운 스틸팬이나 스톤 위에서 넓적다리는 가슴살과 비슷할 정도로 빨리 익는다. 하지만 아주 완벽하게 조리해야 한다면 칠면조를 부위별로 분리해서 따로 조리하는 게 좋다. 그렇게 하면 가슴살과 다리는 정확한 목표 온도로 조리할 수 있다. 나눠서 조리하는 방법은 일반적으로 칠면조에 아주 좋은 방법인데 한 가지 작은 문제가 있다. 가슴살만 따로 조리하는 게 통째로 굽는 것보다 훨씬 수월하긴 하지만 폭이 점점 좁아지는 가슴살 끝부분은 그래도 많이 익게 되어서 퍽퍽해진다. 가족 중 적어도 한 명은 맛이 덜한 칠면조 고기를 먹어야 한다(죄송해요, 할아버지).

오븐 온도를 낮춰서 고기를 150~180℃ 정도가 아니라 120℃ 정도로 구우면 가장자리와 가운데 그리고 두꺼운 부분과 얇은 부분이 좀 더 골고루 익는 데 도움이 되지만 이 온도로는 충분하지 않다. 그래서 나는 칠면조 가슴살의 모양을 고르게 만들기로 했고 칠면조 가슴살을 완벽하게 원통형 모양으로 만드는 데 열심인 생물공학 전문가라고 자신하면서 한동안, 주방에서 수술에 매달렸다.

그렇다면 자, 여러분은 어떻게 고르지 않은 칠면조 가슴살을 완벽한 원통형으로 바꿀 것인가? 간단하다. 가슴살을 뼈에서 잘라 내서는 굵은 머리 부분에 나머지 반쪽 가슴살의 좁은 뒤꿈치 부분을 갖다 붙이는 거다. 그런 뒤 전체를 가슴살 껍질로 싸고 묶어서 천천히 굽는다. 가슴살이 다 익은 후에, 껍질을 바삭하게 하기 위해 불 위에 올려 갈색이 돌도록 익힌다.

이 방법으로 조리하면 아래와 같은 몇 가지 분명한 장점이 있다.

- **골고루 익는다.** 대칭적인 모양 때문에 칠면조 가슴살은 전체가 동일한 비율로 익게 된다. 어느 누구도 푸석한 고기를 먹지 않아도 된다.
- **양념이 잘 된다.** 가슴살을 뼈에서 발라 내서 이제 표면적이 더 넓어지고 칠면조 롤을 만들기 전에 가슴살 양쪽에 양념을 할 수 있다.
- **자르기가 더 쉽다.** 뼈도 없고 모양도 고르기 때문에 가슴살을 자르는 게 안심을 자르는 것처럼 쉽다.
- **그레이비소스가 더 맛있어진다.** 버리는 가슴뼈를 넣어, 아주 맛있는 진짜 칠면조 그레이비소스를 만들 수 있다.

대단하지 않은가? 정말 대단해. 하지만 그렇게 가슴살을 완벽하게 만들고 났더니 이번엔 다리에 신경이 쓰인다. 다리는 그냥 전에 하던 대로 구우면 될까? 음, 그렇게 하고 싶으면 베이킹팬에 다리를 넣으면 된다. 그동안 말아 놓은 가슴살은 익으면서 71~77℃로 올라가고 오븐에서 꺼내 똑같은 시어링 과정을 거치면 된다. 하지만 좀 더 잘하고 싶을 때, 추수감사절 칠면조 다리 조리법으로 내가 가장 좋아하는 방법은 바로 아주 부드럽게 분리가 될 때까지 다리를 브레이징하는 것이다(브레이징의 과학에 대해 더 자세히 알고 싶으면 247쪽을 참고한다.).

추수감사절 칠면조 두 가지 조리법 THANKSGIVING TURKEY TWO WAYS

NOTE • 5.4~6.8kg 정도의 칠면조를 구해서 직접 토막을 내거나 칠면조 조각을 산다. 칠면조를 통째로 시작해서 615쪽 레시피대로 조리한다면 등뼈와 목, 내장은 그레이비소스용으로 남겨둔다.

10~12인분

뼈와 껍질이 있는 칠면조 가슴살(1.4~1.8kg)
코셔 소금과 후춧가루
칠면조 다리 2개
기름 2큰술
큰 양파 1개(대충 썰기.)
큰 당근 1개(껍질 벗기고 대충 썰기.)
셀러리 3줄기(대충 썰기.)
홈메이드 또는 저염 닭이나 칠면조 통조림 육수 6컵(1.5l)
월계수 잎 2장
간장 1작은술
마마이트 ¼작은술
정말 간단한 가금류 그레이비소스(615쪽 참고)
무염 버터 2큰술

1. 손으로, 아주 천천히 찢어지지 않도록 조심하면서 칠면조 가슴살에서 껍질을 벗겨 낸다. 필요하면 칼을 사용해도 된다. 껍질에 지방이 지나치게 붙어 있으면 칼등으로 긁어낸다.

2. 오븐랙을 위와 아래에 끼우고 오븐을 140℃로 예열한다. 날카로운 뼈칼로 뼈에서 가슴살 반을 발라낸다. 소금과 후추를 골고루 넉넉하게 뿌린다. 가슴살 반씩을 서로 머리와 꼬리가 붙어서 비교적 고른 축구공 모양의 고기가 되도록 한다. 칠면조 껍질을 도마 위에 펼치고 가슴살을 가운데에 놓는다. 껍질로 가슴살을 싸고는 겹쳐서 가장자리는 밀어 넣는다. 그러고는 요리용 실로 2.5cm 정도 간격을 두고 가장자리에서 안쪽으로 7~10번 정도 묶는다. 소금과 후추로 전체에 간을 한다. 베이킹팬에 와이어랙을 올리고 이 롤을 그 위에 올리고 한쪽에 둔다.

3. 칠면조 다리는 소금과 후추로 넉넉히 간을 한다. 큰 더치 오븐에 기름을 넣고 고온에서 약간 연기가 날 때까지 가열한다. 다리를 냄비에 넣는데 껍질이 바닥으로 오도록 넣고 뒤적이지 않고 황금색이 되도록 약 8분간 익힌다. 기름에서 연기가 너무 많이 나면 불을 줄인다.

4. 다리를 뒤집고 양파, 당근, 셀러리를 넣는다. 다리 위에 육수를 붓고 월계수, 간장, 마마이트를 넣는다. 한소끔 끓인 뒤 뚜껑을 덮고 오븐랙 아래에 올린다. 고기가 완전히 부드러워져서 뼈에서 분리가 될 때까지 약 3시간 정도 조리한다.

5. 한편, 다리를 넣은 지 1시간 후에, 가슴살을 오븐랙 윗부분에 올리고 가슴살 가운데가 65℃가 되도록 약 2시간 동안 굽는다(다리와 거의 같은 시간에 끝마칠 것이다.).

6. 칠면조가 다 되면 더치 오븐과 베이킹팬을 오븐에서 꺼낸다. 다리를 조심스럽게 큰 접시에 옮겨 담고 호일로 느슨하게 덮어 둔다. 국물은 걸러서 그레이비소스에 넣고 건더기는 버린다.

7. 더치 오븐을 닦고는 버터를 넣고 고온에 올려 버터가 녹고 갈색이 되도록 한다. 칠면조 가슴살을 넣고 가끔 뒤집어 주면서 모든 면이 다 갈색이 되도록 약 8분간 굽는다. 접시 위의 다리 옆에 놓고 호일로 덮어 30분 정도 레스팅한다. 고기를 자르고 그레이비소스와 함께 상에 낸다.

그레이비소스 비법

조리 시 갈색으로 흘러나온 것들은 맛있는 그레이비소스의 기본이 된다.

615, 622쪽에 있는 칠면조 레시피는 따로 그레이비를 만들지만 우리 집 식탁에서는 그레이비소스가 늘 부족하다. 이 그레이비는 가게에서 파는 맛이 없는 그레이비를 사용하지 않고 가장 쉽게 많은 소스를 만들 수 있는 방법이다. 몇 가지 비결은 아래와 같다.

- **직접 육수를 만들 필요가 없다.** 이상적으로는 시간이 있고 할 마음이 있으면 가금류의 뼈와 목을 토막 내서 갈색빛이 돌게 하고 채소를 듬뿍 넣고 끓이는 게 가장 좋은 방법이다. 하지만 품질이 좋은 저염 통조림 닭 육수를 넣으면 홈메이드 그레이비의 기본 맛이 아주 맛있어지는데 병에 든 것보다 훨씬 더 낫다. 칠면조의 목과 조각(적극 권장함!)을 넣을 생각이더라도 물 대신 육수를 사용하면 단번에 맛이 아주 좋아진다.
- **그레이비소스를 미리 만들 것!** 소스는 지퍼백 추수감사절 내칠 전에 만든다. 가금류를 미리 구해서 목과 내장을 준비한다. 그레이비소스는 월요일이나 화요일에 만들어 냉장고에 넣어 놓고 추수감사절까지 잊어버리고 있으면 된다. 작은 냄비나 전자레인지로 데우면 된다(전자레인지에 넣을 때는 30초마다 저어서 넘치지 않도록 한다.).
- **감칠맛 폭탄을 이용한다.** 마마이트와 간장을 적당히 사용하면 그레이비가 깊고 감칠맛이 나면서 맛이 너무도 좋아진다. 그레이비 1l당 마마이트 ¼작은술과 간장 1작은술이 적당하다(감칠맛 폭탄에 대해서는 253쪽 참고).
- **향신료를 넣는다.** 시판중인 육수를 사용한다면 우선 월계수 두어 장과 통후추, 타임이나 파슬리 줄기 같은 허브 몇 가지를 넣고 뭉근히 끓인다. 빠르게 30분만 끓여도 놀라울 정도로 깊은 맛이 우러난다.
- **팬을 디글레이즈한다.** 칠면조나 닭을 요리하는 동안 맛있는 육즙과 찌꺼기가 많이 생긴다. 고기가 다 익었을 때 팬 바닥을 살펴보면 갈색의 찌꺼기를 볼 수 있다. 그걸 퐁이라 하는데 그레이비 맛을 단번에 확 살린다. 가금류를 레스팅하는 동안, 팬을 버너 위에 올리고 육수를 좀 붓는다. 나무 주걱으로 밑에 눌어붙은 황금색 찌꺼기를 긁어내고 체로 걸러 맛이 더 진해진 이 육수를 그레이비소스의 기본으로 한다. 소스를 미리 만들어 뒀다면, 차려 내기 전에 고기를 구운 팬에 육수를 조금 붓고 저어 그레이비소스에 넣으면 마지막으로 맛을 더 좋게 할 수 있다.

- **적당한 농도로 걸쭉하게 만든다.** 그레이비소스 4(1l)컵을 걸쭉하게 하기 위해, 중간 크기 프라이팬에 무염 버터 4큰술을 넣고 중간 불에 올려 녹인다. 중력분 4큰술을 넣고 나무 주걱으로 계속 저어 황금색을 만든다. 이렇게 하면 아주 고소하다. 계속 저으면서 천천히 육수를 넣는다. 더 세게 저을수록 그리고 더 천천히 육수를 부을수록 그레이비소스가 더 부드러워진다. 육수를 다 넣고 나면 한소끔 끓인다. 그러고는 불을 줄여 뭉근히 졸인다. 가끔 저어 주면서 적당한 농도가 될 때까지 졸인다. 마지막에 소금과 후추로 간을 한다(너무 일찍 간을 하면 소금이 농축돼 간이 너무 세진다.).

정말 간단한 가금류 그레이비소스

3컵(750ml) 분량

무염 버터 4큰술

중력분 4큰술

홈메이드 또는 저염 닭이나 칠면조 육수 통조림 4컵(1l)

간장 1작은술

마마이트 ¼작은술

코셔 소금과 후춧가루

1 중간 크기의 바닥이 두꺼운 냄비에 버터를 넣고 중간 불에서 녹인다. 나무 주걱으로 밀가루를 섞어 넣고는 계속 저으면서 볶는다. 황금색이 되도록 약 2분 동안 볶는다. 천천히 육수를 아주 조금씩 붓고 아주 세게 저어 준다. 그러고는 간장과 마마이트를 섞는다. 한소끔 끓인 뒤, 불을 줄이고 가끔 저어 주면서 3컵(750ml) 정도로 졸인다. 칠면조 또는 닭고기에서 팬에 떨어진 것이 있으면 넣고 원하는 농도로 졸아들 때까지 뭉근히 끓인다. 소금과 후추로 간을 한다.

2 바로 상에 올리거나 따뜻하게 둔다. 그레이비소스는 1주일 정도 미리 만들어 뚜껑을 덮고 냉장고에 보관할 수 있다. 다시 데울 때는 중간 불에서 한 번씩 저어 주면서 아주 뜨겁게 데운다.

세이지와 소시지를 넣은 고전적인 스터핑

나는 스터핑 광이다.

스터핑(stuffing)은 명절 음식에서 내가 제일 좋아하는 부분이며 나에겐 언제라도 만들어 볼 만한 곁들임 요리이다. 아직도 스터핑을 '드레싱(dressing)'이라고 부르는 괴짜들에게 음, 나는 "확실한 세 군데 출처에서 각각 다르게 정의하고 있다"라는 말을 전하며 전체 명명법 논쟁에서 어느 편에도 서지 않겠다.

- 『옥스포드 영어 사전』은 '스터핑'을 가금류나 구이의 속에 채워 들어가는 것이며 '드레싱'은 음식이나 소스와 잘 어울리는 양념에 대해 일반적으로 사용하는 말이다'라고 정의한다.
- 『요리의 즐거움(The Joy of Cooking)』에서는 '이 둘은 같은 말이며, 하나는 가금류에 넣을 때, 다른 하나는 밖에 내놓을 때'라고 주장한다.
- 『미식가들의 안내서(The Food Lover's Companion)』에서는 '이 두 단어는 같은 의미로 통용될 수 있다'고 말한다.

어쨌든 이런 명절 시즌에 의미를 따지는 그런 토론은 더 이상 듣고 싶지 않다.

본격적으로 스터핑으로 넘어가 보자, 어떤 기본 재료로도 만들 수 있지만 가장 많이들 하며 내가 제일 좋아하는 조합은 빵과 육수, 달걀, 버터로 만드는 것이다. 기본적으로 레시피를 만들 때 스터핑을 맛있는 브레드 푸딩(bread pudding)으로 생각하는 게 제일 좋다. 맛있는 브레드 푸딩을 만드는 데 제일 중요한 것은 맛있는 육즙을 최대한 많이 빨아들일 수 있는 스펀지로 빵을 이용하는 것이다. 하지만 빵이 스펀지처럼 되지는 않아야 한다.

조리된 스터핑은 촉촉하고 부드럽고 커스터드와 같은 질감이어야 한다. 칼로 자를 수 있을 만큼 단단해야 하지만 수저로 먹을 수 있을 정도로 부드럽기도 해야 한다. 그리고 그레이비를 흡수할 정도로 약간의 공간이 있어야 한다. 이건 모두 빵을 어떻게 조리하느냐에 따라 달라지지만 그 전에, 어떤 빵을 사용할 지부터 정해야 한다. 통밀로 만든 빵은 맛은 있지만 흰 밀가루 빵보다 질감은 거칠다. 스터핑에서 빵은 자체의 빵맛보다는 맛을 위한 매개체에 가깝기 때문에 나는 커스터드 같은 질감이 더 좋은 흰 빵을 선호한다. 크러스트가 많고 쫄깃하고 많이 부풀린 고급의 근사한 빵이 유혹적이긴 하

지만 미국의 일반 슈퍼마켓에서 파는 좀 더 조직이 촘촘한 '이탈리아식'이나 '프랑스식' 빵이 맛을 더 잘 흡수하고 모양도 더 잘 유지한다. 바로 이런 점이 스터핑으로 사용하기에 필요한 특성이다.

빵을 사각으로 자르고 난 뒤에는 말려야 한다. 헷갈릴 수도 있겠지만 말리는 것과 딱딱해지는 것은 같은 과정이 아니다(631쪽 '건조하기와 굳히기' 참고). 여러 레시피에서 묵힌 빵을 사용하지만 실제로 이들 레시피가 원하는 것은 마른 빵이다. 딱딱해지는 데에는 시간이 걸린다. 하지만 다행히도, 말리는 일은 빨리 할 수 있다. 나는 빵을 140℃ 오븐에서 약 45분간 구워서 말린다. 중간에 두 번 정도 뒤집어 준다. 이렇게 빵을 말리면 일반적인 크기의 빵 두 덩어리(1kg)로 자른 빵 조각에 닭이나 칠면조 육수 4컵(1ℓ)을 흡수할 충분한 공간이 생긴다.

또한, 여러분이 스터핑을 따로 조리하더라도 마치 가금류 속에 넣고 구운 것처럼 그렇게 진한 맛이 날 수 있는 건 육수 때문이다(617쪽, 안전하게 스터핑을 가금류 속에서 조리하는 법에 대한 설명 참고). 그래서 나는 습기를 가둬 두기 위해서 스터핑 위에 호일을 덮어 두었다가 나중에 호일을 걷고 위를 바삭하게 하라고 권한다.

내가 만들려는 양념은 대표적으로 하는 양념으로 버터(아주 많이)와 세이지 소시지(고기가 들어가지 않은 형태로 한다면 세이지만 넣으면 된다.), 양파, 셀러리, 마늘이 들어간다. 내 누이는 마른 크랜베리를 좋아하고 어머니는 밤을 좋아하신다. 물론 둘 다 잘못하는 것이다.

건조하기와 굳히기

건조하는 것과 굳히는 것은 같은 것이 아니다. 둘의 차이는 다음과 같다.

- **건조**는 빵 조각 안으로부터의 수분 증발을 포함한다. 비록 수분 손실 때문에 덜 유연하긴 하지만 빵의 구조는 거의 비슷하다. 굳은 게 아니라 마른 빵은 크래커나 크럼블처럼 바삭해서 곱게 부서진다. 마른 빵은 다시 신선하게 만들기 어렵다.
- **굳는다**는 것은 수분이 부풀어 오른 전분 알갱이에서 나와서 빵의 빈 공간으로 이동하는 과정이다. 그러면 수분을 빼앗긴 전분 분자는 다시 결정을 만들어서 빵 속에서 질긴 구조를 만든다. 말린 게 아니라 굳은 빵은 바삭하거나 마른 느낌이 아니라 쫀득하고 고무 같은 식감이 있다. 굳은 빵은 열을 가하면 전분 알갱이가 다시 수분을 흡수하게 돼서 촉촉해진다.

빵은 말리지 않고도 굳힐 수 있다. 방부제 없는 빵 덩어리를 냉장고에 밤새 넣어 두면 어떤 일이 일어나는지 생각해 보면 된다. 빵이 굳는 것은 실제로는 쿨러 온도에서 훨씬 더 빨리 일어난다. 아무리 꼭꼭 싸도 다음 날이면 빵이 쫀득해지고 질겨지는 이유가 이 때문이다.

굳거나 마르는 걸 방지하려면, 1~2일 안에 먹을 계획이면 빵을 꼭 싸서 조리대 위나 빵 상자에 넣는다. 오래 보관하려면, 빵을 호일에 싸서 냉동실에 넣는다. 이렇게 하면 내부의 수분 분자가 얼어서 빵에서 빠져나가지도 않으며 굳지도 않는다. 다시 먹을 때는 호일에 싼 채 150℃ 오븐에서 데운다.

세이지, 소시지로 만든 클래식 스터핑 CLASSIC SAGE AND SAUSAGE STUFFING

10~12인분

고급 샌드위치 빵 또는 부드러운 이탈리아 또는 프랑스식 빵 1.13kg(대략 덩어리 2개, 2cm 정도로 깍둑 썰기, 5ℓ)

무염 버터 8큰술(113g)

세이지 소시지 0.7kg(케이싱을 벗기기)

큰 양파 1개(잘게 다지기, 약 2컵, 500ml)

큰 셀러리 4줄기(잘게 다지기, 약 2컵, 500ml)

중간 크기 마늘 9쪽(곱게 다지거나 제스터에 갈기, 약 2작은술)

다진 세이지 ¼컵(말린 세이지 2작은술)

홈메이드 또는 저염 닭 또는 칠면조 육수 통조림 4컵(1ℓ)

대란 3개

다진 파슬리 ¼컵(60ml)

코셔 소금과 후춧가루

1 오븐랙을 오븐 위, 아래에 끼우고 오븐을 135℃로 예열한다. 베이킹팬 두 개에 빵을 나눠 골고루 깐다. 베이킹팬을 순서대로 오븐에 올려서 굽는다. 팬 위치를 바꿔 주고 몇 번 빵 조각을 뒤섞으면서 빵이 완전히 마를 때까지 약 50분간 말린다. 오븐에서 꺼내고 식힌다. 오븐 온도를 180℃로 올린다.

2 큰 더치 오븐에 버터를 넣고 중강 세기의 불 위에 올리고 거품이 사라질 때까지 약 2분간 가열한다(버터가 갈색이 되지 않도록 한다.). 소시지를 넣고 단단한 거품기나 매서로 쪼개서 작게 조각을 낸다(가장 큰 조각이 0.6cm가 넘지 않게 한다.). 그러고는 자주 저어 주면서 분홍색이 조금만 남을 때까지 약 8분간 볶는다. 여기에 양파와 셀러리, 마늘, 세이지를 넣고 채소가 숨이 죽을 때까지 약 10분간 볶는다. 불을 끄고 육수 반을 넣는다.

3 중간 크기의 볼에 남은 육수와, 달걀, 파슬리 3큰술을 넣고 저어서 섞어 준다. 나무 주걱으로 계속 저으면서 천천히 이 달걀 혼합물을 **2**에다 붓는다. 여기에 빵 조각을 넣고 고루 섞일 때까지 부드럽게 저어 준다.

4 원하면 가금류 구멍에다 소의 일부를 채운다. 남은 스터핑은 버터를 바른 23×33cm(혹은 25×35cm) 베이킹팬에 담는다. 알루미늄 호일로 꼭 덮고 스터핑 가운데를 온도계로 쟀을 때 65.5℃를 나타낼 때까지 약 45분간 굽는다. 호일을 벗겨 내고 계속 구워 윗부분이 황금색이 되고 바삭해질 때까지 굽는다. 남은 파슬리를 뿌리고 마무리한다.

정말 쉬운 크랜베리 소스

캔에 든 젤리 형태의 크랜베리(cranberry) 소스는 유혹적이다.

그래서 이렇게 올록볼록 귀여운 굴곡을 가지고 캔에서 퐁 떨어져 나와, 곱슬거리는 파슬리가 가득한 접시 중앙에 얇게 썰어 놓을 수밖에 없다. 베티 크로커(Betty Crocker, '미국 주방의 여신'으로 불리며 큰 인기를 끌었던 베티 크로커는 제너럴밀스가 홍보를 목적으로 만들어 낸 가상의 인물.)가 좋아할만한 그런 종류 말이다. 하지만 병조림이나 통조림된 홀베리(whole berry)라고? 집에서 만들면 훨씬 더 맛있고 만들기도 정말로 쉽다면 어떻겠는가?

직접 만들면 좋은 이유는 다음과 같다. 첫째, 크랜베리는 펙틴 함량이 아주 높다. 펙틴은 세포의 접착제로 식물을 결합하고 기본적으로 젤리 형태로 만들어 주는 물질이다. 적당한 젤 농도로 만들기 위해 가루나 액체 펙틴을 첨가해야 하는 대부분의 다른 장과류와 달리, 크랜베리는 이미 필요한 펙틴 양을 함유하고 있다. 그 말은 그냥 설탕과 물만 조금 넣고 가열하면 기본적으로 저절로 알아서 젤리가 된다는 뜻이다.

크랜베리와 크랜베리 소스 둘 다 보존 기간이 아주 길다. 부분적으로는 높은 산성 성분 때문이며 거기다 자연적으로 항균성의 페놀 화합물이 들어 있어, 크랜베리는 냉장고에서 몇 주 동안 보관할 수 있다. 나는 추수감사절에 먹을 크랜베리 소스를 적어도 일주일 전에 만든다. 그러고는 냉장고에 넣어 두면 아무 문제없으며 추수감사절까지 잊고 있어도 된다. 그렇다고 추수감사절에만 크랜베리 소스를 먹어야 한다는 건 아니다. 돼지고기와 닭고기, 소시지나 미트볼을 그릴에 굽거나 오븐에 통구이할 때 같이 내면 아주 잘 어울린다.

마지막으로, 크랜베리 소스를 직접 만들면 원하는 대로 맛을 조절할 수가 있다. 나는 순수주의자라 크랜베리와 설탕만 넣고 가끔은 계피를 조금 넣어 만든다(크랜베리에는 계피에 있는 것과 비슷한 매콤한 페놀 화합물이 있어서 맛이 꽤 잘 어울린다.).

아래는 함께 넣을 수 있는 몇 가지 다른 재료들이다.
- **오렌지.** 레시피에 있는 물 대신 오렌지 즙을 넣고 크랜베리와 함께 오렌지 제스트를 2큰술 넣는다.
- **생강.** 크랜베리와 함께 신선한 생강을 갈아서 1작은술 넣어 준다. 그리고 마지막에 소스에 잘게 깍둑 썰어 설탕에 절인 생강을 1큰술 넣고 젓는다.
- **향신료.** 앞에서 말한 대로 계피도 좋고 강판에 간 넛멕나 올스파이스 파우더 또는 정향(cloves)도 좋다. 약간씩 넣으면서 원하는 맛이 날 때까지 조금씩 더 넣어 주면 된다. 바닐라나 향신료를 넣은 럼주를 조리 마지막 즈음에 조금 넣어 주면 역시 맛을 돋운다.
- **건과일.** 건포도를 한 움큼 넣어도 질감과 맛이 좋아진다. 처음부터 넣어서 건포도가 촉촉해지도록 한다.
- **견과류.** 전형적인 조합으로 구운 아몬드나 피칸, 피스타치오, 호두를 대충 썰어서 마지막에 소스에 섞어 넣는다.

쉬운 크랜베리 소스 EASY CRANBERRY SAUCE

2컵 분량

크랜베리 4컵(1L, 생과일이나 냉동)
물 ½컵(125ml)
설탕 1컵(250ml)
계핏가루 ¼작은술(선택사항)
코셔 소금 ¼작은술

1. 중간 크기의 냄비에 모든 재료를 섞고 중강 불에 올리고 한소끔 끓인다. 나무 주걱으로 가끔 저어 주면서 과일 알갱이가 터질 때까지 익힌다. 수저로 크랜베리를 팬 옆면에 대고 으깬다. 그러고는 이따금씩 저어 주면서 크랜베리가 완전히 부서져서 잼 같은 농도가 되도록 졸인다. 불을 끄고 30분 정도 식힌다.
2. 묽기 조절을 위해 물 1큰술을 더 넣고 섞는다.

『더 푸드 랩』이 알려 주는 비프 로스트에 관한 모든 것
THE FOOD LAB'S COMPLETE GUIDE TO BEEF ROASTS

여러분은 스테이크에 대한 안내서는 이미 읽었고(290쪽 참고), 그 정보들 대부분은 여기서도 적용된다. 고기 등급이라든지, 빛깔, 숙성, 라벨 표시 등은 스테이크나 찹이나 로스트나 모두 같다. 다음은 로스트에 대해 여러분이 알아야 할 추가 정보이다.

알아 두어야 할 네 가지 비프 로스트

스테이크와 마찬가지로, 구이용으로 슈퍼마켓에서 여러 부위를 구할 수 있지만 일부는 맛이나 질감에서 그만한 값어치를 못하는 부위도 있다. 다음은 가격 대비 괜찮은 부위이다.

이름	부드러움 (1~10까지)	맛 (1~10)	다른 명칭	부위	맛
립 로스트 (Rib Roast)	7/10	9/10	프라임 립	갈비 부위. 고기층은 주로 배측 최장근이며 이 층은 거세우의 등을 따라 분포해 있다. 립아이와 스트립 스테이크가 나오는 같은 근육으로 자주 등심으로 불리기도 한다.	로스트 부위 중 최고이다. 전체 크기는 목의 맨 위로부터 거꾸로 세서 6번에서 12번 갈비 부분이며 15~20인분 정도로 크다. 일반적으로 3~4개 정도의 작은 로스트로 팔리며 구체적으로는 '작은 부위'(small end, 허릿살)나 '큰 부위(large end)'로 분리해서 부른다. 허릿살은 지방이 조금 적고 작으며 큰 부위는 지방이 더 많고 약간 쫄깃한 질감이다. 나는 뛰어난 맛 때문에 큰 부위 쪽을 더 좋아한다.
탑 설로인 로스트 (Top Sirloin Roast)	8/10	6/10	탑 버트, 센터컷 로스트, 탑 라운드 퍼스트 컷 탑 라운드 스테이크 로스트	갈비와 쇼트로인 뒤, 소의 후미 끝 근처에 있는 보섭살 부위. 탑 설로인 로스트에는 두 가지 주요 근육이 있다. 바로, 대퇴이두근과 대둔근이다(네, 여러분이 생각하는 바로 그 근육입니다.).	립 로스트에서처럼 마블링이 많지는 않지만 소고기 맛은 보통이며 아주 부드럽고 촉촉하다. 어떻게 정육하는가에 따라 꽤 질긴 힘줄이 가운데를 따라 있을 수 있다. 이 힘줄은 몹시 질기므로 먹을 때 잘라 내는 게 제일 좋다.
안심	10/10	2/10	필레, 샤또브리앙	거세우의 쇼트로인 부위에 있는 대요근의 가운데 부분. 기본적으로 등뼈 부위의 흉곽 안쪽	안심은 버터같이 부드러운 질감으로 유명하지만 맛은 덜하다. 사실 안심은 가장 맛이 없는 부위에 속해서 맛을 좋게 하기 위해 감칠맛이 나는 소스나 발라줄 재료가 필요하다.
척 아이 로스트	5/10	6/10	뼈 없는 위 등심살	소의 어깨살. 어깨살의 가운데에 있는 큰 고기층	꽤 맛있고 균형 잡혔지만 지방이 아주 많고 결합조직이 많다. 구우면 산산조각이 나지만 접시에 놓고 자르는 걸 신경 쓰지 않는다면 이 부위는 구이용으로 비싸지 않으면서 아주 좋은 부위이다.

뼈

Q. 뼈가 붙은 것과 뼈를 발라낸 것 어느 것이 나은가요?

나는 늘 이 부분이 궁금했다. 그래서 일련의 실험을 했다. 많은 셰프들이 뼈 있는 고기를 조리하면 뼈에서 맛이 많이 우러나기 때문에 뼈가 붙은 채로 요리하는 게 낫다고 말한다. 하지만 나는 좀 회의적이다. 첫째, 뼈에 있는 맛 대부분은 속 깊이, 골수에 들어 있다. 뼈만 넣고 육수를 만들어 봤다면 뼈를 먼저 부수지 않고서는 거의 아무 맛도 나지 않는다는 걸 아마 알 것이다. 그리고 맛의 침투에 관해서라면, 고기 조각 안에서의 분자 운동은 아주 약하다. 밤새 양념장에 재워도 겨우 2mm 정도밖에 들어가지 않는다(잠시 뒤에 더 자세히 다룸). 그런데 로스팅하거나 팬시어링을 하는 그 짧은 시간 동안 뼈에서 고기로 무슨 맛이 전해질 수 있겠는가?

이를 시험하기 위해, 나는 동일한 프라임 립 로스트를 조리했다. 첫 번째 로스트는 뼈가 있는 채로 구웠다. 두 번째는 뼈를 발라냈지만 다시 살에 묶어서 조리했다. 세 번째는 뼈를 발라내고 다시 살과 묶되 불침투성의 튼튼한 알루미늄 호일을 가운데 끼우고 묶었다. 네 번째는 뼈 없이 구웠다.

나란히 놓고 맛을 봤더니, 앞의 세 가지는 서로 구별하기가 어려웠다. 그런데 네 번째는 뼈가 있던 곳 바로 옆쪽은 약간 질겼다. 이건 무슨 의미일까? 음, 먼저, 맛이 빠져 나온다는 이론은 허튼소리였다. 뼈가 붙은 그대로의 고기와 정확히 알루미늄 호일을 가운데 댄 고기의 맛이 똑같았다. 하지만 뼈는 적어도 아주 중요한 한 가지 역할은 한다는 뜻이 된다. 즉 고기에 단열 작용을 해서 익는 시간을 늦추고 고기의 표면적을 줄여 수분을 덜 잃도록 한다는 것이다.

그래서 요점은 소고기 로스트를 가장 맛있게 하려면 뼈를 떼낸 뒤 다시 묶어서 굽는다. 뼈가 있는 채로 굽는 것과 똑같은 효과를 볼 수가 있다. 게다가 일단 굽고 나서는 실만 자르고 뼈만 버리고 자르면 되므로 아주 간단하다. 나는 팬시어링 스테이크는 뼈가 붙은 걸 고르는데 디저트로 뼈를 갉아먹을 수 있기 때문이다.

Q. 프라임 립 로스트는 정확히 무엇인가요?

프라임 립의 위치를 찾으려면 거세우의 머리에서부터 꼬리까지 가운데를 깔끔히 자른다. 한쪽 반은 다른 목적으로 한쪽에 둔다. 손을 반쪽짜리 고기의 뒤에 대고 척추뼈를 따라 거꾸로 더듬어가다가 갈비가 느껴지면 멈춘다. 뒤로 세서 여섯 번째 갈비에 닿으면 이 갈비 바로 앞의 고기를 가로 방향으로 완전히 자른다.

그러고는 계속해서 거꾸로 세어서 12번째 갈비에 도착하면 이 갈비 바로 뒤에서 다시 가로로 자른다. 잘라 낸 갈비를 제외하고 머리와 꼬리 부분은 다른 데 쓰기 위해 따로 둔다. 톱으로 갈비에서 길이 방향으로 약 33~41cm 내려온 지점에서 잘라 복부 부분은 한쪽에 둔다. 자, 이제 남은 부분이 바로 프라임 립이다. 프라임 립에는 완전한 일곱 개의 갈비가 있는데 이 갈비 뒤쪽으로 큰 고기 층이 붙어 있다. 이 고기는 소의 등심 근육의 일부분이며 뉴욕 스트립(New York Strip)이나 립아이(rib-eye), 델모니코(Delmonico) 스테이크가 나오는 근육이다. 이 부위는 갈비에서 나오고 구울 때 갈비가 서 있기 때문에 종종 '스탠딩 립 로스트'로 불리기도 한다.

Q. '프라임 립'은 프라임 등급 소고기와 관계가 있나요?

질문해 주셔서 감사합니다. 답은 '아닙니다'입니다.
'프라임 립'이란 말은 소고기를 잠재적 부드러움과 즉즉함에 따라 여러 등급으로 분류하는 미국 농무부의 소고기 등급제보다 더 오래전부터 사용한 말이다. 이 로스트 부위는 많은 정육업자들과 소비자들이 전통적으로 소의 최고 부위라고 알고 있기 때문에 프라임 립으로 불리게 되었다. 미국 농무부가 '프라임'이라는 표시가 붙은 표시제 시행 이후, 최상의 품질 관련 일은 약간 혼동이 되기 시작했다. 프라임 등급인 프라임 립을 사도 되지만 꼭 그럴 필요는 없다. 예를 들어, 우리 집 주변에 있는 홀푸드(Whole Foods) 마켓에서는 초이스 등급 프라임 립을 팔고, 모퉁이에 있는 할인점에서도 셀렉트 등급 프라임 립을 판다.

Q. 구이(로스트)에 적합한 크기는 어느 정도인가요?

일반적으로, 1인당 뼈 있는 프라임 립 약 454g 정도로 하면 되고 배고픈 무리가 있다면 더 많이 잡으면 된다. 갈비 7개가 있는 완전한 프라임 립은 아주 큰 덩어리 고기로 9~14kg 정도 나간다. 너무 커서 우리 집 오븐에는 들어가지 않는다. 그래서 나도 다른 사람들처럼 프라임 립을 세 개나 네 개의 립 부분으로 나눈 걸 산다. 이 부분은 어디서 잘랐느냐에 따라 각기 이름이 다르다.

- **The Chuck End(어깨살 부위)**: 6~9번 갈빗대, 소의 척 가까이에서 자른 것으로 '척 엔드(chuck end)', '블레이드 엔드(blade end)', '두 번째 컷(second cut)' 등으로 불린다. 이 부분은 허릿살(loin end)보다는 근육이 더 많이 분리되어 있고 큰 지방 덩어리가 더 많다. 잘 구워진 소고기에 있는 지방을 좋아해서 개인적으로 나는 이 부위를 더 좋아한다.

- **The Loin End(허릿살 부위)**: 갈비 10번에서 12번으로 더 뒤쪽에서 잘라 내며 '작은 부분'이나 '첫 번째 컷(first cut)'으로도 불린다. 가운데 큰 고기 층이 있으며 지방이 적다.

여러분이 어느 지역에 살고 있느냐에 따라 정육점들이 이들 부위를 다르게 부를 수도 있지만 정육업자들은 잘 알고 있으므로 '6번에서 9번 립'이나 '10번에서 12번'을 달라고 하면 된다.

조리시간

Q. 이제 소고기도 준비되었으니 시간표를 따르면서 조리하면 될까요?

아니, 안 됩니다! 여러분을 위해 말씀드리는데 가지고 있는 모든 로스트 시간표는 버리십시오. 다시 말씀드리지만 소고기가 언제 다 조리가 끝나는지 알 수 있는 유일한 방법은 써모웍스에서 나온 써마펜 같은 정확한 온도계를 사용하는 것이다. 어떤 조리법이든 오븐 온도를 몇 도로 유지하든, 고기 가운데 온도가 적정 온도 이상만 올라가지 않으면 결과는 괜찮다. 원하는 고기 상태에 대한 정보는 558쪽 하단을 참고한다.

식성이 까다로운 사람들에게 차려 내기

Q. 고상한 우리 고모는 고기를 레어로 먹는 걸 좋아하고 격정적인 우리 형은 웰던을 좋아하는데 그렇다면 이해심 많고 너그러운 집주인은 어떻게 해야 할까요?

먼저, 여러분은 당신과 같은 유전자에서 나온 형이 어떻게 그럴 수 있는지 궁금해해야 한다. 그다음 몇 가지 선택을 할 수 있다. 대부분의 로스트는 모양이 일정하지 않기 때문에 아주 약한 불에 조리를 하더라도 아마 몇 조각은 다른 것보다 더 많이 익게 되기도 한다. 이런 조각들은 일반적으로 로스트 거의 끝부분에서 생긴다. 끝부분은 에너지가 더 넓은 표면을 통해 고기로 침투한다. 형에게 줄 조각이 아직 충분히 익지 않았다면 제일 좋은 방법은 그 부분을 베이킹팬에 놓고 오븐에 다시 넣어 원하는 정도로 익을 때까지 굽는다.

남은 고기

Q. 할아버지가 식사하러 오시지 않았다면 이 음식을 보관하는 가장 좋은 방법은 무엇인가요?

자주 일어날 수 있는 일이다. 단기 보관을 위해 가장 좋은 방법은 고기를 비닐로 꼭꼭 싸서 냉장고에 보관하는 방법이다. 3일 정도 보관이 가능하다. 레어나 미디엄 레어의 고기는 냉장고에서 갈색으로(미오글로빈을 기억하는가?) 변할 수도 있지만 그렇다고 상한 건 아니다. 그때는 냄새를 맡아볼 것!

조리를 했거나 조리하지 않은 큰 조각의 고기를 오랜 시간 보관하기 위해서는 냉동을 해야 한다. 진공포장기가 있다면 그걸 이용한다. 공기는 냉동식품의 적이며 냉동상으로 알려진 회복 불가능한 과정에서 완전히 말라버리고 만다. 진공포장기가 없다면 먼저 호일로(비닐 랩은 밀폐가 되지 않는다.) 고기를 꼭 싸고 그다음 비닐 랩으로 몇 번을 싼다. 그러고는 냉동실에 넣어 둔다. 호일은 공기가 고기와 접촉하지 못하도록 하며, 비닐 랩은 호일이 고기 표면에 꽉 붙어 있도록 도와준다. 해동은 냉장고에서 한다. 큰 고깃덩어리라면 이틀 정도 걸릴 수 있다.

Q. 비닐 랩은 밀폐가 되지 않는다고요?

맞아요. 공기는 아주 느리긴 하지만 비닐 랩을 통해 이동합니다.

Q. 다시 데우는 건 어떤가요?

필요한 만큼만 고기를 자르고 조각보다는 덩어리로 남기는 게 좋다. 큰 고깃덩어리를 다시 데울 때 가장 좋은 방법은 스테이크처럼 다루는 것이다. 즉, 낮은 온도의 오븐에 넣고 원하는 차림 온도보다 5~6℃ 낮은 온도가 되게 한다(558쪽 참고). 그러고는 뜨거운 프라이팬에 넣고 시어링해서는 겉을 바삭하게 익혀 갈색이 되게 한다. 얇은 고기라면 냉장고에서 꺼내자마자 스테이크처럼 바로 프라이팬에서 시어링한다. 또한, 전자레인지도 아주 효과적이다. 하지만 기본 법칙을 꼭 기억할 것. 어떤 방법으로 데우더라도 처음에 요리를 했던 그 온도보다 더 올려선 안 된다. 그렇게 되면 너무 많이 익게 된다.

이미 전체 고깃덩어리를 아주 얇게 다 잘라 놓은 상태라면 제일 좋은 방법은 샌드위치나 샐러드로 만드는 것이다. 똑같이 맛있다!

Q. 프라임 립을 수비드 방식으로 조리하거나 여러 장비로 프라임 립을 시어링하는 셰프들이 있던데, 어떻게 생각하나요?

세련된 방법은 세련된 음식에 양보하세요.
내 경험으로는 프라임 립이든 칠면조든 큰 로스트 부위를 수비드 방식으로 조리하면 완벽하게 골고루 익긴 하지만 구운 고기에서 나오는 깊은 맛은 전혀 느낄 수 없다. 또한 프라임 립 전체를 진공으로 밀봉하는 일은 아주 번거로운 일이다. 그래서 나는 온도가 낮은 오븐에서 요리하는 걸 더 좋아한다.
토칭(torching)은 보기에는 정말 멋있어 보이지만 결과는 그다지 신통치 않다. 굽기 전에 토칭을 하면 거의 군데군데 타면서 어떤 곳은 갈색이 거의 되지 않기도 한다. 하지만 굽고 난 뒤 토칭을 하면 뜨거운 오븐이나 버너 두 개 위에 올려놓은 베이킹팬만큼 효과가 좋다.

소고기 굽는 법(완벽한 프라임 립)

1.8kg의 마블링이 잘 된 소고기 프라임 립은 비싸다. 친구들은 내게 인간으로서 얻을 수 있는 정신적이고도 철학적인 부분을 채워 주고, 아내는 적절히 감성적으로 나를 풍요롭게 해 주지만 초라한 음식 기고가인 내게 돈은 가볍게 여길 만한 게 아니다. 그래서 내가 좋은 소고기를 샀을 때(솔직히, 소고기에서 프라임 립보다 더 좋은 부위가 있는가?), 여러분들도 그렇겠지만, 그걸 망치면 안 되겠다는 생각이 강하게 든다. 하지만, 이 부분을 쓰면서 나는 '일생일대의 실험이란 실험은 다 해 본 뒤, 앞으로는 완벽하게 구운 고기만 차려 내리라'라고 결심했다(여러분도 역시 그러기를 바랍니다!).
먼저, 완벽함에 대한 정의를 한 번 살펴보자.

- 계명 1 : 완벽한 프라임 립은 겉면이 진한 갈색에 바삭하고 아삭하고, 짭짤한 크러스트가 있어야 한다.
- 계명 2 : 갈색 크러스트와 완벽하게 미디엄 레어인 프라임 립의 속이 서로 만나는 그 지점은 변화도가 아주 작아야 한다(내가 가장자리 주위의 너무 많이 익힌 고기 층을 싫어하는 것처럼).
- 계명 3 : 완벽한 프라임 립은 최대한 육즙을 많이 갖고 있어야 한다.
- 하위 계명 ① : 완벽한 프라임 립은 프로판이나 산소 아세틸렌, 수비드 조리 기구, C캡 오븐 같은 특수 중장비로 구우면 안 된다.

최고 온도와 최저 온도

위의 목표를 동시에 다 성취하려고 하는 것보단 소고기를 미디엄 레어로 조리하려고 할 때 중요한 온도는 딱 두 가지라는 걸 생각하는 것이 내게 도움이 되었다.

- 52℃는 소고기가 미디엄 레어인 온도이다. 즉, 뜨겁긴 하지만 여전히 분홍색이며 익긴 했지만 여전히 촉촉하고 육즙을 그대로 간직하고 있는 상태이다. 그보다 더 높으면 근섬유는 빠르게 수축해서 맛있는 육즙을 고기에서 밀어내서 팬으로 내보낸다.
- 154℃는 아미노산과 졸아든 당이 재결합해 구운 향을 유도해 내는 아주 복잡한 과정인 마이야르 반응이 시작되는 온도이다. 이 범위 대에서 고기는 빨리 갈색이 되고 바삭해진다.

딜레마가 바로 드러났다. 브라우닝을 최대화하기 위해 나는 고기를 아주 뜨거운 200℃ 오븐에서 구워야 했다. 하지만 동시에, 고기 속의 온도가 52℃ 이상 올라가는 건 원하지 않았다. 큰 소고기 부위는 바깥쪽에서 안으로 익기 때문에 가운데가 52℃가 되는 시점엔(오븐에서는 49℃, 레스팅하고 난 뒤 온도가 3℃ 올라간다.) 겉면은 완벽하게 갈색이 되지만 가장 바깥층은 74~82℃ 가까이 올라가고 말았다. 그래서 너무 많이 익게 되었고 회색으로 변하고 푸석해지며 육즙은 다 빠져나가고 말았다.

그래서 아래와 같은 고기가 남게 되었다.

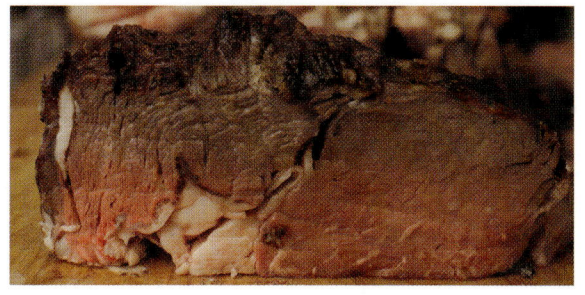

보기 흉하다는 거 알고 있어요.

점수 :
- 계명 1 : 완벽한 크러스트? 긍정적.
- 계명 2 : 회색 존은 없는가? 부정적.
- 계명 3 : 육즙은 많았는가? 부정적.

좋아요, 그렇다면 이와는 완전히 반대의 방법으로 로스트를 훨씬 낮은 온도에서 요리했다면 어땠을까? 나는 다른 로스트를 93℃ 오븐에서 구워 고기 가운데 온도가 52℃가 되게 했다. 삶은 달걀에서처럼 조리 온도는 속과 겉 층 사이의 온도 차이로 바로 연결된다. 즉, 고기를 낮은 온도로 조리하면 이상적인 최종온도 위로 올라가는 소고기 부위를 최소화할 수 있다. 낮은 온도로 조리했더니 너무 많이 익힌 회색 띠의 고기를 거의 찾아볼 수 없었다. 물론, 제대로 갈색이 되지 않아 겉면의 색이 연했다.

다시, 보기 좋지 않은 모습.

점수 :
- 계명 1 : 완벽한 크러스트? 부정적.
- 계명 2 : 회색 존은 없는가? 긍정적.
- 계명 3 : 육즙은 많았는가? 모름.

시어링의 신화

이십 년 전쯤으로 돌아간다면 이 문제에 대한 해결책은 확실했을 것이다. 일반적으로 갖고 있던 생각(그리고 아직까지 많은 가정에서 그리고 전문 셰프들도 마찬가지로), 즉, 로스트나 스테이크, 찹이 육즙을 가지고 있도록 하려면 먼저 시어링을 해서 크러스트가 만들어져야 '육즙을 가둔다'라는 생각 말이다. 이제, 해럴드 맥기의 글을 읽었거나 그릴에서 고기를 뒤집은 뒤 스테이크 옆면으로 흘러나오는 육즙을 본 사람이라면 누구나 이 생각이 전적으로 맞지는 않는다는 걸 안다. 하지만 그렇다면 부분적으로는 맞을까? 시어링이 실제로 적어도 육즙을 어느 정도는 가두어 둘까? 이를 확인하기 위해, 나는 똑같은 립 부위에서 자른 표면적과 무게, 지방 함량이 비슷한 로스트 두 개를 다음과 같은 과정에 따라 요리했다.

- 로스트 1 : 스토브를 고온에 맞추고 팬을 올린 뒤 카놀라유 3큰술을 넣고 로스트를 넣어 갈색 빛이 돌도록 약 15분 정도 시어링한다. 그런 다음 150℃로 예열한 오븐으로 옮겨 내부 온도가 50℃가 될 때까지 굽는다. 꺼내서 20분 동안 레스팅한다. 그동안 내부 온도는 52℃로 올라갔다가 다시 49℃로 내려온다.
- 로스트 2 : 150℃ 오븐에서 내부 온도를 50℃가 될 때까지 굽는다. 꺼낸 뒤 팬에 카놀라유 3큰술을 넣고 스토브를 고온으로 해서 로스트를 약 8분 정도 갈색이 되게 한다. 20분 동안 레스팅한다. 이때, 가운데 온도는 52℃로 올라갔다가 다시 50℃로 내려온다.

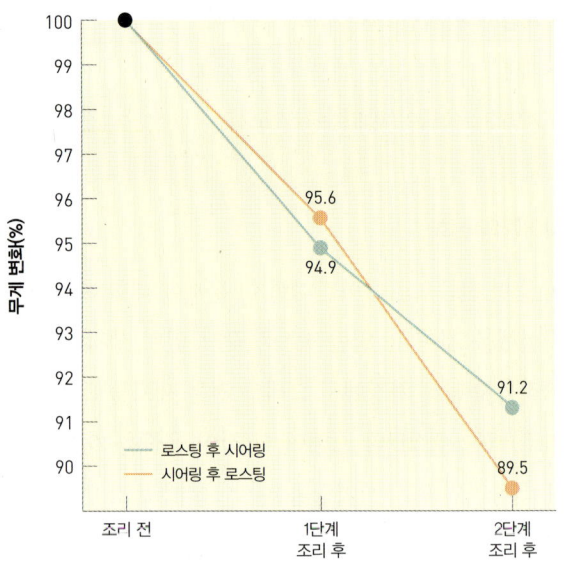

시어링 순서에 따른 무게 변화

시어링이 실제 '육즙을 가둔다'면 먼저 시어링하고 로스팅을 한 스테이크는 로스팅한 후 시어링한 스테이크보다 육즙을 더 많이 함유하고 있어야 한다. 하지만 유감스럽게도 이 믿기 힘든 신화는 사실은 정확히 반대의 결과를 보여 주었다. 나는 수분의 양과 조리하는 동안 잃게 되는 지방의 양을 측정하기 위해 각 과정의 단계마다 조심스럽게 각 로스트의 무게를 쟀다. 결과는 다음과 같다.

시어링 후 로스팅한 고기는 그 반대 고기보다 육즙을 1.68% 더 잃었다. 아주 큰 차이는 아니지만 시어링이 절대로 육즙을 가두는 건 아니라는 걸 알게 되자 내가 레시피를 만들어 낼 때 좀 더 자유롭게 생각할 수 있게 되었다.

점수:

- 계명 1 : 완벽한 크러스트? 긍정적.
- 계명 2 : 회색 존은 없는가? 부정적.
- 계명 3 : 육즙은 많았는가? 긍정적.

고기 속과 겉

시어링을 먼저 하든 나중에 하든 크게 차이가 없다면 아주 멋진 일이라고 여러분은 생각할 수도 있다. 뭐 별일도 아니네요. 그런데, 좀 더 예민한 독자라면 위의 시간에서 알아차렸을지도 모르겠지만 중요한 점은 생 고기로 굽기 시작했다면 뜨거운 팬에서는 갈색으로 잘익힌 크러스트를 만드는 데 15분이 걸린다. 그동안 로스트의 바깥층은 온도가 올라가면서 204℃ 오븐에서 구울 때처럼 너무 많이 익게 된다. 하지만 프라임 립을 로스팅한 뒤 팬에서 브라우닝이 잘 된 크러스트를 만드는 데는 약 8분밖에 걸리지 않는다. 이유가 뭘까?

그건 수분과 관계가 있다.

고기 표면이 물의 끓는점(100℃) 이상이 되기 위해서는 완전히 건조가 되어야 한다. 고기를 시어링할 때 프라이팬 속의 에너지 반은 브라우닝이 시작되기도 전에 과도한 수분을 제거하는 데 쓰인다. 스테이크를 팬에 넣을 때 지글지글하는 소리를 들어 봤는가? 그 소리는 수분이 증발하면서 고기 아래에서 기포가 생기는 소리이다. 반면에, 먼저 로스팅을 한 프라임 립은 뜨거운 오븐에서 몇 시간을 보냈기 때문에 그동안 겉면이 완전히 말라서 시어링을 하면 훨씬 더 효율적이다. 그래서 고기 겉면이 너무 많이 익을 가능성이 적다.

오븐 온도 실험과 시어링 실험 두 가지에서 알게 된 것을 종합해 봤을 때, 세 가지 계명 모두를 충족하기 위해서 내가 할 일은 고기 안쪽을 (오븐에서 가장 낮은 온도로) 최대한 천천히 조리하는 것이었다. 하지만 립 두 개보다 더 큰 로스트를 팬에서 시어링하는 일은 실제로는 어렵다. 그래서 나는 이 두 가지를 모두 오븐에서 할 수 있는 방법이 필요했다.

일부 레시피는 간단히 조리 끝 무렵에 오븐 온도를 올리라고 하지만 이 방법은 부적절하다. 오븐 온도를 제일 낮은 데서 가장 높은 온도로 올리는 데 20~30분이 걸린다. 그동안, 다시 한 번, 소고기 바깥층은 너무 많이 익게 된다. 하지만 내 생각에 20~30분이면 정확히 립 로스트를 레스팅하는 데 필요한 시간이다. 고기를 낮은 온도(93℃ 이하)로 먼저 로스팅 한 뒤 오븐에서 꺼내서 오븐이 최고 온도(260~288℃)로 가열되는 동안 레스팅한 다시 고기를 오븐에 넣고 크러스트를 만들면 어떨까?

결과는 바로 완벽한 프라임 립의 완성이었다.

점수 :
- 계명 1 : 완벽한 크러스트? 긍정적.
- 계명 2 : 회색 존은 없는가? 긍정적.
- 계명 3 : 육즙은 많았는가? 긍정적.

위에서 볼 수 있듯이, 바삭한 갈색 크러스트에, 너무 많이 익은 회색 부분도 없이 가운데서부터 가장자리까지 분홍색을 띠는 완벽한 프라임 립이 만들어졌다.

하지만 기다려 보라. 이게 다가 아니다!

가장 좋은 점? 이 두 가지 단계의 방법을 사용하면서 발견한 게 있는데 소고기를 상에 올리기까지 조리할 시간을 더 많이 확보할 수 있다는 점이다. 일단 저온 조리의 첫 단계를 마치고 로스트를 호일로 덮어 두자 1시간 이상이나 따뜻했다. 이제 할 일은 로스트를 288℃ 오븐에 넣고 약 8분 정도 가열하면 되는데 고깃덩어리는 뜨거워지면서 지글지글거릴 것이다. 그런 뒤 꺼내서 자르기만 하면 된다. 이때는 겉면만 더 익힌 거라 레스팅할 필요도 없다.

이렇게 하면 가족 모임도 달라질 것이다. 이제 누이 몫으로(레어) 바삭한 겉면 아래 바로 펼쳐질 분홍색 고기를 보여 줄 수 있게 돼서 명절에 정말로 축하할만한 일이 될 것이다.

저스(JUS) 소스를 곁들이면 어떨까?

프라임 립일 때는 문제가 하나 더 있다. 고기와 잘 어울리는 소스는 뭘까?

대부분의 레시피에는 소고기를 조리하면서 팬 바닥에 남은 것들을 이용해서 팬 소스를 곁들인다. 하지만 여기서 문제는 내가 사용한 조리법은 특히나 아무것도 남기지 않는다는 점이다. 수분과 맛이 모두 소고기 안에, 원래 있던 곳에 그대로 있게 한 조리법이다. 사실, 이런 이유로, 정말 소스가 전혀 필요 없다. 하지만 어떤 사람들(전통주의자들이라 부르기로 하자.)은 고기를 먹을 때 꼭 소스가 있어야 한다. 그렇다면 어떻게 소스를 만들까?

내가 생각해 낸 가장 쉬운 방법은 소고기를 추가로 좀 사용하는 것이다. 더치 오븐에 소꼬리 몇 덩이를 시어링하고 와인과 육수를 붓고 여기에 채소를 좀 넣어 더치 오븐을 프라임 립과 함께 오븐에 넣어 조리한다. 그러면 아주 진한 맛의 저스 소스가 만들어지는데 좋은 점이라면 뼈에서 떨어져 나온 부드럽게 조려진 소꼬리 고기를 로스트와 함께 낼 수 있다는 점이다.

칼 사용법 : 뼈가 있는 프라임 립 자르는 법

미리 신경을 쓴다면, 뼈 있는 프라임 립을 자르는 가장 쉬운 방법은 구이를 하기 전에 뼈를 잘라 낸 뒤 다시 살과 함께 묶어 두는 방법이다. 그러면 풀기만 하면 바로 차려 낼 수가 있다. 하지만 아래는 뼈 있는 채로 구웠을 때 자르는 방법이다.

 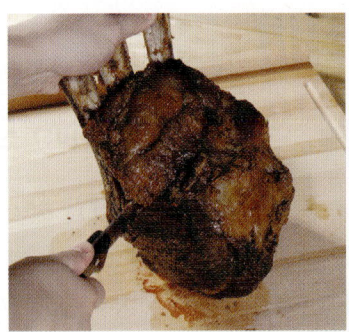

Step 1 : 뼈를 들고 자른다.
프라임 립의 뼈끝을 들어 올려 카빙 나이프로 고기와 뼈 사이에 댄다. 칼을 뼈에다 대고 아래 방향으로 자르기 시작한다.

Step 2 : 계속 자른다.
뼈를 꼭 잡으면서 아래로 계속해서 자른다.

Step 3 : 뼈를 발라낸다.
뼈 아래까지 칼로 잘라 내서 고기와 분리시킨다. 뼈칼이나 과도의 끝으로 가장 자리를 정리해야 할 수도 있다.

Step 4 : 자를 준비를 마침
고기는 이제 뼈를 빌라냈으니 자르기만 하면 된다. 물론 저런 뼈는 버리는 게 아니리 이로 디 갚이 먹는다!

Step 5 : 자른다.
고기를 똑바로 잡고 길고 매끄럽게 가로지르며 잘라서 얇고 고른 조각을 만든다.

Step 6 : 차려 낼 준비가 끝남
필요한 양만큼만 자른다. 소고기는 쉽게 데울 수 있기 때문에 큰 덩어리로 남겨뒀다가 나중에 차려 내면 된다.

완벽하게 구운 프라임 립 PERFECT ROAST PRIME RIB

NOTE • 이 레시피는 프라임 립 2~6개 정도의 로스트에 적합하다. 손님 한 명 당 450g짜리 뼈 있는 로스트가 돌아가도록 준비한다(립 부분은 680~907g 정도 나간다.). 맛있게 하기 위해, 건식 숙성한 프라임 등급이나 풀을 먹여 살찌운 로스트를 사용한다.

크러스트가 잘 만들어지게 하기 위해 소금과 후추로 로스트에 간을 하고 위를 덮지 않은 채 냉장고에 넣어 말리는데, 베이킹팬에 와이어랙을 얹고 그 위에 올려서 적어도 밤새 두거나 5일 정도 둔다.

시간이 지나서 손님이 오기 전에 구이가 다 되어도 당황할 필요가 없다. 고기를 오븐에서 꺼내서 차려 내기 1시간 전까지 레스팅한다. 고기를 93℃의 오븐에 넣고 30분 정도 가열해 다시 데운다. 오븐에서 꺼낸 뒤, 오븐 온도를 최대한 높게 하고 3단계부터 이어간다.

3~12인분(로스트 크기에 따라)

스탠딩 립 로스트(프라임 립) 1개(1.36~5.44kg. 위의 note 참고)

코셔 소금과 후춧가루

1. 오븐을 가능한 가장 낮은 온도, 65℃ 정도로 예열한다(어떤 오븐은 93℃ 이하로는 유지가 되지 않는 것도 있다.). 원하는 경우 날카로운 셰프 나이프나 카빙 나이프로 고깃덩어리에서 갈비뼈도 도려낸다(아니면 정육점에 이렇게 해 달라고 한다.). 요리용 실로 뼈를 로스트에 묶는다.

2. 고기에 소금과 후추를 넉넉하게 뿌린다(미리 간을 했으면 소금을 조금만 뿌린다.). 로스트를 지방층이 위로 오도록 해서 큰 로스팅팬 안의 브이랙에 올린다. 팬을 오븐에 넣고 고기 가운데가 온도계로 미디엄 레어는 49℃, 미디엄은 57℃가 되도록 굽는다. 65℃ 오븐에서 속이 이 온도가 되려면 5시간 30분에서 6시간 30분이 걸린다. 93℃ 오븐에서는 3시간 30분에서 4시간이 걸린다. 고기를 오븐에서 꺼내서 알루미늄 호일로 꼭 싼다. 주방에서 따뜻한 곳에 두고 적어도 30분에서 1시간 30분 정도 레스팅한다. 그동안, 오븐을 가능한 최고 온도로 가열한다(260~288℃).

3. 손님에게 차려 내기 10분 전에 호일을 벗기고 로스트를 뜨거운 오븐에 넣고 겉면이 브라우닝이 되고 바삭해지도록 6~10분 정도 굽는다.

4. 로스트를 오븐에서 꺼내고 실을 잘라 낸다. 뼈를 제거하고 각 립 사이를 잘라 차림 접시에 놓고 고기를 0.6cm 굵기로 잘라서 차림 접시에 담는다. 그러고는 바로 차려 낸다.

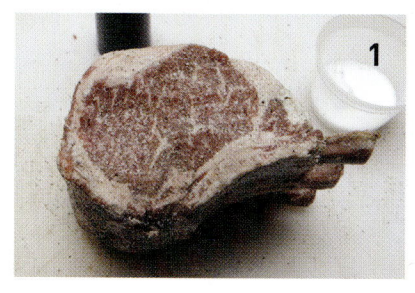

프라임 립에 곁들이는 꼬리뼈 저스 소스

이 레시피는 최대 5일 전에 만들어도 괜찮은 소스로, 부드러운 꼬리뼈 고기와 함께 프라임 립 위에 진한 레드 와인 소스를 끼얹을 수 있다. 꼬리뼈 고기는 고급스러운 모임에서 완벽한 전채 요리가 된다. 크러스트가 있는 구운 빵, 바삭한 바다소금과 함께 차려 낸다.

소꼬리 고기를 잘게 찢어 만든 전채요리 8인분

식물성 기름 1큰술

소꼬리뼈 1.36kg

큰 당근 1개(껍질을 벗기고 대충 썰기. 1½컵, 375ml)

셀러리 2줄기(대충 썰기. 1½컵, 375ml)

큰 양파 1개(대충 썰기. 1½컵, 375ml)

드라이 레드 와인 1병(750ml)

월계수 잎 2장

타임 4줄기

파슬리 4줄기

홈메이드 또는 저염 닭 육수 통조림

코셔 소금과 후춧가루

1. 큰 더치 오븐에 기름을 두르고 센 불에서 약하게 연기가 날 때까지 가열한다. 소꼬리뼈를 넣고 가끔 젓고 뒤집으면서 모든 면이 다 갈색이 될 때까지 약 15분 정도 볶는다. 집게로 큰 접시에 담고 한쪽에 둔다.

2. 냄비에 당근과 셀러리, 양파를 넣고 가끔 저어 주면서 연한 갈색이 되도록 약 8분 정도 볶는다. 와인과 월계수, 타임, 파슬리를 넣고 냄비 바닥에 갈색으로 눌어붙은 걸 긁어낸다. 그러고는 한소끔 끓인 뒤 국물이 반으로 줄어들 때까지 약 10분 정도 브레이징한다. 여기에 닭 육수와 소꼬리뼈를 넣고 한소끔 끓인 뒤 불을 줄이고 뚜껑을 덮고 뭉근히 끓인다. 고기가 뼈에서 분리가 될 때까지 3시간에서 3시간 30분 정도 조린다.

3. 집게로, 꼬리뼈를 큰 그릇에 담는다. 충분히 식으면 고기를 뼈에서 발라내고 뼈는 버린다. 고기를 밀봉이 되는 용기에 담는다.

4. 조려진 소스(저스 소스)를 고운체로 중간 크기의 냄비에 거른다. 국자로 위에 뜬 기름을 조심스럽게 걷어 낸다. 찢어 낸 고기 위에 조린 국물을 몇 큰술 끼얹고 소금과 후추로 간을 한다. 뚜껑을 덮고 먹기 전까지 냉장고에 넣어 둔다. 먹기 전에 전자레인지나 프라이팬에서 고기를 데운다(위 설명 참고).

5. 로스팅한 고기를 먹기 바로 전에 걸러 놓은 국물을 15분 정도 다시 끓여 2컵(500ml) 정도로 졸인다. 소금과 후추로 간을 한다. 프라임 립과 저스 소스를 함께 차려 낸다.

구운 고기의 과학 - 닭, 칠면조, 소갈비

647

천천히 구운 소고기 안심 SLOW ROASTED BEEF TENDERLOIN

프라임 립에서처럼 소 안심을 굽는 가장 좋은 방법도 약한 불에서 천천히 구운 뒤 마지막에 높은 열로 표면을 갈색이 되도록 굽는 것이다. 문제는 상대적으로 지방 함량이 적고 크기가 작아서 소 안심은 프라임 립보다 훨씬 더 많이 익는 경향이 있다. 그래서 로스팅 후 뜨거운 오븐에 넣으면 갈색으로 잘 익은 크러스트가 만들어질 때쯤 속은 미디엄 웰이 된다.

해결책은 아주 간단하다. 오븐에서 마무리 하지 않고 스토브에서 재빨리 마무리하는 것이다. 뜨거운 프라이팬이나 더치 오븐의 전도열은 오븐 안의 공기보다 에너지 전달이 훨씬 더 효과적이다. 안심을 천천히 로스팅하고 스토브에서 시어링하면 그냥 두었으면 상대적으로 밋밋했을 부위에 특별한 맛을 내는 진한 갈색의 크러스트가 생기면서 가장자리로부터 완벽하게 미디엄 레어인 고기가 완성된다.

안심 로스트는 콤파운드버터를 듬뿍 바르거나 호스래디시 크림소스(650쪽)와 함께 차려 낼 수 있다.

NOTE • 센터컷 텐더로인 로스트는 샤또브리앙이라고도 부른다. 정육점에 이야기해서 900g짜리를 직접 손질한다(327쪽 참고). 가장 맛있게 조리하려면 안심을 묶고 양념을 한 뒤 베이킹팬에 랙을 올려 위를 덮지 않고 냉장고에 넣어 적어도 하룻밤에서 3일까지 표면을 건조시킨다.

4~6인분

센터컷 텐더로인(위의 note 참고, 약 900g, 굽기 전에 묶기, 649쪽 참고)

코셔 소금과 후춧가루

기름 1큰술

무염 버터 1큰술

호스래디시 크림소스(650쪽, 선택사항)

1. 오븐랙을 가운데로 옮기고 오븐을 135℃로 예열한다. 안심 전체에 소금과 후추를 넉넉히 뿌린다(미리 간을 했다면 조금만 뿌린다.). 베이킹팬 위에 와이어랙을 올리고 안심을 놓은 후 고기의 가운데를 온도계로 재었을 때 미디엄 레어는 49℃, 미디엄은 54℃가 될 때까지 약 1시간 굽는다. 오븐에서 꺼내서 도마에 올린다(고기는 회색의 날것으로 보인다.).

2. 30cm(12인치) 바닥이 두꺼운 스테인리스 스틸이나 무쇠 프라이팬에 기름과 버터를 넣고 센 불에 올려 버터가 갈색이 되고 기름에서 약하게 연기가 날 때까지 가열한다. 여기에 안심을 넣고 모든 면이 갈색이 잘 되도록 약 5분 정도 시어링한다. 기름이나 버터가 타거나 연기가 너무 많이 나면 불을 줄인다. 안심을 도마로 옮기고 10분간 레스팅한다.

3. 실을 자른 뒤 고기를 잘라서 원하면 호스래디시 소스와 함께 차려 낸다.

안심을 로스팅하기 위해 요리용 실로 묶는 방법

로스팅 전에 소고기 안심을 묶는 것은 100% 필수는 아니지만 묶어 놓으면 모양도 보기 좋게 동그랗게 되서 더 고르게 익는다. 어떻게 묶는지 살펴보자.

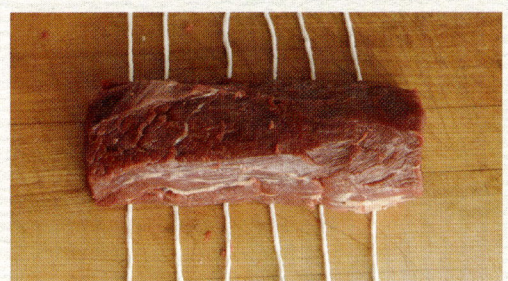

Step 1 : 실을 배치한다. 30cm(12인치) 길이의 요리용 실을 2.5cm 간격으로 도마 위에 놓는데 안심 길이를 다 감쌀 수 있도록 충분하게 한다. 안심을 실 위에 놓는다. 고깃덩어리의 한쪽 끝에서부터 첫 매듭을 짓는다.

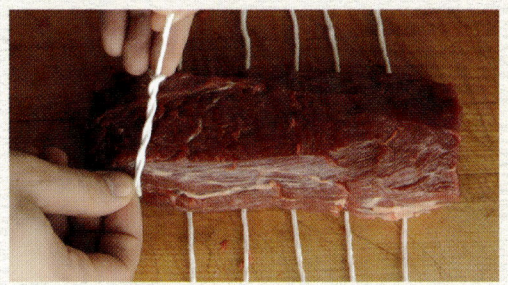

Step 2 : 꽉 묶는다. 매듭을 짓고 풀리지 않도록 하기 위해 끝부분을 적어도 3번씩 서로 교차시킨 뒤 고리를 동여매고 세로 매듭으로 묶는다.

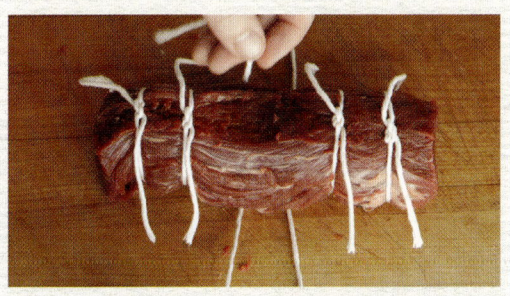

Step 3 : 가운데로 향한다. 다른 쪽 끝도 똑같은 방법으로 계속해서 매듭을 묶는다. 그리고 끝부분에서 가운데로 묶어 나간다. 이렇게 하면 고깃덩어리가 더 고른 모양이 된다.

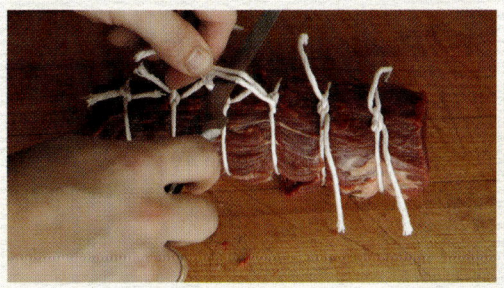

Step 4 : 실을 자른다. 실 끝을 주방 가위나 날카로운 칼로 잘라 낸다.

Step 5 : 넉넉히 간을 한다. 안심 전체에 골고루 소금과 후추를 넉넉히 뿌린다. 이제 구울 준비가 다 되었다.

호스래디시 크림소스 HORSERADISH CREAM SAUCE

스테이크에서와 마찬가지로 로스팅팬에 남은 육즙에다 와인이나 육수를 부어 소고기 구이와 잘 어울리는 팬 소스를 쉽게 만들 수 있다. 그러나 나는 차갑게 한 호스래디시 크림소스와 함께 차려 내는 걸 좋아한다. 소스가 풍성함을 더해 주고 톡 쏘는 겨자 맛(소고기와 겨자 조합을 싫어하는 사람이 있는가?)이 씹을 때마다 나기 때문에 아주 좋다. 소스를 홈메이드 크렘프레슈로 만들면 끝내준다.

약 2컵 분량

크렘프레슈 2컵(500ml. 가급적이면 홈메이드. 131쪽 참고)

호스래디시 갈아서 ½컵(혹은 수분을 제거한 가공 호스래디시. 175ml)

디종 머스터드 1큰술

화이트 와인 식초 1작은술

코셔 소금과 후춧가루

볼에 크렘프레슈와 호스래디시, 머스터드, 식초를 넣고 휘핑한다. 여기에 소금과 후추를 넉넉히 넣고 간을 한다. 밀폐된 용기에 담아 적어도 24시간에서 일주일까지 냉장고에 두어 맛이 좋아지게 한다.

『더 푸드 랩』이 알려 주는
양고기 구입, 보관, 조리에 관한 모든 것
THE FOOD LAB'S COMPLETE GUIDE TO BUYING, STORING, AND COOKING LAMB

나는 양고기가 맛있고 여러 문화권에서 양고기를 즐긴다. 하지만 미국 대부분 지역에서는 상황이 다르다. 아래는 몇 가지의 고기 종류별로 미국인 평균 1인당 소비량을 나타낸 표이다.

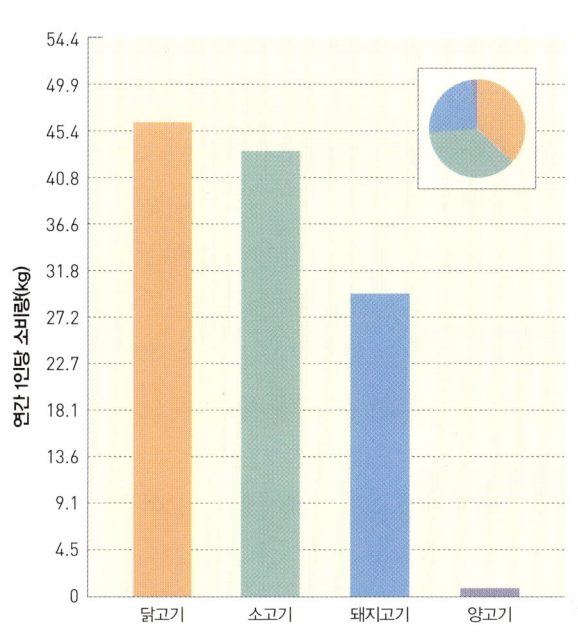

고기 종류별 소비량

맞아요. 우리는 매년 45.4kg의 닭고기를 먹지만 양고기는 일 년에 0.36kg밖에 먹지 않는다. 그리고 이 양은 매년 줄어든다. 1970년대에는 아주 작은 수치인 연간 1.36kg이긴 했지만 지금보다는 많았다. 게다가, 대다수 미국인들은 일 년 내내 양고기를 한입도 먹지 않는다. 1인당 양고기 소비량의 대부분은 소수민족들 사이에서 소비한 양이다. 즉, 그리스인이나 무슬림, 인도인들은 양고기를 아주 많이 먹는데 이들이 전체 평균을 올리는 것이다.

양고기 소비가 더 침체되는 데에는 경제학자들이 양고기를 '열등재'라고 부르면서 양고기 수요는 소비자의 평균 수입과 반비례한다고, 사람들이 돈이 있으면 소고기나 닭가슴살을 산다고 이야기하면서 더욱 줄어들게 되었다. 조지아주에 있는 케네소(Kennesaw) 주립대학교의 2001년 연구에서 소비자 소득이 1% 증가할 때마다 이와 관련하여 양고기 소비가 0.54% 줄어든다는 연구 결과가 있었다. 여러 공동체에서 양고기는 소고기를 살 수 없을 때에 대체하는 '싼' 고기로 여기기도 하지만 고급 식품점과 고급 슈퍼마켓 체인에서는 양고기가 종종 소고기보다 더 비싸고 더 즐겨 찾는 고기가 되기도 하니 참으로 이상한 이분법이 아닐 수 없다.

나는 후자와 생각이 같다. 지방이 많고 사향 냄새가 나는 양고기 찹보다 스테이크를 먹겠다는 경우나, 기름지고 약간 퀴퀴한 맛이 나는 조린 양고기 정강이보다 팟 로스트를 먹겠다 싶을 때가 그리 많지 않다. 그리고 명절용 구이 요리에 관한 한 프라임 립이 식탁에서 주요리가 될 수도 있지만 구운 양 다리도 더 야생적이면서 더 맛이 좋은 사촌이 될 수도 있다.

사랑하는 닭고기와 소고기의 안전성에서 벗어나고 싶지 않은 소비자에게 제품을 판매하는 데 어려움을 겪어온 양고기 판매업자들은 그래서 아주 조심스럽게 양의 새끼를 치고 기르기 때문에 미국인의 입맛에는 더 맞으며 조리하기도 아주 쉬운 그런 형태로 판매한다. 정말이지 아직 집에서 직접 양고기를 조리해 보려고 시도도 안 해 봤다면 할 말이 없다.

지금이라도 한번 시도해 보면 어떨까?

미국산과 기타 다른 국가 수입산 비교

Q. 정육점에서 호주나 뉴질랜드, 그리고 미국산 양고기를 볼 수 있는데 이들의 차이는 무엇이며 어떤 것이 더 좋을까요?

미국산 양고기와 호주나 뉴질랜드산 양고기를 맛과 크기, 가격 면에서 비교해 보면 중요한 차이가 있다. 호주와 뉴질랜드 양고기는 다리 전체가 2.27~2.72kg로 크기가 꽤 작다. 미국에서 가장 명성이 있는 고기 공급업자 중 하나인 팻 라프리다(Pat LaFrieda)의 사장인 마크 파스토레(Mark Pastore)에 따르면 이런 크기는 유전적 특성과 먹이 때문이라고 한다. 태어날 때부터 이 양들은 더 작으며 일생 방목으로 풀을 뜯으며 자란다. 풀로 인해 사냥해서 잡은 야생 고기의 맛이 더 나며 그래서 어떤 사람들은 싫어하기도 한다. 또한 지방 함량이 낮아서 제대로 조리하기가 더 어렵다. 다리 같은 경우 특히나 푸석해지기가 쉽다. 그렇긴 하지만 몇 명 되지 않는 사람을 위해 요리할 때, 가령 6~8명 정도쯤 될 때, 그리고 연하거나 기름진 것보다 사냥고기 맛을 더 좋아한다면 호주나 뉴질랜드 양고기를 선택하면 좋다.

미국산 양고기는 더 크고, 지방도 많고, 조금 더 달다. 미국산 양은 대부분 풀을 먹고 자라다 도축 전 마지막 한 달간은 곡물을 먹는다. 라프리다에 공급되는 양고기는 콜로라도에 있는 메노파(Mennonite)교의 신도들의 농장에서 생산된다. 이들 농장에서는 양에게 곡물과 꿀, 알팔파, 밀, 옥수수 알갱이를 섞어 마지막 한 달 동안 먹인다. 그 결과 다리 주위에 보호지방층이 더 크며 마블링이 많이 발달한다(맛을 좋게 하고 고기를 촉촉하게 하는 근간지방). 곡물 먹이로 인해 미국산 양고기는 냄새는 덜 나면서 맛이 더 고소하고 스테이크와 더 비슷하다. 미국산 양고기의 다리 한쪽은 6.8kg 정도 되어서 12명 정도가 먹을 수 있을 정도의 고기가 나온다.

Q. 풀을 먹여서 키운 고기가 맛에서도 동물에게도 늘 더 좋은 것이라고 들었는데, 이게 사실인가요?

그건 상황에 따라 다르다. 어떤 사람들은 100% 풀을 먹고 자란 사냥고기 맛이 많이 나는 고기를 더 좋아하고 또 어떤 사람들은 곡물을 먹여 살을 찌운 고소하고 촉촉한 고기 맛을 더 좋아한다. 동물의 건강에 관해서라면 오직 곡물만 먹고 자란 가축(오직 햄버거만 먹고 산 사람과 비슷하게)이 결국 질병이 생기는 건 사실이지만 곡물로 살을 찌우는 건 오직 도축 전 마지막 한 달뿐이다. 그 뒤에는 어쨌든, 도축을 한다. 이 기간은 가축의 생애에서 봤을 때 그렇게 긴 기간이 아니기 때문에 건강상 문제가 생길 정도는 되지 않는다. 여러분이 고기를 먹는 데에 아무런 문제가 없다면, 곡물로 살을 찌운 양고기나 소고기를 먹는 데에도 아무런 문제가 없다.

Q. 가격 차이는 왜 생기나요?

유감스럽게도, 미국산 양고기는 지구 저 멀리서 온 수입산보다 더 비싼 편이다.

그건 규모에 관한 문제이다. 호주와 뉴질랜드의 양고기 생산량은 미국보다 몇 배나 더 많다. 부드러움과 촉촉함을 좋아한다면 아마 추가 비용은 들일만 할 것이다.

뼈

Q. 양 다리를 살 때 종류가 여러 가지라 헷갈리는데 뭘 살펴봐야 하나요?

뼈가 붙은 양고기 다리는 두 가지 형태로 나온다. 정강이 끝에서 자른 것과 등심 끝에서 자른 것이다(종종 판매용으로 정강이와 등심 둘 다가 있는 아주 큰 걸 볼 수도 있다.). 정강이에서 자른 다리는 양의 발목 바로 위에서 시작해서 종아리뼈 중간까지이다. 등심 다리는 엉덩이에서 시작해서 무릎 주위에서 끝난다.

나는 등심 다리를 더 좋아하는 데 지방이 많고 더 부드럽다. 이 부위는 모양이 더 균일해서 조리하기가 쉽다. 반면에 정강이 부분은 고기가 조금 더 맛있다. 그리고 끝으로 가면서 줄어드는 모양 때문에 두꺼운 윗부분의 고기는 미디엄 레어로 조리하고 얇은 아랫부분은 웰던으로 달리 조리하고자 하는 요리사가 사용하면 좋은 부위이다.

뼈가 있는 양고기 다리를 사면 이점이 있다. 일반적으로 뼈 무게를 계산하더라도 중량당 더 싸게 먹힌다. 뼈는 단열재 역할을 하기 때문에 고기가 더 천천히 익어서 미디엄 레어로 굽기가 더 쉽다. 일부 사람들이 생각하는 것과 다르게, 뼈는 실제로는 뼈 주위 고기가 너무 많이 익는 걸 막아서 약간 부드럽게 하긴 하지만 고기 맛을 크게 좋게 하지는 않는다.

하지만 뼈를 발라낸 양고기 다리도 이점이 있다. 무엇보다 가벼워서 고기를 들고 오븐에 넣고 꺼내고 하는 힘든 일이 수월해진다. 또한 몇 명에게 얼마가 돌아가야 하는지 계산하기도 쉽다. 마지막으로 이것이 아마도 가장 큰 장점일 텐데, 자르기가 훨씬 쉽다. 그냥 똑바로 자르면 단정하고 고른 조각이 된다.

납작하게 만들어 놓은 양 다리 고기는 다리에서 뼈를 발라내고 벌려서 넓혀 놓은 것이다. 나는 이 모양의 양고기 다리를 주로 사는데 양념을 안팎으로 할 수 있어서 좋다. 종종 소금과 후추만 재빠르게 바르고 말아서 실로 묶기도 하지만 또한 정성을 들여 향신료나 허브 등을 섞어 바르기도 한다. 납작하게 만들어 놓은 다리를 고른다면 굽기 전에 다리를 묶어야 한다(654쪽을 참고).

Q. 램랙은 어떤가요?

뼈가 붙어 있는 램랙은 소고기로 치자면 프라임 립에 해당한다. 똑같은 근육과 갈비뼈 세트로 되어 있다. 유일한 차이라면 양고기가 거세우보다 훨씬 더 작으므로 앙증맞게 줄여 놓은 것이라고 보면 된다. 그리고 소 갈비뼈는 일반적으로 고기층 몇 센티미터 이내에서 절단을 하지만 양고기는 뼈를 길게 남겨서 근사해 보인다. 또, 뼈가 길기 때문에 석기시대 원시인 스타일로 끝에 있는 촉촉한 고기와 지방 덩어리를 뜯어 먹으려고 한다면 잡을 잡기가 아주 편하다.

램랙을 구입할 때는, 기본적으로 두 가지 종류가 있는데, 하나는 있는 그대로이고 다른 하나는 프랑스식으로 만들어 놓은 것이다. '프랑스 식'이란 '우린 고기를 갈비의 끝에서부터 발라내서 보기가 좋아.' 이걸 그냥 근사하게 말하는 거다. 프랑스식으로 손질한 램랙은 보기가 좋아서 대부분의 뼈 붙은 램랙은 프랑스식으로 나온다. 하지만 솔직히, 나는 그냥 있는 그대로를 더 좋아하는데 왜냐하면 뼈 옆에 붙어 있는 촉촉하고 기름진 갈빗살이 가축에서는 가장 맛있는 부분이기 때문이다. 그 부분을 양고기 베이컨이라고 생각해 보라.

양념하기, 말기, 묶기

Q. 양고기에는 어떤 양념을 하는 게 좋을까?

스테이크나 소고기 로스트에서처럼 소금은 꼭 있어야 하며, 양고기에 소금을 뿌리기 가장 좋은 시기는 굽기 하루 전이나 굽기 바로 전이다.

시간이 있다면 양고기를 양념하고 베이킹팬에 와이어 랙을 놓고 그 위에 고기를 올리는데 위를 덮지 않고 냉장고에 넣어 재우면 양념이 더 깊이 밴다. 또한 겉면이 말라서 멋진 갈색이 된다.

감칠맛과 함께 양고기는 모든 종류의 향신료나 양념 등과 잘 어울린다. 납작하게 만들어 놓은 양 다리로 조리한다면, 말기 전에 양념을 안쪽과 겉면에 모두 발라야 한다. 아래는 내가 좋아하는 몇 가지 양념들이다.

- 마늘, 로즈마리, 앤초비 듬뿍 넣은 양념(656쪽 참고)
- 올리브와 파슬리(656쪽 참고)
- 커민과 펜넬 파우더(657쪽 참고)
- 해리사와 마늘(657쪽 참고)

Q. 왜 납작하게 만들어 놓은 양고기 다리를 묶어야 하나요?

이 모양의 양 다리는 묶지 않으면 조리하는 동안 일정한 모양을 유지하지 않는다. 모양이 고르지 않으면 고르게 조리가 되지 않는다. 고르게 조리되지 않으면 혀가 그다지 즐겁지 않게 된다. 혀가 즐겁지 않으면 가족 간의 조화가 힘들어진다. 그리고 가족 간의 조화가 힘들면 명절이 엉망이 된다. 여러분은 5분도 안 걸리는 일과 요리용 실 1롤을 사는 데 드는 비용 때문에 명절을 망치시겠습니까?

Q. 좋아요, 알았어요. 어떻게 묶는 건가요?

간단합니다. 양고기를 납작하게 펼쳐 놓고 양념을 바른다. 그러고는 지방이 바깥쪽으로 오게 만다. 그러고는 도마와 2.5cm 간격을 두고 평행이 되도록 실을 잘 놓고 접힌 부분이 아래로 가도록 실 위에 올린다. 가장자리에서부터 시작해서 가운데 방향으로 양고기를 묶는다. 649쪽 소고기 안심을 묶는 방법과 동일하다.

이제 굽기만 하면 된다.

오븐에서 굽기

Q. 양고기가 다 익었는지 어떻게 알 수 있나요? 중량당 몇 분 이런 표시가 되어 있는 간편한 시간표 하나를 그냥 따르면 되나요?

절대로 안 됩니다! 그동안 보아왔던 어떤 시간표도 다 잊어 버리세요. 이런 시간표는 양고기의 모양이나 지방 함량 등에 있어서의 차이 같은 기본적인 사항을 고려하지 않기 때문에 제대로 맞을 수가 없다. 그런데 이런 모양이나 지방 함량은 둘 다 고기가 얼마나 빨리 익는가에 너무도 큰 영향을 미친다. 시간표 대신, 성능이 좋은 디지털 식품 온도계를 구하는 게 좋다(내가 지금 계속 같은 말을 되풀이하는 걸로만 들리는가? 한 번 해 보라!). 양고기가 익는 정도는 소고기와 아주 비슷하며 다리와 양 갈비는 소고기와 똑같다.

- 49°C(레어) : 선홍색이며 안은 미끄럽다. 풍부한 근간 지방이 아직 부드럽지 않으며 녹지 않았다.
- 54°C(미디엄 레어) : 고기는 분홍색으로 바뀌기 시작하고 레어나 미디엄보다 상당히 많이 단단해지고 촉촉하며 수분이 많아지고 고기가 더 부드러워진다.
- 60°C(미디엄) : 완전한 분홍색이며 만지면 꽤 단단하다. 아직 촉촉하지만 가장자리는 수분이 적다. 이 단계에서 지방은 완전히 녹아 맛이 아주 좋다.
- 65.5°C(미디엄 웰) : 분홍색이지만 가장자리는 회색이다. 수분 레벨이 가파르게 떨어지고 질감은 질기고 섬유질 같아진다. 지방은 완전히 녹아서 로스트 바깥

에 모이고 맛도 함께 빠져나간다.
- **71.1℃(웰던)**: 푸석하고 회색이며 윤기도 없다. 수분 손실이 18%까지 이르고, 지방은 완전히 녹는다.

소고기에서처럼, 개인적으로 양고기도 적어도 미디엄 레어로 조리하길 권한다. 이 상태에서 고기 속 풍성한 지방은 녹기 시작해서 고기에 기름을 치며 맛을 더한다. 레어는 더 질기고 맛이 덜하다.

Q. 양고기를 오븐에서 조리한다면, 온도는 몇 도로 해야 하나요?

큰 고깃덩어리를 조리할 때처럼, 조리를 고온으로 할 것인지 저온으로 할 것인지를 바로 결정해야 한다. 고온의 오븐에서 조리한다면 확실히 식사는 빨리 준비되겠지만 가운데가 다 될 때쯤이면 고기 바깥층은 너무 많이 익어 회색으로 변하는 등 조리가 고르게 되지 않는다. 어떤 사람들은 이런 것에 크게 개의치 않는다는 걸 안다. 그런 사람들은 촉촉한 미디엄 레어도, 질긴 웰던도 다 좋아라고 말한다. 이런 음식도 감사하게 생각하는 사람들이라면 고기를 굽는 일은 아주 쉬운 일이다. 그냥 뜨거운 오븐에 넣고(204℃ 정도는 돼야 한다.), 가운데가 원하는 온도가 될 때까지 구우면 된다. 하지만, 여러분이 나처럼 양고기가 가장자리부터 가운데까지 고르게 익는 걸 좋아하는 사람이라면 가장 좋은 방법은 프라임 립(645쪽 완벽하게 구운 프라임 립)을 구울 때처럼 천천히 굽는 방법이다. 프라임 립을 93℃ 오븐에 넣고 원하는 차림 온도보다 몇 도 아래가 (온도계를 사용할 것!) 될 때까지 굽는다. 오븐에서 꺼낸 뒤, 오븐 온도를 최대한 높이 올려 가열한다. 그러고는 양고기를 다시 넣고 약 15분간 가열해서 겉면에 지방이 잘 녹아 바삭해지도록 한다.

Q. 양고기도 소고기처럼 레스팅을 해야 하나요?

스테이크나 비프 로스트에서처럼, 양고기 근육도 뜨거워지면 수축한다. 레스팅하는 동안 근육이 다시 이완되면서 수분을 함유하는 능력도 증가하게 된다. 이 말은 더 많은 육즙이 고기 속에 남게 되며 도마에도 적지 않게 흘러나오게 된다는 뜻이다. 완전히 고온에서 구운 양고기는 오븐에서 꺼내 적어도 20분 정도 레스팅하고 낮은 온도에서 천천히 구운 고기는 적어도 10분은 레스팅한다.

뼈 있는 양고기 다리를 자르는 법

뼈가 있는 양고기 다리를 구입했다면 뼈가 고기의 한쪽을 따라 길게 있는 게 보일 거다. 그 반대쪽으로 잘라야 한다. 포크나 집게로 양고기를 잡아 고정시키고, 길고 얇은 카빙 나이프로 고기를 아주 얇은 조각으로 자른다. 일부는 뼈에 계속 붙어 있을 수도 있는데 이럴 때는 뼈의 위와 옆면을 가로지르며 잘라 뼈에서 분리한다. 차려 내기 좋게 깔끔하게 잘릴 것이다.

천천히 굽는 뼈 없는 양 다리 SLOW-ROASTED BONELESS OF LAMB

10~12인분

나비 모양으로 만든 뼈 없는 양 다리 1개(2.27 ~ 3.17kg)

코셔 소금과 후춧가루

1. 오븐랙을 가운데로 맞추고 오븐을 95℃로 예열한다. 양 다리를 도마 위에 놓고 펼친다. 소금과 후추를 안팎으로 넉넉하게 뿌린다(고기에 미리 간을 했다면 이때는 조금만 뿌린다.). 양고기를 말아서 요리용 실로 묶는다.

2. 베이킹팬에 호일을 깔고 와이어랙을 올린 뒤 그 위에 양고기를 얹는다. 오븐에 넣고 고기 가운데를 식품 온도계로 쟀을 때 미디엄 레어는 52℃, 미디엄은 57℃가 될 때까지 2시간 30분에서 3시간 정도 굽는다. 로스트를 오븐에서 꺼내고 알루미늄 호일로 꼭 싼다. 주방에서 따뜻한 곳에 두고 적어도 30분에서 1시간 30분까지 레스팅한다. 그동안, 오븐을 가능한 최고 온도로 가열한다(260~288℃).

3. 먹기 10분 전에 호일을 벗기고 고기를 뜨거운 오븐에 넣은 뒤 겉면이 갈색이 되고 바삭해질 때까지 6~10분간 굽는다. 오븐에서 꺼낸 뒤 실은 잘라내고 고기를 1.3cm 두께로 자른 뒤 바로 차려 낸다.

마늘과 로즈마리, 앤초비를 발라 천천히 구운 뼈 없는 양 다리

앤초비를 고기에 넣는다고 하면 웃을지 모르지만 일단 먹어 본 뒤에 얘기할 것! 앤초비는 글루타민산염과 이노신산이 가득한데 이 두 가지 단백질은 고기에서 '고기 맛'을 더 강화한다. 그래서 생각했던 것보다 양고기에서 양고기 맛이 더 많이 난다. 또한 로즈마리와 마늘은 양 다리에서 나는 천연적인 역한 냄새를 완화해 준다.

푸드프로세서 용기에 마늘 12쪽과, 로즈마리 잎 ¼컵, 기름에 절인 앤초비 필레 6개, 레드 페퍼 플레이크 조금, 엑스트라 버진 올리브오일 4큰술을 넣고 돌리는데 옆면을 가끔씩 긁어내려 주면서 돌려 페이스트를 만든다. 이 혼합물을 작은 냄비에 넣고 중간 불에 올려 거품이 생길 때까지 자주 저어 준다. 그 뒤로도 계속 저으면서 마늘의 매운내가 없어질 때까지 약 1분간 볶는다. 그러고는 작은 볼로 옮겨 담는다. 1단계에서 양념하기(앤초비 혼합물이 짭짤하기 때문에 소금은 조금만 뿌린다.) 전에 이 혼합물을 양 다리에 골고루 바른다.

올리브와 파슬리를 발라 천천히 구운 뼈 없는 양 다리

푸드프로세서 용기에 씨를 발라낸 올리브 1컵(칼라마타(kalamata) 또는 타지아스케(Taggiasche)), 파슬리 잎 ½컵, 마늘 1쪽, 엑스트라 버진 올리브오일 4큰술 넣고 돌린다. 옆면에 붙은 걸 긁어내리면서 갈아 페이스트를 만든다. 1단계에서 양념(앤초비 혼합물이 짭짤하기 때문에 소금은 조금만 뿌린다.)하기 전에 이 혼합물을 양 다리에 골고루 발라 준다.

커민과 펜넬을 발라 천천히 구운 뼈 없는 양 다리

볶은 후 곱게 간 커민 씨드 1큰술, 볶은 후 곱게 간 펜넬 씨드 1큰술, 다진 마늘 2쪽, 간장 2작은술, 올리브오일 4큰술을 작은 볼에 넣고 섞는다. 1단계에서 양념하기 전에 이 혼합물을 양 다리에 골고루 발라 준다.

해리사(harissa)와 마늘을 발라 천천히 구운 뼈 없는 양 다리

작은 볼에 시판하는 해리사 페이스트 3큰술, 다진 마늘 1쪽, 올리브오일 4큰술을 넣고 섞는다.

램랙 조리하기

램랙은 엄밀히 말하면 큰 고깃덩어리지만 실제로는 스테이크로 생각하는 게 더 낫다. 왜냐하면 구성 성분(근간지방의 양이 많아 고기가 부드러움)도 그렇지만 비율도(기껏해야 두께가 5cm 정도) 거의 비슷하다. 그래서 나는 램랙을 조리할 때 비어 쿨러 수비드 방식이나 아주 고상한 그런 걸 하지 않는 이상, 버터를 끼얹은 스테이크(322쪽 참고)를 만들 때와 꽤 비슷한 방식으로 조리한다. 오븐은 전혀 쓰지 않고 스토브에다 중간 불에 팬을 올려 굽는다. 그리고 똑같은 기본 법칙을 적용한다.

1 램랙을 말린 뒤 적어도 조리 45분 전에 혹은 조리 바로 직전에 넉넉히 간을 한다.
2 바로 조리를 한다면 램랙을 상온으로 올리려고 하지 않아도 된다. 어느 방법으로도 거의 비슷하게 익는다.
3 가지고 있는 팬 중에서 가장 두꺼운 팬을 사용한다. 그래야 열 분배가 훨씬 더 고르게 되기 때문에 시어링이 더 잘된다.
4 온도를 조절해서 양고기 속이 미디엄 레어가 될 때 양고기 겉면도 완벽하게 갈색이 되도록 한다.
5 팬에 너무 많이 넣지 않는다. 30cm(12인치) 프라이팬에 한 번에 램랙을 두 개 이상 굽지 않는다.
6 원하는 대로 자주 뒤집는다. 그러면 더 빠르고 더 골고루 익게 된다.
7 거의 끝날 때쯤에 버터를 넣어야 한다. 일찍 넣으면 버터가 타게 된다.
8 램랙 가장자리가 갈색이 되도록 한다!
9 잘라서 차려 내기 전에 고기를 레스팅한다.

다른 부위와 다르게 램랙을 구울 때 어려움이 있다면 갈비의 모양 때문에 굽기가 약간 불편하다는 점이다. 뼈가 굽어 있어서 기본적으로 뼈의 안쪽 굽은 부분이 프라이팬 면과 닿기가 불가능하다. 해결 방법이라면 딱히 뭘 시도하지 않는 것이다. 이렇게 굽은 부분을 팬에 닿게 해서 익히기보다는 뜨거운 기름을 끼얹어 주면서 익히는 게 훨씬 낫다.

램랙은 비싸기 때문에 이제까지는 조리를 자주 하지 않았을지도 모른다. 하지만 내 말을 믿고 좋은 온도계를 옆에 준비하고 이 방법을 따라하면 망칠 일이 거의 없다. 아마 결과에 만족하게 될 것이다.

팬에 구운 램랙 PAN-ROASTED RACK OF LAMB

NOTE • 이 레시피에서는 상대적으로 작고 일반적인 호주나 뉴질랜드 램랙을 기본으로 크기나 산출량을 정했다. 더 큰 미국산 램랙을 사용한다면 크기에 따라 다해서 갈비 4~6대만 있으면 된다.

가장 좋은 결과를 내기 위해서는 1단계에서 양고기에 양념을 하기 전에 양고기 위에 아무것도 덮지 않고 밤새 냉장고에 넣어 두는 것이다. 빨리 조리해야 한다면, 45분간 소금을 뿌리고 재워 두는 단계는 생략하고 조리 전에 바로 간을 한다. 소금을 뿌린 뒤 재운다면 45분 이상은 재워야 한다.

2~3인분

8~10대짜리 램랙 1대(약 900g, 반으로 나누기.)
코셔 소금과 후춧가루
식물성 기름 2큰술
무염 버터 2큰술
타임 4줄기
중간 크기 샬롯 1개(큼직하게 썰기. 약 ¼컵)

1. 양고기 전체에 소금과 후추를 넉넉히 뿌린다. 접시에 놓고 상온에서 적어도 45분~2시간 정도 재운다(위의 note 참고).

2. 30cm(12인치) 스테인리스 스틸 프라이팬에 기름을 두르고 중간 불에 올리고 표면이 일렁거릴 때까지 가열한다. 램랙을 팬에 넣는데 지방이 바닥으로 가게 한다. 집게로 이따금씩 뒤집어 주면서 황금색이 될 때까지 약 4분간 굽는다. 버터와 타임, 샬롯을 넣고 불을 중간으로 줄이고 계속 볶는다. 양고기를 가끔 뒤집으면서 규칙적으로 갈색 버터를 끼얹는다(팬을 앞쪽으로 기울여서 바닥에 버터 웅덩이를 만들고 수저로 퍼서 양고기 위에 끼얹는다. 아직 브라우닝이 되지 않은 곳을 빼먹지 않고 다 끼얹을 것). 양고기가 황금색으로 되고 램랙의 가장 두꺼운 부분을 온도계로 재었을 때 미디엄 레어로는 49℃, 미디엄으로는 54℃가 되도록 3~7분 더 이렇게 계속 끼얹는다. 그러고는 램랙을 베이킹팬에 놓인 랙에 올리고 5분 동안 레스팅한다.

3. 차려 내기 전에, 팬에 남은 기름을 연기가 날 때까지 재가열해서 양고기 위에 붓는다. 그러고는 잘라서 바로 차려 낸다.

구운 고기의 과학 – 닭, 칠면조, 소갈비

659

엄청나게 바삭한 돼지 어깨살 구이
ULTRA-CRISP ROAST PORK SHOULDER

돼지 어깨살은 요리 연금술사가 맨 먼저 내어 놓는 패로, 가만히 두고 몇 번 만지작거리면 황금으로 바뀌게 된다.

우리는 돼지 어깨살에 대해 이야기하고 있다. 촉촉하고, 토실토실하고, 가운데는 살살 녹고, 겉은 어떻게 이럴 수 있나 싶을 정도로 바삭하고 아삭한 그런. 정육점 진열대에서 가장 싼 고기 부위 중 하나가 가장 영광스러운 축제의 최고 중심 요리로 바뀐다는 것은 기적과도 같은 일이다. 적어도 우리가 그런 일을 믿는다면 말이다. 하지만 우리는 지금 그런 일을 가능하게 하는 과학에 대해 이야기하고 있지 않은가? 돼지고기를 더 부드럽게 하는 것이 무엇이며 어떻게 부드러움을 극대화할 것이며 무엇보다도 모두들 먹으려고 달려드는 그렇게 바삭하고 빠닥빠닥한 껍질은 어떻게 만들 수 있는가? 뼈가 붙은 돼지 목심은 굉장한 부위이다. 일반적으로 무게가 3.6~5.4kg 정도 나가며 두껍고 질긴 피부 아래에는 결합조직과 근간 지방의 양이 상당하다. 우리의 목적은 이 질긴 고기 조각을 너무도 부드럽게 만드는

것이다. 어떻게 할까? 음, 먼저 우리는 동물에 있는 두 가지 주요 근육 형태의 차이를 알아야 한다.

속근은, 단시간의 폭발적 사용을 제외하면 동물이 거의 사용하지 않는 부위이다 : 위험으로부터 탈출하기 위해 날개를 재빨리 펄럭이도록 해 주는 닭가슴살처럼 말이다. 소의 등심도 거의 사용하지 않는다. 속근의 특성은 부드럽고 고기 결이 미세해서 로스팅이나, 그릴 구이, 소테와 같은 단시간 조리법에 적합하다(Part 3 참고). 속근을 먹을 때 최적의 조건은 목표하는 온도에 이르자마자 바로 먹어야 한다(가령, 닭가슴살은 63℃, 스테이크는 52℃). 고기는 뜨거워지면 수축을 하는데 높아진 온도에 비례해서 수분을 짜내게 된다. 예를 들어, 스테이크는 65℃가 되면 바로 근섬유가 수축을 해서 수분을 약 12% 짜내는데 이를 되돌릴 방법이 없다는 걸 우리는 이미 알고 있다(더 자세한 내용은 305~306쪽 참고).

반대로 지근은, 동물의 몸에서 지속적으로 움직이는 근육이다. 동물을 똑바로 세우고 걷게 하는 부위는 어깨살과 뒷다리와 허릿살이다. 꼬리 근육은 계속해서 허공에 떠 있게 한다. 옆구리 주위에 있는 근육은 동물이 계속 숨을 쉬게 한다. 지근의 특성은 감칠맛이 있으며 결합조직이 많아서 아주 질기다. 이 결합조직을 분해하려면 아주 오랜 시간 조리해야 한다. 지근으로 요리를 했을 때, 완성된 요리의 부드러움은 조리되는 온도에만 관련이 있는 게 아니라 조리 시간의 길이와도 상관이 있다. 71℃ 정도에서 질긴 결합조직의 콜라겐은 부드럽고 촉촉한 젤라틴으로 분해되기 시작한다. 고기가 뜨거울수록 이 분해가 더 빨리 일어난다.

간단히 말하면, 속근을 조리할 때는 온도가 가장 중요한 요소이고 지근은 시간과 온도 두 가지 다 최종 요리에 영향을 미친다.

돼지 어깨살이나, 팟 로스트, 브레이징한 칠면조 다리든 다른 고기든, 수분이 배출되고 결합 조직이 분해되는 온도대는 거의 동일하다. 그렇다면 특정 온도에서 콜라겐이 젤라틴으로 분해하는 데 정확히 얼마나 걸릴까? 나는 한 번 알아내 보리라 결심했다.

우선, 진공포장기와 온도 제어 수조를 이용하기 위해 깍뚝 썬 돼지 어깨살을 70℃, 80℃, 88℃, 96℃에서 익혔다. 각 온도에서 고기가 완전히 부드러워지는 데 정확히 얼마나 걸리는지 기록했는데 고기 조각을 연하게 하는 데 필요한 시간은 온도가 낮아질 때 기하급수적으로 늘어난다는 것을 알게 되었다. 96℃(거의 고기 조각으로는 최고로 뜨거운)에서 조리 시간은 겨우 3시간이었는데, 70℃에서는 하루 하고 반나절이나 걸렸다!

온도가 높을수록 결합조직이 더 빨리 분해된다면, 껍질을 태우지 않으면서 높일 수 있는 최대한의 오븐 온도로 돼지고기 어깨살을 구우면 되지 않을까? 하지만 그렇게 빨리는 안 된다. 온도는 고기에 또 다른 영향을 주는데, 바로 고기를 건조하게 만든다. 나는 동일한 두 가지 돼지고기 어깨살을 똑같이 부드러워질 때까지 구웠는데 하나는 190℃(약 3시간 소요)에서, 다른 하나는 121℃(약 8시간 소요)에서였다. 오븐에 굽고 난 뒤, 고기별로, 조리가 끝난 고깃덩어리의 무게와 팬에 떨어진 지방의 무게를 합친 후 조리 고기의 무게에서 빼는 방식으로 총 수분손실량을 계산했다.

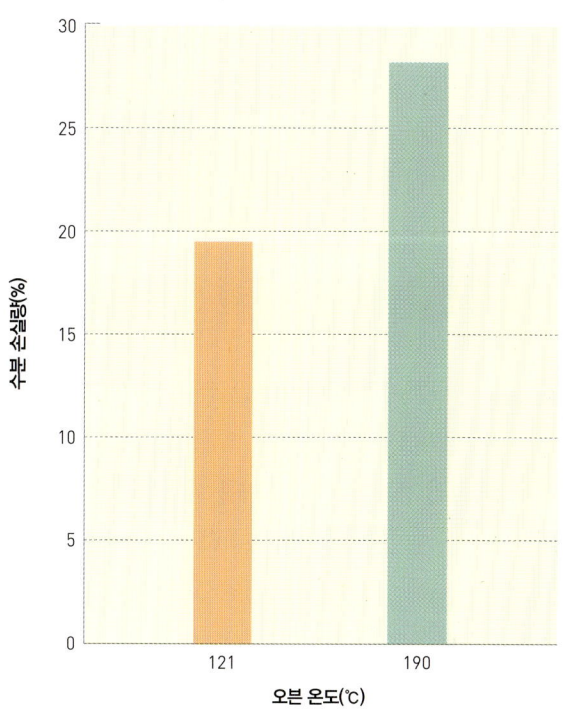

오븐 온도에 따른 돼지고기 어깨살의 무게 손실

온도가 더 높을수록 낮은 온도에서보다 돼지고기 어깨살에서 8% 정도 더 많은 수분 손실이 있었다. 이는 근섬유가 수축하면서 안의 내용물을 짜내기 때문이다. 그러나 두 로스트의 고기를 먹어 보니 솔직히 둘 다 꽤 육즙이 많고 촉촉했다. 하지만, 고온에서 구운 고기는 저온에서 구운 고기에 비해 뚜렷하게 드러나는 한 가지 이점을 보여 주었다. 바로 껍질이다. 고온에서 구운 고기는 껍질이 바삭하고 오독오독했다. 반면 저온에서 구운 고기는 껍질이 부드럽지만 흐물흐물하고 탄력이 없었다. 완전 실패였다.

그렇다면 고기는 더 촉촉하면서 껍질은 바삭하게 조리할 방법은 없을까? 문제는 돼지 껍질을 멋지게 조리하려면 서로 다른 두 가지 접근이 필요하다.

껍질 부분

닭이나, 칠면조, 돼지 껍질 같은 동물 껍질이 완전히 지방으로 되어 있다고 쉽게 오해하는 경향이 있는데 사실은 그렇지 않다. 물론 껍질에는 지방이 많으며 특히, 껍질 바로 밑에 많이 있다(온혈 동물이 체온을 유지하는 데 필요). 하지만 껍질에는 수분과 지근에 있는 결합조직처럼 결합 단백질도 많이 들어 있어서 오랜 시간 조리를 해야 분해된다.

또한, 결합조직이 충분히 부드러워지고 나면 수분이 밀려서 나오고 남아 있던 단백질은 응고하면서 딱딱하게 굳는다. 바삭하지만 질기지 않은 껍질을 만들기 위해서는 바로 이 세 가지 과정, 즉, 결합조직 분해, 수분 손실, 단백질의 응고가 서로 조화를 이루어야 한다.

돼지고기 어깨살을 190℃로 조리하면, 이 세 가지 현상이 거의 동시에 일어난다. 결합조직이 분해될 때쯤이면 껍질을 단단하고 바삭하게 할 정도의 수분이 껍질에서 빠져나간다. 121℃ 오븐에서 결합조직은 확실히 분해하지만 수분 손실과 단백질 응고는 바삭하게 될 정도로 충분히 일어나지 않는다.

그렇다면, 다시 한 번, 분명하게, 우리는 돼지고기를 고온에서 요리해야겠죠? 아, 잠깐만요. 생각해야 할 게 한 가지 더 있습니다. 기다려 보세요.

기포, 기포

우리 모두는 표면적이 무엇인지 알고 있다. 그렇죠? 다음 사진은 190℃에서 조리한 돼지고기의 바삭한 껍질 조각을 확대한 모습이다.

안정된 온도에서 조리한 돼지고기는 껍질이 바삭하지만 매끄럽고 표면적이 적다.

어떻게 여기 저기 주름이 있으면서도 비교적 매끄러울까? 부드러운 물체는 특정한 양에서 비교적 표면적이 적으며, 주름 잡히고, 기포가 있고 쭈글쭈글하며, 굴곡진 물체는 동일한 양일 때 비교적 표면적이 더 넓다. 질감에 관해서는 '표면적이 넓다 = 더 바삭거린다.'는 공식이 성립한다. 아주 바삭하게 하기 위해 감자를 굽기 전에 감자 표면을 긁어 주거나(484쪽), 겉면을 더 바삭하게 하고 더 많이 갈색이 되도록 버거를 아주 성글게 빚는 건(555쪽) 다 같은 원리이다.

190℃에서 구울 때, 탈수와 단백질 응고가 결합조직의 분해와 동시에 일어나기 때문에 껍질이 비교적 부드러워질 수 있는 단계가 진행될 수가 없다. 껍질은 결합조직이 탈수를 거쳐 바로 굳기 때문에 굳어지면서 시작한다.

반면에, 120℃ 오븐에서는, 8시간이 지나면, 껍질은 구조적으로 거의 온전하지 않다. 껍질은 늘어나서 부드러우며 쉽게 구부러진다. 그 껍질을 현미경 아래서 살펴보면 껍질의 구조가 마치 채워지기를 기다리고 있는 서로 연결된 풍선 다발과 정말 비슷하다. 어떻게 그 풍선을 채울 수 있을까? 바로 열이 그 일을 해낼 것이다.

이제 천천히 조리한 돼지고기를 260℃로 예열된 오븐에 넣으면, 껍질 안에 갇힌 공기와 수증기가 빠르게 확장하면서 수백만 개의 작은 기포를 만든다. 바로 여기에 핵심이 있다. 기포는 확장할 때, 기포 벽을 점점 더 얇게 늘리고 결국 너무 얇아서 오븐의 열이 아주 빠르게 기포를 고정시켜서 영구적인 모양으로 만들 수 있게 된다. 그래서 돼지고기를 오븐에서 꺼내도 이 기포가 없어지지 않는다.

이런 의미에서, 돼지 껍질은 뜨거운 오븐에 들어가는 생 피자 반죽과 아주 흡사하다. 높은 온도는 가스가 팽창하게 하는데, 가스는 단백질 그물망 안에 갇히게 된다. 그리고 이 단백질 그물망은 오븐의 열기 속에서 굳어져서 오독오독하고 바삭한 크러스트가 만들어지게 된다.

이렇게 아름다운 걸 본 적이 있는가?

나는 대개 고기를 비교적 꾸밈없이 있는 그대로 먹는 걸 좋아한다. 좋은 고기에, 소금과 후추를 뿌리는 게 전부다. 하지만 돼지고기 어깨살에는 맛을 가미하면 아주 좋다. 고기와 껍질에 가장 좋아하는 향신료를 섞어 바르거나 굽기 전에 마른 가루(dry rub, 드라이 럽)를 바른다. 혹은, 이건 내가 하는 방법으로 여러분이 원하면 따라 해도 되는데, 구울 때는 아무것도 바르지 않고 그냥 굽고 차려 내기 전에 잘라 놓은 부드러운 고기에다 간을 하는 방법이다.

사실 나는 구운 고기를 통째로 식탁에 올리고 사람들이 손으로 고기를 집고 뜯으면서 먹는 걸 좋아한다. 몇 가지 어울리는 소스를 함께 곁들여서 말이다. 매콤달콤한 느억짬(nuoc cham, 생선을 발효시켜 만든 묽은 소스에 레몬 즙·라임 즙·식초와 같이 신맛이 나는 조미료와 설탕을 넣고 기호에 따라 다진 마늘이나 다진 고추를 넣어 만드는 베트남식 양념장)이나 중국의 차시우(char siu, 달콤짭짜름한 중국식 바비큐 소스), 쿠바의 모조(mojo), 혹은 상큼한 아르헨티나의 치미추리 소스 등을 곁들인다. 아니면, 돼지고기 파티니까 소스 없이 오로지 고기만 먹을 수도 있다. 또, 665쪽에서 제안하는 소스를 살펴봐도 된다.

잘게 조각 낸 구운 돼지 어깨살은 그 자체로 아주 맛있다. 그리고 약간의 양배추 샐러드와 곁들여 샌드위치에 넣으면 더 맛있다. 또, 수프나 스튜, 타코 소, 쿠바식 샌드위치, 엠파나다(empanada, 여러 가지 향신료에 피클, 양파, 오일 등이 들어간 상큼한 소) 소, 아레빠(arepa, 아르헨티나의 스테이크 위에 얹는 대표적인 소스, 다진 마늘, 이탈리안 파슬리, 오레가노, 파프리카 파우더, 커민 파우더, 올리브오일, 발사믹 식초, 핫소스, 소금, 후춧가루 등을 섞어서 만든다.)의 스터핑, 다진 고기 요리, 오믈렛 등에 넣으면 아주 맛있다. 천천히 요리한 돼지고기 어깨살을 망치는 일은 식탁에 올리기 전에 껍질을 반 넘게 먹지 않고 차려 내기 만큼이나 어려운 일이다.

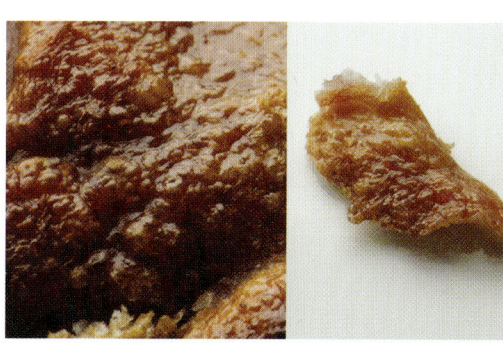

천천히 구운 뒤 고온에서 바짝 구우면
껍질에 물집과 기포가 생겨 아주 바삭하게 된다.

돼지 엉덩이살(BUTT)에는 엉덩이살이 없다.

슈퍼마켓에서 '돼지고기 엉덩이살'이라고 써 놓은 큰 돼지고기 부위를 봤을 것이다. 하지만 중학교 3학년의 생리학 수업에서 엉덩이살이라고 써 붙여 놓은 건 엉덩이가 아니라 어깨살이라고 알려 줄 것이다. 그럼 왜 이렇게 이상하게 표시를 하는 걸까?

돼지고기 어깨살과 돼지고기 엉덩이살은 같은 부위이며 이렇게 불리게 된 건 고기 부위 때문이 아니라 이름을 잘못 붙여서이다. 19세기 초, 뉴잉글랜드는 돼지고기의 주요 생산지였다. 초기 뉴잉글랜드인들은 등심과 복부, 햄은 열심히 먹어 댔지만 어깨 부위는 그다지 좋아하지 않았다(확실히, 양키들은 바비큐에 대해선 아무것도 몰랐다. 어떤 사람들은 그들이 아직도 모른다고 말한다.). 그래서 그들은 어깨살을 나무통에 가득 넣어서 전국으로 실어 보냈다. 나무통은 크기가 달랐지만 돼지고기를 넣는 통은 공식적으로 '버트(butt)'나 '파이프(pipe)' 크기로 알려져 있었다. 이런 통은 480l 정도 되었는데, 950l 턴(tun)의 반이었고, 318l 퍼킨(firkin)보다 크고, 239l 호그즈헤드(hogshead, 이 말은 실제 돼지나 머리와는 아무런 관계가 없다.)의 두 배가 된다.

돼지고기가 가득 든 버트 크기 통은 전국으로 팔려나가서 보스턴 버트로 알려지게 되었고 실제로 안에 든 것은 돼지의 어깨 고기였지만 보스턴 버트라는 말이 곧 안에 든 고기를 의미하는 것으로 쓰이게 되었다. 오늘날까지, 보스턴 버트는 광범위하게 사용된다. 미국 어느 지역에서 생산되었는가에 따라 돼지 어깨살은 어깨살, 버트, 보스턴 버트, 혹은 블레이드 로스트로 표시된다. 반면, 어깨살 앞쪽 아래 부위는 피크닉 숄더(picnic shoulder)로 팔린다. 아이러니하게도 보스턴에서는 '보스턴 버트'로 표시된 돼지고기 어깨살을 절대로 볼 수 없다. 만약 우리 조상이 돼지고기를 38l 통에 실었다면 아마도 바비큐 샌드위치에는 천천히 조리된 부드러운 보스턴 퍼킨(firkin)이 들어가거나 318l 통인, 보스턴 펀천(puncheon)으로 이탈리아식 소시지를 만들었을지 모른다. 아니면 그러한 어깨살을 68l 통에 넣어 뉴멕시코로 실어 보냈다면 칠리 베르데(Chile Verde)에는 아마도 보스턴 런들릿(rundlet)을 넣어 만들 것이다.

그렇다면 해부학적으로 진짜 돼지의 엉덩이는 뭐라고 부르는가? 그건 바로 햄이다.

느리게 구워서 만든 초바삭한 돼지 어깨살
ULTRA-CRISP SLOW-ROASTED PORK SHOULDER

이 레시피는 뼈와 껍질이 있는 돼지고기 어깨살로 껍질이 아주 바삭하게 되도록 만들었다. 하지만 뼈를 발라낸 껍질이 있는 어깨살로도 요리는 잘 되니까 이걸 쓰면 삶이 좀 편해진다. 오븐에서 고기를 꺼낼 때는 너무 바삭바삭해 보이는 황금색 껍질에 기절할 수도 있으니 조심할 것!

NOTE • 돼지고기를 소스와 곁들여 차려 내고 싶으면 살사 베르데(406쪽)나 페루식 매콤한 할라피뇨 소스(609쪽), 가장 좋아하는 바비큐 소스나 치미추리 소스(405쪽) 등을 만들어 보거나 아니면 2개 이상 만들어서 손님들이 원하는 것을 골라 먹도록 한다.
혹은, 로스팅을 할 때 알루미늄 호일을 사용하지 말고 로스팅 후, 팬에 모인 남은 지방을 한쪽 버너에 올리고 달지 않은 화이트 와인이나 닭 육수 2컵을 붓거나 둘을 섞어 붓는다. 갈색으로 눌어붙은 걸 긁어내서 작은 냄비에 붓는다. 간을 하고 불을 끄고 버터를 2큰술 넣어 섞는다. 이 소스를 돼지고기와 함께 낸다.

8~12인분

뼈와 껍질이 있는 돼지고기 어깨살(3.7~5.4kg)

코셔 소금과 후춧가루

1. 오븐랙을 오븐 가운데로 끼우고 오븐을 120℃로 예열한다. 베이킹팬에 튼튼한 알루미늄 호일을 깔고(위의 note 참고), 그 위에 와이어랙을 올린다. 그러고는 그 위에 두꺼운 유산지를 깐다. 소금과 후추를 돼지고기에 골고루 넉넉히 뿌리고 유산지 위에 올리고는 오븐에 넣고 굽는다. 칼이나 포크로 어깨살 옆면을 찌르면 쉽게 들어갈 때까지 약 8시간 정도 굽는다.

2. 돼지고기를 오븐에서 꺼내고 호일을 덮고 상온에서 적어도 15분에서 2시간까지 레스팅한다.

3. 레스팅하는 동안 오븐 온도를 260℃로 올리고 예열을 한다. 돼지고기를 오븐에 다시 넣고 굽는다. 팬의 위치를 5분마다 바꾸면서 껍데기에 물집이 생기고 부풀려질 때까지 약 20분 정도 굽는다. 오븐에서 꺼내서 호일을 덮고 15분 더 레스팅한다.

4. 고기를 주방에서 나누거나 아니면 통째로 식탁에 올려서 손님들이 고기와 바삭한 껍데기를 직접 고르게 한다. 원하는 대로 소스를 선택하게 한다(위의 note 참고).

돼지고기 크라운 로스트
CROWN ROAST OF PORK

자, 이제 다시 명절이 돌아왔고 여러분의 여동생이 애완용 송아지를 입양했기 때문에, 메뉴에서 소고기는 제외되었다.
또, 어머니는 양고기 냄새를 역겨워하신다. 모두들 이제 칠면조는 지겹다고 한다. 그럼 뭘 먹지?

돼지고기 크라운(Crown) 로스트를 한번 해 보자. 보기도 좋고 맛있다. 그리고 뱃살로만 만든 포르케타(Porchetta)(673쪽 참고)보다는 지방이 적은 돼지고기를 좋아하는 사람들에게 그리고 두툼하고 맛있는 돼지고기의 독특한 식감을 좋아하는 사람들에게 가장 좋은 선택이 될 수 있다.

Q. 크라운 로스트는 무엇인가요?

크라운 로스트는 일반적인 뼈 있는 돼지고기 등심 덩어리를 1~2개 정도 붙여서 갈비가 위쪽으로 향하게 하면서 동그랗게 만들어 놓은 것이다. 기본적으로, 서로 붙여서 왕관(크라운) 모양으로 꼬아 놓은 긴 포크 찹이라고 보면 된다.

Q. 아, 알겠어요. 소고기 프라임 립이 립아이 스테이크 묶음처럼 서로 연결되어 있는 식이군요. 맞나요?

바로 그겁니다.

Q. 그런데, 이렇게 하는 이유가 뭐죠? 이렇게 하면 조리가 더 쉬워지나요 아니면 최종적으로 맛이 더 좋아지나요?

크라운 로스트에서 '크라운'은 왕의 왕관만큼 여러 목적이 있다. 대부분은 보기 좋게 하려는 목적으로 만드는데 꾸미용 종이 두건 덮어 위에 올려놓으면 근사하다. 그리고 고르게 구리는 데에도 그럼은 도움이 된다. 들쑥날쑥한 뼈가 모두 고기의 겉에 있어서 고기로의 열 전달이 더디게 되고 그래서 결국 더 촉촉하고 더 고르게 고기가 익게 된다. 하지만 이 때문에 생기는 결점도 있는데, 고기 주위에 있는 지방이 많은 껍질은 그냥 통돼지갈비를 구울 때처럼 그렇게 바삭하게 갈색으로 변하지는 않는다.

Q. 장단점이 있군요. 한번 만들어 보려고 한다면 어떻게 왕관 모양의 돼지갈비를 구하나요?

갈비가 대략 10대 정도 있는 갈비 한판으로 만들면 6~8명 정도의 보통 식욕을 가진 사람이 먹을 수 있다.

갈빗대 사이는 칼로 칼집을 내서 갈비가 벌어질 수 있게 한다.

하지만 이렇게 하면, 돼지고기의 표면적을 늘리게 돼서 수분을 마르게 할 수 있다. 그래서 나는 크라운 로스트 한판을 사지 말고 뼈 있는 허릿살 두 개의 끝을 서로 붙여 놓은 걸 사라고 권한다. 이것은 길어서 불필요하게 잘라 내지 않아도 동그랗게 만들 수 있어서 좋다. 크라운 로스트를 살 때는 정육점에 부탁해서 모양을 만들어 달라고 한다. 아주 성실한 정육업자라면 왕관 모양을 만들어 줄 것이다. 고급 슈퍼마켓에서 특히나 명절 전후에 운 좋게도 만들어 놓은 크라운 로스트를 구할 수 있을지도 모른다.

Q. 로스트 크기는 어느 정도여야 하나요?

많이 먹거나 음식이 좀 남는 걸 좋아하면 한 사람당 갈비 1대 반이나 2대 정도로 계산한다.

Q. 크라운 로스트를 집에 가지고 왔다면(너무 무겁다!) 이걸 어떻게 조리해야 하나요?

음, 크라운 로스트는 속근(187쪽 참고)으로 돼지고기 찹이 죽 연결되어 있는 거나 마찬가지이다. 모든 속근과 마찬가지로(닭가슴살, 뉴욕 스트립 스테이크, 참치 등심) 크라운 로스트도 미세한 결의 근육이 많고 결합조직이나 지방은 그렇게 많지 않다. 이 말은 조리를 할 때 내부 온도가 가장 중요한 요소가 된다는 뜻이다. 분해될 결합조직이 거의 없으므로 크라운 로스트는 최종 온도에 오르면 다 된 것이다. 로스트를 그 온도에서 오랫동안 유지해도 거의 변하지 않는다. 중요한 것은 가장자리에서 가운데까지 전체 로스트를 60℃(미디엄, 이 온도로 돼지고기를 조리하는 걸 좋아한다.)로 해 주며 동시에 겉은 바삭하게 만들어야 한다.

다행스럽게도, 우리는 프라임 립에 적용된 이와 아주 유사한 공학기술 문제를 이미 살펴보았다(640쪽 '소고기 굽는 법' 참고). 오븐 온도가 뜨거울수록 구이가 고르게 익지 않는다. 예를 들어, 크라운 로스트를 200℃ 오븐에서 조리한다면 가운데가 60℃가 될 때쯤이면 고기 바깥층은 74~82℃를 넘게 된다. 하지만, 120℃ 오븐에서 구우면 가장자리에서 가운데까지 정확히 60℃가 된다. 구운 뒤에는 레스팅한 후 260℃ 오븐에 넣고 겉면에 있는 지방을 바삭하게 재빨리 굽기만 하면 된다.

Q. 간단하군요! 그런데 맛은 어쩌죠?

크라운 로스트를 아주 근사하게 만들고 싶다면 소금과 후추에다 다른 향신료를 섞어 겉면에 바르면 된다. 가운데에는 마늘이나 샬롯, 감귤류 등 무엇이든 원하는 허브 종류로 채워 넣으면 아주 근사할 것이다. 어떤 사람들은 가운데를 소시지나 빵을 기본으로 만든 스터핑(632쪽 '세이지, 소시지로 만든 클래식 스터핑'에서처럼)으로 채우기도 한다. 손님이 아주 많다면 이런 스터핑은 괜찮으며 이처럼 부피가 있는 스터핑은 단열재 역할을 하기 때문에 실제로 돼지고기의 맛을 좋게 한다. 하지만 이런 스터핑을 넣으면 조리 시간이 엄청나게 늘어난다는 점도 명심해야 한다. 한 시간 이상 더 계산해야 한다. 물론, 시계보다는 온도계로 확인하는 방법이 더 좋다.

Q. 저는 우편물을 가지러 가는 데에도 모자를 쓰고 가는 그런 사람인데요. 저 같은 사람에겐 어떤 걸 권해 주시겠습니까?

그렇다면 차려 내기 전에 귀여운 작은 종이 모자를 그을린 뼈의 끝부분에 씌워 주세요(아니면, 굽는 동안 호일로 씌워서 타지 않도록 하는 방법도 있다.). 종이 모자는 온라인에서 아주 싸게 판다. 개인적으로 나는 탄 갈비가 드러나는 그런 원시적인 걸 좋아해서 약혼반지를 멧돼지 찹의 뼈 위에 올려 아내에게 전해 주었다. 정말 로맨틱하지 않나요?

돼지고기 크라운 로스트 CROWN ROAST OF PORK

NOTE • 정육점에 적어도 하루나 이틀 전에 크라운 로스트를 주문한다. 한 사람당 갈빗대 1대 반에서 음식이 좀 남기를 원하면 2대 정도로 계산한다. 원하면 다진 마늘이나 허브와 같은 향신료를 소금, 후추와 함께 사용한다. 갈비의 끝부분이 타는 걸 막기 위해 알루미늄 호일을 갈비 끝마다 씌워도 된다.

10~16인분

돼지고기 크라운 로스트 1개(2.7~4.5kg, 12~20개 찹, 위의 note 참고)

코셔 소금과 후춧가루

설탕에 졸인 사과 소스(레시피 뒤에 나옴, 선택사항)

1. 오븐랙을 오븐 가운데에 끼우고 오븐을 120℃로 예열한다. 돼지고기 로스트에 소금과 후추를 넉넉히 뿌린 뒤 베이킹팬 위에 얹은 랙에 올린다. 식품 온도계로 쟀을때 고기의 내부 온도가 60℃가 되도록 약 2시간 굽는다. 오븐에서 꺼내 호일을 덮고 적어도 15분에서 45분 정도까지 레스팅한다.
2. 그동안 오븐 온도를 260℃로 올리고 예열한다. 고기를 다시 오븐에 넣고 약 10분간 구워 겉면이 바삭해지고 갈색 빛을 띠도록 한다. 오븐에서 꺼내고 호일로 덮어 15분간 레스팅한다.
3. 갈빗대 사이를 잘라서 상에 올린다. 원하면 사과 소스를 곁들인다.

설탕에 졸인 사과 소스

돼지고기와 사과는 곰돌이 푸와 피글렛처럼 서로 잘 어울린다. 둘 중 하나가 빠진 걸 상상하기 어렵다. 일반적인 사과 소스는 사과에 버터 조금과 레몬 즙을 넣고 만들지만 나는 좀 더 달콤하고 시큼하게 만드는 걸 좋아한다. 그래서 사과에 황설탕을 조금 섞어 주는데 사과가 익으면서 설탕이 캐러멜이 된다. 그래서 복합적이면서도 약간 씁싸름한 맛이 더해진다. 여기에 사과주와 사과 식초를 넣으면 내가 제일 좋아하는 북캐롤라이나 동부식 식초 바비큐 소스와 거의 비슷한 소스가 완성된다.

1½컵(375ml) 분량

그래니 스미스 사과 4개(껍질을 벗기고, 씨를 제거하고, 1.3cm 정도로 깍둑 썰기.)
황설탕 4큰술
무염 버터 2큰술
사과 식초 2큰술
사과주 ½컵(125ml)
코셔 소금과 후춧가루

1. 볼에 사과 조각과 황설탕을 넣고 골고루 묻혀 준 후 한쪽에 둔다.
2. 30cm(12인치) 논스틱이나 스테인리스 스틸 프라이팬에 버터를 넣고 중강불에 올려 거품이 가라앉을 때까지 가열한다. 사과를 넣고 가끔씩 저어 주면서 약 5분 정도 볶아 설탕이 캐러멜이 되고 사과가 숨이 죽도록 한다. 여기에 식초와 사과주를 붓고 가끔씩 저어 주면서 사과가 분해가 되고 소스가 걸쭉해질 때까지 5분 정도 더 끓인다. 여기에 소금과 후추로 간을 한다.

글레이즈를 바른 돼지고기 안심
GLAZED PORK TENDERLOIN

스킬렛 하나로 만드는 요리는 바쁜 주중 저녁이나 주말,

잔뜩 쌓인 냄비와 팬을 씻기보단 개와 어울려 조금 더 놀고 싶을 때 정말 구세주가 된다. 이 돼지고기 안심 레시피들은 6명 정도가 먹을 수 있는 양으로 준비하는 데 30분밖에 걸리지 않고 프라이팬과 재료를 섞는 그릇만 두세 개 있으면 된다.

메달 모양의 안심을 제대로 조리하기는 아주 어려운 일이다. 안심은 살코기 부위라 열이 빠르게 전달되기 때문에 경고할 사이도 없이 바로 촉촉한 상태에서 퍽퍽하고 질긴 상태가 되어 버린다. 나는 분산 투자를 하고 가장 가능성이 높은 것에 몰두하는 유형의 사람인지라 절대로 돼지고기 안심을 조리 전에 메달 모양으로 자르지 않는다. 메달 모양으로 자르면 너무 많이 익게 될 것이 확실하다. 그렇게 해 본 사람이라면 깨진 꿈같은, 유니콘의 눈물 같은 맛을 이미 봤을 것이다. 절대로 유쾌한 일이 아니다.

이보다는 안심을 통째로 조리해서 차려 내기 전에 자르는 게 훨씬 더 쉽게 할 수 있는 방법이다. 엄청나게 부드럽고 이렇게 아주 얇은 부위는 천천히 구운 뒤 고온의 오븐에서 재빠르게 구워 내는 방법은 맞지 않다. 아무리 빨리 구워 낸다 해도 속은 너무 많이 익게 된다. 더욱 효과가 좋은 방법을 찾아야 한다. 그것은 바로, 프라이팬에 시어링한 뒤 뜨거운 오븐에서 마무리하는 것

이다.

효과를 극대화하기 위해, 나는 안심에 옥수수전분을 뿌린다. 옥수수전분 자체가 갈색이 아주 잘 되기도 하지만 더 중요하게는 고기 표면에서 나오는 수분을 흡수해서 더 효율적으로 요리할 수 있게 된다. 또한 옥수수전분이 수분을 흡수하면 고기 표면에 글레이즈가 달라붙기 좋게 된다. 차에 페인트를 칠하기 전에 프라이머(primer)로 코팅하는 걸 한 번 생각해 보라.

나는 글레이즈와 팬 소스의 중간 형태로 글레이즈를 만들었다. 돼지고기를 프라이팬에서 갈색이 되도록 하고 난 뒤 글레이즈를 만들 재료를 넣고 팬 바닥에 붙은 갈색 찌꺼기를 긁어냈다.

이 갈색 물질은 엄청나게 맛을 좋게 하는데 다시 안심을 프라이팬에 넣고 오븐에서 마지막으로 익힐 때, 글레이즈를 안심 위에 발라 준다. 그러면 원래 맛이 나왔던 돼지고기 표면으로 맛이 다시 입혀지게 된다.

말린 자두와, 무화과, 살구 글레이즈를 발라 구운 돼지 안심

APRICOTGLAZED ROAST PORK TENDERLOIN WITH PRUNES AND FIGS

6인분

건무화과 ¼컵(4등분하기, 60ml)

건자두 ¼컵(반으로 나누기, 60ml)

브랜디 4큰술

살구 잼 ½컵(125ml)

파프리카 파우더 ½작은술

돼지 안심 2개(각 680g 정도)

코셔 소금과 후춧가루

옥수수전분 4큰술

식물성 기름 2큰술

발사믹 식초 1작은술

무염 버터 2큰술

1 오븐랙을 오븐 가운데에 끼우고 오븐을 200℃로 예열한다. 작은 볼에 무화과와 자두, 브랜디, 살구 잼, 파프리카 파우더를 넣고 잘 섞은 뒤 한쪽에 둔다.

2 키친타월로 고기를 두드려 닦고 소금과 후추를 전체에 골고루 바른다. 옥수수전분을 얕은 접시에 깔고 안심을 뒤집어 가며 묻힌다. 그러고는 큰 접시에 둔다.

3 30cm(12인치) 오븐용 논스틱이나 무쇠 프라이팬에 기름을 두르고 센 불에 올려 표면이 일렁일 때까지 가열한다. 돼지고기 안심을 넣고 이따금씩 뒤집어 주면서 전체가 다 골고루 갈색이 되도록 약 12분 정도 굽는다(처음에는 돼지고기가 팬에 맞지 않을 수도 있는데 고기가 안에 들어가도록 구부린다. 좀 있으면 줄어들면서 일직선이 된다.). 큰 접시에 옮겨 담고 한쪽에 둔다.

4 글레이즈 혼합물을 프라이팬에 붓고 팬 바닥에 갈색으로 눌어붙은 것 긁어내고 약 2분 정도 끓인다. 돼지고기를 프라이팬에 다시 넣고 뒤집어 가며 글레이즈를 묻힌다. 오븐에 넣고 돼지고기를 글레이즈가 코팅하도록 4분마다 돌려 준다. 고기의 가장 두꺼운 부분이 온도계로 54℃가 될 때까지 약 15분간 익힌다. 큰 접시로 옮기고 5분 동안 레스팅한다.

5 한편, 식초와 버터를 글레이즈에 넣는다. 돼지고기를 자르고 글레이즈와 함께 차려 낸다.

메이플과 머스터드 글레이즈를 발라 구운 돼지 안심

재료에서 무화과와 자두, 살구 잼, 파프리카 파우더, 발사믹 식초는 생략한다. 글레이즈용으로 메이플 시럽 ⅓컵(80ml)과 홀그레인 머스터드 2큰술에 브랜디를 섞는다. 설명한 대로 글레이즈 마지막에 버터를 넣는다. 돼지고기를 자르고 글레이즈를 조금 끼얹는다.

천천히 구운 포르케타
SLOW-ROASTED PORCHETTA

천천히 구운 이탈리아식의, 펜넬 향이 나고, 바삭한 껍데기가 둘러싸고 있는 촉촉한 돼지고기,
포르케타(Porchetta)를 요즘 어디서나 볼 수 있지 않나요?

나는 불평하는 게 아니다. 돼지고기는 천천히 익힐수록 맛이 더 좋다고 생각한다. 사실, 내 목표는 올해 모든 미국사람들에게 포르케타를 맛보게 하는 것이다(아마 미국 국경을 넘어서도). 여러분 모두가 나를 도와 돼지고기합중국을 만드는 데 협조해 주길 바란다.

아래는 왜 여러분이 식탁을 포르케타 로스트로 장식해야 하는지에 대한 몇 가지 이유이다.

- **맛있다.** 간단히 포르케타는 칠면조보다 맛있고 프라임 립보다는 확실히 훨씬 더 맛있고 양 다리보다도 분명히 더 맛있다.
- **보기에 멋지다.** 다른 로스트 요리는 식탁 가운데에 오는 것으로 여기지만 그 어떤 것도 자르기 쉽도록 기하학적인 면에서 완벽하지 않으며 놀랄 정도로 바삭한 껍질에 덮여 있지도 않다. 나는 균형이 잘 잡힌 수학자의 남편이기 때문에 기하학적 대칭을 꽤 자주 생각하며 심미적으로 즐거움을 주는 어떤 것이라고 생각한다. 이 경우에 기하학적 대칭은 조리를 쉽고 고르게 해 주기도 한다. 너무 많이 익어 곤란한 얇은 부분도 없고 가운데가 그대로 날것으로 있는 두꺼운 부분도 없다.
- **싸움을 피하게 한다.** 명절은 가족 모두에게 조금은 힘들 수 있는 시기로 특히, 색이 어두운 고기와 흰 살코기 혹은 누가 갈비를 뜯어 먹을지에 대해 서로 싸우게 되는 때이다. 포르케타는 모든 조각이 정확히 똑같다. 이 점에서는 완벽하다.
- **용서할 수 있다.** 실수로 붉은 살코기나 가금류를 너무 많이 익혔다면 너무 퍽퍽한 나머지 여러분은 재활용 종이 수거함에 들어갈 질긴 종이 같은 고기를 그레이비소스에 적셔서 가족들에게 차려 낼 것이다. 그렇다면, 너무 많이 익힌 포르케타와……,음, 잠깐만요, 포르케타는 그렇게 너무 많이 익힐 수가 없습니다. 오븐에 넣어 두고 추가로 한두 시간 더 두었다고요? 걱정할 필요가 없습니다. 아직도 맛이 죽여주니까요.
- **가격이 저렴하다.** 돼지고기 뱃살은 고급 정육점에서는 454g당 10달러정도이고, 대부분은 4~5달러 정도로 마블링이 잘 된 프라임 립 가격의 ¼ 정도이다. 숙성된 프라임 립을 차려 내고 싶다고요? 돈이 좀 있으시군요.
- **남은 포르케타 샌드위치는 정말 끝내준다.** 하고 싶은 말은 이게 답니다.

아직 확신이 들지 않는다고요? 그럼 계속 읽어 주세요.

포르케타는 무엇인가?

전통적으로 포르케타는 거세한 수퇘지에서 뼈를 빼낸

허릿살과 뱃살이 서로 붙어 있도록 정육해서 만든다. 그러고는 고기에 꼼꼼히 소금을 치고 마늘과 허브, 향신료 혼합물을 바른다. 이 향신료 혼합물에는 펜넬과 후추, 빻은 레드 페퍼, 감귤류 제스트, 로즈마리, 세이지, 다른 소나무 종류의 향이 있는 허브들이 많이 들어간다. 물론 자신의 기호에 따라 이런 조합을 바꿀 수 있다. 조심스럽게 두 부위를 함께 말아서 허리살을 지방이 많은 뱃살이 둘러싸고 있는 완벽한 둥근 모양의 덩어리로 만든다.

말아 놓은 포르케타를 재우는 동안, 소금이 천천히 고기 속으로 들어가서 근육 단백질 미오신을 녹이고 구조를 바꾼다. 그래서 수분을 더욱 효과적으로 유지할 수 있게 만들며 또한 더 탄력 있는 질감을 만든다(고무공이 아니라 소시지나 햄을 생각할 것). 돼지고기가 구워질 때 지방이 많은 뱃살 부위는 육즙과 결합조직이 풍부해서 겉으로 봤을 때 상대적으로 기름이 적은 허릿살을 촉촉하게 해 준다.

하지만 실제로는 이렇게 작동하지 않는다는 걸 우리 모두 안다. 지방이 적고 결이 치밀한 돼지고기 허릿살과 같은 근육을 둘러싸고 있는 지방은 65℃ 이상으로 요리하면 허릿살을 촉촉하게 해 주지 못한다. 그리고 사실, 이 때문에 내가 먹어 봤던 포르케타들은 터무니없게도 가운데가 퍽퍽했었다. 하지만 결합조직과 풍부한 지방이 넓게 분포하는 뱃살은 그 결합조직이 천천히 분해되고 지방이 녹기 위해 적어도 두 시간 정도 71℃로 조리해야 한다.

허릿살은 65℃ 아래로 유지해 줘야 하고 뱃살은 71℃ 이상이 되어야 한다. 바로 여기에 문제가 있다. 그렇다면 전통적인 포르케타 레시피는 왜 이 두 가지 뱃살과 허릿살을 가지고 요리를 했을까? 내 추측으로는 포르케타 조리법이 만들어질 그 당시의 수퇘지 종자는 허릿살은 크고 지방은 적도록 품종 개량된 돼지는 아니었을 것이다. 뱃살과 허릿살 사이에 그렇게 큰 구별이 없었을 것이다. 두 부위 다 지방과 결합조직이 많았을 것이고 높은 온도에서 조리하더라도 둘 다 아주 맛이 있었을 것이다. 하지만 오늘날은 괜찮은 해결법을 찾아야 한다. 여기 한 가지 방법이 있는데, 허릿살은 생략하고 대신 뱃살만으로 포르케타를 만드는 방법이다.

베이컨을 만드는, 참으로 대단한 부위인 돼지 뱃살은 돼지고기 부위 중 최고이며 돼지고기는 고기 중 최고이고 고기는 세상의 주인이다. 뱃살로만 된 포르케타를 먹는 느낌은 두툼하고 푸짐하면서 냄새가 너무 좋고 바삭하고 짭짜름한 기가 막힌 고기를 먹는 그런 맛이다. 아니면 그와 비슷하거나. 상상이 갈 것이다.

온전한 뱃살을 찾아내는 일은 실제로 그렇게 어렵지 않다. 갈빗살이 아직 붙어 있으면서 뼈가 없고 껍데기가 붙어있는 뱃살이 필요하다. 이런 뱃살은 무게가 5.4~6.8kg 정도 나간다. 정육점에 부탁해서 구할 수도 있고 근처에 차이나타운이 있다면 그곳 정육점에 가면 이미 구할 수 있을 것이다.

뱃살을 구했다면 나머지는 아주 쉽다. 시간만 좀 들이면 된다. 포르케타 자체를 만드는 데는 겨우 1시간 정도가 필요한데 다 만들고 나서는 비닐로 싸서 냉장고에 넣고 3일 정도 둘 수 있다(뱃살 구입 시 신선하다면). 소금이 고기로 침투해 작용을 하기 때문에 숙성하면서 실제로 고기 질을 향상시킨다.

돼지 뱃살 포르케타와 돼지기름으로 구운 감자

ALL-BELLY PORCHETTA WITH PORK-FAT-ROASTED POTATOES

NOTE • 기호에 따라 허브와 향신료는 바꿀 수 있다. 뱃살을 통째로 요리하는 게 가장 쉽지만 더 작게 하고 싶다면, 뱃살을 반으로 나누고 반은 생고기 상태로 얼린다. 호일로 꼭 싼 뒤 비닐 랩으로 싸면 냉동실에서 몇 달 간 보관할 수 있다. 사용할 때는 냉장고에서 밤새 해동해서 설명대로 진행한다. 포르케타는 감자 없이 만들어도 되지만 기름을 보관해 뒀다가 다음에 감자를 구울 때 사용한다.

12~15인분

뼈 없고 껍데기가 붙은 돼지 뱃살 통째로 1개 (5.4~6.8kg)

통후추 2큰술(구워서 갈기. 676쪽 참고).

펜넬 씨드 3큰술(구워서 갈기.)

페페론치니 또는 레드 페퍼 플레이크 1큰술(선택 사항)

잘게 다진 로즈마리, 세이지, 타임 3큰술

중간 크기 마늘 12쪽(곱게 다지거나 제스터에 갈기. 약 ¼컵, 60ml)

레몬이나 오렌지 1개분의 제스트(선택사항)

코셔 소금

베이킹파우더 2작은술

러셋 베이킹 또는 유콘 골드 감자 3kg

후춧가루

1. 676쪽의 설명에 따라 돼지고기 뱃살에 후추와 펜넬, 레드 페퍼, 로즈마리, 마늘, 감귤류 제스트(사용 시)와 소금을 뿌려 간을 하고 포르케타 모양으로 말아서 베이킹파우더와 소금을 더 바른다. 고깃덩어리가 너무 커서 불편하면 날카로운 셰프 나이프로 반으로 자른다. 비닐로 꼭 싸서 적어도 1~3일 동안 냉장고에 넣어 둔다. 원하면 나머지 반쪽은 냉동실에 넣어 나중에 사용한다(위의 note 참고).

2. 구울 준비가 되면 오븐랙을 중간 아래쪽으로 끼우고 오븐을 150℃로 예열한다. 돼지고기를 큰 베이킹팬의 브이랙에 올리거나 반쪽으로 나눠 각각 동시에 굽는다면, 나머지 반쪽은 베이킹팬에 와이어랙을 얹고 그 위에 올린다. 그러고는 굽기 시작하는데 가끔 팬에 떨어진 기름을 고기에 끼얹어 주면서 돼지고기 가운데의 온도가 70℃가 될 때까지 약 2시간 정도 굽는다.

3. 감자를 5cm 크기로 자른다. 큰 더치 오븐에 넣고 찬물을 덮일 만큼 붓고 소금 2큰술을 넣고 센 불에서 한소끔 끓인다. 불을 줄이고 감자가 부드러워질 때까지 약 10분 정도 삶는다. 건져서 큰 그릇에 담는다.

4. 돼지고기의 온도가 70℃로 올라가면, 돼지고기가 얹힌 랙을 들어서 한쪽에 둔다. 팬에 떨어진 기름을 감자 위에 붓고는 감자에 소금과 후추를 뿌리고 살살 섞는다. 그러고는 베이킹팬을 사용할 거면 감자를 팬 바닥에 깔고 포르케타가 얹힌 브이랙을 팬 위에 다시 얹고 오븐으로 넣는다. 베이킹팬에 구울 거면 감자는 다른 베이킹팬에 깐다. 포르케타를 다시 처음의 베이킹팬에 놓고 오븐에 다시 넣는다. 감자는 오븐에서 포르케타 바로 아래 랙에 넣는다.

5. 감자를 45분마다 뒤집으면서 칼이나 꼬챙이로 돼지고기를 찔렀을 때 껍데기의 바깥층을 제외하고는 잘 들어갈 때까지 약 2시간 더 굽는다.

6. 오븐 온도를 260℃로 높이고 돼지고기 껍데기가 완전히 바삭해지고 기포가 생기고 감자는 바삭하게 황금색으로 변할 때까지 20~30분간 더 굽는다. 오븐에서 꺼내서 호일을 덮고 적어도 15분 정도 레스팅한다.

7. 톱니 모양 칼로 돼지고기를 2.5cm 두께의 원형으로 자르고 바삭한 감자와 함께 차려 낸다. 포르케타는 상온으로 식혀서 차려 내도 된다.

단계별 포르케타 모양 만드는 법

Step 1 : 쫙 펼친다. 모든 재료를 준비하고 작업할 충분한 공간을 마련한다. 자리가 비좁은 상태에서 큰 고깃덩어리를 펄럭이며 미끄러운 칼을 들고 도마 귀퉁이에서 작업을 하는 것만큼 불편한 건 없다. 나는 커피 테이블이나 주방 식탁에 넓게 자리를 만든다.

Step 2 : 향신료를 볶는다. 뜨거운 프라이팬에 아무것도 넣지 않고 통후추와 펜넬 씨드를 볶으면 화학적인 화합물이 분해되고 다시 재결합하는 일련의 반응을 하기 때문에 아주 복합적인 맛이 나게 된다. 중강 불 위에 올리고 저어 주면서 연한 갈색이 되고 향이 날 때까지 볶는다.

Step 3 : 향신료를 간다. 이 그림처럼 힘이 좋은 일본산 절구와 절구 공이가 있다면 사용한다. 가장 이상적인 상태는 완전한 가루 상태가 아니라 거친 입자 형태이다. 보통의 절구와 절구 공이로 빻으면 이런 상태가 된다. 아니면 향신료 분쇄기를 사용해서 향신료를 넣고 순간작동 기능을 몇 번 돌린다. 푸드프로세서에서도 이 기능을 사용할 수 있다.

Step 4 : 고기에 칼집을 낸다. 돼지고기 뱃살은 두껍다. 2주 정도면 소금과 양념이 고기 속으로 들어간다(베이컨과 판체타 참고). 하지만 이렇게 긴 시간을 들일 수 없기 때문에 빨리 맛을 낼 수 있게 뱃살 껍데기 면을 아래로 두고 아주 날카로운 칼로 고기에 깊게 칼집을 낸다.

Step 5 : 두 방향으로 칼집을 낸다. 맛을 최대한 흡수하기 위해 두 방향 대각선으로 칼집을 낸다.

Step 6 : 수분이 있는 향신료를 섞는다. 페페론치니는 이탈리아의 매운 고추이다. 좀 고급이라 가격이 비싸지만 페페론치니로 만든 페퍼 플레이크를 사용하면 기분이 좋아진다. 물론 보통의 붉은 고추(레드 페퍼) 페퍼론치니를 사용해도 된다. 아니면 매운 걸 조금도 넣고 싶지 않으면 고추 페퍼론치니는 완전히 생략한다. 허브는 잘게 다진다. 마늘은 강판에 갈거나(내가 좋아하는 방법) 손으로 다진다. 원하면 레몬이나 오렌지 제스트를 넣어도 된다.

Step 7 : 양념을 바른다. 고기에 소금을 아주 넉넉하게 뿌린다(얇게 골고루). 그러고는 나머지 향신료를 뿌리고 고기 틈새로 깊이 문지른다.

Step 8 : 묶는다. 포르케타를 가로로 묶는다. 돼지 뱃살을 통째로 사용하면 껍데기의 끝부분이 겨우 닿을 수 있다. 하기 힘들어도 걱정하지 말 것. 꼭 그렇게 겹쳐지지 않아도 괜찮다. 제대로 된 걸 좋아한다면, 정육업자들이 매는 방법으로 긴 실 한 개로 포르케타를 통으로 묶는다. 하지만 우리 같은 보통 사람이라면 일반적으로 예전부터 사용해 오던 식으로 두 번 묶는 방법으로 묶어도 충분하다. 가장 쉬운 방법은 도마에 30cm(12인치) 길이의 요리용 실을 2.5cm 간격을 두고 펴 놓는다. 그리고 고깃덩어리를 그 위에 올린다. 끝부분에서 시작해서 가운데로 가면서 최대한 고기를 조이며 묶는다.

Step 9 : 다 묶고 준비 완료한다. 아주 보기 좋고 모양이 고른 통나무 모양이 되었을 것이다. 그런데 미리 알고 작은 뱃살로 만들지 않았다면 너무 길어서 오븐에 들어가지 않을지도 모른다. 이 문제에 대해선 좀 이따 이야기할 것이므로 지금은 실 때문에 생긴 쏙 들어간 자국 부분에 주의한다. 이 부분은 나중에 1인분씩 나눠서 자를 때 참고한다.

Step 10 : 베이킹파우더를 바른다(그림 없음). 이 방법은 콜롬비아에 있는 아내의 숙모님께 배웠는데 콜롬비아에서는 베이킹 소다와 소금을 섞어서 로스트에 바른다. 이렇게 하면 껍데기의 수소 이온 농도 지수를 높여 단백질 일부가 더 쉽게 분해돼서 껍데기가 더 바삭해진다. 그런데 베이킹 소다를 넣으면 끝 맛에서 비누 맛이 난다. 그래서 대신 알칼리성의 베이킹파우더를 약간 넣어 주면 효과가 아주 좋다는 걸 알게 됐. 베이킹파우더와 코서 소금은 1:3 (부피) 비율로 섞어 고기 전에 표면에 골고루 발라 준다.

Step 11 : 고기를 반으로 자른다. 포르케타를 베이킹팬 한 개로 다 굽고 싶다면 이 단계에서 반으로 잘라 일하기 편하게 한다. 아주 날카로운 칼이나 카빙 나이프로 톱질하듯이 자르지 말고 단번에 자른다. 그래야 모양이 보기 좋다. 비닐로 꼭 싸서 냉장고에 넣고 적어도 하룻밤 재워 둔다. 그러면 소금과 베이킹파우더가 효과를 발휘할 시간이 생기게 된다. 시간이 없고, 바로 먹어야 한다면 이 단계는 생략할 수 있다.

Step 12 : 구울 준비가 다 되었다. 이제 준비가 다 되면, 오븐을 150℃로 예열하고 오븐랙을 오븐 아래쪽에 끼운다. 포르케타는 냉장고에서 꺼낸다. 베이킹팬에 와이어랙을 올리고 잘라 놓은 고기를 나란히 올리고 구워도 되고 반쪽은 팬에 굽고 나머지 반은 냉동실에 얼려도 된다. 지방이 아주 많기 때문에 포르케타는 아주 잘 언다. 냉동 전에 호일로 공기가 통하지 않게 싸고 비닐로 다시 싸거나 더 좋게는 푸드세이버 타입의 팩에 넣고 진공 포장하면 냉동상을 막을 수 있다.

TOMATO SAUCE, MACARONI, AND THE SCIENCE OF PASTA

7

파스타의 과학 – 토마토소스, 마카로니

EVERYTHING IN FOOD IS SCIENCE. THE ONLY SUBJECTIVE PART IS WHEN YOU EAT IT.
- ALTON BROWN -

'음식에 들어 있는 모든 것은 과학의 결과이다. 유일하게 주관적인 부분이 있다면 음식을 먹을 때이다.'
- 알톤 브라운 -

PART 7
파스타의 과학 - 토마토소스와 마카로니

---------------- 이 장에 있는 레시피들 ----------------

올리브오일과 세 가지 풍미가 나는 마늘을 넣은 파스타	694	스토브에서 만드는 초-끈적한 맥 앤 치즈	733
마늘 향이 나는 브로콜리, 앤초비, 베이컨 파스타	695	– 스토브에서 만드는 햄과 완두콩 맥 앤 치즈	733
채소를 듬뿍 넣은 마늘 파스타	696	– 스토브에서 만드는 베이컨과 식초에 절인 할라피뇨 맥 앤 치즈	733
마늘 향이 아주 많이 나는 새우 스캄피 파스타	700	– 스토브에서 만드는 브로콜리와 콜리플라워 맥 앤 치즈	733
신선한 조개 링귀니	702	– 스토브에서 만드는 슈프림 피자 스타일 맥 앤 치즈	734
완벽하고 손쉬운 레드 소스	705	– 스토브에서 만드는 그린 칠리와 닭고기 맥 앤 치즈	734
소시지와 레드 소스에 브레이징한 브로콜리 라베 파스타	706	치즈 칠리 맥	735
푸타네스카 : 밤을 위한 최고의 스파게티 (마늘과 앤초비, 케이퍼, 올리브를 넣은 스파게티)	708	궁극의 볼로네제 소스	739
		볼로네제 소스를 곁들인 프레시 파스타	742
닭고기를 넣은 펜네 알라 보드카	709	돼지고기와 토마토 라구를 곁들인 프레시 파스타	743
구운 가지와 진한 토마토소스 파스타(파스타 알라 노르마)	711	전통적인 라자냐 볼로네제	745
평일 저녁을 위한 미트소스 스파게티	715	크림을 넣은 시금치와 버섯 라자냐	748
바질과 잣을 넣은 클래식 제노비스 페스토	719	고전적인 베이크드 마카로니 앤 치즈	754
– 아루굴라와 호두 페스토	720	대표적인 지티 오븐 구이	756
– 칠리와 페피타(Pepitas)를 넣은 구운 피망과 페타 페스토	720	최고의 마늘빵	758
– 앤초비를 넣은 토마토와 아몬드 페스토	721	거의 젓지 않고도 만드는 기본 리소토	764
– 선드라이 토마토와 올리브, 케이퍼를 넣은 페스토	721	– 거의 젓지 않고도 만드는 방울토마토와 페타 리소토	765
좀 더 담백한 페투치니 알프레도	723	– 거의 젓지 않고도 만드는 초리조와 방울양배추 잎 리소토	765
– 프로슈토와 완두콩, 아루굴라를 넣은 즉석 크림 파스타	723	봄채소 리소토	766
– 레몬 제스트과 로즈마리를 넣은 즉석 크림 파스타	723	버섯 그린 리소토	768

MY WIFE AND IRVING THE DOORMAN HAVE GOT A PRETTY SWEET DEAL : ALL THEY HAVE TO DO IS NOTHING

내 아내와 수위 아저씨 어빙 씨는 꽤 괜찮은 거래를 한 셈이다. 둘이 하는 일이라고는 아무것도 없으니 말이다.

―――

그러면서, 둘은 하루에 몇 번씩 따뜻하고 신선한 음식을 받는다. 물론, 내가 레시피를 실험하는 한 달 동안 닭튀김만 먹는 것에 만족해야 하지만. 대체로 둘은 꽤 잘 견뎌 냈다.

그래서 여러분은 어느 날 내가 주방으로 들어갔을 때 아내가 요리를 하고 있는 것을 보고 내가 얼마나 놀랐는지 이해할 수 있을 것이다. 게다가 더 놀라운 것은 아내가 가장 작은 냄비에 보글보글 끓어 넘칠 듯이 파스타를 삶고 있었다는 것이다. 면을 계속 저어야만 면이 겨우 물에 잠기는 정도였다.

"그렇게 하면 안 돼!" 나는 공포에 질려서 소리쳤다. "자기야, 분명히, 자기는 한 번도 파스타를 많이 삶아 본 적 없지? 큰 냄비에다 물을 많이 넣고 펄펄 끓이지 않으면 파스타가 다 달라붙는다고. 전분이 너무 농축돼서. 그러면 제대로 안 익는다고. 곤죽이 돼버려. 그러면 여러 가지 끔찍한 일이 발생한다고. 그리고 하나씩 점점 더 악화된다니까. 그건 과학적인 사실이야. 전분기가 있는 끈적끈적한 덩어리가 돼서 먹을 수 없게 된다고."

"그래?" 이 말이 다였다. 그러면서 아내는 다시 냄비로 돌아섰다. 말할 것도 없이, 아내가 옳았다. 파스타는 멀쩡했다(그렇게 말한 이유로 『백 투 더 퓨처』에서 가능했던 시공 연속체에서의 잠재적인 역설을 인용하면서 다 익었는지 보려고 먹어 본 거 말고는 더 이상 먹지 않았지만). 사실, 아내는 이 방법으로 전에도 끓여 본 적이 있었다.

해럴드 맥기조차도 2009년 『뉴욕 타임즈』 기사에서 파스타를 작은 냄비에 넣고 끓이는 방법에 대해 이야기했었다. 그래서 뭐지? 정확히 어떤 방법으로 파스타를 삶고 소스를 만들고 파스타를 식탁에 올리는 게 가장 좋단 말인가? 이 장에서는, 내가 이탈리아와 미국 요리의 '마더 소스'라고 부르는 소스를 파헤쳐 보고 또한, 수없이 많은 변형의 기본이 되는 다섯 가지 간단한 소스, 즉, 올리브오일과 마늘 소스, 토마토소스, 페스토(pesto), 크림소스, 미트 라구(ragù)에 익숙해지도록 할 것이다.

하지만 먼저, 파스타는 정확히 무엇인가?

파스타의 전통
PASTA TRADITIONS

가장 단순하게 말한다면, 파스타는 밀가루와 물을 섞어서 반죽을 만들고 모양을 내서 자르고 끓는 물에 삶는 것을 가리킨다. 기원전 2세기부터 중국에서 먹기 시작했고, 중동에서는 9세기부터, 유럽은 적어도 11세기부터 먹던 음식으로 파스타는 여러 음식 중에서 가장 오랫동안 정확한 역사를 알지 못한 음식 중 하나이다(마르코 폴로가 출처가 분명하지 않은 이야길했다는 건 꽤 분명히 말할 수 있지만). 그리고 이 역사는 역사가들이 밝힐 부분이지 요리사들의 몫은 아니다.

그렇다면 왜 나는 지금 이 이야기를 꺼냈을까? 아내에게 특정 방식으로 파스타를 삶는 게 잘못됐다고 알려주는 내 순진함을 지적하려고? 사실, 여러분은 이탈리아 귀족의 직계 후손이나 교황의 개인 파스타 공급자와 아는 사람이라고 주장하는 사람들이 얘기하는 여러 종류의 방법에 대해 들어 봤을 것이다. '건면이 아니라 생면을 사용하라' 또는 '소스를 너무 많이 넣지 마라.', '면을 삶을 때 기름을 넣지 마라.' 아니면 (내가 좋아하는) '꼭 끓기 시작한 뒤에 소금을 넣어라.' 등. 이렇게 하는 이유를 전통이라고 주장하면서 말이다.

음, 그런데 말입니다. 여기 어느 얘기도 귀담아 듣지 않아도 됩니다. 사실, 대량의 끓는 소금물에 겨우 몇 분 동안 파스타를 삶는 일은 비교적 오래되지 않은 방법이라는 것입니다.

그 이전의 레시피에는 몇 분이 아니라 몇 시간을 삶으라고 했다. 맥기에 따르면 알덴테라는 용어는 제1차 세계대전 이후에야 등장했다고 한다. 그런데 어떻게 알덴테가 전통적인 조리법이 될 수 있겠는가? 다양한 파스타를 고려해 봤을 때, 나는 잘 삶아지는 방식으로 익히라고 말하고 싶다(만약 이탈리아계 할머니가 계시다면, 말씀 드리지 말고).

요즘 대부분의 파스타는 두 가지 기본 형태로 나온다. **건면과 생면.**

생 파스타는 밀가루와 달걀로 만들며 북부 이탈리아에서 주로 만든다. 달걀로 고소함과 색을 더하고 파스타 질감을 좋게 한다. 그래서 삶으면 부드러우면서도 탄력이 있다. 파스타는 달걀과 밀가루로 뻣뻣한 반죽을 만들고 이 반죽을 두 롤러판 사이에서 계속 밀어 점점 더 얇아지게 한 다음 마지막으로 원하는 모양으로 자른다. 생 파스타를 만들려면 시간과 특수 장비가 필요하기 때문에 이 책에서는 생면에 대해서는 많이 다루지 않고 대신 건면에 집중할 것이다.

마른 파스타는 남부 이탈리아에서 생겨났으며 일반적으로 듀럼(durum) 가루와 물로 만든다. 듀럼은 단백질 함량이 높은 밀가루로 반죽이 끈기 있고 잘 늘어나기 때문에 모양이 잘 유지된다. 이런 성질 덕분에 건면은 복잡하게 접히거나 압출된 모양으로 만들 수 있다. 건면 모양을 만들기 위해 뻣뻣한 반죽을 기계 속으로 눌러서 금속 금형을 통과하게 하고는 작은 길이로 자른다.

최고의 마른 파스타는 밀 맛이 강하고 더 중요하게는 질감이 거칠어서 조리 시 소스를 더 쉽게 흡수할 수 있어야 한다. 미국에서 구입 가능한 큰 슈퍼마켓 중에서 나는 바릴라(Barilla) 상표를 좋아한다. 하지만 가능하면 이탈리아 마켓에 가서 이탈리아에서 수입한 작은 포장의 고급 파스타를 산다. 차이가 뭐냐고? 저렴한 대량 판매 제품들 대부분은 생산 시 속도를 내기 위해 테플론을 코팅한 기계를 사용하는데 이렇게 만들면 파스타 표면에 부드러운 마감 처리가 된다. 전통적인 놋쇠 금형은 압출하는 데 시간이 좀 더 걸리지만 파스타 표면이 더 거칠다. 마른 파스타를 살 때 면의 질감을 비교해 보고 표면이 가장 거칠어 보이는 제품을 고른다.

파스타를 조리하는 가장 좋은 방법
THE BEST WAY TO COOK PASTA

전통적인 방법을 따른다면, 파스타는 많은 양의 물에 소금을 넣고 삶아야 하는데 소금은 물이 끓고 나서 넣어야 한다. 이유가 궁금하다고? 일반적으로 아래와 같은 네 가지 이유가 있다.

- 이유 1. 물의 양이 많으면 열용량이 높다. 그래서 파스타를 물에 넣으면 덜 식고 재빨리 다시 끓기 시작한다.
- 이유 2. 끓는 물의 양이 많으면 파스타가 이리 저리 움직일 수 있어 서로 달라붙지 않는다.
- 이유 3. 적은 양의 물로 삶으면 파스타가 익으면서 너무 전분질이 많게 된다. 그래서 물을 따라 내도 파스타가 더 끈적인다.
- 이유 4. 할머니가 하던 방식이다.

이제 이유를 하나씩 짚어가면서 분석하고 타당한지 살펴보자.

이유 1

이 이유의 타당성을 시험하기 위해, 나는 다음과 같은 세 개의 냄비에 물의 양을 달리하여 끓였다. 하나는 5.7ℓ, 다른 하나는 2.8ℓ, 또 다른 하나는 1.4ℓ이다. 각 냄비에 담긴 물이 끓기 시작한 뒤, 파스타를 넣고 다시 끓을 때까지 기다렸다. 세 냄비는 몇 초 내에 다시 끓기 시작했다. 사실, 예상했던 것과는 완전히 반대로 2.8ℓ 냄비가 실제로는 5.7ℓ 냄비보다 조금 더 일찍 다시 끓기 시작했다. 이건 또 뭐지?

이 미스터리를 풀기 위해서는 끓고 있는 냄비 안에서, 들어오고 나가는 에너지에 어떤 일이 일어나는지 생각해 봐야 한다. 동일한 버너 위에 물이 든 두 냄비가 있다고 가정해 보자. 한 냄비에는 7.6ℓ 물이 끓고 있고 다른 쪽엔 2ℓ 물이 끓고 있다. 에너지 투입은 간단하다. 냄비 아래 있는 각각의 버너가 계속 에너지원을 공급하고 있다. 버너가 센 불로 고정되어 있는 한, 버너가 냄비 속 물에 전달하는 에너지 양은 일정하다. 그럼 에너지 손실은 어떤가? 손실도 역시 계속 일어난다. 먼저, 냄비의 옆면에서 열의 형태로 바깥으로 빠져나가는 에너지가 있고 물의 표면에서 빠져나가는 에너지가 있다. 이 에너지 손실량은 물이 담긴 냄비 시스템의 표면적과 온도에 비례한다. 온도가 계속 100℃에 머물러 있고 냄비 크기가 바뀌지 않기 때문에(아마도) 이것도 역시 일정하다. 에너지 손실을 일으킬 만한 다른 요인은 기화열이라고 불리는 물을 수증기로 바꾸는 에너지이다. 물이 담긴 두 냄비는 끓고 있고 에너지 투입과 손실 사이의 차이는 물을 끓이는 데 사용되는 에너지로 보완이 된다.

그렇다면 에너지 투입과 손실. 지금까지 이해가 되나요? 이제, 우리가 상온의 파스타를 냄비에 넣으면 어떻게 될까? 물의 온도는 바로 내려간다. 얼마나 많이 내려가느냐 하는 것은 물의 총 용적과 반비례한다. 물을 더 많이 넣고 시작할수록 온도 변화가 적다. 7.6ℓ 물에 450g 파스타를 넣으면 온도가 0.6~1.11℃ 정도만 내려가지만 2ℓ 물에 450g의 파스타를 넣으면 이보다 4배 더 내려간다(7.6ℓ는 2ℓ의 거의 4배가 되므로).

아하! 여러분은 이렇게 생각할 것이다. 그렇다면 추론이 맞군. 용적이 낮으면 온도가 더 많이 내려가고 다시 끓는 데 시간이 더 많이 걸린다.

표면적으로는, 이 말은 맞는 것 같지만 문제는 물 7.6ℓ의 온도를 올리는 것은 물 2ℓ의 온도를 올리는 것보다 더 많은 에너지가 필요하다는 것이다. 얼마나 더 많이 필요할까? 정확히 4배 더 많은 에너지가 필요하다. 그리고 작은 냄비는 온도가 정확히 큰 냄비보다 4배 떨어지기 때문에 결국 두 냄비 모두 다시 끓는점으로 올라가려면 똑같은 시간이 필요하다는 의미가 된다.

간단히 이렇게 생각해 보자. 끓는 냄비에 넣기 전에 파스타 자체를 100℃로 가열한다면, 물의 양을 얼마로 시작하느냐와 상관없이, 파스타를 물에 넣어도 물의 온도가 전혀 내려가지 않으며 그래서 계속 끓게 된다. 그래서 이 시스템에 우리가 더해 줘야 할 에너지는 냄비 크기와 상관없이, 파스타의 온도를 100℃로 올리는 데 필요한 에너지이다. 그리고, 그것도 지속적으로.

그래서 이유 1은 "잘가"입니다.

큰 냄비는 절대로 끓지 않는다.

큰 냄비를 고집하는 사람들을 정말로 화나게 만들고 싶으신가요? 그럼 이 부분을 그들에게 보여 주세요. 너무 큰 냄비를 사용하면 파스타를 넣고 다시 끓기까지 작은 냄비보다 실제로 더 오랜 시간이 걸린다. 왜 그럴까? 그건, 냄비가 크면 클수록 표면적이 더 넓으며 그래서 더 많은 에너지를 주위에 계속 내주기 때문이다. 물이 담긴 냄비 시스템에서 빠져나가는 에너지 양은 버너에서 나오는 에너지로 다시 채워진다. 그래서 물을 다시 데우는 데 에너지가 적게 쓰일 수밖에 없다. 너무 큰 냄비를 사용하면 빠져나가는 에너지가 너무 많아서 버너가 물을 끓이는 데 충분한 에너지를 공급하기가 힘들다.

이유 2

파스타를 물에 넣고 그냥 가만히 두면 파스타는 서로 들러붙는다. 그런데 말입니다. 큰 냄비에 물을 가득 넣고 끓일 때에도 역시 들러붙어요.

문제는 파스타에 있는 과도한 전분이 바로 물에 녹기 시작하면서 함께 굳는다는 점이다. 하지만 그러한 전분을 헹궈서 희석을 하거나 충분히 익히면 전분이 굳어 이런 문제는 완전히 사라진다.

그래서 방법은 파스타 바깥층이 완전히 익을 때까지 과도한 전분을 헹구기 위해 첫 1~2분 동안 몇 번 저어서 파스타 면이 서로 붙지 않도록 한다. 그런 뒤에는 파스타가 뜨거운 물통에서 마음껏 수영을 하든 겨우 물에 덮이든, 전혀 들러붙지 않는다.

"그럴 리가(Impastable)! 없다고"요? 직접 한 번 해 보시죠!

이렇게 이유 2도 해결.

이유 3

나는 몇 년 동안 파스타로 유명한 어느 식당에서 파스타를 만들었는데 어떤 날에는 수백 그릇, 그 정도가 안 된다면 아마 수십 그릇의 파스타를 만들었다. 정말 엄청나게 많은 양이었다. 나는 모두 끓고 있는 구멍이 6개인 57ℓ 들이 파스타 조리기(pasta cooker, 파스타쿠커)의 끓는 물에 파스타를 넣고 삶았다. 처음 삶을 때는 파스타 물이 맑다. 하지만 밤이 깊어갈수록 물은 점점 흐려져서 한밤중이 되면 거의 불투명해진다.

이 뿌연 전분이 섞인 파스타 삶은 물은 코스 요리사의 비밀 무기이다. 이 물에는 전분 알갱이가 섞여 있는데 이건 여러분이 소스를 걸쭉하게 하는 데 사용하는 옥수수전분 슬러리(slurry)에 들어가는 재료와 정확히 똑같다. 소스를 걸쭉하게 하는 것 이외에 전분은 또한 유화제 역할도 한다. 전분은 물리적으로 작은 지방 분자를 방해해서 지방 분자가 결합하는 것을 막는다. 이 말은 심지어 알리오 올리오(aglio e olio) 또는 카초 에 페페

(cacio e pepe)처럼 기름이 기본이 되는 소스에도 약간의 파스타 삶은 물을 넣으면 담백하고 크림과 같은 소스로 유화가 돼서 파스타를 코팅하는 데 훨씬 더 효과적이며 훨씬 더 맛있는 요리가 된다는 의미이다. 파스타 삶은 물은 소스와 면이 잘 어우러지도록 도와주는 파스타계의 외교관쯤으로 생각해 볼 수 있다. 물론, 이 말은 파스타를 많이 파는 식당에 간다면 밤이 늦을수록 소스 농도가 더 진해질 거란 뜻이기도 하다!

더 적은 양의 물에 파스타를 삶으면(왼쪽)
물에는 더 많은 전분이 들어 있다.

전분이 든 파스타 삶은 물을 소스에 넣으면
소스의 질감이 좋아지며 소스가 파스타에 더 잘 달라붙는다.

그런 논리에 따라, 우리의 목표는 물을 최대한 전분이 많게 만들어서 소스와 더욱 효과적으로 섞이게 하는 것이다. 2.8ℓ에서 삶은 물과 1.4ℓ에서 삶은 물을 따라서 살펴보았다. 위의 그림에서 왼쪽에 있는 물이 얼마나 뿌연지 보이죠? 어느 날 "자기도 같이 시식할래?"라며, 아내가 우연히 주방으로 들어왔을 때 나는 큰소리로 이렇게 말했다. 아내는 시식에 참여하지 않았지만 나란히 두 가지 소스를 만들고 난 뒤 보니, 물을 조금만 넣고 끓인 파스타는 소스 농도도 더 좋았고 소스가 실제로 파스타에도 더 잘 달라붙었다.

이유 3은 틀렸다는 게 확인되었다.

이유 4

내게 이탈리아계 할머니가 없어서 다행인 그런 순간이 몇 번 있는데 아마도 적은 물로 파스타를 조리하는 법을 할머니에게 설명해야 하는 그런 때가 아닐까 싶다.

나는 파스타를 적은 물로도 전혀 아무 문제없이 삶을 수 있게 된 데에 완전히 만족해서 그 방법을 극한까지 몰고 가 보기로 했다. 파스타를 삶을 때 82℃ 정도의 온도에서 단백질은 변성이 되며 전분은 효과적으로 물을 흡수한다는 걸 알고 있었다. 그렇다면 실제로 면을 계속 끓일 필요가 있을까? 나는 펜네를 냄비에 넣고 펜네 위로 물이 5cm 정도 올라오도록 부었다. 이는 파스타가 물을 흡수할 때 팽창하는 것을 설명하기 위해서였다. 그리고 물에 소금을 조금 넣고 가스레인지에 올렸다. 끓기 시작한 뒤에 한 번 저어서 파스타가 서로 달라붙거나 냄비에 붙지 않도록 하고는 바로 뚜껑을 덮고 불을 껐다.

나도 솔직히 이 방법에 대해선 조금 회의적이었다는 걸 인정한다. 내 말은 파스타를 끓이지도 않고 삶아 낼 수 있을까? 만약 이 방법이 효과가 있다면 다시는 옛날처럼 삶지 않아도 된다. 적어도 매달 가스비에서 몇 센트는 절약할 수 있을 거다. 그러면 더 이상, 으흠, 펜네를 아낄 필요도 없을 것이다.

타이머가 마침내 꺼졌을 때, 뚜껑을 열고 조금 찔러 보았다. 거기까진 괜찮았다. 파스타는 익은 듯이 보였고 맛을 보니 완벽하게 알덴테였다. 성공! 아내가 이번엔 이겼다(하지만 이제 아내에게 내가 버거를 조리하는 방법도 바꾸게 해 보자.).

여러분이 시간과 에너지를 아끼는 데 정말로 관심이 많다면, 내가 하는 대로 하면 된다. 냄비에 물과 면을 넣는데 이때 물은 반만 넣는다. 그리고 냄비에 물이 데워지는 동안 나머지 물은 전기 포트에 넣고 가열한다. 그러고는 전기 포트의 물을 냄비에 부으면 끓인 물이 된다. 이제 할 일은 냄비 안을 저어 주고 뚜껑을 덮고 기다리면 된다. 이제 여러분이 직접 해 보세요!
몇 가지 경고를 덧붙이자면,

- 생면으로는 이렇게 삶지 말 것. 생달걀 파스타는 흡수성이 너무 강하고 또, 달걀 단백질은 완전히 굳어야 조직이 생기게 된다.

- 아주 긴 모양의 파스타에는, 높은 냄비가 필요하다. 파스타가 삶아지는 동안 완전히 잠길 수 있도록 물을 충분히 넣어야 한다. 그래서 스파게티나 페투치네(fettuccine) 같이 길이가 긴 파스타의 경우 큰 냄비가 필요하다. 아니면 파스타를 반으로 잘라야 한다.

- 물에 소금을 넣는다. 어떤 사람들은 물에 소금을 넣으면 물의 끓는점을 높여 파스타를 더 빨리 삶을 수 있다고 주장한다. 하지만 이런 말은 믿지 말 것. 이렇게 해서 올릴 수 있는 온도는 기껏해야 0.3℃ 정도 밖에 되지 않는다. 크게 차이가 날 정도는 아니다. 그리고 이제 알다시피, 끓는점도 필요 없게 되었다. 하지만 소금은 다른 이유로 필요한데 바로 파스타의 맛을 좋게 한다.

파스타 삶는 물에 기름을 넣어야 하나요?

어떤 요리책에서는 파스타 삶을 때 물에 기름을 조금 넣으면 파스타 면이 서로 붙지 않는다고 이야기한다. 하지만 유감스럽게도 이것은 사실이 아니다. 기름이 위에만 뜨는데 어떻게 이런 역할을 하겠는가? 나란히 두고 시험을 해 보자. 아무리 기름을 많이 넣어도 결과는 똑같다.

하지만 표면에 있는 기름은 실제로 물이 끓어 넘치는 걸 막아 주는 역할을 한다. 파스타가 익으면서 점점 더 많은 전분이 냄비로 흘러나와 물의 점도가 올라가고 안정 기포가 훨씬 더 많이 생기게 된다. 마침내 이 기포는 아주 안정화되어서 뗏목처럼 서로 밀어 올릴 수 있게 된다. 뗏목은 물의 맨 위로 올라가서 넘치게 된다. 기름은 물 표면의 장력을 깨뜨려 처음부터 이런 기포가 형성되는 걸 막는다. 물론 새롭게 개발한 끓이지 않고 삶는 방법으로 이런 문제는 고려할 필요도 없게 되었다. 기름은 넣을 필요가 없다.

물을 따라 낸 뒤, 기름을 바르는 건 어떤가? 좋지 않은 생각이다. 물론 소스를 만드는 동안 서로 달라붙는 걸 막아 줄 수는 있지만, 소스가 면에 달라붙는 것도 막는다.

파스타에 소스를 바르려면, 소스를 먼저 만들어 두는 게 필수이다. 파스타의 물을 따르고 나서(일부는 남겨 둔다.) 면을 소스가 있는 팬에 넣고 바로 섞어 소스를 묻힌다. 농도를 맞추기 위해 필요하면 남은 파스타 삶은 물을 넣는다.

이탈리아-미국식 파스타 소스
ITALIAN-AMERICAN PASTA SAUCE

소스가 없는 파스타는 톤토가 없는 론레인저(조니뎁이 나온 '망한' 영화. 톤토는 조니뎁이 맡은 주인공.)와 같고, 바닐라가 없는 밀리(1988년에 활동한 독일의 남성 듀오.), 루이지가 없는 마리오, R2D가 없는... (우리 식으로 하면 앙꼬 없는 찐빵 류의 언어 유희) 감이 딱 오죠.

여러분 모두 프랑스의 '마더 소스'에 대해 들어 보셨죠? 20세기 초로 돌아가서 프랑스 요리의 최고 대가인 오귀스트 에스코피에*는 모든 프랑스 소스를 다섯 개의 범주로 분류했다. 그 범주는 베샤멜(Béchamel, 전분을 넣어 걸쭉하게 만든 우유 소스), 에스파뇰(espagnole, 갈색 육수 소스), 벨루테(veloute, 흰 육수 소스), 홀랜다이즈(hollandaise, 달걀노른자와 유지방 유화로 만든 소스), 토마토(토마토를 기본으로 만든 소스). 에스코피에는 이 다섯 가지 소스를 제대로 만드는 법을 배우면 수백 가지의 파생된 소스를 만들 수 있을 것이라고 생각했다. 예를 들면, 모르네이(mornay) 소스는 치즈를 넣은 베샤멜소스이다. 보르드레즈(bordelaise) 소스는 와인과 골수를 넣고 졸인 에스파뇰 소스이다. 베어네이즈(Béarnaise) 소스는 화이트 와인과 샬롯, 타라곤을 넣고 졸인 홀랜다이즈 소스이다(331쪽 참고). 등등.

수년 동안, 이탈리아-미국식(과 많은 완전 이탈리아식) 파스타 요리를 집에서 만들면서 나는 또한, 어휘상, 다른 소스의 근본이 되는 다섯 가지 기본 소스가 있다는 것을 알게 되었다. 프랑스 요리에서처럼 이러한 기본 범주의 소스를 만드는 기법을 완벽하게 해서 이를 기본으로 한 어떠한 변형도 성공적으로 만들 수 있게 할 것이다.

다섯 가지 소스는 다음과 같다.

- 올리브오일과 마늘
- 토마토(클래식 레드 소스)
- 페스토
- 크림
- 미트 소스(라구 볼로네제)

여기서 이 다섯 가지 소스를 자세히 살펴보자.

---

* 여러분이 프랑스 요리계의 최고 대가가 앙토넹 카렘(Antoine Carême)이라고 생각한다면 에스코피에는 적어도 여름방학 동안 부모가 제멋대로인 아이들을 훈육시키려고 보내는 캐나다에 살고 있는 엄격한 삼촌 같은 사람이다.

마더 소스 #1 : 올리브오일과 마늘
MOTHER SAUCE #1 : OLIVE OIL AND GARLIC

알리오 올리오 파스타는 이탈리아의 아브루초(Abruzzo) 지역에서 생겨났다. 하지만 올리브오일에 구운 마늘, 핫 페퍼 플레이크 조금과 파슬리를 뿌려 넣고 섞는, 이렇게 간단한 파스타 요리는 미국의 이탈리아-미국식 식당 어디에서나 꽤 많이 찾아볼 수 있다. 그리고 이 요리는 수십 가지로 다양하게 변형된다. 조개 소스 파스타, 프리마베라(primavera) 파스타, 새우 파스타(또는 새우 스캄피(scampi), 번역상 문제가 있긴 하지만) 등은 모두 같은 뿌리에서 나온 소스들이다.

올리브오일, 마늘, 파스타 삶은 물을 조금 넣어서 가장 간단한 파스타 소스를 만든다.

마늘의 세 가지 맛이 이 파스타 그릇 안에 들어 있다.

종종 먹는 알리오 올리오는 파스타 소스만큼 간단하다. 나는 로티니(rotini)나 오레키에테(orecchiette)처럼 짧고 뭉툭한 모양의 파스타를 더 좋아하는데 이런 모양은 소스도 많이 발라지기도 하지만 나는 마늘과 올리브오일 광이기 때문이다. 원하는 모양으로 마음껏 즐기면 된다. 이 요리의 핵심은 멋진 올리브오일로 시작하는 것이다(787쪽 '올리브오일에 관한 모든 것' 참고). 그리고 마늘을 세 가지 다른 방법으로 조리해서 넣는데 먼저 올리브오일에 통마늘을 넣고 구우면 오일에 달고 깊은 맛이 밴다. 그러고는 얇게 저민 마늘 조각을 볶으면 완성된 요리 여기저기서 맛이 터져 나오게 된다. 그리고 마지막으로 다진 마늘을 끝 무렵에 넣으면 매운 맛이 전체를 하나로 묶게 된다. 맛이 몇 겹으로 겹치면서 마늘 향이 아주 깊고 깊어진다. 이런 바탕에 레드 페퍼 플레이크를 아주 조금만 넣어 주면 매운 맛을 더할 수 있으며 다진 파슬리를 한 움큼 넣어 주면 신선함을 느낄 수 있다.

피스디에 소스가 효과적으로 입혀지기 위해서는 약간의 기술이 필요하다. 올리브오일의 문제는 유화성이 아주 약하다는 점이다. 파스타를 올리브오일에 넣으면 파스타 표면에 기름이 미끌거리는 묽은 소스가 되고 만다. "그래서요? 어쨌든 그 속에 다 들어 있잖아요?" 여러분은 이렇게 말할 것이다. 그렇다. 어느 정도는. 맛은 거기에 다 있으니. 하지만 진짜 문제는 기름과 물이 그렇게 서로 분리가 되면 소스가 파스타에서 미끄러져 내려가서 그릇 바닥에 모이게 된다. 그래서 마르고 맛없는 파스타만 위에 남게 되고 파스타를 다 먹을 때쯤이면 촉촉한 국물만 아래에 남게 된다. 샐러드를 만들 때 비네그레트 드레싱을 잘 유화시켜야 하는 것과 정확히 똑같은 문제이다. 비네그레트 드레싱이 잘 유화되지 않으면 채소는 간이 되지 않고 분리된 기름과 식초가 샐러드 그릇 바닥에 남게 된다.

그렇다면 이걸 어떻게 해결할까? 간단하다. 버터를 약간 넣는다. 버터는 물과 아주 잘 유화하는 속성이 있다. 또한, 버터는 두 물질 사이를 연결하는 역할을 해서 올리브오일의 손을 잡고 함께 어울리게 한다. 특히 버터가 파스타 삶은 물에 있는 전분의 도움을 좀 받을 때는 이런 효과가 증대된다.

세 가지 각기 다른 마늘 사용법과 좋은 올리브오일, 그리고 이들을 한데 묶기 위해 조금 넣는 버터, 이 모두를 종합하면 정말 괜찮은 소스나 소스 기본을 만들게 된다.

마늘에 관한 모든 것

사촌인 양파와 함께, 마늘은 어디에서도 가장 널리 사용되는 향신료이다. 마늘을 가장 잘 사용하기 위해 기억해야 할 주의사항은 아래와 같다.

구입과 보관

마늘은 몇 가지 형태로 슈퍼마켓에 나온다.

- **통마늘**은 맛이 가장 좋으며 오래 보관할 수 있다. 몸통이 단단하고 온전하고 무거운 것을 고른다. 눌러서 들어가는 곳이 있으면 썩었다는 신호이다. 상태가 좋은 마늘은 시원하고 건조한 곳에 보관하면 적어도 한두 달은 보관할 수 있다.
- **미리 깐 마늘**도 좋다. 특히 나처럼 마늘을 빨리 사용하고 필요할 때 바로 바로 편리하게 사용하려고 하는 경우라면 더욱 그렇다. 껍질을 깐 마늘은 꼭 냉장고에 넣어야 한다. 어떤 보고서에 의하면 냉장고에 보관하면 시간이 지나면서 마늘 향을 감소시킨다는 이야기가 있다. 나는 향이 감소하는 것은 느낄 수 없었지만 껍질을 까서 냉장고에 넣어두면 통마늘보다 보존 기간이 반 정도 밖에 되지 않는다. 그렇기 때문에 필요한 양만큼만 사야 한다. 나는 질적인 면에 차이가 없을 정도면 적당히 게으름을 부리는 편이라 껍질을 깐 마늘을 사용한다(여러분도 아마 그럴 것이다!). 깐 마늘은 밀폐가 되는 용기에 넣고 냉장고에 넣어 두면 몇 주 정도 보관 가능하다.
- **미리 다진 마늘, 마늘 페이스트, 마늘 즙,** 그리고 기타 비슷한 편리한 제품들은 미각이 발달한 사람이라면 절대로 사지 않을 것이다. 양파와 마찬가지로 마늘 속에 있는 향화합물도 세포가 파괴되자마자 일어나는 효소에 의한 화학적 반응을 통해 만들어진다. 그래서 마늘 향을 극대화하려면 요리에 넣기 바로 전에 잘라야 한다. 미리 잘라 놓은 마늘에는 통마늘이 갖고 있는 복합적인 맛과 신선함이 없다.

- **마늘 가루**는 마늘을 건조시켜서 알갱이로 만든 것이다. 피자 위에 뿌리거나 바비큐에 발라 독특한 맛을 내기는 하지만 생마늘을 대체하기는 힘들다.

마늘 자르는 방법

편으로 썬(슬라이싱한) 마늘 : 날카로운 셰프 나이프 또는 산토쿠 칼로 슬라이싱한다. 우선 뿌리 끝부분을 자르고 얇게 길이 방향으로 저민다. 이렇게 저민 마늘은 빠르게 익혀 연한 황금빛이 되도록 하면 최고이다.

으깬 마늘 : 소스의 기본으로 마늘을 천천히 익히면서 기름의 맛을 내고 싶을 때 내가 사용하는 방법이다. 이렇게 익힌 마늘은 먹어도 되고 맛을 낸 뒤에는 버려도 된다. 마늘을 으깨려면 마늘을 하나씩 도마 위에 평평하게 올려놓고 셰프 나이프나 큰 중식도의 옆 칼날 부분으로 마늘을 내려친다. 아니면 작은 프라이팬 바닥으로 마늘을 내리쳐서 으깬다.

간 마늘(다진 마늘) : 간 마늘은 이 책이나 대부분의 레시피에서 가장 흔하게 볼 수 있는 형태이다. 마늘 압착기(garlic press)를 사용하면 잘 다져지므로 마늘을 자주 사용한다면 구입해도 좋을 것이다. 그리고 압착기에는 껍질을 까지 않은 마늘을 넣어서 사용할 수도 있다. 껍질 채, 마늘을 압착기에 넣고 아래로 짜면 마늘 페이스트는 밑으로 나오고 껍질은 안에 그대로 남게 된다. 문제가 있다면 마늘 압착기는 기본적으로 마늘만 으깰 수 있고 다른 건 사용할 만한 게 없다. 그래서 나는 압착기를 사용하지 않고 마이크로플레인 제스터(Microplane zester)로 갈아서 사용한다. 빨리 갈아지기도 하고 씻기도 편하고 깔끔하게 갈리고, 서랍장 공간도 줄일 수 있다.

마늘의 세 가지 맛

마늘은 어떻게 조리하느냐에 따라 완전히 다른 향과 맛을 낸다.

- **생마늘**은 톡 쏘는 강력한 향과 약간 매운맛을 지니고 있다. 그래서 조금만 넣어야 한다. 비네그레트나 페스토처럼 강한 맛 소스에 넣으면 다른 맛과 섞여 희석이 되기 때문에 좋고 또 마리네이드에 넣어 단백질을 시어링 하거나 그릴 구이에 사용해도 아주 잘 어울린다.

- **천천히 익힌 마늘**은 양파가 캐러멜화 되는 것과 비슷하게 마늘의 단맛이 강해진다. 톡 쏘는 맛은 거의 잃게 되고 달고 구운 향이 많이 난다. 통마늘 전체에 기름을 바르고 낮은 온도의 오븐에 구울 수도 있고 낱개의 마늘은 썬 뒤에 기름에 넣고 볶아 기름에 마늘 맛이 배게 할 수도 있다.

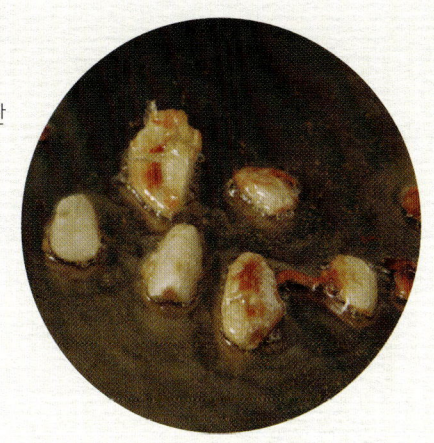

- **빠르게 익힌 마늘**은 단단한 가장자리의 매운내는 사라지지만 양파와 같은 향은 남아 있다. 너무 많이 익히지 않으면 먹음직스러운 갈색이 되면서 기분 좋은 쓴맛이 약간 난다.

올리브오일과 세 가지 풍미가 나는 마늘을 넣은 파스타
PASTA WITH OLIVE OIL AND THREE FLAVORS OF GARLIC

4~6인분

엑스트라 버진 올리브오일 ½컵(125ml)

중간 크기 마늘 12쪽(4쪽은 으깨고, 4쪽은 얇게 슬라이스하고, 4쪽은 곱게 다지거나 제스터로 갈기.)

레드 페퍼 플레이크 ¼~½작은술

무염 버터 2큰술

짧은 꽈배기 또는 튜브형 쇼트 파스타 450g(제멜리(gemelli), 까바타피(cavatappi), 로티니(rotini) 등)

코셔 소금

다진 파슬리 2큰술

고명용 간 파르메산 치즈

1. 26cm(10인치) 프라이팬에 기름과 으깬 마늘 4쪽을 넣고 중간 불에 올려 마늘이 지글거릴 때까지 가열한다. 불을 중약으로 줄이고 마늘이 황금색이 될 때까지 5~7분간 볶는다. 마늘은 버리고 기름은 그대로 프라이팬에 남겨 두고 다시 프라이팬을 고온으로 올린다. 얇게 저민 마늘과 페퍼 플레이크를 넣고 계속 저으면서 약 45초 정도 볶아 마늘이 연한 황금색이 되게 한다. 이번엔 다진 마늘을 넣고 향이 나도록 약 30초 정도 저어 준다. 불을 끄고 버터를 넣는다. 그러고는 한쪽에 둔다.

2. 큰 냄비에 파스타를 넣고 뜨거운 물을 잠기도록 붓는다. 소금을 좀 넣고 고온에서 끓인다. 가끔씩 파스타를 저어서 서로 붙지 않도록 한다. 파스타가 완전히 부드러워지되 가운데 부분은 약간 씹힐 정도로 삶는다(파스타가 끓고 난 뒤부터 포장지에 권하는 조리 시간보다 약 1분 더 짧게). 파스타 삶은 물은 ½컵(125ml) 정도만 남기고 따라 버리고 냄비를 다시 중약 불에 올린다.

3. 소스를 파스타에 붓고 남은 파스타 삶은 물의 반을 붓고 약 2분 정도 저어 소스가 잘 어우러지고 파스타에 잘 묻도록 한다. 원하는 농도가 되도록 필요하면 나머지 파스타 삶은 물을 붓는다. 파슬리를 섞어 넣고 소금으로 간을 한다. 파르메산 치즈와 함께 바로 상에 올린다.

마늘 향이 나는 브로콜리, 앤초비, 베이컨 파스타
PASTA WITH GARLICKY BROCCOLI, ANCHOVIES, AND BACON

나는 마늘 향이 나는 소스가 브로콜리 송이에 묻으면서 스며드는 게 너무 좋아서 가끔 파스타는 넣지 말고 브로콜리 양을 두 배로(이미 넉넉한 양) 늘릴까 고민하기도 한다. 하지만 파스타는 대조되는 멋진 식감을 주고, 구석구석 훈제 베이컨 조각과 짭조름한 앤초비, 그리고 레몬 제스터가 숨어 있다 씹히면서 멋진 조화를 이룬다.

4~6인분

코셔 소금

브로콜리 450g(손질한 뒤 한입 크기의 송이로 자르기)

베이컨이나 판체타 110g(1cm 폭으로 자르기)

엑스트라 버진 올리브오일 3큰술

중간 크기 마늘 12쪽(4쪽은 으깨고, 4쪽 얇게 슬라이스하고, 4쪽은 곱게 다지거나 제스터에 갈기)

앤초비 필레 4개(잘게 다지기)

레드 페퍼 플레이크 조금

무염 버터 2큰술

작은 컵 모양 파스타 450g
(오레키에테(orecchiette), 쉘(shell) 등)

레몬 제스트 2작은술과 레몬 즙 1큰술(레몬 1개 분)

파르메산 치즈 30g(차림용으로 조금 더 준비)

후춧가루

1. 큰 냄비에 소금물을 한가득 끓인다. 브로콜리를 넣고 밝은 녹색이 되고 연하고 아삭하게 될 때까지 약 3분 정도 데친다. 고운체로 건져 싱크대에 놓인 야채탈수기에 넣고 찬물로 헹궈서 식힌다. 몇 번에 나눠 야채탈수기에 돌려 완전히 물기를 뺀 뒤 한쪽에 둔다.

2. 25cm(10인치) 프라이팬에 베이컨과 물 ½컵(125ml)을 넣고 고온에서 끓인다. 그러고는 불을 중간으로 줄이고 가끔 저으면서 물이 증발하고 베이컨의 지방이 부드러워질 때까지 졸인다. 기름과 으깬 마늘을 넣고 마늘이 약하게 지글거릴 때까지 약 1분 정도 볶는다. 불을 중약으로 줄이고 마늘이 황금색이 되고 베이컨이 바삭해질 때까지 5~7분 정도 볶는다. 마늘은 버리고 기름과 베이컨은 프라이팬에 남겨 두고 센 불로 올린다. 얇게 저며 놓은 마늘을 넣고 계속 저으면서 마늘이 연한 황금색이 될 때까지 약 45초 정도 볶아 준다. 여기에 브로콜리를 바로 넣고 저어 준다. 마늘, 베이컨, 기름이 브로콜리에 잘 묻을 때까지 그리고 색이 군데군데 변할 때까지 약 1분 정도 볶는다. 다진 마늘과 앤초비, 페퍼 플레이크를 넣고 약 30초 정도 볶아 향을 낸다. 불을 끄고 버터를 넣는다. 그러고는 한쪽에 둔다.

3. 파스타를 큰 냄비에 넣고 뜨거운 물을 잠기도록 붓는다. 소금을 좀 넣고 센 불로 끓인다. 가끔씩 저어서 파스타가 서로 붙지 않게 한다. 파스타가 완전히 부드러워지되 가운데는 약간 씹히는 정도로 삶는다(파스타가 끓고 난 뒤부터 포장지에 권하는 조리 시간보다 약 1분 더 짧게). 파스타 삶은 물을 ½컵(125ml)만 남기고 버리고, 냄비를 다시 중약 불에 올린다.

4. 여기에 브로콜리를 넣고 고무 주걱으로 팬에 붙은 마늘과 즙을 긁어낸다. 불을 강으로 올리고 남은 파스타 삶은 물 반을 넣고 소스가 잘 어우러지고 파스타에 잘 묻도록 약 2분간 섞어 준다. 원하는 농도가 되도록 필요하면 남은 파스타 삶은 물을 더 넣어 준다. 레몬 제스트과 레몬 즙, 치즈를 넣고 소금과 후추로 간을 한다. 파르메산 치즈와 함께 바로 차려 낸다.

채소를 듬뿍 넣은 마늘 파스타 PASTA WITH GARLIC AND LOTS OF VEGETABLES

이 요리는 봄에 만들면 제일 좋은 요리이다. 봄엔 화사한 녹색 채소가 가장 아삭하고, 달고 색도 가장 선명하다. 특히, 아스파라거스는 처음에 땄을 때는 아주 달고 아삭하다. 그러나 시간이 지남에 따라 당분은 빠르게 전분으로 변한다. 하루만 지나도 단맛이 많이 줄어들어 보통 따뜻한 지역에서부터 멀리 실려 온 겨울 아스파라거스는 봄에 농산물 직판장에서 산 것만큼 맛있지 않다.

물론, 이 요리에 대한 기본적인 과정, 즉, 채소를 데치고 식히고, 마늘 기름을 만들고 마지막에 모든 재료를 섞고 하는 과정을 알고 나면, 가장 신선해 보이는 채소로 만들면 된다.

4~6인분

코셔 소금

아스파라거스 230g(끝부분은 잘라 내고 5cm 간격으로 어슷 썰기.)

중간 크기 주키니 1개(길이로 갈라서 0.6cm 두께로 반달 썰기.)

중간 크기 여름 호박 1개(길이로 갈라서 0.6cm 두께로 반달 썰기.)

껍질 깐 누에콩 1컵(250ml, 선택사항)

브로콜리 꽃송이 부분(1cm 크기로 잘라서 1컵, 250ml, 선택사항)

냉동 완두콩 1컵(250ml, 해동)

포도나 방울토마토 1컵(250ml, 반으로 자르기, 선택사항).

엑스트라 버진 올리브오일 4큰술

중간 크기 마늘 12쪽(4쪽은 으깨고, 4쪽 얇게 슬라이스하고, 4쪽은 곱게 다지거나 제스터에 갈기.)

레드 페퍼 플레이크 조금

무염 버터 2큰술

짧은 꽈배기 또는 튜브형 쇼트 파스타(제멜리, 까바타피, 로티니 등) 450g

다진 파슬리 4큰술

레몬 제스트 2작은술과 레몬 즙 1큰술(레몬 1개분)

간 파르메산 치즈 28g(+ 고명용 추가)

후춧가루

1. 큰 냄비에 소금물을 끓인다. 아스파라거스를 넣고 선명한 녹색으로 부드럽고 아삭하게 될 때까지 약 3분 정도 데친다. 고운체로 소쿠리에 옮기고 차가운 물에 담가 식힌다. 주키니와 여름 호박, 누에콩, 브로콜리를 각각 한 번에 한 가지씩 같은 식으로 데친다. 누에콩을 사용하면 껍질을 벗긴다. 큰 볼에 데친 채소를 모두 섞고 콩과 방울토마토를 넣고 한쪽에 둔다.

2. 25cm(10인치) 프라이팬에 기름과 으깬 마늘 4쪽을 넣고 중강 불에 올리고 가열해서 마늘이 부드럽게 지글거리게 한다. 이때 불을 중약으로 낮추고 5~7분 정도 마늘이 황금색이 될 때까지 볶는다. 마늘은 버리고 기름은 프라이팬에 두고 팬을 다시 고온으로 가열한다. 얇게 저민 마늘을 넣고 계속 저으면서 연한 황금색이 되도록 약 45초 정도 볶아 준다. 다진 마늘과 페퍼 플레이크를 넣고 향이 나도록 약 30초 정도 볶는다. 불을 끄고 버터를 넣는다. 그리고 한쪽에 둔다.

3. 큰 냄비에 파스타를 넣고 뜨거운 물을 잠기게 붓는다. 소금을 넣고 고온에서 끓인다. 파스타가 서로 붙지 않도록 가끔 저어 준다. 파스타가 완전히 부드러워지되 가운데는 약간 씹히는 정도로 삶는다(파스타가 끓고 난 뒤부터 포장지에 권하는 조리 시간보다 약 1분 더 짧게). 파스타 삶은 물을 ½컵(125ml)만 남겨 두고 따라 내고 다시 냄비를 중약 불에 올린다.

4. 채소와 마늘 소스를 넣고 남은 파스타 삶은 물 반을 넣고 소스가 어우러지고 파스타에 잘 묻도록 약 2분 정도 저어 준다. 원하는 농도가 되도록 필요하면 파스타 삶은 물을 더 넣는다. 파슬리와 레몬 제스트, 레몬 즙, 치즈를 넣고 소금과 후추로 간을 한다. 파르메산 치즈를 곁들여 바로 차려 낸다.

새우와 마늘 파스타
PASTA WITH SHRIMP AND GARLIC

이탈리아인에게 '새우 스캄피'가 어떻게 번역이 되는지 물어보면 그 사람은 아마 여러분을 조금 이상하게 쳐다볼지 모른다.

'새우 스캄피(shrimp scampi)'는 '케소(queso) 치즈'나 타코 패스트푸드 체인점에서 찾을 수 있는 '까르네 아사다(carne asada) 스테이크'처럼 약간 기이한 번역 중 하나다. 스캄피는 화이트 와인과 마늘을 넣어 조리하는 아주 큰 새우 요리이다. 하지만 이 요리에 대해 잘못 이름을 붙인 것이 그냥 그대로 오랫동안 쓰이면서 굳어지게 되었다. 나는 심지어 요즘에도 무슨 말인지 다 알지만 '스캄피 스캄피'라고 적어 놓은 레스토랑 메뉴를 본 적이 있다('스캄피(scampi)'는 이탈리아어로 새우를 뜻한다. 그래서 번역하면 '새우 새우'가 된다. – 옮긴이 주).

새우를 껍데기와 함께 먹는 문화권에서 온 사람이라면 누구나, 진짜 새우 맛이 제대로 나고 가장 진하고 달콤한 부분인 껍질은 어디 있느냐고 물을 것이다. 그래서 내가 만드는 새우 스캄피는 껍질을 올리브오일에 마늘과 함께 볶아 새우 맛을 추출해 낸다. 새우 맛이 우러난 기름은 새우 맛을 증대시키며 파스타에 새우 향을 입힌다. 껍질을 넣어 우려내는 방법은 내가 새우를 센 불에서 기름에 볶을 때마다 사용하는 방법이다.

새우에 대한 모든 것

중요한 것부터 말하자면 자숙 새우나 심지어 껍질도 벗기고 내장도 제거한 새우를 그동안 사용해 왔다면 지금 당장 그만 두시래! 진심입니다!

자숙 새우(Precooked shrimp)는 틀림없이 지나치게 많이 익힌 새우일 것이고 익히지 않은 생새우처럼 요리에 맛을 더할 수는 없다. 생새우지만 껍질을 벗기고 내장을 제거한 새우라면 조금 더 나을 수 있지만 씻는 과정에서 망가지기가 쉽다. 그리고 새우 껍질에 엄청난 맛이 들어 있기 때문에 새우의 가장 맛있는 부분에서 맛을 우려내야 한다. 머리가 없는 통새우를 사서(아니면 적어도 '쉽게 벗길 수 있는 껍질' 상태로) 직접 씻는 게 좋다. 일은 좀 번거롭지만 그럴 가치가 있다.

새우를 살 때 고를 수 있는 종류는 다음과 같이 아주 많다.

냉동과 신선

대부분의 새우는 양식장이나 배에서 바로 가공을 하고 얼린 뒤 생선가게나 슈퍼마켓으로 오게 된다. 이 말은 여러분이 생선 진열대 위에서 보는 '익히지 않은' 새우는 한 번 얼렸다 해동한 뒤 진열대에 놓이게 된 것이다. 진열대에서 얼마나 오랫동안 있었는지 알 길이 없다. 그렇기 때문에 냉동 새우를 사서 집에서 해동하는 게 낫다. 흐르는 차가운 물에 새우 그릇을 두고 10분 정도 해동시킨다. 신선하게 먹으려면 약간의 수고가 필요하다.

'머리가 있는 것'과 '머리가 없는 것'

일반적으로 나는 재료를 살 때 최대한 자연 상태의 것으로 사는 편이지만 새우는 그중 예외이다. 새우 머리에는 효소가 있는데 이 효소는 새우가 살아 있는 동안은 작용이 억제되어 있다. 하지만 새우가 죽으면 이 효소는 천천히 새우 몸에 작용을 시작해서 조직을 분해하고 물러지게 한다. 하루 이틀 사이에도 차이가 엄청나다. 얼리기 전에 바다에서 새우 머리를 떼 내면 이렇게 물러지는 걸 막을 수 있다. 이런 이유로 나는 잡은 지 반나절밖에 되지 않은 걸 확실히 알 수 있는 경우가 아니면(가급적이면 아직 살아서 원기 왕성한) 머리가 없는 새우를 선택한다.

개별 급속 냉동과 블록 냉동

개별 급속 냉동(IQF, Individually Quick Frozen)은 새우를 봉지에 담기 전에 낱개로 얼린다는 뜻이다. 블록 냉동은 큰 얼음 통 속에서 함께 얼린다. 보통, 빨리 얼릴수록 질감이 덜 손상된다. 그래서 개별 급속 냉동된 새우를 사용하는 게 좋다. 또한 급속 냉동된 새우는 해동도 훨씬 더 빠르다.

크기

'중', '대', '특대'와 같은 표시는 별 의미가 없다. 따로 기준이 있는 게 아니라 포장하는 사람이나 슈퍼마켓에서 결정하는 크기일 뿐이다. 대신 26-30이나 16-20 같은 두 자릿수를 살펴볼 것. 이 번호는 454g(1파운드)이 되는 개별 새우의 숫자를 의미한다. 그래서 포장에 16-20이라고 표시되어 있으면 각 새우의 무게가 28.35g(1온스)보다 좀 작은 새우가 들어가 있다는 의미이다. 숫자가 적을수록 새우가 크다. 특대형 새우라면 U-15 같은 숫자가 표시되어 있을 수 있다. 이 표시는 무게가 454g에 15마리 이하의 새우가 들어 있다는 뜻이다. 맛은 크기와는 큰 차이가 없다. 크기는 요리마다 적당한 새우 크기를 명시하는 개별적인 레시피에 따른다.

첨가물

가리비처럼 새우도 종종 수분을 유지하게 하려는 의도로 화학물질인 삼인산 나트륨(STP, sodium tripolyphosphate)으로 처리를 한다. 하지만, 이것은 새우의 무게를 늘려서 이익을 더 취하려는 술수일 뿐이다. 냉동 새우의 포장에 있는 첨가물 목록을 확인한다. 새우와 소금 이외에 다른 물질이 더 있으면 안 된다.

새우 손질법

새우를 손질하는 일은 껍질을 벗기고 등을 따라 있는 내장을 제거하는 일이다(종종 완곡하게 '정맥'으로 불리기도 함). 번거로운 게 싫으면, 쉽게 벗기는 껍질 새우를 산다. 이 새우는 이미 기계로 껍질이 잘려 있고 내장이 제거된 상태라 간단히 껍질과 다리만 제거해 주면 된다. 이 새우는 손으로 손질한 새우보다 조금 더 속이 많이 터진다. 하지만 어떤 사람들은 이런 단점 정도는 쉽게 참을 수 있다. 옛날식대로 하길 원한다면 아래와 같은 방법으로 손질하면 된다.

Step 1 : 껍질을 길게 자른다.

신선한 머리가 붙어 있는 새우라면 머리를 떼어 내서 육수용으로 보관한다. 그다음, 새우를 도마 위에 한 마리씩 잡고 아주 날카로운 과도로 등의 가운데를 끝까지 얇게 칼집을 낸다.

Step 2 : 내장을 제거한다.

칼끝이나 나무 꼬치로 조심스럽게 내장을 들어 올려서 당겨 낸다. 끊어지지 않고 안에 내용물도 흘리지 않고 온전하게 들어낸다(안의 내용물이 터지면 물에 헹군다.).

Step 3 : 껍데기와 다리를 제거한다.

새우를 들고 껍질 반을 옆쪽으로 벗긴다. 옆면이 벗겨지면 한 손으로 새우 꼬리 바로 위쪽 마디를 잡고, 나머지 껍질을 다른 손으로 벗겨 낸다. 그러면 꼬리 부분만 남겨두고 껍질이 다 벗겨진다. 꼬리 부분은 여러 요리에서 보통 보기에 좋게 하기 위해 남겨 둔다. 나는 새우를 손가락으로 집어 들고 꼬리 쪽으로 손가락을 뒤로 옮기면서 먹는 그런 사람이라 꼬리를 남겨 두는 걸 좋아한다. 꼬리의 달콤하고 바삭한 맛은 너무 좋다.

마늘 향이 아주 많이 나는 새우 스캄피 파스타
PASTA WITH EXTRA-GARLICKY SHRIMP SCAMPI

4~6인분

큰 새우 450g

중간 크기 마늘 12쪽(4쪽은 으깨고, 4쪽 얇게 슬라이스하고, 4쪽은 곱게 다지거나 제스터에 갈기.)

엑스트라 버진 올리브오일 ½컵(125ml)

코셔 소금

레드 페퍼 플레이크 ¼~½작은술

드라이 화이트 와인 ½컵(125ml)

무염 버터 2큰술

다진 파슬리 4큰술

레몬 제스트 2작은술, 레몬 즙 1큰술(레몬 1개분)

짧은 꽈배기나 튜브형 쇼트 파스타(제멜리, 까바타피, 로티니) 450g

후춧가루

1. 새우의 껍질을 벗긴다. 마지막 꼬리 부분은 그대로 두고 깐 껍질은 따로 남겨둔다. 새우를 큰 볼에 넣고 다진 마늘, 올리브오일 2큰술, 소금 1작은술을 넣고 섞는다. 그러고는 한쪽에 둔다.

2. 30cm(12인치) 프라이팬에 남은 기름과 으깬 마늘 4쪽과 새우 껍질을 넣고 중강 불에 올려 마늘과 껍질에 약하게 거품이 일 때까지 가열한다. 불을 중약으로 줄이고 자주 저어 주면서 약 5분 정도 볶아 향을 낸다. 고운체를 볼 위에 놓고 기름을 거른다. 껍데기와 마늘은 버린다.

3. 맛을 우려낸 기름을 프라이팬에 다시 붓고 고온에서 표면이 일렁일 때까지 가열한다. 얇게 저민 마늘과 페퍼 플레이크를 넣고 저으면서 마늘이 연한 황금색이 될 때까지 약 45초 정도 볶는다. 새우를 넣고 연한 분홍색이 될 때까지 약 30초 정도 볶는다. 와인을 넣고 새우가 거의 완전히 익을 때까지 약 1분간 더 조린다. 불을 끄고 버터와 파슬리, 레몬 제스트와 즙을 넣고 섞는다. 소스를 한쪽에 둔다.

4. 큰 냄비에 파스타를 넣고 뜨거운 물을 잠기도록 붓는다. 소금을 좀 많이 넣고 고온에서 한소끔 끓인다. 가끔 저어 파스타가 서로 달라붙지 않게 한다. 파스타가 완전히 부드러워지되 가운데는 약간 씹히는 정도로 삶는다(파스타가 끓고 난 뒤부터 포장지에 권하는 조리 시간보다 약 1분 더 짧게). 파스타 삶은 물을 ½컵(125ml)만 남기고 따라 버리고 냄비를 다시 중약 불에 올린다.

5. 소스와 새우를 파스타 위에 붓고 남겨 둔 파스타 삶은 물 반을 넣고 소스가 잘 어우러지면서 파스타에 잘 입혀지도록 약 2분 정도 섞어 준다. 원하는 농도가 되도록 필요하면 파스타 삶은 물을 마저 더 넣는다. 소금과 후추로 간을 하고 마무리한다.

파스타의 과학 - 토마토소스 , 마카로니

신선한 조개 링귀니 LINGUINE WITH FRESH CLAMS

우리 어머니는 통조림 조개와 맛을 좋게 하기 위해 베이컨을 듬뿍 넣은 조개 소스로 스파게티를 만들어 주시곤 하셨다. 하지만 '조개 스파게티의 날'은 우리 알트(Alt) 가(家) 아이들이 결코 좋아하지 않는 날이었으며, 나는 통조림 조개를 탓하였다. 통조림 조개의 문제점은 캔에 넣는 과정을 거치며 조개가 너무 많이 익게 된다. 캔을 열면 이미 질기고 맛이 없는 조개를 가지고 시작하는 셈이다. 조개 맛을 제대로 즐길 수 있는 유일한 방법은 살아 있는 싱싱한 조개(아니면 적어도 껍데기를 벗기고 얼린 신선한 조개이거나)로 시작해서 최대한 빠른 시간 내에 조리하는 것이다.

살아 있는, 껍데기 속에 든 신선한 조개로 조리를 하면 좋은 점은 조개 속에 이미 맛있는 소스가 들어 있다는 것이다. 필요한 게 있다면 육수나 와인을 조금 넣어서 조개 속에 들어 있는 맛있는 즙이 소스에 흘러나오게 하는 것뿐이다. 신선한 조개를 사려면 조개가 꽉 닫혀 있거나 톡톡 두드렸을 때 입을 꼭 닫는지 확인한다. 조개의 입이 열려 있는 것은 죽은 조개이므로 피해야 한다.

NOTE • 최상의 결과를 위해, 신선한 조개를 사용한다. 구할 수가 없다면 냉동 조개나 통조림 조개 340g으로 대체한다. 해동을 하고 물을 따라 낸다. 1단계에서 와인, 버터와 함께 프라이팬에 넣는다. 바로 불을 끄고 설명대로 한다.

4~6인분

코셔 소금

엑스트라 버진 올리브오일 6큰술

중간 크기 마늘 12쪽(4쪽은 으깨고, 4쪽 얇게 슬라이스하고, 4쪽은 곱게 다지거나 제스터에 갈기.)

레드 페퍼 플레이크 ¼~½작은술

드라이 화이트 와인 ½컵(125ml)

버터 2큰술

조개 910g

링귀니 450g

다진 파슬리 4큰술

레몬 제스트 2작은술과 레몬 즙 1큰술(레몬 1개분)

후춧가루

1. 큰 냄비에 소금을 적당히 넣고 물을 끓인다. 큰 냄비에 기름과 으깬 마늘 4쪽을 넣고 중강 불에 올리고 마늘이 약하게 지글거릴 때까지 가열한다. 불을 중약으로 낮추고 마늘이 황금색이 되도록 5~7분 정도 볶아 준다. 마늘은 버리고 기름은 프라이팬에 남겨 두고 팬을 다시 고온의 열에 올린다. 저민 마늘과 페퍼 플레이크를 넣고 마늘이 연한 황금색으로 바뀔 때까지 약 45초 정도 볶아 준다. 이번에는 다진 마늘을 넣고 약 30초 정도 볶아서 향을 낸다. 와인과 버터와 조개를 넣고 뚜껑을 덮고 가끔씩 팬을 흔들어 주면서 조개가 입을 벌릴 때까지 약 6분 정도 볶아 준다. 조개를 그릇으로 옮기고 소스를 한쪽에 둔다.

2. 끓는 물에 파스타를 넣고 완전히 부드럽지만 가운데는 약간 씹히는 정도로 삶는다(파스타가 끓고 난 뒤부터 포장지의 권장 시간보다 1분 더 짧게). 파스타 삶은 물을 ½컵(125ml)만 남기고 버리고 냄비를 다시 중약 불에 올린다.

3. 소스를 파스타 위에 붓고 남은 파스타 삶은 물을 넣고 소스가 잘 어우러지고 파스타에 잘 묻도록 약 2분 정도 섞어 준다. 농도를 맞추기 위해 필요하면 남은 파스타 삶은 물을 더 넣는다. 조개와 파슬리, 레몬 제스트, 레몬 즙을 넣고 소금과 후추로 간을 한 뒤 바로 차려 낸다.

마더 소스 #2 : 클래식 레드 소스
MOTHER SAUCE #2 : CLASSIC RED SAUCE

레드 소스는 서양 조리사의 식품 보관 목록에는 꼭 들어가는 식료품이다. 수많은 이탈리아-미국식 식당은 이 소스를 기본으로 한다.

토마토소스용 마르셀라 하잔(Marcella Hazan)의 레시피는 지금까지 여러분이 들인 모든 비용을 다 상쇄해 주는 효과를 가져다 줄 수 있다. 너무 간단해서 완전한 레시피가 필요하지도 않다. 그냥, 약 800g짜리 홀토마토 통조림 하나에 무염 버터 5큰술과 양파 반 개가 필요하며 토마토를 냄비 옆면에 대고 수저로 으깨는 게 다다. 하지만 맛은 진하고, 신선하면서 완전히 균형이 맞는다. 차이를 만들어 내는 건 바로 버터이다. 올리브 오일과 다르게 버터에는 자연적인 유화제가 들어 있어서 소스가 멋지게 크림처럼 유지된다. 그리고 토마토의 신맛이 부드러워지는 동안 유제품의 단맛이 양파의 단맛과 어우러지면서 2인용 자전거처럼 작용한다.

마르셀라는 마늘과 오레가노, 올리브오일로 맛을 내는 토마토소스인 고전적인 이탈리아-미국식 마리나라 소스와 많이 다르지 않다. 버터는 여기서도 산성인 토마토의 거친 가장자리를 부드럽게 해 주는 데 필수이다. 하지만, 여기에서 나는 좀 더 복합적인 맛을 내기 위해 버터 분량 중 절반을 엑스트라 버진 올리브오일로 대체한다. 그리고 네 개로 나눠서 밀폐된 유리병에 보관한다. 살균한 병이 뜨거울 때 병에 담고 봉하고 소스를 상온으로 식힌 뒤 냉장고에 넣는다. 이렇게 넣어 두면 냉장고에서 적어도 한 달 정도는 보관할 수 있다. 언제라도 다시 가열해서 차려 내거나 다른 레시피에 섞어 넣을 수 있다.

이제 다섯 가지 변형과 함께 기본 레시피가 나온다. 이 책의 다른 곳에서도, 예를 들면 미트볼(550쪽 참고)에서도 이 소스가 불쑥 나온다.

말린 허브와 생허브

대부분의 마리나라 소스 레시피에는 말린 오레가노나 말린 오레가노와 바질로 이뤄지는 이탈리아식 양념이 들어간다. 나는 말린 허브를 생허브로 바꿔야겠다는 생각이 바로 들었다. 그래서, 한쪽엔 말린 오레가노를 넣고 다른 쪽엔 생 오레가노 잎을 넣어 소스를 만들었는데 둘을 비교해 봤더니, 정말로 놀랍게도 둘 사이에 거의 아무런 차이가 없었다. 왜 그럴까?

많은 셰프들이 생허브가 말린 허브보다 더 낫다고 주장한다. 그리고 대부분 그 말이 맞다. 대부분의 허브에는 맛 화합물이 있는데 이 화합물은 물보다 더 휘발성이 강하다. 그래서 물이 마르는 건조 과정 동안 맛도 함께 날아가 버린다. 하지만 늘 그런 건 아니며 예를 들어, 오레가노처럼 뜨겁고 상대적으로 마른 기후에서 자라는 감칠맛이 나는 허브는 고온에서도 안정적이어서 잎 속에 맛 화합물을 잘 보존한다.

뜨거운 온도와 습기가 모자란 자연 환경에 적응해 왔기 때문이다. 그래서 이런 허브들은 충분히 조리해서 부드럽게만 해주면 맛이 생허브만큼 값도 많이 싸고 맛을 내기도 쉽다.

아래 표는 생으로 사용해야 좋은 허브와 말려서 사용해도(익힘 요리) 효과가 똑같은 허브 종류이다.

생으로 사용해야 최상의 효과를 내는 허브	말려서 사용해도 똑같은 허브(익힘 요리)
파슬리 바질 민트 고수 잎 처빌 차이브 딜 소렐 타라곤	오레가노 로즈마리 마저럼 월계수 잎 타임 세이지 세이버리

통조림 토마토

맛없는 겨울 토마토로 토마토소스를 만든다는 생각에 몸을 떨게 되나요? 하지만 만들어야 합니다. 한여름이라도 직접 토마토를 기르지 않는 이상 싱싱한 토마토를 구하는 게 어려울 수도 있다. 그렇다면 통조림 토마토를 사용하면 된다. 그렇다면 사용하기에 가장 좋은 형태는 어떤 것일까? 다음은 미국의 슈퍼마켓에서 찾아볼 수 있는 다섯 가지 종류이다.

- **껍질을 벗긴 홀토마토(Whole Peeled Tomatoes)**는 껍질을 깐 뒤, 토마토 즙이나 퓌레에 통째로 토마토를 넣은 것이다(껍질은 김을 쐬거나 가성 알칼리 용액으로 처리해서 벗긴다.). 통조림 안의 토마토 즙은 가공이 덜 되어서 더욱 다용도로 사용할 수 있다(토마토 퓌레에 담긴 토마토는 캔에서 꺼내 바로 사용해도 늘 '조리한' 맛이 난다.). 때때로 액상의 물질을 굳히는 데 사용되는 염화칼슘이 첨가돼서 토마토가 물러지는 걸 막는다. 또 바질에 절인 토마토도 있다.
- **사각으로 자른 토마토(Diced Tomatoes)**는 껍질을 까고 사각형으로 자른 뒤 토마토 즙이나 퓌레에 담근 토마토이다. 중요한 차이라면 표면적이 아주 많이 노출되기 때문에 염화칼슘이 토마토를 너무 단단하게 만들 수 있다. 그래서 조리 시에 제대로 분해되기 어렵다. 나는 이 제품은 사용하지 않는다.
- **으깬 토마토(Crushed Tomatoes)**는 상표마다 모양이 아주 다양하다. 으깬 토마토를 표시하는 데에는 실제 규제가 없어서 어떤 제품은 '으깬'이라는 말이 큰 덩어리로 으깨 놓은 것인 반면 또 어떤 제품은 거의 부드러운 퓌레에 가깝기도 하다. 이 때문에 보통 으깨 놓은 제품은 피하고 홀토마토를 직접 으깨는 게 좋다.

- **토마토 퓌레(Crushed Tomatoes)**는 토마토를 익힌 뒤 걸러 낸 제품이다. 즉석 소스용으로는 아주 쉽게 만들 수 있지만 가공이 덜 된 토마토로 천천히 졸인 소스에서 느낄 수 있는 그런 복합적인 맛은 부족하다. 퓌레는 그대로 진열대에 내려놓기 바란다.
- **토마토 페이스트(Tomato Paste)**는 농축된 토마토 즙이다. 생토마토를 익힌 뒤 큰 덩어리는 걸러 내고 남은 즙을 천천히 졸여서 수분 함유량이 76% 정도 되는 페이스트로 만든다. 토마토 페이스트는 스튜와 브레이징에 진한 감칠맛의 기본이 되어 주며 이런 요리를 조금 걸쭉하게 하는 데에도 아주 유용하다.

종합해 보면, 사각으로 자른 토마토는 너무 단단할 수 있고, 으깬 토마토는 상표마다 일관성이 없으며, 토마토 퓌레는 너무 많이 익혔다. 그래서 나의 식품저장실에는 토마토 즙에 담긴 껍질 깐 홀토마토(나는 뮤어 글렌(Muir Glen)과 센토(Cento) 제품을 좋아한다.)와 토마토 페이스트만 볼 수 있다.

완벽하고 손쉬운 레드 소스 PERFECT EASY RED SAUCE

4인분

엑스트라 버진 올리브오일 2큰술

무염 버터 2큰술

중간 크기 양파 1개(잘게 다지기. 약 1½컵, 375ml)

중간 크기 마늘 2쪽(곱게 다지거나 제스터에 갈기. 약 2작은술)

말린 오레가노 ½작은술

레드 페퍼 플레이크 조금

홀토마토 통조림과 즙 800g(손이나 푸드프로세서, 포테이토 매셔로 1cm 크기로 대충 으깨기.)

바질 1줄기(선택사항)

코셔 소금

1 중간 크기의 냄비에 올리브오일과 버터를 넣고 중강 불에 올려 버터가 녹고 거품이 가라앉을 때까지 가열한다. 양파를 넣고 자주 저어 주면서 숨이 죽되 아직 갈색 빛을 띠지 않을 정도로 약 3분 정도 볶아 준다. 마늘과 오레가노, 페퍼 플레이크를 넣고 약 1분간 볶아서 향이 나도록 한다.

2 여기에 토마토를 즙과 함께 넣고 바질(사용 시)도 넣어 준다. 센 불에서 한소끔 끓인 뒤 불을 줄이고 뭉근히 끓인다. 가끔 저어 주면서 소스가 걸쭉하게 4컵(1ℓ) 정도로 줄어들도록 약 30분 정도 졸인다. 소금으로 간을 한다. 소스는 밀폐된 용기에 넣어 냉장고에 넣으면 1주일까지 보관할 수 있다.

소시지와 레드 소스에 브레이징한 브로콜리 라베 파스타
PASTA WITH SAUSAGE AND RED-SAUCE BRAISED BROCCOLI RABE

브로콜리 라베(broccoli rabe)와 소시지는 이탈리아의 고전적인 조합이다. 마리나라 소스에 넣은 건 아니지만 나는 브로콜리 라베가 천천히 브레이징 되면서 소스에 우러나는 씁쓸하고 복합적인 맛을 좋아한다. 이 요리에서는 채소를 알덴테 상태로 요리하지 않는다. 브로콜리 라베가 푹 익을 때까지 익힌다!

4~6인분

엑스트라 버진 올리브오일 4큰술

매운 이탈리아식 소시지 450g(홈메이드(515쪽)가 좋으며 상황에 맞게 케이싱 제거.)

브로콜리 라베 450g(손질해서 대충 썰기.)

무염 버터 2큰술

중간 크기 양파 1개(다지기. 약 1컵, 250ml)

마늘 중간 크기 2쪽(곱게 다지거나 제스터에 갈기. 약 2작은술)

말린 오레가노 ½작은술

레드 페퍼 플레이크 조금

홀토마토 통조림 800g(손이나 푸드프로세서, 포테이토 매셔로 1cm 크기로 대충 으깨기.)

바질 1줄기(선택사항)

코셔 소금

오레키에테 또는 작은 컵 모양 파스타 450g(조개 모양이나 펜네)

고명용 간 파르메산 치즈

1. 큰 냄비에 올리브오일을 2큰술 넣고 고온에 올려 약하게 연기가 날 때까지 가열한다. 소시지를 넣고 나무 주걱이나 포테이토 매셔로 으깬다. 그리고 더 이상 분홍색이 보이지 않을 때까지 약 5분간 볶아 준다. 브로콜리 라베를 넣고 계속 저으면서 숨이 죽도록 약 3분간 볶아 준다. 큰 볼에 옮기고 한쪽에 둔다.

2. 냄비에 남은 올리브오일 2큰술과 버터를 넣고 중강 불에 올리고 버터가 녹고 거품이 가라앉을 때까지 가열한다. 여기에 양파를 넣고 자주 저어서 숨이 죽되 아직 갈색 빛을 띠지 않을 정도로 약 3분간 볶는다. 마늘과 오레가노, 페퍼 플레이크를 넣고 약 1분 정도 볶아 향을 낸다. 토마토를 즙과 함께 넣고 바질(사용 시)도 넣는다. 소시지와 브로콜리 라베를 팬에 넣고 센 불에 한소끔 끓인 뒤, 불을 줄이고 뭉근히 끓인다. 한 번씩 저어 주면서 브로콜리 라베가 완전히 푹 익을 때까지 약 30분 정도 끓인다. 소스가 너무 걸쭉해지면 물을 조금 넣는다. 소금으로 간을 하고 파스타가 익는 동안 따뜻하게 둔다.

3. 큰 냄비에 파스타를 넣고 뜨거운 물을 잠기도록 붓는다. 소금을 넉넉히 붓고 센 불에서 끓인다. 이따금씩 저어서 파스타가 서로 붙지 않도록 한다. 파스타가 완전히 부드러워지되 가운데 부분은 씹히는 정도로 삶는다(파스타가 끓고 난 뒤부터 포장지에 권장한 조리 시간보다 1분 더 짧게.). 파스타 삶은 물을 1½컵(375ml)만 남기고 따라 내고 냄비를 다시 불에 올린다.

4. 파스타에 소스를 붓고 잘 섞는다. 원하는 농도로 만들기 위해 필요하면 파스타 삶은 물을 더 부어 묽게 만든다. 간 파르메산 치즈와 함께 바로 상에 올린다.

파스타의 과학 - 토마토소스 , 마카로니

707

푸타네스카 : 밤을 위한 최고의 스파게티 (마늘과 앤초비, 케이퍼, 올리브를 넣은 스파게티)
PUTTANESCA : THE BEST SPAGHETTI FOR A NIGHT IN(SPAGHETTI WITH GARLIC, ANCHOVIES, CAPERS, AND OLIVES)

간단한 마리나라 소스를 기본으로 한 또 다른 클래식 파스타인 푸타네스카(Puttanesca)는 맵고 짠 요리이다. 푸타네스카라는 이름은 이와 비슷한 요리를 차려 냈던 이탈리아 매춘부의 이름을 따서 붙였다. 옆에 배우자와 여러분의 냄새를 맡는 개 말고는 아무도 없는 그런 로맨틱한 겨울밤에 아주 잘 어울리는 요리이다. 올리브오일에 절인 고급 참치 통조림을 좀 넣어 주면 아주 완벽한 요리가 된다.

NOTE • 올리브는 톡 쏘는 맛이 나고 소금물에 절인 것이면 어떤 종류라도 상관없다. 타쟈스키(Taggiasche), 칼라마타(kalamata), 만자니야(Manzanilla) 등 취향에 따라 넣는다.

4인분

코셔 소금
엑스트라 버진 올리브오일 4큰술
무염 버터 2큰술
중간 크기 양파 1개(잘게 다지기. 약 1½컵, 375ml)
마늘 3쪽(얇게 슬라이스하기.)
앤초비 필레 8개(다지기.)
레드 페퍼 플레이크 ½작은술
케이퍼 3큰술(씻어서 물기를 닦고 대충 썰기.)
씨를 뺀 올리브 ½컵(125ml, 대충 썰기.)
홀토마토 통조림 800g(손이나 푸드프로세서, 포테이토 매셔로 1cm 크기로 대충 으깨기.)
올리브오일에 절인 참치 통조림 170g(국물은 버림. 선택사항)
후춧가루
스파게티 450g
다진 파슬리 2큰술
고명용 간 파르메산 치즈 또는 페코리노 로마노

1 큰 냄비에 물과 소금을 넣고 고온에서 가열한다. 큰 냄비에 올리브오일과 버터를 넣고 중강 물에 올리고 버터가 녹고 거품이 가라앉을 때까지 가열한다. 양파를 넣고 자주 저어 주면서 숨이 죽되 아직 갈색 빛이 돌지 않은 정도로 약 3분간 볶아 준다. 마늘과 앤초비와 페퍼 플레이크를 넣고 마늘이 연한 갈색이 되도록 약 3분 정도 볶아 준다. 여기에 케이퍼와 올리브, 토마토를 즙과 함께 넣고 자주 저어 주면서 소스가 졸아들고 기름이 분리가 될 때까지 약 15분간 졸인다.

2 여기에 참치(사용 시)를 넣고 소금과 후추로 간을 한 후 한곳에 둔다.

3 파스타를 끓는 물에 넣고 완전히 부드러워지되 가운데는 약간 씹히는 정도로 삶는다(파스타가 끓고 난 뒤부터 포장지의 권장 조리 시간보다 1분 정도 짧게 삶는다.). 파스타 삶은 물을 1컵(250ml)만 남기고 따라 내고 파스타를 냄비에 넣는다.

4 소스를 파스타에 붓고 잘 섞어 준다. 원하는 농도로 맞추기 위해 필요하면 남은 파스타 삶은 물을 넣어 묽게 한다. 파스타 위에 파슬리와 치즈를 갈아 올리고 마무리한다.

닭고기를 넣은 펜네 알라 보드카 PENNE ALLA VODKA WITH CHICKEN

이 요리는 마리나라 소스를 변형한 것으로 아주 쉽다. 이 소스의 유래를 찾는 데에는 여러 설이 있다. 어떤 이는 1970년대 뉴욕의 식당 오르시니(Orsini)에서 처음 만들었다고 하고, 또 어떤 이는 1980년대 보드카 회사들이 만들어 낸 상술이라고 주장하는 사람도 있다. 양쪽 모두 보드카를 소스에 넣어 소스의 향을 더 좋게 하려던 데서 생겼다고 여긴다. 궁극의 칠리 스튜(261쪽 참고)를 찾으면서 알게 되었듯이 알코올은 물보다 더 휘발성이 강해서 정해진 온도에서 증기를 더 많이 만든다. 그래서 음식으로부터 향화합물이 올라와서 우리 코로 들어간다. 클래식한 핑크 소스도 크림과 결합해서 토마토소스의 산성을 부드럽게 한다. 또한 조각낸 닭을 소스에 섞으면 아주 푸짐한 요리가 된다.

4인분

엑스트라 버진 올리브오일 2큰술

무염 버터 2큰술

중간 크기 양파 1개(잘게 다지기. 약 1½컵, 375ml)

중간 크기 마늘 2쪽(곱게 다지거나 제스터에 갈기. 약 2작은술)

말린 오레가노 ½작은술

레드 페퍼 플레이크 조금

홀토마토 통조림 800g(손이나 푸드프로세서, 포테이토 매셔로 1cm 크기로 대충 으깨기.)

바질 1줄기(선택사항)

생크림 ½컵(125ml)

보드카 4큰술

코셔 소금

튜브형 쇼트 파스타 450g(펜네, 지티 등)

뼈 없는 닭가슴살 450g(1cm 너비로 자르기.)

다진 파슬리 2큰술

고명용 간 파르메산 치즈

1. 큰 냄비에 올리브오일과 버터를 넣고 중강 불에 올려 버터가 녹고 거품이 가라앉을 때까지 가열한다. 양파를 넣고 자주 저으면서 숨이 갈색 빛이 돌지 않을 상태로 약 3분 정도 볶는다. 마늘과 오레가노와 페퍼 플레이크를 넣고 약 1분 정도 볶아 향을 낸다. 토마토를 즙과 함께 넣고 바질(사용 시)을 넣는다. 센 불로 한소끔 끓인 뒤, 불을 줄이고 가끔 저어 주면서 소스가 걸쭉해지고 4컵(1ℓ) 정도로 줄어들 때까지 약 30분 정도 졸인다.

2. 소스를 믹서 용기에 넣고 바질은 버리고 크림과 보드카를 넣는다. 가장 낮은 속도로 시작해서 점점 속도를 높여 강으로 믹서를 돌려 완전히 부드러워지도록 약 30초 동안 갈아 준다. 냄비에 다시 붓고 센 불로 끓인 뒤 불을 줄이고 뭉근히 끓여 파스타가 익는 동안 더 졸인다.

3. 큰 냄비에 파스타를 넣고 뜨거운 물을 잠길 만큼 붓는다. 소금을 넉넉히 넣고 고온에서 끓인다. 가끔 저어서 파스타가 서로 달라붙지 않게 한다. 파스타가 완전히 부드러워지되 가운데는 아직 씹히는 정도로 삶는다. 한편, 파스타가 다 되기 약 2분 전, 닭고기를 소스에 넣고 섞어 준다.

4. 파스타에서 1½컵(375ml)만 남기고 물을 따라 낸 후 냄비를 다시 불에 올린다. 소스를 부은 뒤 잘 섞고 중간 불에 올려 가끔 저어 주면서 닭이 다 익고 소스가 원하는 농도가 될 때까지 약 1분간 졸인다. 필요하면 남은 파스타 물을 조금 붓는다. 파슬리와 치즈를 갈아 올리고 마무리한다.

보드카를 넣으면 맛이 좋아질까?

보드카는 정말로 소스에 많은 영향을 미칠까? 알코올이 끓어서 다 날라가는 건 아닐까? 보드카 제조사들이 술을 팔려고 일부러 꾸민 건 아닐까?

해럴드 맥기는 이 주제에 대해 『음식과 요리』에서 이렇게 언급했다.

알코올 분자는 당 분자와 닮아서 약간 단맛이 있다. 고농도로 농축된 대표적인 증류주와 몇몇 독한 와인들에서 알코올은 입과 코를 자극해서 톡 쏘는 '얼얼한' 느낌이 들게 한다. 다른 향화합물과 화학적으로 공존한다는 말은 농축된 알코올이 음식과 음료에 들어 있는 향기와 결합해서 이 화합물이 공기 중으로 퍼져 나가는 걸 막을 수가 있다는 뜻이다.

휴, 나는 이 부분에 이르자 읽기를 멈추고 의문이 생기지 않을 수 없었다. 왜냐하면 예전부터 알코올을 스튜에 넣으면 향이 더 강해지는 걸 경험했기 때문이다. '콩을 넣은 최고의 쇼트립 칠리 스튜' 레시피(267쪽 참고)에서 실험도 해 봤었다. 향이 공기 중으로 나가는 걸 막는다니 뭐라는 거야? 하지만 맥기는 빨리 이 문제를 해결했다.

하지만 1% 이하의 아주 낮은 농도에서는, 알코올은 실제로 과일 맛이 강한 에스테르(esters)와 다른 향기 분자를 공기 속으로 더 많이 방출시킨다.

아하! 이제 말이 되는군. 농축은 맛을 효율적으로 강화하는 데 아주 중요한 요소이다. 내 경험과 일치한다. 조리 마지막에 스튜와 칠리에 알코올을 약간 넣어 주는 건 좋은 생각이다. 하지만 너무 많이 넣으면 알코올이 너무 영향력이 세져서 향이 강화되는 것이 아니라 오히려 알코올 냄새만 남기게 된다. 위스키를 마시는 사람들은 부피당 알코올 비율 40%(도)인 술 한 모금을 30% 또는 20%로 희석시키면 숨겨져 있는 향기까지도 끌어내게 된다고 말할 것이다.

보드카 소스가 파스타에도 똑같은 작용을 할까?

실험

알코올 농도와 요리의 영향을 실험하기 위해, 나는 '술 취한' 칼럼니스트 조시 바우절(Josh Bousel)의 보드카 크림소스를 보드카만 빼고 한가득 만들었다. 그러고는 소스를 두 개로 나눴다.

한 세트의 묶음에 보드카 농도를 다르게 해서 알코올 함량을 부피당 알코올 비율 4%에서 시작해서 1%까지 여러 수준으로 희석해서 넣었다. 그리고 보드카를 넣은 뒤 바로 소스의 맛을 보았다. 다른 묶음은 똑같이 하되 보드카를 넣고 7분 동안 끓인 뒤 맛을 보았다.

보드카를 넣고 바로 소스 맛을 본 묶음은 다 맛이 없었다. 4% 보드카를 넣은 소스는 강한 알코올 향과 쓴맛 때문에 전혀 먹을 수 없었다. 쓴맛이 어디서 오는지 정확히 알 수 없었다. 아마도 토마토가 내는 과일 향과 단맛을 가리자 쓴맛이 더욱 강하게 나는 게 아닐까? 어쨌든, 부피당 알코올 비율 2%로 내려가자 소스는 참을 만해졌다. 1% 쯤 되자 알코올이 하나도 없는 소스보다는 약간 더 나았지만 차이가 많지는 않았다.

이제 소스를 끓이자 차이가 확연히 드러났다. 7분 동안 끓인 뒤라 물론, 토마토의 달콤함이 느껴지지는 않았지만 4% 소스도 먹을 만했다. 2% 소스에 이르자 토마토의 달콤한 맛이 느껴지기 시작했다(몇 분 동안 끓이자, 마지막엔 1% 가까이로 농도가 낮아진 듯하다.). 보드카의 강한 맛이 사라지고 쓴맛도 없어지고 보드카를 넣지 않은 소스보다 조금 더 얼얼하면서 생기 있는 향이 남았다.

이제, 질문에 대답을 한다면, 네! 보드카는 만족스러운 방식으로 소스의 맛을 바꾼다. 약간의 열감과 톡 쏘는 맛이 토마토와 크림의 달콤함과 어우러지도록 돕는다. 보드카가 꼭 필요할까? 그렇지는 않지만, 보드카 소스는 보드카를 넣지 않고는 만들 수 없다.

구운 가지와 진한 토마토소스 파스타(파스타 알라 노르마)
PASTA WITH CARAMELIZED EGGPLANT AND RICH TOMATO SAUCE (PASTA ALLA NORMA)

나는 토마토와 가지를 넣은 고전적인 시칠리아의 파스타 요리, 파스타 알라 노르마(pasta alla Norma)의 여러 버전을 먹어봤는데, 늘 머리를 긁적이며 '이해할 수 없어.'라고 생각했다. 토마토소스와 구운 가지는 괜찮지만 세상에, 그렇게 단조롭고 부드러운 리코타 살라타(ricotta salata)를 위에 올리다니? 좀 더 맛있는 숙성된 치즈를 갈아 올리는 게 낫지 않은가?

그런데, 아내와 내가 네 번째 결혼기념일 여행(아니면 다섯 번째였나? 아내는 매년 이야기하는데 나는 잊어버린다.)이었던 시칠리에서 이 요리를 맛보고 나서야 나는 비로소 이해할 수 있었다. 진짜 리코타 살라타는 우리가 여기서 일반적으로 보는 그런 종류가 아니었다. 시칠리아 버전은 양 젖으로 만드는데 톡 쏘는 맛이 아주 심해질 때까지 숙성해서 만든다. 아주 강한 향의 치즈가 이 요리의 기본이다. 나는 미국의 이탈리아 재료 시장에서 이 치즈를 찾아냈지만 제대로 숙성된 리코타 살라타를 구할 수 없을 때는 이 요리의 특성을 조금 바꾸긴 하겠지만 질 좋은 양 젖 페타 치즈인 숙성된 카치오카발로(caciocavallo) 또는 페코리노 로마노(Pecorino Romano) 치즈로 대체해도 된다.

4인분

작은 이탈리아 또는 일본 가지 2개(길이로 갈라서 1cm 두께로 반달 썰기.)

코셔 소금

엑스트라 버진 올리브오일 6큰술

무염 버터 2큰술

중간 크기 양파 1개(잘게 다지기. 약 1½컵, 375ml)

중간 크기 마늘 2쪽(곱게 다지거나 제스터에 갈기. 약 2작은술)

말린 오레가노 ½작은술

레드 페퍼 플레이크 조금

토마토 페이스트 2큰술

홀토마토 통조림 800g(손이나 푸드프로세서, 포테이토 매셔로 1cm 크기로 대충 으깨기.)

바질 1줄기(잎은 제거하고 줄기만 남기기. 선택 사항)

튜브형 쇼트 파스타 450g(펜네, 지티 등)

고명용 간 리코타 살라타 또는 페타 치즈

1 큰 볼에 가지 조각과 소금 1작은술을 넣고 섞은 뒤 야채탈수기 안에 넣어 30분간 둔다.

2 큰 냄비에 올리브오일 2큰술과 버터를 넣고 중강 불에 올려 버터가 녹고 거품이 가라앉을 때까지 가열한다. 양파를 넣고 자주 저으면서 숨이 죽되 갈색 빛을 띠지 않을 정도로 약 3분 정도 볶는다. 여기에 마늘과 오레가노, 페퍼 플레이크를 넣고 약 1분간 볶아서 향을 낸다. 토마토 페이스트를 넣고 약 30초 정도 잘 섞어 준다. 토마토를 즙과 함께 넣고 바질 줄기(사용 시)도 넣는다. 그리고 고온으로 끓인 뒤 불을 줄이고 가끔 저어 주면서 소스가 걸쭉해지고 4컵(1ℓ) 정도로 줄어들도록 약 30분간 졸인다. 그러고는 한쪽에 둔다.

3 야채탈수기 통을 돌려 가지 조각의 물을 뺀 뒤 키친타월을 두 겹으로 깔고 그 위에 놓는다. 키친타월 한 겹을 가지 위에 덮고 눌러서 최대한 물기를 빼낸다.

4 큰 논스틱이나 무쇠 프라이팬에 남은 엑스트라 버진 올리브오일 4큰술을 넣고 중약 불에 올린 뒤 표면이 일렁일 때까지 가열한다. 가지 조각을 한 층으로 깔고 굽는다. 뒤집어 주고 팬을 가끔 흔들어 주면서 양쪽 면이 캐러멜화가 돼서 진한 갈색이 되고 가운데가 완전히 부드러워지도록 7~10분간 굽는다. 키친타월을 깐 접시로 옮기고 소금으로 바로 간을 한다.

5 큰 냄비에 파스타를 넣고 뜨거운 물을 잠기도록 붓는다. 소금을 넉넉히 넣고 센 불로 끓인다. 가끔 저어서 파스타가 붙지 않게 한다. 파스타가 완전히 부드러워지되 가운데는 약간 씹히는 정도로 삶는다. 파스타는 건지고 1½컵(375ml)만 남기고 파스타 삶은 물을 모두 따라 낸다. 파스타는 다시 냄비에 넣는다.

6 소스를 냄비에 붓고 잘 섞는다. 필요하면 파스타 삶은 물을 부어 묽게 해 원하는 농도로 맞춘다. 여기에 구운 가지를 넣는다. 있으면 바질 잎을 위에 올리고 치즈를 갈아 넣는다.

파스타의 과학 – 토마토소스, 마카로니

가지 품종

나는 20대 초반까지 가지를 싫어했다. 그건 가지를 제대로 조리하지 못해서라고 생각한다. 제대로 조리하지 않으면 가지는 곤죽이 되고, 기름이 많고 맛이 없다*. 하지만 제대로 조리하면 맛이 풍성하면서 근사하다. 살짝 얼얼하면서 씁쓰름한 맛이 있으며 다른 맛을 빨아들이고 보완하는 데 그 어떤 채소와도 비교할 수 없다. 또한 아주 저렴하다.

가장 신선한 가지를 구할 수 있는 시기는 일 년 중 여름 끝 무렵이지만, 먹을 수 없을 정도로 맛이 없는 겨울 토마토와는 달리 가지는 겨울에도 충분히 맛있다. 나는 가지를 일 년 내내 꽤 많이 요리한다.

가지는 종류마다 모양과 크기가 다양하다. 어떤 종류를 사용하든 흠이 없고 매끄럽고 껍질이 단단하고 무거운 걸 고른다. 가지가 너무 크면 덜 단단하고 맛도 덜하며 조리하기도 더 어렵다.

가장 흔하게 사용하는 종류는 아래와 같다.

- **글로브(Globe)**: 크고, 진한 보라색이며 비교적 폭신하다. 가장 흔한 종류이며 다목적으로 사용된다. 큼직하고 넓은 조각이 필요한 가지 파르메산 같은 요리에 아주 적합하다. 또 이 품종은 통으로 구울 수도 있다.
- **이탈리아산**: 더 작고, 더 치밀하고, 더 맛있다. 단단한 이탈리아 가지는 기름에 볶거나 그릴 구이에 아주 적합하다.
- **일본산**: 이 품종은 이탈리아 종과 비슷하지만 좀 더 길고 더 가늘다. 일본에서는 가지를 가지고 보통 튀김이나, 그릴 구이, 또는 달콤한 미소 페이스트를 발라서 브로일링 등을 한다.
- **중국산**: 길고 가늘고 연한 보라색이며 이 치밀한 가지는 브레이징과 스튜용으로는 살짝 찐 후가 최고로 좋다.
- **태국산**: 작고 푸른색이며 사과 같은 질감으로 아삭하다. 태국 가지는 생으로 먹기에 좋은 몇 안 되는 품종 중 하나이다. 조리 시에는 조리 마지막에 커리와 튀김 요리에 넣으면 좋고 데우는 정도로만 살짝 익히는 게 좋다.

가지도 성별이 있을까?

가지 바닥에 살짝 들어간 부분을 보고 가지의 암수를 구별 할 수 있으며 수컷 가지는 암컷 가지보다 씨가 적다는 얘기를 들어 봤을 것이다. 동물의 암수를 구별할 때는 엉덩이로(개코 원숭이나 게처럼) 알 수 있지만 가지는 그런 종류는 아니며 사실, 가지는 암수가 없다.

그렇다면 씨가 적은지 어떻게 알 수 있는가? 가장 좋은 방법은 무게로 비교하는 것이다. 덜 치밀할수록 씨도 적을 것이다.

하지만 치밀하지 않은 가지는 요리하기가 더 어렵다. 이런 가지는 더 쉽게 물러지며 조리하는 동안 기름도 더 많이 흡수한다. 그래서 치밀하지 않은 가지를 고르라는 얘기는 아무런 도움이 되지 않는다.

----

* 내가 싫어하게 된 데는 키드 이카루스(Kid Icarus) 게임에서 가지 마법사가 나를 너무 여러 번 파괴했기 때문이기도 하다.

더 괜찮은 방법이 있는데, 그냥 이탈리아 가지를 산다. 이탈리아 가지는 큰 미국 가지보다 씨가 더 적다. 또, 더 단단하고 너무 크지 않아 다루기도 쉽다. 그리고 어디서나 구할 수 있다.

평일 저녁을 위한 미트소스 스파게티 WEEKNIGHT SPAGHETTI WITH MEAT SAUCE

대학 시절, 분쇄 소고기 450g을 냄비에 넣고 파스타 소스 한 병을 붓고 같이 끓인 뒤 파스타와 잘 섞어서는 저녁식사라고 불렀는데 이보다 더 쉬운 일은 없었다. 확실히 맛은 있었지만 지금 우리는 많은 것을 알고 있으므로 좀 더 맛있게 만들 수 있을 것이다. 이 소스를 만들기 위해 필수품인 마늘과 오레가노, 레드 페퍼 플레이크와 함께 양파에 당근과 셀러리를 넣어 마리나라의 기초를 만들었다. 여기에 앤초비 필레를 두 개 정도 넣으면 맛이 풍성하고 깊이가 있어진다. 앤초비에는 다른 재료에 내재된 풍성한 맛을 강화하는 자연적 화합물인 글루타민산염과 이노신산이 들어 있으며 여기에서는 글루타민산염이 풍부한 토마토 페이스트를 사용해서 맛이 더 강화될 수 있다. 푸드프로세서로 모든 재료를 잘게 썰면 재빨리 끝낼 수 있다.

고기는 분쇄육을 사용하려 했지만 오랫동안 천천히 끓이지 못하면(나는 이 요리를 한두 시간 내로 식탁에 올리기를 원했다.) 고기가 조금 질겨진다는 걸 알았다. 그 대신 미트로프와 미트볼에서 자주 사용했던 방법을 적용하기로 했다. 고기에 다른 재료(이 경우엔 버섯)를 넣고 갈아서 결을 분해해 맛은 더 좋게 하면서 질겨지는 것은 막기로 했다.

4인분

작은 양파 1개(4등분하기.)

작은 당근 1개(껍질을 벗기고 대충 썰기.)

셀러리 1줄기(대충 썰기.)

앤초비 필레 2개(선택사항)

중간 크기 마늘 2쪽

말린 오레가노 ½작은술

레드 페퍼 플레이크 조금

양송이 버섯 230g(줄기를 제거하고 4등분하기.)

간 소고기 목살 280g

엑스트라 버진 올리브오일 2큰술

무염 버터 2큰술

토마토 페이스트 2큰술

홀토마토 통조림 800g(손이나 푸드프로세서, 포테이토 매셔로 1cm 크기로 대충 으깨기.)

피시 소스 1큰술

간 파르메산 4큰술(차림용으로 조금 더 준비)

코셔 소금과 후춧가루

스파게티, 링귀니, 펜네 등 길고 가는 튜브형 쇼트 파스타 450g

고명용 다진 파슬리 또는 바질

1 푸드프로세서 용기에 양파, 당근, 셀러리, 앤초비(선택사항), 마늘, 오레가노, 페퍼 플레이크를 넣고 곱게 다져지도록 8~10번 정도 짧게 순간작동 기능으로 돌린다. 용기 옆면에 붙은 걸 긁으면서 간다. 다 간 뒤 볼로 옮긴다. 빈 푸드프로세서 용기에 버섯을 넣고 곱게 갈리도록 6~8번 정도 짧게 순간작동 버튼을 누른다. 여기에 고기를 넣고 고기와 버섯이 고르게 섞이도록 6~8번 짧게 순간작동을 눌러 준 후 한쪽에 둔다.

2 더치 오븐에 올리브오일과 버터를 넣고 중강 불에 올리고 버터가 녹고 거품이 가라앉을 때까지 가열한다. 다진 채소를 넣고 자주 저어 주면서 숨이 죽되 갈색 빛은 띠지 않을 않을 정도로 약 5분 정도 볶는다. 토마토 페이스트를 넣고 약 1분 동안 잘 섞는다. 고기와 버섯 섞어 놓은 걸 넣고 가끔 저어 주면서 수분이 완전히 증발하고 혼합물이 지글거릴 때까지 약 10분간 볶는다. 토마토를 즙과 함께 넣고 고온에서 끓인 뒤 불을 줄이고 뭉근히 끓인다. 가끔 저어 주면서 소스가 걸쭉해질 때까지 약 30분간 졸인다. 피시 소스와 갈아 놓은 치즈를 넣고 소금과 후추로 간을 한 후 따뜻하게 둔다.

3 한쪽에서는 큰 냄비에 물과 소금을 넣고 끓인다.

4 파스타를 물에 넣고 완전히 부드러워지되 가운데 부분은 약간 씹히는 정도로 삶는다. 파스타를 건져 내고 파스타 삶은 물을 1컵(250ml)만 남기고 따라낸 후 파스타를 냄비에 다시 넣는다. 여기에 소스를 붓고 잘 섞는다. 원하는 농도로 만들기 위해 필요하면 파스타 삶은 물을 더 부어 묽게 만든다. 파스타 위에 파슬리와 파르메산 치즈를 뿌리고 마무리한다.

파스타의 과학 - 토마토소스, 마카로니

마더 소스 #3 : 페스토
MOTHER SAUCE #3 : PESTO

대부분의 사람들은 페스토를 바질과 잣, 마늘, 파르메산, 올리브오일을 듬뿍 넣어서 만드는 전통적인 제노비스 버전으로 알고 있다. 전통적으로 페스토는 재료를 절구와 절구공이(페스토는 글자 그대로 '페이스트'로 번역된다.)로 빻아서 만들지만 요즘은 푸드프로세서로 하기 때문에 아주 수월하게 할 수 있다. 모든 재료를 용기에 넣고 버튼을 누르면 쉽게 만들 수 있지만 나는 가지고 있던 페스토의 문제점을 해결하기 위해 전통적인 레시피에 몇 가지를 수정했다.

먼저 색을 바꿨다. 페스토를 만들면 처음에는 보기 좋은 선명한 진녹색이다. 하지만 이 색은 곧 맛없어 보이는 갈색으로 빠르게 변한다. 이는 식물의 색소가 공기에 노출될 때 발생하는 산화 반응 때문이다. 이렇게 변색되는 것을 막기 위해서는 허브를 끓는 물에 30초 정도 데친 후 얼음물에 넣은 뒤 물기를 빼면 된다. 이렇게 데치는 과정은 산화 반응을 일으키는 효소의 활동을 정지시켜 페스토를 며칠 보관해도 그대로 선명한 녹색을 띤다. 나는 데치는 물에 바질 잎과 함께 마늘도 넣는데 이렇게 하면 마늘의 억센 가장자리가 부드러워진다. 아래 두 가지 페스토를 비교해 보자. 왼쪽은 데치지 않고 만들었고 오른쪽은 먼저 데친 뒤 만들었다. 하루 정도 지나면 색의 차이는 훨씬 더 심해진다.

나는 페스토를 만들 때 시금치와 바질을 섞어 넣는 걸 좋아하는데 그러면 소스가 약간 부드러워지고 맛에 균형이 잘 잡힌다. 이건 그냥 내 생각이다. 원하면 100% 바질만 넣어도 된다. 그것 말고는 또 다르게 넣는 게 있다면 레몬을 갈아서 제스트를 넣는다. 레몬 제스트를 넣으면 아주 얼얼한 소스에 화사한 느낌을 줄 수 있다.

페스토 소스의 좋은 점은 일단 데치는 기본 과정만 알고 나면, 레시피를 무한정 변형할 수 있다는 점이다. 호두 파슬리 페스토를 만들고 싶다? 간단하다. 바질과 시금치 대신 파슬리를, 잣 대신 호두를 넣으면 된다. 피스타치오 아루굴라(Pistachio-arugula) 페스토도 역시 멋지다.

이해가 되시죠? 저는 여기에 네 가지의 변형 요리를 포함시켰지만 여러분도 얼마든지 바꿀 수 있습니다!

페스토 보관법

데친 뒤 갈아서 만든 페스토는 냉장고에 며칠 넣어 두어도 색이 밝고 신선하다. 이보다 더 오래 두고 싶다면 얼린다. 가장 좋은 방법은 사각형의 얼음 틀에 페스토를 넣어 밤새 얼리는 방법이다. 다음 날 사각형의 페스토 얼음 조각을 빼내서 지퍼락 팩에 넣는다. 이렇게 하면 6개월 정도 보관 가능하다. 사용할 때는 도마 위에서 얼린 페스토를 자른 뒤 프라이팬에서 해동을 하든지 삶은 파스타와 함께 바로 냄비에 넣고 해동한다.

바질과 잣을 넣은 클래식 제노비스 페스토
CLASSIC GENOVESE PESTO WITH BASIL AND PINE NUTS

NOTE • 더 강렬한 맛을 원하면 시금치는 생략하고 그만큼 바질을 더 넣는다.

약 1½컵(375ml, 4인분) 분량

바질 잎 57g(여유있게 담아서 3컵, 750ml)
시금치 잎 30g(여유있게 담아서 1½컵, 375ml)
중간 크기 마늘 1개
구운 잣 85g(약 ¾컵, 180ml)
간 파르메산 치즈 57g(약 1컵, 250ml)
레몬 제스트 1작은술(레몬 1개분)
올리브오일 ½컵(125ml)
코셔 소금과 후춧가루

1 큰 냄비에 물을 끓인다. 얼음물도 준비한다. 바질과 시금치, 마늘을 끓는 물에 넣고 30초 정도 데친다. 건져서 바로 얼음물에 넣어 완전히 식힌다.
2 바질과 시금치, 마늘을 건져서 깨끗한 마른 행주나 세 겹의 튼튼한 키친타월 위에 올린다. 꼭 눌러서 물기를 닦아 낸다.
3 푸드프로세서 용기에 넣고 잣과 치즈, 레몬 제스트, 올리브오일을 넣고 약 30초 정도 돌린다. 중간에 옆면도 긁어가면서 갈아 페이스트를 만든다. 소금과 후추로 간을 한다.
4 바로 차려 내거나 밀폐된 용기에 담아 냉장고에 넣고 5일까지 보관한다.

아루굴라와 호두 페스토

1½컵(375ml, 4인분) 분량

아루굴라 잎 85g(가득 채워서 약 4½컵, 1,125ml)

중간 크기 마늘 1쪽

구운 호두 85g(약 ¾컵, 180ml)

간 파르메산 치즈 60g(약 1컵, 250ml)

올리브오일에 절인 선드라이 토마토 2개

레몬 제스트 1작은술과 레몬 즙 2작은술(레몬 1개분)

올리브오일 ½컵(125ml)

코셔 소금과 후춧가루

1. 아루굴라와 마늘을 클래식 제노비스 페스토(719쪽 참고) 레시피의 1단계에서 설명한 대로 데쳐서 식힌다. 2단계에서처럼 건져서 물기를 뺀다.
2. 푸드프로세서 용기로 옮기고 호두와 치즈, 말린 토마토, 레몬 제스트와 즙, 올리브오일을 넣고 약 30초 정도 돌린다. 옆면도 긁어내리면서 갈아 페이스트를 만든다. 소금과 후추로 간을 한다. 차려 내거나 4단계에서와 같이 보관한다.

칠리와 페피타(Pepitas)를 넣은 구운 피망과 페타 페스토

1½컵(375ml, 4인분) 분량

파슬리 잎 28g(여유있게 담아서 약 1½컵, 375ml)

오레가노 잎 2장

중간 크기 마늘 1쪽

구운 피망 2개(껍질, 태좌를 제거 후, 키친타월로 물기 닦기.)

페타 치즈 57g(대충 부수기.)

작은 붉은 세라노 타이 버드 칠리(red serrano Thai bird chile) 1개

구운 페피타 85g(약 ¾컵, 180ml)

올리브오일 ½컵(125ml)

코셔 소금과 후춧가루

1. 클래식 제노비스 페스토(719쪽 참고) 레시피의 1단계에서 설명한 대로 파슬리, 오레가노, 마늘을 데친 뒤 식힌다. 건져서 2단계에서처럼 물기를 닦아 낸다.
2. 푸드프로세서 용기에 넣고, 피망과 치즈, 칠리, 페피타, 올리브오일을 넣고 약 30초 정도 돌려 준다. 옆면에 붙은 것도 긁어내려 주면서 갈아 페이스트를 만든다. 소금과 후추로 간을 하고 차려 내거나 4단계에서처럼 보관한다.

앤초비를 넣은 토마토와 아몬드 페스토

약 1½컵(375ml, 4인분) 분량

바질 잎 28g(여유있게 담아서 약 1½컵, 375ml)
중간 크기 마늘 1쪽
방울토마토 500ml(반으로 자르기.)
껍질째 구운 아몬드 85g(약 ¾컵, 180ml)
간 파르메산 치즈 60g(약 1컵, 250ml)
앤초비 필레 3개
발사믹 식초 2작은술
식초에 절인 페페론치니 1개(안쪽 줄기(태좌)는 떼기.)
올리브오일 ½컵(125ml)
코셔 소금과 후춧가루

1. 클래식 제노비스 페스토(719쪽 참고) 레시피의 1단계에서 설명한대로 바질과 마늘을 데친 뒤 식힌다. 건져서 2단계에서처럼 물기를 닦아 낸다.
2. 푸드프로세서 용기에 넣고 토마토, 아몬드, 치즈, 앤초비, 식초, 페페론치니, 올리브오일을 넣고 약 30초 간다. 옆면에 붙은 것도 긁어내리면서 갈아 페이스트를 만든다. 소금과 후추로 간을 하고 바로 차려 내거나 4단계에서와 같이 보관한다.

선드라이 토마토와 올리브, 케이퍼를 넣은 페스토

1½컵(375ml, 4인분) 분량

파슬리 잎 57g(여유있게 담아서 약 3컵)
중간 크기 마늘 1쪽
기름에 절인 선드라이 토마토 85g(약 ½컵, 125ml)
씨를 발라 낸 칼라마타 올리브 113g(약 1컵, 250ml)
케이퍼 2큰술(씻어서 물기를 빼기.)
간 페코리노 로마노 57g(약 1컵, 250ml)
레드 와인 식초 1큰술
레드 페퍼 플레이크 조금
엑스트라 버진 올리브오일 ½컵(125ml)
코셔 소금과 후춧가루

1. 클래식 제노비스 페스토(719쪽 참고) 레시피 1단계에서 설명한 대로 바질과 마늘을 데친 뒤 식힌다. 2단계에서처럼 건져서 물기를 닦아 낸다.
2. 푸드프로세서 용기로 옮기고 토마토, 올리브, 케이퍼, 치즈, 식초, 페퍼 플레이크, 올리브오일을 넣고 약 30초 정도 간다. 옆면에 붙은 걸 긁어내리면서 갈아 페이스트를 만든다. 소금과 후추로 간을 한 뒤 차려 내거나 4단계에서처럼 보관한다.

마더 소스 #4 : 크림소스
MOTHER SAUCE #4 : CREAM SAUCE

알프레도(Alfredo) 소스의 유래는 20세기 초 로마로 거슬러 올라간다. 그 당시 식당을 운영하던 알프레도 디 렐리오(Alfredo Di Lelio)는 이 음식을 자신의 이름을 딴 식당에서 만들어 팔았다. 원래 버전은 페고리노 로마노 치즈를 갈아 넣고 후추도 듬뿍 넣어 만든 로마 요리인 스파게티 카치오 에 페페(spaghetti cacio e pepe)와 아주 비슷하다. 이 요리는 생(生) 세몰리나(semolina) 파스타에 버터와 치즈를 섞고 파스타 삶은 물을 좀 부어 만든다. 전분이 가득 든 파스타 삶은 물이 치즈의 유화를 도와 담백하고 크림 같은 소스로 만든다.

우리가 요즘 더 익숙해진 미국식 버전은 보통 달걀, 생크림, 전분을 넣고 더 진한 크림과 같은 소스를 만든다. 매일 먹는 음식으로는 너무 진하다는 생각이 든다. 그래서 내가 만드는 소스는 생크림을 약간 넣되 달걀은 생략해서(나의 크림같은 맥 앤 치즈 레시피에서 더 진한 맛은 문제가 되지 않았기 때문이다(724쪽 참고). 두 버전 사이의 차이를 줄인다. 카치오 에 페페에서와 마찬가지로, 나는 소스에 후추를 듬뿍 넣는 걸 좋아한다. 치즈에 매콤함이 멋지게 더해진다.

한 가지 문제점은 식당의 파스타 요리를 가정에서 할 수 있는 레시피로 변형할 때에 늘 생기는 문제, 즉, 집에서 파스타를 삶은 물은 그저 한 번만 삶은 물이기에 식당에서 삶은 물처럼 점점 그렇게 전분이 많아지지 않는다. 삶은 물의 많은 전분이 유화를 돕는다. 이런 전분이 없으면 치즈는 아주 쉽게 분리가 돼서 덩어리가 지고, 끈적거리게 된다. 이를 보완하기 위해서 나는 치즈를 파스타에 섞어 넣기 전에 옥수수전분을 아주 조금 넣었다. 그 자체만으로도 굉장한 이 담백하면서도 크림 같은 소스는 또한 많은 제철 채소와 향신료의 완벽한 배경이 되어 줄 수 있다. 다음에 나오는 변형들을 참고한다.

좀 더 담백한 페투치니 알프레도 LIGHTER FETTUCINE ALFREDO

4인분

간 페코리노 로마노 60g(약 1컵, 250ml. + 차림용으로 조금 더 준비)
옥수수전분 ½작은술
무염 버터 4큰술(큼직하게 자르기.)
후춧가루
생크림 ½컵(125ml)
생 페투치니 450g
다진 차이브와 파슬리 2큰술
코셔 소금

1. 작은 볼에 치즈와 옥수수전분을 넣고 섞는다. 여기에 버터와 후추 ½작은술과 생크림을 넣는다. 큰 냄비로 소금물을 끓인다.
2. 끓는 물에 파스타를 넣고 약 1분 30초 정도 끓여 알덴테 상태로 삶는다. 파스타는 건져 내고 삶은 물은 2컵(500ml)을 남긴다. 파스타를 냄비에 섞어 놓은 치즈와 삶은 물 1컵(250ml)과 함께 넣는다. 중간 불에 올리고 계속 저으면서 소스가 걸쭉해지고 파스타에 묻도록 약 2분 정도 저어 준다. 농도를 맞추기 위해 필요하면 삶은 물을 더 부어 묽게 만든다. 허브를 넣고 소금으로 간을 하고 후추를 더 넣는다. 치즈를 따로 곁들여 바로 차려 낸다.

프로슈토와 완두콩, 아루굴라를 넣은 즉석 크림 파스타

차이브는 생략하고 해동한 완두콩 1컵(250ml)과 프로슈토 85g을 가는 띠 모양으로 잘라서 넣고, 여유있게 담은 아루굴라 잎 3컵, 파스타 삶은 물 1컵(250ml)을 넣고 설명 대로 한다.

레몬 제스트와 로즈마리를 넣은 즉석 크림 파스타

차이브는 생략하고 레몬 제스트 1작은술과 다진 로즈마리 1큰술, 크림과 버터를 넣고 설명 대로 한다.

스토브로 만든 정말로 끈적거리는 마카로니 앤 치즈
ULTRA-GOOEY STOVETOP MACARONI AND CHEESE

내가 요리 교육을 얼마나 받았든,

얼마나 고급 재료를 넣고 요리를 하든 고급 식당에서 식사를 하든, 맛과 천진한 즐거움의 면에서 보자면 스토브 위에서 조리한 맥 앤 치즈와 견줄 만한 건 세상에 없다. 끈적거리는 치즈와 크림 같고 짭조름한 파스타가, 심지어(또는 특히나?) 그 파란 포장 상자에서 나온다 해도 누군들 좋아하지 않을 수 있을까? 내게 그리고 여러분들 중에도 많이들 그럴 거라고 생각하는데 마카로니 앤 치즈는 머릿속에 박힌 맛의 추억이며 그것도 아주 강렬한 추억이다.

그런 강렬한 추억을 만드는 건 바로 식감이다. 내가 먹었던 어떤 마카로니 앤 치즈도 원조인 크래프트(Kraft)사만큼 그렇게 벨벳처럼 매끄럽지는 않았다. 그렇긴 하지만 절대치로 보자면 맛 차원에서는 조금 아쉬운 점이 있다. 그렇다면 최종 목표는 어떻게 잡으면 좋을까? 크림 같고 끈적거리고 매끄러운 그 파란 상자의 맥 앤 치즈 농도에 진짜 치즈의 복합적인 맛을 더하는 것이다.

말도 안돼!

치즈는 녹는다, 그렇죠? 그렇다면 체다 치즈를 파스타가 들어 있는 냄비에 넣고 완전히 소스 농도가 될 때까지 가열하면 어떨까? 이걸 시험해 본 사람이라면 누구나 알 것이다. 치즈가 분해돼 물 위에 기름이 둥둥 떠다니고, 질기고 고무 같은 치즈가 남게 된다고. 보기 좋은 그림은 아니다.

왜 이렇게 되는지 알기 위해 치즈가 정확히 무엇으로 만들어지는지 자세히 살펴보자.

- **물**은 다 다른 정도로 들어 있다. 잭, 영 체다, 모차렐라 같이 숙성이 덜 된 치즈는 80% 정도까지로 비교적 수분 함량이 높다. 치즈는 숙성이 더 오래될수록 수분을 더 많이 잃으면서 더 단단해진다. 파르메산, 페코리노 로마노 같은 유명한 경질 치즈는 몇 년 간 숙성을 거치면 수분 함량이 30% 정도로 낮아진다.
- **유지방**. 단단한 치즈에 들어 있는 유지방은 단백질 교질입자의 빽빽한 그물망에 움직이지 않고 떠 있는 미세한 작은 방울의 형태로 분산되어 있다(잠시 후에 자세히 다룰 것임). 이 지방은 약 32℃ 이하에서는 고체 상태이다. 이 작은 방울은 서로 접촉할 수 없기 때문에 큰 방울을 만들지 못한다. 다시 말해, 치즈는 기름 덩어리가 되지 않고 계속 매끄럽고 잘 부서지는 상태가 유지된다.
- **단백질 교질입자**는 둥근 모양의 유단백질 묶음이다. 개별적인 유단백질은 소수성(물과 친화성이 없는 성질) 머리에 친수성(물과 친화성이 있는 성질) 꼬리를 한 작은 올챙이를 닮았다. 이 단백질은 물이 많은 환경에서 소수성 머리를 보호하고 친수성 꼬리를 노출하면서 수천 다발로 거꾸로 결합한다. 이 교질입자는 긴 사슬로 연결되어서 치즈 조직을 이루는 그물망을 만든다.
- **소금과 기타 양념**이 치즈의 나머지 부분을 차지한다. 소금은 질감에 아주 강력한 영향을 미친다. 치즈에 소금이 많이 들어 있을수록 짜내기 전에 커드(curd, 우유가 엉기어 굳어진 것)에서 수분이 더 많이 빠져나와 더 푸석하고 단단하다. 치즈에 들어 있는 다른 맛 화합물은 대부분 박테리아와 숙성의 부산물이다. 숙성이 잘 된 치즈에서는 이런 요소들이 섬세하고도 안정적으로 균형을 이룬다. 하지만 열은 모든 걸 뒤흔든다. 처음엔 모든 게 잘 되는 듯이 보인다. 치즈는 점점 부드러워져서 점점 액체 형태로 바뀐다. 그런데 32℃ 정도에서 갑자기 지방이 액화되면서 기름진 물웅덩이로 변하고 물과 단백질로부터 분리된다. 녹은 치즈를 계속 저으면 아직 증발하지 않은 어떤 형태든 수분 속에 떠 있던 단백질은 칼슘의 도움으로 서로서로 결합해서 길고 헝클어진 가닥을 만든다. 그래서 스트링 치즈나 늘어진 모차렐라에서 볼 수 있는 신축성 있는 커드를 만든다. 한때는 모두 한 덩어리로 잘 있던 것이 이제는 완전히 지방과 단백질, 물로 분리가 되서 옆에 5,000달러짜리 균질기가 없다면 다시는 결합시킬 수 없게 된다.

아메리칸(American), 벨비타(Velveeta)와 같은 치즈 제품들은 안정된 상태가 유지되도록 추가적인 물, 단백질과 함께 안정제를 첨가한다. 나는 아메리칸 치즈 작은 덩어리와 엑스트라-샤프 체다 치즈를 접시에 담아서 전자레인지에 돌려 보았다. 아메리칸 치즈는 그대로 매끄럽게 유지가 되었지만 체다 치즈는 분리가 됐다. 아마도 우리는 아메리칸 치즈에서 몇 가지를 배울 수 있을 것이다.

 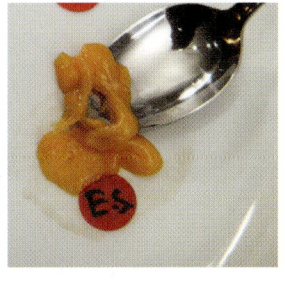

아메리칸 치즈(왼쪽)는 부드럽게 녹이기 위해 화학소금을 넣는다.
체다 치즈(오른쪽)는 녹으면서 분리가 된다.

윤이 나고 매끄러운 치즈 소스를 만들려면 다음 세 가지가 필요하다.

- 지방 방울(입자)이 분리돼 물웅덩이를 만드는 걸 막는다.
- 수분을 더해서 묽게 만든다.
- 단백질이 분리되어 긴 가닥으로 재결합하는 것을 막을 방법을 찾는다.

자, 이걸 다 어떻게 해야 하죠? 다행스럽게도 이런 일은 예전에도 있었고 다시 또 일어날 겁니다. 이 경우에, 빠르게 고체에서 액체로 바뀌는 치즈는 좋지 않으며 시간이 지나면서 조금씩 부드러워지는 치즈, 그렇다면 이 말은 전분이 걸쭉하게 하면서 안정제 역할도 할 수 있도록 해야 한다는 뜻이다.

어떤 치즈 소스 레시피에는 밀가루로 걸쭉하게 한, 우유를 기본으로 한 베샤멜 소스가 기본으로 들어간다. 나는 베샤멜 소스를 넣었을 때의 질감(치즈 맛이 나는 베샤멜은 부드럽고 크림 같지만 끈적이지는 않는다.)과 맛(요리가 완성되었을 때 밀가루 맛을 느낄 수 있다.)을 좋아하지 않는다. 옥수수전분과 같은 순수한 전분을 넣어 주고 보통의 우유나 생크림은 농축 우유(무가당 연유)로 바꿔 주는 게 제대로 된 방법이다.

베샤멜을 기본으로 한 소스와 전분, 농축 우유(무가당 연유)로 만든 소스 사이의 차이를 확인해 보자.

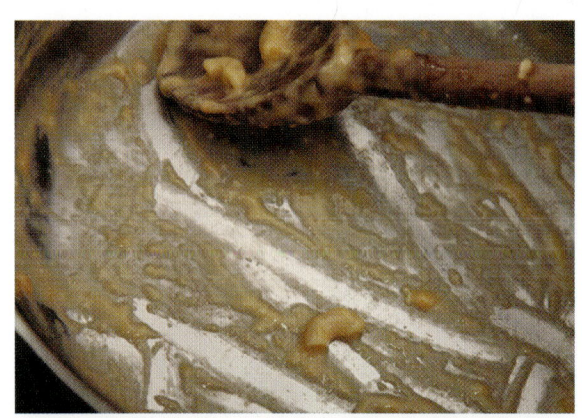

농축 우유(무가당 연유)와 전분을 섞어 조리할 때, 전분 분자는 부풀어 오르면서 소스를 걸쭉하게 하고 농축 우유(무가당 연유)는 농축된 유단백질을 공급하게 된다. 그래서 전체 혼합물이 매끄럽게 유화가 되는 데 도움을 주어 매끄러운 소스가 만들어진다. 옥수수전분을 혼합하는 가장 쉬운 방법은 치즈를 갈아서 함께 살살 섞는 방법이다. 그렇게 하면 치즈를 냄비에 넣을 때 옥수수전분이 이미 충분히 흩어지게 돼서 치즈가 덩어리를 형성할 수 없다. 소스를 더 윤이 나게 하고 싶다면? 맛이 있는 치즈를 조금만 줄이고 아메리칸 치즈를 조금 넣어 주면 완전 강화된 유화제를 넣어 주는 것이라 소스가 그림자도 비쳐 보일만큼 반짝이게 된다.

그런데, 소스 자체는 아주 훌륭했지만 파스타에 넣자 내가 원했던 식으로 파스타에 잘 입혀지지 않았다. 이 문제를 해결하기 위해 달걀을 2개 넣었다. 이제, 소스가 조리되면서 달걀흰자에서 나오는 길게 꼬인 단백질은 변성을 하기 시작하는데 서로 매듭을 풀면서 결합한다. 그래서 소스를 걸쭉하게 만들어 기본적으로 아주 묽은 커스터드가 된다. 달걀이 소스의 코팅에 미치는 영향은 아주 놀랍다.

가장 좋은 점이라면? 심지어 치즈 소스를 따로 만들지 않아도 된다는 것이다. 파스타를 다 삶고 나면, 다른 모든 재료를 바로 냄비에 넣고 버너 위에서 소스가 완성될 때까지 저어 주기만 하면 된다. 우리가 여기서 만든 맥 앤 치즈 레시피는 파란 상자(유일한 추가 과정이 있다면 몇 가지 재료의 무게를 재는 것이다.)에 든 것보다 10% 정도 더 번거롭지만 맛은 정말이지 훨씬 더 좋다.

맥 앤 치즈(MAC 'N' CHEESE)는 왜 재가열할 수 없는가?

맥 앤 치즈는 재가열을 하면 아주 좋지 않다. 재가열하면 매끄럽고 크림 같던 소스가 거칠게 멍울지고, 분리가 되면서 먹기 싫은 덩어리가 되고 만다. 알다시피, 안정적인 치즈 소스를 만들기 위해서는 지방과 물이 잘 어우러지도록 돕는 유화 물질과 함께 지방과 수분이 아주 섬세하게 균형을 이루어야 한다. 파스타가 소스 속으로 들어갈 때 완전히 익었다 하더라도 파스타는 느슨한 스펀지 같은 구조를 가지고 있어서 파스타를 냉장고에 하룻밤 두면 계속해서 물을 흡수할 수 있다. 이렇게 되면 소스의 균형이 깨져서 재가열하면 지방이 너무 많이 분해가 된다.

그렇다면 해결책은? 넵, 그냥 물을 더 넣어 주면 된다. 내가 찾아낸 방법은 우유를 몇 큰술 넣어 주는 것인데, 우유는 기본적으로 약간의 지방과 단백질, 당이 섞인 물이라고 할 수 있다. 재가열하는 동안 잘 저어 주면 단백질이 소스가 다시 유화되도록 돕는 동안 우유에 든 수분이 소스의 불균형한 비율을 바로 잡아 준다. 파스타는 맨처음에 만든 것보다는 조금 더 물컹거리긴 하지만 이런 파스타도 가끔은 먹을 만하다.

치즈 차트

다양한 치즈들의 용해성은 제조 및 화학적 구성을 포함하여 여러 요인에 의해 영향을 받을 수 있지만 그중 가장 중요한 요인은 숙성이다. 숙성이 덜 된 촉촉한 치즈는 숙성이 오래돼서 마른 치즈보다 훨씬 더 빨리 녹는다. 그렇다면 치즈가 녹을 때는 정확히 어떤 일이 일어날까? 대부분의 치즈는 우유에 박테리아와 레닛(rennet)*을 넣어 만든다. 박테리아는 당을 먹고 산성의 부산물을 만든다. 톡 쏘는 맛을 내는 것 외에 이 산성 물질은 레닛과 함께 우유 속에 든 단백질(주로 카제인)이 변성하도록 한다. 각 단백질을 천천히 풀리는 작은 실타래라고 생각해 보자. 풀면 풀수록 다른 실과 얽히기가 더 쉬워진다. 이게 바로 치즈 속에서 일어나는 현상이다. 단백질 같이 꼬인 실은 서로 헝클어져 있으면서 안정적인 그물망을 만들어 치즈에 부피감을 만들어 준다. 이 그물망 안에 갇힌 것은 고형지방과 물의 미세한 입자들이다. 치즈에 열을 가하면 가장 영향을 받는것은 지방으로, 지방은 32℃에서 녹는다. 열 속에 오랫동안 치즈를 놓아두면 치즈 표면에 방울이 생기는데 이걸 본 적이 있는가? 이것이 유지방 방울이다. 계속해서 치즈를 가열하면 마침내 단백질 접착이 떨어져서 치즈가 액체처럼 흐르면서 퍼져 나간다. 치즈 종류에 따라, 벨비타처럼 아주 잘 녹는 고수분 처리 치즈는 거의 50℃ 정도에서, 잘 숙성된 파르메산 치즈처럼 아주 수분이 적은 치즈는 82℃ 이상에서 이런 현상이 발생한다. 단백질 조직이 너무 많이 분해되면 지방과 물, 각각의 미세방울은 합쳐지게 되는데, 그러면 단백질 그물망을 벗어나게 되면서 치즈가 완전히 분해가 되고 만다. 페타치즈, 할루미(halloumi) 치즈 같은 일부 치즈는 단백질 조직이 너무 촘촘해서 아무리 가열해도 분해하거나 녹일 수가 없다. 다른 치즈에는 유화제가 첨가되어 있어서 낮은 온도에서 분해되지 않고 매끄럽게 녹도록 한다. 또 다른 종류들은 안정적으로 유지하려면 레시피에 약간의 조정이 필요하다. 다음은 좀 더 일반적인 치즈 차트로 녹는 속성과 최적용도 등을 나타낸다.

....
* 래닛은 송아지의 위장 내벽에서 또는 요즘은 아주 흔하게 식물성 공급원에서 추출한 효소이다(네, 대부분의 치즈는 식물성이 아닙니다.).

치즈명	자르기/그냥 먹기	양념에 재우기	프라잉	그릴 구이	부수기	갈기
아메리칸(American)						
아메리칸 뮌스터(American Munster)	×					
영 아시아고(Young Asiago)	×					
1년 이상의 아시아고(Asiago)	×				×	×
브리(Brie)	×					
카브랄레스(Cabrales, 블루)	×				×	
카망베르	×					
영 체다(Young cheddar)	×					×
체다(1년 이상 숙성)	×				×	×
콜비(Colby)	×				×	×
콩테(Comté, 그뤼에르 드 콩테)	×					×
코티자(Cotija)					×	×
데니시 블루(Danish Blue)	×				×	
아메리칸 또는 덴마크산 폰티나(Fontina)	×					×
에멘탈(Emmental, 또는 스위스 치즈)	×					×
페타(Feta)	×	×			×	
푸름 당베르(Fourme D'Ambert, 블루)	×				×	
고르곤졸라	×				×	×

* 치즈 명에 붙은 영(young)은 치즈 숙성 기간에 따른 분류명이다. 영의 경우는 숙성 기간이 약 4주로 짧으며 풍미가 매우 부드럽다.

녹이기	원산지	우유 종류	맛
×	미국	젖소	아주 순하고, 짜고, 아주 잘 녹는다.
×	미국	젖소	순하고, 크림 같다.
×	이탈리아	젖소	톡 쏘며, 우유 같다.
	이탈리아	젖소	감칠맛이 있고, 고소하며, 짜다(파르메산처럼).
×	프랑스	젖소	강한 향, 크림 같다.
×(덜 숙성됐을 때)	스페인	젖소, 양 또는 염소	짜고 냄새가 고약하다.
×	프랑스	젖소	강한 향, 크림 같다.
×	영국/미국	젖소	약간 고소한 맛, 크림 같다.
	영국/미국	젖소	고소하고, 톡 쏘는 맛
×	미국	젖소	영 체다처럼 순하고, 크림 같다.
×	프랑스	젖소	아주 고소하고, 감칠맛이 있다.
	멕시코	젖소	순하고 짜다.
	덴마크	젖소	고약한 냄새가 나고 톡 쏜다.
×	미국/덴마크	젖소	약간 고소하다.
×	스위스(또는 북아메리카, 뉴질랜드, 기타 국가들)	젖소	고소하고 톡 쏜다.
	그리스	양, 염소, 젖소	아주 짜다.
	프랑스	젖소	짜고 냄새가 심하다.
×	이탈리아	젖소나 염소	톡 쏘고 짜다.

치즈명	자르기/ 그냥 먹기	양념에 재우기	프라잉	그릴 구이	부수기	갈기
영 고다(Young Gouda)	×					
고다(1년 이상 숙성)	×				×	×
할루미(Halloumi)	×		×	×		
하바티(Havarti)	×					
이탈리안 폰티나	×					
림버거(Limburger)	×					
만체고 쿠라도 3(Manchego Curado 3, 3~6개월 숙성)	×					
만체고 비에호(Manchego Viejo, 1년 이상 숙성)	×	×			×	
메이텍 블루(Maytag Blue)	×				×	×
몬터레이 잭(Monterey Jack)	×					×
모차렐라	×	×				×
파니르(Paneer)	×		×	×	×	
파르메산	×					×
페코리노 로마노	×					×
프로볼로네(Provolone)	×					×
케소 오악사카(Queso Oaxaca)	×	×				
케소 파넬라(Queso Panela, 케소 카나스타(Canasta), 케소 드 프라이어(Queso de Frier))		×	×	×	×	×
로크포르(Roquefort, 블루)	×				×	×
스틸턴(Stilton)	×				×	

녹이기	원산지	우유 종류	맛
×	네덜란드	젖소	약간 톡 쏘는 맛이며 크림 같다.
	네덜란드	젖소	감칠맛이 있고, 고소하며 짜다(파르메산처럼).
	사이프러스	염소/양(때로는 젖소)	순하고 짜다.
×	덴마크	젖소	약간 구수하고, 크림 같다.
×	이탈리아	젖소	톡 쏘며, 짜고, 고소하다.
	독일	젖소	향이 강하고, 크림 같다.
×	스페인	양	순하고 풀냄새가 나고 크림 같다.
	스페인	양	톡 쏘고, 풀냄새가 나고 짜다.
	미국	젖소	약간 싸한 맛과 함께 짜고 구수하다.
×	미국	젖소	순하고 약간 고소하고, 아주 잘 녹는다.
×	이탈리아	젖소 또는 버팔로	크림 같고 신선하다.
	인도	젖소	순하고, 담백하다.
	이딜리아	젖소	짜고, 감칠맛이 있고, 구수하다.
	이탈리아	양	짜고, 감칠맛이 나고, 구수하고 풀 냄새가 난다.
×(영일 때)	이탈리아	젖소	순한 맛에서 톡 쏘는 맛까지
×	멕시코	젖소	순하고 신선하다.
	멕시코	젖소	순하고 크림 같다.
	프랑스	양	아주 짜고, 강한 푸른 곰팡이 치즈 맛이 있으며 풀 향기가 난다.
	잉글랜드	젖소	아주 짜고 강한 블루치즈 맛이 난다.

스토브에서 만드는 초-끈적한 맥 앤 치즈 ULTRA-GOOEY STOVETOP MAC 'N' CHEESE

원하면 차려 내기 바로 전에 마카로니 치즈 위에 구운 빵가루를 올린다.

NOTE • 다음과 같은 잘 녹는 치즈나 여러 치즈 중에서(727~731쪽 '치즈 차트' 참고) 치즈를 섞어 사용한다. 아메리칸 치즈, 체다, 잭, 폰티나, 스위스 치즈(에멘탈), 그뤼에르, 뮌스터, 영 프로볼로네 치즈 또는 영 고다 치즈 등이다. 파스타를 재가열하려면 우유를 몇 큰술 팬에 넣고 중약 불에 올리고 뜨거워질 때까지 부드럽게 저어 준다.

4~6인분

엘보우 마카로니 450g

코셔 소금

무가당 연유(또는 무가당 연유 통조림) 340g

대란 2개

프랭크스 레드핫 또는 다른 핫소스 1작은술

머스터드 파우더 1작은술

엑스트라-샤프 체다 치즈 450g(갈아 두기. 위의 note 참고)

아메리칸 치즈 230g(1cm 크기로 자르기. 위의 note 참고)

옥수수전분 1큰술

무염 버터 113g(스틱 1개. 네 덩이로 자르기.)

1 큰 냄비에 마카로니를 넣고 물이 5cm 정도 올라오도록 붓는다. 소금을 넉넉히 넣고 고온으로 끓인다. 가끔 저어서 파스타가 서로 붙지 않도록 한다. 팬 뚜껑을 덮고 불을 끄고 파스타가 알덴테로 삶길 때까지 약 8분 정도 가만히 둔다.

2 한쪽에서는 볼에 연유와 달걀, 핫소스, 머스터드를 넣고 휘핑한다. 큰 볼에 치즈와 옥수수전분을 넣고 살살 잘 섞어 준다.

3 파스타가 다 익으면 체에 밭쳐 물을 빼고 파스타만 다시 냄비에 넣는다. 약한 불에 올리고 버터를 넣고 녹인다. 우유 혼합물과 치즈 섞어 놓은 걸 넣고 계속 저으면서 치즈가 완전히 녹아 뜨거운 크림처럼 되도록 한다. 소금으로 간을 하고 핫소스를 조금 더 넣는다. 취향껏 위에 구운 빵가루를 올려 바로 차려 낸다.

스토브에서 만드는 햄과 완두콩 맥 앤 치즈

깍둑 썰어서 기름에 볶은 햄 1컵(250ml)과 해동한 완두콩 1컵(250ml)을 3단계에서 우유와 치즈 혼합물과 함께 섞어 넣는다.

스토브에서 만드는 베이컨과 식초에 절인 할라피뇨 맥 앤 치즈

베이컨 6줄을 1cm 폭으로 자른 뒤 큰 프라이팬에 넣고 물 ½컵(125ml)을 넣어 중간 불에서 굽는다. 한 번씩 저어 주면서 바삭해질 때까지 구워 준다. 작은 볼에 베이컨과 녹은 기름을 옮기고 한쪽에 둔다.
위의 '스토브에서 만드는 초-끈적한 맥 앤 치즈' 조리법을 따른다. 3단계에서 우유와 치즈 혼합물을 넣으면서 버터는 6큰술로 줄이고 베이컨과 녹은 기름을 넣고 식초에 절인 할라피뇨를 채썰어서 ¼컵을 넣는다.

스토브에서 만드는 브로콜리와 콜리플라워 맥 앤 치즈

3단계에서 우유와 치즈 혼합물을 넣으면서 데친 브로콜리와 콜리플라워 송이를 각각 1컵(250ml)씩 넣는다.

스토브에서 만드는 슈프림 피자 스타일 맥 앤 치즈

앞의 레시피에서 체다 치즈 반을 모차렐리로 대체한다. 간 피르메산 치즈 28g, 구워서 부순 이탈리안 소시지 230g, 1cm 크기로 자른 페페로니 4큰술, 1cm로 자른 소프레사타(soppressata) 또는 살라미 113g, 물기를 빼서 대충 썬 통조림 토마토 1컵(250ml), 씨를 빼고 슬라이스한 검정 올리브 4큰술, 병에 든 페페론치니도 슬라이스해서 4큰술을 다 된 맥 앤 치즈에 넣고 섞는다. 고명으로 다진 바질과 엑스트라 버진 올리브오일을 뿌린다.

스토브에서 만드는 그린 칠리와 닭고기 맥 앤 치즈

체다 치즈 대신 페퍼 잭(pepper Jack)을 넣는다. 잘게 자른 익힌 닭고기 2컵(남은 고기나 로티세리), 그린 칠리 통조림 100g을 잘게 썰어 넣고(아니면 그린 칠리를 구워서 잘게 썰어서 ½컵(125ml)). 또 살사 베르데 1컵(250ml)을 완성된 맥 앤 치즈에 넣고 섞는다. 고수 잎과 대파를 썰어서 위에 올린다.

치즈 칠리 맥 CHEESY CHILI MAC

여기에 정말 중요한 질문이 있는데, 칠리 맥도 치즈를 더 넣고 끈적거리게 만들면 되지 않을까? 우리는 '평일 저녁의 간편한 분쇄 소고기 칠리'(269쪽)와 '스토브에서 만드는 초-끈적한 맥 앤 치즈'(733쪽) 레시피를 가지고 있기 때문에 만드는 게 아주 쉽다. 이 두 가지를 섞고 치즈를 더 넣어서 캐서롤에 넣고 구우면 된다.

4~6인분

무염 버터 8큰술(스틱 1개)

중간 크기 양파 1개(강판의 가장 큰 구멍에 갈기. 약 ¾컵, 180ml)

큰 마늘 1쪽(곱게 다지거나 제스터에 갈기. 약 2작은술)

말린 오레가노 ½작은술

코셔 소금

아도보 소스에 절인 치포틀레 칠리 2개(잘게 다지기.)

앤초비 필레 1개(포크 등으로 으깨기.)

칠리 파우더 2큰술(또는, 267쪽 칠리 페이스트 4큰술)

커민 파우더 1½작은술

토마토 페이스트 4큰술

소고기 목살 갈아서 450g

홀 토마토 통조림 400g(과육을 1cm 크기로 썰기.)

카드니빈 통조림 425g(체에 밭쳐 국물 빼기.)

홈메이드 또는 저염 닭 육수 통조림(또는 물) 1컵 (250ml)

후춧가루

엘보우 마카로니 450g

무가당 연유(통조림) 340g

대란 2개

프랭크스 레드핫 또는 다른 핫소스 1작은술

미스디드 피우디 1작은술

아메리칸 치즈 230g(1cm 크기로 자르기.)

엑스트라-샤프 체다 치즈 갈아서 570g

옥수수전분 1큰술

파르메산 치즈 갈아서 ½컵(125ml)

다진 파슬리 또는 다진 대파 2큰술

1. 큰 더치 오븐에 버터 2큰술을 넣고 중강 불에 올려 녹인다. 여기에 양파와 마늘, 오레가노, 소금을 조금 넣고 볶는다. 자주 뒤적여 주면서 양파가 연한 황금색이 되도록 약 5분 정도 볶아 준다. 치포틀레와 앤초비, 칠리 파우더, 커민 파우더를 넣고 약 1분 정도 볶아서 향이 나게 한다. 여기에 토마토 페이스트를 넣고 약 1분간 골고루 섞어 준다. 분쇄 소고기를 넣고 나무 주걱으로 고기를 잘게 부수고 자주 저어 준다. 더 이상 분홍색이 보이지 않을 때까지(고기를 갈색 빛이 돌 때까지 볶지는 않아도 된다.) 약 5분 정도 볶는다.

2. 토마토와 콩, 육수를 넣고 섞어 주고 소금과 후추로 간을 한다. 한소끔 끓인 뒤, 불을 줄이고 뭉근히 졸인다. 가끔 저어 주면서 맛이 우러나고 칠리 스튜가 약간 걸쭉해질 때까지 약 30분간 졸인다. 불을 끈다.

3. 칠리 스튜가 끓는 동안 큰 냄비에 마카로니를 넣고 소금물을 5cm 정도 올라오게 붓는다. 소금을 넉넉히 넣고 고온에서 끓여 준다. 자주 저어서 파스타가 서로 붙지 않도록 한다. 냄비 뚜껑을 덮고 불을 끄고 파스타가 알덴테가 되도록 약 8분 정도 가만히 둔다.

4. 한쪽에선, 볼에 연유와 달걀, 핫소스, 미스디드를 넣고 휘핑한다. 큰 볼에 아메리칸 치즈와 체다 450g(⅘ 정도) 치즈를 넣고 옥수수전분을 넣어 잘 섞어 준다.

5. 브로일러의 랙을 위에서 20cm 정도 아래에 맞추고 고온으로 가열한다. 파스타가 다 익으면 건져서 냄비에 다시 넣고 낮은 불에 올린 뒤 남은 버터 6큰술을 넣고 녹인다. 우유와 치즈 섞은 것 넣고 계속 저으면서 치즈가 완전히 녹아 혼합물이 뜨거운 크림처럼 되도록 한다(브로일러가 없다면, 오븐의 구이 기능, 또는 오븐을 230℃ 정도로 뜨겁게 예열한 뒤 열선에 가깝게 맨 윗단에 올려 조리한다.).

6. 칠리를 마카로니 앤 치즈 속에 섞는다. 큰 캐서롤 접시로 옮기고 위에는 남은 체다와 파르메산 치즈를 올린다. 윗면이 갈색으로 변하고 기포가 생길 때까지 약 5분간 브로일링한다. 5분 동안 레스팅한 뒤 파슬리를 올리고 마무리한다.

마더 소스 #5 : 라구 볼로네제
MOTHER SAUCE #5 : RAGU BOLOGNESE

내가 자랄 때 알던 볼로네제 소스는 간 소고기 450g을 넣고 만든 기본적인 마리나라 소스와 크게 다르지 않았다. 그럭저럭 맛은 있었지만 정말로 맛있는 건 아니었다(715쪽 '평일 저녁을 위한 미트소스 스파게티'의 더 나은 버전을 참고한다.). 진짜 라구 볼로네제는 고기 소스의 제왕이다. 깊고, 진하고, 푸짐하고, 영혼을 채워 주고, 가슴을 따뜻하게 하며, 맛이 끝내주는, 라구 볼로네제를 묘사할 수 있는 말들이다(나는 이런 수사의 6개 중 5개는 사용할 것이다.). 볼로네제 소스에 대해서는 근거 없는 믿음이나 전통들이 많다. 너무 많아서 그런 것들을 다 시험해 보고 확인한 뒤 진정한 '진품(authentic)' 버전을 정한다면, 언제나 그렇듯 적어도 이탈리아 북부의 할머니들 반은 모욕하는 결과가 되고 말 것이다. 우유를 넣는지 아닌지? 어떤 고기를 넣어야 하는지? 또 와인은 레드인지 화이트인지?

나는 진품은 보증할 수 없지만 그런 모든 질문에 대한 나의 의견은 아래와 같다.

고기에 관해서

정확한 고기 부위와 어떤 고기를 섞을 것인가는 누가 만드느냐에 따라 다르다. 나는 세 가지 고기를 섞어 쓰는 걸 좋아하는데, 강렬한 맛을 위해 간 양고기(간 소고기도 괜찮다.), 부드러운 지방을 얻기 위해 간 돼지고기, 풍부한 젤라틴과 부드러움 때문에 간 송아지 고기를 섞는다(이에 대해서는 537쪽 미트로프의 토론을 참고한다.). 어떤 사람들은 끓이기 전에 고기를 진한 갈색으로 굽는 것을 좋아하지만 고기를 그렇게 익히면 질감이 많이 나빠져서 부드럽고 촉촉하지 않고 껄끄럽고 질겨진다. 그리고 농축이 많이 돼서 소스 맛에 우러나기 때문에 굳이 그렇게 해서 맛을 낼 필요가 없다.

나는 분쇄육 뿐만 아니라 닭의 간도 좋아하는데 닭 간은 전통적으로도 특별한 경우에 라구 볼로네제에 사용되었다. 솔직히, 소스에 복합적인 맛을 내기 위해 내가 이렇게 시간을 들인다면 어떤 경우든 정말로 특별해진다. 익히기 전 푸드프로세서로 닭 간을 잘게 갈면 소스 속으로 아주 매끄럽게 잘 녹아 들어간다. 그래서 누군가는 싫어 할 수도 있는 간 덩어리가 보이지 않으면서 맛을 더할 수 있다.

고기 소스로 볼로네제는 사실상 감칠맛의 최상급 발휘라고 할 수 있는데 나는 맛을 풍부하게 하기 위해 감칠맛 폭탄이라 할 수 있는 몇 가지 재료를 소스에 넣었다. 일반적으로 사용하는 재료는 앤초비와 마마이트, 간장으로 이들은 글루타민산염의 발전소이다. 그리고 요리 시작 즈음에 익힌 판체타 몇 조각을 넣고 조리 마지막에 태국이나 베트남 피시 소스를 조금 넣어 주면 글루타민산염의 감칠맛 효과를 증진시키는 자연 물질인 이노신산을 더하게 된다(253쪽 '글루타민산염, 이노신산, 감칠맛 폭탄' 참고). 그리고 생선 맛이 나지는 않으니 걱정 마시라!

소스 만들기

볼로네제는 고기가 든 토마토소스여서는 안 된다. 사실, 어떤 레시피는(고전 『실버 스푼(The Silver Spoon)』에 실린 극단적으로 소박한 버전에서는) 토마토가 전혀 들어가지 않거나 들어가도 페이스트만 좀 짜서 넣은 듯하다. 나는 완성된 요리에 큰 토마토 덩어리가 들어 있지 않아도 괜찮지만 토마토를 넣었을 때 우러나는 달콤하고 신맛을 좋아한다. 가장 먼저 기본적인 마리나라 소스를 만들면서 시작하는데 퓌레로 갈아서 아주 부드럽기 때문에 끓이면 고기 속으로 사라져 없어진다.

와인은, 레드건 화이트건 똑같이 잘 어울린다. 몇 시간 끓이고 나면 달지 않고 오크통 냄새만 나지 않는다면 어느 와인이든 맛이 비슷하게 나서 놀라게 된다. 한 가지 중요한 건 다른 액체를 넣기 전에 와인을 졸여야 한다는 것이다(아래 '와인을 꼭 졸여야만 할까?' 참고). 논란이 많은 두 가지 재료, 우유, 크림과 함께 저염 닭 육수가 국물 대부분을 차지한다. 볼로네제 라구의 아주 오래된 레시피에는 유제품이 들어가지 않은 듯하고 요즘의 거의 모든 레시피에는 어떤 형태로든 우유가 들어간다. 우유가 들어간 게 최종 요리의 질감을 좋게 하고 풍성하게 하기 때문에 나는 넣는 걸 선호한다. 질감에 대해서 말을 하자면, 여기에 또 다른 비결이 있는데 젤라틴 1팩을 닭 육수에 녹이면 소스의 질감이 아주 풍성해진다.

졸이고, 졸이고, 졸인다!

일단 모든 재료를 냄비에 넣고 나면 이제 끓이기만 하면 된다. 이 작업은 아주 끌리는 데가 있으며 신나기도 하고 또 가끔은 아주 끔찍한 과정이기도 하다. 와인이 졸아들고 고기가 연해지고 채소가 녹아 스며드는 동안 냄새가 여러분의 집을 가득 메워서 몇 km 떨어진 이웃들도 다 끌어 모을 정도가 된다. 하지만 라구가 졸아드는 것을 볼 때는 괴로울 수도 있다. 물기가 많고 크림 같던 것이 가열되면서 고기와 버터에서 기름이 많이 나오고 크림은 분해가 돼서 끓는 국물의 표면에 진홍색 기름으로 둥둥 떠 있다. 이 기름은 점점 더 많아져서 완전히 소스를 덮게 되고 여러분은 아마 이렇게 생각할 수 있다. '뭔가 좀 조치를 취해야 할 것 같은데.'
하지만 아직은 스키머를 들면 안 됩니다! 소스가 계속 졸면서 녹은 고체들이 점점 더 농축이 되고 마침내 액체는 완전히 걸쭉해져서 기름 층을 다시 흡수할 수 있게 되고 크림 같이 진하고 유화된 소스로 다시 한번 모습을 바꾸게 된다.

면(麵)을 사용한다.

볼로네제 소스는 파파르델레(pappardelle)나 탈리아텔레(tagliatelle, 742쪽 참고)같이 폭이 넓은 면과 환상적으로 잘 어울린다. 하지만 내가 제일 좋아하는 방법은 전통적인 라쟈나 볼로네제로 만들어 먹는 방법이다. 볼로네제 소스를 한 번이라도 만들어 봤다면 모든 고기가 든 라구의 기본 원리(743쪽 참고)를 이해할 수 있을 것이다. 이 요리법에는 몇 가지 중요한 규칙이 있다. 첫째, 분쇄육을 갈색으로 익히지 않는다. 그래야 더 부드럽다(칠리에서와 똑같이 고깃덩어리를 갈색으로 익히는 건 좋지 않은 생각이다.). 둘째, 감칠맛 폭탄(간장, 마마이트, 앤초비, 절인 고기, 피시 소스)을 많이 넣어서 맛을 좋게 한다. 세 번째, 소스를 천천히 졸여서 고기가 연해지고 맛이 우러나게 한다.

와인을 꼭 졸여야만 할까?

육수를 첨가하기 전에 와인을 왜 졸여야 하나요? 오랫동안 끓이는 동안 어쨌든 알코올이 다 날아가지 않나요?
네, 그렇지 않습니다.
알코올은 물보다 끓는점이 더 낮지만(78°C, 물은 100°C), 버너에서 끓고 있는 냄비에서 알코올을 다 제거하는 일은 거의 불가능하다. 이유는 알코올과 물이 같이 섞여 있기 때문이다. 알코올은 실제로 물의 끓는점을 낮춘다. 물 분자는 작은 자석과 같은데 각 분자는 두 다리가 있어 다른 분자의 머리로 끌리게 된다.

인간 피라미드처럼 쌓아 올려진 물 분자는 어느 정도는 단단한 형태를 만들어 달아나기가 꽤 어렵다. 여기에 에탄올(알코올) 분자를 좀 넣어 주면 약간 휘청거리게 된다(술이 취해서 인간 피라미드를 만들어 본 적이 있는가?). 에탄올 분자는 물 분자에 방해가 되기 때문에 이 둘의 결합은 그리 튼튼하지 않다. 이런 상황에서 각각의 물 분자는 액체의 표면에서 벗어나서 증발하기가 아주 쉬워진다.

냄비에 5% 알코올 농도의 액체를 끓이면 실제로는 날아가는 수증기의 60% 이상은 물이다. 알코올 함량을 2%로 낮추면 수증기의 거의 90%는 물이 차지하게 된다. 용액에서 알코올을 더 철저히 제거할수록 알코올을 제거하기가 점점 더 어려워진다. 즉, 냄비에서 알코올을 다 없애기 위해서는 거의 아무것도 남지 않을 때까지 끓여야 한다는 의미이다.

그래서 술이 너무 많이 든 소스를 만들지 않으려면 제일 좋은 방법은 와인이나 술을 먼저 넣고 아주 많이 졸인 뒤 나머지 액체를 부어 남은 알코올을 희석한다.

하지만 완성된 요리에 남아 있을 알코올을 걱정하고 있는 사람이 있다면 그럴 필요없다. 다른 액체를 붓기 전에 와인을 제대로 졸였다면 완성된 요리에 들어 있는 알코올은 이스트로 발효시킨 빵에 평균적으로 들어 있는 양보다 더 적다!

궁극의 볼로네제 소스

THE ULTIMATE BOLOGNESE SAUCE

NOTE • 판체타는 훈제를 하지 않은 이탈리아식 베이컨이다. 훈제하지 않은 미국식 베이컨이나 프로슈토로 대체해도 된다. 송아지 고기를 넣지 않고 볼로네제를 만들려면 양고기나 소고기를 900g으로 늘리고 젤라틴 1봉을 추가로 넣는다.

약 2.4ℓ(8~10인분)

닭 간 113g

앤초비 필레 4개

마마이트 1작은술

간장 1큰술

우유 2컵(500ml)

생크림 ½컵(125ml)

홈메이드 또는 저염 닭육수 통조림 2컵(500ml)

가루 젤라틴 7g(1봉)

엑스트라 버진 올리브오일 4큰술

중간 크기 마늘 4쪽(곱게 다지거나 제스터에 갈기. 약 4작은술)

말린 오레가노 2작은술

레드 페퍼 플레이크 넉넉히(선택사항)

홀토마토 통조림 800g(손이나 푸드프로세서, 포테이토 매셔로 1cm 크기로 대충 으깨기.)

판체타 110g(1cm 크기로 자르기. 위의 note 참고)

큰 양파 1개(곱게 다지기. 약 1½컵, 375ml)

당근 2개(껍질을 벗기고 0.6cm로 깍둑 썰기. 약 1컵, 250ml)

셀러리 3줄기(0.6cm로 깍둑 썰기. 약 1컵, 250ml)

무염 버터 4큰술

분쇄 양고기 450g(또는 85:15 분쇄 소고기)

분쇄 돼지고기 450g

분쇄 송아지 고기 450g

세이지 잎 ½컵(125ml, 잘게 썰기.)

드라이 레드 와인 또는 화이트 와인 1병(750ml)

월계수 잎 2장

다진 바질 ½컵(125ml)

다진 파슬리 ½컵(125ml)

피시 소스 1큰술

간 파르메산 치즈 60g(약 1컵, 250ml)

코셔 소금과 후춧가루

1. 푸드프로세서 용기에 닭 간과 앤초비, 마마이트, 간장을 넣고 섞은 뒤 잘게 갈리도록 약 8~10회 정도 짧게 순간작동 버튼을 누른다. 볼로 옮기고 한쪽에 둔다. 또 다른 볼에 우유와 생크림, 닭 육수를 섞은 뒤 젤라틴을 뿌리고 한쪽에 둔다.

2. 중강 불에 중간 크기의 냄비를 올리고 기름 2큰술을 두른다. 기름 표면이 일렁일 때까지 가열한다. 마늘과 오레가노, 페퍼 플레이크를 넣고 약 1분 정도 볶아 향을 낸다. 토마토를 즙과 함께 넣고 센 불에서 한소끔 끓인 뒤 불을 줄이고 뭉근히 끓인다. 한 번씩 저어 주면서 소스가 걸쭉해지고 4컵(1ℓ) 정도로 줄어들 때까지 약 30분 정도 졸인다. 불을 끈다.

3. 토마토소스가 끓는 동안 큰 더치 오븐이나 육수 냄비에 남은 올리브오일 2큰술과 판체타를 넣고 중강 불에 올리고 볶는다. 판체타가 부드러워지고 지방이 반투명해질 때까지 약 6분 정도 볶는다. 양파와 당근, 셀러리를 넣고 자주 저어 주면서 숨이 죽되 갈색 빛이 돌지 않을 정도로 약 10분간 볶아 준다. 큰 그릇으로 옮긴다.

4. 더치 오븐을 다시 중강 불에 올리고 버터를 넣고 거품이 가라앉을 때까지 가열한다. 양고기, 돼지고기, 송아지 고기, 세이지를 넣고 이따금씩 저으면서 고기의 분홍색이 보이지 않을 정도로 볶는다(갈색 빛이 돌 때까지 볶지 않아도 된다.). 앤초비 섞어 놓은 걸 넣고 잘 섞으면서 5분정도 볶아 준다. 판체타와 볶은 채소를 넣고 잘 섞어 준다. 와인을 붓고 끓인 뒤 불을 줄이고 와인이 반으로 줄어들 때까지 약 15분간 졸인다.

5. 와인이 끓는 동안, 핸드블렌더로 토마토소스를 아주 곱게 간다. 아니면 미서에 넣고 저속에서 시작해서 고속으로 곱게 간다.

6. 더치 오븐에 토마토소스, 우유와 크림 섞어 놓은 것, 월계수 잎, 바질 반, 파슬리 반을 넣고 섞는다. 고온에서 한소끔 끓인 뒤 겨우 끓을 정도로 불을 줄인 뒤 뚜껑을 덮되 약간만 열어 둔다. 이따금씩 저어 주면서 계속 끓여 소스가 걸쭉하고 진해질 때까지 약 2시간 졸인다(처음에는 크림 같다가, 분리가 되면서 지방층이 위에 뜬다. 그러다가 소스가 졸여지면서 다시 잘 섞이게 한다.).

7. 소스에 피시 소스와 파르메산 치즈를 넣고 완전히 섞이도록 세게 저어 준다. 소금과 후추로 간을 하고 불을 끈 뒤 30분 정도 식힌다.

8. 남은 파슬리와 바질을 섞어 넣는다. 볼로네제 소스는 밀폐된 용기에 담고 냉장고에 넣으면 일주일까지 보관 가능하며 시간이 지날수록 맛이 깊어진다.

파스타의 과학 - 토마토소스, 마카로니

볼로네제 소스를 곁들인 프레시 파스타 FRESH PASTA WITH BOLOGNESE SAUCE

4인분

궁극의 볼로네제 소스(739쪽) 5컵(1,250ml)

코셔 소금

프레시 탈리아텔레 또는 파파르델레 450g

고명용 간 파르메산 치즈

고명용 찢거나 썬 바질 잎

1. 큰 냄비에 볼로네제 소스를 넣고 가열해 끓인 뒤 따뜻하게 둔다.
2. 큰 냄비에 소금물을 끓인다. 파스타를 넣고 약 1분 30초 정도 끓여 알덴테 상태가 되게 한다. 면은 건져 내고 삶은 물 1컵(250ml)은 남겨 둔다.
3. 볼로네제 소스에 파스타와 삶은 물 ½컵(125ml)을 넣고 고온에서 끓인다. 파스타에 소스가 완전히 다 묻도록 저어 준다. 원하는 농도로 맞추기 위해 필요하면 남은 삶은 물을 더 넣는다. 따뜻한 그릇에 담고 간 치즈와 바질을 올려 마무리한다.

돼지고기와 토마토 라구를 곁들인 프레시 파스타
FRESH PASTA WITH PORK AND TOMATO RAGU

NOTE • 판체타는 훈제하지 않은 이탈리아식 베이컨이다. 훈제하지 않은 미국 베이컨이나 프로슈토로 대신해도 된다.

6~8인분

홈메이드 또는 저염 닭 육수 통조림 3컵(750ml)

가루 젤라틴 7g(1봉)

식물성 기름 2큰술

뼈 없는 돼지고기 어깨살 900g(5cm 크기로 큼직하게 썰기.)

엑스트라 버진 올리브오일 2큰술

무염 버터 2큰술

판체타 110g(1cm 폭으로 자르기. 위 note 참고)

큰 양파 1개(다지기. 약 1½컵, 375ml)

당근 1개(껍질을 벗기고 0.6cm 크기로 깍뚝 썰기. 약 ½컵, 125ml)

셀러리 2줄기(껍질을 벗기고 0.6cm 크기로 깍뚝 썰기. 약 ¾컵, 180ml)

중간 크기 마늘 4쪽(곱게 다지거나 제스터에 갈기. 약 4작은술).

레드 페퍼 플레이크 조금(선택사항)

다진 로즈마리 3큰술(고명용으로 추가)

앤초비 필레 2개(잘게 다지기.)

마마이트 1작은술

간장 1큰술

드라이 화이트 와인 1병(750㎖)

홀토마토 통조림 800g(손이나 푸드프로세서, 포테토 매셔로 1cm 크기로 대충 으깨기.)

월계수 잎 2장

피시 소스 1큰술

파르메산 치즈 갈아서 60g(약 1컵, 250ml. + 고명용으로 추가)

코셔 소금과 후춧가루

프레시 탈리아텔레 또는 파파르델레 680g

1. 중간 크기 볼에 닭 육수를 넣고 젤라틴을 뿌린 뒤 한쪽에 둔다.

2. 큰 더치 오븐에 식물성 기름을 넣고 고온에서 연기가 날 때까지 가열한다. 돼지고기를 넣고 한쪽이 노릇한 갈색 빛이 돌도록 익힌다. 큰 볼에 담고 한쪽에 두고 식힌다.

3. 더치 오븐을 다시 중강 불에 올리고 올리브오일, 버터, 판체타를 넣고 뒤적여 주면서 판체타가 부드러워지고 지방이 반투명이 되도록 약 6분간 볶아 준다. 양파와 당근, 셀러리를 넣고 자주 저어 주면서 숨이 죽되 갈색 빛을 띠지 않을 정도로 약 10분간 볶아 준다. 마늘과 레드 페퍼와 로즈마리, 앤초비, 마마이트, 간장을 넣고 약 30초 정도 볶아 향을 낸다. 와인을 넣고 한소끔 끓인 뒤 불을 줄이고 와인이 반으로 줄 때까지 약 15분간 졸인다.

4. 와인이 졸여지는 동안 푸드프로세서 용기에 돼지고기 ¼을 넣고 대충 다져지도록 6~8번 짧게 순간 작동 기능으로 돌린다. 간 고기를 볼로 옮기고 나머지 고기를 똑같은 방법으로 간다.

5. 와인이 졸여지면, 냄비에 다진 고기와 함께 토마토를 넣고 닭 육수와 월계수 잎을 넣어 고온에서 끓인 뒤 겨우 끓을 정도로 불을 줄인다. 뚜껑은 약간 열린 채로 덮어, 가끔씩 저어 주면서 소스가 걸쭉하고 진해질 때까지, 그리고 고기가 완전히 연해지도록 약 2시간 정도 졸인다.

6. 피시 소스와 파르메산 치즈를 넣고 소스가 완전히 섞이도록 잘 저어 준다. 소금과 후추로 간을 하고 따뜻하게 둔다.

7. 큰 냄비에 소금물을 끓인다. 파스타를 넣고 약 1분 30초 정도 끓여 알덴테 상태를 만든다. 파스타를 건져 내고 삶은 물 1컵(250ml)은 남겨 둔다. 돼지고기 라구에 파스타와 삶은 물 ½컵(125ml)을 넣는다. 고온에 올려 끓여 파스타가 완전히 소스에 묻도록 저어 준다. 원하는 농도로 맞추기 위해 필요하면 남은 삶은 물을 넣는다. 따뜻한 그릇에 담고 간 치즈와 로즈마리를 위에 올려 마무리한다.

오븐 파스타
BAKED PASTA

내가 늘 궁금했던 게 있는데 파스타를 오븐에 구울 때, 예를 들면, 라자냐나 지티 오븐 구이에서처럼 왜 늘 파스타를 먼저 삶는 걸까? 먼저 파스타를 삶아 놓고 캐서롤에 넣어 다시 익히는 게 번거롭지 않은가? 첫 번째 이유는 바로 파스타는 익으면서 물을 흡수해야 하기 때문이다. 파스타가 완벽한 알덴테로 익었을 때 자체 무게의 80% 정도는 물이다. 그래서 생파스타를 바로 파스타 그릇에 담고 구우면 소스에서 수분을 다 빨아 들여 파스타는 부드러워지겠지만 소스는 완전히 말라비틀어질 것이다.

설명을 하자면 이렇다. 건조된 파스타는 밀가루와 물, 가끔은 달걀도 넣고 만든다. 기본적으로는 전분과 단백질 그밖에 다른 게 거의 들어가지 않는다. 전분 분자는 작은 물 풍선을 닮은 큰 알갱이로 합쳐진다(752쪽 '전분은 어떻게 걸쭉하게 될까?' 참고). 이들은 수분이 있는 환경에서 가열되면서 점점 더 많은 물을 흡수하고 부풀어 오르면서 부드러워진다.

한편, 파스타에 있는 단백질은 변성하기 시작해 면에 부피감을 더해 준다(부드러운 달걀을 기본으로 한 파스타를 삶을 때 훨씬 더 확실하게 알 수 있다.). 주연들이 나란히 정비되면 단백질은 면이 튼튼하면서 탄성을 유지할 정도로 충분한 조직을 만들어 준다. 전분은 이때쯤이면 알덴테로 알려진 부드럽되 씹히는 정도의 거의 완벽한 단계에 이르게 된다. 이때 파스타를 물에서 끄집어내면 끝.

하지만 누가 물 흡수와 단백질 변성이라는 이 두 단계가 동시에 꼭 일어나야 한다고 했는가? 굉장한 블로그, '아이디어즈 인 푸드(blog.ideasinfood.com)'의 알렉산더 탤벗(H. Alexander Talbot)과 아키 카모자와(Aki Kamozawa)는 이런 생각을 하게 됐고 이 두 과정은 동시에 할 필요가 없다는 것을 알게 됐다. 사실, 파스타를 미지근한 물에 오랫동안 익지 않은 상태로 넣어 두면 삶은 파스타가 흡수하는 물과 똑같은 양의 물을 흡수한다.

이 현상에 대해 이들이 한 얘기는 다음과 같다. '젖은 면은 모양을 유지하고 있으며 전분이 활성화하지 않았기 때문에 서로 붙지 않아서 추가로 기름을 넣지 않아도 된다. 면을 끓고 있는 소금물에 넣으면 단 60초 만에 완벽한 알덴테가 된다.' 정말로 흥미롭다.

마른 마카로니와 물에 불은 마카로니

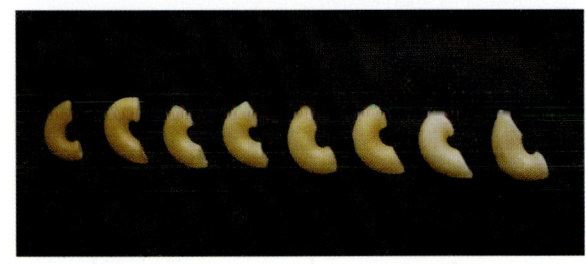

물에 담가 둔 마카로니가 시간이 지나면서 바뀌는 모습

직접 실험해 보기 위해, 나는 따뜻한 수돗물이 담긴 볼에 마카로니를 넣고 5분마다 한 개씩 꺼내서 물을 얼마나 흡수했는지 무게를 쟀다. 약 30분이 지난 뒤 마카로니는 삶은 마카로니가 흡수한 물의 양과 같은 양의 물을 흡수했다. 완전히 날것인 상태로 말이다!

미리 담가 둔 파스타를 단 60초 만에 삶는 일은 집에서는 그리 멋진 일이 아닐 수도 있지만(8분간 삶는 과정이 30분 담가 두었다 1분 삶는 과정으로 변함) 미리 파스타를 물에 담가 두었다 바로 삶을 수 있게 된 식당 요리사들에게는 아주 멋진 일이 아닐 수 없다.

하지만 가정에서는 이런 의미로 생각해 볼 수 있다. 캐서롤에다 파스타를 구우려고 계획하고 있다면 미리 파스타를 삶을 필요가 없다. 소스를 만드는 동안 파스타를 물에 담가 놓았다가 파스타와 소스를 함께 캐서롤에 넣고 구우면 된다. 파스타는 이미 수화되었기 때문에 소스의 수분을 빼앗지 않으며 오븐 열은 캐서롤이 구워지는 동안 파스타를 익히기에 충분하다. 여러분이 먼저 삶아서 넣은 파스타와 물에 담갔다 바로 구운 두 가지 파스타를 나란히 두고 맛을 본다면 그 차이를 느낄 수가 없다. 이 말은 라자냐에는 어떤 의미가 되는지 생각해 보자! 나는 적어도 여섯 가지의 일반적인 치아의 씹는 과정을 알고 있기 때문에 라자냐 면을 미리 삶지 않고 바로 만들어 먹겠다.

전통적인 라자냐 볼로네제
TRADITIONAL LASAGNA BOLOGNESE

고기 소스의 제왕은 모든 파스타 요리의 어머니가 될 자격이 있으며 이 점이 중요하다. 볼로네제 소스를 깔고 시금치로 푸른빛을 낸 프레시 파스타 층 사이로 크림과 같은 넛멕 향의 베샤멜라 소스(베샤멜의 이탈리아어이며 프랑스어로는 '화이트 소스'이다.)를 바른다. 내가 만든 건 시금치를 뺐고 또한 모차렐라를 베샤멜라 소스에 살짝 넣었기 때문에 정확히 전통적인 버전은 아니다.

6~10인분

삶지 않은 납작한 라자냐 면 1통(15장)

무염 버터 2큰술

중력분 2큰술

중간 크기 마늘 2쪽(곱게 다지거나 제스터에 갈기. 약 2작은술)

우유 2컵(500ml)

우유 모차렐라 치즈 230g(갈기.)

넛멕 파우더 ¼작은술

코셔 소금과 후춧가루

궁극의 볼로네제 소스(739쪽. 따뜻하게 데우기.)

파르메산 치즈 갈아서 110g(약 2컵, 500ml)

다진 바질이나 파슬리(또는 섞어서) 2큰술

1. 23×33cm 오븐 용기에 라자냐 면을 넣고 따뜻한 물을 잠기게 붓는다. 몇 분마다 부드럽게 면을 휘저어서 붙지 않도록 하고 약간 부드러워질 때까지 약 15분간 담가 둔다.

2. 중간 크기의 냄비에 버터를 넣고 중강 불에 올리고 한 번씩 저어 주면서 거품이 가라앉을 때까지 약 1분간 가열한다. 여기에 밀가루를 넣고 연한 갈색에 약간 구수한 향이 나도록 약 1분간 볶아 준다. 마늘을 넣고 섞은 후 우유를 조금씩 계속 섞으면서 넣는다. 한소끔 끓여 준 뒤(걸쭉해질 것이다.) 불을 약하게 줄이고 치즈와 넛멕을 넣고 치즈가 완전히 녹도록 저어 준다. 계속 저으면서 끓인 뒤 불을 끄고 소금과 후추로 간을 한다. 한쪽에 둔다.

3. 담가 둔 라자냐 면을 건져서 키친타월이나 깨끗한 행주에 올려 물기를 닦는다.

4. 오븐랙을 아래쪽으로 끼우고 오븐을 190℃로 예열한다. 23×33cm 오븐 용기 바닥에 볼로네제의 ⅙(약 1⅓컵)을 깐다. 베샤멜라의 ⅙을 뿌리고 파르메산 ⅓컵을 위에다 뿌린다. 위에 면 3개를 한 층으로 깐다(면이 서로 붙지 않으면서 들어갈 것이라 괜찮다.). 남아 있는 재료로 다시 반복한다. 그릇이 가득찰 것이다.

5. 넘치는 국물을 받을 수 있도록 베이킹팬에 호일을 깔고 오븐랙 아래쪽에 넣는다. 그리고 베이킹팬 위에 오븐랙을 얹고 그 위에 라자냐를 올리고 굽는다. 굽는 중간중간 팬의 위치를 이리저리 바꾼다. 팬 가장자리가 바삭하고 윗부분에 기포가 생기고 황금색이 될 때까지 약 45분간 구워 준다. 오븐에서 꺼내 10분 동안 식혀 준다. 허브를 뿌리고 잘라 낸다.

크림을 넣은 시금치와 버섯 라자냐
CREAMY SPINACH AND MUSHROOM LASAGNA

쌀쌀한 가을의 어느 날 새벽 2시, 뉴욕의 어느 아파트에서 아내는 달가닥거리는 소리에 갑자기 잠에서 깼다.

아내는 잠이 덜 깬 채로 침대에서 슬리퍼를 질질 끌며 나와서 간신히 개를 피해 반은 눈을 감은 채로 소리 나는 쪽으로 걸어왔다. 아내가 부엌으로 들어와 나를 잡았을 때 내 손가락에서 한 방울의 크림 같은 소스가 바닥으로 떨어졌고 나는 처벌을 면할 수 있으리라 생각했다. 아내는 정말로 고함은 치지 않지만 머릿속으로는 그러고 있다는 듯한 표정으로 이렇게 물었다. "지금 새벽 두 시에 뭐하는 거야?!"

"음......, 저기......" 나는 말을 더듬었다. 내가 사실을 말하더라도 아내는 절대로 믿지 않을 것이라는 걸 알았다. 그래서 전에 성공한 전략을 사용하기로 했다. 그 전략은 설명을 하는 건 아니고 적당히 변명을 하는 것이었다. '잠이 안와서!' 아내가 호기심을 가지게끔 해야 한다. "그래, 좋아. 근데 지금 뭐하냐고? 왜 그렇게 시끄럽게 해? 베샤멜 냄새에다 이 크림 넣은 시금치는 뭐야?"

"음......, 잠이 안 와서 라자냐를 만들어 보려고."
아내는 나를 한참동안 물끄러미 쳐다보더니 돌아서서는 침대로 질질 끌며 가서는 낮은 소리로 중얼거렸다. "도대체 누구랑 결혼을 한 거야?"

아내가 내게 설명을 하도록 시간을 줬다면 나는 책임을 시리어스 잇츠의 회원 '카르마프리쿠킹(KarmaFree-Cooking)'에게 책임을 돌렸을 것이다. '카르마프리쿠킹'은 '채식주의자 라자냐 도전 – 고기를 먹는 사람을 이길 수 있는 아이디어'라는 이름의 '토론방'을 열었는데 라자냐 파티에 고기 라자냐를 이길 수 있을 만한 채식주의자용 라자냐를 가지고 오라는 도전 과제를 전했다.

나는 이 파티에 초대 받지 못했으며 공식적으로 도전장을 받은 건 아니지만 도전을 받아들이기로 했다.

레이어(Layer)

나는 가볍게 크림을 넣은 시금치를 기본으로 시작했다. 냉동 시금치로 쉽게 만들까 생각했지만 우리가 추구하는 것이 최고의 라자냐이며, 이미 라자냐를 만드는 데에 필요한 그런 작업들을 상당량 해 왔으므로 시금치를 사용하는 것도 한 번 해 볼 만한 것이라 생각했다. 어떤 시금치 라자냐는 시금치를 끓는 물에 데친 뒤 짜내기도 하는데 훨씬 더 쉬운 방법은 냄비에 시금치, 마늘과 올리브오일을 넣고 함께 볶는 방법이다. 거기다 생크림과 넛멕 파우더만 넣어 주면 된다.

리코타 치즈는 이탈리아-미국식 라자냐에선 고전적인 재료지만 일단 조리가 되면 질감이 거칠고 맛이 밋밋하다(대부분 시판중인 리코타는 그냥 냄새만 난다.). 그래서 나는 쿡스 일러스트레이티드에서 배운 방법으로, 리코타 대신 지방을 빼지 않은 코티지 치즈를 푸드프로세서에 넣고 순간작동으로 돌려 사용한다. 코티지 치즈는 굽는 동안에도 촉촉하게 유지되며 최종 음식에 톡 쏘는 맛을 더한다. 나는 시금치 층에 다진 파슬리와 달걀을 넣고 코티지도 갈아서 넣었다.

버섯으로는 잘게 썬 양송이 버섯(갈색 양송이 버섯이나 표고버섯을 사용해도 됨)을 버터와, 샬롯, 타임, 생크림을 넣고 클래식 뒥셀(duxelles, 곱게 다진 버섯, 샬롯, 양파, 허브 등을 버터에 넣고 천천히 조리한 페이스트)을 만들었다. 여기에 간장을 조금 넣어 주면 풍성한 깊이를 더할 수 있으며 레몬 즙을 넣으면 산뜻한 맛을 더할 수 있다. 마지막으로 베샤멜 소스를 넣으면 모든 재료가 한데 어우러진다.

라자냐 볼로네제에서처럼 면을 삶지 않고 따뜻한 물에 담가 두었다 바로 사용하면 번거로움을 피할 수 있다. 그리고 여보, 나는 당신이 이걸 좋아했으면 좋겠어. 앞으로 나흘 정도 점심과 저녁으로 이 요리가 계속 나올 거야.

크림을 넣은 시금치와 버섯 라자냐
CREAMY SPINACH AND MUSHROOM LASAGNA

NOTE • 버섯은 칼로 잘게 자르거나 손으로 찢거나 푸드프로세서의 순간작동 버튼을 누른다. 무엇으로든 0.6cm 이하로 다진다.

6~10인분

무염 버터 113g(스틱 1개 + 베이킹팬에 바르는 용으로 조금 더 준비)
중간 크기 마늘 3쪽(곱게 다지거나 제스터에 갈기. 약 1큰술).
시금치 900g(씻어서 질긴 줄기는 제거하고, 큼직하게 썰기.)
생크림 2컵(500ml)
넛멕 파우더 ½작은술
코셔 소금과 후춧가루
코티지 치즈 450g
대란 1개

1 오븐랙을 오븐의 중간과 위에 끼우고 오븐을 200℃로 예열한다. 큰 냄비에 버터를 3큰술 넣고 중강 불에 올려 거품이 가라앉을 때까지 가열한다. 마늘을 넣고 약 30초 정도 볶아 향을 낸다. 시금치를 나눠서 넣는데 앞에 넣은 것이 숨이 다 죽으면 더 넣는다. 시금치를 모두 다 넣은 뒤 생크림 1컵(250ml)을 넣고 끓인다. 불을 세게 해 졸인다. 자주 저어 주면서 걸쭉해질 때까지 약 15분간 졸인다. 넛멕을 넣고 소금과 후추로 간을 맞추고 불을 끈다.

2 크림을 졸이는 동안, 푸드프로세서에 코티지 치즈와 달걀, 파슬리 6큰술을 넣고 서로 잘 섞이도록 그리고 코티지 치즈가 리코타 치즈의 질감이 되도

다진 파슬리 ½컵(125ml)

삶지 않은 납작한 라자냐 면 1통(15장)

버튼, 갈색 양송이버섯, 표고버섯 680g(줄기는 잘라 내기, 표고버섯 사용 시 줄기 제거 후 다지기. 왼쪽 NOTE 참고)

중간 크기 샬롯 2개(다지기. 약 ½컵, 125ml)

다진 타임 2작은술

간장 1큰술

레몬 즙 2작은술(레몬 1개분)

중력분 2큰술

우유 2컵(500ml)

우유 모차렐라 340g

파르메산 치즈 갈아서 60g(약 1컵, 250ml)

록 약 5초 정도 갈아 준다. 큰 그릇으로 옮긴 뒤 조리해 놓은 시금치와 넣고 잘 섞어 준다.

3 23×33cm 오븐 용기에 라자냐 면을 넣고 따뜻한 물을 잠기게 붓는다. 가끔 면을 휘저어서 붙지 않도록 하면서 약간 부드러워질 때까지 약 15분 정도 담가 둔다. 건져 낸 뒤, 키친타월이나 깨끗한 행주에 올리고 물기를 닦아낸다.

4 면을 담가 두는 동안 시금치 팬을 씻어서 중간 불에 올린다. 버터 3큰술을 넣고 가열해서 녹인다. 버섯을 넣고 저으면서 국물이 증발하고 버섯이 지글지글 소리를 낼 때까지 약 10분 정도 볶는다. 샬롯과 타임을 넣고 샬롯이 숨이 죽도록 약 2분 정도 볶는다. 간장과 레몬 즙을 넣고 섞어 준다. 남은 생크림 1컵(250ml)을 넣고 끓인다. 약간 걸쭉해질 때까지 약 3분 정도 끓인다. 소금과 후추를 넣어 간을 하고 그릇으로 옮긴다.

5 냄비를 닦아 내고 중강 불에 올리고 남은 버터 2큰술을 넣고 녹인다. 여기에 밀가루를 넣고 계속 저어 연한 황금빛이 되도록 볶는다. 우유를 천천히 넣어 주면서 계속 젓는다. 한소끔 끓인 뒤 불을 끄고 모차렐라 ⅔와 파르메산을 섞어 넣고 소금과 후추로 간을 한다.

6 라자냐를 만들기 위해, 마른 베이킹팬에 버터를 바른다. 바닥에 치즈 소스 1컵(250ml)을 펴 바른다. 그 위에 라자냐 면 3장을 평평하게 올린다(면이 많이만 겹쳐지지 않으면 괜찮다.). 그 위에 버섯 볶아 놓은 걸 반 정도 골고루 펼쳐 넣고 위에 라자냐 3장을 또 깐다. 그 위에 시금치와 코티지치즈 섞어 놓은 걸 펴 바르고 라자냐 3장을 깐다. 남은 버섯 섞어 놓은 것과 시금치 혼합물, 라자냐 면으로 층을 똑같이 만들고 마지막 라자냐 면을 덮으면 된다. 남은 치즈 소스를 그 위에 붓고 고르게 펴 바른다. 남은 모차렐라를 맨 위에 골고루 뿌린다.

7 호일을 깐 베이킹팬을 오븐랙에 올려서 라자냐 그릇에서 흘러내리는 것들을 받칠 수 있게 한다. 그리고 라자냐를 베이킹팬이 있는 오븐랙에 올린다. 라자냐 가장자리에 기포가 생길 때까지 약 20분간 굽는다. 브로일러를 켜고 윗부분이 연한 갈색이 되도록 약 5분 브로일링 해 준다(만약 오븐 아래에 브로일러가 있다면, 굽고 난 뒤 라자냐를 브로일러로 옮긴다.). 10분간 식힌 뒤 잘라서 마무리한다.

크림을 넣은 시금치와 버섯 라자냐(748쪽)

오븐에 구운 맥 앤 치즈
BAKED MAC 'N' CHEESE

스토브에서 조리한 끈적거리는 맥 앤 치즈와 달리 오븐에 구운 맥 앤 치즈는 부드럽고 균일하고 거의 키시(quiche) 같은 질감으로, 여기서는 면을 알덴테로 조리하지 않는다.

이 책에 있는 모든 레시피 중에서 이 요리가 아마 가장 까다롭지 않았나 싶다. 나는 여러 달을, 문자 그대로, 여러 달 동안 걸쭉하게 해 주는 여러 물질과 유화제, 조리법 등을 시험해 봤고 완벽하게 부드러운 질감을 만들어 내고 강한 치즈 맛을 내기 위해 마요네즈에서 순수한 콩 레시틴, 타피오카(tapioca), 젤라틴까지 다 사용해 봤다.

그러나 제대로 작동하는 게 없었다. 그러다가 핵심은 치즈가 마카로니에 달라붙는 방식이 아니라 바로 비율에 있다는 걸 알게 되었다. 그래서 치즈 양을 늘리기로 했다. 그것도 엄청 많이. 전통적인 맥 앤 치즈 레시피에는 파스타 454g(1파운드)에 치즈 454g(1파운드)이 들어간다. 많아 봐야 688g(1.5파운드)이다. 그래서 나는 908g(2파운드)을 넣기로 했다. 그렇다면 맛있는 맥 앤 치즈는 정말로 치즈만 많이 넣어 주면 될까? 나는 '스토브에서 만드는 초-끈적한 맥 앤 치즈'(733쪽 참고)에서 너무 효과가 좋았던 연유에 매달렸지만 정답은 바로 연유보다 더 크림 같고 더 부드럽게 구워지는 예전부터 사용하던 사촌격인 화이트 소스였다(어차피 화이트 소스가 연유와 달걀에 치즈를 듬뿍 넣어 만든 것이긴 하지만).

전분은 어떻게 걸쭉하게 될까?

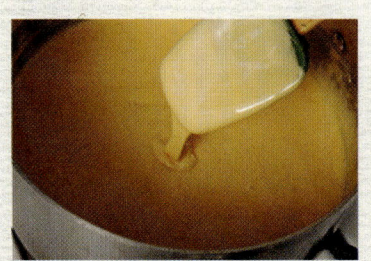

전분은 식물이 에너지를 저장하기 위해 사용하는 아주 작은 분자이다. 하지만 더 중요한 점은 전분은 요리의 무기창고에서는 필수적인 도구로 그레이비소스를 걸쭉하게 하고 스튜에 부피감을 만들고 소스가 분리돼서 기름이 둥둥 뜨지 않도록 해 준다. 전분에는 두 가지 기본 종류가 있는데, 아밀로오스(Amylose)는 수천 개의 글루코스(glucose) 분자로 구성되어 있는 길고 곧은 사슬을 닮았다. 아밀로펙틴(Amylopectin)은 작은 무더기의 풀과 비슷해서 얼기설기 얽힌 많은 가지기 우거져 있다. 액체로 분산될 때, 긴 아밀로오스 분자는 서로 뒤엉키는 경향이 있는데 그래서 서로 달라붙어 느슨한 그물망을 형성하면서 점착력을 더한다. 아밀로펙틴도 똑같이 작용하지만 조직이 아주 촘촘하기 때문에 효과가 크지는 않다. 여러 전분의 아밀로오스와 아밀로펙틴 함량이 걸쭉하게 하는 정도를 결정한다.

날것인 상태에서 전분 분자는 서로 단단히 묶여 알갱이 속에 들어 있다. 걸쭉하게 하는 힘이 더 강해지려면 이 알갱이가 물을 흡수해야 한다. 물이 가열되면서 이 작은 알갱이는 작은 물 풍선처럼 점점 부풀어 오르다가 54℃ 쯤에서 마침내 터져서 각각의 전분 분자를 액체 속에 쫙 퍼뜨리게 되고 그 결과 걸쭉하게 된다. 액체가 끓는점으로 계속 가열되는 동안 전분은 계속해서 수분을 흡수하고 더 부풀게 된다. 전분을 액체에 넣을 때, 전분의 걸쭉하게 하는 정도를 알기 위해서는 꼭 소스를 가열해서 전분이 작용하는데 필요한 온도를 만들어 줘야 한다.

마른 전분을 뜨거운 액체에 바로 넣으면 전분은 바로 덩어리가 된다. 이 덩어리의 겉면에 있는 전분은 부풀면서 젤리처럼 변해 액체가 속으로 들어오는 걸 막는다. 그래서 전분을 넣을 때는 액체가 고르게 흡수할 수 있는 형태로 넣어줘야 한다. 차가운 물 조금에다가 녹여서 전분물을 만들거나 고체나 액체 지방에 넣어 뵈르 마니에(beurre manie)를 만들어 넣어야 한다.

일반적인 요리용 전분

밀가루와 옥수수전분은 가장 흔하며 감자전분과 애로루트(arrowroot)도 구할 수 있다. 다음 표에는 걸쭉하게 하는 정도와 첨가하는 최적의 방법이 나와 있다.

전분	우유 1컵(250ml) 당 필요량	최적의 첨가 방법
흰 밀가루	1큰술	중간 불에 버터 1큰술을 넣고 계속 저어 주면서 연한 갈색이 되도록 한다(버터 색이 진해진 뒤 넣기도 하지만 더 진해진 뒤 밀가루를 볶으면 덜 걸쭉해진다.). 천천히 전분을 넣는다.
옥수수전분	1½작은술	찬물 조금에다 전분을 풀어 매끄러운 전분물로 만든 다음 뜨거운 액체에 붓고 섞는다.
애로루트	1작은술	찬물 조금에다 전분을 풀어 매끄러운 전분물로 만든 다음 뜨거운 액체에 붓고 섞는다.
감자전분	½~¾작은술	찬물 조금에다 전분을 풀어 매끄러운 전분물로 만든 다음 뜨거운 액체에 붓고 섞는다.

실험 : 액체를 루(ROUX)에 넣기

밀가루와 버터로 만든 루의 걸쭉하게 하는 힘과 함께 여기에 액체를 붓는 속도도 최종 소스의 매끄러움에 아주 강력한 영향을 줄 수 있다. 이를 설명하기 위해 아래 실험을 해 본다.

재료

- 버터 2큰술
- 중력분 2큰술
- 우유 2컵(500ml)
- 치즈 450g(곱게 갈아서)

과정

작은 냄비에 버터 1큰술과 밀가루 1큰술을 넣고 중간 불에 올려 볶는다. 계속 저어 주면서 연한 갈색이 되도록 약 1분 정도 볶는다. 빨리 우유 1컵(250ml)을 넣고 휘핑해 준다. 끓기 시작하면 치즈 반을 섞어 넣는다. 남은 버터와 밀가루, 우유를 가지고 똑같이 반복한다. 그러나 이번에는 우유를 아주 천천히, 15초 정도에 걸쳐 넣으면서 휘핑한다. 끓기 시작하면 남은 치즈를 섞어 넣고 한쪽에 둔다.

결과

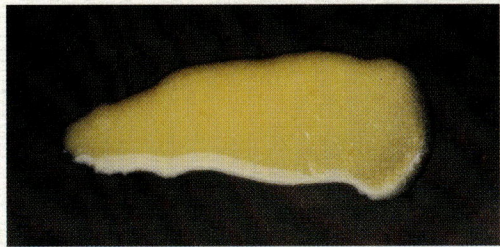

우유를 빨리 넣은 소스

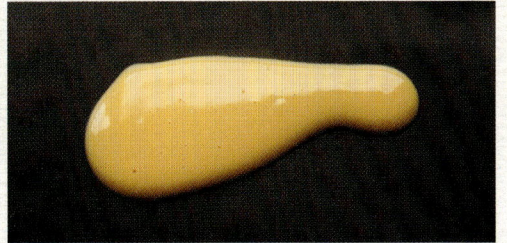

우유를 천천히 넣은 소스

두 소스의 맛을 보고 접시에 한 숟가락을 올려놓았을 때의 모습을 살펴본다. 우유를 천천히 넣은 소스가 훨씬 더 매끄럽고 윤도 더 많이 날 것이다. 반면에 우유를 빨리 부은 쪽 소스는 훨씬 더 묽고 거칠고 분리되어 보인다.

액체를 루에 넣을 때의 목표는 최대한 고르게 밀가루를 액체 내로 분산시키는 것이다. 액체를 한 번에 조금씩만 넣고 천천히 섞어 넣으면 각 밀가루 덩이가 휘핑할 때 확실히 부서지게 된다. 반면에 우유를 너무 빨리 넣게 되면 밀가루 덩어리가 떠다닐 공간이 많아져서 휘핑 와이어를 피해갈 공간이 많아진다. 그래서 덩어리가 지면서 묽은 소스가 되고 만다.

실수로 우유를 너무 빨리 부었다면 어떻게 할까? 가장 쉬운 방법은 휘핑을 훨씬 더 세게 해 주면 된다. 핸드블렌더나 일반 믹서로 한두 번 돌려 주면 효과가 있어서 소스를 매끄럽고 걸쭉하게 만든다.

고전적인 베이크드 마카로니 앤 치즈 CLASSIC BAKED MACARONI AND CHEESE

NOTE • 잘 녹는 치즈나 여러 치즈 중에서(727~731쪽 '치즈 차트' 참고) 아메리칸, 체다, 잭, 폰티나, 영 스위스 치즈, 그뤼에르, 뮌스터, 프로볼로네 치즈, 또는 고다 치즈와 같은 치즈를 섞어 사용한다.

6~8인분

엘보우 마카로니 450g

코셔 소금

흰 빵 2쪽(테두리는 제거하고 대충 찢기.)

무염 버터 7큰술

중력분 2큰술

무가당 연유 통조림 340g

우유 ½컵(125ml)

프랭크스 레드핫 또는 다른 핫소스 1작은술(또는 입맛에 따라 필요한 만큼)

머스터드 파우더 1작은술

엑스트라-샤프 체다 치즈 680g(갈아 두기.)

아메리칸 치즈 230g(1cm 크기로 자르기.)

대란 2개

1. 오븐랙을 오븐 위쪽에 끼우고 오븐을 190℃로 예열한다. 큰 볼에 마카로니를 넣고 뜨거운 소금물을 8~10cm 위로 올라오도록 붓는다. 담그고 5분 뒤에 한 번 휘저어서 서로 달라붙지 않게 한다. 마카로니가 부드러워질 때까지 상온에 약 30분 정도 둔 뒤 건져 낸다.

2. 파스타를 담그는 동안, 푸드프로세서 용기에 빵과 버터 2큰술과 소금을 넣고 돌려 준다. 빵이 잘게 잘리도록 10~12회 짧게 순간작동을 눌러 준다. 다 되면 한쪽에 둔다.

3. 큰 냄비에 남은 버터 5큰술을 넣고 중강 불 위에 올려 녹인다. 밀가루를 넣고 계속 저어 주면서 연한 살색이 될 때까지 약 2분간 볶는다. 계속 저으면서 천천히 연유를 넣고 그다음 우유를 넣는다. 핫소스와 머스터드를 섞어 넣고 중강 불에서 끓인다. 눌지 않게 이따금씩 저어 준다. 불을 끄고 치즈를 한 번에 다 넣고 완전히 녹아 부드러워질 때까지 휘핑한다. 소금으로 간을 하고 원하면 핫소스를 더 넣는다.

4. 볼에 달걀을 휘저어 균일한 상태로 거품이 나게 한다. 섞은 치즈 1컵(250ml) 넣고 계속 휘핑한다. 그런 뒤, 달걀 섞은 걸 소스에 천천히 붓고 계속 휘핑한다. 건져 놓은 마카로니를 넣고 섞어 준다.

5. 3ℓ의 타원형 캐서롤 또는 23×33cm 오븐 용기에 버터를 바르고 혼합물을 옮겨 담는다. 위는 빵가루를 올리고 호일로 꼭 싼다. 그러고는 30분간 굽는다. 호일을 벗기고 빵가루가 갈색 빛을 띠고 소스에서 기포가 올라올 때까지 약 10분간 더 구워 준다. 오븐에서 꺼내 5분간 식힌 뒤 차려 낸다.

파스타의 과학 – 토마토소스, 마카로니

대표적인 지티 오븐 구이 CLASSIC BAKED ZITI

우리는 기본 마리나라 소스 만드는 법도 배웠고 구운 캐서롤을 만들 때, 파스타를 삶지 않고 담갔다 바로 사용하면 얼마나 간편한지도 알게 되었다. 그래서 대표적인 지티 오븐 구이로 바로 점프하려 한다. 토마토소스와 크림, 리코타 치즈를 섞고 여기에 익으면서 캐서롤에 부피감을 주기 위해 달걀 2개를 넣어 섞은 붉은 색 혼합물에 면을 섞는다. 나는 여기에 모차렐라 치즈 조각을 넣어 파스타가 끈적끈적하게 늘어나는 게 좋다. 그러고는 맨 위에다 마리나라 소스와 모차렐라 조각, 파르메산 치즈로 덮는다.

이 음식은 내 친구와 내가 매년 가는 뉴잉글랜드의 스키 휴양지에서 만들어 먹는 요리이다. 만들기 쉬우면서도 이렇게 엄청나게 맛있는 파스타 구이는 거의 없다. 특히, 밖에는 눈이 오고 먹으려고 기다리는 친구들이 한가득 있을 때는 더 그렇다.

6~8인분

두꺼운 튜브형 파스타 450g(지티, 펜네 등)
완벽하고 손쉬운 레드 소스(705쪽)
홈메이드(162쪽) 또는 고급 시판용 우유 리코타 치즈 340g
파르메산 치즈 갈아서 85g(약 1½컵, 125ml)
대란 2개(섞어 두기.)
생크림 1컵(250ml)
다진 파슬리 3큰술
다진 바질 3큰술
코셔 소금과 후춧가루
우유 모차렐라 치즈 450g(대략 0.6cm 다지기.)

1. 오븐랙을 오븐 가운데에 끼우고 오븐을 200℃로 예열한다. 큰 볼에 지티를 넣고 뜨거운 소금물을 8~10cm 올라오도록 붓는다. 상온에 30분 정도 두는데 담근 지 5분이 지나면 서로 붙지 않게 한번 저어서 건져 낸다.

2. 큰 냄비에 마리나라 소스 반을 넣고 리코타와 파르메산 반, 달걀, 크림, 파슬리와 바질 반을 넣고 섞어 준다. 소금과 후추로 간을 한다. 물에 담근 지티와 치즈 조각 반을 넣고 잘 섞어 준다. 33×23cm 베이킹팬에 옮겨 담고 위에는 남은 마리나라 소스와 모차렐라를 올린다.

3. 위를 알루미늄 호일로 꼭 싸고 45분간 굽는다. 호일을 벗기고 치즈가 갈색빛을 띨 때까지 약 15분간 더 굽는다. 오븐에서 꺼낸 뒤, 남은 파르메산 치즈를 뿌리고 10분 동안 식힌다. 남은 파슬리와 바질을 뿌리고 차려 낸다.

파스타의 과학 – 토마토소스, 마카로니

최고의 마늘빵 THE BEST GARLIC BREAD

훌륭한 마늘빵은 별로 없다. 마리나라 소스에서처럼 비결은 올리브오일과 버터를 섞어 사용하는 것이다. 버터에 든 우유 고형물은 빵이 골고루 갈색 빛을 띠도록 돕는다. 버터 혼합물을 빵에 바르는 것보단, 큰 프라이팬에 버터와 오일을 넣고 여기에 마늘(오레가노와 페퍼 플레이크와 함께)을 볶은 뒤 빵을 바로 담그는 게 훨씬 더 쉽다. 이렇게 하면 간단하면서도 골고루 마늘이 묻게 된다.

다행스럽게도, 마늘빵은 굽는 데 10분 정도 걸린다. 그리고 이 시간은 정확히 구운 파스타를 식히는 시간이다. 일이 너무 멋지게 들어맞을 땐 즐겁지 않나요?

8~10인분

부드러운 델리 스타일 이탈리아 빵 두 덩어리(각 450g 2개)

엑스트라 버진 올리브오일 4큰술

무염 버터 113g(스틱 1개)

중간 크기 마늘 12쪽(곱게 다지거나 제스터에 갈기, 약 ¼컵)

말린 오레가노 2작은술

레드 페퍼 플레이크 ½작은술

코셔 소금

파르메산 치즈 갈아서 60g(선택사항)

다진 파슬리 잎 1큰술(선택사항)

1 오븐랙을 오븐 위쪽에 끼우고 또 일부는 가운데서 밑으로 맞추고 오븐을 260℃로 예열한다. 각 빵을 길이 방향으로 나눈 뒤 가로로 8조각으로 나눈다.

2 30cm(12인치) 프라이팬에 올리브오일과 버터를 넣고 중강 불에 올리고 버터를 녹인다. 마늘과 오레가노, 페퍼 플레이크를 넣고 약 1분간 볶아 향을 낸 후 불을 끈다.

3 각 빵 조각의 자른 면을 마늘 버터에 담그고 호일을 베이킹팬에 펼친다. 남은 마늘 버터는 고르게 빵 위에 올린다. 소금으로 간을 한다. 취향껏 빵 조각 위에 파르메산 치즈를 골고루 갈아 뿌린다. 오븐에 넣고 기포가 생길 때까지 약 10분간 굽는다. 취향에 따라 파슬리를 뿌리고 바로 차려 낸다.

리소토를 더 맛있게 만드는 법
A BETTER WAY TO COOK RISOTTO

콜롬비아인인 아내는 밥을 좋아하고 추위에 아주 취약하고 체구도 아담하다. 그리고 아내는 수프도 좋아한다. 그래서 평범한 표현으로 수프 같은 밥이라 부를 수 있는 리소토가 아내의 가장 사랑하는 것들 목록에서 나와 치즈 소스 사이에 있는 건 당연하다*. 그런 의미에서, 나는 훌륭한 리소토를 만드는 방법뿐만 아니라 가능한 가장 효율적인 방법으로 만드는 법을 알아내는 게 남편으로서의 의무가 아닌가 생각했다. 누구나 알듯이, 리소토는 만드는 과정이 지루하기로 악명이 높은,

자체에 소스가 있는 이탈리아식 쌀 요리이다. 또한 종종 소화가 잘 안되고 뻑뻑하고 양이 많기도 하다. 그렇다면, 완벽한 리소토란 무엇일까? 첫째, 질감이 소스 같아야 한다. 완벽한 리소토는 접시를 기울이면 용암처럼 흘러내려야 한다. 뜨거운 접시(꼭 뜨거운 접시를 사용해야 한다.)에 숟가락으로 떠서 천천히 펼쳐 완벽한 원 모양을 만들어야 한다. 리소토를 먹을 때 절대로 끈적거린다거나 진득진득한, 안 좋게는 끈끈하다는 단어가 떠오르면 안 된다.

* 우리가 결혼한 이후로, 나는 치즈 소스와 접전을 벌이고 있지만 아직 추월하지 못했다.

리소토가 이렇게 덩어리가 진다면.......

리소토는 절대로 이렇게 뭉쳐지면 안 된다.

......잘못 만든 것이다.

잘 들어 보세요. 나는 리소토에 대한 이 토론을 늘 그렇듯이 크게 불의를 일으키며 시작할 수도 있고 맛있는 리소토를 만드는 법에 대해, 많은 사람들이 알고 있듯이, 뜨거운 육수를 한 번에 한 컵(250ml)씩 부으면서 쌀이 육수를 다 흡수하도록 기다렸다 또 육수를 더 붓고 계속 부드럽게 저어 주어야만 한다는 등 이야길 더 만들어 낼 수도 있다. 그렇게 할 수는 있지만 그건 솔직하지 못하다. 내 말은 지금과 같은 시대에, 완고한 이탈리이인이 아닌 이상, 육수를 미리 데우지 않고도, 또 살살 계속 젓지 않고도 달콤한 알덴테의 완벽한 만테카토(묽고 크림 같은) 리조토를 만들 수 있다는 걸 모르는 사람이 어디에 있는가?

사람들은 전통적인 방법에 대해 수년간 말해 오고 써 오고 있다. 나는 그 근거 없는 이야기들이 필요하지도 않은 보조를 30분간 부엌에 붙들어 두기 위해 또는 가족들에게서 잠시 벗어나려는 구실로, 리소토를 이용한 이탈리아 할머니들 때문에 생긴 거라고 확신한다. 그렇긴 하지만 나에겐 아직 풀지 못한 리소토 관련 질문이 엄청나게 많이 남아 있어서 리소토의 여러 면에 대해 시험을 해 보고 사실과 허구를 구별해 보기로 결심했다.

어떤 쌀이 가장 적합한가? 실제로 얼마나 자주 저어 줘야 하는가? 쌀을 볶아야만 하는가? 리소토를 크림으로 마무리해 주는 건 어떤가? 질문은 많고 익힐 쌀 낟알도 많고, 그러나 시간은 없고. 우리 바로 갈까요?

쌀에 대한 조언

첫 번째 질문, 최상의 리소토를 만들려면 어떤 종류의 쌀을 사용해야 하는가?

일반적으로 아밀라아제보다 아밀로펙틴 비율이 더 높은 쌀이 더 완벽하게 부드러워지고 소스는 더욱 걸쭉하게 되는 경향이 있다. 모든 리소토는 아밀로펙틴이 높은, 크기가 짧거나 중간 크기 정도의 쌀 알갱이로 시작한다. 쌀과 소스의 최종 질감을 결정하는 것은 아밀로펙틴에 대한 아밀라아제의 정확한 비율이다.

이탈리아에서 사용하는 짧은 낟알의 쌀 품종은 수십 가지이다. 하지만 미국에서는 리소토에 쓸 수 있는 종류로 오직 4가지만 볼 수 있을 것이다.

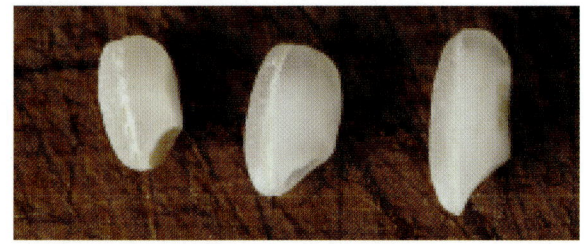

왼쪽부터 봄바, 아르보리오, 비아로네 나노

- 봄바(Bomba)는 크림 파에야(paella)를 만들기 위해 주로 사용되는 스페인 쌀이다. 낱알 길이가 아주 짧고 아밀로펙틴은 보통이며, 비록 다른 나라에서 나기는 하지만 리소토에 아주 적합하다.
- 아르보리오(Arborio)는 가장 흔하게 리소토용으로 쓰이는 쌀이다. 낱알 길이가 짧으며 아밀로오스는 거의 들어 있지 않다. 조직이 치밀하지 않아 아주 걸쭉한 소스를 만들고 아주 쉽게 너무 많이 익어 물러지는 경향이 있다. 아르보리오는 완벽하게 조리되었을 때라 하더라도 상대적으로 부드러울 수 있다.
- 카르나롤리(Carnaroli)와 비아로네 나노(Vialone Nano)는 아르보리오보다는 흔하지 않지만 리소토용으로 내가 제일 좋아하는 쌀 품종이다. 이 쌀은 크림 같은 식감과 쌀의 온전한 식감 사이에서 균형이 잘 잡혀 있다. 둘 중 하나라도 구할 수 있으면 사용해 볼 것.

수입한 쌀 포장에 피노(fino)나 슈퍼피노(superfino)라고 적힌 걸 봤을지 모르겠다. 어떤 이탈리아 협회가 특정한 쌀의 알갱이가 정확히 얼마나 좋은지 심사해 준다면 좋은 일이겠지만 그런 표시는 질이나 기호도를 표시하는 게 아니라 쌀 알갱이의 너비를 표시할 뿐이다. 이런 표시는 대부분 무시해도 된다.

기본 : 육수를 넣고 젓기

전통적인 리소토 조리법을 본다면, 큰 냄비에 육수를 넣고 가열한 뒤 계속 뭉근히 끓인다. 쌀을 버터나 올리브오일에 볶은 뒤 육수 한 국자(또는 첫 번째에는 와인을 사용한다.)를 넣는다. 그러고는 천천히 나무 주걱으로 육수가 없어질 때까지 저어 준다. 그리고 나면 다시 육수를 한 국자 넣는다. 그리고 이 과정을 반복한다. 육수가 다 흡수가 되고 쌀이 부풀 때까지, 그리고 육수가 크림처럼 될 때까지 계속한다. 불을 끄고 차가운 버터와(나) 크림과(이나) 파르메산 치즈를 넣어 소스를 더 진하고 부드럽게 하고 쌀이 더 이상 익지 않도록 세게 저어 준다.

이 방법대로 하면 리소토를 만들 수 있지만 말도 안 되게 비효율적이다. 첫째, 육수를 다른 냄비에 가열할 필요가 없다. 물론 쌀을 익히는 시간을 몇 분 줄일 수 있지만 거꾸로 계산해서 육수를 데우는 데 들어간 시간을 더해야 한다. 물론 팬을 하나 씻을 걸 두 개나 씻는 수고는 제쳐 두고 라도 말이다. 나는 리소토에 넣을 육수를 냉장고에서 꺼내 바로 냄비에 넣었는데 최종 요리의 맛에는 아무런 차이도 없었다.

육수를 나눠서 넣지 않고 한 번에 다 넣고 계속 저으면서 만들면 어떨까?

육수를 나눠서 넣고 저었을 때의 맛에 대해 몇 가지 논쟁이 있다. 첫째, 육수를 나눠서 넣을 경우, 쌀 알갱이는 서로 가까이 붙어 있게 된다. 그래서 전분이 서로 더 많이 비벼 떨어지게 되고 결국 리소토가 더 크림 같이 된다.

이 이론은 그냥 넘어가고 나중에 다시 이야기하자. 두 번째 논쟁은 이렇게 나눠서 육수를 넣는 방법은 쌀이 더욱 고르게 익을 수 있게 해 준다. 이건 어느 정도는 사실일 것이다.

리소토를 보통의 리소토 냄비, 즉 비교적 바닥의 폭이 좁은 냄비에다 조리를 해 보면 쌀과 육수가 포개지게 된다. 바닥에 있는 쌀과 맨 위에 있는 쌀 사이의 높이는 큰 차이가 있다. 바닥에 있는 쌀은 열원에서 더 가까워 지나치게 익게 되고 위에 있는 쌀은 겨우 익게 된다.

저어 주면 이런 문제를 방지하는 데 도움이 된다. 하지만 이보다 더 쉬운 방법이 있다. 넓고 얕은 팬을 사용하는 것이다. 넓은 프라이팬에서는 쌀은 바닥에서 그렇게 높이 올라가지 않고 비교적 고르게 층을 만들기 때문에 훨씬 더 골고루 익게 된다. 처음에 한소끔 끓인 뒤 아주 낮은 열로 익혀 주는 것 또한 도움이 된다. 나는 넓은 프라이팬을 이용해서 쌀과 육수를 거의 한 번에 다 넣고 팬 뚜껑을 덮은 뒤 불을 낮게 하고 중간에 한 번 정도만 저어 주면서 조리했더니 완벽한 결과를 얻을 수 있었다.

리소토를 넓은 프라이팬에 넣고 조리하면 젓는 횟수가 최소한으로 줄어든다.

그리고 남아 있는 육수로 소스를 원하는 농도로 묽게 할 수 있다. 잠깐 동안 바글바글 끓여 적당히 걸쭉하게 만든다.

이제, 더 크고 더 대담한 질문으로 넘어가 보자.

볶느냐 마느냐?

먼저, 버터 또는 올리브오일, 아니면 둘 다? 이건 크게는 개인의 취향의 문제다. 나는 한 가지보다는 두 지방을 함께 사용하면서 오는 복합적인 맛을 좋아한다. 어떤 사람들은 대부분의 기름이 200℃ 이상 올라가야 연기가 나는 데 반해 버터는 낮은 150℃ 대에서 타기 시작하기 때문에 타는 걸 막기 위해 버터에 올리브오일을 섞는다고 얘기하는 사람들이 있다. 이건 잘못 알고 있는 것이다. 버터와 올리브오일을 섞어도 버터와 같은 온도 대에서 탄다. 나는 실험을 해 봤기 때문에 이것을 안다. 바로 버터에 있는 유단백질이 타는 것인데 유단백질은 오일과 섞여 있든 순전히 유지방만 있든 개의치 않는다.

그것보다는 버터와 올리브오일을 섞는 이유는 바로 맛을 위해서이다. 그리고 가열할 때는 타지 않도록 조심해야 한다. 거품이 가라앉을 때 쌀이나 향신료를 넣어 주는 게 바로 비결이다.

쌀을 넣기 전에 버터가 타지 않게 한다.

나는 늘 리소토를 볶는 이유는 맛을 더 좋게 하려는 것이라고 생각했었다. 말린 쌀 알갱이를 뜨거운 버터와 올리브오일이 담긴 팬에 넣으면 정말이지 아주 고소한 맛이 난다. 하지만 쌀을 볶을 때 또 다른 현상은 없을까? 나는 똑같은 리소토를 나란히 두고 요리를 했다. 첫 번째 리소토는 전혀 볶지 않고 만들었다. 육수와 쌀을 똑같은 시간에 팬에 넣었다. 두 번째는 쌀을 3~4분 볶은 뒤 육수를 넣었다. 쌀을 볶는 동안 쌀은 연한 갈색이 되고 고소한 향을 지니게 되었다.

다음은 두 리소토의 결과이다.

볶지 않은 쌀(왼쪽)은 볶은 쌀보다(오른쪽)
더 크림 같은 소스를 만들었다.

확실히, 볶는 동안 뭔가 다른 일이 일어난다. 볶은 쌀은 볶지 않은 쌀에 비해 확실히 덜 부드럽다. 그래서 아주 부드럽긴 했지만 볶은 맛은 거의 나지 않는 리소토 하나와 크림 같은 느낌은 덜하지만 아주 고소하고 볶은 맛이 나는 그런 리소토가 만들어졌다. 그렇다면 문제는 어떻게 하면 리소토를 부드러우면서도 고소하게 만들 수 있을까?

전분 분리하기

내 이론은 이렇다. 전분은 고온에서 분해가 된다. 아주 연한 루와 진한 색의 루가 얼마나 걸쭉하게 하는지 그 정도를 비교해 봤는가? 색이 더 진할수록 더 걸쭉해진다. 아마도 내가 쌀을 볶을 때에도 전분에서 걸쭉하게 하는 물질이 빠져 나오는 비슷한 일이 일어나는 듯하다. 이 가설을 실험하기 위해, 나는 먼저 나머지 쌀 알갱이로부터 걸쭉하게 하는 데 사용되는 전분을 분리해야 했다. 어떤 사람들은 리소토의 소스를 걸쭉하게 하는 전분은 쌀 알갱이 속에서 나온다고 말한다. 그래서 이 때문에 리소토를 익히면서 쌀을 계속 저어 줘야 한다는 것이다. 쌀 알갱이를 밀치는 동작이 서로를 비비게 만든다. 그래서 천천히 전분을 벗겨 내게 되고 이것이 소스 속으로 들어가게 된다. 이 말은 사실일 수 있지만 그렇다면 젓지 않고도 걸쭉한 리소토를 만드는 요즘의 요리 방법을 정확히 설명해 주기 어렵다. 혹시, 이렇게 걸쭉하게 하는 전분이 쌀 알갱이 속이 아니라 쌀 표면에 그냥 있는 게 아닐까? 이게 사실인지 아닌지를 실험하는 방법은 아주 쉽다. 쌀을 씻어 보면 된다.

볶기 전에 전분을 빼내서 따로 둠

나는 쌀을 고운체에 넣고 찬물 아래에 두었다. 쌀을 비비고는 전분이 들어 있는 우윳빛 흰 액체가 아래로 모이는 걸 지켜봤다. 그러고는 전에 하듯이 조리했다(762쪽 참고). 결과는 거의 크림 같은 느낌이 없는 리소토가 만들어졌다.

이번엔 이렇게 씻은 쌀로 조리 시간 내내 저어 주는 전통적인 방법으로 리소토를 만들었는데, 이렇게 해도 더 이상 크림 같지 않았다. 이 실험으로 리소토를 걸쭉하게 만드는 전분의 대부분은 처음부터 쌀의 표면에 미립자 상태로 존재한다는 사실이 확인되었다. 저어 주는 동작은 전분을 내어놓는 것과는 거의 아무런 상관이 없다. 리소토를 저어 주는 이유는 한 가지, 고르게 익히려는 목적이다. 위의 확인으로 볶은 맛이 나면서도 완벽하게 크림 같은 리소토를 만드는 완벽한 해결책이 아주 쉽게 드러나게 되었다. 볶기 전에 전분을 제거한 뒤 수화 전에 다시 전분을 넣는 방법이다.

또 다른 시험군의 리소토를 만들었는데, 이번엔 먼저 생쌀을 볼에 넣고 차가운 육수를 그 위에 부었다. 쌀을 저어서 모든 전분이 빠져나오게끔 한 뒤 고운체로 걸러 전분이 들어 있는 뿌연 육수를 한쪽에 두었다(바닥에 전분이 가라앉은 게 보일 정도로 전분이 많았다.).

이제 씻은 쌀을 버터와 올리브오일 섞은 데에 넣고 황금색으로 색이 변할 때까지 볶았다. 그리고 마침내 받아 놓은 전분 육수를 팬에 붓고 끓인 뒤, 뚜껑을 덮고 중간에 한 번 저어 주면서 익혔다. 결과는 완전한 승리였다. 완벽하게 크림 같고 고소한 리소토가 만들어졌다. 이제 남은 일은 약간의 크림(나는 좀 더 담백한 리소토를 만들기 위해 먼저 크림을 휘핑해서 약간의 공기가 혼합물에 들어가게 하는 걸 좋아한다.)과 치즈를 넣어 마무리하는 일이다.

물론 여기에는 여러분이 고려해야 할 맛을 변화시키는 모든 종류의 요소들이 있다. 채소들, 불린 건버섯이나 또는 버섯, 고기, 사프란, 기타 와인, 미소 페이스트 등등. 여러분은 기초를 다졌으니 이제 자신의 집을 지으면 된다(꿀팁 : 한번 끓인 뒤 불을 낮추고 나초 치즈 소스를 조금 섞어 넣으면 기가 막히다.).

거의 젓지 않고도 만드는 기본 리소토 BASIC ALMOST-NO-STIR RISOTTO

NOTE • 나는 약간 긴 알갱이와 단단한 질감 때문에 카르나롤리 쌀을 더 좋아하지만 아르보리오, 비아로네 나노, 심지어 봄바 등 원하는 대로 어떤 리소토용 쌀을 사용해도 된다.

4~6인분

리소토용 쌀(위의 note 참고) 1½컵(375ml, 약 383g)

홈메이드 또는 저염 닭육수 통조림 4컵(1ℓ)

무염 버터 2큰술(+ 원하면 마무리용으로 조금 더 준비)

엑스트라 버진 올리브오일 2큰술

중간 크기 마늘 2쪽(곱게 다지거나 제스터에 갈기. 약 2작은술)

작은 샬롯 2개(잘게 다지기. 약 2큰술)

드라이 화이트 와인 1컵(250ml. 선택사항. 육수로 대체 가능)

생크림 ¾컵(180ml, 끝이 뽀족하도록 휘핑)

파르메산 치즈 갈아서 85g(약 1½컵, 375ml)

코셔 소금과 후춧가루

다진 허브 또는 기타 취향에 맞는 고명(아래 변형과 레시피 참고)

1. 큰 볼에 쌀과 닭 육수를 넣는다. 손가락이나 거품기로 쌀을 휘저어 전분이 다 나오도록 한다. 2ℓ 액체 계량기나 큰 볼 위에 고운체를 올리고 물을 따라낸다. 쌀을 이따금씩 휘저어 주면서 5분 정도 거른다. 이 육수는 보관한다.

2. 30cm(12인치) 바닥이 두꺼운 프라이팬에 버터와 올리브오일을 넣고 중강 불에 올리고 거품이 가라앉을 때까지 가열한다. 쌀을 넣고 자주 저어 주면서 약 5분 정도 볶아 물기가 나 증발하고 기름에서 거품이 일고 쌀이 황금색으로 변하면서 고소한 냄새가 나게 한다. 마늘과 샬롯을 넣고 약 1분간 볶아 향이 나게 한다. 와인을 붓고(사용 시), 한 번 저어 주고 반으로 줄어들도록 약 5분 정도 끓인다.

3. 남겨 둔 1의 육수를 한 번 저어 주고는 1컵(250ml)만 남겨 두고 쌀에 다 붓는다. 불을 센 불에 올려 주고 한소끔 끓인다. 쌀을 한 번 저어 주고 뚜껑을 덮고 불을 가장 낮게 줄인다. 그러고는 10분 정도 뒤적이지 않고 끓인다. 한 번 저어 주고 팬을 부드럽게 흔들어서 쌀을 섞어 주고 뚜껑을 덮고 국물이 거의 다 흡수되고 쌀이 약간 씹히는 정도로 부드러워질 때까지 약 10분 더 끓인다.

4. 뚜껑을 열고 마지막 남은 육수 1컵(250ml)을 넣고 불을 고온으로 올리고 계속 저어 주면서 소스가 걸쭉하고 크림처럼 될 때까지 끓인다. 불을 끄고 생크림과 치즈를 넣는다. 소금과 후추로 간을 하고 원하는 대로 허브나 다른 고명을 올려 준다. 뜨거운 접시에 담아 바로 상에 올린다.

거의 젓지 않고도 만드는 방울토마토와 페타 리소토

차려 내기 바로 전에 반으로 자른 방울토마토 2컵과 페타 치즈 부숴놓은 것 85g을 리소토에 섞어 넣는다.

거의 젓지 않고도 만드는 초리조와 방울양배추 잎 리소토

방울양배추 12개의 잎을 벗겨 내고 줄기와 심은 버린다(약 2컵 정도). 스페인식의 초리조 85g을 1cm 크기의 사각으로 자른다. 큰 프라이팬을 중간 불에 올리고 지방이 녹고 초리조가 바삭해지도록 약 4분간 굽는다. 방울양배추 잎을 넣고 숨이 죽도록 약 2분간 볶아 준다. 차려 내기 바로 전에 초리조와 방울양배추 섞어 놓은 걸 리소토에 넣는다.

봄채소 리소토 SPRING VEGETABLE RISOTTO

범죄 파트너처럼 아스파라거스와 리소토는 『핑키와 브레인(Pinky and the Brain, 미국의 시사 풍자 만화)』에게 굉장한 맛으로 만족감을 준다. 그리고 하는 김에, 에라 모르겠다, 내가 좋아하는 봄채소 몇 가지도 더 넣자.

누에콩으로 시작하자. 모든 견습 요리사의 골칫거리인, 순한 맛의 이 진녹색 콩은 껍질을 한 번이 아니라 두 번이나 까야 한다. 큰 꼬투리에서 콩을 끄집어낸 뒤(쉬운 부분), 다시 한 개씩 껍질을 벗겨 줘야 한다. 장난이 아니다. 하지만 다행스럽게도 쉽게 할 수 있는 방법이 있다. 콩을 먼저 데치는 거다. 물에 살짝 삶고 나면 살짝만 밀어도 잘 미끄러져 나오며 까고 난 뒤 데치는 것보다 색도 더 진하다. 이래저래 더 낫다. 누에콩을 살 때는 꼬투리 채로 있는 걸 고르고 꼬투리를 구부렸을 때 단단하면서 딱 하고 부러지는 걸 고른다. 오래된 누에콩 꼬투리는 질기고 잘 구부러지며 물론 안의 콩도 오래돼서 별로다.

아스파라거스는 색과 크기가 다른 몇 가지 종류가 있다. 굵은 보라색과 녹색 종류들 사이에 맛의 차이는 그다지 없지만 보기에 좋아서 나는 이 종류를 섞어서 사용한다. 그러나 흰 아스파라거스는 맛이 다른데 은은하면서 약간 쌉쌀해서 색이 있는 다른 종류들보다 맛이 깊다. 나는 아스파라거스를 누에콩을 데친 물에 데치고 나중에 이 물은 리소토 만들 때에도 사용한다. 이렇게 하면 채소를 데치면서 빠져나온 맛이 다시 쌀을 익힐 때 더해지게 된다. 사실 즉석 채소 육수를 만드는 것과 같다.

보통, 주키니는 데치지 않는데 그건 맛이 밋밋하고 물기가 많아서 데치면 완전히 풀이 죽고 만다. 하지만 어린 주키니는 맛이 강해서 데치기에 괜찮다.

마지막으로, 스냅피는 특히나 봄에 색이 밝고 달다. 누에콩처럼 꼬투리가 단단하고 톡 부러지는 걸 고른다. 익으면 아삭함이 덜해진다. 이 레시피에서 아마도 가장 힘든 부분은 고급 곰보버섯(morel)이나 포르치니(porcini) 버섯이다. 곰보버섯과 포르치니는 구하기도 힘들고 구할 수 있다 해도 아주 비싸다. 다행스럽게도 이 레시피는 생버섯보다는 건버섯을 넣으면 실제 맛이 더 좋아지는 드문 경우 중 하나이다.

굉장히 맛있는 리소토를 만들려면 맛이 좋은 육수를 넣어 줘야 한다. 여기에 건버섯이 큰 역할을 한다. 채소를 데친 뒤 그 물에 버섯을 담그고 불린다. 가장 빠른 방법은 물에 버섯을 넣고 전자레인지에 돌린다. 열 때문에 더 빨리 불려진다. 버섯에서 나오는 물은 진한 어두운 갈색으로 아주 맛있다. 그래서 리소토가 진하고 어두운 갈색이 되면서 아주 맛있어진다.

쌀이 근사한 크림처럼 될 때까지 익히고 한편으로는 불린 버섯을 기름에 강하게 볶아서 데친 채소와 함께 팬에다 넣어 줘야 한다. 리소토는 화사하고 생기가 돌며 콩과 내용물은 잘 어우러져 5월의 이슬비 내리는 어느 날을 완벽한 하루로 만들어 준다.

4~6인분

아스파라거스 230g(흰색, 초록색, 보라색이나 이들을 섞어서, 끝은 잘라 내고 줄기는 2.5cm 크기로 자르기. 갓 부분은 따로 남김.)

깍지 채 먹는 슈가 스냅피 230g(1cm 크기로 사선으로 자르기.)

꼬투리를 벗긴 누에콩 230g(껍질은 있는 채로)

어린 주키니 230g(길이로 반으로 자르기.)

마른 곰보버섯이나 포르치니 버섯 57g

리소토용 쌀 1½컵(375ml, 약 383g. 764쪽 note 참고)

엑스트라 버진 올리브오일 4큰술

마늘 중간 크기 2쪽(곱게 다지거나 제스터에 갈기, 약 2작은술)

작은 샬롯 2개(잘게 다지기, 약 2큰술)

드라이 화이트 와인 1컵(250ml, 선택사항, 데친 물로 대체 가능)

코셔 소금과 후춧가루

파슬리 잎 ¼컵(60ml, 다지기)

레몬 제스트 2작은술과 레몬 즙 1큰술(레몬 1개분)

1. 중간 크기의 냄비에 2ℓ 연한 소금물을 끓인다. 얼음물도 준비한다. 한 번에 채소를 한 가지씩(같은 종류로) 데친다. 아스파라거스 줄기와 끝, 슈거 스냅피, 누에콩, 주키니를 2~3분 정도 숨만 죽도록 데친다(다 데쳐졌는지 맛을 본다.). 얼음물에 담근 뒤 다 건져서 그릇에 담는다. 데친 물은 따로 둔다. 누에콩 속껍질을 조심스럽게 벗긴다. 채소를 모두 한쪽에 둔다.

2. 버섯을 전자레인지용 그릇에 담고 채소 데친 물을 4컵(1ℓ) 붓는다(와인을 넣지 않을 거면 추가로 1컵(250ml) 더 남겨두고 나머지는 버린다.). 고온으로 돌려 끓기 시작할 때까지 약 5분간 돌린다. 10분 동안 담가 둔 뒤, 버섯을 꺼내서 키친타월로 조심스럽게 물기를 닦아 준다. 버섯 데친 물은 남겨 둔다.

3. 큰 볼에 쌀과 버섯물을 넣는다. 손가락이나 거품기로 쌀을 휘저어서 전분을 빼준다. 2ℓ 계량컵이나 큰 볼에 고운체를 올리고 가끔 저어 주면서 5분 동안 걸러 준다. 국물은 한곳에 둔다.

4. 30cm(12인치) 바닥이 두꺼운 프라이팬에 올리브오일을 3큰술 넣고 중강불 위에 올리고 표면이 일렁일 때까지 가열한다. 쌀을 넣고 자주 섞어 주면서 액체가 다 증발하고 기름이 보글보글 끓고 쌀이 황금색이 되면서 고소한 향이 날 때까지 약 5분간 볶아 준다. 마늘과 샬롯을 넣고 약 1분간 저어 향을 낸다. 와인을 붓고(사용 시) 한번 저어 주고 반으로 줄어들 때까지 약 5분간 끓인다.

5. 남은 육수를 한 번 휘젓고 1컵(250ml)만 남기고 쌀에 다 붓는다. 불을 세게 올리고 한소끔 끓인다. 쌀을 한 번 젓고 뚜껑을 덮고 불을 최대한 낮춘다. 10분 동안 젓지 않고 끓인다. 한 번 휘젓고 팬을 부드럽게 흔들어서 섞은 뒤 뚜껑을 덮고 국물이 거의 없어지고 쌀이 부드럽되 약간 씹히는 정도로 약 10분 정도 더 끓인다.

6. 쌀이 익는 동안, 중간 크기의 프라이팬에 남은 올리브오일을 넣고 중강 불에서 기름 표면이 일렁일 때까지 가열한다. 건버섯을 넣고 가끔 저어 주면서 희미하게 고소한 향이 나고 완전히 바삭해질 때까지 약 2분간 익힌다. 소금과 후추로 간을 하고 접시로 옮긴다.

7. 뚜껑을 열고 남은 육수 1컵(250ml)을 붓고 불을 세게 올린다. 쌀을 계속 저어서 걸쭉하고 크림 같이 되도록 한다. 채소와 버섯, 파슬리, 레몬 제스트과 레몬 즙을 넣는다. 소금과 후추로 간을 한다. 필요하면 물을 붓고 저어서 리소토가 부드러우면서 묽어지도록 한다. 바로 차려 낸다.

버섯 그린 리소토 GREEN RISOTTO WITH MUSHROOMS

종종 나는 휘핑한 크림을 마지막에 리소토에 넣어 밝은 느낌을 주고 소스를 더 부드럽게 마무리하지만 괜찮은 비건용 리소토를 만들려는 시도로 다른 육수를 시험해 보게 됐다. 내가 찾아낸 방법은 리소토를 묽게 하는 데 익힌 채소 퓌레를 넣는 것이다. 채소 퓌레를 넣으면 더 소스다워지고 또한 맛도 더 좋아진다.

가장 좋아하는 것 중 한 가지를 말하라고? 시금치와 허브 퓌레로 마무리를 한 선명한 녹색의 리소토다. 페스토에서처럼 푸른 채소의 밝은 색을 유지하기 위해 나는 여기서는 채소 육수에 채소를 데치고 퓌레로 만들기 전에 얼음물에 담갔다. 이렇게 하면 썬 채소가 갈색으로 만드는 산화반응을 일으키는 효소가 비활성화된다.

선명한 녹색 리소토는 정말 예뻐 보이지 않는가?

리소토 위에 원하는 재료를 올리면 된다. 나는 진한 갈색으로 기름에 구운 버섯을 올리는 걸 좋아한다. 레몬 즙과 간장을 조금 넣으면 맛을 화사하게 한다.

4~6인분

여유있게 담은 파슬리 잎 ½컵(125ml)

여유있게 담은 타라곤 잎 ¼컵(60ml)

홈메이드나 채소 육수 통조림이나 물 6컵(1.5l)

여유있게 담은 시금치 잎 2컵

대파 4대(흰 부분은 다지고, 녹색 잎 부분은 따로 남기기.)

엑스트라 버진 올리브오일 4큰술

리소토용 쌀 1½컵(375ml, 약 380g, 764쪽 note 참고)

중간 크기 마늘 2쪽(다지거나 제스터에 갈기, 약 2작은술)

카놀라유나 식물성 기름 2큰술

야생 버섯 섞은 것 230g(트럼펫 로얄, 꾀꼬리 버섯, 곰보버섯, 느타리버섯 등 큰 것은 반으로 자르기.)

다진 작은 샬롯 1개(약 2큰술)

레몬 즙 1작은술, 제스트 1작은술(레몬 1개분)

간장 1작은술

코셔 소금과 후춧가루

1 파슬리와 타라곤을 1큰술씩 잘게 썬다. 젖은 키친타월로 덮고 냉장고에 넣어 둔다.

2 중간 크기 냄비에 육수를 넣고 센 불에서 끓인다. 큰 통에 얼음물을 준비한다. 시금치와 남은 파슬리, 타라곤 잎, 대파의 녹색 부분을 끓는 물에 넣고 금속 체로 눌러서 물에 잠기게 한다. 약 30초 데친 뒤 체로 건져 올린 뒤 얼음물에 담가 완전히 식힌다. 육수의 불을 끈다.

3 데친 채소를 블렌더 용기에 넣고 육수 ½컵(125ml)을 넣는다. 완전히 부드러워지도록 약 30초 정도 고속으로 간다. 작은 그릇에 옮기고 한쪽에 둔다.

4 30cm(12인치) 크기의 바닥이 두꺼운 프라이팬에 올리브오일을 넣고 중강 불 위에 올려 기름 표면이 일렁일 때까지 가열한다. 쌀을 넣고 자주 저어 주면서 수분이 모두 증발하고 기름에 거품이 일고 쌀이 연한 황금색이 되고 고소한 향이 나도록 약 3분 정도 볶아 준다. 마늘과 대파 흰색 부분을 넣고 약 1분 정도 저어 향을 낸다.

5 프라이팬에 육수 1½컵(375ml)만 남기고 다 붓는다. 쌀을 한 번 휘젓고 뚜껑을 덮고 불을 최대한 줄인다. 10분 동안 젓지 않고 쌀을 끓인다. 한 번 젓고 팬을 부드럽게 흔들어서 쌀을 섞고 뚜껑을 덮고 끓인다. 국물이 거의 없어지고 쌀이 약간 씹힐 정도로 부드러워질 때까지 약 10분간 더 끓인다.

6 한편, 25cm(10인치) 프라이팬에 카놀라유를 넣고 중강 불 위에 올리고 기름 표면이 일렁일 때까지 가열한다. 버섯을 넣고 가끔 뒤적여 주면서 먹음직스럽게 갈색빛을 띠도록 5분간 볶아 준다. 샬롯을 넣고 약 30초 정도 볶아서 향을 낸다. 여기에 육수 4큰술과 레몬 즙, 간장을 넣는다. 불을 끄고 섞어 준 뒤 소금과 후추로 간을 한다. 한쪽에 둔다.

7 리소토의 뚜껑을 열고 남은 육수를 넣고 불을 고온으로 올리고 리소토를 뒤적이고 냄비를 흔들어 주면서 걸쭉하고 크림 같아지도록 한다. 불을 끄고 채소 퓌레와 레몬 제스트, 썬 파슬리와 타라곤을 섞어 넣는다. 소금과 후추로 간을 한다. 뜨거운 접시에 담고 버섯과 팬에 남은 국물을 올려 마무리한다.

GREENS, EMULSIONS, AND THE SCIENCE OF SALADS

8

샐러드의 과학 - 녹색 채소와 유화

**A WELL-MADE SALAD MUST HAVE A CERTAIN UNIFORMITY;
IT SHOULD MAKE PERFECT SENSE FOR THOSE INGREDIENTS TO SHARE A BOWL.
- YOTAM OTTOLENGHI -**

'잘 만들어진 샐러드에는 일정한 균일성이 있어야 한다. 즉, 재료들이 한 그릇을 공유하는 것에 대한 타당한 이유가 있어야 한다는 것이다.'
– 요탐 오토렝기 –

PART 8

샐러드의 과학 - 녹색 채소와 유화

이 장에 있는 레시피들

맛이 순한 레몬 또는 레드 와인-올리브오일 비네그레트	790
기본 녹색 채소 믹스 샐러드	792
구운 아몬드와 염소젖 치즈를 넣은 아스파라거스 샐러드	792
봄 채소 샐러드	794
크림 같은 비네그레트를 넣은 핑걸링 포테이토 샐러드	797
파르메산 치즈와 톡 쏘는 발사믹 간장 비네그레트를 넣은 아루굴라와 배 샐러드	799
– 톡 쏘는 발사믹 간장 비네그레트	800
톡 쏘는 발사믹 간장 비네그레트를 넣은 토마토와 모차렐라 샐러드	800
적양파와 헤이즐넛 비네그레트를 넣은 그린빈 샐러드	802
– 헤이즐넛 비네그레트	802
쌉싸름한 상추와 블루치즈, 석류, 헤이즐넛 비네그레트를 넣은 구운 배 샐러드	803
잣 비네그레트를 넣은 구운 비트와 감귤류 샐러드	804
– 잣 비네그레트	805
염소젖 치즈, 달걀, 석류, 마르코나 아몬드 비네그레트를 넣은 구운 비트 샐러드	806
– 마르코나 아몬드 비네그레트	807
자몽, 크랜베리, 무화과, 호박씨 비네그레트를 넣은 엔다이브와 치커리 샐러드	808
– 무화과와 호박씨 비네그레트	809
절대 실패하지 않는 홈메이드 마요네즈	817
호두, 사과, 파르메산-앤초비 드레싱을 넣은 겨울 채소 샐러드	820
제대로 만든 클래식 아메리칸 포테이토 샐러드	827
최고의 달걀 샐러드	831
크림 같은 코울슬로	832
시저 샐러드	833
– 시저 샐러드드레싱	834
–– 마늘 파르메산 크루통	834
병아리콩과 수막, 양파를 넣고 양념에 재운 케일 샐러드	837
– 샬롯과 강낭콩을 넣고 양념에 재운 케일 샐러드	838
케일 시저 샐러드	838
양상추 웨지 샐러드	841
– 세 가지 재료 블루치즈 드레싱	842
찹스타일 그릭 샐러드	846
흰콩과 만체고 치즈 샐러드	849
식당 스타일 잘게 썬 안티파스티 샐러드	850
– 크림 같은 이탈리아식 드레싱	851
찹 랜치 콥 샐러드	852
– 버터밀크 랜치 드레싱	853

I HAVE SOMETHING TO ADMIT :
I'M ADDICTED TO SALAD.

한가지 자백할 것이 있다 :
나는 샐러드 중독자가 맞다.
___

나는 언제고 한밤중에 아내가 침대에서 일어나 발소리를 내지 않고 살금살금 주방으로 와서 한 손에는 비네그레트 소스 통을, 다른 손에는 아루굴라 그릇을 들고 있는 나를 덮칠까봐 조마조마해 하며 살고 있다. 일부러 채소를 더 많이 요리해서 샐러드가 먹고 싶은 욕구를 누르려고 노력한다. 하지만 가끔 식기세척기를 돌리기가 귀찮거나, 아니면 17층까지 한참 올라오는 엘리베이터 안에서 아내에게 아무 이야기도 하고 싶지 않은 그런 날처럼, 게으름이 나를 덮쳐서 진짜 채소를 조리할 수 없을 때가 있다. 채소 보관실에 있는 상추의 머리가 나에게 놀리면서 '나는 무지 간단해요. 드레싱을 발라 주세요, 켄지. 나를 꺼내서 드레싱을 입혀 주세요.' 이렇게 속삭일 때, 나는 그만 항복하고 만다. 샐러드의 유혹을 누가 당해 낼 수 있겠는가? 저녁 식탁에 색과 맛, 생기, 중요한 모든 섬유소를 더해 주고 또 순간의 주목을 받고, 아주 간단하고도 균형이 잘 잡힌 한 끼 식사로 누구도 넘볼 수 없는 챔피언이라는 걸 부정할 사람이 어디 있겠는가? 필요한 것은 신선한 채소와 좋은 드레싱만 있으면 된다(그리고, 드레싱은 사지 않아도 된다.). 그렇다면 샐러드란 정확히 무엇인가? 목욕을 하는 동안 여러분 뇌리를 사로잡을 수 있는 그런 종류의 형이상학적 질문이다. 그래서 제가 쉽게 알려 드리겠습니다!

샐러드는 녹색 채소나 그 외 기타 채소, 고기를 섞든, 아님, 차게 해서 차려 내든, 따뜻하게, 혹은 뜨겁게 차려 내든, 모든 샐러드에는 다음과 같은 두 가지 공통점이 있다. 첫째, 샐러드는 식탁에서 자르거나 칼이 필요하지 않으며 둘째는, 톡 쏘는 드레싱과 함께 차려 내서 주재료를 코팅하면서 수분과 신맛을 더한다. 가장 단순하게는 신선한 녹색 채소를 살살 섞는 것에서부터 얼마든지 복잡해질 수 있다. 하지만 너무 걱정 마시길, 복잡하다 해도 정말 그렇게 복잡하지는 않으니.

샐러드의 광적인 세계에 발을 들여놓기가 겁나는 그런 분들을 위해 나는 당장 직접 자신만의 샐러드 레시피를 개발할 수 있도록 6단계의 프로그램을 만들었다. 규칙이란 기본이 되는 것으로, 모든 규칙과 마찬가지로 깨지기 쉬운 것이다. 그리고 그 규칙 중 몇 가지는 여러분이 마음대로 선택할 수 있는 것이다.

1. 가장 신선한 최상의 녹색 채소를 구하고 조심스럽게 손질한다. 시들어 버린 채소로 샐러드를 만드는 건 최악이다. 좋아하는 녹색 채소의 종류를 정하고(776쪽 '샐러드용 녹색 채소 고르기' 참고) 손질하고 씻고 조심스럽게 보관하고 유효기간이 다 되기 전에 소진한다.

2. 고른 녹색 채소에 어울리는 드레싱을 고른다. 샐러드드레싱은 크림 같거나 묽거나 순하고 은은하거나 톡 쏘면서 자극적이다. 사용하는 드레싱은 녹색 채소와 맛을 겨루거나 압도하지 않으면서 채소 맛을 강화시켜 주는 것으로 골라야 한다.

3. 맛이 강하거나 향이 나는 고명을 올린다(선택사항). 이런 재료는 여러분이 샐러드를 먹을 때 입안에 맛이 확 터지게 해서 흥미를 주는 재료들이다. 내가 제일 좋아하는 재료들은 다음과 같다.

   - 파르메산, 페코리노 로마노, 숙성된 고다, 부숴 놓은 블루 치즈, 페타, 염소젖 치즈처럼 몹시 자극적인 치즈를 얇게 깎아 놓은 부스러기
   - 파슬리나 바질, 고수 잎, 딜, 차이브 같이 연한 허브
   - 건포도, 커런트, 크랜베리 같은 건과일
   - 양파나 샬롯처럼 맛이 아린 채소
   - 살라미 스틱이나 스페인식 초리조, 햄 혹은 익힌 베이컨과 같이 소금에 절인 고기
   - 올리브나 케이퍼, 앤초비처럼 식초에 절이거나 소금에 절인 재료

4. 질감의 대비를 위해 '바삭바삭한 식재료'를 섞는다(선택사항). 양념이 잘 된 크루통(834쪽 참고)은 여기에 아주 적합하다. 아몬드나 해바라기 씨 같은 구운 견과류나 씨앗도 좋다. 견과류나 씨앗을 구울 때는 베이킹팬에 깔고 오븐이나 토스터 오븐에 넣어 180℃로 약 10분 정도 굽는다. 약간 색이 변하면서 고소하고 맛있는 냄새가 난다.

5. 생과일 또는 조리한 과일, 채소 혹은 고기와 해산물처럼 뒤를 받쳐 주는 재료를 넣는다. 얇게 자른 피망이나 반으로 자른 대추 토마토, 래디시 조각이나 갈아 넣은 당근 등의 생채소 혹은 차게 식힌 자른 고기(남은 스테이크, 치킨)나 한입 크기의 찬 해산물(새우, 바닷가재, 오징어)을 넣어주면 녹색 채소 샐러드에 멋진 포인트가 된다. 구운 사과나 배는 간단한 샐러드를 완벽한 메인 요리로 손쉽게 만들어 줄 수 있는 재료들이다. 물론, 잘게 썬 일부 샐러드와 구운 채소 샐러드(804, 806쪽 '비트 샐러드' 참고), 데친 뒤 식힌 채소 샐러드(792쪽 '아스파라거스 샐러드' 참고), 조리한 흰 콩류나 기타 말린 콩으로 만든 샐러드(849쪽 참고)에서처럼 녹색 채소 대신 채소로 완전히 대체할 수도 있다.

6. 샐러드에 적당한 드레싱을 넣고 바로 먹는다. 녹색 채소는 드레싱을 넣으면 바로 숨이 죽는다. 그러므로 제일 마지막에 드레싱과 간을 하고 최대한 부드럽게 묻힌다. 이 말은 볼에 넣고 손으로 살살 섞으라는 뜻이다(782쪽 '샐러드 버무리기').

샐러드를 만드느라 이런 단계를 거칠 때, 대개 조금 적은 것이 더 낫다라는 말을 명심해야 한다. 치즈와 앤초비, 살라미, 양파, 토마토, 구운 견과류, 허브가 정말로 필요한가? 아마도 필요 없을 것이다. 나는 이 장에서 많은 샐러드 레시피를 소개하지만 이런 레시피를 설계도로 생각하는 게 좋다. 자신의 기호에 맞는 샐러드를 만드는 방법을 배우는 도구로서의 설계도 말이다.

샐러드용 녹색 채소 고르기
PICKING SALAD GREENS

나는 샐러드용 녹색 채소(salad greens)를 네 가지 기본 그룹으로 나눈다. 아삭한 맛, 매콤한 맛, 순한 맛, 씁쓸름한 맛. 그리고 대부분 이 그룹에 있는 한 가지는 다른 재료로 바꿀 수 있다. 예를 들어, 시저 샐러드 같은 경우, 양상추를 넣어도 맛은 크게 바뀌지 않지만, 매콤한 아루굴라나 씁쓸한 적색 치커리(Radicchio, 래디치오)로는 만들 수 없다. 다음은 이런 항목에서 가장 흔하게 볼 수 있는 상추 종류이다.

아삭한 상추

그림 같은 마요네즈나 유제품을 기본으로 한 드레싱이 가장 잘 어울린다.

- **양상추(Iceberg lettuce)**는 아루굴라가 미국에서 유행하기 시작하던 1990년대에는 좋지 않은 평가를 받아서 갑자기 너무 흔한 싸구려로 인식되었다. 하지만 전혀 그렇지 않다. 이 양상추만큼 아삭하고 상쾌한 맛이 있는 상추는 드물다. 강한 맛을 내는 건 아니지만 어떤 경우에도 오랫동안 아삭함을 유지한다. 블루치즈 드레싱이나 뜨거운 햄버거 패티에서도 모양을 잘 유지한다. 양상추는 냉장고에서 2~3주 보관이 가능하기 때문에 늘 가지고 있으면 쓸모가 많은 식재료이다.

- **로메인(Romaine)**은 코스 상추(Cos lettuce)로도 불리며 시저 샐러드를 위한 정석인 선택이다. 연하고 노란 속잎은 녹색의 겉잎보다 더 아삭하고 달다. 그래서 어떤 사람들은 색이 짙은 겉잎은 버리기도 한다. 이 상추는 부드러운 마요네즈를 기본으로 한 드레싱에 잘 견딘다. 아주 비슷한 품종으로는 리틀 젬(Little Gem)이나 슈크린(Sucrine) 상추가 있으며 이들은 더 작고 더욱 부드럽다.

- **녹색 잎과 붉은 잎, 다른 종류의 느슨하게 결구되는 상추들** — 오크리프(Oak leaf), 적상추, 롤로 비온다(Lollo Bionda), 샐러드볼(Salad Bowl)과 같은 상추는 가상사리가 연한 잎이 느슨하게 들어차 있으며, 로메인 상추나 양상추보다 훨씬 더 섬세하다. 이런 상추는 잎이 여유있게 들어차 있으며 가장자리 부위가 연하다. 대부분의 품종은 맛이 아주 순해서 크림 같은 드레싱이 잘 어울리지만 드레싱을 한 이후에는 숨이 죽기 전에 바로 먹어야 한다. 순한 비네그레트도 잘 어울린다.

- **버터(보스턴) 상추(Butter lettuce)**와 가까운 사촌인 비브 상추(Bibb lettuce)는 상추 중에서도 가장 부드러우며 큰 컵 모양으로 약간 달콤하다. 녹색 잎 상추처럼 버터나 비브 상추도 드레싱을 한 뒤 최대한 빨리 차려 내야 한다.

비네그레트에 버무린 매콤한 아루굴라 녹색 잎

매콤한 녹색 채소

톡 쏘거나 순한 비네그레트와 가장 잘 어울린다.

- **아루굴라**(Arugula)는 때로는 로케트 또는 루콜라라고 불리며, 가장 폭넓게 구할 수 있는 매콤한 녹색 채소이다. 비교적 작고 순하고 부드러운 잎에서부터 크고 튼튼하고 매콤한 큰 잎까지 다양하다. 더 넓고 더 매콤한 사촌인 **실베타**(Sylvetta)는 요즘 점점 더 구하기가 쉬워졌다. 아루굴라의 매운맛에 압도되지 않는 강한 비네그레트와 가장 잘 어울린다. 나는 미리 씻어서 플라스틱 통에 든 아루굴라를 사기 때문에 저녁식사에 곁들일 샐러드를 재빨리 차려 내지 못할 때 변명거리를 찾기가 쉽지 않다.
- **물냉이**(Watercress)는 다년생의 잡초성 채소로 매운맛으로 사랑받는다. 물냉이 줄기는 꽤 굵지만 잎은 비교적 빨리 시들기 때문에 먹기 하루나 이틀 전에 구입한다. **다닥냉이**(garden cress)와 **고지대 냉이**(upland cress)는 고급 슈퍼마켓에서 흙이 있는 용기째 가끔 볼 수 있다. 이건 잘라서 원하는 대로 샐러드에 넣으면 된다.
- **일본 겨자**(Japanese mustard) 또는 **거미모양 겨자 잎**으로도 알려진 **미즈나**(Mizuna)는 아루굴라와 식감이 비슷하지만 훨씬 더 맛이 순하다. 다 자라면 볶음 요리에 적합하며 어릴 때는 순한 비네그레트를 넣어서 샐러드로 먹으면 아주 좋다.

맛이 순한 채소

순한 비네그레트와 가장 잘 어울린다.

- **시금치**는 쉽게 구할 수 있는 녹색 채소 중에서 내가 제일 좋아하는 채소 중 하나이며, 샐러드나, 간단히 프라이팬에 볶거나 쪄서 곁들임 요리로 먹을 수 있다. 나는 요리하기에 더 좋은 질기고 섬유질이 많은 곱슬한 시금치보다 더 순하고 달고 부드러운 납작한 잎의 시금치(플라스틱 통에 넣어 파는 어린 잎 종류나 묶어서 파는 다 자란 납작한 잎 종류)를 더 좋아한다.
- **탓소이(Tatsoi)** 는 겨자 시금치라고 부르기도 하는데 아주 조금 청경채를 연상시키는 순한 양배추 같은 얼얼함이 있다.
- **마셰(Mache)** 는 마타리 상추(lamb's lettuce)의 프랑스식 이름이다. 이 상추는 뿌리에 4~5장의 잎이 붙어 있는 작은 송이로 나온다. 맛이 아주 순하고 연하다. 그래서 드레싱은 차려 내기 바로 전에 조금만 해야 한다.

쌉싸름한 채소

크림 같거나 비네그레트를 기본으로 하는 맛있는 드레싱이면 다 잘 어울린다.

- **민들레 잎** 혹은 아주 비슷한 이탈리아의 **푼타렐라(puntarelle)** 는 약간 매콤한 것에서부터 'Mr. 세금 내는 날의 열받음'보다 더 쓴(morebitter-than-Mr.-Burns-on-tax-day) 채소까지 다양하다. 꼭 그런 건 아니지만 일반적으로 색이 연하고 부드러운 잎이 맛이 더 순하고, 잎이 크고 뻣뻣하고 진한 녹색이면 많이 쓰고 질겨서 샐러드에 사용하기 어렵다.
- **벨지언 엔다이브(Belgian endive)** 는 약간 쓰고 물기가 많다. 잘게 썰어서 샐러드에 넣거나 생채소 전채요리 접시에 낱장으로 올리고 크림 같은 소스나 드레싱 그릇과 함께 차려 내면 멋지다.
- **컬리 엔다이브(Curly endive)** 는 **프리제(frisée)** 나 **치커리(chicory)** 라고도 한다. 진하고 연한 녹색 겉잎이 작고 섬세한 머리에 붙어 있으며, 달고 부드러운 연한 노란색 속잎을 겉잎이 둘러싸고 있다. 강박적인 유형이나 누구에게 잘 보이려고 하는 사람들은 가장 부드러운 속잎만 빼고 다 버린다. 하지만 이렇게 하면 아주 열심이지만 기술은 없는 조수를 바쁘게만 할 뿐 실제로는 아주 질긴 녹색 잎만 간단히 잘라 내는 것으로 충분하다.
- **적색 치커리(Radicchio, 래디치오)** 는 머리가 작은 붉은 양배추와 비슷하다. 잘 드러나지 않는 단맛도 있지만 쓴맛이 아주 강해서 샐러드에 넣으면 아주 강렬할 수 있다. 그릴 구이를 하거나 뜨거운 오븐에서 구워 캐러멜라이징을 하면 단맛이 강화될 수 있다. 허브와 간단한 비네그레트를 곁들인 그릴에 구운 적색 치커리는 내가 제일 좋아하는 샐러드 중 하나이다.
- **에스카롤(Escarole)** 또는 넓은 잎 엔다이브는 컬리 엔다이브의 큰 버전이라 할 수 있다. 쓴맛은 비슷하나 조금 약한 편이다. 컬리 엔다이브처럼 부드럽고 연한 녹색이나 노란 잎이 제일 좋다. 크고 진한 녹색 잎은 버려야 한다.

샐러드용 녹색 채소 씻기

주의해서 고르고 기본적인 손질을 하는 것 이외에, 대부분의 샐러드용 녹색 채소는 흙이나 모래, 벌레를 제거하기 위해 씻어 줘야 한다. 가장 쉬운 방법은 야채탈수기를 사용하는 방법이다. 나는 적어도 4l는 되는 큰 탈수기를 사용하는데 그래야 한 번에 네 명 분량은 충분히 준비할 수가 있다.

녹색 채소를 제대로 씻는 방법은 다음과 같다. 야채탈수기 뚜껑을 열고 바스켓을 제자리에 넣는다. 차가운 물을 받은 뒤 채소를 담그고 뚜껑을 닫은 뒤 10~15초 정도 돌린다. 바스켓을 조심스럽게 들어올린다. 흙이나 모래가 바닥에 남아 있을 것이다. 그걸 버리고 계속 헹구는 과정을 되풀이해서 물이 완전히 깨끗해질 때까지 한다. 그러고는 물기가 완전히 빠질 때까지 탈수기를 돌린다.

머리가 다 붙은 상추는 온전하게 보관하고 낱개로 뜯어진 상추는 구입 후 바로 씻어서 플라스틱 포장 용기에 넣어 보관하거나 키친타월에 말아서 비닐 팩에 넣고 구멍을 약간 열어 둔 채 보관한다.

샐러드에 넣는 녹색 채소 손질 방법

샐러드용 녹색 채소는 끓는 소금물에 데친 뒤 얼음물에 넣어 식혀야 밝은색을 유지한다. 데치면 질감이 좋아지고 가장자리의 날카로운 부분이 없어진다. 샐러드에 넣기 전에 물기를 제거해 줘야 비네그레트의 균형을 깨뜨리지 않는다.

샐러드에 넣는 과일

과일은 여러 면으로 채소 샐러드의 질감과 맛에 대비 효과를 준다(과일 샐러드와 반대로). 다음은 내가 일반적으로 생각하는 범주이다.

- **생과일**은 얇게 썬 사과나 배 혹은 설 익은 망고처럼 아삭하고 약간 신맛이 날 때가 최고이다. 감귤류 쉬프렘(supreme, 막으로 분리되는 감귤류의 쪽, 아래 '감귤류 쉬프렘으로 자르는 법' 참고)을 샐러드에 넣으면 맛있다.
- **건과일**은 준비하기가 빠르고 쉽다. 채소 샐러드 안에서 농축된 달콤함과 맛이 터진다. 나는 특히 달콤하면서도 시큼한 말린 크랜베리를 씹는 걸 좋아하지만 건포도나 커런트, 건사과, 살구, 무화과, 건자두도 사용한다.
- **팬에 구운 과일**은 약간의 버터와 설탕(799쪽 참고)을 넣고 캐러멜라이징해서 가벼운 샐러드에 풍성함과 복합적인 맛을 더한다. 나는 특히 팬에 구운 사과와 배에 매운 채소를 섞는 걸 좋아한다. 사과와 배, 마르멜로(quinces, 퀸스)나 단단한 씨 있는 과일 등 조직이 치밀하고 아삭한 과일을 사용한다.

감귤류를 쉬프렘으로 자르는 법

감귤류를 속껍질(pith-free segments, 중과피)이 없는 쪽이나 쉬프렘으로 자르는 데에는 여러 이유가 있다.

- 속껍질은 써서 과일의 맛을 버릴 수가 있다. 나는 자몽을 싫어하는 사람들이 속껍질이 없는 달콤한 속만 먹는다면 마음을 바꿀 거라고 생각한다.
- 쪽 사이의 막은 질겨서 이에 끼고 과일의 맛을 좋게 하지도 않는다.
- 속껍질을 제거한 조각은 요리에 더 잘 섞인다. 과일 샐러드는 더 맛이 있고 렐리시(relishes)와 비네그레트는 속껍질 조각을 벗기지 않고 먹을 수 있다.
- 감귤류 쉬프렘을 자르는 모습을 보여 주면 사람들이 멋있어 한다.

Step 1 : 감귤류의 위와 아랫부분을 잘라 낸다. 위와 아랫부분을 잘라 내서 과육이 보이게 한다.

Step 2 : 껍질을 잘라 낸다. 위나 아래 잘라 낸 면으로 과일을 고정한 뒤 셰프 나이프나 산토쿠 칼(식칼)로 껍질을 조심스럽게 잘라 낸다. 과일의 곡선을 따라 흰 속껍질은 제거하되 과육은 최대한 자르지 않도록 한다.

Step 3 : 반복한다. 이런 방법으로 과일 전체를 돌아가면서 껍질과 속껍질을 제거한다.

Step 4 : 필요한 경우 다듬는다. 일단 껍질을 다 제거하면 다시 한 번 살펴서 남은 속껍질을 제거한다.

Step 5 : 가운데 막을 따라 자른다. 과일을 잡고 그릇 위에서 칼로 막의 옆면을 따라 절개해서 한쪽 면을 막에서 분리한다.

Step 6 : 막의 다른 쪽을 따라 자른다. 한 마디의 다른 쪽 막을 따라 또 절개한다. 그러면 잘린 마디는 그릇 속으로 들어갈 것이다.

Step 7 : 반복한다. 각 마디의 양쪽을 잘라 모든 과육 조각이 분리돼 나오게 한다.

Step 8 : 과즙. 남은 막을 손으로 짜거나 포테이토 매셔로 짜서 남은 과즙을 다 짜낸다. 잘라 낸 과육 조각은 밀폐된 용기에 과즙과 함께 보관한다.

Step 9 : 즙을 따라 내고 사용한다. 잘라 낸 감귤류 쪽을 사용하기 전에 즙은 따라 내서 드레싱에 섞어 넣거나 샐러드와 함께 마시는 등 다른 용도를 위해 따로 둔다. 취향에 따라 더 작은 조각으로 자른다.

샐러드 버무리기

제대로 버무린 샐러드는 아름답다. 식당에 갔는데 작은 드레싱 그릇과 함께 채소가 그냥 나올 때 그런 것만큼 화나는 일도 없다. 아무리 모든 걸 자기 맘대로 하는 사람이더라도 샐러드를 단순히 '곁들임' 음식으로 생각하는 건 용납할 수 없다. 샐러드 위에 드레싱을 뿌리면 어떤 잎에는 양념이 많이 묻고 어떤 잎은 거의 묻지 않는다. 아무리 완벽하게 균형을 맞추고 유화를 잘 시킨 비네그레트라도 골고루 잘 묻혀 주지 않는다면 무슨 소용이 있겠는가?

샐러드를 제대로 버무리기 위해서는 적어도 샐러드 양의 세 배 정도는 되는 큰 볼에 넣고 시작해야 한다. 채소를 넣고 드레싱은 모자라면 좀 더 넣으면 되므로 필요한 양보다 조금 적게 넣고 소금과 후추를 좀 갈아 넣는다(샐러드라도 제대로 간을 해야 한다.). 깨끗한 손으로 샐러드 채소를 밑에서부터 퍼올리면서 부드럽게 섞어 준다(절대로 딱딱한 집게로 연약한 채소를 집으면 안 된다.). 이렇게하면 채소가 그릇 옆면을 문지르면서 양념을 묻히고 다른 조각 위에 떨어지게 된다. 채소에 완전히 드레싱을 묻히고 나서는 샐러드 맛을 보고 필요하면 드레싱과 소금, 후추 등을 더 넣는다. 바로 그 맛이 제대로 된 샐러드 맛이다.

샐러드드레싱
SALAD DRESSINGS

신선한 녹색의 잎채소와 채소가 샐러드의 주연이라면 이 주연을 돋보이게 하는 건 드레싱이다. '진 마티니'에 넣은 베르무트(vermouth) 드레싱을 떠올려 보자. 베르무트는 꼭 필요하진 않지만 전체 맛을 훨씬 더 부드럽게 해 준다.

샐러드드레싱은 세 가지 기본 범주로 나눌 수 있다.

- **비네그레트**는 기름과 산(주로 식초나 감귤류 즙)을 유화시키고 다른 맛있는 양념을 섞어 놓은 것이다.
- **마요네즈**를 기본으로 한 드레싱은 달걀노른자에 산성 물질을 넣어 유화시킨 것이다. 달걀노른자를 유화하면 아주 안정적이라 마요네즈를 기본으로 한 드레싱은 더 걸쭉하고 크림 같아지는 경향이 있다.
- **유제품**을 기본으로 한 드레싱은 박테리아에 의해 걸쭉해진 유제품으로 시작하는데 사워 크림이나, 크렘 프레슈, 버터밀크 등이 있고 여기에 다른 맛 양념을 넣어서 만든다.

이런 드레싱을 만들 때는, 기술이 중요하다. 일단 기본 방법과 비율만 알고 나면, 활용은 무궁무진해진다.

드레싱 종류 #1 : 비네그레트
DRESSING FAMILY #1: VINAIGRETTES

내게, 비네그레트에 대한 중요한 질문은 '어떻게'가 아니라 '왜'였다. 기름과 산을 정말로 유화시킬 필요가 있을까? 올리브오일과 식초를 채소 위에 그냥 넣고 볼 안에서 섞으면 같은 결과가 나오지 않을까? 왜 비네그레트는 아주 조심스럽게 만들어야 할까? 이 질문에 대한 답을 얻기 위해, 아주 힘든 주방에서의 작업이 진행되었다.

제일 중요한 걸 먼저 짚어 보자. 정확히 유화란 무엇인가? 가장 기본적으로는, 쉽게 섞이지 않는 두 물질을 균일한 혼합물로 만드는 일이다. 요리에 있어서는 가장 흔하게 기름과 물(사실, 식초나 레몬 즙이 물과 같은 방식으로 작용하기 때문에 물로 간주함)에서 발생한다. 기름과 물을 그릇에 넣고 섞어 주면 결국 개와 고양이처럼 분리되고 같은 종류끼리 붙게 된다. 이 문제를 해결하는 데는 몇 가지 방법이 있다. 첫 번째는 둘 중 하나를 분산하는 방법이다. 가령, 기름 같은 경우, 물이 완전히 둘러쌀 수 있도록 작은 입자 형태로 넣어 주는 것이다. 그러니까 고양이 한 마리를 개들이 몰려 있는 곳에 넣어 주는 것과 같다. 그러면 고양이는 고양이들에게로 달아날 방법이 없다. 이와 같은 유화의 쉬운 예가 균질 우유이다. 우유를 고압으로 강제로 미세한 장막을 통과시키면 지방 분자가 분해되면서 낱개의 입자로 바뀌어서 유장 속에 떠 있게 된다. 지방 분자는 분리가 돼서 완전히 물 분자에 둘러싸여 있기 때문에 이것을 수중 유적형(oil-in-water emulsion)이라고 부른다. 대부분 요리상의 유화는 이 형태이며 예외가 있다면, 가장 흔하게 볼 수 있는 것이 바로 버터를 만드는 방법으로 버터는 유중 수적형 유화(water-in-oil emulsion)로 만들어진다. 작은 물 입자가 유지방 속에 떠 있게 되는 것이다. 물론, 버터를 홀랜다이즈 소스로 만든다면 그때는 수중 유적형으로 바꾸게 되는 것이다(홀랜다이즈에 대해 더 자세한 설명은 116쪽 참고).

간단히 기름과 식초를 혼합하면 아무리 잘 섞었다 해도 아주 불안정한 유화가 되며 아무리 기름 분자를 많이 분리했다 해도 결국 기름 분자는 다시 모이고 유화는 깨지고 만다. 안정적인 유화를 시키기 위해서는 계면 활성제로 알려진 유화 물질을 넣어 줘야 한다.

『캣독(CatDog, 얼굴이 한쪽 면은 고양이고 다른 쪽은 개인 샴쌍둥이 같은 동물 캣독이 주인공인 만화 영화)』을 기억하는가? 캣독은 계면 활성제와 같다고 할 수 있다. 고양이와 개 모두에게 끌리는 걸 가지고 있으며 이 때문에 캣독은 고양이와 개의 외교관 같은 존재가 되어 둘을 좀 더 쉽게 섞이도록 한다. 요리의 계면 활성제는 한쪽으로는 물에 끌리고(친수성) 다른 한쪽은 기름에 끌리는(소수성) 분자이다. 흔한 주방용 계면 활성제에는 달걀노른자, 머스터드, 꿀 등이 포함되며 이들 계면 활성제의 작용을 아주 쉽게 볼 수 있다.

왼쪽 사진의 그릇에는 기름과 발사믹 식초가 3:1의 비율로 섞여 있다. 오른쪽은 왼쪽과 같은 재료에 디종 머스터드를 조금 넣었다. 두 그릇을 밀폐한 뒤 비네그레트가 골고루 섞일 때까지 아주 세게 흔들었다. 그런 뒤 둘 다 상온에 5분 정도 두었다. 보시다시피, 머스터드를 넣지 않은 비네그레트는 머스터드를 넣은 쪽보다 훨씬 더 빠르게 분리가 되었다.

이 시점에서 여러분은 아마도 나와 비슷한 생각을 하고 있을 것이다. 아주 잘 알겠는데 그렇다면, 내 샐러드에는 어떤 차이가 생기는 걸까? 좋은 질문이다.

나는 식초에 든 산이 채소를 공격하기 때문에 늘 드레싱을 한 샐러드는 결국에는 숨이 죽게 된다고 생각하고 있었다. 이 생각이 맞는지 시험하기 위해, 나는 샐러드용 녹색 채소 14g에 증류한 화이트 식초 1작은술(5% 초산)을, 또 다른 채소에는 물 15g(통제집단), 세 번째는 올리브오일 15g을 드레싱으로 뿌렸다. 그리고 상온에서 10분 정도 두었다.

기름을 뿌린 채소

식초를 뿌린 채소

놀라운 사실! 식초는 절대로 범인이 아니었다. 기름을 뿌린 채소는 식초를 뿌린 채소보다 상당히 빨리 숨이 죽었다. 식초를 뿌린 채소는 실제 물을 뿌린 채소 정도로 꽤 상태가 괜찮았다!

샐러드용 채소 중 잎채소는 비로부터 스스로를 보호해야 하는 그런 여러 환경에 늘 노출되면서 자란다. 따라서 채소는 내장된 작은 비옷, 즉, 얇은 왁스 표피층으로 이렇게 보호 작용을 한다. 하지만 이 기름 표피층의 세포 사이의 공간으로 올리브오일이 들어가면 아주 쉽게 잎이 손상된다. 채소를 시들게 하는 건 식초가 아니라 기름이다(케일 같이 질긴 채소에 실제로 적용할 수 있는 사실, 835쪽 '양념에 재운 케일 샐러드' 참고). 그래서 샐러드가 질척거리게 되는 걸 막기 위해 기름으로부터 잎을 보호하는 방법을 찾아야 한다. 기름이 완전히 식초 분자에 둘러싸이는 수중 유적형에서 보호할 방법을 마련해야 한다.

나는 또 다른 샐러드용 채소에 기름과 식초를 섞은 혼합물을 뿌리고 자세히 결과를 지켜봤다. 내가 확인한 것은 다음과 같다.

사실이었다. 식초 방울은 빈백 소파(beanbag chairs)에 앉아 있는 작은 방울처럼 큰 기름 방울에 의해 잎의 표면 위에 떠 있었다. 이 잎을 들어 올리면 식초가 폭포수처럼 잎에서 떨어지고 그릇 바닥에는 우려한 일이 벌어지게 된다. 기름이 잎에 붙어 잎을 시들게 하는 동안 식초는 모두 바닥으로 떨어지고 만다. 확실히 기름과 식초를 유화시킬 수 있는 계면 활성제가 필요했다.

나는 마지막 실험을 시작했는데, 이번엔 28g의 샐러드 채소 두 개를 나란히 놓고 드레싱을 뿌렸다. 첫 번째는 올리브오일 1큰술과 식초 1작은술, 디종 머스터드 ½작은술을 넣고 균일하게 섞어서 뿌렸고 두 번째는 그냥 기름과 식초로만 된 드레싱을 뿌렸다. 채소를 살살 섞은 뒤 바로 각 샐러드를 작은 유리잔 위에 설치된 깔때기 안에 넣어 떨어지는 내용물을 받을 수 있게 했다.

깔때기에 샐러드 채소를 넣고 거르면 제대로 유화가 된 비네그레트와 그렇지 않은 소스의 차이를 볼 수 있다.

거의 넣자마자 바로, 머스터드를 넣지 않은 샐러드는 계속해서 식초가 조금씩 유리잔에 떨어지기 시작했다. 반면에 유화가 잘 된 드레싱은 제자리에 잘 붙어 있었다. 겨우 10분이 지나자, 기름과 식초를 넣은 컵의 바닥에는 식초가 거의 1작은술 가득 고였다. 이 양은 처음에 채소에 뿌린 식초 양과 비슷했다. 그리고 기름도 몇 방울 흐르기 시작했다. 다른 컵에는 거의 열 두어 방울 정도가 떨어졌다.

결과는 확실했다. 비네그레트를 유화시키지 않으면 결국 잎은 기름에 숨이 죽고, 식초는 샐러드 그릇 바닥에 흥건하게 고이게 된다. 반면에 유화된 비네그레트는 계면 활성제를 이용해서 기름과 식초가 잎에 꽉 매달려 있도록 도와 입안 가득 균형 잡힌 맛을 느끼게 한다.

유화 강박증

식초에 대한 기름 비율은 어떤가? 나는 식초에 대한 기름 비율을 1:4에서 4:1까지 여러 비율로 실험해 봤다. 그리고 결국, 대표적인 프랑스 레시피인 기름 3에 식초 1이 점성이 있고 잎을 코팅하는 농도로 가장 강력하면서 안정적으로 유화를 한다는 게 드러났다. 어떤 경우에는, 식초의 양이 조금 많을 수도 있다. 하지만 식초 대신 물을 좀 섞어서 부드럽게 할 수도 있고 혹은 샐러드의 맛을 조금 더 풍성하게 하고 싶으면 내가 하듯이 식초 일부분을 간장으로 대체해도 된다.

최고의 유화제라면 머스터드가 계면 활성제로 가장 흔하게 사용되며, 식초 1큰술당 적어도 머스터드 1작은술을 넣을 때 가장 효과가 좋다(원하면 더 넣어도 된다.). 마요네즈는 더 효과가 좋은데 비록 머스터드처럼 톡 쏘는 상쾌한 맛은 부족하지만 쉽게 크림 같은 소스를 만들 수 있다. 달콤한 드레싱을 만들려면(예를 들면, 비트나 아스파라거스 샐러드용으로) 꿀도 아주 좋다. 꿀과 부순 견과류를 기본 비네그레트에 넣는다. 그러면 여러 면에서 아주 감동하게 될 것이다.

혼합을 하는 방법으로는 어떤 사람은 기름에 천천히 휘핑하라고 하고 어떤 사람은 잼 병에 넣고 흔들라고 한다. 또다른 사람은 믹서를 고집한다. 다 실험해 본 결과 올리브오일이 너무 쌉싸름해지긴 했지만(789쪽 '믹서로 휘핑하면 쓴맛이 난다' 참고), 당연하게도 믹서에서 유화가 가장 뻑뻑하게 잘 됐으며 병에 넣고 흔든 드레싱은 가장 묽고 겨우 30분 정도만 유지가 되었다. 하지만 사실, 비네그레트는 우리가 샐러드를 먹는 동안만 안정적이면 된다.

나는 비네그레트 재료를 0.5l 소스통에 넣어 냉장고에 넣어 두고 사용하기 바로 전에 흔든다. 아니면 자주 그렇듯이, 소스통을 냉장고에서 꺼냈더니 이번에도, 아내가 다 먹고 딱 한 방울만 남겨 놔서 다시 더 만들어야 하거나.

올리브오일에 관한 모든 것

올리브오일 구입법

어떤 올리브오일을 구입해야 하느냐고 묻는 건 어떤 칼을 사용해야 하는가, 혹은 어떤 차를 운전해야 하는가 아니면 비틀즈 앨범 중 어떤 걸 들어야 하느냐고 묻는 것과 비슷하다. 개인적인 취향에 관한 일이다. 품질의 어떤 기본치만 통과한다면 버터 같든 진하든 화사하든, 풀 냄새가 나든, 대개 여러분이 원하는 걸 고르면 된다.

올리브오일은 몇 가지 등급으로 나온다.

- **'버진(Virgin)'**과 **'엑스트라 버진(Extra-Virgin)'**은 국제 올리브오일 협의회가 정한 표준이며 이들 표시는 품질을 반영한다. 버진 올리브오일은 올레산(oleic acid)을 2%까지 함유할 수 있으며 엑스트라 버진 올리브오일은 겨우 0.8% 이내로 함유한다. 개인적으로 봤을 때, 엑스트라 버진이 보통의 버진 올리브오일보다 맛에 있어 확실히 뛰어나다고 생각한다. 이들 기름은 기름을 추출해 내기 위해 올리브에 열을 가하지는 않는다. 대부분의 산출국에서 엑스트라 버진 제품은 총 생산량 중 5~10%를 차지하는데 그래서 상대적으로 가격이 높다.
- **'첫 냉압(First Cold Press)'**이란 올리브에 열을 가하지 않고 처음으로 짜낸 기름이라는 뜻이다. 상당 부분, 이 표시는 엑스트라 버진 표시와 중복된다.
- **'퓨어(Pure)'**나 **'라이트(Light)'**라는 표시는 올리브오일의 칼로리 함량과는 무관하며 오직 맛을 나타내는 표시이다. 이런 올리브오일은 처음 짠 것은 아니며 기름을 더 많이 추출하기 위해 올리브에 열을 가해서 짠 기름이다. 이런 기름은 다시 정제를 하기 때문에 버진이나 엑스트라 버진 오일에서 느껴지는 맛 화합물은 없으며 발연점이 높은 중성 오일이 된다. 라이트 올리브오일은 식물성 기름이나 카놀라유보다 훨씬 더 비싼 편인데 조리에는 오히려 이들 식물성 기름이나 카놀라유가 더 좋거나 비슷하다. 이런 올리브오일은 그냥 진열대에 그대로 둔다.

엑스트라 버진은 값이 비싼데 어떻게 해야 좋은 걸 찾을 수 있을까? 내가 권하는 방법은 사기 전에 오일을 맛볼 수 있는 가게에 맛을 미리 보는 것이다. 그래서 가격표에 신경 쓰지 말고 먼저 맛을 보라. 가게에서 가장 싼 게 잘 맞을 수도 있다. 시간과 경제적 여유가 있고 관심이 있다면 세계 여러 나라의 올리브오일을 모으는 것도 재미있을 수 있다. 미국에서는 주로 캘리포니아에서 나는 미국산 올리브오일뿐만이 아니라 이탈리아나 스페인, 프랑스, 모로코, 남아메리카 등에서 수입한 기름을 구하기가 아주 쉽다. 나는 좋아하는 몇 가지는 항상 구비해 놓고 있다. 화사하고 풀 향기가 나는 메룰라(Merula), 오로 산 카를로스(Oro San Carlos)와 같은 스페인 엑스트레마두라(Extremadura) 올리브오일이나 콜루멜라(Columela), 콜라비타(Colavita)와 같은 진한 이탈리아 오일, 맥커보이 랜치(McEvoy Ranch), 다베로(DaVero), 세카 힐즈(Seka Hills)와 같은 톡 쏘면서 매큼한 캘리포니아산을 가지고 있다(이런 종류 다 온라인으로 주문 가능하다.). 이탈리아산이라고 주장하는 많은 올리브오일은 실제로는 이탈리아에서는 병에 담기만 하고 기름은 다른 지중해 나라들에서 구한 것이라는 보고가 있으니 주의한다. 나는 이런 사실에 크게 신경 쓰지는 않는데 병에 든 기름의 맛이 좋으면 그것으로 충분하다.

올리브오일 맛보는 법

데보라 크래스너(Deborah Krasner)의 유명한 책 『올리브오일의 맛(The Flavors of Olive Oil)』에서 크래스너는 올리브오일의 맛을 4가지의 특징에 따라 분류했다. 이 4가지 다른 맛을 알고 있으면 구매 시 아주 유용하다. 4가지 그룹은 은은하고 순한 맛, 과일 맛이 강하고 향기로운 맛, 올리브 맛과 얼얼한 맛, 잎채소와 풀 향기가 강한 맛이다. 이런 멋진 종류에다 버터 같이 진한 맛을 덧붙이고 싶다.

올리브오일을 맛볼 때는 우선 냄새부터 맡아보고 향에 주목한다. 혀에 조금 갖다 대고는 혀 주위로 골고루 묻혀 정확한 맛을 음미한다. 단맛이 조금 있는가? 쓴맛은 조금 비치지 않는가? 얼마나 얼얼한가? 그러고는 마지막으로 입을 벌려 산소가 조금 들어가게 한 뒤 혀를 당겨서 향이 연구개로 넘어가서 다시 코로 올라가도록 한다. 완전히 새로운 맛의 물결을 느낄 수 있으며 마침내 기름을 꿀꺽 삼킬 때 그 맛은 더 증대된다. 좋은 올리브오일을 맛보는 일은 좋은 와인을 맛보는 일과 같다.

올리브오일 보관법

내가 가정집을 방문해 보면 믿기 어려울 정도로 많은 집에서 올리브오일을 가스레인지 바로 옆이나 위에 보관하고 있다. 이런 경우에 병을 열고 냄새를 맡아 보면 대부분의 올리브오일은 산패해 있다.

모든 지방과 마찬가지로, 올리브오일의 적은 열과 빛, 공기이다. 산소에 노출되면 긴 사슬의 지방산은 더 짧은 조각으로 분해가 돼서 기름에서 향이 사라지게 된다. 열과 빛은 둘 다 이 과정을 촉진시킨다. 오래 보존하기 위해서는 올리브오일을 어두운색 용기(가급적이면 금속 캔)에 담아 서늘하고 어두운 수납장에 보관해야 하며 라디에이터나 오븐에서 최대한 멀리 두어야 한다. 올리브오일을 대량 구매한다면 4l나 더 큰 캔에 넣고, 매일 사용하는 것은 작은 용기에 담는다. 나는 피자점 스타일의 주입구가 달린 진한 녹색 와인병을 꼼꼼하게 씻고 말려서 사용하는데 기분에 따라 좋아하는 맛을 골라 사용한다.

아주 특별한 엑스트라 버진 올리브오일은 아주 가끔만 사용하고 싶다면, 냉장고에 보관하는 게 가장 좋다. 올리브오일이 뿌옇게 변하고 덩어리가 지기도 하지만 상온에 두면 다시 원래대로 돌아오므로 걱정하지 않아도 된다.

올리브오일로 조리하기

엑스트라 버진 올리브오일은 맛을 내거나 마무리에만 사용해야지 조리 시에는 절대로 사용하지 말라는 얘기를 자주 들었을 것이다. 그리고 이 말은 어느 정도는 사실이다. 엑스트라 버진을 분리가 돼서 쓴맛이 나는 지점까지 가열하고 싶지는 않을 것이다. 하지만 비교적 낮은 온도에서 올리브오일로 요리하는 것, 가령, 소스나 수프의 기초를 만들기 위해 양파나 채소를 부드럽게 볶는 데 사용하면 아주 좋으며 완성된 요리에서 그 차이를 느낄 수 있다. 그렇긴 하지만, 좀 아끼고 싶다면 요리를 마무리할 때 엑스트라 버진 오일을 넣는 게 가장 효과적인 방법이 될 수 있다.

최고의 맛을 위해서는 엑스트라 버진을 낮은 온도에서 요리하는 데 넣고 마지막에 좀 더 뿌려서 마무리한다. 값어치를 극대화하기 위해서는 카놀라유나 식물성 기름, 라이트 올리브오일처럼 좀 더 중성적인 기름으로 요리하고 엑스트라 버진 오일은 마지막 단계에서만 넣는다. 엑스트라 버진은 기름 표면이 일렁이거나 연기가 나는 온도로는 절대로 가열하지 않는다.

믹서로 휘핑하면 쓴맛이 난다.

푸드프로세서를 사용하면 비네그레트와 마요네즈를 더 안정적으로 만들 수 있을 것 같고 고급 엑스트라 버진 올리브오일을 사용하는 것도 쉽게 생각해 볼 수 있다. 하지만 푸드프로세서로 올리브오일을 섞으면 문제가 생긴다. 엑스트라 버진 올리브오일 방울은 작은 지방 파편이 많이 모여 이루어진 것이며 이 지방 파편 중 상당수는 서로 단단하게 결합해 있다. 그래서 이 방울이 미뢰에 잘 닿지 못하게 된다. 하지만 올리브오일을 푸드프로세서나 믹서로 세게 휘핑하면 쓴맛이 나는 파편이 부서지면서 떨어지게 된다. 그래서 쓴맛이 많이 나는 비네그레트나 마요네즈가 만들어진다. 그뿐만이 아니라 이 작은 파편들은 실제로 머스터드나 레시틴과 같은 유화제의 효과를 줄여서 소스가 더 잘 분리되도록 만든다.

그렇다면 엑스트라 버진 올리브오일 맛이 아주 강하게 나면서도 쓴맛이 없는 아주 안정적인 마요네즈를 만들고 싶다면 어떻게 해야 할까? 비결은 바로 카놀라유나 식물성 기름처럼 중성적인 맛이 나는 기름을 푸드프로세서에서 넣고 마요네즈를 만들어야 한다. 일단 안정이 되고 난 뒤에 마요네즈를 그릇에 옮기고 엑스트라 버진 올리브오일을 넣고 손으로 휘핑을 한다. 그러면 쓴맛이 없는 아주 맛있는 마요네즈가 만들어진다.

비네그레트 비율

이제 여러분은 비네그레트가 어떻게 작동하는지 알기 때문에 레시피를 꼭 따라 해야 할 필요가 없다는 건 정말 멋진 일이다. 재료의 비율만 제대로 지키고 적절한 기술을 이용한다면 원하는 대로 맛을 낼 수 있다. 다음은 비네그레트 한 컵(250ml)을 만드는 가장 기본적인 레시피를 도표로 나타낸 것이다. 한 가지 주의할 점은 비네그레트에 허브를 추가하고 싶다면 사용하기 바로 전에 넣어야 한다. 미리 넣고 비네그레트를 냉장고에 보관하면 허브는 시들면서 갈색으로 변한다.

산성 물질(비율:1)	유화제(비율:⅓)	다른 양념	중성 기름(비율:2~3)	풍미를 내는 기름 (비율:1까지, 선택사항)
화이트 와인 또는 레드 와인 식초 발사믹 식초 셰리 식초 쌀 식초 사과 식초 레몬 즙(혹은 레몬과 다른 감귤류를 섞어 사용) 베르주(Verju) 간장(산과 섞어서)	머스터드 마요네즈 꿀 달걀노른자	다진 샬롯 다진 마늘 다진 허브(차려 내기 바로 전에 넣음) 구워서 부순 견과류 다진 향신료 으깬 앤초비	카놀라유 식물성 기름 포도씨유 홍화유	엑스트라 버진 올리브 오일 견과류 오일(호두, 헤이즐넛, 피칸, 피스타치오, 아몬드) 구운 참깨 기름 호박씨 기름

가장 기본적인 비네그레트를 만들기 위해서, 산성 물질 1에(원하면 산성 물질과 물을 섞어 사용) 유화제 ⅓, 좋아하는 다른 양념들(양은 기호에 따라 조절하는데, 나는 보통 ¼~½ 정도로 함), 중성 기름 3을(아니면 중성 기름을 1 정도까지 풍미를 내는 기름으로 대체해도 됨. 원하면 중성 기름을 100% 엑스트라 버진 올리브오일로 대체해도 됨) 섞는다. 밀폐된 용기에 모두 넣고 흔든 뒤, 소금과 후추로 간을 하면 드레싱이 완성된다.

맛이 순한 레몬 또는 레드 와인-올리브오일 비네그레트
MILD LEMON- OR RED WINE-OLIVE OIL VINAIGRETTE

NOTE • 감귤류를 기본으로 한 비네그레트는 식초를 기본으로 한 것만큼 그렇게 오래 보관할 수 없다. 감귤류 즙은 약 1주일 정도 냉장고에 넣어 두면 발효가 되기 때문에 먹을 만큼만 조금씩 만들어야 한다. 이 드레싱을 순하거나 매콤한 녹색 채소나 살짝 데친 채소 위에 올린다.

약 ½컵(125ml) 분량

레몬 즙(또는 레드 와인 식초) 4작은술(레몬 1개 분)
물 2작은술
디종 머스터드 1작은술
중간 크기 마늘 1쪽(곱게 다지거나 제스터에 갈기, 약 1작은술)
작은 샬롯 1개(다지기.)
엑스트라 버진 올리브오일 6큰술
코셔 소금 ¼작은술
후춧가루 ¼작은술

작은 병이나 소스통에 모든 재료를 넣는다. 밀폐한 뒤 세게 흔들어서 유화를 시킨다. 비네그레트는 냉장고에 넣고 레몬 즙으로 만들었다면 1주일까지, 식초로 만들었다면 6개월까지 보관 가능하다. 매번 사용 전에 세게 흔들어서 사용한다.

칼 사용법 : 샬롯 다지는 법

잘게 다진 샬롯은 고급 식당의 비밀 재료이다.
다진 샬롯은 샐러드드레싱에서부터 프라이팬에 구운 채소까지 다 들어간다. 샬롯을 다지는 방법은 아래와 같다.

Step 1 : 손질하고 나누고 껍질을 벗긴다. 샬롯의 뿌리 반대쪽 끝부분을 잘라 낸 뒤 길이로 반 나눈다. 질긴 껍질은 제거한다. 샬롯의 반쪽 자른 면이 도마 위에 오도록 올린다.

Step 2 : 수직으로 자른다. 샬롯의 반을 꼭 잡고 샬롯의 뿌리 쪽 끝은 그대로 남겨 두고, 손가락 마디로 나아가면서 날카로운 셰프 나이프, 산토쿠 칼, 페어링 나이프로 연속해서 수직으로 잘게 자른다.

Step 3 : 수평으로 자른다. 샬롯 뿌리는 그대로 남겨 둔 채, 샬롯의 윗부분을 잡고(절대로 옆을 잡으면 안 됨!) 한두 번 수평으로 자른다.

Step 4 : 다진다. 이번에는 처음에 수직으로 잘랐던 방향에서 90°로 도마와 수직이 되게 연속해서 자른다. 더 잘게 썰기 위해 칼을 앞뒤로 움직이면서 샬롯을 가로질러 원하는 크기가 될 때까지 잘게 다진다.

기본 녹색 채소 믹스 샐러드 BASIC MIXED GREEN SALAD

4인분

녹색 채소 340g(약 3l, 씻은 뒤 물기를 제거)

코셔 소금과 후춧가루

맛이 순한 레몬 또는 레드 와인 올리브오일 비네그레트(790쪽, ½컵, 125ml, 세게 흔들어 섞기.)

큰 볼에 녹색 채소와 소금, 후추 조금, 그리고 비네그레트를 넣고 깨끗한 손으로 살살 섞어 고루 묻힌다.

구운 아몬드와 염소젖 치즈를 넣은 아스파라거스 샐러드
ASPARAGUS SALAD WITH TOASTED ALMONDS AND GOAT CHEESE

NOTE • 아스파라거스 껍질은 때로 억세고 질기다. 나는 맨 위에서 아래로 약 5cm 정도 줄기는 벗긴다.

4인분

코셔 소금

아스파라거스 680g(밑동을 잘라 내고 줄기의 껍질을 벗긴 후, 5cm 폭으로 썰기.(위 note 참고))

아몬드 ½컵(125ml, 볶아서 조각내기.)

중간 크기 샬롯 1개(채썰기. 약 ¼컵, 60ml)

후춧가루

맛이 순한 레몬, 또는 레드 와인 올리브오일 비네그레트 ½컵(790쪽, 세게 흔들어 섞기.)

염소젖 치즈 113g(부수기)

1. 큰 냄비에 소금물을 넣고 팔팔 끓인다. 아스파라거스를 넣고 선명한 녹색이 되고 부드러워지되 아직 아삭하도록 약 3분간 데친다. 소쿠리에 거르고 차가운 물 아래 두어 식힌다. 건져 내서 야채탈수기에 넣고 물기를 뺀다.
2. 아스파라거스를 큰 접시에 넣고 소금과 후추를 넣고 간을 한다. 아몬드와 샬롯, 드레싱을 절반을 넣고 살살 섞는다. 염소젖 치즈를 넣고 바로 차려 낸다. 남은 드레싱은 함께 낸다.

견과류 볶는 법

견과류를 볶으면 복합적인 맛이 더해지고 식감이 바삭해져서 맛이 한층 좋아진다. 견과류를 볶는 방법은 두 가지가 있다.

견과류를 프라이팬에서 볶을 때는 마른 팬에 견과류를 넣고 중간 불에 올린 뒤 계속 저어서 견과류의 색이 약간 진해질 때까지 볶는다. 많이 저어 주고 뒤집을수록 견과류가 고르게 볶아진다. 그릇에 옮겨 담고 식힌다.

오븐에 견과류를 볶을 때는 베이킹팬에 견과류를 깔고 오븐을 180°C로 예열한 뒤 볶는다. 몇 분마다 한 번씩 저어 주면서 색이 진해질 때까지 약 10분 정도 볶는다. 오븐에서 견과류를 볶으면 프라이팬보다 더 고르게 볶인다.

봄 채소 샐러드 SPRING VEGETABLE SALAD

이런 요리의 가장 좋은 점이라면 거의 모든 걸 미리 해 놓을 수 있다는 점이다. 채소를 데치고 퓌레를 넣고 싶으면 만들고(note 참고), 비네그레트를 만들고 수란을 만들어서 냉장고에 넣어 두면 된다. 식사 준비가 다 되면, 채소와(나는 부드러운 생 완두콩 싹도 넣는다.) 비네그레트를 섞는다. 그러고는 퓌레 위에 올리고 달걀을 얹고 비네그레트나 올리브오일을 조금 더 붓는다. 그러면 준비가 끝난다.

NOTE • 원하는 대로 구할 수 있는 신선한 녹색 채소를 사용한다. 어린 브로콜리 줄기, 방울양배추, 누에콩, 청나래 고사리(fiddleheads, 고비나물) 등 모두 괜찮다. 원하면 아스파라거스의 벗긴 껍질을 물러질 때까지 삶아서 믹서에 넣고 물 2큰술과 올리브오일 1큰술을 넣고 부드럽게 갈아서 추가 소스로 사용해도 된다.

맛이 순한 레몬 또는 레드 와인-올리브오일 비네그레트(790쪽. ½컵, 125ml)

제스터로 간 레몬 제스트 1작은술과 채썬 레몬 제스트 조금(레몬 1개분)

다진 파슬리 1큰술

코셔 소금

껍질을 벗긴 완두콩 또는 해동한 완두콩 1컵 (250ml)

슈가 스냅피 2컵(500ml. 콩깍지 여민 부분의 섬유질 제거 후 끝을 자르고 1.5cm 폭으로 어슷 썰기.)

아스파라거스 450g(밑동 제거 후 줄기의 껍질을 벗겨서 5cm 폭으로 썰기. 792쪽 note 참고)

부드러운 완두콩이나 깍지 완두 싹 2컵(500ml. 두꺼운 줄기는 제거하기.)

후춧가루

수란 4개(111쪽)

다진 허브 믹스 4큰술(파슬리, 타라곤, 차이브 등)

1. 레몬 제스트와 파슬리에 드레싱을 넣고 섞은 뒤 한쪽에 둔다.
2. 큰 냄비에 소금물을 붓고 팔팔 끓인다. 얼음물도 준비한다. 완두콩을 끓는 물에 넣고 선명한 녹색이 되고 부드러워지도록 약 1분간 데친다. 고운체로 건져서 얼음물에 담근다. 스냅피를 끓는 물에 넣고 선명한 녹색이 되고 부드러워지도록 1분에서 1분 30초 정도 데친다. 체로 건져 얼음물에 담근다. 아스파라거스를 끓는 물에 넣고 선명한 녹색이 되고 부드러워지도록 약 1분간 데친다. 건져서 얼음물에 담근다.
3. 모든 채소를 얼음물에서 건지고 물기를 뺀 뒤 키친타월이나 깨끗한 행주가 깔린 베이킹팬으로 옮겨 물기를 닦는다.
4. 큰 볼에 콩, 아스파라거스, 완두콩 싹을 넣고 드레싱의 ¾을 넣은 뒤 섞는다. 소금과 후추로 간을 한다. 샐러드를 고르게 그릇 4개에 나눠 담고 수란을 각각 하나씩 올린다. 남은 드레싱을 달걀 위에 올리고 소금으로 간을 한다. 샐러드에 레몬 제스트와 허브를 올리고 마무리한다.

데치는 규칙

봄이나 여름 샐러드에 넣는 채소에 대해서는 정해진 규칙은 없지만 완벽하게 조화를 이루게 하는 데에는 약간의 기본 원리가 있다. 아래는 내가 채소를 데칠 때 지키는 규칙들이다. 이 방법은 완두콩이나, 누에콩, 아스파라거스, 청나래고사리, 깍지 완두, 스냅피 등의 여러 녹색 봄채소에 적용이 되며, 이 외에 다른 채소들에도 적용된다.

규칙 #1 : 큰 냄비에 물을 가득 담고 팔팔 끓는 물에 데친다.

녹색 잎채소를 끓는 물에 넣을 때, 여러 변화가 일어난다. 첫째, 채소를 데치면 세포 조직은 채소가 부드러워질 정도로만 파괴되기 때문에 날것 상태의, 섬유질 가장자리는 없어지지만 아직 아삭한 식감은 남아 있는 상태가 된다.

둘째, 세포 사이에 있는 가스가 팽창해서 채소에서 달아난다. 가령, 아스파라거스 줄기를 뜨거운 물에 담그면 잠시 동안 작은 기포가 생기는 걸 볼 수 있다. 이렇게 가스가 처음에 빠져나오면 채소의 색이 연한 녹색에서 아주 선명한 녹색으로 바뀌게 된다. 가볍게 분산된 기포는 갑자기 사라지면서 엽록소 색소의 총천연색을 두드러지게 한다. 동시에 자연적으로 녹색 색소를 갈색으로 분해하는 효소는 파괴된다.

그래서 데친 채소가 더 선명한 녹색으로 보이며 더 중요하게는 생채소보다 더 오랫동안 선명한 녹색을 유지한다. 물론, 너무 오래 데치면 엽록소가 결국에는 분해되고 채소는 진한 녹색에서 칙칙한 올리브 그린이나 심지어는 갈색으로 변한다. 그래서 엽록소가 분해되기 전에 최대한 빨리 위의 변화가 일어나게 해야 한다. 그래서 물을 많이 넣고 삶는다. 물을 많이 넣으면 채소를 넣고 난 뒤에도 온도가 더 잘 유지가 돼서 더 빨리 데칠 수가 있다.*

규칙 #2 : 채소별로 따로 데친다.

아스파라거스는 스냅피와 같지 않다. 스냅피는 청나래고사리보다 더 가늘다. 채소는 모두 크기나 밀도 등에 따라 익는데 걸리는 시간이 조금씩 다르다. 채소를 모두 완벽하게 익히는 유일한 방법은 같은 냄비와 같은 물에서 데치더라도 채소별로 따로 데치는 것이다. 물론, 이렇게 하려면……

---

* 온도를 더 잘 유지한다는 말은 더 빨리 다시 끓게 된다는 뜻이 아니다. Part 7(686쪽)에서 보았듯이 더 큰 냄비에 가득 담긴 물이 온도는 그렇게 많이 내려가진 않았지만 실제로는 작은 냄비에 든 물보다 다시 끓는 데 더 오래 걸렸다.

규칙 #3 : 모든 채소를 똑같은 크기로 자른다.

각각의 채소는 기본적으로 비슷한 크기와 모양으로 손질해야 고르게 익는다. 예를 들어 스냅피는 실줄을 제거하고 끝 부분은 잘라 내고 완두콩 크기만하게 사선으로 잘라서 빨리 그리고 골고루 익게 한다.

아스파라거스 경우에는. 머리 부분을 잘라 내서 줄기와 따로 요리한다. 머리 부분은 많이 가늘고 더 연하기 때문이다. 청나래고사리는 껍질 벗긴 완두콩이나 누에콩처럼 그대로 조리하면 된다. 완두콩이나 누에콩을 제대로 손질하고 싶다면 먼저 데친 뒤 얇은 속껍질을 벗긴다. 시간은 많이 걸리지만 보기에 좋다.

규칙 #4 : 자신의 감각 외에는 아무것도 믿지 말라.

나는 채소를 데칠 때 타이머에도, 과거의 경험에도 의존하지 말고 자신의 눈과 입 말고는 누구도 아무것도 믿지 않는다. 빅 애그(Big Ag, 대규모 농업 기업)의 모든 노력에도 불구하고 채소는 자연적으로 다양하고 여전히 생생하게 살아 있는 유기체이다. 오늘 여러분이 요리하는 아스파라거스는 지난주에 요리한 아스파라거스와 다르기 때문에 조리 시간이 조금 다를 수도 있다.

채소가 익는 동안 조심스럽게 살펴본다. 작은 조각을 건져서 자주 맛을 보고 다 익었으면 뜰채로 건져서 얼음물에 넣는다.

규칙 #5 : 채소를 얼음물에 담그고 물기를 잘 빼 준다.

나는 최근에 얼음물에 담그는 게 필요한지 아닌지에 대해 서로 상반되는 발표를 읽었다. 그건 얼마든지 증명할 수 있는 일이다. 한 무더기의 완두콩을 끓는 물에 데치고 꺼낸 뒤 얼음물 없이 그냥 그릇에 넣어 식힌다. 콩 부더기의 바닥과 가운데에 있는 콩은 다시 들어 올릴 때쯤이면 너무 많이 익게 된다.

이는 완두콩의 선명한 녹색을 잃게 하는 반응은 즉각적인 것이 아니기 때문이다. 완두콩이 색을 잃게 될 때는 일정 시간 동안 어떤 온도 이상에 있어서이다. 완두콩 하나를 상온에서 식히면 빨리 안전 온도대로 식는다. 하지만 정말로 뜨거운 완두콩 더미 속에 있는 콩은 콩다발의 크기에 따라 15분에서 심지어 30분까지 계속 뜨거운 채로 있을 수 있다. 이 시간은 완두콩의 색이 변하기엔 충분한 시간이다.

결론은 한 번에 완두콩 한 알 이상을 데친다면 꼭 얼음물에 담그거나 적어도 큰 접시나 베이킹팬에 한 층으로 얇게 펴서 식혀야 한다.

그리고 채소가 식자마자 얼음물에서 꺼내 물기를 빼고 키친타월이나 깨끗한 행주 위에 올리고 물기를 제거해야 한다. 물기가 없어야 드레싱이 채소에 더 잘 묻게 된다.

크림 같은 비네그레트를 넣은 핑걸링 포테이토 샐러드
FINGERLING POTATO SALAD WITH CREAMY VINAIGRETTE

예전에 비네그레트로 드레싱을 한 감자 샐러드를 만들었다. 이 샐러드는 봄에 나오는 단단하고 전분이 적은 손가락 모양의 핑걸링 포테이토(fingerling-style potatoes)로 만들면 아주 좋다. 나는 실제로는 감자가 빛을 발휘할 수 있는 개운하고 선명한 맛을 더 좋아한다. 하지만 이런 감자는 질감에 있어서는 절대로 크림 같은 마요네즈를 기본으로 한 감자 샐러드만큼(827쪽 '클래식 아메리칸 포테이토 샐러드' 참고) 그렇게 만족스럽지는 않다. 어떻게 하면 좋을까? 드레싱을 크림화*시키는 감자 자체의 성질을 이용하면 어떨까?

감자에 천연적으로 들어 있는 전분 알갱이는 걸쭉하게 만들어 주는 자체 능력이 아주 뛰어나다. 그래서 묽은 소스를 진하고 크림 같게 만들어 준다. 나는 익은 핑걸링 포테이토를 몇 개 으깨서 크림 같은 코팅제를 만들 수 있을지 보려고 했지만 잘 되지 않았다. 이 작고 어린 감자는 전분이 너무 적고 질감이 단단해서 여과포나 고운체에 걸러주지 않는 한 절대로 그렇게 부드럽고 크림처럼 되지는 않는다.

훨씬 더 쉬운 방법은 그냥 유콘 골드 감자 하나를 감자 삶는 데에 같이 넣어준 뒤 감자가 다 익은 뒤 유콘 감자 조각을 따로 꺼내고 감자 삶은 물도 조금 남겨 둔다. 이 유콘 감자 조각과 삶은 물을 드레싱에(식초와 홀그레인 머스터드, 샬롯, 달콤한 피클 렐리시로 만든 간단한 비네그레트) 넣고는 으깼다. 감자가 대부분 다 으깨진 뒤, 엑스트라 버진 올리브오일을 좀 섞어 넣었다. 그랬더니 근사하고 미묘한 핑걸링 포테이토의 맛을 희석시키지 않는 화사하고 상큼한 새콤함과 질감이 어우러진 좀 묽지만 크림 같은 비네그레트가 만들어졌다.

설탕, 후추, 셀러리, 파슬리, 케이퍼, 저민 샬롯 등과 같은 몇 가지 추가 양념과 질감을 좋게 할 재료들을 넣자 새로운 담백한 핑걸링 포테이토 샐러드가 탄생했다. 얼마나 맛있는지!

* 네, 이런 단어는 존재하며 존재해야 한다.

4~6인분

핑걸링 포테이토 680g(1.3cm 두께로 슬라이스하기.)

큰 유콘 골드 감자 1개(230g 정도, 껍질을 벗기고, 길이로 4등분해서 1.3cm로 썰기.)

코셔 소금

화이트 와인 식초 2½큰술

홀그레인 머스터드 1큰술

피클 렐리시 1큰술

설탕 1큰술(원하면 조금 더 준비)

작은 샬롯 2개(1개는 다지고(약 4큰술), 1개는 가늘게 채썰기(약 4큰술))

엑스트라 버진 올리브오일 4큰술

케이퍼 1큰술(씻은 뒤 물기를 빼고 대충 썰기.)

셀러리 2줄기(작게 깍뚝 썰기.)

파슬리 대충 썰어서 ¼컵(60ml)

후춧가루

1 큰 냄비에 감자와 소금 1큰술, 식초 1큰술, 미지근한 물 3컵(750ml)을 넣고 고온에서 끓인다. 가끔 저어서 소금이 다 녹도록 한다. 불을 줄이고 뭉근히 끓여 감자가 완전히 부드러워지고 과도나 케이크 테스터로 찔러서 잘 들어갈 때까지 약 17분간 삶는다. 삶은 물을 ½컵(125ml) 남기고 따라 낸다. 바로 볼에 감자를 넣고 식초 ½큰술을 넣고 섞은 뒤 한쪽에 둔다.

2 큰 볼에 남겨 둔 삶은 물과 남은 식초 1큰술, 머스터드, 렐리시, 설탕, 다진 샬롯을 넣고 섞는다. 익은 유콘 골드 감자 5~6 조각을 넣고 포테이토 매셔로 으깨서 부드럽게 한다. 여기에 올리브오일 3큰술을 넣고 계속 저어 준다. 케이퍼와 셀러리, 다진 샬롯, 파슬리, 감자를 넣는다. 소금과 후추로 간을 하고 입맛에 따라 설탕을 좀 더 넣는다. 남은 올리브오일을 뿌려서 바로 차려 낸다. 아니면 뚜껑을 덮고 냉장고에 넣어 3일간 보관 가능하다. 냉장고에 보관한 감자는 먹기 전까지 상온에 둔다.

TIP • 라 라뜨(La Ratte), 러시안 바나나와 같은 핑걸링 포테이토를 사용한다.

레시피가 표시된 소스통

아내는 샐러드드레싱을 아주 좋아하는데 특히나 내가 만들어서 계속 냉장고에 넣어 두는 간장과 발사믹 식초 비네그레트를 좋아한다. 나는 그 레시피를 기억하고 있지만 내가 어디 멀리 가고 없을 때 신선한 아루굴라는 한 상자 있는데 드레싱이 다 떨어졌을 때가 문제이다.

다음은 이런 문제가 다시는 생기지 않도록 내가 고안한 작은 아이디어다. 레시피를 바로 소스통 위에 썼다. 좋은 비네그레트는 재료의 비율이 아주 중요해서 정확하게 계량컵이나 스푼을 사용해서 재료를 넣으면 정말 쉽게 만들 수 있다. 그래서 나는 소스통 옆에 지워지지 않도록 재료의 비율을 표시하는 선을 그었다. 아내는 그저 소스통에 그어진 표시대로 아래에서 위까지 재료들을 채우기만 하면 된다. 자 보시라! 레시피를 기억할 필요도, 계량스푼도 컵도 아무것도 필요 없이 완벽한 비네그레트를 만들 수 있다! 나는 이런 레시피를 표시한 통을 여러 개 만들어서 늘 아주 손쉽게 소스나 비네그레트를 만든다.

파르메산 치즈와 톡 쏘는 발사믹 간장 비네그레트를 넣은 아루굴라와 배 샐러드

ARUGULA AND PEAR SALAD WITH PARMIGIANO-REGGIANO AND SHARP BALSAMIC-SOY VINAIGRETTE

이 레시피는 기본 채소 샐러드에 두 가지 맛을 더한다. 나는 늘 매콤한 맛이 나는 녹색 채소와 함께 맛의 대비를 위해 달콤하고 짭조름한 맛을 함께 내는 샐러드를 차려 내는 걸 좋아한다. 이 경우엔 조금 덜 익은 배를 사용하는 게 좋은데 그래야 버터와 설탕을 섞어 졸일 때에 모양을 더 잘 유지하기 때문이다.

4인분

단단한 다 익은 보스크 배 2개(반으로 자르고 심을 빼내고, 0.5cm 두께로 슬라이스하기.)

설탕 2큰술

무염 버터 1큰술

어린 아루굴라 또는 미즈나, 물냉이 2ℓ(약 230g, 씻어서 물기를 빼기.)

파르메산 치즈 57g(필러로 깎기.)

코셔 소금과 후춧가루

톡 쏘는 발사믹 간장 비네그레트(레시피 뒤에 나옴) ½컵(125mL, 세게 흔들기.)

1. 중간 크기 볼에 배 조각을 넣고 설탕과 잘 섞어 준다. 30cm(12인치) 논스틱 프라이팬에 버터를 넣고 중강 불에 올리고 거품이 가라앉을 때까지 가열한다. 배 조각을 한 층으로 펼쳐 넣고 팬을 살살 흔들면서 한쪽 면이 갈색 빛을 띠도록 약 1분간 굽는다. 탄력이 있는 얇은 뒤집개로 조심스럽게 배 조각을 뒤집고 두 번째 면도 갈색으로 변하도록 약 1분 더 굽는다. 배를 큰 접시에 담고 5분 정도 식힌다.

2. 큰 볼에 배와 아루굴라, 치즈, 소금과 후추 조금, 비네그레트를 넣고 깨끗한 손으로 살살 섞어 마무리한다.

톡 쏘는 발사믹 간장 비네그레트

NOTE • 아루굴라나, 물냉이, 미즈나, 메스클랭(mesclun) 샐러드와 같은 매콤하거나 쌉싸름한 녹색 채소로 된 간단한 샐러드에 사용한다.

약 1컵(250ml) 분량

발사믹 식초 3큰술

간장 1큰술

디종 머스터드 4작은술

작은 샬롯 1개(곱게 다지거나 제스터에 갈기, 약 1큰술)

중간 크기 마늘 1쪽(곱게 다지거나 제스터에 갈기, 약 1작은술)

카놀라유 ½컵(125ml)

엑스트라 버진 올리브오일 4큰술

소금 ½작은술

후춧가루 ¼작은술

모든 재료를 작은 용기나 소스통에 섞는다. 뚜껑을 닫고 세게 흔들어서 유화를 시킨다. 냉장고에 넣어 두면 3개월 보관 가능하다. 사용하기 전에는 세게 흔든다.

톡 쏘는 발사믹 간장 비네그레트를 넣은 토마토와 모차렐라 샐러드

TOMATO AND MOZZARELLA SALAD WITH SHARP BALSAMIC-SOY VINAIGRETTE

NOTE • 이 샐러드에는 완전히 익은 제철의 여름 토마토와 신선한 모차렐라만(가급적이면 물소 젖으로 만든 모차렐라 디 부팔라(di bufala)로) 사용한다.

샐러드에 넣기 전에 토마토에 소금을 치면 토마토 과즙이 일부 빠져나오는데, 이렇게 하면 내용물이 더 알차진다. 나는 이 과즙을 한 방울도 남기지 않고 엑스트라 버진 올리브오일과 함께 비네그레트에 넣어 맛을 내는 걸 좋아한다.

4인분

작은 적양파 1개(얇게 슬라이스하기. 약 ¾컵, 180ml. 선택사항)

아주 잘 익은 큰 토마토 3개(900g, 4~5cm 크기로 썰기.)

코셔 소금 2작은술

톡 쏘는 발사믹 간장 비네그레트 4큰술(800쪽. 사용 시 세게 흔들기.)

엑스트라 버진 올리브오일 4큰술

신선한 모차렐라 치즈 450g(가급적이면 모차렐라 디 부팔라 사용. 2.5cm 크기로 자르거나 손으로 부수기.)

바질 작은 묶음 1개(잎만 따서 대충 썰거나, 찢기. 또는 잎을 대략 반 정도로 자르기.)

후춧가루

1 중간 크기 볼에 양파를 원하면 손질해 넣고 찬물을 잠기도록 부어 30분 동안 한쪽에 둔다.

2 한편, 큰 볼에 토마토와 소금을 넣고 살살 섞는다. 위에 소쿠리나 체를 얹어 놓고 여기에 토마토를 붓고 30분 정도 둔다.

3 큰 볼에 토마토에서 나온 과즙 2큰술과(남은 즙은 버린다.) 비네그레트를 넣고 섞어 준다. 계속 저으면서 천천히 올리브오일을 넣어 유화시킨다. 양파(넣을 거면)를 건져 넣고 토마토와 치즈, 바질, 후추를 듬뿍 넣고 살살 섞어 완성한다.

적양파와 헤이즐넛 비네그레트를 넣은 그린빈 샐러드
GREEN BEAN SALAD WITH RED ONION AND HAZELNUT VINAIGRETTE

그린빈과 견과류는 프랑스의 고전적인 조합이다. 나는 여기에 아삭하게 데친 그린빈에 꿀을 넣은 헤이즐넛 비네그레트를 사용한다. 입맛에 따라 헤이즐넛 대신 아몬드를 넣어도 좋다. 적양파를 넣으면 톡 쏘면서 상큼한 맛을 낸다. 찬물에 담가 두면 이런 강한 맛을 조금 없앨 수 있다.

4인분

중간 크기 적양파 1개(가늘게 채썰기. 약 ¾컵, 180ml)

코셔 소금

그린빈 또는 하리코 베르(haricots verts) 680g (끝은 잘라 내기.)

헤이즐넛 비네그레트 ¾컵(240ml. 레시피에 바로 나옴)

후춧가루

1. 중간 크기의 볼에 양파를 넣고 찬물을 잠기도록 붓고는 한쪽에 30분간 둔 뒤 건져 낸다.
2. 큰 냄비에 소금물을 넣고 팔팔 끓인다. 얼음물도 준비한다. 그린빈을 냄비에 넣고 선명한 녹색이 되고 부드러워지되 아직 약간은 아삭하도록 약 3분 정도 데친다. 건져서 얼음물에 넣어 식힌다. 다시 건져서 야채탈수기에 넣고 물기를 뺀다.
3. 볼에 물기를 뺀 양파와 그린빈, 비네그레트를 넣고 섞는다. 소금과 후추를 넣고 간을 한 뒤 바로 차려 낸다.

헤이즐넛 비네그레트

약 1½컵(37ml) 분량

헤이즐넛 57g(약 ½컵, 125ml. 볶은 뒤 대충 썰기.)

발사믹 식초 3큰술

물 1큰술

디종 머스터드 1큰술

꿀 1큰술

작은 샬롯 1개(곱게 다지거나 제스터에 갈기. 약 1큰술)

다진 타라곤 2큰술

엑스트라 버진 올리브오일 ½컵(125ml)

카놀라유 4큰술

코셔 소금과 후춧가루

중간 크기 볼에 헤이즐넛과 식초, 물, 머스터드, 꿀, 샬롯, 타라곤을 넣고 섞는다. 중간 크기의 두꺼운 냄비에 행주를 깔고 그 위에 이 그릇을 올려 고정을 시킨다. 그러고는 계속 저으면서 천천히 올리브오일과 카놀라유를 붓는다. 드레싱은 유화가 되면서 상당히 걸쭉해진다. 소금과 후추를 넣어 간을 한다. 드레싱은 뚜껑 있는 용기에 넣으면 냉장고에서 2주간 보관 가능하다. 사용 전에 세게 흔들어 사용한다.

이 레시피는 유화제 3인조인 머스터드, 꿀, 견과류를 이용하며 아주 뻑뻑한 비네그레트가 만들어진다.

쌉싸름한 상추와 블루치즈, 석류, 헤이즐넛 비네그레트를 넣은 구운 배 샐러드
ROASTED PEAR SALAD WITH MIXED BITTER LETTUCES, BLUE CHEESE, POMEGRANATE, AND HAZELNUT VINAIGRETTE

이 음식은 우리 어머니가 가장 좋아하는 샐러드이다. 어머니는 명절 때마다 이 샐러드를 해 달라고 하신다. 어머니가 몇 년 동안 이 레시피를 알려 달라고 하셨는데도 절대로 알려 드리지 않았는데 이 책에 이 샐러드를 싣지 않는다면 난 나쁜 아들이 되고 말 것이다. 엄마, 이 레시피는 엄마를 위한 거예요.

4인분

약간 덜 익은 보스크 배 2개(반으로 가르고 심을 뺀 뒤 0.6cm 두께로 슬라이스하기.)

설탕 2큰술

무염 버터 1큰술

벨지언 엔다이브 2개(밑동은 제거해서 낱장으로 분리)

프리제 2송이(연한 노란 속잎만 손으로 뜯어서 헹군 뒤 야채탈수기에 돌려 물기를 빼기.)

어린 아루굴라 잎 3컵(약 230g. 씻어서 야채탈수기로 물기를 빼기.)

헤이즐넛 비네그레트 3~4큰술(802쪽)

코셔 소금과 후춧가루

고르곤졸라, 스틸턴, 카브랄레스 치즈 57g(부수기.)

석류 씨 약 ½컵(125ml. 중간 크기 석류 1개분)

1 중간 크기 볼에 배 조각과 설탕을 넣고 골고루 살살 섞는다. 30cm(12인치) 논스틱 프라이팬에 버터를 넣고 중강 불에 올리고 거품이 가라앉을 때까지 가열한다. 배 조각을 단층으로 깔고 팬을 살살 흔들면서 한쪽 면이 갈색 빛을 띠도록 약 1분간 굽는다. 뒤집개로 조심스럽게 배를 뒤집고 두 번째 면도 갈색으로 변하도록 약 1분간 더 구워 준다. 배 조각을 큰 접시로 옮기고 5분 동안 식힌다.

2 큰 볼에 엔다이브와 프리제, 아루굴라, 배를 넣고 비네그레트 3큰술과 소금, 후추를 넣고 섞는다. 깨끗한 손으로 비네그레트가 골고루 묻도록 살살 섞는다. 맛을 보고 필요하면 비네그레트와 소금, 후추를 더 넣어 준다. 치즈와 석류 씨를 넣고 살짝 버무린 뒤 바로 차려 낸다.

두 가지 방법으로 구운 비트 샐러드

비트는 아이에서 어른까지 두루 비난을 받는데 나처럼 여러분도 어릴 때 통조림 종류를 먹어 봤다면 왜 그런지 그 이유를 쉽게 알 수 있을 것이다. 통조림 종류는 좋아하기엔 무리가 있다. 그러나 막 구운 비트는 완전히 다르다. 부드럽고 아삭한 멋진 식감과 함께 사탕처럼 달고, 그윽하고 구수하다. 내가 제일 좋아하는 채소 중 하나이다. 나는 일 년에 몇 번 한두 가지 비트 샐러드를 만드는데 이 두 가지는 아내가 좋아하는 종류이다. 아내처럼 두 샐러드도 예쁘고 색이 다채로우며, 상온에서 최고의 맛을 낸다.

비트를 끓일 수 있지만 끓이는 과정에서 맛이 씻겨 나간다(물이 분홍빛이 되는 거 보지 않았는가? 걸러 내면 다 씻겨 나가고 만다.). 내가 찾은 최고의 비트 조리법은 오븐에서 호일로 꼭 싸서 익히는 방법이다. 이렇게 익히면 비트가 더 빨리 익고 수분도 최소한으로 적게 손실된다. 그리고 물에 닿지 않는 조리법을 사용하기 때문에 과즙이나 맛을 거의 잃어버릴 염려가 없다. 또한 호일로 싸는 방법은 향을 더하는 데도 아주 좋다. 타임이나 로즈마리의 줄기 몇 개와 후추, 올리브오일, 그리고 감귤류 제스트를 몇 개 넣을 수 있다. 구운 뒤에는 껍질을 벗기는 게 아주 쉽다. 비트 껍질은 흐르는 차가운 물 아래서 벗기면 쉽게 벗겨진다. 나무 도마를 물들지 않게 하려면 비닐 랩을 미리 깔고 비트를 조리하면 된다.

잣 비네그레트를 넣은 구운 비트와 감귤류 샐러드
ROASTED BEET AND CITRUS SALAD WITH PINE NUT VINAIGRETTE

비트와 감귤류는 고전적인 조합이며 다행스럽게도 이 둘은 지금 한창 제철이다. 이 샐러드에는 자몽과 오렌지, 구운 비트, 로즈마리와 매콤한 맛을 더하기 위해 아루굴라 약간이 들어간다(여러분이 좋아하는 허브나 샐러드용 채소 아무거나 사용하면 된다.). 나는 비트와 함께 견과류를 넣는데 잣이 딱 알맞다. 셰리 식초, 샬롯, 호두 기름, 아가베(agave) 시럽으로 만든 비네그레트가 재료를 달콤하게 한다.

4인분

비트 900g(잎과 줄기는 제거하고 흐르는 차가운 물 아래서 문질러 씻기.)

엑스트라 버진 올리브오일 1큰술

코셔 소금과 후춧가루

로즈마리 또는 타임 4줄기

잣 비네그레트(레시피 바로 나옴)

자몽 1개(껍질을 벗기고 쪽으로 자르기.)

오렌지 1개(껍질을 가는 띠 모양으로 자르고, 과육은 쉬프렘으로 자르기. 780쪽)

여유있게 담은 아루굴라 잎 1컵(씻어서 야채탈수기에 돌려 물기를 제거.)

1. 오븐랙을 오븐 가운데에 끼우고 190℃로 예열한다. 튼튼한 알루미늄 호일을 30×46cm로 두 개 자른 다음 각각 가로 방향으로 반으로 접는다. 각 호일의 왼쪽과 오른쪽의 트여 있는 가장자리는 주름을 잡아 단단히 봉한다. 윗부분은 열어 둔다. 비트에 올리브오일을 바르고 소금과 후추로 간을 한다. 비트를 두 호일 주머니에 고르게 담고 허브 줄기도 각각 2개씩 주머니에 넣고 주머니 윗부분을 주름을 꼭 잡아서 봉한다.

2. 이 호일 주머니를 베이킹팬에 놓고 오븐에 넣는다. 비트가 완전히 부드러워질 때까지 익힌다. 케이크 테스터나 이쑤시개로 호일을 뚫고 찔렀을 때 잘 들어가는 정도까지 약 1시간 정도 익힌다. 조심스럽게 주머니를 열고 비트를 30분 정도 식힌다.

3. 흐르는 찬물(껍질이 바로 잘 벗겨진다.) 아래서 비트의 껍질을 벗기고 키친타월로 물기를 닦는다. 큼직하게 4cm 크기로 자른다.

4. 큰 볼에 비트를 넣고 드레싱 반을 섞은 뒤 차림 접시에 담는다. 큰 볼에 자몽과 오렌지, 아루굴라를 넣고 드레싱 1큰술을 더 넣고 소금과 후추로 간을 한 후 접시에 담는다. 남은 드레싱을 비트에 끼얹고 오렌지 제스트를 위에 올리고 차려 낸다.

잣 비네그레트

약 ½컵(125ml) 분량

셰리 식초 2큰술

아가베 시럽 1큰술(혹은 꿀)

구운 잣 4큰술

작은 샬롯 1개(잘게 다지기. 약 1큰술)

엑스트라 버진 올리브오일 4큰술

호두 기름 1큰술

코셔 소금과 후춧가루

작은 볼에 식초와 아가베 시럽, 잣, 샬롯을 넣고 섞는다. 계속 저으면서 올리브오일을 천천히 붓고 호두 기름도 천천히 붓는다. 드레싱이 유화되면서 아주 걸쭉해진다. 소금과 후추로 간을 한다. 드레싱은 밀폐된 용기에 담고 냉장고에 넣어서 2주까지 보관할 수 있다. 사용 시에는 세게 흔들어서 사용한다.

염소젖 치즈, 달걀, 석류, 마르코나 아몬드 비네그레트를 넣은 구운 비트 샐러드

ROASTED BEET SALAD WITH GOAT CHEESE, EGGS, POMEGRANATE, AND MARCONA ALMOND VINAIGRETTE

비트는 꿀이 생각나게 하고 꿀은 마르코나 아몬드가 생각나게 해서 이들을 드레싱에 넣었다. 또 석류 씨도 한 움큼 넣어서 달콤한 즙이 확 터지게 한다. 셀러리 잎은 이 중요한 채소에서 잘 활용하지 않는 부분이므로 여기에 넣어 보자. 그리고 톡 쏘는 맛을 위해 순한 맛의 흰 양파를 다져서 넣어 보자. 나는 비트를 이 재료들과 섞을 때 분홍색으로 변하는 모습이 너무 좋다.

이런 다섯 가지 재료는 드레싱을 잘 묻히면 균형이 잘 잡힌 곁들임 요리가 되지만 여기서 중요한 점은 점심이나 저녁으로 먹을 수 있는 샐러드라는 것이다. 그래서 완숙 달걀을 4등분해서 넣고 크림 같은 염소젖 치즈를 몇 조각 넣어 요리를 마무리한다. 바로 먹든, 밤새 두었다 다음 날 먹든(분홍색 비트 물이 든 달걀을 꺼리지 않더라도 달걀은 마지막에 넣도록) 어떻게 먹어도 맛있다.

4인분

비트 900g(잎 부분과 줄기는 제거하고, 흐르는 차가운 물 아래서 문질러 씻기.)
엑스트라 버진 올리브오일 1큰술
코셔 소금과 후춧가루
로즈마리 또는 타임 4줄기
석류 씨 ½컵(125ml)
작은 흰 양파 2개(가늘게 채썰어 체에 담고 따뜻한 물 아래서 2분 동안 헹구기. 약 ½컵, 125ml)
마르코나 아몬드 비네그레트(레시피 바로 나옴)
염소젖 치즈 110g(부수기.)
완숙 달걀 2~3개(111쪽. 4등분)
셀러리 1묶음(가운데 부분 잎만 고르기. ½컵, 125ml)

1. 오븐랙을 오븐 가운데에 끼우고 오븐을 190℃로 예열한다. 튼튼한 알루미늄 호일을 잘라 30×46cm로 두 개를 만든 다음 각각 가로 방향으로 반으로 접는다. 각 호일의 왼쪽과 오른쪽의 트여 있는 가장자리는 주름을 잡아 단단히 봉한다. 윗부분은 열어 둔다. 비트에 올리브오일을 바르고 소금과 후추로 간을 한다. 비트를 두 호일 주머니에 고르게 담고 허브 줄기도 각각 2개씩 넣고 주머니 윗부분을 주름을 단단히 잡아서 봉한다.
2. 이 호일 주머니를 베이킹팬에 놓고 오븐에 넣는다. 비트가 완전히 부드러워질 때까지 익힌다. 케이크 테스터나 이쑤시개로 호일을 뚫고 찔렀을 때 잘 들어가는 정도까지 약 1시간 정도 익힌다. 조심스럽게 주머니를 열고 비트를 30분 정도 식힌다.
3. 흐르는 찬물(껍질이 바로 잘 벗겨진다.) 아래서 비트의 껍질을 벗기고 큼직하게 4cm 크기로 자른다.
4. 큰 볼에 비트와 석류 씨, 양파와 드레싱을 넣고 섞은 뒤 차림 접시에 담는다. 염소젖 치즈와 완숙 달걀, 셀러리 잎을 올린 뒤 바로 차려 낸다.

마르코나 아몬드 비네그레트

나는 살짝 달콤한 드레싱을 넣어서 자연적인 비트의 매력적인 달콤함을 두드러지게 하고 싶은데 이럴 때 꿀은 천연적 소재로 선택할 수 있다. 꿀은 유화제 역할도 하기 때문에 손목에 무리를 주면서 젓지 않아도 기름과 식초가 잘 어우러져서 소스 같은 농도가 된다.

NOTE • 마르코나 아몬드(Marcona almonds)는 여러 식품 전문점에서 구할 수 있으며 일반 아몬드로 대체해도 된다.

약 ½컵(125ml)

화이트 와인 식초 2큰술
꿀 1큰술
볶은 마르코나 아몬드 4큰술
작은 샬롯 1개(잘게 다지기. 약 1큰술)
엑스트라 버진 올리브오일 5큰술
코셔 소금과 후춧가루

작은 볼에 식초와 꿀, 아몬드와 샬롯을 넣고 섞는다. 계속 저으면서 천천히 올리브오일을 붓는다. 드레싱이 유화되면서 아주 걸쭉해진다. 소금과 후추를 넣어 간을 한다. 드레싱을 밀폐된 용기에 담고 냉장고에 넣으면 2주까지 보관할 수 있다. 사용 전에 세게 흔들어 준다.

자몽, 크랜베리, 무화과, 호박씨 비네그레트를 넣은 엔다이브와 치커리 샐러드

ENDIVE AND CHICORY SALAD WITH GRAPEFRUIT, CRANBERRIES, AND FIG AND PUMPKIN SEED VINAIGRETTE

4인분

치커리 1개(진녹색 잎은 제거하고 연한 흰색과 노란 부분은 씻어서 야채탈수기에 돌려 물기를 제거하고 5cm 정도로 찢어 놓기.)

벨지언 엔다이브 2개(밑동은 잘라 내고 낱장 잎으로 분리한 후 1.3cm 너비로 길이로 길게 자르기.)

루비레드 자몽 1개(쉬프렘으로 손질. 780쪽 참고)

말린 크랜베리 ⅓컵(80ml)

무화과와 호박씨 비네그레트 ½컵(125ml. 레시피 바로 나옴)

코셔 소금과 후춧가루

큰 볼에 치커리, 엔다이브, 자몽, 크랜베리, 드레싱을 넣고 살살 섞는다. 소금과 후추로 간을 한다.

무화과와 호박씨 비네그레트

NOTE • 무화과 잼은 대부분의 치즈 전문점에서 그리고 슈퍼마켓의 치즈 코너에서 구할 수 있다. 구하기 어려우면 오렌지나 자몽, 마멀레이드, 살구 잼이나 시큼한 체리 잼 같이 너무 달지 않은 과일 잼으로 대체한다.

약 1컵 분량

발사믹 식초 3큰술
무화과 잼 1½큰술(위의 note 참고)
구운 호박씨 ⅓컵(180ml)
중간 크기 샬롯 1개(잘게 다지기, 약 2큰술)
엑스트라 버진 올리브오일 ½컵(125ml)
코셔 소금과 후춧가루

작은 볼에 식초와 잼, 호박씨, 샬롯을 넣고 섞는다. 계속 저으면서 천천히 올리브오일을 붓는다. 드레싱이 유화되면서 상당히 걸쭉해진다. 소금과 후추로 간을 한다. 드레싱을 밀폐된 용기에 담고 냉장고에 넣으면 2주까지 보관할 수 있다. 사용 전에는 세게 흔들어 준다.

칼 사용법 : 샐러드용 치커리 손질하는 방법

치커리와 프리제 같이 쌉싸름한 녹색 채소는 가운데 연한 노란색 잎이 가장 달고 맛이 좋다.
진녹색 잎은 질기고 아주 쓰기 때문에 잘라서 데치거나 수프용으로 사용한다.

Step 1 : 밑동을 잘라 낸다. 잎이 분리되도록 필요한 만큼 밑동을 자른다.

Step 2 : 색별로 구분한다. 가장 연한 노란색 부분을 찾고 진녹색이 되려는 부분도 찾는다.

Step 3 : 진녹색 부분은 떼어 낸다. 진녹색 잎은 떼어서 버리거나 수프용으로 보관한다.

Step 4 : 씻은 뒤 사용한다.

칼 사용법 : 샐러드용 엔다이브 손질하는 방법

씁쌀한 엔다이브 잎은 샐러드에 통째로 혹은 길게 조각을 내서 넣는다.

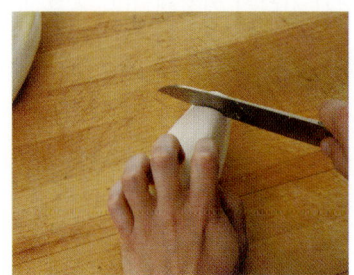

Step 1 : 밑동을 잘라 낸다.

Step 2 : 잎을 분리시킨다. 쉽게 떨어지는 것만 뗀다.

Step 3 : 다시 자르고 반복한다. 밑동을 다시 조금 잘라 내고 잎을 분리하면서 속심에 가까이 간다.

Step 4 : 씻을 준비를 하고 통째로 넣는다. 긴 조각으로 자르려면 계속 한다.

Step 5 : 잎을 쌓는다. 잎을 가지런하게 쌓으면 고르게 자를 수 있다.

Step 6 : 자른다. 잎을 원하는 두께로 가늘게 자른다.

Step 7 : 씻는다. 엔다이브를 야채탈수기에 넣고 차가운 물로 씻는다.

Step 8 : 야채탈수기를 돌려서 물기를 뺀다.

Step 9 : 사용할 준비가 되었다.

드레싱 종류 #2 : 마요네즈를 기본으로 한 드레싱
DRESSING FAMILY #2: MAYONNAISE-BASED DRESSINGS

아주 중요한, 인생을 바꿀 만한 순간은 제각각 여러 모습으로 온다. 누군가에겐 그 순간이 케이프 코드(Cape Cod)에 있는 아버지 사촌 집에서 처음으로 작은 대합조개를 후루룩 마신 날일 수도 있고, 또 다스 베이더(Darth Vader)가 루크(Luke)의 아버지였다는 걸 알게 된 날일 수도 있다. 또는 밖에서 노는 게 히-맨(He-Man)을 보는 것보다 훨씬 더 재미있다는 걸 알게 된 때일 수도 있고, 빛은 파장이면서 미립자로서의 성질을 띤다는 것을 발견했을 때일 수도 있다. 내게 그런 순간은 바로 마요네즈를 만드는 걸 처음으로 봤던 때였다*. 난 어렸을 때, 한 번도 마요네즈를 어떻게 만드는지에 대해 생각해 본 적이 없었다. 내 말은, 병에 들어 있고 파란 뚜껑이 있는 이런 종류의 크림 같고 매력적인 소스들 말이다. 그냥 막연히 추측만 했는데, 아직 어린 아이의 마음

엔 위스콘신이나 네브라스카 같은 주에 마요네즈를 엄청나게 만들어 낼 것 같은 마요네즈를 어마어마하게 퍼내는 그런 기계가 있지 않을까? 하고 생각했었다. 처음으로 마요네즈가 만들어지는 걸 본 그때가 기억난다. 늦은 밤, 손에 쥐는 핸드블렌더를 설명하는 광고에서였다(핸드블렌더는 그 당시에는 새로운 기술이었고 그래서 주방 기구 중 잇아이템(It)이었다.). 진행자가 블렌더 용기 바닥에 달걀을 넣고 그 위에 기름을 좀 붓고는 핸드블렌더를 넣고 버튼을 눌렀더니 순식간에 달걀과 기름이 섞이면서 크림 같고, 불투명하며 하얀 마요네즈가 만들어지는 것이었다.

아내와 나는 최근에 우리 아이들 이름을 어떻게 지을 것인가로 이야기를 했었다. 남아메리카인인 아내는 첫딸에게 아름다운 스페인어 이름인 살로메(Salome)라는 이름을 지어 주고 싶어 했다. 나는 아내에게 내가 제일 좋아하는 소스에 경의를 표하기 위해 첫 아들 이름을

---

* 좋아요, 여러분이 이겼어요. 이건 모두 내 자신의 삶에서 일어났던 중요한 순간들이었다는 걸 인정합니다.

마요네즈라고 부르게 해 주면 아내도 첫 딸 이름을 살라미(Salami)로 지을 수 있다고 말했다. 누가 먼저 항복할지 두고 보자.

샌드위치 스프레드나 소스로서 마요네즈는 크게 의견이 나눠지는 재료이다. 나는 무슨 희생을 치르더라도 빵에 넣어선 절대 안 된다는 '마요가 들어가니 죽음' 쪽이었다. 그러나 아주 맛있는 홈메이드 버전 덕분에 천천히 맛을 들이기 시작하면서 이제는 마요네즈를 아주 좋아하게 돼서 가끔은 시판용 파란 뚜껑 병도 견딜 수 있을 정도가 되었다. 가장 좋은 상태의 마요네즈는 크림 같고 톡 쏘면서 담백하다. 마요네즈는 음식을 짓누르지 않으면서 풍성한 맛을 더해 준다. 그러나 잘못 만들면 병에서부터 뻑뻑하고 기름지고 간이 맞지 않으면서 끈적끈적하거나 너무 달고 질척하게 돼 버린다. 이런 마요네즈는 조금은 괜찮지만 가령 아스파라거스를 찍어 먹거나 시저 샐러드드레싱이나 타르타르소스의 기본으로 사용하고 싶지는 않다.

그렇다면, 그 자체로는 먹기에 좀 역겨운 달걀노른자와 기름이라는 두 가지 재료가 어떻게 75% 이상이 기름으로 되어 있으면서도 조금도 기름지지 않고 아주 풍성하고, 톡 쏘며, 크림 같은 스프레드로 바뀔 수 있을까? 그건 바로 유화 때문이며 요리에서 이해해야 할 가장 중요한 개념 중 하나이다. 유화는 비네그레트가 상추에 붙어 있게 하며 치즈가 녹을 때 매끄럽게 늘어나게 한다(Part 7에서 우리는 치즈의 유화에 대해 약간 살펴보았다.). 유화는 문자 그대로, 그레이비의 배가 흘러가게 하는 것이다. 이 멋진 녀석을 한 번 자세히 살펴볼까?

마요네즈의 기본

가장 기본적으로 정의를 내리자면 마요네즈는 물에 떠 있는 유화된 지방 미립자에 맛을 가미한 것이라 할 수 있다. 떠 있는 지방의 작은 입자는 얇은 물막으로 분리가 되고 나면 흘러 다니는 게 아주 어려운데 이것이 바로 마요네즈에 점착력을 준다. 공식적으로 하는 말인데, 소량의 기름은 가득 담긴 기름보다 빛을 훨씬 더 많이 굴절시킨다. 그래서 마요네즈가 불투명한 하얀 색이 된다. 마요네즈를 차의 바람막이 창으로 생각해 보라. 온전하게 있을 때는 빛은 창을 아주 쉽게 통과한다. 하지만 유리창에 금이 몇 군데 나 있으면 창을 통과하는 것은 어려워진다. 창에 여러 번에 걸쳐 작은 조각으로 금이 생기면 유리창은 불투명으로 바뀐다. 마요네즈에 있는 지방에도 똑같은 일이 일어난다.

보통 지방 분자를 물과 섞는 건 어마어마한 수의 여대생이라는 믹서에 든 MIT의 너드처럼 아무리 철저히 섞었다 하더라도 이 둘은 결국에는 분리가 되면서 서로 따로 모인다. 왜냐하면 이들의 모양과 전하 때문에 물에 의해 밀려나는 것과 동시에 지방 분자는 서로에게 끌리기 때문이다. 여기에 달걀노른자가 들어간다. 자체적으로 이미 복합 지방과 물의 유화 작용이 일어나고 있는 달걀노른자에는 유화제(지방과 물이 반응하도록 돕는 물질)가 많이 들어 있다. 이 중에서 가장 중요한 물질은 저밀도 지방단백질(LDLs)과 고밀도 지방단백질(HDLs)에서 발견되는 인지질인 레시틴으로 달걀에 아주 풍부하다. 유화제는 친수성(물을 좋아하고 지방을 싫어하는) 머리가 있고 소수성(물을 싫어하고 지방을 좋아하는) 꼬리가 있는 긴 분자이다.

냄비 위에 수건을 깔고 그 위에 믹싱볼을 올리면 세게 휘핑하는 동안 고정이 된다.

달걀노른자와 물, 기름을 넣고 휘핑할 때, 지방을 좋아하는 레시틴 분자의 머리는 지방 미립자에 묻히고 꼬리만 내놓게 된다. 이 꼬리는 서로서로 밀어내면서 지방 방울이 합쳐지는 걸 막고 갑자기 물이 훨씬 더 매력적이게 보이도록 만든다. 멍청이들의 파티에 맥주 몇 통이 들어가면 일이 조금 뒤죽박죽이 되는 것과 조금 비슷하다. 전통적인 마요네즈를 만들려면 달걀노른자와 물, 소금, 디종 머스터드나 레몬 즙, 식초 같은 몇 가지 양념에 기름을 천천히 조금씩 부으면서 이 재료를 세게 휘핑해서 만든다(푸드프로세서로 하면 아주 간단하다.). 기름이 그릇에 떨어지는 동안, 빠른 휘핑 동작이 기름을 빠르게 작은 방울로 분해하고, 이 방울은 달걀노른자에 들어 있는 유화제의 도움으로 계속 떠 있게 된다.

볼에 든 마요네즈에 기름을 계속 부으면 어떤 일이 일어나는지 아래를 살펴보자.

- **기름과 물이 1:1 비율일 때,** 혹은 기름이 더 적을 경우에는 안정적인 유화가 되지 않는다. 지방은 분해가 되지 않고 물에 둘러싸이지 않게 된다. 혹은 물속에 지방이 떠 있을 수도 없게 된다. 이 단계에서 마요네즈는 묽으며 뿌연 액체처럼 보인다.
- **기름과 물 비율이 3:1에 근접할 때,** 아직 비네그레트에 더 가깝게 흘러내리긴 하지만 혼합물이 마요네즈와 비슷해지기 시작한다. 점점 기름이 더 많이 들어가게 되면서 기름의 작은 방울이 액체상태의 기름 덩어리와는 다르게 빛을 굴절시키기 때문에 마요네즈는 불투명해진다.
- **비율이 5:1을 지나면,** 마요네즈는 훨씬 더 걸쭉해지기 시작하는데 휘핑하던 걸 찍어 보면 끝이 뾰족한 뿔 모양을 그대로 유지할 정도가 된다. 마요네즈가 걸쭉해진다는 것은 우리의 직관에 맞지 않는 것처럼 보인다. 기름은 묽기 때문에 기름을 마요네즈에 넣으면

마요네즈가 묽어져야 하는 게 아닌가? 하지만 잘못 생각한 것이다. 기름이 가득 든 바다에서 기름 방울은 수영도 할 수 있고 서로 서로 꽤 자유롭게 지나다닐 수 있다. 그리고 유화 상태에서, 이 기름 방울은 물로 분리된 빽빽한 입자의 그물망 안에 갇히게 된다는 걸 알고 있다. 이들을 이동시키려면 물이 이 체계 안에서 자유롭게 움직일 수 있어야 한다. 마요네즈에 기름을 넣으면 넣을수록 각 기름 방울을 분리하는 물은 점점 더 묽게 돼서 심하게 움직임이 제한된다. 결국 계속 기름을 넣으면 마요네즈는 크림 같고 아주 부드럽다가 반죽같이 되면서 너무 뻑뻑해진다. 직접 한 번 해 보면 꼭 양초 왁스처럼 입을 덮어 버릴 것이다. 유화상태에서 적절히 각 기름 방울을 코팅시킬 수 있는 충분한 수분이 없어서 기름 방울은 흘러나오면서 분해된다. 그래서 마요네즈는 기름투성이가 되는 것이다.

제대로 된 크림 같은 마요네즈를 만드는 비결은 기름과 물의 비율을 원하는 정확한 농도가 될 때까지 잘 조절하는 것이다. 맛의 측면에서는 나는 대략 1컵(250ml)당 달걀 1개가 들어가는 걸 좋아하기 때문에(816쪽, '달걀 1개로 마요네즈를 얼마나 만들 수 있을까?' 참고) 물을 조금씩 넣어 내가 원하는 농도로 묽게 만들면서 마요네즈를 만든다.

절대 실패하지 않는 방법

기름이 더해지는 비율은 마요네즈가 성공하느냐 마느냐를 결정하는 중요 요소이다. 대학교 믹서의 은유로 다시 돌아가서, MIT 남학생 한두 명이 여대생 믹서로 따로따로 흘러갔다고 가정해 보자. 유화제가 이들을 서로 떼어놓은 뒤 다른 것과 섞고 완전히 여자들에게 둘러싸이게 하기는 너무도 쉽다. 이 멍청이들이 천천히 여자들 무리로 들어간다면, 멍청이들의 무리는 여자들과 섞이기 쉽다. 이제 반대의 상황을 가정해 보자. 전체

남학생 무리가 서로 꽉 달라붙어서 갑자기 한 번에 나타난다고 해 보자. 이들을 제대로 잘 섞기란 훨씬 어렵다. 그뿐만이 아니라 이미 이 소동에 들어와 있던 어떤 멍청이는 무리지어 들어온 이들을 보고는 이들과 만나고 싶어 한다.

기름도 마찬가지이다. 달걀노른자에 천천히 흘려 넣으면 아주 강력하고 안정적인 유화를 할 수 있다. 하지만 기름을 너무 빨리 부으면 절대로 기름을 작은 기름 방울로 분리할 수가 없으며, 더 안 좋은 것은 이미 안정적인 유화를 했다 하더라도 이 유화가 분리가 될 위험에 처하게 된다. 마요네즈에 이것은 아주 심각한 문제이며 최고의 요리사라 하더라도 아주 성가신 일이 아닐 수 없다.

기름을 너무 빨리 넣으면 마요네즈가 분리가 된다.

마요네즈는 내가 제일 좋아하는 음식들 중 하나이다. 나는 적어도 아직은 한밤중에 깨서 냉장고에서 마요네즈 병을 꺼내 숟가락으로 퍼먹는 그런 사람은 아니지만 마요네즈를 엄청 많이 만들어 본 사람이다. 어떤 사람들은 푸드프로세서를 깊이 신뢰하지만 가장 쉬운 방법은 바로 그 방법, 수십 년 전에 내가 티비에서 봤던 대로 핸드블렌더를 이용한 방법이다. 달걀노른자와 기타 양념을(보통, 질감을 묽게 하기 위해 물 조금과 함께 머스터드와 레몬 즙) 좁고 긴 용기의 바닥에 넣고 위에서 조심스럽게 기름을 부으면, 물을 기본으로 한 액체 위에 기름이 떠 있는 두 개의 확실한 층이 만들어진다. 이제 천천히 믹서의 머리를 물이 있는 부분인 바닥에 넣고 스위치를 누르면 천천히, 하지만 확실히 기름을 아래로 끌어당기면서 소용돌이가 만들어진다. 그래서 기름은 천천히, 계속해서 달걀노른자 속으로 들어가게 된다. 바로 여러분의 눈앞에서 크림 같은 마요네즈가 용기 바닥에서부터 천천히 위로 올라오면서 만들어지는 걸 볼 수 있다. 핸드블렌더가 없다면 마요네즈를 만드는 용도로만 쓰더라도 하나 장만하시라!

핸드블렌더 없이 아주 쉽게 마요네즈 만들기

좋아요, 고집이 있어서 절대로 핸드블렌더를 사지 않겠다고 한다면 어떻게 할까? 음, 마요네즈를 손으로 만들 수도 있지만(정말로 아주 힘든 작업이다!) 푸드프로세서가 있다면 다행이다. 충분히 연습을 하고서, 달걀과 양념을 넣고 그리고 프로세서를 돌리면서 천천히 기름을 넣어 주면 푸드프로세서로도 쉽게 마요네즈를 만들 수 있다. 문제는 늘 잘 만들어지지는 않는데 특히나 양이 적으면 더 그렇다. 달걀노른자가 프로세서 용기 옆면으로 올라가기 때문에 유화를 시키려는 시도가 헛수고가 되고 만다. 그렇다면 기름과 달걀노른자가 잘 섞일 수 있는 확실한, 누구라도 할 수 있는 방법은 없을까?

푸드프로세서 용기의 옆면에서 달걀노른자를 긁어내리며 바로 이 문제를 곰곰이 생각하던 중 좋은 생각이 떠올랐다. 옆면의 달걀노른자를 긁어내기 위해 몇 초마다 프로세서를 멈추지 말고 푸드프로세서가 작동하는 동안 나를 대신해 옆면을 긁어내려 줄 재료를 넣으면 되지 않을까? 게다가 그 재료가 또한 아주 천천히 지속적인 비율로 기름도 추가하게 하면 어떨까? 그렇게 할 수만 있다면 모든 재료를 용기에 넣기만 하면 기본적으로 마요네즈는 저절로 만들어질 것이다. 안 그런가? 그래서 생각해 낸 건 바로 기름을 얼려서 넣어 주는 방법이었다. 기름을 얼리면 기름은 액체에서 고체로 바꿔며 푸드프로세서에 넣으면 천천히 지속적으로 액체로 녹으면서 기름을 공급하게 된다. 그러면서 계속 옆면으로 튀어 올라서 푸드프로세서의 날이 닿지 않는 곳에 붙어 있는 달걀노른자와 양념을 긁어내린다.

나는 푸드프로세서에 마요네즈 재료를 한꺼번에 섞어 넣고 얼린 기름 조각도 함께 넣고 이 가설을 실험해 봤다. 프로세서의 스위치를 켜고 재료가 팔짝팔짝 뛰어다니는 것을 지켜봤다. 처음에는 기름 조각이 용기 안에서 이리 저리 튀었기 때문에 약간 불규칙했지만 조금 지나자 천천히, 하지만 확실히 모든 재료가 안정적으로 돌기 시작해서 크림 같고 톡 쏘는 완벽한 마요네즈가 만들어졌다.

좀 더 생각해 봐야 할 문제는 바로 양념이다. 기본 마요네즈에는 머스터드와 레몬 즙만 필요하지만 나는 자주 마늘과(달걀 1개당 마늘 1쪽이 적당) 엑스트라 버진 올리브오일도 넣는다(엑스트라 버진 올리브오일은 항상 손으로 섞어 넣는다. 핸드블렌더나 푸드프로세서를 사용하면 올리브오일 맛이 써진다. 789쪽 '믹서로 휘핑하면 쓴맛이 난다' 참고). 더 맛있는 마요네즈를 만드는 아이디어에 대해 자세히 알고 싶으면 818쪽으로 바로 가 본다.

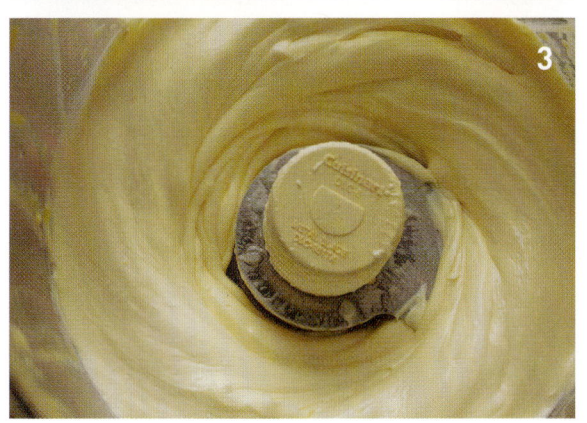

달걀 1개로 마요네즈를 얼마나 만들 수 있을까?

레시틴은 꽤 강력한 유화제이기 때문에 달걀노른자 1개로도 아주 많은 양의 마요네즈를 만들 수 있다. 마요네즈 제조자들은 이 사실을 오래 전부터 알았는데, 마요네즈가 그렇게 싼 이유 중의 하나이다. 가장 비싼 내용물인 달걀은 완성품에서 아주 작은 비율만 차지한다. 유화가 분리되지 않게 하기 위해서는 기름 대 물의 비율에 주의해야 한다. 마요네즈가 점점 더 걸쭉해질수록 금방 분리가 될 수 있기 때문에 물을 조금 혼합물에 넣어 주면 정확한 비율로 다시 돌아가서 기름을 계속 더 넣을 수 있다. 이런 과정으로 나는 달걀노른자 한 개로 마요네즈 4l를 만들었다.

그렇긴 하지만, 완벽한 마요네즈를 만들려면 맛을 위해서 달걀노른자를 어느 정도는 넣어 줘야 한다. 대부분 기름으로만 만든 마요네즈는 제 맛이 나지 않는다. 내가 봤을 때 가장 이상적인 비율은 대란 노른자 1개로 한 컵(250ml) 정도의 마요네즈를 만드는 게 가장 적당하다고 생각한다.

마요네즈와 아이올리

근사한 식당에서 외식할 때마다 셰프가 '마요네즈'를 가리켜 '아이올리'라고 말하는 걸 본다. 나는 웨이터와 아내 그리고 아마도 주위에 있는 몇몇 손님들도 듣겠지만 세계적으로 위대한 이 두 소스를 혼동하게 만드는 셰프의 제멋대로의 어휘 사용에 대해 꼭 지적한다. '아이올리(Aioli)'라는 말은 프로방스어에서 왔으며 아이(마늘)와 올리(기름)의 축약형이다. 진짜 아이올리는 절구에 마늘을 넣고 찧은 뒤 천천히 올리브오일을 한 번에 한 방울씩 넣어서 매끄럽게 유화가 되도록 한다. 이 소스는 아주 매콤하고 톡 쏘는데 종종 해산물과 크루통 혹은 삶은 감자에 곁들인다. 스페인 버전인 알리올리(allioli)는 보통 올리브와 그릴에 구운 고기나 채소와 함께 낸다.

요즈음, 달걀노른자와 머스터드로 만들고 마늘로 맛을 낸 마요네즈를 '아이올리'라고 부르는 게 다 통용되지만 아이올리에는 마늘이 어느 정도 들어 있어야 한다. 그렇다면 왜 식당 메뉴는 마늘이 들어간 흔적이 조금도 없는 데도 크림같이 유화가 된 달걀을 기본으로 한 소스를 아이올리라고 부르는가? 그건 대중의 인식에 관련된 문제이다. 마요네즈가 한때 최고급 요리로 간주되긴 했지만 마요네즈가 일상의 싼 음식에 너무 많이 들어가기 때문에 음식에 마요네즈를 사용하는 것이 유행에 뒤쳐지는 걸로 생각되기 때문이다. 고급 식당의 셰프이기 때문에 보통 사람들이 샌드위치에 듬뿍 발라먹는 똑같은 소스로 차려 내지는 않는다는 걸 보여 주려는 것이다!

다행스럽게도, 점점 더 많은 셰프들이 크림 같고, 진하고 맛있는 마요네즈를 있는 그대로 거리낌 없이 선호하기 때문에 이런 어리석은 일은 사라지는 듯 보인다. 비록 사랑스러운 아내가 나를 째려보기는 하지만 내가 식사 중에 종업원에게 하는 이런 강의는 이런 변화를 가져오는데 큰 역할을 해 왔다고 확신하며 이제는 브루스케타(bruschetta)를 발음할 때 절대로 부드러운 '쉬' 소리는 내지 않는다는 걸 확실히 하는 일로 옮겨 갈 생각이다.

절대 실패하지 않는 홈메이드 마요네즈 FOOLPROOF HOMEMADE MAYONNAISE

NOTE • 원하면 마요네즈를 다 만들고 난 뒤, 맛을 내기 위해 레몬 즙을 추가로 휘저어 넣어도 된다. 소금을 충분히 넣지 않으면 마요네즈가 밋밋하고 기름진 맛이 나기 때문에 간은 좀 세게 한다. 이 마요네즈도 일반적인 믹서나 스탠드 믹서에 달린 휘핑 부속을 끼워서 만들 수 있다.

2컵 분량

대란 노른자 2개

디종 머스터드 2작은술

레몬 즙 1큰술(레몬 1개, 맛을 내기 위해 조금 더 준비.)

중간 크기 마늘 1쪽(곱게 다지거나 제스터에 갈기. 약 1작은술. 선택사항)

물 2큰술

카놀라유 1컵(250ml)

엑스트라 버진 올리브오일 1컵(250ml)

코셔 소금과 후춧가루

마요네즈를 핸드블렌더로 만들기

1. 핸드블렌더 머리 부분이 바닥까지 들어갈 정도의 길고 좁은 용기에 달걀노른자, 머스터드, 레몬 즙, 마늘(사용 시), 물 1큰술을 넣고 섞는다. 그 위에 조심스럽게 카놀라유를 붓는다. 천천히 머리 부분을 아래로 넣어서 용기 바닥까지 닿게 한다. 용기를 평평하게 계속 잡고 블렌더를 작동한다. 소용돌이가 만들어지면서 기름이 밑으로 내려가고 부드럽고 크림 같은 마요네즈가 만들어진다.

2. 기름이 다 섞이도록 블렌더의 머리 부분을 천천히 들어올린다. 행주를 깔고 그 위에 두꺼운 냄비를 올려 움직이지 않도록 한 후 냄비 위에 중간 크기의 믹싱볼을 놓는다. 이 그릇에 유화된 혼합물을 다 긁어 넣는다. 계속 저으면서 올리브오일을 천천히 붓는다. 소금과 후추를 넣고 다시 섞는다. 많게는 1큰술 정도 물을 더 넣고 원하는 농도가 될 때까지 휘핑한다. 마요네즈는 밀폐된 용기에 넣고 냉장고에서 2주까지 보관할 수 있다.

푸드프로세서로 마요네즈 만들기

1. 사각 얼음틀의 4~6개 칸에 카놀라유를 붓고 냉동실에 넣어 완전히 얼린다.

2. 푸드프로세서 용기에 달걀노른자와 머스터드, 레몬 즙, 마늘(사용 시), 물 1큰술을 넣고 섞는다. 얼린 기름 조각 2개를 넣고 프로세서를 돌려 큰 덩어리가 부서지도록 약 5초 정도 돌린다. 뚜껑을 열고 뚜껑과 옆면에 붙은 걸 고무 주걱으로 긁어내린다. 얼린 기름 조각 나머지를 넣고 프로세서를 다시 돌려 마요네즈가 부드러워지도록 약 5초 더 돌린다.

3. 행주를 깔고 그 위에 두꺼운 냄비를 올려 움직이지 않게 한 후 중간 크기의 볼을 올리고 유화시킨 내용물을 옮겨 담는다. 계속 저으면서 올리브오일을 조금씩 붓고 소금과 후추를 넣어 간을 하고 섞어 준다. 물을 많게는 1큰술 더 넣어서 원하는 농도가 될 때까지 휘핑한다. 마요네즈는 밀폐된 용기에 담아 냉장고에서 2주까지 보관할 수 있다.

맛이 가미된 마요네즈

일단 마요네즈를 만드는 기본 과정을 거치고 나면 다양한 맛의 세계는 무한히 열려 있다. 아래는 내가 좋아하는 몇 가지 마요네즈 종류이다.

마요네즈 종류	과정	최고의 사용처
마늘 마요네즈(816쪽 '마요네즈와 아이올리' 참고)	마요네즈 1컵과 마늘 2~4쪽을 다지거나 강판에 갈아서 푸드프로세서에 넣고 순간작동 버튼을 눌러 섞는다.	삶은 그린빈이나 아스파라거스 같이 간단한 녹색 채소와 함께. 버거에 올려서. 굽거나 삶은 감자와 함께. 수프에 섞어 넣어서. 그릴에 굽거나 시어링한 닭이나 생선과 함께. 샌드위치에 넣어서.
구운 레드 페퍼 마요네즈	병에 든 구운 레드 페퍼의 물기를 완전히 빼고 잘게 썰어 ½컵을 푸드프로세서에 넣는다. 마요네즈 1컵과 다지거나 간 마늘 2쪽을 넣고 부드러워질 때까지 간다.	그릴에 굽거나 시어링한 닭이나 생선과 함께. 샌드위치에 넣어서.
시저 샐러드드레싱	푸드프로세서에서 마요네즈를 만들 때, 앤초비 필레 4개와 마늘 2쪽을 다지거나 갈아서 넣고, 우스터소스 2작은술, 파르메산 57g을 잘게 갈아서 넣는다.	채소를 찍어 먹을 때. 차가운 닭고기나 다른 고기와 함께. 샌드위치와 랩 샌드위치에 넣어서.
마늘-허브 마요네즈	푸드프로세서에 마요네즈 1컵과, 다지거나 간 마늘 2쪽, 섞은 부드러운 허브 잎 ¼컵(파슬리, 타라곤, 처빌, 딜과(이나) 바질)을 넣고 허브가 잘게 다져지도록 돌린 뒤 얇게 저민 차이브 2큰술을 넣고 짧게 순간작동 버튼을 눌러 섞는다.	채소를 찍어 먹을 때. 샌드위치와 랩 샌드위치에. 소시지와 양고기와 함께. 새우, 바닷가재, 게와 같은 차가운 해산물 샐러드에 넣어서.
호스래디시 마요네즈	마요네즈 1컵에 물기를 빼고 준비해 놓은 호스래디시 ¼컵과 디종 머스터드 1큰술을 넣고 섞는다.	구운 고기 남은 것과 함께. 버거에 올려서. 구운 소고기나 양고기 샌드위치에 넣어서. 감자 샐러드에 넣어서.
치포틀레-라임 마요네즈	푸드프로세서에 마요네즈 1컵, 라임 즙 1큰술, 아도보소스에 절인 치포틀레 칠리 2개, 아도보소스 2큰술을 넣고 돌려서 섞는다. 원하면 다진 고수 잎 2큰술을 섞어 넣는다.	버거에 올려서. 타코에 넣어서. 로스트 미트 샌드위치에. 생선, 감자튀김이나 양파 링과 같은 튀긴 음식을 찍어 먹을 때.

마요네즈 종류	과정	최고의 사용처
타르타르소스	중간 볼에 마요네즈 1컵, 다진 케이퍼 3큰술, 중간 크기 샬롯 1개를 작게 깍뚝 썰어 넣고, 코니숑 피클 다져서 2큰술(혹은 달콤한 피클 렐리시 2큰술), 설탕 1작은술, 파슬리 다져서 2큰술을 넣고 섞는다. 잘 섞은 뒤 소금과 후추를 넣고 간을 한다.	튀긴 생선과 다른 해산물을 찍어 먹을 때.
베이컨 마요네즈	기본 마요네즈 레시피에서 카놀라유 4큰술을 녹인 베이컨 기름 4큰술로 대체한다. 마요네즈를 만들고 나서 구운 베이컨 4줄을 부쉬서 넣고 믹시니 푸드프로세서를 돌려 섞는다. 대파 2뿌리도 잘게 잘라서 섞어 넣는다.	버거 위에 올려서. 샌드위치에 넣어서.
선드라이 토마토 마요네즈	푸드프로세서에 마요네즈 1컵, 다지거나 간 마늘 2쪽, 물기를 뺀 선드라이 토마토 ½컵을 넣고 거의 부드러워지도록 간다. 원하면 다진 파슬리 2큰술을 넣고 간다.	채소를 찍어 먹을 때. 샌드위치와 랩 샌드위치에 넣어서.
매운 마늘–칠리 마요네즈	마요네즈 1컵, 다지거나 간 마늘 2쪽, 좋아하는 아시안 칠리소스 3큰술(고추장, 중국식 칠리–마늘 소스, 삼발 울렉(sambal oelek), 스리라차(Sriracha) 등)을 넣고 섞는다.	버거에 올려서. 튀긴 생선과 다른 해산물을 찍어 먹을 때. 그릴에 구운 고기나 해산물과 함께.
꿀–미소 마요네즈	그릇에 마요네즈 ¾컵과 흰 미소 페이스트 4큰술, 청주 식초 2작은술, 꿀 2큰술을 넣고 부드러워질 때까지 섞는다.	튀긴 생선과 다른 해산물을 찍어 먹을 때

호두, 사과, 파르메산-앤초비 드레싱을 넣은 겨울 채소 샐러드
WINTER GREENS SALAD WITH WALNUTS, APPLES, AND PARMESAN-ANCHOVY DRESSING

존 도리(The John Dory) 식당에서 에이프릴 블룸필드(April Bloomfield)의 멋진 가을 채소 샐러드를 맛본 이후로 아삭하고 쌉싸름한 채소와 감칠맛 나는 앤초비 드레싱은 내가 제일 좋아하는 드레싱 중 하나가 됐다.

겨울 채소의 특성은 질감과 맛 모두에서 아주 알차다는 것이다. 주름이 있는 진한 보라색의 양배추 같은 잎이 있는 적색 치커리는 겨울 채소 중에서도 가장 쌉쌀하다. 그래서 벨지언 엔다이브 같이 달콤한 채소를 함께 넣어 주면 좋다. 벨지언 엔다이브는 빛이 적은 환경에서 자란 식물에서 자연적으로 발생하는 황화라 불리는 과정을 유도하기 위해 완전히 땅 밑에서 키운다. 엔다이브는 빛에 닿기 위해 애쓰면서 빠르게 성장해서 세포조직이 약하고 엽록소도 만들어지지 않는다. 하지만 잎이 연하고 덜 쓴맛을 원하는 우리에겐 아주 좋은 일이다. 알이 꽉 찬 연한 노란색이나 흰색 엔다이브를 고르면 된다.

비슷하게, 프리제나 컬리 엔다이브도 햇빛을 받지 않은 가장 안쪽이 가장 달고, 연한 노란색의 작은 잎줄기는 부드럽다. 프리제 샐러드를 가장 맛있게 먹으려면 바깥의 질긴 진녹색 잎은 버리거나 수프용으로 사용하고 연한 녹색과 노란색 가운데 부분만 사용한다.

드레싱은 전형적인 시저 드레싱에 앤초비를 넣은 변형이다. 마요네즈를 기본으로 하고 레몬 즙과 우스터소스를 넣어 신맛과 화사한 깊이를 더해준다. 단맛을 위해 사과를 길게 몇 조각 넣고 볶은 바삭한 호두를 넣으면 한 끼 식사로도 충분한 맛과 식감을 즐길 수 있다.

4인분

마요네즈 ½컵(125ml, 가급적이면 홈메이드. 817쪽)

파르메산 치즈 갈아서 약 ½컵(125ml)

앤초비 필레 6개(포크 등으로 으깨서 페이스트로 만들기.)

레몬 즙 2작은술(레몬 1개분)

우스터소스 1작은술

코셔 소금과 후춧가루

벨지언 엔다이브 2개(속심은 버리고 잎은 0.3cm 너비로 길게 자르기.)

래디치오 1통(심을 파내고 채썰기.)

여유있게 담은 연한 녹색과 노란색 프리제 또는 컬리 엔다이브 잎 4컵(약 2송이 정도)

큰 시큼한 사과 1개(후지나 그래니 스미스. 심을 빼고 0.3cm 두께 성냥개비 모양으로 채썰거나 잘게 다지기. 4큰술)

구운 호두 2컵(500ml)

1. 작은 볼에 마요네즈와 파르메산, 으깬 앤초비, 레몬 즙, 우스터소스를 넣고 섞는다. 소금과 후추로 간을 한다.
2. 큰 볼에 엔다이브, 래디치오, 프리제, 사과, 파슬리, 드레싱을 넣고 섞는다. 소금과 후추로 간을 하고 견과류를 넣고 살짝 섞는다. 바로 차려 낸다.

칼 사용법 : 샐러드용 래디치오 준비하는 법

Step 1 : 반으로 자른다. 래디치오를 수직으로 반 자른다.

Step 2 : 속심을 잘라 내기 시작한다. 반쪽을 하나 들고 칼날을 속심의 가운데로 향하면서 속심 주위를 잘라 낸다.

Step 3 : 속심을 잘라 낸다. 처음 자른 각도에서 90° 각도로 속심을 웨지 모양으로 자르면서 속심을 도려낸다. 나머지 반쪽도 똑같이 속심을 도려낸다.

Step 4 : 래디치오를 슬라이스 한다.

Step 5 : 드레싱할 준비가 되었다.

클래식 아메리칸 포테이토 샐러드
CLASSIC AMERICAN POTATO SALAD

감자 샐러드 – 그게 무슨 대수인가?

감자 샐러드는 식당에 흘러나오는 배경 음악 같다. 주요리가 나오기 전까지 여러분과 일행이 어색한 침묵 속에 있지 않고 주의를 다른 데로 돌리게 하는 그런 것 말이다. 의무감으로 접시에다 한 숟가락 퍼 놓고는 버거가 나올 때까지 플라스틱 포크로 뒤적인다. 적어도 그게 바로 대부분 감자 샐러드의 모습이다. 문제는 감자 샐러드가 그렇게 종종 별 생각 없이 간단하게 만드는 음식이라는 점이다. 그냥 감자를 삶아서 마요네즈와 섞고 생각나는 대로 양념을 조금 집어서 볼에 넣는다.

하지만 감자 샐러드를 잘 만들면 뒤에 나오는 버거 만큼이나 흥미로운 음식이 될 수 있다(지금쯤이면 여러분은 내가 버거를 얼마나 중요하게 생각하는지 알 것이다.). 톡 쏘면서 짭짜름하고 달콤한, 그리고 동시에 크림 같고 아삭하고 보송보송한 식감을 가진 완벽한 감자 샐러드는 감자와 마요네즈라는 가장 무거운 재료로 만들었음에도 불구하고 깃털처럼 가볍다.

내가 보기에 감자 샐러드를 잘못 만든 세 가지 경우가 있다. 이 중 어느 하나라도 해당되면 재빨리 숨기세요.

- **감자가 속까지 맛이 다 배지 않았다.** 잘 만든 감자 샐러드는 감자 조각에 다 골고루 간이 잘 배야 한다. 풍성하고 구수한 맛은 뜨거울 때는 그 자체로 혹은 소금만 조금 있으면 맛있지만 식으면 뻑뻑하고 밋밋하다. 맛을 확 깨우기 위해 신맛을 듬뿍 넣고 단맛을 조금 넣어주지 않으면 감자 샐러드는 이미 가망이 없다.
- **감자가 덜 익거나 너무 많이 익었다.** 내가 참을 수 없는 게 하나 있다면 알덴테 상태의 감자이다. 감자는 아삭하거나 단단해서는 안 된다. 그렇다고 감자 샐러드가 차가운 으깬 감자가 되기를 원하지도 않는다. 완벽한 감자 조각은 가장자리는 겨우 부서질 정도여야 하고 내내 부드러우면서도 보송보송해야 한다. 그래서 드레싱을 묻혔을 때 약간의 감자 맛과 부피감이 있어야 한다.

- **샐러드에 간이 부족하다.** 차갑게 차려 내는 음식은 뜨거울 때 차려 내는 음식보다 간을 더 강하게 해야 한다. 우리의 미뢰는 낮은 온도에서는 둔하게 느끼게 된다. 뻑뻑한 감자와 섞으려면 감자 샐러드에는 식초와 설탕, 양념, 소금을 다른 요리보다 더 많이 해야 한다. 하지만 균형이 핵심이다. 모든 재료가 서로 경쟁하는 게 아니라 어우러져야 한다.

뜨겁고 차가운

첫 단계는 질감을 적절히 만들어야 한다. 감자는 전분 알갱이가 든 일련의 세포로 되어 있다. 이 세포는 펙틴으로 붙어 있다. 감자가 익으면서 펙틴은 천천히 분리가 돼서 전분 알갱이는 물을 흡수하기 시작한다. 감자를 너무 많이 익히면 먼저 펙틴이 너무 많이 분해가 된다. 그래서 감자 세포는 서서히 줄어들면서 감자가 물러지게 된다. 여러분, 뭉개진 감자의 세계로 오신 걸 환영합니다. 그 상태에서 또 더 익히면 전분 알갱이는 너무 많이 부풀어서 터지기 시작한다. 그래서 약간 기분이 나쁘다 싶을 정도로 뭉개졌던 감자 샐러드는 이제 노골적으로 실례가 되는 끈적끈적한 상태로 변하고 만다. 반면에, 설익은 감자는 아삭하긴 하지만 아삭한 감자는 뒷마당에서 벌이는 파티에서 바로 퇴장당할 만하다.

상황이 좀 더 복잡한 게, 감자는 겉에서 안으로 익기 때문에 너무 많이 익은 부분과 덜 익은 부분이 동시에 생기게 된다. 이런 요리상의 무례함을 일으키는 주범은 바로 감자 조각을 이미 끓고 있는 냄비에 집어넣는 것이다. 감자가 뜨거운 물에 들어가면 감자 겉면은 속이 조금 데워지기도 전에 빠르게 많이 익게 된다. 이런 감자로 샐러드를 만들면 으깨서 끈적끈적한 감자의 바다 속에서 헤엄치고 있는 덜 익은 아삭한 작은 감자 덩어리를 만나게 된다. 이런 감자 샐러드는 사양하겠습니다. 감자를 차가운 물에 넣고 끓이면 감자는 물과 함께 고르게 가열된다. 그래서 가운데가 완전히 익을 때 즈음이면 가장자리는 이제 막 분리가 되려고 한다. 나는 약간 부서진 감자를 좋아하는데 이런 상태에서 드레싱과 섞으면 더 걸쭉하고 더 맛있어지기 때문이다. 어쨌든, 이 방법이 감자를 삶을 때는 늘 가장 좋은 방법이다.

물론, 차가운 물에 넣고 끓이는 방법도 한 가지 문제점은 있다. 덜 익거나 너무 많이 익는 게 아주 짧은 순간에 바뀌므로 삶는 동안 계속 신경을 써야 한다. 잠시만 신경을 쓰지 않으면 끈적끈적한 감자가 남게 된다. 이 문제를 해결할 방법이 하나 있는데 그건 다시 얘기할 것이지만 우선…….

요즘 감자가 제철이다.

러셋 감자는 감자 샐러드에 아주 적격이다. 드레싱을 더 쉽게 잘 흡수할 뿐만 아니라 실제로 러셋 감자의 전분도 샐러드가 더 잘 묻도록 돕는다. 나는 러셋 감자의 전분이 양념을 더 잘 흡수한다는 걸 증명하기 위해 러셋 감자와 붉은 감자를 삶아서 정육면체로 자르고 약간의 녹색 식용 색소를 넣은 드레싱을 넣어 살살 섞었다. 아래 사진에서 어떤 감자가 드레싱을 더 잘 흡수하는지 직접 볼 수 있을 것이다.

언제부턴가 나는 감자가 뜨거울 때 양념을 하는 게 더 낫다고 생각했지만 정확히 왜 그런지는 알지 못했다. 뜨거울 때 양념을 더 많이 흡수하는 것인가? 아니면 그냥 그렇게 생각해서일까? 이를 알아보기 위해 나는 감자를 세 묶음으로 나눠서 따로 익혔다. 이번엔 녹색 색소를 소금과 식초 대용으로 사용했다. 첫 번째 감자는 녹색 물에 삶았다. 두 번째는 그냥 맹물에 삶고 물기를 뺀 뒤 아직도 뜨거울 때 녹색 색소로 '양념'을 했다. 마지막은 감자를 다 식힌 뒤 녹색 물로 섞었다. 세 묶음의 감자가 모두 완전히 식은 뒤, 나는 각 묶음에서 육면체를 가져와 반으로 자르고 식용 색소가 얼마나 많이 퍼졌는지를 살펴보았다.

양념된 물에서 삶은 감자와 뜨거울 때 '양념을 한' 감자는 가운데까지 녹색이 나타났고 식힌 뒤 양념을 한 감자는 가운데는 거의 색이 보이지 않았으며 자연적으로 줄 모양으로 흠이 나 있던 곳에만 녹색빛이 스며들었다.

뜨거울 때 양념

식은 뒤 양념

이유는 두 부분으로 생각해 볼 수 있다. 첫째, 감자 표면에 익은 전분이 식으면서 단단해지고 젤라틴처럼 굳어져 안으로 침투하기가 어렵다. 둘째는 감자 자체가 식으면서 수축하고 약간 뻑뻑해져 양념이 겉면에 있는 젤라틴처럼 변한 전분 피복을 간신히 통과한다 하더라도 가운데까지 가는 게 어렵다.

위에서 알 수 있는 대로 감자를 양념한 물에 삶든 맹물에 삶아 나온 뒤 바로 양념을 하든 맛이 침투하는 것에는 거의 차이가 없다. 그렇다면 삶고 난 뒤 감자에 식초를 넣는 게 더 낫지 않을까? 하지만 감자 삶는 물에 식초를 조금 넣어 줘야 하는 이유가 있는데 그건 식초를 넣으면 감자가 너무 많이 익는 걸 막아 준다. 이것은 Part 9에서(914쪽 참고) 감자튀김을 탐구해 볼 때 다시 살펴보기로 하겠다. 펙틴은 산성 환경에서는 분해가 훨씬 천천히 진행된다. 감자 삶는 물 1ℓ당 식초 1큰술을 넣으면 약간 많이 삶겼을 때라도 감자가 물러지지 않는다는 걸 알 수 있었다.

맹물에서 삶은 감자는 부서진다.

식초를 넣은 물에서 삶은 감자는 모양을 유지한다.

나는 삶은 감자가 식는 동안 드레싱을 만든다.

균형을 잡아 주는 조치

감자를 담백하고 생기 있도록 완벽하게 삶고 나면, 나머지는 아주 간단하다. 맛의 균형을 맞춰 주면 된다. 너무 한 가지 맛이 많이 드러나면 안 된다. 청주 식초(Rice wine vinegar)는 내가 좋아하는 다목적용 식초이며 감자 샐러드에 아주 잘 어울린다. 삶는 물에 2큰술, 뜨거운 감자에 드레싱으로 2큰술, 마지막으로 마요네즈 혼합물에 2큰술을 더하면 여러 겹으로 선명함을 더한다. 시판용이나 홈메이드(817쪽 참고) 마요네즈는 필수이다. 마요네즈 1¼컵(300ml)은 감자 2kg에 비해 평균보다 적다. 하지만 나는 마요네즈를 조금 적게 넣는 걸 좋아한다. 샐러드를 세게 저으면 감자의 모서리를 세게 치게 된다. 그러면 조금 으깨지면서 부드러운 감자 조각에 크림 같은 드레싱이 더 많이 묻게 된다. 그리고 매콤한 맛을 위해서 홀그레인 머스터드를 몇 큰술 넣는다 (디종이나 좋아하면 노란 머스터드도 괜찮다.). 피클은 감자 샐러드에서 논쟁이 되는 부분인데 나는 냉장고에 늘 있는 코니숑(cornichon, 식초에 절인 작은 오이)을 잘게 썰어서 넣는 걸 좋아한다. 잘게 썬 딜, 버터 바른 빵, 혹은 피클 렐리시 두어 숟가락을 넣어도 괜찮다. 셀러리와 적양파를 썰어 넣으면 아삭한 식감을 더한다. 하지만 솔직히 말해서 감자를 적당히 삶고 간만 맞으면 드레싱은 개인적인 취향대로 하면 된다. 나는 설탕을 넣는 걸 좋아하는데 안 그런 사람도 있다. 하지만, 후추는 취향의 문제가 아니며 꼭 넣어 줘야 한다. 감자 샐러드만큼 소박한 요리는 거의 없지만 이런 요리를 좀 더 멋지게 보이게 하려면 다진 허브를 한 움큼 넣어 주면 된다. 파슬리와 차이브는 아주 잘 어울린다. 나는 대파의 녹색 잎부분이 냉장고 채소 서랍에 자주 보여서 가끔 대파 잎을 넣는다. 만약 셀러리 잎을 따로 모아 두었다면 셀러리 잎을 넣어 근사하게 만들 수도 있다. 피클 즙을 넣는 사람들도 있고 마늘을 넣는 사람들도 있다. 또 사워 크림을 넣는 사람도 있다. 맛이 어울린다면 이런 것들 모두 아주 좋으며 감자 샐러드를 만드는 데 정해진 법칙이란 없다. 기억해야 할 핵심 내용은 아래와 같다.

- 러셋 감자를 사용한다.
- 감자를 고르게 자르고 찬물에 넣고 끓이기 시작한다. 소금, 설탕, 식초를 물에 넣는다(물 1ℓ당 각각 1큰술씩 넣는다.).
- 감자를 삶자마자 식초를 더 넣어 준다.
- 감자는 식으면 맛이 밍밍해지므로 간을 좀 세게 한다 (826쪽 '차가울 때의 혼동' 참고).

이 네 가지 간단한 정보만 기억한다면 감자 샐러드를 원하는 대로 마음껏 만들 수 있다. 법의 테두리를 벗어나지 않는다면 원하는 무엇이든지.

실험 : 차가울 때의 혼동

우리의 미뢰는 음식 온도에 아주 민감하다. 냉장고에 남겨 둔 차가운 피자를 먹어 보고 '어젯밤엔 그렇게 양념이 잘돼서 맛 폭탄 같던 피자가 어떻게 이렇게 차갑고, 끈적거리고, 별 맛도 없을 수 있지?' 이런 생각을 해 본 적이 있는가? 숙취 때문에 아침에 차가운 피자를 그냥 먹을 때마다 나는 이렇게 생각한다. 그렇다면 양념이란 온도에 굉장히 좌우된다는 걸 스스로에게 증명하기 위해 이 작은 실험을 직접 해 보자.

재료

- 당근 1.4kg(껍질을 벗기고 2.5cm 깍뚝 썰기.)
- 버터 3큰술
- 코셔 소금
- 믹서

과정

1. 큰 냄비에 당근을 넣고 차가운 물을 잠기도록 붓는다(소금은 넣지 않는다.). 센 불에서 당근이 부드러워지도록 삶는다.
2. 당근은 건져 내고 삶은 물은 2컵(500ml) 남겨 둔다. 당근과 버터를 믹서에 넣고 삶은 물을 넣고 퓌레를 만들어 준다(위로 넘치는 걸 막기 위해 저속에서 시작해 천천히 속도를 높여 준다.). 당근 퓌레 4컵(1l) 정도가 완성된다.
3. 퓌레를 똑같이 4등분한다. 첫 번째에는 소금 ½직은술을 넣고, 두 번째에는 1직은술, 세 번째에는 1½직은술, 마지막에는 소금 2작은술을 넣는다. 몇 명에게 맛을 보게 해서 어떤 것이 가장 맛있는지 써 내게 한다(가장 짠 게 아니라 각자의 입맛에 따라 가장 간이 적당한 것).
4. 퓌레를 밤새 냉장고에 넣어 차게 한 뒤 시식을 다시 한다.

결과

여러분의 친구가 내 친구들과 비슷하다면 대부분 퓌레가 뜨거울 때보단 차가울 때 더 짠 퓌레를 골랐을 것이다. 이는 뜨거운 음식은 차가운 음식에 비해 미뢰를 더 쉽게 자극하기 때문이다(향이 있는 수증기를 내놓는 것 이외에). 차가운 음식은 뜨거운 음식보다 더 강하게 간을 해야 한다. 그래서 음식에 간을 할 때, 음식을 먹을 때의 온도에서 맛을 봐야 한다.

제대로 만든 클래식 아메리칸 포테이토 샐러드
CLASSIC AMERICAN POTATO SALAD DONE RIGHT

8~10인분

러셋 베이킹 감자 2kg(껍질을 벗기고 2cm 크기로 깍둑 썰기.)

코셔 소금

설탕 4큰술

청주 식초 6큰술

셀러리 3줄기(깍둑 썰기. 약 1컵)

중간 크기 적양파 1개(다지기. 약 ½컵, 125ml)

대파 4대(녹색 잎 부분만 얇게 슬라이스하기. 약 ½컵, 선택사항)

다진 파슬리 4큰술(선택사항)

다진 코니숑 4큰술

홀그레인 머스터드 2큰술(혹은 맛을 내기 위해 더 준비)

마요네즈 1¼컵(300ml. 가급적이면 홈메이드, 817쪽)

후춧가루

1. 큰 냄비에 물 2ℓ를 붓고 감자를 넣는다. 소금, 설탕, 식초를 각각 2큰술씩 넣고 고온에 올려 끓인다. 이제 불을 줄이고 가끔 저어 주면서 감자가 완전히 부드러워지도록 약 10분 정도 뭉근히 끓인다. 감자를 건져 내서 베이킹 팬에 옮겨 담는다. 고르게 쫙 펼친 다음 식초 2큰술을 뿌려 준다. 상온에서 약 30분 정도 식힌다.

2. 큰 볼에 남은 설탕 2큰술과 남은 식초 2큰술, 셀러리, 양파, 대파와 파슬리(사용 시)도 넣고 피클, 머스터드, 마요네즈를 넣고 고무 주걱으로 섞어 준다. 여기에 감자를 넣고 소금과 후추로 간을 한다. 뚜껑을 덮고 냉장고에 적어도 1시간에서 3일까지 재워 두었다 차려 낸다.

칼 사용법 : 셀러리 자르는 법

대학에 다닐 때 셀러리가 최악의 채소라고 생각하는 친구 하나가 있었는데 (마리화나를 넣은) 담배처럼, 그렇게 마냥 신나기만 한 건 아니라는 걸 인정한다.

블루치즈나 그린 고디스 드레싱을 넣으면 아주 맛있게 먹을 수 있지만, 실제로는 셀러리를 넣는 진짜 목적, 바로 다른 음식을 아주 잘 받쳐 주는 그런 목적으로 넣을 때 셀러리의 진가가 드러난다.

셀러리를 싫어하는 내 친구는 식당에서 식사하는 걸 좋아했는데 그 음식들 상당부분은 소스, 스튜, 샐러드, 수프, 브레이징 등으로 의심할 여지없이 채소로 만든 맛을 낸 것이었다. 톡 쏘는 양파와 달콤하고 흙 냄새나는 당근과, 약간 쓴맛이 나는 셀러리 가장자리를 넣으면 서양 음식 레퍼토리 반의 기본이 만들어진다. 감자 샐러드나 랍스터 롤에 셀러리의 아삭하고 신선한 맛이 없었다면 그런 맛이 나지 않을 것이다. 또한, 중국인들은 오래 전부터 셀러리가 매콤한 볶음요리에 특별히 잘 어울린다는 걸 알고 있었고 잎은 맛있는 고명으로 사용하기도 한다.

셀러리를 주요 모양과 크기로 자르는 방법을 곧 보여 줄 것이다.

구입과 보관

셀러리를 살 때 줄기끼리 꽉 붙어 있으며 아직 뿌리도 붙어 있는 걸 고른다. 그리고 색은 밝은 녹색에서 노란 빛이 도는 녹색을 고른다. 갈색 흠이 있거나 지나치게 섬유질이 많은 것은 피한다. 밀폐된 팩에 든 것은 종종 흠집을 숨겨 놓기 때문에 가급적 피한다. 좋은 식료품점에서는 셀러리에 물을 살짝 뿌려 신선하고 아삭함을 유지하도록 한다.

집에 가지고 오면 며칠 만에 시들 수 있다. 비닐봉지나 구멍이 난 비닐봉지를 약간 열어 둔 채로 보관해서 습기도 유지하고 숨도 쉴 수 있도록 하는 게 가장 좋다. 채소 보관 서랍이 있다면 여기에 넣는다. 제대로만 보관하면 셀러리는 1주일 반이나 보관할 수 있다. 시들기 시작하는 줄기는 잘라서 자른 끝이 아래로 가도록 해서 물 컵에 꽂고 냉장고에 넣어 두면 다시 생기를 찾는다.

셀러리 잎을 고명으로 쓰고 싶다면 가운데 쪽 연한 노란 잎을 따서(진한 녹색 잎은 억세고 질길 수 있음) 얼음 조각을 몇 개 넣은 물통에 넣고 냉장고에 두었다 사용한다. 채소 샐러드에 넣으면 아주 멋진 맛을 더한다.

Step 1 : 도구(828쪽 그림 참고) 잘 드는 셰프 나이프나 산토쿠 칼, 그리고 아주 꼼꼼히 손질하고 싶다면 채소 필러가 필요하다.

Step 2 : 줄기를 하나씩 떼 낸다. 줄기를 뚝 소리가 나도록 아래에서 하나씩 당겨 떼어 낸다.

Step 3 : 씻고 잘라 낸다. 줄기를 흐르는 차가운 물 아래서 씻어 흙이나 부스러기를 제거하고 줄기마다 아래의 넓은 하얀 부분은 잘라 낸다(원하는 대로 육수나 퇴비로 사용하든지, 버리든지).

Step 4 : 껍질을 벗긴다(선택사항). 셀러리를 아주 부드럽게 조리하거나 큰 덩어리로 조리할 경우 섬유질이 많은 겉껍질이 불편할 수 있다. 줄기를 하나씩 도마에 대고 밑부분을 잡고 채소 필러로 위에서 아래로 부드럽고 고르게 벗겨 준다. 겉껍질이 깨끗해질 때까지 반복한다.

Step 5 : 큰 덩어리로 자른다. 큰 덩어리는 주로 육수와 소스에 사용되며 마지막에는 거르거나 혹은 투박한 스튜에 넣는다. 셰프 나이프로 줄기를 2.5~4cm 정도로 자른다.

Step 6 : 얇게 슬라이스한다. 샐러드나 프라이팬에 굽는 용도로 사용하기 위해, 줄기를 0.3~0.6cm 굵기의 반달 모양으로 자른다.

Step 7 : 어슷 썬다. 반달 모양을 사선으로 자르면 조금 더 큰 조각이 돼서 팬에 볶거나 굽기에 안성맞춤이다.

Step 8 : 잘게 사각으로 자른다. 줄기가 잎 끝부분에 붙어 있게 하면서 셰프 나이프 끝으로 줄기를 길이 방향으로 나눈다(처음에 이 방법이 어렵다면 줄기를 가로 방향으로 2~3도막으로 잘라서 힌다.).

Step 9 : 계속 나눈다. 줄기를 길이 방향으로 몇 번 더 나눈다. 많이 나눌수록 사각형이 더 작아진다. 중간 크기 사각형을 만들려면 줄기를 반으로 나누고 좀 더 작게 자르려면 네 등분한다. 브뤼누아즈(brunoise)로 만들려면 0.2~0.3cm 너비로 자른다.

Step 10 : 깍뚝 썰기. 줄기를 옆으로 돌리고 가로 방향으로 사각형으로 자른다. 자를 때 나눠진 줄기를 꼭 잡고 맞추면서 자른다.

Step 11 : 막대 모양으로 자르기. 수프나 샐러드용으로 막대 모양으로 자르려면 사각형으로 자를 때처럼 줄기를 길이 방향으로 우선 나눈다. 그러고는 가로 방향으로 4~5cm 정도로 자른다.

Step 12 : 마무리. 막대 모양, 큰 사각형, 슬라이스, 사각형 모두 마치고 요리를 시작하거나 샐러드에 넣는다.

최고의 달걀 샐러드 THE BEST EGG SALAD

최고의 달걀 샐러드를 만들려면 우선 달걀을 완숙으로 완벽하게 삶아야 한다. 달걀노른자가 굳되 푸석하게 되거나 건조해서는 안 된다. 다행스럽게도 우리는 완벽하게 달걀을 삶는 법을 이미 다루었다. 비결은 달걀을 끓고 있는 물에 넣은 뒤 재빨리 온도를 내려서 달걀이 부드럽고 고르게 가운데까지 익게 하는 것이다(110쪽 참고). 완벽하게 달걀을 삶고 나면 필요한 일은 마요네즈를 좀 넣고 셀러리, 적양파, 파슬리, 레몬 즙을 조금 넣고 섞어 재료들이 엉기게 한다.

달걀을 잘게 조각 내기 위해 강판에 대고 갈아도 보고, 푸드프로세서에 넣고 순간작동으로 갈기도 하고 포테이토 매셔나 거품기로 으깨기도 하면서 여러 방법을 써 봤다. 그리고 결국, 가장 원초적인 방법, 즉, 손을 잘 씻고 달걀이 든 그릇에 손을 넣고 손가락 사이로 달걀을 으깨는 방법이 거친 질감의 샐러드를 만드는 데 가장 효과가 좋았다.

4인분

완숙 달걀 6개(식힌 뒤 껍질을 까기.)

마요네즈 4큰술(홈메이드(817쪽 참고) 또는 시판 마요네즈)

레몬 제스트 ½작은술과 신선한 레몬 즙 1½작은술(레몬 1개분)

잘게 다진 자른 셀러리 ⅓컵(작은 줄기 1개 정도)

잘게 다진 적양파 ¼컵(60ml)

다진 파슬리 잎 또는 차이브 1큰술

코셔 소금과 후춧가루

중간 볼에 달걀, 마요네즈, 레몬 제스트와 즙, 셀러리, 적양파, 파슬리 또는 차이브를 넣고 섞는다. 손으로 달걀을 으깨서 다른 재료들과 섞어 원하는 농도를 맞춰 준다. 아니면 단단한 거품기나 포테이토 매셔로 달걀을 부수고 섞는다. 소금과 후추를 넉넉히 넣는다. 바로 차려 내거나 뚜껑 있는 용기에 담고 냉장고에 넣어 3일 정도까지 보관한다.

크림 같은 코울슬로 CREAMY COLESLAW

자라면서 먹은 대부분의 코울슬로(Coleslaw)는 물기가 있는 종류였다. 질척하고 물이 뚝뚝 떨어져서 차림 그릇 바닥에 흥건하게 국물이 남았고 덜어 놓은 각자의 접시에도 물이 고여서 프라이드치킨이나 마카로니 치즈를 적시기도 했다. 자, 고난에 찬 지난 세월을 지나 이제 '질퍽한' 이라는 말은 자존심이 있는 사람이라면 자신이 먹는 음식에 대고 해서는 안 되겠다. 그렇다면 근사하고 맛있고 물기가 없는 코울슬로를 만드는 비결은 무엇인가? 넵, 추측하신 대로, 삼투현상을 이용하는 것입니다.

삼투현상은 투과성 막을 가로질러 액체가 옮겨 가는 현상이다. 이 현상은 한쪽 세포막에 있는 용질의('액체에 녹은 물질'의 과학적 용어) 농도가 다른 쪽보다 높을 때 발생한다. 물은 이 차이를 조절하고 균형을 맞추기 위해 세포막 사이로 이동한다. 단단해 보이는 외관과는 달리 양배추는 실제로는 가장 물기가 많은 채소들 중 하나이다. 전체 무게의 93%가 물로 되어 있다. 다른 채소, 가령 수분 함량이 79%인 완두콩이나 감자 등과 비교해 보면 왜 코울슬로가 늘 그렇게 질퍽한지 이해가 될 것이다. 이렇게 많은 수분을 제거하는 과정은 아주 간단하다. 양배추에 소금을 치고 한 시간 정도 둔 뒤 꼭 짜서 물기를 제거한다.

코울슬로에 넣는 나머지 재료들은 일반적으로 사용하는 것들이다. 당근과 양파를 넣어 단맛을 더하면서 매콤한 맛을 바탕에 깔아 주고, 드레싱은 마요네즈에(가급적 홈메이드) 설탕과 사과 식초, 디종 머스터드를 섞어 달고 크림 같고 톡 쏘는 맛이 균형을 이루게 한다.

약 4컵 분량(6~8인분)

중간 크기의 녹색이나 흰색 양배추 1통(가운데 심은 잘라내고 채썰기. 약 8컵, 2ℓ)

큰 당근 1개(껍질을 벗기고 강판의 큰 구멍으로 채썰기.)

코셔 소금

중간 크기 적양파 1개(반으로 자르고 가늘게 채썰기.)

마요네즈 1컵(250ml, 가급적 홈메이드, 817쪽)

설탕 2큰술(혹은 맛을 내기 위해 좀 더 준비)

사과 식초 4큰술

디종 머스터드 2큰술

후춧가루

1. 큰 볼에 양배추와 당근, 소금 2큰술을 넣고 살살 섞는다. 싱크대에 체를 놓고 적어도 1시간에서 3시간까지 두어 물기를 뺀다.

2. 양배추와 당근을 깨끗이 헹구고 깨끗한 행주 가운데 놓는다. 행주의 각 모서리를 한데 모으고 싱크대 위에서 비틀어 짜서 물기를 완전히 제거한 후 큰 볼에 담는다.

3. 적양파와 마요네즈, 설탕, 식초, 겨자와 후추를 넉넉히 뿌리고 잘 섞는다. 소금을 넣고 원하면 후추나 설탕을 더 넣고 간을 한다. 코울슬로는 바로 차려 낼 수 있지만 더 맛있게 하려면 냉장고에 적어도 2시간에서 하룻밤 동안 넣어 두면 맛이 서로 섞이고 양배추가 숨이 죽게 된다. 차려 내기 바로 전에 다시 섞어 준다.

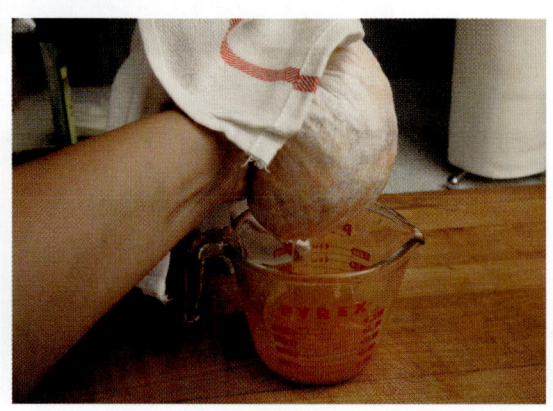

채썬 채소에 소금을 치고 깨끗한 행주로 꼭 짜면 수분이 빠져서 식감도 더 좋고 맛도 더 진해진다.

시저 샐러드 CAESAR SALAD

시저 카르디니(Caesar Cardini)는 금주법 때문에 샌디에이고를 떠나 술과 관련된 사업을 할 수 있는 국경 남쪽 티후아나(Tijuana)에서 자기 이름을 딴 이탈리아-멕시코식 식당을 운영하게 되었다. 그러던 중 그는 1924년 7월 4일, 독립기념일에 식당에 손님이 엄청나게 몰려 아주 바빴다. 배고픈 손님들 때문에 식품저장실이 완전히 동이 나 버리자 시저는 가지고 있는 재료만으로 즉석에서 요리를 만들어 내야 했다. 그는 달걀노른자, 우스터소스, 올리브오일, 마늘, 레몬 즙과 파르메산 치즈로 바로 만든 드레싱으로 간단히 로메인 상추와 크루통을 넣고 버무려 차려 내기로 했다. 그리고 이 음식이 폭발적인 인기를 얻게 됐고 역사가 만들어지게 됐다.

이 이야기는 출처가 불분명하거나 부정확한 내용이 포함되어 있을지도 모르지만 내가 가진 질문은 이런 것이다. 버거나 시저 샐러드, 버팔로 윙 같이 거의 신화와도 같은 음식이 탄생하게 된 이야기에서 복권에 당첨되는 것과 같은 레시피 개발이 왜 꼭 어림짐작이라는 형태로 나타나야 하는가? 이번만은, 수년간에 걸친 부단한 연구를 통해 완벽한 요리가 태어나게 할 수는 없는가? 피나는 노력과 그에 따른 보상이 따르는 것, 그것이 아메리칸 드림이 아닌가?

시저 샐러드는 내가 자라면서 늘 생각했던 대로 로마 황제의 이름을 따서 만든 것이 아니며 사실은 멕시코에서 만들었다 라고만 말해두자. 감칠맛이 가득한 우스터소스, 파르메산, 앤초비(오리지날엔 들어가지 않던 재료이지만 요즘은 폭 넓게 사용된다. 번개처럼 번득이는 아이디어였지만 레시피를 완벽하게 하는 데는 뭔가가 더 필요한 법!!!)에 만족할만한 로메인 상추의 아삭함과 바삭한 크루통이 어우러지는 아주 환상적인 샐러드라서 아주 철저한 육식주의자라도 좋아할 만한 그런 샐러드이다. 원래의 드레싱은 바로 내기 위해 간단히 휘핑해서 만든 것이지만 나는 아주 유화를 잘 시킨 마요네즈로 시저 드레싱의 기본을 만든다. 그러면 잎에 더 잘 묻어서 그릇 바닥에 남지 않는다. 또한 시저 드레싱은 딥핑 소스로도 그만이다.

4인분

로메인 상추 2~3포기(낱장으로 분리하고 큰 잎은 가로로 반 자르기.)
시저 샐러드드레싱 약 ¾컵(180ml, 레시피 뒤에 나옴)
마늘 파르메산 크루통(레시피 뒤에 나옴)
파르메산 치즈 갈아서 약 ½컵(125ml)

1. 상추를 씻어서 키친타월을 깐 베이킹팬에 올려 조심스럽게 물기를 닦는다.
2. 큰 접시에다 상추와 드레싱을 넣고 깨끗한 손으로 살살 섞어 준다. 여기에 크루통을 넣고 또 섞어 준다. 치즈를 뿌리고 바로 차려 낸다.

시저 샐러드드레싱

약 1½컵(375ml) 분량

마요네즈 1컵(250ml, 가급적이면 홈메이드, 817쪽)

파르메산 치즈 잘게 갈아서 1컵(250ml)

우스터소스 2작은술

앤초비 필레 4개

중간 크기 마늘 2쪽(곱게 다지거나 제스터에 갈기. 약 2작은술)

엑스트라 버진 올리브오일 ½컵(125ml)

코셔 소금과 후춧가루

푸드프로세서 용기에 마요네즈와 치즈, 우스터소스, 앤초비, 마늘을 넣고 필요하면 가는 동안 한두 번 옆면을 긁어내려 골고루 갈리게 하면서 약 15초 정도 갈아 준다. 고무 주걱으로 혼합물을 중간 크기의 볼로 옮겨 담는다. 계속 저으면서 올리브오일을 조금씩 붓는다. 물을 천천히 1작은술씩 넣어 드레싱이 숟가락에서 천천히 흘러내리는 정도로 묽게 만든다. 소금과 후추로 간을 한다. 드레싱은 뚜껑 있는 용기에 담아 냉장고에 넣으면 1주일까지 보관 가능하다.

마늘 파르메산 크루통

이 크루통은 수프뿐만 아니라 잘게 썬 찹샐러드에 넣어도 아주 좋다. 크루통은 지퍼락 팩에 넣어 상온에서 2주까지 보관가능하다. 팩에 넣을 때는 완전히 식을 때까지 기다린다.

약 4컵 분량

엑스트라 버진 올리브오일 3큰술

중간 크기 마늘 1쪽(곱게 다지거나 제스터에 갈기. 약 1작은술)

치아바타 또는 두툼한 이탈리아 빵 ½덩이 (1.3cm로 깍뚝 썰기. 약 4컵, 1l)

코셔 소금과 후춧가루

파르메산 치즈 잘게 갈아서 약 ½컵(125ml)

1 오븐랙을 오븐 가운데에 끼우고 오븐을 180℃로 예열한다. 큰 볼에 올리브오일과 마늘을 넣고 완전히 섞이도록 젓는다. 크루통을 오일에 넣고 잘 묻도록 살살 섞는다. 소금과 후추로 간을 하고 베이킹팬에 펼쳐 놓는다. 오븐에서 구워 주다 중간에 뒤집으면서 약간 갈색이 되도록 약 20분간 굽는다.

2 크루통이 뜨거울 때 큰 볼에 옮기고 치즈와 섞는다.

양념에 재운 케일 샐러드
MARINATED KALE SALADS

언제 어디에서 양념을 한 케일 샐러드가 유행하기 시작했는지 확신할 수는 없지만 꼭 한 곳을 말하라면, 2009년 브루클린이라고 하겠다.

내가 메뉴에서 처음으로 이 요리를 본 것이 아마 그곳이기 때문이다. 요즘엔, 요리도 하지 않고 브루클린을 좋게 생각하지 않는 친구들조차도 이 샐러드에 대해 들어 봤고 아마 먹어 봤을 것이다.

케일 잎을 대충 잘게 썰고, 드레싱과 소금을 넣어 버무린 뒤 가만히 둔다. 이 샐러드가 좋은 점은 케일이 아주 억세서 재워서 냉장고에 며칠 두어도 샐러드가 여전히 아삭하다는 점이다. 만들고 며칠 동안 계속 먹어도 질에는 아무런 차이가 없다.

약간 부드럽게 만들기

양념에 재운 케일 샐러드를 만들기 위해 우선, 케일 송이에서 큰 줄기를 떼낸 다음 잎을 한입 크기의 띠 모양으로 채썬다.

어떤 사람들은 드레싱이나 마리네이드에 있는 산이 질긴 잎을 부드럽게 만든다고 잘못 생각하는데, 실제로 이런 작용을 하는 건 바로 기름이다(여기에 대해서 더 자세한 내용이 필요하면 784쪽 '비네그레트'를 참고). 식물의 잎에는 천연적으로 왁스 같은 튼튼한 피부막이 있어서 비로부터 잎을 보호해 준다. 빗방울이 잎에 떨어지는 걸 본 적이 있을 것이다. 빗방울은 오리의 등에 물이 떨어졌을 때처럼 바로 또르르 굴러간다. 하지만 이 피막은 기름에는 녹기 때문에 기름을 케일 잎 더미에 넣고 버무려 주면 이 막이 벗겨지면서 아래에 있는 세포가 손상을 입게 되고 그래서 케일 잎이 부드러워지게 된다. 그렇다면 이런 질문이 나올 수 있는데, 드레싱 넣기 전 잎에 바로 기름을 발라서 미리 부드럽게 해야 할까? 아니면 드레싱만으로는 그 작업을 할 수 없을까?

나는 사무실에서 사람들이 먹도록 두 가지로 나누어 만들이 실험을 했다(사무실에 여분의 녹색 채소가 있는 날은 행복한 날이다.). 첫 번째는 올리브오일, 소금, 후추를 넣고 잎과 버무린 뒤 30분 정도 두었다가 드레싱과 섞었다. 두 번째는 드레싱만 넣고 섞은 뒤(대신, 올리브오일을 듬뿍 넣고, 소금과 후추를 넣었다.), 바로 먹게 했다.

결과는 꽤 확실했다. 미리 숨이 죽은 채소는 훨씬 더 식감이 좋은데 억세고 질기지 않고 부드러우면서 아삭했다. 하지만 누구도 바로 버무린 샐러드를 못 먹겠다고 할 만큼 차이가 그렇게 크지 않아서 정말로 바쁠 때라면 난 그냥 바로 드레싱에 버무려 먹을 것이다.

왼쪽은 미리 버무려 부드러워진 케일, 오른쪽은 섬유질의 케일

샐러드용 케일 준비하는 방법

샐러드용 케일을 준비하기 위해 우선 가운데 큰 줄기를 자르거나 떼어서 버린다. 그다음, 한손에 잎을 한 움큼씩 잡고 원하는 굵기로 잘라나간다. 남은 잎도 똑같이 자른다. 잎을 조심스럽게 씻고 야채탈수기를 돌려 물기를 뺀다.

병아리콩과 수막, 양파를 넣고 양념에 재운 케일 샐러드
MARINATED KALE SALAD WITH CHICKPEAS AND SUMAC ONIONS

NOTE • 모든 케일 샐러드처럼 냉장고에서 2~3일 지나도 계속 아삭하며 맛이 더 좋아진다.
수막(sumac, 516쪽 참고)은 향신료 가게나 중동 식료품점에서 구할 수 있다. 구할 수 없으면 그냥 생략한다.

4인분

토스카나 케일 또는 컬리 케일 450g(약 2송이. 억센 줄기는 제거하고 잎은 대략 썰기. 여유있게 담아서 약 4l 정도).

올리브오일 3큰술

코셔 소금

작은 적양파 1개(가늘게 채썬 후 체에 담아 따뜻한 물 아래서 2분 정도 헹구기. 약 ½컵, 125ml)

간 수막 1작은술(위의 note 참고)

볶은 참깨 ½작은술

레몬 즙 1큰술(레몬 1개분)

중간 크기 마늘 1쪽(곱게 다지거나 제스터에 갈기. 약 1작은술).

디종 머스터드 2작은술

병아리콩 400g(통조림 1개. 물을 따라 내고 헹구기.)

후춧가루

1. 큰 볼에 케일과 올리브오일, 소금 1작은술을 넣고 케일 표면에 골고루 다 묻고 질긴 부분이 다 연해지도록 약 2분 정도 문지른다. 상온에 두고 케일이 부드러워질 때까지 약 15분에서 길게는 1시간 정도까지 재운다.

2. 양파와 수막, 참깨를 섞고 소금으로 간을 한다. 작은 볼에 레몬 즙과 마늘, 머스터드를 섞는다.

3. 케일의 숨이 죽으면 레몬 즙 섞어 놓은 것과 병아리콩을 넣고 살살 섞는다. 소금과 후추로 간을 한다. 수막과 양파를 위에 올리고 차려 낸다. 남은 샐러드는 밀폐된 용기에 담고 냉장고에 넣어 5일까지 보관 가능하다. 차려 내기 전에 다시 섞는다.

샬롯과 강낭콩을 넣고 양념에 재운 케일 샐러드

위에 설명한 대로 케일에 올리브오일과 소금 1작은술을 넣고 잘 버무려 준 뒤 부드러워질 때까지 둔다. 작은 볼에 레드 와인 식초 1큰술과 중간 크기 마늘 1쪽을 곱게 다지거나 제스터에 갈아서 넣고, 디종 머스터드 2작은술을 넣어서 섞어 준다. 숨이 죽은 케일을 섞은 식초에 넣고 큰 샬롯 1개를 가늘에 채썰어서(약 1컵, 250ml) 체에 담아 따뜻한 물아래서 2분 정도 헹군 뒤 함께 넣고, 강낭콩 통조림 400g을 물을 따라 내고 헹궈서 넣고 다 살살 섞어 준다. 소금과 후추로 간을 하고 차려 낸다. 남은 샐러드는 밀폐된 용기에 넣고 냉장고에 넣어 5일까지 보관할 수 있다. 차려 내기 전에 다시 섞는다.

케일 시저 샐러드 KALE CAESAR SALAD

케일 시저 샐러드는 양념에 재운 케일 샐러드(835쪽 참고)를 자연스럽게 확장한 것이다. 원래 약간 쌉싸름하고 아주 아삭한 상추와 짝이 맞는 시저 드레싱은 아주 완벽한 파트너 같다. 정말 그렇다.

일반적인 시저 샐러드에는 크고 바삭한 크루통이 들어간다. 이 버전에서는 큰 크루통을 넣지 않고 푸드프로세서로 빵을 아주 작은 조각으로 부쉈다. 올리브오일을 약간 섞고 바삭할 때까지 구우면 크루통의 표면적이 늘어나기 때문에 아주 바삭하다. 샐러드에 넣어 섞으면 채소에 달라붙는다. 그래서 씹을 때마다 달콤하면서 토스트 같고 올리브오일이 발라진 작은 조각이 바삭거리게 된다.

이 레시피에서 가장 훌륭한 부분이라면? 드레싱을 한 케일은 냉장고에 보관하고 크루통은 밀폐된 용기에 넣어 조리대 위에 두면 되는데(크루통은 샐러드와 함께 보관하면 질척거리게 된다), 드레싱을 한 케일은 적어도 3일 동안은 계속 아삭한 상태로 있어서 완벽하게 드레싱을 한 아삭하고 바삭한 샐러드가 먹고 싶으면 용기를 열고 크루통을 뿌리면 된다.

두려울 만큼 간단하지만, 케일에 대한 나의 탐닉을 두려워 해본 적이 없다.

4인분

토스카나 케일 또는 컬리 케일 450g(약 2송이. 억센 줄기는 제거하고 잎은 대충 썰기. 여유있게 담아서 약 4l 정도)

엑스트라 버진 올리브오일 5큰술

코셔 소금

두툼한 빵 142g(대략 2.5cm 크기로 찢기. 약 3컵)

후춧가루

마요네즈 ⅔컵(160ml, 가급적이면 홈메이드, 817쪽 참고)

앤초비 필레 6개

중간 크기 마늘 1쪽(곱게 다지거나 제스터에 갈기. 약 1작은술)

파르메산 치즈 잘게 갈아서 약 ¾컵(43g)

우스터소스 2작은술

레몬 즙 2큰술(레몬 1개분)

작은 흰 양파 1개 또는 샬롯 2개(가늘게 채썰기.)

1. 오븐랙을 오븐 가운데에 끼우고 오븐을 180℃로 예열한다. 큰 볼에 케일과 올리브오일 3큰술, 소금 1작은술을 넣고 버무려 표면에 골고루 묻도록 하고 억센 조각들이 분해가 되도록 약 2분 정도 문질러 준다. 크루통과 드레싱을 준비하는 동안 한쪽에 둔다.

2. 푸드프로세서 용기에 빵과 남은 올리브오일을 넣고 순간작동 버튼을 눌러 빵이 완두콩 크기가 되도록 갈아 준다. 소금과 후추로 간을 하고 한두 번 더 순간작동을 눌러 섞어 준다. 베이킹팬에 빵을 깔고 크루통이 연한 황금색이 되고 바삭해지도록 약 20분간 구운 뒤 한쪽에 둔다.

3. 푸드프로세서 용기를 닦아 내고 마요네즈, 앤초비, 마늘, 치즈, 우스터소스, 레몬 즙을 넣고 부드러워질 때까지 돌린다. 필요하면 소금과 후추를 넣는다.

4. 숨이 죽은 케일 그릇에 양파와 드레싱, 크루통 반을 넣어 준다. 손으로 살살 섞어 잘 섞이도록 한다. 남은 크루통을 뿌려 차려 낸다.

양파의 톡 쏘는 맛 줄이기

양파를 물에 담가도 얼얼한 맛을 많이 제거하지 못한다.

가장 좋은 방법은 뜨거운 물로 헹궈 주는 방법으로 양파의 달콤한 맛만 남게 된다.

대부분 사람들에게 일어날 수 있는 일로, 아주 매운 맛의 양파를 사게 됐을 때, 이런 양파의 맛을 좀 부드럽게 할 방법이 없을까?

나는 몇 가지 방법을 실험해 봤다. 10분에서 2시간까지 양파를 찬물에 담가 차갑게 한 뒤, 조리대 위에 놓고 환기를 시켰다.

양파를 통에 담가도 통에 양파 향이 그대로 배기 때문에 양파 향이 그다지 줄지 않는다. 아마 말도 안 되게 적은 양의 양파를 엄청나게 큰 용기에 넣는다면 좀 더 효과가 좋을지 모르겠지만 말이다. 공기에 말리면 맛이 좀 더 순해지긴 하지만 양파가 마르기 때문에 질감이 질겨진다.

가장 좋은 방법은 가장 빠르고 가장 쉬운 방법이기도 했는데 바로 흐르는 뜨거운 물로 냄새가 나는 회합물을 헹궈 버리는 방법이다. 화학적, 물리적인 반응의 속도는 온도가 높아지면 같이 높아진다. 따뜻한 물로 헹구면 양파가 휘발성 화합물을 더 빨리 내놓게 되는데 약 45초면 아주 심한 맛이라도 사라지게 된다.

여러분 마음속에 다음 질문이 생겨날지 모르겠다. 그렇다면 뜨거운 물이 양파를 흐물흐물하게 하지 않는가?

아뇨. 가장 뜨거운 수돗물을 사용하더라도 수돗물은 일반적으로 60~65.5℃ 정도이다. 식물의 세포를 결합하고 있는 주요 탄수화물 '접착체'인 펙틴은 84℃가 돼야 분해가 된다. 뜨거운 수돗물에도 오래 넣어 두면 양파가 숨이 죽을 수 있겠지만 그렇게 되려면 아주, 아주, 오래 넣어 두어야 한다.

양파는 안전하니 걱정하지 마시라.

드레싱 종류 #3 : 유제품을 기본으로 한 드레싱
DRESSING FAMILY #3: DAIRY-BASED DRESSINGS

일반적으로 유제품은 미리 유화가 되어 나오기 때문에 이러한 드레싱은 만들기가 가장 쉽다. 그렇다. 여러분이 마시는 크림 같은 우유는 속에 든 지방이 작은 입자로 골고루 분산되어 있기 때문에 정확히 크림 같다. 유제품을 기본으로 만든 드레싱을 사용할 때는 유화가 분리될까 걱정할 필요가 없다. 하지만, 유제품 드레싱은 비네그레트나 마요네즈처럼 보존 기간이 그리 길지 않다.

사워 크림이나 요구르트, 크렘프레슈 같은 발효 유제품은 걸쭉해서 잎이나 채소를 골고루 묻힐 수 있기 때문에 기본으로 사용하기에 가장 좋으며 톡 쏘는 맛도 샐러드에 아주 자연스러움을 준다.

양상추 웨지 샐러드 ICEBERG WEDGE SALAD

양상추 샐러드는 예외가 되는 종류이다. 이 샐러드는 식탁에서 칼과 나이프로 잘라 먹기 때문에 샐러드에 대한 나의 정의에 따른다면 기술적으로는 샐러드가 아니다. 하지만 샐러드와 거의 비슷하고 나는 언제라도 규칙보단 맛있으면 먹는다.

4인분

양상추 1포기(4등분하고 속심은 제거)
세 가지 재료 블루치즈 드레싱(레시피 바로 나옴)
대추토마토 113g(반으로 자르기. 약 1컵, 250ml)
구워서 부순 베이컨 8조각

양상추 웨지를 개인 차림 접시에 놓는다. 각 웨지에 드레싱 ¼을 조금씩 붓는다. 대추토마토와 베이컨을 접시마다 골고루 나눠 담는다. 바로 차려 낸다.

세 가지 재료 블루치즈 드레싱

이 드레싱은 가장 간단한 블루치즈 드레싱이지만 블루치즈의 질이 좋고 아주 톡 쏘며 맛있어야 한다. 값싼 덴마크 블루치즈로 이 드레싱을 만들면 아마 실망할 것이다. 나는 드레싱의 질감과 묵직함을 극대화하기 위해, 톡 쏘는 버터밀크와 크림 같은 마요네즈, 그리고 블루치즈 반을 넣어 바탕을 만들고 남은 반은 부숴서 섞어 넣는다.

NOTE • 고르곤졸라, 로크포르(Roquefort), 푸름 당베르, 혹은 스틸턴과 같이 맛이 강한 블루치즈를 사용한다.

약 1½컵(375ml) 분량

버터밀크 ½컵(125ml)

마요네즈 ½컵(125ml. 가급적이면 홈메이드, 817쪽)

톡 쏘는 블루치즈 230g(위의 note참고, 잘게 부수기. 약 2컵, 500ml)

코셔 소금과 후춧가루

푸드프로세서 용기에 버터밀크와 마요네즈, 고르곤졸라 반을 넣고 약 15초 정도 갈아서 부드럽게 만든다. 중간 볼로 옮기고 주걱으로 남은 고르곤졸라를 넣고 부드럽게 섞는다. 소금과 후추로 간을 한다. 드레싱을 밀폐된 용기에 담고 냉장고에 넣어 두면 1주일까지 보관 가능하다.

찹 샐러드
CHOPPED SALADS

찹 샐러드는 A 특공대와 아주 닮았다.

세상을 더 나은 곳으로 만들려는 좋은 의도로 완전히 서로 다른 성격의 개인들이 함께 모인 집단 말이다.

찹 샐러드가 간단한 채소 샐러드보다 모이는 데 시간이 더 많이 걸리는 건 당연하다. 우선, 3~5배까지 재료 목록이 더 길며 채소를 썰고 물기를 뺀 뒤 드레싱을 해야 한다. 하지만 번거로운 대신 푸짐하다. 피크닉에서(준비한 재료를 모두 가져오고, 드레싱은 다른 용기에 담아 와서 차리기 바로 전에 섞어 먹는) 점심으로 먹거나 더운 여름밤에 먹기에, 잘게 썬 찹 샐러드만큼 만들기도 쉽고 맛이 있는 음식은 드물다.

좋은 샐러드란 맛과 질감의 균형이 아주 중요하다. 아삭한 상추와 채소 등 아삭아삭 씹히는 재료들이 많이 들어가고 치즈와 견과류와 염장한 고기처럼 맛이 풍부한 재료들이 많이 들어가는 게 좋다. 나는 찹 샐러드에 대한 몇 가지 가장 대표적인 레시피를 소개하지만 정말로 여기서 그치지 않기를 바란다! 찹 샐러드는 크게 번거롭지도 않고 값싼 재료를 이용할 수 있어 요리사가 자신에게 가장 맞는 스타일을 찾기 위해 맛과 질감을 섞어 실험해 볼 수 있는 가장 좋은 요리이다. 이런 기회를 잘 활용해 보길 바란다. 다음 표는 찹 샐러드 재료를 손질하는 방법에 대해 알려 준다. 이를 통해 여러분은 자신의 조합을 만들어 볼 수 있을 것이다. 찹 샐러드를 만들 때 나는 늘 기본 재료를 2~3가지 정도 섞고 질감이나 맛 면에서 기본 재료와 대조가 되는 부수적인 재료를 한두 가지 넣는다. 그리고 두어 가지는 맛이 두드러지는 재료를 넣는다.

그리고 찹 샐러드를 제대로 만드는 데 정말로 중요한 점이라면 수분을 잘 조절해야 한다. 그렇지 않았을 때는 아래와 같은 현상이 발생한다.

채소의 물기를 제거하지 않으면
샐러드 그릇에 희석이 된 드레싱이 남게 된다.

토마토와 오이처럼 수분이 아주 많은 재료들은 미리 소금을 넣고 체에 올려 30분 정도 물기를 뺀 뒤 타월 등으로 물기를 닦아 줘야 한다.

찹 샐러드 재료

재료	준비 방법	샐러드에서의 역할
로메인 또는 양상추, 래디치오, 에스카롤(escarole), 벨지언 엔다이브 혹은 컬리 엔다이브	씻은 뒤 물기를 닦아 내고 2.5cm로 썬다.	기본 재료
오이	껍질을 벗기고 길이로 반으로 나눈다. 날카로운 숟가락으로 씨는 제거하고 1.3cm로 자른다. 오이 450g당 소금 ½작은술을 넣고 30분 동안 체에서 물기를 뺀다.	기본이나 부수적인 재료
토마토, 방울토마토, 대추토마토	작은 토마토는 반으로 혹은 4등분한다. 큰 토마토는 씨를 빼고 1.3cm 크기 사각형으로 썬다. 토마토 450g당 소금 ½작은술을 넣고 체에 받쳐 30분 동안 물기를 뺀다.	기본이나 부수적인 재료
통조림 콩(블랙빈, 카넬리니 콩, 병아리콩, 강낭콩 등)	물을 따라 내고, 헹군 뒤 조심스럽게 물기를 닦아 낸다.	기본이나 부수적인 재료
래디시	문질러 씻은 뒤 4등분한다.	기본이나 부수적인 재료
셀러리, 주키니, 스쿼시, 펜넬, 히카마(jicama), 종려나무 순 같은 아삭한 채소	필요하면 껍질을 벗기고 1.3cm로 깍뚝 썬다.	기본이나 부수적인 재료
견과류와 씨(호두, 아몬드, 헤이즐넛, 땅콩, 마카다미아 너트, 해바라기씨 등)	볶은 뒤 1.3cm 이상이면 자르고, 이하이면 그대로 둔다.	기본이나 부수적인 재료
아보카도	반으로 나누고 씨를 뺀 뒤, 껍질을 벗기고 1.3cm로 깍뚝 썬다.	기본이나 부수적인 재료
양배추	채를 썰게나 1.3cm 크기 사각형으로 자른다. 450g당 소금 ½작은술을 넣고 섞은 뒤 체에 올려 30분 동안 물기를 뺀다.	기본이나 부수적인 재료
옥수수	자루에서 옥수수 알을 떼어 낸다. 끓는 소금물에 넣고 1분간 삶은 뒤 물기를 제거하고 식힌다.	기본이나 부수적인 재료
파스타	한입 크기의 모양을 사용한다. 삶은 뒤 물기를 제거하고 식힌다.	기본이나 부수적인 재료
브로콜리, 아스파라거스, 스냅피, 그린빈 같은 녹색 채소	끓는 물 4ℓ에 코셔 소금 ½컵(125ml)을 넣고 부드럽고 아삭한 정도로 데친다. 흐르는 차가운 물 아래서 식힌 뒤 물기를 빼고 조심스럽게 닦아 준다.	기본이나 부수적인 재료
적양파, 단 양파, 대파	얇게 저며서 차가운 물에 30분간 담가 둔 뒤, 물을 따라 낸다.	부수적인 재료
피망(녹색, 붉은색, 노란색, 오렌지색)	1.3cm로 깍뚝 썬다.	부수적인 재료
당근	껍질을 벗기고 1.3cm로 깍뚝 썰거나 0.6cm 두께로 채썰거나 강판의 큰 구멍으로 채썬다.	부수적인 재료

재료	준비 방법	샐러드에서의 역할
감귤류	쉬프렘으로 자른다(780쪽 참고).	부수적인 재료
사과, 배, 어린 망고 같은 아삭하고 신 과일	1.3cm로 깍뚝 썬다.	부수적인 재료
달걀	완숙으로 삶아 대충 썬다.	부수적인 재료
삶거나 구운 닭이나 칠면조 혹은 햄	1.3cm로 깍뚝 썬다.	부수적인 재료
통조림 참치	물을 따라 내고 채를 썬다.	부수적인 재료
살라미, 페페로니, 소프레사타, 초리조, 햄 혹은 기타 건식 염장한 고기	0.6cm로 깍뚝 썬다.	맛을 강조하기 위해
올리브	미리 씨를 뺀 걸 사서 (혹은 직접 씨를 뺀다.) 반 혹은 4등분으로 나눈다.	맛을 강조하기 위해
케이퍼	헹구고 물기를 닦는다.	맛을 강조하기 위해
파슬리, 차이브, 바질, 민트, 처빌, 타라곤, 고수 잎, 딜 같은 부드러운 허브	씻은 뒤, 물기를 닦고 대충 썬다.	맛을 강조하기 위해
핫 페퍼(페페론치니), 구운 레드 페퍼, 선드라이 토마토 또는 기타 식초에 절이거나 잼으로 만든 병에 든 채소	대충 썬다.	맛을 강조하기 위해
페타, 프로볼로네, 만체고 혹은 체다(727~731쪽 '치즈 차트' 참고) 같은 약간 단단한 치즈	1.3cm로 깍뚝 썬다.	맛을 강조하기 위해
베이컨	바삭해지도록 구운 뒤(139쪽 참고) 부순다.	맛을 강조하기 위해
앤초비 또는 정어리처럼 염장한 생선	대충 썬다.	맛을 강조하기 위해
건과일	1.3cm 이상일 경우 잘게 썬다.	맛을 강조하기 위해

재료에 따라, 찹 샐러드는 세 가지 기본 샐러드드레싱 중에서 골라 드레싱을 할 수 있다. 레몬 맛이 나는 비네그레트는 오이와 토마토를 기본으로 한 가벼운 그리스식 샐러드의 신선한 맛을 가장 잘 이끌어 내며, 마요네즈를 기본으로 한 크림 같은 이탈리아식 드레싱은 전형적인 이탈리아-미국식 안티파스티(antipasti) 샐러드에 필요하다. 톡 쏘는 버터밀크 드레싱은 큰 채소 접시 위에 올리는 딥소스로 아주 잘 어울리며 또한 랜치(ranch) 스타일 콥 샐러드의 드레싱으로도 사용한다.

찹 스타일 그릭 샐러드 CHOPPED GREEK SALAD

코너에 있는 피자 가게나 델리에서 위에 올리브와 토마토, 오이, 페타 치즈를 올린 양상추 샐러드를 '그리스식' 샐러드로 팔지도 모르겠다. 하지만 진짜 그리스식 샐러드에는 상추가 들어가지 않고 레몬 맛이 나는 비네그레트로 가볍게 드레싱을 한다. 그리스식 샐러드는 토마토가 정말로 한창인 늦여름 내가 제일 좋아하는 곁들임 요리 중 하나이다.

4인분

대추토마토 230g(반으로 자르기. 약 2컵, 500ml)

큰 오이 1개(껍질을 벗기고 길이방향으로 반으로 자르고, 씨를 빼내고 1.3cm로 깍둑 썰기. 약 2컵, 500ml)

코셔 소금과 후춧가루

중간 크기 적양파 1개(가늘게 채썰기. 약 ¾컵, 180ml)

초록색이나 붉은색 큰 피망 1개(1.3cm로 깍둑 썰기.)

씨를 뺀 칼라마타 올리브 ½컵(125ml, 반으로 가르기.)

페타 치즈 85g(부수기.)

여유있게 담은 파슬리 잎 ½컵(125ml, 대충 썰기.)

잘게 썬 오레가노 2작은술

맛이 순한 레몬이나 레드 와인-올리브오일 비네그레트(790쪽) ⅓컵(80ml)

1 토마토와 오이에 소금 ½작은술과 후추를 넣고 살살 섞는다. 이것을 체에 넣고 싱크대에 30분간 두어 물기를 뺀다. 한편, 작은 볼에 적양파를 넣고 차가운 물을 잠기도록 붓고 30분간 둔다. 그러고는 헹구고 물을 따른다.

2 채소의 물기를 키친타월로 닦아 낸다. 큰 볼에 토마토와 오이, 적양파, 피망, 올리브, 페타, 파슬리, 오레가노를 넣고 섞는다. 드레싱을 조금씩 부어 주고 소금과 후추로 간을 한다. 잘 섞어 차려 낸다.

오이 구입과 준비 방법

오이는 가장 오래된 재배 채소들 중 하나이며 내가 좋아하는 채소이다. 껍질을 벗기고 자른 뒤 소금을 조금 뿌려 주면 맛도 있고 상쾌하다. 그리고 간장 조금과 참기름, 레드 페퍼 플레이크를 넣어 밤새 재우면 맛이 아주 환상적이다. 간장에 든 염분이 오이에서 수분을 일부 빠져나오게 해서 아주 농축된 맛을 느낄 수 있다.

볶음요리 재료로 오이는 활용도가 가장 낮은 채소 중 하나이다.

오이는 특이하게도 아내가 먹지 못하는 두 가지 음식 중 하나라서(다른 하나는 토마토), 오이를 넣은 닭고기 볶음에, 발효한 콩 페이스트와 쓰촨 통후추를 넣는 요리는 아내가 여자들 모임에 가느라 외출한 날 빨리 쉽게 자주 만들어 먹는 요리이다.

간단하게 통오이를 슬라이스해서 샐러드에 넣어도 되지만 껍질을 벗기고 씨를 빼면 최고의 맛과 질감을 느낄 수 있다.

구입과 보관

슈퍼마켓에 가면 보통 3가지 종류가 있다.

- **미국산 오이**는 과육이 치밀하고 맛있다. 다른 오이보다 껍질이 두꺼워 깎기를 권한다. 그냥 사용할 경우는, 오이를 흐르는 차가운 물에 표면을 놓고 잘 문질러 식용 왁스를 꼭 제거한다. 그리고 씨도 파내고 사용한다.
- **영국산 오이**는 일반적으로 개별로 수축 포장을 해서 나온다. 이 오이는 먹기 전에 문질러 씻을 필요가 없다(왁스를 바르지 않음). 껍질은 미국 오이보다 얇아서 그냥 먹어도 괜찮다. 영국 오이는 거의 씨가 없으며 미국 오이보다 수분이 훨씬 더 많다. 준비하기가 훨씬 더 쉽지만 맛은 덜하다.
- **커비(kirby) 오이**는 미국 오이의 작은 버전이다. 껍질이 두껍고 거의 씨가 없으며 세 종류 중 맛이 가장 강하며 질감은 거의 단단한 것도 있다. 피클에 가장 적합하다.

통오이는 채소 보관 서랍에 넣어 적어도 일주일 정도 보관 가능하며 종종 더 오래도 보관한다. 자른 오이 조각은 축축한 키친타월로 싸서 공기가 통하지 않는 비닐봉지나 용기에 넣어 수분 손실을 막는다. 그리고 3일 내로 먹는다.

칼 사용법 : 오이 자르는 법

Step 1 : **오이를 반으로 나눈다.** 오이를 길이 방향으로 반으로 나눈다.

Step 2 : **씨를 빼고 길이 방향으로 더 많은 조각으로 자른다.** 오이 씨는 물기가 많고 밍밍할 수 있으므로 숟가락으로 파낸다. 그리고는 자른 반을 길이 방향으로 원하는 굵기로 더 자른다.

Step 3 : **가로 방향으로 자른다.** 오이를 90° 각도로 돌린 뒤 긴 띠 모양 오이를 깍뚝 썬다.

흰콩과 만체고 치즈 샐러드 WHITE BEAN AND MANCHEGO CHEESE SALAD

이 간단한 샐러드에서 아삭한 셀러리와 적양파는 크림 같은 흰콩과 아주 멋지게 대조를 이룬다. 잘게 썬 파슬리와 짭짤한 만체고 치즈 조각이(원하면 좀 단단한 다른 치즈를 넣어도 된다. 727~731쪽 '치즈 차트' 참고) 맛을 완성한다. 물론, 통조림 콩은 좋아하는 종류로 넣으면 된다(203쪽 참고). 아니면 직접 콩을 조리해도 된다(263쪽 참고). 콩은 꼭 물기를 제거한 뒤 샐러드에 넣어야 샐러드가 질퍽해지지 않는다.

4~6인분

흰콩 통조림 800g(물을 따라 낸 후 헹구고 키친타월로 물기 제거하기. 또는 조리한 흰콩 4컵. 1l)

큰 셀러리 2줄기(껍질을 벗기고 1.3cm로 깍뚝 썰기. 약 1½컵, 375ml)

중간 크기 적양파 1개(가늘게 채썰기. 약 ¾컵, 180ml)

대충 썬 파슬리 ½컵(125ml)

만체고 치즈 230g(1.3cm로 깍뚝 썰기.)

맛이 순한 레몬이나 레드 와인-올리브오일 비네그레트(790쪽) ½컵(125ml)

코셔 소금과 후춧가루

큰 볼에 콩과 셀러리, 적양파, 파슬리, 치즈를 섞는다. 비네그레트를 넣고 소금과 후추로 간을 하고 살살 잘 섞은 뒤 바로 차려 낸다.

식당 스타일 잘게 썬 안티파스티 샐러드
RESTAURANT-STYLE CHOPPED ANTIPASTI SALAD

가벼운 식사로 4인분

대추 토마토 230g(반으로 자르기. 약 2컵, 500ml)

코셔 소금과 후춧가루

중간 크기 적양파 1개(가늘게 채썰기. 약 ¾컵, 180ml)

병아리콩 400g 통조림 1개(물을 따라 내고 헹구기.)

페페론치니 170g(물을 따라 내고 대충 썰기.)

구운 레드 페퍼 170g(물을 따라 내고 헹군 뒤 0.6cm 크기로 썰기.)

셀러리 3줄기(껍질을 벗기고 1.3cm 사각으로 자른다. 약 1½컵, 375ml)

제노아 살라미 230g(0.6cm 크기로 깍둑 썰기. 2컵, 500ml)

톡 쏘는 프로볼로네 치즈 170g(0.6cm 크기로 깍둑 썰기. 약 1½컵, 375ml).

로메인 상추 1포기(손질을 하고 1.3cm로 썰기. 약 3컵, 750ml)

크림 같은 이탈리아식 드레싱(레시피 바로 나옴)

1. 토마토에 소금 ¼작은술과 후추를 좀 갈아 넣고 섞는다. 체에 넣고 싱크대에 30분 정도 둔다. 그동안, 작은 볼에 적양파를 넣고 찬물을 잠기도록 붓고 30분 동안 둔 뒤 헹구고 물을 따라 낸다.

2. 물을 따라 낸 토마토, 양파, 병아리콩, 페페론치니, 레드 페퍼를 키친타월로 살살 물기를 닦아 낸다. 그러고는 큰 볼에 담고 셀러리, 살라미, 프로볼로네, 로메인, 드레싱을 넣고 소금과 후추로 간을 한 뒤 잘 섞어 바로 차려 낸다.

크림 같은 이탈리아식 드레싱

이탈리아식 드레싱을 가게에서 산 것만 사용해 봤다면 이건 바로 여러분을 위한 레시피이다. 드레싱은 비네그레트와 마요네즈 중간쯤인데 제대로 섞으면 몇 시간 동안 크림 같이 잘 유지가 되지만 마요네즈와는 달리 결국 다시 분리가 된다.

NOTE • 양상추 또는 로메인처럼 아삭하고 물이 많은 채소를 사용한다.

약 1컵 분량

마요네즈 ½컵(125ml, 가급적이면 홈메이드, 817쪽)
레몬 즙 2큰술(레몬 1개분)
작은 샬롯 1개(잘게 다지기, 약 1큰술)
중간 크기 마늘 1쪽(곱게 다지거나 제스터에 갈기, 약 1작은술)
다진 바질 2큰술
다진 오레가노 2작은술
레드 페퍼 플레이크 ½작은술
엑스트라 버진 올리브오일 6큰술

모든 재료를 밀착되는 뚜껑이 있는 소스통이나 용기에 넣고 세게 흔들어서 유화를 시킨다. 드레싱은 밀폐된 용기에 담아 냉장고에 넣고 1주일까지 보관 가능하다. 사용 시에는 세게 흔들어 사용한다.

찹 랜치 콥 샐러드 CHOPPED RANCH COBB SALAD

클래식 찹 샐러드는 메뉴에 있는 주요리보다 더 칼로리가 높은 요리 중 하나이다. 그래서 베이컨과 아보카도, 블루치즈를 잔뜩 먹을 수 있겠다는 생각에 마음이 약간 넉넉해지는 그런 요리이다. 그것도 나쁘진 않다. 그런데, 콥 샐러드가 제대로 균형이 맞지 않는다고 느낀 다면 그건 그냥 재료를 접시에 섞어 놓은 것에 지나지 않기 때문일 것이다. 멋진 콥 샐러드를 만들려면 각각의 재료를 완벽하게 준비해야 한다.

콥 샐러드에 들어가는 닭고기는 특히나 촉촉하고 부드러워야 한다. 이렇게 하려면 닭고기를 너무 뜨겁지 않게 식품 온도계로 정확히 65.5℃가 될 때까지 물에 삶아야 한다. 이 단계에서, 닭은 다 익으면서도 전혀 질기지 않고 수분을 대부분 간직하고 있다.

베이컨이나 달걀, 드레싱 등 나머지 재료들은 꽤 간단하며 다행스럽게도 우리는 이미 이런 재료들을 다루는 기술을 다 알고 있다.

파티나 피크닉에 이 샐러드를 차려 내려고 한다면 모든 재료를 미리 준비해 놓고 있다가 마지막 순간에 접시에 담고 최고의 맛을 내기 위해 베이컨은 차려 내기 바로 전에 굽고 아보카도 사각으로 자른다.

NOTE • 삶은 닭고기 대신, 남은 구운 닭고기를 사용할 수 있다.

주 요리로 4인분

뼈와 껍질이 없는 닭가슴살 2개(각각 약 230g 정도)
코셔 소금
로메인 상추 2포기(2.5cm 크기로 썰기. 약 3ℓ)
버터밀크 랜치 드레싱(레시피 바로 나옴)
후춧가루
베이컨 8줄(구운 뒤 부수기.)
완숙 달걀 4개(대충 자르기. 111쪽 참고)
아보카도 1개(반으로 잘라 씨를 빼고, 껍질을 벗긴 뒤 1.3cm로 깍둑 썰기.)
큰 토마토 1개(1.3cm로 깍둑 썰기.)
로크포르 치즈 170g(부수기)
잘게 다진 차이브 2큰술

1. 닭가슴살을 큰 냄비에 넣고 찬물 2ℓ를 붓는다. 소금을 2큰술을 넣어 간을 한다. 센 불에서 끓인 뒤 불을 줄이고 뭉근히 끓인다. 닭가슴살의 가장 두꺼운 부위에 꽂은 식품 온도계가 65℃를 가리킬 때까지 약 10분간 끓인다. 물을 따라 내고 흐르는 차가운 물 아래에 닭고기를 놓고 충분히 식힌다. 물기를 닦아 내고 1.3cm로 깍둑 썬다.

2. 볼에 상추와 드레싱 반을 넣고 섞는다. 소금과 후추로 간을 한다. 상추를 차림 접시 4개에다 나누고 그 위에 닭고기, 베이컨, 달걀, 아보카도, 토마도, 치즈를 따로따로 놓는다. 소금과 후추로 간을 하고 차이브를 위에 뿌린다. 남은 드레싱을 곁들여 바로 차려 낸다.

버터밀크 랜치 드레싱

약 1컵(250ml) 분량

저지방이나 탈지 발효 버터밀크 ½컵(125ml)

사워 크림 ½컵(125ml)

레몬 즙 2작은술(레몬 1개분)

중간 크기 마늘 1쪽(곱게 다지거나 제스터에 갈기, 약 1작은술)

디종 머스터드 1작은술

다진 차이브 2큰술

다진 고수 잎 2큰술

후춧가루 1작은술

카옌 페퍼 파우더 조금

코셔 소금

작은 볼에 버터밀크, 사워 크림, 레몬 즙, 마늘, 머스터드, 차이브, 고수 잎, 후추, 카옌 페퍼 파우더를 넣어 섞고 소금으로 간을 한다. 드레싱은 밀폐된 용기에 담아 냉장고에 넣고 1주일까지 보관할 수 있다. 젓거나 흔든 뒤 사용한다.

BATTER, BREADINGS, AND THE SCIENCE OF FRYING

9

튀김의 과학 – 튀김옷과 브레딩

I DON'T CARE IF YOU'RE FRYING DOG S*&$. IF IT COMES OUT OF THE FRYER, PUT SOME SALT ON IT.
- KEN ORINGER -

"원하면 개똥을 튀겨도 나는 개의치 않는다. 단, 튀김기에서 건지면, 소금은 조금 뿌려 줄 것!"
- 켄 오링어 -

PART 9
튀김의 과학 - 튀김옷과 브레딩

―――――――――― 이 장에 있는 레시피들 ――――――――――

특별히 바삭한 남부식 프라이드치킨 **881**	크림 같은 코울슬로와 타르타르소스를 곁들인 생선 튀김 샌드위치 **906**
크림 그레이비를 곁들인 정말로 바삭한 치킨 프라이드 스테이크 **883**	누구나 쉽게 만드는 양파 링 **910**
정말로 바삭한 프라이드치킨 샌드위치 **886**	채소와(또는) 새우 덴푸라 **912**
치킨 파르메산 **888**	– 꿀–미소 마요네즈 **913**
가지 파르메산 캐서롤 **892**	얇고 바삭한 감자튀김 **920**
맥주 튀김옷을 입혀 튀긴 대구 **902**	다섯 번 튀긴 두껍고 바삭한 최고의 스테이크 감자튀김 **921**
– 너무도 톡 쏘는 타르타르소스 **904**	바삭바삭한 오븐 감자튀김 **924**

HONEY,
IF YOU'RE READING THIS,
I'M COMING CLEAN:

자기야,
이걸 읽는다면,
솔직히 말할 게 있어.

———

나 프라이드치킨을 몰래 먹어 왔어. 자기가 이렇게 생각한 걸 알아. "자기가 어떻게 나한테 그럴 수가 있지? 바삭한 크러스트 아래의 촉촉한 치킨에 대한 나의 사랑은 조절이 안 돼서, 그 사람이 열 가지 비법 허브와 향신료 때문인지 아니면 나 같은 프라이드치킨광이 아주 탐내는 우주적 일체를 위해 이래 살과 하나가 되는 그 죽이 같아 앞게 부서지는 껍질 때문인지는 모르겠지만 그 황금색 허벅지에 내 이를 박을 때, 내 입술에 닿는 껍질의 바스락 소리와 턱밑으로 흘러내리는 짭짤한 황금 즙을 느끼는 것보다 더 달콤하고 아름다운 세상은 없어. 당신만 허락해 준다면 나는 아침도, 점심도, 저녁도 그리고 사이사이 간식으로 프라이드치킨을 먹고 싶어."

바로 거기에 문제가 있어. 나는 아주 열정적인 과학자이기 때문에 프라이드치킨에 대한 정확하고 과학적인 실험을 수행하기 위해 적어도 내가 서류 작업을 하고 평가하는 동안 치킨이 옆에 있어야 돼. 당신이 가까이 있을 때는 이런 일을 하지 않았던 거야. 작년에 당신이 도시를 떠날 때까지 기다렸다 실험을 하려고 튀김기를 돌렸어. 당신이 어디 갔다 돌아올 때마다, 아직 치킨 기름 냄새가 집안에 남아 있고, 실험하고 남은 뼈 조각이 쓰레기통 바닥에 남아 있곤 했었어.

못됐지. 나도 알아. 자기야, 약속하는데, 그렇게 하면서 가학적인 쾌감은 아주 조금만 느낄게. 대신 크리스마스나 커넬 샌더스(Colonel Sanders, KFC의 창업주이자 마스코트)의 생일 같은 특별한 경우에 엄청나게 맛있어진 프라이드치킨을 자기한테 만들어 주면 안 될까? 사실, 당신은 혼자가 아니야. 나도 프라이드치킨 좋아하지. 당신도 좋아하지. 수위 아저씨 어빙 씨도 좋아하지. 우리 개도 장난치는 것만큼 치킨을 좋아하잖아. 이 아름다운 나라에 프라이드치킨을 안 좋아하는 사람이 어디 있겠어? 음식 기고가이자 레시피 개발자이며 주방 과학자, 그리고 미국 음식을 사랑하는 사람으로서 프라이드치킨에 그런 자격을 주는 것은 내 책임, 아니 내 의무라고 생각해. 정확히 치킨에 영향을 미치는 게 뭔지 찾아내는 일, 저 바삭한 황금색 껍질 아래에서 무슨 일이 일어나고 있는지 알아내는 일, 그리고 자기에게 그러한 연구의 최고봉을 갖다 바치는 일.

하지만, 먼저, 튀김에 관해 몇 마디하고 시작할게.

'튀김'은 무엇인가?
WHAT IS DEEP-FRYING?

맥주 튀김옷을 입혀 튀긴 대구(902쪽)

일반 가정에서 하기에 다른 것에 비해 꺼려지는 요리 방법이 있다면 바로 튀김이다. 이해한다. 냄비 가득 기름을 넣고 불에 올려 190℃로 끓이는 일은 두려운 일이다. 하지만 기포가 격렬하게 끓고, 음식이 신비하게 변하면서 아주 잘 튀겨 낼 경우 믿기 어려울 정도로 맛있어지는 이 과정이 사실, 아주 간단하며 약간의 노하우만 있다면 부엌에서 하기에 가장 쉬운 요리 방법 중 하나라면 어떻게 하겠는가?

튀김을 가장 많이 할 것 같은 사람은 누구일까? 주방에서 가장 숙련이 덜 된 요리사가 하게 될 것이다. 왜 초보 요리사에게 튀김을 맡기는 걸까? 여름에 뉴잉글랜드의 길 옆 가판대에서 파는 흠잡을 데 없는 조개 튀김은 누가 만들까? 힌트 '4'성급 셰프는 아님. 아마도 대부분 여름 방학동안 몇 달러 벌어 보려고 나온 고등학생들일 가능성이 크다. 고등학생들이 할 수 있다면 여러분도 할 수 있다.

다음은 여러분이 재료 몇 조각을 튀김냄비(deep fryer)에 넣을 때 일어나는 현상이다.

- **증발.** 음식 속과 튀김옷, 브레딩(breading, 873쪽 참고) 재료에 포함된 자유수(Free water)는 100℃에서 증발한다. 대부분의 레시피가 요구하는 온도대인 150~200℃의 튀김 기름에 음식이 닿자마자, 수분은 빠르게 수증기로 변하면서 격렬하게 기포를 방출한다. 음식을 튀김기에 넣을 때 볼 수 있는 게 바로 이 수분 방출이다. 몇 분 내로 음식에 들어 있는 자유수 대부분은 완전히 증발하고 기포는 줄어든다. 그다음에는 세포에서 벗어나려고 더 많은 에너지를 흡수하는 음식 속에 든 결합수가 계속해서 작은 기포를 방출하게 된다. 마지막에 모든 자유수와 결합수가 배출되고 나면 더 이상 기포가 보이지 않을 것이다. 이 단계에서 감자칩은 최고로 바싹 튀겨진다.
- **팽창.** 이 현상은 베이킹파우더, 휘핑한 달걀흰자, 기타 기포 형성을 일으키는 재료들이 포함된 튀김옷을 입히거나 밀가루를 묻힌 음식에서 일어난다. 뜨거운 공기는 차가운 공기보다 공간을 더 많이 차지하기 때문에 재료를 튀김기 안에 넣을 때 발생하는 빠른 온도 변화는 튀기는 음식을 둘러싸고 있는 튀김 옷 안의 기포를 팽창하게 한다. 이러한 방식은 반죽 덩어리를 뜨거운 오븐에 넣으면 부풀어 오르는 것과도 아주 비슷하다. 이러한 팽창으로 튀긴 음식은 부풀고 바삭해진다.
- **단백질 응고.** 뜨거운 기름으로 조리하면 단백질이 빠르게 응고한다. 빵이 팬케이크에서 단백질이 굳으면서 부피가 커지고 단단하게 되는 것과 마찬가지로 음식 재료에 튀김옷을 입히거나 브레딩을 해도 같은 결과가 나타난다. 음식을 튀길 때 단단한 구조를 만들어서 튀김옷이나 코팅제를 단단한 고체로 변형시키는 것은 대개 밀가루 튀김옷에서는 글루텐이며, 빵가루(basic breading)를 묻힐 때는 달걀 단백질로 구성된 단백질 그물망(protein matrix)이다.
- **브라우닝과 캐러멜화.** 브라우닝이 잘 된(고르게 갈색으로 변한) 음식에 맛과 색을 만드는 복잡한 일련의 화학적 반응인 마이야르 반응과 당이 가열될 때 발생하는 비슷한 반응인 캐러멜화가 일반적인 튀김 온도에서 빠르게 일어난다. 이 두 가지 반응으로 튀긴 음식은 황금색이 되고 아주 맛있게 된다.
- **기름 흡수.** 물이 증발을 통해 음식에서 강제로 빠져 나오면 빈 공간이 생긴다. 그러면 물이 차지했던 이 자리로 무엇이 들어갈까? 그렇게 빈자리를 메울 수 있는 물질은 오직 한 가지, 바로 튀김기 속에 든 기름이다. 이런 현상은 튀김에서 꼭 일어나는 현상으로 완성된 요리의 맛에는 필수적이다. 여러 책에서 이야기하는 대로 고온에서 튀긴다고 음식에 흡수되는 기름의 양이 줄어들지는 않는다(사실은 정반대이다. 871쪽 참고).

복잡해 보인다고요? 그렇지 않습니다. 튀김을 할 때 정말로 좋은 점은 일단, 알맞은 양의 기름만 넣어 주고 적당한 온도로 가열만 해 주면 나머지는 저절로 알아서 다 된다는 것입니다. 요리사인 여러분이 할 건 거의 없기 때문이죠.

웍 : 튀김에 가장 좋은 용기

더치 오븐에 튀겨도 그럭저럭 괜찮지만 결점이 있다. 더치 오븐은 옆면이 일직선이라 아래에 있는 재료는 다루기가 어렵다. 나가서 전용 튀김기를 살 수도 있지만 조리대에 튀김기를 놓을 자리가 정말 있는가?*

여기 더 나은 방법이 있는데, 장담하건대, 집에서 튀김을 하는 게 아주 어렵고 지저분해진다고 불평하는 사람들은 웍에다 튀김을 안 해 봐서 그렇다. 왜 집에서 튀김을 안 할까? 가장 흔하게 듣는 얘기는 '지저분하고 돈이 많이 들며'("남은 기름은 다 어떡합니까?"), '건강에도 좋지 않다'이다. 음, 웍이라면 앞의 두 가지 문제는 해결하는 데 도움이 된다. 그리고 세 번째 문제는 각자가 알아서 해야 한다. 튀김을 하면 음식에 기름이 스며든다. 칼로리가 걱정된다면 감자튀김을 좀 적게 먹거나 프라이드치킨은 딱 한 조각만 먹든가 해야 한다.

웍의 나팔 모양(flared, 유선형) 옆면은 일직선인 냄비나 더치 오븐의 옆면에 비해 몇 가지 좋은 점이 있다.

- **덜 지저분하다.** 더치 오븐으로 튀김을 해 봤다면, 냄비 안에 지글거리는 재료에서 터져 나오는 작은 기름 방울이 레인지 위에 튀는 걸 경험해 봤을 것이다. 반면에, 경사진 웍의 옆면은 기름의 가장자리로부터 8cm 정도 더 넓기 때문에 기름이 밖으로 튀지 않아서 조리대가 단정하고 깔끔하다.
- **다루기가 더 쉽다.** 바삭하게 튀기기 위해서는 식재료가 움직이는 게 아주 중요하다(아랫부분은 더욱 더). 따라서 튀기는 동안 여러 번 재료를 뒤적여 줘야 한다. 웍은 나팔 모양이라 그물국자나 젓가락이 닿기가 쉽고 공간도 충분하다.
- **잘 넘치지 않는다.** 더치 오븐의 가장자리 위로 부글부글 뜨거운 기름이 넘치면 장난이 아니다. 기름이 튀면서 불이 날 수도 있어 위험하며 아주 지저분해지는 건 기본이다. 믹서에 손을 넣거나 식기세척기에 개가 들어가는 것과 맞먹는 악몽 같은 최악의 주방이 될 수 있다. 기름이 넘칠 때는 기름이 너무 많은 상태에서 물기가 너무 많거나 차가운 음식을 넣으면 일어날 수 있다. 음식은 빠르게 물 수증기 방울을 내놓고 그런 방울은 서로의 위에 차곡차곡 쌓이게 되며 가장자리 위에도 쌓인다. 웍은 윗부분이 넓어지기 때문에 그런 물방울이 확장해 갈 수 있는 공간이 더 넓다. 그래서 표면적이 넓어지자 방울 조직이 약해지면서 위로 올라가 넘치기 전에 뻥 소리를 내며 터지게 된다.
- **기름을 깨끗하게 유지하기가 더 쉬워 더 경제적이다.** 더치 오븐의 가장자리에는 탄 빵가루나, 감자튀김 작은 조각, 혹은 다른 부스러기들이 달라붙을 수 있다. 웍에는 숨길만한 데가 없다. 뜨거운 기름 속에 남은 음식 조각은 기름을 분해시켜 쓸 수 없도록 만드는 주요 인자이다. 조리하면서 기름을 깔끔하게 사용하면 더 이상은 어렵겠지만 적어도 열두어 번 정도는 튀길 수 있다.

---

* 튀긴 음식을 너무 쉽게 만들 수 있다면 허리가 굵어지는 위험도 생각해 보셔야 할 텐데요.

완벽한 튀김을 만드는 비결

어떤 튀김 용기를 사용하든, 성공적으로 튀김을 해낼 수 있는 10가지 팁은 다음과 같다.

온도계를 사용한다.

기름이 적정한 온도가 됐는지 확신할 수 있는 다른 방법은 없다. 튀기는 재료에 따라 튀김 온도가 달라야 하는데 예를 들어, 150℃에서 감자를 튀기면 절대로 바삭해지지 않고 220℃에서 닭고기를 튀기면 속이 다 익기도 전에 겉이 탄다. 제대로 음식을 튀기고 있는지 알 수 있는 유일한 길은 온도계를 사용하는 방법뿐이다. 튀김 전용 온도계를 사용해도 되지만 써마펜(Thermapen)(꼭 있어야 됨!)의 전문가용 식품 온도계가 있다면 더 잘 튀길 수 있다!

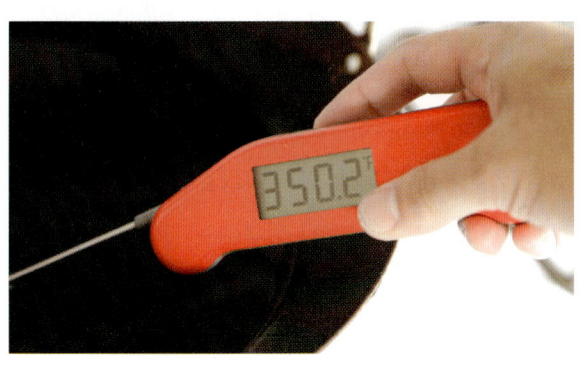

기름을 두려워 말라!

뜨거운 웍에 든 기름은 대수롭지 않게 여길 것은 아니지만 핏불(불도그와 테리어의 교배로 서로 덩치가 크고 사납게 생겼으나 순하다.)처럼 사람이 두려움을 느끼는지를 감지할 수 있다. 소심한 초보자는 기름에 손을 가까이 닿지 않게 하려고 재료를 높은 데서 떨어뜨리며 넣는다. 그러면 재료가 뜨거운 기름을 웍 밖으로 튀게 해서 피부에, 옷에 기름이 튀고 그래서 다시 재료를 넣을 때엔 더 겁을 먹게 만든다. 튀김 기름에 재료를 넣을 때는 최대한 튀지 않게 해야 한다. 손을 기름 표면에 최대한 가깝게 해서 재료를 넣어야 한다. 5cm 정도의 작은 재료라면 손가락을 기름 위 2.5cm 정도에 두고 넣어줘야 한다. 통째로 된 생선 필레 같은 큰 재료라면 한쪽 끝을 먼저 기름에 담그고 천천히 나머지를 기름으로 넣어 주면서 2.5cm 정도 위에서 마지막 부분을 다 넣도록 한다. 재료를 한 번에 하나씩만 넣으면 튀김옷을 입힌 재료들이 서로 큰 덩어리로 달라붙는 것도 방지할 수 있다.

재료를 너무 많이 넣지 않는다.

너무 많은 재료를 뜨거운 기름에 한 번에 넣으면 기름 온도가 빨리 내려가서 튀김이 잘 되지 않는다. 그래서 음식이 제대로 바삭하지 않고 튀김옷이 일부 벗겨질 수도 있다. 경험상, 뜨거운 기름 1ℓ당 냉장고 온도의 음식 230g 이상은 절대로 넣지 않는 다. 그래서 450g의 감자를 튀겨야 한다면 기름 2ℓ를 다 넣고 튀기거나 나눠서 튀겨야 한다(나눠서 튀기는 걸 권한다.). 물론 언 재료는 양을 더 작게 나눠서 튀겨야 한다.

물기 없는 것 = 좋다.

앞서 이야기한 대로, 튀김은 기본적으로 증발의 과정이다. 뜨거운 기름은 수분이 빠르게 수증기로 바뀌게 해서 수분이 달아나고 크러스트가 만들어지게 한다. 기름에 넣을 때 재료에서 수분이 적을수록 더 효과적으로 튀겨진다. 표면에 수분이 있으면 지나치게 거품이 많이 생기고 기름이 더 빠르게 분리가 된다. 튀김을 잘 하기 위해, 단단한 재료는 모두 먼저 키친타월에 두드려 물기를 닦아 내고 튀김옷을 입히거나 브레딩을 한다. 그리고 튀김옷이 너무 많이 묻지 않도록 꼭 적당히 털어 내고 기름에 넣는다.

기름을 깨끗하게 한다.

한 번 넣은 기름은 사용하면 할수록 튀김 능력이 떨어진다. 기름의 분리에 영향을 미치는 주된 원인은 음식 조각과 수분 입자이다. 튀김 기름을 더 오래 사용하려면 기름을 계속 깨끗하게 해야 한다. 나는 튀김을 할 때마다, 그물국자(중식용 뜰채나 스키머, 스파이더)를 가까이 두고 빵가루나 튀김옷 찌꺼기, 기타 부스러기들을 중간중간 혹은 심지어는 튀기는 중에도 계속 건져낸다. 이런 부스러기들을 건져내기 위해 그물국자를 시계 방향으로 휘젓는다. 그러다가 국자를 휙 돌려 반대 방향으로도 거른다. 기름의 흐름 때문에 대부분의 음식 찌꺼기들은 그물국자에 걸리게 된다. 찌꺼기는 건져서 가까이에 있는 금속 그릇에 모은다(플라스틱으로 된 쓰레기통에 절대로 버리지 않는다!). 이렇게 기름이 깨끗해지도록 반복한다. 튀김을 다 끝내고 나서는 가는 고운체 위에 키친타월이나 무명천을 깔고 밑에는 그릇을 받치고 여기에 기름을 부어 남은 부스러기를 걸러 낸다.

재료를 계속 움직이게 한다.

시원한 수영장에서, 가만히 있으면 좀 더 따뜻하게 느껴지다가 누군가가 수영하면서 지나가면 여러분 주위로 물살이 만들어지면서 다시 서늘해지는 걸 느껴 본 적이 있는가? 뜨거운 기름에 차가운 재료를 넣으면 바로 이와 반대되는 일이 일어나게 된다. 차가운 재료를 가만히 움직이지 않게 하면 더 차가운 기름 주머니가 재료 주위에 발달하게 돼서 튀김이 잘 되지 않는다. 재료를 계속 흔들고 이리저리 옮겨 줘야 뜨거운 기름에 계속해서 노출되게 된다. 그래서 넣고 가만히 두는 것보다 더욱 골고루 튀겨져서 더 바삭해진다. 이렇게 움직이게 해 주는 데에 그물국자나 긴 젓가락이 아주 효과적이다.

기름을 현명하게 선택한다.

튀김에 가장 적합한 기름은 발연점이 높고 비교적 저렴하고 풍미가 없는 기름이 좋다. 참기름이나 엑스트라 버진 올리브 오일처럼 풍미가 있는 기름에는 여러 화합물이 들어 있는데 이런 화합물은 대부분의 음식을 효과적으로 튀길 수 있는 온도보다 훨씬 낮은 온도에서 연기가 나게 만든다. 다른 기름을 사용하는 사람도 있지만 내가 튀김용으로 사용하는 기름은 땅콩기름(Peanut Oil)이나 아니면 땅콩기름에 돼지기름(lard)이나 베이컨 기름(bacon fat), 쇼트닝을 조금 섞어서 사용한다. 더 자세한 내용은 다음의 '기름에 대한 모든 것'을 참고한다.

빨리 기름을 빼고 키친타월을 사용하라!

튀긴 음식을 금속 랙에 올려 기름을 빼는 것이 타당해 보이지만 실제로는 접시나 그릇에 키친타월을 깔고 기름을 빼는 게 훨씬 더 효과적이다. 랙에 튀김을 올리면 기름 표면의 장력이 작용해서 기름을 제자리에 그대로 있게 하기 때문에 실제로는 그리 많은 기름이 빠지지 않는다. 하지만 키친타월은 모세관 활동으로 기름을 흡수하기 때문에 음식에서 기름을 효과적으로 뽑아내서 더 오랫동안 바삭하게 한다. 실제로, 나란히 두고 해 본 실험에서 키친타월에 놓는 방법이 랙 위에 올려 두는 방법보다 거의 4배나 더 기름을 많이 빼낸다는 걸 알게 됐다. 기름을 최대한 빼내려면 튀김을 건져서 바로 키친타월이 깔린 접시나 쟁반이나 그릇에 놓고 한 번 뒤집어 줘서 튀김 양 면의 기름을 다 빼도록 한다. 랙에 올려서 공기 순환이 되도록 한다(음식 아래에서 생성된 수증기는 바삭한 튀김을 눅눅하게 만든다.).

튀긴 음식을 키친타월에 놓고 기름을 뺀다.

양념을 바로 한다.

"너네가 개똥을 튀겨도 신경 쓰지 않을 테니 튀김기에서 꺼내면 두 번째로 할 일은 간을 하는 거야!" 이렇게 말하는 셰프 밑에서 일한 적이 있는데, 그 말이 맞다. 소금은 뜨거운 표면에 더 빠르게 달라붙고 더 잘 녹는다. 그래서 튀김에 간은 빠르면 빠를 수록 더 잘 밴다.

사용한 기름을 다시 사용한다.

기름을 절약하기 위해 기름을 거르고 웍에서 식힌 뒤 고운체에 무명천이나 키친타월을 깔고 붓는다. 그러고는 깔때기를 사용해서 다시 원래 담겼던 병이나 빈 청량음료 병에 붓는다. 뚜껑을 닫아서 봉하고 서늘하고 어두운 보관함 등에 넣어 다음에 사용한다. 기름의 색이 아주 진해지기 시작하거나 열을 가했을 때 기름 표면에 거품이 생긴다면 상태가 나빠진 것으로 버려야 한다.

기름에 관한 모든 것

Q. 튀김용으로 가장 좋은 기름은 무엇인가?

요즈음 슈퍼마켓 진열대에는 심장에 좋다고 하는 오메가 3 지방산 함량이 높은 올리브와 카놀라유로부터 아보카도 기름이나 포도씨유 같이 비싼 유명 상표 기름, 또 식물성 쇼트닝과 라드 같은 상온에서는 고체 상태인 기름들까지 종류가 아주 다양하다. 그렇다면, 튀김에는 어떤 기름이 가장 좋을까? 어떤 기름으로 튀겨야 가장 바삭하면서도 맛도 최고로 좋을까?

나는 내가 알고 있는 유일한 방법, 즉, 모두 다 사용해 보는 방법으로 좋은 기름을 찾기로 했다.

우선, 닭을 12개의 실험군으로 나눠 다음의 기름을 사용해 튀겼다. 쇼트닝, 라드, 카놀라유, 올리브오일, 땅콩기름, 해바라기씨유, 옥수수유, 팜유, 아보카도 오일, 일반적인 '식물성' 기름(보통 콩기름과 옥수수유를 섞는다.), 포도씨유, 베이컨 기름.

그러자 특정 조리 기름에 담긴 포화지방의 양과 튀긴 닭고기의 바삭한 정도 사이에 직접적인 상관관계가 있음을 바로 알게 되었다. 포화지방 함량이 아주 높은 라드(포화지방 40%), 쇼트닝(31%), 베이컨 기름(40%), 팜유(81%)로 튀긴 닭고기가 가장 바삭했다. 이들 기름으로 튀긴 음식은 식지 않은 상태에서 바로 먹으면 괜찮다. 하지만 이런 기름은 그대로 두면 고체에 가깝게 되기 때문에 좀 지난 뒤 먹으면 입안에 찝찝한 왁스 같은 게 묻는 느낌을 주게 된다. 덴푸라 스타일 채소나 생선 같이 가벼운 느낌의 튀김에는 이런 코팅이 입혀지면 특히 도드라지게 된다.

스펙트럼의 반대쪽 끝에 있는 포도씨유(10~12%), 올리브유(13%), 옥수수유(13%), 해바라기씨유(10%), 아보카도 오일(12%), 식물성유(13% 정도)와 같이 불포화지방 함량이 높은 기름에 튀긴 닭고기는 반대로 그만큼 바삭하지 않았다. 그렇다면 승자는? 바로 땅콩기름이었다. 땅콩기름은 적당히 포화 지방의 함량도 높고(17%) 투명하고 자체의 강한 맛도 가지고 있지 않다. 포화지방이 높은 기름으로 튀겼을 때의 입안을 감싸는 그런 왁스 같은 느낌 없이 닭고기가 깔끔하고 바삭하게 튀겨진다. 그래서 나는 땅콩기름을 닭고기뿐만 아니라 거의 모든 튀김 요리에 사용한다.

포화지방과 불포화지방

우리는 '포화지방'과 '불포화지방'이라는 말을 자주 듣는데 이 말은 무슨 뜻이며 요리에는 어떤 영향을 미칠까?

대부분의 유기화합물처럼 지방은 아주 복잡한 분자이다. 지방은 자연적으로 구부러져 있고 감겨져 있는데 하나를 쭉 펴면 등뼈를 구성하는 글리세롤의 분자와 세 팔을 구성하는 '지방산'이라 불리는 탄소원자의 긴 사슬이 있는 E자 모양과 비슷하게 된다. 지방이 포화지방인지 아닌지를 결정하는 건 이 팔의 정확한 구성이다.

탄소 원자 한개는 다른 원자와 네 개의 사슬을 만들 수 있다. 포화지방에서 사슬 속에 있는 모든 탄소 원자는 앞서거나 뒤따르는 탄소 원자와 함께 수소 원자 두 개와 결합하고 있다.* 불포화지방에서는 탄소 원자 하나 이상이 수소 원자 하나와만 결합한다.

라드(lard) 또는 쇼트닝(shortening)과 같은 고포화 지방은 상온에서 고체이며 가열하면 액체로 녹는다.

탄소 원자는 이웃하는 탄소 원자와 이중으로 결합한다. 단일 불포화지방에는 이중 탄소 결합이 하나가 포함되며 다중 불포화지방에는 이중 탄소 결합이 두 개 이상 포함된다.

포화지방 분자는 곧게, 더 단단히 그리고 더 효과적으로 쌓을 수 있어서 대부분 상온에서는 고체 상태로 있을 수 있다. 그래서 버터, 쇼트닝, 동물성 지방, 팜유 같은 포화지방의 함량이 높은 지방은 상온에서 고체이며 불투명하다가 가열하면 투명한 액체가 되는 것이다. 반대로, 카놀라유나 올리브유 같은 고불포화지방은 분자들이 조직화된 방식으로 단단히 결합하는 데에 어려움이 있기 때문에 상온에서 투명한 액체 상태로 있게 된다.

지방은 불포화 지방의 기하학적 구조를 묘사하는 데 사용되는 용어, 트랜스 지방과 시스형 지방까지 고려하면 더 복잡해진다. 트랜스 지방은 이중 탄소 결합이 지방산을 곧게 만드는 방식으로 만들어진 불포화지방이다. 시스형 지방은 부메랑처럼 지방산을 구부러지게 하는 방식으로 이중 탄소 결합이 되어 있다. 두 가지 지방이 자연적으로 발생하긴 하지만(트랜스 지방은 흔히 동물의 지방에서 발견된다.) 트랜스 지방은 수소 원자를 다중 불포화지방에 넣어 결합하게 해서 포화도를 높이는 인공 지방인 수소 첨가 지방에서 훨씬 더 많이 나타난다. 마가린과 일부 쇼트닝 종류는 수소 첨가 지방의 예이다.

최근의 연구 결과에서 트랜스 지방은 관상 동맥 질환과 연관이 있다는 것이 밝혀졌다. 그래서, 인공 트랜스 지방은 일부에서는 금지하기도 한다. 요즘 나오는 쇼트닝 제품은 최종 제품에 트랜스 지방이 최소한도로 들어가도록 한다.

* 마지막 탄소 원자는 예외로, 마지막 탄소는 수소 원자 3개와 결합하고, 그 첫 번째는 두 개의 산소 원자와 결합한다(하나에 이중으로 결합).

Q. 우리 어머니는 최고의 프라이드치킨을 만드는 비결로 베이컨 기름을 꼽으시며 기름병을 냉장고에 보관하시곤 하셨는데, 맞는 얘기인가요?

그럼요! 베이컨 지방은 포화지방이 높을 뿐만 아니라 (아주 바삭한 껍질을 만드는 데 도움이 됨) 베이컨 지방 자체의 맛을 더하기도 한다. 기름을 너무 많이 넣어서 베이컨 맛이 지나치지만 않는다면 프라이드치킨이나 치킨 프라이드 스테이크 같은 요리에는 아주 좋다. 1:7의 비율이 적당하다. 즉, 땅콩기름 4컵(1ℓ) 중 ½컵(125㎖)을 녹인 베이컨 기름으로 대체한다. 그러나 채소나 생선과 같이 좀 더 섬세한 음식에는 베이컨 기름을 사용하지 않는다.

Q. 생선을 기름에 튀길 경우, 기름에서 생선 냄새가 난다고 들었는데, 사실인가요?

가끔, 아마도 식당이나 이웃집에 들어갈 때 산패한 듯한 생선 냄새가 확 풍길 때가 있을 것이다. 아니면 주인에게 "이런, 누가 생선을 튀기고 있나요?"라고 물어 봤을지도 모른다(혹은 여러분이 나보다 좀 더 자제하는 분이라면 혼잣말로).

그건 말이죠, 할렘가의 우리 집 부근에는 생선 튀김 가게(fried fish shop)와 프라이드치킨 식당 둘 다 있는데, 참 신기하게도, 고약한 생선 기름 냄새가 나는 쪽은 바로 프라이드치킨 식당이고 반면에 생선 튀김 가게에서는 신선한 해산물 냄새만 난다. 무슨 일일까? 튀긴 음식에서 나는 '생선 냄새나는 기름'은 생선과는 아무 상관이 없었고, 기름 분자의 피할 수 없는 분해 때문에 생긴 일이었다.

Q. 잠깐만요. 지방 분자의 분해라고요? 산화와 가수분해를 얘기하는 것처럼 들리는데요. 설명 좀 해 주시겠어요?

물론이죠. 고등학교 생물 시간을 기억하나요? 그때 우리는 지방 분자는 모두 큰 대문자 E 모양으로 배열되어 있으며, 글리세롤 중추에 세 가지 지방산이 붙어 있다고 배웠지요. 그런데 문제는 이러한 지방 분자는 정확히 고정되어 있지 않다는 점입니다.

'산소에 노출되고 충분한 시간이 주어지면 지방 분자는 분해가 된다. 그리고 이런 점진적인 분해는 열과 빛, 공기에 노출되면 더 속도가 빨라진다.' 유감스럽게도, 튀김을 할 때 지방 분자는 이 세 가지에 완전히 노출되게 된다. 지방분자는 산소에 노출되는 것만으로도 산화가 일어나는데 산화는 큰 지방 분자가 분해돼서 케톤과 단쇄지방산 가운데에 있는 수많은 작은 지방 분자로 분해가 되는 과정이다. 이런 고약한 냄새나는 분자들이 바로 튀김집에서 생선 냄새가 나게 하고 뜨거운 기름에 재료를 넣지 않았을 때도 이러한 반응이 일어나게 만든다. 심지어 보관을 잘 못해도 아주 극단적인 경우에는 기름 병 안에서 이런 현상이 일어날 수 있다. 이런 이유로 절대로 기름을 스토브 옆에 보관하면 안 된다. 산패를 부르는 지름길이다.

그런데, 여러분이 튀김을 시작하면, 문제는 더 심각해진다. 물과 기름과 열(즉, 뭔가를 튀겼을 때)을 섞었을 때 발생하는 반응인 가수분해는 산화를 더 심화시키고 빠르게 한다. 그래서 튀김에 사용된 기름은 결국에는 분해가 되면서 악취가 나고 사용할 수 없게 된다. 튀김의 온도와 한 번에 튀기는 튀김량에 따라 기름을 대여섯 번만 사용할 수도 있고 많게는 몇 십번도 사용할 수 있게 된다.

마지막으로, 기름이 분해되는 마지막 과정은 비누화(saponification)라 불리는 과정이다. 문자 그대로, 기름이 비누로 바뀌는 과정이며 여기서 비누라고 하는 것은 아이보리나 도브 비누가 아니라 화학적 정의로 지방산의 화학염을 말한다*. 비누는 계면 활성제인데, 이는 소

---
* 넵, 비록 목욕용 비누도 거품제와, 향료, 박피 크림 등과 함께 화학적 비누 성분을 포함하고 있지만.

수성(기름을 좋아하고/물을 싫어하는) 꼬리와 친수성(물을 좋아하고/기름을 싫어하는) 꼬리를 가지고 있다는 뜻이다. 이들은 늘 하듯이 기름과 물의 세계에서 중재자로서 이 두 세계가 분리되지 않고 공존하게 한다. 하지만, 이 경우에, 평화로운 공존이 오히려 안 좋은 일이 되는데, 기름에 계면 활성제가 많아질수록 수분이 더 많이 포함되고 그래서 가수분해가 더 빨라지며 기름의 발연점이 더 낮아진다. 그래서 튀김 기름으로는 효율이 떨어지게 된다.

설명한 대로, 내 이웃에 있는 프라이드치킨 식당에서 나는 생선 냄새는 조리대 아래에 생선을 오래 두어서가 아니라 기름의 찌꺼기를 자주 거르지 않거나 자주 교환해 주지 않아서 생긴 것이다. 반면에 생선 튀김 가게는 기름을 정기적으로 바꿔서 공기 중에는 신선한 생선 향만 남게 된다(어느 식당의 줄이 더 길까?).

Q. 집에서라면 어떨까? 기름을 몇 번이나 다시 사용할 수 있을까?

집에서 튀김을 한다면 기름이 분리가 될 때까지 6~8번 정도는 튀길 수 있을 것으로 보인다. 어떤 재료는 특히나 기름의 분해를 더 빠르게 하기도 한다. 일반적으로 브레딩이나 튀김옷의 입자가 작을수록 기름이 더 빨리 분해가 된다. 따라서 밀가루를 묻혀 튀긴 닭고기는, 굵직한 빵가루를 묻혀 튀긴 가지 슬라이스보다 더 빠르게 기름을 분해한다. 그리고 빵가루를 입혀 튀긴 가지는, 튀기면 단단해지는 반죽에 담가서 튀긴 양파 링보다 더 빨리 기름을 분해한다.

Q. 식당에서는 어떻게 집에서 하는 것보다 기름을 더 여러 번 사용할 수 있나요?

이건 영업용 튀김기를 사용하기 때문이며 가정에서 하는 것과 비교해 몇 가지 주요한 이점들이 있다. 식당에서 쓰는 튀김기는 바닥에서부터 가열되지 않는다. 이런 튀김기는 전기나 가스를 이용한 열판이 있는데 이런 열판은 튀김기 바닥에서 위로 몇 cm 위에 있다. 튀김의 가장 큰 문제점 중 하나는 기름 속에 찌꺼기가 남는다는 점이다. 튀김기에 재료를 넣을 때 튀김옷 조각, 밀가루, 빵가루 조각 등이 떨어지게 되며 튀김 음식을 다 꺼낸 뒤에도 튀김기에 남게 된다. 이런 찌꺼기들은 어떤 일이 일어날까? 이런 찌꺼기들은 마지막에는 완전히 증발이 되면서 기름 바닥에 가라앉게 되는데 식당의 튀김기 속에서는 크게 문제가 되지 않는다. 왜냐하면 이 조각들이 비교적 온도가 낮은 열판 아래 부위에 가라앉기 때문이다. 하지만 가정에서는 웍이나 기름 냄비는 바로 맨 아래에서부터 가열이 된다. 떨어진 조각들은 타면서 기름의 질을 많이 떨어뜨리고 또, 새로 기름에 넣는 재료에 달라붙기도 한다.

그렇다면 가정에서는 어떻게 하면 좋을까? 기름 때문에 음식이 망가지지 않게 하려면 튀기는 중간중간에 냄비를 깔끔하게 해 주는 데 신경을 아주 많이 써야 한다. 또한 식당의 튀김기와 똑같이 작동하는 열판이 달린 작은 크기의 조리대용 전기 튀김기도 있다. 이런 방법으로 결국에는 기름을 더 여러 번 사용할 수 있게 된다. 그러나 이런 튀김기는 조리대 공간을 차지하고 가열하는 데 오랜 시간이 걸리기도 한다. 개인의 선호에 따라 이런 장단점을 고려해 선택하면 된다.

Q. 식당 튀김기의 또 다른 이점이라면?

식당 튀김기는 대용량으로 설계되었다. 대부분 적어도 38ℓ 정도의 용량을 가지고 있다. 가정에서는 많아 봐야 2~3ℓ 정도의 기름으로 조리를 할 것이다. 식당 튀김기와 비교해 거의 20배 정도 작다. 기름이 많으면 좋은 점은 온도 조절이 더 쉽다는 것이다. 상온 상태의 감자를 한 움큼을 190℃의 38ℓ 기름에 넣으면 온도가 기껏해야 0.56~1.1℃ 정도 밖에 내려가지 않는다. 그러나 2ℓ

가 채 안 되는 기름에 똑같이 넣으면 무려 10℃나 떨어진다. 그래서, 집에서는 이러한 온도 손실을 만회하기 위해 기름을 더 뜨겁게 가열해야 한다.

Q. 아, 이제 알겠어요. 새 기름 = 좋다, 오래된 기름 = 나쁘다는 거죠?

꼭 그렇지는 않습니다! 신선한 새 기름을 사용하는 게 음식을 튀기는 데 가장 좋은 방법이라고 생각할 수 있지만, 크게 무리는 아니다. 하지만 정확하진 않다. 왜 그런지 이유를 살펴보자.

아주 신선한 기름은 병적으로 물을 싫어한다. 물 근처에는 얼씬도 하려 하지 않는다. 우리가 튀김기 안에 넣는 재료에는 아주 많은 수분이 묶여 있다(결국, 튀김에서 중요한 점은 바로 이 수분을 다 날려 버리는 일이다.). 이 말은 곧 기름이 그 재료를 좋아하지 않을 것이라는 의미가 된다. 사실 기름은 재료를 아주 싫어하기 때문에 재료의 표면에 가까이 가는 데 어려움을 겪는다. 튀김옷을 입힌 재료를 신선한 기름에 넣을 때 재료를 둘러싸면서 생기는 반짝이는 거품을 보지 못했는가? 그게 바로 재료 표면에서 재빨리 달아나면서 지방이 너무 가까이 들어오지 못하게 막는 물 수증기 층이다. 지방이 음식과 접촉할 수 없기 때문에 신선한 기름에서는 열이 효과적으로 전달되지 않는다. 그래서 조리 시간이 길어지고 바삭함이 덜해지며 '튀김' 맛도 떨어지게 된다(튀김 맛은 브라우닝과 탈수, 기름 흡수의 조합으로 만들어진다. 860쪽 '튀김은 무엇인가?' 참고).

반면, 약간 오래된 기름에는 물과 기름을 서로 가까이 있게 해주는 계면 활성제가 좀 남아 있다. 이 때문에, 오래된 기름은 음식에 더 잘 들어갈 수 있어서 더 빨리 익게 하고 더 바삭하고 맛있는 껍질을 만든다.

여러 해 동안 튀김을 해온 요리사들이 말하듯이 기름으로 처음 튀길 때는 가장 바삭하게 튀길 수 있도록 남은 튀김 기름을 조금 보관해 두었다 새 기름에 섞어 줘야 한다. 가정에서라면 오래된 기름의 양은 새 기름 1ℓ당 1큰술 정도로 아주 적다.

Q. 계속 사용하는 기름은 어떻게 보관해야 할까요?

신선한 기름과 마찬가지로, 계속 사용하는 기름도 시원하고 어둡고 비교적 공기가 밀폐된 공간에 보관해야 한다. 며칠 동안 계속 튀김을 해야 한다면 뚜껑이 있는 금속(유리는 빛이 들어가기 때문에 안 됨) 냄비에 고운체를 놓고 그 위에 무명천이나 키친타월을 깔고 걸러 주방의 시원한 구석에 보관한다. 오래 보관해야 한다면 고운체에 거른 뒤 깔때기를 사용해서 원래 들어 있던 기름 통으로 다시 집어넣는다. 단단히 봉한 뒤, 서늘하고 어두운 보관함에 넣어 둔다.

Q. 마침내 기름이 더 이상 다시 사용하기 힘든 그런 상태가 됐을 때는 어떻게 해야 하나요? 어떻게 버려야 할까요?

사용한 기름을 버리는 일은 아주 골칫거리일 수 있다. 가령 반 컵(125ml) 정도 되는 적은 양이라면 비누와 따뜻한 물과 함께 따라 버리면 된다(비누는 기름이 물과 함께 유화하는 걸 도와 기름이 파이프 안에 달라붙어 코팅하는 걸 막을 수 있다.). 하지만 많은 양은 좀 더 주의가 필요하다.

절대적으로 가장 좋은 방법은, 폐기름을 모으는 단체에 기부하여 특별히 고안된 차에 연료로 쓰게 하는 방법이다(보스턴에서는, 이런 차를 맥너겟 차량이라 부르곤 했는데 그 배기가스에서 패스트푸드점 주방 같은 냄새가 나서이다.). 하지만 유감스럽게도 이 방법은 실행하기가 쉽지 않다. 가정에서 가장 쉽게 할 수 있는 방법은 원래 담겨 있던 용기를 보관했다가 식힌 기름을 깔때기로 다시 부어서 뚜껑을 닫고 고체 쓰레기와 함께 버리는 방법이다.(주 – 기름 처리 방법은 저자가 살고 있는 미국 기준이므로 국내에서 사용하고 남은 기름을 아무 곳에나 버리면 안 된다. 재활용품 수거지(아파트 단지,

식당 등에 있는)에 폐기름 수거통이 있으면 그곳에 모아 버린다. 동네별로 재활용품 수거지에 폐기름 수거통이 있는 경우가 많고 폐식용유 수거통이 없다면, 인근 동사무소나 시청에 문의하면 된다. 하수도에 흘려보내거나 싱크대에 버리면 기름이 하수관에 들러붙어서 하수관이 막힐 수가 있으며 자연 분해되기까지 많은 시간과 물이 필요하다. 또한 임의로 아무 곳에나 폐기하거나 묻으면 환경오염을 유발할 수 있으므로 삼간다.)

기름을 최대한 오래 사용할 수 있는 비결

다음은 기름의 수명을 최대화할 수 있는 빠르고 간편한 지침이다.

- **온도를 주시한다.** 기름이 발연점을 지나게 하지 않는다. 발연점을 지나면 빠르게 분해가 시작된다.
- **여분의 튀김옷이나 빵가루는 묻히는 과정 후에 세심하게 털어 낸다.** 튀김옷의 작은 조각이나 빵조각, 특히, 밀가루는 튀김 용기의 바닥에 모이게 되고 기름을 분해하게 한다.
- **튀김 후에는 이런 조각을 꼼꼼히 제거해 준다.** 기름이 뜨거울 때 고운체로 작은 조각을 걸러 준다. 최고의 효과를 내려면 기름을 사용하고 난 뒤 매번 고운체 위에 무명천이나 키친타월을 깔고 깨끗하게 걸러 낸다.
- **기름을 서늘하고 어둡고 건조한 곳에 보관한다.** 며칠 정도의 짧은 기간 보관하려면 뚜껑이 달린 금속 냄비에 넣고 부엌의 서늘한 곳에 두는 것으로 충분하다. 오랜 기간 보관하려면 원래 기름이 담겨 있는 용기에 다시 넣고 단단히 봉하고, 서늘하고 어두운 수납장에다 보관한다.

일반적인 기름의 발연점

모든 기름은 특정 온도가 되면 기름 표면에 연기가 피어오르는 발연점에 도달하고 또 어느 정도 더 올라가면 실제로 기름 표면에 불꽃이 일렁이게 되는 인화점에 도달하게 된다.

튀김에 사용되는 기름은 안전성과 맛 때문에 절대로 이런 온도로 가열하면 안 된다. 다음은 대부분 기름의 발연점과 포화지방의 비율을 표로 나타냈다. 튀김용으로 여러 가지 기름을 선택하는 데는 다양한 이유가 있다. 어떤 사람은 건강 때문에 올리브오일이나 카놀라유, 유채씨유 같은 포화지방 함량이 낮은 기름을 선택한다. 하지만 지금 농담하고 있나? 우리는 건강에 좋으라고 튀김을 먹지는 않는다. 또 다른 사람들은 튀김이 더 바삭하게 되기 때문에 발연점이 비교적 높은 포화지방이 많이 든 기름을 선택한다. 선택은 여러분이 하는 것이지만 나는 어느 한쪽에 기운다. 튀김용으로 내가 선택하는 기름은 거의 늘 땅콩기름인데, 발연점도 높고 포화지방도 충분히 들어 있어 껍질이 아주 바삭해진다. 그리고 쇼트닝이나 라드, 기타 동물성 지방에서 느낄 수 있는 왁스 같거나 묵직한 느낌도 없다.

'식물성 기름'이라는 용어 사용은 엄격히 규제되지는 않는다. 식물성 기름은 몇 가지 기름을 섞어서 만드는 데 대부분, 옥수수유, 카놀라유, 해바라기씨유를 섞어서 사용하며 발연점은 200~232℃ 정도이다.

지방	발연점	포화지방 비율
버터	149 ~ 177℃	62%
코코넛 오일	177℃	86%
식물성 쇼트닝	182℃	31%
라드	188℃	40%
엑스트라 버진 올리브오일	190.5 ~ 210℃	13%
카놀라유	200 ~ 218℃	7%
참기름	210℃	14%
라이트 올리브오일	218℃	13%
땅콩기름	227℃	17%
해바라기씨유	227℃	10%
옥수수유	232℃	13%
팜유	232℃	81%
콩기름	257℃	14%
홍화씨유	265.5℃	9%
아보카도 오일	271℃	12%

튀김에 대한 근거 없는 믿음 : 기름이 뜨겁다고 음식에 기름이 적게 흡수되는 건 아니다.

튀김에 대한 책은 어디나 읽어 보면 거의 이런 지침을 준다. '재료를 넣기 전에 기름이 충분히 뜨거운지 확인할 것, 뜨겁지 않으면 기름을 많이 흡수해서 튀김이 기름지게 된다.' 이 이론은 기름이 충분히 뜨겁다면 재료를 기름에 넣자마자 재료에서 달아나는 수증기 기포의 바깥으로 향하는 압력이 기름이 재료에 달려들지 못하게 해서 음식이 기름지지 않게 된다는 얘기다. 언뜻 보기에는 맞는 말인 것 같다. 그렇지 않은가? 그렇다면 우리 모두 그동안 너무 온도가 낮은 튀김기에서 나온 튀김 음식을 먹어온 거다. 정말이지 너무 묵직하고 온통 기름투성이다.

하지만 정말로 그 튀김에 기름이 더 많아서일까? 『식품가공학 저널(Journal of Food Process Engineering)』에 실린 연구에서는 이와는 다르게 이야기한다. 음식을 더 뜨거운 온도에서 튀길수록 기름이 더 많이 흡수가 된다는 것이다. 튀김기에 넣는 대부분의 식품을 살펴보자. 튀김옷을 입힌 식품이든, 감자든, 치킨 조각이든 모두 수분이 들어 있다. 이 음식들은 말 그대로 흠뻑 젖어 있는 상태이다. 예를 들어, 감자 튀김을 빈 방이 없이 꽉 차 있는 호텔이라 생각해 보자. 모든 개인실(single room)은 물 분자로 꽉 차 있다. 어느 기름이든 감자에 진입하기 위해서는 먼저 물의 일부가 퇴실을 해야 그 방에 들어갈 수 있다. 이것을 생각한다면 다음 것도 답을 알 수 있다. 차가운 감자를 차가운 기름 냄비 속으로 넣으면 감자는 기름을 흡수할까? 아니다. 감자를 씻어 보면 기름 근처에도 있지 않은 것처럼 된다. 자, 이제 중요한 이야기인데, 물은 자신의 세포 속에 머무는 데 아주 만족한다. 물이 세포에서 벗어나는 유일한 상황은 강제로 쫓아내는 방법밖에 없다. 즉, 열이라는 형태로 수분에 어떤 에너지를 가해 줘야 한다. 감자 조각을 뜨거운 기름에 넣을 때 기름에서 나오는 에너지가 감자 속에 있는 수분 속으로 전해진다. 수분은 결국에는 너무 많은 에너지를 흡수하게 돼서 감자 세포 속에서 뛰어 올라 수증기 기포로 달아나게 된다. 그래서 기름이 투숙할 수 있는 공간이 생기게 된다.

튀기고 있는 음식 조각에 든 수분은 두 가지 형태로 존재한다. 자유수는 쉽게 달아나며 비교적 낮은 온도에서도 음식에서 잘 튀어 나온다. 반면에 결합수는 빠져나오기 위해서는 훨씬 더 많은 에너지와 더 높은 온도가 필요하다. 감자 조각을 135℃로 가열하면, 온도가 물의 끓는점보다 훨씬 더 높아도 더 뜨거워질 때까지 결합수 일부분은 여전히 속에 들어 있다. 그래서 음식을 더 높은 온도에서 튀길수록 수분이 더 많이 달아나서 기름이 흡수될 공간이 더 많이 생기게 된다.

이 연구 결과는 내겐 정말 충격이었다. 그래서 나는 괜찮은 회의론자라면 해 볼 법한 일을 하게 됐는데, 바로 실험을 해 보는 것이었다. 웍에 기름 2ℓ를 넣고 정확한 저울에다 무게를 쟀다. 그러고는 이 기름을 135℃로 가열을 하고 정해진 시간 동안 닭고기를 튀기면서 이 온도를 유지했다. 닭고기를 꺼낸 뒤, 웍에 남아 있는 기름의 무게를 쟀다. 그러고는 실험을 반복했는데 이번에는 닭고기를 튀기면서 기름 온도를 163℃로 유지했다. 실험을 몇 번 반복하자 다음과 같은 결과가 나왔다. 더 높은 온도의 기름에서 튀길수록 닭고기는 기름을 더 많이 흡수한다.

더 높은 온도에서 조리한 음식이 지방을 적게 흡수할 것이라 짐작하는 데에는 흔히 이런 생각이 깔려 있다. '수증기가 빨리 음식에서 달아나려고 밖으로 미는 힘이 기름이 속으로 들어가려고 미는 힘을 막는다.' 이 말은 음식이 실제로 뜨거운 기름 속에 있을 때에는 맞는 말일 수도 있지만 음식을 꺼내자마자 바로 온도가 빠르게 떨어진다. 음식 안에서부터 바깥으로 정압이었던 힘은 이제는 반대로 바뀌어서 순식간에 부분적으로 진공상태가 된다. 수증기를 밀어내는 대신 음식은 표면에 붙어 있는 기름을 빠르게 속으로 빨아들이게 된다. 세상에서 가장 빠르게 튀김을 하는 요리사라도 양파 링이 기름을 빨아들이는 이런 작용을 멈추게 할 만큼 빠르지는 않다. 튀김기에서 음식을 꺼낸 뒤 몇 초 만에 흡수되는 양이 70%정도나 된다.

그리고 기름이 더 적게 흡수되기는 하지만 135℃에서 튀긴 닭고기는 163℃에서 튀긴 닭고기보다 흐물흐물하고 훨씬 더 기름졌다. 우리가 '기름지다'라고 묘사하는 식감은 실제로는 음식에 흡수된 기름의 총량과는 관계가 없으며 그냥 착각일 뿐이라는 게 드러났다. 그건 표면에 있는 기름과 입안에서 물러진 축축한 빵가루나 튀김옷 때문에 기름지다거나 무거운 느낌이 드는 것이다. 바삭하게 잘 튀겨진 튀김옷이나 브레딩, 닭 껍질에는 기름이 더 많이 들어 있을지는 모르지만 느끼기에는 그렇지 않다.

이 실험으로 배운 게 있다면 튀김을 할 때, 바삭하고 기름진 느낌이 없게 튀기려면 꼭 고온에서 재료를 튀겨야 하지만 그렇다고 그 경우에 기름지지 않다고 착각하지는 말 것!

튀김옷과 브레딩

껍질 없는 닭가슴살을 아무것도 바르지 않고 튀김기에 바로 넣어 본 적이 있는가? 나는 이렇게 튀기는 것에 아주 강하게 반대한다. 200℃의 기름이 가득 든 통에 닭고기가 들어가는 순간, 몇 가지 일이 일어나기 시작한다. 첫째, 함유된 수분은 빠르게 수증기로 변해서 간헐온천처럼 기포가 보글거리게 되고 닭의 바깥 조직은 점점 더 수분이 없어진다. 동시에, 근육계에 있는 주름진 단백질의 부드러운 그물망은 변성해서 팽팽해진다. 그래서 살을 단단하게 하면서 수분을 짜내게 된다. 닭고기를 1~2분 있다 끄집어내면 겉면에 돌아가면서 0.6cm 두께 정도의 수분이 빠진 층이 만들어지면서 꽤 뻣뻣해진 걸 알 수 있다. 이때가 바로 여러분이 혼잣말로 '아, 튀김옷을 입혔더라면 좋았을걸!'하고 생각할 때이다.

튀김옷은 보통은 밀가루이고 옥수숫가루나 쌀가루 등도 종종 쓰이는데 이런 가루에 물을 넣고, 취향에 따라 효모도 넣고 달걀처럼 접착력 있는 재료와 베이킹파우더를 넣고 섞어서 만든다. 이 튀김옷은 음식을 두껍고 끈적거리는 층으로 덮는다. 브레딩을 할 때는 몇 가지 층이 생긴다. 보통, 밀가루를 식재료에 바로 묻혀서 층을 하나 만드는데 그러면 표면이 마르고 거칠어져서 두 번째 층인 액체 접착제가 잘 붙게 된다. 이 액체 층은 대개 풀어 놓은 달걀이나 유제품 종류이다. 마지막 층은 음식에 식감을 더해 준다. 이 층에는 곡류 가루나, 다진 견과류, 혹은 말려서 간 빵이나 빵가루, 크래커, 시리얼 등처럼 빵과 비슷한 종류들을 묻힌다.

브레딩이나 튀김옷을 어떻게 만들든 결국엔 같은 역할을 하는데, 튀겨지는 음식 겉면에 '음식'이 한 층 더 입혀진다는 말은 기름이 음식과 바로 접촉하기가 어려워져서 에너지를 음식에 전하기가 어렵다는 뜻이 된다. 음식으로 전해지는 모든 에너지는 겉을 싸고 있는 두꺼운 공기 주머니라는 매개체를 통과해야 한다. 우리들 집에서 공기가 가득 찬 단열재가 혹독한 외부의 영향으로부터 실내의 기온을 완화해 주는 것처럼 튀김옷과 브레딩도 속에 든 음식을 강력하고 활동적인 기름의 영향으로부터 막아 타거나 수분이 빠지지 않고 더욱 부드럽고 고르게 익도록 도와준다.

물론, 안에 든 식재료가 부드럽게 익는 동안 정반대의 현상이 튀김옷이나 브레딩에 일어난다. 바로 수분이 마르면서 조직이 점점 더 단단해지는 것이다. 튀김은 기본적으로는 탈수의 과정이다. 튀김옷과 브레딩은 특히나 우아한 방식으로 증발한다. 바람이 잘 통하는 반죽은 타거나 고무처럼 변하지 않고 부서질 듯 바삭하고 공기가 가득 찬 작은 거품을 만들어서 이런 거품이 굳으면서 형체가 생기고 바삭해진다. 브레딩도 비슷하게 작용하지만 거품이 굳어지는 게 아니라 울퉁불퉁해진다. 구석구석 빵가루를 잔뜩 묻혀서, 튀길 식재료의 표면이 엄청 늘어나게 되고 그래서 씹을 때마다 더욱 바삭거리게 된다.

이상적인 세계에서는 튀김옷이나 브레딩은 안에 든 식재료가 양파 조각이나 생선 조각이 이상적인 수준으로 익게 되는 그 시점에 똑같이, 완벽하게 바삭해져야 한다. 이러한 균형을 이룰 수 있다면 바로 좋은 튀김 요리사일 것이다.

이 장에 있는 레시피는 튀김옷과 브레딩의 기본 종류를 모두 다룰 것이다. 또한, 브레딩의 기타 형태와 튀김옷을 입히지 않은 튀김에 대해서도 다룰 것이다.

다섯 가지 일반적인 브레딩과 튀김옷의 장단점

코팅	만드는 방법	장점	단점	대표적인 사용처	바삭한 정도
브레딩: 밀가루 묻히기	소금물에 담그거나 습식 재료를 양념이 된 밀가루(종종 버터밀크에)를 묻혀 튀긴다.	브레딩이 잘 되면 아주 바삭하고 진한 갈색 크러스트가 많이 생긴다.	좀 지저분하다. 손에도 다 묻고. 기름이 아주 빠르게 분해되도록 한다.	남부식 프라이드 치킨. 치킨 프라이드 스테이크	8
브레딩: 일반적인 빵가루	재료에 밀가루를 묻힌 뒤. 달걀을 묻히고, 건빵가루를 묻힌다.	빵가루를 묻히느라 그릇이 몇 개 필요하지만 아주 쉽다. 아주 바삭하고 단단하고 공기가 통하지 않는 크러스트를 만들어서 소스를 잘 흡수한다.	빵가루가 때로 맛이 너무 강해서 속의 재료 맛을 희석시킨다. 보통의 빵가루는 아주 빠르게 눅눅해진다. 기름이 아주 빠르게 분해되도록 한다.	치킨 파르메산. 슈니첼	5
브레딩: 일식 빵가루 (Panko)	일반적인 빵가루와 같다.	일식 빵가루는 표면적이 아주 넓어서 유난히 바삭하게 코팅된다.	일식 빵가루는 가끔은 구하기가 어렵다. 아주 두껍게 코팅이 되기 때문에 속에 든 음식이 탄탄해야 한다.	전통적으로 일본식 돈까스(치킨까스 또는 돈까스)	9
튀김옷: 맥주	양념한(때로는 효모를 넣고) 밀가루를 맥주와 섞고, 가끔은 달걀도 같이 섞어서 걸쭉한 팬케이크 같은 튀김옷을 만든다. 맥주는 브라우닝을 촉진하며 맥주의 거품은 반죽이 더 많이 부풀도록 한다. 맥주 튀김옷을 입힌 뒤 더 바삭하게 하기 위해 밀가루를 다시 묻힐 수도 있다.	맛이 아주 좋다. 걸쭉해서 잘 부서지는 생선 같은 음식에 좋다. 만들기가 쉽고 섞은 후엔 비교적 안정적이다. 밀가루를 다시 묻히지 않고 한 번만 입혔다면 기름의 분해는 아주 느리다.	다른 튀김옷만큼 바삭하지는 않다. 꽤 많은 재료가 들어간다. 튀김옷을 만들고 난 뒤 빨리 사용해야 한다. 밀가루를 다시 묻히지 않으면 코팅이 빨리 눅눅해진다. 밀가루를 다시 묻히면 기름 분해가 빨라진다.	생선 튀김. 양파 링	5
튀김옷: 옥수수전분/ 얇은 덴푸라식	밀가루나 옥수수전분 믹스 같은 고전분/저단백질 가루에 얼음물을 넣거나 때로는 소다수나 달걀을 넣고 빠르게 섞어서 튀김옷이 멍울지게 한다. 재료를 바로 담갔다 살짝 튀긴다.	아주 바삭하다. 표면적이 넓어서 바삭하다. 저단백질 튀김옷은 브라우닝이 적게 되서 채소나 새우 같은 섬세한 음식의 맛이 살아난다. 기름의 분해는 중간 정도이다.	튀김옷을 제대로 섞기가 어렵다. 너무 많이 섞거나 제대로 섞이지 않는다. 튀김옷은 바로 사용해야 한다.	채소, 새우, 한국식 프라이드 치킨	8

코팅 스타일 1 : 밀가루 묻히기
COATING STYLE 1 : FLOUR DREDGING

남부식 프라이드치킨

사람들이 프라이드치킨에 대해서 얼마나 열정적인지 알고 있기 때문에 가장 맛있는 치킨을 파는 곳이 어딘지 말하지는 않겠다. 하지만 여러분이 시리어스 잇츠(Serious Eats)의 대표, 에드 러빈(Ed Levine)에게 물어본다면 그는 테네시주 메이슨에 있는 67년-집필 당시 기준- 된 유명한 식당, 거스(Gus)의 치킨이라고 말할 것이다. 에드 러빈에 따르면 이 식당의 프라이드치킨은 정말 믿을 수 없을 정도로 바삭하다고 한다. 바삭하고, 울퉁불퉁한 크러스트에 촉촉한 고기, 그리고 브레딩과 껍질 사이에 '우주적인 일체감'이 있다고 한다. 우리는 프라이드치킨에 대해 자주 이야기하는데 맛을 제대로 이해하기 위해서는 형이상학의 도움을 받아야 한다.

뉴욕에서 자란 나에게 프라이드치킨은 한 곳에서 오직 한 곳에서만 나왔다(미국 남부 켄터키 주에서 프라이드치킨을 팔던 커넬 샌더스(Colonel Sanders)가 1952년 유타 주의 솔트레이크시티로 건너가 'KFC'를 개업함. -옮긴이). 커넬이 직접 배포한 기름 얼룩이 진 두꺼운 종이통에 담겨서. 내 어린 마음속에서 KFC 프라이드치킨은 더 이상 그럴 수 없을 만큼 최고로 바삭했었다. 나는 그걸 처음 먹던 때를 분명하게 기억하는데, 크고 기름진 덩어리에서 코팅을 벗겨내서 양념이 된 짭짜름한 기름을 먹고 그 아래 고기는 손가락으로 찢어서 침 흘리고 있는 입에 넣었었다. 정말 천국이었다.

하지만 세월이 바뀌고 흔히 그렇듯이, 그렇게 좋아했던 어린 시절의 추억의 장소로 다시 가보면 실망과 환멸만 느끼게 된다. 온 나라에 프라이드치킨이 넘쳐나고 흑인들의 전통 음식 르네상스가 계속되고 있다. 뉴욕에 있는 고급 식당에서조차 프라이드치킨을 메뉴에 넣었다. 나는 진정한 프라이드치킨은 어때야 하는지에 대해 계속 생각해 왔다.

그리고 아직도 KFC가 닭 위에 입힌 극도로 바삭하고 양념이 잘 된 크러스트를 고집해야 할 것 같긴 한데, 원하는 목표에 부합하는 건 크러스트뿐이다. 축 늘어진 껍질과 퍽퍽하고 질긴 가슴살, 그리고, 음, 크러스트를 빼고 나면 맛이 있다고 하기엔 무리인 치킨.

그렇긴 하지만, 스타일 면에서는 괜찮았다. 그래서 나는 어떻게든 커넬 씨가 처음에 만들었던 대로 최고의 상태, 즉 깊은 닭고기 맛과 흐물흐물하지 않은 껍질과 촉촉하고 부드러운 고기, 바삭하고 매콤한 코팅에 이르게 할 수 있다고 판단했다. 지나간 어린 시절의 그 첫맛을 내가 기억하는 대로 다시 되찾을 수 있을지도 모른다.

속속들이 파헤치기

나는 먼저 닭고기 조각을 버터밀크에 살짝 담갔다. 그러고는 소금과 후추로 간을 한 밀가루를 살살 묻힌 뒤, 160℃로 가열한 땅콩기름에 넣어 튀겼다. 그러자 몇 가지 문제가 바로 나타났다. 먼저 시간인데, 치킨이 완전히 다 익는 시간이 되자(가슴살은 65.5℃, 다리는 74℃*), 겉의 크러스트는 아주 진한 갈색이 되며 군데군데는 거의 거무스름하게 변했다. 그뿐만이 아니라 내가 원했던 것만큼 그렇게 바삭하지도 않았다. 크러스트 속에 있던 고기는 완전히 퍽퍽해지지는 않았지만 정확히 촉촉하다고는 말하기 어려웠고 맛도 밋밋했다. 나는 치킨을 속속들이 파헤쳐 이 문제를 해결하리라 결심했다.

튀겨 낸 치킨의 문제는 바삭하고 양념이 잘 된 코팅이 단순히 표면에만 작용했다는 점이다. 어떤 맛도 속으로 깊이 들어가진 못했다.

---

* '덜 익은' 치킨에 비위가 약한 사람들이나 가슴살은 안전과 맛을 위해 74℃로 익혀야만 한다고 고집하는 분들은 398쪽을 참고한다. 식품 안전성에 대한 실제 상황은 미국 정부가 여러분에게 이야기하는 것과는 꽤 다르다.

이 치킨은 겉은 바삭해 보이지만 속은 퍽퍽하다.

소금물에 절이거나 양념에 재우거나 하면 이 문제를 해결하는 데 도움이 될까? 소금물에 절이기는 주로 닭고기나 칠면조, 돼지고기의 살코기를 소금물에 담가 두는 과정이다. 고기를 담가 두면 소금물이 천천히 중요한 근육 단백질을 녹인다. 가장 뚜렷한 단백질은 미오신으로 미오신은 일종의 접착제로 작용해서 근섬유를 묶고 있다. 이런 미오신이 녹으면서 세 가지 현상이 일어난다.

- 첫째, 고기의 수분 함유력이 향상된다. 고기를 길고 가는 치약통으로 생각해 보자. 고기는 익으면서 치약 통을 짜게 된다. 그러면서 수중한 육즙이 밀려나오게 된다. 브레딩을 하면 고기로 전달되는 에너지를 둔화시켜서 어느 정도는 영향을 완화하는 데 도움이 된다. 하지만 짜는 양이 엄청나다면 브레딩을 아무리 잘 해도 짜내는 작용을 멈출 수는 없다. 미오신은 이 짜내는 동작에 책임이 있는 핵심 단백질 중 하나이다. 그래서 이 단백질을 녹이면 엄청난 육즙의 손실을 막을 수 있다.
- 둘째, 소금물에 담그면 녹은 단백질이 서로 교차 결합을 해서 고기의 질감이 바뀐다. 이것은 소시지를 만들 때 가장 중요한 원칙이다. 녹은 단백질은 서로 결합해서 기분 좋게 탱탱하고 부드러운 질감을 만든다. 닭가슴살이

나 돼지고기 찹을 소금물에 담그면 사실 아주 가볍게 염장을 하는 것이라, 햄을 탄력 있는 프로슈토로 바뀌게 한다.

- 셋째, 소금물은 고기에 천천히 침투하면서, 표면 너머로도 간이 배게 된다. 밤새 소금물에 담가 두면 고기 속으로 몇 ㎜ 소금이 침투하게 된다. 그래서 브레딩을 하기도 전에 양념이 되는 것이다. 또한 소금물에 담그면 근육이 수분을 머금고 있는 능력을 높여 더 촉촉해지기도 한다. 나는 닭가슴살은 일반적으로 30분에서 2시간 정도 소금물에 담가 둔다. 하지만 이 경우에는, 고온에서 튀기기 때문에 이러한 영향을 완화해서 고기를 아주 부드럽고 촉촉하게 하기 위해 훨씬 더 긴 시간 동안 재워야 한다.

소금물에 6시간을 담갔더니 아래와 같은 흐뭇한 결과가 나왔다. 고기의 무게를 쟀더니 밤새 소금물에 담갔다가 튀긴 치킨이 그냥 튀긴 닭고기보다 수분을 9% 덜 잃었고 맛도 훨씬 더 좋았다.

소금물에 담그지 않은 닭고기(왼쪽)와 소금물에 담근 닭고기(오른쪽)

나는 전에 특정 고기를 준비하면서 더 바삭하게 하기 위해 하루 전에 베이킹파우더와 소금을 섞어서 이를 고기에 발라 두었었다(675쪽 '뱃살로만 만든 포르케타' 참고). 소금은 소금물에 담그는 것과 같은 역할을 하며 그와 함께 베이킹파우더는 껍질의 수소 이온 농도 지수를 높여 브라우닝이 더 효과적으로 되게 하고 껍질 주위의 단백질이 풍부한 액즙의 얇은 막이 미세한 기포를 만들게 해서 더 바삭하게 만든다. 이 방법을 치킨에 사용해 봤지만 껍질이 너무 많이 말라서 브레딩이 꼭 붙어 있기가 어려웠다.

다음 날, 어쨌든, 버터밀크에 담그기로 했었기 때문에 나는 일석이조로 소금물 대신 버터밀크에 바로 담가 두면 어떨지 궁금했다. 결과는 치킨이 소금물에 담근 것처럼 촉촉했을 뿐만 아니라 버터밀크의 음식을 부드럽게 하는 효과 때문에 정말로 너무도 부드러운 고기가 만들어졌다(하룻밤 이상 버터밀크에 닭을 담그자 너무 부드러워서 거의 흐물흐물해질 정도가 되었다.). 마지막으로 버터밀크에 향신료를 넣으면 닭의 표면 속으로 맛이 침투하는 데에도 도움이 되었다.

열감과 고추 맛을 내기 위해 카옌 페퍼 파우더와 파프리카 파우더, 마늘 가루*, 말린 오레가노 약간과 후춧가루를 듬뿍 넣고 섞은 가루를 닭에 입히기 전에 이 가루를 버터밀크에 조금 넣어 주었다. 커넬 씨의 치킨에는 11가지 비밀 허브와 향신료가 들어간다. 하지만 이렇게 다섯 가지로도 나와 아내, 그리고 수위 아저씨에겐 충분했다.

크러스트에 대한 욕망

다음은, 크러스트가 좀 더 바삭해지도록 해 보자. 몇 가지 방법이 있다고 생각했다. 먼저, 크러스트의 두께를 늘리고 싶었다. 나는 닭에다 이중으로 브레딩을 했는데, 즉, 버터밀크에 담근 닭에 위의 버터밀크에 넣었던 양념과 똑같은 양념 가루를 밀가루에 섞어 넣고 묻힌 뒤 다시 버터밀크에 담갔다가 또 다시 밀가루를 한 번 더 묻히고 튀겼다.

---

* 어떤 사람들은 마늘 가루가 진짜 마늘과 많이 다르다고 마늘 가루를 좋아하지 않는데, 마늘 가루가 전혀 마늘 같지 않다는 데 나도 동의한다. 하지만 그렇다고 마늘 가루를 사용하지 말라는 뜻은 아니다. 양념을 섞어서 문지르거나 브레딩 같이 질감 때문에 생 마늘을 섞기가 힘든 상황에서는 마늘 가루를 쓰는 게 아주 효과적이다.

이 방법은 토머스 켈러(Thomas Keller) 셰프가 '애드 혹(Ad Hoc)'에서 꽤나 유명세를 탔던 그가 만든 프라이드치킨에 사용했던 방법이다. 이 방법은 두 번째 코팅이 확실히 첫 번째보다 더욱 울퉁불퉁한 층을 만들어 근소하지만 더 나은 결과를 낳았다. 하지만, 브레딩이 많이 두꺼워서 무게 때문에 닭가슴살에서 떨어지기도 했다*.

튀김옷을 두 번 묻히면 크러스트가 두꺼워져서 닭고기에서 떨어지게 된다.

더 좋은 방법은 간단히 달걀을 버터밀크에 섞어서 브레딩에 추가하는 방법이다.

이제 크러스트는 충분히 두꺼워졌지만 또 다른 문제가 생겼다. 바삭하고 오득오득한 대신 단단해져서 밀도에 있어 거의 바위처럼 되어 버렸다 밀가루가 물을 만나면 형성되는 단백질 그물망인 글루텐이 범인인 것 같아서 나는 글루텐의 생성을 최소화할 수 있는 방법을 찾기 시작했다. 무엇보다도 단백질이 풍부한 밀가루를 줄이고, 과도한 단백질 추가 없이 브레딩에 수분 흡수 능력을 더해 주는 순수 전분인 옥수수전분을 섞었다. 밀가루 양의 ¼을 옥수수전분으로 바꾸었더니 효과가 좋았다. 여기에 베이킹파우더도 2작은술 정도 넣었더니 믹스에 공기가 생기면서 더 많이 부풀고 더 바삭한 크러스트가 만들어졌다. 또한 표면적도 늘어나게 되었다 ('표면적이 늘어난다=더 바삭해진다'는 걸 우리는 다 알고 있지 않은가?).

마지막으로, 나는 예전에 칙필레(Chick-fil-A)의 남부 패스트푸드 프라이드치킨 체인에서 일하던 한 친구가 내게 알려 준 비법을 사용했다. 친구가 그러는데 닭고기에 브레딩을 한 뒤, 먼저 튀겨 낸 것보다는 뒤에 튀겨 내는 게 늘 더 바삭하다는 것이다. 그것은 가루 혼합물이 서로 뭉쳐지기 때문에 훨씬 더 울퉁불퉁하게 코팅이 된다는 것이다. 브레딩 혼합물에 버터밀크 2큰술을 넣고 닭에 밀가루를 묻히기 전에 손가락으로 묻혔더니 같은 효과가 나타났다**.

밀가루를 묻힐 때, 버터밀크를 섞어서 묻히면 표면이 아주 울퉁불퉁해진다(왼쪽).

닭의 가운데가 충분히 익기 전에 코팅 부분이 너무 많이 익게 되는 마지막 문제가 있었는데 이 문제는 간단히 해결이 되었다. 닭이 황금색이 될 때까지 튀긴 뒤 닭고기를 뜨거운 오븐에 넣어서 좀 더 부드럽게 요리를 마무리하는 방법이다. 그 결과 완성된 프라이드치킨은 진한 갈색이 되고, 울퉁불퉁한 크러스트가 만들어져서 엄청나게 바삭하지만 질기지 않고 고기는 껍질 아래서 간이 잘 밴 육즙을 쏟아 내며 갈라진다.

---

* 치킨 속이 붉은 게 보일 것이다. 덜 익어서가 아니라 치킨을 자를 때 뼈가 잘리면서 붉은 골수를 드러냈기 때문이다. 종종, 닭을 분해할 때 뼈가 저절로 똑 부러지거나 부서질 수도 있다. 그래서 완전히 익었는데도 닭 속에 몇 군데가 붉게 보이기도 한다. 이건 신경 쓰지 않아도 된다.

** 이 방법은 또한 『쿡스 컨트리(Cook's Country)』 매거진의 프라이드치킨 레시피에도 이용되었다.

훨씬 더 바삭한 프라이드치킨?

나는 얼마전에 샌프란시스코의 한 식당의 셰프인 친구 앤서니 마인트(Anthony Myint)와 얘기를 했는데, 그는 남은 프라이드치킨이 생길 때마다 다음 날 다시 뜨거운 기름에 튀긴다는 것이다. 그러면 처음 튀겼을 때보다 더 맛있다고 한다. 일반적으로 얼마나 오랫동안 기름에 두는가에 따라 프라이드치킨 조각의 코팅에서 수분이 빠지는 데에는 한계가 있다. 치킨 조각을 너무 뜨겁게 하면 겉면은 타기 시작할 것이다. 하지만 밤새 치킨 조각을 식히면 코팅 층 속에
있는 수분 일부가 겉면으로 나온다. 다음 날 다시 그 조각을 튀기면 이 수분이 달아나면서 아주 두꺼운 코팅층이 남게 된다.

남은 음식을 처리하는 데에도 아주 좋지만, 시간이 있다면 보통의 프라이드치킨도 상온이나 냉장고에 넣고 1~2시간 둔 뒤, 다시 튀기면 똑같은 결과가 나오는데 모두 하루 안에 다 해낼 수 있는 일이다.

불합격품

내가 이 레시피를 철저히 다 실험해 봤다고 얘기했을 때, 정말 농담이 아니었다. 나는 닭 50마리 이상을 가지고 100번이 넘게 반복적인 실험을 했다. 가끔은 식히는 선반이 샘플들로 꽉 차서 접시 꽂아 두는 랙에 치킨을 올려 기름을 빼기도 했다. 그동안 맛없는 프라이드치킨이라는 치킨은 다 만들어 봤다.

실험 : '휴지하는 것.' 이게 최선입니까?

늘 나를 짜증나게 하는 질문은 이것이다. 프라이드치킨에 대한 여러 레시피에는 브레딩을 한 뒤 30분 정도 휴지하였다가 튀기라고 되어 있다. 하지만 왜 그래야 하는지에 대한 이유는 거의 없기 때문에 이 관례에 대해 의문을 갖게끔 했다. 튀김하기 전에 휴지시킨 프라이드치킨이 정말 더 맛있어질까? 나는 사실을 알기 위해 닭고기를 몇 가지로 나눠 요리했다.

재료
- '특별히 바삭한 남부식 프라이드치킨'에 대한 레시피를 참고한다(881쪽).

과정
3단계까지 설명한 대로 레시피를 따르되 아직 기름을 가열하지는 말 것. 4단계에서 양념을 한 밀가루에 닭고기 조각 반을 묻힌다. 그러고는 베이킹팬에 랙을 올리고 닭고기를 얹는다. 그렇게 적어도 30분에서 1시간까지 가만히 둔다. 3단계에서 하라는 대로 기름을 가열한다. 남은 닭 조각에는 밀가루를 묻히고 바로 튀긴 뒤 설명한 대로 전체 닭고기를 모두 오븐에서 굽는다. 어떤 조각이 미리 밀가루를 묻힌 것인지 아닌지 조심해서 구별해야 한다.
두 가지 치킨의 맛을 모두 보고 질감에 주목한다.

결과와 분석
둘 중 형편없는 건 없지만 튀기기 전에 휴지한 치킨이 밀가루에 묻힌 뒤 바로 튀김기에 넣은 치킨보다 더 바삭하지 않으며 더 단단하고 크러스트도 더 잘 부서졌다. 이유가 뭘까?
다시 한 번 더, 그건 우리의 친구 글루텐 때문이다*. 닭고기를 휴지시키는 동안, 밀가루는 천천히 버터밀크와 닭고기 표면에서 수분을 흡수한다. 수분을 흡수하면서 밀가루의 단백질이 펼쳐지고 이들은 서로 연결된다. 그래서 휴지할수록 더 단단한 피복을 만들게 된다. 너무 오래 재우면 이가 부러질 정도로 크러스트가 단단해진다. 프라이드치킨은 바삭해야지 절대로 단단해지면 안 된다. 그러기 위해서는 밀가루를 묻혀 최대한 빨리 기름에 넣어야 한다. 물론 이것도 문제점이 있다. 바로 밀가루를 묻혀 기름에 넣으면 닭고기에서 마른 가루 조각이 엄청나게 기름에 흩어진다. 그래서 기름의 질이 아주 빨리 안 좋아진다. 이걸 방지하려면 밀가루 혼합물에 묻힌 뒤 고운체에다 닭고기 조각을 넣고 흔들어서 밀가루 입자가 최대한 적도록 해야 한다.

---

* 쿵쿵거리며 걷는 쿠파 트루파(Koopa Troopa) 또는, 욕조 안의 더러운 거품 띠처럼, 글루텐은 계속 반복해서 나타난다.

특별히 바삭한 남부식 프라이드치킨 EXTRA-CRUNCHY SOUTHERN FRIED CHICKEN

4인분

파프리카 파우더 2큰술

후춧가루 2큰술

마늘 가루 2작은술

말린 오레가노 2작은술

카옌 페퍼 파우더 ½작은술

버터밀크 1컵(250ml)

대란 1개

코셔 소금

닭 통째로 1마리(약 1.8kg, 10조각으로 자르기 (373쪽 '닭고기 손질법' 참고) 혹은 1.6kg 뼈와 껍질이 있는 가슴살, 윗다리, 아랫다리 또는 날개)

중력분 1½컵(375ml)

옥수수전분 ½컵(125ml)

베이킹파우더 1작은술

식물성 쇼트닝이나 땅콩기름 4컵(1ℓ)

1 작은 볼에 파프리카 파우더, 후추, 마늘 가루, 오레가노, 카옌 페퍼 파우더를 넣고 포크로 잘 섞는다.

2 큰 볼에 버터밀크, 달걀, 소금 1큰술, 혼합한 양념 2큰술을 넣고 저어 준다. 여기에 닭고기 조각을 넣고 살살 섞어서 잘 묻혀 준다. 이것을 4ℓ 지퍼락 팩에 옮겨 담고 최소 4시간 이상 밤새 냉장고에 넣어 둔다. 가끔, 팩을 뒤집어 내용물을 다시 배치시키고 닭고기에 골고루 묻도록 한다.

3 큰 볼에 밀가루, 옥수수전분, 베이킹파우더, 소금 2작은술, **1**의 양념을 넣고 섞어 준다. 지퍼락 팩에서 양념을 3큰술을 꺼내 손으로 다 같이 섞어 준다. 닭고기 한 조각을 팩에서 꺼내 여분의 버터밀크는 덜어 내고, 밀가루 양념을 묻혀 준다. 닭고기 조각을 한 번에 하나씩 꺼내 밀가루 섞은 데 넣고 계속 묻혀 준다. 닭고기 조각에 밀가루 믹스가 완전히 다 입혀지도록 손으로 밀가루를 두껍게 묻힌다.

4 오븐랙을 오븐 가운데에 끼우고 오븐을 180℃로 예열한다. 30cm(12인치) 무쇠 튀김기나 큰 웍을 중간 불에 올리고 쇼트닝이나 기름을 220℃로 가열한다. 온도를 유지할 수 있는 정도로 불을 조절해서 기름이 더 뜨거워지지 않도록 주의한다.

5 한 번에 한 조각씩, 재료를 다 묻힌 닭고기를 고운체 위에 올리고 흔들어서 지나친 밀가루는 털어 낸 후 베이킹팬의 와이어랙에 올린다. 모든 조각을

다 털었으면 껍질이 있는 쪽이 팬의 아래로 향하도록 닭고기 조각을 올린다. 온도가 150℃로 내려갈 것이다. 튀기는 동안 계속 이 온도를 유지하도록 불을 조절한다. 닭의 한쪽 면이 진한 황금색이 되도록 약 6분 정도 튀겨 준다. 적어도 3분이 될 때까지는 닭을 움직이거나 다 익었는지 확인하지 말 것, 닭을 움직이면 위에 입힌 재료가 떨어져 나갈 수 있다. 집게로 닭 조각을 조심스럽게 뒤집고 두 번째 면이 황금색이 되도록 약 4분 더 튀긴다.

6 닭고기를 베이킹팬 위 깨끗한 와이어랙으로 옮긴 뒤 오븐에 넣는다. 식품 온도계를 닭가슴살의 가장 두꺼운 부분에 찔러 온도를 쟀을 때 65℃가 되고 다리는 74℃가 될 때까지 5~10분 정도 굽는다. 최종 온도가 되면 닭고기를 꺼내서 다른 랙이나 키친타월을 깐 접시에 놓는다. 소금을 뿌린 뒤 차려 내거나 더 바삭하게 하려면 7단계로 간다.

7 튀긴 치킨을 냉장고에 넣고 적어도 1시간에서 밤새 넣어 둔다. 먹기 전에 기름을 200℃로 가열한다. 치킨 조각을 넣고 중간에 한 번 뒤집으면서 완전히 바삭해지도록 약 5분간 튀긴다. 베이킹팬으로 옮겨 기름을 빼고 바로 먹는다.

크림 그레이비를 곁들인 정말로 바삭한 치킨 프라이드 스테이크
EXTRA-CRUNCHY CHICKEN-FRIED STEAK WITH CREAM GRAVY

바삭한 프라이드치킨을 완벽하게 해냈다면 텍사스식 치킨 프라이드 스테이크로 가는 길은 그냥 한 번 깡충 뛰면 된다. 이 스테이크는 프라이드치킨 스타일로 튀긴 뒤, 크림 같고 매콤한 하얀 그레이비와 함께 내는 소고기 스테이크이다. 멋진 치킨 프라이드 스테이크를 만들려면 적당한 부위를 골라야 한다. 우리는 Part 3에서 스테이크용 소고기 부위에 대해 세부적으로 살펴봤는데, 지금은 소고기 맛이 강한 비싸지 않은 부위를 찾는다. 치킨 프라이드 스테이크는 얇게 두드리고 버터밀크에 담그기 때문에 부드러움은 문제가 되지 않는다. 맛을 기준으로 어느 부위나 골라도 튀기기 전에 부드러워질 거라는 걸 장담할 수 있다. 비슷하게, 두드리고 버터밀크에 담그는 과정은 육즙이 많도록 만들기 때문에, 심지어는 미디엄이나 웰던으로 스테이크를 조리해도 튀길 때처럼 여전히 육즙이 많다.

이 요리를 위해 내가 선택하는 부위는 플랩 미트(flap meat) 혹은 설로인 팁(sirloin tips)으로 팔리는 부위(국내에서는 치마살 부위)이다. 만약 이 부위를 구할 수 없다면 바텀 라운드(bottom round)나 탑 설로인(top sirloin) 부위(홍두깨살이나 설깃살 또는 허벅지 바깥쪽 살코기 부위)도 괜찮다. 닭고기는 원래 부드럽지만 스테이크는 조금 도움이 필요하다. 날카로운 칼로 결 반대 방향으로 고기에 살짝 칼집을 넣어 주면 긴 근섬유를 짧게 끊어서 더 부드러워진다. 스테이크와 함께 내는 크림 그레이비는 172쪽의 '크림 같은 소시지 그레이비'와 거의 비슷하다. 소시지만 빼면 된다. 아주 퇴폐적인 그런 느낌을 원한다면 그대로 넣어도 좋고.

스테이크는 프라이드치킨에서와 똑같은 방법으로 버터밀크에 담그고 밀가루를 입힌다. 과정을 자세히 보기 위해 사진을 참고한다.

4인분

스테이크

파프리카 파우더 2큰술

후춧가루 2큰술

마늘 가루 2작은술

말린 오레가노 2작은술

카옌 페퍼 파우더 ½작은술

플랩미트(설로인 팁으로도 판매. 앞 설명 참고) 450g(113g짜리 스테이크 4개)

버터밀크 1컵(250ml)

대란 1개

코셔 소금

중력분 1½컵(375ml)

옥수수전분 ½컵(125ml)

베이킹파우더 1작은술

식물성 쇼트닝 또는 땅콩기름 4컵(1ℓ)

크림 그레이비

무염 버터 2큰술

작은 양파 1개(깍둑 썰기)

중간 크기 마늘 2쪽(곱게 다지거나 제스터에 갈기. 약 2작은술)

중력분 2큰술

우유 1컵(250ml)

생크림 ¾컵(180ml)

코셔 소금과 후춧가루

1. 작은 볼에 파프리카 파우더, 후추, 마늘 가루, 오레가노, 카옌 페퍼 파우더를 넣고 포크로 잘 섞는다.

2. 각각의 스테이크를 도마 위에 놓고 2.5cm 간격을 두고 결의 반대 방향으로 고기 속으로 0.6cm 깊이로 칼집을 낸다. 뒤집은 뒤 똑같이 반복한다. 한 번에 하나씩, 각 스테이크 위, 아래로 랩을 깔고 고기 방망이나 두꺼운 프라이팬으로 두드려 대략 0.6cm 두께로 만든다.

3. 큰 볼에 버터밀크, 달걀, 소금 1큰술, 양념 믹스 2큰술을 넣고 젓는다. 스테이크를 여기에 넣고 묻힌다. 볼에 있는 내용물을 4ℓ지퍼락 팩에 옮겨 담고 최소 4시간에서 하룻밤 정도 냉장고에 넣어 둔다. 가끔, 팩을 뒤집어 내용물을 다시 배치시키고 스테이크에 골고루 묻도록 한다.

4. 스테이크를 튀길 준비가 되면 그레이비소스를 만든다. 25cm(10인치) 바닥이 두꺼운 논스틱 프라이팬에 버터를 넣고 중강 불에 올려 거품이 나도록 가열한다. 양파를 넣고 약 4분 정도 볶아 숨을 죽인다. 버터가 갈색이 되기 시작하면 불을 줄인다. 여기에 마늘을 넣고 약 30초 정도 볶아 향이 나게 한다. 밀가루를 넣고 계속 저으면서 완전히 흡수되노록 약 1분간 볶아 준다. 우유를 아주 조금씩 부으면서 계속 젓는다. 저으면서, 크림을 넣고, 계속 저어 주면서 끓인다. 계속 저으면서 소스가 걸쭉해지도록 약 3분 정도 졸인다. 소금과 후추를 듬뿍 넣고 간을 한 뒤 스테이크를 튀기는 동안 따뜻하게 둔다.

5. 큰 볼에 밀가루, 옥수수저분, 베이킹파우더, 소금 2작은술, 남은 향신료 섞은 걸 넣고 섞는다. 지퍼락 팩에서 양념을 3큰술을 꺼내 손끝으로 고루 섞어 준다. 스테이크를 팩에서 꺼내 여분의 버터밀크는 털어 내고, 밀가루 섞어 놓은 데 넣어 뒤집으면서 섞어 골고루 잘 묻혀 준다. 스테이크에 밀가루 혼합물이 두꺼운 층으로 달라붙게 하기 위해 손으로 꼭꼭 눌러 준다. 스테이크를 볼 위에서 털어서 불필요한 밀가루를 털어 낸 뒤 큰 접시에 담는다.

6. 오븐랙을 오븐 중간에 끼우고 오븐을 80℃로 가열한다. 웍이나 30cm(12인치) 무쇠 팬을 중간 불에 올리고 쇼트닝이나 기름을 220℃로 약 6분 정도 가열한다. 그러고는 온도를 계속 유지하도록 불을 조절해서 기름이 더 뜨거워지지 않도록 주의한다.

7. 조심스럽게 스테이크 2개를 팬에 넣는다. 튀기는 동안 온도가 163℃를 유지하도록 불을 조절한다. 2분 동안은 스테이크를 움직이지 않고 튀긴 뒤, 그물국자로 조심스럽게 젓는다. 이때 브레딩이 떨어져 나가지 않도록 조심하고 바닥면이 진한 갈색이 될 때까지 약 4분 정도 튀겨 준다. 조심스럽게

스테이크를 뒤집고 두 번째 면이 황금색이 되도록 약 3분 더 튀긴다.

8   스테이크를 키친타월이 깔린 접시에 올려 30초 정도 기름을 뺀다. 한 번 뒤집은 뒤 베이킹팬 위 와이어랙으로 옮긴다. 그런 뒤 오븐에 넣어 따뜻하게 둔다. 나머지 2개 스테이크도 똑같이 한다. 크림 그레이비와 함께 낸다.

고기 두드리기 POUNDING MEAT

지저분하지 않게 고기를 두드려 얇고 평평하게 만드는 가장 쉬운 방법은 비닐 랩 2장 사이에 고기를 넣거나 튼튼한 지퍼락 팩에 넣고 옆선을 칼로 잘라 사용하는 방법이다. 이렇게 하면 스테이크가 도마나 두드리는 도구에 달라붙지 않으면서 쉽게 그리고 골고루 얇게 만들 수 있다. 고기 망치는 공간이 있으면 좋지만 두꺼운 20cm(8인치) 프라이팬으로도 충분히 완벽하게 해낼 수 있다.

정말로 바삭한 프라이드치킨 샌드위치 EXTRA-CRUNCHY FRIED CHICKEN SANDWICHES

조지아주 애틀랜타에서 시작된 패스트푸드 체인인 칙필레를 거의 숭배에 가깝게 추종하는 사람들이 있다. 대표적인 칙필레 샌드위치는 단순한 아름다움 그 자체다. 촉촉하고 짭짤하고 바삭바삭하게 튀긴 닭가슴살. 버터를 발라 구운 부드럽고 달콤한 빵. 딜 피클 2조각, 그게 전부다.

이 샌드위치가 크게 각광을 받는 건 재료 각각이 만들어 내는 완벽함 때문이다. 달콤하면서도 짭짜름하고 감칠맛 나면서도 매콤한 맛이 완벽하게 조화를 이루며 딱 알맞게 양념이 된 바삭한 황금색 크러스트. 이 크러스트가 가슴살을 덮고 있는 방식, 그동안 우리가 닭고기에 대해 생각해 오던 모든 것에 반기를 든 닭가슴살. 마르고 질기고 밍밍한 닭가슴살이 아니라 비교할 수 없을 정도로 촉촉하고 치밀하고 두툼한 질감에 간이 잘 배인 맛. 재료가 모두 한데 어우러져 여기서 더 이상 좋아질 점을 찾기 힘든 그런 샌드위치가 탄생한다. 물론, 더 좋아질 점을 찾기 힘든 이란 말은 아주 조금은 빈틈이 있다는 의미이지만. 한번 해 봅시다.

어떻게 더 맛있게 만들 수 있을까? 그야 물론, 우리 자체의 프라이드치킨 레시피를 이용하는 것. 다행스럽게도, 우리의 레시피를 수정해서 샌드위치에서도 잘 되도록 하는 일은 비교적 어렵지 않다. 우리는 닭을 좀 더 작은 조각으로 만들어야 한다. 85~113g짜리 2개를 만들기 위해 가슴살 반쪽을 가로 방향으로 자르면 샌드위치로 이상적인 크기가 된다. 그리고 버터를 발라 구운 적당한 종류의 부드러운 번 빵과 피클은 작은 닭고기 조각과 함께 짝을 이룬다.

번 빵은 대표적인 햄버거 빵이다. 보송보송한 원더브레드(Wonder Bread)와 같은 질감으로 부드럽고 약간 달다. 지름이 대략 11cm 정도 되며 바로 아놀드 햄버거 롤(로키산맥 서쪽에서는 오로위트(Oroweat)라는 이름으로 팔린다.)의 범위에 넣는다. 프라이팬에서 버터만 조금 넣고 구운 이 빵은 칙필레 번 빵과 거의 완벽하게 비슷한 맛이다.

피클에 대해서는 물결 모양 딜 조각 몇 가지 제품을 먹어 봤다. 하인즈(Heinz) 피클이 맛은 적당했는데 조각이 너무 작았다. 몇 개를 더 넣을 수도 있지만 샌드위치 당 피클 두 개라는 칙필레의 규칙이 적당하며 깰 수 없는 법칙같이 느껴졌다. 그래서 블래식 오발즈(Vlasic Ovals)의 햄버거 딜 조각으로 바꿨다. 이 피클은 표면적이 더 넓고 같은 정도로 짭짤하고 새콤하며 마늘 맛이 있었다.

6인분

파프리카 파우더 2큰술

후춧가루 2큰술

마늘 가루 2작은술

말린 오레가노 2작은술

카옌 페퍼 파우더 ½작은술

버터밀크 1컵(250ml)

대란 1개

코셔 소금

뼈와 껍질이 없는 닭 가슴살 반쪽 3개(각각 170~230g 정도, 가로로 반으로 잘라 커틀릿 6개 만들기. 378쪽 참고)

식물성 쇼트닝이나 땅콩기름 6컵(1.5ℓ)

중력분 1½컵(375ml)

옥수수전분 ½컵(125ml)

베이킹파우더 1작은술

부드러운 햄버거 번 빵 6개(버터에 굽기.)

딜 피클 12조각

1 작은 볼에 파프리카 파우더, 후추, 마늘 가루, 오레가노, 카옌 페퍼 파우더를 넣고 포크로 잘 섞는다.

2 중간 크기 볼에 버터밀크와 달걀, 소금 1큰술, 향신료 섞은 것 2큰술을 넣고 젓는다. 여기에 치킨 조각을 넣고 살살 섞어서 잘 묻힌다. 이 내용물을 4ℓ 지퍼락 팩에 옮겨 담고 적어도 4시간에서 하룻밤 정도 냉장고에 넣어 둔다. 가끔, 팩을 뒤집어 내용물을 다시 배치시키고 닭고기에 골고루 묻도록 한다.

3 큰 웍이나 튀김기 혹은 더치 오븐에 쇼트닝이나 기름을 넣고 190℃로 가열한다.

4 한편, 큰 볼에 밀가루, 옥수수전분, 베이킹파우더, 소금 2작은술, 남은 양념 섞은 걸 넣고 저어 준다. 지퍼락 팩에서 양념을 3큰술을 꺼내 손끝으로 다 같이 섞어 준다.

5 닭고기 한 조각을 팩에서 꺼내 여분의 버터밀크는 떼 내고, 섞어 놓은 밀가루를 묻혀 준다. 닭고기 조각을 한 번에 하나씩 꺼내 밀가루 섞은 데 넣고 계속 묻혀 준다. 닭고기 조각에 밀가루 혼합물이 완전히 다 입혀지도록 손으로 밀가루를 두껍게 묻힌다. 재료를 묻힌 커틀릿을 한 조각씩 고운체 위에 올리고 흔들어서 여분의 밀가루는 털어 낸다. 손이나 집게로 닭고기를 천천히 뜨거운 기름에 넣는다. 남은 가슴살도 똑같이 한다. 커틀릿을 가끔 뒤집어 주면서 두 면이 다 황금색이 되고 바삭하도록 약 6분 정도 튀겨 준다. 키친타월이 깔린 접시로 옮긴다.

6 번 빵 한쪽 바닥에 각각 피클을 2조각씩 놓고 프라이드치킨을 그 위에 올린다. 위에 빵을 덮고 그릇으로 덮거나 알루미늄 호일로 덮어서 2분 동안 두어 김이 나오게 한다. 그러고는 바로 차려 낸다.

  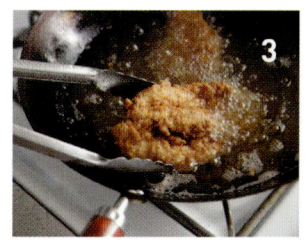 

코팅 스타일 2 : 빵가루 코팅
COATING STYLE 2 : BREAD-CRUMB COATING

치킨 파르메산 CHICKEN PARMESAN

브레딩을 해서 튀긴 치킨커틀릿은 그 자체로도 아주 맛있지만 멋진 마리나라 소스와 끈적끈적하게 녹는 치즈를 한층 깔아 준다면? 그러면 너무도 바삭한 고기를 기본으로 한 피자 같아진다. 아, 미국에서만.

이 음식의 좋은 점이라면? 치킨 파르메산은 쉽다는 것. 유일하게 약간 성가신 부분이 있다면 바로 브레딩이다. 기본적인 브레딩은 밀가루와 달걀, 그리고 빵가루, 이 세 가지 층으로 구성된다. 다음은 이들 재료가 하는 역할이다.

- **빵가루**는 가장 바깥쪽에 있고 두 가지 기능을 한다. 첫째, 구석구석 빵가루가 묻으면서 전체적으로 닭고기의 표면적이 늘어난다(892쪽, '프랙탈, 일식 빵가루, 빵가루 코팅' 참고). 그리고 단열재로 작용해 닭고기가 너무 많이 익거나 수분이 다 빠지게 되는 걸 막아 준다. 물론 빵가루는 그냥 붙지는 않겠죠? 이것이 없다면…….
- **달걀**은 접착층을 만드는 데에 아주 최적인 재료다. 달걀은 끈적거리는 액체로 시작하지만 튀기면서 고체의 젤을 만들어서 빵가루가 붙어 있도록 만든다. 그러나 달걀은 또한 음식에 붙어 있기가 힘들다. 이것이 없다면…….
- **밀가루**. 페인트를 칠하기 전에 밑칠 페인트로 코팅을 하는 것처럼 밀가루도 브레딩하는 음식을 코팅해서 음식의 수분을 일부 흡수하기 시작한다. 물에 녹으면서 끈적거리고 고르지 않은 울퉁불퉁한 얇은 젤 층이 만들어진다. 달걀이 바로 이 젤에 달라붙는다.

치킨 파르메산은 브레딩 과정을 이해할 수 있는 가장 쉽고도 맛있는 방법 중 하나이다. 음식을 브레딩하다 보면 가장 성가신 부분은 브레딩을 하다 보면 마치 손에다 브레딩을 한 듯 재료가 달라붙는 때이다. 이렇게 붙지 않게 하려면 한쪽은 마른 채로 두고 한 손만 젖게 해야 한다.

아래 그림에서처럼 말이다.

1. 오른쪽 손을(왼손잡이면 왼손) 사용해서 재료를 들어서 밀가루가 든 그릇으로 가져간다. 숟가락으로 밀가루를 조금 퍼서 재료 위에 뿌린 뒤 살살 뒤적여 골고루 묻힌다.
2. 계속 오른손으로 재료를 밀가루에서 집어 들고 살짝 흔들어서 여분의 밀가루는 털어 낸 뒤 달걀물 그릇에 넣는다. 이번엔 왼손을 이용해서 재료를 움직여 달걀이 잘 묻도록 한다.
3. 이번에도 계속 왼손으로 달걀이 묻은 재료를 들고 달걀물이 좀 떨어지게 한 뒤, 빵가루가 있는 그릇으로 넣는다. 그리고 다음 과정은 까다로운 부분인데. 이 단계에서 재료를 들어 올려 뒤집을 때 오른손을 사용한다면, 오른손에 달걀이 묻게 된다. 왼손을 사용하면 빵부스러기가 왼손에 묻게 된다. 그래서 내가 하는 방법은, 오른손으로 재료 주위에 있는 빵가루를 집어서 위에다 뿌려 준다. 조심스럽게 빵가루를 전체에 다 뿌려 준 뒤 손에 달걀이 묻지 않을 정도가 되면 들어 올린다. 재료를 뒤집고 반복한 뒤 빵가루를 눌러서 완전히 잘 묻도록 한다. 그릇에 필요한 양보다 빵가루가 더 많아야 한다.
4. 오른손으로 재료를 집어서 접시나 랙에 올렸다 튀기면 된다.

닭을 튀기는 것에 관해서는 넓은 프라이팬에 기름을 얕게 하고 튀기는 게 기름을 많이 넣고 튀기는 것보다 덜 지저분하고 깨끗하게 하기도 더 쉬웠다. 또, 나는 일식 빵가루를 사용하고 빵가루에 직접 양념을 했는데 일반 빵가루보다 만들기도 훨씬 더 쉽고 슈퍼마켓에서 파는 '이탈리아식' 모래 같은 빵가루보다 훨씬 더 나았다(892쪽, '프랙탈, 일식 빵가루, 빵가루 코팅' 참고).

다음 순서는 소스와 치즈이다. 나는 이 요리에 기본적인 마리나라 소스를 곁들이기로 했다. 마리나라 소스의 풍성하고 깊은 맛이 바삭한 치킨을 아주 맛있게 한다. 치즈는 신선한 모차렐라를 굽기 전에 갈아 넣는 게 전통적이다. 이름과는 달리, 파르메산 치즈는 이 음식에서 항상 들어가는 건 아니다. 하지만 그렇다고 우리를 막을 수는 없지. 나는 품질이 좋은 파르메산 치즈를 세 단계에 다 넣어 준다. 첫 번째는 브레딩에 조금 넣는다. 그러면 튀기면서 달콤하고 구수한 맛이 나서 빵가루만 넣은 것 보다 훨씬 더 맛있다. 다음은 굽기 전인데, 모차렐라에 섞어 넣고 치킨 위에 토핑을 한다. 마지막으로 치킨이 오븐에서 나오면 갈은 파르메산 한 움큼을 넣는다. 치킨의 남은 열이 치즈를 약간 부드럽게 하지만 그래도 먹을 때 강렬하고 짭짜름한 맛을 많이 느낄 수 있다.

많은 식당에서 치킨을 모차렐라로 두껍게 덮는데 이렇게 하면, 치킨의 겉이 많이 눅눅해진다. 그 대신 캐서롤에서 치킨커틀릿을 올린 뒤 소스를 숟가락으로 가운데 일렬로 바르고 그 위에 치즈를 한층 올려 주면 커틀릿의 양쪽 끝부분이 그대로 드러나서 적어도 만드느라 고생한 바삭한 부분이 어느 정도는 그대로 남게 된다.

나는 미국의 리틀 이탈리아(Little Italy) 버전과 이 치킨 파르메산 버전을 경쟁에 붙일 것이다.

4인분

뼈와 껍질이 없는 닭가슴살 반쪽짜리 2개(각각 약 230g 정도, 가로로 반으로 잘라 커틀릿 4개 분량 만들기. 378쪽 참고)

코셔 소금과 후춧가루

일식 빵가루 1½컵(375ml)

말린 오레가노 2작은술

파르메산 치즈 57g(잘게 갈기. 약 1컵, 250ml).

중력분 ½컵(125ml)

대란 2개(풀어 놓기.)

식물성 기름 1컵(250ml)

레드 소스(705쪽)

모차렐라 치즈 230g(갈아 두기.)

다진 바질 2큰술

다진 파슬리 2큰술

1. 오븐랙을 오븐 가운데 끼우고 오븐을 190℃로 예열한다. 한 번에 하나씩 닭고기 조각을 비닐 랩 두 개 사이에 넣고 고기 망치나 무거운 프라이팬 바닥으로 부드럽게 두드려 0.3~0.6cm 두께로 고르게 만든다. 소금과 후추로 간을 하고 한쪽에 둔다.

2. 얕은 그릇이나 파이 접시에 빵가루, 오레가노, 파르메산 4큰술을 넣고 섞는다. 밀가루와 달걀을 얕은 그릇이나 파이 접시에 따로따로 담는다. 오른손으로 닭고기 조각을 하나 집어서 밀가루가 담긴 그릇에 넣는다. 왼손으로 고기에 골고루 밀가루를 묻힌다. 그러고는 오른손으로 닭고기를 집어서 여분의 밀가루를 털어 내고 달걀에 넣는다. 닭고기를 왼손으로 뒤집고 고르게 묻힌다. 왼손으로 닭고기를 빵가루로 넣는다. 오른손으로 빵가루를 집어서 닭고기 위에 눌러 준 뒤 오른손으로 닭을 몇 번 뒤집어 준다. 빵가루로 고기를 눌러 고르게 묻힌다. 베이킹팬 위, 와이어랙에 빵가루 입힌 고기를 올려 준다. 남은 닭 조각에도 똑같이 반복한다.

3. 30cm(12인치) 논스틱이나 무쇠 프라이팬에 기름을 넣고 고온에 올려 식품 온도계로 180℃가 되도록 가열한다. 닭고기 조각 귀퉁이를 기름에 넣으면 격렬하게 지글거려야 한다. 그러고는 닭고기를 조심스럽게 넣고 한쪽 면이 황금색이 되도록 약 3분 정도 튀겨 준다. 온도를 일정하게 유지하기 위해 필요하면 팬을 부드럽게 흔들고 불을 조절한다. 닭고기를 집게로 조심스럽게 뒤집고 두 번째 면이 황금색으로 될 때까지 약 2분간 더 튀긴다. 닭고기를 종이기 깔린 접시에 놓고 기름을 뺀다.

4. 오븐 사용이 가능한 큰 접시나 베이킹팬의 바닥에 소스 반을 깐다. 그 위에 닭고기 커틀릿을 필요하면 조금 겹치도록 놓는다. 남은 소스를 커틀릿 가운데를 따라 놓고 커틀릿 양쪽 가장자리는 그대로 남겨둔다. 모차렐라와 남은 파르메산 치즈의 반을 소스 위에 골고루 뿌린다. 치즈가 녹고 갈색으로 변할 때까지 약 15분간 굽는다. 오븐에서 꺼내고 5분 동안 휴지시킨다.

5. 남은 파르메산과, 바질, 파슬리를 닭 위에 뿌리고 마무리한다.

프랙탈(FRACTALS), 일식 빵가루, 빵가루 코팅

만델브로트(Mandelbrot)의 프랙탈에 대해 들어 본 적이 있는가? 프랙탈은 컴퓨터에서 만들어진 이미지로 작은 구조가 전체 구조와 닮은 형태로 끊임없이 되풀이 되는 이미지이다. 프랙탈은 현실에서 꽤 자주 발생하는데, 예를 들어 구름의 윤곽이나 양치식물에 있는 잎에서도 나타난다. 한 가지 잘 알려진 프랙탈 효과는 해안선에 관한 것이다. 멀리에 있는 해안선을 바라보고 그걸 잴 때는, 특정 주위만을 재게 된다. 하지만 점점 더 가까이 갈수록 해변에는 멀리서는 보이지 않던 작은 만과 곡선이 보이게 된다. 다시 재면, 이 돌출부는 이 주위의 총 길이를 늘리게 된다. 이것이 바로 리처드슨 효과(Richardson Effect)로 알려진 현상이다. 이 현상은 기본적으로 더 정확하게 해안선을 잴수록 길이는 점점 더 길어진다는 것이다. 그리고 지면이 더 돌출이 되거나 더 불규칙할수록 효과가 더욱 뚜렷해진다.

음, 똑같은 현상이 브레딩을 한 음식에도 적용된다. 브레딩을 하지 않은 치킨커틀릿과 브레딩한 치킨커틀릿은 기본적으로 같은 질량과 부피이지만 브레딩을 한 커틀릿의 가장자리는 가지런하지 않기 때문에 브레딩하지 않은 커틀릿보다 표면적이 훨씬 더 넓어진다.

일식 빵가루는 이 효과를 더 강화시킨다. 모래 같거나 굵은 입자의 빵가루와 달리 일식 빵가루는 넓고 울퉁불퉁한 조각이어서 브레딩을 하면 아주 많이 돌출이 된다. 그래서 보통 빵가루보다 표면적이 두 배는 된다. 바삭하게 만드는 핵심 재료이다!

가지 파르메산 캐서롤 EGGPLANT PARMESAN CASSEROLE

14살이었던 내게 세상에서 가장 마음에 들지 않는 세 가지가 무어냐고 물어봤다면, 나는 아마도 "우리 누이*와 쉬라(She-Ra), 그리고 가지"라고 답했을 것이다. 그렇긴 했지만 가늘고 씁쓰름한 채소를 한 입 먹기보다는 차라리 누이와 앉아서 쉬라를 끝까지 다 보는 게 나았다. 그러다가 나중에 어느 시점엔가 나는 맛이 없었던 건 가지 자체가 아니었으며 가지를 제대로 요리할 줄 몰랐던 엄마(미안해요, 엄마) 탓이 더 컸다는 걸 알게 되었다. 물론 엄마만 그랬던 건 아니고.

사실, 가지 파르메산에서 대부분의 재료는 망치기가 어렵다. 그리고 나는 지금 브레딩을 하지 않고 가지를 올리브오일에 튀긴 뒤 토마토와 모차렐라를 위에 올린 전통적인 시칠리아식을 말하는 게 아니다. 내가 말하는 것은 완전 미국식, 즉 두툼한 가지 조각에 브레딩을 한 뒤 튀겨서 캐서롤 그릇에 놓고 위에 토마토소스와 모차렐라, 파르메산 치즈를 올린 그 음식 말이다. 이 요리에서 가장 맛있는 부분은 튀겨진 브레딩이 달콤한 토마토소스에 젖으면서 두툼한 가지와 끈적끈적한 치즈 층 사이에서 부풀어 오른 그 부분이다.

토마토소스는? 문제없다(703쪽 참고). 끈적끈적한 모차렐라는? 그렇게 만들 수 있다. 브레딩과 튀김은? 조금 지저분해지지만 할 만하다. 하지만 가지를 제대로 요리하는 것은? 그렇게 간단하지는 않다. 쓴 즙을 제대로 제거해 준다 해도(쉬운 작업은 아님) 여전히 공기가

---

* 어느 누이인지는 말하지 않아도 본인이 알겠지, 아야(Aya).

통하고 스펀지 같아서 가지가 즉시 모든 기름을 흡수한다. 또 너무 많이 익히면, 곤죽이 돼 버리고 충분히 익히지 않으면 떫은맛이 나면서 질겨진다.

그냥 생 가지를 튀기면 어떤 일이 일어날까? 이를 알아보기 위해 나는 가지 조각 24g짜리 하나의 무게를 재서 기름 그릇에 넣었다. 20분 뒤 다시 가지의 무게를 쟀다.

여러분이 보시다시피, 기름 속에서 가지는 자체 무게의 92%나 되는 기름을 흡수했다! 가지를 기름에서 볶았다면 가지가 팬에 있는 기름을 모두 흡수하고 바닥에 붙어서 타는 걸 알 것이다. 스펀지처럼 가지 조각의 세포는 세포 사이에 공기가 아주 많이 통과하는 아주 느슨한 그물망으로 묶여 있다. 가지를 요리하려고 하기 전에 이 공기부터 빼낼 수 있는 방법을 찾아야 한다.

최고의 방법을 찾아내고자 아래와 같은 다섯 가지 방법을 사용했다.

- **소금 뿌려서 휴지시킨 뒤 가지 조각을 먼저 눌러 주면 삼투 작용으로 수분이 제거된다.** 줄줄 물이 새는 풍선처럼 수분이 가지에서 빠져나가면서 조직이 약해져서 여러분은 결국 지나치게 많은 공기를 눌러서 빼낼 수 있게 된다. 이 방법은 효과가 좋지만 약간의 힘이 필요하고 가지 조각에 소금을 골고루 못 뿌릴 수도 있고 가끔 가운데 부분은 누르지 않은 채로 남기도 한다. 그러면 설익게 돼서 떫은맛이 난다. 이 방법은 천천히 완전하게 익히는 파스타 알라 노르마(Pasta Alla Norma, 711쪽 참고) 같이 진한 토마토소스와 구운 가지로 만드는 레시피에 사용된다. 하지만 이런 경우에는 예측이 어렵다.
- **가지 조각을 찜기로 찌기.** 대나무 찜기에 가지를 찌면 빨리 가지가 부드러워져서 쉽게 눌러진다. 또한, 가지를 질척하고 무르게 만들 수도 있다. 가지를 조리거나 으깨려고 하면 가장 적합한 방법이다.
- **가지를 위에 아무것도 덮지 않고 그냥 구우면 질겨진다.** 수분을 가하지 않고 익히면 가지는 고무처럼 질겨진다. 굽기 전에 기름을 부으면 늘 있는 문제가 생긴다. 바로 기름이 즉시 흡수되면서 가지는 고무처럼 질겨지고 기름투성이가 된다.
- **가지를 키친타월로 덮고 굽기.** 두 베이킹팬을 겹치고 이 사이에 가지를 넣고 키친타월로 덮고 굽는 방법이 오븐에서 하기에 가장 좋은 방법이다. 베이킹팬에 키친타월이나 행주를 깔고 그 위에 가지 조각을 놓고 다시 다른 키친타월로 덮는다. 그리고 그위에 또 다른 베이킹팬으로 위를 덮고 구우면 가지가 아주 골고루 익게 되고 키친타월은 지나친 수분을 흡수하게 된다. 동시에 가지가 질겨지지 않도록 충분한 수분이 유지되기도 한다.
- **전자레인지에 돌리기**는 내가 사용하는 방법이다. 빠르고 결과가 매번 똑같다. 897쪽 '전자레인지 작동 원리'를 참고한다. 가지 슬라이스(또는 정육면체 모양)를 전자레인지용 접시에 까는데 이때 접시에는 키친타월 2장을 깐다. 그리고 가지 위에도 키친타월 몇 장을 덮는다. 그러고는 무거운 접시를 덮고 고온으로 5~10분 정도 돌려 가지가 과도한 수분을 수증기로 내보내고 완전히 숨이 죽도록 한다. 동시에 많은 양을 익히려면 접시를 더 올리고 키친타월을 깔고 똑같이 반복하면 된다.

  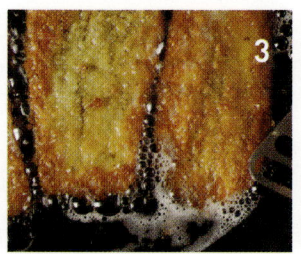 

원하면 베이킹팬 사이에 넣고 오븐에서 해도 되지만, 나는 전자레인지에서 10분 안에, 필요한 양의 가지를 모두 살짝 익혔다. 이 과정은 가지에 있는 지나친 수분을 짜내는 과정이며 이제 가지 조각에 브레딩을 한 뒤 튀김을 하면 된다.

치킨 파르메산에서처럼, 여기서도 양념된 일식 빵가루를 사용한다. 모든 걸 고려할 때, 가지를 자른 횡단면은 바삭해 보이고 황금색이며 치밀하고 두툼하게 잘 익어야 한다.

뭐라고요? 가지를 살짝 익히고도 아직 소스를 만들고 치즈를 갈고, 이걸 다시 배열하고 구워야 한다는 뜻인가요? 그렇습니다. 수습생 여러분, 불평하기 전에 할 일은 해야겠죠?

소스와 치즈 혼합물은 888쪽 치킨 파르메산에서 사용한 것과 동일하다. 차이가 있다면 놓는 방법이다. 미국식 가지 파르메산은 일반적으로 라쟈냐처럼 캐서롤 스타일로 굽는데, 튀긴 가지가 면 대신에 들어간다. 그런 점에서 전통적인 방법에서 굳이 방향을 틀 이유가 없다.

재밌는 사실 • 이 요리가 가지 파르미지아나(Parmigiana)라 불리긴 하지만 실제로 에밀리아 로마냐(Emilia-Romagna)에 있는 프로슈토 디 파르마(prosciutto di Parma)와 파르메산 치즈를 생산하는 도시 파르마(Parma)와는 아무 관계가 없다. 누구에게 묻느냐에 따라 이 이름은 파르메산 치즈를 사용해서 전래되었다거나 아니면 시칠리아 말로 파르미치아나(parmiciana)에서 왔다고 할 것이다. 파르미치아나는 창의 덧문을 뜻하며 가지 조각을 겹친 모습이 나무 조각이 겹쳐진 모양과 유사하다고 이야기하는 것이다. 어원에 대한 싸움은 이탈리아인들에게 남겨 두겠다.

4인분

- 큰 가지 1개(약 460g, 길이 방향으로 1.3cm 슬라이스로 자르기.)
- 코셔 소금과 후춧가루
- 일식 빵가루 1½컵(375ml)
- 말린 오레가노 2작은술
- 파르메산 치즈 113g(잘게 갈기. 약 2컵, 500ml)
- 중력분 ½컵(125ml)
- 대란 2개(풀어 두기.)
- 식물성 기름 1컵(250ml)
- 레드 소스(705쪽, 따뜻하게 두기.)
- 모차렐라 치즈 450g(갈아 두기.)
- 다진 바질 2큰술
- 다진 파슬리 2큰술

1. 가지 조각 양쪽에 가볍게 소금과 후추로 간을 한다. 전자레인지 사용이 가능한 큰 접시에 키친타월을 두 장 깔거나 행주를 한 장 깐다. 그리고 가지를 이 위에 단층으로 놓는다. 그 위에 키친타월 두 장이나 또 다른 행주를 덮는다. 그 위에 큰 접시를 덮는다. 전자레인지를 고출력으로 약 3분 돌려 가지가 쉽게 압축되도록 한다. 접시가 뜨거우므로 조심한다.

2. 한 번에 가지 한 조각씩, 키친타월 사이에 있는 가지를 누른다. 큰 접시 한쪽에 둔다. 이렇게 전자레인지에 돌리고 누르는 과정을 모든 가지에 다 한다.

3. 깊이가 얕은 그릇이나 파이 접시에 빵가루와 오레가노, 파르메산 4큰술을 넣고 섞는다. 밀가루와 달걀을 따로 따로 얕은 그릇이나 파이 접시에 놓는다. 오른손으로 가지를 하나 집어서 밀가루 그릇에 넣는다. 이번엔 왼손으로 가지에 밀가루를 골고루 묻힌다. 그러고는 오른손으로 가지를 집어서 밀가루를 좀 털어 내고 달걀에 담근다. 왼손으로 가지를 뒤집고 골고루 묻게

한 뒤 왼손으로 들어서 빵가루 속으로 넣는다. 오른손으로 빵가루를 집어 가지 위에 뿌리고 꾹꾹 누른 뒤 오른손으로 가지를 몇 번 뒤집고 빵가루가 묻도록 눌러 고르게 빵가루를 입힌다. 그러고는 베이킹팬 위, 와이어랙에 올린다. 남은 가지도 이렇게 계속 반복한다.

4 오븐랙을 오븐 가운데 끼우고 오븐을 190℃로 예열한다. 베이킹팬에 키친타월을 두 장 깐다. 30cm(12인치) 논스틱이나 무쇠 프라이팬에 기름을 넣고 190℃로 가열한다. 조심스럽게 가지 조각 3~4개 정도를 단층으로 뜨거운 기름에 넣는다. 팬을 가끔 흔들어 주면서 첫 번째 면이 황금색이 되고 바삭해지도록 2분 30초 정도 튀긴다. 집게를 사용해서 조심스럽게 가지를 뒤집고 팬을 가끔 흔들어 주면서 두 번째 면이 바삭해지도록 약 1분 30초 더 튀긴다. 튀긴 가지를 키친타월을 깔아 놓은 베이킹팬에 놓고 바로 소금으로 간을 한다. 남은 가지도 똑같이 튀긴다.

5 23×33cm 크기의 유리로 된 베이킹팬 바닥에 토마토소스의 ¼을 골고루 깐다. 그 위에 가지 조각의 ⅓을 단층으로 깐다(조금 겹쳐져도 된다.). 평평하게 되도록 누른다. 소스 ¼을 넣고 평평하게 바른다. 모차렐라 ⅓을 넣고 나머지 파르메산 치즈 ⅓을 소스 위에 평평하게 뿌린다. 가지, 소스, 치즈로 똑같이 두 층을 더 만들고, 파르메산 치즈 4큰술은 남겨 둔다.

6 호일로 덮고 20분 동안 굽는다. 그러고는 호일을 벗기고 연한 황금색이 되고 표면에 기포가 생기도록 약 20분간 더 굽는다. 남은 파르메산 치즈를 위에 뿌리고 15분 정도 가만히 둔다.

7 바질과 파슬리를 뿌리고 차려 낸다.

치즈가 든 끈적끈적한 이탈리아-미국식 가지 파르메산(892쪽)

전자레인지 작동 원리

전자레인지는 마이크로웨이브 주파수 범위 내에 있는 전자기 방사선을 음식에 퍼붓는 방식으로 작동한다. 무시무시하게 들릴지 모르지만 모든 전자기 방사선이 다 나쁜 건 아니라는 걸 기억해야 한다. 예를 들어, 열과 가시광선은 우리의 눈과 열 감지 신경이 감지할 수 있는 주파수 범위 내에 있는 전자기 방사선으로 구성되어 있다.

물 분자 같은 전자기를 띤 분자는 마이크로웨이브로 만들어진 전기장과 나란히 하려는 경향이 있다. 그래서 긴 파장의 마이크로웨이브*가 전자기 분자를 지나갈 때 이들 분자는 나란히 하려고 하면서 빠르게 앞뒤로 뒤집는다. 그 결과로 생긴 마찰저항이 음식을 조리한다. 마이크로웨이브는 음식이 밀도가 높고 더 두꺼울수록 침투력이 낮아지긴 하지만 고체에도 깊이 몇 cm 정도는 침투할 수 있다. 가령 여러분 누이의 마이 리틀 포니(My Little Pony) 인형처럼 밀도가 높고 비교적 건조한 재료는 가열하는 데 오랜 시간이 필요하다(개인적인 경험으로 알게 된 건 아님). 그러나 가지처럼 구멍이 많고 수분이 많은 재료는 골고루 빠르게 조리된다.

전자레인지는 예를 들면, 가스 버너가 방을 데우는 방식과는 다르게 외부 환경에 에너지를 거의 잃지 않기 때문에 물을 데우는 데에 엄청나게 효과적이다. 하지만 알아야 할 것이 하나 있는데 바로 과열이다. 과열(superheating)은 이름만큼이나 멋지다. 흠이 없는 용기에 물을 최대한 움직이지 않고 가열하면 핵 생성 지점이 부족하기 때문에(107쪽 참고), 끓지 않고 끓는점 이상으로 올라갈 수가 있다. 하지만 예를 들어, 턴테이블에서의 작은 떨림과 같은 난류가 전해지면 바로 거품이 생기면서 전자레인지 안에 온통 뜨거운 물을 내보낸다. 냄비 바닥에서부터 가열을 하면 대류(액체나 기체의 뜨겁고 차가운 지역 사이에서 발생하는 움직임)가 많이 발생하기 때문에 이런 일은 스토브에서는 일어나지 않는다. 이런 현상을 방지하려면 전자레인지에 핵 생성처를 만들기 위해 물 컵에 나무 숟가락을 꽂아 두면 된다.

꼭, 조용히 자잘한 짜증을 누르고 있다가 가장 사소한 일에 완전히 폭발해 버리는 사랑스러운 아내 같다. 유감스럽게도 나무 숟가락 방법은 아내에겐 먹히지 않는다.

---

* 마이크로웨이브의 파장은 몇 cm에서 30cm까지 된다.

코팅 스타일 3 : 맥주 튀김옷
COATING STYLE 3 : BEER BATTER

맥주 튀김옷을 입힌 튀긴 생선

중요한 건, 생선은 아주 부서지기 쉽다는 것, 그래서 튀김은 아주 위험할 수 있다. 생선 덩어리를 그냥 뜨거운 기름 솥에 넣는 건 터미네이터를 가둘 감옥에 이워크(Ewok, 스타워즈 시리즈에 나온 생명체로 키가 1m 정도로 곰 인형같이 생겼다.)를 넣는 것과 같다. 제대로 될 리가 없다.

대구나 큰 넙치처럼 흰살 생선이며 천천히 움직이고 해저바닥에 사는 생선에는 특히나 그렇다. 이렇게 큰 어류는 바다의 거대한 소처럼 거의 대부분의 시간을 바다 밑을 천천히 헤엄치면서 보낸다. 이런 물고기의 근육은 움직임이 그리 많지 않다. 육지 동물들처럼 근육을 적게 쓸수록 맛이나 질감이 더 섬세하다. 이런 흰살 생선에서 무엇보다 좋게 평가하는 부분이 바로 이런 담백한 맛이며 우리가 조리 시에 최대한 살려야 하는 특성이기도 하다.

스테이크와 닭고기에서처럼 생선 살도 너무 고온에서 익히면 수분이 마르면서 질겨진다. 대구와 같은 생선을 조리할 때 우리의 목표는 생선을 근육 층 사이의 얇은 필름 같은 결합조직의 막을 분해할 정도인 65~70℃로 올려주되 수분이 마르지는 않게 조리해야 한다.

그래서 생선을 기름에 튀기기 전에 튀김옷을 입혀야 한다. 튀김옷은 뜨거운 기름으로부터의 열전달을 완화해 줘서 음식 속을 부드럽게 찐다. 그리고 동시에 튀김옷 속에 있는 단백질이 응고하고 결국 탈수가 되면서 바삭한 크러스트를 만들게 된다. 생선이 180℃ 기름 냄비에 완전히 잠긴다 해도 튀김옷이 싸고 있기 때문에 전체 면이 비교적 부드럽고 고르게 익게 된다. 이 점이 여러분처럼 두려움을 모르는 요리사들에게 여유를 줘서 단지 가능성에 머무르지 않고 실제로 아주 쉽게 생선을 완벽하게 부드러운 상태로 조리할 수 있게 한다. 그리고 튀긴 생선 냄새가 걱정되는 분들은 걱정하지 않아도 된다. 생각하는 것만큼 그렇게 나쁘지 않다(867쪽 참고).

튀김옷 속에는 무엇이 들어갈까?

튀김옷에는 기본적으로 두 가지 재료, 밀가루와 물이 포함된다. 밀가루 속에 있는 느슨한 단백질은 물이 들어오면 서로 결합을 해서 글루텐을 형성하는데, 이 글루텐은 튀김옷이 재료에도 달라붙고 스스로도 붙게 한다. 밀가루를 너무 많이 사용하거나 반죽을 너무 세게 저으면 글루텐이 너무 많이 생성되어 수분과 지방을 계속 유지하게 되며 그러면 튀김옷을 내리 눌러서 튀김옷이 질겨지거나 기름투성이가 된다(909쪽, '실험 : 튀김옷의 글루텐 형성' 참고). 재료의 온도도 비슷하게 아주 중요한 영향을 미친다. 그러므로 밀가루에 액체 재료를 넣을 때는 얼음처럼 차가워야 한다. 그래야 글루텐 발달을 최소화 할 수 있다.

완성된 튀김이 얼마나 바삭하고 산뜻한지를 결정하는 것은 이러한 재료를 섞을 때나 기타 재료가 더해질 때의 비율과 섞는 방식과 관련이 있다.

다음은 공통 성분의 대체제와 첨가제이다.

- **맥주나 소다수**를 물 대신 사용하면 탄산화가 더 진행돼서 튀김옷이 발효되도록 돕는다. 이산화탄소의 작은 거품이 가열되면서 팽창하게 되고 그래서 성긴 질감이 된다. 맥주는 또한 맛있는 화합물과 브라우닝을 돕는 탄수화물을 더해 준다.
- **달걀**은 단백질의 농축된 공급원이 되어서 밀가루를 덜 사용하고도 단단한 구조를 만들고 전통적인 일본식 덴푸라의 특징인 얇고 성글고 바삭한 코팅을 만든다.
- **베이킹파우더와 베이킹 소다**는 녹고 가열이 되면 이산화탄소를 만든다(베이킹 소다 사용 시는 다른 산성 물질이 추가로 필요함). 그래서 튀김옷이 부풀게 된다.
- **쌀가루나 옥수수전분이나 옥수숫가루** 같은 기타 곡물은 다양한 효과를 낸다. 쌀가루와 옥수수전분은 순수한 흰 밀가루의 단백질 농축을 희석해서 튀김옷의 조직이 더 많이 부풀게 한다(하지만 부피감을 만들어야하기 때문에 적어도 어느 정도의 단백질은 필요하다.). 옥수숫가루는 흰 밀가루보다 알갱이가 더 크기 때문에 허시퍼피(hush puppy, 옥수수 가루로 만든 작은 튀김 과자)나 잘된 콘도그(corn dog, 꼬챙이에 낀 소시지를 옥수수 빵으로 싼 핫도그)에서 느낄 수 있는 그런 바삭함이 생긴다.

튀김옷의 최우선 순위는 알맞은 농도를 맞추는 일이다. 너무 걸쭉하면 빵처럼 되고 너무 묽으면 충분히 재료를 보호해 주지 못한다. 또한, 발효력과 글루텐 형성이 균형을 이루는 것도 필수적이다. 발효가 너무 되지 않으면 딱딱하고 질긴 껍질이 되고 반대로 너무 많이 되면 튀김옷이 지나치게 부풀어 튀김 재료에서 떨어져 나가게 된다.

나는 튀김옷에 밀가루만 사용하지 않고 밀가루와 옥수수전분을 섞어 사용하는데 이렇게 하면 튀김옷을 고무처럼 질기게 만들 수 있는 단백질 그물망이 글루텐이 덜 형성된다. 또한, 글루텐은 너무 많이 저어도 잘 생기게 되므로 튀김옷을 만들 때는 거품기나 젓가락으로 살짝 섞일 정도로만 저어 준다. 생 밀가루가 군데군데 좀 있어도 괜찮다.

맥주를 튀김옷에 넣는 데에는 몇 가지 이유가 있다. 먼저, 맥주 속에 든 당분이 튀김옷이 브라우닝이 더 잘 되도록 한다. 거품도 또한 필수적인데, 이 거품이 튀김옷 안에 아주 작고 작은 주머니를 만들어서 아주 바삭한 느낌이 나게 한다. 비슷한 기능을 하는 베이킹파우더에 비하면 효과는 적다.

튀김옷에서 반죽이 잘 부풀고 바삭하도록 돕는 또 다른 물질이 있는데 바로 알코올이다.

아주 싼 보드카라 하더라도 튀김을 아주 바삭하게 해 준다.

지금은 문을 닫은 레녹스 133번가에 있는 레녹스 리큐어(Lenox Liquors)의 단골들은 이 집에서 조지(Georgi)가 가장 싼 보드카라는 걸 알고 있으며 헤스턴 블루먼솔(Heston Blumenthal)의 팬들은 그의 완벽한 피시 앤 칩스 레시피에 이 보드카가 들어간다는 걸 안다*. 여러분이 이 위스키 병과 그 맛을 알고 있는 몇 안 되는 사람들이라면 우리는 동지이며 언제라도 우리 집에 오신다면 피시 앤 칩스를 해 드리겠습니다.

헤스턴이 보드카를 반죽에 넣어야겠다는 생각을 한 이유는 보드카는 휘발성이 강하기 때문에(즉, 보드카는 빨리 증발함) 튀김을 튀길 때 보드카가 튀김옷에서 더 빨리 튀어나오게 되고 그러면 튀김옷이 더 빨리 탈수가 돼서 브라우닝이 더 빨리 되고 또한 더 바삭하게 된다는 것이었다. 그 부분에 있어서는 보드카는 아주 훌륭하게 제 역할을 했다. 튀김옷에 알코올을 넣으면 물을 넣었을 때보다 더 빨리 탈수가 된다. 알코올 함량을 높이면, 가령 맥주 대신에 40도 보드카를 한두 잔 넣으면 이 과정을 상당히 가속화시켜서 많이 부풀고 바삭한 코팅이 된다.

알코올이 만들어 주는 더 중요한 역할은 글루텐 성장을 제한하는 일이다. 글루텐은 알코올이 아니라 물이 있어야 발달한다. 튀김옷에 들어가는 액체의 일부분을 알코올로 대체해 주면 튀기기 전엔 반죽이 정확히 같은 질감이지만 글루텐 발달이 상당히 적어서 튀겼을 때 더 바삭해진다.

나는 튀김옷을 입히기 전에 밀가루를 묻힌다든지 생선에 바로 튀김옷을 입힌다든지 등등, 몇 가지 다른 방법을 시험해 봤다. 그래서 바삭함과 부풀리는 정도 사이에 최상의 균형을 이루는 가장 효과적인 방법은 생선을 밀가루 혼합물에 넣어 빨리 입힌 뒤, 튀김옷에 넣었다 다시 두 번째로 밀가루를 묻혔다 튀김기에 넣는 방법이었다.

....
* 그건 그렇고 이 레시피는 꼭 찾아 봐야 하는 정말 대단한 레시피로 BBC 시리즈와 같은 이름인 그의 책 「완벽을 찾아서(In Search of Perfection)」에 나와 있다. 또한 온라인에서도 쉽게 찾을 수 있다.

이 방법은 깔끔한 방법은 아니라는 걸 인정한다. 아마 끝날 때쯤이면 반죽이 묻은 손으로 뚝뚝 떨어지는 튀김옷을 입힌 생선을 다시 밀가루로 넣을 때 겉의 코팅이 다 떨어지기 전에 재빨리 밀가루를 문혀야 한다. 그래서 찾은 쉬운 방법은 튀김옷을 입힌 생선을 밀가루에 넣고 밀가루를 위에 좀 더 뿌린 뒤 생선 아래를 숟가락 등으로 집어 올린 뒤 손으로 앞뒤로 털어서 여분의 밀가루는 털어 낸다. 그러고는 바로 웍이나 더치 오븐의 뜨거운 기름에 넣는다.

마지막으로 맥주는 다음 세 가지 이유로 얼음처럼 차가워야 한다.

1 차가운 알코올은 탄산 포화를 더 잘 유지한다.
2 차가운 알코올은 글루텐 형성을 억제한다.
3 레시피에는 맥주 1컵(250ml)만 필요하기 때문에, 남은 맥주는 마셔야 한다.

기름은 끓을까?

우리는 다들 '기름에 끓인다.'라는 얘기를 들었을 것이고 음식을 기름에 넣을 때 격렬하게 거품이 생기는 걸 봤을 것이다. 하지만 기름이 정말로 끓을 수 있을까? 기술적으로는 끓을 수 있다. 하지만 실제로는 끓지 않는다. 104쪽에서 우리가 이야기한 대로 끓는다는 것은 액체가 기체로 전환하는 것이다. 분자가 서로 얼마나 꽉 붙어 있느냐에 따라, 여러 액체들이 각기 다른 온도에서 끓는다. 물은 100℃에서 끓고 아주 휘발성이 강한 질소 용액은 –195℃에서 끓는다. 기름의 끓는점은 훨씬 더 높다. 실제로 기름은 연기가 나기 시작하면서 끓는점에 도달하기 한참 전에 불이 나고 만다. 발연점과(연기가 기름 위에 나타나기 시작하는 온도(870쪽 참고), 인화점은(기름에 실제로 불이 붙는 온도) 기름마다 다르지만 일반적으로 190~288℃ 범위 대에 있다. 이 온도는 실제 기름이 끓는점보다 많이 아래다.

'끓고 있는 기름' 냄비에서 끓고 있는 것은 기름이 아니다. 기름이 끓고 있는 것처럼 보이지만 실제로는 튀기고 있는 재료 속에 든 수분이 기름 속에서 끓으면서 기포를 내놓는 것이다. 음식을(그렇다면 수분을) 튀김기 밖으로 끄집어내면 끓는 게 멈춘다.*

* 다음에 누군가 여러분에게 끓고 있는 기름을 붓겠다고 위협하는 사람이 있다면 가장 거만한 말투로 "끓고 있는 건 기름이 아니라 물일 텐데요." 이렇게 말하고는 달아날 것.

맥주 튀김옷을 입혀 튀긴 대구 BEER-BATTERED FRIED COD

얇고 바삭한 감자튀김과 함께 차려 낸다(920쪽 참고).

NOTE • 이 레시피는 명태나 대구 심지어 넙치나 줄무늬농어 등과 같이 얇게 벗겨지는 흰살 생선에 사용 가능하다.

4인분

중력분 1½컵(375ml)

옥수수전분 ½컵(125ml)

베이킹파우더 1작은술

베이킹 소다 ¼작은술

코셔 소금

파프리카 파우더 ¼작은술

맛이 강하지 않은 맥주 ¾컵(180ml, 팹스트 블루 리본 또는 버드와이저 같은, 아주 차갑게 준비.)

40도 보드카 4큰술

땅콩기름 4컵(1l)

타르타르소스(레시피 바로 나옴)

대구 필레 450g(110g 짜리 4개로 자르기.)

1. 큰 웍이나 무쇠 프라이팬에 기름을 넣고 중강 불에서 180℃로 가열한다. 큰 그릇에 밀가루 1컵(250ml), 옥수수전분, 베이킹파우더, 베이킹 소다, 소금 2작은술, 파프리카 파우더를 넣고 섞는다. 작은 볼에 맥주와 보드카를 섞는다.

2. 큰 볼에 남은 밀가루 ½컵(125ml)을 넣는다. 생선 조각을 밀가루에 넣고 골고루 묻힌다. 그러고는 베이킹팬 위, 와이어랙에 올린다.

3. 맥주 섞어 놓은 걸 밀가루 섞어 놓은 데 천천히 넣어 준다. 튀김옷의 질감이 걸쭉한 페인트 정도가 되도록 저어 준다(맥주가 남을 수도 있다.). 거품기로 반죽을 떨어뜨리면 반죽에 밀가루 자국이 남아야 한다. 덩어리가 몇 개 정도 있는 건 괜찮으니, 너무 많이 섞지 않는다.

4. 대구를 튀김옷에 넣고 튀김옷을 입힌다. 대구의 한쪽 모서리를 집어 여분의 튀김옷이 그릇에 다시 떨어지게 한 뒤 재빨리 밀가루 그릇에 넣는다. 앞뒤로 뒤집어 묻힌 뒤 조심스럽게 뜨거운 기름 속에 넣는다. 기름이 튀지 않게 천천히 넣는다. 4조각을 이렇게 반복해서 모두 기름에 넣는다. 팬을 부드럽게 흔들고 그물국자로 기름을 계속 저어 준다. 중간에 생선을 뒤집어 주고 대구가 황금색이 되고 양쪽 다 바삭해지도록 약 8분 정도 튀긴다.

5. 대구를 키친타월이 깔린 접시에 놓고 바로 소금으로 간을 한다. 타르타르 소스를 곁들인다.

너무도 톡 쏘는 타르타르소스

NOTE • 코니숑은 식초에 절인 작은 프랑스식 피클이다. 대개 미국의 슈퍼마켓의 올리브나 머스터드와 피클 근처에 있다. 좀 더 달콤한 소스를 원하면 코니숑 2큰술 대신 준비해 둔 달콤한 피클 렐리시를 넣는다.

약 1컵

마요네즈 ¾컵(180ml. 가급적이면 홈메이드로, 817쪽)
중간 크기 샬롯 1개(잘게 다지기. 약 2큰술)
케이퍼 3큰술(건져서 물기를 닦고 잘게 다지기.)
코니숑 6~8개(다지기. 약 2큰술. 위의 note 참고)
설탕 1작은술
잘게 다진 파슬리 2큰술
후춧가루 ⅛작은술
코셔 소금

작은 볼에 마요네즈, 샬롯, 케이퍼, 코니숑, 설탕, 파슬리, 후추를 넣고 섞는다. 소금으로 간을 한다. 밀폐된 용기에 넣고 적어도 사용하기 1시간 전에 냉장고에 넣어 둔다. 타르타르소스는 냉장고에서 1주일까지 보관 가능하다.

크림 같은 코울슬로와 타르타르소스를 곁들인 생선 튀김 샌드위치

크림 같은 코울슬로와 타르타르소스를 곁들인 생선 튀김 샌드위치
FRIED FISH SANDWICHES WITH CREAMY SLAW AND TARTAR SAUCE

NOTE • 이 레시피는 명태나 대구 심지어 넙치나 줄무늬농어 등과 같이 얇게 벗겨지는 흰살 생선에 사용 가능하다.

6인분

코울슬로

작은 양배추 1통(가운데 심을 빼고 잘게 채썰기. 약 6컵, 1.5l)

작은 적양파 ½개(얇게 저미기. 약 ½컵, 125ml)

코셔 소금과 후춧가루

사과 식초 2작은술

디종 머스터드 1작은술

마요네즈 3큰술(가급적이면 홈메이드, 817쪽)

설탕 1큰술

샌드위치

땅콩기름 4컵(1l)

중력분 1½컵(375ml)

옥수수전분 ½컵(125ml)

베이킹파우더 1작은술

베이킹 소다 ¼작은술

코셔 소금

파프리카 파우더 ¼작은술

맛이 강하지 않은 맥주 ½캔(100ml, 팹스트 블루 리본이나 버드와이저 같은, 아주 차게 준비.)

40도 보드카 4큰술

대구 필레 510g(85g씩 6개로 나누기.)

부드러운 햄버거 번 6개(버터에 굽기.)

타르타르소스 6큰술(904쪽)

1. 코울슬로 만들기. 볼에 양배추와 양파, 소금 1작은술, 후추를 듬뿍 넣고 섞은 뒤 한쪽에 둔다. 중간 크기 볼에 식초와 머스터드, 마요네즈, 설탕을 넣고 섞은 뒤 적어도 15분 정도 가만히 둔다.

2. 코울슬로를 완성하기 위해, 소금에 잰 양배추와 양파를 한 주먹씩 잡고 수분을 짜내서 드레싱과 함께 볼에 넣는다. 원하면 소금과 후추를 더 넣고 섞어서 간을 한 뒤 한쪽에 둔다.

3. 샌드위치 만들기. 큰 웍이나 무쇠 프라이팬에 기름을 넣고 중강 불에 올려 180℃로 가열한다. 큰 볼에 밀가루 1컵(250ml), 옥수수전분, 베이킹파우더, 베이킹 소다, 소금 2작은술과 파프리카 파우더를 넣고 섞는다. 작은 볼에 맥주와 보드카를 넣고 섞는다.

4. 큰 볼에 남은 밀가루 ½컵(125ml)을 넣는다. 대구를 넣고 골고루 묻힌다. 베이킹팬 위 와이어랙에 올린다.

5. 밀가루 혼합물에 맥주 섞은 걸 천천히 붓는다. 반죽이 걸쭉한 페인트 정도의 질감이 되도록 계속 저어 준다(맥주가 남을지도 모른다.). 거품기로 반죽을 떨구어 보면 반죽에 밀가루 자국이 남아야 한다. 덩어리가 몇 개 있는 건 괜찮으나 너무 많이 있지 않는다.

6. 대구를 튀김옷에 넣고 튀김옷을 입힌다. 대구의 한쪽 모서리를 집어 여분의 튀김옷이 그릇에 다시 떨어지게 한 뒤 재빨리 밀가루 그릇에 넣는다. 앞뒤로 뒤집어 묻힌 뒤 조심스럽게 뜨거운 기름 속에 넣는다. 기름이 튀지 않게 천천히 넣는다. 4조각을 이렇게 반복해서 다 기름에 넣는다. 팬을 부드럽게 흔들고 그물국자로 기름을 계속 저어 준다. 중간에 생선을 뒤집어 주고 대구가 황금색이 되고 양쪽 다 바삭해지도록 약 8분 정도 튀긴다. 생선을 종이가 깔린 접시에 건져 놓고 바로 소금으로 간을 한다.

7. 각 번의 아래쪽 반 정도에 코울슬로를 작게 쌓아 올린다. 이 위에 생선을 올리고 타르타르소스를 조금 올린다. 위에 번으로 덮고 추가로 코울슬로와 소스를 따로 곁들여 차린다.

양파 링

외형적인 면에서 보면 양파 링은 생선 튀김과 완전히 다르다. 하지만 원리적인 면에서 보면 둘은 동일하다. 각각의 경우, 목표는 브라우닝을 막아서 튀김의 주재료가 단단해지지 않게 하는 것이며 그러면서도 동시에 튀김의 겉은 식감의 대조를 이루며 맛을 더해야 한다. 양파 링과 감자튀김 중에서 하나를 고르는 건 늘 어려운 일이다(가능하다면 콤보를 먹을것!). 맥주를 넣고 잘 반죽해서 아주 바삭한 크러스트 속에 달콤하고 부드럽고 두꺼운 양파가 들어 있는 양파 링은 인생의 세 가지 가장 큰 즐거움 중의 하나이다(그리고 합법적으로 즐길 수 있는 유일한 것). 하지만 완벽한 양파 링을 얼마나 자주 먹을 수 있을까? 다음은 맥주 반죽이 잘 된 양파 링이 좋지 않게 변하는 가장 흔한 4가지 경우이다.

- **반죽이 적다.** 반죽이 너무 적으면 양파가 기름의 파괴력에 완전히 무방비로 노출된다. 그러면 당분이 빠르게 캐러멜화되면서 타고, 또 조직은 말라 종이처럼 얇아지면서 질겨진다.

- **튀김옷이 너무 많다.** 이것은 튀김옷이 너무 얇은 것보다 더 나쁘다. 양파 링에 튀김옷을 너무 많이 입히면 잘 부풀어서 바삭한 대신, 내부에 수분이 너무 많아져서 기름에서 건져 내자마자 곧 튀김옷이 눅눅해진다.

- **갈라진 껍질.** 이런 현상은 모든 것이 잘 되어 가는듯하다가 갑자기 아직 발견하지 못한 어떤 원인에 의해 발생하는데 튀김옷의 크러스트가 저절로 반으로 갈라진다. 그러면 기름이 틈으로 막 스며들어서 양파가 질겨지고 타게 된다.

- **무시무시한 벌레.** 이 현상이 양파 링에 일어나는 범죄 중에 가장 악랄한 것이라 하겠다. 양파가 완전히 익지 않았을 때 이런 일이 일어난다. 한 입 베어 물 때 깔끔하게 잘리지 않고 입안에 긴 벌레 같은 양파를 남기고 손에는 텅 빈 껍데기만.

튀김옷 문제를 해결하기는 아주 쉽다. 우리는 이미 잘 부풀어 바삭하고 연하고 꼭 알맞은 두께의 대구 튀김용 튀김옷에 관한 어마어마한 레시피를 가지고 있다. 하지만 갈라지거나 속 재료가 끊어지지 않는다면? 갈라지는 일은 해결하기 힘든 일이다. 어떤 이유로 튀김옷 껍질이 저렇게 갈라졌을까? 이를 해결하기 위해 나는 조심스럽게 고통 받는 양파를 핀셋 세트를 가지고 해부해 보았으며 문제는 튀김옷이 아니라, 바로 양파라는 걸 알아냈다. 양파의 모든 층은 층끼리 얇은 종이 같은 세포막으로 분리가 된다. 이 세포막은 양파 안쪽을 문지르면 벗겨지기 때문에 쉽게 볼 수 있다.

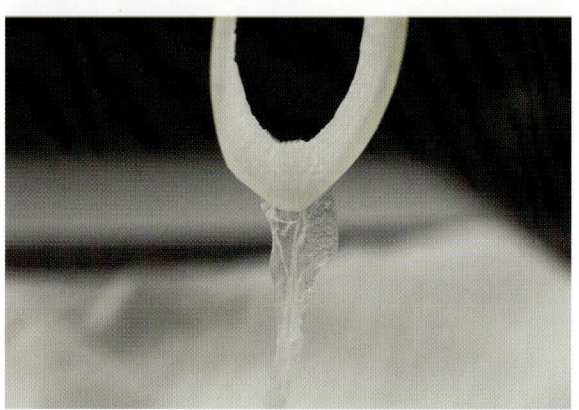

양파는 각 층 사이에 얇은 세포막이 있다.

이 세포막은 부피감이 있는 형태기 아니며 얇아서 조리 시에 양파 자체보다 훨씬 더 많이 수축하게 된다. 이 수축으로 인해 부분적으로 굳은 튀김옷에 있는 구멍이 찢어지면서 기름이 안으로 몰려 들어오게 된다. 튀김옷을 입히기 전에 세포막을 제거해서 이 문제를 해결했지만 이 작업은 아주 지루한 과정이다. 우리 집 개의 이를 닦일 때 만큼 재미있지도 귀엽지도 않은 일이다. 양파 링을 물에 30분 담가 두었다 벗기는 게 도움이 되긴 했지만 그보다는 냉동실에 양파를 넣어 두는 게 훨씬 더 낫다는 걸 알게 됐다. 채소가 얼 때 안에 든 수분이 결정으로 바뀌면서 크고 삐죽삐죽한 얼음 조각, 구멍 난 세포로 바뀌게 되는데 이렇게 되면 채소가 흐물흐물해진다. 대개의 경우, 이런 현상은 좋지 않다. 얼린 채소가 생채소만큼 좋지 않은 이유이기도 하다.

그러나 튀김에 사용하는 양파에는, 이런 현상은 나쁘지 않다. 세포막을 쉽게 제거할 수 있을 뿐 아니라 양파를 얼리면 우리가 베어 물 때, 쉽게 끊길 수 있는 정도로 부드러워진다. 이렇게 해서 나는 벌레처럼 양파가 길게 빠져나오는 문제도 우연히 같이 해결하게 되었다!

나는 이 돌파구를 찾게 돼서 너무 너무 기뻤기 때문에 당연한 과정으로 완벽하게 바삭하고 부드럽고 양파만 길게 쏙 빠지거나 갈라지는 일 없이, 황금색의 맥주 향이 나는 달콤하면서도 짭짜름한 양파 링의 발견을 기념했다.

양파 링은 코팅이 바삭해야 하고 베어 물면 깔끔하게 양파가 잘려야 한다.

실험 : 튀김옷의 글루텐 형성

빵 반죽을 치댈 때처럼, 튀김옷을 많이 저어도 서로 연결된 밀가루 단백질의 그물망인 글루텐이 생긴다. 증거가 필요하다고? 이 간단한 실험을 해 보라.

재료

- 910쪽, '누구나 쉽게 만드는 양파 링'의 재료 목록을 참고한다.

과정

레시피의 3단계에서 튀김옷을 반으로 나누고 이 중 한쪽은 추가로 더 젓는다. 일반 튀김옷과 더 오래 저은 튀김옷을 레시피대로 계속 진행한다.

결과

두 가지 튀김옷으로 튀긴 양파 링을 나란히 두고 맛을 본다. 일반 튀김옷의 양파 링은 가볍고 바삭했으며 오래 저은 튀김옷의 양파 링은 더 쫀득하고 뻑뻑하고 눅눅했다.

튀김옷을 계속해서 저어 주면 밀가루 속에 있는 단백질 분자(글리아딘과 글루테닌)가 서로 더 단단히 결합한다. 그래서 결합이 너무 단단해서 베이킹파우더의 발효력으로도 반죽을 부풀리고 발효시킬 수 없으며 반죽이 치밀해진다. 또한, 상호 연결된 단백질은 질감을 바삭하고 부드럽게 만들지 않고 쫄깃거리게 한다. 자, 여기서 배운 점은 튀김옷을 지나치게 섞지 않는다.

누구나 쉽게 만드는 양파 링 FOOLPROOF ONION RINGS

4인분

큰 양파 2개(1.3cm 두께의 원형으로 자르기.)

땅콩기름 2ℓ

중력분 1컵(250ml)

옥수수전분 ½컵(125ml)

베이킹파우더 1작은술

베이킹 소다 ¼작은술

파프리카 파우더 ½작은술

맛이 강하지 않은 맥주 ¾컵(180ml, 팹스트 블루 리본이나 버드와이저, 아주 차갑게 두기.)

40도 보드카 4큰술

코셔 소금

1. 원형으로 잘라 놓은 양파를 낱개의 링으로 분리한다. 4ℓ 크기의 지퍼락 팩에 넣고 냉동실에 넣어 완전히 얼도록 적어도 1시간 넣어 둔다(양파는 냉동실에서 한 달 정도 보관할 수 있다.).

2. 튀길 때가 되면 양파 링을 꺼내서 그릇에 담는다. 그러고는 흐르는 미지근한 물로 해동한다. 베이킹팬에 깨끗한 행주나 키친타월을 몇 겹 깔고 여기에 양파 링을 건져서 물기를 제거한다. 각 링 속의 얇은 세포막을 조심스럽게 벗겨낸다(양파는 아주 늘어지게 된다.). 그러고는 한쪽에 둔다.

3. 큰 웍이나 더치 볼에 기름을 넣고 중강 불에 올려 190℃로 예열한다. 중간 크기 볼에 밀가루와 옥수수전분, 베이킹파우더, 베이킹 소다, 파프리카 파우더를 넣고 함께 저어 준다. 작은 볼에 맥주와 보드카를 붓는다.

4. 밀가루 섞어 놓은 데에 맥주 혼합물을 천천히 붓는다. 계속 저어 주면서 튀김옷이 걸쭉한 페인트 농도가 되도록 한다(맥주가 남을 수도 있다.). 거품기로 반죽을 떨어뜨렸을 때 반죽에 밀가루 자국이 남아야 한다. 덩어리가 몇 개 있는 건 괜찮으니 너무 많이 젓지 않는다. 양파 링 한 개를 튀김옷에 넣고 모든 면에 튀김옷이 묻도록 한 뒤 볼에 꺼내서 여분의 튀김옷이 그릇에 다시 떨어지게 한다. 손가락으로 천천히 뜨거운 기름에 넣는 데 손가락으로 집은 마지막 면만 밖에 남을 때까지 천천히 담그다가 떨어뜨린다. 전체 양파의 반을 기름에 다 넣을 때까지 반복한다. 중간에 링을 뒤집어 주고 링이 진한 황금색이 되도록 약 4분 정도 튀긴다. 양파 링을 키친타월이 깔린 큰 믹싱 볼에 건져 놓고 소금을 위에다 뿌리고 살살 섞는다. 나머지 양파를 다 튀기는 동안, 튀긴 양파는 베이킹팬을 오븐랙에 올려서 93℃ 오븐에 넣어 따뜻하게 둔다. 그러고는 바로 양파 링을 먹는다.

코팅 스타일 4 : 얇은 튀김옷
COATING STYLE 4 : THIN BATTERS

도쿄의 훌륭한 덴푸라 식당 중 하나인 쓰나하치(Tsunahachi)의 셰프가 새우 덴푸라를 차려 내고 있다.

일본식 덴푸라

덴푸라 스타일 튀김옷은 원래 16세기 포르투갈 선교사가 일본으로 전해 줬다.* 그때부터, 덴푸라는 일본의 셰프들에 의해 거의 예술에 가까운 형태로 완성되어 왔다. 일본에 있는 최고의 덴푸라 전문점들에서는 모든 코스 요리를 덴푸라 셰프 한 사람이 요리한다. 이런 셰프들은 다년간의 수습 기간을 거쳐 겨우 튀김옷이나 기름에 손을 댈 수가 있었다.

덴푸라 셰프는 요리의 세계에서는 스타워즈의 제다이(Jedi) 같은 그런 존재이다. 그들은 솜씨 좋게 최고의 기술과 정확성으로 요리를 해내는데, 아주 위험한 도구들

을 사용하면서도 조용하고 침착하게 행동한다. 좀 더 세련된 시대로부터의 우아한 기술이다. 유감이지만, 여러분이나 저, 그리고 대부분의 세상 사람들은 전 생애를 훈련에 쏟은 그런 장인들만큼 그렇게 잘 만들 수는 없다. 하지만 다행인 점은 우리는 그들이 하는 방식의 약 90%를 바로 배울 수 있다는 점이다.

덴푸라식 튀김옷의 가장 중요한 특징은 색과 질감이 극도로 가볍다는 점이다. 잘 튀긴 덴푸라는 튀김옷이 엄청나게 연하고, 가볍고, 바삭하다. 이렇게 만들려면 다른 종류의 튀김옷보다 조금만 더 주의하면 된다. 전통적인 덴푸라 튀김옷은 밀가루에(일반적으로 밀가루와 저단백질 쌀가루를 섞어 쓴다. 나는 밀가루와 옥수수전분을 섞었다.) 달걀을 넣고 얼음물을 섞어 만든다.

튀김옷은 겨우 섞일 정도로만 반죽해서 마른 밀가루 주머니가 엄청 많이 남아 있으며 사실상 글루텐 형성이 거의 일어나지 않는다. 덴푸라 튀김옷은 밀가루가 너무 푹 젖지 않고 신선한 튀김옷일 때만 잠시 사용해야 한다. 하지만 전통적인 방법을 고수하지 않는다면 이런 예민한 성질을 개선시킬 방법이 있다.

먼저, 튀김옷에 보드카를 넣는 오래된 방법을 사용하면 (지금쯤 질렸을지도 모르겠다.) 아주 효과가 좋은데, 글루텐 형성 비율을 제한해서 튀김옷을 조금 더 오래 사용할 수 있다. 또 보스턴에 있는 클리오(Clio)에서 옛 스승님인 켄 오링어(Ken Oringer) 셰프에게서 배운, 얼음물 대신 소다수를 넣는 방법도 효과가 있다. 하지만 정말로 중요한 비결은 과정에 있다. 그냥 마른 가루와 액체 재료를 볼에 붓고 같이 저어 주는 게 아니라 액체 재료를 마른 가루에 붓고 바로 한쪽 손으로 그릇을 들고 흔들고 이와 동시에 다른 손으로는 젓가락 한 쌍으로 빠르게 저으면 액체에 완전히 젖는 밀가루의 양을 최소화하면서 모든 재료를 다 섞을 수 있다는 걸 알게 됐다.

---

* '덴푸라'라는 단어 자체는 다른 많은 일본어 단어들이 그렇듯, 포르투갈어에서 왔다. 해롤드 맥기는 『음식과 요리(On Food and Cooking)』에서 "원래 '템포라'는 '시대'를 뜻하는 말로 고기 대신 생선을 튀겨 먹었던 금식의 시기를 말한다"라고 했다. 그런데 점점, 이 말은 덴푸라 생선 튀김 방식으로 반죽을 입히고 튀긴 음식을 뜻하게 됐다. 미국인들이 프라이드치킨 식으로 조리한 소고기를 '치킨 프라이드 스테이크'라고 하는 것과 비슷하게 말이다.

채소와(또는) 새우 덴푸라 TEMPURA VEGETABLES AND/OR SHRIMP

NOTE • 튀김용 재료 손질법에 대해서는 873쪽을 참고한다.

4인분

땅콩기름 또는 식물성 쇼트닝 2l
옥수수전분 ½컵(125ml)
중력분 ½컵(125ml)
코셔 소금
대란 1개
40도 보드카 4큰술
아주 차가운 소다수 ½컵(125ml)
가늘게 슬라이스 한 채소 4컵(1l)이나 새우 450g(위의 note 참고)
레몬 웨지 또는 꿀-미소 마요네즈(레시피 뒤에 나옴)

1. 큰 웍에 기름을 넣고 고온에서 190℃로 가열한다. 온도를 계속 유지하도록 불을 조절한다. 접시나 베이킹팬에 키친타월을 두 겹으로 깐다.

2. 큰 볼에 옥수수전분과 밀가루, 소금 1작은술을 넣고 젓가락으로 저어 섞어 준다. 작은 볼에 달걀과 보드카를 넣고 저어서 완전히 잘 섞이게 한다. 소다수를 넣고 젓가락으로 섞일 정도로만 저어 준다. 그러고는 바로 섞은 밀가루에 붓는다. 한 손으로는 볼을 잡고 다른 손으로는 젓가락을 들고 볼을 앞뒤로 흔들면서 젓가락으로는 세게 저어서 액체와 마른 재료가 섞이게 해 준다. 거품과 마른 밀가루 주머니가 아직 많이 있을 것이다.

3. 튀김옷에 채소와(또는) 새우를 넣고 손으로 반죽을 입힌다. 채소를 한 번에 몇 개 집어서 여분의 튀김옷은 덜어 내고 뜨거운 기름으로 넣는데, 손으로 기름 표면에 최대한 가까이 가져간 뒤 기름에 넣어 되도록 튀지 않도록 한다. 온도가 최대한 180℃에 가깝게 되도록 불을 강으로 높인다. 남아 있는 채소나 새우를 한 번에 몇 조각 넣는다. 바로 젓가락이나 그물국자로 저어서 채소가 붙지 않도록 하고 뒤집으면서 계속 신선한 기름에 노출되도록 한다. 튀김옷이 완전히 바삭하고 연한 갈색이 되도록 약 1분간 튀긴다.

4. 덴푸라를 키친타월이 깔린 접시나 로스팅팬으로 옮기고 바로 소금을 뿌린다. 레몬 웨지나 꿀-미소 마요네즈와 함께 차려 낸다.

꿀-미소 마요네즈

클리오에서 켄 오링어 셰프는 채소 덴푸라에 두 가지 디핑 소스 중 하나를 선택하게 해서 곁들이곤 했다. 이 두 디핑 소스는 전통적인 텐쯔유(일본산 가다랭이와 다시마 육수, 간장, 미림을 넣고 만든 간장)와 꿀-미소 아이올리였다. 이 레시피는 꿀-미소 아이올리 소스를 기본으로 하는데, 이 소스를 약간 간추려서 간단하게 다섯 가지 재료의 마요네즈로 만들었다. 그 결과 새우 튀김이나 채소 튀김과 완벽하게 잘 어울리면서도 아주 맛이 좋아서 한밤중에 냉장고의 희미한 불빛에 비추며 한 숟가락 먹고 싶어지는 그런 달콤하면서도 감칠맛 나는 균형 잡힌 소스가 만들어졌다.

NOTE • 흰 미소 페이스트(가급적이면 쿄토식 사이쿄(saikyo) 미소)를 사용한다. 색이 짙은 미소 페이스트는 맛이 너무 강해서 소스의 균형을 깬다.

1컵(250ml) 분량

대란 노른자 1개
흰 미소 페이스트 4큰술(위의 note 참고)
청주 식초 2작은술(+ 맛을 내기 위해 조금 더 준비)
꿀 4작은술(+맛을 내기 위해 조금 더 준비)
식물성 기름 ¾컵(180ml)
물 1큰술

핸드블렌더 머리가 들어갈 수 있는 길고 좁은 용기에 달걀노른자, 미소 페이스트, 식초, 꿀을 넣고 섞는다. 조심스럽게 기름을 부어 다른 재료들 위에 기름이 뜨도록 한다. 블렌더 머리를 용기 바닥에 넣고 블렌더를 돌린다. 천천히 블렌더 머리를 위로 올려 기름도 같이 섞는다. 걸쭉하게 유화가 이뤄질 것이다. 마요네즈를 볼에 담고 식초와 꿀을 더 넣어 맛을 낸다. 원하는 농도로 만들기 위해 소스에 물을 최대 1큰술까지 넣는다. 소스가 걸쭉하게 손가락이나 숟가락에 달라붙지만 먹었을 때 반죽 같거나 왁스 같은 느낌은 나지 않는다.

일반적인 덴푸라 재료 준비 방법

재료	준비 방법
그린빈	콩 끝부분을 잘라 낸다.
버섯	씻어서 얇게 썰거나 표고버섯이나 느타리버섯 같이 얇은 버섯은 통째로 둔다.
피망	1.3cm 두께로 링 모양이나 가늘고 긴 모양으로 자른다.
주키니와 여름 호박	1.3cm 두께 원형이나 막대기 모양으로 자른다.
양파	1.3cm 두께 링 모양으로 자른다.
가지	1.3cm 두께 원형으로 자른다.
고구마	껍질을 벗기고 0.6cm 슬라이스로 자른다.
버터넛 호박	껍질을 벗기고 씨를 빼고 0.6cm 슬라이스로 자른다.
오크라(Okra)	줄기 끝을 자른다.
브로콜리와 콜리플라워	1.3cm 송이로 자른다.
당근	껍질을 벗기고 0.6cm 슬라이스나 평평한 널빤지 모양으로 자른다.
새우	껍질을 벗기고 다리는 잘라 내고 납작하게 한 뒤 튀기는 동안 모양을 유지하도록 꼬치를 길이 방향으로 꽂는다. 조리 후 꼬치를 빼낸다.

감자튀김
FRENCH-FRIED POTATOES

미국에서 생산된 감자의 거의 1/3이 장관을 이루며 튀김 바구니, 즉, 감자튀김이 되는 데에는 한 가지 이유가 있다.

겉에 브레딩이나 튀김옷 같은 걸 입히지 않고도 겉은 바삭하고 속은 보송보송하게 균형을 맞출 수 있는 그런 음식은 감자 이외에는 없다. 그것은 모두 감자의 전분과 수분이 자연적으로 균형을 맞추는 것과 관련이 있다. 하지만 완벽한 감자튀김을 만드는 일은 감자를 뜨거운 기름에 몇 분 동안 담가 두는 정도로 그리 단순하진 않다*. 이 장의 나머지 부분에서 우리는 매번 바삭한 경지에 이를 수 있는 방법에 대해 이야기할 것이다.

감자튀김

간단한 두 가지 재료, 감자와 기름을 가지고 과학과 열, 약간의 맹신 차원에서 살펴보기란 너무 복잡해서 나를 주춤하게 한다. 그래서 마침내 내가 감자의 비밀을 해독하고 버거 전문점 요리, 즉 완벽한 감자튀김의 성배를 이룩하는 데는 10년이라는 시간이 걸렸다. 크고 바삭하고 기름이 쏙 빠졌으며, 크러스트를 열면 휙 솟아나는 김과 함께 부드럽고 아주 폭신한 속살이 드러나는 감자튀김.

----

* 사랑받는 패스트푸드 햄버거 체인 인앤아웃(In-N-Out)은 감자튀김을 이 방법으로 만든다. 감자를 자르고 헹구고 튀겨서 낸다. 아마 다들 느낄 텐데, 인앤아웃의 버거는 아주 맛있지만 흐물흐물하고 색이 옅은 감자튀김은 좀 아쉽다. 한 번 더 튀겨 내면 아주 괜찮아질 텐데.

완벽한 감자튀김을 정의하는 데에는 다음과 같은 네 가지 기준이 있다.

완벽한 감자튀김은 크러스트가 바삭해서 구부러지기보단 부러져야 한다.

- **완벽한 감자튀김을 이루는 요소 #1**: 겉면이 아주 바삭하고 질긴 느낌이 나지 않아야 한다. 이렇게 바삭하게 되려면 감자튀김의 표면 조직이 미세기포로 가득해야 한다. 바로 이런 미세기포가 감자튀김의 표면적을 늘려 아주 바삭하게 만든다. 하지만, 이 층은 바삭함을 더해 주는 정도로만 두꺼워야 한다. 더 두꺼우면 쫄깃해지거나 질긴 느낌이 나게 된다.
- **완벽한 감자튀김을 이루는 요소 #2**: 속은 온전하고 폭신폭신해야 하며 감자 맛이 강하게 나야 한다. 감자튀김의 속이 풀 같거나 파삭파삭하거나 끈적끈적하거나 심지어 더 안 좋을 경우 '속이 텅빈 감자튀김'(속이 완전히 없어짐)으로 알려진 끔찍한 상태에 이르게 되면 자동적으로 불합격이다.

- 완벽한 감자튀김을 이루는 요소 #3 : 감자튀김은 골고루 연한 황금색이 되어야 한다. 감자튀김의 색이 너무 진히기나 얼룩덜룩히다면 탄 맛이 날 수 있다. 연한 황금색이면서 완벽하게 바삭한 튀김이 내가 원하는 감자튀김의 기준이다.
- 완벽한 감자튀김을 이루는 요소 #4 : 감자튀김은 적어도 먹을 때까지 바삭하고 맛이 있어야 한다. 튀김기에서 바로 나온 감자튀김은 거의 완벽하게 바삭하다. 완벽한 감자튀김을 측정하는 진짜 실험은 아직 바삭하든 그렇지 않든, 접시에 놓은 뒤 몇 분 지나서도 먹을 수 있는가이다. 왼쪽 그림에 나온 잘 구부러지는 프라이는 이 실험에 불합격이다.

첫째, 몇 가지 정해야 할 게 있는데, 감자의 종류로는 러셋 감자가 적당하다. 러셋은 전분 함량이 높기 때문에 좀 더 왁스 같은 질감의 유콘 골드나 붉은 껍질의 감자보다 튀기면 더 바삭해진다. 또한 다 익고 나면 속은 더 보송보송하다. 감자튀김의 두께는 0.6~1cm 정도일 때 겉은 바삭한 크러스트가 만들어지고 속은 맛있는 감자의 맛이 나기에 적합하다.

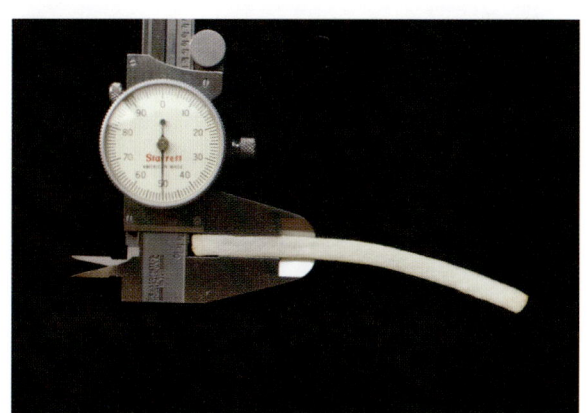

0.6cm는 감자튀김에 가장 적당한 두께이다.

조리로 가 보자. 전통적인 프랑스식 방법, 135~163℃의 비교적 낮은 온도에서 한 번 튀긴 뒤 가만히 두었다가 다시 177~200℃ 고온으로 한 번 더 튀기는 방법은 완벽해 보인다. 이 방법에 대해 내가 가장 많이 들었던 이야기는 처음에 낮은 온도로 튀기면 가운데가 부드러워지고 두 번째는 겉면을 바삭하게 한다는 것이었다. 그래서 나는 이 말이 맞는지 알아보려고 동일한 감자를 세 가지 실험군으로 나눠 실험해 보기로 했다.

- 첫 번째는 프랑스식으로 조리했다. 처음에 135℃로 튀긴 뒤 두 번째는 180℃로 튀겼다.
- 두 번째는 비교적 낮은 온도에서 튀기는 대신 끓는 물에 삶은 뒤 180℃로 튀겼다.
- 세 번째는, 첫 과정을 모두 생략하고 바로 감자를 180℃의 기름에 넣고 튀겼다.

1차 튀김의 목적이 감자를 속까지 익히는 것이었다면 다른 방법으로 감자를 미리 살짝 익히는 것도 똑같이 효과가 좋을 것이다. 반대로 파쿠킹(전조리)을 하지 않은 감자는 가운데까지 고르게 익지 않을 것이다.
그렇다면, 결과는? 삶은 뒤 튀긴 감자는 바삭했지만 바삭한 층이 아주 얇았고 빨리 눅눅해졌다. 한 번만 튀긴 감자도 속은 약간 덜 보송보송했지만 꽤 비슷했다. 그래도 완전히 다 익었으니 문제는 없었다. 두 번 튀긴 감자는 상당히 크고 두꺼운 크러스트가 만들어져서 한동안 유지가 되었는데 이는 1차 튀김이 단순히 감자를 익히는 것 이상의 작용을 더 한다는 걸 보여 줬다. 어머니는 몇 년 전 내가 식당의 주방에서 나와서 기계 공학이나 총기 제작 같은 좀 더 그럴듯한 직업을 가지게 하고 싶어서 고심하신 끝에 내게 캘리퍼스 세트를 선물해 주셨다. 나는 이 세트를 사용해서 두 번 튀긴 감자의 바삭한 층은 삶은 뒤 튀긴 감자보다 두 배 이상 더 두껍다는 걸 밝혀낼 수 있었다. 물론, 이 두께도 내가 원하는 그 두께에는 아직 이르지 못했지만.
나는 비밀을 밝혀내기 위해, 우선 실험하던 감자를 현미경 아래에 놓고 더 가까이 살펴보았다.

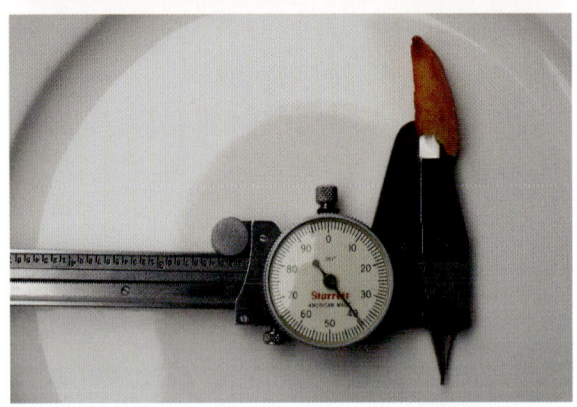

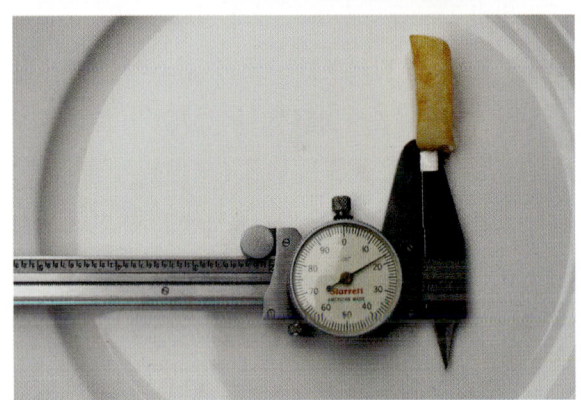

두 번 튀긴 프랑스식 감자튀김(프렌치 프라이)의 크러스트는 한 번 튀긴 감자보다 적어도 두 배는 두껍다.

감자의 구조

여느 동식물처럼 감자도 세포로 구성되어 있다. 세포는 접착제로 작용하는 당의 형태인 펙틴으로 결합되어 있다. 세포 내에는 함께 묶인 많은 단당으로 구성된 큰 스펀지 같은 전분 분자가 있다. 또, 전분 분자는 전분 알갱이 속에 서로 붙어 있다. 전분 알갱이가 물과 열에 노출되면 부풀기 시작하고 마침내 터지면서 부푼 전분 분자를 쏟아낸다. 이 물은 삶은 감자의 경우처럼 외부에서 더해 줄 수도 있고 두 번 튀긴 감자에서처럼 감자 내부에서 나올 수도 있다. 그리고 두꺼운 크러스트가 만들어지려면 꼭 전분 분자가 터져야 한다. 기포가 많은 크러스트의 뼈대를 이루는 것이 바로 끈적끈적하고 젤라틴화된 전분이다.

그래서 완벽한 감자튀김을 만들려면 단순히 전분 분자만 많이 터트려 주면 성공할 수 있을까? 그렇게 간단하지 않다. 감자에 단당이 너무 많으면 바삭해지기 오래 전에 브라우닝이 되고 만다. 전분과 단당은 보관 환경에 따라 자연적으로 자신들의 형태를 앞뒤로 바꾼다. 이런 영향은 완두콩과 아스파라거스 같은 봄채소에서 가장 극적으로 볼 수 있는데, 이런 채소들은 당이 가득한 덩굴에서 따지만 따낸 뒤, 24시간만 지나도 현저하게 단맛이 줄어들고 끈적끈적해진다.

감자에 당이 너무 많으면 제대로 바삭해지지 않고 당이 튀김기 안에서 너무 많이 캐러멜화가 되면서 보기 싫은 아주 짙은 갈색이 된다. 그래서 매캐하고 쓴맛이 나게 된다.

삶지도 않고 1차 튀김도 하지 않은 감자

이런 현상은 감자로 포테이토칩을 만들면 더 극적으로 나타난다. 물에 담가 두지도, 살짝 데치지도 않고 만든 칩은 데치고 만든 칩이 거의 투명에 가깝게 되는 데 비해 아주 색이 짙어진다.

전분 분자가 터질 때 또 다른 문제는 전분 분자가 터질 기회를 갖고 끈적끈적한 속을 내놓기 전에 세포를 결합하고 있는 펙틴 접착제가 너무 많이 분해가 된다면 전분 분자는 바삭해질 기회를 가지기도 전에 다 허물어져서 부서지고 마는 것이다.

어떤 경우에는 정말이지 말하기도 너무 끔찍하게, 감자튀김의 속이 비어 있기도 하는데, 이런 무시무시한 상태로 만드는 게 바로 펙틴의 분해이다.

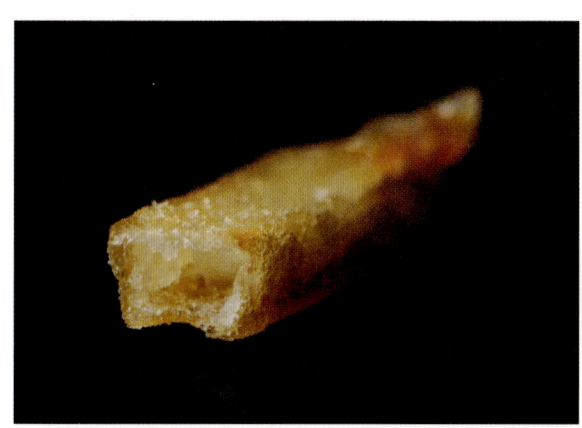

무시무시한 '속이 빈 감자튀김.'

맥도날드가 잘 못하는 것도 많지만 잘하는 것도 있다. 감자튀김도 그중 하나다. 맥도날드는 개발자인 심플로트(J.R. Simplot)와의 수백만 달러에 달하는 연구와 협력을 통해 얼렸다 만드는 지금과 같은 감자튀김 방법을 완성했다. 그리고, 두 가지, 즉, 지나치게 많은 단당을 씻어 내고 펙틴이 튀김 중에 분해되지 않도록 해야 한다는 사실도 깨달았다. 오래 전에 이미 알고 감자를 77℃ 물에서 정확히 15분간 살짝 삶는다. 이렇게 하면 두 가지가 해결된다. 첫째, 너무 많은 단당이 씻겨 나가고 둘째, 더 중요한 것으로 펙틴 에스테라아제(PME)라 불리는 자연 효소의 도움으로 펙틴을 강화하게 된다. 『농업 및 식품 화학 저널(Journal of Agricultural and Food Chemistry)』에 실린 논문에 따르면 PME는 칼슘과 마그네슘이 펙틴에 대해 일종의 지지대 역할을 하도록 유도한다고 한다. 칼슘과 마그네슘은 펙틴이 감자세포의 벽에 붙어 있는 힘을 강화한다. 그래서 전분 분자가 부풀어 터지라도 감자가 더 단단하고 더욱 온전하게 하는 데 도움을 준다. 대부분의 효소처럼, PME도 특정 온도대 내에서만 활성화된다. 그래서 온도가 점점 높아질수록 점점 더 빠르게 움직이다가 마치 스위치처럼, 특정 단계에 이르면 완전히 정지한다.

열심히 차를 만들고 있는 작은 공장 노동자를 PME라고 가정해 보자. 현장 관리자로서, 여러분이 이 노동자들에게 열이라는 형태로 약간의 압력을 준다면, 처음에는 이 노동자들이 더 빨리 일을 할 것이다. 차는 더 빠른 속도로 생산 라인에서 완성될 것이다. 하지만 압력을 너무 많이 가하면(과열로) 작은 효소들은 더 이상 열을 받아 낼 수가 없게 돼서 연장을 던져 버리고 뛰쳐나가게 된다. 그러면 생산은 느려지다가 멈추고 만다. PME가 정지하는 지점은 77℃보다 약간 높다.

유감스럽게도, 대부분의 가정에서는 15분 동안 정확히 수조의 온도를 77℃를 유지할 수 있는 쉬운 방법이 없다. 나는 감자가 계속 전분 분자를 내놓는 동안 펙틴 조직을 유지할 다른 방법을 찾아야 했는데, 한 가지 방법이 떠올랐다. 사과 파이만큼 쉬웠다.

사과 파이가 감자튀김과 무슨 상관인가? 글쎄, 사과 파이를 한 번이라도 구워 봤다면 사과 종류마다 다르게 조리해야 한다는 걸 알 것이다. 어떤 사과는 그대로 모양을 유지하는 게 있는가 하면 또 어떤 사과는 아주 물러버리고 만다. 차이는 대개 사과의 산성도와 관계가 있다. 그래니 스미스 같이 아주 신 사과는 거의 온전하게 유지되지만 마카운(Macoun) 같이 단맛이 강한 사과는 거의 대부분 녹아 버린다. 감자에서처럼, 사과 세포도 펙틴으로 결합되어 있고 설명했듯이, 산성의 환경은 펙틴의 분해를 줄이거나 심지어는 막을 수도 있다.

그렇다면 온도를 이리저리 바꾸는 대신 감자가 조직을 유지하는 데 도움이 되도록 산성 물질을 이용하면 어떨까? 나는 자른 감자 두 냄비를 나란히 놓고 끓였다. 첫 번째는 그냥 물에 삶고 두 번째 감자는 물 1ℓ당 식초를 1큰술 비율로 섞고 삶았다. 그 결과는 아래와 같다.

맹물에 삶은 감자가 다 익을 때쯤 부서진 데 반해 식초를 섞은 물에 삶은 감자는 맹물에 삶은 감자보다 50% 더 오래 삶았을 때에도 완벽하게 모양을 유지했다. 매끄러워 보이는 외관에도 불구하고 감자를 그렇게 오래 삶으면 전분 알갱이들이 많이 파열된다. 너무 많은 당도 씻겨 나가고 펙틴도 강화되었으니 이제 깊은 튀김기 속에 넣고 두껍고 바삭한 층만 만들면 된다. 감자를 163℃로 1차로 튀겨 아직 남아 있는 전분 분자를 터뜨리고, 그다음 190℃에서 두 번째로 튀겨 완벽하게 바삭하면서도 황금빛이 되게 하면 된다.

이렇게 해서 감자를 튀겼더니 감자에 온통 작고 바삭한 미세기포가 한가득이었다.

또한, 아주 바삭하게 튀겨져서 튀긴 후에도 10분 동안 내내 바삭했다.

왜 감자 튀김을 얼릴까?

감자튀김의 모양을 보존하는 가장 좋은 방법은 1차로 튀긴 뒤 얼리는 방법이다. 그 후 사용할 때는 냉동실에서 꺼낸 뒤 바로 두 번째 튀김온도로 튀기면 된다. 이렇게 하면 감자튀김의 질이 떨어지지 않을까? 이를 알아보기 위해, 나는 감자튀김의 반을 냉동실에 넣고 밤새 얼렸다가 다시 튀겨서, 얼리지 않고 바로 튀긴 감자와 함께 맛을 보았다. 결과는 아주 놀라웠는데 얼렸던 감자튀김이 실제로는 속이 확실히 더 보송보송하면서 맛도 더 좋았다. 어떻게 된 걸까?

감자를 얼리면 감자의 수분이 얼음으로 변해서 날카롭고 삐죽삐죽한 결정체가 된다. 이 결정체는 감자의 세포 조직을 손상시켜서 감자가 가열될 때 수분이 빠져나와서 수증기로 변하기 쉽게 한다. 그 결과 감자의 속이 수분이 더 적어지면서 보송보송하게 된다. 가장 좋은 점? 얼리면 실제로는 감자튀김이 더 맛있어지므로 나는 한 번에 양을 많이 해서 살짝 데친 뒤 1차로 살짝 튀긴다. 그러고는 얼린 뒤 냉동실에 넣어 두고 맥도날드의 로널드(Ronald)처럼 바로 먹을 수 있는 감자튀김을 계속 준비해 둔다!

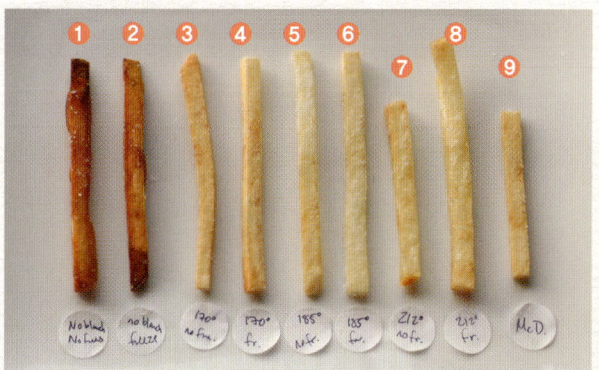

❶ 데치지 않고 1차 튀김 안 함 ❷ 데치지 않고 1차 튀김 ❸ 77℃에서 데침, 1차 튀김 안 함 ❹ 77℃에서 데침 + 1차 튀김
❺ 85℃에서 데침, 1차 튀김 안 함 ❻ 85℃에서 데침 + 1차 튀김 ❼ 100℃에서 데침, 1차 튀김 안 함 ❽ 100℃에서 데침 + 1차 튀김
❾ 맥도날드

이 사진에서 왼쪽부터 오른쪽 방향으로, 처음 둘은 데치지 않은 감자이며 그다음은 여러 온도에서 데친 감자이며 맨 끝은 맥도날드 감자튀김이다. 살짝 데치는 과정이 있고 없음에 따라 최종 요리에 차이가 엄청나게 나는 데에 주의한다.

얇고 바삭한 감자튀김

THIN AND CRISPY FRENCH FRIES

NOTE • 최고의 감자튀김을 만들기 위해 튀기는 동안 정확한 식품 온도계와 타이머를 꼭 사용해야 한다. 2단계에서 선택적으로 얼린 뒤 감자튀김을 지퍼락 팩에 넣고 냉동실에서 2달 동안 보관할 수 있다. 3단계에서 냉동실에서 꺼내 바로 튀긴다.

땅콩기름은 튀김에 가장 적당하지만 카놀라유나 식물성 기름, 쇼트닝 등도 괜찮다(865쪽 '기름에 관한 모든 것' 참조).

4인분

러셋 베이킹 감자 900g(대략 큰 감자로 4개, 껍질을 벗기고 0.6cm 두께의 감자튀김용으로 자르기. 요리 전까지 물에 담가 두기.)

증류한 흰 식초 2큰술

코셔 소금

땅콩기름 2ℓ

1 중간 크기의 냄비에 감자와 식초를 넣고 물 2ℓ와 소금 2큰술을 넣은 뒤 고온에서 끓인다. 감자가 완전히 익되 부서지지는 않을 정도로 약 10분 정도 삶아 준다. 물을 따르고 감자를 키친타월이 깔린 베이킹팬에 펼쳐 놓는다. 적어도 5분 정도 마르게 둔다.

2 한쪽에서는, 더치 오븐이나 큰 웍에 기름을 넣고 센 불로 200℃로 가열한다. 감자의 ⅓을 뜨거운 기름에 넣고(기름 온도가 약 180℃로 떨어질 것이다.), 튀기는 동안 감자를 그물국자로 저어 주면서 정확히 50초 튀긴다. 그러고는 새로 키친타월을 깐 베이킹팬으로 건져 내고 남은 감자도 두 번 분량으로 나눠 똑같이 튀겨 준다. 감자를 넣을 때마다 기름 온도가 다시 200℃로 가열된 뒤 넣는다. 다 튀긴 뒤, 감자가 상온으로 식도록 적어도 30분 정도 둔다. 기름 냄비는 한쪽에 둔다. 감자를 상온에서 4시간 정도 두거나 최상의 결과를 위해서는 포개지 말고 단층으로 깔고 적어도 하룻밤 정도 냉동실에서 얼린다. 오래 보관하려면 지퍼락 팩에 넣는다.

3 기름을 센 불에서 200℃로 다시 가열한다. 감자의 반을 넣고 온도를 180℃ 정도로 유지하기 위해 불을 조절하면서 바삭하게 연한 황금색이 되도록 약 3분 30초 정도 튀긴다. 튀긴 감자를 키친타월이 깔린 그릇에 담아 기름을 뺀 뒤 바로 소금으로 간을 한다. 두 번째 묶음을 튀기는 동안, 이미 튀겨 놓은 감자는 베이킹팬 위 와이어랙에 올리고 93℃ 오븐에 넣어 따뜻하게 둔다. 다 튀긴 뒤 바로 차려 낸다.

다섯 번 튀긴 두껍고 바삭한 최고의 스테이크 감자튀김
THE ULTIMATE QUINTUPLE-COOKED THICK AND CRISP STEAK FRIES

나는 스테이크 감자튀김 팬이었던 적은 없다. 바삭한 크러스트와 보송보송한 감자 속의 비율이 마음에 들지 않기 때문이다. 나는 바삭하고 약간 기름진 크러스트를 좋아하는데 두꺼운 스테이크 감자튀김은 상대적으로 밋밋한 넓은 속에 비해 크러스트가 너무 작다. 하지만 겉면의 바삭함을 더 늘릴 수 있는 방법이 있다면? 내가 보통 만드는 얇고 바삭한 감자튀김보다 훨씬 더 많은 크러스트를 만든다면?

이렇게 해 보면 어떨까? 감자를 두 번 튀기면 두꺼운 크러스트가 만들어진다면 세 번 혹은 네 번 튀기면 크러스트가 더 많이 생길까? 알 수 있는 방법은 오직 한 가지. 나는 기본적인 얇고 바삭한 감자튀김 조리법을 이용해서 1.3cm로 두껍게 자른 감자를 몇 묶음으로 만들었다. 첫 번째 묶음은 정확히 설명대로 만들었다. 두 번째는 182°C에서 50초 동안 튀긴 뒤 건져서 식히고 50초 다시 튀기고 또 식히고 마지막으로 완전히 바삭해지고 황금색이 될 때까지 3번 튀겼다. 세 번째와 네 번째 묶음에서는 튀김 단계를 각각 4번과 5번으로 늘렸다*. 그랬더니 정말로 튀김을 되풀이할수록 감자튀김이 더 바삭해졌다.

튀김의 각 단계에서 전분 알갱이는 점점 더 많이 터진다. 전분 분자는 밖으로 튀어나와서 감자에서 나온 수분과 만나면서 젤라틴화된다. 그리고 튀긴 뒤 식히게 되면 젤라틴화된 전분은 다시 결정을 만들게 되는데 그래서 사실 오래된 빵처럼 퀴퀴한 냄새가 난다(631쪽 '건조하기와 굳히기' 참고). 계속 반복해서 튀기게 되면, 결정체를 이룬 이러한 전분 층이 상당히 큰 층을 이루게 된다. 마지막 튀김 시에만 기름에 충분히 오랫동안 두어 젤라틴화된(결정을 만든) 층이 완전히 탈수되게 하면 감자튀김이 아주 바삭하고 황금색이 된다.

거짓말을 하지는 않겠다. 이런 감자튀김을 만들려면 아주 번거롭다. 하나의 과제로 삼고 상당한 시간을 쏟아 부어야 한다. 하지만 맛은 완전 끝내준다. 이 방법은 일단 시작했다 하면 보통의 감자튀김은 아주 심드렁해질 그런 방법이다. 스스로에게 경고를 해 줘야 한다.

NOTE • 최고의 감자튀김을 만들기 위해 튀기는 동안 정확한 식품 온도계와 타이머를 꼭 사용해야 한다. 3단계에서 선택적으로 얼린 뒤 감자튀김을 지퍼락 팩에 넣고 냉동실에서 2달 동안 보관할 수 있다. 4단계에서 냉동실에서 꺼내 바로 튀긴다.

땅콩기름은 튀김에 가장 좋지만 카놀라유나 식물성 기름, 쇼트닝 등도 또한 괜찮다(865쪽 '기름에 관한 모든 것' 참조).

---

* 쉬크(Schick)가 질레트의 마하 3(Mach 3)과 겨루기 위해 4중날 콰트로(Quattro)를 끼우고 나왔을 때 질레트가 5중날 면도기로 대응해준 면도기 칼날 싸움이 생각나지 않는가? 언제 이 싸움이 끝날지?!?!

4인분

러셋 베이킹 감자 900g(큰 감자 4개 정도, 껍질을 벗긴 뒤(위의 note 참고) 1.3cm 두께 감자튀김용으로 자르기(사용 전까지 물에 담가두기.).)

증류된 흰 식초 2큰술

코셔 소금

땅콩기름 2ℓ

1. 중간 크기의 냄비에 감자와 식초를 넣고 물 2ℓ와 소금 2큰술을 넣은 뒤 고온에서 끓인다. 감자가 완전히 익되 부서지지는 않을 정도로 약 10분 정도 삶아 준다. 물을 따르고 감자를 키친타월이 깔린 베이킹팬에 펼쳐 놓는다. 적어도 5분 정도 마르게 둔다.

2. 한쪽에서는, 더치 오븐이나 큰 웍에 기름을 넣고 센 불에서 200℃로 가열한다. 감자의 ⅓을 뜨거운 기름에 넣고(기름 온도가 약 180℃로 떨어질 것이다.), 가끔씩 감자를 그물국자로 저어 주면서 정확히 50초 튀긴다. 그러고는 새로 키친타월을 깐 베이킹팬에 건져 내고 남은 감자도 두 번 분량으로 나눠 똑같이 튀겨 준다. 감자를 넣을 때마다 기름 온도가 다시 200℃로 올라간 뒤 넣는다. 다 튀긴 뒤, 감자가 상온으로 식도록 적어도 30분 정도 둔다.

3. 각각 튀긴 후, 30분 정도 식혀 주면서 2단계를 두 번 더 반복한다. 기름 냄비는 한쪽에 둔다. 감자를 한 번 삶고 3번 튀긴 단계 마지막에, 감자를 상온에 4시간 정도 두거나 최상의 결과를 위해서는 포개지 말고 단층으로 깔고 적어도 하룻밤 정도 냉동실에서 얼린다. 그런 뒤, 오래 보관하려면 지퍼락 팩에 넣어 보관한다.

4. 기름을 센 불로 200℃로 다시 가열한다. 감자의 반을 넣고 온도를 180℃ 정도로 유지하며 필요하면 불을 조절하면서 바삭하고 연한 황금색이 되도록 약 3분 30초 정도 튀긴다. 튀긴 감자를 키친타월이 깔린 그릇에 담아 기름을 뺀 뒤 바로 소금으로 간을 한다. 두 번째 묶음을 튀기는 동안, 이미 튀겨 놓은 감자는 베이킹팬 위 와이어랙에 올리고 90℃ 오븐에 넣어 따뜻하게 둔다. 다 튀긴 뒤 바로 차려 낸다.

연속적으로 더 튀길수록 더 바삭한 감자튀김이 만들어진다.

조엘 로부숑(JOËL ROBUCHON'S)의 천천히 튀긴 감자튀김

여러분이 온라인 요리 커뮤니티 회원이라면(요즘은 아닌 사람이 어디 있겠는가?), 아마도 프랑스 셰프 조엘 로부숑(Joël Robuchon)의 아주 특별한 감자튀김 레시피에 대해 읽어 봤을 것이다. 아이디어는 아주 간단한데 감자를 두 번 튀기지 말고(한 번은 저온, 한 번은 고온), 감자를 차가운 기름에 넣고 튀김 냄비를 버너에 올린 뒤 그냥 놔두는 방법으로 전체 과정을 한 번에 다 마치는 튀김법이다. 감자는 한 시간 정도의 과정을 통해 천천히 겉면부터 익기 시작해서 황금색이 되면서 바삭해진다.

하지만, 문제는 보통의 감자튀김에서 젤라틴화된 전분은 튀기는 시간 사이에 다시 결정을 만들 그런 기회가 있어서 감자튀김이 훨씬 더 구조적으로 온전하고 바삭하게 된다. 로부숑의 레시피는 쉽기는 하지만 데쳤다 두 번 튀긴 감자만큼 그렇게 바삭해지지는 않는다. 인생에서의 모든 일처럼, 여기에도 다 장단점이 있다. 로부숑의 방법은 수고 2에 맛이 8이라면 데쳤다 두 번 튀기는 방법은 수고 7에 맛이 9.5에 가깝다. 솔직히 얘기하자면, 나는 종종 좀 덜 힘든 방법을 선택한다.

이 방법으로 만들려면, 감자를 자른 다음 물에 헹군다. 꼼꼼히 물기를 제거한 뒤, 웍이나 더치 오븐에 감자를 넣고 기름 높이가 2.5~5cm 정도 덮이도록 붓는다. 중간 불에 올리고 감자가 아주 부드럽게 될 때까지 약 35분 정도 가열한다. 처음 5~10분 사이에 한 두어 번 저어 준다. 그러고는 센 불로 불을 올리고 5분 정도 손대지 말고 계속 튀긴다. 그런 뒤 부드럽게 몇 번 저어 주고 계속해서 황금색이 되고 바삭해질 때까지 약 10분 더 튀겨 준다. 접시에 키친타월을 깔고 그 위에 올려 기름을 뺀 뒤 소금으로 바로 간을 한다.

바삭바삭한 오븐 감자튀김 CRUNCHY OVEN FRIES

빠른 해결책이 필요한가? 바삭한 오븐 감자튀김은 간단하지만 훌륭한 프렌치프라이의 요리 기준에는 부합하지 않는다. 하지만 오븐 감자튀김도 그 나름대로 똑같이 맛있다. 오븐에서 비교적 낮은 에너지로 굽기 때문에(190℃ 기름은 심지어 260℃ 오븐에서보다 열을 전하는 데 훨씬 더 효과적이라는 걸 기억할 것), 적당한 크러스트가 만들어지기 위해서 몇 가지 추가적인 단계를 거쳐야 한다.

먼저, 감자 껍질을 두껍게 해야 한다. 나는 감자에 간단하게 튀김옷을 입힌 뒤 조금 구워 봤지만 제대로 되지 않았다. 물기가 많은 감자는 껍질이 훨씬 더 빨리 축축해진다. 첫 단계로 식초를 섞은 물에다 삶은 뒤 시작하는 게 훨씬 더 낫다. 그러면 튀긴 후에도 크러스트가 계속 온전하게 붙어 있다.

생감자를 구우면(왼쪽) 크러스트가 얇고 눅눅하며, 미리 파쿡한 감자(오른쪽)는 구우면 바삭하다.

그러고는 걸쭉한 달걀을 기본으로 한 튀김옷에서부터 간단하게 가루만 바르는 등 수십 가지의 코팅을 실험해 봤고 결국, 가장 좋은 방법은 약간의 버터밀크에 삶은 감자를 넣고 살살 섞는 것이라는 걸 알게 됐다. 이렇게 하면 감자에 적당히 걸쭉한 액체 층이 하나 입혀져서 밀가루와 전분을 묻히면 이들과 섞이면서 얇은 피복을 만든다. 내가 사용해 본 수십 가지 가루 중에서 밀가루, 옥수수전분, 감자전분이 가장 맛이 좋았다. 밀가루 하나만으로는 비교적 단백질 함량이 높기 때문에(중력분은 약 12%), 좀 질긴 듯한 그런 크러스트가 만들어진다. 옥수수와 감자전분만 사용하면 잘 부스러지며 색이 연하다. 그래서 밀가루와 옥수수전분을 섞으면 밀가루의 단백질 함량을 줄여 더 얇고 더 섬세하게 바삭해지며 여기에 베이킹파우더를 조금 넣으면 이런 현상이 더욱 강화된다.

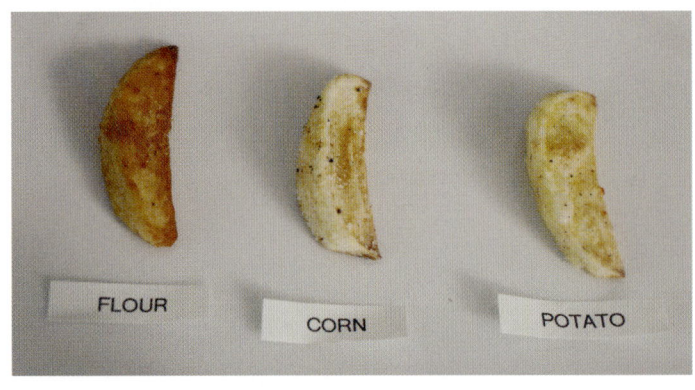

밀가루　　옥수수전분　　감자전분

마지막으로, 오븐에서 튀김 효과를 최대한 내려면, 팬에 기름을 바르고 완전히 예열을 한 뒤 감자를 넣어 지글지글하게 한다.

NOTE • 이렇게 양념한 감자 조각들은 튀김을 해도 아주 좋다. 3단계에서부터 설명한 대로 레시피를 따른 뒤 감자를 두 묶음으로 나눠 웍이나 더치 오븐에 땅콩기름 2ℓ를 넣고 200℃로 가열해 황금색이 되고 바삭해지도록 약 2분 30초 정도 튀긴다.

4인분

러셋 베이킹 감자 680g(큰 감자 3개 정도, 문질러 씻기.)

증류한 흰 식초 1½큰술

코셔 소금

식물성 기름 ½컵(125ml)

버터밀크 1½컵(375ml)

마늘 가루 1작은술

파프리카 파우더 1작은술

후춧가루 1작은술

카옌 페퍼 파우더 ¼작은술

중력분 ¾컵(180ml)

옥수수전분 ½컵(125ml)

베이킹파우더 1작은술

1. 오븐랙을 오븐 중간 아래에 끼우고 오븐을 200℃로 예열한다. 감자를 길이로 반으로 나눈다. 반쪽짜리 하나를 자른 면이 도마에 닿도록 놓고 1~1.3cm 두께의 납작한 널빤지 모양으로 슬라이스한다.

2. 중간 크기의 냄비에 감자와 식초, 물 2ℓ, 소금 2큰술을 넣고 센 불에서 끓인다. 감자가 완전히 부드러워지되 부서지지는 않도록 약 10분 정도 삶는다. 물을 따라 내고 감자를 중간 크기 볼로 옮긴 뒤 버터밀크를 넣고 살살 섞어 준다. 이때 감자가 부서져도 괜찮다. 그런 뒤 5분 정도 가만히 둔다.

3. 한쪽에서는 베이킹팬에 기름을 바르고 오븐에 넣어 예열한다. 큰 그릇에 마늘 가루, 파프리카 파우더, 후추, 카옌 페퍼, 밀가루, 옥수수전분, 베이킹 파우더, 소금 1큰술을 넣고 섞어 준다.

4. 감자를 건져서 가루를 섞어 놓은 그릇에 넣는다. 감자를 여러 번 뒤집어 가며 가루 혼합물 반을 바른다. 남은 가루 혼합물을 모두 넣고 천천히 섞어 감자에 골고루 묻게 한다. 그러고는 적어도 5분 정도 가끔 가루 혼합물을 섞어 주면서 두꺼운 코팅 층이 각 감자 주위에 생기도록 둔다.

5. 한 묶음씩 감자를 철망 체에 넣고 싱크대 위에서 부드럽게 흔들어 너무 많이 묻은 밀가루는 좀 털어 낸 뒤 큰 그릇에 담는다.

6. 오븐에서 베이킹팬을 조심스럽게 꺼낸 뒤(기름에서 약하게 연기가 날 것이다.) 감자 조각을 한 층으로 깐다. 베이킹팬을 다시 오븐에 넣고 감자 바닥면이 연한 황금색이 되도록 약 10분 정도 굽는다. 오븐에서 꺼낸 뒤 얇고 탄력 있는 뒤집개로 감자를 뒤집어 준다. 다시 오븐에 넣고 두 면이 다 진한 황금색으로 바삭해지도록 10~15분 정도 더 굽는다. 키친타월에 놓고 기름을 뺀 뒤 소금으로 간을 하고 마무리한다.

바삭바삭한 오븐 감자튀김(924쪽)

감사의 말
ACKNOWLEDGMENTS

믿기지 않겠지만, 이 터무니없이 큰 책은 5년 전에는 다루기 적당한 크기로 시작됐었다. 실은, 나는 그 책을 회수를 했다. 이 지나치게 큰 책은 처음에는 달걀을 삶는 법에 관한 아주 조그마한 블로그 글로 시작해서는 고기 미트 그라인더가 돼지고기 어깨살을 소시지로 바꾸듯이 그런 식으로 내 삶을 완전히 바꿔 버렸다. 수많은 사람들의 도움으로 나는 조직적으로 분해되었다가 다시 모양이 만들어지고 속이 채워지고 밀려 나가고 쫙 펼쳐지고, 주무르고, 간을 하고 심지어는 약간 익기도 했다. 그래서 결국, 더 나은 음식 관련 저자이자, 더 괜찮은 요리사, 더 나은 사진사, 더 나은 사람으로 변해서 완전 저 반대쪽으로 나오게 되었다.

친구들과 이웃들의 배 속으로 사라질 햄버거와 로스트 치킨, 방울양배추, 스테이크와 그 밖의 여러 음식들, 이런 음식들 냄새로 가득한 아파트에서 늘 견뎌야만 했던 아내, 아드리아나에게 고마움을 전한다. 아내는 내가 아내를 끌고 하루에 18번 식사를 하는 '연구' 여행에 데려갔을 때에도 나를 잘 달래 줬다. 아내는 내가 사실, 여러 번 아내를 속이고 햄버거 모양의 애인과 바람을 피운 사실도 눈감아 줬다. 내가 컴퓨터를 클릭하다 한밤중에 갑자기 벌떡 일어나 말 그대로 활활 타오르는 의문을 풀기 위해 닭 날개 한 묶음을 더 튀기겠다고 하는 동안 아내는 수년째 덩그러니 침대에서 혼자 잠이 들곤 했다. 이런 모든 것에도 불구하고 아내는 그래도 내게 또 책을 내라고 채근한다.

나의 거의 파시스트에 가까운 명절 음식 메뉴 결정을 우리 가족이 어떻게 참아내는지 모르지만 더 맛있는 칠면조 구이와 스터핑을 만들어 보겠다며 수년간 주방을 혼자 독차지한 것에 대해 사과하고 싶다.

내년에는 모두 딱 한 번씩은 들어올 수 있도록 해 주겠어요. 아야, 원하는 만큼 스터핑에다 크랜베리를 넣어도 돼. 피코, 네 으깬 감자에 덩어리가 많게 해도 좋아. 프레드는 원하면 주방에 들어와서 이것저것 먹어 봐도 좋아(심지어는 꼼꼼히 엄격하게 짠 내 조리 계획표에 좀 방해가 되더라도 마티니 한두 잔은 만들어도 돼, 내게도 한 잔 준다면 말이야.). 코지는 마술로 우리 모두를 계속 즐겁게 해 주고, 케이코 음......, 미안하지만 칠면조는 그래도 내가 맡을래. 이렇게 하는 게 더 낫다고 생각해 주길 바래요.

이 책은 달걀에 대해서 쓴 블로그 글에서 시작된 건 사실이지만 블로그 글이나 책, 온라인 칼럼 등 어느 것도 누구보다 너그럽고 지원을 아끼지 않는 에드 리바인(Ed Levine) 대표가 없었다면 불가능했을 것이다. 내가 식품 과학에 관한 칼럼을 쓰게 된 것도 바로 그의 의견이었고 '더 푸드 랩(The Food Lab)'이라는 제목을 생각해 낸 사람도 에드였다. 또, 내가 우물쭈물하지 않고 바로 이 책을 쓸 수 있도록 많은 격려를 해 주었다. 물론 그는 내게 일자리를 주었지만 내가 시리어스 잇츠에서 얻은 일은 그냥 일자리 그 이상이었다. 그건 조리의 탐구광들에겐 열린 강단이며 놀이터였다. 에드와 나는 우리 서로에게 엄청나게 유익했던 그런 5년 동안 시리어스 잇츠의 변화에 대응하면서 계속 노력해 오고 있다. 심지어 에드의 아내 비키는 나의 에이전트이기도 하다. 얘기가 나왔으니 말인데, 비키 비주어(Vicky Bijur)보다 더 괜찮은 에이전트나 지지자를 찾을 수는 없다. 비키는 나와 내 관심사에 대해 아주 열정적으로 대변해 줄 뿐만 아니라 내 글을 제일 먼저 수정해 주고 책의 지면 배열이나 디자인에 대해 가장 먼저 의견을 준다. 그리고 내가 좋지 않은 사업적 결정을 내리려고 할 때 제일 먼저 조언해 주는 사람이다.

아내가 나를 좋아하도록 속임수를 쓴 걸 제외하면, 시리어스 잇츠에서 일을 하게 된 것은 내 인생 최상의 결정이었으며 대부분은 사람들 때문이기도 했다. 매일 매일 우리의 일터를 놀이공원으로 만들어준 로빈 리(Robyn Lee), 케리 존스(Carey Jones), 에린 지머(Erin Zimmer), 애덤 쿠반(Adam Kuban), 그리고 나머지 모든 창립 멤버들. 이곳에서 일했거나 일하고 있는 모든 사람들의 너그러운 비평(건설적이든 아니든)이 없었다면 나는 이 일을 해내지 못했을 것이다.

연구하는 동안 도와주고, 쥬비해 주고, 장을 봐주고, 치워 주고, 사진도 찍어 준 크리스틴 킴(Christine Kim)과 칼리 길포일(Carly Gilfoil), 또, 나의 도표와 그래프가 얼마나 빈약한지를 정확히 지적해 주고 적당히 유용한 자료가 되도록 수정해 준 코너 머리(Conor Murray)에게 고마움을 전한다.

식당 업계에는 수년간 도움을 주신 여러 스승님이 계시며 그분들 모두 내가 음식에 대한 흥미를 키우는 데 도움을 주셨다. 바버라 린치(Barbara Lynch), 제이슨 본드(Jason Bond), 데이브 바지르간(Dave Bazirgan)은 내가 처음으로 만났던 진짜 셰프들이었다. 내가 교육만 많이 받고 기술은 전혀 없어 칼도 간신히 겨우 잡는 건방진 녀석임에도 내게 일자리를 주고 받아 주신 분들이다. 이분들은 요리 신병 훈련소에서 훈련 담당 하사관으로 내가 맨 먼저 뽑을 만한 분들이다. 내가 칼 기술을 연마하고 스토브에서의 조리 일을 완벽하게 하고 마침내 스스로를 요리사라고 생각할 수 있을 정도로 미각을 발달시켰던 것은 켄 오링어 셰프님 밑에서 일할 때였다.

내게 레시피 개발과, 음식 관련 기고, 비디오, 텔레비전의 세계에서 처음으로 교육을 받게 해 주신 크리스 킴벌(Chris Kimball), 잭 비숍(Jack Bishop), 키스 드레서(Keith Dresser), 에린 맥머러(Erin McMurrer), 그리고 쿡스 일러스트레이티드(Cook's Illustrated)와 아메리카스 테스트 키친(America's Test Kitchen)에 계신 편집자 분들과 요리사 분들께 감사를 드린다. 셰릴 줄리언(Sheryl Julian)은 특별한 이유 없이 프리랜서 기고가로서의 내 능력을 믿어 주셨고, 조일런 헬트만(Jolyon Helterman) 씨는 내게 관련한 기술을 실제로 가르쳐 주셨다.

자신의 생각과 스타일이 모두 자신 고유의 것이라고 말하는 기고가가 있다면 그건 거짓말이다. 우리는 모두 우리가 읽는, 누군가의 글에서 영향을 받는다. 내가 쓴 글은 여러 곳으로부터 온 어투와 농담과 문체를 함께 으깨어 놓은 스튜라고 할 수 있다. 제프리 스테인가튼(Jeffrey Steingarten)과 마이클 라울만(Michael Ruhlman)은 내게 음식의 세계에서는 곤조 저널리즘(gonzo journalism)이 활발하며 이것이 적절하다고 가르쳐 주셨으며 휴 펀리 휘팅스톨(Hugh Fearnley Whittingstall)과 앤서니 보뎅(Anthony Bourdain)은 내게 잘 쓴 모든 글처럼 음식과 관련된 좋은 글도 개인적이어야 한다는 걸 일깨워 주었다. 자크 페팽(Jacques Pepin)의 조리법이 아니라 관심을 가져야 하는 이유를 표현하는 능력과 기술의 통달은 숨이 막힐 지경이다(그의 '완벽한 기술(Complete Techniques)'은 해변에서 읽으면 집중하기 아주 좋다. 정말이다.).

내 글이 틀에 박힌 듯 경쾌하거나 유머러스하지 않을 때마다 나는 더글러스 애덤스(Douglas Adams)나 커트 보니것 주니어(Kurt Vonnegut, Jr.)의 소설을 다시 읽거나 몬티 파이선(Monty Python) 스케치를 몇 개 본다. 내 자신의 노력 이상으로 이분들이 내가 쓰는 글과 레시피 실험 양식에 큰 도움을 준다. 이분들이 내말에 자랑스러워했으면 좋겠다.

나는 러스 파슨스(Russ Parsons, 『감자튀김 읽는 법-How to read a French Fry』)와 아키 카모자와(Aki Kamozawa)와 알렉스 탤벗(Alex Talbot, 『음식에 관한 아이디어-Ideas in Food』), 로베르트 볼케(Robert Wolke, 『아인슈타인이 그의 요리사에게 한 말-What Einstein

Told His Cook』), 데이브 아놀드(Dave Arnold, 『액체의 정보-Liquid Intelligence』), 그리고 네이선 마이어볼드(Nathan Myhrvold)와 전 모더니스트 퀴진(Modernist Cuisine) 팀에게는 대중에 대한 올바른 식품과학 교육과 지원이라는 임무를 이끄시는 점에 크게 감사드린다. 내 글의 편집자인 마리아 구아내스켈리(Maria Guarnaschelli)에게도 고마움을 전한다. 마리아는 무시무시한 평판에도 불구하고 나의 가장 큰 지지자였다. 300쪽 정도로 만들기로 했는데 초고가 800쪽이 됐을 때 나는 몸을 떨었다. 마리아는 마음을 바꾸고서 이렇게 말했다. "좋아요. 600쪽 더 써 줄 수 있나요?"(지금 장난치세요? 나는 처음에 그걸 800쪽으로 줄이려고 고생했다고요!) 나는 마리아와 5년 동안 일해왔고 이제는 세 명의 조수도 있는데, 마리아는 한 번도 내게 "아니오"라고 말한 적이 없다. 그렇게 했어야 할 때조차도.

마지막으로, 내가 매일 아침 6시에 곰돌이 푸 잠옷을 입고 니켈로디언(Nickelodeon)에서 하는 『마법사의 세계(Wizard's World)』를 보기 위해 거실로 살금살금 가지 않았다면 오늘날의 나는 없었을 것이다. 여러 세대를 거치며 어린 탐구벌레가 나가서 완전히 성장한 너드가 되도록 영감을 준 점에 대해 돈 허버트(Don Herbert)에게도 고마움을 전한다.

INDEX

THE FOOD LAB INDEX

ㄱ

감자(POTATO(ES). SEE ALSO FRENCH FRIES; SWEET POTATOES)

- 감자 해부 916-917
- 감자와 콘비프 해시 149
- 굉장히 바삭한 감자 구이 484-486
- 극도로 보슬보슬한 으깬 감자 482
- 돼지 뱃살 포르케타와 돼지기름으로 구운 감자 675-677
- 바삭한 감자, 양파, 버섯 케이크 142, 144
- 바삭한 기본 감자케이크 143
- 버터와 양파가 든 그을린 해시 브라운 488- 489
- 살짝만 으깬 바삭한 햇감자 구이 487
- 삶을 때 식초 추가하기 824, 918
- 샐러드용으로 준비하기 822-825
- 샐러드용 러셋 823
- 수프에 들어가는 채소 : 최상의 손질법 198-199
- 뮤지방이 많고 크림 같은 으깬 감자 483
- 제대로 만든 클래식 아메리칸 포테이토 샐러드 822-827
- 최고의 구이 방법 484-485
- 최고의 콘 차우더 218-220
- 치즈를 넣은 헤이즐백 감자 그라탕 477-479
- 크림 같은 비네그레트를 넣은 핑거링 포테이토 샐러드 797-798
- 프렌치 프라이용 러셋 915
- 피망과 양파가 들어간 감자 해시 145, 148-149

거품기(WHISKS) · · · · · · · · · · · · · · · · 074-075

고구마(SWEET POTATOES) · · · · · · · · · · · · · ·

- 덴푸라 재료 준비 방법 913

- 수프에 들어가는 채소 : 최상이 손질법 198-199
- 아주 달콤한 고구마 구이 474
- 최고의 구이 방법 472

그린빈(GREEN BEAN(S)) · · · · · · · · · · · · ·

- 더 맛있는 그린빈 캐서롤 426-427
- 베이컨을 곁들여 스트링빈 브레이징 456
- 수프에 들어가는 채소 : 최상의 손질법 198-199
- 어울리는 채소 요리법 417
- 올리브, 아몬드와 함께 먹는 전자레인지에 찐 그린빈 439
- 적양파와 헤이즐넛 비네그레트를 넣은 그린빈 샐러드 802
- 전자레인지 채소 찜 433
- 찹 샐러드 준비 방법 844-845
- 튀긴 마늘을 곁들인, 극저온에서 데친 그린빈 453

근대(CHARD) ·

- 30분 흰콩과 파르메사 수프(토스카나식이라고 부르지 마세요!) 207
- 수프에 들어가는 채소 : 최상의 손질법 198-199

ㄴ

나무 주걱(WOODEN SPOONS) · · · · · · · · · · 073

냉장고(REFRIGERATOR) · · · · · · · · · · · · · ·

- 냉장고 기본 팁 082-085
- 온도 082

ㄷ

달걀(EGG(S) (RECIPES)) · · · · · · · · · ·

- 누구나 쉽게 만들 수 있는 달걀 반숙 109
- 누구나 쉽게 만들 수 있는 달걀 완숙 111
- 누구나 쉽게 만들 수 있는 홀랜다이즈 소스 118-119
- 다이너스타일 햄과 치즈 오믈렛 133-134
- 담백하고 푹신한 스크램블드에그 129
- 매우 바삭한 반숙 달걀 프라이 124
- 버섯, 피망, 양파를 넣은 다이너스타일 오믈렛 134
- 봄 채소 샐러드 794
- 부드럽고 고급스러운 오믈렛 136-137
- 수란과 호두 비네그레트를 곁들인 전자레인지에 찐 아스파라거스 434-435
- 아스파라거스, 샬롯, 염소젖 치즈를 넣은 다이너스타일 오믈렛 134-135
- 에그 베네딕트 120-121
- 에그 플로렌틴 121
- 염소젖 치즈, 달걀, 석류, 마르코나 아몬드 비네그레트를 넣은 구운 비트 샐러드 806-807
- 완벽한 수란 111-115
- 찹 랜치 콥 샐러드 852
- 최고의 달걀 샐러드 831
- 크림 같은 스크램블드에그 130
- 피망과 양파가 들어간 감자 해시 145, 148-149

닭고기 레시피(CHICKEN (RECIPES)) · · · · · · · · · · ·

- 3분 만에 만드는 치킨커틀릿 376-377
- 간단한 로스트 치킨 604
- 나비 모양 로스트 치킨 601
- 나비 모양 로스트 치킨용 초간단 저스 소스 602
- 닭고기를 넣은 펜네 알라 보드카 709
- 덤플링을 넣은 닭고기 243-245
- 데리야끼 소스를 입힌 로스트 치킨 611
- 레몬 또는 선드라이 토마토 비네그레트를 곁들인 쿨러로 조리한 닭고기 407
- 매콤한 레몬그라스와 강황을 바른 로스트 치킨 607
- 바비큐 소스를 입힌 로스트 치킨 610
- 버섯, 베이컨을 곁들인 손쉬운 팬 브레이즈드 치킨 260
- 버터와 레몬–허브를 바른 로스트 치킨 605
- 빠르게 만드는 닭 육수 195
- 스토브에서 만드는 그린 칠리와 닭고기 맥 앤 치즈 734
- 쌀이나 면을 넣은 최고의 닭고기 채소수프 197-199
- 저크를 바른 자메이카식 로스트 치킨 606
- 정말로 바삭한 프라이드치킨 샌드위치 886-887
- 찹 랜치 콥 샐러드 852
- 치킨 파르메산 888-891
- 토마토, 올리브, 케이퍼를 곁들인 손쉬운 팬 브레이즈드 치킨 256
- 특별히 바삭한 남부식 프라이드치킨 881-882
- 팬에 구운 닭고기 375
- 페루식 로스티 치킨 608
- 피망, 양파를 곁들인 손쉬운 팬 브레이즈드 치킨 259
- 화이트 와인, 펜넬, 판체타를 곁들인 손쉬운 팬 브레이즈드 치킨 257

닭(CHICKEN (WHOLE)) · · · · · · · · · ·

- USDA 정의 및 용도 578
- 가금류 조리법 2(준비할 시간이 있을 경우) 593
- 가금류 조리법 3(전통적인 외관을 위해) 594
- 가금류를 굽는 방법 590
- 간단한 로스트 치킨 604
- 나비 모양 로스트 치킨 601
- 데리야끼 소스를 입힌 로스트 치킨 611
- 레몬그라스와 강황을 바른 매콤한 로스트 치킨 607
- 루스터(Rooster)나 캑(Cock) 578

- 바비큐 소스를 입힌 로스트 치킨 610
- 버터와 레몬-허브를 바른 로스트 치킨 605
- 브로일러용 578
- 양념 비르기와 실로 묶기 597
- 위시본 제거하기 599-600
- 저크를 바른 자메이카식 로스트 치킨 606
- 칼 사용법 : 닭고기 자르는 법 612-613
- 케이폰(Capon) 578
- 코니시 게임 헨 578
- 동구이용 578
- 튀김용 578
- 페루식 로스트 치킨 608
- 헨(Hen), 파울(Fowl), 스튜용 닭 578

당근(CARROTS)

- 깍뚝 썰기(dicing) 464
- 마구 썰기(faux tourne) 465
- 브뤼누아즈(brunoise) 465
- 수프에 들어가는 채소 : 최상의 손질법 198-199
- 썰기 464
- 아몬드를 넣고 글레이징한 당근 463
- 어울리는 채소 요리법 417
- 찹 샐러드 준비 방법 844-845
- 채썰기(julienne) 465
- 텐푸라용으로 준비하기 913

대파(SCALLION(S))

- 5가지 기본 채소 요리법과 어울리는 채소 417
- 대파와 햄을 곁들인 뜨거운 스냅피 버터볶음 422
- 멕시코 길거리 음식 옥수수 샐러드 446-447
- 오믈렛 필링 준비하기 138
- 찹 샐러드 준비 방법 844-845
- 체다 치즈와 대파 비스킷 171

돼지고기(PORK. SEE ALSO BACON; HAM; PORK CHOPS; PORK (RECIPES); SAUSAGE(S))

- 녹색 칠리 279
- 맛 강화에 대해서 364
- 미트로프 536-537
- 뱃살 674
- 어깨살(shoulder)에 대해서 660-664
- 크라운 로스트 구입하기 666-667
- 크라운 로스트 부위 666
- 크라운 로스트 조리하기 667
- 크라운 로스트에 대해서 666
- 크라운 로스트의 맛 667
- 포르케타 673-674

돼지고기(PORK (RECIPES))

- 궁극의 볼로네제 소스 739-741
- 기본적인 팬시어링 포크찹 365
- 남은 미트로프로 만드는 샌드위치 545
- 느리게 구워서 만든 초바삭한 돼지 어깨살 665
- 돼지 뱃살 포르케타와 돼지기름으로 구운 감자 675-677
- 돼지고기 크라운 로스트 668
- 돼지고기를 넣은 칠리 베르데 281-282
- 돼지고기와 토마토 라구를 곁들인 프레시 파스타 743
- 말린 자두와, 무화과, 살구 글레이즈를 발라 구운 돼지 안심 672
- 메이플 머스터드 글레이즈 팬시어링 포크찹 366
- 메이플과 머스터드 글레이즈를 발라 구운 돼지 안심 672
- 모든 미국인들의 미트로프 541-44
- 바비큐 소스를 곁들인 쿨러로 조리한 포크찹 408
- 버섯 크림소스에 조린 돼지고기 미트볼 552-553
- 브랜디에 졸인 체리와 팬시어링 포크 찹 365
- 사과와 사과주 소스를 끼얹은 팬시어링 포크찹 366

- 진한 토마토소스에 조린 부드러운 이탈리아식 미트볼 548-551

ㄹ

래디시(RADISHES)

- 5가지 기본 채소 요리법과 어울리는 채소 417
- 글레이징한 순무, 래디시, 또는 루타바가 463
- 수프에 들어가는 채소 : 최상의 손질법 198-199
- 찹 샐러드 준비 방법 844-845

래디치오(RADICCHIO)

- 래디치오에 대해서 778
- 샐러드용으로 준비하기 821
- 찹 샐러드 준비 방법 844-845
- 호두, 사과, 파르메산–앤초비 드레싱을 넣은 겨울 채소 샐러드 820-821

레드 페퍼 플레이크(RED PEPPER FLAKES)

- 매콤달콤한 이탈리아식 소시지용 조미 양념 515

레몬(LEMON(S))

- 딜–레몬 크렘프레슈 392
- 레몬 또는 선드라이 토마토 비네그레트를 곁들인 쿨러로 조리한 닭고기 407
- 레몬 리코타 팬케이크 163
- 레몬 제스트와 로즈마리를 넣은 즉석 크림 파스타 723
- 레몬 케이퍼 팬 소스 377
- 레몬과 민트를 곁들인 뜨거운 스냅피 버터볶음 422
- 레몬–파슬리 버터 양념 336
- 맛이 순한 레몬 또는 레드 와인–올리브오일 비네그레트 790
- 올리브 오일과 레몬 제스트를 넣은 따뜻한 리코타 치즈 162
- 타임과 레몬 레스트를 곁들인 리크 브레이징 457-458

렐리시(RELISH)

- 바질 케이퍼 렐리시 391
- 체리 토마토–샬롯 렐리시 392

로메인 상추(ROMAINE LETTUCE) 776

로즈마리(ROSEMARY)

- 레몬 제스트와 로즈마리를 넣은 즉석 크림 파스타 723
- 마늘과 로즈마리, 앤초비를 발라 천천히 구운 뼈 없는 양 다리 656

로크포르 치즈(ROQUEFORT)

- 찹 랜치 콥 샐러드 852
- 치즈 차트 730-731

리소토(RISOTTO)

- 거의 젓지 않고도 만드는 기본 리소토 764
- 기의 젓지 않고도 만드는 방울토마토와 페타 리소토 765
- 거의 젓지 않고도 만드는 초리조와 방울양배추잎 리소토 765
- 버섯 그린 리소토 768-769
- 봄채소 리소토 766-767

리코타 치즈(RICOTTA)

- 5분 만에(혹은 더 빨리) 만드는 신선한 리코타 치즈 162
- 대표적인 지티 오븐구이 756-757
- 레몬 리코타 팬케이크 163
- 올리브오일과 레몬 제스트를 넣은 따뜻한 리코타 치즈 162

리크(LEEKS)

- 리크와 바질을 곁들인 뜨거운 스냅피 버터볶음 423
- 수프에 들어가는 채소 : 최상의 손질법 198-199
- 타임과 레몬 레스트를 곁들인 리크 브레이징 457-458

마늘(GARLIC)

- 깐 마늘 691
- 다진 마늘 / 마늘 페이스트 / 마늘 즙 691
- 다진 마늘 692
- 렌틸콩을 곁들인 마늘 소시지 524
- 마늘 마요네즈 818
- 마늘 소시지용 조미 양념 515
- 마늘 튀김 429
- 마늘 파르메산 크루통 834
- 마늘 향 나는 브로콜리, 앤초비, 베이컨 파스타 695
- 마늘 향이 아주 많이 나는 새우 스캄피 파스타 700-701
- 마늘과 로즈마리, 앤초비를 발라 천천히 구운 뼈 없는 양 다리 656
- 마늘-앤초비 빵가루 469
- 마늘에 관한 모든 것 691-692
- 마늘을 넣은 시금치 소테 450
- 마늘-칠리 버터 양념 336
- 마늘-칠리 버터를 바른, 전자레인지에 찐 옥수수 439
- 마늘-허브 마요네즈 818
- 매운 마늘-칠리 마요네즈 819
- 빠르게 익힌 마늘 693
- 생마늘 693
- 시저 샐러드드레싱 834
- 신선한 조개 링귀니 702
- 올리브오일 소스 690
- 올리브오일과 세 가지 풍미가 나는 마늘을 넣은 파스타 694
- 으깬 마늘 692
- 채소를 듬뿍 넣은 마늘 파스타 696
- 천천히 익힌 마늘 693
- 치미추리 소스 405
- 쿨러로 조리한 샬롯, 마늘, 타임을 넣은 립아이 스테이크 404
- 통마늘 691
- 튀긴 마늘을 곁들인, 극저온에서 데친 그린빈 453
- 편으로 썬 마늘 692
- 푸타네스카 : 밤을 위한 최고의 스파게티(마늘과, 앤초비, 케이퍼, 올리브를 넣은 스파게티 708
- 프로슈토, 잣, 마늘을 곁들인 뜨거운 완두콩 버터볶음 424
- 해리사(harissa)와 마늘을 발라 천천히 구운 뼈 없는 양 다리 657
- 허브와 마늘 마리네이드로 팬시어링한 행어 스테이크 352

마마이트(MARMITE)

- 미트로프에 맛내기 540
- 볼로네제에 맛내기 737
- 칠리에 맛내기 265

맥주(BEER)

- 누구나 쉽게 만드는 양파 링 910
- 맥주 튀김옷을 입혀 튀긴 대구 902-903
- 맥주와 머스터드, 사워크라우트를 넣은 그릴이나 팬에 구운 브라트부르스트 530
- 양파링 반죽에 맥주를 넣은 최고의 조리 방법 907-908
- 양파링 반죽에 맥주를 넣은 흔한 실수 907-908
- 튀김용 맥주 튀김옷 874, 898-901

머랭(MERINGUE)

- 머랭의 과학 153-154
- 이탈리안 머랭 154
- 팬케이크 반죽 154

머스터드(MUSTARD)

- 그릴에 구운 허니 머스터드 플랩미트(스테이크팁) 355
- 맥주와 머스터드, 사워크라우트를 넣은 그릴이나 팬에 구운 브라트부르스트 530
- 메이플 머스터드 글레이즈 팬시어링 포크찹 366

메르게즈(MERGUEZ)

- 메르게즈(Merguez)식 양고기 소시지용 조미 양념 516
- 요거트와 민트, 모로코식 샐러드를 곁들인 그릴이나 팬에 구운 메르게즈 526

메이플(MAPLE)

- 메이플 머스터드 글레이즈 팬시어링 포크찹 366
- 메이플 베이컨 와플 165
- 메이플과 머스터드 글레이즈를 발라 구운 돼지 안심 672
- 메이플과 세이지를 넣은 아침식사용 소시지 517

모차렐라(MOZZARELLA)

- 가지 파르메산 캐서롤 892-896
- 대표적인 지티 오븐구이 756-757
- 스토브에서 만드는 슈프림 피자 스타일 맥 앤 치즈 734
- 전통적인 라자냐 볼로네제 745
- 치즈 차트 730-731
- 치킨 파르메산 888-891
- 크림을 넣은 시금치와 버섯 라자냐 747-750
- 톡 쏘는 발사믹 간장 비네그레트를 넣은 토마토와 모차렐라 샐러드 800-801

무쇠 조리기구(CAST-IRON COOKWARE)

- 관리 043-044
- 구매 044
- 단점 041-042
- 첫 시즈닝 042-043
- 최악의 시나리오 044

물(WATER)

- 고도와 끓기 106-107
- '물이 끓는다'는 건 무엇을 뜻하는가? 104-105
- 물이 끓는 데 대한 근거 없는 믿음들 107
- 실험 : 뚜껑을 덮고 물 끓이기 250
- 채소에 물 넣기 210-211

물냉이(WATERCRESS)

- 물냉이에 대해서 777
- 수프에 들어가는 채소 : 최상의 손질법 198-199

미트 그라인더(MEAT GRINDERS)

- 고기 가는 방법 501
- 구입 499-500
- 기본 구조 499-500
- 스탠드 믹서 부속품 500
- 유지 보관 498-500

미트로프(MEAT LOAF)

- 남은 미트로프로 만드는 샌드위치 545
- 모든 미국인들의 미트로프 541-544
- 미트로프에 대해서 535-536

미트볼(MEATBALLS)

- 버섯 크림소스에 조린 돼지고기 미트볼 552-553
- 정의 495

- 진한 토마토소스에 조린 부드러운 이탈리아식 미트볼 548-551
- 질감 547
- 토마토소스에 조린 이탈리아식 미트볼 546-547

민트(MINT)

- 레몬과 민트를 곁들인 뜨거운 스냅피 버터볶음 422
- 매콤한 맛의 태국 스타일 플랭크 스테이크 샐러드 354
- 요거트와 민트, 모로코식 샐러드를 곁들인 그릴이나 팬에 구운 메르게즈 526

ㅂ

바비큐 소스를 입힌 로스트 치킨 · · · · · · 610

바질(BASIL)

- 리크와 바질을 곁들인 뜨거운 스냅피 버터볶음 423
- 바질 쉬포네이드 방법 425
- 바질 케이퍼 렐리쉬 391

톡 쏘는 발사믹 간장 비네그레트, (BALSAMIC-SOY VINAI-GRETTE, SHARP) · · · · · · 800

방울양배추(BRUSSELS SPROUT(S))

- 5가지 기본 채소 요리법과 어울리는 채소 417
- 거의 젓지 않고도 만드는 초리조와 방울양배추잎 리소토 765
- 방울양배추 시어링과 소테잉 440-441
- 방울양배추와 샬롯 구이 468
- 베이컨을 곁들인, 시어링한 방울양배추 443
- 수프에 들어가는 채소 : 최상의 손질법 198-199
- 전자레인지 채소 찜 433
- 최고의 시어링 방법 440-441
- 칼 사용법 : 방울양배추 다듬는 법 442

버거(BURGERS)

- 고기 반죽하기 555-556
- 고전적인 다이너 스타일의 눌러서 만든 치즈버거 562-563
- 그릴링 037
- 누르고 눌리고 559-561
- 누르기 시작한 시간과 최종 무게 561
- 더 맛있는 버거를 만들기 위한 다섯 가지 규칙 555-558
- 뒤집기에 대한 의견 567
- 버거를 제대로 누르는 4가지 규칙 561-562
- 수비드 조리 후 튀기기 410-411
- 수비드 조리 후 팬시어링하기 410-411
- 수비드 치즈버거 411
- 실험 : 지방=맛 192
- 최고의 조리 방법 558
- 패티를 굽는 온도 558
- 패티에 소금 간 하기 556-557
- 펍 스타일의 두툼하고 촉촉한 치즈버거 568-569
- 햄버거 정의 495
- 햄버거용 번 고르기 557-558

버섯(MUSHROOM(S))

- 5가지 기본 채소 요리법과 어울리는 채소 417
- 더 맛있어진 그린빈 캐서롤 426-427
- 덴푸라 재료 준비 방법 913
- 바삭한 감자, 양파, 버섯 케이크 144
- 버섯 구이 471
- 버섯 그린 리소토 768-769
- 버섯 크림소스에 조린 돼지고기 미트볼 552-553
- 버섯, 베이컨을 곁들인 손쉬운 팬 브레이즈드 치킨 260
- 버섯, 피망, 양파를 넣은 다이너스타일 오믈렛 134

- 버섯-마르살라 팬 소스 379
- 봄채소 리소토 766-767
- 오믈렛 필링 준비하기 138
- 크림 같은 버섯 수프 225
- 크림을 넣은 시금치와 버섯 라자냐 747-750
- 타임과 샬롯을 곁들여 팬에 구운 버섯 451
- 평일 저녁을 위한 미트소스 스파게티 715-717
- 포르치니-베르무트 팬 소스 330

버터(BUTTER)

- 누구나 쉽게 만들 수 있는 홀랜다이즈 소스 119
- 버터의 발연점 871
- 버터지방 구성 117-118
- 수분 구성 117
- 실험 : 액체를 루(Roux)에 넣기 753
- 우유 단백질 118
- 유제품 보관 85
- 정제 버터 117-118

버터밀크(BUTTERMILK)

- 간단하게 만드는 크림 비스킷 173
- 간편하게 만드는 홈메이드 크렘프레슈 131
- 담백하고 푹신푹신한 버터밀크 팬케이크 158
- 대체하기 156
- 버터밀크 랜치 드레싱 853
- 버터밀크 비스킷 166-170
- 버터밀크의 정의 156
- 부작용 160
- 세 가지 재료 블루치즈 드레싱 842
- 아주 여러 겹으로 된 버터밀크 비스킷 171
- 체다 치즈와 대파 비스킷 171
- 최고의 버터밀크 비스킷 만들기 166-167
- 팬케이크 조리 실험 152-153
- 팬케이크의 과학 150-154
- 팬케이크의 맛 154
- 홈메이드 리코타 치즈 159-160

번(BUNS)

- 세상에서 가장 멋진 스티키 번 176-179
- 스티키 번 준비하기 174-175
- 햄버거용 번 고르기 557-558

베어네이즈 소스(BEARNAISE SAUCE)

- 누구나 쉽게 만드는 베어네이즈 소스 332
- 베어네이즈 소스에 대해서 331

베이컨(BACON)

- 고급 베이컨 139
- 마늘 향 나는 브로콜리, 앤초비, 베이컨 파스타 695
- 많은 양을 오븐에서 바삭하게 구운 베이컨 141
- 메이플 베이컨 와플 165
- 메이플과 세이지를 넣은 아침식사용 소시지 517
- 바삭하게 구운 베이컨 141
- 버섯, 베이컨을 곁들인 손쉬운 팬 브레이즈드 치킨 260
- 베이컨 마요네즈 819
- 베이컨 파르메산 비스킷 171
- 베이컨, 샬롯, 타라곤을 곁들인 뜨거운 완두콩 버터볶음 424
- 베이컨을 곁들여 스트링빈 브레이징 456
- 베이컨을 곁들인, 시어링한 방울양배추 443
- 스토브에서 만드는 베이컨과 식초에 절인 할라피뇨 맥 앤 치즈 733
- 습식 염장 대 건식 염장 139
- 식당 스타일 잘게 썬 안티파스티 샐러드 850-851
- 식품저장실 085
- 양상추 웨지 샐러드 841

- 오믈렛 필링 준비하기 138
- 찹샐러드용으로 준비하기 845
- 최고의 조리법 139-140
- 튀김과 베이컨 기름 867
- 화이트와인, 펜넬, 판체타를 곁들인 손쉬운 팬 브레이즈드 치킨 257

베이킹파우더(BAKING POWDER)

- 베이킹파우더 발효 특성 153-156
- 베이킹파우더 홈메이드 대체하기 156-157
- 베이킹파우더의 기원 151
- 식품 저장실 보존 기간 086
- 실험 : 이중반응 베이킹파우더(지속성 베이킹파우더) 155
- 이중반응 153

베이킹 소다(BAKING SODA)

- 베이킹 소다 발효 특성 151, 156
- 베이킹 소다 설명 151
- 베이킹 소다의 갈변 반응 151-152
- 식품 저장실 보존 기간 086
- 홈메이드로 베이킹 소다 만들기 156-157

벤치 스크레이퍼(BENCH SCRAPER) 071-072

벨지언 엔다이브(ENDIVE (BELGIAN))

- 벨지언 엔다이브에 대해서 778
- 샐러드용으로 준비하기 810
- 쌉싸름한 상추와 블루치즈, 석류, 헤이즐넛 비네그레트를 넣은 구운 배 샐러드 803
- 자몽, 크랜베리, 무화과, 호박씨 비네그레트를 넣은 엔다이브와 치커리 샐러드 808
- 찹샐러드용으로 준비하기 844
- 호두, 사과, 파르메산-앤초비 드레싱을 넣은 겨울 채소 샐러드 820-821

보드카(VODKA)

- 닭고기를 넣은 펜네 알라 보드카 709
- 보드카를 넣으면 맛이 좋아질까? 710-711
- 튀김옷 속에는 무엇이 들어갈까? 900

보리(BARLEY)

- 소고기와 보리 스튜 201
- 소고기와 보리 스튜, 최고의 조리법 200

북극 곤들매기(ARCTIC CHAR) 389

브로스(BROTH)

- 스톡, 브로스, 글라세(GLACE), 육즙(JUS) 193-194

브로콜리(BROCCOLI)

- 5가지 기본 채소 요리법과 어울리는 채소 417
- 구매(buying) 223-224
- 덴푸라용 준비하기 913
- 마늘 향 나는 브로콜리, 앤초비, 베이컨 파스타 695
- 마늘-앤초비 빵가루를 넣은 브로콜리 구이 469
- 보관 223-224
- 소시지와 데프스소에 브레이징한 브로콜리 디베 파스타 706-707
- 수프에 들어가는 채소 : 최상의 손질법 198-199
- 스토브에서 만드는 브로콜리와 콜리플라워 맥 앤 치즈 733
- 전자레인지 찜 433
- 찹 샐러드 준비 방법 844-845
- 치즈를 넣은 브로콜리 또는 콜리플라워 캐서롤 430-431
- 칼 사용법 : 브로콜리와 콜리플라워 자르는 법 224
- 크림 같은 브로콜리 파르메산 수프 221-222

비프 스테이크

- USDA 등급 291, 294

- 건조 숙성 맛의 효과 309
- 건조 숙성 질감 309
- 건조 숙성, 최고의 스테이크 310-311
- 건조 숙성의 목적 309
- 건조 숙성의 수분 손실 311-313
- 건조 숙성 집에서 하기 311-313
- 고베 소고기에 대해서 294
- 구매 요령 298
- 레스팅 시간 317
- 레스팅과 육즙 318
- 레어 온도 305
- 마블링에 대해서 290-298
- 미디엄 레어 온도 305
- 미디엄 온도 305
- 미디엄 웰 온도 305
- 셀렉트 등급(select-grade)에 대해서 294
- 소금 간 298-299
- 수분 손실 적게 조리하기 306
- 수비드 조리법 394-399
- 스탠더드 등급(standard- and commercial-grade)에 대해서 294
- 시어링 열전달 36
- 시어링에 가장 좋은 기름 302-303
- 시어링에 관련된 잘못된 믿음들 303-304
- 시어링의 맛 302
- 웰던 온도 305
- 일반 숙성에 대해서 313-314
- 차려 내기 전에 레스팅하기 316-318
- 초이스 등급(choice-grade)에 대해서 294
- 칼 사용법: 숙성된 소고기 손질 315
- 캐리오버 쿠킹(carry-over cooking) 304-305
- 팬 시어링 스테이크에 대한 규칙 319

- 포크로 돼지고기를 찌르는 것에 대해서 306
- 푸주한의 부위에 대해서 338-339
- 프라임 등급(prime-grade)에 대해서 291

비네그레트(VINAIGRETTES)

- 드레싱 종류 #1: 비네그레트 784-786
- 레시피가 표시된 소스통 798
- 선드라이 토마토 비네그레트 407
- 맛이 순한 레몬 또는 레드 와인-올리브오일 비네그레트 790-791
- 무화과와 호박씨 비네그레트 809
- 유화 강박증 786
- 자몽 비네그레트 409
- 잣 비네그레트 795
- 톡 쏘는 발사믹 간장 비네그레트 800-801
- 헤이즐넛 비네그레트 802
- 호두 비네그레트 435

비트(BEET)

- 5가지 기본 채소 요리법과 어울리는 채소 417
- 염소젖 치즈, 달걀, 석류, 마르코나 아몬드 비네그레트를 넣은 구운 비트 샐러드 806-807
- 잣 비네그레트를 넣은 구운 비트와 감귤류 샐러드 804-805
- 최고의 조리 방법 804

ㅅ

사과(APPLE(S))
- 밀린 자두와, 무화과, 살구 글레이즈를 발라 구운 돼지 안심 672
- 사과와 사과주 소스를 끼얹은 팬시어링 포크찹 366
- 설탕에 졸인 사과 소스 669
- 찹 샐러드 준비 방법 844-845
- 호두, 사과, 파르메산-앤초비 드레싱을 넣은 겨울 채소 샐러드 820

사워 크림(SOUR CREAM)
- 버터밀크 대체 재료 156
- 버터밀크 랜치 드레싱 853

산(ACIDS)
- 마리네이트 337-338
- 수프에 양념을 더할 때 210
- 알리올리, 마요네즈와 비교해서 810

생강(CINCER)
- 생강을 넣어 단시간에 만드는 병아리콩, 시금치 스튜 459
- 크랜베리 소스에 추가 634

석류(POMEGRANATE)
- 쌉싸름한 상추와 블루치즈, 석류, 헤이즐넛 비네그레트를 넣은 구운 배 샐러드 803
- 염소젖 치즈, 달걀, 석류, 마르코나 아몬드 비네그레트를 넣은 구운 비트 샐러드 806

셀러리(CELERY)
- 구입과 보관 829
- 수프에 들어가는 채소 : 최상의 손질법 198-199
- 식당 스타일 잘게 썬 안티파스티 샐러드 850-851
- 어울리는 채소 요리법 417
- 전자레인지 채소 찜 433
- 찹 샐러드 준비 방법 844-845
- 칼 사용법: 셀러리 자르는 법 828-830
- 흰콩과 만체고 치즈 샐러드 849

수비드 조리법(SOUS-VIDE COOKING)
- 레몬 또는 선드라이 토마토 비네그레트를 곁들인 쿨러로 조리한 닭고기 407
- 비어 쿨러 세팅 396-397
- 비어 쿨러 정의 395
- 비어 쿨러, 비닐 팩, 그리고 수비드의 과학 394-399
- 수비드 치즈버거 411
- 식품 안정성 398-399
- 쿨러(cooler)에서 요리하기 399
- 쿨러로 조리 후 올리브오일로 데친 연어 409
- 쿨러로 조리한 브라트 비어 408
- 쿨러로 조리한 살사 베르데 소스를 곁들인 양고기랙 406
- 쿨러로 조리한 샬롯, 마늘, 타임을 넣은 립아이 스테이크 404
- 쿨러로 조리한 치미추리 소스의 행어 스테이크 405

수프(SOUPS. SEE ALSO STEWS; STOCKS)
- 15분 팬트리 토마토 수프 216-217
- 30분 검정콩 수프 208
- 30분 미네스트로네 205-206
- 30분 파스타 에 파지올리 204
- 30분 흰콩과 파르메산 수프(토스카나식이라고 부르지 마세요!) 207
- 고전적인 프랑스식 양파 수프 242
- 구운 펌프킨 수프 230
- 덤플링을 넣은 닭고기 245
- 쌀이나 면을 넣은 최고의 닭고기 채소수프 199

- 즉석 프랑스식 양파 수프 234
- 최고의 옥수수 차우더 220
- 크림 같은 버섯 수프 225
- 크림 같은 브로콜리 파르메산 수프 222

숙주나물(BEAN SPROUTS) · · · · · · · · · · · · · · · ·
- 매콤한 맛의 태국 스타일 플랭크 스테이크 샐러드 354

소고기 레시피(BEEF RECIPES) · · · · · · · · · · · · · ·
- USDA 등급 291-294
- 궁극의 볼로네제 소스 739-741
- 그레이비 소스를 곁들인 전형적인 미국식 팟 로스트 251
- 그릴에 구운 마리네이드 갈비와 치미추리 356
- 그릴에 구운 산타 마리아식 삼각살 357-358
- 그릴에 구운 허니 머스터드 플랩미트(스테이크팁) 333-335
- 남은 고기 보관하기 639
- 남은 미트로프로 만드는 샌드위치 545-546
- 두 명이 먹을 수 있는 그릴에 구운 립아이 341
- 레어와 웰던 슬라이드 둘다 차려 내기 639
- 마리네이드 337-338
- 매콤한 맛의 태국 스타일 플랭크 스테이크 샐러드 354
- 버터를 끼얹은 두꺼운 팬시어링 스테이크 322-323
- 빠르고 쉬운 팬시어링 스테이크 321-322
- 사우어크라우트를 곁들인 그릴이나 팬에 구운 핫도그 533-534
- 샤또브리앙(Chateaubriand)에 대해서 290
- 소고기와 보리 스튜 200-201
- 수비드 치즈버거 411
- 스테이크 전문점처럼 그릴에 구운 마리네이드 플랭크 스테이크 353
- 안심을 로스팅하기 위해 요리용 실로 묶는 방법 649
- 안심의 다른 명칭 636
- 안심의 부드러움과 맛 정도 636
- 안심 손질법 327
- 안심의 부위 626
- 알아두어야 할 네 가지 소고기 로스트 종류 636
- 어깨살(척) 부위 손질법 276
- 완벽하게 구운 프라임 립 645
- 완벽한 안심 스테이크 326
- 전형적인 다이너스타일의 눌러서 만든 치즈버거 562-563
- 전형적인 미국식 미트로프 535, 541-544
- 조리시 뼈가 있는 것과 없는 것의 차이 637
- 좋은 소고기의 정의 290
- 척 아이의 다른 명칭 636
- 척 아이의 부드러움과 맛 정도 636
- 척 아이의 부위 636
- 로스트의 조리 시간 638
- 천천히 구운 소고기 안심 638-639
- 치즈 칠리 맥 735-736
- 콩을 넣은 최고의 쇼트립(갈비) 칠리 스튜 267-268
- 쿨러로 조리한 샬롯, 마늘, 타임을 넣은 립아이 스테이크 404
- 쿨러로 조리한 치미추리 소스의 행어 스테이크 405
- 크림 그레이비를 곁들인 정말로 바삭한 치킨 프라이드 스테이크 883-885
- 탑 설로인의 다른 명칭 636
- 탑 설로인의 부드러움과 맛 정도 636
- 탑 설로인의 부위 636
- 텍사스의 칠리 콘 카르네 274-277
- 토마토소스에 조린 이탈리아식 미트볼 548-551
- 펍 스타일의 두툼하고 촉촉한 치즈버거 568-569
- 평일 저녁을 위한 미트소스 스파게티 715-717
- 평일 저녁의 간편한 분쇄 소고기 칠리 269-270
- 프라임 립에 곁들이는 꼬리뼈 저스 소스 646-647

- 피망과 양파가 들어간 감자 해시 148-149
- 허브와 마늘 마리네이드로 팬시어링한 행어 스테이크 352

소고기 조리법 참고 : 소고기 로스트, 소고기 스테이크(BEEF-SEE ALSO BEEF (RECIPES); BEEF ROASTS; BEEF STEAKS) · · ·

- "곡물을 먹여 키운 소" 표시 296
- "내추럴(Natural)" 표시 295-296
- "내추럴리 래이즈드(Naturally Raised)" 표시 296
- "오가닉(Organic)" 표시 296
- CLAs(트랜스지방)에 대해서 296-297
- 고기를 갈기 전 알아야 할 것 496
- 곡물을 먹여 키운 소고기의 건강상 이점 297
- 곡물을 먹여 키운 소고기의 맛 297
- 더 맛있는 버거를 만들기 위한 다섯 가지 규칙 555-558
- 라운드(round)에 대해서 250
- 레스팅 시간 317
- 미트로프 고기 섞기 536-537
- 버거 누르기 559-561
- 버거를 누르기 시작한 시간과 최종 무게 561
- 버거를 제대로 누르는 규칙 561-562
- 버거를 숯스타일로 굽는 최고의 방법 564-567
- 브레이징과 스튜에 최적의 소고기 부위 249, 274-275
- 브로스 구입에 대해서 202
- 소고기 브리스킷에 대해서 249
- 소고기 색 295
- 소고기 표시 법 295-296
- 소고기와 보리 스튜 201
- 소고기와 송아지 고기 비교 537
- 쇼트립(short ribs)에 대해서 250
- 오메가 3 지방산 296
- 온도, 시간 그리고 박테리아 감소 372
- 척에 대해서 249

- 천연 케이싱에 든 핫도그 533
- 최고의 팟로스트 조리 방법 247-249
- 칠리 스튜에 최적의 소고기 부위 262-263
- 칠리 스튜용으로 쇼트립 준비하기 262-263
- 텍사스 칠리의 최고의 조리 방법 274-276
- 팟로스트 최적의 부위 247-248

송아지 고기(VEAL) · · · · · · · · ·
- 궁극의 볼로네제 소스 741
- 소고기와 비교해서 536-537

수막(SUMAC) · · · · · · · · · ·
- 메르게즈(Merguez)식 양고기 소시지용 조미 양념 516
- 병아리콩과 수막, 양파를 넣고 양념에 재운 케일 샐러드 837

순무(TURNIPS) · · · · · · · · · ·
- 5가지 기본 채소 요리법과 어울리는 채소 417
- 글레이징한 순무, 래디시, 또는 루타바가 463

숫돌(WATER STONES) · · · · · · ·
- 사입법과 관리 063-064
- 칼날을 날카롭게 만드는 방법 063-064

스위스 치즈(SWISS CHEESE) · · · · ·
- 고전적인 프랑스식 양파 수프 242
- 즉석 프랑스식 양파 수프 234
- 치즈 차트 727-731

스탠드 믹서(STAND MIXER) · · · · ·
- 스탠드 믹서에 대해서 069-070
- 고기 분쇄 부속 장치 500

스튜(STEWS. SEE ALSO CHILI)

- 소고기와 보리 스튜 201
- 생강을 넣어 단시간에 만드는 병아리콩, 시금치 스튜 459
- 햄, 콩, 케일을 넣은 손쉬운 스튜 283

스티키 번(STICKY BUNS)

- 세상에서 가장 멋진 스티키 번 174-179
- 최고의 방법 178-179

시금치(SPINACH)

- 5가지 기본 채소 요리법과 어울리는 채소 417
- 궁극의 크림 시금치 461
- 마늘을 넣은 시금치 소테 450
- 바질과 잣을 넣은 클래식 제노비스 페스토 719
- 버섯 그린 리소토 768-769
- 생강을 넣어 단시간에 만드는 병아리콩, 시금치 스튜 459
- 시금치에 대해서 778
- 에그 플로렌틴 121
- 전자레인지 채소 찜 433
- 크림을 넣은 시금치와 버섯 라자냐 749-750

식초(VINEGAR)

- 감자 삶는 물에 추가 재료 824, 918
- 보관 083
- 수프 시즈닝 212
- 청주 식초(Rice wine vinegar) 825
- 홈메이드 리코타 치즈 159-160

ㅇ

아르굴라(ARUGULA)

- 수프에 들어가는 채소 : 최상의 손질법 198-199
- 쌉싸름한 상추와 블루치즈, 석류, 헤이즐넛 비네그레트를 넣은 구운 배 샐러드 803
- 아루굴라와 호두 페스토 720
- 아르굴라에 대해서 777-778
- 파르메산 치즈와 톡 쏘는 발사믹 간장 비네그레트를 넣은 아루굴라와 배 샐러드 799
- 프로슈토와 완두콩, 아루굴라를 넣은 즉석 크림 파스타 723

아메리칸 치즈(AMERICAN CHEESE)

- 고전적인 다이너 스타일의 눌러서 만든 치즈버거 563
- 고전적인 베이크드 마카로니 앤 치즈 754
- 맛, 최적의 사용처 728-729
- 수비드 치즈버거 411
- 스토브에서 만드는 그린 칠리와 닭고기 맥 앤 치즈 734
- 스토브에서 만드는 베이컨과 식초에 절인 할라피뇨 맥 앤 치즈 733
- 스토브에서 만드는 브로콜리와 콜리플라워 맥 앤 치즈 733
- 스토브에서 만드는 슈프림 피자 스타일 맥 앤 치즈 734
- 스토브에서 만드는 초-끈적한 맥 앤 치즈 732-733
- 스토브에서 만드는 햄과 완두콩 맥 앤 치즈 733
- 안정된 상태로 유지하기 위해 725
- 치즈 칠리 맥 735-736
- 펍 스타일의 두툼하고 촉촉한 치즈버거 568-569

아몬드(ALMOND(S))

- 구운 아몬드와 염소젖 치즈를 넣은 아스파라거스 샐러드 792
- 마르코나 아몬드 비네그레트 807

- 아몬드를 넣고 글레이징한 당근 463
- 앤초비를 넣은 토마토와 아몬드 페스토 721
- 전자레인지에 찐 그린빈, 올리브와 함께 439

아밀라아제(AMYLASE) · · · · · · · · · · · · · · · 760

아밀로펙틴(AMYLOPECTIN) · · · · · · · · 752, 760

아밀로오스(AMYLOSE) · · · · · · · · · · · · · · 752

아보카도(AVOCADOS)
- 아보카도 기름 발연점 871
- 찹 랜치 콥 샐러드 852-853
- 찹 샐러드 준비 방법 844-845

아시아고 치즈(ASIAGO CHEESE) 맛과 최적의 사용처 · 728-729

아스파라거스(ASPARAGUS)
- 5가지 기본 채소와 어울리는 요리법 417
- 고르기 436
- 구운 아몬드와 염소젖 치즈를 넣은 아스파라거스 샐러드 792
- 보관 438
- 봄채소 리소토 766-767
- 봄채소 샐러드 794
- 아스파라거스 브레이징 455
- 색깔과 크기 766
- 수란과 호두 비네그레트의 전자레인지에 찐 아스파라거스 434
- 수프에 들어가는 채소 : 최상의 손질법 198-199
- 아스파라거스, 샬롯, 염소젖 치즈를 넣은 다이너스타일 오믈렛 134
- 아스파라거스에 대해서 436-438
- 역겨운 소변 이상 증상 467
- 오믈렛 필링 준비하기 138

- 전자레인지 채소 찜 433
- 줄기 밑동 손질하기 438
- 줄기 부러뜨리기 438
- 찹 샐러드 준비 방법 844-845
- 채소를 듬뿍 넣은 마늘 파스타 696
- 파르메산 빵가루를 넣은 브로일링한 아스파라거스 467
- 필링 438
- 홀랜다이즈 또는 마요네즈와 전자레인지에 찐 아스파라거스 434

아티초크(ARTICHOKES)
- 5가지 기본 채소 요리법과 어울리는 채소 417

알코올(ALCOHOL)
- 소고기 칠리에 넣을 때 265
- 음식에 맛을 더할 때 710-711, 738-739
- 증발 효과 265
- 채식주의자 칠리에 넣을 때 271-272
- 튀김음식을 더욱 풍부하게 할 때 900

알프레노(좀 더 납작한 페투치니) · · · · · · · 722-723

알프레도 소스 · · · · · · · · · · · · · · · · · · · 722

앤초비(ANCHOVY(IES))
- 글루타민산염 253
- 마늘 향 나는 브로콜리, 앤초비, 베이컨 파스타 695
- 마늘-앤초비 빵가루를 넣은 브로콜리 구이 469
- 미트로프에 맛내기 540
- 볼로네제 소스에 맛내기 737
- 살사 베르데 소스 406
- 시저 샐러드드레싱 818, 834
- 찹 스타일 그릭 샐러드 846
- 칠리 스튜에 맛내기 265

- 케일 시저 샐러드 838
- 앤초비를 넣은 토마토와 아몬드 페스토 721
- 푸타네스카 : 밤을 위한 최고의 스파게티(마늘과, 앤초비, 케이퍼, 올리브를 넣은 스파게티) 708
- 호두, 사과, 파르메산–앤초비 드레싱을 넣은 겨울 채소 샐러드 820

애로루트A(RROWROOT) 우유와 점도 맞추기 · · · · · 752

얌에 대해서 · 473

양념 믹스(SEASONING MIX) · · · · · · · · · · ·
- 마늘 소시지용 조미 양념 515
- 매콤달콤한 이탈리아식 소시지용 조미 양념 515
- 메르게즈(Merguez)식 양고기 소시지용 조미 양념 516
- 멕시코식 초리조(Chorizo)용 양념 믹스 516
- 브라트부르스트(Bratwurst)식 소시지용 양념 믹스 515

양배추(CABBAGE. SEE ALSO SAUERKRAUT) · · · · · ·
- 수프에 들어가는 채소 : 최상의 손질법 198-199
- 어울리는 채소 요리법 417
- 찹 샐러드 준비 방법 844-845
- 크림 같은 코울슬로 832
- 크림 같은 코울슬로와 타르타르소스를 곁들인 생선 튀김 샌드위치 905-906

양상추(LETTUCE) · · · · · · · · · · · · · · · · · ·
- 시저 샐러드 833
- 식당 스타일 잘게 썬 안티파스티 샐러드 850
- 양상추 웨지 샐러드 841
- 찹 샐러드 준비 방법 844-845
- 찹 랜치 콥 샐러드 852-853

와인(WINE) ·
- 간단한 레드 와인 팬 소스 329
- 꼭 와인을 졸여야만 할까? 738-739
- 누구나 쉽게 만드는 베어네이즈 소스 332
- 레몬 케이퍼 팬 소스 377
- 버섯–마르살라 팬 소스 378
- 와인 따개(Wine key) 077
- 화이트와인, 펜넬, 판체타를 곁들인 손쉬운 팬 브레이즈드 치킨 257

와플(WAFFLES) · · · · · · · · · · · · · · · · · · ·
- 기본적인 즉석 발효 와플 165
- 메이플 베이컨 와플 165
- 오렌지 향 와플 165

완두콩(PEAS) ·
- 5가지 기본 채소 요리법과 어울리는 채소 417
- 대파와 햄을 곁들인 뜨거운 스냅피 버터볶음 422
- 뜨거운 완두콩 버터볶음 423
- 레몬과 민트를 곁들인 뜨거운 스냅피 버터볶음 422
- 리크와 바질을 곁들인 뜨거운 스냅피 버터볶음 423
- 베이컨, 샬롯, 타라곤을 곁들인 뜨거운 완두콩 버터볶음 424
- 봄채소 리소토 766
- 봄채소 샐러드 794
- 스토브에서 만드는 햄과 완두콩 맥앤치즈 733
- 전자레인지 채소 찜 433
- 찹 샐러드 준비 방법 844-845
- 채소를 듬뿍 넣은 마늘 파스타 696
- 프로슈토, 잣, 마늘을 곁들인 뜨거운 완두콩 버터볶음 424
- 프로슈토와 완두콩, 아루굴라를 넣은 즉석 크림 파스타 723

웍(Woks) ·············

- 모양과 손잡이 049
- 웍 찜 050
- 웍 기본 050
- 웍 튀김 050
- 웍 훈제 050
- 웍을 구입하고 관리하는 방법 047-078
- 웍을 사용하는 기본적인 기술 049-050
- 제조 공정 048

요거트(YOGURT) ·············

- 버터밀크 대체품 154
- 요거트와 민트, 모로코식 샐러드를 곁들인 그릴이나 팬에 구운 메르게즈 526

이스트(YEAST) ·············

- 냉장고 위치 084-085
- 이스트 작용 150

일식 빵가루(PANKO CRUMBS) ·············

- 일식 빵가루에 대해서 892
- 튀김용으로 874

ㅈ

자몽(GRAPEFRUIT) ·············

- 자몽, 크랜베리, 무화과, 호박씨 비네그레트를 넣은 엔다이브와 치커리 샐러드 808
- 잣 비네그레트를 넣은 구운 비트와 감귤류 샐러드 804
- 자몽 비네그레트 409

잣(PINE NUT(S)) ·············

- 바질과 잣을 넣은 클래식 제노비스 페스토 719
- 프로슈토, 잣, 마늘을 곁들인 뜨거운 완두콩 버터볶음 424
- 잣, 건포도, 케이퍼 비네그레트를 곁들인 콜리플라워 구이 470
- 잣 비네그레트 806

전분(Starch) ·············

- 감자전분 480, 752
- 고구마전분 752
- 녹말은 어떻게 걸쭉하게 될까? 752
- 애로루트 752
- 옥수수전분 752
- 일반적인 요리용 녹말 752

조리도구 꽂이(UTENSIL HOLDER, 유텐실 홀더) ······· 071

ㅊ

체다 치즈(CHEDDAR) ·············

- 고전적인 베이크드 마카로니 앤 치즈 754
- 다이너스타일 햄과 치즈 오믈렛 133-134
- 수비드 치즈버거 411
- 스토브에서 만드는 베이컨과 식초에 절인 할라피뇨 맥 앤 치즈 733
- 스토브에서 만드는 브로콜리와 콜리플라워 맥 앤 치즈 733
- 스토브에서 만드는 초-끈적한 맥 앤 치즈 733
- 스토브에서 만드는 햄과 완두콩 맥 앤 치즈 733
- 체다 치즈와 대파 비스킷 171
- 치즈 차트 727-731

- 치즈 칠리 맥 735-736
- 펍 스타일의 두툼하고 촉촉한 치즈버거 568

채소(VEGETABLE(S). SEE ALSO SPECIFIC VEGETABLES)

- 30분 미네스트로네 205-206
- 기본 채소 육수 196
- 봄 채소 샐러드 794
- 봄채소 리소토 767
- 수프에 들어가는 채소 : 최상의 손질법 198-199
- 오믈렛 필링 준비하기 138
- 전자레인지 채소 찜 433
- 찹 샐러드 준비 방법 844-845
- 채소를 듬뿍 넣은 마늘 파스타 696

초리조(CHORIZO)

- 거의 젓지 않고도 만드는 초리조와 방울양배추잎 리소토 765
- 매운 토마토-케이퍼 소스를 곁들인 그릴이나 팬에 구운 멕시코식 초리조 531
- 멕시코식 초리조(Chorizo)용 양념 믹스 516

치미추리(CHIMICHURRI)

- 그릴에 구운 마리네이드 갈비와 치미추리 356
- 치미추리 소스 405

치즈(CHEESE)

- 30분 흰콩과 파르메산 수프(토스카나식이라고 부르지 마세요!) 207
- 5분 만에(혹은 더 빨리) 만드는 신선한 리코타 치즈 162
- 가지 파르메산 캐서롤 892-895
- 거의 젓지 않고도 만드는 기본 리소토 764
- 거의 젓지 않고도 만드는 방울토마토와 페타 리소토 765
- 고전적인 다이너 스타일의 눌러서 만든 치즈버거 562-563
- 고전적인 베이크드 마카로니 앤 치즈 754
- 고전적인 프랑스식 양파 수프 242
- 구운 아몬드와 염소젖 치즈를 넣은 아스파라거스 샐러드 792
- 궁극의 크림 시금치 461
- 남은 미트로프로 만드는 샌드위치 545
- 냉장고 보관 083
- 다이너스타일 햄과 치즈 오믈렛 133-134
- 대표적인 지티 오븐구이 756-757
- 레몬 리코타 팬케이크 163
- 레몬 제스트와 로즈마리를 넣은 즉석 크림 파스타 723
- 마늘 파르메산 크루통 834
- 멕시코 길거리 음식 옥수수 샐러드 446
- 모든 미국인들의 미트로프 541-544
- 베이컨 파마산 비스킷 171
- 블루-치즈 버터 양념 336
- 세 가지 재료 블루치즈 드레싱 842
- 수비드 치즈버거 411
- 스토브에서 만드는 그린 칠리와 닭고기 맥 앤 치즈 734
- 스토브에서 만드는 베이컨과 식초에 절인 할라피뇨 맥 앤 치즈 733
- 스토브에서 만드는 브로콜리와 콜리플라워 맥 앤 치즈 733
- 스토브에서 만드는 슈프림 피자 스타일 맥 앤 치즈 734
- 스토브에서 만드는 초-끈적한 맥 앤 치즈 732-733
- 스토브에서 만드는 햄과 완두콩 맥 앤 치즈 733
- 시저 샐러드 823
- 시저 샐러드드레싱 818, 834
- 식당 스타일 잘게 썬 안티파스티 샐러드 850
- 쌉싸름한 상추와 블루치즈, 석류, 헤이즐넛 비네그레트를 넣은 구운 배 샐러드 803
- 아스파라거스, 샬롯, 염소젖 치즈를 넣은 다이너스타일 오믈렛 134-135

- 염소젖 치즈, 달걀, 석류, 마르코나 아몬드 비네그레트를 넣은 구운 비트 샐러드 806
- 오믈렛 필링 준비하기 138
- 올리브오일과 레몬 제스트를 넣은 따뜻한 리코타 치즈 162
- 유지방 725
- 전통적인 라자냐 볼로네제 745-746
- 좀 더 담백한 페투치니 알프레도 723
- 즉석 프랑스식 양파 수프 234
- 진한 토마토소스에 조린 부드러운 이탈리아식 미트볼 548-551
- 찹 샐러드 준비 방법 844-845
- 체다 치즈와 대파 비스킷 171
- 찹 랜치 콥 샐러드 852-853
- 찹 스타일 그릭 샐러드 846
- 치즈 칠리 맥 736
- 치즈가 듬뿍 들어간 구운 치즈 샌드위치 216
- 치즈를 넣은 브로콜리 또는 콜리플라워 캐서롤 430-431
- 치즈를 넣은 헤이즐백 감자 그라탕 479
- 치킨 파르메산 888-891
- 칠리와 페피타(Pepitas)를 넣은 구운 피망과 페타 치즈 720
- 케일 시저 샐러드 838-839
- 크림 같은 브로콜리 파르메산 수프 221-222
- 크림을 넣은 시금치와 버섯 라자냐 748
- 톡 쏘는 발사믹 간장 비네그레트를 넣은 토마토와 모차렐라 샐러드 800
- 파르메산 빵가루를 넣은 브로일링한 아스파라거스 467
- 파르메산 치즈와 톡 쏘는 발사믹 간장 비네그레트를 넣은 아루굴라와 배 샐러드 799
- 펍 스타일의 두툼하고 촉촉한 치즈버거 568
- 프로슈토와 완두콩, 아루굴라를 넣은 즉석 크림 파스타 723

- 호두, 사과, 파르메산-앤초비 드레싱을 넣은 겨울 채소 샐러드 820-821
- 홈메이드 리코타치즈 159
- 흰콩과 만체고 치즈 샐러드 849

치커리(CHICORY)

- 자몽, 크랜베리, 무화과, 호박씨 비네그레트를 넣은 엔다이브와 치커리 샐러드 808
- 칼 사용법: 샐러드용 치커리 손질하는 방법 809

칠면조(TURKEY)

- '에어 칠드'(Air-chilled) 582
- 가금류 보관 583
- 가금류 손질 583-584
- 가장 빠르고 손쉬운 요리 : 그레이비를 곁들인 나비 모양 칠면조 구이 622-623
- 건식 염장법 589
- 고전 레시피 : 속을 채우고 허브를 발라 구운 칠면조와 그레이비 615-617
- 맛 가미한 용액에 절이기 587-588
- 맛강화 표시 582
- 문지르는 방법 589
- 소금물 절일 때 문제점 586-587
- 소금에 절이기 584-585
- 소모임에 좋은 요리 : 간편 칠면조 가슴살 허브 로스트와 스터핑 624-625
- 얼음물 냉각 가금류 583
- 추수감사절 칠면조 두 가지 조리법 627
- 칠면조 크기 선택 577-579

칠리(CHILE(S))

- 돼지고기를 넣은 칠리 베르데 281-282
- 마늘-칠리 버터 양념 336
- 산타마리아식 살사 358

- 스토브에서 만드는 그린 칠리와 닭고기 맥 앤 치즈 734
- 스토브에서 만드는 베이컨과 식초에 절인 할라피뇨 맥 앤 치즈 733
- 찹 샐러드 준비 방법 844-845
- 저크를 바른 자메이카식 로스트 치킨 606
- 전형적인 피코 데 가요(Pico de Gallo) 소스 361
- 진짜 텍사스식 칠리 콘 카르네 277
- 최고의 채식주의자용 콩 칠리 스튜 273
- 치포틀레-라임 마요네즈 818-819
- 칠리 페이스트 267
- 칠리와 페피타(Pepitas)를 넣은 구운 피망과 페타 페스토 720
- 콩을 넣은 최고의 쇼트립(갈비) 칠리 스튜 267-268
- 태국식 달콤한 칠리소스 607
- 평일 저녁의 간편한 분쇄 소고기 칠리 269-270
- 훈제 오렌지-치포틀레 팬 소스 331

칠리(CHILI)

- 돼지고기를 넣은 칠리 베르데 281-282
- 진짜 텍사스식 칠리 콘 카르네 277
- 콩을 넣은 최고의 쇼트립(갈비) 칠리 스튜 267-268
- 평일 저녁의 간편한 분쇄 소고기 칠리 269-278

ㅋ

카놀라유(CANOLA OIL)

- 조리법 303
- 발연점 871

캐나디안 베이컨(CANADIAN BACON)

- 에그 베네딕트 120-121

캐러멜화(CARAMELIZATION)

- 마이야르 반응과 비교해서 301
- 양파 캐러멜화 231-233

캐리오버 쿠킹(CARRY-OVER COOKING) 304-305

커민(CUMIN)

- 멕시코식 초리조(Chorizo)용 양념 믹스 516
- 칠리용으로 264
- 커민과 펜넬을 발라 천천히 구운 뼈 없는 양 다리 657

컬리 엔다이브(CURLY ENDIVE)

- 쌉싸름한 상추와 블루치즈, 석류, 헤이즐넛 비네그레트를 넣은 구운 배 샐러드 803
- 찹 샐러드 준비 방법 844-845
- 컬리 엔다이브에 대해서 778
- 호두, 사과, 파르메산-앤초비 드레싱을 넣은 겨울 채소 샐러드 820-821

케이퍼(CAPER(S))

- 기본적인 타르타르 소스 393
- 너무도 톡 쏘는 타르타르소스 904
- 레몬 케이퍼 팬 소스 377
- 매운 토마토-케이퍼 소스를 곁들인 그릴이나 팬에 구운 멕시코식 초리조 531
- 바질 케이퍼 렐리시 391
- 살사 베르데 소스 406
- 선드라이 토마토와 올리브, 케이퍼를 넣은 페스토 721
- 찹 샐러드 준비 방법 844-845
- 잣, 건포도, 케이퍼 비네그레트를 곁들인 콜리플라워 구이 470
- 타르타르소스 819
- 토마토, 올리브, 케이퍼를 곁들인 손쉬운 팬 브레이즈드 치킨 256

- 푸타네스카 : 밤을 위한 최고의 스파게티(마늘과, 앤초비, 케이퍼, 올리브를 넣은 스파게티) 708

콤파운드 버터(COMPOUND BUTTERS)

- 레몬–파슬리 버터 양념 336
- 마늘–칠리 버터 양념 336
- 블루–치즈 버터 양념 336
- 콤파운드 버터에 대해서 335-336
- 콤파운드버터 마스터 레시피 336

콜리플라워(CAULIFLOWER)

- 브로콜리와 콜리플라워 구입 방법 223
- 수프에 들어가는 채소 : 최상의 손질법 198-199
- 스토브에서 만드는 브로콜리와 콜리플라워 맥 앤 치즈 733
- 어울리는 채소 요리법 417
- 잣, 건포도, 케이퍼 비네그레트를 곁들인 콜리플라워 구이 470
- 전자레인지 채소 찜 433
- 치즈를 넣은 브로콜리 또는 콜리플라워 캐서롤 430
- 칼 사용법 : 브로콜리와 콜리플라워 자르는 법 224
- 덴푸라 재료 준비 방법 913

콤파운드 버터(BUTTERS, COMPOUND)

- 콤파운드 버터 마스터 레시피 336
- 콤파운드 버터에 대해서 335
- 레몬–파슬리 버터 양념 336
- 마늘–칠리 버터 양념 336
- 블루–치즈 버터 양념 336

콩, 그린빈 참고(BEAN(S)- SEE ALSO GREEN BEAN(S))

- 30분 검정콩 수프 208
- 30분 미네스트로네 205-206
- 30분 파스타 에 파지올리 204
- 30분 흰콩과 파르메산 수프(토스카나식이라고 부르지 마세요!) 207
- 누에콩 구입하기 766
- 누에콩 준비하기 766
- 병아리콩과 수막, 양파를 넣고 양념에 재운 케일 샐러드 837
- 보관 087
- 봄채소 리소토 766-767
- 생강을 넣어 단시간에 만드는 병아리콩, 시금치 스튜 459
- 샬롯과 강낭콩을 넣고 양념에 재운 케일 샐러드 838
- 소금 간하기 263-264
- 수프에 들어가는 채소 : 최상의 손질법 198-199
- 식당 스타일 잘게 썬 안티파스티 샐러드 850
- 찹 샐러드 준비 방법 844-845
- 채식주의자용 칠리 스튜 271-272
- 최고의 채식주의자용 콩 칠리 스튜 273
- 치즈 칠리 맥 735-736
- 칠리용으로 콩 준비하기 263-264
- 콩을 넣은 최고의 쇼트립(갈비) 칠리 스튜 267-268
- 통조림 콩을 맛있게 하는 법 203
- 평일 저녁의 간편한 분쇄 소고기 칠리 269-270
- 햄, 콩, 케일을 넣은 손쉬운 스튜 283
- 흰콩과 만체고 치즈 샐러드 849

콩테 치즈(COMTE CHEESE)

- 치즈를 넣은 헤이즐백 감자 그라탕 479
- 치즈 차트 727-731

크렘프레슈(CREME FRAICHE)

- 간편하게 만드는 홈메이드 크렘프레슈 131
- 딜–레몬 크렘프레슈 392
- 버터밀크 대체품 158

- 크렘프레슈에 대해서 131

크림(CREAM)

- 간단하게 만드는 크림 비스킷 173
- 간편하게 만드는 홈메이드 크렘프레슈 131
- 크림 스콘 173

E

타르타르소스 819

- 기본적인 타르타르 소스 393
- 너무도 톡 쏘는 타르타르소스 904

타임(THYME)

- 쿨러로 조리한 샬롯, 마늘, 타임을 넣은 립아이 스테이크 404
- 타임과 레몬 레스트를 곁들인 리크 브레이징 457-458
- 타임과 샬롯을 곁들여 팬에 구운 버섯 451

탓소이(TATSOI)에 대해서 778

토마토(TOMATO(ES))

- 15분 팬트리 토마토 수프 216
- 30분 파스타 에 파지올리 204
- 거의 젓지 않고도 만드는 방울토마토와 페타 리소토 765
- 구운 가지와 진한 토마토소스 파스타(파스타 알라 노르마) 711-713
- 궁극의 볼로네제 소스 739-741
- 닭고기를 넣은 펜네 알라 보드카 709
- 돼지고기와 토마토 라구를 곁들인 프레시 파스타 742-743
- 레몬 또는 선드라이 토마토 비네그레트를 곁들인 쿨러로 조리한 닭고기 407
- 매운 토마토-케이퍼 소스를 곁들인 그릴이나 팬에 구운 멕시코식 초리조 531
- 방울토마토 샬롯 렐리시 392
- 산타마리아식 살사 358
- 생강을 넣어 단시간에 만드는 병아리콩, 시금치 스튜 459-460
- 선드라이 토마토 마요네즈 819
- 선드라이 토마토와 올리브, 케이퍼를 넣은 페스토 721
- 소시지와 레드소스에 브레이징한 브로콜리 라베 파스타 706-707
- 스토브에서 만드는 슈프림 피자 스타일 맥 앤 치즈 734
- 식당 스타일 잘게 썬 안티파스티 샐러드 850
- 앤초비를 넣은 토마토와 아몬드 페스토 721
- 양상추 웨지 샐러드 841
- 오믈렛 필링 준비하기 138
- 완벽하고 손쉬운 레드 소스 705
- 요거트와 민트, 모로코식 샐러드를 곁들인 그릴이나 팬에 구운 메르게즈 526
- 전형적인 피코 데 가요(Pico de Gallo) 소스 361
- 진한 토미토소스에 조린 부드러운 이탈리아식 미트볼 548-849
- 찹 샐러드 준비 방법 844-845
- 찹 스타일 그릭 샐러드 846
- 최고의 채식주의자용 콩 칠리 스튜 273
- 치즈 칠리 맥 735-736
- 토마토, 올리브, 케이퍼를 곁들인 손쉬운 팬 브레이즈드 치킨 256
- 톡 쏘는 발사믹 간장 비네그레트를 넣은 토마토와 모차렐라 샐러드 800-801
- 평일 저녁을 위한 미트소스 스파게티 715-717
- 푸타네스카 : 밤을 위한 최고의 스파게티(마늘과, 앤초비, 케이퍼, 올리브를 넣은 스파게티) 708

토마틸로(TOMATILLOS)

- 돼지고기를 넣은 칠리 베르데 281-282
- 그린 칠리 278

튀김옷(BATTER)

- 맥주 튀김옷(beer-based) 874
- 튀김용 튀김옷 874
- 튀김옷의 글루텐 형성 909
- 텐푸라 스타일 874

ㅍ

파슬리(PARSLEY)

- 레몬-파슬리 버터 양념 336
- 살사 베르데 소스 406
- 선드라이 토마토와 올리브, 케이퍼를 넣은 페스토 721
- 올리브와 파슬리를 발라 천천히 구운 뼈 없는 양 다리 656
- 치미추리 소스 405
- 칠리와 페피타(Pepitas)를 넣은 구운 피망과 페타 페스토 720

파스닙(PARSNIPS)

- 5가지 기본 채소 요리법과 어울리는 채소 417
- 수프에 들어가는 채소 : 최상의 손질법 198-199

파스타(PASTA. SEE ALSO PASTA SAUCES)

- 30분 미네스트로네 205-206
- 30분 파스타 에 파지올리 204
- 고전적인 베이크드 마카로니 앤 치즈 754
- 구운 가지와 진한 토마토소스 파스타(파스타 알라 노르마) 711-713
- 닭고기를 넣은 펜네 알라 보드카 709
- 대표적인 지티 오븐구이 756
- 돼지고기와 토마토 라구를 곁들인 프레시 파스타 743
- 레몬 제스트와 로즈마리를 넣은 즉석 크림 파스타 723
- 마늘 향 나는 브로콜리, 앤초비, 베이컨 파스타 695
- 마늘 향이 아주 많이 나는 새우 스캄피 파스타 700
- 볼로네제 소스를 곁들인 프레시 파스타 742
- 소시지와 레드소스에 브레이징한 브로콜리 라베 파스타 706-707
- 스토브에서 만드는 그린 칠리와 닭고기 맥 앤 치즈 734
- 스토브에서 만드는 베이컨과 식초에 절인 할라피뇨 맥 앤 치즈 733
- 스토브에서 만드는 브로콜리와 콜리플라워 맥 앤 치즈 733
- 스토브에서 만드는 슈프림 피자 스타일 맥 앤 치즈 734
- 스토브에서 만드는 초-끈적한 맥앤치즈 733
- 스토브에서 만드는 햄과 완두콩 맥 앤 치즈 733
- 신선한 조개 링귀니 702
- 올리브오일과 세 가지 풍미가 나는 마늘을 넣은 파스타 694
- 전통적인 라자냐 볼로네제 745-746
- 좀 더 담백한 페투치니 알프레도 723
- 채소를 듬뿍 넣은 마늘 파스타 696
- 치즈 칠리 맥 735-736
- 크림을 넣은 시금치와 버섯 라자냐 747-750
- 평일 저녁을 위한 미트소스 스파게티 715-716
- 푸타네스카 : 밤을 위한 최고의 스파게티(마늘과, 앤초비, 케이퍼, 올리브를 넣은 스파게티) 708
- 프로슈토와 완두콩, 아루굴라를 넣은 즉석 크림 파스타 723

팬 소스(PAN SAUCES)

- 간단한 레드 와인 팬 소스 329
- 레몬 케이퍼 팬 소스 377

- 버섯-마르살라 팬 소스 378
- 브랜디 크림 팬 소스 380
- 포르치니-베르무트 팬 소스 330
- 훈제 오렌지-치포틀레 팬 소스 331

페스토(PESTO)

- 페스토에 대해서 718-719
- 아루굴라와 호두 페스토 720
- 바질과 잣을 넣은 클래식 제노비스 페스토 719
- 칠리와 페피타(Pepitas)를 넣은 구운 피망과 페타 페스토 720
- 보관 719
- 선드라이 토마토와 올리브, 케이퍼를 넣은 페스토 721
- 앤초비를 넣은 토마토와 아몬드 페스토 721

페코리노 로마노(PECORINO ROMANO)

- 레몬 제스트와 로즈마리를 넣은 즉석 크림 파스타 723
- 좀 더 담백한 페투치니 알프레도 722-723
- 치즈 차트 727-731
- 프로슈토와 완두콩, 아루굴라를 넣은 즉석 크림 파스타 723

페퍼밀(PEPPER MILL) 072

포르케타(PORCHETTA)

- 포르케타에 대해서 673-674
- 돼지 뱃살 포르케타와 돼지기름으로 구운 감자 675

폰티나 치즈(FONTINA CHEESE)

- 치즈 차트 727-731

푸드프로세서(FOOD PROCESSOR)

- 푸드프로세서에 대해서 068-069
- 푸드프로세서로 고기 갈기 501-502
- 푸드프로세서로 수프 섞기 211

프랑스식 양파 수프(FRENCH ONION SOUP)

- 고전적인 프랑스식 양파 수프 242
- 즉석 프랑스식 양파 수프 234

프로슈토(PROSCIUTTO)

- 프로슈토와 완두콩, 아루굴라를 넣은 즉석 크림 파스타 723
- 프로슈토, 잣, 마늘을 곁들인 뜨거운 완두콩 버터볶음 424

프리제(FRISEE)

- 쌉싸름한 상추와 블루치즈, 석류, 헤이즐넛 비네그레트를 넣은 구운 배 샐러드 803
- 찹 샐러드 준비 방법 844-845
- 호두, 사과, 파르메산-앤초비 드레싱을 넣은 겨울 채소 샐러드 820

피망(PEPPER(S). SEE ALSO CHILE(S))

- 5가지 기본 채소 요리법과 어울리는 채소 417
- 구운 레드 페퍼 마요네즈 818
- 그릴에 구운 스커트 스테이크 파히타 360-361
- 덴푸라 재료 준비 방법 913
- 버섯, 피망, 양파를 넣은 다이너스타일 오믈렛 134
- 수프에 들어가는 채소 : 최상의 손질법 198-199
- 식당 스타일 잘게 썬 안티파스티 샐러드 850
- 양파와 피망을 곁들인 그릴에 구운 이탈리아식 소시지 525
- 오믈렛 필링 준비하기 138
- 찹 샐러드 준비 방법 844-845
- 찹 스타일 그릭 샐러드 846
- 칠리와 페피타(Pepitas)를 넣은 구운 피망과 페타 페스토 720
- 칼 사용법 : 피망 자르는 법 135
- 피망, 양파를 곁들인 손쉬운 팬 브레이즈드 치킨 259
- 피망과 양파가 들어간 감자 해시 148-149

피칸(PECANS)

- 세상에서 가장 멋진 스티키 번 176-179

ㅎ

핫 초콜릿 믹스(CHOCOLATE MIX, HOT)

- 핫 초코릿 믹스 180-181
- 홈메이드 핫 초콜릿 믹스 181

향신료(AROMATICS)

- 마리네이트용으로 338
- 수비드 조리에 활용하기 402
- 수프에 들어가는 채소 : 최상의 손질법 198-199
- 스웨팅과 브라우닝 210

호두(WALNUT(S))

- 호두, 사과, 파르메산-앤초비 드레싱을 넣은 겨울 채소 샐러드 820-821
- 아루굴라와 호두 페스토 720
- 수란과 호두 비네그레트를 곁들인 신사레인시에 씬 아스파라거스 434
- 호두 비네그레트 435

호박(PUMPKIN)

- 구운 펌프킨 수프 230
- 구운 호박의 맛과 효과 229

호박(SQUASH. SEE ALSO ZUCCHINI)

- 구운 펌프킨 수프 230
- 덴푸라 재료 준비 방법 913
- 수프에 들어가는 채소 : 최상의 손질법 198-199
- 오믈렛 필링 준비하기 138

- 찹 샐러드 준비 방법 844-845
- 채소를 듬뿍 넣은 마늘 파스타 696

호스래디시(HORSERADISH)

- 호스래디시 크림소스 650
- 호스래디시 마요네즈 818

화이트 와인(WHITE WINE)

- 누구나 쉽게 만드는 베어네이즈 소스 332
- 레몬 케이퍼 팬 소스 377
- 화이트와인, 펜넬, 판체타를 곁들인 손쉬운 팬 브레이즈드 치킨 257

THE FOOD LAB

더 푸드 랩 :
더 나은 요리를 위한 주방 과학의 모든 것!

1판 1쇄 발행 2017년 6월 28일
1판 19쇄 발행 2025년 11월 7일

저 자 | J. 켄지 로페즈-알트
발 행 인 | 김길수
발 행 처 | 영진닷컴
주 소 | (우)08512 서울특별시 금천구 디지털로9길 32
갑을그레이트밸리 B동 10층 (주)영진닷컴
등 록 | 2007. 4. 27. 제16-4189호

©2019. ©2025. 영진닷컴

ISBN | 978-89-314-5562-5

이 책에 실린 내용의 무단 전재 및 무단 복제를 금합니다.
잘못 만들어진 책은 구입하신 서점에서 교환 가능합니다.

도서문의처 | http://www.youngjin.com

YoungJin.com Y.
영진닷컴